Nicholas Cronk

École Normale Supérieure

10. vii. 81.

L'IDÉE DE NATURE EN FRANCE DANS LA PREMIÈRE MOITIÉ DU XVIIIe SIÈCLE

Jean EHRARD

L'IDÉE DE NATURE
EN FRANCE
DANS LA PREMIÈRE MOITIÉ
DU XVIIIe SIÈCLE

SLATKINE
GENÈVE - PARIS
1981

PREMIÈRE PARTIE

A Monsieur René Pintard

« La Nature, Monsieur, après tout, ce n'est
qu'une hypothèse. »

       (Propos attribué à Raoul Dufy.)

AVANT-PROPOS

Nous remercions M. le Professeur F. Braudel d'avoir accueilli cette thèse dans la Bibliothèque Générale *de la* VIe *Section de l'École Pratique des Hautes Études. Nous remercions également tous ses collaborateurs qui ont veillé à ce que la présente édition fût menée à terme dans les délais prévus.*

L'obligeance de plusieurs dix-huitiémistes, nos devanciers immédiats, a beaucoup facilité notre travail. M. Jacques Proust nous a éclairé sur la part prise par Diderot aux articles de l'Encyclopédie que nous avions à citer. Nous avons pu lire, sur épreuves, la thèse de M. Jacques Roger. Enfin M. Roger Mercier avait eu la bonté de nous communiquer le manuscrit de la sienne alors qu'elle n'était pas encore publiée.

Notre gratitude ne peut oublier une personne chère, Mademoiselle E. Ehrard, qui a assumé pendant de longs mois, avec une inaltérable bonne humeur, la tâche ingrate de déchiffrer un manuscrit peu lisible, ni l'aide que des amis dévoués nous ont apportée dans la lecture des épreuves. Nos remerciements vont en particulier à trois d'entre eux, de disciplines diverses, Robert Mauzi, Guy Palmade et Marcel Roncayolo, qui ont lu attentivement, avant l'impression, plusieurs de nos chapitres et nous ont suggéré nombre de précisions ou de retouches.

Nous ne pouvons dire ici tout ce que nous devons à nos maîtres. M. Jean Fabre qui a dirigé notre thèse complémentaire a bien voulu nous marquer plus d'une fois l'intérêt qu'il prenait à l'achèvement de celle-ci ; ses observations et ses conseils nous ont été infiniment précieux. M. René Pintard a été pour nous le guide le plus éclairé, le plus humain, le plus ferme et le plus attentif. Sa rigueur d'esprit nous aurait servi de modèle si nous avions eu l'espoir d'en approcher jamais. Sa compréhension, toujours efficace, nous a secouru dans les périodes difficiles de notre travail. Sa bonté a pris part, pendant douze années, à nos joies et à nos peines. C'est donc de tout cœur que nous lui dédions respectueusement ce livre.

INTRODUCTION

L'idée de Nature est de celles qui semblent défier toute enquête historique : φύσις, *natura*, nature... Plutôt que de l'histoire, cette notion ne relève-t-elle pas d'une philosophie intemporelle ? Mais voici que les philosophes la renient, que les poètes et les artistes l'abandonnent, et qu'à l'autre bout de la chaîne son origine se dévoile, contemporaine des premiers efforts de la philosophie grecque. D'Héraclite et de Parménide à Apollinaire, Breton ou Sartre, cette idée « éternelle » aura vécu moins de vingt-cinq siècles [1]. Cessons donc d'être dupes de sa pérennité illusoire : toutes les idées sont mortelles, bien qu'elles ne jouissent pas d'une égale longévité. Le rôle privilégié de l'idée de nature dans la pensée occidentale ne pouvait lui épargner le sort commun : elle aussi, comme eût dit Lucien Febvre, est gibier d'historien.

Dans la mesure où elle secoue le joug de la nature, notre époque est en état d'en faire l'histoire. Cette histoire, trop longue pour un seul livre, nous n'avons pas la prétention de l'écrire tout entière. Mais il ne nous est pas possible de nous enfermer dans l'un de ses épisodes en ignorant tous ceux qui l'ont précédé. Riche en idées neuves, le xviiie siècle n'a pas inventé la Nature. Tout au plus l'a-t-il retrouvée, renouant pour ses besoins propres avec la philosophie de la Renaissance et celle de l'Antiquité gréco-latine. Et ce siècle passionnément antichrétien est aussi resté tributaire d'une tradition chrétienne qu'il croyait renier. Examinons donc brièvement, de ces deux points de vue, la préhistoire lointaine et surtout les préludes immédiats du naturisme des « lumières ».

C'est peut-être à l'idée de nature que la pensée antique, divisée

---

1 Cf. René POMEAU, *De la Nature : essai sur la vie littéraire d'une idée, Revue de l'Enseignement Supérieur*, janvier-mars 1959, pp. 107-119.

en sectes rivales, doit son unité. Les Anciens avaient su concevoir, par delà la multiplicité des phénomènes sensibles, l'existence d'un ordre universel, nécessaire et spontané, un ordre où l'homme a sa place parmi les productions sans cesse renouvelées de la toute puissante Φύσις. Les mots mêmes de φύσις et de *natura* impliquent une idée de spontanéité créatrice, de naissance ou de développement harmonieux. Dès le départ une notion de finalité est associée dans l'idée de nature à celle de nécessité. Ainsi, en contraste avec la faiblesse de l'art humain, la puissance maternelle de la Nature est tout à la fois une menace, un guide et un refuge. La Nature ne peut être que bonne, mais sa bonté ne va pas jusqu'à permettre qu'on lui désobéisse. Dès l'origine toutes les morales « naturelles » sont marquées de la même équivoque : hymne à la vie mais aussi chant de résignation à la condition humaine. Le panthéisme stoïcien, le matérialisme épicurien se rejoignent dans un même idéal de repli sur soi : l'ataraxie, la limitation des désirs, le désintérêt de la vie sociale.

Avec sa complexité et ses contradictions latentes l'idée de nature est une idée païenne. La nécessité naturelle exclut la Providence, la bonté de la nature ignore le péché. Depuis les premiers siècles de l'ère chrétienne l'idée de nature est un ferment d'irréligion ou d'hétérodoxie. Fertile en hérésies, elle s'épanouit aux époques les plus portées à secouer les contraintes de la doctrine chrétienne, au XVIᵉ siècle ou au XVIIIᵉ. Son histoire est pourtant moins discontinue que ne l'indiquent ces vues schématiques. Le Dieu des *Évangiles* a dû composer avec la vieille divinité païenne; soit routine intellectuelle et poids d'une culture dont la pensée chrétienne était bon gré mal gré l'héritière, soit parce que l'idée de nature fournissait pour penser le monde un instrument longtemps irremplaçable, soit enfin parce que la vision du monde qu'apportait le christianisme n'était pas moins ambiguë que le naturalisme païen : même dévalorisée par le péché, la Création demeure l'œuvre d'un Être infiniment sage, où il doit rester quelque trace de son origine, quelque indice de sa future restauration. La vraie doctrine chrétienne exclut un pessimisme radical. L'univers physique et moral où se développent, siècle après siècle, les diverses écoles de pensée et de spiritualité est tantôt plus sombre, tantôt plus lumineux; jamais les ténèbres ne peuvent y étouffer toute lumière. De la foule innombrable des âmes chrétiennes, inquiètes ou sereines, s'élèvent au cours des âges deux voix contrastées. L'une dit le néant du monde et sa corruption; l'autre chante la grandeur de Dieu présente dans les merveilles de la Création. Et chacune d'elles annonce, à sa manière, la parole de vérité... L'idée de nature a donc trouvé sa place dans la pensée chrétienne. Également fondé sur elle, un « humanisme chrétien » s'est peu à peu formé, dans la ligne de l'humanisme païen. Qu'il se réclame d'Aristote, de Platon, des Stoïciens ou même d'Épicure, il aboutit toujours à proclamer la valeur éminente de la Création : harmonie et beauté du cosmos, aptitude au moins partielle de l'homme à réussir par ses seules forces dans sa quête de la vérité, de la vertu, de la beauté et du bonheur. Soumise à Dieu, la Nature des humanistes conserve une certaine autonomie. De là le danger potentiel qu'elle représente pour l'ordre supérieur de la Providence et de la grâce. De là Rabelais et Montaigne après Érasme; de là Voltaire après Canisius; et, à l'inverse, saint Augustin contre Pélage, saint Bernard contre Abélard, Luther contre Érasme, Jansénius contre Molina, Pascal étrillant Escobar...

S'il a toujours trouvé sur sa route des censeurs, sinon des *Provinciales*, l'humanisme chrétien a connu en France des époques privilégiées. Au XIIe siècle l'école de Chartres célèbre dans la Nature la féconde *mater generationis* et se propose d'accorder la *Genèse* avec la physique. Une synthèse encore plus ambitieuse et surtout plus durable s'édifie au siècle suivant lorsque saint Thomas d'Aquin entreprend de concilier la raison et la foi, Aristote et l'Écriture. Selon le Docteur Angélique la nature est un principe intérieur de mouvement qui tend à conserver et perpétuer l'œuvre du Créateur; ainsi, comme la chute des corps pesants manifeste l'ordre de la nature physique, l'instinct de conservation révèle celui de la nature morale. Il existe donc une morale naturelle, réfléchie et spontanée : saint Thomas dit que la grâce ne détruit pas la nature mais la parachève. Cet aspect de son enseignement nourrit encore de nos jours la doctrine morale de l'Église, alors que la physique aristotélicienne est abandonnée depuis longtemps : il devait apparaître encore plus solide quand la physique des « vertus » et des « qualités » était la seule clé de l'univers matériel. Et l'on sait d'autre part que la force du thomisme n'a pas seulement tenu à sa valeur synthétique mais aussi au caractère institutionnel qu'il a longtemps revêtu. Pendant des siècles le naturalisme de saint Thomas a fourni la substance de l'enseignement officiel. D'autres formes d'humanisme chrétien ont pu se développer à certaines époques, notamment au début du XVIe siècle. Aucune n'a jamais présenté une telle continuité. Dans les périodes favorables à l'optimisme chrétien la tradition thomiste se mêle à d'autres tendances qui la renforcent ou l'éclipsent; mais dans les périodes de reflux c'est elle qui fixe la ligne en deçà de laquelle l'orthodoxie ne permet pas de descendre : l'histoire de la pensée catholique française au XVIIe siècle le montre très clairement.

La première moitié du XVIIe siècle n'est pas seulement caractérisée par la présence virulente d'un naturalisme libertin qui vient principalement de Montaigne et de l'averroïsme padouan. Le climat de la Contre-Réforme favorise aussi l'épanouissement d'un naturalisme dévot qui donne à la vie religieuse de cette époque sa couleur propre, malgré Bérulle ou Saint-Cyran. Tandis que le prestige de la scolastique est à peine entamé; des influences nouvelles jouent en faveur d'une piété ouverte aux beautés du monde physique et aux exigences de la vie sociale : l'enseignement de saint François de Sales, celui des Jésuites, une apologétique fondée sur les harmonies de la Création, tout un courant de stoïcisme chrétien. C'est alors qu'un théologien renommé a cette phrase révélatrice : « Il n'y a point de mal dans toute l'étendue de la nature [1]... ». Cet optimisme cosmologique et moral où le sens du péché se dilue contraste avec la hantise de la faute originelle qui marque la foi de la grande période classique. Dans les années les plus brillantes du Grand Siècle toutes les conditions semblent en effet réunies pour que la courbe de l'idée de nature, jusque-là ascendante, soit de nouveau au plus bas. En dévitalisant la Nature la physique d'inspiration cartésienne menace de la dévaloriser, et toutes les formes de mysticisme naturaliste, chrétiennes ou panthéistes, s'en trouvent atteintes. On peut communier avec l'esprit universel immanent à l'univers, avec le principe secret de la vie et de la fécondité : communie-t-on avec des tourbillons de matière, même subtile [2] ? Or l'influence de saint Augustin s'ajoute ici à celle de la « nouvelle physique ». A mesure que le siècle avance une religion théocentrique s'oppose plus fortement à la religion des humanistes : elle dit le néant de l'homme sans Dieu, dédaigne les vertus simplement morales, prône l'imitation de Jésus-Christ, l'anéantissement du moi et « la conversion de l'homme intérieur [3] ». La conjonction du jansénisme et, plus généralement, de l'augustinisme avec la philosophie cartésienne peut expliquer que la « nature » classique soit tout intériorisée, que le décor des paysages et des saisons demeure précisément un décor, avec tout au plus la majesté inhumaine et silencieuse du ciel de Pascal, ou bien la fraîcheur des « sombres asiles » auxquels La Fontaine souhaite confier sa solitude [4]. Cadre écrasant ou agréable mais toujours à demi abstrait, où rien ne parle à l'âme, cadre extérieur au seul sujet qui intéresse en profondeur les contemporains de Bossuet et de Racine : le mal toujours présent, le mal qui divise l'homme contre lui-même, creuse en lui un vide que rien ici-bas ne peut combler, vicie tous ses désirs et toutes ses entreprises, voue les princes à la tragédie et les bourgeois au ridicule.

L'idée de nature, avec tout ce qu'elle a de rassurant, a-t-elle donc été tout à fait étrangère à la pensée classique ? On ne saurait l'affirmer sans un évident paradoxe. D'abord parce que ce serait appauvrir à l'extrême la seconde moitié du XVIIᵉ siècle et faire fi des dissidences qui s'y manifestent : la multiplication des cercles libertins, l'hostilité des

---

1. Le mot est du P. Yves de Paris. Cf. H. BREMOND, *Histoire littéraire du sentiment religieux...*, t. I, p. 456.
2. Cf. R. LENOBLE, *L'évolution de l'idée de Nature du XVIᵉ au XVIIIᵉ siècle*, R.M.M. 1953, pp. 108-129.
3. Au discours de JANSÉNIUS, *De la Réformation de l'homme intérieur*, traduit par Arnaud d'Andilly, fait écho l'inlassable exhortation de Bossuet : « Convertissez-vous... ».
4. *Fables*, XI, 4.

« honnêtes gens » au rigorisme et Cléante en face d'Orgon, la résistance
de l'humanisme chrétien qui va s'épanouir de nouveau dans l'œuvre
de Fénelon, ou même, dans un autre plan, la confiance que la médecine
officielle accorde à la *natura medicatrix* des Anciens... Ensuite parce que
l'histoire réelle des idées prend rarement à son compte les oppositions
tranchées des manuels de philosophie : s'il est vrai qu'en bonne logique
l'esprit mécaniste de la « nouvelle physique » exclut le finalisme de la
Nature aristotélicienne, cette incompatibilité ne se traduit pas toujours
dans les faits. En réalité les deux visions du monde se combinent au
moins aussi souvent qu'elles s'opposent; longtemps après la mort de
Descartes la représentation du monde matériel la plus répandue dans
l'opinion cultivée et chez un grand nombre de savants est faite de leur
mélange ou de leur superposition : combien de médecins ou de chimistes habillent alors d'un langage mécaniste « moderne » de vieilles
intuitions animistes ou vitalistes [1]! Or la pensée morale du Grand
Siècle n'est pas moins complexe que sa pensée scientifique : là aussi la
nature se défend contre ceux qui la nient. L'idée de nature survit à
l'intérieur du pessimisme classique et l'empêche de tourner au nihilisme
moral. A certaines formules de Pascal on pourrait opposer la prudence
d'Arnauld faisant exclure de la première édition des *Pensées* les fragments
les plus ouvertement pyrrhoniens; ou encore l'œuvre du jurisconsulte
Domat, janséniste avoué, ami de Pascal, lui aussi, qui entreprend de
débrouiller le chaos des lois civiles pour les présenter dans « leur ordre
naturel ». C'est seulement au début du XVIIIe siècle que les idées de Grotius et des autres théoriciens du droit naturel joueront en France un
rôle de premier plan. Mais la tradition du rationalisme chrétien, mainte-
nue tout au long du Grand Siècle, leur aura ouvert la voie : ainsi lorsque
Bossuet découvre dans le droit romain l'expression d'une « équité
naturelle » que le péché n'a pu effacer entièrement du cœur des païens [2].
Docteur en Sorbonne, chef de fait de l'Église gallicane, gardien de
l'orthodoxie, Bossuet s'efforce de tenir une ligne médiane entre tous les
extrêmes, entre l'hérésie janséniste et l'hérésie pélagienne, entre le Dieu
de Pascal et celui des philosophes. S'il n'envisage qu'en tremblant les
« saints et redoutables conseils » d'une Providence incompréhensible [3],
il admire aussi dans l'ordre de la nature créée la raison souveraine de
son auteur : « Sous le nom de nature nous entendons une sagesse pro-

---

1. Cf. R. Lenoble, *La représentation du monde physique à l'époque classique, XVIIe
siècle*, janvier 1956, pp. 5-24. Nous verrons qu'il en va souvent de même au début du
XVIIIe siècle.

2. *Discours sur l'histoire universelle*, III, 7. *Politique tirée des propres paroles de l'Écriture Sainte*, Livre I, Art. IV, 2.

3. *Oraison funèbre d'Henriette d'Angleterre*, édit. J. Truchet, Paris, Garnier, 1961,
p. 179.

fonde qui développe avec ordre et selon de justes règles tous les mouvements que nous voyons [1]... ».

Nature déchue, nature sanctifiée par son origine : il fallait la foi
robuste de Bossuet, sa pondération, son traditionalisme pour maintenir
jusqu'au terme de sa vie et à celui de son siècle ces évidences contraires
entre lesquelles le xviiie siècle déiste devait bientôt se croire tenu de
choisir. Dès la fin du xviie siècle le présence du concept de nature dans
la religion la plus sévère y exacerbe une tension latente depuis toujours
dans la pensée chrétienne. Un texte sans prétentions dogmatiques et qui
se borne à enregistrer le « bon usage » de la langue est de ce point de vue
très significatif. En 1694 le *Dictionnaire* de l'Académie française distingue
sept sens du mot Nature :

  1° L'ensemble de l'univers, toutes les choses créées.
  2° « Cet esprit universel qui est répandu dans chaque chose créée, et
par lequel toutes ces choses ont leur commencement, leur milieu et leur fin. »
  3° « Le principe interne des opérations de chaque être. »
  4° « Le mouvement par lequel chaque homme est porté vers les choses
qui peuvent contribuer à sa conservation. »
  5° La complexion, le tempérament.
  6° Une certaine disposition de l'âme.
  7° L'état naturel de l'homme, par opposition à la grâce.

On voit que les sens 3, 4, 5 et 6 ne sont que des spécifications du
deuxième. La véritable séparation est entre celui-ci et le premier sens :
Nature passive ou Nature active. Et l'abondance des cas particuliers de
cette seconde acception prouve qu'elle est en réalité la plus fréquente.
A la lumière de cette constatation on est même tenté de mettre en doute
l'autonomie de la première définition. Chaque fois que le mot « Nature »
est employé de la façon la plus neutre, pour désigner simplement l'univers
tel que Dieu l'a fait, ne s'y glisse-t-il pas à l'insu de celui qui le prononce
quelque chose de plus, la notion de « cet esprit universel » partout
répandu ? Sans doute l'expression est-elle équivoque : il peut s'agir de
l'action immanente du Dieu chrétien ou de « l'âme du monde » des
panthéistes. Que l'hésitation soit possible est en tout cas un signe supplémentaire de la confusion qu'apporte le mot « nature » : confusion
à laquelle la souveraineté du Dieu d'Isaac et de Jacob n'avait rien à

---

1. *De la connaissance de Dieu et de soi-même*, IV, 1. En donnant à l'idée de nature
un contenu positif Bossuet s'éloigne de Pascal chez qui elle a surtout une fonction négative :
notion *euristique*, a-t-on dit justement, et non plus ontologique (Cf. P. Magnard, *Pascal
dialecticien* in *Pascal présent*, Clermont-Ferrand, De Bussac, 1962, pp. 257-289). Chez
Pascal l'idée de nature traduit un manque et non une plénitude ; elle n'est pas un donné
mais une exigence d'universalité, impossible à satisfaire, qui est en l'homme déchu la
marque de l'homme originel. L'opposition des deux pensées est donc très profonde.
Pascal demande à l'idée de nature la liberté d'une inquiétude, Bossuet la sécurité d'une
règle. Le naturisme du xviiie siècle hésitera de même entre un optimisme conservateur
et un idéalisme critique.

gagner. Cet article de dictionnaire, en lui-même anodin, suffit à le montrer : l'accent n'y est pas mis sur la relation de la nature à son auteur, mais sur la suffisance de la nature. Aussi faut-il choisir entre la nature et la grâce : dans sa banalité la distinction théologique qui conclut l'article prend une couleur dramatique. Parler en ce dernier sens d'un « état de nature », n'est-ce pas déjà admettre implicitement que l'homme peut prétendre se passer de Dieu ?

Si la nature et la grâce sont deux notions incompatibles, force est de constater que les penseurs chrétiens de l'âge classique les acceptent simultanément. En soi la contradiction ne peut surprendre puisque la pensée chrétienne la portait en elle depuis qu'elle s'était coulée dans le moule de la sagesse antique. Mais elle est particulièrement apparente en un temps où les défenseurs de la foi les plus représentatifs se proposent d'en extirper tous les restes de paganisme. C'est ici qu'il faut évoquer la suprême contradiction de l'époque : partiellement chassé de la philosophie morale, l'humanisme se réfugie dans l'esthétique. Ce ne sont pas seulement des artistes indifférents à la théologie qui se réclament de la nature : Nicole et Pascal ne tiennent pas un autre langage que Molière, Boileau et La Fontaine [1]. Plaire en imitant la nature, tel est l'idéal commun à tous les classiques. La nature est la matière de l'art mais c'est elle aussi qui décide de sa réussite. La doctrine classique de l'imitation contredit donc doublement le rigorisme janséniste, puisqu'elle fait du plaisir le critère de la beauté et propose pour modèle une nature que l'on sait corrompue. A une religion théocentrique répond une esthétique pour qui l'homme est la mesure de toutes choses : l'art classique a en la nature humaine à la fois sa fin et son principe. Il se peut que le problème n'ait pas échappé à la lucidité de Pascal : les concessions qu'il fait au dogme du style naturel ne seraient alors qu'une tactique habile, la ruse de guerre d'un apologiste qui n'hésite pas à employer les armes de l'adversaire pour mieux le réduire et accepte de parler à la créature déchue un langage qui lui agrée [2]... Mais si ce machiavélisme est réel, on peut s'interroger sur son efficacité : malgré l'état informe où elles nous sont parvenues les *Pensées* sont d'abord pour nous une œuvre d'art; depuis leur publication elles ont eu plus d'admirateurs qu'elles n'ont préparé de conversions. Pascal artiste est prisonnier de la nature; il la sert au lieu de s'en servir. Et Voltaire sera fondé à admirer son génie littéraire tout en refusant sa philosophie... On s'est souvent montré surpris que le XVIIIe siècle, si novateur en tous domaines, soit resté de goût étroitement classique. Mais cet étonnement vient d'une erreur de perspective :

---

1. Cf. R. BRAY, *La formation de la doctrine classique en France*, Paris, Nizet, 1951, p. 144.
2. Interprétation suggérée par R. POMEAU (art. cité, p. 111), développée par Claude SAINT-GIRONS, *L'idée de nature dans l'esthétique de Pascal*, *XVIIe* siècle, n° 49, pp. 1-10.

peut-être le XVIIIᵉ siècle n'a-t-il fait que mettre sa morale en accord avec l'esthétique que le XVIIᵉ lui avait léguée.

Le paradoxe du « naturalisme » classique se résoudra donc au siècle des lumières d'une façon que Pascal, Nicole et Bossuet n'avaient pas prévue. On ne peut pourtant leur reprocher de ne pas avoir deviné au moins confusément le danger : la longue querelle du théâtre doit être mise à l'actif de leur clairvoyance. En 1694 Bossuet s'acharne contre Molière, mort pourtant depuis plus de vingt ans; non que son théâtre soit particulièrement immoral dans son contenu, mais parce qu'il l'est par essence, et d'autant plus coupable que sa perfection formelle accorde davantage à la concupiscence : « ni les beaux vers, ni les beaux chants ne servent de rien devant Dieu, et il n'épargnera pas ceux qui, en quelque matière que ce soit, auront entretenu la convoitise [1] ». Ainsi l'art le plus épuré ressortit à l'ordre condamnable du désir. Cette évidence dont la logique de Bossuet écrase le malheureux Père Caffaro, il n'a pourtant pas réussi à l'imposer à son siècle. Admettons qu'elle était à contre-courant de l'histoire, mais essayons de compléter cette explication trop facile. Si la nature que vantent les artistes n'inquiète pas davantage les dévots; c'est qu'elle a la prudence de limiter ses ambitions. Par rapport au début du siècle et à son exubérance l'évolution est analogue à celle des idées morales : la notion de nature s'assagit et se rétrécit [2]. En incitant au réalisme elle borne la liberté de la création artistique, elle la détourne des aventures de l'imagination et manifeste la même défiance que les moralistes à l'égard des « puissances trompeuses ». Ennemi du roma-nesque et de tous les jeux esthétiques qui s'écartent de la droite raison, Boileau souligne du reste lui-même l'aspect moral et religieux de ses partis pris littéraires. L'Équivoque pourfendue dans la Satire XII est plus qu'une faute de goût commise par un Voiture ou un Benserade; elle est aussi la faute originelle qui a rendu l'homme esclave des apparences,

          « Qui par l'éclat trompeur d'une funeste pomme » [3]
l'a éloigné de Dieu. Le pessimisme du moraliste égale en Boileau la sévérité du critique. Des préceptes de l'Art poétique à son amitié pour Arnauld et à sa sympathie pour la cause janséniste il n'y a pas rupture, mais transitions insensibles. C'est bien le même Boileau qui recommande aux écrivains le respect de la nature et qui relève en moraliste chagrin les vices et les ridicules de son temps, déprécie toute sagesse humaine et voue Socrate à la damnation [4]. Car sa définition de la nature et du naturel dans l'art est assez étroite pour atténuer, sinon supprimer, l'antinomie de l'humanisme esthétique et du rigorisme moral. Il arrive

---

1. *Maximes et réflexions sur la comédie*, édit. Urbain et Levesque, p. 185 (texte cité par J. CALVET, *Bossuet, l'homme et l'œuvre*, Paris, Hatier-Boivin, 1941, p. 154).
2. Cf. R. BRAY, *op. cit.*, p. 148.
3. BOILEAU, *Satire XII*, vers 57.
4. *Ibid.*, v. 145-150. A rapprocher de la *Satire XI*, v. 220.

qu'elle tende au refus pur et simple de la rhétorique, et Boileau regrette, comme Alceste, la rude franchise des vieux âges [1]. Le plus souvent elle s'ouvre aux raffinements du goût moderne, mais elle impose alors le respect des « bienséances » et un idéal convenu d'élégance et de « noblesse ». Ou bien le naturel est synonyme de fuite dans le passé, ou bien la nature n'apparaît que « couverte », comme le « moi haïssable » de Miton. Dans tous les cas le libéralisme que semblait devoir impliquer une esthétique de la nature est plus apparent que réel : le naturalisme classique retient plus qu'il ne concède, il est surtout fait de contraintes et d'interdits.

Qu'un aspect essentiel de l'idée de nature se dévoile ainsi dans l'étroitesse du goût classique, un dernier rapprochement aidera peut-être à s'en persuader. L'idéal de « l'honnêteté » enveloppe à la fois une esthétique et une morale. Or celle-ci n'est guère plus libérale que celle-là. Cléante oppose la « juste nature » au zèle ridicule de son beau-frère; se défendant d'être un « libertin », il se déclare acquis à une dévotion « humaine » et « traitable » : sous la modération du propos on devine un refus délibéré de l'ascétisme et une totale incompréhension des valeurs chrétiennes [2]. En ce sens il n'est pas injustifié de situer Molière entre Rabelais et Diderot, comme le voulait Brunetière : son théâtre est la victoire de la nature sur les passions monstrueuses et les préjugés, un plaidoyer en action pour la vie, pour la jeunesse et pour le bonheur. Mais le ton est plus désabusé qu'enthousiaste. On l'a dit souvent, le vrai Misanthrope n'est pas Alceste, l'idéaliste, mais le sceptique Philinte. La révolte d'Alceste est subversive, elle le serait du moins si elle n'était pas condamnée d'avance par la nature des choses. La sagesse de Philinte consiste à s'accommoder de ce qui est, sans illusion sur sa valeur et sans la prétention absurde de « corriger le monde » [3]. On voit ici le fond du naturalisme de Molière, fait de soumission à la nécessité. Celle-ci peut revêtir la forme du déterminisme de l'instinct : c'est la « naïveté » d'Agnès bernant Arnolphe. Elle peut conduire aussi à regarder avec philosophie les vices de la nature humaine et les mensonges de la vie sociale... Molière est libéral dans le premier cas, conformiste dans le second. Ces deux attitudes s'inspirent pourtant du même principe : l'acceptation de la nécessité naturelle, le rejet de tout idéalisme, la « suprématie du fait sur le droit, dont le rire est l'instrument universel » [4].

Dans tous les domaines où elle se manifeste la nature classique apparaît essentiellement contraignante. Bonne ou mauvaise, il est vain de lui résister, sinon avec le secours de la grâce. Épicuriens et jansénistes s'accordent sur ce point : leurs doctrines disent également la vanité de

---

1. *Épître IX*, v. 101 sq. Cf. *Le Misanthrope*, I, 2.
2. *Le Tartuffe*, I, 5.
3. *Le Misanthrope*, I, 1.
4. P. BÉNICHOU, *Morales du Grand Siècle*, Paris, Gallimard, 1948, p. 214.

l'action; l'une et l'autre conseillent la retraite et le refus du monde. Comme le « bon sens » de Molière la sagesse épicurienne de La Fontaine est fortement teintée de pyrrhonisme. Le pessimisme est bien la tonalité dominante de l'époque, même s'il est rarement désespéré. L'optimisme naturaliste du XVIIIe siècle aura un tout autre caractère que le naturalisme sceptique de la seconde moitié du XVIIe. Reste à voir si en se fondant sur l'idée de nature il ne s'interdira pas de vaincre la vieille équivoque que nous avons déjà reconnue en elle. Peut-être l'indéniable continuité des deux siècles est-elle autre part que dans les signes annonciateurs d'un esprit nouveau, que l'on a pu relever tout au long du XVIIe siècle et particulièrement dans sa période terminale : dans l'incessante reprise d'un même dialogue entre les deux visages de cette Nature *bi-frons* qui tour à tour et simultanément appelle l'homme au bonheur et l'écrase de sa loi inexorable.

Entre la « Crise de la conscience européenne » et les grands systèmes qui s'édifieront après 1750, entre Fénelon, Malebranche, Bayle ou Saint-Évremond d'un côté, de l'autre Rousseau, d'Holbach et Diderot, la première moitié du XVIIIe siècle présente un caractère original qui a rarement retenu l'attention des historiens. Un Maupertuis, un Prévost, un Marivaux, et surtout un Montesquieu méritaient pourtant d'être situés dans leur temps : époque diverse qui hérite des ambitions prématurées de la science mécaniste, des ambitions avortées du rationalisme chrétien, des ambitions équivoques du « libertinage érudit»; époque mouvante où la démarche de la libre-pensée s'affermit insensiblement depuis les nonchalances étudiées de l'épicurisme mondain jusqu'aux audaces de la « philosophie » militante. Si l'idée de nature est « l'idée maîtresse du siècle » tout entier, comme l'avait bien vu P. Hazard, elle le devient au cours de ces quarante années qui, de 1715 à 1755, sont le prélude à l'âge encyclopédiste, l'aube des « Lumières » [1]. Le désir de leur conserver leur unité et leur couleur propre, le dessein d'analyser dans le cadre de cette période tous les aspects d'une notion complexe et fuyante imposaient également à notre étude un plan analytique. Mais cette première exigence en contredisait deux autres presque aussi fortes :

---

1. Il va sans dire que nous nous permettrons souvent de pousser des reconnaissances en deçà et au delà de ces dates auxquelles nous n'accordons qu'une valeur indicative. Les raisons de notre choix ont été différentes pour chacune d'elles. La coupure de 1715 est traditionnelle : nous l'avons respectée avec le sentiment qu'elle n'avait pas seulement une signification politique ; elle est du reste marquée par la disparition de deux des principaux maîtres à penser du XVIIIe siècle, Malebranche et Fénelon. Nous aurions pu arrêter notre étude au lancement de l'*Encyclopédie* ; il nous a paru utile de pousser un peu plus loin afin de voir s'amorcer, avec des textes comme les *Pensées sur l'interprétation de la Nature* et le *Discours sur l'inégalité*, le grand tournant du siècle.

le respect des œuvres majeures que nous redoutions de morceler, et celui, non moins nécessaire, de l'évolution réelle des idées. Persuadé que les grands écrivains sont plus profondément représentatifs de leur temps que les *minores,* convaincu d'autre part que la vraie fin d'une étude historique — littéraire ou idéologique — est de faciliter la compréhension des grands textes du passé, nous aurions souvent souhaité pouvoir accorder à ceux-ci plus de place que ne le permettait la continuité de notre analyse; du moins espérons-nous avoir évité un émiettement excessif.

Quant à la chronologie, nous n'en avions pas la superstition : parce que les structures mentales et affectives de notre période nous intéressaient plus que la poussière des faits : parce que la vraie date d'une idée n'est pas sa date empirique, événementielle, mais celle que lui assigne l'ensemble signifiant dont elle fait partie. Refusant pour ces deux motifs les facilités trompeuses d'un ordre linéaire et, à plus forte raison, le découpage de notre demi-siècle en « tranches » chronologiques arbitraires, nous n'en conservions pas moins la volonté de saisir l'idée de nature et, à travers elle, toute la pensée de l'époque, dans leur mouvement. Il nous fallait donc concilier du mieux possible la rigueur d'une analyse conceptuelle et la clarté d'une étude génétique, cette dernière méthode étant la seule qui nous parût vraiment explicative. Tâche aisée lorsque les grandes options intellectuelles que nous découvrions semblaient s'ordonner d'elles-mêmes dans le temps, de part et d'autre de quelques années cruciales. L'idée de nature implique d'abord une certaine vision de l'univers matériel : dans ce domaine la querelle des « attractionnaires » et des « impulsionnaires » constitue le fait décisif. Avant 1730 la physique cartésienne — la « physique nouvelle » — est encore en France la dernière conquête de l'esprit scientifique, face aux thèmes archaïsants d'un « naturalisme » fortement teinté de magie et d'occultisme : après 1740 la diffusion de la science newtonienne favorise au contraire la naissance d'un néo-panthéisme auquel les vieilles doctrines de l'âme du monde doivent un regain d'actualité. Cette nouvelle conception de la nature physique était riche, à terme, de prolongements multiples. Il s'en faut cependant de beaucoup que toutes ses conséquences aient été immédiatement et universellement senties à l'époque. En quittant le monde des savants pour celui des moralistes l'historien prend conscience d'un certain décalage chronologique et aussi de la difficulté qu'il y a pour lui à circonscrire et situer des réalités beaucoup plus indécises. Lignes moins nettes, arêtes moins vives peuvent même donner ici une impression superficielle d'immobilité : en fait il y a bien mouvement, mais par un glissement insensible; quelques grands « événements littéraires » fournissent tout au plus des points de repère commodes, mais aucune querelle n'a l'ampleur ni les conséquences de la crise newtonienne. Aussi nous a-t-il fallu accentuer parfois certains contours, tenir compte dans notre classement de l'importance que devaient présenter plus tard certains thèmes à peine esquissés dans notre période, attribuer enfin à certaines idées effectivement contemporaines un coefficient historique qui permît de les répartir dans le temps. Les philosophes du XVIIIᵉ siècle étaient plus attentifs à l'ordre «naturel» des idées qu'à leur succession empirique : quitte à rivaliser d'abstraction avec d'Alembert ou Condillac, nous avons cru pouvoir transformer quelquefois, sans trop d'arbitraire, une simultanéité de fait en une succession idéale.

Compte tenu de ces principes de méthode une hésitation apparaît dans le détail des chapitres de notre seconde et de notre troisième parties, chaque fois que l'ordre historique s'est révélé décidément rebelle aux exigences de l'ordre analytique. Et d'autre part, du moins dans la seconde partie, le classement même des chapitres obéit moins à une nécessité interne, historique ou logique, qu'aux simples besoins d'un inventaire complet ou à ceux d'une rhétorique efficace. Sans doute la responsabilité de l'auteur est-elle engagée par ces incertitudes et ces imperfections : nous espérons qu'elle paraîtra un peu atténuée par la complexité de la matière.

PREMIÈRE PARTIE

NATURE
ET SYSTÈME DU MONDE

Chapitre I

NATURE ET MERVEILLEUX

1. — Foi et Superstition.
2. — Vraies et fausses sciences.
3. — « O Sainte et Admirable Nature ! »
4. — « Idolum Naturae ! »

Chapitre I

NATURE ET MERVEILLEUX

« On croit connaître le xviiie siècle, et l'on n'a jamais vu une chose essentielle qui le caractérise.

— Plus sa surface, ses couches supérieures furent civilisées, éclairées, inondées de lumière, plus hermétiquement se ferma au dessous la vaste région du monde ecclésiastique, du couvent, des femmes crédules, maladives et prêtes à tout croire. En attendant Cagliostro, Mesmer et les magnétiseurs qui viendront vers la fin du siècle, nombre de prêtres exploitent la défunte sorcellerie. Ils ne parlent que d'ensorcellements, en répandant la peur, et se chargent de chasser les diables par des exorcismes indécents... »[1].

Sans doute Michelet se laisse-t-il égarer ici par la passion anti-cléricale : de ces affirmations excessives et partiales nous retiendrons surtout la remarquable intuition de la première phrase. Si l'on y regarde de près, le siècle des lumières présente encore bien des zones d'ombres; mais l'ignorance ou la « fourberie » intéressée des prêtres ne sont peut-être pas les causes les plus directes de ce contraste saisissant. Ni Mesmer ni Cagliostro n'appartiennent à l'Église, et l'on aurait trop vite fait d'opposer, dans l'histoire de la pensée française au xviiie siècle, le camp des «philosophes» et celui de l'obscurantisme religieux, la « nature » au surnaturel, et la science à la foi. Et d'abord de quelle science parle-t-on? Bien des hommes d'Église sont alors des savants authentiques; mais bien des esprits forts appuient leurs ambitions « naturalistes » sur un savoir qui ressemble beaucoup à de la superstition. La « nature » qu'étudie le physicien-géomètre est-elle identique à celle de l'alchimiste

---

1. MICHELET, *La Sorcière*, Éd. Lucien Refort, *Société des Textes français modernes*, Paris, Didier, 1956, t. II, pp. 109-110.

ou de l'astrologue ? D'un côté l'esprit de rigueur et de précision que
la science véritable doit aux héritiers de Galilée et de Descartes ; de
l'autre l'à peu près érigé en méthode, la confusion mentale et l'incroyable
verbalisme — souvent chargé de poésie — des diseurs d'horoscope
et des faiseurs d'or. Faute de ces distinctions, ne risque-t-on pas de
confondre attardés et précurseurs, de prendre Hermès pour Euclide,
et de se condamner enfin à ne rien comprendre ?

1. — *Foi et Superstition*

Saluant en 1724 la publication de *La Ligue ou Henri le Grand, poème épique par M. de Voltaire,* le *Journal des Savants* commente en ces termes la pauvreté du genre épique dans la littérature française :

« Ce genre de poésie si difficile en lui-même l'est encore davantage par rapport à nous. La Mythologie, ce riche fonds où les Anciens puisaient, n'est plus aujourd'hui une ressource. Ennemis d'un Merveilleux extravagant, nous aimons le Vraisemblable, et un Vraisemblable assorti à nos idées... »[1].

Bien des faits semblent cependant démentir ce rationalisme satisfait. Le même public auquel doivent leur succès Bayle, Fontenelle ou Balthazar Bekker[2] fait aussi celui des *Contes* de Perrault[3] ou de la traduction française des *Mille et une Nuits*[4]. On a souligné le paradoxe de cette apparition du conte de fées dans la littérature française au moment où la critique des « rationaux » parait triompher[5]; sans doute convient-il d'y voir le reflet littéraire d'une « crise de conscience » qu'on aurait tort de croire résolue au début du XVIIIe siècle. Si le merveilleux du sujet enchante l'imagination, l'élégance du style et l'ironie discrète du conteur satisfont et rassurent le goût « moderne » et la raison critique. La vogue de la littérature féerique dans les dernières années du siècle de Louis XIV témoigne des besoins irrationnels du public et trahit des croyances fort peu « philosophiques », mais la forme même du conte de fées prouve que ces croyances sont désormais suffisamment affaiblies pour cesser d'être redoutables; la figure revêche de la fée Carabosse est moins effrayante que les cornes de Lucifer; transposition littéraire de la croyance au Diable et à ses maléfices, le conte merveilleux apparaît ainsi comme la « sublimation », ou l'exorcisme, de très anciennes terreurs.

Celles-ci cependant demeurent assez vivantes pour que des charlatans ou des illuminés les exploitent à leur avantage. A côté des contes

---

1. *Journal des Savants,* 1724, p. 246.
2. B. BEKKER, *Le monde enchanté, ou examen des communs sentiments touchant les esprits, leur nature, leur pouvoir...,* Amsterdam, 1694 (traduit du hollandais, d'après l'édition originale de 1691).
3. *Les contes de ma mère l'Oye,* publiés en 1697 sous le titre *Histoires, ou Contes du temps passé, avec des moralités,* sont souvent réimprimés au cours du demi-siècle, notamment en 1724 et 1742.
4. Antoine GALLAND, *Les Mille et une Nuits, contes arabes,* Paris, 1714-1717, 12 vol. in-12.
5. Cf. E. BOUVIER, *La croyance au merveilleux à l'époque classique,* Mélanges Mornet, 1951, et C. BILA, *La croyance à la magie au XVIIIe siècle en France,* 1925, Ch. VI. Au milieu du siècle Mme Leprince de Beaumont prend la suite de Perrault et de la comtesse d'Aulnoy.

de fées il est une littérature moins désintéressée et plus inquiétante, ouvrages semi-clandestins, imprimés ou manuscrits, qui offrent à la crédulité populaire mille « admirables secrets » : recettes pour dégraisser les habits ou baume contre la peste, mais aussi philtres d'amour ou sortilèges variés; toute une bizarre pharmacopée où les « vertus des simples » voisinent avec des recueils de conjurations à l'adresse des différents esprits, célestes et infernaux [1]. C'est sur ces derniers que compte le sorcier pour troubler l'ordre des lois naturelles : son pouvoir magique repose sur un pacte conclu avec le Démon, contrat diabolique que l'Église condamne et que la Justice réprime. Combien de bûchers dressés pendant les deux siècles antérieurs ! S'ils sont au XVIIIᵉ siècle de plus en plus exceptionnels, l'ambiguïté de la Déclaration Royale de Juillet 1682 laisse la porte ouverte à la continuation des procès; elle traite en effet les sortilèges de supercheries, mais dénonce celles-ci comme sacrilèges. Un noueur d'aiguillettes est brûlé à Bordeaux en 1718; d'autres procès tragiques ont lieu à Toulon en 1731, à Lorient en 1736 [2], et s'il n'avait tenu qu'au Père Girard la malheureuse Cadière dont Michelet nous rapporte la déplorable histoire aurait peut-être subi un sort aussi cruel [3]. De tels déploiements de justice, avait justement remarqué P. Bayle, étaient surtout propres à fortifier la crédulité publique. Et le philosophe de Rotterdam notait aussi combien la croyance à la sorcellerie était répandue en Europe :

« Vous savez qu'en plusieurs provinces de France, en Savoie, dans le canton de Berne, et en plusieurs autres endroits de l'Europe on ne parle que de sorcellerie, et qu'il n'y a si petit bourg ni hameau où quelqu'un ne soit réputé sorcier » [4]

D'autres témoignages montrent que cette affirmation est encore en grande partie valable au XVIIIᵉ siècle; selon le médecin de Saint-André, qui ne croit pas à la « magie surnaturelle », cette superstition serait surtout le fait de gens du « vulgaire », paysans, bergers, artisans [5]; pour son adversaire Boissier l'existence des sorciers, qu'attestent l'Écriture, l'Église, les édits royaux et les arrêts des Parlements, semble trouver une

---

1. *Admirables secrets du Grand Albert*..., Paris « chez tous les marchands de nouveautés », 1700. *Secrets merveilleux de la magie naturelle et cabalistique du Petit Albert*..., Cologne, 1722, (réédités en 1729 et 1765). *Clé du Petit Albert ou du paysan réformé*, B.N. ms. fr. 24.245, fol. 111-125.

2. Cf. M. Foucault, *Les procès de sorcellerie dans l'ancienne France devant les juridictions séculières*, Paris, 1907.

3. Michelet, *op. cit.*, t. II, pp. 112 sq. Cf. L. Parès, *Le procès Girard-Cadière*, Marseille, 1928.

4. *Réponse aux questions d'un provincial*, 1704, t. I, Ch. 34,35,39. A rapprocher de Malebranche, *De la Recherche de la Vérité*, livre II, *Troisième partie*, Chapitre dernier, *Des sorcières par imagination et des loups-garous*.

5. *Lettres de M. de Saint-André... au sujet de la magie, des maléfices et des sorciers*, Paris, 1725, pp. 122, 132, 166, 297 et *passim*.

sorte de confirmation supplémentaire dans la condition sociale de certains accusés, prêtres ou gentilshommes [1]. Pourchassés et condamnés, parfois victimes des violences populaires [2], les sorciers trouvent un asile sûr dans « l'épaisse et immense forêt des grandes villes » [3]. Après la sorcellerie rurale et paysanne, voici la magie urbaine, parfois protégée par de grands seigneurs libertins, avides de prestige et de puissance [4].

« Vous allez apprendre à commander à toute la Nature; Dieu seul sera votre maître, et les Sages seuls seront vos égaux. Les suprêmes intelligences feront gloire d'obéir à vos désirs; les Démons n'oseront se trouver où vous serez; votre voix les fera trembler dans le puits de l'abîme, et tous les peuples invisibles qui habitent les quatre Éléments s'estimeront heureux d'être les ministres de vos plaisirs... » [5]

Quand l'abbé Montfaucon de Villars imaginait le personnage du comte de Gabalis et lui prêtait ces paroles solennelles, il ne prévoyait pas que son livre, écrit pour parodier les mystères des sciences secrètes, serait pris au sérieux par les amateurs de grimoires au point d'inspirer certaines de leurs élucubrations. A bien des égards le xviiie siècle prépare l'avènement de la société industrielle moderne, le règne des techniciens et des ingénieurs; pratiquement on n'est alors guère mieux armé devant les forces de la nature que ne pouvaient l'être les siècles moins « philosophiques ». C'est pourquoi, en vertu d'un transfert classique, les rêves de puissance qui ne peuvent se traduire dans une maîtrises réelle sur les choses se satisfont des rites et des incantations magiques. Dans la bibliothèque de M. Oufle les œuvres de Bayle, Bekker et Fontenelle voisinent avec la *Clavicule de Salomon*, les *Secrets admirables d'Albert le Grand,* et le traité de médecine de Fernel, *De abditis rerum causis,* sans doute promu à cet honneur à cause de son titre... [6] Plus familier, semble-t-il, de la seconde série d'ouvrages que de la précédente, M. Oufle ne s'arrache à leur lecture que pour revêtir une peau d'ours, et se muer en loup-garou.

---

1. *Recueil de diverses lettres au sujet des maléfices et du sortilège*, Paris, 1731, Lettres 7 à 12.

2. MICHELET, *op. cit.*, t. II, p. 192, note.

3. LENGLEY-DUFRESNOY, *Histoire de la Philosophie hermétique*, 1742. Cf. J.A. RONY, *La Magie*, Paris, 1950, p. 66.

4. Pour l'histoire des deux notions de sorcellerie et de magie, voir l'étude de M. R.L. WAGNER, *Sorcier et Magicien*, Paris, 1939.

5. MONTFAUCON DE VILLARS, *Le Comte de Gabalis, ou entretiens sur les sciences secrètes* (Paris, 1670), Amsterdam, 1715, p. 19. Sur la fortune de l'ouvrage, voir R.L. Wagner, *op. cit.*, p. 201 sq. Une *Suite du « Comte de Gabalis »*, de 1708, est rééditée à Amsterdam (?) la même année. Une seconde « suite », d'auteur incertain, datée de la Haye, est publiée en 1718 sous le titre *Les génies assistants ou gnomes irréconciliables...*

6. Abbé BORDELON, *L'Histoire des imaginations extravagantes de Monsieur Oufle, causées par la lecture des livres qui traitent de la magie, du grimoire, des démoniaques, sorciers...*, Amsterdam, 1710. Traduit en plusieurs langues, l'ouvrage sera réédité en 1754. Cf. JACQUELINE DE LA HARPE, *L'abbé Laurent Bordelon et la lutte contre la superstition en France entre 1680 et 1730*, University of California publications in modern philology, vol. XXVI, n° 2, 1942, pp. 123-224.

Folle imagination d'un petit bourgeois ridicule ? Cas exceptionnel qui
ne prouve rien ? Mais ce ne sont pas les qualités littéraires du livre où
l'abbé Bordelon nous conte les extravagances de son héros qui peuvent
expliquer la renommée durable de M. Oufle. Piètre écrivain, homme de
bon sens plutôt que penseur profond, l'abbé Bordelon a surtout le
mérite d'un sujet qui n'est pas de pur roman. Au xviiie siècle la magie
est beaucoup plus qu'un thème littéraire ; elle trouve souvent ses adeptes
dans la meilleure société, assez « éclairée » pour secouer la discipline
de l'Église sans qu'une activité économique la fasse participer, sinon
très indirectement, aux réalités de la production, et qui commence peut-
être à se sentir menacée dans ses privilèges. De là cette fascination
qu'exercent sur elle les aventuriers les plus douteux. On sait quel ascendant le prétendu comte de Saint-Germain prendra à la cour après 1750.
A la même époque la bonne marquise d'Urfé qui protège Casanova
apparaît, à tous points de vue, comme une personne du plus haut
mérite : son seul travers est de ne pouvoir renoncer au commerce des
ondines et des salamandres ; et, parmi cent anecdotes pittoresques, il nous
vaut la scène étrange de sa « régénération » par les prouesses érotiques
de son cher Galtinarde... [1].

Tout au long du siècle les philosophes ont beau prendre la suite
de Bayle et Fontenelle pour dénoncer la vanité de ces pouvoirs magiques.
La superstition a la vie plus dure qu'ils ne veulent l'avouer. Bien plus,
elle profite des incertitudes de leur savoir. Il est tant de faits extraordinaires sur lesquels achoppe la science ! Au printemps 1709 on se presse
rue du Four, à Paris, pour voir de près une jeune fille tombée en catalepsie ; le duc d'Orléans lui-même se dérange pour lui rendre visite ;
tandis que les médecins s'agitent vainement on prononce déjà le mot de
maléfice... quand la malade guérit, fort opportunément ! [2] C'est aussi
une étrange aventure que celle d'une jeune habitante de Courson, en
Normandie, qui se met un beau matin à vomir des lézards et des chenilles :
soumise à l'examen de « cinq docteurs, quatre chirurgiens et deux
apothicaires [3] », elle se voit retirer du corps, par incision, cinquante-
deux épingles ; sur quoi, après de nouvelles douleurs d'estomac, elle
rend encore soixante deux épingles et une demi-aiguille... Quel prodige
que celles-ci aient pu cheminer dans ses divers organes sans percer aucun
vaisseau ! Comment ne pas y voir l'action de quelque Intelligence
maligne ? Une rapide enquête a tôt fait de confondre la coupable, une

---

1. CASANOVA, *Mémoires*, Paris, N.R.F., 1960, t. III, Ch. III. Relevons, aux deux
extrémités du siècle, le cas du Régent, s'il faut en croire Saint-Simon (cf. BILA, *op. cit.*
Ch. 1) et celui du duc de Chartres, grand maître de la Franc-Maçonnerie française (Cf.
RONY, *op. cit.*, pp. 67-68).
2. DIONIS, *Dissertation sur la mort subite et sur la catalepsie*, Paris, 1718, p. 55 sq.
3. *Mémoires de Trévoux*, Déc. 1717, pp. 1789-1806 ; *Journal des Savants*, 1718, p.
113 sq.

I. — La magie naturelle : la mandragore

«Il faut avoir un gros œuf de poule noire, le percer, en faire sortir un peu de glaire, c'est-à-dire, environ la grosseur d'une fève, et l'ayant rempli de semence humaine, on bouchera le pertuis bien subtilement, en y colant un petit morceau de parchemin humecté, puis on le met couver au premier jour de la lune de Mars dans une heureuse constellation de Mercure et de Jupiter, et au bout du temps convenable, l'œuf venant à éclore, il en sort un petit monstre comme vous le voyez... »

(*Secret merveilleux de la magie naturelle et cabalistique du Petit Albert,* Cologne, 1722, p. 138.)

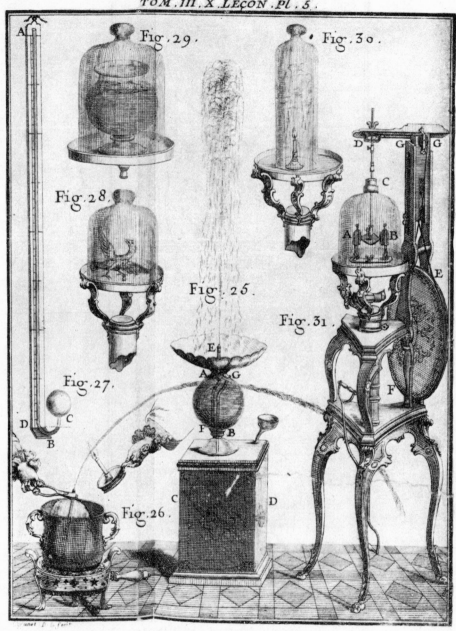

2. — LA « PHILOSOPHIE EXPÉRIMENTALE »

(Expériences de l'abbé Nollet sur la nature et les propriétés de l'air. Fig. 25-27 : action de la chaleur sur le volume et le ressort de l'air. Fig. 28-31 : les effets de la machine pneumatique. *Leçons de physique expérimentale*, 1743-1746, t. III, leçon X.)

voisine de la malade, déjà compromise dans plusieurs affaires semblables ; et le journaliste de Trévoux de rapporter avec horreur ses menaces maléfiques à l'adresse de sa dernière victime : « Autant de paroles que je te dirai, ce seront autant de diables qui t'entreront dans le corps. » Reste à comprendre les modalités de cette intervention diabolique ; affranchi des préjugés populaires, le docteur Lange, médecin à Lisieux, se présente comme disciple de Malebranche et, s'il admet l'action des mauvais Anges, il l'interprète d'une manière conforme au goût du jour : non seulement, dit-il, les Démons ne sont jamais que causes occasionnelles, simples exécuteurs des volontés divines, mais leur pouvoir est limité aux organes du corps, et il ne s'exerce qu'indirectement, selon les lois de la Mécanique, par l'impulsion qu'ils donnent à certains « corpuscules invisibles ». En l'espèce, ceux-ci ne seraient autres que des insectes inconnus, analogues à ceux que l'on découvre parfois au microscope ; c'est sous leur conduite qu'a dû s'opérer le cheminement des épingles dans le corps de la jeune maléficiée : Belzébuth n'est-il pas le Dieu-Moucheron, ou le Dieu des moucherons ?[1] Tandis que cette ingénieuse explication rencontre au *Journal des Savants* un accueil réservé[2], le rédacteur de Trévoux la juge bien inquiétante et hardie :

« Je crois que le Démon n'a pas été contraint de se travestir en insecte pour conduire ces épingles ; sa volonté, et la permission de Dieu, ont suffi pour ce qu'il y a de plus merveilleux dans ces accidents ».

En limitant comme il le fait le pouvoir de Satan, Lange ouvre la voie à des thèses purement « naturalistes ». Cela, les Jésuites ne peuvent l'admettre. Mais il est remarquable que dans cette histoire saugrenue personne n'ose ouvertement mettre en doute le surnaturel de l'affaire.

Peut-il en être autrement quand l'existence du Diable est matière de foi et que l'Église ne cesse d'attester la réalité des sortilèges ? En 1707 l'*Histoire des Oracles* de Fontenelle, attaquée à retardement par le P. Baltus, venait de faire courir un danger sérieux à son auteur[3]. En 1725 l'ouvrage de Saint-André ne soulève, il est vrai, qu'un bien petit scandale : est-ce

---

1. LANGE, *Histoire de la fille maléficiée de Courson*, Lisieux, 1717. Sur l'attitude de Malebranche à l'égard du problème de l'action des « esprits », voir ci-dessous, Ch. II, 2. Les « insectes » de Lange rappellent évidemment les infusoires et les spermatozoïdes découverts à la fin du XVIIe siècle : d'où une véritable « insectomanie » qui se manifeste en particulier dans la théorie des maladies contagieuses ; le nom de « corpuscules » qu'il donne à ces « petits atomes vivants » est emprunté, non sans la déformer, à la « philosophie corpusculaire » dont certains aspects seront étudiés au chapitre suivant (II, 3). Une inspiration « naturaliste » analogue, mais beaucoup plus marquée, se fait jour dans les thèses de son confrère de Coutances, le médecin de Saint-André, déjà nommé ; cf. *infra*, Ch. II, 3.

2. Article cité : « Il ne s'amuse pas à prouver l'existence de ces esprits malfaisants ni le pouvoir qu'ils ont d'agir sur nous jusqu'à un certain point, ce qu'il croit suffisamment établi par la foi ».

3. Voir l'introduction de Louis Maigron à son édition critique de l'*Histoire des oracles*, Paris, 1908.

un signe des temps ? La relative indulgence théologique du journaliste de Trévoux peut s'expliquer par le plaisir qu'il prend à en souligner les faiblesses philosophiques ; mais la conclusion de l'article semble bien manquer de conviction : la Justice et l'Église ont raison, écrit-il, de condamner les sorciers, même s'ils ne sont coupables que d'intention [1]... Bayle qui croyait, comme Malebranche, à l'existence de « démoniaques d'imagination » avait de même maintenu la nécessité de les punir ; personne ne songeait pourtant à faire du tome premier de sa *Réponse aux questions d'un Provincial* un manifeste en faveur de la réalité de la sorcellerie [2]... On peut donc déceler dans l'attitude du journaliste jésuite un certain embarras : il n'est pas toujours facile d'être à la fois moderne et traditionaliste, et d'adapter des croyances vénérables au goût des personnes « éclairées » ! Parfois cette impossible conciliation à laquelle se vouent les bons pères de la Compagnie de Jésus est rendue plus aisée par la maladresse même des ouvrages qu'ils approuvent au fond de leur cœur ; alors leur adhésion au contenu du livre se permet, sans risque aucun, l'élégance d'une critique purement littéraire. Il y a bien des longueurs et des répétitions dans le gros traité qu'Antoine-Louis Daugis consacre en 1732 à démontrer la vérité de la Magie et des maléfices, mais on doit aussi reconnaître, constatent-ils, qu'« un vrai esprit de piété paraît dans tout cet ouvrage » [3]. Dans des cas semblables le *Journal des Savants* trouve au contraire dans la sécheresse officielle de ses comptes rendus un moyen d'éviter une approbation ou un scepticisme également, bien que diversement, compromettants [4] ; mais à mesure que le demi-siècle avance, l'apparente objectivité d'une formule comme « notre auteur prétend que... » lui permet de plus en plus souvent de discrètes audaces [5].

Aussi bien celles-ci sont-elles de moins en moins dangereuses. Chez les croyants et les gens d'Église on voit s'affirmer progressivement le désir d'une foi moins crédule que par le passé. S'il n'est pas question de nier la puissance du Démon et l'existence des sorciers, leur rationalisme grandissant tend à limiter l'importance de ces dogmes : le maléfice n'est pas nié, mais il est discrètement rejeté hors de la vie quotidienne.

---

1. *Mémoires de Trévoux*, déc. 1726, pp. 2226-2261.
2. *Op. cit.* t. I, Ch. 35.
3. DAUGIS, *Traité sur la magie, le Sortilège, les Possessions, obsessions et maléfices, où l'on en démontre la vérité et la réalité, avec une Méthode sûre et facile pour les discerner, et les règles contre les Devins, Sorciers, Magiciens, etc... Ouvrage très utile aux Ecclésiastiques, aux Médecins et aux Juges*, Paris, 1732. Cf. *Mémoires de Trévoux*, Sept. 1732, p. 1534.
4. C'est ainsi qu'il analyse assez longuement, mais sans aucun mot de commentaire, le recueil d'exorcismes d'un religieux allemand, publié en 1708 à Francfort, en latin, sous le titre de *Fléau des Démons*. Cf. *Journal des Savants*, 1710, pp. 392-394.
5. Voir, dans le même périodique (1733, p. 581 sq.) le compte rendu des *Lettres philosophiques, sérieuses, critiques et amusantes, traitant de la pierre philosophale, de l'incertitude de la médecine et... du retour des esprits en ce monde, des génies, de la magie* etc... L'auteur de ce recueil attribuait aux sorciers le pouvoir de provoquer des tremblements de terre et de calmer les vents.

Comme l'écrivent dès 1717 les *Mémoires de Trévoux,* « il faut en croyant l'existence de la Magie être fort réservé à décider qu'une maladie en est l'effet [1] ». L'Oratorien Le Brun manifeste une prudence analogue à celle de son confrère jésuite lorsqu'il dénonce tel faux prodige où la fourberie des hommes avait eu plus de part que la malignité du Démon [2]. Mais s'il affirme justement le caractère superstitieux de certaines pratiques, usage de la clé de Saint Pierre comme préservatif contre la rage, exorcismes contre les insectes qui gâtent les récoltes, s'il définit de sages principes « pour discerner les effets naturels d'avec ceux qui ne le sont pas », sa crédulité reste toujours très grande dans leur application : ainsi lorsqu'il refuse toute discussion sur les effets de la « baguette divinatoire », et persiste à les classer parmi les sortilèges [3]... La même incertitude apparaît en 1746 dans la pensée du bénédictin Dom Augustin Calmet; désireux de libérer la foi des superstitions qui l'encombrent, Dom Calmet ne va pas jusqu'à nier en bloc tous les prodiges que l'on attribue d'ordinaire aux sorciers; on peut même déceler dans ses efforts pour distinguer vrais ou faux sortilèges une assez naïve subtilité :

> « Je ne parle point des sorciers et sorcières qui vont au Sabbat montés sur un bâton, ou sur une queue de balai, je tiens tout cela pour fabuleux. Mais pour la jarretière et les voyages faits avec une promptitude plus que naturelle, on ne peut les attribuer qu'au Démon... » [4]

La tendance générale de son livre n'en reste pas moins très nettement critique; si Dom Calmet croit évidemment à la possibilité d'apparitions surnaturelles, il leur reconnaît une réalité d'ordre psychologique plutôt que physique et admet que l'on discute de leurs modalités [5]. Quant aux apparitions postérieures à l'Écriture, rapportées par des traditions écrites ou orales, il ne doute guère que la plupart aient eu un caractère illusoire : illusions des sens, et surtout de l'imagination séduite par le Démon.

> « Car Satan a mille manières de tromper les hommes et de les entretenir dans leurs erreurs. La magie, les impiétés, les maléfices sont souvent la suite des désordres de l'imagination »[6].

---

1. *Op. cit.,* déc. 1717, sq. La remarque s'applique au *Traité de physique et de médecine sur les enchantements* d'un médecin de Nuremberg, G.A. Mercklin, « un des membres de l'Académie impériale des Curieux de la Nature ».
2. Le Brun (le P.), *Histoire critique des pratiques superstitieuses,* seconde édition augmentée, Paris, 1732, Livre II, p. 337 sq. Disciple de Malebranche, le P. Le Brun avait publié la première édition de ce livre en 1702.
3. *Op. cit.,* Livre VII, Cf. *Journal des Savants,* 1732, pp. 414 sq. et 459 sq.
4. Dom A. Calmet, *Dissertation sur les apparitions des Anges, des Démons et des Esprits,* Paris, 1746, p. 167.
5. *Ibid.,* p. 13 sq.
6. *Ibid.,* p. 160. Cf. aussi pp. 184, 192, etc...

Ainsi superpose-t-il habilement une explication rationaliste, qui vient tout droit de Malebranche et de Bayle, à la croyance traditionnelle au pouvoir de Satan; on ne saurait mieux tenir les promesses de la *Préface* où il annonçait son désir de raisonner à la fois en historien, en philosophe et en théologien. Loin de se contredire, ces trois points de vue se rejoignent souvent, par exemple lorsqu'il s'en prend à la croyance aux vampires. Récits illuminés, écrit-il, car les vrais résurrections ne sont possibles qu'à Dieu :

« Si les vampires sont des morts très morts, comment reviennent-ils donc au monde ? sans doute il faut que ce soit un miracle de la Toute-Puissance de Dieu; et ce miracle comment est-il si fréquent, si trivial pour ainsi dire ? Car il y a plus d'histoires de vampires depuis soixante ans qu'il n'y en a de tous les autres revenants pris ensemble depuis des siècles »[1].

En dépit des inconséquences qui subsistent dans la pensée de Dom Calmet, on voit nettement s'affirmer ici la conviction qu'une foi éclairée n'est pas forcément une foi affaiblie : non seulement le miracle doit être considéré comme un événement exceptionnel, mais il convient de le distinguer avec soin de prétendus prodiges, naturels ou diaboliques; en limitant le pouvoir du Diable ou les forces de la Nature, le théologien ne fait qu'accorder davantage à la Toute-Puissance divine. Ainsi pensait déjà l'abbé Pierquin, curé de Châtel, en Champagne, pourtant encore bien crédule : le pouvoir de Satan « ne passe pas les lois générales de la Nature »[2]. Mais si la science a précisément pour objet de définir ces dernières, elle s'oppose en cela à la superstition beaucoup plus qu'à la foi. Bien comprise, celle-ci interdit tout autant de multiplier les effets magiques que de leur refuser toute réalité.

Devant les prestiges malsains de la magie surnaturelle le croyant doit donc s'en tenir à une attitude de prudence attentive et de réserve

---

1. *Dissertation sur les revenants et les vampires*, (jointe à la précédente), texte cité par les *Mémoires de Trévoux*, oct. 1746, p. 1977.

2. *Réflexions sur les transformations magiques*, publiées dans le *Journal de Verdun* de Juillet 1729, et reprises en 1744 parmi ses *Oeuvres physiques et géographiques* (XXIIIe dissertation). Cf. p. 338 : « Qu'on ne dise pas que le diable fait ces métamorphoses ; son pouvoir ne passe pas les lois générales de la Nature, il est trop borné pour aller jusque-là... » Et Pierquin d'appuyer cette réflexion de l'autorité de saint Augustin. Émanant d'un prêtre de province, l'assertion est particulièrement digne de remarque. Elle rejoint l'opinion de théologiens réformés, les Suisses Werenfels, et surtout Jean-Alphonse Turretin (1671-1737). Voir aussi l'*Essai sur les Miracles* de Guillaume FLEETWOOD, chapelain du roi Guillaume III (*An Essay upon Miracles...*, Londres, 1702); lors de sa publication, les *Mémoires de Trévoux* (nov. 1703) avaient décelé dans ce livre des relents de « spinozisme ». Les *Réflexions* de l'abbé Pierquin sont contemporaines du *Traité sur les Miracles* publié à Amsterdam, en 1729 également, par le protestant Jacques Serces ; celui-ci combat à son tour l'opinion traditionnelle qui attribuait au Diable les « miracles » des païens : c'est en somme la thèse de Van Dale et de Fontenelle, appuyée d'autorités théologiques. En 1737, dans son *Traité de la véritable Religion* (t. II, Troisième partie, Troisième dissertation, Ch. IV), l'abbé Ilharart de la Chambre se prononce de nouveau contre elle, mais non sans une hésitation marquée : simple probabilité, dit-il, et l'on peut voir dans cette prudence un signe des temps.

critique, chercher un juste milieu entre la crédulité aveugle et l'incrédulité systématique; ce conseil qu'un prêtre, l'abbé d'Artigny, formule en 1749 [1] semble bien résumer, sur ce problème, l'opinion moyenne du demi-siècle : opinion qui trouve dans les certitudes de la foi chrétienne aussi bien un alibi à ce qui lui reste de crédulité qu'un aliment pour sa volonté d'esprit « philosophique » [2]. Libre aux « esprits forts » de railler l'une sans voir la sincérité de l'autre : les croyants à leur tour auront beau jeu de leur renvoyer la balle. Car parmi les héritiers des libertins du XVIIe siècle, combien rencontre-t-on de soi-disant savants plus attardés et plus rétrogrades que leurs adversaires les plus conservateurs ? Combien, à l'instar de Naudé dont on vient de rééditer la célèbre *Apologie,* sans avoir toujours une lucidité égale à la sienne, ne savent guère qu'opposer à une vaine magie diabolique une « magie naturelle » au moins aussi contestable ! [3] Et puisque celle-ci se prétend scientifique, il faudrait peut-être savoir, avant de l'étudier elle-même, de quelle sorte de « sciences » elle peut se réclamer. Car dans la « science » du temps de Montesquieu et Voltaire on voit fréquemment coexister deux univers et deux âges mentaux radicalement hétérogènes, le principe de causalité et celui de participation, une pensée de type magique et une pensée toute mathématicienne. De celle-là à celle-ci certaines disciplines ont définitivement franchi le pas, telles l'astronomie ou la mécanique. D'autres qui n'ont pas atteint le même degré d'abstraction hésitent encore, tout au long du siècle, entre la clarté rationnelle des sciences abstraites et l'inquiétante fascination des sciences occultes.

---

1. *Nouveaux Mémoires d'Histoire, de critique et de littérature,* Paris, 1749, cinquième article, Cf. *Journal des Savants,* 1749, p. 796 sq.
2. Voici par exemple ce qu'écrit sur le même sujet le « cartésien » Legendre de Saint-Aubin qui, s'il modifiait la physique de Descartes, n'en défendait pas moins ses principes contre l'attraction newtonienne : « La magie est en même temps l'écueil des esprits forts et des esprits crédules : des esprits forts lorsqu'ils nient entièrement les effets magiques ; des esprits crédules lorsqu'ils étendent trop loin les opérations de la magie et qu'ils font injure à la toute-Puissance et à la bonté de Dieu, en faisant intervenir des diables dans tout ce qu'ils ne comprennent point, ce qui leur arrive d'autant plus souvent que leurs connaissances sont plus bornées. C'est une impiété de nier qu'il puisse y avoir des sorciers, et c'est une bêtise de les placer partout ». *Traité historique et critique de l'opinion,* 1733, t. II, p. 336.
3. *Apologie pour les grands hommes soupçonnés de Magie, par G. Naudé, parisien. Dernière édition où l'on a ajouté quelques remarques,* Amsterdam, 1711. Le *Journal des Savants* (1712, p. 299) juge le livre trop connu pour qu'il soit utile d'en donner une longue analyse. Parmi les diverses branches de la « magie naturelle » ou « Physique pratique », Naudé énumère la médecine, la chimie, l'astronomie, la physionomie, l'oniroscopie, la géomancie et l'astrologie (pp. 29-30), mais n'en met pas moins ses lecteurs en garde contre une excessive crédulité. Voir la thèse de M. R. PINTARD, *Le libertinage érudit dans la première moitié du XVIIIe siècle,* Paris, 1943.

2. — Vraies et fausses sciences

Avant Lavoisier la chimie demeure une science toute qualitative : le laboratoire du chimiste tient à la fois de la cuisine et de la forge; cuisine d'enfer! Et dans la hiérarchie des accessoires le soufflet propre à activer un feu diabolique n'a pas encore été supplanté par l'inoffensive balance [1]. Plus prosaïquement, la chimie est d'abord la science du teinturier, du pharmacien, du maître-verrier et du maître de forges; son esprit reste étroitement artisanal et utilitaire, sauf lorsqu'elle s'abandonne aux divagations de l'esprit de système; un traité de chimie peut contenir indifféremment — et, de fait, souvent en même temps — un répertoire de recettes pratiques ou l'exposé de toute une cosmologie. Science instable, mais aussi science obscure; malgré les efforts des disciples de Boyle ou de Lémery son langage est toujours encombré de mots et de symboles aussi confus que vagues. La diversité des définitions vient renforcer son caractère hermétique : science d'initiés, comme l'alchimie elle-même, et ce n'est point leur seul point de contact. Tandis que le chimiste spécule sur la nature et le nombre des « éléments » des choses, l'alchimiste cherche à réaliser pratiquement leur transmutation. Entre leurs deux domaines les frontières restent incertaines : au milieu du siècle le maître de Lavoisier, Rouelle, ne manque jamais de terminer son cours annuel par une ou deux leçons sur « le grand œuvre » [2]. L'ambiguïté du vocabulaire est ici tout à fait révélatrice : combien de fois trouve-t-on encore dans les textes de cette époque le mot de « chimie » employé pour « alchimie »! [3] Ce voisinage compromettant explique sans doute en partie le discrédit relatif de la chimie proprement dite aux yeux des vrais savants : Venel le constate et le déplore dans son article de l'*Encyclopédie,* où il souhaite, sans trop y croire, l'élévation de cet art « au rang de la physique calculée » [4]. Mais inversement l'utilité

1. Cf. M. DAUMAS, *Les instruments scientifiques aux XVIIᵉ et XVIIIᵉ siècles,* Paris, 1953. Voir aussi le tome II de l'*Histoire générale des Sciences* publiée sous la direction de R. Taton, Paris, 1958. On trouvera dans ce dernier ouvrage une bibliographie détaillée.
2. Nous avons sur ce point le témoignage de Diderot qui admirait Rouelle dont il avait suivi le cours pendant trois ans. Cf. DIDEROT, *Oeuvres complètes,* édit. Assézat-Tourneux, t. VI, pp. 405-410.
3. Cf. MONTESQUIEU, *Lettres Persanes,* 135. « Voici la chimie qui habite tantôt l'hôpital, et tantôt les petites-maisons, comme des demeures qui lui sont également propres ».
4. *Encyclopédie,* t. III, 1753. Art. *Chimie* : « La chimie est peu cultivée parmi nous, constate Venel ; cette science n'est que très médiocrement répandue, même parmi les savants, malgré la prétention à l'universalité de connaissances qui fait aujourd'hui le goût dominant. Les chimistes forment encore un peuple distinct, très peu nombreux, ayant sa langue, ses lois, ses mystères, et vivant presque isolé au milieu d'un grand peuple peu curieux de son commerce, n'attendant rien de son industrie ». Cf. Maurice DAUMAS, *La Chimie dans l'Encyclopédie...,* R.H.S, Juillet-décembre 1951.

pratique de certaines recettes chimiques n'est pas sans conférer quelque poids aux vaines recherches des alchimistes. Ceux-ci avaient peut-être plus de prestige que ne leur en accorde le collaborateur de Diderot. Trente ans plut tôt en tout cas on pouvait encore se proclamer alchimiste sans passer du même coup pour un charlatan intéressé ou un illuminé ridicule; et l'opinion publique était loin de partager sur ce point toutes les préventions du Persan de Montesquieu [1]. Les nombreux ouvrages que publient chaque année les disciples de Paracelse ou de Raymond Lulle ne manquent jamais de trouver des lecteurs complaisants; le journaliste de Trévoux déplore en 1724 cette sympathie fâcheuse pour des livres « que la piété et le bon sens proscrivent également et jusqu'ici inutilement » [2]. L'ironie de Rica, l'attitude polémique des « philosophes » envers l'alchimiste traduisent le sentiment d'un combat à livrer, plutôt que la certitude d'une victoire déjà acquise. On ne raille pas des croyances mortes, mais celles, encore vivantes, dont on veut précipiter l'agonie. En 1722 un membre de l'Académie des Sciences, Geoffroy l'aîné, juge utile de dénoncer devant ses confrères les « Supercheries concernant la Pierre Philosophale » [3]. De façon générale, la place que tiennent les publications alchimiques dans la vie intellectuelle de cette période s'apprécie moins à leur nombre — important à toutes époques et encore de nos jours — qu'à l'accueil qui leur est alors réservé par les porte-parole de l'opinion «éclairée». Or, s'il est souvent très critique, cet accueil n'en est pas moins attentif : à l'*Abrégé de la doctrine de Paracelse* le *Journal des Savants* consacre, sans aucun commentaire, trois grandes pages d'analyse [4]; quelques mois plus tôt son confrère jésuite, qui ne se piquait pas d'une aussi sereine objectivité, venait d'étriller rudement *Les clés de la philosophie spagirique,* du médecin parisien Le Breton [5]. Mais cette différence d'attitude à l'égard d'ouvrages d'une inspiration très voisine n'est pas imputable aux seules traditions des deux périodiques; elle témoigne d'un flottement certain devant les ambitions des « adeptes » : si l'on s'accorde généralement à dénoncer le caractère aventureux des opérations alchimiques, on hésite à leur refuser toute utilité au moins indirecte. N'ont-elles pas été souvent l'occasion d'observations et de découvertes particulièrement précieuses ? C'est ce que rappellent parfois les rédacteurs du *Journal des Savant* : tel *Traité du Sel des Philosophes* peut présenter un réel intérêt pharmaceutique, même s'il

---

1. *Lettres Persanes,* 45.
2. *Mémoires de Trévoux,* mai 1724, p. 787.
3. *Mémoires de l'Académie Royale des Sciences,* 15 avril 1722. (Texte reproduit par Lengley-Dufresnoy dans son *Histoire de la Philosophie hermétique, op. cit.,* t. II, p. 104 sq.)
4. *Journal des Savants,* 1724, pp. 296-298.
5. *Mémoires de Trévoux,* mars 1723, p. 417 sq.

est d'autre part totalement chimérique[1]. Mais il arrive aussi que la
prudente réserve d'un compte rendu de ce genre s'inspire de raisons
plus théoriques; analysant une réfutation de la doctrine alchimique,
le même journal se garde bien d'en adopter les conclusions : « Nous
rapporterons ce qu'on dit sur ce sujet, et nous ne prendrons aucun parti
sur une matière qui est peut-être la plus obscure de toute la Philosophie »[2]. La transmutation des métaux constitue de toute évidence
une entreprise aussi ruineuse que vaine : mais comment en démontrer
l'impossibilité absolue ? En vain chercherait-on des arguments décisifs
dans la théorie physique qui prédomine alors. Sans doute le mécanisme
cartésien est-il incompatible avec le fond des conceptions alchimiques;
d'un côté l'idée que la Nature, dans la « génération » des métaux, tend
sans cesse vers une plus grande perfection, l'or étant l'aboutissement
de cet effort que les « artistes » cherchent à aider; de l'autre la notion d'un
univers stable et parfait où se conserve une quantité déterminée de
mouvement[3]. La « physique nouvelle » n'en admet pas moins l'existence
d'une matière homogène et une, ce qui rend la fabrication de l'or théoriquement possible; un de ses maîtres incontestés, Rohault, avait dû
lui-même le reconnaître à demi-mot[4]. Quant aux esprits qui, comme les
journalistes de Trévoux, devaient conserver longtemps encore à l'égard
du mécanisme cartésien une attitude de réticence ou d'hostilité, ils
n'étaient pas mieux prémunis, malgré leurs violentes dénégations, contre
certains principes alchimiques. Si l'ambition de rivaliser avec le Créateur
leur apparaît comme un véritable sacrilège, le thème des générations
ou des végétations métalliques n'avait rien qui pût les choquer; il
rejoignait au contraire des conceptions très répandues à cette époque,
en particulier chez les Jésuites, depuis les travaux du P. Athanase Kircher:
l'analogie du règne métallique et du règne organisé pouvait aisément
trouver place dans la définition de la terre comme une sorte d'organisme

---

1. *Journal des Savants*, 1719, p. 299 sq. « Le *Traité du sel* concerne la pierre philosophale ; l'auteur y laisse à chacun la liberté de décider si la pierre philosophale est possible ou non ; ceux qui y tiennent pour l'affirmation trouveront ici de quoi se contenter,
et ceux qui sont pour la négative mais qui aiment la médecine y apprendront au moins à
faire un sel métallique que M. Le Crani dit avoir des vertus extraordinaires pour la guérison
des maladies... » Voir aussi *ibid.*, 1723, p. 147, sur l'ouvrage de Crosset de la Haumerie,
Les secrets les plus cachés de la philosophie des Anciens : « Ce livre, très mal écrit pour le
français, ne l'est pas mal pour le fond, et il contient un grand nombre de remarques non
seulement curieuses mais utiles... »

2. *Ibid.*, 1711, p. 75.

3. H. METZGER, *Les Doctrines chimiques en France du début du XVIIᵉ siècle à la
fin du XVIIIᵉ*, Paris, 1923, Ch. II. C'est ainsi qu'en 1711 l'auteur de l'*Examen des principes des alchimistes sur la pierre philosophale* développe contre les adeptes de la philosophie hermétique le thème de l'éternité de l'ordre naturel et celui de la préexistence. Voir
Journal des Savants, 1711, p. 75, et *Mémoires de Trévoux*, juin 1711, p. 1055 sq.

4. Jacques ROHAULT, *Traité de Physique*, douzième édition, Paris, 1708, Troisième
partie, t. II, p. 170. A défaut de l'impossibilité « absolue » de la transmutation, Rohault
en soutient l'impossibilité « morale », tant son succès supposerait, dit-il, de hasards heureux.
Même observation dans les *Mémoires de Trévoux* février 1730, pp. 711-733, et juin 1711 p.
1055 sq.

vivant [1]. Ni chez les cartésiens ni chez leurs adversaires l'alchimie ne rencontrait donc au début du XVIIIe siècle une opposition aussi efficace, sinon aussi déterminée, qu'on eût pu s'y attendre.

Logiquement et historiquement liée à elle, par exemple dans l'œuvre de Paracelse, l'astrologie reposait sur la même doctrine de l'universelle analogie : correspondance des sept astres errants du macrocosme et des différentes parties du microcosme humain [2]. Mais dans la période que nous étudions, elle ne peut plus bénéficier d'une équivoque analogue à celle qui confond encore chimie scientifique et chimie occultiste. La « philosophie corpusculaire » peut bien proposer parfois une explication « scientifique » des « influences » astrales [3], l'astronomie mathématique n'en a pas moins rompu, par son existence même, avec l'art des astrologues. A l'origine de cette rupture et de cette libération les aspects particuliers d'une science digne de se proposer désormais en modèle à toutes les autres importent peut-être moins que ce dont elle est devenue le signe et le symbole : dans l'histoire du progrès intellectuel l'avènement de l'esprit scientifique véritable, c'est-à-dire quantitatif et abstrait, compte encore plus que celui de la mécanique céleste fondée par Galilée et Descartes. Aussi la raillerie des philosophes atteint-elle plus rudement les astrologues que les alchimistes : après l'auteur des *Lettres Persanes*, celui de la *Philosophie du Bon Sens* les accable de son ironie [4]. Même réaction de la part des journalistes de Trévoux lorsqu'il leur arrive de rencontrer quelque *Zodiaque de la vie humaine* : belle occasion de se poser à leur tour en pourfendeurs de préjugés aussi absurdes qu'impies [5]. Notons cependant ici encore ce que révèle leur empressement à consacrer tout un article à un ouvrage de cette sorte : l'auraient-ils fait s'ils n'avaient pas senti la nécessité de prémunir leur public contre de telles lectures ? Peut-être les croyances astrologiques avaient-elles encore une vitalité inattendue quarante ou cinquante ans après les *Pensées sur la Comète*. L'attitude des rédacteurs des *Mémoires de Trévoux,* celle de Montesquieu ou du marquis d'Argens rappellent

---

1. KIRCHER (le P. Athanase), *Mundus subterraneus, in quo universae naturae majestas et divitiae demonstrantur,* troisième édition augmentée, Amsterdam, 1678, 2 vol. in-fol. Physicien, mathématicien, archéologue et orientaliste, le P. Kircher avait une érudition comparable à celle de son ami Peiresc. Au goût des collections il joignait celui des hypothèses et des systèmes, mais son esprit critique n'était pas aussi développé que son imagination et sa curiosité. Bien que son œuvre touffue n'ait pas dû trouver beaucoup de lecteurs au XVIIIe siècle, des idées analogues aux siennes se rencontrent souvent dans les *Mémoires de Trévoux,* Cf. *op. cit.,* 1736, art. XVII ; 1743, art. XIII etc...

2. Le soleil et le cerveau, le cœur et la lune, etc...

3. Voir ci-dessous, Ch. II, 3.

4. *Lettres Persanes,* 135. D'ARGENS, *Philosophie du Bon-Sens,* 1737, Cinquième réflexion.

5. *Mémoires de Trévoux,* avril 1734, p. 600. *Le Zodiaque de la vie humaine, ou préceptes pour diriger la conduite et les mœurs des hommes, divisé en douze livres, sous les douze signes, traduit du poème latin de Marcel Palingène, célèbre poète de la* {Stellada ; *nouvelle édition, revue, corrigée et augmentée de notes historiques, politiques, morales...par M. J.B. de la Monnerie,...,* 2 vol. in-12, Londres, 1733.

tout à fait l'inconséquence de J. Rohault qui jugeait l'astrologie indigne
d'occuper l'esprit d'un philosophe mais ne lui en consacrait pas moins
un chapitre de sa *Physique* [1]. Sans doute cette crédulité était-elle répandue
surtout dans les milieux sociaux où les « lumières » n'avaient pas encore
pénétré; comme le remarque Montesquieu, « il n'y a pas jusqu'au plus
misérable artisan qui ne croie que les corps immenses et lumineux
qui roulent sur sa tête ne sont faits que pour annoncer à l'Univers
l'heure où il sortira de sa boutique [2] ». Mais ce n'étaient pas toujours
d'humbles artisans ni des hommes sans culture que ceux de ses contemporains qui donnaient le plus notoirement dans cette « orgueilleuse
extravagance ». L'influence maligne des astres figure encore en bonne
place parmi les causes que certains médecins assignent à la grande
peste qui ravage la Provence en 1720 [3]. Et l'auteur de *L'Esprit des lois*
qui cite et discute abondamment les thèses de son illustre devancier
n'ignorait pas la qualité d'astrologue du comte de Boulainvilliers [4], très
réputé comme tel parmi les grands de son époque. Esprit encyclopédique,
Boulainvilliers occupe une place à part dans la longue lignée des faiseurs
d'horoscope; il compte, nous dit gravement l'un de ses plus récents
commentateurs, parmi les fondateurs de « l'astrologie scientifique » [5].
Telle était du moins l'ambition d'un astrologue qui n'a que mépris
pour la crédulité d'un Cardan [6]. Historien plutôt que prophète, il n'entend
pas prévenir l'avenir, mais expliquer le passé [7]; très informé des travaux
de l'astronomie moderne [8], astronome lui-même, ainsi que physicien [9],
il se propose, nous annonce-t-il, de donner enfin à l'astrologie une
égale valeur rationnelle :

---

1. *Op. cit.*, t. II, 2ᵉ partie, Ch. XXVII, p. 106.

2. MONTESQUIEU, *Pensées*, 54 (2193).

3. Cf. J. EHRARD, *Opinions médicales en France au XVIIIᵉ siècle. La Peste et l'idée de contagion, Annales. Economies-Sociétés-Civilisations*, janvier-mars 1957.

4. *Pensées*, 2156 (1346). « On disait du Comte de Boulainvilliers qu'il ne savait le passé, le présent, ni l'avenir : il était historien ; il avait une jeune femme ; et il était astrologue ».

5. Cf. R. SIMON, *Henry de Boulainviller historien, politique, philosophe, astrologue,* Lille-Paris, 1939, pp. 633-634.

6. *Astrologie mondiale,* 1711, édit. R. Simon, Garches, 1949, p. 4.

7. « Pour moi, j'avouerai que je n'ai jamais compris que l'on pût justifier l'astrologie ni en faire une science raisonnable par le moyen du pronostic des événements futurs, au lieu qu'à la considérer dans le passé, elle produit avec la conviction des règles qu'elle propose une admiration et une satisfaction toujours nouvelles par le sentiment des moyens simples et naturels choisis par la providence éternelle pour l'accomplissement de ses desseins, et pour triompher des vains projets de la politique humaine. C'est la route que j'ai constamment suivie et dont je ne me suis point détourné, quelques prédictions témé- raires que l'on ait voulu faire courir sur mon compte ». *Pratique abrégée des jugements astrologiques sur les nativités,* B.N. ms. 9124, fol. 5 verso. (Citation empruntée à R. Simon, *op. cit.*, p. 665). Cet ouvrage, resté inédit, aurait été rédigé en 1717.

8. S'il reste « tourbillonnaire », il fait l'éloge des « astronomes anglais », connaît Flamsteed et Newton (*Astrologie mondiale, op. cit.*, pp. 32 et 120).

9. Nous parlerons plus loin de son *Astronomie physique.* Cf. ci-dessous, Ch. II.

« J'examinerai donc simplement quelles sont les voies que les maîtres de l'art ont tracées, quel a été le succès de leurs recherches et si l'on n'y peut rien ajouter en conséquence de la précision du calcul où notre siècle est parvenu... »[1]

D'où son effort pour dresser parallèlement une table chronologique des événements principaux de l'histoire universelle et un calendrier astronomique aussi rigoureux que possible; le désir de mettre en accord ces deux séries le conduit à reculer plus loin dans le temps la date du Déluge, à fixer à 4.229 avant J.-C. le début du monde historique, etc.[2] Quant à sa philosophie de l'histoire, elle repose sur une interprétation astrologique de la psychologie des peuples, où la vieille théorie des climats s'insère tout naturellement[3]. Mais si les « influences » subies à l'origine par les diverses régions de la terre déterminent pour chacune des mœurs particulières, il est aussi des causes plus générales qui définissent le rôle de la nature humaine dans l'histoire; l'explication du destin des empires se ramène finalement à deux seuls principes :

« Je dis donc, ou plutôt je répète ce que j'ai déjà touché en faisant le jugement du Thème radical de la Terre, que les hommes sont déterminés à agir par deux causes ordinaires, auxquelles toutes les autres sont relatives et que ces causes sont physiquement Mars et Vénus, moralement l'intérêt et la force avec leurs motifs subordonnés, savoir à l'égard de Mars le désir de la domination, et l'impétuosité du cœur humain, et à l'égard de Vénus le plaisir et la persuasion »[4].

Cette morale quelque peu désabusée se double d'une philosophie de l'impuissance humaine : le simple « progrès d'une étoile imperceptible » suffit à ruiner la sagesse et la grandeur d'un Nabuchodonosor. Boulainvilliers le constate sans songer à s'en plaindre : « L'inutilité de tout ce que les hommes peuvent entreprendre sans être d'accord avec le Ciel est démontrée par cet exemple ». Doctrine de la fatalité, dira-t-on ? Mais, réplique Boulainvilliers, l'objection vaudrait autant contre les prophéties de l'Écriture, que personne ne songe à taxer d'impiété; or tandis que ces dernières restent irrationnelles, la raison et la foi se rejoignent dans l'astrologie :

« Ainsi il n'y a de différence entre ces deux motifs de croire qu'en ce que la cause immédiate des événements demeure inconnue en cédant à la seule religion, ou qu'elle est rendue évidente et sensible en la considérant dans le mécanisme de la nature »[5].

---

1. *Astrologie mondiale, op. cit.*, p. 4.
2. Quant à la Création, il est d'accord avec l'Anglais Burnet pour l'étendre sur plusieurs siècles (*Ibid.*, p. 64). Cf. ci-dessous Ch. IV.
3. Cf. ci-dessous, Ch. XI, 3.
4. *Astrologie mondiale...*, p. 141.
5. *Ibid.*, pp. 223-224.

Si l'équilibre est rompu entre la « religion » et la « science » astrologique, il semble donc bien que ce soit au détriment de la première,
et il ne serait pas nécessaire de forcer beaucoup le sens de cette dernière
remarque pour y voir une intention maligne et une pointe antichrétienne.
Ce n'est pas le seul point où Boulainvilliers s'écarte de l'orthodoxie
religieuse : car cet astrologue est aussi un esprit très moderne, disciple
averti de Descartes et du plus authentique Spinoza[1]. Aussi sa pensée
la plus systématique a beau devoir aux sciences occultes une bonne part
de son inspiration, elle ne s'en situe pas moins à un autre niveau, et ce
serait la mutiler injustement que la restreindre à un tel domaine. Mais
l'exemple de Boulainvilliers nous incite cependant à dégager des croyances
alchimiques et astrologiques de certains de ses contemporains — voire
même de ses disciples directs — la conception de la nature qui les
sous-tend, plus ou moins clairement. Et l'on ne sera pas trop étonné de
découvrir que les sciences occultes de 1720 débouchent ainsi sur un
naturalisme aussi légitimement suspect à la piété chrétienne qu'à la
science véritable.

---

[1]. Cf. ci-dessous, Ch. II, 3.

3. — « *Sainte et Admirable Nature... !* »

La Nature des alchimistes et des astrologues, ce n'est pas seulement l'ensemble des correspondances qui tissent subtilement l'analogie du macrocosme et du microcosme : elle est bien autre chose que la simple collection de ses effets. Puissance mystérieuse, mais « connue par les choses qu'elle produit » [1], elle est dans le monde visible un secret principe d'unité et de fécondité, une sorte de divinité cachée qui organise et inspire les phénomènes de l'univers physique comme un culte publiquement rendu à son inaccessible grandeur. « O Sainte et Admirable Nature... ! », s'écrie avec ferveur le Cosmopolite [2]. Initié aux rites et aux symboles de ce culte dont il devient le prêtre, l'alchimiste peut engager avec la Nature et son auxiliaire le Mercure un dialogue interdit au profane [3]. Les termes nécessairement obscurs dans lesquels il s'essaie ensuite à le traduire, et où les « philosophes » voient, dans leur ironie, la preuve de son imposture, attestent simplement le caractère religieux et rituel de son rôle. Mais s'il ne peut pas expliquer avec des mots vulgaires le détail de ses opérations sacrées, il devient intarissable lorsqu'il désire glorifier la toute puissante Isis :

> « Je dis donc que la Nature est *une, vraie, simple, entière en son être*, et que Dieu l'a faite devant tous les Siècles, et lui a enclos un certain esprit universel. Il faut savoir néanmoins que le terme de la Nature est Dieu, comme il en est le principe; car toute chose finit toujours en ce en quoi elle a pris son être et son commencement... » [4]

Au-dessus et au-delà de la Nature l'alchimiste admet l'existence d'un Dieu distinct de sa création; son naturalisme, tout empreint de religiosité, ne fait pas nécessairement de lui un libertin ou un athée. Encore faut-il bien constater que, même dans des textes comme celui-ci, la part laissée au surnaturel apparaît finalement bien réduite. « Toutes choses proviennent de cette seule et unique Nature, et il n'y a rien en tout le monde hors la Nature », continue en effet le Cosmopolite. Entendons qu'il n'existe pas dans l'univers d'autre puissance créatrice que celle de la Nature; car celle-ci n'est pas le monde, elle est le principe qui l'anime, principe de mouvement et de vie : « Ce n'est qu'un esprit

---

1. Sendivog, *Le Cosmopolite*, Paris, 1723, *Premier Traité*, p. 8. Cf. *Ibid.*, p. 5 : « Il est donc à remarquer que la Nature n'est point visible, bien qu'elle agisse visiblement... »
2. *Ibid.*, p. 63.
3. *Ibid.*, p. 89. *Dialogue du Mercure, de l'Alchimiste et de la Nature.*
4. *Ibid.*, p. 5.

volatil qui fait son office dans les corps, et qui a son siège et son lieu en la Volonté divine » [1]. Retenu dans les corps grossiers par l'intermédiaire du mercure, ou « humide radical », cet « esprit céleste » tend toujours à s'en échapper; d'où l'instabilité des combinaisons chimiques qui s'engendrent les unes les autres :

« Quand l'union d'un esprit est rompue, l'humide radical reçoit aussitôt et conçoit, pour ainsi dire, un autre esprit qui chasse le premier. Ainsi la corruption d'une chose est la génération d'une autre » [2].

On comprend que dans la littérature hermétique l'idée de Nature soit toujours liée à celle de génération [3], permettant par là de rationaliser le vieux thème des métamorphoses. Celles-ci ne se font pas au hasard; l'alchimiste n'admet pas que n'importe quoi puisse naître de n'importe quoi, il croit sous certaines réserves à la fixité des espèces :

« La nature tend toujours à produire d'une semence déterminée, un individu semblable à celui dont est sortie la semence; mais il arrive souvent qu'elle en est détournée et qu'elle produit une espèce différente, à proportion que cette semence a perdu son premier état et a dégénéré de sa nature, par l'impression et la puissance corrompante des agents extérieurs. Ainsi le froment dégénère en ivraie; ainsi s'engendrent les animaux imparfaits et les monstres » [4].

En elle-même, la Nature ne saurait se tromper : mais pour être infaillible, elle n'est pas immuable; son dynamisme interne n'est pas désordonné, mais orienté vers le mieux. Cette tendance au perfectionnement apparaît en particulier dans le lent mûrissement des métaux, des plus vils au plus parfait qui est l'or [5]. Un jour viendra pour elle de trouver son achèvement ultime dans la suprême perfection, c'est-à-dire le repos; ce sera quand tous « les esprits volatils » seront enfin et définitivement fixés :

« Alors toutes les altérations et les vicissitudes de corruptions et générations doivent cesser dans la nature; et toutes les formes de l'univers demeureront éternellement dans leur existence; parce que les mouvements et les altérations ordinaires dans le système du monde ne tendent qu'à la fixation des esprits, ne subsistent et ne s'entretiennent que par les volatils, de sorte que rien ne changera plus sitôt qu'ils auront acquis cette fixité » [6].

---

1. *Ibid.*, Cf. LE BRETON, *Les clés de la philosophie spagirique*, Paris, 1722, Section I, Ch. III, p. 32 : « L'esprit volatil est l'esprit du monde : il est vert de sa propre nature ; père néanmoins de toutes les couleurs, et l'aliment de l'esprit fixe ».
2. LE BRETON, *op. cit.*, Section I, Ch. I, p. 10. C'est sur cette instabilité que joue la pratique alchimiste : « L'Alchimie tue le mixte et ensuite lui rend la vie » (Section II, Ch. II, p. 44).
3. *Le Cosmopolite, op. cit.*, p. 2 : « La nature et la génération ordinaire des choses qui croissent sur la terre... »
4. LE BRETON, *op. cit.*, Section I, Ch. I, p. 11. Même scrupule de piété naturaliste chez le *Cosmopolite* : « Que si quelquefois nous voyons arriver des avortons, c'est la faute du lieu, ou de l'artisan, et non pas de la Nature... » (p. 5).
5. *Le Cosmopolite, op. cit.*, p. 3, etc...
6. LE BRETON, *op. cit.*, Section V, Ch. I, pp. 108-109.

La pensée alchimique apparaît ici curieusement ambiguë, partagée entre l'exaltation du mouvement, source de vie, et l'aspiration à l'immobilité; elle assume la durée et le devenir des choses, cette éternité de changement, mais non sans conserver la nostalgie d'une éternité intemporelle. Expression de sa toute-puissance, la fécondité de la Nature atteste aussi sa relativité et son imperfection; dans le naturalisme alchimique le sentiment de l'évolution créatrice se complète ainsi d'un mysticisme de l'immuable. On songe au texte fameux ou Rabelais annonce l'avènement d'un « royaume pacifique » : quand sonnera « l'heure du jugement final » « toutes générations et corruptions » cesseront enfin [1]. Pour les alchimistes aussi les « transmutations continues » des éléments, avec lesquelles leur art s'efforce pourtant de rivaliser, semblent rappeler la souillure du péché. Un livre que son inspiration générale apparente aux spéculations hermétiques développe avec abondance, et non sans pittoresque, ce thème très orthodoxe. Avant la chute l'esprit universel produisait « des fruits purs et parfaits »; mais il recèle depuis lors un « principe de corruption, qui n'a produit que des fruits de mort ». D'où les vers qui naissent de la chair et des aliments putréfiés :

> « Ces fruits de mort ont produit de ce même principe des principes venimeux, qui n'avaient pas d'autre fin que la destruction et la mort de chaque sujet : de sorte que le principe de tous les animaux, qui a commencé par des œufs et des vers, finit de même par des œufs et des vers. Tel est le principe et la fin de la Nature corrompue, ce qui doit être un grand sujet d'humiliation pour l'homme, bien capable d'abattre son orgueil, et un puissant motif pour le détourner d'idolâtrer un corps qui doit être la pâture des *vers* » [2].

Conclusion édifiante où la science du philosophe justifie l'humilité chrétienne du moraliste, en même temps qu'elle apaise les scrupules du théologien ! Si puissante qu'elle demeure, la « Nature corrompue » ne saurait rivaliser avec la perfection divine. Le même auteur multiplie les précautions pour épargner à son système toute interprétation athée ou matérialiste. Dans le grand monde, comme dans le petit monde qui est l'homme, il existe deux substances, l'une spirituelle, l'autre matérielle : créée par Dieu à son image, la première est seule immortelle [3]. Mais ce dualisme rassurant, quelle que soit sa valeur ontologique, ne doit pas conduire à isoler totalement l'un de l'autre l'univers des esprits et celui des corps. Edme Guyot s'insurge avec force contre la prétention des « nouveaux épicuriens » (entendons les disciples des Descartes) à expliquer

---

1. *Pantagruel*, Ch. VIII.
2. *Nouveau système du Microcosme, ou Traité de la Nature de l'Homme, par le sieur de Tymogue*, (anagramme d'Edme Guyot), La Haye, 1727, p. 300.
3. *Ibid.*, Ch. I, p. 1.

tous les phénomènes physiques par les seules lois du mouvement[1]; contre
les modernes mécanistes, partisans inavoués d'un hasard aveugle, il
entend défendre les droits de la Nature : médiatrice entre la volonté
de Dieu et le monde matériel, « elle est le principe intérieur de toutes
les opérations du corps vivant[2] ». C'est à sa fécondité créatrice, non au
choc fortuit d'atomes inanimés, que les animaux et les plantes doivent
leur merveilleuse structure. Mais là ne se borne pas son rôle bienfaisant;
la distinction que nous sommes tentés d'établir entre la matière brute
et la matière vivante est seulement une illusion de nos sens; les minéraux
aussi vivent d'une vie sourde dont l'origine n'est pas différente de celle
du règne animal :

> « Il y a une infinité d'animaux, d'insectes et de végétaux qui se forment
> de la corruption de la Nature, et dont la génération et la production ne tombent
> point sous les sens : c'est qu'il y a dans l'air, dans la terre et dans l'eau, une
> infinité de *matrices* qui n'ont point d'autres semences que *l'esprit universel*,
> parce que cet *esprit* se porte continuellement à produire toutes choses, lorqu'il
> trouve des lieux tant soit peu disposés à le réduire de puissance en acte :
> ce qui donne l'être et la forme à tant de camaïeux et de plantes pierreuses qui
> font l'objet de notre admiration »[3].

De même les métaux grossiers ou précieux naissent de son union
avec des matières plus ou moins pures bien que de lui-même l'esprit
de la nature tende toujours à la perfection[4].

Très proche par cette dernière idée de la pensée alchimiste, Edme
Guyot emprunte souvent, d'autre part, le langage traditionnel de l'École :
opposition de la puissance et de l'acte, de la matière et de la forme,
et surtout définition de la Nature comme le principe du mouvement.
De là sans doute l'accueil assez sympathique que lui accordent les
Mémoires de Trévoux, très satisfaits de son hostilité à la philosophie
cartésienne[5]; mais cette aprobation ne va pas sans une certaine inquiétude
que trahit la mise au point finale :

> « La nature, écrit en effet le rédacteur jésuite, ne doit pas être considérée
> comme une Puissance Souveraine et Monarchique qui gouverne ce monde
> avec un pouvoir despotique; mais [...] cette nature est limitée et renfermée

---

1. *Préface*, p. XIII. « Pendant que, par un prétendu mouvement, on multiplie sans
nécessité les figures et les diverses configurations et modifications des parties de la matière, pour la forme et l'existence des corps inanimés et animés, on laisse la Nature dans
l'inaction ; trop heureuse encore si on lui donnait quelque petite part dans la production
des êtres : mais on veut au contraire que le mouvement et le hasard fassent tout, sans
qu'elle y contribue en rien, sinon par une soumission aveugle au mouvement qui la dirige
et au hasard qui la détermine... »
2. *Ibid.*, Ch. I, p. 2.
3. Ch. IV, p. 26.
4. *Ibid.*, p. 27.
5. *Mémoires de Trévoux,* juillet 1727, pp. 1255-1285. Saluant ce système « nouveau
par son antiquité », le journaliste y voit moins « le fruit de l'art et de la lecture que des
réflexions et du bon sens ».

dans les bornes de chaque sujet, dont chacun en particulier forme une République indépendante des autres sujets matériels, et dépendante de Dieu seul qui lui a donné l'être et qui lui influe la vie et la fécondité : ce qui détruit le sentiment erroné des athées qui attribuent tout à la Nature, comme à une Puissance souveraine, étendue et indépendante qui a tout fait et qui gouverne tout. »

Parler de la « nature » de chaque homme est légitime aux yeux de la science, sans danger à ceux de la foi; mais vanter la puissance de la Nature en général, c'est accorder au monde, pris en lui-même, une sorte d'unité organique qu'il ne doit qu'à Dieu; toutes les références d'Edme Guyot au Créateur et au temps de la création, toutes les prudences de style dont il accompagne son exposé n'empêchent pas son système de dresser finalement la Nature en rivale de la Divinité. Sans le dire clairement, le journaliste de Trévoux est bien fondé à subodorer derrière son vocabulaire péripatéticien des intuitions plus proches de l'averroïsme que de la philosophie scolastique.

Naturalisme, panthéisme, matérialisme. Gardons-nous d'appliquer au *Nouveau Système du Microcosme* et aux textes d'une inspiration semblable nos catégories simples et nos distinctions tranchées. Il est difficile de ne pas relever telle phrase où Edme Guyot assimile lui-même sa théorie de « l'esprit universel » à la vieille doctrine de « l'âme du monde »[1]. Nous savons en effet combien demeure vivant au début du xviiie siècle ce syncrétisme naturaliste où convergent des réminiscences de l'hylozoïsme stoïcien et du néo-platonisme, des thèmes empruntés à la Cabbale ou aux sciences occultes, voire un spinozisme singulièrement déformé et qu'alimentent les analyses du P. Le Gobien et d'autres missionnaires sur la pensée des philosophes chinois[2]. Au début du xviiie siècle la manière la plus fréquente de concevoir l'âme du monde est celle d'une matière quasi immatérielle et que sa subtilité apparente à celle du feu. On glisse ainsi aisément du panthéisme au matérialisme : en 1721 par exemple le *Traité des trois imposteurs* se réclame à la fois de Démocrite, d'Empédocle et d'Épicure pour affirmer la matérialité de l'âme et son origine solaire[3]. Sur ce dernier point il aurait pu citer plus justement que celle de Spinoza bien d'autres références : l'italien Vanini dont le

---

1. *Op. cit.*, Ch. 2, p. 9. « La semence de tous les Mixtes est une quintessence céleste, unique en son espèce, qu'on appelle *esprit universel*, ou *âme du monde*, qui est en toutes choses, par sa vertu qui se revêt de toutes les formes. C'est le principe de la vie et de la fécondité. Comme c'est une substance simple et très pure, et une production céleste, le feu de la Nature est son véhicule, son domicile, et l'instrument dont cette même Nature se sert pour réduire la matière de puissance en acte ».

2. LE GOBIEN (Le P.), *Histoire de l'Édit de l'empereur de Chine...*, Paris, 1698, *Préface.* Sur tout ceci voir le chapitre très nourri de P. VERNIÈRE, *Spinoza et la pensée française avant la Révolution*, Paris, 1954, t. II, Ch. I.

3. Ch. V., *De l'Ame.* Cet ouvrage publié en Hollande est un remaniement de la seconde partie du livre paru deux ans plus tôt à Amsterdam sous le titre *La vie et l'esprit de M. Benoit de Spinoza*, Cf. VERNIÈRE, *op. cit.*, p. 362 sq.

nom et l'œuvre sont précisément redevenus à la mode depuis une dizaine d'années [1], des libertins français du siècle précédent comme Cyrano de Bergerac [2] et peut-être Gassendi [3]. Mais c'est surtout dans l'œuvre de Campanella que s'était développé au XVIIᵉ siècle le mythe solaire. Il n'est pas impossible qu'Edme Guyot ait connu la doctrine des Solariens [4] : dans les termes mêmes de son illustre et malheureux prédécesseur, il assimile en effet le Soleil au « premier mâle » dont la chaleur féconde la Terre, matrice des minéraux [5]. Ses efforts pour distinguer, dans le même passage, le principe spirituel qui anime le monde et le feu matériel qui lui servirait simplement de véhicule ne sauraient après cela être très convaincants; et l'expression de « production céleste » qu'il applique à l'esprit universel reste donc passablement équivoque. S'agit-il des cieux divins, comme il l'avait dit d'abord, ou du ciel astronomique ? Sans doute à son insu — car sa pensée n'est pas des plus rigoureuses — l'ambiguïté de sa thèse prouve que le « libertinage érudit » du XVIIᵉ siècle, lui-même héritier du naturalisme de la Renaissance, trouve encore au début du XVIIIᵉ siècle des prolongements vivaces. L'affectation que met Guyot à ignorer la révolution cartésienne illustre cette remarquable continuité d'un courant de pensées qui perpétue au temps de Fontenelle et des Bernouilli la mentalité de Cardan ou de Bruno [6]. Seulement à demi visibles dans le *Nouveau Traité du Microcosme*, les thèmes traditionnels du naturalisme libertin s'étalent ouvertement dans d'autres textes de la même période, non sans conférer chaque fois à leur auteur une sorte de trouble et fascinant prestige.

---

1. J.M. SCHRAMM, *De Vita et Scriptis famosi atheï Lucii Caesaris Vanini*, Custrin, 1709 (Cf. *Mémoires de Trévoux*, mars 1711, p. 480). Pierre Frédéric ARPE, *Apologia pro Vanino*, Leyde, 1712. David DURAND, *La vie et les sentiments de Lucilio Vanini*, Rotterdam, 1717, etc...

2 Cf. J.S. SPINK, *Libertinage et spinozisme : la théorie de l'âme ignée, French Studies*, juillet 1947, pp. 218-231.

3. Le « cas Gassendi » n'est pas de notre compétence (Cf. B. ROCHOT, *Le cas Gassendi, R.H.L.F*, octobre-décembre 1947 ; R. PINTARD, *Modernisme, humanisme, libertinage. Petite suite sur le « cas Gassendi »*, ibid., janvier-mars 1958 ; *Pierre Gassendi, sa vie, son œuvre*, Publication du Centre International de Synthèse, Paris, 1955 ; *Actes du Congrès du tricentenaire de P. Gassendi...*, Paris, 1957). En revanche l'évolution du gassendisme et son apport au naturalisme libertin du XVIIIᵉ siècle intéressent directement notre sujet. Les explications embarrassées de BERNIER (*Abrégé de la philosophie de Gassendi*, seconde édition, Lyon, 1684, t. I, p. 117 ; ibid., t. V, p. 344) étaient peu faites pour disculper son maître du reproche, fondé ou non, d'avoir cru à l'âme du monde. Sur la postérité « libertine » de Gassendi, voir le livre récent de M. J.S. SPINK, *French free thought from Gassendi to Voltaire*, Londres, 1960.

4. En 1705 on réédite à Amsterdam la thèse d'Ernest Salomon Cyprian, *Vita et philosophia Th. Campanellae*. Cf. P. VERNIÈRE, *op. cit.*, p. 361.

5. *Op. cit.*, Ch. IV, p. 23. A rapprocher de *La Cité du Soleil*, éd. A. Zévaès, Paris, Vrin, 1950, p. 105 : « Il existe deux éléments physiques qui engendrent les êtres inférieurs, l'un mâle qui est le soleil, l'autre femelle qui est la terre... »

6. Mentionnons aussi *La philosophie occulte de Henri-Corneille Agrippa... divisée en trois livres et traduite du latin* (par A. Levasseur), La Haye, 1727.

*
* *

C'est pourtant aujourd'hui une figure bien oubliée que celle du sieur Colonna, gentilhomme romain fixé à Paris depuis sa jeunesse et qui y serait mort en 1726, à un âge avancé, dans l'incendie de sa maison. Cet astrologue n'avait-il pas su prévoir sa fin tragique ? Le journaliste de Trévoux, qui nous le présente comme un disciple de Boulainvilliers, mais sans apprécier beaucoup les rêveries astrales de l'un et de l'autre, loue cependant « son grand esprit et sa profonde érudition »[1]. Le titre des ouvrages qu'on lui attribue témoigne de la nature de celle-ci, libertine et occultiste à la fois[2]. Mais sa réputation restait après sa mort suffisamment assise pour que le P. Castel engageât avec un certain Gosmond, élève du disparu, une controverse plus courtoise que ne le comportaient d'ordinaire les mœurs polémiques du temps. Non sans ingénuité, le célèbre inventeur du « clavecin oculaire »[3] suppose Colonna plus maladroit que mal intentionné lorsqu'il lui reproche de n'éviter le mécanisme cartésien que pour frôler le panthéisme[4]; hostile à la doctrine de l'âme du monde, avec laquelle il confond malignement la matière subtile de Descartes, le P. Castel met son partisan au défi de la concilier avec l'existence d'un Dieu transcendant[5]. Il ne semble pas que la réponse de Gosmond ait pu le rassurer beaucoup : « Dieu est l'âme de l'âme du monde », réplique en effet ce dernier, au nom de son maître, après avoir nettement précisé qu'il n'entendait par là qu'une âme matérielle[6]. De fait, dans l'ouvrage qui est l'objet du débat, Colonna lui-même avait bien défini la Nature naturante comme « l'instrument immédiat dont Dieu se sert pour former la nature naturée sensible »[7], mais en accompagnant cette déclaration de références aux atomes animés de Démocrite[8]

---

1. *Mémoires de Trévoux*, juin 1732, p. 998. A notre connaissance, M. J.S. Spink a été le premier historien à tirer Colonna de l'oubli (*French free-thought...*, *op. cit.*, pp. 120-121, 128-132 et 228). Nous avons essayé de montrer ailleurs les affinités de sa pensée avec celle de Diderot (*Matérialisme et naturalisme, les sources occultistes de la pensée de Diderot, Cahiers de l'Association Internationale des études françaises*, Paris, 1961, p. 190 sq).

2. *Les Secrets les plus cachés de la philosophie des Anciens*, Paris, 1722, (ouvrage publié sous le pseudonyme de Crosset de la Haumerie). *Abrégé de la doctrine de Paracelse*, Paris, 1724. *Les principes de la nature suivant les opinions des anciens philosophes*, Paris, 1725. *De la Nature, ou de la génération des choses... ibid.*, 1731 (avec les objections de P. Castel, et la réponse de Gosmond). *Histoire naturelle de l'univers, ibid.*, 1734.

3. Sur les idées scientifiques et philosophiques du P. Castel, voir ci-dessous, Ch. II, 4.

4. « N'allons pas d'une extrémité à l'autre, écrit le P. Castel. Descartes a donné dans une extrémité en se bornant au mécanisme : le mécanisme est insuffisant, mais il est nécessaire, et fait la moitié du système complet de l'univers. C'est par une action animale que la pierre monte, mais c'est par une action mécanique qu'elle tombe ». *De la Nature...*, pp. 6-7.

5. *Ibid.*, p. 8.

6. *Ibid.*, pp. 11-13.

7. *Ibid.*, p. 94.

8. *Ibid.*, p. 226. Il cite également, et pêle-mêle, Pythagore, Platon, Aristote, et, dans un autre passage, la « *Natura plastica*» de Cudworth (p. 94).

et au feu des Stoïciens [1] : s'il ajoute aussitôt qu'elle n'est pas le « feu sensible » mais le « principe invisible » qui l'habite, c'est moins par spiritualisme que par habitude occultiste et déformation alchimique. D'autres textes éclairent du reste ce point essentiel et se couvrent d'une érudition plus voyante que profonde pour afficher un athéisme presque agressif [2]. Selon Colonna toutes les philosophies de l'antiquité se répartissent finalement en deux sectes, les Atomistes et les Académiciens ; mais l'une et l'autre « qui n'avaient que la raison humaine pour guide » étaient également athées [3] ; bien éloignées de concevoir un Dieu distinct de l'Univers — « Le Dieu des Anciens les plus religieux était un Dieu matériel » [4] —elles ne voyaient pas non plus dans la matière et dans ce qui la meut deux principes différents, mais « un seul être, c'est-à-dire une matière qui était naturellement mobile et connaissante » [5]. Dans sa réplique au P. Castel, Gosmond n'a pas de peine à montrer combien cette dernière formule est étrangère au cartésianisme : la matière subtile est simplement mobile ; l'âme du monde, bien que matérielle, sent qu'elle se meut [6]. La sensibilité est donc éparse dans l'univers, active chez les animaux et les plantes, inerte dans le règne minéral : encore n'est-il pas impossible de supposer aux pierres et aux métaux quelque sentiment obscur et confus de leur existence douloureuse [7]. C'est précisément cette idée de la sensibilité universelle — reprise trente ans plus tard, ou redécouverte, par la dialectique de Diderot — qui doit, selon Colonna, éclaircir le mystère de la génération : l'échec de la philosophie mécaniste, écrit-il [8], montre la nécessité de recourir ici à un « ouvrier invisible », sorte de ferment universel, dont l'action explique aussi bien la végétation des pierres que les générations proprement dites [9]. — Que cet appel aux causes

---

1. Cf. p. 92. « Les Stoïciens définissent la Nature (c'est-à-dire ce qui fait cet ordre des choses que nous appelons Nature) un feu artificiel, qui dans toutes ses actions tend à la génération, et que (*sic*) c'est un esprit qui ressemble au feu, et à un ouvrier qui travaille toujours pour former quelque chose ». Et p. 244 : « *Naturam esse ignem artificialem ad generationem tendentem* ».

2. S'il convient d'attribuer à Colonna, selon la suggestion de Barbier, qui n'a rien d'invraisemblable, le livre des *Principes de la Nature suivant l'opinion des anciens philosophes*.

3. *Les Principes de la Nature*, op. cit., Préface, p. X.

4. *Ibid.*, p. XXXII.

5. *Ibid.*, p. XXX.

6. *De la Nature ou de la génération des choses...*, p. 13.

7. « Pour ce qui est des Pierres et des Métaux, ils ne peuvent pas en avoir (*de sentiment*), puisque cette matière animale est renfermée en eux sans pouvoir s'émouvoir, et par conséquent sans action sensible sur nos sens. Mais nous ne savons pas si cette âme n'a pas un sentiment douloureux d'être ainsi enchaînée dans le plus profond de ces corps, privée de toute action. C'est peut-être ce que les Anciens ont voulu dire de l'Enfer dans leurs fables mystiques » (*Ibid.*, p. 12).

8. Colonna n'a pas tort de souligner (*Ibid.*, Deuxième partie, *De la génération des animaux*, p. 158) que le système de la préexistence, auquel se rallient les philosophes mécanistes, constitue de leur part le plus clair aveu de défaite. Cf. ci-dessous, Ch. II et IV.

9. *Ibid.*, Troisième partie, *De la génération des minéraux* : les montagnes ont leurs racines, comme les arbres (p. 237) ; de même « les grottes et les cavernes n'ont pu être faites que par cet esprit qui élevait la terre comme une pâte molle, laissant des creux en certains endroits, laquelle pâte s'est enfin durcie en rocher, pour revenir, comme je l'ai dit, en poudre » (p. 276) ; enfin les métaux, eux aussi, végètent, tant que « leur esprit séminal » n'est pas complètement « étouffé » (p. 310).

occultes rende l'explication illusoire, notre auteur est bien incapable de l'imaginer : l'essentiel n'est-il pas pour lui d'éliminer de l'univers tout surnaturel ? Qu'importe si cette ambition conduit à rendre compte de l'inconnu par l'inconnaissable, et aboutit à substituer à l'action de de Providence celle d'une Nature quasi-divinisée ! On voit clairement ici les limites de ce matérialisme ambigu : bien loin qu'il prenne appui sur les branches les plus avancées de la science, son domaine privilégié demeure celui même où l'esprit scientifique n'a pu encore réellement pénétrer. Matérialisme para —, ou plutôt pré-scientifique, et par là même nécessairement occultiste. Toute la ferveur naturaliste de Colonna et des autres « esprits forts » de son espèce repose paradoxalement sur leur ignorance des lois de la nature : philosophiquement subversifs, mais scientifiquement rétrogrades, le mot et l'idée de Nature devaient nécessairement faire contre eux l'alliance des savants véritables et des croyants les plus éclairés.

4. — « *Idolum Naturae... !* »

Au début du XVIIIᵉ siècle, l'anticartésianisme est une bonne recommandation auprès des journalistes de Trévoux. Ce parti pris explique les ménagements dont ils usent, en 1732, à l'égard du livre de Colonna, pourtant d'une orthodoxie bien douteuse. A leurs yeux l'auteur a au moins un mérite, celui de ne pas partager le mépris de Descartes pour la philosophie des Anciens [1]... Au contraire la religion chrétienne trouve souvent alors ses défenseurs les plus lucides parmi les cartésiens qui, à cette époque, font encore figure de novateurs. Ces esprits résolument « modernes » n'ont aucune raison de ménager des doctrines naturalistes chargées de vieilleries alchimiques et astrologiques; et ils ne sont pas mécontents de pouvoir montrer leurs liens de parenté avec un certain aristotélisme. Toute la philosophie de l'École se trouve ainsi compromise : même s'ils étaient loin de lui donner exactement le même sens, l'idée de Nature était commune aux penseurs scolastiques et à ceux de la Renaissance. Aux adversaires des uns et des autres elle apparaît, non sans motifs, aussi périmée qu'inquiétante : belle occasion pour les « nouveaux philosophes » d'opposer aux attaques de la routine et aux insinuations malveillantes de la mauvaise foi une contre-offensive vigoureuse ! D'où le discrédit que connaît parmi eux l'idée de Nature dans les premières années d'un siècle où lui était promise une si éclatante fortune.

Dès 1687 le *Journal des Savants* avait fait largement écho à une dissertation latine du pieux chimiste anglais R. Boyle, publiée à Londres l'année précédente [2]. Le fondateur de la philosophie corpusculaire y dressait un inventaire des différents sens du mot « Nature », dont il démontrait la confusion : le disciple d'Aristote et le langage courant n'appellent pas seulement de ce nom l'ensemble des choses créées, ils

---

1. *Mémoires de Trévoux*, juin-juillet 1732, *loc. cit.* Sur l'hostilité persistante des Jésuites à l'égard des « nouveaux philosophes », voir ci-dessous, Ch. II, 4. Voici en revanche les commentaires dédaigneux et blasés du *Journal des Savants* sur le livre d'un médecin platonisant, membre de l'Académie des Curieux de la Nature : « Il est aisé de reconnaître que la Physique de l'Auteur roule particulièrement sur les principes des Platoniciens et des Chimistes, sur l'âme du monde, ou un certain esprit vivifiant répandu dans tous les êtres corporels, sur les influences des Astres : et c'est par ces influences qu'il prétend expliquer la Sympathie, l'Antipathie, et tout ce qui a rapport au Magnétisme. Nous n'avons garde de nous engager sur tout cela dans un plus grand détail, et nous nous y arrêtons d'autant moins qu'on ne trouve rien dans ce volume de nouveau et de singulier... » (*Journal des Savants*, 1710, p. 469).

2. *De ipsa Natura seu libera in receptam Naturae notionem disquisitio*, Londres, 1686 (*Journal des Savants*, 17 juillet 1687) —. Cf. P. HAZARD. *La crise de la conscience européenne*, Troisième partie, Ch. II, p. 266.

font de la Nature un « être réel, positif et particulier » [1]. De là ces adages
si variés : la Nature ne fait rien en vain, la Nature a horreur du vide, la
Nature guérit les maladies... Autant de préjugés qui conduisent tout
droit à l'irréligion : le concept de Nature est une idée païenne; le finalisme qu'il implique est directement contraire à une saine notion de la
Providence [2]. Mais sa valeur scientifique n'est pas moins discutable
que sa signification métaphysique; bien loin de rendre compte des
phénomènes du monde sensible, il est manifestement contredit par bon
nombre d'entre eux : combien de fois les médecins voient-ils s'égarer
cette Nature que les Péripatéticiens et la tradition hippocratique affirment
si sage et si vigilante ! [3] La physique des qualités occultes, qui prête
aux éléments une inclination pour certains lieux privilégiés, est aussi
chimérique. Dans le « grand monde » et dans le « petit monde » qui
est le corps humain, on ne peut valablement déceler aucune « intention »
sinon celle de l'Ouvrier divin qui a construit leur machine [4]. Évitons
donc, conseille Boyle, un mot apparemment commode mais, en fait,
doublement dangereux; ou, s'il n'est pas possible de nous en passer,
limitons-en strictement et l'emploi et le sens. Cessons surtout d'assimiler à l'action mystérieuse de quelque Puissance secrète ce qui n'est
que l'effet d'un mécanisme simple [5].

Le style assez souvent embarrassé de cette analyse pouvait, il est
vrai, en atténuer quelque peu la portée révolutionnaire; la définition
de la Nature que Boyle en vient finalement à proposer n'est pas exempte
d'obscurité; distinguant la « nature particulière » des êtres individuels,
et la « nature générale » de l'univers considéré dans sa totalité, il voit
dans celle-ci :

> « l'assemblage des corps qui constituent l'état présent du monde, considéré
> comme un principe par la vertu duquel ils agissent et reçoivent l'action selon
> les lois du mouvement établies par l'auteur de toutes choses » [6].

Plus claire était sans doute l'opposition précédemment relevée
entre le *mécanique* et le *naturel*. Les lecteurs de Boyle devaient retenir
surtout de son réquisitoire la condamnation de la pensée et du jargon
scolastiques : là où ceux-ci restaient le plus solidement implantés, cette

---

1. *De ipsa Natura...*, 7ᵉ section.
2. *Ibid.*, 3ᵉ et 5ᵉ sections.
3. *Ibid.*, 7ᵉ section.
4. *Ibid.*, 6ᵉ section. Cf. *Journal des Savants, loc. cit.* : « Il dit à ce propos qu'il est faux
que les éléments aient une inclination pour certains lieux et un appétit d'y retourner
quand ils en sont séparés ; qu'ils n'ont ni lumière, ni intelligence, ni sentiment qui leur
fasse connaître ce lieu pour y retourner, qui le leur montre et qui les y conduise ; que la
vertu élastique de certains corps est purement mécanique et nullement naturelle, étant
l'ouvrage de l'air, et non de la nature, que la division du mouvement en violent et en
naturel est chimérique, la matière étant indifférente à toute sorte de mouvement ».
5. *De ipsa Natura...*, *op. cit.*, 8ᵉ section.
6. Texte cité par l'*Encyclopédie*, t. V, 1755, art. *Nature*.

condamnation fit scandale. Dans les dernières années du XVIIe siècle une controverse se développe en Allemagne entre un mathématicien qui adopte les thèses de Boyle et un médecin attaché à la tradition [1]. Si obscurs que soient les héros de cette querelle, sa signification paraît assez importante au rédacteur du *Journal des Savants* pour qu'il lui consacre en 1703 tout un article [2]. Selon Sturmius tout ce que l'on raconte dans les Écoles péripatéticiennes au sujet de la Nature n'est qu'un galimatias païen et idolâtre : « Idolum Naturae ! » Son adversaire se fait au contraire le champion de la Nature injustement bafouée : non pas une idole, mais le modeste et indispensable auxiliaire de Dieu.

« La Nature, selon M. Schelhammer, — résume le périodique — est l'universalité des lois divines, jointes à une force qu'il met dans les Créatures, par laquelle elles agissent suivant ces lois ».

C'est la seconde partie de cette définition que contestent justement les modernes; l'auteur du compte rendu le souligne justement, non sans marquer sa sympathie pour leur thèse : il n'y a aucune raison de supposer un être intermédiaire entre le Créateur et l'action mutuelle des corps les uns sur les autres; il est faux de croire qu'à défaut d'une telle supposition Dieu serait censé devoir produire chaque effet particulier par une volonté particulière. La vérité, c'est qu'il a institué une fois pour toutes, à l'époque de la Création, les règles qui assurent la bonne marche et la conservation de l'univers :

« La nouvelle Philosophie met toute la cause du mouvement, et de la communication qui s'en fait, et qui s'en fera à jamais, dans l'efficace de cette première volonté qui en a établi les lois » [3].

La dissertation de R. Boyle devait en effet nécessairement trouver en France, au moins dans les milieux proches de l'Académie des Sciences et du *Journal des Savants*, un accueil très favorable. Car elle ne faisait guère que systématiser des idées depuis longtemps familières aux cartésiens français. Descartes lui-même avait préféré au terme de *nature* celui de *monde* pour désigner l'univers et l'ensemble des êtres qui le

---

1. Jusque dans la profession et la spécialité des deux antagonistes on reconnaît donc l'opposition de la mentalité ancienne et de l'esprit « moderne ». C'est chez les médecins, peu formés encore à la discipline des sciences exactes, que l'on rencontre alors les survivances intellectuelles les plus routinières, souvent confusément mêlées aux intuitions les plus riches d'avenir.

2. *Journal des Savants*, 1703, p. 568 sq. L'article énumère les principales œuvres des deux adversaires : au réquisitoire du mathématicien Sturmius (Johan-Christoph Sturm), *Idolum naturae*, réplique en 1697 le plaidoyer du médecin Gunther-Christoph Schelhammer, *Natura sibi et medicis vindicata*. Aussitôt Sturmius lance dans la bataille un ironique *Natura sibi incassum vindicata*. Mais Schelhammer ne s'avoue pas battu, puisqu'il publie encore à Hambourg en 1702 une *Naturae vindicatae vindicatio...*

3. *Journal des Savants*, article cité, fin.

composent, et il n'avait utilisé le premier mot qu'avec beaucoup de précautions : « ... par la nature considérée en général, je n'entends maintenant que Dieu même, ou bien l'ordre et la disposition que Dieu a établis dans des choses créées »[1]. Même attitude chez Malebranche qui s'élève lui aussi contre l'idolâtrie de la Nature[2]. Tout au long du demi-siècle, et jusque dans l'*Encyclopédie,* leurs noms sont associés à celui de Boyle lorsqu'on se préoccupe du sens exact d'un concept aussi fréquemment et diversement employé[3]. Souvent cette analyse est nettement située dans une perspective apologétique. « Qu'est-ce donc que cette Nature que l'on met à la place de Dieu ? », interroge par exemple le protestant Bernard[4]. Et le bénédictin Dom François Lamy de lui faire écho l'année suivante en montrant comment le stratonisme qui attribue l'ordre de l'univers à une nature aveugle est favorisé par l'aristotélisme et la doctrine des formes substantielles[5]. Sensible au mouvement général des esprit, le P. Buffier, de la Compagnie de Jésus, est contraint de reconnaître l'ambiguïté du mot « Nature », et s'inspire visiblement de Boyle dans la série de définitions qu'il en donne[6]. D'autres auteurs qui ne veulent être que des physiciens aboutissent à des conclusions très voisines, même lorsqu'ils s'éloignent assez largement de la stricte orthodoxie cartésienne. Pour le *Guerrier Philosophe*, qui prétend réfuter tous les systèmes anciens et modernes, la Nature n'est pas « le premier principe du mouvement et du repos », mais le « mouvement que Dieu a donné à la matière après la Création »[7]. Plus souvent encore, on insiste sur le caractère immuable des lois qui règlent la répartition

---

1. *Sixième méditation,* XXII. Voir aussi son *Traité du Monde ou de la Lumière.*

2. *Recherche de la Vérité, XV⁰ Éclaircissement, V⁰ preuve, op. cit.,* t. III, p. 136. « Si la nature de la philosophie païenne est une chimère, si cette nature n'est rien, il faut en avertir, car il y a bien des gens qui s'y trompent. Il y en a plus qu'on ne pense qui lui attribuent inconsidérément les ouvrages de Dieu, qui s'occupent de cette idole, ou de cette fiction de l'esprit humain, et qui lui rendent des honneurs qui ne sont dus qu'à la Divinité ».

3. *Encyclopédie,* art. *Nature, loc. cit.* Cf. aussi BOUREAU–DESLANDES, *Histoire critique de la philosophie,* 1737, t. I, pp. 84-86.

4. *Nouvelles de la République des Lettres,* novembre 1709, p. 494. Texte cité par David DURAND, dans sa *Vie de Vanini, op. cit.,* 1717, pp. 128-129.

5. François LAMY (Dom), *L'incrédule amené à la Religion par la Raison,* Paris, 1710, *Second entretien,* pp. 84-108.

6. Claude BUFFIER (le P.), *Traité des Premières Vérités,* Paris, 1724, Seconde partie, Ch. VI, p. 173. Comparer au texte de Boyle cité plus haut les lignes suivantes : la Nature est « 1⁰ l'assemblage de tous les êtres que l'esprit humain est capable de connaître - 2⁰ Le principe universel qui le forme et qui le conduit ; ce principe au fond n'est autre que Dieu désigné par le mot de *Nature,* en tant qu'il est le principe du mouvement, dans tout ce qui nous frappe par le moyen des sens ». Le second paragraphe révèle certaines survivances scolastiques : la Nature reste un « principe » (Boyle lui aussi conservait le terme), tandis que la notion de *lois* régulières est absente de cette définition. Mais, comme les « nouveaux philosophes », le P. Buffier refuse de faire de la Nature un être véritable, intermédiaire entre Dieu et le monde.

7. De RAFFIELS du VIGIER, *Le guerrier philosophe,* Paris, 1712, Cf. *Mémoires de Trévoux,* Mars 1713, p. 1713, sq. L'auteur fait l'éloge de Descartes, mais s'éloigne de lui sur de nombreux points.

de ce mouvement entre les différents corps : ainsi Vallemont en 1711 [1],
et Legendre de Saint-Aubin en 1733 [2]. Tous ces efforts fragmentaires
aboutissent enfin, deux ans plus tard, à une mise au point décisive.
L'*Abrégé du Mécanisme Universel* que publie en 1735 un professeur de
philosophie du collège royal de Chartres n'a aucune prétention à l'originalité; son auteur, l'abbé Morin, le présente comme un manuel destiné
à compléter l'enseignement des collèges. Mais la clarté et la précision
de son vocabulaire, l'élégance de son style, expliquent sa prompte
diffusion et sa renommée immédiate : « Il n'a point encore paru de livres
sur la connaissance de la nature qui contienne plus de choses et moins
de mots », lit-on par exemple à son sujet dans le *Journal des Savants* [3].
C'est au début du second discours [4] que se place « une explication
d'autant plus importante que, dans l'usage ordinaire, rien n'est plus
commun et moins intelligible que ce mot » [5]. L'abbé Morin commence
par dénoncer à son tour l'obscurité de la définition d'Aristote, ainsi
que le verbalisme de ses commentateurs :

> « Rien de plus commun, de plus usité dans les écrits des vieux Péripa-
> téticiens que ce mot *Nature*. Dans le système antique, la Nature dit tout,
> explique tout, et cependant n'éclaircit rien... En un mot les qualités occultes,
> les formes substantielles, la nature, et une infinité d'autres termes à peu près
> de la même clarté, sont la base et le fondement de la vieille philosophie; base
> et fondement aussi ruineux qu'il est préjudiciable à la Religion et vraiment
> injurieux à la Divine Providence. Aussi la plupart de ces philosophes n'en
> reconnaissaient aucune. Ensevelis dans les ténèbres du Paganisme et de l'A-
> théisme, enflés de quelque connaissance, ils semblaient prendre plaisir à s'égarer
> dans leurs propres idées ».

La « Natura naturans » des scolastiques, ajoute l'abbé Morin [6], est
une hypothèse aussi barbare qu'inutile : aussi inutile que ces « intelligences particulières » qui présidaient, croyait-on naguère, aux mouvements des astres.

---

1. VALLEMONT, *Curiosités de la Nature et de l'Art sur la Végétation*, Paris, 1709.
Cf. *Mémoires de Trévoux*, Avril 1711, pp. 694-713 : « Pour éclaircir d'abord le mot du monde
le plus connu et le plus équivoque, l'auteur déclare que, par le terme *Nature*, il entend
ce que Dieu opère dans les mixtes par les lois générales du mouvement où il a mis et où il
entretient la matière ».

2. LEGENDRE de SAINT-AUBIN, *Traité de l'Opinion*, Paris, 1733, t. III, pp. 34-35.
Après avoir rappelé diverses définitions, depuis la formule classique d'Aristote jusqu'aux
vers où Jean de Meung présente la Nature comme la « chambrière » de Dieu, Legendre
de Saint-Aubin propose la suivante : « la loi immuable établie par le Tout-Puissant dès
la création du monde, suivant laquelle la différence des formes est appliquée à la matière ».
On est encore loin, ici, des formules lumineuses de l'abbé Morin.

3. *Journal des Savants*, janvier 1736, p. 17 sq. Très renommé pour son habileté
expérimentale et la clarté de son enseignement, l'abbé Morin entre la même année à
l'Académie Royale des Sciences.

4. L'ouvrage est divisé en neuf discours. Le second traite du *Mécanisme en général*.

5. *Journal des Savants*, article cité.

6. *Sur le mécanisme en général*, p. 13.

« Pour nous, conclut-il, nous nous ferons gloire de n'user que très sobrement du mot Nature [...] Les lois, l'ordre, le Mécanisme que la volonté du Tout-Puissant a posé et établi en tout ce qu'elle a créé et qu'elle conserve, est proprement ce que l'on doit entendre par le mot Nature »[1].

Si l'univers est une machine, il n'est besoin de supposer en lui que des ressorts ou des poulies : nulle nécessité d'une « force » quelconque pour expliquer sa marche. De cette constatation sur laquelle repose l'analyse de Morin l'*Encyclopédie* retiendra surtout, en 1755, l'idée d'un déterminisme mécanique :

« Quand on parle de la Nature, on n'entend plus autre chose que l'action des corps les uns sur les autres, conforme aux lois du mouvement établies par le Créateur. C'est en cela que consiste tout le sens du mot, qui n'est qu'une façon abrégée d'exprimer l'action des corps, et qu'on exprimerait peut-être mieux par le mot de *mécanisme* des corps »[2].

Pour l'abbé Morin qui s'inspire souvent de Malebranche dans le détail de son exposé[3] la contemplation de ce « Mécanisme universel » est source de ferveur religieuse : admirant sa parfaite régularité, l'esprit du savant s'élève en effet jusqu'à sa non moins merveilleuse origine; dans le système des lois naturelles qu'étudie la « physique nouvelle », le philosophe chrétien ne découvre pas seulement un déterminisme, mais un Ordre où se reflète la Sagesse de Dieu.

---

1. *Ibid.*, p. 15. Cf. aussi p. 17 : « La Nature n'étant que le Mécanisme établi de Dieu dans l'instant de la création des êtres... »
2. *Encyclopédie*, article cité. Cette définition mécaniste s'oppose à celle d'Aristote, faisant de la Nature le *principe* du mouvement et du repos. Nous venons de voir qu'à la date de cet article elle est loin de constituer une nouveauté ; on peut même la juger timide, en regard du néo-naturalisme que les « philosophes » les plus hardis s'emploient alors à construire et à diffuser. Cf. Ci-dessous, Ch. IV.
3. Il préfère par exemple son système des couleurs à celui de Newton (*op. cit.*, Septième discours).

Chapitre II

LE MÉCANISME UNIVERSEL

1. — La Nature-Horloge.
2. — Un Dieu Horloger ?
3. — Mécanisme et « Spinozisme ».
4. — Les résistances de la foi et de la tradition.

Chapitre II

MÉCANISME ET LOI NATURELLE

La Nature n'est donc pas une Puissance occulte, inaccessible à la raison humaine, et dangereuse rivale du Créateur : elle est l'ensemble des lois que Dieu a établies dans le monde physique. Ainsi les « nouveaux philosophes » pensent-ils fonder, en même temps que la science elle-même, son accord profond avec la « religion naturelle ». L'existence de Dieu garantit l'intelligibilité du monde ; inversement celle-ci permet de s'élever jusqu'au Premier Moteur : à un univers-horloge, un Dieu horloger.

Certes l'idée de loi naturelle, celle d'un univers ordonné, ne sont pas au début du XVIIIᵉ siècle des notions nouvelles : mais pour les contemporains de Fontenelle il ne s'agit plus seulement d'un ordre qualitatif et hiérarchique tel que l'avait conçu la pensée médiévale [1]. Au cosmos fini et structuré de la scolastique aristotélicienne la révolution galiléenne et cartésienne a substitué l'espace infini et homogène de la géométrie ; dès lors les lois qui régissent la nature ne sont plus des impératifs théologiques mais des formules mathématiques. La raison du géomètre se découvre identique, dans son essence, sinon dans sa portée, à la Sagesse infinie du Créateur : trois quarts de siècle après l'ivresse intellectuelle du *Discours de la Méthode*, la révélation de cette capacité humaine à saisir et dominer la Création par le simple usage de la « lumière naturelle » n'a pas fini de susciter enthousiasme ou scandale.

La lente diffusion de la philosophie, le « développement » progressif de la physique issues de Descartes ont fait l'objet d'études désormais

---

1. Nous verrons cependant que, dans la pratique, ces deux conceptions sont parfois plus aisément conciliées qu'on ne pourrait s'y attendre. Cf. ci-dessous, Ch. II, 2 et Ch. IV, 1.

classiques [1]. Vers 1715 les plus grandes résistances peuvent sembler sur-
montées : après l'enseignement oral ou écrit des « grands professeurs »
cartésiens, Rohault ou Régis, après l'œuvre de vulgarisation mondaine
d'un Fontenelle, les travaux de Chr. Huygens et la synthèse malebranchiste, la science cartésienne, à défaut de la métaphysique, a conquis ces
forteresses de la philosophie nouvelle que vont être durant la première
moitié du xviiie siècle l'Académie Royale des Sciences et le *Journal des
Savants*. En revanche, malgré de nombreuses initiatives individuelles, le
plus souvent réprimées avec sévérité, sa pénétration dans les collèges
et l'Université reste fragmentaire et incertaine ; suspect aux défenseurs
attitrés de l'orthodoxie religieuse, comme en témoigne l'éclectisme
ambigu des *Mémoires de Trévoux*, le mécanisme cartésien se heurte aussi
aux héritiers d'un naturalisme libertin dont nous avons vu la ténacité à
peine clandestine ; il rencontre enfin, particulièrement en province, les
réticences et les préjugés d'une opinion cultivée toujours fidèle aux traditions humanistes et plus attirée par les sciences concrètes que par les
abstractions mathématiques.

Le propos de ce chapitre sera donc de montrer que dans la période
qui nous occupe la vision mécaniste de la nature n'est nullement devenue
synonyme de sclérose ou de conformisme ; bien vivant par sa souplesse
explicative et sa faculté d'assimiler sans cesse des observations nouvelles,
le mécanisme cartésien l'est plus encore par la volonté de garder, en face
d'adversaires obstinés, une attitude vigoureusement polémique, par
celle aussi de maintenir contre les inévitables déformations qui sont la
rançon même de son succès l'essentiel de la doctrine.

---

1. Francisque BOUILLIER, *Histoire de la philosophie cartésienne*, Paris, 1868, L'ouvrage
a vieilli mais demeure indispensable, ne serait-ce que par la richesse de sa documentation.
Nous lui devons beaucoup, ainsi qu'au livre de PAUL MOUY, *Le développement de la physique cartésienne (1646-1712)*, Paris, 1934. Voir aussi R. DUGAS, *La Mécanique au XVIIe
siècle*, Neufchâtel, 1954.

1. — La Nature-Horloge

Au début du XVIIIe siècle on peut à bon droit se proclamer « cartésien » sans adopter dans tous ses détails le système du monde qu'avaient exposé en 1644 les *Principia philosophiae*. La « physique nouvelle » a pris conscience de problèmes dont Descartes avait à peine entrevu la complexité : contrainte d'assimiler des observations et des calculs inédits, forcée d'assouplir sa méthode, réduite parfois à limiter ses ambitions, elle n'accepte à aucun prix d'abandonner les principes du mécanisme universel. Au-delà de leurs multiples divergences et de leurs incertitudes, les cartésiens français se retrouvent unis, contre les vieilles erreurs, dans leur refus de transiger sur l'essentiel :

> « Il ne faut pas nous flatter, écrit l'un d'eux, que, dans nos recherches de physique, nous puissions jamais nous mettre au-dessus de toutes les difficultés ; mais ne laissons pas de philosopher toujours avec des principes clairs de mécanique : si nous les abandonnons, toute la lumière que nous pouvons avoir est éteinte, et nous voilà replongés de nouveau dans les anciennes ténèbres du péripatétisme, dont le ciel veuille nous préserver ! » [1].

La loi de conservation du mouvement s'accorde-t-elle avec les lois de Galilée ? Le système des tourbillons est-il compatible avec les lois de Képler ? Ces objections, formulées l'une par Leibniz, l'autre par Newton, ne sont pas les seules « difficultés » auxquelles se heurte le cartésianisme scientifique. Sur d'autres points, nature et propagation de la lumière, existence du vide, reproduction des êtres vivants, les conclusions de Descartes sont également discutées, ou abandonnées. En France de nombreux savants estiment cependant qu'à condition de modifier la forme de ses hypothèses il est possible d'en conserver l'esprit. Ainsi à propos du problème crucial de la pesanteur. Les corps tendent-ils naturellement vers le bas ? Sont-ils attirés par quelque force mystérieuse ? Pour un disciple de Descartes de telles explications n'expliquent rien et ne font que traduire en langage pédantesque les préjugés du vulgaire. Le vrai philosophe n'est pas dupe de ce qu'il voit, et il ne prend pas l'apparence des choses pour leur essence intelligible. Persuadé que les corps n'ont d'autre mouvement que celui qui leur vient d'une *impulsion* exté-

---

1. Texte de SAURIN (*Mémoires de l'Académie Royale des Sciences*, 1709, p. 187) cité par P. BRUNET, *L'introduction des idées de Newton en France au XVIIIe siècle*, Paris, 1931, p. 28.

rieure, il croit que la pesanteur, comme tous les autres phénomènes de
la nature, relève d'une explication mécaniste. Selon Descartes la pesanteur
est l'effet de la force centrifuge que développe, en vertu du principe
d'inertie, la rotation des tourbillons : tournant moins vite que les corpuscules de la matière céleste, les corps grossiers ont une force centrifuge
plus faible et sont repoussés de la périphérie du tourbillon vers l'intérieur. Mais pourquoi vers le centre de la terre, et non perpendiculaire-
ment à son axe ? Et comment comprendre d'autre part qu'un mouvement de la matière subtile assez rapide et puissant pour produire les
effets de la pesanteur ne la fasse pas dévier de la ligne droite ? Descartes
avait aperçu la première objection ; à la suite de Christian Huygens
plusieurs physiciens français avaient entrepris de l'éliminer [1]. Lorsqu'en
1712 Malebranche publie le texte définitif de la *Recherche de la Vérité*, il
ne croit pas utile de joindre sur ce point sa propre « subtilité » à celle de
ses prédécesseurs. Il insiste en revanche sur la seconde difficulté, d'autant
plus digne d'attention que Huygens l'avait évaluée avec précision, calculant que, dans l'hypothèse de Descartes, la matière subtile devait tourner dix-sept fois plus vite que la terre : comment cela serait-il possible,
questionne l'Oratorien, « sans changer la direction perpendiculaire de la
chute d'une plume, et sans faire la moindre résistance à un homme qui se
promènerait à contre-sens de son mouvement ? » [2].

Supposition absurde, sans nul doute. Mais en reconnaissant que
l'explication de Descartes est démentie par l'expérience Malebranche
songe moins à l'abandonner qu'à la transformer. A la pression d'un courant d'éther il substitue donc une pression *à l'intérieur* de l'éther : celle
qui résulte du mouvement de ses particules autour de leur propre centre.
Selon Malebranche la matière éthérée se compose en effet non de particules indépendantes mais de « petits tourbillons » ; comme tous sont de
même nature, ils « se pressent et se contre-balancent également par leur
force centrifuge » [3]. Mais la présence d'un corps grossier provoque nécessairement une rupture d'équilibre dans les couches concentriques du
tourbillon terrestre : le « ressort », c'est-à-dire la force centrifuge des
petits tourbillons, les éloigne du centre de la terre, vers lequel le corps
se trouve du même coup repoussé. Ainsi la pesanteur n'est plus un mystère mais un phénomène simple d'hydrostatique. Elle relève de cette loi
générale de l'univers, la plus digne de la sagesse de Dieu, « la plus simple
qu'on puisse concevoir, que tout corps soit mu du côté vers lequel il est
plus pressé, et à proportion qu'il l'est davantage » [4]. L'hypothèse des

---

1. Pour un historique de la question, voir notamment P. MOUY et P. BRUNET, *op. cit.*
L'un des inspirateurs directs de Malebranche est l'abbé VILLEMOT dont le *Nouveau Système
ou Nouvelle explication du mouvement des planètes* avait été publié à Lyon en 1707. Cf.
Recherche de la Vérité, XVIe Éclaircissement, XVII, *op. cit.*, t. III, p. 176.
2. *Recherche de la Vérité, ibid.*, p. 172.
3. *Ibid.*, p. 173.
4. *Ibid.*, p. 193.

« petits tourbillons » permet d'accorder l'expérience et la raison. C'est pourquoi, dans son *Éloge* funèbre de Malebranche, Fontenelle souligne en 1715 les avantages qu'elle offre pour la défense des principes cartésiens [1]. Quelques années plus tard, l'Académie de Bordeaux met au concours le problème de la pesanteur : le lauréat, Bouillet, médecin de Béziers, ne se borne pas à reprendre l'explication de Malebranche, mais la généralise en l'étendant au cas des planètes elles-mêmes. Bouillet admet en effet la théorie newtonienne de la pesanteur généralisée ; l'équilibre du système solaire vient de ce que la force centrifuge des planètes compense leur pesanteur ; mais au lieu d'attribuer celle-ci à une attraction, notre auteur l'explique par l'action des « petits tourbillons » qui composent le soleil et les couches voisines de sa surface. Les planètes ne sont pas *attirées* par le soleil mais *repoussées* vers lui. Et Bouillet de conclure avec satisfaction : « Ainsi la pesanteur des corps terrestres et celle des planètes ne connaissent qu'une même cause. Ce qui n'est pas une petite preuve de la vérité de mon hypothèse » [2]. Chargé de présenter publiquement les différents ouvrages soumis au jugement de ses collègues, Montesquieu félicite précisément Bouillet d'avoir su s'élever jusqu'à un « ensemble qui fait un système complet » et qui, s'il n'a pas le mérite de la nouveauté, apporte du moins aux vues de ses prédécesseurs un « nouveau degré de probabilité » [3].

Que la science progresse par approximations successives, que les savants ne doivent pas se laisser décourager par des difficultés momentanées, les académiciens bordelais ne sont pas seuls à le penser. Une voix plus assurée que celle de Montesquieu l'avait dit quelque vingt ans plus tôt :

« Les différentes vues de l'esprit humain sont presque infinies, et la nature l'est véritablement. Ainsi l'on peut espérer chaque jour, soit en mathématiques, soit en physique, des découvertes qui seront d'une espèce nouvelle d'utilité ou de curiosité ... » [4]

---

1. FONTENELLE, *Éloge du P. Malebranche, Oeuvres*, édit. Depping, Paris, 1818, t. I, pp. 212-213. Malebranche qui avait lu dès 1706 l'*Optique* de Newton dans la traduction latine de S. Clarke pensait que son système permettait également de rendre compte des propriétés de la lumière. Cf. P. MOUY, *op. cit.*, Ch. IV, 12.
2. Cf. P. BRUNET, *op. cit.*, p. 97.
3. MONTESQUIEU, *Oeuvres complètes*, Paris, Nagel, 1950-1955, t. III, p. 93. Par la diversité de leur inspiration les dissertations qu'analyse le rapporteur sont un document précieux sur les tendances intellectuelles de l'époque : un des auteurs est « péripatéticien sans le savoir », le suivant « chimiste, ou rose-croix », c'est-à-dire alchimiste, les autres sont des « géomètres » plus ou moins habiles (*ibid.*, p. 89 sq.) Le concours de Bordeaux n'est pas le seul témoignage dont nous disposons sur l'accueil favorable fait en France à l'hypothèse de Malebranche. Cf. PRIVAT de MOLIÈRES, *Leçons de Physique*, Paris, 1734-39, t, I, p. 297 ; PLUCHE, *Spectacle de la Nature, t.* IV, Paris, 1739, p. 99 sq. ; *Encyclopédie*, articles *Cartésianisme*, où d'Alembert fait l'éloge de Villemot, et *Tourbillon*, ou il constate que si les « petits tourbillons » de Malebranche sont au milieu du siècle « presque oubliés », ils avaient d'abord « fait pendant quelque temps une grande fortune. »
4. FONTENELLE, *Préface sur l'utilité des mathématiques et de la Physique, et sur les travaux de l'Académie des Sciences*, 1702 (*Oeuvres, op. cit.*, t. I, p. 36). La meilleure étude sur la pensée de Fontenelle est celle de J.R. CARRÉ, *La philosophie de Fontenelle, ou le sourire de la raison,* Paris, 1932.

Convaincu de la relativité du savoir, Fontenelle affirme aussi sa confiance en ses progrès futurs. Devant la richesse inépuisable de la nature, il convient, à son avis, de multiplier les observations et les expériences, non de s'abandonner au découragement : réorganisée en 1699, l'Académie des Sciences s'efforce de répondre aux vœux de son Secrétaire [1]. Stimulés par son exemple, les provinciaux, non sans maladresse, s'essaient à l'imiter : tels les membres de la jeune Académie bordelaise [2]. Même lorsqu'elle se réclame hautement de Descartes, la science française n'est donc nullement figée dans une rigidité dogmatique; le développement quotidien de la recherche expérimentale vient au contraire assouplir et vivifier le rationalisme cartésien. Au niveau de la réflexion méthodologique on voit s'affirmer, parallèlement, des tendances empiristes qui, par delà Pascal, remontent au moins à Gassendi; l'influence anglaise contribue à les fortifier, et elle sera bientôt relayée par celle des physiciens hollandais [3]. C'est là un caractère très général de l'épistémologie mécaniste à la fin du XVIIᵉ siècle et au début du XVIIIᵉ. Dans son *Traité de Physique*, ouvrage classique et sans cesse réédité [4], Jacques Rohault avait fortement insisté sur la nécessaire collaboration de la raison et de l'expérience; un chemin différent avait conduit Malebranche à une conclusion analogue, la distinction de « l'étendue sensible » et de « l'étendue intelligible » rendant inconcevable une physique purement *a priori* [5]. Pour Fontenelle le tort de Descartes n'est pas d'avoir admis la valeur explicative du schéma mécaniste, mais d'avoir cru la science achevée alors qu'elle était encore au berceau. Une vue plus juste des choses devrait consister à en prévoir d'abord le développement en synthèses partielles de faits patiemment amassés :

« Le temps viendra peut-être que l'on joindra en un corps régulier ses membres épars; et s'ils sont tels qu'on les souhaite, ils s'assembleront en quelque sorte d'eux-mêmes... » [6]

A la parfaite cohérence de la nature répondra alors l'unité de la physique : persuadé de celle-là, Fontenelle ne désespère nullement de celle-ci;

---

1. Voir la collection des *Mémoires* académiques, où les grandes discussions alternent avec les observations minutieuses.

2. Ceux-ci se voient parfois reprocher leur apathie. Ainsi par Montesquieu, dans son discours de rentrée du 14 novembre 1717 : « Cependant les découvertes sont devenues bien rares ; il semble qu'il y ait une sorte d'épuisement et dans les observations et dans les observateurs... » *Oeuvres complètes, op. cit.*, t. III, p. 51 sq. Sur les travaux de l'Académie de Bordeaux, voir l'étude solide de M.P. Barrière, *L'Académie de Bordeaux, centre de culture internationale au XVIIIᵉ siècle (1712-1792)*, Bordeaux, 1951.

3. Cf. P. Brunet, *Les Physiciens hollandais et la méthode expérimentale en France au XVIIIᵉ siècle*, Paris, 1926.

4. Le livre est de 1671. On le réimprime en 1672, 1675, 1682, 1705, 1723, 1730, sans compter de nombreuses contrefaçons ou éditions étrangères. Cf. P. Mouy, *op. cit.* Ch. I, Section IV, 11.

5. Cf. P. Mouy, *op. cit.*, Ch. IV, 14.

6. *Préface sur l'utilité des mathématiques et de la physique, op. cit.*, p. 38.

mais sa conviction très ferme est que, réalisable ou non, elle suppose en tout cas, si l'on désire s'en rapprocher, de multiples tâtonnements expérimentaux.

* *
*

Cet assouplissement méthodologique n'est pas le seul signe d'une déviation « gassendiste » du cartésianisme; on peut en noter un autre, non moins important, dans les idées les plus courantes sur la structure de la matière. Certes il était difficile de concilier avec l'atomisme l'idée que la matière est divisible à l'infini, ou le vide épicurien avec la physique du plein. Mais les adversaires de Descartes ne s'embarrassaient pas toujours de définitions aussi scrupuleuses : après le *Voyage du Monde de Descartes*, du P. Daniel (1690), le traité posthume attribué à l'ancien évêque d'Avranches, Huet, reprend encore en 1723 l'accusation d'épicurisme [1] : grief d'autant plus dangereux qu'il s'agissait là d'une doctrine impie, condamnée par la Faculté de Théologie. De Bossuet ou Rohault à Malebranche et à Polignac [2] les cartésiens n'en mettent que plus d'ardeur à le réfuter, mais non sans devoir compter avec les audaces ou les imprudences de certains de leurs alliés. Dès 1666 les *Dissertations Physiques* de Cordemoy avaient essayé de définir un atomisme mécaniste : leur quatrième édition est publiée à Paris en 1704 [3]. Plus encore que l'*Abrégé* de Bernier, le *Dictionnaire historique et critique* de Bayle contribuait à propager la conviction que l'atomisme était le système le plus conforme aux faits : il allait jusqu'à en présenter le grand fondateur, Leucippe, comme le véritable créateur de l'hypothèse des tourbillons, en même temps qu'il invoquait l'autorité de savants comme Huygens ou Newton en faveur de l'existence du vide [4]. Rapprochements de pure polémique, ou simplement très aventureux ? Sans doute. Mais après avoir admis en théorie la divisibilité de la matière à l'infini, Descartes le premier les avait d'avance en partie justifiés en recourant, dans la pratique de l'explication des phénomènes, à des particules matérielles diversement figurées, bien proches de véritables atomes [5]. De même l'existence du plein ne contredisait pas selon lui, celle du mouvement, mais se bornait à impliquer un mouvement initial uniquement circulaire. Pratiquement, comme le remarque

1. HUET, *Traité philosophique sur la faiblesse de l'entendement humain*, 1723. Nouvelle édition, Londres, 1741. Cf. *Mémoires de Trévoux*, juin 1723.
2. POLIGNAC (Melchior, cardinal de), *Antilucretius, sive de Deo et Natura libri novem*, Paris, 1747, 2 vol. (Trad. Bougainville, *ibid.*, 1749). Au livre III l'auteur expose que les atomes, étant figurés, donc divisibles, ne sont pas indestructibles.
3. *Les œuvres de feu monsieur de Cordemoy*, Paris, C. Remy, 1704, in-4°. Cf. P. MOUY *op. cit.*, Ch. I, Section III, 3.
4. P. BAYLE, *Dictionnaire historique et critique*, Rotterdam, 1697 ; troisième édition, Amsterdam, 1734, art. *Leucippe*. Cf. J. DELVOLVÉ, *Essai sur Pierre Bayle, religion, critique et philosophie positive*, Paris, 1906.
5. Voir l'étude de J. PROST, *Essai sur l'atomisme et l'occasionnalisme dans la philosophie cartésienne*, Paris, 1907, Ch. I.

G. Bachelard, « le plein métaphysique reste un vide physique » [1]. A condi-tion de ne pas accorder à l'atome ni au vide une valeur absolue la conci-liation était donc possible. Elle devient effective dès la fin du xviie siècle dans la « philosophie corpusculaire » fondée en Angleterre par le physi-cien Robert Boyle, et développée en France, à la même époque, dans la théorie chimique de Lémery : atomisme certes, mais purement quantitatif et géométrique, qui se proposait d'expliquer les propriétés des corps par les différentes figures de leurs parties [2] et réduisait les prétendues actions à distance à des émanations de corpuscules. Le grand mérite de la « philosophie corpusculaire » était de permettre une explication méca-nique de l'univers : belle ambition, proclamera encore l'*Encyclopédie* « puisque le mécanisme est une chose que nous entendons » [3].

Sans doute n'a-t-on pas attendu le milieu du siècle pour s'apercevoir des difficultés que pouvait rencontrer la réalisation de ce grand dessein. « La Nature pourrait bien avoir employé dans la structure de l'univers quelque mécanique qui nous échappe absolument », écrit par exemple Fontenelle [4]. Assez informé des travaux de ses collègues pour ne pas céder à un optimisme superficiel, le Secrétaire de l'Académie des Sciences reste cependant trop profondément cartésien pour renoncer au principe d'explication sur lequel s'était fondée la physique de Descartes. L'instru-ment même dont doit user la science ne se révèle-t-il pas singulièrement plus complexe qu'on ne l'avait pensé au siècle précédent ? La Géométrie a, elle aussi, ses « vérités d'expérience » qui ne sont pas totalement intel-ligibles [5]; le calcul de l'infini n'en est pas moins certain, même si « la cer-titude a nui à la clarté » [6]; sa découverte est, parmi d'autres, un progrès essentiel des mathématiques qui « ont encore produit assez généralement dans les esprits une justesse plus précieuse peut-être que toutes ces véri-tés» [7]. De cet esprit de précision, inconnu des siècles précédents, la connais-sance de la Nature a été la première à profiter :

> « La géométrie n'a presque aucune utilité, si elle n'est appliquée à la physique et la physique n'a de solidité qu'autant qu'elle est fondée sur la géométrie » [8].

---

1. *Les intuitions atomistiques*, Paris, 1933, p. 38.
2. Voir notamment H. METZGER, *Les doctrines chimiques en France du début du XVIIe siècle à la fin du XVIIIe*, Paris, 1923, Ch. I.
3. *Encyclopédie*, t. IV, 1754, art. *Corpusculaire (Physique)*.
4. *Préface* des *Éléments de la géométrie de l'Infini, Oeuvres*, t. I, p. 28.
5. « Que si cependant la géométrie a toujours quelque obscurité essentielle qu'on ne puisse dissiper, et ce sera uniquement, à ce que je crois, du côté de l'infini, c'est que, de ce côté là, la géométrie tient à la physique, à la nature intime des corps que nous connaissons peu, et peut-être aussi à une métaphysique trop élevée, dont il ne nous est permis que d'apercevoir quelques rayons » *(Ibid.)*.
6. *Ibid.* « Le vrai est simple et clair ; et quand notre manière d'y arriver est embar-rassée, confuse, on peut dire qu'elle mène au vrai et n'est pas vraie ».
7. *Préface* de *l'Histoire de l'Académie Royale des Sciences depuis 1666 jusqu'à 1699*, 1733, *Oeuvres*, t. I, p. 2.
8. *Ibid.*, p. 10.

En un mot n'accusons pas la Nature des limites de notre entendement : si la mécanique profonde des choses nous échappe, il est certain
que le fond des choses est mécanique. Fort de cette conviction, l'esprit
humain reste essentiellement accordé à l'univers, même s'il ne parvient
pas à en apercevoir tous les détails. Fontenelle peut donc sans aucune
contradiction féliciter Lémery en 1715 d'avoir affranchi la chimie des
vues obscures de Van Helmont[1], et noter en 1733 que cette dernière
science pose encore des problèmes à peu près insolubles[2]. Toutes les
branches de la « Physique » ne sont pas susceptibles d'une même précision
que l'astronomie, la mécanique terrestre, l'optique, voire la physiologie;
mais ce n'est jamais qu'une différence de degré, non de nature :

« Ce n'est pas que la même géométrie n'y domine, mais c'est qu'elle y
devient obscure et presque impénétrable par la trop grande complication des
mouvements et des figures »[3].

A l'unité de l'univers correspond donc, au moins comme un idéal,
l'unité de la science. Une science qui ne peut être qu'abstraite, et qui
dénonce le caractère illusoire des apparences sensibles. Les « qualités
premières » de la matière dont l'essence est l'étendue sont toutes géométriques : figure, impénétrabilité, divisibilité à l'infini[4], inertie enfin,
puisque sa définition ne comporte aucun principe d'activité interne. C'est
là une conséquence du dualisme rigoureux posé par Descartes, et qui
devait exclure toute confusion entre le monde des corps et celui des
esprits : la science y trouve son compte, plus que le spiritualisme ; car
s'il n'empêche pas certains cartésiens d'incliner au matérialisme dans le
domaine de la psychologie, il est le plus ferme obstacle à toute interprétation animiste des phénomènes du monde physique. Le mouvement
n'est pas essentiel à la matière : elle le doit à une impulsion initialement
reçue du Premier Moteur; mais sa conservation est une conséquence du
principe d'inertie, lui-même fondé par Descartes sur l'immutabilité
divine. Enfin si la quantité globale du mouvement est constante dans
l'univers, sa répartition entre les différents corps varie sans cesse : l'étude
de sa transmission d'un corps à l'autre est précisément l'objet des lois
du choc, qui sont au centre de la « nouvelle physique ». Par elles les phénomènes les plus complexes relèvent, au moins en théorie, d'une explication mécanique simple et claire. Ce qui est vrai de la physique propre-

---

1. *Éloge de Lémery*, 1715, *Oeuvres*, t. I, p. 188.
2. *Préface* de l'*Histoire de l'Académie des Sciences depuis 1666, loc. cit.*, p. 10.
3. *Ibid.* « En un mot si toute la nature consiste dans les combinaisons innombrables
des figures et des mouvements, la géométrie qui seule peut calculer des mouvements et
déterminer des figures devient indispensablement nécessaire à la physique... »
4. A la suite de Descartes Rohault écrit encore *à l'indéfini*.

ment dite l'est aussi de la biologie : pour Fontenelle et beaucoup de ses contemporains, la matière vivante ne pose pas, en principe, de problèmes radicalement différents de ceux des corps inorganisés. Il est vrai qu'ils commencent par escamoter la difficulté principale : l'origine de la vie elle-même. C'est là un recul évident par rapport aux ambitions de Descartes dont on réimprime cependant le traité de *L'Homme* [1] *;* mais il n'entraîne pas le retour aux vieilles explications par les « formes substantielles » ou l' « âme végétative », renouvelées par la science anglaise avec la théorie des « natures plastiques » [2]. Le système généralement reçu est encore plus éloigné de ce néo-aristotélisme que d'un mécanisme intégral : on admet que la naissance d'un être vivant n'est pas une véritable création, mais le simple « développement » d'un germe préexistant [3]. C'est le système de la préexistence, que complète celui de l'« emboîtement des germes » [4] : les premières créatures vivantes contenaient déjà, enfermés les uns dans les autres, les germes de toutes les générations ultérieures. Fontenelle approuve les deux idées à plusieurs reprises [5], suivi, et pour longtemps encore, par la grande majorité des savants. Cette double hypothèse, satisfaisante pour la piété puisqu'elle réservait à Dieu le pouvoir de créer la vie, flattait en effet le goût des idées claires, en élucidant, au moins en apparence, tous les mystères de la génération. Une fois ceux-ci ramenés ainsi au mécanisme élémentaire d'un « développement », la voie était plus aisée pour expliquer de même l'ensemble des phénomènes biologiques. Déjà largement développé au XVIIe siècle [6], le biomécanisme continue après 1715 à dominer la science médicale et physiologique : si l'univers est une horloge, les êtres vivants sont tous des machines qui ne diffèrent les unes des autres que par la complexité plus ou moins grande de leurs rouages. La santé est définie comme un état d'équilibre entre les solides et les fluides : d'où l'utilité de la saignée lorsque ceux-ci apparaissent en quantité excessive; grand défenseur de cette thérapeutique éprouvée, le doyen Hecquet mérite à coup sûr les railleries qu'adresse

---

1. La Forge (Louis de), *L'Homme de Descartes et la formation du fœtus,* nouvelle édition, Paris, 1729.
2. Sur le système des « natures plastiques », êtres spirituels chargés par Dieu d'assurer la formation des corps organisés, voir R. Cudworth, *The intellectual system of the universe,* Londres, 1678. Le théologien Cudworth (1617-1688) appartenait à l'école platonicienne de Cambridge.
3. Voir ci-dessous, Ch. IV, 3.
4. Certains préfèrent cependant, d'après le Hollandais Hartsœker (1656-1725), l'hypothèse de la panspermie ou dissémination des germes dans la nature.
5. *Histoire de l'Académie Royale des Sciences, passim.* On trouvera de nombreuses références dans la thèse de J.R. Carré, *op. cit.,* p. 324, note.
6. Cf. A. Castiglioni, *Histoire de la médecine,* traduction française, Paris-Lille, 1931. P. Delaunay, *L'évolution philosophique et médicale du biomécanisme, Progrès Médical,* 20 août septembre 1927. Du même auteur, *La vie médicale aux XVIe, XVIIe et XVIIIe siècles,* Paris, 1935, Ch. XV, *L'évolution doctrinale.* E. Guyénot, *Les sciences de la vie aux XVIIe et XVIIIe siècles. L'idée d'évolution,* Paris, 1941, II, 3.

Le Sage à son docteur Sangrado [1]. Aussi bien, à une époque où le médecin géomètre est un type intellectuel fréquent, les physiciens ne craignent-ils pas de parler médecine. Rohault consacrait la quatrième partie de son traité au « Corps Animé »; l'abbé Morin l'imite dans son *Abrégé du Mécanisme Universel,* sans se piquer le moins du monde d'originalité :

« C'est dans le corps humain que l'on trouve un assemblage si prodigieux de machines hydraulico-pneumatiques, de leviers tirés par des milliers de cordages, et de muscles, que l'homme tout entier est à peine capable de l'admirer » [2].

Admirons en effet le spectacle de la nature, mais plus encore l'écot nomie des moyens qu'elle met en œuvre. Autrefois l'univers apparaissait ridiculement étroit et borné; aujourd'hui « les Étoiles fixes sont autan-de Soleils dont chacun éclaire un monde » [3]. A jamais brisées, les sphères célestes ont tu leur musique illusoire : dans ce silence et cet infini qui ont cessé de l'effrayer, le philosophe « respire avec plus de liberté » [4]. Détournant son regard des espaces stellaires, qu'il découvre maintenant la diversité des formes vivantes, plantes ou insectes, et la finesse de leur structure; enfin, sans plus s'étonner d'un ciron, qu'il contemple ces merveilles bien plus prodigieuses encore que lui révèle le microscope [5]. Qu'importe l'impuissance de l'imagination à concevoir toutes ces richesses si la raison, aidée de l'expérience, les pénètre chaque jour davantage ! Là n'est pas la moindre merveille :

« Il est surprenant que l'ordre de la nature, tout admirable qu'il est, ne roule que sur des choses si simples » [6].

---

1. Doyen de la Faculté de Médecine de Paris depuis 1712, Philippe Hecquet (1661-1737) pousse à l'extrême les théories iatromécanistes en s'affirmant résolument « solidiste ». Dans la controverse médicale sur les causes de la digestion, il s'oppose à l'explication iatrochimique par la fermentation, et critique en particulier les idées avancées par son jeune confrère J. Astruc. L'essentiel de sa doctrine se trouve dans son *Novus Medicinae conspectus*, Paris, 1722 (Voir le compte rendu élogieux qu'en donne en 1723 le *Journal des Savants*, p. 119 sq.).La renommée de son traité sur la digestion était parvenue jusqu'à Leibniz : voir les deux lettres à Grimarest où le philosophe allemand se prononce pour une solution moyenne entre le mécanisme outrancier de Ph. Hecquet et l'animisme de Stahl, *(Recueil de diverses pièces sur la philosophie, les mathématiques, l'histoire,* etc..., publiées par Chrétien Kortholt, Hambourg, 1734, pp. 39, 40, 42).

2. *Op. cit.*, quatrième Discours, p. 107.

3. FONTENELLE, *Entretiens sur la Pluralité des Mondes*, nouvelle édition augmentée d'un septième Entretien, Amsterdam, 1719. C'est le titre du *Cinquième soir*.

4. *Ibid.*, p. 104.

5. FONTENELLE, *Éloge de Hartsoeker*, 1725, *Œuvres*, t. I, p. 361 sq. etc. Grâce aux perfectionnements qu'il avait apportés au microscope Hartsoeker avait découvert la présence des spermatozoïdes dans la liqueur séminale.

6. *Entretiens, op. cit.*, Premier Soir, p. 20. Cf. *Ibid.* « On veut que l'univers ne soit en grand que ce qu'une montre est en petit, et que tout s'y conduise par des mouvements réglés qui dépendent de l'arrangement des parties ».

Pourquoi serait-il nécessaire de ne pas comprendre pour admirer ?

« Assez de gens ont toujours dans la tête un faux Merveilleux enveloppé d'une obscurité qu'ils respectent. Ils n'admirent la Nature que parce qu'ils la croient une espèce de magie où l'on n'entend rien, et il est sûr qu'une chose est déshonorée auprès d'eux, dès qu'elle peut être conçue » [1].

Spectateurs naïfs que séduit et trompe une féerie d'opéra, érudits abusés par la doctorale sagesse de ces Anciens qui n'ont pas eu la chance de connaître Descartes, suivons le philosophe moderne dans les coulisses et, non sans ironie pour Pythagore, Platon ou Aristote, apprenons enfin de lui seul comment Phaéton peut voler :

« *Phaéton monte parce qu'il est tiré par des cordes, et qu'un poids plus pesant que lui descend.* Ainsi on ne croit plus qu'un corps se remue s'il n'est tiré ou poussé par un autre corps, on ne croit plus qu'il monte ou qu'il descende, si ce n'est par l'effet d'un contre-poids ou d'un ressort ; et qui verrait la Nature telle qu'elle est ne verrait que le derrière du théâtre de l'Opéra » [2].

Ainsi se manifeste dans son ampleur grandiose le dessein de la nouvelle physique : ramener à « une mécanique simple », et par là intelligible, « cette prodigieuse variété d'effets que nous voyons dans l'Univers » [3]. Ambition combien exaltante ! Si abstrait que soit le monde où se meut librement l'esprit du physicien géomètre, il ne saurait laisser son cœur indifférent. D'abord réticente et désorientée, la Marquise des *Entretiens* ne tarde pas à renchérir sur l'enthousiasme du philosophe. Trente-cinq ans plus tard la source de cette allégresse n'est pas tarie, mais peut-être encore plus pure : une fois dissipé le charme grisant du clair de lune [4], seules demeurent les séductions abstraites de la « lumière naturelle » ; et le Persan de Montesquieu, naguère résigné aux mystères d'une théologie obscure, découvre à son tour, non sans stupeur, les claires merveilles de la science. Sera-t-on surpris de lire dans une œuvre aussi « littéraire », et souvent frivole, que les *Lettres Persanes* l'énoncé à peu près exact du principe d'inertie et la définition de la force centrifuge [5] ? Plus que le

---

1. *Ibid.*, p. 21. Voir aussi la *Préface sur l'utilité des mathématiques [et de la physique, op. cit.*, pp. 36-37. « Souvent, pour mépriser la science naturelle, on se jette dans l'admiration de la nature, que l'on soutient absolument incompréhensible. La nature cependant n'est jamais si admirable ni si admirée que quand elle est connue ».
2. *Entretiens...*, *Premier Soir*, *loc. cit.*, pp. 19-20.
3. *Lettres Persanes*, 97.
4. *Entretiens*, *Premier Soir*, *loc. cit.*, p. 15-17.
5. *Loc. cit.* Usbek formule ainsi ces deux lois : « La première est que tout corps tend à décrire une ligne droite, à moins qu'il ne rencontre quelque obstacle qui l'en détourne ; et la seconde, qui n'en est qu'une suite, c'est que tout corps qui tourne autour d'un centre tend à s'en éloigner, parce que, plus il en est loin, plus la ligne qu'il décrit approche de la ligne droite ». Sur l'origine du principe d'inertie et sur son importance dans la physique moderne, voir A. KOYRÉ, *Études galiléennes*, Paris, 1939, III, *Galilée et la loi d'inertie*, ainsi que l'Appendice, *L'élimination de la pesanteur*.

détail du texte, son ton et son accent, malgré le badinage oriental et une intention antireligieuse trop visible, nous renseignent sur la ferveur intellectuelle et le sérieux d'un jeune magistrat provincial épris d'idées claires et semblent annoncer, déjà, le lyrisme contenu de sa *Préface* à *L'Esprit des Lois*.

2. — Un Dieu Horloger ?

Dans le livre du monde le physicien moderne découvre mieux qu'un déterminisme : un ordre et une sagesse. La logique de la pensée mécaniste aboutit ainsi à une philosophie religieuse dont nous devons maintenant nous efforcer de définir les termes. Encore convient-il de distinguer, à l'intérieur du courant « cartésien », deux façons bien différentes de concevoir les rapports entre Dieu et la Nature : restreindre le rôle du premier au minimum inévitable, ou au contraire l'agrandir de telle sorte que la Nature tende à n'être plus qu'un reflet visible de l'action divine. Le Dieu de Fontenelle n'est pas celui de Malebranche.

On sait quel double aspect présente la philosophie de ce dernier, mystique et rationaliste à la fois [1]. Son point de départ, c'est une méditation sur l'idée de loi naturelle, que l'oratorien pousse jusqu'à ses conséquences ultimes : si Dieu procède toujours par les voies les plus simples, sa sagesse infinie ne saurait admettre d'exceptions aux lois qu'elle a elle-même établies ; d'où l'embarras visible de Malebranche sur la question du miracle [2]. Une tendance profonde de son esprit, habilement servie par toute sa souplesse dialectique, n'est-elle pas d'attribuer le plus possible à la « Providence générale », pour refuser davantage à la « Providence particulière » ? S'il arrive parfois à Dieu d'agir par des volontés particulières, c'est seulement lorsque l'Ordre, qui est sa Sagesse même, le demande : le miracle est une infraction aux lois de la nature, immanentes et arbitraires, mais il est conforme à cette loi beaucoup plus générale qui est la loi naturelle de la Divinité [3]. A cette première et fondamentale distinction s'en ajoute une autre qui tend à atténuer davantage encore l'espèce de scandale intellectuel que représente pour un cartésien la notion vulgaire du miracle. Le peuple confond à tort les miracles et les prodiges : à la différence des premiers, qui restent par définition très rares, les seconds sont conformes aux lois générales de la nature, même s'ils sont contraires aux lois physiques du mouvement. Car par le terme

---

1. Le développement qui suit s'inspire principalement du livre de M.H. Gouhier, *La Philosophie de Malebranche et son expérience religieuse*, Paris, 1926.
2. H. Gouhier, *op. cit.*, Première partie, Ch. II, IV, *Le Miracle*.
3. « Dieu n'a que deux lois : l'ordre qui est sa loi inviolable, sa loi naturelle, son verbe ou sa sagesse, qu'il aime invinciblement ; et les décrets divins, lois arbitraires desquelles il se dispense parfois. Mais il ne s'en dispense jamais que l'ordre ne le demande : car il est contre l'ordre qu'un être sage et immuable change de conduite sans raison ». *Traité de la Nature et de la Grâce*, I, art. XX, *Additions*, p. 305. (Texte cité par H. Gouhier, *op. cit.*, p. 59).

de Nature, Malebranche entend l'ensemble des créatures, c'est-à-dire aussi bien le monde des esprits que celui des corps ; les prodiges causés par les anges ne sont pas de vrais miracles puisque, comme tous les êtres créés, les esprits purs n'agissent qu'en fonction d'une loi générale établie par Dieu à cet effet. Comme le remarque M. H. Gouhier[1], nous sommes ici beaucoup plus près de Bérulle, et même de la philosophie médiévale, que de Descartes : bien loin aussi de Fontenelle, pouvons-nous ajouter. Et pourtant l'idée d'un Ordre surnaturel qui ne souffre aucune exception n'est-elle pas, pour une bonne part, comme l'extrapolation métaphysique de la notion *physique* de loi naturelle que Malebranche devait à sa formation cartésienne ? Dans son effort pour concilier la raison et la foi en sublimant les données de la première on aperçoit clairement un refus de sacrifier la philosophie à la Révélation. L'oratorien rejoint le libertin dans une commune répugnance à accepter l'idée traditionnelle du miracle; après en avoir ainsi restreint le sens, il le rejette dans le domaine de l'inconnaissable : devant un phénomène inexplicable notre ignorance des lois générales ne nous permet pas de décider s'il s'agit ou non d'une volonté particulière de Dieu; au reste, pourquoi le vrai miracle ne serait-il pas un effet commun ?[2] Pratiquement, pour Malebranche comme pour Fontenelle, toute intervention divine semble à peu près exclue de la marche actuelle de l'univers physique.

Cependant l'auteur de la *Recherche de la Vérité* ne s'en tient pas là : le second moment logique de sa démarche est un approfondissement du rigoureux dualisme posé par Descartes. S'il existe deux substances essentiellement distinctes, comment concevoir entre elles la possibilité d'une action mutuelle ? Non seulement le problème métaphysique de l'union de l'âme et du corps reste plus obscur que jamais, mais le problème physique de la transmission du mouvement devient insoluble : les cartésiens ont légitimement privé les corps de toute « vertu » interne, mais si la matière est inerte, comment un corps peut-il en mouvoir un autre ? Les mots de *choc* et d'*impulsion* décrivent les données sensibles, mais n'en fournissent pas une explication intelligible. D'où la conclusion que dans le monde physique comme dans le monde moral Dieu seul est véritablement Cause : les créatures ne sont jamais que les « causes occasionnelles »[3] de son action. Du point de vue des rapports entre le Créateur

---

1. *Op. cit.*, p. 60. « L'univers de Malebranche n'est pas celui de Descartes; c'est celui de Bérulle, des philosophes médiévaux et de l'Écriture; il contient des choses matérielles, les êtres composés de matière et d'esprit et les esprits purs. Ces derniers n'y occupent pas la place la moins importante (...) ce sont des êtres toujours présents à nos côtés et mêlés à l'histoire du monde. Peut-être la philosophie *moderne* commence-t-elle au moment où les anges cessent de peupler l'univers, et en ce sens le système de Malebranche est, malgré Descartes, contemporain de saint Thomas et de saint Bonaventure... »
2. *Ibid.*, Le plus grand miracle, n'est-ce-pas l'ordre merveilleux de la Création?
3. *Ibid.*, III. *Les causes occasionnelles.* Selon MALEBRANCHE (*Recherche de la Vérité, op. cit.*, Livre VI, Seconde partie, Ch. III) le système des causes occasionnelles est le seul à éviter « l'erreur la plus dangereuse de la philosophie des anciens », c'est-à-dire la divinisation des êtres de la nature.

et sa Création, cette thèse occasionnaliste que Malebranche développe dans la voie ouverte au milieu du XVIIᵉ siècle par les cartésiens Cordemoy et La Forge [1] a des conséquences importantes : tout à l'heure le Dieu de Malebranche semblait presque aussi inutile à la marche de l'univers que les dieux d'Épicure ; maintenant il se rapproche de la nature au point, non de se confondre avec elle, mais de la diluer dans sa propre infinité. Un mécanisme outrancier aboutit au thème de la « vision en Dieu » [2]. La Divinité n'est plus absente du monde mais omniprésente. Malebranche n'est cependant ni panthéiste ni « spinoziste » ; selon lui les causes occasionnelles restent indispensables pour diversifier et particulariser l'action divine. Mais s'il n'avait pas pris un tel soin de distinguer « l'étendue sensible » et « l'étendue intelligible », on pourrait plus justement lui imputer un idéalisme absolu pour lequel la Nature, toute pénétrée de Dieu, s'anéantirait.

A cette conséquence extrême, comme à tout l'édifice métaphysique qui la précède, le « bon sens » positif de Fontenelle ne pouvait manquer de s'opposer. Dès 1686, l'année même de sa *Pluralité des Mondes*, il publiait ses *Doutes sur le Système des Causes occasionnelles*, et il soutenait ensuite contre un « zélé malebranchiste », qui ne serait autre que Malebranche lui-même, une controverse aigre-douce [3]. Comme Leibniz, Fontenelle juge le système des causes occasionnelles incompatible avec la notion de Providence générale ; et il lui reproche d'impliquer un miracle perpétuel. L'argument sera repris en 1714 par Leibniz contre Clarke et Newton [4]. L'horloge de l'univers est plus parfaite, et par conséquent plus conforme à la sagesse de Dieu comme à sa puissance, si elle sonne d'elle-même les heures que si la Divinité doit chaque fois intervenir pour la faire sonner à la main. Mais l'analogie entre Leibniz et Fontenelle s'arrête là : l'auteur de la *Pluralité des Mondes* est en effet fermement résolu à s'en tenir au strict mécanisme. Pour lui, malgré l'inertie de la matière, les corps sont causes véritables des impulsions qu'ils se donnent, et il n'est pas besoin pour s'en convaincre de leur restituer les « vertus » du péripatétisme. Les effets de l'impulsion sont intelligibles parce qu'ils résultent de l'impénétrabilité des corps ; pour affirmer la réalité d'un lien causal entre deux phénomènes, il suffit de constater une « liaison nécessaire » entre la cause et son effet, indépendamment de la manière dont cette liaison s'établit. Nous ignorons comment un corps en meut un autre, mais de ce point de vue l'action de la Cause Première à laquelle l'occa-

---

1. Voir P. Mouy, *op. cit.*, Ch. I, et J. Prost, *op. cit.*.
2. *Recherche de la vérité, op. cit.*, Livre III, Deuxième partie, Ch. VI et *Dixième éclaircissement* (t. III, p. 74 sq.).
3. Cf. J.R. Carré, *La philosophie de Fontenelle…, op. cit.*, Troisième partie, Ch. I.
4. Cf. ci-dessous, Ch. III, 3, L'objection porte plus contre Newton que contre Malebranche, puisque la distinction établie par celui-ci entre « volonté générale » et « volonté particulière » avait précisément pour but de la prévenir.

sionnalisme rapporte tout n'est pas plus accessible à notre entendement. Laissons ces vaines spéculations, conseille Fontenelle, et satisfaisons-nous de constater qu'une même quantité de mouvement se conserve sous les diverses modalités de sa répartition : comme le note M. J. R. Carré [1], Malebranche a tort, aux yeux de Fontenelle, de ne vouloir admettre comme cause réelle et intelligible que celle qui a la connaissance de ses effets, là où suffit une simple « équivalence quantitative ». Il est donc juste de souligner ici les limites du désir d'intelligibilité chez le futur Secrétaire de l'Académie Royale des Sciences : apparemment à mi-chemin entre le rationalisme métaphysique des grands cartésiens, Malebranche ou Leibniz, et le positivisme prudent des Encyclopédistes. Mais l'attitude intellectuelle de Fontenelle n'est-elle pas pourtant plus proche de Descartes que de d'Alembert ? Même si sa volonté de clarté est devenue moins exigeante, son goût des idées claires reste assez fort pour lui faire opposer à l'obscure attraction des newtoniens l'intelligibilité au moins partielle du concept d'impulsion [2].

Au-delà d'une simple discussion épistémologique, la controverse sur les causes occasionnelles nous conduit au problème central du rationalisme chrétien : dans quelles limites l'ordre de la Nature reste-t-il sous la dépendance de Dieu ? Comment accorder les certitudes de la science mécaniste et les exigences de la foi ? L'influence durable qu'exercera Malebranche tout au long du demi-siècle, de Dom François Lamy, apologète renommé, jusqu'à l'abbé Yvon, collaborateur de l'*Encyclopédie* qui sera compromis dans l'affaire de Prades, tiendra d'abord au double caractère de sa doctrine [3]. Sans doute bien des croyants craignent-ils, avec les journalistes de Trévoux, les germes de « spinozisme » contenus dans un système qui accorde trop peu à l'efficace des causes secondes [4] : d'autres se félicitent de pouvoir demeurer, grâce à Malebranche, à la fois chrétiens et cartésiens. En 1681 Fénelon avait opposé à l'oratorien, à

1. *Op. cit.*, p. 278.
2. Voir ci-dessous, Ch. III, 3. Développant les tendances positivistes de Fontenelle, d'Alembert montrera que, si l'on s'en tient à leur formulation mathématique, l'impulsion et l'attraction sont deux idées également claires, mais que la cause de la première nous est aussi inconnue que celle de la seconde *(Encyclopédie*, t. VIII, 1765, article *Impulsion)*.
3. François LAMY, *L'incrédule amené à la religion par la raison...*, Paris, 1710 (Cf. ci-dessous, ch. VII, 2) ; *Encyclopédie*, art. *Cause* (par l'abbé Yvon).
4. Voir l'analyse du livre de François Lamy dans les *Mémoires de Trévoux*, octobre 1710, pp. 1748-1754. En 1712 les Jésuites s'inquiètent aussi de découvrir des arguments cartésiens dans la *Démonstration de l'existence de Dieu*, ouvrage de Fénelon, mais publié à l'insu de son auteur. L'année suivante, la seconde édition de cette apologie est précédée d'une *Préface* où le P. Tournemine prétend benoîtement compléter, contre les « spinozistes », l'œuvre de Fénelon. Cette initiative impertinente, très mal reçue par l'archevêque de Cambrai, oblige bientôt le directeur des *Mémoires de Trévoux* (novembre 1713) à une mise au point embarrassée.

l'instigation de Bossuet, sa *Réfutation du système sur la nature et la grâce* ;
mais il s'agissait alors de sauvegarder le libre-arbitre de Dieu, en rejetant
l'idée d'un ordre nécessaire; en revanche les tendances quiétistes de
Fénelon s'accommodent fort bien de l'occasionnalisme. Écoutons-le invoquer l'analogie du spirituel et du matériel pour démontrer que toute
bonne volonté vient de Dieu :

> « C'est ainsi que Dieu est la cause réelle et immédiate de toutes les confi-
> gurations, combinaisons et mouvements de tous les corps de l'Univers.
> C'est à l'occasion d'un corps qu'il a mu, qu'il en meut un autre. C'est lui
> qui a tout créé, et c'est lui qui fait tout dans son ouvrage. Or le vouloir est
> la modification des volontés, comme le mouvement est la modification des
> corps... » [1]

Ce langage malebranchiste se retrouve chez un auteur dont la théologie est à l'opposé de celle de Fénelon : janséniste déclaré, l'abbé Pluche
rejoint Fénelon lorsqu'il célèbre les beautés du *Spectacle de la Nature*.
Admirant les merveilles de la vision, il s'efforce d'intégrer l'optique de
Newton à la physique des petits tourbillons. Or l'étude expérimentale
et mathématique de la décomposition de la lumière appuyait et précisait
la distinction cartésienne entre les qualités premières des corps et leurs
qualités secondes : pour Newton les couleurs ne sont pas des qualités
des objets, ni même des qualités de la lumière, mais seulement les effets
variés que les rayons lumineux produisent sur notre esprit [2]. Malgré son
attachement aux réalités concrètes, malgré son désir affirmé de se borner
à une science immédiatement accessible, l'abbé Pluche ne recule pas
devant ce nouveau degré d'abstraction donné à la « physique nouvelle ».
Car il y trouve prétexte à exalter une fois de plus la grandeur de Dieu :

> « Il n'y a qu'un être infiniment puissant et intimement présent partout
> qui puisse ainsi causer et créer perpétuellement en nous tous ces sentiments
> si réguliers qui nous lient à tout ce qui nous environne. Et comme les mouve-
> ments qui déplacent et transportent les corps sont un ordre selon lequel
> Dieu agit sur les corps, en sorte que les différents degrés de ce mouvement
> ne sont jamais que l'action de Dieu diversifiée, de même les sentiments qui
> affectent notre âme sont un ordre selon lequel Dieu agit sur notre âme, et
> toutes les diversités de saveurs, d'odeurs, de sons, de couleurs, en un mot
> toutes nos sensations ne sont que l'action de Dieu sur nous, diversifiée selon
> nos besoins » [3].

Dieu seul agit dans l'univers physique, mais il n'agit que par des
lois générales. Même chez l'abbé Pluche l'idée de la toute-puissance

---

1. *Traité de l'existence de Dieu...*(titre que prend en 1713 la *Démonstration...* de 1712),
seconde édition, Paris, 1713, Première partie, LXV, p. 223.
2. Cf. E. A. BURTT, *The metaphysics of sir Isaac Newton*, Londres, 1925, ch. VII,
3. A l'époque où Pluche publie le *Spectacle de la Nature* l'abbé Nollet s'emploie à répandre en France les travaux de Newton sur la lumière.
3. *Le Spectacle de la Nature, op. cit.*, Troisième partie, t. IV, 1739, p. 168.

divine va de pair avec celle d'un ordre constant. C'est sur cette double certitude que les disciples de Malebranche, même lorsqu'ils ne se reconnaissent pas comme tels, prétendent fonder au xviiie siècle l'accord de la raison et de la foi. Pour s'élever de l'observation des « effets de la Nature » jusqu'à l'idée de la Première Cause, écrit en 1751 l'abbé Yvon, le physicien doit d'abord découvrir les *lois* qui régissent les causes secondes [1]. Située à la charnière entre le plan de la science et celui de la théologie, la notion de *loi naturelle* permet de concilier le culte traditionnel d'un Dieu dont l'omniprésence emplit l'univers et l'idée moderne d'un univers-machine dont les rouages tournent par eux-mêmes. Conciliation durable ou compromis provisoire ? Avec sa lucidité coutumière, avec cette inquiétude intellectuelle qui est tout autre chose qu'un banal scepticisme et donne à sa pensée une tension que ne connaîtra jamais celle d'un David Hume, P. Bayle pose brutalement la question en 1704. Dans son acception propre, dit-il, une *loi* est l'ordre impératif d'un supérieur à ses subordonnés : le mot a-t-il encore un sens lorsqu'il s'applique à la matière, inerte et insensible ? Parler de *lois physiques* n'est concevable que dans le système de la création continuée [2]. L'argument n'était pas fait pour déplaire à Malebranche puisque, dans la pensée de l'oratorien, l'occasionnalisme était la suite logique de cette dernière doctrine [3]. Mais tandis que l'auteur de la *Recherche de la Vérité*, se voulant à la fois physicien et théologien, cherchait à accorder l'idée chrétienne de la Providence et celle du mécanisme universel, Bayle va beaucoup plus loin dans la réévaluation critique des thèmes de la philosophie mécaniste. Plutôt que le sommet d'un système harmonieusement construit, le recours à l'action divine est de sa part un acte de foi, sans lequel il ne serait pas possible de sauvegarder l'unité et la cohésion du monde sensible [4].

En 1733 le vieux Crousaz, philosophe et mathématicien suisse, auteur d'un célèbre traité de *Logique* [5], entreprenant de réfuter le « pyrrhonisme ancien et moderne », s'attaque en particulier à ce raisonnement

---

1. *Encyclopédie*, art. *Cause, loc. cit.*
2. P. BAYLE, *Continuation des pensées diverses sur la Comète*, 1704, Ch. CXI, in *Œuvres diverses*, La Haye, 1737, t. III, p. 341. Voir aussi la discussion du système des natures plastiques dans les *Réponses aux questions d'un provincial*, seconde partie, Ch. CLXXX-CLXXXI, *ibid.*, pp. 881-890. Bayle enferme le néo-aristotélisme de Cudworth dans ce dilemme : ou bien les natures plastiques sont aveugles, et leur action n'explique rien ; ou bien elles sont intelligentes, et risquent de supplanter Dieu.
3. Cf. H. GOUHIER, *op. cit.*, pp. 52-55.
4. Ainsi le mécanisme ne se suffit pas à lui-même : c'était déjà la conclusion de Robert Boyle, savant d'une piété exemplaire, et fondateur des *Boyle's Lectures*. Sans se soucier beaucoup de la contradiction, Boyle assurait à la fois que la nature est mécanique et que la cohésion de l'ordre universel suppose l'action de forces spirituelles. Cette dernière assertion était conforme aux idées d'Henri More et du groupe platonisant de Cambridge, dont nous verrons l'influence capitale sur la pensée de Newton. Cf. E.A. BURTT, *op. cit.*, Ch. VI, 8, et ci-dessous, Ch. III, 1.
5. Jean-Pierre de CROUSAZ, *La Logique, ou Système de réflexions qui peuvent contribuer à la netteté et à l'étendue de nos connaissances*, 1712 ; seconde édition, Amsterdam, 1720. Voir l'étude, surtout biographique, de Jacqueline de la HARPE, *Jean-Pierre de Crousaz et le conflit des idées au siècle des lumières*, Genève-Lille, 1955.

de Bayle. Son caractère artificieux repose, dit-il, sur « l'équivoque du mot de loi ». Certes,

« si par là on entend un ordre qu'un Être Suprême veut qui soit observé par respect pour lui, il saute aux yeux qu'il serait ridicule d'adresser de tels ordres à des êtres incapables de les connaître et d'y réfléchir… »

Mais si l'on se borne à donner au mot un sens figuré, la difficulté s'évanouit : l'expression n'est plus qu'une manière abrégée de signifier la constance et la régularité des opérations de la Nature :

« Une certaine uniformité avec laquelle des causes semblables, c'est-à-dire des mobiles de même nature, agissent, produit des effets qui se ressemblent ; la variété de leurs effets répond de même à la variété de leurs degrés, et les retours constants et réguliers de ces effets toujours proportionnés à leurs causes ont donné lieu au terme de *loi*. Une volonté toute-puissante a trouvé à propos d'établir ainsi les choses, elle a voulu que telle fût leur nature et leur activité » [1].

Comme l'avait tenté Fontenelle près d'un demi-siècle plus tôt, Crousaz cherche donc à maintenir une certaine autonomie de l'ordre naturel, dans le cadre d'une conception phénoméniste de la causalité. Mais sa dernière phrase montre bien que toute ambiguïté n'a pas disparu de son esprit. Elle réintroduit en effet, insidieusement, l'équivoque même que Crousaz reprochait à P. Bayle, et que celui-ci avait été beaucoup plus près de dissiper en donnant franchement au mot de *loi* un sens normatif ; au dernier moment Crousaz rétablit, sans l'avouer, celui-ci. Quoi qu'il en dise, le concept de loi naturelle demeure dans sa pensée une notion valorisée : pour lui le système des lois physiques constitue toujours un *ordre* véritable qui, en dernière analyse, trouve sa raison d'être dans la volonté divine qui l'a institué. Dans sa médiocrité philosophique son commentaire représente sans doute beaucoup mieux l'opinion moyenne de son temps que les « sublimes » [2] constructions de Malebranche ou la lucidité critique de Bayle. Chez cet austère calviniste qui n'a rien d'un libertin on aperçoit clairement le rôle que joue l'idée de loi naturelle dans le compromis — dont il ne saurait se passer — entre la vision du monde que lui impose sa foi protestante et celle que lui apporte sa formation, toute mathématicienne, de physicien-géomètre : compromis vital, indispensable à sa bonne conscience intellectuelle et morale ; d'où sa charge contre les remarques corrosives du « pyrrhonien » Bayle.

---

1. *Examen du Pyrrhonisme ancien et moderne*, Lausanne, 1733, p. 435. Né en 1663, Crousaz devait publier encore plusieurs ouvrages importants après celui-ci.
2. Le mot est de DIDEROT, *Encyclopédie*, art. *Malebranchisme*.

**

La réplique de Crousaz à Bayle présente un double intérêt. Elle nous permet d'abord d'entrevoir l'arrière-plan métaphysique que masque son langage positiviste : métaphysique latente et non développée, comme c'est souvent le cas au xviiie siècle. Mais elle nous renseigne aussi sur le crédit qu'un esprit sincèrement religieux peut accorder spontanément, vers 1730, à la conception mécaniste de l'univers. Que le sens simplement positif de l'idée de loi cache presque complètement à Crousaz sa signification normative n'est pas un fait indifférent. Cela prouve en effet que ce qui faisait encore problème pour Malebranche et pour Bayle tend à devenir alors une évidence banale. Nous le constaterons plus d'une fois : même lorsqu'il contredit Descartes, le demi-siècle demeure cartésien et mécaniste. De là le recul relatif de l'argument des miracles dans l'apologétique [1]. Autant les défenseurs du christianisme sont à l'aise pour célébrer les merveilles de la Création, autant ils semblent gênés devant le surnaturel. Il est vrai qu'en assujettissant la nature à suivre des lois constantes, la « physique nouvelle » servait, en un sens, la cause du miracle : l'exception n'est-elle pas d'autant plus significative que la validité générale de la règle est plus fermement reconnue ? [2] Mais on ne fixe pas facilement des limites au rationalisme. L'historien s'en persuade aisément, à voir l'embarras que marquent alors les théologiens dans leurs définitions du miracle.

La plus extensive est certainement celle que propose l'évêque anglican Samuel Clarke, très vite répandue sur le continent, dans les milieux de langue française. Sont miraculeux, dit Clarke, « *des effets contraires au cours ou à l'ordre accoutumé de la Nature, produits par l'intervention extraordinaire de quelque être intelligent supérieur à l'homme* » [3]. Nous savons déjà qu'en France comme en Angleterre, en Suisse ou en Hollande, le dernier point ne pouvait être admis sans discussion, alors que les auteurs les plus circonspects hésitent en particulier à reconnaître aux mauvais anges le pouvoir de faire des miracles [4]. Mais il y a plus grave : l'univers de Clarke n'est pas le monde de Descartes, mais celui de Newton, un monde où la puissance divine préside au détail des opérations de la Nature. De ce fait, la distinction du naturel et du surnaturel n'a pour Clarke aucune

---

1. Cf. A. Monod, *De Pascal à Chateaubriand...*, Paris, 1916, Ch. VI.
2. Cf. R. Lenoble, *Mersenne ou la naissance du Mécanisme*, Paris, 1943.
3. S. Clarke, *De l'existence et des attributs de Dieu, des devoirs de la religion naturelle, et de la vérité de la religion chrétienne* (traduction Ricotier), Amsterdam, 1717 ; seconde édition, *ibid.*, 1727-28, 3 t. en 2 vol. in-8°, t. III, ch. XIX, p. 145.
4. Cf. ci-dessus; Ch. I, 1.

valeur absolue; dans la mesure où elle implique une exception aux lois de la nature, la notion de miracle est simplement relative à nos habitudes d'esprit; et si l'on entend par là l'intervention de quelque puissance supérieure à l'homme, « l'ordre accoutumé de la nature » n'est au fond ni plus ni moins miraculeux que les « effets » qui lui sont contraires. Il est à peine besoin de souligner combien ces vues étaient alors opposées aux cosmologies d'inspiration cartésienne, qui attribuaient au contraire aux lois physiques, sinon un caractère nécessaire, du moins une validité indépendante des « volontés particulières » de la Providence [1]. C'est surtout chez les prêtres de l'Oratoire que se marque, ici encore, l'influence du rationalisme cartésien. Le P. Le Brun s'inspire assez étroitement de Malebranche : selon lui, les miracles sont contraires aux lois mécaniques de la nature, mais conformes aux lois établies dans l'Ordre surnaturel [2]. Formé lui aussi par l'Oratoire, l'abbé Houtteville va beaucoup plus loin. Son dessein est pourtant irréprochable : dénoncer les thèmes impies de Spinoza, montrer que les lois de la nature physique sont des décrets divins et, comme tels, momentanément révocables. Mais le voici qui s'aventure, presque aussitôt, à poser une question périlleuse [3]. Et, une fois formulé ce scrupule rationaliste, le glissement de la pensée s'accentue :

« Les miracles, du moins *ce que nous appelons miracles,* entrent donc, comme le reste, dans l'économie des desseins de Dieu, et, par conséquent, *dans l'ordre général de la nature* » [4].

Restriction assez grosse pour avoir tout l'air d'une négation; en voulant désarmer les négateurs des miracles de l'Évangile, le bon abbé en vient non seulement à assimiler miracle et prodige, mais à fournir de l'un et de l'autre une explication toute « spinoziste » :

« Si nous ne savions rien de la Mécanique du Monde, chaque événement nous y paraîtrait un prodige; si nous l'avions approfondie tout entière, tout nous y paraîtrait simple et uni. C'est parce que nous ne savons pas tout et que nous n'ignorons pas tout aussi que nous jugeons si diversement des effets. Nous appelons naturels ceux qui dépendent de causes connues; miraculeux ceux dont nous sentons que le principe nous est caché » [5].

---

1. L'opposition est particulièrement sensible dans la controverse qui oppose Clarke à Leibniz en 1715 et 1716. Celle-ci est cependant si intimement liée à la diffusion du newtonisme en France, que nous avons préféré en réserver le rappel pour le chapitre suivant. Cf. ci-dessous, Ch. III, 3.

2. *Histoire critique des pratiques superstitieuses,* seconde édition augmentée, Paris, 1732, *op. cit.,* Livre I, *Du dicernement de la vérité et de la fausseté des effets naturels.*

3. *La religion chrétienne prouvée par les faits,* Paris, 1722, Discours préliminaire, pp. CLXIII-CLXXVI, et Livre I, *Que les miracles en général, et en particulier ceux de l'Écriture sont possibles,* p. 22.

4. *Ibid.,* p. 24. C'est nous qui soulignons.

5. *Ibid.,* p. 28.

Il est remarquable que ces définitions d'une orthodoxie douteuse n'aient guère soulevé que quelques protestations isolées [1]; le livre de l'abbé Houtteville sera réédité sans difficulté en 1740 puis en 1749 et en 1765. En 1737 l'abbé Ilharart de la Chambre rappelle à la fois sa thèse et celle de Clarke sans parvenir à choisir entre l'une et l'autre : s'il penche plutôt, par « bon sens », vers la seconde, il avoue qu'aucun motif déterminant ne justifie son choix. La définition toute pratique et relative dont il se contente finalement rejoint celle qu'avait proposée à plusieurs reprises le Père Buffier : un appel au « sens commun », indépendamment et au-delà de toutes les arguties de la raison [2].

Parallèlement à cette discussion sur la nature du miracle, on voit s'affirmer nettement une tendance à inverser les données du problème. Au lieu d'invoquer le miracle comme preuve de la vérité du christianisme, on exige au contraire que son authenticité soit garantie par la pureté de la doctrine au nom de laquelle on l'avance. Ainsi le contenu matériel et merveilleux de l'événement apparaît moins important que sa signification spirituelle. La critique de Bayle avait préparé cette évolution : si le passage d'une comète était un phénomène miraculeux, objectait le philosophe, « Dieu aurait fait des miracles pour confirmer l'idolâtrie dans le monde »... [3] Or, Pascal l'avait dit, il ne peut y avoir de miracle au service de l'erreur : « Les miracles discernent la doctrine, et la doctrine discerne les miracles » [4]. Au xviiie siècle les théologiens insistent encore plus sur le second point que sur le premier. En 1717 un professeur de philosophie au collège de Montaigu, Jean Denyse, remarque sagement : « Il est vrai qu'il ne suffit pas de faire des miracles, pour prouver que l'on est approuvé de Dieu, et qu'il faut encore la pureté de la doctrine » [5]. Et l'abbé de La Chambre, s'inspirant de Samuel Clarke, s'ingénie à démontrer qu'il n'y a aucun cercle vicieux à

---

1. M. Paul VERNIÈRE (*Spinoza et la pensée française, op. cit.* p. 419) rappelle les insinuations malveillantes de Hognant et Desfontaines, dans leur *Lettre de M. l'abbé X...* *à M. l'abbé Houtteville*, Paris, Pissot, 1722, et les craintes exprimées par un correspondant des *Mémoires de Trévoux* (août 1722, p. 1345). C'est bien peu au total pour un livre aussi important.

2. « Un homme de bon sens doit se contenter de savoir qu'il n'y a de miraculeux par rapport à lui que les effets surprenants qui ravissent l'admiration par leur nouveauté, et qui arrivent hors le cours ordinaire des lois générales du mouvement par l'intervention d'une cause qui est supérieure à l'homme » *(Traité de la véritable religion..., op. cit.,* p. 286). Comparer avec BUFFIER, *Traité des Premières vérités,* 1724, p. 278 : « Cette impression de vérité commune, qui se trouve manifestement dans le plus grand nombre des hommes, et que nous avons appelée ailleurs le *sentiment* ou le *sens commun*, est la règle infaillible pour discerner le surnaturel d'avec le naturel... » Cf. aussi, du même auteur, *Preuves de la Religion chrétienne,* 1732, pp. 137 et 263-64. Nous rencontrerons souvent le P. Buffier, jésuite aux idées modernes (1661-1737). Voir en particulier ci-dessous, Ch. VII, 2.

3. *Pensées diverses sur la Comète, op. cit.,* LVII, *Septième raison tirée de la théologie.*

4. PASCAL, *Pensées,* édit. Brunschvicg, XIII, 803.

5. J. DENYSE, *La vérité de la religion chrétienne démontrée par ordre géométrique,* Paris, 1717, p. 344. Sur l'auteur, voir ci-dessous, Ch. II, 4 et Ch. VII, 2.

fonder la doctrine sur le miracle et le miracle sur la doctrine[1].

Assurément, le christianisme ne pouvait que gagner à satisfaire ce besoin d'une religion plus spirituelle. Mais il convient aussi de replacer cet effort de purification doctrinale dans le contexte historique du demi-siècle. Il n'est pas nécessaire d'être acquis à la « nouvelle philosophie » pour s'inquiéter alors du risque de voir galvaudée la notion de miracle. Vers 1730 les excès des convulsionnaires de Saint-Médard font plus pour discréditer les prétendus miracles que les raisonnements des philosophes. En vain les *Nouvelles Ecclésiastiques*, journal janséniste, s'évertuent-elles à faire la part du feu... attribuant au Démon l'indécence des convulsions, et au diacre Pâris les seules guérisons [2]; en vain reçoivent-elles le renfort d'un homme grave et cultivé, Carré de Montgeron, qui publiera en 1737 un récit émouvant des circonstances de sa conversion [3] : la doctrine officielle de l'Église rejoint ici les sarcasmes des libertins. Bien plus, le parti des « appelants » se divise contre lui-même, et tous les jansénistes sont loin de sympathiser avec les convulsionnaires. En 1733 le pieux médecin Hecquet proclame par exemple que « l'épidémie convulsionnaire », phénomène de contagion érotique, est plus de la compétence d'Hippocrate que du ressort de saint Thomas [4]. A vrai dire il est difficile de savoir si les événements de Saint-Médard l'avaient davantage choqué dans ses convictions philosophiques ou dans sa vertu austère : toujours est-il que ce tenant de la physique corpusculaire [5], s'il évite avec soin d'attaquer le miracle en lui-même, l'exclut pratiquement de la vie quotidienne et n'hésite pas à le rejeter dans un lointain passé [6].

Devant de telles attaques le périodique clandestin des jansénistes n'a pas toujours tort de crier au « déisme », voire au « spinozisme » [7]. Si la pensée chrétienne de l'époque est à ce point informée par le rationalisme

---

1. *Traité de la véritable religion, op. cit.*, Troisième partie, troisième dissertation, Ch. V. A rapprocher de la définition que la théologie d'aujourd'hui donne du miracle. Cf. *Dictionnaire apologétique de la foi catholique*, Paris, 1919, et LALANDE, *Vocabulaire philosophique (op. cit.)*, citant les *Annales de philosophie chrétienne* (juillet 1907).

2. Voir par exemple le numéro du 7 avril 1735 (p. 65).

3. Louis Basile CARRÉ de MONTGERON, *La vérité des miracles opérés par l'intercession de M. de Pâris et autres appelants, démontrée contre M. l'Archevêque de Sens*, s. l., 1737-1741 ; nouvelle édition, Cologne, 1745-1747, t. I, *Relation du miracle de conversion opéré sur l'auteur le 7 septembre 1731*. Dans le périodique janséniste les récits édifiants de ce genre ne manquent pas (Voir le numéro du 18 mai 1734, p. 85), mais ils sont loin d'avoir la portée du témoignage direct et personnel de Carré de Montgeron.

4. Philippe HECQUET, *Le naturalisme des convulsions dans les maladies de l'épidémie convulsionnaire*, Soleure, 1733, p. 10. Cf. *Nouvelles Ecclésiastiques*, 18 octobre 1735, p. 13.

5. Voir ci-dessous, Ch. II, 4.

6. « Rien donc de plus mal entendu ou de plus mal fondé que de se faire des miracles des merveilles de la nature. Il suffit qu'un effet ne soit pas contraire à ses lois pour pouvoir ne le plus regarder comme hors de son ressort et de son ordre, parce qu'elle peut beaucoup plus qu'il n'en faut pour l'effet dont nous ne saurions précisément assigner la cause. Au contraire c'est un miracle quand dans la nature l'on voit des choses se faire manifestement contre ses lois... » *(Le naturalisme des convulsions...*, p. 44). Le passage de la Mer Rouge est un miracle, mais on n'en peut dire autant de tous les tremblements de terre...

7. Voir par exemple, le 6 septembre 1732 *(op. cit.*, p. 166), la diatribe du journaliste contre des *Observations de médecine sur la maladie appelée convulsion*, ouvrage

cartésien, l'idée de loi naturelle devient encore plus facilement une arme au service de l'irréligion. Définir le miracle comme l'effet de lois inconnues ou le nier au nom de ces mêmes lois ne constituaient pas deux attitudes au fond très différentes. L'année même où Hecquet publie son *Naturalisme des convulsions*, Lévesque de Burigny termine la rédaction de son *Examen critique des apologistes de la religion chrétienne* [1] où les miracles rapportés par l'Évangile sont brutalement taxés de superstition populaire : simple critique historique et psychologique, qui ne tente aucune réduction « naturelle » des faits prétendûment miraculeux; mais, dans ce cas aussi, l'adhésion à la conception mécaniste de l'univers alimente l'hostilité au surnaturel; ce n'est pas un hasard si l'auteur de la *Pluralité des Mondes* est également celui de l'*Histoire des Oracles*. Encore convient-il d'introduire ici quelques nuances peu familières à la polémique janséniste. Qu'il y ait souvent, dans les textes semi-clandestins de l'époque, un glissement du mécanisme cartésien au naturalisme athée, nous en verrons des exemples certains [2]. Mais il est non moins incontestable que bien des esprits, parmi les plus fermes et les plus libres, s'arrêtent ici à mi-chemin. Simple tactique et prudence élémentaire ? Avouons qu'il est parfois bien difficile de trancher [3]; autant de cas d'espèce et qui laissent le lecteur perplexe : spontanément portés à « lire entre les lignes » et à voir dans telle référence à l'Auteur de la Nature » une concession tactique, une ironie, ou une simple habitude de langage, nous devons cependant nous rappeler qu'en 1730 il n'était guère moins dangereux de s'avouer déiste que de se proclamer athée. Et surtout, si l'hésitation reste permise devant des fragments isolés, la marge d'incertitude est beaucoup plus réduite lorsqu'on est en mesure de reconstituer la logique interne d'une pensée.

---

publié sous l'anonymat, mais avec l'approbation du doyen Nicolas Andry : « Mais nous nous bornons à rapporter une proposition de cet auteur qui ne serait pas rejetée par les Déistes, ni même par les Spinozistes. Ils se récrient contre ceux qui lui reprochent d'un air railleur, dit-il, de ne prêcher que la nature, et il répond : *Oui, nous ne prêchons que la Nature, et nous en faisons gloire* ; *tout bon chrétien doit agir ainsi* ; *car la nature n'est autre chose que l'ordre que le Souverain Être a établi dans l'univers*. Ces paroles sont empruntées de Spinoza lui-même dans son livre intitulé *Tractatus Theologico-Politicus* qui est celui de ses ouvrages qui fit le plus des bruit pendant sa vie, et où il prit soin de renfermer les semences de cet athéisme qu'il enseigna hautement depuis. La proposition qu'on a puisée dans cette source peut absolument être prise en bonne part, mais il est étrangement choquant d'entendre dire à un homme qui se pique d'être catholique, *qu'il se fait gloire de ne prêcher que la nature, et que tout bon chrétien doit agir ainsi...* »

1. Publié en 1766, sous le nom de Fréret, il aurait été achevé en 1733. Cf. P. VERNIÈRE, *op. cit.*, p. 396.

2. Voir ci-dessus, Ch. II, 3.

3. Que penser par exemple de ce texte de Dumarsais ? « Ainsi toutes les fois que les faits extraordinaires ne seront pas autorisés expressément par l'auteur et le maître de la nature même, la droite raison exige que nous soyons persuadés que ceux qui les racontent se trompent, ou qu'ils sont trompés, plutôt que de croire, sur leur simple témoignage, dont nous ne connaissons que trop la faiblesse, que la nature se soit démentie, et que son divin auteur, dont nous adorons l'immutabilité, s'assujettisse à nos caprices ». (*Logique*, p. 367, *Œuvres*, 1797, t. V). La concession initiale à la Révélation est évidemment de pure forme, mais en est-il de même des toutes dernières formules ? Cf. du même auteur, l'article *Analogie* de l'*Encyclopédie*.

L'exemple d'un esprit aussi lucide et cohérent que le Secrétaire de l'Académie des Sciences constitue à cet égard un cas privilégié. Or le Dieu de Fontenelle existe, si différent qu'il soit de celui de Malebranche. On aurait tort, on a eu tort parfois, de voir dans son déisme un athéisme déguisé. Car le même thème mécaniste de l'ordre universel qui fonde l'essentiel de son rationalisme militant borne son audace intellectuelle à la définition d'une « religion naturelle ».

Certes nous ne tenterons pas la tâche absurde et impossible de « rechristianiser » Fontenelle. L'ensemble de son œuvre philosophique constitue bien une machine de guerre dressée contre le christianisme. Lorsqu'il félicite Malebranche d'avoir voulu « lier la religion à la philosophie », cet éloge n'est pas dépourvu d'ironie ; lui-même s'accommode sans regret d'une totale séparation de la raison et de la foi, dans laquelle la seconde est plus sûrement perdante que la première ; dans combien de textes oppose-t-il les « lumières » de l'une et la « respectable obscurité » de l'autre ! [1] Avant Voltaire, Fontenelle engage le grand combat du siècle contre « l'infâme ». L'*Histoire des Oracles* dénonce la fourberie des prêtres, fabricants intéressés de miracles ; l'essai sur *L'origine des Fables* [2] démontre le caractère anthropomorphique des religions ; dépouillé des attributs que lui assigne la théologie, privé de la faculté d'intervenir dans l'ordre du monde, le Dieu de Fontenelle cesse d'être un Dieu rémunérateur et vengeur : un texte publié en 1743 dans les *Nouvelles Libertés de Penser* [3] considère comme très improbable l'immortalité de l'âme, tandis que la *Lettre au Marquis de la Fare* [4] manifeste à l'égard de la résurrection des corps un scepticisme goguenard. Enfin il est bien évident qu'en dehors même de toute intention polémique la formation scientifique de Fontenelle et le mouvement logique de sa pensée la plus sérieuse et la plus sereine l'éloignent du Dieu des chrétiens : dans un univers géométrique, régi par le principe d'inertie et la loi de conservation du mouvement, il n'y a place pour aucune intervention providentielle. L'opposition de la loi naturelle et du miracle, si gênante pour la piété de Malebranche, ne

---

1. Cf. *Éloge de Dodart, Œuvres*, t. I, p. 114. Pour tout ce développement sur la philosophie de Fontenelle nous suivons de près l'excellente étude de J.R. CARRÉ, *op. cit.*

2. *De l'origine des fables*, in *Œuvres diverses*, Paris, 1724, t. I, Édition critique par J.R. CARRÉ, Paris, 1932.

3. *Réflexions sur l'argument de M. Pascal et de M. Locke concernant la possibilité d'une autre vie à venir*. L'attribution de ce texte à Fontenelle est due à Naigeon et Condorcet. Cf. CARRÉ, *op. cit.*, p. 460.

4. Son attribution est elle aussi incertaine, Cf. CARRÉ, *ibid.*, p. 3 et pp. 149-71.

pose à notre philosophe aucun problème de conscience. L'indifférence des dieux d'Épicure n'a rien qui puisse le choquer. L'ordre de la nature, une fois constitué, se suffit à lui-même, et il appartient à la seule physique mathématique d'en rendre compte. Reste cependant à en expliquer l'origine et la formation, et c'est ici que le recours à un Dieu ordonnateur, sinon créateur, demeure indispensable.

Quelles qu'aient été en effet les réticences de Fontenelle devant le dogme de la Création, et sa sympathie pour l'idée antique de l'éternité de la matière [1], la perspective cartésienne dans laquelle se situe son adhésion à la philosophie corpusculaire est celle d'une matière initialement inerte et qui n'a pu recevoir que du dehors son mouvement. Tel est à ses yeux le principe de base de toute physique valable, c'est-à-dire vraiment « géométrique » : il exclut aussi bien l'explication scolastique par les « vertus » des corps que la physique leibnizienne des « forces », ou l'attraction newtonienne. L'univers de Fontenelle a donc eu besoin d'une « chiquenaude » initiale : un raisonnement élémentaire sur les données de la science mécaniste impose l'idée d'un Premier Moteur [2]. Fontenelle aurait pu s'en tenir là et supposer qu'une fois douée de mouvement la matière s'était ordonnée d'elle-même dans la suite des temps. Descartes n'avait-il pas proposé une grandiose cosmogonie où les combinaisons variées des tourbillons faisaient naître et mourir les mondes ? A cette vision magnifique l'interlocuteur de la Marquise des *Entretiens* ne pouvait marquer d'être sensible, mais il était assez clairvoyant pour comprendre les conséquences d'un tel « roman », directement contraire au récit de la *Genèse*, et qui justifiait l'accusation de néo-épicurisme maintes fois lancée contre les cartésiens. Or le tempérament de Fontenelle ne l'incitait guère aux aventures périlleuses : sa prudence peut donc s'expliquer par des motifs tout pratiques — et du reste fort compréhensibles —; mais elle est aussi d'ordre intellectuel. Soucieux de lutter contre toutes les déviations occultistes de la philosophie corpusculaire, Fontenelle est, par ailleurs, beaucoup trop dominé par l'idée que la nature est rationnellement intelligible pour voir dans cette rationalité mathématique le résultat d'un hasard. Il l'affirmera avec force dans cette sorte de testament philosophique que constitue sa *Théorie des Tourbillons cartésiens* : même dans un temps infini toutes les parties d'une pendule n'auraient pu se réunir de façon à former une pendule régulière :

---

1. Cf. CARRÉ, *ibid.*, p. 407.
2. En réalité le thème pascalien de la « chiquenaude » (*Pensées, op. cit.*, II, 77) ne correspond pas à la pensée de Descartes. Pour celui-ci (voir les *Principes de la Philosophie*, II, 36) la matière a été créée *avec* le mouvement, si bien que la priorité de l'étendue inerte sur la matière en mouvement est d'ordre ontologique, non chronologique. Mais l'interprétation déformante et polémique de Pascal a au moins un mérite : elle souligne que la physique cartésienne ne peut « se passer de Dieu ». Même si la matière est incréée, elle n'a pu se donner elle-même son mouvement. C'est pourquoi l'image de la « chiquenaude » vaut pour le monde de Fontenelle, sinon pour celui de Descartes.

« Il faut que la main de l'horloger s'applique à l'ouvrage, et que cette main soit conduite avec beaucoup d'intelligence. Il ne fera rien que selon les lois du mouvement : mais ces lois seules n'eussent pas fait par elles-mêmes ce qu'il fera... » [1].

Bien plus, les nécessités de la polémique et le désir de battre les newtoniens sur leur terrain favori conduiront alors le dernier défenseur des tourbillons à dépasser cet argument banal pour réintroduire à l'origine d'un univers que régit un strict déterminisme un principe de contingence et de choix. La stabilité du monde suppose en effet un équilibre dans les machines fluides que constituent les tourbillons : mais celui-ci n'aurait pu être produit par n'importe quelle équation; il implique à son tour une équation particulière qui définit le rapport des vitesses avec la racine carrée des rayons [2] : simple rapport possible parmi « une infinité d'autres » et qui n'était nullement « nécessaire » ni « naturel ». Son existence prouve donc celle d'une Sagesse en même temps que d'une Volonté toute puissante :

« Plus un certain rapport déterminé paraîtra recherché dans cette infinité d'infinité d'autres, plus on aura lieu de le croire choisi par une intelligence qui aura eu quelque dessein; et on en sera absolument sûr, quand on verra absolument le dessein. Ici c'était de causer un équilibre, état unique entre une infinité d'autres états possibles d'une matière fluide en mouvement » [3].

L'univers-horloge suppose donc un Horloger : ou plutôt, pour éviter de tomber à notre tour dans cet anthropomorphisme auquel Fontenelle répugnait tant, bornons-nous à constater avec lui que la machine du monde, à la fois si complexe et si simple, n'a pu se monter elle-même [4]. Ce qui est vrai de l'univers en général l'est plus particulièrement pour l'origine des êtres vivants; les textes sont ici assez nombreux pour qu'on ne puisse attribuer le déisme de Fontenelle à une tardive évolution [5]. Ainsi en 1724 son opuscule *De l'existence de Dieu* [6] réfute l'idée de générations fortuites par la simple rencontre des parties de la matière : la stérilité actuelle de la terre ruine cette théorie de Lucrèce; si l'apparition

---

1. *Théorie des Tourbillons cartésiens*, Paris, 1752, Section I, § 7. Après les suggestions de Diderot (1746) et les raisonnements de Maupertuis (1750) - Cf. ci-dessous Ch. III, 5 et 6 - l'argument épicurien retrouve en effet alors, du moins au niveau de la polémique, quelque actualité. En le prenant à partie Fontenelle fait d'une pierre deux coups puisque ceux qui l'utilisent sont aussi des newtoniens convaincus.

2. $V^2R = v^2r$ etc... L'efficacité des lois du mouvement est donc subordonnée à la réalisation d'une certaine vitesse.

3. *Op. cit.*, § 35. Le texte est cité par J.R. Carré (p. 401). Mais il ne nous paraît prendre tout son sens que si on le rapproche du théisme newtonien dont nous verrons l'évolution, de Newton lui-même à Maupertuis (Cf. ci-dessous, ch. III.).

4. M. CARRÉ (*op. cit.*, IVᵉ partie, ch. I) parle d'un Dieu « préordinateur du mécanisme ».

5. Voir par exemple l'*Histoire de l'Académie Royale des Sciences*, 1734, pp. 19 et 100 sq.

6. Publié dans les *Œuvres diverses*, en 1724. Cf. *Œuvres, op. cit.*, t. II, pp. 373-377.

des premiers individus de chaque espèce pouvait s'expliquer ainsi, pourquoi n'en verrions-nous pas naître chaque jour de nouveaux ? On allègue, il est vrai, le cas de ces vers que l'on prétend nés dans la viande ou les fruits corrompus, mais ce préjugé est contredit par les savants modernes; il faut donc nécessairement attribuer l'origine de la vie non au seul hasard mais à la volonté d'un être intelligent. Le philosophe peut paraphraser la parole biblique : *coeli enarrant gloriam Dei* — et le naturaliste rejoint ici l'astronome; ce sont même les animaux, écrit Fontenelle, plus encore que les cieux, « qui portent pour ainsi dire l'inscription la plus nette, et qui nous apprennent le mieux qu'il y a un Dieu auteur de l'Univers » [1].

Fontenelle peut donc délaisser le cartésianisme métaphysique des *Méditations* : son expérience de savant lui suffit pour s'élever à l'idée d'un Être Suprême, souverainement intelligent. Notion sans doute fort imprécise et vague mais néanmoins incontestable : loin de gêner sa volonté philosophique d'appréhender le monde par la raison, elle demeure nécessaire à son accomplissement. Les conditions mêmes du savoir scientifique de son temps imposent à Fontenelle une croyance réfléchie à l'existence d'un Dieu inaccessible : la science constate l'ordre du monde mais se révèle incapable de l'expliquer. Aussi ce passage du connu à l'inconnaissable ne contredit-il ni les tendances empiristes du Secrétaire de l'Académie des Sciences, ni son goût cartésien des « idées claires » : la clarté de la nature suppose au contraire le rejet de l'inconnaissable dans la surnature. Si fortes que soient les sympathies de Fontenelle pour le matérialisme, elles ne le conduisent nullement à l'athéisme, et ceci précisément parce que son matérialisme reste étroitement mécaniste. D'où le rôle de charnière que joue l'argument téléologique entre sa pensée de savant et ce qu'on ne peut appeler autrement que sa philosophie religieuse. Certes il ne s'agit pas pour lui de raisonner dans l'abstrait sur les desseins de la divinité :

« Ce qui appartient à la sagesse du Créateur semble être encore plus au-dessus de notre faible portée que ce qui appartient à sa puissance » [2].

Il suffit que cette sagesse et cette puissance se manifestent dans les faits de façon sensible. Très sceptique à l'égard des ambitions métaphysiques de Leibniz, le plus illustre cartésien du XVIIIe siècle français ne peut éviter de réintroduire dans la philosophie ces causes finales que Descartes en avait si soigneusement bannies. On ne peut douter que ce recul idéologique ait favorisé au début du siècle l'accord de la « physique nouvelle » avec les traditions chrétiennes. Loin de rester isolées, les conclusions du libertin Fontenelle rejoignent ici tout un courant apologétique.

---

1. *Ibid.*, p. 377. Texte reproduit d'après J.R. CARRÉ, *op. cit.*, p. 399.
2. *Éloge de Leibniz, Oeuvres*, t. I, p. 237.

*
* *

La vogue de l'argument cause-finalier de Fénelon à Chateaubriand a déjà été souvent soulignée; on a notamment montré son importance dans l'histoire naturelle qui reste, tout au long du siècle, une science en grande partie ecclésiastique [1]; nous le retrouverons aussi chez les disciples étrangers et français de Newton [2]. Sa facilité et son aspect concret expliquent qu'il ait été aussi répandu. Fénelon, qui l'utilise abondamment, affirme son désir d'appuyer son apologie sur une « philosophie sensible et populaire »; de même l'abbé Pluche, par souci d'efficacité pédagogique, entend se borner à la contemplation du « spectacle de la nature », sans faire pénétrer son élève dans la « salle des machines » [3]; mais il sait l'existence de ces machines et n'en admire que davantage les beautés de l'univers. Chez ces deux auteurs l'inspiration mécaniste vient renouveler un argument presque aussi ancien que la réflexion philosophique : d'après eux, on ne saurait tirer de la science des conséquences nuisibles à la foi. D'où l'accent mis par Fénelon sur l'inertie de la matière [4], et l'insistance de Pluche à démontrer que, même après avoir reçu le mouvement, la matière n'a pu produire à elle seule toutes les merveilles de la nature [5] : rien de plus injuste à leurs yeux que l'accusation de néo-épicurisme lancée contre les « nouveaux philosophes » [6]. L'aristotélisme leur paraît à cet égard beaucoup plus suspect : leur méfiance est grande envers l'idée même de *nature* et ils ne veulent voir dans l'ordre universel qu'une finalité externe. Plus affirmatif que Fontenelle [7], Fénelon adopte sur le problème de l'intelligence animale une position strictement cartésienne : l'instinct des bêtes ne prouve pas plus leur sagesse que la bonne marche d'une montre l'intelligence de celle-ci; dans les deux cas seule se trouve attestée l'habileté judicieuse de celui qui a créé ces machines « selon les plus fines règles de la mécanique ». A son tour l'archevêque

---

1. D. MORNET, *Les sciences de la nature en France au XVIIIe siècle*, Paris, 1911.
2. Voir ci-dessous, Ch. III.
3. FÉNELON, *Démonstration de l'existence de Dieu, op. cit.* Ch. I ; PLUCHE, *Spectacle de la Nature, op. cit., Préface*, pp. VIII-X.
4. *Op. cit.*, LXXIX.
5. *Op. cit.*, t. III, p. 298 ; et t. IV, *Histoire de la Physique Systématique*. Même idée chez POLIGNAC, *Anti-Lucretius*, Lib. VII.
6. « Mais enfin toute la Nature montre l'art infini de son auteur. Quand je parle d'un art, je veux dire un assemblage de moyens choisis tout exprès pour parvenir à une fin précise. C'est un ordre, un arrangement, une industrie, un dessein suivi. Le hasard est tout au contraire une cause aveugle et nécessaire qui ne prépare, qui n'arrange, qui ne choisit rien, et qui n'a ni volonté ni intelligence. Or je soutiens que l'Univers porte le caractère d'une cause infiniment puissante et industrieuse. Je soutiens que le hasard, c'est-à-dire le concours aveugle et fortuit de causes nécessaires et privées de raison, ne peut avoir formé ce tout... (FÉNELON, *op. cit.*, Première partie, IV, p. 7-8).
7. Les discussions sur l'âme des bêtes seront évoquées plus loin. Cf. ci-dessous, Ch. XI, 2.

de Cambrai s'arme de la philosophie mécaniste pour contraindre la Nature à avouer son usurpation :

« Qu'on ne parle donc plus d'instinct ni de nature. Ces noms ne sont que de beaux noms dans la bouche de ceux qui les prononcent. Il y a dans ce qu'ils appellent Nature et instinct, un art et une industrie supérieure, dont l'invention humaine n'est que l'ombre... » [1]

Avec un enthousiasme aussi monotone qu'édifiant l'auteur du *Traité sur l'existence de Dieu* s'attarde à souligner l'extrême précision de cette « industrie » : qu'il s'agisse de l'univers astronomique [2], ou, plus encore, des organes du corps humain [3], son raisonnement présente toujours la même admirative et lassante simplicité. A sa suite, son disciple Ramsay élève l'esprit du jeune Cyrus de la contemplation d'une « si exacte mécanique » jusqu'à l'Intelligence Souveraine qui seule a pu la construire [4]. Quelle erreur et quelle calomnie, écrit de même Hecquet en 1733, que de suspecter la piété des médecins sous prétexte qu'ils ont sans cesse à la bouche le mot de Nature !

« Car cette Nature sur laquelle on fait le procès de la Religion des médecins, comme s'ils ne croyaient qu'au matériel des objets qu'elle leur donne à contempler ou à traiter, cette Nature, dis-je, n'est autre chose que l'impression d'un doigt créateur, transmis et resté dans tous les corps, et qu'un Médecin voit dans le moindre des organes de celui de l'homme » [5].

Une conviction identique s'affirme enfin aux livres VI et VII de l'*Anti-Lucrèce* du cardinal de Polignac, « cet ouvrage immortel dans lequel Descartes triomphe une seconde fois d'Épicure » [6]. Mais ce triomphe qui fortifie l'une par l'autre la raison et la foi est peut-être trop complet pour être bien solide; à exalter l'ordre providentiel des choses on glisse aisément vers cet anthropocentrisme banal dont le rationalisme de Malebranche avait su se garder. On n'a pas attendu Bernardin de Saint-Pierre pour attribuer à la générosité divine la forme côtelée du

---

1. *Op. cit.*, XXIII, p. 78. Cf. Voltaire, *Dialogues d'Evhémère*, II (1777). « Et si je vous disais qu'il n'y a point de nature, que tout est art dans l'univers, et que l'art annonce un ouvrier ».

2. *Op. cit.*, XVIII, pp. 56-57.

3. *Ibid.*, XXXII, p. 113 ; XL, p. 136, etc.

4. « Tantôt il lui faisait admirer la structure du corps humain, les ressorts qui le composent, et les liqueurs qui y coulent ; les canaux, les pompes, les réservoirs qui se forment par le simple entrelacement des nerfs, des artères et des veines, pour séparer, pour épurer, pour conduire, et pour reconduire les liquides dans toutes les extrémités du corps ; puis les leviers, les cordes et les poulies formés par les os, les muscles et les cartilages, pour faire tous les mouvements des solides ». Ramsay, *Les Voyages de Cyrus*, Paris, 1727, Livre II, pp. 100-101.

5. Ph. Hecquet, *La Médecine théologique*..., Paris, 1733, p. 279. Même protestation de la part du médecin Le François, *Réflexions critiques sur la Médecine*, Paris, 1714, t. II, Ch. VIII.

6. Montesquieu, *Pensées*, 1508 (938). Sur l'ouvrage du cardinal du Polignac, voir C.A. Fusil, *L'Anti-Lucrèce du cardinal de Polignac*..., Paris 1918.

melon... A quoi bon découvrir une finalité dans l'univers si elle n'est pas orientée vers le plus grand bien du roi de la Création ? D'après Fénelon l'eau possède tout juste le degré de fluidité nécessaire pour soutenir les vaisseaux sans entraver leur marche [1]. A son tour l'abbé Pluche découvre l'utilité des marées, grâce auxquelles les navires entrent plus commodément au port... [2] Mais il est bien d'autres aspects en la nature où l'on peut apercevoir une « harmonie » vraiment providentielle : les bœufs et les moutons sont toujours plus nombreux que les ours et les loups ; n'est-il pas merveilleux que les animaux les plus utiles soient aussi les plus prolifiques ? [3]

Ainsi conçue, l'apologétique vise plus à rassurer les « âmes sensibles » qu'à éveiller chez les libertins quelque inquiétude religieuse. Dans un monde où toutes choses sont confortablement proportionnées aux besoins humains, il suffit d'ouvrir les yeux pour apercevoir les marques de la bienveillance divine. Mais celle-ci apparaît plus encore dans les petits détails de l'univers que dans ses lois les plus générales. Malgré l'importance de certains thèmes cartésiens dans la pensée de Fénelon, l'abstraction géométrique de la science mécaniste lui reste passablement étrangère. L'idée d'un ordre universel de la nature, que la physique nouvelle lui semble confirmer et préciser, reste au fond pour lui ce qu'elle était avant Descartes : un ordre qualitatif où chaque être et chaque chose ont leur place assignée par la Sagesse Suprême, pour la gloire de Dieu, mais aussi pour le bonheur de sa créature privilégiée. Cette conception du monde, à la fois finaliste et hiérarchique, pouvait s'autoriser de bien des arguments d'apparence scientifique, elle n'en était pas moins fort peu fidèle à l'esprit véritable du cartésianisme. L'archevêque de Cambrai avait certainement l'esprit assez avisé et subtil pour s'en rendre compte, mais n'était-ce pas pour lui le plus sûr moyen d'éviter un écueil autrement redoutable ? Depuis 1684 et le livre d'Aubert de Versé [4] la question des origines cartésiennes du système de Spinoza se trouvait posée. Si, à la fin du XVIIe siècle et dans les premières années du XVIIIe, les cartésiens les plus notables, Régis, Malebranche, Fénelon, ou François Lamy, s'attachent tour à tour à réfuter les thèses impies de l'*Éthique* ou du *Traité théologico-politique*, c'est d'abord pour se défendre contre un rapprochement aussi dangereux, et parfois aussi par un sincère mouvement de recul devant les conséquences inavouables de leur propre pensée.

---

1. *Op. cit.*, XIII.
2. *Op. cit.*, Deuxième partie, t. III, p. 190.
3. FÉNELON, *op. cit.*, XIX, pp. 64-67.
4. *L'impie convaincu ou Dissertation contre Spinoza dans laquelle on réfute les fondements de son athéisme*, Amsterdam, 1684. Sur le livre et l'auteur, voir P. VERNIÈRE, *Spinoza et la Pensée française avant la Révolution, op. cit.*, pp. 81-89.

3. — *Mécanisme et « Spinozisme »*

Finalité ou Nécessité ? C'est le dilemme le plus grave posé à la conscience philosophique au début du siècle des lumières. On a pu distinguer à ce propos le « cartésianisme scientifique des académiciens », et le « cartésianisme apologétique des cardinaux »[1] : il ne faudrait pas pour autant méconnaître les points d'accord qui subsistent entre l'un et l'autre. Tandis que l'apologétique chrétienne s'appuie sur la cosmologie mécaniste, le déisme agnostique d'un Fontenelle, légitimement suspect aux croyants, n'en comporte pas moins l'existence d'un Dieu transcendant, distinct de l'ordre universel dont il est l'auteur. De ce point de vue la ligne de rupture s'établit moins entre les tenants de la simple religion naturelle, entendue comme un déisme ou un théisme, et les fidèles de la religion révélée, qu'entre la philosophie de la transcendance et toutes les formes de pensée immanentiste. Même lorsqu'elle est interprétée à contre-sens, la formule de Spinoza, *Deus sive Natura,* reste donc au centre de toutes les polémiques de cette période : polémiques passionnées, dont la violence égale la perfidie, et où le nom du juif hollandais sert plus souvent d'injure que d'argument. Les « spinozistes » véritables étaient sans aucun doute moins nombreux que ne le laisserait croire une épithète alors si généreusement prodiguée. Sur la pensée authentique de Spinoza, l'ignorance des uns, la précipitation ou la mauvaise foi des autres entraînent les erreurs et les confusions les plus grossières. Le lecteur moderne n'en apprécie que mieux, dans ce climat de partialité haineuse ou simpliste, l'effort de compréhension que s'imposent alors certains esprits d'élite : leur objectivité sereine justifie peut-être mieux, par son efficacité, l'inquiétude ou l'indignation des défenseurs de la foi que d'autres démarches plus audacieuses. Celles-ci n'en témoignent pas moins d'une tendance très ferme à dépasser les réticences prudentes de Fontenelle pour infléchir la pensée cartésienne et mécaniste dans un sens beaucoup plus violemment antichrétien. Encore convient-il de se demander si, dans le cadre des connaissances scientifiques de l'époque, un tel dépassement était possible sans que l'on remît en cause, avec la vision mécaniste de la nature, les conquêtes intellectuelles du cartésianisme.

---

1. P. VERNIÈRE, *Ibid.,* p. 257. Pour tout ce qui concerne les déformations imposées au XVIIIe siècle à la pensée de Spinoza, nous renvoyons à cette étude capitale. Son seul défaut est peut-être de ne pas distinguer suffisamment deux sortes de « spinozisme » : influence réelle d'une doctrine mal comprise et simple étiquette. Le second cas nous paraît au moins aussi fréquent que le premier.

* *
*

Dans les dernières années de sa vie, alors qu'il doit faire face à des critiques sans cesse renouvelées, Malebranche voit l'un de ses disciples les mieux doués tirer de son système les conséquences mêmes que lui reprochent ses adversaires. Et il ne s'agit plus alors d'une polémique partisane et publique, mais d'une correspondance privée où aucune crainte de la censure, aucun faux-fuyant, aucune arrière-pensée ne viennent altérer la rigueur de la discussion [1]. Dans ce dialogue le partenaire de Malebranche n'est autre que le futur successeur de Fontenelle à la tête de l'Académie Royale des Sciences, Dortous de Mairan [2]. Bien vite l'obstination déférente du jeune mathématicien ne va pas sans embarrasser le vieux philosophe. Aux questions pressantes de ce géomètre que séduisent les raisonnements de l'*Éthique* Malebranche oppose en vain sa distinction entre l'étendue matérielle et l'étendue intelligible; pour Dortous de Mairan il ne saurait s'agir là que de deux attributs d'une même substance infinie et nécessaire dont tous les corps de l'univers sont les modes [3] : à son correspondant de choisir entre cette conclusion moniste qu'il fait visiblement sienne et la négation pure et simple de l'existence des corps, c'est-à-dire entre deux doctrines également incompatibles avec les dogmes chrétiens, le spinozisme qui confond Dieu et la Nature, ou un immatérialisme bien difficile à concilier avec l'idée de la Création [4]. En apparence le dernier mot reste pourtant à Malebranche, mais il se révèle impuissant à sortir de cet insupportable dilemme; sa dernière lettre se termine sur un appel à la foi, gardienne des vérités inaccessibles à la raison : singulier argument et véritable dérobade intellectuelle, de la part d'un philosophe chrétien dont l'œuvre entière visait précisément à accorder les exigences et les lumières de l'une et de l'autre.

Dialecticien peut-être moins brillant mais esprit plus original que Dortous de Mairan, le comte de Boulainvilliers ne s'était pas non plus trouvé prévenu en faveur de Spinoza par des préjugés libertins : vers 1694

---

1. MALEBRANCHE, *Correspondance avec J.J. Dortous de Mairan*, édit. J. Moreau, Paris, Vrin, 1947. Après Victor Cousin, P. Vernière signale également l'intérêt exceptionnel de ces textes. *(op. cit.*, t. I, p. 279 sq.).

2. En 1714 Dortous de Mairan n'a pas encore conquis la célébrité : mais l'année suivante, et de nouveau en 1717, il sera lauréat du concours de l'Académie de Bordeaux. Et après son entrée en 1718 à l'Académie Royale des Sciences, dont il sera le Secrétaire Perpétuel de 1740 à 1743, il jouera un rôle de premier plan dans la résistance aux idées de Newton.

3. *Quatrième et dernière lettre à Malebranche*, 26 août 1714, *op. cit.*, p. 162. « Les divisions infinies possibles ou actuelles des corps qui composent le monde ne procèdent que du mouvement. Car, selon le système de l'auteur, le mouvement ne doit être autre chose que l'action de l'être par soi en tant qu'étendue ; et par là il peut être regardé comme la cause prochaine de toutes les modifications de l'étendue, ou de toutes les variétés de la nature corporelle ».

4. *Ibid.*, p. 164.

— et peut-être à l'instigation de Fénelon — il avait même entrepris de discuter le *Traité Théologico-Politique*[1]. La sympathie évidente qu'il finit par accorder à son auteur n'en révèle que mieux la force du courant qui entraînait alors les intelligences vers l'œuvre et les thèses du philosophe hollandais. Boulainvilliers subit sans doute d'autres influences, fort différentes, et d'abord celle de Locke : plus physicien au fond que métaphysicien, il sera toujours trop empiriste pour adhérer pleinement au dogmatisme de Spinoza. Ces réticences ne l'empêchent pas de réfuter... la réfutation de celui-ci par le cartésien Régis[2], et en particulier l'accusation d'athéisme. Parallèlement il mène à bien une traduction de l'*Éthique* et la complète d'une analyse qui, sous le titre fallacieux de *Réfutation de Spinoza*, prendra place en 1731 dans un recueil publié à Bruxelles par l'abbé Lengley-Dufresnoy[3] : contre les dogmes chrétiens de la Création et du miracle l'idée de la nécessité universelle s'y affirme nettement. Simple résumé de la pensée d'autrui ou opinion prise par l'auteur à son compte personnel ? La réponse en tout cas ne faisait pas de doute pour bien des contemporains de Boulainvilliers, comme son ami Fréret, ni pour ceux qui, bien après sa mort, saluèrent en lui, non sans quelque exagération, le « Spinoza français »[4].

Presque à la même date, la dialectique de Mairan et l'érudition de Boulainvilliers les conduisent ainsi du cartésianisme au spinozisme; l'un et l'autre restent cependant trop soucieux d'exégèse exacte pour donner de la pensée de Spinoza ou de Descartes une interprétation franchement matérialiste. Mais une curiosité scientifique ou une hardiesse philosophique plus grandes portent certains de leurs compatriotes à des vues beaucoup plus subversives. Ces deux attitudes d'esprit se mêlent étroitement dans les travaux académiques de l'amateur de sciences qu'est surtout, vers 1720, le jeune président de Montesquieu. On peut sourire

---

1. Sur Boulainvilliers voir la thèse de Renée Simon, déjà citée, et aussi le pages pénétrantes que lui consacre P. Vernière (*op. cit.*, t. I, pp. 306-322 ; sur ce point récis, voir *ibid*, p. 308).

2. *Examen de la Réfutation faite par M. Régis de l'opinion de Spinoza sur l'existence et la nature de Dieu* ». Les trois manuscrits actuellement connus sont antérieurs à 1712, et naturellement postérieurs à 1704, date de l'ouvrage de Régis. Cf. R. SIMON, *op. cit.*, t. II, p. 19.

3. De façon plus conforme à leur contenu les divers manuscrits s'intitulent sans fard *Essai de métaphysique dans les principes de Benoît de Spinoza*. Cf. VERNIÈRE, *op. cit.*, t. I, p. 316, note 7.

4. Sur l'influence semi-clandestine de Boulainvilliers au début du siècle, voir P. VERNIÈRE, *ibid.*, pp. 373-374, 395-397, et *passim*.

du caractère très « littéraire » de son *Discours sur l'usage des glandes rénales* [1]. Mais le ton et le style de cet essai s'expliquent fort bien par le milieu auquel il est destiné, et ils ne tranchent pas tellement sur la prose scientifique d'une époque où, selon l'exemple illustre de Fontenelle, on craignait rarement de mêler du « bel esprit » aux études les plus sérieuses. Par ailleurs, si la rigueur méthodologique de notre apprenti savant laisse beaucoup à désirer, son information n'est pas toujours trop inférieure à ses ambitions [2]. Ce sont surtout celles-ci qui doivent cependant nous retenir, et tel essai que l'histoire des sciences est peut-être en droit de dédaigner intéresse au contraire l'historien des idées par ses implications philosophiques. Ainsi les *Observations sur l'Histoire Naturelle*, lues aux Académiciens bordelais aux mois de novembre 1719 et 1721, ne témoignent pas seulement du même enthousiasme cartésien que les *Lettres Persanes*, elles l'accompagnent de commentaires beaucoup plus ouvertement tendancieux que ne le pouvait un livre destiné à une large diffusion. Or l'examen de leur manuscrit, très laborieusement travaillé, révèle l'application de leur auteur et l'intérêt qu'il leur portait [3]. Certes les « deux observations » faites en mai 1718 sur le gui et sur la mousse des chênes apparaissent bien sommaires en regard des conclusions hasardeuses que Montesquieu en tire, mais cette précipitation téméraire révèle clairement les tendances de son esprit. S'il refuse d'attribuer l'origine du gui ou de la mousse à des « semences volantes », c'est-à-dire à des graines apportées par le vent — opinion habituelle des « modernes » [4] —, c'est dans le dessein explicite d'attaquer, non sans ironie, le système de l'emboîtement et de la la préexistence des germes : « idée belle, grande, simple, et bien digne de la majesté de la nature », mais qui n'a malheureusement pu recevoir encore aucune confirmation expérimentale, et qu'une seule observation contraire suffit à ruiner.

« Pour pouvoir dire avec raison que tous les arbres qui devaient être produits à l'infini étaient contenus dans la première graine de chaque espèce que Dieu créa, il nous semble qu'il faudrait auparavant prouver que tous les arbres naissent de graines... » [5].

---

1. Lu le 25 août 1718-Voir par exemple, dans le préambule, cette profession de foi finaliste, très caractéristique de l'époque : « Dans ce nombre prodigieux de parties, de veines, d'artères, de vaisseaux lymphatiques, de cartilages, de tendons, de muscles, de glandes, on ne saurait croire qu'il y ait rien d'inutile ; tout concourt pour le bien du sujet animé ; et s'il y a quelque partie dont nous ignorions l'usage, nous devons avec une noble inquiétude chercher à le découvrir ». (MONTESQUIEU, *Œuvres complètes*, *op. cit.*, t. III, p. 78.)

2. Voir sa référence à l'*Optique* de NEWTON (*Ibid.*, p. 100), dont la traduction française date seulement de 1720.

3. Cf. P. BARRIÈRE, *L'Académie de Bordeaux...*, *op. cit.*, p. 222.

4. *Œuvres complètes*, *op. cit.*, t. III, p. 105.

5. *Ibid.*, p. 107.

Or le microscope ne permet-il pas au contraire de découvrir des plantes innombrables dans « un morceau de livre moisi » ? Rapprochée de ce fait, aussi bien que de la « célèbre expérience de M. Perrault » sur la régénération de la queue du lézard, la formation du gui ou de la mousse permet de restituer à la nature un pouvoir que la piété des savants modernes ne voulait reconnaître qu'à Dieu :

« Rien de si fortuit que la production des plantes », conclut hardiment Montesquieu : « la plante la mieux organisée n'est qu'un effet simple et facile du mouvement général de la matière »[1].

On ne saurait être plus loin de Fontenelle comme de Fénelon : l'éloge de Descartes et de son « grand système » qui « soulage si fort la Providence » prend ici un accent beaucoup plus révolutionnaire ; emporté par son élan rationaliste, le jeune académicien qui projette par ailleurs d'écrire une histoire de la Terre [2] va jusqu'à s'interroger sur le dogme de la fixité des espèces, bien discutable à son avis [3]. Ainsi pose-t-il dès 1720 tous les thèmes qui seront ceux du néo-naturalisme de 1750 ; mais à la différence de ses successeurs il pense trouver dans le cartésianisme authentique de quoi justifier ses suggestions :

« Nous finirons cet article par cette réflexion que ceux qui suivent l'opinion que nous embrassons peuvent se vanter d'être cartésiens rigides, au lieu que ceux qui admettent une providence particulière de Dieu dans la production des plantes, différente du mouvement général de la matière, sont des cartésiens mitigés qui ont abandonné la règle de leur maître »[4].

De façon plus systématique et abstraite, en métaphysicien et non plus en savant, c'est encore d'un Descartes matérialiste que se réclame Jean Meslier. Si l'on en croit les notes qui couvrent son exemplaire du *Traité de l'existence de Dieu*, la lecture de Fénelon aurait été le point de

---

1. *Ibid.*, p. 108. Il s'agit de Claude Perrault, architecte et naturaliste, dont les *Essais de Physique* (4 vol., Paris, 1680) comprenaient un traité *De la méchanique des animaux*, réimprimé au début du XVIIIe siècle, au t. I des *Oeuvres diverses de Physique et de méchanique de MM. Claude et P. Perrault*, Paris, 1721, 2 vol. in-4°.
2. *Projet d'une histoire physique de la terre ancienne et moderne, Œuvres, op. cit.*, t. III, p. 87.
3. Voir les *Pensées* 76 (690) ; 102 (703) et 2014 (693).
4. *Op. cit.*, t. III, p. 112. La première rédaction, biffée, continuait ainsi : « Il faut voir comment ce puissant génie va chercher la source des choses ; comment il tire du seul mouvement que Dieu a imprimé à la matière tout ce que nous voyons dans l'univers ; comment il explique toujours ces effets avec l'impossibilité qu'ils soient arrivés autrement. Voilà ce que nous défendons ». Paroles trop hardies sans doute pour être livrées au public ; elles définissent bien ce qu'est à cette date le cartésianisme de Montesquieu : désir de remonter « à la source des choses », c'est-à-dire, en clair, d'opposer au dogme de la Création une cosmogonie laïque ; orientation plus « spinoziste » qu'épicurienne, puisque les derniers mots introduisent l'idée d'une nécessité immanente aux choses. Le seul obstacle à des conclusions pleinement athées reste ici la notion d'une matière inerte : Montesquieu, nous le verrons, ne tardera pas à le franchir.

départ de sa réflexion philosophique [1] : d'où une lourde et brutale réfutation, singulièrement pressante, de tous les arguments avancés par les
« Déicoles » pour fonder l'existence de Dieu sur l'ordre de la nature.
Dans ces pages massives et diffuses que certains manuscrits pourtant
clandestins présentent expurgées ou édulcorées, dans ces pages qui fasci-
neront mais effrayeront aussi le déisme voltairien, on voit clairement
s'affirmer un athéisme matérialiste auquel sa cohérence prête pour
l'époque une vigoureuse originalité. Fait exceptionnel en ce début du
XVIIIᵉ siècle, l'intuition matérialiste cesse de recourir ici à un langage
panthéiste. Le seul être nécessaire qu'admet le curé d'Étrépigny, c'est
l'univers matériel :

« Il y a beaucoup plus de raison d'attribuer l'existence par elle-même au
monde même et aux perfections que nous y voyons que de l'attribuer à un
prétendu Être infiniment parfait qui ne se voit et ne se trouve nulle part et qui,
par conséquent, est fort incertain et douteux en lui-même » [2].

Les multiples rencontres des différentes parties de la matière ont
suffi à produire « les plus admirables ouvrages » qui embellissent cet
univers : résultats fortuits, mais néanmoins nécessaires,

« de sorte que quand ils [ces ouvrages] ne seraient pas tous tels qu'ils sont pré-
sentement, ils seraient de quelque autre manière équivalente à celle où nous
les voyons maintenant » [3].

Évitons donc le ridicule de comparer les productions de la nature
à celles de l'art; la croyance à un Souverain Horloger est une hypothèse
inutile :

« L'idée seule d'une matière universelle qui se meut en divers sens, et
qui, par ces diverses configurations de ses parties se peut tous les jours modifier
en mille et mille sortes de manières différentes, nous fait clairement voir que
tout ce qu'il y a dans la nature se peut faire par les lois naturelles du mouvement,
et par la seule configuration, combinaison et modification des parties de la
matière » [4].

D'autres passages du *Testament* font ressortir encore plus nettement
l'accent cartésien de ce langage, et montrent le désir de Meslier de se
ranger résolument dans la lignée des « nouveaux philosophes », hostiles
au jargon de l'École :

1. La Bibliothèque Nationale (Réserve D. 34.916) possède le texte des *Œuvres
philosophiques* de Fénelon (édition de 1718) annoté de la main de Meslier. L'exemplaire
avait appartenu plus tard à Helvétius. Nous manquons encore d'une étude d'ensemble
sur J. Meslier. Cf. P. VERNIÈRE, *Spinoza...*, op. cit., pp. 367-370.
2. *Testament*, édit. Rudolf Charles, Amsterdam, 1864, t. II, Ch. LXV, p. 310.
3. *Ibid.*, t. III, Ch. LXXXIII, p. 188.
4. *Ibid.*, t. II, Ch. LVI, p. 318.

« Car pour ce qui est de ces prétendues formes substantielles et accidentelles dont parlent quelques philosophes péripatéticiens, et qu'ils disent être véritablement des êtres particuliers qui sont déduits et comme engendrés de la puissance de la matière, ce ne sont que des chimères qui ne méritent pas seulement d'être refusées, et nos cartésiens ont bien raison de les rejeter entièrement, comme ils font » [1].

Mais ceux-là mêmes qui paraissent à Meslier « les plus sensés des philosophes » ne lui semblent pas exempts de graves contradictions : infidèles à la logique de leur système lorsqu'ils maintiennent l'existence d'un Être nécessaire, infini et parfait, distinct de l'univers physique, ils ne le sont pas moins dans leur obstination à affirmer l'inertie de la matière. A leurs vains raisonnements métaphysiques, le *Testament* oppose des conseils de prudence qui cachent mal une certitude tout opposée :

« Quand on ne verrait aucune liaison nécessaire entre l'idée d'un corps et l'idée d'une force mouvante, il ne s'ensuit pas de là qu'il n'y en ait point; l'ignorance où l'on est de la nature d'une chose ne prouve nullement que cette chose ne soit pas... » [2].

Respect de l'expérience, sans doute, mais, plus encore, exigence logique d'un matérialisme conséquent : si la matière n'est pas douée d'une activité propre, il est vain de vouloir éliminer l'idée d'un Premier Moteur. Fort de cette conviction, Meslier n'éprouve le besoin ni de développer cette physique dynamiste, qui reste chez lui en grande partie implicite, ni d'en indiquer les sources. Si l'on s'interroge néanmoins sur celles-ci, on s'aperçoit vite que bien des hypothèses peuvent être avancées : mais la multiplicité des influences possibles ne prouve nullement que certaines aient réellement joué. Pourquoi Meslier n'aurait-il pas trouvé lui-même, dans sa solitude champenoise, ce que quelques-uns de ses compatriotes, plus érudits, empruntaient à la même époque à Leibniz, Toland, ou Newton?

Aux environs de 1720, bien des manuscrits clandestins reprennent en effet l'idée que le mouvement est essentiel à la matière. Dès 1715 ce qu'il croit savoir de la philosophie newtonienne inspire au libertin Antoine Pérelle l'envie de compléter Descartes par cette suggestion à vrai dire fort peu cartésienne : sans vouloir l'avouer, écrit-il, les cartésiens admettent en fait l'éternité de la matière, ce qui est déjà un solide argument contre le dogme de la Création :

« Mais on peut encore aller plus loin et dire avec M. Newton : — nous ne connaissons point la nature des corps; tous ceux que nous voyons sont en

---

1. *Ibid.*, t. III, Ch. LXXXIII, p. 184.
2. *Ibid.*

mouvement, le mouvement ne leur serait-il pas essentiel ? — s'il était vrai,
je crois que tous les philosophes qui regardent le bel ordre comme une preuve
incontestable de l'existence de Dieu s'avoueraient vaincus... » [1].

On pourrait s'étonner de voir la pensée du pieux Newton ainsi tra-
vestie si l'on ne savait à quel point elle était alors méconnue en France [2] :
Pérelle nous confie lui-même qu'il ne la connaissait guère que par ouï-
dire [3]. Mais à défaut d'un tel garant de ses propres opinions, il ne serait
pas en peine de se découvrir d'autres cautions aussi prestigieuses : le
système de Leibniz, qui attribue la force aux corps, deviendrait vite,
selon lui, un « stratonisme moderne » [4]. — Rapprochement très significatif : dans ce « spinozisme » du début du siècle, qui, peu ou prou, continue à se réclamer de Descartes, on voit en effet converger des traditions
qui remontent à la Renaissance ou à l'Antiquité et des doctrines toutes
récentes [5]. Pour beaucoup de ceux qui l'invoquent « l'impie Spinoza »
n'est guère qu'un nom, à placer sur la même liste que celui d'autres grands
athées de l'histoire universelle, Lucrèce, Hobbes, ou Vanini. Certains au
contraire ne songent même pas à le citer, tel l'auteur anonyme de la *Lettre
sur l'activité de la matière*, datée du 30 janvier 1723, que Dulaurens retrou-
vera près d'un demi-siècle plus tard pour l'insérer dans son *Portefeuille
d'un Philosophe*. S'inspirant de Leibniz et de Toland, ce texte propose une
définition du mouvement, qui n'a plus rien de cartésien : non plus simple
translation dans l'espace, mais activité interne, commune à tous les corps
sans exception; ainsi ne saurait-il exister, conclut-il, « aucun repos absolu
dans la nature » [6]. — Et par une curieuse coïncidence qui n'a peut-être rien
d'accidentel, des thèmes analogues semblent bien avoir été développés

1. Antoine PÉRELLE, *Lettre sur la preuve de l'existence de Dieu tirée du bel Ordre qu'on
remarque dans la nature*, 13 août 1715. B.N. ms. fr. 14.708-1re Lettre, fol. 13. Cf. E.R.
BRIGGS, *L'incrédulité et la pensée anglaise au XVIIIe siècle*, R.H.L.F., 1934. p. 497 sq. ;
et P. VERNIÈRE, *op. cit.*, t. II, p. 390.
2. Cf. ci-dessous, Ch. III. Pérelle serait donc l'un des fondateur français du newtonianisme athée qui aura tant d'adeptes au milieu du siècle.
3. *Seconde lettre sur la preuve de l'existence de Dieu..., Ibid.*, fol. 10 v° et fol. 21.-
Pérelle se demande où il a pris ce qu'il sait de Newton : «... Je crois que c'est dans la Préface de ses *Principia Philosophiae naturalis mathematica*, dont j'ai lu peu de choses.
Mais ce que je vais vous dire, je l'ai appris des lettres et des conversations de l'abbé Conti,
et pour avoir parlé plusieurs fois avec des Anglais, et des savants qui ont demeuré quelque
temps en Angleterre... » L'abbé Antoine Conti (1677-1749) vécut longtemps en Angleterre et en France. Ami et correspondant de Montesquieu, il lui fera visiter Venise en
1728.
4. *Première lettre, op. cit.*, fol 14. En vain son correspondant regimbe-t-il contre une
notion aussi obscure. Cf. *Seconde lettre*, fol. 22. « Quant à la force que vous ne pouvez
concevoir dans les corps, ce n'est pas une preuve qu'elle n'y soit. Car vous ne la concevez
pas dans Dieu dans lequel vous l'admettez cependant. »
5. Cf. P. VERNIÈRE, *op. cit.*
6. *Le Portefeuille d'un philosophe*, 1770, t. III, p. 136. A rapprocher de la quatrième
des *Letters to Serena* de J. TOLAND (1704), qui ne seront traduites en français qu'en 1768.
Sur le panthéisme de Toland, cf. P. VERNIÈRE, *op. cit.*, p. 355-360, et A. LANTOINE,
John Toland, Paris, 1929.

par Montesquieu dans la dissertation *Sur le Mouvement* qu'il lut devant les académiciens bordelais le 18 novembre de la même année [1].

*
* *

Dans cet effort pour dépasser une définition de la matière trop strictement géométrique on peut voir un essai légitime pour assujettir davantage l'esprit scientifique aux données du réel. Mais cette ambition n'allait pas sans risques : elle conduisait par exemple à mettre l'accent sur des phénomènes peu ou mal expliqués par la philosophie mécaniste, comme les fermentations chimiques. L'étude de celles-ci avait précisément été le sujet du concours proposé par l'Académie de Bordeaux en 1718 [2], et à l'arrière-plan de la dissertation lue par Montesquieu cinq ans plus tard il faudrait peut-être placer l'obscure théorie de Van Helmont. Or il n'y a pas loin de cette chimie à l'alchimie, et de façon plus générale on glisse aisément, en ce début de siècle, des sciences « concrètes » aux sciences occultes. Ceci est particulièrement clair dans le cas de Boulainvilliers qui avait rédigé, parmi d'autres textes alchimiques, un *Avant-Propos pour entendre la doctrine de Paracelse* [3]. Replacés dans ce contexte pré-cartésien, les thèmes qu'il développe dans son *Astronomie Physique* — ouvrage écrit entre 1715 et 1720 — n'ont plus rien de surprenant. S'il y affirme, lui aussi, la mobilité essentielle de la matière, c'est à propos d'une explication de la pesanteur qui mêle à une connaissance assez précise des discussions contemporaines sur ce sujet des notions directement héritées de la physique aristotélicienne : telles la distinction entre « corps pesants » et « corps légers » [4], et surtout l'idée d'une tendance interne des corps. Selon Boulainvilliers tous les corps pesants tendent en effet vers la plus grande vitesse [5], en raison de la « mobilité active » que leur a conférée « l'Auteur de la Nature »; cette mobilité est proportionnelle à la quantité de matière qu'ils contiennent, puisque, loin d'avoir une force d'inertie, la matière est mobile par essence [6]. Ses particules sont donc toujours déterminées « à se porter d'un mouvement accéléré du côté qui

---

1. Bien que le texte de cette dissertation soit perdu, nous pouvons nous faire une idée de son contenu d'après une lettre de Dodart à Montesquieu, datée du 28 décembre 1723. Comme l'auteur de la *Lettre* publiée par Dulaurens, Montesquieu aurait nié l'existence du repos absolu, et affirmé que « le repos n'est autre chose qu'une tendance du corps pesant, ou plutôt une action contraire au mouvement qu'on voudrait lui imprimer... » (*Œuvres complètes*, t. III, pp. 755-756). Emprunt direct à Leibniz ? Ou bien Montesquieu aurait-il eu entre les mains une copie du manuscrit recueilli plus tard par Dulaurens ? Le rapprochement vaut en tout cas d'être signalé.

2. Voir P. Barrière, *op. cit.*, pp. 165-166.

3. Aucun de ces manuscrits n'a été conservé. Cf. R. Simon, *op. cit.*, et *A la recherche d'un homme et d'un auteur. Essai de bibliographie des ouvrages du comte de Boulainvilliers*, Gap, 1940, p. 22.

4. *Astronomie physique* (B.N. Ms. fr. 9.122), Première partie, *De la pesanteur*, fol. 79 : les corps pesants sont plus mobiles que les corps légers.

5. *Ibid.*, fol. 78 v°.

6. *Ibid.*, fol. 99.

fera le moins de résistance à l'accélération de leur mouvement » [1] : ainsi
en direction de la terre où la matière céleste est moins vivement agitée.
Ce sont les corps pesants qui chassent la matière céleste vers la périphérie
et non elle qui les repousse vers le centre. La pesanteur n'est donc nullement un effet de la force centrifuge comme le croyait Descartes. Boulainvilliers conserve le cadre de la physique tourbillonnaire, mais lui enlève
l'essentiel de son contenu. A son avis Descartes a eu tort, surtout, de
croire une science déductive, de vouloir fonder en métaphysique le principe d'inertie [2], et de confondre enfin la physique et la géométrie : « combien de démonstrations reçues pour géométriquement vraies se trouvent
fausses dans la rigueur physique ! » [3]. D'un côté des hypothèses « où se
joue la force de l'esprit humain » — comme celle de la force centrifuge [4] —
de l'autre, les véritables « effets de la nature », que seule l'expérience
révèle. Aux raisonnements abstraits du métaphysicien géomètre il
convient donc de préférer les certitudes positives de la méthode expérimentale : si lente que soit cette dernière voie,

> « ce n'est point dans la contemplation des perfections de Dieu, mais bien
> dans la contemplation de ses ouvrages qu'un physicien doit étudier la nature » [5].

Certes la portée profonde d'un tel précepte méthodologique demeure
ambiguë : s'agit-il pour Boulainvilliers, comme pour les théistes newtoniens, d'échapper aux inconvénients théologiques du système cartésien ?
Redoute-t-il le lien nécessaire que les disciples de Descartes semblaient
instituer entre Dieu et la Nature, au détriment de la liberté divine et de
l'idée même de la Création [6] ? Ou au contraire — et peut-être beaucoup
plus sûrement — entend-il marquer, par un détour prudent, l'indépendance de l'esprit scientifique à l'égard de toute métaphysique religieuse ?
La même équivoque pèsera souvent au XVIIIe siècle sur les professions
de foi positiviste. Mais il en est une autre, non moins grave : progressiste
par son désir de soumission au réel, la tentative de Boulainvilliers pour
dépasser le mécanisme prive la science de l'armature intellectuelle abstraite
que lui avaient donnée les grands cartésiens. Non seulement les bases
du principe d'inertie sont remises en cause, mais l'alchimie et l'astrologie
— en faveur desquelles les arguments de fait ne manquent jamais —
retrouvent auprès de la physique mathématique la place que le cartésia-

---

1. Ibid., fol. 159 v° ; texte cité par R. SIMON, op. cit., p. 620.
2. Voir ibid., fol. 78 v° : la loi du mouvement rectiligne n'a pas l'importance que
lui attribue Descartes ; la tendance des corps vers la plus grande vitesse est beaucoup
plus importante. Cf. aussi fol. 161 et 162.
3. Ibid., fol. 138 v° ; texte cité par R. SIMON, pp. 617-18.
4. « S'il est une proposition reçue pour géométriquement vraie, c'est celle qui dit
que tout corps mu circulairement tend à s'échapper par la tangente du cercle ; s'il est
une proposition physiquement fausse, c'est celle-là même.» Ibid., fol. 184.
5. Ibid., fol. 165 v° ; cf. R. SIMON, p. 622.
6. Voir ci-dessous, Ch. III, 1.

nisme avait voulu leur enlever. Et de ce point de vue, les sympathies
de Boulainvilliers pour le monisme métaphysique de Spinoza ne contredisent nullement ses propres tendances empiristes : transposée dans le
domaine de la science, la nécessité universelle du philosophe hollandais
devient un déterminisme expérimental; mais en même temps le sentiment
raisonné de la toute-puissance de la nature s'unit à la réserve méthodologique pour affaiblir dans l'esprit du savant le sens de l'impossible. La
contradiction que Bayle avait cru déceler dans la critique spinoziste du
miracle [1] existe plus réellement au cœur du naturalisme de Boulainvilliers :
comment nier la réalité historique des faits que l'Écriture appelle miracles,
comment railler les prétendues apparitions d'esprits lorsqu'on attribue à
la Nature une puissance infinie ? A plus forte raison l'auteur de l'*Astronomie Physique* restait-il désarmé devant le prestige des sciences occultes.
Rencontre significative : presque à la même date les prétentions de Montesquieu à un « cartésianisme plus rigide » aboutissent à une étonnante
crédulité devant les « merveilles de la nature » [2].

Lorsqu'il tente maladroitement d'assimiler la végétation des plantes
aux productions du règne minéral, Montesquieu reste du moins fidèle
aux principes mécanistes que Boulainvilliers répudie pour une grande
part. D'autres auteurs sont conduits par l'insuffisance même de l'explication mécaniste des phénomènes de la vie à en renverser les termes, et
à expliquer au contraire le plus simple par le plus complexe, l'inorganique par l'organique. Dans l'ouvrage où il prétend donner une analyse
purement mécaniste de la digestion, Philippe Hecquet tire argument de
« l'uniformité des voies de la nature » pour attribuer aux minéraux une
véritable digestion [3]. Ne sont-ils pas analogues à des « plantes de pierre
ou de marbre » ? — Retour aux vieux mythes de la terre maternelle et des
générations telluriques, sous le couvert de Stenon et de Baglivi auxquels
Hecquet se réfère en même temps qu'à Sénèque...

« On sait du moins que les minéraux croissent et renaissent à la manière
des plantes, car si les *boutures* de celles-ci prennent racines, les débris des pierres
ou des diamants qu'on a taillés, étant enfouis sous terre, reproduisent d'autres
diamants et d'autres pierres au bout de quelques années » [4].

---

1. *Dictionnaire historique et critique, op. cit.*, article *Spinoza*.
2. Cet « observateur » de l'histoire naturelle n'affirme-t-il pas, sans aucune réserve,
qu'en Norvège ou en Allemagne on conserve pendant quarante ans, sans qu'il se gâte,
un pain « fait avec une espèce de terre », et qu'il existe dans le Quercy une herbe assez
nourrissante pour qu'une brebis se contente d'en brouter chaque jour un dé à coudre ?
(*Septième observation sur l'Histoire Naturelle, op. cit.*, pp. 116-117.)
3. *De la digestion et des maladies de l'estomac*, Paris, 1712, Première Partie, Ch. XVI,
p. 135.
4. *Ibid.*, p. 136. .

Avec de telles affirmations, et malgré son point de départ mécaniste, Hecquet rejoint donc le courant anticartésien qui s'était développé dans les sciences de la vie, en Angleterre et en Allemagne, dès la fin du XVIIᵉ siècle : animisme de Stahl ou néo-péripatétisme du Cudworth et Grew, avec la théorie des « natures plastiques ». Comment expliquer scientifiquement, c'est-à-dire par l'action des causes secondes, la production de tous les corps, animés ou non, sans recourir à des êtres et des vertus intermédiaires entre la stérilité de la matière brute et la toute-puissance divine ? Pour l'opinion intellectuelle française le problème avait été nettement posé par le *Dictionnaire* de Bayle [1]. Trop cartésien cependant pour considérer avec une grande sympathie un retour aux « formes substantielles » de la scolastique, ou aux « archées » de Van Helmont, l'auteur des *Pensées sur la Comète* avait proposé une solution plus simple et plus claire qui lui paraissait le développement logique de l'hypothèse atomiste :

« Je me suis souvent étonné de ce que Leucippe et tous ceux qui ont marché sur ses traces n'ont point dit que chaque atome était animé. Cette supposition les eût tirés de leurs embarras, et n'est pas plus déraisonnable que l'éternité et la propriété du mouvement qu'ils attribuent à leurs corpuscules indivisibles ! » [2]

On saisit ici sur le vif le passage d'une conception dynamiste de la matière à une interprétation purement animiste, et aussi l'avantage que l'une et l'autre comportaient pour la réfutation de l'argument apologétique des causes finales : si les atomes sont animés, — et il semble bien que par cet adjectif Bayle n'entende pas leur reconnaître seulement la vie, mais au moins une conscience élémentaire [3] — leurs rencontres cessent d'être totalement fortuites, et l'objection communément adressée à l'idée de hasard tombe d'elle-même. Mais que subsiste-t-il alors du grand effort de clarification qui constituait depuis Descartes la raison d'être de la science mécaniste ? Les limites de celle-ci dans le domaine de la biologie apparaissent en tout cas sous un jour cru dans ce dilemme qui la déchire entre le dogme de la préexistence, c'est-à-dire une véritable démission de l'esprit scientifique, et cette insupportable déviation animiste.

Parallèlement et de façon encore plus nette, il arrive que la philosophie corpusculaire, soucieuse de proposer une « explication naturelle » de phénomènes apparemment merveilleux ou surnaturels, rivalise avec ce naturalisme libertin contre lequel elle s'était en grande partie constituée. En 1733 le doyen Hecquet dénonce les prétendus miracles du cime-

---

1. *Op. cit.*, article *Sennert*.
2. *Ibid.*, art. *Leucippe*.
3. Nous verrons plus loin le parti que Maupertuis saura tirer d'intuitions analogues, sous l'influence de Leibniz et surtout à la lumière de l'enseignement newtonien, mais non sans buter à son tour sur le même écueil animiste. Cf. ci-dessous, Ch. IV, 3 et 4.

tière Saint-Médard : oubliant ses tendances jansénistes pour ne plus
parler qu'en médecin, il se refuse à voir dans les postures indécentes des
pseudo-miraculés autre chose que l'effet d'une maladie contagieuse. Et
celle-ci ne présente à ses yeux aucun mystère : comme une vulgaire épidémie de peste cette maladie insolite se transmet d'individu à individu
par le choc ondulatoire des « esprits » ou « corpuscules » émanés des
corps en convulsions [1]. Que l'on n'attribue donc pas la contagion à
quelque chimérique action à distance, puisque l'on connaît, depuis les
travaux de l'illustre Robert Boyle, la réalité et l'universalité de ces émanations matérielles... A coup sûr l'effort rationaliste de Hecquet apparaît
ici méritoire, sinon original, mais sa théorie devient passablement aven-
tureuse lorsque, dans son désir d'assimiler les convulsions à des crises
de fureur érotique, il en arrive à proposer une explication analogue de
« cette contagion si naturelle entre les deux sexes » qu'est l'amour [2].
Croit-il sérieusement possible d'attribuer le caractère sélectif et exclusif
de la passion amoureuse à l'effet produit par des particules de matière
inerte ? Ce n'est pas dénigrer cet austère savant que de déceler chez lui
une intuition psychologique un peu courte : mais n'y aurait-il pas surtout
dans cette suggestion, à la faveur d'un terme aussi équivoque que celui
d'« esprits », un glissement insensible et inconscient du mécanisme à
l'animisme ?

Autres exemples d'un même glissement intellectuel, plus signifi-
catifs encore. Il ne s'agit plus alors de donner une explication scientifique
de faits historiquement certains, mais de substituer à la critique historique d'événements au moins douteux une hâtive interprétation naturaliste. Pour la philosophie corpusculaire cette tentation n'était pas
nouvelle : Descartes lui-même y avait parfois cédé [3]; son disciple Claude
Gadrois avait voulu démontrer de la même manière la réalité des « influences » astrales [4], non sans inquiéter plus tard la sagacité de P. Bayle [5].
En 1712 le pasteur Benoist souligne à son tour, mais sans marquer trop
d'étonnement, cette application imprévue de la « nouvelle philosophie »
au domaine des sciences occultes [6]. Mais l'astrologie n'est pas seule à en

---

1. *Le naturalisme des convulsions, op. cit.*, Voir son *Traité de la Peste*, Paris, 1722,
écrit à l'occasion de l'épidémie qui venait de ravager la Provence.
2. *Le naturalisme des convulsions, op. cit.*, p. 30.|
3. *Principes de la philosophie, op. cit.*, Quatrième partie, 187. L'émanation des
« esprits » explique par exemple que le cadavre de la victime saigne en présence du meurtrier.
4. *Discours sur les influences des astres selon les principes de M. Descartes*, 1671 ; cf.
P. Mouy, *op. cit.*, Ch. I, section V.
5. *Nouvelles de la République des Lettres*, 1686. « Qui croirait que la philosophie de
Descartes, qui a été le fléau des superstitions, doive être le meilleur appui des astrologues
et des faiseurs d'enchantements ? »... (texte cité par P. Mouy, *op. cit.*, p. 143).
6. « Je dirai néanmoins que jamais opinion n'a été mieux appuyée par les principes de
quelque Système de Physique que celle-ci l'est par le Système de la Nouvelle Philosophie.
Je ne sais pas comment ceux qui admettent la doctrine des *petits corps*, avec leurs diverses
figures et leurs divers mouvements, peuvent n'être pas persuadés de l'influence des corps
célestes... » Élie BENOIST, *Mélanges de remarques critiques, historiques, philosophiques,
théologiques, sur les deux dissertations de M. Toland*, Delft, 1712, pp. 24-25.

bénéficier : dès 1693 l'abbé Vallemont — esprit solide qui défendit plus
tard le système de Copernic contre ceux de Ptolémée et de Tycho-Brahé[1]
— avait également attribué aux corpuscules les effets merveilleux de la
baguette de sourcier du paysan dauphinois Jacques Aymar : n'était-ce
pas là une attitude plus éclairée que d'en affirmer le caractère démo-
niaque ?[2] Souvent réédité, et notamment en 1722, quelques mois après
la mort de l'auteur, son livre est encore discuté quarante ans plus tard[3].
C'est à son propos, et au sujet d'ouvrages analogues, que l'*Encyclopédie*
dénonce en 1754 les abus de la philosophie corpusculaire[4].

Nous connaissons des émules de Vallemont : tel le médecin de
Saint-André qui explique les effets de magie et de sorcellerie, envoûte-
ments et maléfices divers, par des « exhalaisons d'esprits »[5]. Or un certain Boissier, pris d'une sainte mais judicieuse colère, lui reproche quelques années plus tard d'avoir usé, dans le dessein impie de justifier le
Diable, d'une « physique » vraiment bien obscure : ne suppose-t-elle pas
implicitement que les corpuscules qu'exhale le sorcier possèdent le pouvoir de se diriger eux-mêmes dans une direction déterminée ? Ou bien,
conclut Boissier, le Diable est le véritable auteur des maléfices, ou bien
ces « esprits corporels » dont parle Saint-André doivent être doués d'une
certaine connaissance… ! Démonstration laborieuse : Boissier est un
piètre écrivain; mais il a le grand mérite de mettre en pleine lumière
l'animisme sous-jacent ici à la philosophie corpusculaire. D'où la vigueur
inattendue que prend la *Préface* d'un livre aussi diffus :

> « Le sieur de Saint-André a voulu paraître respecter la religion; mais
> il n'en était pas assez instruit, ou il l'a méconnue. Prodigieusement entêté
> d'une physique outrée, il réduit tout au naturel; à philosopher à sa manière,
> souvent la résurrection des morts ne serait pas un effet surnaturel; et pour
> soustraire l'homme aux saintes obscurité de la foi, il l'aveugle par l'obscurité
> d'une physique inintelligible, pour ne pas dire impossible »[6].

Après ces lignes fort pertinentes, peut-être appréciera-t-on mieux
la prudence intellectuelle d'un Fontenelle, et le lien qui subsiste pour lui,

---

1. VALLEMONT, *La sphère du monde selon l'hypothèse de Copernic*, Paris, 1706. Cf.
Mémoires de Trévoux, janvier 1707, art. 7.
2. *La Physique occulte ou traité de la baguette divinatoire…*, Paris, 1683, nouvelle
édition augmentée, 1696 (rééditée en 1709, puis 1722, 1747, etc…).
3. Voir LEGENDRE de SAINT-AUBIN, *Traité historique et critique de l'opinion…*, op. cit.,
Paris, 1733, t. III, p. 147.
4. *Encyclopédie*, t. IV, art. *Corpusculaire* : « Il n'y a qu'à lire tous les écrits que la
fameuse baguette divinatoire a occasionnés pour achever de se convaincre des abus dont
la physique corpusculaire est susceptible… »
5. *Lettres… sur la magie, les maléfices et les sorciers*, Paris, 1725. Si l'auteur est
obscur, le livre semble avoir eu un certain retentissement. Nous avons déjà la place
que lui accordent, même s'ils le raillent parfois, les principaux périodiques de l'époque
(Cf. ci-dessus, Ch. I, 1). Lévesque de Burigny croit encore devoir le citer en 1733 dans son
Examen des Apologistes (Ch. V).
6. BOISSIER, *Recueil de lettres au sujet des maléfices et du sortilège*, Paris, 1731, op. cit.,
Préface.

comme pour beaucoup de ses contemporains, entre le véritable esprit scientifique et une certaine philosophie religieuse : à trop vouloir demander à la science au détriment de la religion, on risque parfois de perdre de part et d'autre. Mais par ailleurs cette prudence même, replacée dans un ensemble aussi complexe de courants divers, où Descartes et Spinoza côtoient Gassendi et Aristote, devait apparaître aux âmes portées à une piété plus exigeante comme une barrière bien fragile contre les entreprises de l'irréligion, voire même comme une tactique hypocrite. Après les déformations multiples subies par la philosophie mécaniste de la nature dans le premier tiers du siècle [1], il convient donc d'étudier la résistance tenace que continuent à lui opposer certains défenseurs de la foi.

---

1. Aussi doit-on prendre garde que certaines étiquettes mécanistes couvrent parfois une marchandise assez équivoque. En 1704 l'auteur d'une *Histoire de la Machine du Monde, ou Physique mécanique* développe avec complaisance le thème de l'univers-horloge. Mais il attribue ensuite aux divers « grains » du feu qui anime le monde entier aussi bien la chaleur et la lumière que les influences astrales et la « vertu » des minéraux et des plantes... Et tandis que le journaliste de Trévoux se préoccupe de savoir quelle place subsiste dans ce système pour l'âme immortelle (*Mémoires de Trévoux*, juillet 1704, pp. 1088-1098), son confrère du *Journal des Savants* reproduit objectivement les déclarations mêmes de l'auteur, marquant que « mécanique » n'est nullement pour lui synonyme de « cartésien » : fort de la simplicité de son système (!), ne se flatte-t-il pas que « le chimiste, l'Aristotélicien, et le Cartésien y trouvent chacun leurs principes approuvés, et qu'ils les y verront en même temps expliqués d'une manière si claire et si naturelle qu'elle pourra faire cesser toutes leurs contestations » ? (*Journal des Savants*, 1704, p. 545).

4. — Les Résistances de la Foi et de la Tradition

Au-delà de la complexité qui naît de ses manifestations diverses ou des déformations qu'elle subit, l'esprit de la science mécaniste apparaît à bien des croyants — et non sans motifs sérieux — comme une volonté rationaliste de synthèse totale, qui tend à opposer, avec plus ou moins de franchise, la raison à la foi, et l'ordre immuable de la Nature à l'arbitraire de la volonté divine. Aussi la lutte est-elle toujours vive après 1715 entre le courant de pensée issu de Descartes et les gardiens de la tradition. La persécution anticartésienne avait atteint son paroxysme entre 1675 et 1690[1] : mais à plusieurs reprises, en 1691, 1704, 1705, le renouvellement des censures sorbonniques venait encore d'attester à la fois la force d'expansion du cartésianisme et l'entêtement de ses adversaires. La doctrine des « nouveaux philosophes » reste officiellement proscrite de l'Université : et s'il lui arrive de plus en plus souvent d'y pénétrer, ce n'est pas sans subir bien des aménagements. Comme l'ont toujours fait tous les professeurs, ceux de cette période qui se laissent peu à peu gagner aux idées modernes ne bouleversent pas pour autant la totalité de leur enseignement; ils se contentent d'insérer les thèmes nouveaux, tant bien que mal, dans le cadre de leurs cours anciens. Ainsi avait fait dès 1695 l'un des membres les plus éminents de l'Université de Paris, le même Pourchot[2] qui essaiera vainement en 1721 de faire admettre parmi les classiques les ouvrages métaphysiques de Descartes à côté de ceux d'Aristote. Dans les collèges de la Compagnie de Jésus les maîtres les plus avancés ont la prudence d'insister sur les points communs aux deux écoles : selon le P. Regnault les disciples de Descartes continuent la tradition scolastique lorsqu'ils nient l'existence du vide; quant à l'idée de matière subtile son origine serait encore plus ancienne, puisqu'on pourrait remonter à sa recherche jusqu'aux Égyptiens et à Hermès Trismégiste... [3] Descartes

---

1. Voir notamment Bouillier, *Histoire de la philosophie cartésienne, op. cit.*, Ch. XX. sq.

2. Pourchot, *Institutio philosophica ad faciliorem veterum ac recentiorum philosophorum lectionem comparata*, 4 vol., Paris, 1695. L'auteur (1651-1733) est alors procureur syndic de l'Université. Cf. P. Mouy, *op. cit.*, Ch. I, section VII ; et Jourdain, *Histoire de l'Université de Paris...*, 1862-64, p. 336. Le même historien rappelle cependant (p. 348) qu'au témoignage de Rollin (*Traité des Études*, livre VI) Descartes et Malebranche étaient commentés dans quelques collèges.

3. Regnault (le P. Noël), *L'origine ancienne de la physique nouvelle*, Paris, 1734. Voir l'analyse du livre dans le *Journal des Savants*, 1735 (pp. 33 sq., 158 sq., 212 sq.). Le P. Regnault, s.j., (1683-1762) était professeur de mathématiques au collège Louis-le-Grand.

avait voulu et il avait proclamé une rupture totale avec le passé : non sans altérer la rigueur des principes qu'ils prétendent adopter, ses adeptes de la dernière heure essaient au contraire, avec une minutieuse patience d'érudits, de réconcilier la raison et l'histoire, l'esprit nouveau et la tradition. Encore n'y parviennent-ils, dans l'ensemble, que bien tardivement : les professeurs de l'Université enseignent la physique tourbillonnaire, note Voltaire en 1741 [1]. Mais à cette date ils se sont habitués à la « physique nouvelle » dans la mesure où elle était déjà largement dépassée; Descartes devient alors pour la routine des uns, pour les scrupules raisonnés des autres, un allié efficace et rassurant contre l'expansion de la science newtonienne [2].

Cette adhésion tardive au mécanisme cartésien, peut-être souvent plus tactique que réelle, ne doit pas nous masquer l'existence de secteurs d'opposition irréductible. Durant la plus grande partie de ce demi-siècle, certains points essentiels du cartésianisme scientifique continuent à soulever les plus vives critiques, d'autant plus dignes de remarque qu'elles n'émanent pas toujours de pédants attardés. Professeur de philosophie au Collège de Montaigu, Jean Denyse n'est pas un esprit sans mérite; il sait en tout cas s'adapter au goût du jour, et n'hésite pas à employer pour faire l'apologie du christianisme un langage « géométrique » [3]; mais c'est aussi l'un des adversaires les plus résolus de la physique mécaniste. Non sans lucidité il définit fort bien en 1719 les implications théologiques du principe de la conservation du mouvement : ni le « raisonnement », ni l'« expérience » ne peuvent démontrer et justifier un principe qui aboutit à priver la nature du « concours immédiat » de la Divinité, et l'apologétique d'un de ses arguments les plus précieux [4]. Au contraire les faits démentent, selon lui, cette loi d'inertie dont l'affirmation précédente était une conséquence et sur laquelle toute la physique nouvelle se trouvait édifiée : l'accélération de la chute des corps prouve par exemple que la cause initiale de leur mouvement continue à agir pendant toute la durée de celui-ci. De façon plus générale, prévient l'auteur,

« on montre qu'un corps qui n'a reçu son mouvement que d'un autre corps ne doit continuer d'être en mouvement qu'autant qu'un autre continue de le mouvoir; cette règle s'oppose aux préjugés de presque tous les physiciens, mais elle est prouvée ici contre les Athées et contre les Cartésiens » [5].

---

1. Lettre à Maupertuis (1741), Moland, t. XXXVI, p. 92.
2. Cf. ci-dessous, Ch. III, 3.
3. *La vérité de la religion chrétienne démontrée par ordre géométrique*, Paris, 1717, *op. cit.*
4. *La Nature expliquée par le raisonnement et par l'expérience*, Paris, 1719, § 580 et *passim*.
5. *Ibid.* Texte reproduit par le *Journal des Savants*, 1719, p. 385 sq.

Sans doute a-t-il raison du point de vue de la physique concrète, auquel il ne veut pas renoncer : tous les faits connus réfutent la possibilité d'un mouvement rectiligne, uniforme et infini, et ceci est particulièrement vrai dans le cadre de la science cartésienne qui nie l'existence du vide. C'est pourtant à l'aide d'une telle « fiction » que Descartes avait rendu la nature intelligible, puisque la force centrifuge, essentielle à son système du monde, en est un cas particulier et une conséquence; science abstraite, la nouvelle physique explique ainsi le réel par l'impossible [1]. Le bon sens un peu court de J. Denyse, autant que ses scrupules théologiques, le pousse à refuser un tel paradoxe. Vingt ans plus tard le P. Castel, pourtant plus ouvert aux idées nouvelles, reprendra contre Newton, lui-même tout à fait fidèle ici au cartésianisme, le même raisonnement : seule la toute-puissance de Dieu confère la durée aux êtres et aux effets naturels, et cela pour le temps qu'il lui plaît; si « à chaque instant le mouvement affecte la ligne la plus droite », ce n'est pas « de soi » qu'il y persévère, mais seulement parce que Dieu le veut ainsi [2].

Plus nombreux encore sont les signes qui attestent parallèlement la persistance du préjugé anticopernicien. Or, malgré les clauses de style dont Descartes avait voulu masquer son adhésion au système héliocentrique, son nom était depuis longtemps devenu inséparable, aux yeux de ses adversaires, de ceux de Copernic et de Galilée. Souvent le système « mixte » de Tycho-Brahé, qui maintient la terre en repos au centre du monde, paraît assez moderne pour supplanter celui de Ptolémée sans présenter les inconvénients de celui de Copernic, coupable de contredire la lettre de l'Écriture [3]; aussi les journalistes de Trévoux ne manquent-ils pas une occasion de revenir sur un problème que l'on eût pu croire définitivement résolu après la conversion copernicienne de la Marquise des *Entretiens sur la Pluralité des Mondes*. En 1704 c'était le compte rendu élogieux d'un *Nouveau système du Monde* proposé par M. le Clerc, dessinateur ordinaire du Cabinet du Roi, prouvant que « l'hypothèse de Copernic est absolument fausse » [4]. En 1727 l'hostilité d'Edme Guyot à Copernic lui vaut également une certaine indulgence pour son livre étrange, dont certaines assertions avaient pourtant de quoi inquiéter d'aussi vigilants défenseurs de l'orthodoxie [5]. En revanche on lit en 1730 dans le même

---

1. Cf. A. Koyré, *Études Galiléennes, op. cit.*, III, *Galilée et la loi d'inertie.*
2. *Mémoires de Trévoux*, mai 1740, *Réfutation de quelques principes de la philosophie moderne.* Voir aussi, du même auteur, *Le vrai Système de M. Isaac Newton*, Paris, 1743, p. 45. « Son mouvement uniforme primitif est une fiction dans la nature. Le mouvement naturel est celui de la révolution dans un cercle ; sauf à décomposer ce mouvement circulaire en deux uniformes, s'il en est besoin ».
3. C'est pourquoi le hollandais Nieuwentyit lui accorde également la préférence : *L'existence de Dieu démontrée par les merveilles de la Nature*, Paris, 1725, 3e partie, Ch. I. Nous verrons plus loin l'importance de ce livre dans l'histoire de la pensée française au xviiie siècle. Cf. ci-dessous, Ch. III, 1.
4. *Mémoires de Trévoux*, avril 1704, art. 58.
5. *Ibid.*, juillet 1727, *loc. cit.* Sur Edme Guyot, voir ci-dessus, Ch. I, 3.

périodique une protestation contre l'ouvrage d'un copernicien qui prétendait s'autoriser de l'unanimité du monde scientifique :

« Une des raisons, c'est que ce système est reçu de tous les savants. N'est-ce pas restreindre beaucoup le nombre des savants ? Le respect que l'on a pour l'Écriture, empêche, ce semble, bien des savants de donner dans ce système ; nous avons vu bien des savants du premier ordre dans des pensées fort opposées » [1].

Riposte peut-être un peu vague : mais quinze ans plus tard la patience des bons Pères est enfin récompensée, et avec quelle satisfaction ils présentent à l'inquiétude de leurs lecteurs un premier volume de *Lettres sur la Cosmographie*, où le système de Copernic est partiellement réfuté !

« L'ouvrage est infiniment savant, et le nom de l'auteur, si sa modestie ne l'avait supprimé, ne peut que relever les sciences sublimes auxquelles il fait l'honneur de se prêter dans les moments de son loisir » [2].

Le rôle tenu par les Jésuites dans la résistance anticartésienne apparaît ici en pleine lumière. Déjà au XVIIe siècle on les avait vus soutenir contre les premiers disciples de leur ancien élève, puis contre Malebranche, les plus violentes ou les plus perfides controverses. Dans le premier quart du XVIIIe siècle ceux d'entre eux que séduit la philosophie de l'oratorien subissent d'incessantes persécutions : pour le P. André ces brimades vont en 1721 jusqu'à l'embastillement ; moins ferme dans sa doctrine, son successeur au collège de La Flèche, le P. Dutertre, doit à son reniement du malebranchisme [3] de pouvoir y revenir enseigner Aristote en 1719. Vers 1725, constate l'un des historiens de l'enseignement des Jésuites, le péripatétisme a partout retrouvé son monopole [4]. Sans doute ceci est-il plus vrai de la philosophie générale que de la science proprement dite ; en juin 1721 un article des *Mémoires de Trévoux* ne craint pas de louer en Descartes le mathématicien, mais c'est pour mieux acca-

---

1. *Ibid.*, novembre 1730, art. 106.
2. *Ibid.*, novembre 1745, art. 97. Voici le titre de l'ouvrage : *Lettres sur la cosmographie où le système de Copernic est réfuté, le plan de l'univers exposé et expliqué physiquement sur des principes dictés par les expériences et les observations des principales Académies de l'Europe*, t. I, La Haye, 1745, 1 vol. in-4°. L'auteur n'est désigné que par des initiales : « l'abbé de Br. »
3. DUTERTRE (le P. Rodolphe), *Réfutation d'un nouveau système de métaphysique proposé par le P. Malebranche*, Paris, 1715. Pour tout ce développement, nous renvoyons aux travaux de ROCHEMONTEIX, *Un collège des Jésuites aux XVIIe et XVIIIe siècles le collège Henri IV à La Flèche*, Le Mans, 1889. - SORTAIS (le P. G.), *Le cartésianisme chez les jésuites français au XVIIe et au XVIIIe siècle*, Paris, 1929. Sur les *Mémoires de Trévoux*, nous disposons de deux études récentes : J.N. PAPPAS, *Berthier's Journal de Trévoux and the philosophes*, Columbia University, *Dissertation Abstracts* n° 7, 1955 ; et DESAUTELS (le P. A.R., s.j.), *Les Mémoires de Trévoux et le mouvement des idées au XVIIIe siècle, 1701-1734*, Rome, 1956. On s'étonnera cependant que ce dernier auteur ait cru pouvoir déceler dans le journal des Jésuites un sentiment de « faveur à l'égard de la théorie copernicienne » (*op. cit.*, p. 46), alors que l'attitude des rédacteurs sur ce problème est pour le moins fluctuante : contraints de reconnaître parfois que le système Copernic est une hypothèse commode, ils se gardent bien d'y voir le véritable système de la Nature.
4. ROCHEMONTEIX, *Un collège de Jésuites...*, *op. cit.*, t. IV, Ch. I, p. 106.

bler le physicien. En fait la condamnation formulée en 1706 par la
xvᵉ Congrégation Générale garde son efficacité; parmi les propositions
censurées certaines portaient sur des aspects essentiels de la physique
cartésienne : constance de la quantité de mouvement, ou distinction entre
qualités sensibles et qualités premières [1]. En 1737 encore les griefs s'accumulent dans les *Mémoires de Trévoux* contre la physique moderne, « trop
mécanique, géométrique et spinoziste » [2]; et lorsque les journalistes
jésuites en viendront à couvrir d'éloges la physique de Descartes, ce sera
pour souligner son aspect hypothétique et qualitatif, face aux prétentions
de Newton à « tout démontrer par la géométrie » [3].

Depuis Descartes et Galilée les mathématiques prétendaient en effet
régenter la physique : ambition vraiment exorbitante, répliquent les
membres de la Compagnie de Jésus. S'ils admettent assez volontiers les
« systèmes », c'est à condition qu'ils fassent plus de place à l'imagination
qu'au raisonnement mathématique : celui-ci peut-il « fournir autre chose
à la physique que des illustrations et des éclaircissements ? » — demande
l'un d'eux en 1743... [4] Pour eux la science repose d'abord sur l'expérience
— ils ne manquent pas de saluer les célèbres conférences de l'abbé Nollet
— mais leur empirisme relève plus souvent de la sagesse des nations que
des méthodes du laboratoire. Les expériences trop recherchées ou rares
leur paraissent inutiles : « l'art altère tout »; mieux valent « les observations simples, naïves, faciles que la nature fournit abondamment dans
tous les pays à tous les esprits » [5]. Toute leur prédilection va à une science
concrète et facile qui expose en un langage fleuri des observations de
détail [6]. Cette mentalité de collectionneurs confère à leur curiosité scientifique, jusque dans ses aspects les plus positifs, un caractère profondément rétrograde. De plus en plus souvent, à mesure que le demi-siècle
avance, il leur arrive à eux aussi d'emprunter le langage cartésien, de
parler tourbillons et matière subtile, mais ce ne sont là que les oripeaux
les plus voyants du cartésianisme dont ils ne parviennent pas vraiment à
assimiler l'esprit. A aucun moment ils n'acceptent pleinement et sans
réticences la grande conquête intellectuelle de Galilée et de Descartes,
l'idée qu'au-delà de la diversité colorée des apparences sensibles le savant
peut et doit découvrir dans l'univers une unité de structure, toute mathématique. Tandis que les conséquences philosophiques et théologiques
de ce système du monde, qui doit évidemment plus à Platon qu'à Aristote, inquiètent légitimement leur traditionalisme religieux, leur parti

---

1. Propositions 7, 11 et 24. Cf. SORTAIS, *Le cartésianisme chez les jésuites...*, *op. cit.*,
p. 36.
2. *Mémoires de Trévoux*, février 1737. L'article est consacré à la *Théodicée* de Leibniz.
3. *Ibid.*, nov. 1745, art. 97, etc.
4. *Ibid.*, août 1743, art. 59.
5. *Ibid.*, mai 1721, art. 39. Ch. ci-dessous, Ch. III, 3.
6. C'est à cette pédagogie souriante que doit son succès le livre aimable du P. RE-
GNAULT, *Les entretiens d'Ariste et d'Eudoxe sur la physique nouvelle*, 1729, réédité en 1732.

pris d'empirisme étroit est à contre-courant de la volonté d'abstraction qui caractérise désormais la science moderne.

Contre l'impérialisme de la raison mathématicienne on voit ainsi se réaliser le triple accord de la foi, de la tradition et du sens commun. D'où le succès mondain de l'enseignement jésuite, même auprès des esprits les plus indifférents à toute préoccupation religieuse. Si le xviiie siècle est la grande époque des amateurs de science, on doit pour une bonne part en attribuer le mérite à la Compagnie de Jésus. Mais quand cet engouement si répandu des mondains pour la science présente des caractères manifestement bien frivoles, on peut dire aussi que cette frivolité intellectuelle a souvent son pendant chez leurs maîtres jésuites. Lorsque ceux-ci s'épuisent en vaines attaques ou en malignes insinuations contre le système de Copernic, leur souci de respecter la lettre de la cosmologie biblique rejoint curieusement les inquiétudes plus prosaïques que Fontenelle prêtait naguère à sa Marquise : l'ancien système était tellement plus rassurant, soupirait-elle sous les frondaisons du parc des *Entretiens*, — rêveuse, mais bientôt agacée de l'insistance de son partenaire à la faire vivre sur un globe si instable, et cette colère était bien un signe de son désarroi. Heureux Indiens, solidement campés sur une terre que soutenaient quatre éléphants !

« Du moins j'aime ces gens là d'avoir pourvu à leur sûreté et fait de bons fondements, au lieu que nous autres coperniciens, nous sommes assez inconsidérés pour vouloir bien nager à l'aventure dans cette matière céleste. Je gage que si les Indiens savaient que la terre fût le moins du monde en péril de se mouvoir, ils doubleraient les éléphants »[1].

La « physique nouvelle » est donc d'abord le refus du confort intellectuel. L'aimable et prudent Fontenelle n'avait pas hésité à marquer très fermement combien l'esprit « philosophique », pourtant respectueux de l'expérience, diffère de l'empirisme vulgaire :

« Toute la philosophie, lui dis-je, n'est fondée que sur deux choses, sur ce qu'on a l'esprit curieux et les yeux mauvais... Ainsi les vrais philosophes passent leur vie à ne point croire ce qu'ils voient, et à tâcher de deviner ce qu'ils ne voient pas »[2].

On ne passe pas des illusions du sens commun aux certitudes abstraites de la science véritable sans une douloureuse et exaltante conversion mentale. Mais, précisément, tous les amateurs de science sont loin de montrer dans cette voie difficile la même docilité que la Marquise : irritée d'abord de devoir « tourner » avec la terre, l'interlocutrice du philosophe s'enhardit bientôt jusqu'à « tourner avec plaisir »...

---

1. *Pluralité des Mondes, Premier Soir, op. cit.*, p. 33.
2. *Ibid.*, p. 18.

Combien au contraire reculent devant le risque et, préférant des joies plus immédiates, joignent encore à leur goût pour les collections des cabinets d'histoire naturelle l'esprit livresque de la science humaniste ! Chez ceux-là le goût des *faits* s'exprime aussi bien dans celui des fossiles qu'ils rassemblent avec amour que dans le respect des « autorités »; et leur empirisme ne comporte aucun principe critique qui puisse les mettre en garde contre les prestiges de l'érudition. L'hostilité ancienne des savants dijonnais au cartésianisme et à l'esprit philosophique en général trouve un alibi, à l'époque de la « société Bouhier », dans la célébrité de Locke : sous prétexte de mépriser les « systèmes » arbitraires, ils renoncent sans regret à toute vue d'ensemble, et se confinent amoureusement dans des recherches de détail sur les « curiosités de la nature » [1]. Et pour peu qu'ils possèdent des textes à l'appui, ils évoqueront sans rire l'hydre à sept têtes ou les pluies de serpents... Cas extrême peut-être que cet « humanisme desséché » et crédule des bourgeois dijonnais ? Les travaux déjà publiés sur les Académies de Dijon et de Bordeaux mériteraient d'être imités à propos des différentes académies provinciales. On découvrirait peut-être alors que la multiplication et le développement brillant de celles-ci tout au long du siècle ne coïncident pas forcément dans tous les cas avec un progrès parallèle de l'esprit scientifique. Et l'on comprendrait mieux combien les représentants indiscutables de ce dernier pouvaient parfois se sentir relativement isolés même dans l'opinion dite « éclairée » : ne voyaient-ils pas renaître à chaque instant et de toutes parts la véritable hydre à sept têtes, l'hydre des vieilles erreurs toujours vivaces ? Aussi décèle-t-on parfois dans leur vigilance ironique une nuance passagère de découragement. A l'âge du « Mécanisme universel », un savant sérieux comme le hollandais Hartsoeker expliquait gravement par l'action d'une « âme végétative », partout éparse, tous les phénomènes de l'univers, de la reproduction des pattes de l'écrevisse jusqu'au mouvement des planètes; et Fontenelle de constater à ce propos, non sans lassitude :

« Ce n'est pas le seul exemple qui fasse voir qu'aucune idée de la philosophie ancienne n'a été assez proscrite pour devoir désespérer de revenir dans la moderne » [2].

Nous ne saurions cependant conclure ce chapitre sur cette note désenchantée. La « philosophie moderne » était malgré tout désormais solidement implantée dans la pensée française. Les déformations mêmes

---

1. Cf. M. BOUCHARD, *De l'Humanisme à « l'Encyclopédie »*, *l'esprit public en Bourgogne sous l'Ancien Régime*, Paris, 1929, Livre II.
2. *Éloge de Hartsœker*, op. cit., t. I, p. 371.

qu'elle subit ici ou là sont l'indice le plus sûr de son succès et de son prestige. Tandis que les esprits les plus rebelles au cartésianisme lui empruntent parfois son vocabulaire et ses images, certains comprennent la nécessité d'un accord plus réel. En 1720 un jeune jésuite mathématicien, le P. Louis-Bertrand Castel, abandonne son enseignement toulousain pour venir s'installer à Paris sous la protection de Fontenelle et celle du P. Tournemine. A nos yeux ce double parrainage, qui lui promettait une brillante carrière [1], prend une valeur symbolique. Patronnée à la fois par le Secrétaire de l'Académie Royale des Sciences et par l'ancien directeur des *Mémoires de Trévoux*, l'œuvre du P. Castel se devait de chercher un accord entre les impératifs de la foi et les principes du mécanisme. De fait l'ingénieux inventeur du « clavecin oculaire » est aussi l'auteur, dès 1724, d'un ouvrage à peu près oublié, et pourtant beaucoup plus ambitieux. Dans ce *Traité de Physique sur la pesanteur universelle des corps* le P. Castel marque clairement son désir de composer en partie avec l'esprit nouveau. « Le système primitif de la nature », écrit-il par exemple, est parfaitement régulier, d'une régularité mathématique [2]. Mais si les savants modernes ont raison de le soutenir, rien ne les autorise — ajoute Castel — à tirer de cette affirmation des conséquences athées ou déistes : l'existence d'un ordre naturel stable ne suffit pas à transformer le Créateur en un « automate asservi aux lois mathématiques de la mécanique ». [3] Car, si parfaite qu'elle soit dans son principe, cette régularité souffre en fait d'assez nombreuses exceptions; ce bel ordre de la nature dont prend argument l'impiété des déistes ou des « spinozistes » n'est pas exempt de troubles variés : tonnerre, tremblements de terre, dérangement des saisons, variations de la lune, taches du soleil, etc.

« C'est à la vue de ces tristes phénomènes qui tiennent toute la nature en convulsion que j'ai saisi les premières idées du vaste système que je développe dans ces deux derniers livres. Il n'est *pas possible, dis-je, que ce soient là les effets d'une nature purement mécanique et toute mathématique ; une nature toute mathématique serait parfaitement régulière ;* or ce sont là *des troubles* et des *irrégularités bien marquées : tout le monde le pense, tout le monde le dit, et la raison le persuade....* » [4].

---

1. On trouvera dans l'étude de D.S. SCHIER, *Louis-Bertrand Castel, anti-newtonian scientist*, Cedar Rapids, 1941, la liste des articles et des ouvrages, imprimés ou manuscrits, du P. Castel qui fut de 1720 à 1746 un collaborateur assidu des *Mémoires de Trévoux*. Membre de la Société Royale de Londres, ainsi que des académies de Bordeaux et de Rouen, le P. Castel s'honorait de l'amitié de Montesquieu qui l'avait chargé de veiller à l'éducation de son fils. En 1751 il essaiera de réconcilier Diderot avec le P. Berthier. (Cf. DIDEROT, *Correspondance*, édition G. Roth, Paris, 1955, t. I, p. 114 sq.) Le P. Berthier n'aimait guère son confrère qu'il avait écarté en 1746 de la rédaction des *Mémoires de Trévoux* ; à la mort du P. Castel, ce journal rendra à son ancien rédacteur un hommage ambigu : « Cet esprit naturellement facile, fécond et inventeur, était sans cesse sollicité par l'imagination... » (avril 1757, p. 1103). Jugement peu charitable sur l'homme de science qu'avait prétendu être le P. Castel, mais qui, nous le verrons, n'était pas sans fondement...
2. *Traité de physique*, Paris, 1724, t. I, Livre IV, Ch. III, p. 377.
3. *Ibid.*, Ch. V, pp. 382-385.
4. *Ibid.*, Livre V, Ch. VII, p. 550. Les phrases et les mots en italique le sont dans le texte.

Les libertins avaient depuis longtemps l'habitude d'opposer l'existence du mal physique à l'idée de la Providence [1] : notre auteur y voit au contraire la preuve qu'il existe dans le cadre même de la nécessité naturelle un principe de liberté. Il doit y avoir, écrit-il, « dans le sein même de la Nature, une main incontestablement supérieure à la Nature qui puisse déranger le système de l'Équilibre primitif » [2]. Sur ce point essentiel, le P. Castel ne craint pas de rectifier l'opinion habituelle des apologistes :

« Ce n'est pas précisément ce que nous appelons régularité qui prouve la spiritualité. C'est une réflexion qu'on ne fait pas assez qu'il n'est rien de plus irrégulier, selon notre manière de concevoir, que le mouvement ou plutôt l'action des esprits » [3].

Seule une cause libre peut donc troubler la régularité du mécanisme universel. Mais il ne saurait s'agir de Dieu lui-même; il y aurait bien de l'impiété à rendre le Créateur responsable du mal physique, et bien du ridicule à voir des miracles dans les moindres événements de ce bas monde. Seule l'action humaine, conclut le P. Castel, présente ce double caractère d'être à la fois libre et naturelle [4]. Mais tandis qu'aux yeux du moraliste la liberté de l'homme est surtout liberté de l'erreur, à un niveau plus élevé de la connaissance philosophique, elle apparaît indispensable à la permanence du système de la Nature. C'est du moins ce qu'essaie de démontrer notre savant Jésuite dans les chapitres suivants de son grand ouvrage. En vertu des lois mêmes de la physique, expose-t-il en effet, et d'abord par suite de la pesanteur universelle, un système purement mécanique devrait dégénérer en un état d'équilibre parfait, donc de repos : ainsi,

« de soi la Nature actuelle des choses ramènerait toute la terre pure au centre du globe que nous habitons, toute l'eau pure au-dessus de toute cette terre pure, et tout l'air pur au-dessus de cette eau pure » [5].

Tel était le système primitif de l'univers lorsque la volonté toute-puissante du Créateur l'a dérangé : d'où un déséquilibre fécond dont il a confié l'entretien aux hommes. De cette tâche grandiose ceux-ci s'acquittent sans même y penser : sans cesse leur industrie inlassable mélange les éléments de densité diverse que les lois naturelles de la mécanique tendent sans cesse à séparer. Ainsi les laboureurs mêlent la terre, l'air

---

1. Tel J. Meslier, à la même époque. Cf. ci-dessous, Ch. X.
2. *Traité de Physique*, op. cit., Livre IV, Ch. V, p. 385.
3. *Ibid.*, Livre IV, *Sur la différence des corps et des esprits*, p. 420.
4. *Ibid.* Cf. aussi Ch. V, p. 403. « La plupart des événements ordinaires sont, selon moi, au-dessus de la *Nature* purement mécanique; mais il n'y a que les *Miracles* qui soient au-dessus de toute la *Nature* en général. La Nature en général, c'est le système ordinaire, lequel renferme et le Mécanisme et la liberté : qu'une pierre lancée par la main d'un homme monte, c'est un événement au-dessus d'un *naturel mécanique*, ce n'est pas cependant un Miracle, parce que l'homme est une *cause naturelle* ».
5. *Ibid.*, Livre IV, Ch. V, p. 395.

et l'eau, mélange fertile d'où naissent les substances propres à la nourriture des plantes, donc des animaux... Et toutes les occupations des hommes aboutissent finalement à alimenter le feu central qui est comme le cœur de la Terre[1]. Toute la vie de la *Nature en général* provient donc d'une lutte toujours renouvelée entre la régularité majestueuse de la *Nature mécanique* et le précieux désordre apporté par l'homme.

Telles sont donc les vastes perspectives que le P. Castel découvre, très sérieusement, à ses lecteurs : si étrange et saugrenu que nous paraisse ce grand système nous ne devons pas sous-estimer la place qu'il a pu tenir dans la vie intellectuelle de l'époque. Périodique rival des *Mémoires de Trévoux*, le *Journal des Savants* en donne presque aussitôt un compte rendu détaillé, non dépourvu de quelque ironie, mais visiblement intéressé :

« Descartes, et après lui tous les philosophes, se sont attachés au Mécanisme, et ont pensé que la connaissance des simples lois de la Nature suffisait pour rendre compte de toute l'économie de cet Univers; on n'eût pas cru qu'un tel système dût jamais paraître insuffisant. C'est néanmoins ce que prétend aujourd'hui le P. Castel; et quelque paradoxe que paraisse une telle prétention, il faut cependant convenir, avec les plus éclairés, qu'elle mérite toute l'attention des philosophes »[2].

De fait certains de ceux-ci ne dédaignèrent pas d'engager avec le jeune et savant Jésuite une discussion qui devait durer plusieurs mois et rebondir quelques années plus tard. Profitant de l'hospitalité que les *Mémoires de Trévoux* offraient dans leurs colonnes aux contradicteurs, c'est d'abord le cartésien Bouillet, lauréat du concours de l'Académie de Bordeaux en 1720, qui s'inquiète de voir attribuer aux corps une « pesanteur innée et intrinsèque »[3]. Le P. Castel s'emploie à le rassurer sur sa fidélité à la science mécaniste, tout en refusant de prendre pour des vérités démontrées les « hypothèses » de Descartes[4]. Quelques semaines plus tard le célèbre abbé de Saint-Pierre revient néanmoins sur la même question, mais non sans marquer à l'auteur du *Traité* une sympathie élogieuse pour l'idée la plus originale de son livre[5]. Et s'il lui reproche un certain excès d'imagination, il lui prouve son estime par un conseil qui, sous sa plume, ne cache certainement aucune malice : après ce premier essai,

1. *Ibid.*, Livre V, *L'action des Hommes dans le système de la Nature*.
2. *Journal des Savants*, 1724, p. 391, sq.
3. *Mémoires de Trévoux*, septembre 1724, pp. 1634-1638.
4. *Ibid.*, pp. 1638-43. Cf. *Ibid.*, août 1724, pp. 1486-1497.
5. *Observations générales de M. l'abbé de Saint-Pierre* sur le *Traité de la Pesanteur du P. Castel, jésuite, imprimé en 1724*, *Mémoires de Trévoux*, déc. 1724, pp. 2233-2245 : « J'aime à voir le P. Castel entreprendre de faire quelque chose de grand sur la terre et dans les cieux, même avec les simples mouvements corporels causés par la liberté des hommes, pour rompre les tendances à l'équilibre entre les forces, et par conséquent pour empêcher le repos, qui est la cessation de toutes les espèces de vies. Cette idée me plaît d'autant plus qu'il y a longtemps qu'il m'en était venu quelque chose à l'esprit ».

écrit-il en effet, son jeune confrère devrait bien suivre son exemple et consacrer son génie à la politique, science aussi sûre et beaucoup plus utile que la physique ! — Mal convaincu sans doute, mais encouragé à poursuivre le dialogue, le P. Castel ne se contente pas d'une première réponse, déjà substantielle [1]. Après avoir pris le temps de la réflexion, il revient à la charge plusieurs années après dans trois lettres successives que publient les *Mémoires de Trévoux*, adressées l'une à l'abbé de Saint-Pierre, les deux autres au chevalier Ramsay : il y affirme avec plus de netteté que précédemment son désir de réconcilier les Anciens et les Modernes. Les premiers ont eu raison selon lui de définir la pesanteur comme une tendance inhérente à la matière; les seconds n'ont pas eu tort de vouloir en expliquer les effets par une impulsion extérieure. Mais le terme de *répulsion* serait ici plus juste, car la force centrifuge s'exerce à l'intérieur des corps pesants; d'où la tendance de chacun à se dilater dans la mesure où les corps voisins le lui permettent, les plus faibles étant finalement repoussés vers la terre [2]. On voit l'analogie entre cette explication et les « petits tourbillons » de Malebranche. Mais le P. Castel se veut plus mécaniste que le plus célèbre cartésien; aussi reproche-t-il aux malebranchistes de n'avoir pas compris « que c'était à la structure des corps, et des corps élémentaires, de déterminer le mouvement primitif de la nature » [3]. Par lui-même celui-ci est indéterminé et « à chaque instant il affecte la ligne la plus droite »; mais comme en toute montre il y a des roues, il se trouve spécifié, dans l'Horloge de l'univers, par la forme particulière de ses pièces : non pas les atomes irréguliers d'Épicure mais « de petites roues sphériques armées de dents ». Cette hypothèse hasardeuse sur la structure profonde de la matière paraît à son auteur hautement probable :

« Point de figure d'ailleurs plus simple et plus primitive que la figure sphérique; point de figure plus géométrique; j'ajoute, point de figure plus mécanique, plus mobile, plus assortie aux mouvements circulaires qui entraînent toutes les parties de l'univers : point qui réponde mieux à l'idée d'une

---

1. *Mémoires de Trévoux*, février 1725, pp. 295-318.

2. *Ibid.*, décembre 1731, p. 2071 sq. ; 2084 sq ; janvier 1732, p. 57 sq. ; février 1732, p. 221 sq., *Lettre du P. Castel à M. l'abbé de Saint-Pierre sur la véritable cause primitive et insensible de la pesanteur en général et de la chute des corps en particulier.*
Selon Castel, tout le problème est résolu par ces deux propositions :
1) « Tout corps pesant placé au milieu de l'air a une structure mécanique qui le fait tendre en tous sens par une espèce de dilatation centrifuge ».
2) « Trouvant dans les corps environnants plus de résistance ou de réaction du côté du ciel que du côté de la terre, ce corps fuit le ciel et se porte vers la terre, par un mouvement centripète ».
Cf. *Ibid.*, janvier 1732, p. 62 : « Toutes choses ont leurs contraires, et c'est par des *actions antagonistes* que s'opère tout le mécanisme de l'univers. Mouvement et repos, action et réaction, *impulsion* et *répulsion* font jusqu'ici tout le jeu de la nature... »

3. *Ibid.*, novembre 1732, pp. 1850-67. *Lettre du P. Castel, jésuite, à M. le Chevalier de Ramsay pour servir d'éclaircissement au système de la pesanteur.*

montre, d'une horloge, d'une machine, à quoi on compare le monde et ses divers corps... » [1].

Le P. Castel n'a pas tout à fait tort de se présenter ici comme le continuateur de Descartes [2]; et il l'est même à deux titres différents; car si notre auteur affirme son hostilité à l'attraction newtonienne [3], le dernier texte cité montre bien quelle place tenait encore l'imagination dans la science mécaniste du XVIIIe siècle : dans le système du P. Castel comme dans la chimie de Lémery un certain effort d'abstraction géométrique n'aboutit guère qu'à ce qu'on a pu justement appeler un « mathématisme sans mathématiques », ou une « géométrie concrète » [4]. De ce point de vue son *Traité sur la pesanteur* est à peu près étranger à l'esprit des *Principes mathématiques de la philosophie naturelle*. Mais jusqu'au dernier moment le P. Castel continue à affirmer l'insuffisance d'une théorie purement mécaniste de l'univers; en 1733 il explique de nouveau quel rôle les créatures libres jouent dans la marche du monde physique [5]; et cette insistance nous rappelle l'intention philosophique qui préside à l'une des plus bizarres inventions de cet esprit fertile en chimères. L'on n'est plus tellement éloigné ici du théisme newtonien. Ne s'agit-il pas dans les deux cas d'accepter la science moderne, mais en la rendant précisément acceptable pour la piété ? Dans le cadre même du déterminisme rigide que la science suppose, le P. Castel et Newton découvrent également un principe de liberté : liberté des créatures selon le Jésuite français, liberté du Créateur d'après le savant anglais [6]. Rien sans doute dans les aimables divagations de celui que Voltaire appelait « le Don Quichotte des mathématiques » [7] ne rappelle le génie scientifique des *Principia*... de 1687. Mais au moment où va s'engager en France la lutte décisive entre les «impulsionnaires» et les « attractionnaires », le rapprochement éclaire peut-être l'un des aspects les moins étudiés de ce grand débat [8], et nous en révèle la signification métaphysique.

---

1. *Ibid.*, p. 186.
2. *Ibid.*, avril 1733, *Seconde lettre à M. le Chevalier de Ramsay*, pp. 659-671. « Ce principe porte plus loin que celui de Descartes qui voulait que tout se fît par impulsion, mais il ne le contredit pas ».
3. *Ibid.*, décembre 1731, p. 2094, et *passim*. Voir aussi son *Vrai système... de Newton*, Paris, 1743, *op. cit.*
4. P. Mouy, *Le développement de la physique cartésienne, op. cit.*, p. 144.
5. *Mémoires de Trévoux*, avril 1733, p. 671.
6. Cf. ci-dessous, Ch. III.
7. Voltaire, *Correspondance*, mars 1738, Moland, t. XXXIV, p. 440.
8. Dès 1724 le P. Castel marque nettement son désir de rivaliser avec Newton sur le plan de la science. Mais en 1737 il souligne surtout l'originalité philosophique de son système : « La main réparatrice, *manum emmendatricem*, que demande le système de Newton, écrit-il, n'est ni une main humaine ni une main capable de causer des irrégularités... » (*Seconde lettre philosophique..., op. cit.*, p. 7). Et, de fait, cette différence n'est pas fortuite. Newton et le P. Castel redoutent également les implications « spinozistes » du mécanisme cartésien ; mais tandis que le mysticisme newtonien exalte la puissance divine, le Jésuite reste fidèle aux traditions de la Société et développe le thème de la liberté humaine.

Chapitre III

IMPULSION OU ATTRACTION ?

1. — Le Dieu de Newton et celui de Voltaire.
2. — « Une nouvelle propriété de la matière ».
3. — Le front antinewtonien.
4. — Aux origines du positivisme.
5. — Finalité et nécessité : La « *Cosmologie* » de Maupertuis (1750).
6. — Newtonisme, déterminisme, naturalisme.

Chapitre III

IMPULSION OU ATTRACTION ?

Un demi-siècle après la première édition des *Principia* de Newton, l'adhésion publique de Voltaire au newtonisme est encore une cause de scandale, sinon une absolue nouveauté. En vain chercherait-on à cette longue lutte des « impulsionnaires » et des « attractionnaires » des motifs mesquins et des raisons anecdotiques : amour-propre national, incompétence ou routine. Pourquoi repousser Newton lorsqu'on accueille Locke, et bien d'autres ? La difficulté de la méthode des fluxions a pu rebuter en France certains esprits; mais les académiciens de Paris, Fontenelle, le marquis de l'Hôpital, ont su très vite distinguer en Newton le mathématicien et le physicien, et assimiler l'apport du premier en même temps qu'ils refusaient obstinément les vues du second. Enfin nous avons rappelé que le mécanisme cartésien du début du siècle n'était pas incapable d'assimiler de nouvelles découvertes. Mais précisément la théorie de la gravitation n'est pas pour un cartésien une découverte parmi d'autres : elle implique une vision de la nature et une conception de la science radicalement contraires à l'esprit mécaniste. C'est pourquoi, devant elle, la souplesse intellectuelle de Fontenelle se durcit et se fige; ne voyons pas dans cette attitude de refus quelque entêtement sénile; anticartésienne dans son principe la physique newtonienne l'est davantage encore dans l'interprétation qu'en donnent au XVIIIe siècle, et notamment en France, les continuateurs de Newton. Or c'est aux disciples plutôt qu'au maître que les cartésiens groupés autour de Fontenelle se heurtent directement.

Rejeté par l'Académie et par la plupart des savants, le newtonisme n'aurait-il pas dû trouver ailleurs des appuis ? Nulle thèse n'eût pu, semble-t-il, être plus aisément admise par le rationalisme chrétien. Ne visait-elle pas à réconcilier définitivement la raison et la foi, en définissant strictement les limites d'une explication rationnelle de l'univers ? Contre les ambitions inquiétantes du mécanisme cartésien, les défenseurs du christianisme pouvaient rencontrer dans la piété réfléchie du savant anglais une alliée aussi sûre que prestigieuse. On se prend à rêver à ce duel de géants : Newton contre Descartes, c'est-à-dire contre Spinoza... Mais l'histoire des idées n'est pas si simple ni si manichéenne. Ici encore, nous devons faire la part des déformations inévitables, distinguer newtonisme et newtonianisme, l'intention initiale d'un système et ses implications ultérieures. Pour la compréhension de ce débat essentiel — dont la signification philosophique nous retiendra plus que les aspects techniques ou les diverses phases chronologiques — la pensée véritable de Newton importe moins peut-être que les imprudences ou les incertitudes de ceux qui s'étaient chargés de la diffuser.

Inspirée par des motifs d'un ordre tout différent, l'hostilité des Jésuites français se fonde sur des raisons aussi solides que celles des savants qui veulent rester fidèles aux schémas cartésiens. En vain Voltaire espérait-il convertir à Newton ses anciens maîtres : dans sa traduction française le newtonianisme n'avait rien qui pût séduire des âmes vraiment religieuses. Comparée à celle de Newton, la religion de Voltaire manque singulièrement de chaleur. Au Dieu biblique de Newton Voltaire substitue — sans le dire — celui de Bolingbroke ou de Collins, voire le Dieu épistémologique de Fontenelle, et cela au moment où le succès de la propagande déiste inquiète légitimement les chrétiens les plus portés à composer avec le siècle... C'est ainsi que le newtonisme dresse contre lui une coalition hétéroclite, jusqu'au jour où sa victoire même aboutit paradoxalement au procès de l'idéalisme mathématicien et au renouvellement du naturalisme athée.

***

1. — *Le Dieu de Newton et celui de Voltaire*

Newton théologien, Newton savant. Il ne peut plus être question aujourd'hui de séparer arbitrairement le mathématicien des *Principia* et le commentateur de l'*Apocalypse* ; ni même de distinguer ici deux aspects, étrangers l'un à l'autre, d'une même personnalité. La pensée religieuse de Newton n'est pas seulement le couronnement de son œuvre scientifique, elle en est l'inspiratrice : les nécessités de la polémique ont pu le conduire à insister sur les bases expérimentales de son système ; ce n'est pas une raison pour mutiler et affadir celui-ci et en faire, au mépris de l'histoire et des textes, un simple positivisme ; non seulement sa physique révèle une métaphysique implicite, mais elle s'encadre dans une théologie naturelle [1].

Fortement marqué par l'influence du Cambridge's Platonism, Newton n'avait fait que suivre l'exemple de ses maîtres ou prédécesseurs, Barrow, H. More et R. Boyle : ceux-ci avaient déjà tenté d'esquiver les conséquences athées du mécanisme cartésien en recherchant dans l'univers les signes de la présence divine. Et c'est dans un état d'esprit analogue que leur disciple avait entrepris la critique du système des tourbillons : lorsque Newton oppose à la physique déductive de Descartes les données de l'expérience il obéit certes à des raisons proprement scientifiques, mais aussi à une exigence plus intime. La méthode inductive a chez lui des fondements métaphysiques et théologiques : soupçonnant la méthode cartésienne d'assujettir Dieu à une sorte de nécessité naturelle et de limiter ainsi la toute-puissance divine, Newton tient que le monde est un pur donné, rationnel sans doute — puisque traduisible en langage mathématique — mais en même temps arbitraire et accessible à la seule expérience.

En un sens le newtonisme apparaît bien comme le parachèvement du cartésianisme. Comme lui, il consacre le système de Copernic et se fonde sur le principe d'inertie ; plus efficacement que la matière subtile, l'universalité de la gravitation assure la synthèse du ciel et de la terre, de la mécanique terrestre de Galilée et de la mécanique céleste de Képler ; en même temps le mécanisme qualitatif des cartésiens reçoit du calcul

---

[1]. Dans sa *Philosophie de Newton*, Paris, 1908, ouvrage utile par ailleurs, Léon Bloch annexe abusivement Newton au positivisme. L'étude essentielle est ici celle d'Edwin-Arthur BURTT, *The Metaphysics of sir Isaac Newton...*, Londres, 1925, *op. cit.* ; nous lui emprunterons la substance des pages qui suivent.

infinitésimal la précision mathématique qui lui manquait; à la vague
image des tourbillons est substituée la notion numérique de la masse,
rapport constant entre la force agissant sur un point matériel et l'accélération qu'elle lui communique : nouveau progrès dans l'abstraction
libératrice, la nature n'est plus qu'un ensemble de masses, mues dans
l'espace et le temps selon des lois mathématiques. On comprend que
Newton ait été célébré plus tard par Laplace comme le tenant du plus
absolu mécanisme.

Interprétation en partie fondée, mais précisément trop partielle pour
n'être pas déformante. En réalité la vision du monde dans laquelle s'insère la théorie de la gravitation universelle n'est rien moins que cartésienne. Newton insiste en effet sur l'insuffisance de toute explication
mécaniste de la nature. Pour lui l'attraction ne relève pas de la mécanique,
puisque relative non pas à la surface des corps, comme l'aurait voulu un
mécanisme géométrique, mais à leur quantité de matière, celle-ci étant
abstraitement conçue comme ramassée au centre de chacun d'eux. Il est
vrai que Newton n'est pas plus disposé que Descartes à admettre la possibilité physique d'une action à distance : à son avis l'attraction s'explique
soit par une intervention directe de Dieu, soit par la médiation de l'éther.
Mais cette dernière hypothèse ne constitue pas un retour inavoué à la
matière subtile des cartésiens; à la suite de Henri More, Newton est tenté
de définir l'éther comme une substance spirituelle, et s'il s'abstient finalement de se prononcer sur sa nature, il ne craint pas d'affirmer que l'éther
contient les « principes actifs » qui sont nécessaires, selon lui, à la marche
de l'univers. C'est là un point fondamental de divergence entre Newton
et Descartes. Le monde de Newton n'est pas régi par le principe de la
conservation de l'énergie, préfiguré au contraire dans le système de
Descartes par le principe de la conservation du mouvement. La dureté
des atomes qui se heurtent dans le vide newtonien fait que la quantité
globale de mouvement ne cesse de diminuer dans l'univers. Abandonnée
à elle-même, la nature tendrait donc irrésistiblement au repos et à la
mort.

De là le double rôle que la physique de Newton reconnaît à Dieu,
à la fois ordonnateur et conservateur. Les « simples lois de la nature »
n'auraient pu « tirer le monde du chaos », pourquoi surtout auraient-
elles produit ce monde-ci plutôt que tout autre ? Loin d'être nécessaire,
l'ordre actuel de l'univers n'est qu'un arrangement particulier de la
matière, choisi parmi bien des possibles : pourquoi cette formule mathématique de la gravitation plutôt qu'une autre ? pourquoi les planètes
décrivent-elles des ellipses et non des cercles ? pourquoi se meuvent-elles
toutes dans le même sens et dans des orbes concentriques ? La libre
volonté du Créateur l'a voulu ainsi, répond Newton; bien plus, sa toute-
puissance est seule en mesure d'assurer le maintien du bel ordre que
nous admirons : de l'action mutuelle des comètes et des planètes naissent

des irrégularités « qui sont sujettes à augmenter jusqu'à ce que ce Système ait besoin d'être reformé » [1]. En dernière analyse, c'est Dieu qui rétablit périodiquement l'ordre ainsi troublé, de même qu'il empêche la chute des étoiles fixes et assure, par l'intermédiaire des « principes actifs » de l'éther, le renouvellement du mouvement.

Le Dieu de Newton n'est donc pas seulement un lointain et abstrait Premier Moteur; dans l'espace et le temps absolus qui sont ses attributs, il est omniscient et omniprésent, et tient l'univers sous sa constante et toute puissante domination : « *Deus enim sine dominio, providentia et causis finalibus nihil aliud est quam Fatum et Natura* » [2]. Pour Newton le monde est plein de Dieu.

Ccmment étudier le développement de la science newtonienne sans tenir compte du caractère profondément religieux dont elle est marquée au départ ? Dès les dernières années du xviie siècle la renommée de Newton en Angleterre n'est pas seulement celle d'un savant prestigieux; c'est dans un climat de piété fervente que le newtonisme se répand outre-Manche. Apologistes anglicans, prédicateurs de la Fondation Boyle s'emploient à tirer parti des arguments que Newton leur fournit, et cela sans trop s'inquiéter des tendances du maître à l'hétérodoxie [3]. Leur exemple ne tarde pas à être imité sur le continent. En 1715 un médecin et mathématicien hollandais, Bernard Nieuwentyt, entreprend de démontrer l'existence de Dieu par les merveilles de la nature... Dessein aussi banal que louable et qui ne mériterait guère de retenir notre attention si Nieuwentyt se bornait à calculer la proportion que le Créateur entretient entre les individus des deux sexes : « Démonstration mathématique, dit-il, qui prouve que le monde n'est pas gouverné par le hasard » [4]. Mais notre auteur ne se contente pas de ce providentialisme naïf auquel Fénelon se complaît à la même époque. A côté de curieuses survivances comme la croyance à la solidité du ciel des étoiles, on rencontre en effet dans le livre de Nieuwentyt des thèmes plus actuels qui viennent directement de Newton. Si tous les corps pèsent les uns sur les autres, si les planètes se meuvent dans un même plan, si leur mouvement est circulaire et non rectiligne, ce n'est pas en vertu d'une prétendue nécessité naturelle mais tout simplement, pense Nieuwentyt, parce que Dieu l'a voulu ainsi. A quoi bon chercher les raisons de phénomènes d'autant plus dignes de la grandeur divine qu'ils nous sont proprement incompréhensibles ? A quoi bon ergoter sur ce qui relève uniquement du bon plaisir divin ?

---

1. *Traité d'Optique*, trad. P. Coste, *op. cit., Question XXXI.* Cf. *ibid., Question XXVIII.*
2. *Philosophiae naturalis principia mathematica*, seconde édition, Amsterdam, 1714, *Scholium generale*, p. 481.
3. Voir H. METZGER, *Attraction universelle et religion naturelle chez quelques commentateurs anglais de Newton*, Paris, 1938.
4. NIEUWENTYT, *L'existence de Dieu démontrée par les merveilles de la nature...*, trad. française, Paris, 1725, Première partie, Ch. XV, p. 199.

« Pour couper court à toutes ces chicanes, on peut prouver par la propriété des courbes, selon lesquelles les planètes se meuvent, qu'il faut qu'il y ait un Être tout-puissant qui règle les routes qu'elles doivent tenir, et qu'il est impossible qu'aucune matière puisse les entraîner en se mouvant circulairement »[1].

Révélé au public français dès 1716 par l'extrait critique qu'en donnent les *Nouvelles de la République des Lettres*, l'ouvrage de Nieuwentyt est traduit en 1725 par le médecin Noguès, d'après une version anglaise; il sera réédité en 1760 et sa réputation traversera le siècle pour parvenir jusqu'à Chateaubriand[2].

Ce n'est donc pas Voltaire qui a le premier découvert à ses concitoyens le parti qu'on pouvait tirer du newtonisme en faveur de la religion naturelle, voire de la religion révélée. Certains textes de Newton sont accessibles en français dès 1720 lorsque P. Coste donne sa traduction de l'*Optique*. La même année P. Desmaizeaux publie à Amsterdam, en français, les pièces de la controverse Clarke-Leibniz[3]. Or derrière Clarke, son fidèle interprète, se profile la silhouette de Newton et le moindre intérêt de ces lettres n'est pas de faire se heurter ainsi les deux plus grands esprits du temps. Encore est-il juste de noter que la personnalité de Samuel Clarke n'est pas trop manifestement inférieure à celle de ces deux géants. Son influence personnelle est considérable en Angleterre, et son grand ouvrage d'apologétique, traduit à Amsterdam en 1717, aura une nouvelle édition française dix ans plus tard[4]. Les théologiens français le citent ou le discutent avec déférence, et Voltaire saura l'utiliser, parallèlement à l'œuvre même de Newton.

Nous disposons d'autres témoignages sur l'intérêt que suscite le théisme newtonien dans le premier tiers du siècle. En 1727, dans une curieuse page des *Voyages de Cyrus*, Ramsay entreprend d'accorder deux notions que la plupart de ses contemporains jugeaient incompatibles : « Il est possible, dit-il, de concilier l'attraction de M. Newton avec la matière éthérée; c'est pour cela que j'ai mis le premier système dans mon édition anglaise et le second dans celle-ci; *sed non est hic locus* »[5]. Bel éclectisme de la part d'un homme qui, nous l'avons vu, reste à bien des égards aussi cartésien que son maître Fénelon ! Mais la « matière éthérée » dont il est question ici apparaît au total assez peu matérielle et l'on sent derrière cette idée le « *spirit of Nature* » de H. More et l'équivoque « éther »

---

1. *Ibid.*, Seconde partie, Ch. I, p. 495.
2. Cf. *Mémoires de Trévoux*, avril 1726 ; CHATEAUBRIAND, *Génie du Christianisme*, Première partie, Livre V.
3. Voir ci-dessous, Ch. III, 3.
4. *De l'existence et des attributs de Dieu...*, *op. cit.*, seconde édition, Amsterdam, 1727-28.
5. *Les voyages de Cyrus*, *op. cit.*, Livre II, pp. 110-111. Sur l'essai de syncrétisme religieux tenté par Ramsay, voir ci-dessous, Ch. VII, 2.

newtonien, autant et plus que la matière subtile de Descartes ; ainsi les lois qui la régissent ne sont pas les simples lois du mouvement :

« Cette matière invisible n'agit pas selon les lois nécessaires d'une mécanique aveugle ; elle est le *corps* du grand Oromaze, dont l'âme est la vérité. Toujours présent à son ouvrage, il donne sans cesse aux corps et aux esprits toutes leurs formes et tous leurs mouvements. Les Grecs appellent cette action du premier moteur la *force unitive de la nature,* à cause qu'elle unit par son attrait infini toutes les parties de l'univers. Nos idées sont les mêmes quoique nos expressions soient différentes ».

Quant à la « doctrine de l'attraction », précise encore Ramsay, elle « ressemble à celle d'Empédocle qui croyait que tous les différents phénomènes de l'univers venaient de l'amour et de la haine ». Cette interprétation animiste de l'attraction newtonienne n'était certes pas faite pour désarmer les répugnances de Fontenelle et des Académiciens de Paris. Elle montre cependant que pour un esprit comme celui de Ramsay, plus soucieux d'universalisme religieux que de rigueur intellectuelle, il n'y avait pas d'opposition irréductible entre la théologie newtonienne et le courant cause-finalier dont nous savons la dette à l'égard du mécanisme cartésien. Rien d'étonnant par conséquent à ce que ces deux courants de pensée, si différents dans leurs origines épistémologiques, finissent par se rejoindre dans un même désir de concilier les conquêtes de la science et les exigences de la foi.

Entre les deux traités apologétiques de Fénelon et de Nieuwentyt il existe d'évidentes affinités : parenté nullement fortuite, s'il est vrai que Fénelon avait pu connaître, grâce à Ramsay, les idées du médecin hollandais avant que sa propre *Démonstration* ne vînt en retour fortifier le dessein de son inspirateur [1]. Autre rencontre significative : celle du *Spectacle de la Nature* de l'abbé Pluche et de la *Théologie physique* de l'anglais Derham, ouvrages dont les *Mémoires de Trévoux* soulignent l'analogie en 1733 [2]. Plus souvent porté à un lyrisme aimable qu'à des raisonnements rigoureux, W. Derham a beau invoquer l'autorité de Newton, son finalisme s'appuie surtout sur les évidences du sens commun, et son newtonisme n'est pas ici beaucoup plus profond que le cartésianisme de son confrère du continent ; chez l'un comme chez l'autre, les notions empruntées aux systèmes dominants de leur époque attestent certes l'influence de ceux-ci sur les esprits les moins préoccupés de rigueur scientifique, mais elles servent surtout à parer d'un vernis moderne les thèmes de prédication chrétienne les plus anciennement adaptés à la

---

1. Cf. A. CHÉREL, *Fénelon au XVIII⁰ siècle en France,* Paris, 1918, pp. 258-260.
2. W. DERHAM, *Théologie physique, ou démonstration de l'existence de Dieu tirée des œuvres de la Création...,* trad. française de J. Lufneu, Rotterdam, 1726. (Rééditée en 1729 et 1732 ; nouvelle traduction par Élie Bertrand en 1760.) Cf. *Mémoires de Trévoux,* mars 1733, p. 383 sq. Le livre est le recueil des seize sermons prononcés par l'auteur dans le cadre des *Boyle's Lectures* en 1711 et 1712.

sensibilité populaire. Aussi est-ce malgré son newtonisme plutôt qu'à cause de lui que le journalisme jésuite fait l'éloge de Derham ; et à considérer le nombre des éditions de chacun des deux livres, il semble que les arguments un peu faciles et naïfs de la *Théologie physique* aient eu plus de succès en France que les savants développements d'un autre ouvrage de Derham, la *Théologie astronomique*, où l'influence newtonienne se trouvait beaucoup plus fermement marquée [1].

Cette réserve importante doit nous empêcher de surestimer le rôle qu'a pu jouer durant cette période dans l'apologétique française le fonds le plus original du théisme newtonien. Mais si, dans leur incompréhension du système de Newton, beaucoup n'en ont voulu retenir que les implications théologiques les plus banales et les plus traditionnelles, il est au moins un auteur qui, après Ramsay et à la même époque que Voltaire, semble avoir entrevu le parti qu'on pouvait tirer d'un système si méconnu par la plupart de ses concitoyens. En 1733, dans son désir de réhabiliter la science médicale aux yeux des croyants, le pieux Hecquet ne dédaigne par l'argument du caractère incompréhensible de l'attraction : lorsque la physique mathématique la plus savante impose ainsi l'idée de la toute-puissance divine, pourquoi, interroge-t-il, en irait-il autrement de la science du corps humain [2] ?

C'est cependant à Voltaire que devait revenir le rôle essentiel dans la diffusion de la théologie newtonienne en France. Grâce à l'étude pénétrante de R. Pomeau [3] nous savons désormais découvrir derrière le masque sardonique du patriarche de Ferney l'inquiétude religieuse qui a été, sa vie durant, une constante de sa sensibilité et de son intelligence critique. En 1732, après avoir pris connaissance du *Discours sur les différentes figures des astres*, Voltaire fait respectueusement appel à la compétence scientifique de Maupertuis, son cadet de quatre ans :

« J'attends votre réponse pour savoir si je dois croire ou non à l'attraction. Ma foi dépendra de vous, et, si je suis persuadé de la vérité de ce système comme je le suis de votre mérite, je suis assurément le plus ferme newtonien du monde » [4].

1. *Théologie astronomique...*, traduite de l'anglais sur la cinquième édition, Paris, 1729. Il s'agit également d'un recueil de sermons, mais d'une inspiration moins banale. Voir, par exemple, le Livre VI, *De l'attraction ou gravité du globe terrestre et des autres globes*.

2. Ph. HECQUET, *La Médecine théologique...*, op. cit., Seconde partie. L'idée est peut-être empruntée à DERHAM (*Théologie astronomique*, op. cit., p. 134).Mais depuis 1732, grâce à Maupertuis, la controverse sur l'attraction était passée en France au premier plan de l'actualité scientifique.

3. Cf. R. POMEAU, *La Religion de Voltaire*, Paris, 1956.

4. A Maupertuis, 30 octobre 1732, Moland, XXXIII, p. 298.

Quelques jours plus tard c'est une adhésion enthousiaste où l'ironie du mondain ne parvient pas à cacher le zèle du néophyte : « Votre première lettre m'a baptisé dans la religion newtonienne; votre seconde m'a donné la confirmation... »[1]. Toute la sensibilité voltairienne, si prompte à se railler elle-même pour mieux échapper au ridicule, s'exprime dans cette aimable parodie; mais le lecteur attentif ne s'y trompe pas : il s'agit bien d'une conversion. Voltaire a besoin que Newton ait raison : pour lui le newtonisme n'est pas un système scientifique parmi d'autres, simple objet de curiosité abstraite, mais véritablement une *religion*. Il n'est pas douteux, au demeurant, qu'il l'ait d'abord connu sous cet aspect.

Au cours de son exil à Londres, si fécond à tous égards, Voltaire n'avait pu rencontrer le maître, alors moribond, mais le docteur Clarke lui avait accordé en janvier ou février 1727 plusieurs entretiens[2]. Quelques années plus tard les quinzième, seizième et dix-septième *Lettres philosophiques* s'inspirent non seulement de l'*Éloge de Newton* prononcé par Fontenelle en 1727 mais aussi du livre de Pemberton, *View of Sir Isaac Newton's philosophy* (1728) : or, comme le remarque M. R. Pomeau, l'attention de Voltaire avait dû être attirée d'abord par le poème liminaire et la conclusion générale de ce dernier traité, précisément consacrés à la métaphysique de Newton.

Il faut sans doute reconnaître que dans le célèbre parallèle entre Newton et Descartes que dressent en 1734 les *Lettres philosophiques* le point de vue métaphysique et téléologique occupe une place fort réduite. La quinzième lettre se termine bien sur une réflexion que Newton n'aurait pu désavouer (si l'expérience révèle l'existence de l'attraction comme cause de certains effets, « la cause de cette cause est entre les mains de Dieu ») mais de toute évidence l'accent y est mis beaucoup moins sur l'origine divine de l'attraction que sur son caractère mystérieux et sans doute inconnaissable; comme l'indique le contexte, l'intention de Voltaire n'est nullement d'élever l'esprit de son lecteur français (c'est-à-dire peu ou prou cartésien) jusqu'à la contemplation de l'action présente de Dieu dans l'univers, mais tout simplement de l'amener à concevoir qu'une cause cachée n'est pas forcément une « qualité occulte ». C'est peut-être le même désir de désarmer l'hostilité des cartésiens qui conduit notre

---

1. A Maupertuis, 8 novembre 1732, *ibid.*, p. 302. A rapprocher de la réserve dont Voltaire faisait encore preuve deux ans plus tôt dans une note ajoutée en 1730 au chant VII de la *Henriade* : « Que l'on admette ou non l'attraction de M. Newton... » (Moland, VII, p. 170).

2. Cf. R. POMEAU, *op. cit.*, pp. 187-188. Ces entretiens sont évoqués au début des *Éléments de la Philosophie de Newton* (édition définitive), au prix d'une légère erreur de date : « Je me souviens que dans plusieurs conférences que j'eus en 1726 avec le Dr Clarke, jamais ce philosophe ne prononçait le nom de Dieu qu'avec un air de recueillement et de respect très remarquable. Je lui avouai l'impression que cela faisait sur moi, et il me dit que c'était de Newton qu'il avait pris insensiblement cette coutume, laquelle doit être en effet celle de tous les hommes ». (Moland, t. XXII, p. 403. Voir aussi XXIV, p. 570 et XXIII, p. 194).

philosophe à insister, à la différence de Newton, non plus sur le caractère
paramécanique de l'attraction mais sur la régularité de ses effets [1].

Mais l'année même de la publication des *Lettres philosophiques* en
France, Voltaire achève la première rédaction de son *Traité de Métaphysique* qui atteste sa volonté d'échapper aux conséquences athées d'un
mécanisme outrancier. C'est un examen méthodique des arguments de
l'athéisme, auxquels le philosophe de Cirey oppose des raisonnements
empruntés à la fois à Locke et à Clarke [2]. Si Voltaire note l'insuffisance de
la preuve par les causes finales, qui ne démontre ni la création *ex nihilo*
ni l'infinité de Dieu, il persiste à la croire plus efficace que toutes les
« subtilités métaphysiques ». D'où son hostilité constante à la philosophie
religieuse de Leibniz, à partir du moment où elle lui est révélée en 1736
par une série de lettres de Frédéric II qui lui fait connaître la *Métaphysique*
de Wolff [3]. C'est autant pour son royal correspondant que pour Émilie,
devenue elle aussi leibnizienne, qu'il écrit la *Métaphysique de Newton* et
les *Éléments* [4]. Car l'attitude de Voltaire face à Leibniz n'est pas un simple
positivisme sceptique. Au Dieu du métaphysicien allemand, enchaîné
par le principe de raison suffisante, il oppose la liberté du Dieu de Newton : ce Dieu qui,

> « infiniment libre comme infiniment puissant, a fait beaucoup de choses
> qui n'ont d'autre raison de leur existence que sa seule volonté » [5].

Ce langage newtonien se retrouve dans la précision minutieuse avec
laquelle l'auteur des *Éléments de la Philosophie de Newton* analyse la « métaphysique » de son maître. La liberté de la création n'est-elle pas prouvée
par l'arbitraire même qui préside à l'ordre si régulier des mouvements
célestes ? Le fait « que les planètes se meuvent d'occident en orient, plutôt
qu'autrement » n'a pas d'autre raison que la volonté du Créateur; de
même pour le nombre des animaux, des étoiles et des mondes [6] : argument avancé par Clarke qui l'avait emprunté à Newton. Mais le Dieu

---

1. *Lettres philosophiques*, XV (édition R. Naves, Paris, 1951, p. 86). La « force centrale » découverte et mesurée par Newton « agit d'un bout de l'univers à l'autre (...) »
suivant les lois immuables de la mécanique ».

2. Cf. R. POMEAU, *op. cit.*, p. 191 sq. et VOLTAIRE, *Traité de Métaphysique*, édit.
H. Temple Patterson, Manchester, 1937 (Moland, XXII, pp. 189-231).

3. Cf. W.H. BARBER, *Leibniz in France from Arnauld to Voltaire*, Oxford, 1955,
Troisième partie, p. 179.

4. Le chapitre de métaphysique qui devait conclure l'édition de 1738 avait été supprimé sur la demande du Chancelier d'Aguesseau, transmise par Mᵐᵉ du Châtelet (*Correspondance de Mᵐᵉ du Châtelet*, édition Asse, pp. 196 et 382. Cf. R. POMEAU, *op. cit.*,
p. 186). Il devint en 1740 la *Métaphysique de Newton*, intégrée en 1741 à la première
édition correcte des *Éléments* (Première partie). Voir aussi l'*Exposition du Livre des Institutions de Physique, dans laquelle on examine les idées de Leibniz*, 1740 (Moland, t. XXIII,
pp. 129-146).

5. *Métaphysique de Newton*, Moland, XXII, p. 411.

6. *Op. cit.*, (édit. 1741), Première partie, Ch. III (Moland, XXII, p. 411).

newtonien est aussi le conservateur de cet univers qu'il a créé « souverainement » : Voltaire ne manque pas de résumer la controverse entre Clarke et Leibniz sur l'espace et la durée et de développer le thème de l'omniprésence divine dans un espace et un temps absolus [1]. L'affirmation de l'existence du vide n'est donc pas pour lui une simple nécessité scientifique, elle a aussi une signification religieuse; le monde matériel, étroitement borné, est perdu dans le vide infini comme les créatures dans l'immensité divine. Dès le premier chapitre Voltaire suit l'exemple de ses maîtres Jésuites en dénonçant les implications spinozistes de la physique cartésienne. Certes, c'est une « calomnie horrible » que d'accuser Descartes d'athéisme; mais son système a produit celui de Spinoza; au contraire, on ne peut citer aucun newtonien qui ne soit théiste :

« Dès que l'on s'est persuadé avec Descartes, qu'il est impossible que le monde soit fini, que le mouvement est toujours dans la même quantité; dès qu'on ose dire : Donnez-moi du mouvement et de la matière, et je vais faire un monde; alors il le faut avouer, ces idées semblent exclure, par des conséquences trop justes, l'idée d'un être seul infini, seul auteur du mouvement, seul auteur de l'organisation des substances » [2].

Mais, poursuit Voltaire, si le principe cartésien de la conservation du mouvement conduit à l'athéisme, rien n'autorise les leibniziens à lui substituer la conservation de la force vive. Le mouvement et la force ne sont-ils pas proportionnels l'un à l'autre, comme l'a montré Newton ? L'existence de corps parfaitement durs rend impossible aussi bien la conservation de mv^2 que celle de mv : « A cause de la ténacité des fluides et du peu d'élasticité des solides, il se perd beaucoup plus de mouvement qu'il n'en renaît dans la nature » [3]. L'horloge s'arrêterait donc si l'horloger ne la remontait de temps à autre : telle était la conclusion de Newton, et le lecteur s'attend à voir Voltaire la reprendre. Pourtant le raisonnement tourne court. Nulle mention ici de l'action vigilante d'un Dieu-Ingénieur, attentif à réparer les défaillances de sa machine. Étonnante omission pour un dogme aussi essentiel : même dans la « religion newtonienne », la théologie de Voltaire sent un peu le fagot.

Le thème cher à Newton de la *manus emendatrix* est bien évoqué en quelques lignes dans un autre passage. Leibniz voit dans l'univers newtonien « une fort mauvaise machine, qui a besoin d'être décrassée. » Voltaire relève ainsi l'accusation :

« Ce reproche est fondé sur ce que Newton dit qu'avec le temps les mouvements diminueront, les irrégularités des planètes augmenteront, et l'univers périra, ou sera remis en ordre par son auteur.

---

1. *Ibid.*, Ch. II.
2. *Ibid.*, Ch. I, p. 404.
3. *Ibid.*, Ch. IX, p. 436.

Il est trop clair par l'expérience, que Dieu a fait des machines pour être détruites. Nous sommes l'ouvrage de sa sagesse, et nous périssons; pourquoi n'en serait-il pas de même du monde ? Leibniz veut que le monde soit parfait; mais si Dieu ne l'a formé que pour durer un certain temps, sa perfection consiste alors à ne durer que jusqu'à l'instant fixé pour sa dissolution » [1].

Langage parfaitement chrétien : l'éternité n'appartient qu'à Dieu et ce monde doit avoir une fin, comme il a eu un commencement. Mais texte aussi peu newtonien que possible : ni Newton ni aucun de ses commentateurs anglais n'avaient songé à conclure de cette conception de la nature à la finitude du monde dans le temps. Des deux hypothèses qu'envisage ici Voltaire, la disparition de l'univers ou sa remise en ordre par Dieu, seule la seconde était conforme à la lettre et à l'esprit de la théologie newtonienne. C'est pourtant la première qui a visiblement les préférences de notre auteur. L'accent n'est pas mis sur la présence secourable de Dieu et sur les interventions de la Providence dans la marche du monde physique mais sur l'infinie distance qui sépare, dans l'ordre de la perfection, le Créateur et sa création.

Rien, d'autre part, dans ces chapitres un peu secs et scolaires, ne rappelle l'enthousiaste ardeur de Newton à multiplier les preuves de l'action constante et actuelle de Dieu, dans l'univers. Les pages les plus fidèles à la pensée du maître semblent émaner d'un élève un peu laborieusement appliqué; celles qui traitent du problème du mal et de la morale naturelle sont assurément beaucoup plus vivantes, et d'un accent plus personnel que cet exposé de métaphysique abstraite. De telles impressions sont évidemment trop fugitives et discutables pour constituer des preuves, mais est-il possible de les négliger lorsqu'elles confirment l'étude détaillée des thèmes développés ? Il est juste de souligner les sources religieuses de l'intérêt porté par Voltaire à Newton : mais est-il sûr que Voltaire n'a pas tiré Newton à lui plus qu'il ne lui a été fidèle ? L'exemple du « spinozisme », entre autres, prouve que l'histoire d'une grande pensée va rarement sans de telles déviations. Dire que Voltaire est newtonien ne suffit pas, il convient de s'interroger sur la portée et les limites de son newtonisme.

Or ces limites sont évidentes. On a montré quelles résonances éveille dans la sensibilité de Voltaire la vision newtonienne des mondes perdus dans le vide infini de l'espace; ce sont les thèmes de *Micromégas* — le « petit amas de boue »... l'*homme-insecte* et les voyages interplanétaires [2] — mais ne sont-ils pas plus voltairiens que newtoniens ? L'accent en tout cas n'est pas le même. Voltaire insiste sur l'insignifiance humaine, Newton sur l'immensité divine. M. Pomeau le note au passage :

---

1. *Ibid.*, Ch. V, p. 419.
2. L'expression soulignée est de P. POMEAU, *La Religion de Voltaire, op. cit.*, p. 207.

« On ne prétend certes pas que Voltaire a vécu dans le mysticisme. L'ivresse cosmique n'est pas un état. Dieu est pour Voltaire l'objet d'élans intermittents, et peut-être très rares. Le Dieu voltairien est le Dieu des philosophes rajeuni par la théologie newtonienne, cet ancien Dieu stoïcien, esprit pur et souverain, mais fort lointain et assez froid... »[1].

Le Dieu de Newton est à la fois très lointain et très proche : non seulement un être infini, tout-puissant, éternel et créateur « mais un maître qui a mis une relation entre lui et ses créatures ». C'est Voltaire qui nous le rappelle[2]; mais quelques pages plus loin l'examen du problèmes du mal le conduit à insister sur l'obscurité de cette relation : « La philosophie nous montre bien qu'il y a un Dieu; mais elle est impuissante à nous apprendre ce qu'il est, ce qu'il fait, comment et pourquoi il le fait... »[3]. Visiblement le grand vulgarisateur du newtonisme en France reste trop cartésien pour faire sienne sans réticences l'idée d'un *dominium* de Dieu sur la nature physique[4]. Contraint de suivre Newton pas à pas lorsqu'il présente en 1740 un exposé détaillé de sa doctrine, il n'a cependant jamais assimilé réellement l'aspect le plus original de celle-ci; le silence de sa correspondance est à cet égard très révélateur.

En 1735, après l'orage soulevé par la publication des *Lettres philosophiques*, Voltaire adresse trois lettres successives au P. Tournemine dans l'espoir de rendre les Jésuites favorables à Newton : n'ont-ils pas avec lui un ennemi commun, l'athéisme spinoziste ? Belle occasion de démontrer comment le newtonisme laisse le monde dans une constante dépendance à l'égard de la Divinité... Et pourtant Voltaire se contente d'un argument aussi banal qu'ambigu : « Toute la philosophie de Newton suppose nécessairement un premier Moteur »[5]. N'était-ce pas encourir les mêmes reproches que la physique cartésienne, accusée depuis Pascal de ne demander à Dieu qu'une « chiquenaude » initiale ? Le langage de Voltaire apparaît au moins bien vague et sa sécheresse même nous incite à nous demander s'il n'est pas spontanément enclin à admirer la toute-puissance de Dieu dans la rigidité mathématique des lois naturelles plutôt que dans leur radicale contingence. Il lui arrive même, dans l'ardeur d'une profession de foi déterministe, de nier tout simplement celle-ci : « Plus j'entrevois cette philosophie, et plus je l'admire. On trouve, à chaque pas que l'on fait, que cet univers est arrangé par des lois mathématiques *qui sont éternelles et nécessaires* »[6]. Loin de remettre en cause la

---

1. *Ibid.*, p. 215.
2. *Éléments...*, Ch. I, *loc. cit.*, p. 403.
3. *Ibid.*, p. 407.
4. Il en va de même dans le monde moral, où l'universalité de la *loi naturelle* préserve l'homme de l'arbitraire divin. M. Pomeau remarque justement (*op. cit.*, pp. 216-220) que Voltaire recule ici devant les conséquences de son théocentrisme.
5. Moland, XXXIII, p. 567.
6. A Maupertuis, 3 novembre 1732, Moland, XXXIII, p. 299. C'est nous qui soulignons.

vision mécaniste du monde, l'influence de Newton contribue alors à fortifier l'idée de loi physique en lui conférant la précision quantitative qu'elle n'avait pas encore vraiment acquise dans le mécanisme cartésien. Mais que reste-t-il de la théologie newtonienne ? Malgré l'évidente sincérité de la « religion de Voltaire », reconnaissons qu'elle semble parfois bien fade à côté de la foi profonde de Newton. Le théisme mystique de celui-ci devient à Cirey un déisme agnostique. D'un côté le Dieu des chrétiens, si hétérodoxe qu'ait pu être la piété de Newton; de l'autre, le Dieu des géomètres, un Dieu abstrait et lointain qui règne mais ne gouverne pas, peu différent au fond de celui de Fontenelle, même si la sensibilité religieuse de Voltaire est infiniment plus riche que le cœur un peu sec du spirituel auteur des *Mondes*.

Certes, devant l'argument téléologique, Voltaire n'a pas les réticences de Fontenelle : il ne se sent nullement gêné par le caractère populaire d'une preuve qui, « à force d'être sensible, en est presque méprisée par quelques philosophes »[1]. Mais l'attachement qu'il lui garde ne suffit pas à prouver l'orthodoxie de son newtonisme. Le nom et le prestige de Newton servent simplement de caution à un courant de pensée bien antérieur à toute influence de la science anglaise et qui, même après 1740, conserve son autonomie. Ainsi dans la *Théologie de l'eau*, de J. A. Fabricius[2] ou la *Théologie des insectes*, de Lesser[3]. En 1746 c'est encore le même argument qui soutient le déisme des *Pensées philosophiques* du jeune Diderot :

> « Ce n'est pas de la main du métaphysicien que sont partis les grands coups que l'athéisme a reçus. Les méditations sublimes de Malebranche et de Descartes étaient moins propres à ébranler le matérialisme qu'une observation de Malpighi. Si cette dangereuse hypothèse chancelle de nos jours, c'est à la physique expérimentale que l'honneur en est dû. Ce n'est que dans les ouvrages de Newton, de Muschenbroek, d'Hartsoeker, de Nieuwentit qu'on a trouvé des preuves satisfaisantes de l'existence d'un être souverainement intelligent. Grâce aux travaux de ces grands hommes le Monde n'est plus un Dieu, c'est une machine qui a ses roues, ses cordes, ses poulies, ses ressorts et ses poids »[4].

Plus encore que chez Voltaire on voit nettement ici comment le Maître souverain de l'univers newtonien tend à redevenir simplement le Dieu-horloger du mécanisme français.

---

1. Moland, XXII, p. 404.
2. J.A. FABRICIUS, *Théologie de l'Eau*, traduite de l'allemand, La Haye, 1741 (L'édition allemande est de 1734).
3. LESSER, *Théologie des Insectes*..., La Haye, 1742 et Paris, 1745 (Le texte allemand est de 1740).
4. DIDEROT, *Pensées philosophiques*, XVIII.

2. — « *Une nouvelle propriété de la matière* »

Tandis que, transplanté en France, le théisme newtonien s'affadit en un pâle déisme, la physique newtonienne subit un gauchissement d'un autre ordre. Car les mêmes exégètes français de Newton qui insistent ainsi sur l'aspect le plus rigoureusement mécaniste de sa pensée n'en interprètent pas moins, parallèlement, le principe de l'attraction universelle d'une façon qui remet en cause les bases mêmes de la science mécaniste. Lorsque Newton avait affirmé l'universalité de la gravitation, il avait pourtant bien pris soin de la présenter comme un simple fait expérimental dont la cause, mécanique ou surnaturelle, restait inconnue : en ce sens l'attraction était à ses yeux une qualité des corps au même titre que l'étendue ou l'impénétrabilité; mais c'était là le point de vue du géomètre, non celui du physicien, et celui-ci précisait bien qu'il n'était pas question pour lui d'expliquer le phénomène de la gravitation par quelque pouvoir ou force interne des corps [1]. Or dans sa préface à la seconde édition des *Principia* (1714) son disciple R. Côtes n'hésite pas à présenter l'attraction comme une propriété primitive de la matière. Le même parti pris substantialiste se retrouve chez des auteurs anglais comme Keill et Pemberton, et surtout dans les milieux scientifiques hollandais, très tôt gagnés aux idées anglaises et qui vont jouer au début du XVIIIᵉ siècle un rôle essentiel dans leur diffusion sur le continent [2]. En 1720-1721 s'Gravesande publie à Leyde ses *Physices elementa mathematica confirmata ;* l'ouvrage ne sera traduit en français que vingt-cinq ans plus tard, mais le compte rendu acerbe que le P. Castel donne en 1721 de son édition latine prouve qu'elle avait été connue en France presque aussitôt [3]. Pour s'Gravesande la pesanteur universelle est une « loi de la nature » au même titre que, par exemple, la loi d'inertie; propriété essentielle de la

---

1. Voir au Livre III des *Principia* (traduction de Mᵐᵉ du Châtelet, Paris, 1759, t. II, p. 4) cette mise au point très nette : « Cependant, je n'affirme point que la gravité soit essentielle aux corps. Et je n'entends par la force qui réside dans les corps que la seule force d'inertie, laquelle est immuable ; au lieu que la gravité diminue lorsqu'on s'éloigne de la terre ».

2. KEILL, *Introductio ad veram astronomiam*, Oxford, 1718 ; PEMBERTON, *View of sir Isaac Newton philosophy*, 1728, *op. cit.*. Cf. MONTUCLA, *Histoire des mathématiques*, Paris, 1758, t. II, Quatrième partie, Livre VIII, pp. 545-551 ; et P. BRUNET, *Les physiciens hollandais et la méthode expérimentale en France au XVIIIᵉ siècle*, Paris, 1926.

3. *Physices elementa mathematica confirmata, sive introductio ad philosophiam newtonianam*, 2 vol., Leyde, 1720-21. Cf. *Mémoires de Trévoux*, mai 1721, p. 823 sq. La première traduction est celle d'Élie de Joncourt (Leyde, 1746), suivi presque aussitôt par Roland de Virloys (Paris, 1747).

matière ? ou bien donnée aux corps par surcroît, indépendamment de leur essence, au moment de la Création ? Sur ce point, dit s'Gravesande, l'hésitation est permise. Ce qui, en revanche, est certain, c'est l'impossibilité de déduire l'attraction d'aucune autre loi connue, donc de lui assigner une cause mécanique [1].

Pourquoi, dans ces conditions, ne pas faire l'économie de cette vaine recherche ? Pourquoi ne pas accepter de prendre l'attraction pour ce qu'elle est, c'est-à-dire un *fait primitif* et qui, comme tel, nous révèle la nature des choses ? Implicite chez s'Gravesande, le glissement du positivisme au substantialisme est particulièrement net dans le cas de Maupertuis. L'attraction est « un fait, et non point une cause », lisons-nous d'abord dans le second chapitre du *Discours sur la différente figure des astres* [2]; l'essentiel, c'est qu'elle soit mesurable et sa nature importe peu.

« Tout effet réglé, quoique sa cause soit inconnue, peut être l'objet des mathématiciens, parce que tout ce qui est susceptible de plus ou de moins, est de leur ressort, quelle que soit sa nature; et l'usage qu'ils en feront sera tout aussi sûr que celui qu'ils pourraient faire d'objets dont la Nature serait absolument connue. S'il n'était permis d'en traiter que de tels, les bornes de la philosophie seraient étrangement resserrées » [3].

Quelques lignes plus loin la recherche des lois de la nature conduit cependant l'auteur à spéculer sur leurs causes : quelle absurdité y aurait-il à considérer l'attraction comme une des propriétés de la matière ? Seule l'expérience nous révèle celles-ci et, faute d'apercevoir entre elles un lien logique, notre raison est bien incapable de les découvrir de façon déductive; qu'il s'agisse de l'étendue ou de l'impénétrabilité, c'est toujours leur caractère de généralité, critère tout expérimental, qui nous permet de considérer ces propriétés de tous les corps comme des qualités essentielles de la matière. Tout nous autorise donc, conclut Maupertuis, à raisonner de même pour l'attraction [4].

Les cartésiens diront-ils que la « force impulsive » est plus facilement concevable que la *force attractive* ? Simple effet de l'habitude qui émousse le caractère merveilleux de l'impulsion, pourra-t-on alors rétorquer [5]. Très opportunément pour les besoins de la polémique, Maupertuis retrouve ici l'argument de Malebranche et de l'occasionnalisme : « Est-il

---

1. Voir, dans la traduction de 1747, la *Préface* de l'auteur et, au tome II, le chapitre XI du Sixième livre, *De la pesanteur universelle.*
2. Pierre-Louis Moreau de Maupertuis (1698-1759) avait été mousquetaire avant de se consacrer aux mathématiques et aux sciences naturelles. Entré à l'Académie Royale des Sciences en 1723, il y fit scandale en 1732 par son ralliement à la physique de Newton, qu'il expose et défend contre Descartes dans son *Discours sur la différente figure des astres.* Cf. P. BRUNET, *Maupertuis, Étude biographique*, Trévoux, Paris, 1929.
3. *Discours sur la différente figure des astres, op. cit.,* Ch. II, *Discussion métaphysique sur l'attraction*, p. 12.
4. *Ibid.,* pp. 13-16.
5. *Ibid.,* p. 17.

plus difficile à Dieu de faire tendre ou mouvoir l'un vers l'autre deux corps éloignés que d'attendre, pour le mouvoir, qu'un corps ait été rencontré par un autre ? » Mais c'est précisément là que se marque le plus clairement la rupture de notre auteur avec le mécanisme cartésien. Pour Malebranche — et à plus forte raison pour Fontenelle — il resterait même dans ce cas une différence de nature entre l'impulsion et l'attraction : occasionnelle ou réelle, la cause des phénomènes du choc est toujours un contact entre deux corps ; l'attraction suppose au contraire une action à distance qui est proprement inintelligible, même de la part de Dieu. Sur ce point Newton était lui-même plus proche de Malebranche que de Maupertuis, puisqu'il supposait soit une intervention directe de la Divinité à chaque instant [1], soit l'action médiate de l'éther. Mais la première hypothèse n'est pas sérieusement envisagée par Maupertuis ; quant à la seconde, expliquer l'attraction par l'impulsion d'une matière inconnue, sans l'exclure absolument, il semble bien la considérer avec un certain scepticisme. A son avis, l'impulsion est peut-être, comme le veut Fontenelle, une suite nécessaire de l'impénétrabilité des corps ; l'attraction, elle, n'est pas nécessaire, mais il suffit qu'elle soit possible pour qu'on ait le droit de voir en elle, au même titre que l'impénétrabilité, « une propriété de premier ordre [...] attachée à la matière indépendamment des autres propriétés » [2]. Tel est le raisonnement qui va séduire la majorité des newtoniens français, et dont Montucla louera, en 1758, la « précision lumineuse » [3].

Dès 1734 Voltaire juge l'argumentation de Maupertuis assez solide pour mettre sans hésiter au compte de Newton la découverte d'une « nouvelle propriété de la matière » [4]. Et une fois de plus, le langage positiviste dont s'enveloppe cette affirmation n'a guère qu'une valeur polémique. Plusieurs textes de sa correspondance ultérieure viennent du reste préciser la pensée de Voltaire : il existe dans la nature un « principe de gravitation » [5], principe interne des corps [6]. Mais cette propriété de la matière ne lui est pas essentielle [7] : supposer le contraire serait fournir

---

1. Newton ne cherche cependant pas à rationaliser ce recours au surnaturel. A la différence de Malebranche, il se soucie fort peu de distinguer Providence générale et Providence particulière, et le reproche de recourir à un « miracle perpétuel » n'était pas fait pour l'émouvoir. Quant à Maupertuis, il se révélera de ce point de vue plus malebranchiste ou leibnizien que newtonien lorsqu'il publiera en 1750 son *Essai de Cosmologie*. Voir ci-dessous, Ch. III, 4.

2. *Discours sur la différente figure des astres*, loc. cit., p. 18.

3. *Histoire des Mathématiques*, t. II, loc. cit., p. 551.

4. *Lettres philosophiques*, XV, loc. cit., p. 88. Cf. aussi, p. 87, la déclaration ambiguë qu'il prête à Newton : « Troisièmement je ne me sers du mot d'attraction que pour exprimer un effet que j'ai découvert dans la nature, effet certain et indispensable d'un principe inconnu, *qualité inhérente dans la matière*, dont de plus habiles que moi trouveront, s'ils peuvent, la cause ». (C'est nous qui soulignons). Comme les deux suivantes la lettre XV a sans doute été rédigée par Voltaire en 1732.

5. Au Père Tournemine, 1735, Moland, XXXIII, p. 518.

6. *Ibid.*, p. 565.

7. *Ibid.*, et p. 521.

un argument à l'athéisme. Voltaire insiste donc auprès du P. Tournemine sur son caractère contingent et la force d'attraction lui paraît une preuve de l'existence de Dieu aussi forte que celle qu'on tire du mouvement, à laquelle son correspondant a bien tort de l'opposer [1]. Nulle part cependant il ne songe à exploiter la suggestion newtonienne d'une action permanente de Dieu, qui lierait par l'attraction les différentes parties de la matière; au contraire il ne la considère que comme un don initial, fait à l'origine, et depuis lequel le Créateur se contente de laisser agir tout seul ce « mécanisme d'un nouveau genre » [2]. Singulier mécanisme dont il souligne avec complaisance les traits caractéristiques; ceux-là mêmes qui font le scandale des cartésiens : tout est possible à Dieu, même d'organiser l'action à distance [3]. Voltaire insiste sur cette idée et il s'évertue à faire partager au P. Tournemine son propre émerveillement devant la force inconnue qui agit d'un astre à l'autre, « à quelque distance prodigieuse qu'ils puissent être » [4]. Qu'un fait aussi étonnant puisse relever d'une explication mécaniste, Voltaire n'est guère enclin à l'imaginer. Lorsqu'il ne le nie pas ouvertement [5], il affirme que l'hypothèse inverse a l'avantage de la simplicité [6]. Dès 1735, les conjectures de Newton à ce sujet lui paraissent bien faibles [7] et en 1738 il rejette formellement l'hypothèse de l'éther : à quoi bon expliquer un mystère par un mystère encore plus grand? L'existence même de la gravitation est incontestable, celle d'un fluide inconnu apparaît au moins douteuse : n'est-ce pas là pour de bon une « qualité occulte » ? [8] Newton a été sans aucun doute mieux inspiré, poursuit Voltaire, en insistant dans la dernière page de son grand ouvrage sur tout ce qui, dans l'attraction, est visiblement contraire aux lois de la mécanique [9].

---

1. *Ibid.* Voir aussi ses lettres à l'abbé Prévost (juillet 1738, XXXIV, p. 525) et à Dortous de Mairan (11 novembre 1738, *ibid.*, p. 571).

2. A Maupertuis, 1740, XXXV, p. 5. Cette interprétation est d'autant plus digne de remarque que Voltaire connaissait la suggestion de Newton, reprise du reste par Clarke. Voir le *Recueil de diverses pièces...* publié en 1720 à Amsterdam par P. des Maizeaux, t. I, pp. 192-195.

3. A Maupertuis, 1740, XXXV, *loc. cit.*, p. 5.

4. Moland, XXXIII, p. 521.

5. A Mairan, 11 septembre 1738, XXXIV, p. 570.

6. A Maupertuis, *loc. cit.*, XXXV, p. 5.

7. Moland, XXXIII, p. 566.

8. *Éléments...* Troisième partie, Ch. VI (Moland, XXII, p. 534). « Newton, à la fin de son *Optique*, dit que peut-être cette attraction est l'effet d'un esprit extrêmement élastique et répandu dans la nature, mais alors d'où viendrait cette élasticité ? Ne serait-elle pas aussi difficile à comprendre que la gravitation, l'attraction, la force centripète ? Cette force m'est démontrée ; cet esprit élastique est à peine soupçonné ; je m'en tiens là, et je ne puis admettre un principe dont je n'ai pas la moindre preuve, pour expliquer une chose vraie et incompréhensible dont toute la nature me démontre l'existence ». Peut-être cette discussion est-elle partiellement inspirée par s'GRAVESANDE, *op. cit.*, t. II, Liv. VI, Ch. XI.

9. Cf. *Ibid.*, Conclusion. Le point de vue de Voltaire est donc ici bien différent de celui des *Lettres Philosophiques*, sans qu'on puisse parler vraiment de contradiction : mécaniste par son attachement à l'idée de loi naturelle, Voltaire cesse de l'être lorsque cette adhésion le forcerait à méconnaître la richesse de la matière. Il s'achemine ainsi vers la nouvelle définition du Mécanisme que Buffon proposera en 1749. (Cf. ci-dessous, Ch. IV).

Les newtoniens français ne pouvaient cependant renier l'ensemble de l'idéal mécaniste. Si la Nature, dans ses profondeurs, leur apparaît singulièrement plus complexe et plus riche que ne l'avaient soupçonné les héritiers de Descartes, il reste cependant possible à leurs yeux de traduire ses phénomènes dans le langage des mathématiques. Bien plus, Newton avait lui-même forgé, avec le calcul de l'infini, un instrument singulièrement plus apte à cette traduction que la géométrie de Descartes. Grâce à lui l'idée de loi naturelle recevait enfin sa signification la plus précise. En même temps que sur la régularité de ses effets, Maupertuis et Voltaire insistent sur le fait que l'attraction est mesurable. Quelles qu'aient été, à l'origine du système de Newton et dans la formation de sa pensée, les sources para-scientifiques et même magiques de la notion d'attraction, celle-ci ne risquait pas, de ce fait, de ramener l'astronomie à ce qu'elle était du temps de Gilbert ou de Képler. Mais n'en allait-il pas autrement dans les sciences concrètes et qualitatives où l'on prétendait aussi l'utiliser ? Pour les contemporains de Fontenelle le newtonisme ne se présente pas seulement comme un système astronomique et physique; ce n'est pas sous ce seul aspect mais sous d'autres aussi, — et peut-être à cause de ceux-là surtout —, qu'ils répugnent si longtemps à le recevoir.

Newton s'était interrogé sur la possibilité d'expliquer par l'attraction tous les phénomènes de la nature et en particulier les réactions chimiques [1]. Mais à son avis cette extension de la loi de gravitation au monde de l'infiniment petit, justifiée par l'« analogie de la nature », devait peut-être exiger une formule mathématique différente. Cette difficulté conduit en fait ses successeurs, en Angleterre et en France, à renoncer à toute traduction mathématique des attractions chimiques [2]. On en revient donc, par delà la chimie corpusculaire de Boyle et Lémery, à un atomisme qualitatif : il en est ainsi dans l'œuvre du chimiste anglais Freind (1675-1728), professeur à Oxford, suffisamment connue pour s'être introduite très tôt en France. Elle semble avoir directement influencé celle du médecin français Geoffroy l'aîné, devenu membre de la Société Royale de Londres un an avant son élection à l'Académie des Sciences de Paris, qui publie en 1718 une *Table des différents rapports observés en chimie entre différentes substances*. S'étonnera-t-on que Fontenelle l'accueille avec une certaine réserve [3] ?

---

1. NEWTON, *Optique, op. cit.*, Question XXXI, p. 530 sq. Cf. VOLTAIRE, *Éléments...*, Troisième partie, Ch. XIV.

2. Buffon croira cependant possible de conserver en chimie la loi même de l'astronomie newtonienne. Cf. ses *Vues de la Nature, Deuxième Vue*, 1765. Sur tout ce développement, voir H. METZGER : *Newton, Stahl, Boerhaave et la doctrine chimique*, Paris, 1930.

3. *Histoire de l'Académie Royale des Sciences*, 1718, pp. 35-37. Fontenelle admire la précision et l'ordre que la table de Geoffroy introduit dans l'étude de la chimie, mais il ne peut s'empêcher de noter (p. 36) : « C'est ici que les sympathies et les attractions viendraient bien à propos si elles étaient quelque chose. » Voir aussi son *Éloge de Geoffroy* (1731), *Œuvres, op. cit.*, t. I, pp. 453-454.

Sans doute pouvons-nous aujourd'hui reconnaître l'intérêt des travaux de Geoffroy : cette première table des affinités chimiques et celles qui la suivent au début du xviiie siècle annoncent en effet l'œuvre de Berthollet [1]. Mais lorsqu'on se rappelle la méfiance d'un Lavoisier à l'égard de cette vieille notion d'*affinité*, l'attitude de Fontenelle se conçoit aisément. Pour le secrétaire de l'Académie des Sciences, toujours prêt à combattre toutes les formes de pensée magique, la tentative de Geoffroy risque de réintroduire dans la chimie moderne, sous couleur de vérité expérimentale, les « sympathies » du xvie siècle. Essai d'autant plus dangereux que d'autres influences, encore plus suspectes, jouent bientôt dans le même sens. En 1723 par exemple, le nom de Newton, adroitement associé à celui du médecin allemand Stahl, sert tout simplement à couvrir l'introduction de la chimie stahlienne en France [2]. Or celle-ci ne se réduit pas à la théorie du phlogistique, qui dominera la chimie française jusqu'à Lavoisier [3], mais superpose une explication animiste à la description mécaniste des phénomènes chimiques : le principe qui rend compte de la composition des « mixtes », c'est une attraction sélective, attraction du semblable par le semblable, comme dans la doctrine de Platon que Stahl cite précisément. De même son commentateur français ne se borne pas à affirmer l'existence universelle d'un « magnétisme des corps » dont la cause nous reste cachée [4], il ne peut s'empêcher de proposer une conjecture « vraisemblable », dans un langage passablement confus qui juxtapose une fois de plus au vocabulaire mécaniste de l'époque des intuitions animistes ou vitalistes [5].

Un glissement analogue se remarque parfois dans le langage des physiciens les plus sérieux. Le P. Castel a beau jeu de se faire le champion de l'esprit moderne contre une formule maladroite de s'Gravesande, *omnes particulas vi attractiva gaudere* :

« Il s'en faut peu, observe-t-il, que ces parties ne ressentent leur force et leur vertu ; ce mot *gaudere* n'est pas indifférent, il nous rappelle fort à propos

---

1. Mentionnons les *Éléments de Chimie* d'Herman BOERHAAVE (1732) traduits du latin en 1752 par J.N.S. Allamand (seconde édition augmentée, Paris, 1754).
2. *Nouveau cours de chimie suivant les principes de Newton et de Stahl*, Paris, 1723. L'attribution du livre au médecin Sénac est toute hypothétique.
3. Et surtout dans le troisième quart du siècle, en particulier grâce aux traductions du baron d'Holbach.
4. *Nouveau cours...*, *op. cit.*, De la cause du magnétisme des corps, p. 118. L'auteur souligne l'insuffisance de toutes les explications mécanistes de la pesanteur.
5. Cf. *ibid.*, pp. 34-35. *Des principes...* « Jamais par les lois que suivent les corps dans leurs mouvements nous ne découvrirons la nature des principes qui forment les mixtes ; ce qui paraît le plus vraisemblable, c'est que tout est organisé dans la nature. Les parties des animaux, des végétaux, des minéraux, ne sont que des machines hydrauliques, ou des moules remplis de liquides ou d'autres petits corps organisés qui s'arrangent diversement, suivant leur figure. La formation des corps animés et des plantes, la végétation des pierres, les observations qu'on a fait (*sic*) là-dessus par le microscope, conduisent à cette idée ; en un mot tout est machine, tout est organe, tout est l'ouvrage d'un Créateur ».

les amitiés, les exigences, les appétits et les appétences des philosophes nos aïeux »[1].

Malice gratuite ou crainte justifiée ? Si la philosophie corpusculaire s'était mise parfois au service des sciences occultes, l'attraction pouvait désormais la remplacer avantageusement : bientôt on rajeunira les vieilles sympathies et antipathies pour en donner une explication « newtonienne »[2]. Ici surtout apparaît l'inquiétante diversité d'un newtonianisme où les plus hautes mathématiques voisinent avec les plus archaïques aberrations. De façon plus générale cette multiplicité des visages d'une même doctrine, jointe à la complexité des problèmes scientifiques et philosophiques qu'elle met en cause, explique à son tour aussi bien l'obstination que la diversité de la coalition antinewtonienne.

---

1. *Mémoires de Trévoux*, mai 1721, p. 823 sq.
2. Cf. BOUREAU-DESLANDES, *Recueil de différents traités de physique et d'histoire naturelle* (Paris, 1736), seconde édition augmentée, 1748, t. I, pp. 154-155. *Sur les Sympathies et les Antipathies...* Newtonien, l'auteur avait été l'élève du physicien hollandais Musschenbroek.

3. — *Le front antinewtonien*

Singulière coalition en effet que celle des opposants à Newton en France dans le second quart du siècle. Au point culminant de la controverse, pour faire face à un adversaire commun, mécanistes et néo-péripatéticiens, empiristes et dogmatiques, « philosophes » et croyants, savants authentiques et amateurs aventureux, académiciens et cardinaux se retrouvent côte-à-côte. Pendant trente ans et plus tous ressassent, sans se décourager, les mêmes arguments. Une étude chronologique de cette longue polémique qui ne reste pas confinée dans le cercle des spécialistes mais atteint vite grâce aux journaux toute l'opinion cultivée risquerait donc d'apparaître bien lassante. Mais cette durable unanimité dans le refus ne doit pas nous masquer la variété des motifs qui l'inspirent : les raisons du P. Castel ou du P. Tournemine sont loin de recouvrir exactement celles de Fontenelle, ou même de Polignac. Si nous essayons de définir ces différentes attitudes, nous ne serons pas surpris de retrouver par ce biais les principaux courants intellectuels de l'époque.

Même si le problème de son influence exacte sur la pensée française reste à poser, il convient d'abord de rappeler l'hostilité de Leibniz à l'égard de Newton. En 1720, l'année même où Dortous de Mairan croit trouver dans les mesures de la terre une confirmation des thèses cartésiennes, P. Desmaizeaux met à la portée du public français le plus complet des réquisitoires qui aient été dressés contre la métaphysique newtonienne. Car c'est bien d'un conflit métaphysique qu'il s'agit et non pas seulement d'une rivalité personnelle entre deux prétendants à l'invention du calcul infinitésimal. De part et d'autre se fait jour un même désir de concilier la piété et la science, mais la parenté des deux esprits s'arrête là. Pour Newton l'univers ne saurait se passer du concours de la Providence. Leibniz, au contraire, tend à accorder une relative autonomie à la Création, seule digne, à l'en croire, de la sagesse divine : c'est donc sur cette Sagesse qu'il met l'accent, jusqu'à l'enfermer dans les limites du principe de raison suffisante, tandis que son rival pousse jusqu'à une arbitraire liberté d'indifférence la toute-puissance et le libre arbitre du Créateur. Débat passionnant qui oppose deux conceptions de la divinité, deux types de pensée et de sensibilité religieuses, et par là même deux définitions inconciliables du naturel et du surnaturel.

Tel est bien en effet le point essentiel de la controverse. Pour l'auteur de la *Théodicée* l'idée que « Dieu a besoin de remonter de temps en temps sa montre » est véritablement sacrilège : « Je tiens, quand Dieu fait des miracles, que ce n'est pas pour soutenir les besoins de la nature, mais ceux de la grâce »[1]. Le porte-parole de Newton refuse précisément de reconnaître à cette distinction une valeur absolue : donner un mouvement régulier au soleil n'est ni plus ni moins difficile à Dieu que de le suspendre pendant une journée ; par rapport au Créateur ce sont là deux choses « également naturelles et surnaturelles », car cette distinction n'a de sens que par rapport à l'homme[2]. « Le mot de *Nature* et ceux de *Forces de la Nature*, de *cours de la Nature*, etc., affirme Clarke, sont des mots qui signifient simplement qu'une chose arrive *ordinairement* et *fréquemment...* » Peut-on supposer qu'il existe en Dieu « deux principes d'action différents et réellement distincts ? »[3].

Étrange théologie et confusion totale, réplique Leibniz : sous prétexte de sauvegarder les droits du surnaturel, Newton et Clarke diluent le miracle dans l'ordre de la nature. Le vrai miracle n'est pas seulement l'inhabituel, mais ce qui surpasse la force des créatures[4] ; il y a donc une « différence infinie » entre le naturel et le surnaturel[5]. Aussi les newtoniens doivent-ils choisir entre deux manières d'interpréter l'attraction et en faire soit un miracle, soit une qualité occulte, c'est-à-dire une chimère[6]. Et si, brouillant toutes les notions, ils prétendent sortir de ce dilemme où les enferme la raison, c'est pour tomber d'une idée absurde dans une idée impie : car soutenir que l'attraction est à la fois naturelle par la régularité de ses effets et surnaturelle puisqu'elle émane directement de l'action divine, c'est supposer celle-ci immanente aux corps, c'est confondre le Dieu des chrétiens et l'Âme du Monde des Anciens[7]. Newton lui-même semble bien proche de cette doctrine aberrante lorsqu'il affirme, avec l'existence du vide, celle d'un espace absolu qui serait comme le *sensorium Dei* : ici l'absurdité et l'impiété vont de pair. Idée absurde puisque dans un espace vide homogène la place des corps serait sans raison suffisante[8] ; idée impie, car si l'espace est une propriété de Dieu, « ce Dieu à parties ressemblera fort au Dieu stoïcien qui était l'univers tout entier, considéré comme un animal divin »[9]. Comprenons que Leibniz cherche à battre l'adversaire avec ses propres armes : la dernière remarque citée rappelle

1. DESMAIZEAUX, *Recueil de diverses pièces*, *op. cit.*, t. I, pp. 4-5.
2. *Ibid.*, p. 27.
3. *Ibid.*, pp. 186-187. Sur cette définition du surnaturel, voir ci-dessus, Ch. II, 2.
4. *Ibid.*, pp. 139-143.
5. *Ibid.*, p. 38.
6. *Ibid.*; pp. 139-143, *loc. cit.*
7. *Ibid.*, p. 141.
8. *Ibid.*, pp. 31-34. Dans un autre passage (*ibid.*, p. 98), Leibniz réfute les arguments qu'apportent en faveur du vide les expériences de Torricelli et Otto de Guericke ; à son avis celles-ci ne prouvent rien contre l'existence de la matière subtile qui n'est pas pesante et traverse les parois du vase prétendu vide, exactement comme le fait la lumière.
9. *Ibid.*, p. 103.

en effet les sarcasmes de Bayle contre le Dieu divisible de Spinoza; par
une courtoisie assez exceptionnelle dans les controverses du temps, le
nom honni n'est pas prononcé, mais ce sont bien les implications « spinozistes » de la pensée de Newton qu'entend souligner Leibniz. Or c'était
aussi de spinozisme que l'avait implicitement taxé Clarke en lui reprochant de « bannir du monde la Providence et le gouvernement de Dieu »[1].

Dans l'ordre chronologique de cette correspondance le dernier mot
reste à Clarke, mais l'opposition de Leibniz, soutenue à la fois par la plus
grande rigueur de pensée et la plus souple dialectique, n'en apparaît pas
moins totale et irréductible. Point par point, le système du monde que
proposait Newton se trouve impitoyablement réfuté : au vide et aux
atomes Leibniz oppose, avec des arguments originaux, le plein des scolastiques et des cartésiens; à l'attraction universelle, inconcevable action
à distance, le schéma cartésien et mécaniste de l'impulsion, seule modalité
intelligible de l'action d'un corps sur un autre corps[2]. Enfin, si obscure
et scolastique que soit aux yeux des cartésiens la notion de force vive
que Leibniz substitue au concept cartésien du mouvement, son système
reste d'une certaine façon fidèle, ici encore, à l'esprit du cartésianisme :
la perfection de l'ordre naturel suppose que dans l'univers quelque chose
se conserve. Newton a eu raison, pense Leibniz, de montrer que la quantité de mouvement n'est pas constante, mais il en est tout autrement de
la quantité de force : le contraire serait un défaut de la Machine du
monde[3]. Face au théisme newtonien qui tire argument aussi bien des
défauts de l'univers que de ses perfections, la philosophie religieuse de
Leibniz s'inscrit dans la ligne du rationalisme cartésien qui attribue au
contraire une relative indépendance à l'ordre des causes secondes par
rapport à la Cause Première[4].

Sans doute Newton et Leibniz s'accordent-ils à juger insuffisante la
pure doctrine mécaniste. Pour tous deux, comme aussi pour le P. Castel,
naturel cesse d'être synonyme de *mécanique*[5]; mais l'un et l'autre ne

---

1. *Ibid.*, pp. 10-11. Comme tous ses contemporains Leibniz ne répugne du reste pas,
dans son ardeur polémique, à unir les contraires ; et si le newtonisme lui paraît ici conduire
à la nécessité spinoziste, il l'assimile ailleurs avec une égale vivacité au « hasard
d'Épicure » (*ibid.*, p. 54).

2. *Ibid.*, pp. 100-101. « Un corps n'est jamais mu naturellement que par un autre
corps qui le pousse en le touchant ; et après cela il continue, jusqu'à ce qu'il soit empêché
par un autre corps qui le touche. Toute autre opération sur les corps est ou miraculeuse
ou imaginaire ».

3. *Ibid.*, pp. 135-136. Pour Leibniz il n'existe pas de corps parfaitement *durs* : tous
les corps sont *élastiques*. Cf. Y. BELAVAL, *Leibniz critique de Descartes, op. cit.*, p. 461 et
p. 494.

4. Condillac n'aura pas tort de voir dans cette autonomie de la nature une caractéristique essentielle de la doctrine de Leibniz : le « système cartésien » dit-il, comprenons
l'occasionnalisme, exige un recours à de perpétuels miracles ; au contraire « ici Dieu s'en
tient à créer et conserver les êtres simples, il abandonne le reste à la nature. C'est la nature
qui dans chaque monade, dans chaque corps, dans l'univers entier, est le principe de
tout. Elle est comme un ouvrier qui travaille sur la matière qu'il trouve toute créée. Dieu
donne sans cesse l'actualité aux êtres simples, et sans cesse la nature produit l'étendue,
le mouvement et les autres phénomènes ». (*Traité des Systèmes*, La Haye, 1749, pp. 164-166).

5. *Recueil de diverses pièces..., op. cit.*, pp. 79-80 et p. 195.

donnent pas au premier mot le même sens et leurs intentions sont en réalité opposées. Pour Clarke, il s'agit de spiritualiser la nature en y découvrant la présence divine; pour Leibniz, de lui accorder une autonomie à laquelle ne pourrait prétendre une simple horloge : d'où la nécessité de lui reconnaître une véritable puissance dont les lois mécaniques du mouvement ne sont que l'émanation. « Dieu exerce la géométrie », répète Leibniz après Bayle [1]; mais si les mathématiques permettent de traduire les phénomènes physiques dans un langage intelligible, elles ne fournissent pas « les dernières raisons du mécanisme et des lois mêmes du mouvement ». D'où l'interprétation substantialiste que donne Leibniz de la force vive : elle est pour lui véritablement un pouvoir, une puissance; et c'est pourquoi il restitue, sinon aux corps matériels, du moins aux « Monades ou substances simples », l'activité spontanée que les cartésiens avaient retirée à la matière [2].

A un français nourri de Descartes, de Malebranche et de Fontenelle, la cosmologie de Leibniz devait donc paraître passablement ambiguë. Son dogmatisme métaphysique ne pouvait que heurter des esprits fortement enclins à concilier les principes mécanistes et la méthode expérimentale. L'idée de force vive, aussi choquante pour un cartésien que celle d'attraction, fera l'objet tout au long du siècle d'un interminable débat [3] où cartésiens et newtoniens se retrouveront côte à côte dans une commune opposition à Leibniz [4]. On comprend qu'en dehors d'un petit nombre de spécialistes, comme les Bernouilli, l'intérêt marqué à la physique leibnizienne ait été en France assez limité. Vers 1740 Leibniz est

---

1. LEIBNIZ, *Réplique... aux réflexions contenues dans la seconde édition du diction-naire de M. Bayle* (*Ibid.*, t. II, p. 424).
2. *Lettre à M. Rémond, ibid.*, p. 133. Il s'agit bien d'un retour partiel à l'aristotélisme, et Leibniz est le premier à le reconnaître.
3. Cf. M. GUÉROULT, *Dynamique et métaphysique leibniziennes*, Paris, 1934.
4. Une seconde controverse se greffe ainsi sur le débat principal, ce qui n'est pas fait pour le clarifier. L'attitude de Maupertuis à l'égard du principe de conservation de la force vive sera évoquée plus loin. Celle de Voltaire est encore plus tranchée : « Si la force n'est autre chose que le produit d'une masse par sa vitesse, écrit-il, ce n'est donc précisément que le corps lui-même, agissant ou prêt à agir avec cette vitesse. La force n'est donc pas un être à part, un principe interne, une substance qui anime les corps, et distinguée des corps, comme quelques philosophes l'ont prétendu ». (*Doutes sur la mesure des forces motrices et de leur nature, présentés à l'Académie Royale des Sciences de Paris en 1741*, Moland, XXIII, p. 171). Cette clarté d'esprit, toute géométrique, n'empêche pas Voltaire de présenter l'attraction comme un « principe interne des corps » : mais il n'y a pour lui aucune commune mesure entre les certitudes expérimentales apportées par Newton et la vaine métaphysique de Leibniz. Peut-être entend-il du même coup prendre ses distances à l'égard de toutes les déviations, aristotéliciennes ou animistes, de la physique newtonienne, et rendre par là celle-ci moins choquante aux yeux de ses concitoyens. Son hostilité au système des monades, tel qu'il l'interprète, est en tout cas irréductible : quelle sottise de croire la matière composée de substances douées de perception! « Pouvez-vous bien avancer qu'une goutte d'urine soit une infinité de monades, et que chacune d'elles ait les idées, quoique obscures, de l'univers entier ?... » (*Métaphysique de Newton*, Ch. VIII, Moland, XXII, p. 434). On connaît d'autre part sa querelle avec le savant docteur Louis Martin Kahle qui avait osé prendre la défense de son maître. Voir L. M. KAHLE, *Examen d'un livre intitulé La « Métaphysique de Newton »*, trad. française, La Haye, 1744 ; et VOLTAIRE, *Courte réponse aux longs discours d'un docteur allemand*, (Moland, t. XXIII, pp. 193-196).

certainement moins connu comme physicien que comme l'inventeur de
l'*Optimisme*, système que l'on distingue du reste très mal de celui de
Pope [1]. Dans ce climat d'indifférence ou d'hostilité les *Institutions de
Physique* de Mme du Châtelet, publiées en 1740, sont une exception assez
remarquable. Encore la docte Émilie s'y montre-t-elle plus wolffienne
que leibnizienne, en insistant sur l'aspect mécaniste de la pensée de
Leibniz plutôt que sur son côté organiciste [2]. Mme du Châtelet avait
d'abord été gagnée au newtonisme par Maupertuis ; lorsque, sous l'influence de son protégé König, elle délaisse Newton pour Leibniz, sa
conversion n'est pas un reniement. Dans ses *Institutions de physique* elle
note l'intérêt du système de l'attraction et sa fécondité explicative ; mais
ce système n'est vrai, à son avis, qu'au niveau des phénomènes : l'attraction n'est pas « une propriété inhérente à la matière » [3]. A la manière de
Fontenelle, Mme du Châtelet reproche donc aux newtoniens d'être des
spectateurs naïfs d'un opéra dont ils veulent ignorer les coulisses : leur
tort est de détourner les philosophes de rechercher la cause mécanique
de l'attraction, au risque d'« admettre dans la philosophie des miracles
perpétuels » [4]. De même la nécessité où ils se trouvent de concevoir un
miracle qui reforme un jour le système du monde s'explique par le rejet
de la force vive : « M. de Leibniz par sa nouvelle estimation des forces
a accordé la raison métaphysique trouvée par Descartes et qu'il n'appliquait pas bien, et les effets physiques découverts en partie depuis
Descartes » [5].

Sans doute Mme de Châtelet avait-elle vu juste : Leibniz était bien
le seul adversaire de Newton vraiment digne de se mesurer avec lui. Et
pourtant l'influence du philosophe allemand en France ne doit pas être
surestimée. La principale raison de la résistance française au newtonisme,
c'est la lente et profonde pénétration des thèmes mécanistes dans la pensée des contemporains de Fontenelle. L'action opiniâtre de celui-ci est
certainement plus représentative de l'antinewtonisme français que la
métaphysique savante dont Émilie elle-même devait finir par se détourner [6]. Le *Recueil* publié par P. Desmaizeaux, réédité en 1740, n'a pas joué
dans les polémiques antinewtoniennes un rôle négligeable, mais il a
fourni aux cartésiens des arguments dispersés beaucoup plus qu'un système nouveau susceptible d'être opposé à la métaphysique de Newton,
système dont ils ne sentaient nullement le besoin.

---

1. Voir ci-dessous, Ch. X.
2. Voir notamment Ch. VIII et IX, parallèlement à une définition de la Nature
comme « puissance active » qui est, elle, tout à fait leibnizienne. A la différence de Leibniz,
Wolff refusait la perception aux éléments du monde inanimé. Cf. BARBER, *Leibniz in
France...*, *op. cit.*, Deuxième partie, Ch. III.
3. *Institutions de Physique*, *op. cit.*, Ch. VIII, pp. 177-178 et Ch. XVI.
4. *Ibid.*, Ch. VIII, *loc. cit.*, Cf. *Avant-propos*, p. 8.
5. *Ibid.*, Ch. XXI, pp. 445-448.
6. Voir sa traduction des *Principia* de Newton, qui ne devait être publiée qu'en
1759, dix ans après sa mort.

*
* *

Comme Leibniz, les cartésiens français refusent d'admettre l'existence du vide. L'objection du « spinozisme » de l'espace vide absolu devait être particulièrement sensible à ceux d'entre eux qui se souciaient surtout d'orthodoxie religieuse. Aussi Polignac lui fait-il écho au livre second de son *Anti-Lucretius* [1]. Bien des années avant la publication de cet ouvrage ses thèmes étaient déjà largement répandus. Une brochure publiée à Paris en 1739 par un certain La Fautrière — *Examen du vide ou espace newtonien relativement à l'idée de Dieu* — s'ouvre sur un sonnet dédié au célèbre cardinal. De fait la dialectique de l'auteur est toute cartésienne puisqu'elle identifie au départ la matière et l'étendue : l'idée d'une « substance étendue immatérielle » est en soi contradictoire. D'où ce dilemme évidemment insupportable à une saine théologie :

> « L'Espace newtonien, que l'on prétend être l'Immensité divine ne peut se considérer que comme séparé de la Matière et existant seulement dans l'entendement, ou comme uni à la Matière et existant physiquement en elle. Dans le premier cas l'Immensité Divine n'est autre chose que l'espace imaginaire, dans le second elle est matérielle » [2].

Si le Dieu de Newton n'est pas une fiction de l'entendement, il se confond avec l'univers sur lequel il est censé régner. Même spécieux, l'argument était assez fort pour inquiéter Voltaire qui, directement mis en cause, réclame le livre à son ami Thieriot [3]. Chargé de l'examiner, le P. Castel en fait d'autre part un vif éloge, et il félicite La Fautrière d'avoir dénoncé « une nouvelle espèce de *Spinozisme spirituel* qui commence à s'introduire par l'abus qu'on fait du nom du célèbre Newton, de même que le *Spinozisme matériel* s'est introduit par l'abus qu'on a fait du nom du célèbre Descartes». Que l'on «divinise la matière», ou que l'on «matérialise la divinité», n'est-ce pas toujours la même impardonnable erreur [4] ?

Cependant la plupart des critiques que les cartésiens adressent à l'hypothèse du vide se situent sur un autre plan. Les raisons du cardinal de Polignac lui-même émanent du savant et du philosophe autant que du chrétien. Si le monde n'était composé que d'un nombre limité d'atomes, égarés quelque part dans un vide infini, rien ne les empêcherait, dit-il, de s'y disperser à jamais; de même le plein est nécessaire pour vaincre la force centrifuge des astres [5]. Sans doute cette objection n'est-elle pas

---

1. *Anti-Lucrèce*, trad. Bougainville, Paris, 1749, *op. cit.*, t. I, Livre II.
2. *Examen du vide...*, Paris, 1739, p. 19. La Fautrière est également l'auteur d'une « ode métaphysique », *L'idée du vide*, où il développe le même raisonnement. Cf. DESFONTAINES, *Observations sur les écrits modernes*, t. XV, 1738, p. 214.
3. A Thieriot, 13 avril 1739. Moland, XXXV, p. 245. Cf. R. POMEAU, *op. cit.*, p. 186, note 5.
4. Lettre du P. Castel au lieutenant de police Hénault, publiée en appendice à la brochure de la Fautrière.
5. *Loc. cit.*, p. 108, sq.

sans réplique, et les cartésiens le savent. Ils n'ignorent pas que le système du plein a lui aussi ses inconvénients, justement soulignés par Newton : difficulté de concilier l'hypothèse des tourbillons avec les lois de Képler; ou de rendre compte de nombreux phénomènes comme les marées, les phases de la lune, le cours des comètes. A mesure que le siècle avance les cartésiens sont de plus en plus enclins à reconnaître la fécondité du newtonisme, qu'il s'agisse d'expliquer la précession des équinoxes, connue depuis Hipparque, ou la nutation de l'axe de la terre, découverte par Bradley en 1736. Mais aucune raison de fait ne peut vaincre leurs réticences épistémologiques. Si la simplicité de l'hypothèse du vide supprime tous les embarras de celle des tourbillons, ce n'est qu'un avantage illusoire. Fontenelle l'affirmait déjà en 1708, « ce moyen de lever une difficulté pourrait en avoir lui-même de très grandes »[1]. A moins de revenir aux orbes solides des Anciens, il n'y avait en effet que deux manières de concevoir comment les planètes sont retenues dans leur orbite : soit pression extérieure, soit attraction vers le centre. Aussi les cartésiens ne refusent-ils pas le vide par un reste de préjugé scolastique (encore que celui-ci ait pu parfois renforcer à leur insu leur hostilité) : l'idée du plein est logiquement liée au système de l'impulsion comme celle du vide l'est au système de l'attraction.

C'est là précisément le centre du débat. Or la répugnance des cartésiens français au mot et à l'idée d'*attraction* se comprend aisément si l'on tient compte du climat intellectuel de ce début de siècle : le terme de « qualité occulte » qu'ils reprennent jusqu'à satiété se justifie par les déformations animistes de la philosophie corpusculaire contre lesquelles leur lutte n'avait jamais pu cesser, et par les imprudences ou le dogmatisme de leurs adversaires. Admettre l'attraction, c'est revenir au péripatétisme : il faut choisir entre l'univers intelligible de la science mécaniste et une nature mystérieuse et quasi magique. Pendant cinquante ans Fontenelle ne se lasse pas de le répéter :

« Il est certain que si l'on veut entendre ce qu'on dit, il n'y a que des impulsions, et si on ne se soucie pas de l'entendre, il y a des attractions et tout ce qu'on voudra; mais alors la Nature nous est si incompréhensible qu'il est peut-être plus sage de la laisser là où elle est »[2].

En vain les newtoniens invoquent-ils la volonté de Dieu pour justifier l'inintelligible : ce n'est qu'un faux-fuyant, réplique Fontenelle. L'analogie qu'ils veulent établir à cet égard entre l'impulsion et l'attraction est en effet purement verbale :

---

1. *Histoire de l'Académie Royale des Sciences*, 1708, p. 126. Cf. P. BRUNET, *L'introduction de Newton en France*, op. cit., Ch. I, p. 39.
2. *Éloge de Montmort, Œuvres*, édit. Depping, t. I, p. 284. Voir aussi les *Éloges* de Saurin, Hartsœker, Newton, etc..., ainsi que l'*Histoire de l'Académie Royale des Sciences, passim*. Bibliographie de la question in CARRÉ, *La philosophie de Fontenelle*, op. cit., pp. 19-20 (note).

« Dans le premier cas, la volonté de Dieu ne fait que mettre en œuvre une propriété essentielle à la matière, sa mobilité, et déterminer au mouvement l'indifférence naturelle qu'elle a au repos et au mouvement. Mais dans le second cas on ne voit pas que les corps aient par eux-mêmes aucune disposition à s'attirer : la volonté de Dieu n'aurait aucun rapport à leur nature, et ce serait purement arbitraire, ce qui est fort contraire à tout ce que nous offre de toutes parts l'ordre de l'univers. Cet arbitraire admis ruinerait toute la preuve philosophique de l'immortalité de l'âme. Dieu aurait aussi bien pu donner la pensée à la matière que l'attraction »[1].

On voit le sens du raisonnement : la Providence générale n'agit dans l'univers que selon l'ordre des causes secondes; en supposant le contraire, les newtoniens détruiraient la théologie naturelle qu'ils prétendent restaurer; c'est pourquoi, dans leur majorité, ils présentent l'attraction comme « une propriété des corps », au même titre que la mobilité, sans s'apercevoir qu'il n'y a aucune commune mesure entre cette dernière qualité, purement passive, et la force active qui doit être alors la cause inconnue de la gravitation. On revient donc au dilemme défini par Leibniz : si l'attraction n'est pas un « miracle perpétuel », elle est une qualité occulte.

Inintelligible en elle-même, elle ne l'est du reste pas moins dans sa formulation mathématique : rien de commun ici encore, pense Fontenelle, avec la force centrifuge sur laquelle est construit le système des tourbillons :

« Quand on veut exprimer algébriquement ou géométriquement des forces physiques et agissantes dans l'univers, et qui ont nécessairement, par leur nature, de certains rapports, et se sont renfermées dans certaines conditions, il ne suffit pas d'avoir bien fait un calcul dont le résultat sera infaillible, et sur lequel on sera sûr de pouvoir compter; il faut encore, pour contenter sa raison, entendre ce résultat, et savoir pourquoi il est venu tel qu'il est »[2].

Soulignons au passage cette admirable formule, « *pour contenter sa raison* ». Elle prouverait, s'il en était besoin, qu'aucun motif mesquin, aucune routine ne se mêlent à l'antinewtonisme de Fontenelle; ou alors c'est un bien magnifique entêtement, de la part d'un nonagénaire que la surdité isole du monde, cette invincible obstination à vouloir comprendre ! Fontenelle a toujours reconnu en Newton le génie incomparable du mathématicien; il a su se mettre à son école pour assimiler le calcul de l'infini et comprendre le parti qu'en pouvait tirer la science. Mais si la saine physique est quantitative, elle ne se réduit pas pour lui aux mathématiques; le vrai physicien *explique* ce que le « *géomètre* » se

---

1. *Théorie des tourbillons cartésiens*, 1753, *Réflexions sur l'attraction*, III, *Œuvres*, t. I, p. 608.
2. *Ibid.*, VI, pp. 609-610.

contente d'observer et de calculer. Toute la supériorité du système de
l'impulsion sur celui de l'attraction vient de cette capacité explicative
qu'il est le seul à posséder [1].

En 1740, l'un des derniers grands cartésiens, Étienne-Simon de
Gamaches, s'exprime sur le compte de Newton en termes presque identiques :

> « Sentant que la physique le gênerait sans cesse il la bannit de sa philo-
> sophie, et de peur d'être forcé de réclamer quelquefois son secours, il eut
> soin d'ériger en lois primordiales les causes intimes de chaque phénomène
> particulier. Par là toute difficulté fut aplanie, son travail ne roula plus que sur
> des sujets traitables qu'il sut assujettir à ses calculs. Un phénomène analysé
> géométriquement devint pour lui un phénomène expliqué. Ainsi cet illustre
> rival de M. Descartes eut bientôt la satisfaction singulière de se trouver grand
> philosophe par cela seul qu'il était grand géomètre... » [2].

Pour que le système de Newton, si lié qu'il soit dans toutes ses parties, acquière une réalité physique, il ne suffit pas, comme ses disciples le
prétendent après lui, qu'il fournisse une description satisfaisante des
phénomènes; il lui faudrait encore être conforme aux lois intelligibles
de la physique, c'est-à-dire de la mécanique : lois données à la Nature
par l'Intelligence suprême et postulées par l'esprit scientifique indépendamment de toute expérience. C'est pourquoi l'accord de la science newtonienne avec l'expérience ne suffit pas à emporter l'adhésion de tous
les savants français. Le XVIIIᵉ siècle a longtemps passé pour le siècle
empiriste par excellence : n'a-t-il pas fait, avec Condillac, le procès de
l'esprit de système et marqué, avec l'abbé Nollet, son attachement exclusif à la « philosophie expérimentale » ? [3] Mais l'attitude de Gamaches
s'inspire d'un esprit tout différent. Il est frappant de voir un membre de
l'Académie Royale des Sciences, de cette académie qui avait tant fait
pour orienter dans le sens de la physique expérimentale le dogmatisme
cartésien, marquer avec la plus grande fermeté les bornes de la méthode
inductive. La philosophie de Newton, note assez dédaigneusement
Gamaches, n'est fondée « que sur des principes d'expérience » et ne peut
prétendre remplacer la physique cartésienne :

> « On sait que les inductions qui se tirent de ces sortes de principes sont
> toujours équivoques [...] Ce que donne l'expérience est toujours limité [...]
> Les principes d'expérience, portés au-delà des faits dont ils sont tirés, conduisent
> presque toujours à l'erreur; la physique seule sait leur assigner des bornes;
> mais Mr. Newton ne la consulte nulle part; aussi qu'est-il arrivé ? C'est que,
> comme dans son système il affecte de ne rien rapporter aux lois communes

---

1. Fontenelle reprend ici l'opinion exprimée dès 1688 par le *Journal des Savants*.
Cf. P. MOUY, *Le développement de la physique cartésienne, op. cit.*, p. 258.

2. *Astronomie physique*, Paris, 1740, *Seconde dissertation*, p. 68.

3. Abbé NOLLET, *Leçons de philosophie expérimentale*, Paris, 1743-48, 6 vol. in-12.

de la mécanique, la plupart de ses sectateurs se sont cru autorisés à transformer tantôt en lois primordiales, tantôt en qualités occultes les principes cachés des lois qu'il suppose... » [1].

*
* *

Tout pénétrés, même malgré eux, d'esprit mécaniste, les physiciens et philosophes de la Compagnie de Jésus opposent au newtonisme des arguments qui ne sont pas toujours très différents des précédents. En 1719 les *Mémoires de Trévoux* accusent Newton de donner dans la magie et la philosophie hermétique en attribuant aux corps « un principe de mouvement et la force de se mouvoir eux-mêmes »; les planètes, rétorque le journaliste, ne sont pas attirées par le soleil, mais repoussées vers lui par « une matière mue en tourbillons » [2]. Et en 1735, en réponse à Voltaire, le P. Tournemine refuse d'expliquer la pesanteur autrement que par une impulsion. Sans doute son analyse des *Lettres philosophiques* dénonce-t-elle une fois de plus l'évolution du cartésianisme vers le « matérialisme épicurien de Spinoza »; mais ce n'est pas pour accepter le moins du monde la doctrine de Newton : celui-ci a confondu le possible et le réel, constate le P. Tournemine, et son système n'est qu'un ensemble d'hypothèses sans réalité physique. « Pour un système physiquement vrai qui règne dans les cieux, il y en a trois et cent et mille d'astronomiquement, de géométriquement bons; celui de Copernic, celui de Tycho, etc. » [3].

Dans les années suivantes l'attaque est parfois plus vive, mais l'argumentation ne change guère. En 1738, après la publication des *Éléments de la philosophie de Newton*, les *Mémoires de Trévoux* félicitent Voltaire d'avoir suggéré l'accord de la physique newtonienne « avec les respectables vérités de la religion naturelle et révélée », et le journaliste s'offre le plaisir d'une pointe à l'adresse de Descartes : ne faut-il pas beaucoup d'outrecuidance pour dénier au Créateur le pouvoir de créer du vide ? Cependant, précise aussitôt le rédacteur, il ne suffit pas de reconnaître que Dieu *pouvait* créer du vide pour être en mesure d'affirmer l'existence de celui-ci : ici encore Newton a tort de ne pas distinguer le possible et le réel... [4] Même remarque l'année suivante, à propos cette fois de la *Réfutation* de Voltaire et de Newton par Jean Banières [5]. En 1743 enfin, avec le P. Castel, le ton se fait plus acerbe. Newton, dit-il, trompe véritablement son lecteur lorsque, dans le troisième livre de son grand

---

1. *Astronomie physique, op. cit., Discours préliminaire*, p. III-IV.
2. *Mémoires de Trévoux*, octobre 1719, p. 1643. Newton est évoqué à propos du livre d'un théologien italien, J.J. LETI, *Nihil sub sole novum...*, (Turin, 1718), curieusement présenté par son auteur sous le patronage d'Hermès...
3. *Ibid.*, février 1735, p. 331.
4. *Ibid.*, août 1738, p. 1669 sq ; septembre 1738, p. 1846 sq.
5. J.BANIÈRES, *Examen et réfutation des éléments de la philosophie de Newton*, Paris, 1739. Cf. *Mémoires de Trévoux*, octobre 1739, p. 2151 sq.

ouvrage, il attribue une réalité physique aux hypothèses mathématiques et abstraites des deux premiers ; ainsi en vient-il à affirmer dogmatiquement l'existence du vide et la réalité d'une action à distance; mais tous ses raisonnements contre les tourbillons n'enlèvent rien à la valeur physique de l'explication tourbillonnaire, qui reste bien supérieure, si imparfaite qu'elle soit, à « des raisons purement idéales, abstraites et mathématiques qui ne portent avec elles aucune idée de *cause* et d'influence physique, affective, opérative » [1]. Comme les cartésiens, notre savant Jésuite réclame donc une physique vraiment explicative, comme eux il accepte de voir en Newton un géomètre, non un véritable physicien. Mais l'analogie est peut-être plus apparente que profonde : reste à savoir, ajoute en effet le P. Castel, « si un système vraiment physico-mathématique peut être regardé comme un vrai système de physique » [2]. Rien de moins cartésien que cette dernière remarque où se trahit le goût persistant du P. Castel pour la physique qualitative : pour Fontenelle le système de l'attraction est faux *malgré* son langage mathématique; pour Castel il est aberrant *parce que* mathématique. Les cartésiens reprochent à Newton de n'être que géomètre, les Jésuites l'accusent de l'être trop. Le grief n'est pas nouveau : il avait déjà servi contre Descartes et vaut à plus forte raison contre une physique fondée sur le calcul de l'infini. A cette physique trop savante le journal des Jésuites avait opposé dès 1726 « l'histoire simple et naïve de la nature telle que tout le monde la connaît » [3]. En 1743 il va jusqu'à nier que les mathématiques soient vraiment indispensables au physicien : Newton a rendu obscures « les notions de physique les plus simples » en recourant à de trop hautes mathématiques là où aurait suffi une « géométrie assez commune » [4].

Après avoir si longtemps bataillé contre Descartes, les Jésuites se servent de lui contre Newton : ralliement bien tardif et qui prouve surtout avec quel retard ils suivent désormais le mouvement de la science [5].

---

1. Louis-Bertrand CASTEL (le P.), *Le vrai système de physique générale de M. Isaac Newton*, Paris, 1743, p. 99.
2. *Ibid.*, p. 52.
3. *Mémoires de Trévoux*, avril 1726, pp. 605-639.
4. *Mémoires de Trévoux*, août 1743, p. 2181. L'année suivante (août 1744, p. 1390) le journaliste de Trévoux félicite l'abbé Nollet, peu mathématicien, d'avoir négligé cette « géométrie sèche ». Compliment paradoxal, dira-t-on ? Ce n'est pas l'avis du rédacteur: « La géométrie et le calcul, écrit-il, ne sont bons qu'à voiler les perfections de la nature et les imperfections de l'Art. C'est un projet bizarre de vouloir représenter la Nature comme une équation. Des A, B, n'articulent rien, n'expliquent rien ». Cette déclaration catégorique éclaire l'éloge de l'esprit de système, dont elle s'accompagne. Losque le journaliste souhaite que les expériences de l'abbé Nollet conduisent à l'élaboration d'une physique « raisonnée et systématique », quand il accuse Newton d'avoir « éteint le raisonnement dans la physique », il manifeste avec éclat sa préférence pour une science qualitative qui doive plus à l'imagination qu'à la rigueur et à la précision des mathématiques. D'où l'ambiguïté de sa conclusion « cartésienne ».
5. On comprend la déception de Voltaire qui écrivait en 1735 au P. Tournemine (Moland, XXXIII, p. 521): « Je souhaiterais que les Jésuites qui ont les premiers fait entrer les mathématiques dans l'éducation des jeunes gens fussent aussi les premiers à enseigner des vérités si sublimes, qu'il faudra bien qu'ils enseignent un jour, quand il n'y aura plus d'honneur à les connaître, mais seulement de la honte à les ignorer ».

On ne peut en revanche leur reprocher un défaut de clairvoyance lorsqu'ils s'inquiètent des prolongements philosophiques du newtonisme. Car le « spinozisme spirituel » que le P. Castel dénonce en 1739 [1] n'est pas, de ce point de vue, le plus grave danger. En favorisant le retour à une conception dynamiste de la matière la science newtonienne ruine un des arguments favoris de l'apologétique. Voltaire est sans doute fondé à écrire au P. Tournemine « que toute la philosophie de Newton suppose nécessairement un premier moteur », et il a le droit d'ajouter que l'attraction, bien qu'*inhérente* aux corps, ne leur est pas *essentielle* [2]. Mais la fragilité de cette distinction apparaîtra dans les années suivantes : le premier effet de la crise newtonienne en France sera d'ébranler la confiance mise naguère dans la capacité de la raison à définir *a priori* l'essence des choses. Si nous ne connaissons la matière que par ses propriétés sensibles, comment établir entre elles une autre hiérarchie que celle que suggère l'expérience ? Bornons-nous à l'étude des phénomènes, diront de prudents positivistes. Mais il se trouvera aussi des esprits audacieux pour inverser le raisonnement : *tout se passe comme si* l'attraction, phénomène universel, était une qualité essentielle de la matière, diront ceux-là ; tout se passe comme si la Nature se donnait à elle-même le mouvement ; à quoi bon alors une autre hypothèse ?

---

1. Cf. ci-dessus, p. 151.
2. Moland, XXXIII, p. 567. Dans le même passage, Voltaire développe, il est vrai, une idée peu faite pour plaire à son correspondant : si Dieu a pu donner la force attractive à la matière, écrit-il, rien ne l'empêchait de lui donner aussi la faculté de penser... On conçoit que le P. Tournemine ait marqué peu d'empressement devant l'interprétation matérialiste de la doctrine de Locke, que son ancien élève cherchait ainsi à lui faire avaliser.

4. — *Aux origines du positivisme*

Vers 1740 le newtonisme a gagné la partie; les difficultés que Voltaire venait de rencontrer pour publier son livre, les déceptions de Maupertuis et son départ pour Berlin attestent tout au plus l'âpreté de combats d'arrière-garde et le caractère personnel pris parfois par la controverse. Après l'expédition de Laponie (1736-1737), et avant même le retour de celle du Pérou, la question de la figure de la terre est réglée à l'avantage de Newton [1]. Victorieuse au niveau des faits, l'attraction s'impose à ses plus ardents adversaires : la distinction qu'établissent les cartésiens entre la vérité géométrique du newtonisme et son insuffisante valeur physique leur permet d'admettre pratiquement toutes les découvertes de Newton. Cette attitude relativement conciliante, qui apparaît aussi dans les *Institutions de physique* de Mme du Châtelet, avait été adoptée par J. Bernouilli dès 1734 [2]. On la retrouve aussi bien chez Privat de Molières que chez Gamaches. Et le nouveau secrétaire de l'Académie des Sciences, Dortous de Mairan, constate en 1742 :

« Le mécanisme comme cause immédiate de tous les phénomènes de la nature, est devenu dans ces derniers temps le signe distinctif des cartésiens; car à quoi les reconnaîtrait-on sans cela, lorsqu'ils font profession de recevoir toutes les découvertes des Modernes, et principalement celles de Newton ? C'est donc là l'esprit du cartésianisme; les explications particulières que nous a laissées Descartes n'en sont, pour ainsi dire, que le marc... » [3].

On admet donc la réalité de l'attraction mais sans renoncer à la faire entrer un jour dans les schémas explicatifs du mécanisme traditionnel; encore cet espoir apparaît-il parfois bien timide; affirmer avec Mairan que les attractions « nous cachent un mécanisme trop subtil ou trop compliqué... », n'est-ce pas accepter l'idée de ne le découvrir jamais ? Voltaire avait déjà dénoncé deux ans plus tôt l'inanité d'un cartésianisme devenu purement verbal : rien ne reste de la science de Descartes, écri-

---

1. Maupertuis expose les résultats de l'expédition en 1738 dans son traité sur *La Figure de la Terre*. Cf. Voltaire, à Thieriot, 5 juin 1738, Moland, XXXIV, p. 490.

2. Cf. P. Brunet, *L'introduction des idées de Newton en France, op. cit.*, Ch. IV, p. 272 sq.

3. Texte cité en 1746 (p. 47) par le *Journal des Savants*, dans son analyse de l'*Histoire de l'Académie Royale des Sciences pour 1742*.

vait-il en 1740 à Maupertuis, et l'on se dit encore cartésien ![1] Désormais la physique des tourbillons n'est plus qu'une survivance; les professeurs de l'Université, toujours en retard sur le mouvement scientifique, continuent à l'enseigner[2], mais le public cultivé devient « attractionnaire ». En 1732 le *Discours* de Maupertuis s'adressait à un petit nombre de spécialistes. En 1738 Voltaire rend le newtonisme accessible aux mondains; en dépit de l'hostilité de la science officielle, le succès de son livre est immédiat : « M. de Voltaire parle enfin, et aussitôt Newton est entendu ou en voie de l'être; tout Paris retentit de Newton, tout Paris bégaye Newton, et apprend Newton... »[3]. Sans doute se rencontre-t-il encore, suivant l'exemple du vieux Fontenelle, des cartésiens qui ne désarment pas : tel ce galérien philosophe rencontré par le président de Brosses au bagne de Marseille et qui travaillait en 1739 à un commentaire contre Newton[4]. Mais d'autres, et des plus illustres, se convertissent au système de l'attraction : ainsi fait Crousaz en 1741, après avoir longtemps rejeté tout le newtonisme, y compris l'optique et la théorie des couleurs[5]. De même, Mme du Châtelet, si l'on en croit Voltaire, finit par abandonner Leibniz pour revenir à Newton : dans ses dernières années elle prépare en tout cas une traduction des *Principia*, qui sera publiée après sa mort en 1759.

Dès avant cette date, deux faits d'importance consacrent le triomphe de Newton sur Descartes. En 1747, avec les *Institutions newtoniennes* de Sigorgne, il fait son entrée à l'Université de Paris[6]. Le *Journal des Savants* souligne l'événement, tandis que son confrère jésuite pousse l'enthousiasme jusqu'à un éloge de la physique mathématique assez rare jusque-là dans ses colonnes : « N'est-il pas suffisamment décidé par les *Institutions newtoniennes* que tout vrai physicien, de quelque secte qu'il soit, doit se plonger dans les mathématiques s'il veut contribuer à diminuer les incertitudes de la physique ordinaire ? »[7] En 1750 enfin, sous la plume de d'Alembert, l'*Encyclopédie* adopte l'attraction et présente un long historique de la querelle; le ton de l'article est certes très prudent et s'accompagne de réserves : à l'inverse de Sigorgne qui étendait la gravitation aux phénomènes de la capillarité, d'Alembert ne veut pas se hâter de la

---

1. Moland, XXXV, p. 2.

2. Voltaire, à Maupertuis, 1741, *ibid.*, XXXVI, p. 92.

3. *Mémoires de Trévoux*, août 1738, p. 669. Le même journal constate en octobre 1740 (p. 1955) « l'espèce de déroute ou de désertion du système cartésien ».

4. DE BROSSES, à M. de Blancey, 15 juin 1739, *Lettres familières...*, Paris, 1869, t. I, p. 31. Dans la seconde moitié du siècle, les « réfutations » de Newton sont encore nombreuses. Ainsi dans sa *Physique du monde* (Paris, 1780), le baron de Marivetz ne craindra pas de prendre parti contre la science newtonienne.

5. CROUSAZ, lettre à Barbeyrac, août 1741, citée par J. de la HARPE, *op. cit.*, p. 239.

6. Professeur de philosophie à l'Université de Paris, l'auteur s'était déjà fait connaître par plusieurs ouvrages destinés à réfuter Privat de Molières. Cf. *Journal des Savants*, 1748, p. 3, sq.

7. *Mémoires de Trévoux*, novembre 1747, p. 2222.

généraliser et paraît enclin à la réserver aux corps célestes. Mais, conclut-il, quelle qu'en soit la cause, le fait en tout cas ne peut prêter à discussion et s'il est hasardeux de considérer l'attraction comme une qualité essentielle de la matière, pourquoi ne pas en faire, avec Maupertuis, l'une de ses qualités primordiales ? [1]

Il est difficile de voir dans cette dernière distinction autre chose qu'une échappatoire. Géomètre assez sec et qui n'est pas enclin aux aventures intellectuelles, d'Alembert adopte volontiers cette formule peu compromettante qui présente à ses yeux l'avantage de ne pas trancher imprudemment une difficulté peut-être insoluble. Rigueur méthodologique ou médiocrité philosophique ? Cette sagesse un peu sommaire, quelque jugement qu'on porte sur elle, représente assez bien l'une des tendances d'esprit les plus caractéristiques de ce milieu de siècle. Vers 1750 la longue querelle de l'attraction et le succès même des newtoniens aboutissent à une sorte de positivisme avant la lettre, qui trouve sa meilleure expression dans l'*Encyclopédie*.

Renonçant à fournir une explication générale de l'univers, on se borne à établir l'inventaire des connaissances acquises et à préparer de nouvelles découvertes fragmentaires; de plus l'intérêt porté à la science appliquée l'emporte sur l'attrait des vues spéculatives. En un sens l'*Encyclopédie* s'engage ici dans une voie déjà frayée par l'Académie des Sciences qui, sous la direction de Fontenelle, n'avait nullement méconnu ni les nécessités de la méthode expérimentale, ni son utilité sociale. Mais les recherches de détail étaient alors soutenues par un corps de doctrine, et si elles ne s'y intégraient pas toujours facilement, elles participaient du moins de son esprit. L'unité de la science et celle de l'univers étaient sauvegardées, et la mécanique apparaissait comme un modèle proposé aux autres formes du savoir : irréalisable dans l'immédiat, contrairement aux espoirs prématurés de Descartes, une science toute déductive restait du moins concevable, l'univers n'étant qu'un enchaînement mathématique de lois intelligibles. Pour les deux directeurs de l'*Encyclopédie* il n'est pas possible de classer les sciences en fonction d'une discipline privilégiée à laquelle toutes les autres devraient tôt ou tard se rattacher mais seulement selon les différentes facultés de l'esprit du savant [2]. Ainsi les futures synthèses scientifiques n'auront jamais qu'un caractère provi-

---

1. *Encyclopédie*, t. I, 1750, art. *Attraction*.
2. *Encyclopédie, Discours préliminaire*. Dans la mesure où ce texte engage aussi Diderot, il n'exprime à coup sûr qu'un aspect de sa personnalité intellectuelle. Le positivisme de d'Alembert s'était déjà affirmé en 1743 dans la *Préface* de son *Traité de Dynamique*. Voir aussi, dans l'*Encyclopédie* les articles *Cause* (t. II, 1751) et *Impulsion* (t. VIII, 1765).

soire : simple mise en ordre de faits isolés, elles ne fourniront jamais le principe réel de l'arrangement des choses. Paradoxalement, le système de Newton qui marque l'apogée de la physique mathématique construite par Descartes et Galilée aboutit ainsi, par le choc intellectuel qu'il provoque, à remettre en cause l'intelligibilité globale de l'univers[1].

Dans les dernières années du demi-siècle certains se résignent mal à ce qui leur apparaît comme une démission de l'esprit scientifique. En 1750 le comte de Tressan est admis à l'Académie des Sciences comme associé libre après la lecture d'un manuscrit au titre ambitieux : *Essai sur le fluide électrique considéré comme agent universel*[2]. Tout le prix de l'ouvrage vient de la double profession de foi, newtonienne et mécaniste, de sa préface; l'auteur s'y félicite d'avoir été familiarisé dès 1727, grâce à Maupertuis et La Condamine, avec « l'ordre, la simplicité et le sublime de la doctrine newtonienne ». Mais si évidente que lui parût celle-ci, sa raison, dit-il, ne laissait pas d'exiger quelque chose de plus, qui lui permît de rattacher les notions nouvelles apportées par Newton au système du mécanisme universel[3]. Cependant comment faire dépendre l'attraction d'une impulsion primitive lorsqu'on est contraint d'admettre le caractère chimérique de l'hypothèse des tourbillons ? Tressan propose de demander une réponse à la science nouvelle de l'électricité, apte à renouveler d'une manière plus précise l'idée de la matière subtile[4]. Les phénomènes électriques sont alors à la mode; après les travaux de Grey et du Fay, l'électricité statique est devenue l'objet de recherches expérimentales, en même temps que d'un véritable engouement mondain. « La guerre et l'électricité, c'est la matière des conversations d'aujourd'hui », constate le journaliste de Trévoux[5], tandis que le public assidu aux conférences de l'abbé Nollet s'émerveille des effets de la bouteille de Leyde. Il était tentant de rapprocher l'attraction et la répulsion électriques de la pesanteur terrestre et de la gravitation planétaire. Les premières semblaient même d'une interprétation plus aisée que les secondes, puisque l'idée

---

1. Le concept scientifique de *loi* n'implique plus l'idée d'une nécessité rationnelle, mais seulement le retour régulier du même phénomène. A la suite de Newton on ne demande plus aux mathématiciens la certitude de leur méthode, mais simplement la précision de leur langage. Cf. Y. BELAVAL, *La crise de la géométrisation de l'univers dans la philosophie des lumières*, Revue internationale de Philosophie, 1952, pp. 337-355.

2. L'ouvrage ne sera publié qu'en 1786.

3. « Je ne peux cependant pas m'empêcher d'avouer que les effets de l'attraction et de la gravitation, quoiqu'ils me fussent démontrés, me laissaient toujours désirer de leur trouver une cause primitive suffisante pour entretenir l'équilibre et l'harmonie que ces deux puissances établissent entre toutes les sphères célestes » (*op. cit.*, *Préface*, pp. XXVII-XXVIII). Dans la pensée de l'auteur il ne pouvait s'agir que d'une cause mécanique puisque, comme l'avait bien vu Descartes, « celles de cette espèce sont les seules qui doivent être admises par la raison » (*Ibid.*, *Discours préliminaire*, p. LXXIII).

4. Citant le physicien Folkes, Tressan écrit d'autre part : « Je crois (...) que l'électricité est la plus grande découverte que nous puissions faire pour nous éclairer sur la cause mécanique des grands mouvements de l'univers ». (*Ibid.*, p. XLVI).

5. *Mémoires de Trévoux*, juin 1746, p. 1309 sq.

d'un « fluide électrique » s'imposait aux savants les plus désireux de s'en
tenir aux données de l'expérience ; ainsi en 1746 l'abbé Nollet lui-même
ne craint pas d'écrire :

> « Il est de toute évidence que les attractions, répulsions et autres phéno-
> mènes électriques sont les effets d'un fluide très subtil qui se meut autour du
> corps que l'on a électrisé, et qui étend son action à une distance plus ou moins
> grande, selon le degré de force qu'on lui a fait prendre »[1].

Pour lui ce fluide est sans doute peu différent de celui de la matière
de la lumière et du feu... Trois ans plus tard un autre physicien, Jallabert,
reprend ce rapprochement, mais souligne aussi les analogies de cette
matière primitive avec l'éther de Newton[2]. Les suggestions du comte de
Tressan ne sont donc pas un fait isolé, et tous ces textes témoignent,
autant que l'obstination de Fontenelle, de la vitalité que conserve l'esprit
mécaniste au milieu du siècle.

Laissons cependant les faiseurs de systèmes souffler leurs bulles.
L'auteur des *Bijoux indiscrets* n'illustre pas une pensée neuve quand il fait
s'écrouler à grand bruit, à l'approche de l'Expérience, les colonnes du
portique des hypothèses[3]. L'idée est alors devenue fort banale, et un
correspondant anonyme des *Mémoires de Trévoux* l'exprimait déjà plus
platement lorsque, deux ans plus tôt, il mettait les savants en garde
contre les théories et les synthèses prématurées : « Un système précoce
peut bien être la preuve d'une imagination vive et féconde ; il ne l'est
jamais du bon sens... »[4]. Le « bon sens » conseille d'accumuler les observations et les expériences, non de se hasarder dans le pays étrange où son
rêve entraîne un jour Mangogul. Il enseigne une saine prudence méthodologique qui permet d'espérer un enrichissement indéfini du savoir.
Qu'aucune idée préconçue ne vienne gêner la recherche expérimentale,
et l'on verra se dissiper progressivement les mystères de la Nature, écrit
le physicien anglais Mac Laurin :

> « Nous ne devons pas douter que la Nature ne réserve un grand nombre
> de découvertes pour les siècles futurs, qui peuvent être retardées par nos
> anticipations téméraires et mal fondées. En procédant ainsi avec précaution,
> chaque siècle ajoutera au trésor de nos connaissances, les mystères qui ont
> été cachés jusqu'ici dans la Nature pourront être dévoilés peu à peu, les
> Arts fleuriront et augmenteront, le genre humain se perfectionnera et paraîtra
> plus digne de sa situation dans l'univers, à proportion qu'il approchera plus
> d'une parfaite connaissance de la nature »[5].

---

1. NOLLET, *Essai sur l'électricité des corps*, Paris, 1746, pp. 143-146.
2. JALLABERT, *Expériences sur l'électricité*, Paris, 1743, p. 174 sq.
3. DIDEROT, *Les Bijoux indiscrets*, 1748, Ch. XXXII, A.T., IV, pp. 255-259.
4. *Mémoires de Trévoux*, juin 1746, p. 1304.
5. Colin MAC LAURIN, *Exposition des découvertes de M. le Chevalier Newton*, 1748,
trad. Lavirotte, Paris, 1749, Livre I, Ch. V, p. 94.

Ce langage optimiste, cette belle confiance dans l'avenir de la science et dans les perspectives que ses progrès ultérieurs ouvriront à l'espèce humaine prouvent que la voix du « bon sens » n'est pas nécessairement désabusée. Fontenelle aurait pu écrire les lignes qui précèdent. Peut-être même le lien établi par Mac Laurin entre le développement des connaissances et le « perfectionnement » du genre humain devait-il sembler fragile au moraliste sceptique que le secrétaire de l'Académie des Sciences était toujours resté... [1] En revanche Fontenelle ne pouvait admettre que le progrès des sciences dût se faire au détriment des principes mécanistes. Sans prétendre connaître — en dépit de l'insinuation de Mac Laurin — « l'essence et les premières causes des choses » et sans penser à nier « la variété inépuisable de la nature » [2], il conservait du moins une certitude : ou bien la nature est mécanique, ou bien elle n'est pas intelligible ; puisque le second terme de l'alternative était manifestement insoutenable, il fallait bien que le premier fût vrai ! Fontenelle consacrait donc ses dernières forces à revoir et préciser l'hypothèse des tourbillons, persuadé que le monstre de l'attraction trouverait tôt ou tard son Persée...

Renversement inattendu des perspectives ! Dans cette dernière péripétie de la bataille newtonienne, l'assurance du vaincu contraste avec le désarroi des vainqueurs. Certains newtoniens français le sont du bout des lèvres ; l'hypothèse de l'attraction s'accorde avec l'expérience, concède l'un d'eux, mais « on ne saurait s'assurer qu'elle soit le vrai système de l'univers » [3]. Au reste ce « vrai système » n'est-il pas une chimère, et l'esprit humain fera-t-il jamais plus que coordonner des observations partielles ?

« Placés comme nous le sommes sur un atome qui roule dans un coin de l'univers, qui croirait que les Philosophes se fussent proposé de démontrer en physique les premiers éléments des choses, d'expliquer la génération de tous les phénomènes, et de développer le mécanisme du monde entier ? C'est trop augurer des progrès de la physique que de s'imaginer qu'on puisse jamais avoir assez d'observations pour faire un système général » [4].

Mac Laurin ne disait pas autre chose, mais il le disait de manière bien différente. Ici l'accent n'est plus mis sur l'activité conquérante de l'esprit scientifique mais sur les difficultés de sa tâche, et le sentiment de la diversité de la nature éclipse la confiance en la simplicité de ses voies. Tout se passe comme si l'auteur de ce texte restait secrètement trop cartésien

---

1. Sur la place de l'idée de progrès dans la pensée de Fontenelle, voir ci-dessus, Ch. II, 1, et ci-dessous, Ch. XII, 2.
2. MAC LAURIN, *op. cit.*, Livre I, Ch. I, pp. 10-14.
3. CONDILLAC, *Traité des systèmes*, Paris, 1749, Ch. XII, p. 378.
4. *Ibid.*, p. 365.

pour ne pas ressentir avec quelque amertume les déboires de la « nouvelle physique ».

Peut-être la nature est-elle mécanique, mais ce mécanisme passe infiniment les bornes de notre esprit. Pascal disait le projet cartésien « inutile et incertain ». A son tour le siècle de l'*Encyclopédie* découvre qu'il est vain de vouloir « composer la machine »[1]. Si certains philosophes semblent s'en consoler difficilement, d'autres en prennent leur parti avec une facilité un peu agaçante. Selon le marquis d'Argens « la Nature ressemble à un joueur de gobelets : elle ne nous montre que les derniers effets de ses opérations ». A quoi bon cependant de vains regrets ?

« C'en est toujours assez pour notre utilité, et pour les connaissances qui nous sont nécessaires. Que nous importe-t-il de savoir comment les premiers principes agissent, pourvu que nous sachions le secret de les faire agir, et de leur faire produire d'une manière sûre les effets que nous cherchons et dont nous pouvons tirer quelque utilité ! »[2].

Pour Fontenelle la Nature était une ingénieuse machine d'opéra; en 1750 on applaudit volontiers à la féerie du spectacle, mais sans s'imposer l'effort d'une visite à la salle des machines; ainsi la paresse épicurienne de La Mettrie fait écho au « bon sens » du marquis d'Argens :

« Nous voyons tous les objets, tout ce qui se passe dans l'univers, comme une belle décoration d'opéra, dont nous n'apercevons ni les cordes ni les contre-poids. Dans tous les corps comme dans le nôtre, les premiers ressorts nous sont cachés, et le seront vraisemblablement toujours. Il est facile de se consoler d'être privé d'une science qui ne nous rendrait ni meilleurs ni plus heureux »[3].

Convaincu de l'incertitude des sciences humaines, « le bon sens » s'accommode facilement d'une science toute pratique et ne regrette pas les hautes spéculations d'un passé encore proche[4]. Mais on n'échappe pas aussi aisément à la philosophie. Comme tous les positivismes celui de d'Alembert et de ses contemporains enveloppe une sorte de métaphysique honteuse. Le désir d'une science « rentable », aux risques cal-

1. PASCAL, *Pensées*, Br. II, 79. « Il faut dire en gros : *cela se fait par figure et mouvement*, car cela est vrai. Mais de dire quels, et composer la machine, cela est ridicule. Car cela est inutile, et incertain et pénible »...

2. D'ARGENS, *La philosophie du bon sens* (Londres, 1737), nouvelle édition augmentée, La Haye, 1755, t. I, p. 236.

3. LA METTRIE, *Système d'Épicure*, 1750, I (*Œuvres*, Berlin, 1796, t. II, pp. 3-4).

4. Voir les réflexions judicieuses de Bernard GRŒTHUYSEN sur l'*Encyclopédie* dans le *Tableau de la littérature française*, Paris, Gallimard, 1939. (nouvelle édit. 1962), t. II, pp. 314-323.

culés et d'un profit immédiat, cache mal une adhésion paresseuse à une certaine image globale de l'univers : un monde aussi rationnel que l'exige le confort d'une vie bourgeoise, mais assez déconcertant pour décourager d'avance toute investigation périlleuse. Trop complexe et trop riche pour être jamais conquise, la Nature dans laquelle se complaisent des médiocres comme d'Argens ou même La Mettrie ressemble encore suffisamment à une horloge construite de main d'homme pour donner prise à la raison praticienne. Équilibre instable où se compensent, provisoirement, la sagesse des choses et leur puissance : à mi-chemin de l'idée d'un ordre intelligible à laquelle on ne peut tout à fait renoncer et d'un Naturalisme dont on n'ose assumer toutes les conséquences. Le siècle, heureusement, était encore trop jeune pour se satisfaire pleinement d'un compromis aussi mesquin. Les rêveries enthousiastes de Diderot, les visions majestueuses de Buffon devaient venir bousculer toutes ces précautions inutiles. Et, par ailleurs, les professions de foi positives sont loin d'exclure en réalité des ambitions plus, larges. De ce point de vue l'effort philosophique du premier newtonien français, si incertain et inachevé qu'il ait pu être, illustre de façon saisissante les contradictions dans lesquelles se débattent les « philosophes » de 1750.

5. — *Finalité et Nécessité : La « Cosmologie » de Maupertuis* (1750)

Contraste révélateur : dans son *Essai de Cosmologie* Maupertuis reprend presque littéralement les vues de Condillac sur l'impossibilité d'un « système complet » et explicatif de l'univers ; il affirme cependant la légitimité d'une recherche des « premiers principes de la nature » et le dessein de son ouvrage n'est rien de moins qu'une suprême tentative pour fonder la théologie naturelle à partir d'une science qui reposerait elle-même sur des principes métaphysiques [1].

Le président de l'Académie de Berlin avait trop de rigueur intellectuelle pour se satisfaire des preuves banales et faciles que la théologie newtonienne, entre autres, empruntait aux « merveilles de la nature » [2]. Selon Maupertuis les arguments de Newton lui-même ne sont pas exempts d'une certaine naïveté : il est très improbable, certes, que le hasard seul ait produit l'uniformité du mouvement des planètes, mais l'improbable n'est pas l'impossible, et l'on ne peut voir là une preuve absolue d'un choix divin à l'origine de notre système astronomique. Au reste rien n'interdit de supposer une cause physique de cette uniformité, comme le suggère l'hypothèse qui fait mouvoir les planètes par un fluide quelconque [3]. La faiblesse de ces démonstrations téléologiques, manifeste dans le cas de l'astronomie, l'est encore bien davantage dans celui de l'histoire naturelle. Certains s'appuient, comme Newton, sur l'uniformité de la « construction des animaux », mais d'autres préfèrent arguer de sa variété, plus proches par là de ce que révèle à Maupertuis sa propre expérience de naturaliste [4]. A son avis l'argument finaliste de la parfaite adaptation des organes des animaux à leurs besoins n'est pas moins contestable ; car ce qui nous paraît une harmonie providentielle s'explique peut-être tout simplement, dit-il, par l'élimination de tous les inadaptés [5]. Quoi de plus ridicule que de vouloir trouver Dieu dans les plis de la peau d'un rhinocéros ! La naïveté de certains imitateurs de Newton, les Lesser, les Fabricius, ou les Nieuwentyt, finit par gâter la cause excellente

---

1. MAUPERTUIS, *Essai de Cosmologie*, Berlin, 1750, *Avertissement*. Une première version de l'ouvrage aurait existé déjà en 1741. Cf. Voltaire, à Maupertuis, 10 août 1741, Moland, XXXVI, p. 91.

2. *Ibid.*, *Avant-Propos où l'on examine les preuves de l'existence de Dieu tirées des merveilles de la nature.*

3. *Ibid.*, pp. 8-9.

4. *Ibid.*, p. 14.

5. *Ibid.*, p. 17.

qu'ils défendent. Car enfin, pour s'élever à l'idée de l'Être Suprême, il
ne suffit pas de découvrir dans les détails de la création une habileté
infinie : la machine du serpent est merveilleuse, ironise Maupertuis, mais
à quoi sert le serpent ? [1] De même les naturalistes s'extasient devant le
développement d'une mouche, mais « tout cela aboutit à produire un
insecte incommode aux hommes, que le premier oiseau dévore, ou qui
tombe dans les filets d'une araignée » [2]. De façon plus générale tous les
arguments finalistes de cet ordre viennent buter sur le problème du mal
et fournissent en fin de compte des armes aux incrédules. Il faudrait donc
montrer dans l'univers les traces d'une Sagesse, et non pas seulement
celles d'une Intelligence : « L'habileté dans l'exécution ne suffit pas,
conclut Maupertuis, il faut encore que le motif soit raisonnable » [3].

Cette formule péremptoire nous donne la clé de l'*Essai de Cosmologie* : nous n'avons pas à choisir entre un ridicule finalisme de détail et
une philosophie purement mécaniste. La connaissance des lois universelles de la nature doit permettre de dépasser ce faux dilemme : et la
science abstraite du mathématicien sera plus précieuse à la religion naturelle que la science trop concrète du naturaliste.

« Ce n'est donc point dans les petits détails, dans ces parties de l'univers
dont nous connaissons trop peu les rapports qu'il faut chercher l'Être Suprême :
c'est dans les phénomènes dont l'universalité ne souffre aucune exception, et
que leur simplicité expose entièrement à notre vue » [4].

La loi de gravitation remplit-elle les conditions requises ? Maupertuis est bien placé pour en comprendre l'importance philosophique;
mais nous avons vu qu'il n'hésite guère à considérer la force attractive
comme une propriété de la matière et, d'autre part, la définition mathématique de la gravitation ne lui paraît pas suffisamment intelligible. Pourquoi cette formule plutôt que toute autre ? La piété de Newton adorait
dans cet arbitraire une manifestation de la toute-puissance divine : dès
1732 son disciple français avait au contraire tenté de le réduire à des
« motifs raisonnables ». Trop soucieux d'éviter le « spinozisme » pour ne
pas apprécier les arguments que la science newtonienne apportait à l'idée
de la liberté divine, mais trop rationaliste aussi pour concevoir celle-ci
comme une liberté d'indifférence, Maupertuis s'était orienté dès cette
époque vers la recherche d'une solution moyenne, à mi-chemin entre
Newton et Leibniz. Telle est bien l'inspiration du mémoire *Sur les lois
d'attraction* présenté alors à l'Académie des Sciences. Si le Créateur a fait

---

1. *Ibid.*, pp. 22-23.
2. *Ibid.*, p. 24.
3. *Ibid.*, p. 32.
4. *Ibid.*, p. 35.

un choix entre toutes les lois d'attraction possibles, écrivait Maupertuis, « il y aura eu sans doute des raisons pour ce choix ». En effet seule la formule effectivement adoptée permettait une parfaite symétrie dans l'attraction des corps : « Cette uniformité pouvait être une raison de préférence pour la loi où elle se trouvait, et, dès lors, tous les systèmes possibles d'attraction n'étaient plus égaux... »[1]. Le choix divin cessait donc de paraître arbitraire, sans pour cela être soumis à quelque nécessité métaphysique. Entre le rationalisme de Maupertuis et celui de Leibniz il y a déjà en 1732 cette différence essentielle : Mme du Châtelet le constate et le regrette lorsqu'elle déplore que son initiateur au newtonisme n'ait pas poussé son analyse jusqu'à rattacher le fait même de l'attraction au principe de raison suffisante [2].

Mais précisément, si grande que soit la dette de Maupertuis envers Leibniz, sa cosmologie définitive n'est rien moins que leibnizienne. On s'en aperçoit bien vite à la lecture de son *Essai* de 1750. L'argument traditionnel des adversaires du cartésianisme, que Clarke avait opposé ensuite à Leibniz, y est repris avec force : comme Descartes Leibniz « soustrait le monde à l'empire de la Divinité » [3]. Le principe de la conservation de la force vive offre à cet égard les mêmes inconvénients que le principe cartésien de la conservation du mouvement. Pour le sauver, en dépit de l'expérience, et au nom d'une prétendue loi de continuité, les leibniziens vont même jusqu'à nier l'existence de corps parfaitement durs alors qu'il n'en existe peut-être pas d'autres dans l'univers [4]. Sur ce point l'évolution de Maupertuis vaut d'être notée. En 1738, si l'on en croit Mme du Châtelet, il acceptait les vues de Bernouilli, elles-mêmes empruntées à Leibniz [5]. Son *Essai* de 1750 marque un retour à l'atomisme newtonien :

« La conservation de la quantité de mouvement n'est vraie que dans certains cas. La conservation de la force vive n'a lieu que pour certains corps. Ni l'une ni l'autre ne peut donc passer pour un principe universel, ni même pour un résultat général des lois du mouvement » [6].

C'est donc bien à tort, remarque Maupertuis, que Descartes et Leibniz fondent sur de tels principes toute une philosophie qui accorde à la nature une consistance indépendante de l'action divine. Non seulement, précise Maupertuis, le mouvement ne se conserve pas de soi, mais son existence même et sa transmissibilité sont peut-être le phénomène

---

1. MAUPERTUIS, *Œuvres*, Lyon, 1756, t. I, pp. 167-169. Cf. P. BRUNET, *Maupertuis...*, *op. cit.*, Ch. VIII. Seule la formule newtonienne fait que l'attraction d'une sphère soit comme si toute sa masse était concentrée en son centre.
2. *Institutions de physique*, *op. cit.*, Ch. XVI, p. 326.
3. *Essai de Cosmologie*, *op. cit.*, p. 76.
4. *Ibid.*, p. 67.
5. Lettre de Mme du Châtelet à Maupertuis, 29 septembre 1738, citée par P. BRUNET, *op. cit.*, pp. 243-244.
6. *Essai de Cosmologie*, *op. cit.*, p. 41.

le plus merveilleux de l'univers [1]. En vain aurait-on recours à l'idée de *force motrice* pour expliquer « qu'une partie de la matière qui ne peut se mouvoir d'elle-même en pût mouvoir une autre » [2]; cette notion obscure ne doit être prise que comme un mot commode pour expliquer le « résultat des phénomènes », non comme une véritable puissance intérieure aux corps. Aussi bien les lois du mouvement sont-elles radicalement contingentes, comme l'atteste la vanité de tous les essais pour les déduire *a priori* [3].

Au Dieu trop raisonnable de Leibniz Maupertuis oppose donc en 1750 la toute-puissance du Dieu de Newton; comme Newton aussi, il établit un lien entre le recours à la méthode expérimentale dans les sciences de la nature et une théologie de la liberté divine. Pas plus qu'en 1732 il ne conçoit cependant la liberté de Dieu comme purement arbitraire. Le désir de concilier la puissance et la sagesse divines sans diminuer l'une au profit de l'autre inspire sa recherche d'un principe de téléologie auquel rattacher les lois du mouvement elles-mêmes, en montrant qu'elles sont « fondées sur le principe du *Mieux* » [4]. C'est pourquoi le voici qui, aussitôt après, affirme de façon fort peu newtonienne la légitimité d'une démonstration métaphysique ! « Ce n'est pas dans la mécanique que je vais chercher ces lois, c'est dans la sagesse de l'Être Suprême » [5]. Si l'univers est rationnel, on doit pouvoir indifféremment remonter de l'expérience à l'idée de Dieu, ou descendre depuis celle-ci jusqu'aux lois les plus générales [6]. Maupertuis ne songe pas ici aux lois de conservation qui ne sont pour lui que des lois particulières à portée limitée, mais à celle qu'il avait établie dès 1744 selon cette double méthode. Il s'agit de son célèbre principe de la moindre quantité d'action qui lui vaudra, on le sait, sa controverse avec König — et sa rupture avec Voltaire. Après l'avoir défini en 1744, à propos de la réfraction, comme la loi générale du mouvement de la lumière [7], il l'avait étendu en 1746 à la dynamique et à la statique [8] :

« Dans le choc des corps le mouvement se distribue de manière que la quantité d'action que suppose le changement arrivé est la plus petite qu'il soit possible. Dans le repos les corps qui se tiennent en équilibre doivent

---

1. *Ibid.*, p. 43.
2. *Ibid.*, p. 57. A rapprocher des réflexions de d'Alembert sur le même sujet, dans la préface de son *Traité de Dynamique* (1743), pp. XVI-XVIII.
3. *Examen philosophique* de la *preuve de l'existence de Dieu employée dans l'Essai de Cosmologie.*, *Mémoires de l'Académie de Berlin*, 1756, p. 402 sq. Cf. BRUNET, *Maupertuis. L'œuvre et sa place dans la pensée scientifique et philosophique du XVIIIe siècle*, Paris, 1929, p. 426 sq.
4. *Essai de Cosmologie*, *op. cit.*, p. 59.
5. *Ibid.*, p. 60.
6. Mais non jusqu'à l'ordre et la structure du monde sensible, selon « l'entreprise véritablement extravagante de Descartes ».
7. *Accord de différentes lois de la nature qui avaient jusqu'ici paru incompatibles* », *Mémoires de l'Académie Royale des Sciences*, 1744, (*Œuvres, op. cit.*, t. IV, p. 1 sq.).
8. *Les lois du mouvement et du repos déduites d'un principe de métaphysique, Mémoires de l'Académie de Berlin*, 1746 (*Œuvres*, IV, p. 31, sq.).

être tellement situés que s'il leur arrivait quelque petit mouvement la quantité d'action serait la moindre » [1].

Définie par la formule *mve* (produit de la masse du corps considéré par sa vitesse et l'espace parcouru), l'action est donc, comme l'écrivait Maupertuis dans son mémoire de 1744, « la véritable dépense de la nature et qu'elle ménage le plus qu'il est possible ». Le principe de moindre action rappelle l'antique adage finaliste de la simplicité des voies de la nature mais il lui apporte à la fois une confirmation expérimentale et une précision toute nouvelle [2]. Que le concept d'action vienne ou non de Leibniz, il prend en tout cas chez Maupertuis une portée originale. A la fois principe d'économie et principe de choix, la loi de moindre action permet de concilier la science et la religion en même temps que les deux attributs fondamentaux de l'Être Suprême [3]. Elle permet donc d'éviter l'écueil du rationalisme métaphysique de Leibniz et montre que les « mouvements de la Nature », si réguliers qu'ils paraissent, « ne sont ni éternels, ni indépendants ; qu'ils sont soumis à une puissance qui les produit et les augmente ; les diminue et les détruit de la manière la plus économique et la plus sage » [4].

La nature ne possède donc en elle-même aucune puissance active ; celle-ci est tout entière réservée à Dieu. Maupertuis insiste sur le fait que son principe « laisse le monde dans le besoin continuel de la puissance

1. *Essai de Cosmologie, op. cit.* p. 75.

2. Cf. D'ALEMBERT, *Encyclopédie,* t. III, article *Cosmologie.* Sur l'histoire du principe de la moindre action, voir P. BRUNET, *Maupertuis..., op. cit.,* Ch. V, et, du même auteur, *Étude historique sur le principe de la moindre action,* Paris, Hermann, 1938. — Dans une *Note sur le principe de la moindre action chez Maupertuis* (Cf. *Dynamique et Métaphysique leibniziennes,* Paris, 1934, pp. 215-235) M. GUÉROULT règle la question de priorité en faveur de Maupertuis sur le plan métaphysique, mais en faveur de Leibniz sur le plan scientifique. En revanche, Mlle S. BACHELARD soutient que l'histoire du principe commence à Maupertuis et s'attache à montrer l'originalité de sa pensée scientifique par rapport au philosophe allemand. Voir son étude sur *Maupertuis et le principe de la moindre action, Thalès, Année 1958,* Paris, 1959, pp. 3-36.

3. Dans l'*Essai de Cosmologie* (p. 84) Maupertuis exprime le désir de voir l'attraction rattachée à son tour à la Sagesse Suprême. En 1752 dans ses *Lettres,* sorte de journal de ses pensées, il mentionne les points de correspondance découverts par Euler entre l'attraction et le principe de moindre action (*Lettre XII, Œuvres,* t. II, pp. 288-89): « Nous avons fait voir que toutes les lois du mouvement étaient fondées sur le principe de la moindre quantité d'action ; Newton a montré que tous les corps célestes se meuvent par une attraction vers le soleil : et M. Euler a trouvé que, si des corps se meuvent par une force qui les attire continuellement vers un centre, ils emploient dans leur route la moindre quantité d'action qu'il soit possible. Peut-on refuser ici son admiration ? Peut-on n'être pas frappé de l'accord de ces différentes lois ? Si l'on ne voit point que l'attraction elle-même dépend du principe de la moindre quantité d'action, ses effets du moins lui sont soumis : elle fait mouvoir les corps comme il faut qu'ils se meuvent pour obéir à cette loi universelle de la Nature ». (Texte cité par P. BRUNET, *Maupertuis, op. cit.,* p. 368).

4. MAUPERTUIS, *Lettres,* 1752, *op. cit.* Lettre X. *Sur les lois du mouvement.*

du Créateur » [1]. Non seulement Dieu est la cause du mouvement et de sa transmission, mais il doit à tout instant recréer l'énergie que chaque choc détruit. Sans doute cette re-création du mouvement sans cesse répétée est-elle calculée au plus juste par la sagesse divine, puisque l'énergie dépensée par la nature est à chaque fois un minimum : l'intervention de Dieu n'en est pas moins indispensable de façon continue et il ne s'agit plus seulement pour lui de remonter l'horloge de l'univers de temps à autre. Par-delà son newtonisme Maupertuis semble bien s'orienter vers un retour à Malebranche. L'un de ses commentateurs modernes souligne précisément l'analogie de sa conception de la nature avec le système des causes occasionnelles [2]. Bien plus, certains textes de notre auteur développent avec complaisance les germes d'idéalisme absolu que contenait la doctrine de Malebranche. Privée de toute efficacité causale, la Nature s'anéantit devant la toute-puissance divine. A la faveur d'une méditation sur *La manière dont nous apercevons* Maupertuis s'engage dans une analyse critique de la notion de substance. Ce que nous appelons ainsi n'est jamais, dit-il, que le résultat de perceptions répétées et généralisées. Il ne suffit pas de dépasser le substantialisme naïf du sens commun, et d'affirmer avec les cartésiens la subjectivité des « qualités sensibles » : les prétendues qualités premières, comme l'étendue, ne sont pas moins subjectives. Les objets extérieurs « ne sont que de simples phénomènes » dont la cause nous est inconnue. « Nous vivons dans un monde où rien de ce que nous apercevons ne ressemble à ce que nous apercevons » [3]. Comment affirmer alors la réalité substantielle de l'univers sensible, et l'existence du monde extérieur ? Maupertuis rejoint l'immatérialisme de Berkeley, doctrine qu'il connaissait [4]. Mais son raisonnement souligne surtout l'inconséquence de Malebranche qui, malgré la logique de son système, avait maintenu l'existence du monde extérieur sur l'autorité de la Révélation : « Ce ne fut que parce qu'il lisait la Bible, raille Maupertuis, qu'il crut qu'il y avait des livres » [5].

Gardons-nous cependant d'isoler cette boutade de son contexte. Au moment où Maupertuis semble pencher vers l'immatérialisme, il continue à affirmer l'existence d'« êtres inconnus » qui sont la cause de nos perceptions [6] : car « rien n'est comme il est sans raison » [7]. Ainsi le monde

1. *Essai de Cosmologie, op. cit.*, pp. 43-44.
2. M. GUÉROULT, *Note sur le principe de la moindre action, op. cit.*, p. 234. « Pour s'universaliser dans une cosmologie, le principe de Maupertuis doit donc substituer le monde de Malebranche à celui de Leibniz ».
3. *Lettres, op. cit.*, IV. Même raisonnement déjà en 1748 dans ses *Réflexions philosophiques sur l'origine des langues et la signification des mots.* (*Œuvres*, t. I, pp. 255-258).
4. Cf. t. I, p. 298. Après l'*Alciphron*, traduit par de Joncourt en 1734, les philosophes français venaient de découvrir les *Dialogues entre Hylas et Philonoüs* (1713) dans la traduction de Gua de Malves (Paris, 1744 ; seconde édition, Amsterdam, 1750).
5. *Lettres*, IV, *loc. cit.*, (*Œuvres*, II, p. 204).
6. *Ibid.*, p. 201.
7. *Réflexions philosophiques sur l'origine des langues..., op. cit.*, *Œuvres*, t.I, p. 283. De même Kant maintiendra l'existence de « noumènes » inconnaissables.

extérieur existe bien, indépendamment de la manière dont nous le percevons, mais sa nature profonde nous échappe. Maupertuis affirme à la fois l'existence d'un univers substantiel et son caractère inconnaissable. Son apparente adhésion aux paradoxes de Berkeley s'inspire moins d'une véritable sympathie pour leur signification métaphysique que du sentiment de leur accord au moins partiel avec son positivisme de savant. L'existence de la science atteste celle de son objet; Maupertuis est trop proche de l'*Encyclopédie*, par le temps et par l'esprit, pour ne pas se contenter aisément de cette constatation rassurante. Le sens commun conserve à ses yeux plus de prix que tous les systèmes des philosophes. C'est pourquoi sa sympathie évidente pour la pensée de Malebranche ne va pas non plus jusqu'à une véritable adhésion. Sans doute l'oratorien avait-il « entrevu quelque lumière » mais il n'a pas eu, comme Locke et Condillac, l'avantage de savoir douter [1]. Maupertuis utilise en 1732 le système des causes occasionnelles, mais c'est dans un dessein polémique, afin de battre les partisans de l'impulsion sur leur propre terrain [2]. S'il l'évoque de nouveau en 1750, c'est pour admettre finalement la transmission du mouvement comme une donnée de fait inexpliquée [3]. Même attitude circonspecte en 1752 lorsqu'il renvoie dos à dos les « deux grandes sectes de philosophes modernes » et montre la vanité de leurs efforts pour expliquer l'union de l'âme et du corps soit par les causes occasionnelles, soit par l'harmonie pré-établie. « Les autres, moins savants sur cette matière, et peut-être plus raisonnables, admettent une influence de l'âme sur le corps et du corps sur l'âme, et ne savent ce que c'est » [4].

On peut s'étonner de cette prudence tout empirique chez un homme qui se pose en rival de Leibniz et prétend fonder sur la science toute une théologie naturelle. Il est trop évident que l'universalité et la signification prêtées par Maupertuis à son principe de moindre action en dépassaient singulièrement les bases scientifiques réelles. Comme beaucoup de ses contemporains notre savant goûte les joies intellectuelles de l'esprit de système au moment même où il s'en fait le pourfendeur. Mais cette ambiguïté en entraîne une autre qui n'est plus seulement d'ordre méthodologique. Dans la pensée de Maupertuis, partagé entre la tentation métaphysique et la prudence positiviste, on peut déceler certaines tendances directement contraires à ce système qu'il élabore si patiemment. En 1732 son attachement au déisme newtonien ne l'empêchait pas de présenter l'attraction comme une propriété de la matière, sans craindre d'apporter ainsi un argument à l'athéisme : la Nature n'est-elle pas inépuisable ? En 1750 et dans les années suivantes le sentiment de la disproportion

---

1. *Lettres, op. cit.*, VII, *Sur les systèmes*.
2. Cf. ci-dessus, Ch. III, 2.
3. *Essai de Cosmologie, op. cit.*, p. 57.
4. *Lettres,* IV, *op. cit.*, p. 210. Sur le problème de l'âme et du corps, voir ci-dessous, ch. XI, 2.

qui existe entre la faiblesse de l'esprit humain et l'infinie richesse de l'univers l'empêche de même de réfuter valablement une objection qui ruine tout son système. Si l'action des corps les uns sur les autres obéit à des lois aussi sages que celles qui découlent du principe de moindre action, comment savoir si elle n'est pas simplement « une suite nécessaire de la nature des corps » et non l'expression de la volonté et de la sagesse divines ? C'est Maupertuis lui-même qui pose la question, mais la façon un peu rapide dont il l'écarte aussitôt n'est rien moins que convaincante : même dans ce cas, écrit-il, la Perfection de l'Être Suprême resterait entière, toutes choses étant ordonnées de telle sorte « qu'une mathématique aveugle et nécessaire exécute ce que l'Intelligence la plus éclairée et la plus libre prescrirait » [1].

Formule lourde de conséquences : le cartésien le plus « spinoziste » ou le plus zélé leibnizien ne se seraient pas exprimés autrement. N'était-ce pas ruiner d'un mot toute l'originalité de sa cosmologie, en revenir à subordonner la puissance de Dieu à sa sagesse et, au nom de celle-ci, restituer enfin à la Nature une pleine autonomie ? On peut croire que Maupertuis finit par apercevoir le danger. Il revient en effet sur la question en 1756 dans un *Examen de la preuve de l'existence de Dieu employée dans l'Essai de Cosmologie* [2] mais non sans un grand embarras. De l'idée que nous avons des corps et de la vitesse aucun physicien n'a jamais pu déduire les lois du mouvement, constate-t-il, et c'est le meilleur argument qu'on puisse opposer à la prétendue nécessité de celles-ci. Un dernier doute surgit cependant : d'un échec passé et même d'une série d'échecs, si longue soit-elle, peut-on conclure à sa répétition inévitable dans l'avenir ? Et même si l'esprit humain se révélait définitivement inapte à une telle déduction, s'ensuivrait-il qu'il n'y ait pas de lien nécessaire entre la nature des corps et les lois de leur mouvement (y compris le principe de moindre action) ? Nous n'avons pas le droit d'imposer à la Nature les limites de notre esprit. Dans une sorte de vertige intellectuel Maupertuis aperçoit que son positivisme risque, paradoxalement, de le conduire jusqu'à une métaphysique de la nécessité universelle, ou du moins de le laisser devant une telle doctrine complètement désarmé :

« Si après tout cela quelqu'un s'obstine à dire encore : l'idée de l'étendue ne vous est venue que par l'expérience de vos sens; plus d'expérience vous a fait ajouter l'impénétrabilité et l'inertie; plus d'expérience encore vous fera découvrir bien d'autres propriétés. Et si vous pouviez enfin avoir une notion du corps complète, qui sait si vous n'y verriez pas que toutes les lois du mouvement y sont liées d'une nécessité absolue ? Si quelqu'un, dis-je, s'opiniâtre à raisonner ainsi, je ne crois pas qu'on puisse lui prouver l'impossibilité de sa supposition; mais je le lui répète et on peut l'assurer, qu'il n'y a plus

---

1. *Essai de Cosmologie, op. cit.,* pp. 40-42.
2. *Op. cit.,* Cf. ci-dessus, 169, n. 3. Voir P. BRUNET, *Maupertuis... op. cit.,* pp. 426-429.

rien au monde qui soit à l'abri d'un tel raisonnement, rien dans la nature dont on ne pût, avec autant de droit, soupçonner la nécessité » [1].

Pourquoi pas en effet ? La pensée consciente de Maupertuis se révolte contre de telles conséquences, mais elle se heurte à une contradiction insoluble : le recours à la méthode expérimentale qui, dans la voie ouverte par Newton, devait permettre de sauvegarder la liberté de la Création se retourne contre les intentions de ses promoteurs. Au lieu de prouver la puissance divine il peut aussi bien démontrer la puissance de la Nature : rien en tout cas ne nous autorise plus à limiter *a priori* la richesse de celle-ci.

1. *Ibid.*, p. 424. (Texte cité par Brunet, *op. cit.*, p. 29). Voir aussi l'étude de G. Tonelli, *La nécessité des lois de la nature au XVIIIᵉ siècle, et chez Kant en 1762, R.H.S.*, juillet-septembre 1959, pp. 224-241.

6. — *Newtonisme, déterminisme, naturalisme*

Au lieu d'étayer une théologie naturelle le système de Maupertuis en vient à fournir des arguments au naturalisme, sinon à l'athéisme. Ce tournant dialectique sera encore plus accusé dans ses travaux de génétique [1]. L'histoire ultérieure de son principe de moindre action, limité à la dynamique et privé par Lagrange de toute signification finaliste, devait développer les germes déterministes qu'il contenait [2]. On ne peut s'empêcher de rapprocher cette évolution inattendue de celle que subit parallèlement l'astronomie newtonienne, du théisme de Newton à l'athéisme de Laplace. Des travaux de Clairaut, Euler et d'Alembert jusqu'à ceux de Lagrange, la mécanique rationnelle se consacre à résoudre le problème des perturbations planétaires en calculant l'action mutuelle de trois corps : Laplace pourra démontrer que les variations séculaires des planètes qui justifiaient l'intervention de la *manus emendatrix* du Dieu de Newton sont elles-mêmes périodiques, si bien que l'ordre de la machine céleste se rétablit de lui-même, sans avoir besoin d'aucune action providentielle. Mais la Providence n'est pas moins menacée dans le rôle que lui attribuait le savant anglais à l'origine du système solaire : on cherche à expliquer rationnellement des faits qui étaient pour Newton scientifiquement inexplicables et prouvaient au contraire la liberté de la Création, comme le sens du mouvement des planètes et le concentrisme de leur orbite. La cosmologie déterministe de Laplace se complète, avec la fameuse hypothèse de la nébuleuse primitive, d'une cosmogonie matérialiste [3].

Ainsi le développement de la science fondée par le pieux Newton conduira à la fin du siècle à la forme la plus achevée du mécanisme. Mais la synthèse de Laplace aura été préparée par des travaux bien antérieurs comme ceux de Kant [4] ou de Buffon. Partisan de l'attraction, celui-ci défend en 1747-48 l'universalité de la loi de Newton, mise en cause par des difficultés nouvelles, et invoque l'uniformité des voies de la nature [5].

---

1. Voir ci-dessous, Ch. IV, pp. 3 et 4.

2. Cf. P. BRUNET, *Note sur le principe de moindre action*, *op. cit.*, Dans sa *Mécanique analytique* (1788), Lagrange montre que la quantité d'action n'est pas forcément un minimum, mais qu'elle est soit minimale, soit maximale, ce qui ruine la loi de Maupertuis comme principe d'économie.

3. Cf. A. KOYRÉ, *The Newtonian Synthesis*, Archeion, XXIX, 1, 1950, pp. 291-312.

4. KANT, *Histoire universelle de la Nature et théorie du ciel où il est traité du système et de l'origine mécanique de l'univers d'après les principes de Newton.* (1755).

5. *Réflexions sur la loi d'attraction*, Œuvres complètes, édit. J.L. de Lanessan, Paris, 1884-1885, t. II, pp. 263-266.

En 1749, en appendice à son *Histoire et théorie de la Terre*, il publie un essai *De la Formation des planètes*, daté du 20 septembre 1745. Il s'y réfère une fois de plus à Newton, mais aussi à la *Protogea* de Leibniz, et marque son désir de donner une explication rationnelle au moins probable de l'univers astronomique. Le mouvement elliptique des planètes suppose à la fois l'attraction newtonienne et une impulsion originelle en ligne droite :

> « Cette force d'impulsion a certainement été communiquée aux astres en général par la main de Dieu, lorsqu'elle donna le branle à l'univers ; mais comme on doit, autant qu'on peut, en physique, s'abstenir d'avoir recours aux causes qui sont hors de la nature, il me paraît que, dans le système solaire on peut rendre raison de cette force d'impulsion d'une manière assez vraisemblable, et qu'on en peut trouver une cause dont l'effet s'accorde avec les lois de la mécanique, et qui d'ailleurs ne s'éloigne pas des idées qu'on doit avoir au sujet des changements et des révolutions qui peuvent et doivent arriver dans l'univers » [1].

Supposons donc la chute d'une comète sur le soleil. Les fragments que le choc aura séparés de la masse solaire constitueront les planètes ; mues à l'origine par une impulsion unique, celles-ci tourneront dans le même sens ; l'obliquité de l'impulsion reçue déterminera d'autre part leur mouvement de rotation sur elles-mêmes ; enfin ce même mouvement acquis dans un état primitif de fluidité leur donnera leur figure actuelle... Vision assez grandiose des origines du monde, qui, par-delà Newton, rappelle la cosmogonie de Descartes, quitte à bousculer les dogmes bibliques. En ce tournant du siècle les esprits ne sont-ils pas de plus en plus enclins à opposer l'histoire scientifique de la nature à ses origines mythiques ? Buffon, comme Maupertuis, reste au moins déiste, mais, quoi qu'il en dise, le mouvement de sa pensée l'entraîne beaucoup plus loin du récit de la *Genèse*.

Ainsi tandis que l'évolution générale de la pensée scientifique soumet de nouveau l'univers à un déterminisme mécaniste si rigoureux que toute action providentielle s'en trouve exclue, des hypothèses ingénieuses visent à donner des origines du monde une explication purement « naturelle ». Mais ce nouveau matérialisme trouve vers 1750 une aide puissante dans le thème même de l'attraction tel qu'il est présenté par les newtoniens. Si l'attraction est une « propriété primitive de la matière », le recours à un Premier Moteur devient superflu. Le matérialisme newto-

---

1. *Histoire et théorie de la Terre, Preuves*, art. I, *De la formation des Planètes*, (*Œuvres complètes, op. cit.*, t. I, p. 69).

nien fait l'économie de la « chiquenaude » qui restait indispensable au
Monde de Descartes ; en même temps le passage d'un atomisme géométrique à un atomisme dynamiste permet d'éluder les objections traditionnellement adressées à l'évolutionnisme d'Épicure et de Lucrèce. La
synthèse matérialiste de l'univers ne se fonde plus sur l'idée du hasard
mais sur celle d'une nécessité immanente aux plus petites parties de la
matière. Telle sera la suggestion de Diderot en 1754, dans ses *Pensées sur
l'interprétation de la Nature* : dans un système composé de trois molécules
s'attirant réciproquement, celles-ci se disposeront toujours les unes par
rapport aux autres « selon les lois de leurs attractions, leurs figures, etc. » ;
si une force perturbatrice vient troubler cet ordre, il tendra à se reconstituer dès sa disparition ; et si elle continue à agir, son action s'ajoutera aux
lois propres des molécules pour déterminer un nouvel arrangement.

> « En ce sens général et abstrait, le système planétaire, l'univers, n'est
> qu'un corps élastique : le chaos est une impossibilité ; car il est un ordre
> essentiellement conséquent aux qualités primitives de la matière »[1].

Grâce à Newton la Nature va-t-elle supplanter Dieu ? Dès 1692 le
théologien anglais Richard Bentley avait aperçu quel parti les athées
pourraient tirer du système de l'attraction : « Il est clair que si cette qualité était inhérente dans la matière, écrivait-il, il n'y aurait pu avoir de
chaos, et que le monde devrait avoir été de toute éternité ce qu'il est
aujourd'hui »[2]. Hypothèse monstrueuse contre laquelle un autre apologiste, Johann Buddeus s'élevait à son tour en 1717[3]. Avec quarante ans
de retard, lorsque la physique newtonienne s'impose en France, ces textes
longtemps ignorés attirent brusquement l'attention du public français.
La *Réfutation de l'athéisme*, de Bentley, publiée à Londres en anglais en 1737
avec les conférences de la Fondation Boyle, est traduite dès l'année suivante avec le même recueil[4]. Quant à l'ouvrage latin de Buddeus, il est
à son tour traduit en français en 1740. Sentant monter un péril nouveau,
l'apologétique française cherche du renfort à l'étranger. Et voici qu'en
1749 un ouvrage anonyme, daté de Berlin, prétend expliquer tous les
phénomènes de l'univers par l'atomisme et l'attraction[5]. Les *Mémoires*

---

1. DIDEROT, *Pensées sur l'interprétation de la Nature* (1754), XXXVI, A.T., t. II,
pp. 31-32.
2. R. BENTLEY, *Réfutation de l'Athéisme*, Quatrième partie. Voir le recueil collectif,
Défense de la Religion tant naturelle que révélée, La Haye, 1738, t. I, p. 96 sq. (traduction
française d'un recueil des conférences de la fondation Boyle, édité à Londres par Gilbert
Burnet en 1737).
3. *Traité de l'athéisme et de la superstition* (Iéna, 1717, en latin), traduction française,
Amsterdam, 1740 (rééditée en 1756), Ch. VI, p. 231 (note).
4. Un signe de sa diffusion nous est donné par d'Argens qui la cite dans ses *Lettres
cabalistiques*, La Haye, 1741, t. V, lettre 154, pp. 179-180.
5. *Origine de l'Univers expliquée par un principe de la matière*, Berlin, 1748. L'ouvrage est généralement attribué au montpelliérin P. Estève. Cf. FRÉRON, *Lettres sur
quelques écrits de ce temps*, Genève-Paris, 1749-1754, t. III, pp. 250-262.

de Trévoux le réfutent par l'ironie [1], mais le problème n'était pas de ceux que l'on escamote en quelques lignes. Deux ans plus tard, un zélé défenseur de la foi chrétienne, l'abbé Laurent François, s'inquiète de même que certains athées modernes puissent se réclamer de Newton. Le recours à une « vertu attractive et sympathique » des atomes ne renouvelle-t-il pas les erreurs de l'impie Spinoza ? [2] Il y avait dans l'Antiquité deux sortes d'athées, les épicuriens qui tablaient sur le hasard, et les adeptes de la Nécessité : renouvelé au siècle précédent par le juif hollandais, ce dernier système, écrit notre apologiste, « paraît être celui des impies de nos jours. Comme ces prétendus philosophes ont toujours à la bouche ces mots : *le tout, le grand tout, la nécessité naturelle, la nature, l'ordre de la nature*, nous les nommerons, pour abréger, *Naturalistes* » [3].

Quelque appui que ce néo-naturalisme eût reçu de la physique et de l'astronomie newtoniennes, il n'aurait certainement pas paru aussi dangereux sans le renfort que lui apportait parallèlement l'histoire naturelle. Longtemps les sciences naturelles s'étaient bornées à inventorier et classer les merveilles de la nature : sciences en grande partie ecclésiastiques, elles édifiaient un monument à la gloire du Créateur. Mais voici qu'à leur tour elles se trouvent prises d'un besoin de synthèse, du désir ambitieux de tout expliquer. Et toute la conception du monde va s'en ressentir : non seulement le récit de la *Genèse*, mais aussi l'image immobile que proposait de notre univers actuel la physique mathématique. La science ne se borne plus à dégager les lois stables qui conservent et gouvernent l'ordre immuable de la nature; elle substitue à cet ordre statique l'image d'une « évolution créatrice » qui a en elle-même sa raison d'être. La géologie et la génétique prennent le relais de la physique newtonienne : cependant il n'y a pas de rupture de celle-ci à celles-là, et en préparant une conception dynamiste de la matière l'interprétation matérialiste du newtonisme avait à coup sûr disposé les esprits à penser le monde sous la catégorie du devenir.

---

1. *Mémoires de Trévoux*, août 1749, p. 1623 sq. « Cette attraction est vraiment bien plus merveilleuse que cette magie qui, dans les temps fabuleux, faisait exister subitement ces lieux enchantés, ces Iles Fortunées, dont la Fable nous a laissé des descriptions si magnifiques, à qui une seule parole avait donné l'existence ».

2. *Preuves de la religion de Jésus-Christ contre les Spinozistes et les Déistes*, Paris, 1751, Première Partie, Section II, *De l'existence de Dieu*, Ch. I, (t. I, pp. 94-112).

3. *Ibid.*, p. 94.

Chapitre IV

LES NOUVEAUX NATURALISTES :
L'IDÉE D'ÉVOLUTION

Introduction : Les ambitions nouvelles de l'histoire naturelle et le procès de la géométrie.

1. — L'ordre de la nature et l'échelle des êtres.
2. — La géologie et l'histoire de la terre.
3. — Préexistence ou Épigénèse ?
4. — L'histoire des êtres vivants et le néo-naturalisme.

Chapitre IV

LES NOUVEAUX NATURALISTES :
L'IDÉE D'ÉVOLUTION

Introduction

Les ambitions nouvelles de l'histoire naturelle et le procès de la géométrie

« La Nature est la pierre d'achoppement des géomètres : tant qu'ils se perdent dans leurs imaginations, ils pensent connaître les plus belles choses; mais dès qu'ils veulent appliquer à des qualités réelles leurs points et leurs superficies imaginaires, toute la réalité de leur Art s'évanouit. L'illustre Gassendi a reconnu fort à propos que les Mathématiciens et surtout les géomètres « *ont établi leur empire dans le pays des abstractions et des idées, et qu'ils s'y promènent tout à leur aise, mais que s'ils veulent prétendre descendre dans les pays des réalités, ils trouvent bientôt une résistance insurmontable* » [1].

Ainsi s'exprime en 1741, par la plume du marquis d'Argens, le correspondant du « sage et savant » Abukibuk, et cette revanche posthume de Gassendi sur Descartes apparaît lourde de conséquences. A la faveur de la crise intellectuelle ouverte par le succès du newtonisme se développe le sentiment d'un hiatus irréductible entre la méthode de la science mathématicienne et son objet. Les cartésiens eux-mêmes contribuent involontairement à le fortifier lorsqu'ils opposent la *vraie physique* à la « géométrie » newtonienne; pour justifier l'attraction les disciples du savant anglais doivent de leur côté remettre en cause la définition purement

---

1. D'ARGENS, *Lettres Cabalistiques, op. cit.,* t. III, Lettre 89, pp. 229-230. La citation de Gassendi est empruntée au *Dictionnaire de* BAYLE, art, *Zénon.*

géométrique de la matière. Sur un autre point l'exemple de Newton, sublime géomètre s'il en fut, les confirme dans cette voie, comme le souligne encore l'auteur des *Lettres cabalistiques* :

« Quoique la géométrie lui montrât la divisibilité de la matière à l'Infini, il n'a pas osé l'admettre comme physicien; il a senti combien il répugnait que la Matière ne s'arrêtât pas dans sa division à un certain point. Il a admis les atomes d'Épicure... »

Il est vrai que sur ce problème les héritiers de Newton sont divisés, et que l'atomisme ne rallie pas tous les suffrages. D'Argens en prend acte mais voit dans cette incertitude un signe supplémentaire de désarroi :

« Voilà des mathématiciens fameux qui ne sont même pas certains des bornes qu'ils doivent donner à leur science : les uns veulent qu'elle règle jusqu'à l'essence des premiers corps; les autres prétendent qu'ils en sont indépendants. Auxquels ajouterai-je foi ? » [1]

La réponse à cette question vient quelques années plus tard sous forme d'un réquisitoire contre l'impérialisme des mathématiques. Réquisitoire d'autant plus efficace qu'il émane d'un mathématicien averti et n'est pas dépourvu de nuances. Newtonien conséquent, Buffon exalte l'union féconde des mathématiques et de la physique : « L'une donne le *combien* et l'autre le *comment* des choses » [2]. Mais, à son avis, cet accord ne vaut que pour l'astronomie et l'optique, « qui sont dénuées de presque toutes les qualités physiques »; les phénomènes qu'étudient ces deux sciences sont en effet les seuls dans la nature qui soient « susceptibles d'être considérés d'une manière abstraite ». Appliquée au contraire à des objets qui ne sont pas assez connus pour être mesurés, la méthode mathématique aboutit aux résultats les plus contestables :

« On est obligé dans tous les cas de faire des suppositions toujours contraires à la nature, de dépouiller le sujet de la plupart de ses qualités, d'en faire un être abstrait qui ne ressemble plus à l'être réel, et lorsqu'on a beaucoup calculé et raisonné sur les rapports et les propriétés de cet être abstrait et qu'on est arrivé à une conclusion tout aussi abstraite, on croit avoir trouvé quelque chose de réel, et on transporte ce résultat idéal dans le sujet réel, ce qui produit une infinité de fausses conséquences et d'erreurs » [3].

---

1. *Ibid.*
2. BUFFON, *De la manière de traiter et d'étudier l'Histoire Naturelle*, 1749 (*Œuvres complètes*, édit. de Lanessan, t. I, p. 31). Rappelons que Buffon avait traduit la *Méthode des fluxions et des suites infinies* de Newton ; c'est dans la section de Mécanique qu'il était entré, en 1734, à l'Académie des Sciences.
3. *De la manière de traiter*, etc... *loc. cit.*, p. 32.

La source de cette illusion est la prétention des cartésiens à imposer à la nature les lois de la raison mathématicienne : pour Buffon, au contraire, la nature est en grande partie opaque à la clarté mathématique. Clarté trompeuse d'un faux savoir. L'esprit du géomètre-physicien croit découvrir les choses, alors qu'il reste enfermé en lui-même : la vérité qu'il démontre victorieusement, il se l'était donnée d'avance. Prenons garde en effet qu'il existe « plusieurs espèces de vérités ». Les vérités mathématiques ne sont jamais que des « vérités de définition » : on part de définitions simples pour en tirer des conséquences de plus en plus composées, mais « il n'y a [...] rien en cette science que ce que nous y avons mis »[1]. Seules sont fécondes les vérités de fait, à l'établissement desquelles doit se vouer la saine physique :

« Les vérités physiques, au contraire, ne sont nullement arbitraires et ne dépendent point de nous; au lieu d'être fondées sur des suppositions que nous avons faites, elles ne sont appuyées que sur des faits »[2].

La science progresse en multipliant les observations exactes et en accumulant les faits particuliers, non par de stériles raisonnements abstraits. Certes Buffon est trop « philosophe » pour s'en tenir à un pur empirisme; il ne conçoit pas la science comme une poussière de faits isolés, mais comme un système de plus en plus cohérent : on peut et on doit s'élever de la connaissance des effets particuliers à la recherche de leurs causes[3]. Mais les vraies causes des phénomènes nous sont à jamais inaccessibles : « Il faudra donc nous réduire à appeler cause un effet général, et renoncer à savoir au-delà. Ces effets généraux sont *pour nous* les vrais lois de la nature... »[4] Lois empiriques et presque toujours lois qualitatives, qui ne sauraient donc atteindre au même degré d'intelligibilité que celles de la mécanique. Mais entre une clarté stérile et une obscurité féconde Buffon ne croit pas possible d'hésiter :

« Une suite de faits semblables, ou si l'on veut, une répétition fréquente, et une succession non interrompue des mêmes événements, fait l'essence de la vérité physique : ce qu'on appelle vérité physique n'est donc qu'une probabilité, mais une probabilité si grande qu'elle équivaut à une certitude. En mathématique on suppose, en physique on pose et on établit; là ce sont des définitions, ici ce sont des faits; on va de définitions en définitions dans les

---

1. *Ibid.*, p. 29.
2. *Ibid.*
3. Il faut au naturaliste « quelque chose de plus » que de l'assiduité, de la mémoire et de l'attention, « il faut des vues générales, un coup d'œil ferme et un raisonnement formé plus encore par la réflexion que par l'étude, il faut enfin cette qualité d'esprit qui nous fait saisir les rapports éloignés, les rassembler et en former un corps d'idées raisonnées, après en avoir apprécié au juste les vraisemblances et en avoir pesé les probabilités » (*Ibid.*, p. 27).
4. *Ibid.*, p. 32 (c'est nous qui soulignons)

sciences abstraites, on marche d'observations en observations dans les sciences
réelles; dans les premières on arrive à l'évidence, dans les dernières à la certitude... » [1].

Buffon n'est pas seul à prôner ainsi le retour aux sciences concrètes
qui vont régner sur la seconde moitié du siècle, comme la première avait
été dominée par l'esprit mathématique. D'autres répètent après lui, mais
avec moins de nuances, ce double reproche de stérilité et d'abstraction.
« Les faits, de quelque nature qu'ils soient, sont la véritable richesse du
philosophe », écrit à son tour Diderot en 1753 [2]. La « philosophie expérimentale » est donc bien supérieure à la « philosophie rationnelle » : sous
ce terme dédaigneux Diderot englobe à la fois la métaphysique et les
mathématiques; car ces dernières ne forment qu'« une espèce de métaphysique générale où les corps sont dépouillés de leurs qualités individuelles » [3]. Aussi bien croit-il pouvoir dresser, non sans quelque hardiesse,
l'acte de décès de cette science naguère si florissante :

> « J'oserais presque assurer qu'avant qu'il soit cent ans on ne comptera
> pas trois grands géomètres en Europe. Cette science s'arrêtera tout court
> où l'auront laissée les Bernouilli, les d'Alembert et les Lagrange. Ils auront
> posé les colonnes d'Hercule. On n'ira point au-delà » [4].

Après le règne de la physique mathématique, voici donc proclamé
l'avènement de l'histoire naturelle. Longtemps celle-ci s'était contentée
d'un rang modeste dans la hiérarchie du savoir. L'enthousiasme de
Diderot pour l'œuvre de Buffon serait inexplicable si le châtelain de
Montbard s'était borné, comme la plupart de ses prédécesseurs, à cata-
loguer les merveilles de la Création. Avec Buffon l'histoire naturelle
devient vraiment, et pour la première fois, l'histoire de la Nature. C'est
dire que l'idée même de Création se trouve compromise. On en viendra
bien vite à opposer de nouveau à la *Natura naturata* des chrétiens ou des
déistes la *Natura naturans* des athées. Ici encore l'histoire des mots éclaire
celle des idées. En 1746, pour le Diderot déiste des *Pensées philosophiques*,
un « naturaliste », c'est simplement un adepte de la religion naturelle [5].
Mais en 1755, après l'abbé Laurent-François, l'*Encyclopédie* donne du mot
une définition toute différente. Au sens scientifique un naturaliste est un

---

1. *Ibid.*, p. 29.
2. *Pensées sur l'interprétation de la nature*, XX, A.T. t. II, p. 19. Même remarque
de la part du mathématicien d'Alembert dans le *Discours préliminaire* de l'*Encyclopédie*
(édit. Louis Ducros, Paris, 1930, pp. 41-47 et *passim*).
3. *Interprétation de la Nature, loc. cit.*, p. 10.
4. *Ibid.*, IV, p. 11.
5. *Pensées philosophiques*, LXII. C'est la conclusion du livre.

homme savant dans la « connaissance des choses naturelles, particulièrement de ce qui concerne les métaux, les minéraux, les pierres, les végétaux et les animaux ». Mais au sens philosophique,

« on donne encore le nom de naturalistes a ceux qui n'admettent point
de Dieu, mais qui croient qu'il n'y a qu'une substance matérielle, revêtue
de diverses qualités qui lui sont aussi essentielles que la longueur, la largeur,
la profondeur, et en conséquence desquelles tout s'exécute ,nécessairement
dans la nature comme nous le voyons; naturaliste en ce sens est synonyme
à athée, spinoziste, matérialiste, etc... »[1].

Certes, dans tout ceci il n'y a rien de vraiment neuf. Nous avons déjà
rencontré dans le premier tiers du siècle les survivances d'un naturalisme
pré-cartésien, et nous avons vu aussi les efforts de certains pour infléchir
en ce sens le mécanisme cartésien lui-même. Ce qui est nouveau, c'est
moins l'ambition naturaliste que les moyens de la satisfaire. Avant
Buffon et Diderot, il s'agissait de tentatives entachées de superstition ou
vouées à l'échec par les insuffisances de la science mécaniste. Vers 1750
on semble au contraire glisser presque nécessairement de l'histoire naturelle au naturalisme athée. Buffon ou Maupertuis s'en défendent, mais
nourrissent malgré eux les hypothèses audacieuses de Diderot. Reste à
étudier la naissance de ce « néo-spinozisme »[2], à voir quelle vision du
monde il apporte, reste enfin à se demander si ce « nouveau naturalisme »
présente vraiment plus de garanties intellectuelles que l'ancien.

---

1. *Encyclopédie*, article *Naturaliste*. Le mot est déjà, avec cette acception, dans
l'édition de 1752 du *Dictionnaire de Trévoux*.
2. Cf. P. VERNIÈRE, *Spinoza et la pensée française...*, *op. cit.*, Deuxième partie,
Ch. IV.

1. — *L'ordre de la Nature et l'échelle des êtres*

La conception traditionnelle de l'histoire naturelle, qui s'exprime encore dans l'œuvre de l'abbé Pluche, c'est celle d'un inventaire de la Création. Science faite de patientes observations et de descriptions minutieuses, science de collectionneurs où la piété du chrétien vient soutenir la curiosité du savant. On découvre la sagesse de Dieu dans les facettes des yeux d'une mouche ou dans les métamorphoses d'un papillon plus sûrement encore que dans les lois de l'astronomie. C'est ce finalisme naïf que raillera Maupertuis. Ecclésiastiques et théologiens ne sont pas seuls à s'extasier sur les merveilles de la nature : le même esprit anime parfois les plus grands savants. Les *Mémoires pour servir à l'Histoire Naturelle des insectes* ont une autre valeur scientifique que le *Spectacle de la Nature*, mais la philosophie qui transparaît çà et là dans le grand ouvrage de Réaumur n'est pas fondamentalement différente de celle qui s'étale dans le célèbre livre de l'abbé Pluche[1]. Admirons, avec Fontenelle, les traits étonnants de ce petit monde qui exerce la curiosité patiente de l'entomologiste. A plus d'un titre les insectes nous surprennent, par la variété de leurs espèces, la finesse de leur structure, les merveilles de leur « industrie », ou parfois leur utilité pour l'homme :

« Ils sont donc bien éloignés d'être des ouvrages de la nature méprisables ou même peu dignes de notre attention. Les yeux des philosophes savent bien leur rendre plus de justice, ils découvrent en eux les plus surprenantes merveilles que la Souveraine Intelligence ait répandues sur notre globe, et la profonde admiration qu'on lui doit en redouble »[2].

Fait digne de remarque, cet enthousiasme s'accorde fort bien avec les progrès de l'esprit critique : à la curiosité inlassable du botaniste, de l'entomologiste ou du collectionneur de pierres figurées la nature pré-

---

1. Ces *Mémoires* sont publiés de 1734 à 1742. Cf. FONTENELLE, *Histoire de l'Académie Royale des Sciences*, 1734, p. 18 sq. Dans le même esprit un élève de Réaumur, Gilles BAZIN publie en 1744 une *Histoire Naturelle des Abeilles* et en 1747 une *Histoire des Insectes* (en 4 vol.).— Sur cette téléologie naïve, voir D. MORNET, *Les sciences de la nature en France au XVIIIᵉ siècle*, Paris, 1911.

2. *Histoire de l'Académie Royale des Sciences, loc. cit.*, p. 19. Fontenelle pousse l'émerveillement jusqu'à découvrir chez les insectes « une plus fine mécanique » que dans les gros animaux. Le préjugé était courant, comme si l'émerveillement ne pouvait pas être parfait sans que ces petits êtres fussent aussi les plus complexes. On invoque volontiers à ce propos l'autorité des Anciens : « La Nature, dit Pline, n'est nulle part si parfaite que dans les petits objets. C'est là un axiome ». (DULARD, *La grandeur de Dieu démontrée par les merveilles de la Nature*, 1749, Chant V, p. 158, note).

sente assez de merveilles authentiques pour rendre inutiles celles qui ne reposent que sur de douteuses traditions. Dès la fin du xviiᵉ siècle l'hydre à sept têtes, la licorne, le dragon, le sphinx et les hommes marins disparaissent des traités de zoologie sérieux [1]. Lorsque le rédacteur du *Journal des Savants* les rencontre dans quelque pesant ouvrage germanique, lourd d'érudition et de préjugés vétustes, il ne manque pas de souligner la supériorité de l'esprit moderne, et en particulier de l'esprit français [2]. Sans doute les exemples de crédulité ne sont pas rares en France même, et particulièrement dans les cercles d'érudits provinciaux dont la science demeure toute livresque [3]. Mais ce sont des survivances d'un âge révolu qui mettent en valeur, par contraste, le vaste effort de défabulation entrepris par les véritables savants. Dans ce domaine les textes ne manquent pas. Un modèle du genre est fourni en 1727 par les observations de Maupertuis sur la salamandre [4]. Et en 1740 Réaumur découvre avec satisfaction dans les réticences de l'opinion éclairée à accueillir les expériences de Trembley sur la régénération des polypes l'indice rassurant d'une prudence intellectuelle aussi nouvelle que méritoire. « Autrefois, dit-il, c'était peut-être un titre à un fait pour être cru que d'être merveilleux... » Mais l'honneur des modernes, c'est d'être parvenu à « savoir douter »; désormais « plus les faits sont singuliers, plus ils méritent d'être attestés... » [5].

A quoi bon persister dans de vieilles erreurs quand le merveilleux de la science peut se substituer à celui de l'ignorance, quand chaque jour de nouvelles observations révèlent de nouvelles richesses? Au début du xviiᵉ siècle le bâlois Gaspard Bauhin comptait 6.000 espèces botaniques; en 1682 J. Ray en connaît déjà plus de 18.000 [6] et Daubenton donne en 1751 le chiffre de 20.000 [7]. Car l'accumulation des connaissances

---

1. Cf. E. GUYÉNOT, *Les sciences de la vie aux XVIIᵉ et XVIIIᵉ siècles*, Paris, 1941, Livre I, Ch. III.
2. *Journal des Savants*, 1717, p. 531, à propos du *Cabinet de diverses curiosités de la Nature*, de Michel Rupert Befler (Leipzig, 1716). L'ironie est encore plus assurée en 1745, à propos de la traduction récente du *Théâtre critique espagnol* du R.P. Dom Benoît Jérôme Feijoo. « Ce que l'auteur a ramassé contre tout ce qu'on raconte de merveilleux sur ces prétendus animaux, déclare le journaliste, montre presque tout cet ouvrage que l'Histoire Naturelle et même toutes les autres parties de la Physique sont peu connues en Espagne et qu'on y peut encore donner comme des nouveautés une infinité de connaissances qui sont à présent communes parmi les savants des autres parties de l'Europe » (*op. cit.*, 1745, p. 488).
3. Ainsi à Dijon, dans l'entourage du président Bouhier. Cf. Marcel BOUCHARD, *De l'Humanisme à l'Encyclopédie*, Paris, 1929, pp. 431-433.
4. *Observations et expériences sur une espèce de salamandre.* (*Histoire de l'Académie Royale des Sciences, 1727*). Cf. *Journal des Savants*, 1730, p. 639. Le journaliste loue Maupertuis d'avoir étudié la salamandre « d'une manière à nous défabuler pleinement de quelques propriétés merveilleuses que les anciens lui ont attribuées ».
5. *Mémoires pour servir à l'histoire des insectes*, t. VI, 1740. *Préface.* Cf. *Journal des Savants*, 1743, pp. 26-27.
6. Cf. GUYÉNOT, *op. cit.*, Livre I, Ch. I. Nous empruntons de même à cet auteur la plupart des renseignements donnés dans ce paragraphe.
7. *Encyclopédie*, t. II, 1751, article *Botanique*.

se poursuit par la prospection systématique de certaines contrées; Tournefort avait donné l'exemple en Espagne et en Asie Mineure; il est imité par Linné en Laponie (1732), tandis que Joseph de Jussieu accompagne au Pérou l'expédition dirigée par La Condamine; bientôt Adanson s'en ira au Sénégal pour un long séjour, riche lui aussi en moissons précieuses (1749-1754). La zoologie cependant rivalise avec la botanique; mais si l'on s'intéresse aux faunes exotiques, on découvre aussi des êtres inconnus presque à portée de la main; ainsi les infusoires observés au microscope en 1683 par le hollandais Leeuwenhoek : découverte mémorable qui révèle l'existence de la vie au niveau de l'infiniment petit ! S'il est bien tôt encore pour parler de microbiologie [1], du moins assiste-t-on à une véritable réhabilitation de ces petits êtres incertains, souvent si désagréables au toucher ou à la vue, que l'on continue à grouper indistinctement sous les vagues vocables de « vers » ou « insectes ». En 1735 Linné dénombre de 800 à 900 espèces d'insectes; Geoffroy en comptera 2.000 en 1762.

Car l'accumulation des connaissances va de pair, presque inévitablement, avec un effort de classification non moins soutenu. Nécessité mnémotechnique évidente, et besoin utilitaire, en botanique au moins, car il faut savoir identifier une plante pour en exploiter les vertus médicinales. Mais aussi besoin intellectuel spontané, désir de dominer par la pensée la masse des faits, d'y découvrir ou d'y établir un certain ordre, enfin de voir clair. Après avoir animé les travaux des grands « systématiques » du XVIIᵉ siècle, Tournefort ou J. Ray, cet esprit de méthode trouve sa plus parfaite illustration dans l'œuvre du suédois Linné : président de l'Académie de Stockholm et professeur à Upsal, mais aussi savant d'importance européenne par ses relations personnelles, ses voyages en Hollande, en Angleterre, à Paris, comme par la diffusion de ses ouvrages [2]. Son ambition est plus haute et plus exigeante, d'aucuns diront plus prétentieuse, que celle de ses devanciers. Pour Tournefort par exemple, la classification visait simplement à établir dans la diversité des faits un ordre conventionnel et commode; aussi conseillait-il de se fonder sur des caractères très apparents et sensibles plutôt que sur d'autres, plus importants peut-être, mais exigeant l'usage du microscope. Linné au contraire ne se borne pas à remplacer les « phrases » ou descriptions traditionnelles par une nomenclature simple et claire, donnant ainsi pour

---

1. Les « vers invisibles » que certains médecins aux idées hardies soupçonnent d'être à l'origine de la contagion de la peste sont décrits avec d'autant plus de détails que leur existence demeure du domaine de l'hypothèse...
En 1749, le poète Dulard évoque avec admiration ces
Êtres qui par milliers dans l'univers semés
Forment un monde entier d'atomes animés.
                                                      (*op. cit.*, Chant V, p. 157)
2. En particulier son *Systema Naturae* (1735) dont paraissent de nombreuses rééditions corrigées et augmentées.

la première fois à l'histoire naturelle sa langue propre [1] ; il affirme le caractère naturel de sa méthode; l'ordre de la classification, dit-il, est l'ordre même de la nature; ainsi est-il conduit à donner une valeur ontologique aux notions d'espèce et de genre :

« La Méthode, âme de la science, désigne à première vue n'importe quel corps de la nature, de telle sorte que ce corps énonce le nom qui lui est propre, et que ce nom rappelle toutes les connaissances qui ont pu être acquises, au cours des temps, sur le corps ainsi nommé : si bien que dans l'extrême confusion apparente des choses se découvre l'ordre souverain de la Nature » [2].

Pour Linné, la Systématique est donc la science suprême, qui révèle le véritable plan de la Création. Très vite connue dans toute l'Europe, son œuvre ne tarde pas à susciter en France des discussions passionnées. Dès 1739 le botaniste Bertrand de Jussieu se rallie à la « méthode naturelle » dont il affirme la supériorité sur celle de Tournefort [3]. D'autres disciples français du naturaliste suédois se manifesteront plus tard [4], mais vers 1750 son système est loin d'être unanimement accepté. Dans l'article *Botanique* de l'*Encyclopédie*, Daubenton traite avec dédain la nomenclature linnéenne; le seul avantage qu'il lui reconnaisse est d'ordre mnémotechnique : encore doit-elle le partager avec toutes les autres classifications. Et la multiplication de celles-ci lui apparaît comme du temps perdu, là où la première venue aurait pu suffire. Quant aux prétentions scientifiques du système de Linné, il les balaie d'un mot : « Comment peut-on espérer de soumettre la nature à des lois arbitraires... ? » [5]. C'est bien la plus grave critique que puisse formuler un collaborateur de l'*Encyclopédie*. Au moment où l'intuition du caractère inépuisable de la nature tendait à éclipser de nouveau l'idée même de loi naturelle, le dogmatisme orgueilleux de Linné était directement contraire à l'état d'esprit empiriste qui, de plus en plus, dominait la science française. Celle-ci n'avait pas eu tant

---

1. Cf. F. BRUNOT, *Histoire de la langue française...*, t. VI, Première partie, fascicule 2.

2. Citation du *Systema naturae* (édit. 1766-67, t. I, p. 13) que nous empruntons à H. DAUDIN, *De Linné à Lamark*, Paris, s.d., p. 34.
Cette prétention de Linné s'appuie sur le choix de critères apparemment « naturels » : ainsi le « système sexuel » des plantes, fondé sur la considération des étamines et du pistil ; mais il ne s'agit jamais que du mode de groupement et du nombre des étamines, qui n'ont rien à voir avec la fonction de reproduction. En fait Linné n'avait aucune idée précise du phénomène de la fécondation. Et cette ignorance prête à son dogmatisme un aspect assez aventureux. De même le caractère arbitraire de sa classification zoologique, dressée d'après des critères le plus souvent tout extérieurs, même lorsqu'elle se réclame de l'anatomie, est encore souligné par l'existence de groupes purement négatifs : aux six ordres d'insectes ailés s'oppose par exemple l'ordre passablement hétéroclite des insectes « aptères », où se côtoient curieusement puces, cloportes et araignées... Voir les ouvrages cités de Henri Daudin et Émile Guyénot.

3. *Mémoires de l'Académie royale des Sciences*, 1739, p. 251.

4. Ainsi GEOFFROY qui en 1762, dans son *Histoire abrégée des insectes des environs de Paris*, défendra Linné contre Buffon.

5. *Encyclopédie*, art. *Botanique, loc. cit.*

de mal à dépasser le mécanisme cartésien pour s'enfermer volontiers dans une nouvelle scolastique, beaucoup plus rigide et contestable encore.

*
* *

Replacée dans son contexte historique, l'hostilité durable de Buffon envers Linné apparaît digne d'attention. Sans doute ses motifs sont-ils très divers, et parfois saugrenus : l'aridité rébarbative de la nomenclature choque en Buffon le goût du beau style et d'une science qui soit d'abord un exercice littéraire. On peut sourire lorsqu'il reproche ingénûment à son grand adversaire d'avoir rendu « la langue de la science plus difficile que la science même » [1]. Mais ce préjugé littéraire et mondain, si répandu encore au milieu du siècle, rejoint une exigence scientifiquement plus solide : c'est le souci de soumettre l'esprit aux faits et à la diversité infinie des choses, de ne pas préjuger de l'ordre véritable de la nature en lui attribuant arbitrairement, aux dépens de sa variété, une uniformité qui n'existe que dans notre esprit [2]. Il n'existe peut-être pas dans l'univers deux êtres parfaitement semblables, écrit Buffon : toute classification encourt donc le même reproche d'abstraction que les mathématiques, lorsqu'elle groupe dans les mêmes catégories des objets complètement différents.

« En général, plus on augmentera le nombre des divisions des productions naturelles, plus on approchera du vrai, puisqu'il n'existe réellement dans la nature que des individus, et que les genres, les ordres et les classes n'existent que dans notre imagination » [3].

C'est dire qu'une classification parfaite se détruirait d'elle-même. Il faut donc épuiser autant que possible la réalité d'un objet avant de prétendre lui assigner une place certaine dans l'ordre universel. D'où la nécessité des descriptions complètes là où échoue une sèche et simpliste nomenclature. Méthode plus lente sans doute et apparemment moins ambitieuse, mais qui seule peut prétendre approcher peu à peu la nature, grâce à son refus d'isoler dans les êtres auxquels elle s'applique un caractère quelconque, arbitrairement privilégié [4]. Comme toutes les classifications supposent un choix de ce genre, aucune ne peut prétendre sans abus à une valeur absolue.

---

1. BUFFON, *De la manière d'étudier et de traiter l'Histoire Naturelle*, loc. cit., p. 4.
2. *Ibid.*, p. 5.
3. *Ibid.*, p. 21.
4. *Ibid.*, pp. 22-27. En 1753, dans le quatrième volume de l'*Histoire Naturelle*, Daubenton opposera de même à la scolastique abstraite de Linné l'observation et la description anatomiques.

Un autre défaut est commun, selon Buffon, aux « différents systèmes de botanique » : non seulement ceux-ci ont tort de « vouloir juger d'un tout par une seule de ses parties », mais ils tombent dans une seconde « erreur de métaphysique » lorsqu'ils méconnaissent la marche véritable de la nature et ses gradations insensibles. Aux prétentions des systématiques Buffon oppose donc une impossibilité de fait : si complexe ou si lâche que se veuille un « système général de classification », il devra toujours comporter des divisions tranchées que la nature ignore, et laisser échapper des « espèces moyennes » [1]. Même la traditionnelle distinction des trois règnes ne saurait à cet égard recevoir une valeur autre que pratique : qui sait si l'on ne découvrira pas un jour « des choses qui soient moitié animal et moitié plante, ou moitié plante et moitié minéral » ? Conservons donc cette distinction commode, la plus générale et par conséquent la moins dangereuse, mais sans oublier qu'elle ne nous est pas imposée par la nature des choses, mais par l'infirmité de notre esprit, obligé de fragmenter, pour la saisir, la continuité du réel :

> « Si l'on y fait attention, l'on verra bien que nos idées générales n'étant composées que d'idées particulières, elles sont relatives à une échelle continue d'objets, de laquelle nous n'apercevons nettement que les milieux, et dont les deux extrémités fuient et échappent toujours de plus en plus à nos considérations, de sorte que nous ne nous attachons jamais qu'au gros des choses, et que par conséquent on ne doit pas croire que nos idées, quelque générales qu'elles puissent être, comprennent les idées particulières de toutes les choses existantes et possibles » [2].

On aurait tort de voir ici une analyse vraiment originale. Vigoureuse, elle l'est sans aucun doute, mais non pas nouvelle. L'image même de l'*échelle* ou de la *chaîne des êtres* est au XVIIIe siècle un véritable cliché. Elle appartient au langage philosophique avant de trouver dans les sciences naturelles une justification expérimentale. Ici encore il est bien difficile d'assigner à un thème aussi répandu et vulgarisé des sources certaines [3]. Sans doute l'idée doit-elle beaucoup à Platon et au néo-platonisme. Mais l'influence du péripatétisme semble essentielle. Chez Aristote la double origine philosophique et expérimentale de cette idée d'une continuité hiérarchique du cosmos s'affirme clairement : tandis que le

---

1. *Ibid.*, p. 7. Voir aussi, dans la même page, cet appel de Buffon à son lecteur : « Parcourant ensuite successivement et par ordre les différents objets qui composent l'univers, et se mettant à la tête de tous les objets créés, il verra avec étonnement qu'on peut descendre par des degrés presque insensibles de la créature la plus parfaite jusqu'à la matière la plus informe, de l'animal le mieux organisé jusqu'au minéral le plus brut, il reconnaîtra que ces nuances imperceptibles sont le grand œuvre de la nature ; il les trouvera, ces nuances, non seulement dans les grandeurs et dans les formes, mais dans les mouvements, dans les générations, dans les successions de toute espèce... »

2. *Ibid.*, p. 19.

3. Cf. H. DAUDIN, *op. cit.*, Ch. II, et surtout Arthur O. LOVEJOY, *The great chain of being*, Harvard University Press, 1948.

naturalisme découvre l'existence d'affinités graduées entre tous les êtres vivants, le philosophe établit la hiérarchie des trois âmes, végétative, sensible et raisonnable. A sa suite, la scolastique développe le principe de plénitude selon lequel il ne saurait y avoir de vide entre les formes. Elle dresse donc un tableau des différents êtres de la création, qui s'élève progressivement de la pierre aux esprits immatériels. L'échelle des êtres, c'est donc d'abord une échelle des âmes, selon qu'elles sont plus ou moins enfoncées dans la matière. Cette classification traditionnelle est encore courante dans la *Physique* et la *Pneumatologie* des manuels de philosophie de la fin du xviie siècle, tels les *Opera philosophica* de Jean Leclerc (1698) dont on a pu judicieusement rapprocher le livre Premier de l'*Esprit des Lois*... [1].

Au début du xviiie siècle le néo-aristotélisme de Cudworth est accueilli avec faveur par certains milieux intellectuels de langue française. En octobre 1730 les lecteurs des *Mémoires de Trévoux* peuvent y lire le compte rendu de l'ouvrage du protestant Louis Bourguet, installé à Zurich, qui exposait avec quelques réserves mais aussi beaucoup de sympathie le système des « natures plastiques » [2]. Celles-ci occupent l'échelon le plus bas de la hiérarchie des êtres immatériels; au-dessus d'elles, l'âme des plantes, puis celle des bêtes; on s'élève ensuite jusqu'à l'âme humaine, aux génies et aux anges. Soucieux de maintenir la continuité parfaite de cette gradation ascendante, et aussi la supériorité infinie du Créateur sur les créatures les plus parfaites, Bourguet dénonce le préjugé selon lequel les Anges seraient absolument immatériels : tous les êtres spirituels, sauf Dieu, sont unis à la matière; c'est-à-dire qu'ils « ont des bornes », plus ou moins resserrées selon leur degré croissant de perfection. Cette continuité se retrouve dans l'univers concret qui est l'objet des sciences naturelles : non seulement « tout est organisé dans la matière » [3], mais il existe une gradation insensible de l'organisation la plus simple, celle de la pierre, à la plus complexe. Dépassant la banale distinction des trois règnes, l'auteur ne craint pas d'affirmer l'existence de « zoophytes » intermédiaires entre les insectes et les plantes. On reconnaît ici une idée leibnizienne [4]. Bourguet rend du reste hommage au philosophe allemand, ainsi qu'au

---

1. P. Martino, *De quelques résidus métaphysiques dans L'esprit des Lois, Revue d'histoire de la philosophie et d'histoire de la civilisation*, juillet-septembre 1946. — Pour créer une illusion de conformisme Montesquieu reproduit la classification traditionnelle mais il en transforme tout l'esprit en bouleversant l'ordre habituel de sa présentation.

2. Louis Bourguet, *Lettres philosophiques sur la formation des sels, des cristaux, et la génération et le mécanisme organique des plantes et des animaux...*, Amsterdam, 1729, p. 110 sq. Cf. *Mémoires de Trévoux*, octobre 1730, art. 92. A la différence de Cudworth, Bourguet n'admet pas que les « Natures plastiques » suffisent à produire l'organisation des plantes et des animaux. Comme son maître Leibniz il adhère au système de la préexistence.

3. *Ibid.*, p. 58 sq.

4. Cf. Daudin, *op. cit.*, Ch. II et Lovejoy, *op. cit.*, Ch. V.

système de la hiérarchie des monades, qui, correspondant à celle des corps organisés, lui paraît ainsi confirmée par la physique [1].

On sait la place essentielle que tient en effet dans la philosophie de Leibniz le principe de continuité, principe qui renouant avec la scolastique trouve d'autre part dans le calcul infinitésimal une éclatante justification mathématique. C'est lui surtout qui suggère au milieu du siècle au genevois Charles Bonnet son système de l'harmonie universelle, inspiré à la fois de la *Théodicée* et de la *Monadologie* [2]. La plupart des œuvres de Ch. Bonnet sont postérieures à la période qui nous occupe, et c'est seulement dans sa *Contemplation de la Nature* (1764) qu'il dressera un tableau complet de l'échelle des êtres créés, allant des êtres corporels aux esprits purs, en passant par les « êtres mixtes ». Mais dès 1745 la Préface de son *Traité d'Insectologie* se termine sur le tableau de l'échelle des êtres terrestres : bruts et inorganisés, puis organisés et inanimés; au-dessus, les corps organisés et animés, enfin les créatures à la fois organisées, animées, et raisonnables. A cette date le jeune naturaliste ne manifeste encore que peu de goût pour la philosophie; s'il est porté, plus ou moins consciemment, par le courant de son siècle, c'est dans ses travaux de savant qu'il redécouvre l'idée si ancienne de la chaîne des êtres, faisant ainsi le chemin inverse de celui de Leibniz. Aux yeux de ses contemporains les affirmations audacieuses de sa *Préface* devaient mériter d'autant plus de crédit que le corps de l'ouvrage, récit de ses expériences, constituait un parfait modèle de prudence et de rigueur scientifiques. A la suite de son concitoyen Trembley Bonnet démontre, avec le cas du « polype à bras » et des petits vers d'eau douce, l'existence de zoophytes, postulée *a priori* par Leibniz :

« Les admirables propriétés qui leur sont communes avec les plantes, je veux dire la multiplication de boutures et celle par rejetons, indiquent suffisamment qu'ils sont le lien qui unit le règne végétal à l'animal. Cette réflexion m'a fait naître la pensée, peut-être téméraire, de dresser une Échelle des Êtres naturels qu'on trouve à la fin de cette Préface. Je ne la produis que comme un essai, mais propre à nous faire concevoir les plus grandes idées du système du Monde et de la *Sagesse Infinie* qui en a formé et combiné les différentes pièces. Rendons-nous attentifs à ce beau spectacle. Voyons cette multitude innombrable de corps organisés, et non organisés se placer les uns

---

1. BOURGUET, *op. cit.*, p. 166.
2. L'influence de Leibniz sur Ch. Bonnet est très apparente dans les lignes qui suivent : « Il n'est point de sauts dans la Nature ; tout y est gradué, nuancé ; si entre deux êtres quelconques il existait un vide, quelle serait la raison du passage de l'un à l'autre ? Il n'est donc point d'Être au-dessus ou en-dessous duquel il n'y en ait qui s'en rapprochent par quelques caractères, et qui s'en éloignent par d'autres » (*Contemplation de la Nature*, 1764, Seconde partie, Ch. X ; texte cité par H. DAUDIN, *op. cit.*, Ch. II, p. 102). Réduire ce texte à ses sources leibniziennes serait pourtant choisir une perspective trompeuse. Car la démarche du naturaliste a précédé, dans le cas de Ch. Bonnet, celle du philosophe. Et il semble bien que notre auteur n'ait découvert Leibniz qu'en 1748, trois ans après avoir publié son *Traité d'Insectologie*. Cf. SAVIOZ, *La philosophie de Charles Bonnet, de Genève*, Paris, 1948, Première partie, Ch. II.

au-dessus des autres, suivant le degré de perfection et d'excellence qui est en chacun... »[1].

Sans doute ce « beau spectacle » est-il encore incomplet. Nous n'apercevons pas tous les maillons de la chaîne, et la Nature semble parfois faire un saut. Ch. Bonnet en convient, mais l'objection ne l'embarrasse guère : des découvertes récentes ne nous incitent-elles pas à espérer davantage encore de l'avenir ? D'où ce bel élan de foi scientifique qui devient vite un élan religieux :

« Si la suite des corps organisés ne nous en paraît pas partout également continue, c'est que nos connaissances sont encore très bornées : plus elles augmenteront et plus nous découvrirons d'échelons et de degrés. Elles auront atteint leur plus grande perfection lorsqu'il n'en restera plus à découvrir. Mais pouvons-nous l'espérer ici-bas ? Il n'y a apparemment que des Intelligences célestes qui puissent jouir de cet avantage. Quelle ravissante perspective pour ces esprits bienheureux que celle que leur offre l'Échelle des Êtres propres à chaque Monde ! Et si, comme je le pense, toutes ces Échelles, dont le nombre est presque infini, n'en forment qu'une seule qui réunit tous les ordres possibles de perfection, il faut convenir qu'on ne saurait rien concevoir de plus grand ni de plus relevé »[2].

Sans ouvrir toujours à l'imagination des perspectives aussi exaltantes, l'évolution des sciences semblait bien confirmer les espoirs de Charles Bonnet. En 1722 l'observateur minutieux qu'était Réaumur avait pu vérifier l'hypothèse avancée par Magnol et Tournefort sur la nature végétale du nostoch[3]. Les propriétés merveilleuses attribuées à cette famille d'algues avaient depuis longtemps retenu l'attention des alchimistes, mais au début du XVIIIe siècle elles passaient encore, comme dans l'Antiquité, pour une sorte de miracle naturel, *flos coeli* ou *flos terrae*... Ainsi la conquête intellectuelle était double : tandis qu'un phénomène déroutant recevait une explication rationnelle, la continuité de la Nature semblait d'autre part se vérifier; et c'est sur cette seconde idée qu'insistait Fontenelle : « Tout est conduit dans la Nature par degrés et par nuances... »[4]. Quelques années plus tard un médecin marseillais, Peyssonnel, étudiant un autre corps non moins discuté, proposait de ranger désormais le corail parmi les sécrétions animales et non plus parmi les pierres, comme le voulaient les Anciens, ni parmi les plantes, selon l'opinion de la plupart des Modernes. Système peu convaincant et insuffi-

---

1. *Traité d'Insectologie, ou observations sur les pucerons*, Paris, 1745, *Préface*, pp. XXVII-XXXI.
2. *Ibid.*, Une note du Ch. XXIX invite « les grands poètes de notre siècle, un Pope, un Voltaire, un Racine » à « s'exercer sur un si digne sujet et nous donner le *Temple de la Nature* ».
3. RÉAUMUR, *Observation sur la végétation du Nostoch*, Mémoires de l'Académie royale des Sciences, 19 août 1722, p. 121 sq.
4. *Histoire de l'Académie royale des Sciences*, 1722, p. 56.

samment démontré, si intéressant qu'il fût, objectait toutefois Fontenelle, en accord avec Réaumur [1]. Mais voici que peu après la découverte des « zoophytes » par Ch. Bonnet, un autre naturaliste s'interroge sur l'existence de « lithophytes » qui souderaient étroitement le règne végétal au règne minéral. La production des stalactites, expose Boissier de Sauvages, est un bien grand mystère : ne s'agirait-il pas d'une véritable végétation par intussusception, analogue à celle des plantes ? Ces productions pierreuses seraient alors bien proches des coralloïdes, agarics et madrépores, étudiés par Bernard de Jussieu, à cette différence près, essentielle sans doute, qu'elles ne se multiplient ni par semence ni par bouture :

> « Ceux qui connaissent l'*Échelle des Êtres naturels* ne trouveront rien d'étrange dans ces idées; pour peu qu'on étudie la Nature, on trouve quelqu'une de ses productions qu'on ne sait auquel des trois règnes rapporter : il y en a où les limites du règne des pierres et de celui des végétaux sont confondues, à certains égards, par différentes nuances qui se perdent pour ainsi dire l'une dans l'autre... » [2].

Fortifiée par des observations aussi concluantes, des conjectures aussi suggestives, l'idée de la chaîne des êtres est donc au milieu du siècle plus actuelle que jamais [3]. Mais si elle emporte l'adhésion des savants comme des philosophes, ceux-ci sont bien loin de lui prêter dans tous les cas le même sens. Ou bien l'on insiste sur sa signification hiérarchique, et l'univers apparaît alors comme un cosmos où chaque être a sa place marquée par la volonté du Créateur; ou bien au contraire on met l'accent sur la continuité de la nature, et dans ce cas la condition privilégiée du genre humain par rapport aux espèces « inférieures » semble moins évidente que ne le voudrait la pensée chrétienne. Cette attitude d'esprit n'est pas étrangère à Buffon, encore que l'auteur de l'*Histoire Naturelle* affirme avec force la primauté de l'homme parmi les êtres créés : « La première vérité qui sort de cet examen de la nature, écrit-il en effet, est une vérité peut-être humiliante pour l'homme; c'est qu'il doit se ranger lui-même dans la classe des animaux » [4]. A la même époque La Mettrie exploite malicieusement l'idée conformiste de l'échelle des êtres au profit d'une psycho-physiologie franchement matérialiste. Que l'homme soit placé

---

1. RÉAUMUR, *Observations sur la formation du corail*, Mémoires de l'Académie royale des Sciences, 30 juillet 1727, p. 269 sq. cf. FONTENELLE, *Histoire de l'Académie Royale des Sciences*, 1727, pp. 37-39.
2. François BOISSIER de SAUVAGES, *Mémoires contenant des observations de lithologie, pour servir à l'histoire du Languedoc et à la théorie de la Terre*, Mémoires de l'Académie royale des Sciences, 1746, pp. 749-751.
3. Linné lui-même était loin de la rejeter totalement, Cf. DAUDIN, *op. cit.*, Ch. III, 5.
4. *De la manière d'étudier et de traiter l'Histoire Naturelle*, loc. cit., p. 6.

presque au sommet de l'échelle, ce médecin-philosophe l'accorde volontiers aux spiritualistes, mais c'est pour préciser aussitôt que sa situation n'en est que plus fragile : « Un rien de plus ou de moins dans le cerveau où est l'âme de tous les hommes (excepté des leibniziens) peut sur-le-champ nous précipiter en bas » [1]. Que penser, du reste, de cette prétendue substance spirituelle ? La Mettrie ne se borne pas à souligner l'étroite dépendance qui unit la vie physique à la vie organique, il utilise aussi l'idée de la chaîne des êtres pour enfermer le spiritualisme chrétien ou déiste dans ce dilemme : ou bien l'existence de l'âme n'est qu'un préjugé, ou bien il faut croire que tout dans l'univers a une âme, puisqu'on s'élève insensiblement du maillon de la chaîne le plus simple jusqu'au plus complexe. « Tout est donc plein d'âmes dans l'univers, conclut ironiquement notre auteur. Il n'y a pas jusqu'aux huîtres qui ne soient attachées aux rochers pour mieux passer leur vie, selon M. de Réaumur, à la contemplation des plus importantes vérités... » [2].

Animisme universel ou matérialisme ? Entre les deux hypothèses La Mettrie n'hésite guère. Chez lui l'idée de la chaîne des êtres perd tout contenu spiritualiste. Elle ne sert plus à désigner la hiérarchie des âmes, mais seulement celle des besoins et des degrés d'organisation. « L'intelligence, dit-il, a été donnée à tous les animaux en raison de leurs besoins. » La formule pourrait impliquer une conception téléologique de la Nature si le philosophe n'ajoutait aussitôt que ces besoins sont eux-mêmes « une suite nécessaire de la structure de nos organes » [3]. Aussi est-il absurde, à son avis, de supposer « une âme » chez les plantes ou chez les minéraux qui « n'ont aucune des nécessités de la vie animale » [4]. Et la bonhomie insidieuse de la conclusion souligne encore la portée matérialiste de cette analyse : « J'ai envisagé l'âme comme faisant partie de l'histoire naturelle des corps animés, mais je n'ai garde de donner la différence graduée de l'une à l'autre pour aussi nouvelle que les raisons de cette gradation... » [5].

Cette opinion hétorodoxe reste cependant, semble-t-il, assez isolée. Les conséquences matérialistes de l'idée de série n'apparaissent clairement que dans une perspective évolutionniste qui est rarement celle des contemporains de La Mettrie : lui-même a sur ce point une pensée passablement hésitante [6]. Avant 1750 le thème de l'échelle des êtres sert plus souvent à justifier les croyances les plus traditionnelles. Ainsi le docte Crousaz usait-il en 1721 d'une sorte d'extrapolation philosophique à

---

1. La Mettrie, *L'Homme-Plante*, Ch. II, (*Œuvres philosophiques*, Berlin, 1796, t. II, pp. 69-70).
2. *Les Animaux plus que Machines* (*ibid.*, pp. 136-137). Sur la psychologie matérialiste de La Mettrie, voir ci-dessous, Ch. XI, 2.
3. *L'Homme-Plante*, Ch. III, *op. cit.*, p. 71.
4. *Ibid.*, Ch. II, p. 64.
5. *Ibid.*, p. 74.
6. Voir ci-dessous. Ch. IV, 4.

partir de la chaîne des êtres terrestres pour se refuser à nier l'existence des démons, donc des sorciers : en présence de cette série continue qui s'élève des corps bruts aux corps organisés les plus complexes, comment refuser l'existence au « nombre prodigieux de créatures qui sont au-dessus de notre espèce » [1] ?

De façon plus générale, l'idée de l'échelle des êtres implique une vision du monde tout empreinte de religiosité : celle d'un univers ordonné par le souverain Créateur dans le sens de la plus grande perfection; un univers dont la richesse n'exclut pas l'unité, un univers structuré, et par là singulièrement plus rassurant que l'infinité abstraite du monde des géomètres. Encore cette opposition n'est-elle pas toujours nettement conçue. Avant 1750, beaucoup de bons esprits refusent de choisir entre le monde de la *Genèse* et celui de la « physique nouvelle ». Le trait le plus marquant du demi-siècle n'est pas le goût des attitudes extrêmes, mais au contraire la fuite devant les choix déchirants. On s'évertue à concilier la finalité de la Création chrétienne et la nécessité du Mécanisme universel; on s'obstine, à tout le moins, à fermer les yeux sur la contradiction. D'un côté les vrais philosophes, Malebranche ou Leibniz, qui cherchent à dépasser cette antinomie, de l'autre un Crousaz qui ne voit même pas difficulté à conserver l'idée de loi naturelle dans sa double acception : ordre quantitatif d'un monde soumis à la nécessité du nombre, ordre qualitatif d'un cosmos régi par un principe architectonique.

Le développement de cette contradiction, longtemps inconsciente ou refusée, sera l'une des lignes de force de l'évolution intellectuelle du siècle. Après 1750, pour défendre les valeurs religieuses traditionnelles contre les assauts du néo-naturalisme, certains demanderont aux sciences naturelles, et non plus à la physique mathématique, de voler au secours de la théologie. Et la finalité du monde de Charles Bonnet sera assurément moins contestable, et surtout moins équivoque, que celle que Maupertuis avait cru découvrir dans son principe de la moindre action. Inversement les tenants de la science mécaniste pourront à bon droit dénoncer dans le système de la chaîne des êtres un retour à la philosophie des temps « gothiques »; la seule « chaîne » dont l'auteur du *Dictionnaire philosophique* consente à admettre l'existence, non sans jouer un peu sur le mot, c'est la formule mathématique de la gravitation universelle... Et

---

1. Crousaz, lettre à Barthélemy Barnaud, 9 février 1721 (texte cité par J. de La Harpe, *op. cit.*, p. 258). A rapprocher de cette réflexion de Montesquieu : « Je disais qu'il était très naturel de croire qu'il y avait des intelligences supérieures à nous : car en supposant la chaîne des créatures que nous connaissons, et les différents degrés d'intelligence, depuis l'huître jusqu'à nous, si nous faisions le dernier chaînon, cela serait la chose la plus extraordinaire, et il y aurait toujours à parier 2, 3, 400 mille ou millions contre un, que cela ne serait pas, et que parmi les créatures ce fût nous qui eussions la première place, et que nous fussions la fin du chaînon — et qu'il n'y ait point d'autre intermédiaire entre nous et l'huître qui ne pût raisonner comme nous ». (*Pensées, op. cit.*, 1676 [2204]).

Voltaire de railler plaisamment la signification cléricale du thème platonicien de l'échelle des êtres :

« Cette hiérarchie plaît beaucoup aux bonnes gens qui croient voir le
pape et ses cardinaux, suivis des archevêques, des évêques; après quoi viennent les curés, les vicaires, les simples prêtres, les diacres, les sous-diacres;
puis paraissent les moines, et la marche est fermée par les capucins »[1].

Dieu mécanicien ou Dieu architecte ? Peut-être l'alternative n'est-
elle posée de façon claire qu'au moment où elle est déjà dépassée. Lorsque
Voltaire oppose le Dieu de Newton — c'est-à-dire, pour lui, le Dieu des
géomètres — à celui de Ch. Bonnet, il sait déjà qu'il faut désormais lutter
sur deux fronts : non plus seulement contre l'ordre théocratique du
monde chrétien mais aussi contre la puissance créatrice que d'aucuns
attribuent à une Nature presque divinisée. L'univers voltairien n'est pas
un monde en devenir, mais un ordre stable, conçu une fois pour toutes
par la Sagesse de l'Être Suprême; ce trait au moins l'apparente au monde
hiérarchisé de Charles Bonnet. Et l'analogie vaut d'être soulignée, par
contraste avec le sens nouveau que va prendre chez Diderot la vieille
idée de la continuité de la nature. Car dans son acception traditionnelle
celle-ci ne menaçait en rien la cosmogonie biblique. C'est faire beaucoup
d'honneur à Charles Bonnet et, en tout cas, fausser complètement sa
pensée, que de voir en lui un précurseur de l'évolutionnisme. Comme
Bourguet, comme Leibniz lui-même, leur maître commun, Bonnet reste
fidèle au système de la préexistence; aussi demeure-t-il fixiste, bien
qu'avec plus de souplesse que Linné : sans nier que puissent apparaître
des espèces nouvelles, il tient qu'elles se développent toujours à partir
de germes préexistants[2]; ainsi, dans sa doctrine, l'évolution de la nature
n'est qu'apparente, puisqu'elle s'enferme dans un cadre tracé d'avance
qui a l'éternité immuable du plan de la Création[3].

---

1. *Dictionnaire philosophique*, art. *Chaîne des Êtres créés.* Cf. *Ibid.* : « Et puis, comment
voulez-vous que dans les grands espaces vides il y ait une chaîne qui lie tout. S'il y en a
une, c'est certainement celle que Newton a découverte ; c'est elle qui fait graviter tous
les globes du monde planétaire les uns vers les autres dans ce vide immense ».
2. Cf. Savioz, *La philosophie de Charles Bonnet... op. cit.*, Ch. III, p. 81.
3. La distance qui sépare l'idée de série, sous la forme qu'elle revêt le plus fréquemment au xviiie siècle, et l'hypothèse transformiste a été excellemment marquée par H. Daudin *(op. cit. Conclusion)* : « Pour peu qu'on analyse les croyances qu'elle exprime, on se
rend compte que la première repose, en réalité, sur des habitudes de pensées et des manières de voir aussi opposées que possible à celles qui ont donné naissance à la seconde.
Car la quasi-continuité des formes n'est pas, pour nos auteurs, la conséquence visible
d'une communauté d'origine ou d'une filiation : elle est un trait nécessaire, ou du moins
constant d'un ordre « naturel » qui a en lui-même ses raisons d'être. De leur point de vue,
une formule explicative de l'état sous lequel se présente actuellement le monde animé
peut être établie scientifiquement sans enquête sur son passé : il y a en principe dans ce
qu'il est tout ce qu'il faut pour rendre compte de ce qu'il est — et l'harmonie de sa disposition, la gradation régulière des « rapports » entre les choses qui le constituent, bien loin
d'appeler comme complément ou comme éclaircissement une analyse génétique, rendent
inutile, et presque inconcevable du point de vue propre du naturaliste, le projet même
d'une telle analyse ».

2. — *La Géologie et l'Histoire de la Terre*

« Rien de tout ce qui végète et ce qui est animé n'a changé; toutes les espèces sont demeurées invariablement les mêmes : il serait bien étrange que la graine de millet conservât éternellement sa nature, et que le globe entier variât la sienne ».

Ainsi s'exprime Voltaire en 1746, dans une sorte d'acharnement à nier l'évidence [1]. A cette date l'*Histoire et Théorie de la Terre* que Buffon publiera en 1749, est rédigée depuis deux ans [2] : point de départ de la géologie moderne, mais aussi point d'aboutissement de plus d'un demi-siècle de recherches et de discussions. Quelques années plus tôt le philosophe de Cirey était à l'avant-garde du progrès des idées scientifiques : son attitude négative paraîtrait ici bien surprenante si elle ne répondait à un souci philosophique évident. Le déisme voltairien suppose la stabilité de l'ordre universel; il exclut aussi bien l'intervention arbitraire de Dieu dans la mécanique du monde que la transformation de celle-ci sous l'effet du hasard ou d'une nécessité interne. C'est pourquoi l'hostilité de Voltaire à l'égard de Buffon ne contredit pas son dévouement à la cause de Newton : naguère initiateur, désormais réfractaire aux idées neuves, mais pour les mêmes raisons, Voltaire affirme la constance des lois naturelles, mais sans jamais concevoir celles-ci comme des lois d'évolution. La vieille idée de l'uniformité des lois de la nature, fortifiée par la caution de Newton, lui sert à justifier une conception statique de l'univers en général et du globe terrestre en particulier [3]. Un quart de siècle plus tôt, méditant sur les altérations très sensibles de la surface des autres planètes, Fontenelle avait pourtant tiré d'un raisonnement analogue des conclusions autrement riches d'avenir [4] : revanche anticipée de l'esprit cartésien

---

1. *Dissertation envoyée par l'auteur, en italien, à l'Académie de Bologne et traduite par lui-même en français sur les changements arrivés dans notre globe et sur les pétrifications qu'on prétend encore en être le témoignage* (1746), Moland, XXIII, p. 228.

2. Le second discours est en effet daté de Montbard, 3 octobre 1744.

3. « Le goût du merveilleux enfante les systèmes, mais la nature paraît se plaire dans l'uniformité et dans la constance autant que notre imagination aime les changements ; et, comme dit le grand Newton, *Natura est sibi consona* ». *Dissertation sur les changements arrivés dans notre globe...*, *loc. cit.*, p. 229.

4. *Histoire de l'Académie royale des Sciences*, 1720, *Sur les taches de Mars*, Cf. notamment, p. 95 : « Ainsi ces révolutions surprenantes que le commun des hommes, qui n'en voit plus de pareilles, regarde volontiers comme des songes philosophiques, sont cependant nécessaires, ne fût-ce que pour établir entre les autres planètes et celle que nous habitons, la conformité qui doit s'y trouver ». — Voir aussi *ibid.*, 1738, pp. 70-75, *Sur le mouvement des fixes.*

qui marquait ainsi son aptitude à tenir compte, lui aussi, de l'expérience et retrouvait du même coup ses anciennes prétentions à bâtir toute une cosmogonie ! Car les faits ne manquaient pas pour suggérer l'intérêt d'une histoire de la Terre. Depuis le temps lointain où Bernard Palissy avait présenté à Paris sa collection de coquilles et de pierres ' figurées, la « conchyologie » n'avait cessé de susciter la curiosité des amateurs de cabinets d'histoire naturelle et l'intérêt des savants. Dans la première moitié du XVIIIe siècle les descriptions de fossiles ou les discussions sur leur provenance occupent une place de premier plan dans les travaux des sociétés savantes [1]. A la suite de B. Palissy on s'accorde le plus souvent à leur attribuer une origine animale ou végétale, mais tous les problèmes n'en sont pas pour autant résolus.

Pour la piété de beaucoup l'étude des fossiles est l'occasion de proposer une histoire de la terre conforme au récit de la *Genèse*. Ne sont-ils pas tout simplement les débris d'animaux ou de plantes détruits par le Déluge ? Ainsi se trouverait démontrée la réalité historique de celui-ci. On connaît en France les ouvrages de savants et théologiens anglais qui s'étaient faits dans leur pays, parallèlement au développement du théisme newtonien, les défenseurs de la théorie diluvienne. Dans son *Abrégé d'Histoire universelle*, resté inédit, Boulainvilliers fait allusion aux idées souvent étranges de Th. Burnet [2] qui susciteront les commentaires ironiques de Buffon, non sans que le seigneur de Montbard reconnaisse à ce théologien hétérodoxe et le mérite du style et celui d'avoir été un initiateur [3]. L'auteur de l'*Histoire Naturelle* croira aussi devoir rappeler et réfuter, assez longuement, la théorie du mathématicien Whiston, successeur de Newton à Cambridge, qui n'hésitait pas à fixer avec précision la date du déluge au 18 novembre 2349 avant J.-C. [4]. Il s'attachera enfin à la critique d'un troisième système qui avait du moins l'intérêt de reposer sur quelques observations précises, à côté d'autres plus contestables. Dans son *Essai sur l'Histoire Naturelle de la Terre*, J. Woodward affirmait

1. En province comme à Paris. Voir les sujets de concours choisis par l'Académie de Bordeaux en 1743 et 1754. (Cf. BARRIÈRE, *op. cit.*, Deuxième partie, Ch. I). On connaît d'autre part le projet annoncé en 1719 par Montesquieu d'une *Histoire physique de la Terre ancienne et moderne*. Cf. *Le Mercure*, 1er janvier 1719, et le *Journal des Savants*, 1719, p. 159. (MONTESQUIEU, *Œuvres*, *op. cit.*, t. III, pp. 87-88).

2. Cf. R. SIMON, *Henry de Boulainviller*, *op. cit.*, p. 654, note 48. La *Telluris theoria sacra* de Thomas Burnet avait été publiée à Londres en 1681. Selon Burnet la terre aurait d'abord été un chaos fluide de matières peu à peu condensées en un noyau central et une croûte superficielle parfaitement plane. Celle-ci aurait éclaté, à l'époque marquée par la *Genèse*, sous l'effet de la chaleur du soleil ; son assèchement progressif lui aurait enfin laissé l'aspect tourmenté qu'elle présente aujourd'hui.

3. *Théorie de la Terre*, Lanessan, I, p. 35, et *Preuves...*, art. III, *ibid.*, pp. 87-88.

4. Cf. BUFFON, *ibid.*, art. II, pp. 82-86.

l'origine marine des fossiles, et en concluait à la dissolution complète de la terre par le déluge : l'écorce terrestre se serait ensuite peu à peu reformée en diverses couches concentriques que l'auteur prétendait superposées dans l'ordre de la pesanteur [1]. Ce système qui conciliait apparemment les révélations des textes sacrés et celles de la science paraissait en 1715 au journaliste des *Savants* bien plus vraisemblable et séduisant que l'antique explication des fossiles par les « jeux de la nature » [2]. En 1729 Louis Bourguet appuie de nouvelles observations cette idée d'une dissolution totale qui aurait détruit la première structure du globe; mais il ne craint pas de la compléter, à l'instar de Whiston, de vues prophétiques sur son avenir et son inévitable destruction par le feu [3].

Tous les auteurs qui s'intéressent alors à l'histoire de la terre n'ont pas ces prétentions apocalyptiques; mais beaucoup de savants sérieux inclinent vers la théorie diluvienne qui leur fournit une explication facile de faits de plus en plus nombreux [4]. En 1718 A. de Jussieu feuillette dans le Lyonnais les livres de « la plus ancienne bibliothèque du monde » et découvre sur des pierres de cette région l'empreinte de plantes exotiques : c'est à son avis la preuve, non d'un changement de climat, mais de l'envahissement de cette contrée par la mer lors de quelque grand cataclysme [5]. Un peu plus tard, l'étude des pierres figurées communément appelées cornes d'Ammon le confirme dans cette opinion, et à sa suite Fontenelle peut écrire :

« Les mers des Indes ont donc couvert toute l'Europe. Ces grandes révolutions dont nous n'avons plus d'exemples, si peu vraisemblables, hormis pour les philosophes, sont de jour en jour plus attestées par les monuments authentiques et par des espèces d'histoire écrites de la main de la Nature » [6].

---

1. J. Woodward, *An Essay toward a natural History of the Earth*, Londres, 1695. Ouvrage refondu en latin par J.J. Scheuchzer avec la réponse aux objections de Camerius, *Naturalis Historiae Telluris illustrata et aucta*, Oxford, 1714 ; trad. française par Noguez, *Géographie physique ou Essai sur l'Histoire Naturelle de la Terre*, Paris, 1735. (Renseignements bibliographiques empruntés au *Buffon* du *Corpus des philosophes français*, édité par J. Piveteau, p. 83, note 9).

2. *Journal des Savants*, 1717, p. 17 sq.

3. Louis Bourguet, *Mémoire sur la Théorie de la Terre*, joint à ses *Lettres philosophiques sur la formation des sels et des cristaux*, Amsterdam, 1729, *op. cit.* Bourguet est aussi l'auteur d'une *Dissertation sur les pierres figurées* (1715) et d'un *Traité des Pétrifications* (Paris, 1742). Cf. Buffon, *Preuves...*, *loc. cit.*, art. V, p. 91.

4. Voir le compte rendu du mémoire du chevalier Sloane sur *Des os d'éléphants trouvés dans la terre*, *Journal des Savants*, 1730, p. 575 sq. (Analyse des travaux de l'Académie royale des Sciences en 1727).

5. A. de Jussieu, *Examen des causes des impressions des plantes marquées sur certaines pierres des environs de Saint-Chaumont dans le Lyonnais*, *Mémoires Académie royale des Sciences*, 12. 11. 1718, p. 287 sq. Cf. *H. A. R. S.*, 1718, p. 3, sq.

6. Jussieu *De l'origine et de la formation d'une sorte de pierre figurée que l'on nomme Corne d'Ammon*, *M. A. R. S.*, 1722, p. 235 sq. (Cf. Fontenelle, *H. A. R. S.*, p. 4).

Les « rationaux » comme Fontenelle substituent en effet volontiers à l'idée théologique du déluge le thème laïque des « révolutions du globe ». Suggéré par Leibniz en 1683 dans sa *Protogea* [1], il inspirera encore en partie les *Anecdotes de la Nature* de Boulanger au milieu du siècle [2]. C'est une notion plus complexe, sans doute, que la théorie diluvienne orthodoxe, mais qui se rattache bien au même type de pensée : dans les deux cas il s'agit d'événements extraordinaires, surgis dans un passé très lointain et dont nous ne pouvons avoir aucune expérience directe. La critique majeure adressée par Buffon au système de Leibniz vaut aussi contre tous les autres :

« Le grand défaut de cette théorie, c'est qu'elle ne s'applique point à l'état présent de la terre, c'est le passé qu'elle explique, et ce passé est si ancien et nous a laissé si peu de vestiges qu'on peut en dire tout ce qu'on voudra... » [3].

Une tendance se fait jour cependant à étendre la durée hypothétique de ces révolutions, au point de rendre l'idée beaucoup moins compatible avec la lettre des textes bibliques. A la lecture de Burnet, Boulainvilliers en vient même à envisager une évolution insensible du globe terrestre jusqu'à la figure que nous découvrons aujourd'hui [4] : c'est une étape intermédiaire entre l'idée des révolutions et celle des causes actuelles. En 1720 Réaumur montre de même que l'explication par le Déluge ne saurait rendre compte de la disposition horizontale des coquilles qu'il a observées en Touraine : « Elles ont dû être apportées et disposées doucement, lentement, et par conséquent en un temps beaucoup plus long qu'une année » [5]. Buffon saura utiliser plus tard cette remarque [6]. Avant lui Boulanger formulera l'idée des époques de la nature, mais sans parvenir à dégager ses intuitions évolutionnistes d'une conception cyclique de l'histoire de la terre [7].

---

1. *Acta Eruditorum*, Leipzig, 1683, p. 40 sq.

2. Cf. J. ROGER, *Un manuscrit perdu et retrouvé : les Anecdotes de la Nature, Revue des Sciences humaines*, juillet-septembre 1953 ; et J. Hampton, *Nicolas-Antoine Boulanger et la science de son temps*, Genève-Lille, 1955.

3. BUFFON, *Preuves*..., art. V, *loc. cit.*, pp. 91-92.

4. Voici le texte de l'*Abrégé de l'Histoire Universelle* cité par R. SIMON (*loc. cit.*, p. 654, note 8), auquel il a déjà été fait allusion : « Il n'y a d'ailleurs aucun inconvénient à dire que la masse entière de notre globe s'est formée insensiblement dans le progrès des siècles, puisqu'on conçoit qu'elle n'a pas été faite en quatre reprises différentes ; on ne blesse pas plus l'autorité du texte sacré d'une façon que de l'autre ». Boulainvilliers écrivait encore en 1711, à propos de l'action des causes naturelles : « Or ces causes secondes agissent lentement, et par un progrès tellement imperceptible que pour produire ce qui se passe à nos yeux, il n'a peut-être pas moins fallu qu'une infinité de siècles, pendant lesquels s'est formée cette chaîne inconcevable de causes et d'effets liés nécessairement les uns aux autres ». (*Astrologie mondiale, op. cit.*, 1949, p. 144).

5. *Mémoires de l'Académie royale des Sciences*, 1720, p. 400 sq. cf. FONTENELLE, *H. A. R. S.*, 1720, p. 8.

6. BUFFON, *Preuves*... *loc. cit.*, art. VIII.

7. Cf. Ce fragment reproduit par J. HAMPTON (*op. cit.*, p. 192. — Il s'agit du globe terrestre). « ... C'est peu hasarder de le regarder comme un être qui a cela de commun avec tous les autres êtres actifs et passifs, qu'il a au-dedans de lui-même un principe de vie

Ainsi s'effrite peu à peu l'argument facile que l'existence des fossiles fournissait à l'apologétique. En 1729 les *Mémoires de Trévoux* l'utilisent encore avec bonne conscience [1], mais quelques années plus tard le compte rendu qu'ils donnent de la traduction française du livre de Woodward permet de mesurer le chemin parcouru : c'est sans doute un dessein « plein de piété et de religion » que de vouloir prouver le Déluge, écrit le journaliste, mais la raison est-elle capable de démontrer les vérités de la foi ? Si la terre a été totalement dissoute par le Déluge, pourquoi trouve-t-on partout des coquilles, malgré les lois de la pesanteur, et pas seulement à son centre ? Bornons-nous à constater que la belle ordonnance du globe terrestre témoigne en faveur de la Sagesse divine, sans plus chercher à démontrer, au prix de plus graves difficultés, tous les articles de la Révélation : « Le savant anglais a beau faire : la terre n'est rien moins qu'un entassement de corps noyés dans le Déluge et retombés pêle-mêle les uns sur les autres : la terre est un corps tout organisé et tout plein d'art ou d'intelligence » [2]. Position extrême qui rompt avec les données de la science nouvelle lorsque celles-ci commencent à se révéler peu conformes à la tradition. Comment expliquer cependant la présence de fossiles et de coquilles pétrifiées là où on s'attendrait le moins à en rencontrer ? Leur régularité exclut un retour aux « jeux de la Nature » des Anciens [3]. Mais l'assimilation de la terre à un corps organique contient implicitement une autre explication vers laquelle semble incliner un article ultérieur du même périodique : celle de la production des fossiles par la terre nourricière [4]. On rencontre ici un cas particulier de la vieille idée des générations telluriques, familière depuis longtemps aux journalistes de Trévoux. A. de Jussieu avait pris la peine de l'écarter au passage dans son mémoire de 1718. Très répandu au xviie siècle de Peiresc à Tournefort, en passant par Gassendi et Baglivi, et défendu au nom de l'uniformité de la nature, le thème de la génération des pierres avait déjà été appliqué dans le passé au cas des fossiles; il le sera encore dans l'avenir, même après la diffusion des thèses évolutionnistes de Buffon [5]. Voltaire lui-même, peut-être ins-

---

et de mort, qu'il est nécessairement périssable par lui-même au bout d'un certain temps marqué pour sa durée, qu'il peut être dérangé et troublé par une infinité de hasards et de rencontres ; c'est peu hasarder de le considérer dans sa masse totale, comme on considère chaque partie de la matière qui ne périt pas, mais qui change sans cesse ; c'est peu hasarder enfin de le considérer comme un être qui, ayant une action et un mouvement continu par le travail de ses propres organes et des agents extérieurs, doit par conséquent, ainsi que tout ce qui est organique, s'affaiblir, s'épuiser peu à peu et se détruire, c'est-à-dire changer de forme, de position et peut-être de nature ».

1. *Mémoires de Trévoux*, février et mars 1729, pp. 308-334 et 450-483.
2. *Ibid.*, février 1736, p. 244 sq.
3. *Ibid.*, février 1729, p. 308.
4. *Ibid.*, mars 1743, pp. 322-358.
5. E. Guyénot cite à ce propos l'ouvrage d'un médecin de Lucerne, Nicolas LANGE, publié en 1709 (*Les sciences de la vie, op. cit.*, pp. 351-352). Mais il ne s'agit nullement d'une divagation isolée. La croyance à la génération des pierres s'apparente à la pensée alchimique (Cf. ci-dessus, Ch. I), elle constituera encore un point essentiel du système

piré par l'exemple de ses maîtres jésuites, semble parfois prêt à admettre l'existence de « semences minérales », et sa dissertation de 1746 propose l'explication au moins comme une possibilité[1]. Son hostilité à la théorie diluvienne rejoint donc ici le désir des journalistes de Trévoux de mettre les dogmes bibliques à l'abri des prétentions chaque jour plus inquiétantes de la géologie. Apte à alimenter parfois un matérialisme sommaire, la théorie des générations telluriques, d'esprit essentiellement antihistorique, n'en constituait pas moins un recul intellectuel par rapport à celle des révolutions du globe.

*
* *

Ces différents systèmes devaient cependant se trouver bientôt dépassés. En 1748, un an avant la publication de la *Théorie de la Terre,* paraît le *Telliamed* de Maillet, où se trouve exposée pour la première fois la théorie des causes actuelles. Désormais l'histoire du globe terrestre ne sera plus seulement l'étude de son lointain passé, mais aussi celle de son présent. A la notion de grands cataclysmes exceptionnels, propre à frapper les imaginations, succède l'idée d'une évolution incessante et continue.

La publication du *Telliamed*[2] — dont l'auteur était mort presque inconnu dix ans plus tôt — est un signe des temps; et si cet ouvrage fait transition entre le naturalisme libertin à l'ancienne mode et ce qu'on a pu appeler le « néo-spinozisme »[3], elle marque bien la promotion du premier au rang de doctrine scientifique. Curieux ouvrage, sans doute, où les intuitions les plus valables s'encadrent dans les plus étonnantes diva-

---

de Robinet (*De la Nature*, Amsterdam, 1761, Deuxième partie, Ch. XIV-XVIII). Sur le cas particulier des coquillages fossilisés, mentionnons une dissertation de l'abbé Pierquin, publiée dans le *Journal de Verdun*, novembre-décembre 1727 et reprise dans ses *Œuvres physiques et géographiques* (Paris, 1744, *op. cit.*, VIII, p. 254 sq.), ainsi que des *Observations sur la génération des fossiles*, présentées à l'Académie de Bordeaux en 1767 (Cf. BARRIÈRE, *op. cit.*, Deuxième partie, Ch. I).

1. « On pourrait encore (…) penser, avec beaucoup de physiciens, que ces coquilles, qu'on croit venues de si loin, sont des fossiles que produit notre terre… » *Dissertation envoyée à l'Académie de Bologne, loc. cit.*, p. 222. Cf. D. MORNET, *Les sciences de la Nature…*, *op. cit.*, p. 24.

2. *Telliamed* ou *Entretiens d'un philosophe indien avec un missionnaire français sur la diminution de la mer, la formation de la terre, l'origine de l'homme* etc… *mis en ordre sur les Mémoires de feu M. de Maillet par J.A.G…*, Amsterdam, 1748, 2 t. en un vol. in-8°.
Le manuscrit de Maillet n'a pas été achevé avant 1725 puisqu'il cite (*Sixième journée*) le procès-verbal établi par un navigateur le 8 septembre de cette année. Mais il ne saurait être non plus très postérieur à cette date, puisqu'au début de la *Quatrième journée* il présente d'autre part comme « récentes » les *Nouvelles conjectures sur le globe de la Terre* publiées, sous l'anonymat, en 1721. La B.N. ne possède pas cet ouvrage d'Hubert Gautier, inspecteur des Ponts et Chaussées à Nîmes, mais les *Mémoires de Trévoux* l'avaient analysé en avril 1722 (p. 730 sq.) ; selon Gautier la terre aurait tendance à s'aplanir : le journaliste lui opposait les thèses de Woodward, et soutenait que les altérations diverses de l'écorce terrestre doivent se compenser.

3. Cf. P. VERNIÈRE (*op. cit.*) qui rapproche (p. 534) le livre de Maillet du *Pantheisticon* de Toland, publié précisément en 1720.

gations ! Maillet semble connaître les objections de Réaumur à la théorie
diluvienne [1]; il est assez solidement informé des discussions sur l'origine
des fossiles, mais il ne craint pas de citer Ovide à côté de Jussieu ou de
Bernard Palissy...[2] S'il ignore Newton, il est sensible aux aspects les plus
grandioses de la physique cartésienne : ainsi lorsqu'il évoque le mouvement général des globes célestes que le Soleil emporte « autour de lui
dans cette mer de matières qui l'environne ». Comme chez Descartes et
bientôt chez Buffon, cette cosmologie se double d'une cosmogonie : les
étoiles vivent et meurent, les comètes sont peut-être les restes de soleils
disparus, les planètes passent d'un tourbillon à un autre, la Terre a dû
entrer dans celui du soleil après la lune [3]. Notre univers actuel s'est donc
formé peu à peu dans la suite des siècles, pense Maillet, et on peut supposer qu'il disparaîtra à son tour pour laisser insensiblement la place à
un autre. « Il ne nous est pas permis de douter que tout ce que nous
voyons, ce bel ordre que nous admirons, ne soit sujet à des changements
et que ce que nous savons être arrivé, ou ce que nous voyons arriver
encore ne continue de se répéter » [4]. Notre soleil finira par s'éteindre;
embrasée, desséchée ou submergée par les eaux (Maillet a la prudence
d'exprimer ici son incertitude), la terre subira à son tour un destin peu
enviable. Mais les vues de notre auteur sont plus optimistes que celles
des théologiens : réfugiés dans la fraîcheur polaire ou sur des bateaux,
les hommes pourront y attendre le retour certain de temps plus favorables.
La terre redeviendra un jour habitable [5], car l'éternité de la Nature domine
la brièveté de ses formes successives; Maillet n'établit pas lui non plus
de distinction nette entre une évolution indéfinie et une conception
cyclique des vicissitudes nécessaires [6].

---

1. *Telliamed, Deuxième Journée*, p. 108 sq. (édition d'Amsterdam, 1748).

2. Cf. *ibid.*, t. II, *Cinquième Journée*, pp. 85-86. Ovide, remarque Maillet, appelle les
Arcadiens *ante-lunaires* : cela prouve que la terre est entrée dans le tourbillon du soleil
après la lune ; elle tournait autrefois autour d'un autre soleil, plus petit, et les « années »
n'étaient alors guère plus longues que deux de nos mois actuels : d'où le paradoxe apparent du grand âge des premiers hommes, attesté, entre autres sources, par la *Genèse*.

3. *Ibid.*, p. 68 sq.

4. *Ibid.*, p. 93.

5. *Ibid.*, p. 126 « Que si à mesure que la force du soleil s'affaiblira ou à l'approche
de son extinction, les habitants du globe ont lieu de craindre une submersion totale, ils
ne s'alarmeront point. Ils fabriqueront de grands bateaux, dans lesquels, retirés avec
quelques troupeaux, ils attendront qu'ils soient délivrés de cette triste situation par
l'extinction totale du Soleil et par le passage de la terre dans un autre tourbillon, où les
eaux pourront diminuer... »

6. *Ibid.*, p. 103. « Tel est l'ordre établi par l'auteur de la Nature pour perpétuer à
jamais ses ouvrages. La graisse et l'huile de tous les animaux, de tous les poissons, et de
tous les corps qui peuvent servir à l'inflammation des globes opaques s'amassent en certains endroits où par la succession des temps toutes ces matières s'embrasent. De là naissent les volcans qui se communiquent enfin les uns aux autres, enflammant tout le globe,
privent de la génération tout ce qu'il contient d'animé, et en font un véritable soleil. Le
nouvel astre par sa chaleur communique à son tour à d'autres globes opaques le pouvoir
de la génération qu'il a perdu lui-même ; jusqu'à ce que par son activité, ayant consumé
tout ce qui dans sa substance est propre à entretenir ce feu prodigieux, il s'affaiblisse
dans sa durée, s'éteigne enfin, et retourne dans son premier état d'opacité ».

Ces amples perspectives ne constituent peut-être pas l'aspect le plus neuf du livre de Maillet. Car ce visionnaire prétend se doubler d'un observateur méticuleux. Si extravagantes que soient les vues du Philosophe indien, observe la *Préface*, elles s'appuient sur les faits les plus communs.

« Il suit la nature pas à pas ; il l'accompagne dans ses productions les plus extraordinaires, quelquefois les plus singulières et les plus rares. Y a-t-il rien qui demande moins de contention que ce qu'elle opère tous les jours sous nos yeux ? quoi de plus agréable en même temps, que de pouvoir la prendre, pour ainsi dire, sur le fait, et la forcer à nous dévoiler elle-même ses mystères les plus secrets ? » [1].

Les plus grands bouleversements de la surface du globe sont dus en effet, selon Maillet, à l'action continue de la mer : sans cesse les courants marins, en se heurtant ou se croisant, provoquent des amoncellements de matières arrachées ailleurs ; mais en même temps la masse totale des eaux diminue insensiblement. Ainsi ont pu émerger des montagnes sous-marines qui contiennent des coquilles et des fossiles jusque dans leurs profondeurs ; la régularité des couches qui les constituent prouve d'autre part qu'elles ont été formées par une action insensible et continue, plutôt que par quelque cataclysme brutal ; enfin les variations des rivages et la présence à l'intérieur des terres de villes qui étaient autrefois des ports de mer actifs prouvent également cette lente diminution de la mer, dont le grand-père de Telliamed avait essayé de mesurer le rythme [2].

Hypothèses hardies ou saugrenues, petits faits exacts et délire d'imagination, logique entraînante — sinon toujours sans faille —, tout cela finit par former un mélange explosif. Maillet se défend de vouloir contredire la *Genèse*, mais la dédicace de son livre à Cyrano de Bergerac pouvait susciter la légitime défiance des journalistes de Trévoux [3]. La préface reprend du reste l'argument habituel des mécanistes : un monde qui se conserve tout seul fait plus honneur à Dieu que celui auquel il serait sans cesse forcé de mettre la main. Mais il s'agit moins ici de la conservation de l'univers que de sa formation dans le temps : « Quoi de plus digne du Créateur que d'avoir établi un tel ordre dans la nature de cet univers, qu'il portât en lui-même les principes de sa vie et de sa mort ? » [4]. Encore est-il question dans ce passage de la création de la matière : dans le corps de l'ouvrage, Maillet écrit au contraire que la matière est éternelle [5]. Dès lors la « Création » est tout au plus une de ses formes successives. Simples

---

1. *Ibid.*, t. I, *Préface*, pp. VIII-IX.
2. Cette « diminution de la mer » est abondamment « prouvée » au cours des trois premières *Journées* des *Entretiens.*
3. *Mémoires de Trévoux*, avril 1749, p. 631 sq.
4. *Loc. cit.*, p. CIX.
5. *Telliamed*, t. II, *Cinquième Journée*, *loc. cit.*, p. 58 sq.

conjectures, accorde Maillet, mais qui ont l'avantage de ne pas céder à
une banale illusion anthropomorphique : « Contentons-nous ici de ne
point fixer un commencement à ce qui peut-être n'en a jamais eu. Ne
mesurons point la durée passée de ce monde sur celle de nos années... » [1].
Telliamed incline donc à reculer l'origine de l'univers dans un passé bien
plus lointain que ne le propose la *Genèse*. Mais celle-ci est attaquée sur
un autre point, non moins essentiel. Si l'ironie du philosophe indien
égratigne au passage les idées de Lange sur la génération des fossiles [2],
elle n'épargne pas, bien au contraire, la théorie diluvienne ; le prétendu
Déluge universel, objecte Maillet, n'est attesté que par la tradition du
« peuple le plus crédule du monde ». Et cette fable n'est qu'un tissu
d'invraisemblances et d'absurdités : bien invraisemblable l'apparition
d'un tel volume d'eau en quarante jours et sa disparition en quelques
mois, alors que, « pour en faire perdre trois ou quatre pieds, il faut des
milliers d'années » ; bien absurde d'autre part l'idée que les poissons eux-
mêmes aient pu périr dans l'eau, et que l'arche ait recueilli aussi bien des
éléphants que des puces [3]...

Les tenants de la tradition diluvienne pouvaient relever, il est vrai,
dans l'exposé de Maillet des spéculations au moins aussi romanesques.
« Système plus ridicule encore et plus incompréhensible qu'il n'est dangereux », écrivent par exemple les journalistes de *Trévoux* [4]. Les lecteurs
du *Telliamed* ne semblent pas avoir tous partagé cet avis, si l'on en juge
par l'empressement des libraires à le rééditer [5] : succès de curiosité et
de scandale, sans doute, mais aussi indice assuré de l'évolution des
esprits ; dans les idées comme dans la chronologie la distance n'est pas
si grande du philosophe indien à celui de Montbard.

Comme Maillet, Buffon reprend en effet l'argument de Réaumur, et
dans sa critique du système de Woodward il souligne les erreurs et les
inconséquences de cette théorie : non seulement les différentes couches
terrestres ne sont nullement disposées selon l'ordre de la pesanteur, mais
on peut s'étonner, écrit Buffon, que les coquilles aient échappé à la prétendue dissolution universelle. « Il ne fait pas attention que, par ses suppositions, il ajoute au miracle du déluge universel, d'autres miracles, ou

1. *Ibid.*, p. 67.
2. Maillet tourne en ridicule l'idée d'attribuer les morceaux de coquilles à des semences incomplètes. « Le partage de ces semences et la génération par parties que l'auteur
suppose, est un monstre dans la nature, et dans le système de la génération » (*Ibid.*, Qua-
trième journée, p. 41).
3. *Ibid.*, *Deuxième Journée*, t. I, p. 106 sq.
4. *Loc. cit.*, La *Sixième Journée* qui traite de l'origine de l'homme avait évidemment de quoi les indigner encore plus. Cf. ci-dessous. Ch. IV, 4.
5. Seconde édition, Bâle, 1749 ; édition augmentée, La Haye, 1755.

du moins des impossibilités physiques qui ne s'accordent ni avec la lettre de la Sainte Écriture, ni avec les principes mathématiques de la religion naturelle » [1]. Difficultés inévitables chaque fois que l'on voudra mêler le naturel et le sacré et « expliquer par des raisons physiques les vérités théologiques » [2]. Le miracle échappe par définition à l'analyse du physicien : au risque de contredire « l'opinion, ou plutôt la superstition du commun des naturalistes », la science doit renoncer à expliquer par le déluge le transport des fossiles et en rechercher seulement les causes naturelles, conformes à l'ordre général des choses [3]. Cette méthode n'exclut pas seulement la confusion entre les lumières surnaturelles de la foi et celles de la raison, mais aussi le recours à l'hypothèse de cataclysmes extraordinaires :

« Je ne parle point ici de ces causes éloignées qu'on prévoit moins qu'on ne les devine ; de ces secousses de la nature dont le moindre effet serait la catastrophe du monde : le choc ou l'approche d'une comète, l'absence de la lune, la présence d'une nouvelle planète etc... sont des suppositions sur lesquelles il est aisé de donner carrière a son imagination, de pareilles causes produisent tout ce qu'on veut, et d'une seule de ces hypothèses on va tirer mille romans physiques que leurs auteurs appelleront théorie de la Terre. Comme historien, nous nous refusons à ces vaines spéculations ; elles roulent sur des possibilités qui, pour se réduire à l'acte, supposent un bouleversement de l'univers, dans lequel notre globe, comme un point de matière abandonnée, échappe à nos yeux et n'est plus un objet digne de nos regards ; pour les fixer, il faut le prendre tel qu'il est, en bien observer toutes les parties et, par des inductions, conclure du présent au passé ; d'ailleurs des causes dont l'effet est rare, violent et subit ne doivent pas nous toucher : elles ne se trouvent pas dans la marche ordinaire de la nature ; mais des effets qui arrivent tous les jours, des mouvements qui se succèdent et se renouvellent sans interruption, ce sont là nos causes et nos raisons » [4].

Cette page célèbre qui définit avec une grande fermeté la théorie des causes actuelles n'est pas d'une inspiration différente de celle des lignes de Maillet citées plus haut [5]. En plus du parallélisme des couches terrestres, Buffon note l'orientation régulière des montagnes, d'Ouest en

1. *Théorie de la Terre, Preuves...*, IV, *loc. cit.*, p. 87.
2. *Ibid.*, II, p. 86.
3. « Aussi doit-on regarder le déluge universel comme un moyen surnaturel dont s'est servi la Toute-Puissance divine pour le châtiment des hommes, et non comme un effet naturel dans lequel tout se serait passé selon les lois de la physique. Le déluge universel est donc un miracle dans sa cause et dans ses effets ; on voit clairement, par le texte de l'Écriture Sainte, qu'il a servi uniquement pour détruire l'homme et les animaux, et qu'il n'a changé en aucune façon la terre, puisque, après le retrait des eaux, les montagnes, et même les arbres étaient à leur place, et que la surface de la terre était propre à recevoir la culture et à produire des vignes et des fruits. Comment toute la race des poissons, qui n'entra pas dans l'arche, aurait-elle pu être conservée si la terre eût été dissoute dans l'eau, ou seulement si les eaux eûssent été agitées pour transporter les coquilles des Indes en Europe ? » (*Ibid.*, V, p. 94).
4. *Histoire et théorie de la Terre, loc. cit.*, p. 52.
5. Rappelons cependant que la *Théorie de la Terre* est datée par Buffon de 1744 ; elle est donc antérieure de quatre ans à la publication du *Telliamed*.

Est dans l'ancien continent et du Nord au Sud dans le nouveau : cette régularité, « cette espèce d'organisation de la terre »[1] s'imposent au regard du naturaliste de même qu'elles avaient depuis longtemps frappé celui du théologien. Mais, à la différence des journalistes de Trévoux, Buffon ne songe nullement à les expliquer par la sagesse du Créateur. Excluant la thèse des « révolutions du globe », il s'interdit d'autre part de recourir à l'argument, bien verbal et démodé, du hasard ; de sa formation première de mathématicien, disciple à la fois de Newton et de Descartes, il retient — comme Maillet encore — l'idée que la nature obéit à des lois intelligibles. Pour Buffon il existe dans les choses un « ordre général » qui soutient et unifie leur multiplicité. Or celle-ci est d'autant plus riche et variée qu'elle se manifeste dans le temps et non plus seulement dans l'espace. La loi naturelle devient ainsi chez Buffon, beaucoup plus clairement que chez aucun de ses devanciers, non plus un principe de conservation mais une loi rationnelle d'évolution[2]. Dans le domaine de l'histoire naturelle la loi ne peut prétendre à une précision mathématique analogue à celle de la loi d'attraction ; elle conserve cependant le maximum de simplicité et d'universalité compatible avec la complexité concrète de son objet : la constance et la régularité d'une même série causale. Ici Buffon rejoint une fois de plus Maillet, et la cause essentielle qu'il retient, c'est l'action de la mer : non plus cependant l'idée un peu saugrenue de sa diminution insensible ; mais l'action des divers courants marins, celle du flux et du reflux réguliers, surtout vers l'Équateur. Enfin, à côté de ces causes générales, Buffon en énumère d'autres : les tremblements de terre produits par les feux souterrains, les vents, les eaux du ciel[3]. Buffon se garde de tirer de son analyse des conséquences philosophiques ou théologiques. Mais, s'agissant de la formation du monde, sa volonté de ne raisonner qu'en savant était en elle-même un défi à l'autorité de l'Écriture. Aussi la Faculté de Théologie ne se fit-elle pas d'illusion sur la por-

---

1. *Loc. cit.*, p. 42.
2. Cf. *ibid.*, p. 50 : « Il suffit pour notre objet d'avoir démontré que les montagnes n'ont pas été placées au hasard, et qu'elles n'ont point été produites par des tremblements de terre ou par d'autres causes accidentelles mais qu'elles sont un effet résultant de l'ordre général de la nature, aussi bien que l'espèce d'organisation qui leur est propre et la position des matières qui les composent ».
3. « Ce sont donc les eaux rassemblées dans la vaste étendue des mers qui, par le mouvement continuel du flux et du reflux, ont produit les montagnes, les vallées et les autres irrégularités de la terre ; ce sont les courants de la mer qui ont creusé les vallons et élevé les collines en leur donnant des directions correspondantes. Ce sont ces mêmes eaux de la mer qui, en transportant les terres, les ont disposées les unes sur les autres par lits horizontaux, et ce sont les eaux du ciel qui peu à peu détruisent l'ouvrage de la mer, qui rabaissent continuellement la hauteur des montagnes, qui comblent les vallées, les bouches des fleuves et les golfes, et qui, ramenant tout au niveau, rendront un jour cette terre à la mer, qui s'en emparera successivement en laissant à découvert de nouveaux continents entrecoupés de vallons et de montagnes, et tout semblables à ceux que nous habitons aujourd'hui » (*Ibid.*, p. 66).
Cette longue phrase est la première des propositions condamnées par la Faculté de Théologie le 16 janvier 1751. (Voir l'édition des *Œuvres philosophiques* de BUFFON, présentée par J. PIVETEAU, *Corpus des philosophes français*, Paris, 1953, p. 106).

tée de son système [1]. Complété par son hypothèse sur la formation des planètes, il constituait en fait une explication originale et cohérente de l'univers, bien difficile à concilier avec les dogmes chrétiens.

En 1749, il est vrai, Buffon n'applique pas encore ses idées évolutionnistes au cas des êtres vivants. Bien au contraire il se fait contre Leibniz ou Whiston le défenseur de l'unité de temps de la Création : s'il était vrai que la terre eût d'abord été tout entière recouverte par la mer, les différentes espèces n'auraient pu être créées en même temps [2]. En 1753 encore son opposition aux nomenclateurs se fortifiera d'un curieux contre-sens, riche de vérités futures, sur le terme de *famille* — étranger du reste à la hiérarchie établie par Linné — auquel il ne voudra donner d'autre signification que génétique : dire que l'âne est de la famille du cheval revient, selon lui, à le considérer comme un cheval dégénéré; mais dans ce cas « il n'y aurait plus de bornes à la puissance de la Nature, et l'on n'aurait pas tort de supposer que d'un seul être elle a su tirer avec le temps tous les autres êtres organisés... » [3].

A cette époque Buffon est donc encore partisan de la fixité des espèces. La géologie conduisait pourtant à la paléontologie et révélait en même temps que l'histoire de la terre l'existence d'espèces végétales ou animales aujourd'hui disparues [4]. On peut donc noter chez lui une certaine timidité et quelque inconséquence : l'une et l'autre s'expliquent cependant et par les implications philosophiques de l'hypothèse transformiste, et par les habitudes de pensée qui, dans l'esprit de la majorité des savants, lui faisaient encore obstacle.

---

1. Dès 1748 la lecture du prospectus de Buffon avait inspiré à Turgot la protestation suivante : « ... Pourquoi entreprenez-vous d'expliquer de pareils phénomènes ? Voulez-vous faire perdre à la philosophie de Newton cette simplicité et cette sage retenue qui la caractérisent ? Voulez-vous, en vous replongeant dans la nuit des hypothèses, justifier les cartésiens sur leurs trois éléments et sur leur formation du Monde ? » (*Lettre à Buffon sur son système de formation de la terre*, in *Œuvres* de TURGOT, édit. Schelle, Paris 1913, t. I, p. 109). La sentence de la Faculté de Théologie sera rendue au début de 1751. Une première attaque était venue des *Nouvelles Ecclésiastiques*, les 6 et 13 février 1750.

2. « Car, si cela était, il faudrait nécessairement dire que les coquillages et les autres animaux, habitants des mers, dont on trouve les dépouilles dans l'intérieur de la terre ont existé les premiers, et longtemps avant l'homme et les animaux terrestres : or, indépendamment du témoignage des livres sacrés, n'a-t-on pas raison de croire que toutes les espèces d'animaux et de végétaux sont à peu près aussi anciennes les unes que les autres ? » (*Preuves...*, *loc. cit.*, p. 192).
   Cette idée devant laquelle Buffon recule est précisément celle que Maillet tire de son système géologique. Voir ci-dessous, Ch. IV, 4.

3. *Histoire Naturelle*, t. IV, 1753, p. 383. (*Œuvres philosophiques*, *op. cit.*, pp. 352-354). L'importance de ce passage a été soulignée par H. DAUDIN, *op. cit.*, pp. 130-131.

4. Ainsi dans son mémoire de 1718 Jussieu signale la présence dans le Lyonnais de pierres figurées provenant aussi bien de plantes exotiques, que de certaines espèces. « qui n'existent plus » (*Mémoires de l'Académie royale des Sciences*, 1718, *loc. cit.*, p. 289).

3. — *Préexistence et Épigénèse*

« Si nous considérons les ouvrages de Dieu, il est, pour tout le monde, d'une pleine et surabondante évidence que chaque sorte d'êtres vivants se propage à partir d'un œuf, et que tout œuf produit une progéniture très semblable au parent. Il n'y a donc actuellement aucune production d'espèces nouvelles » [1].

Ainsi la nature vivante est immuable : cette conviction soutient, chez Linné, les ambitions du nomenclateur qui ne se contente pas d'un classement commode, mais prétend imiter le plan de la Création. Elle s'appuie d'autre part sur les idées les plus répandues au XVIIIe siècle quant à la reproduction des êtres vivants. Tandis que les savants s'interrogent en vain sur le mystère de la génération, celle-ci est pour les âmes pieuses une sorte de scandale : des créatures ne sauraient posséder à leur tour le pouvoir de créer, qui est le privilège de l'Être Suprême [2]. La science mécaniste, de son côté, confirme involontairement, par ses échecs en ce domaine, que la génération dépasse les seules forces de la nature [3]. Pourtant l'esprit rationaliste de l'époque s'accommode mal d'un recours trop fréquent au surnaturel. Si la génération suppose une intervention divine, mieux vaut admettre, pense-t-on, un miracle unique et originel : le Créateur a créé d'un seul coup tous les êtres vivants de tous les temps ; la matière ne crée rien mais se borne à « développer » des germes préexistants. Le système de la préexistence des germes permettait de concilier la simplicité des voies de la nature avec la toute-puissance du Créateur. Il était donc assez séduisant pour s'imposer pendant plus d'un siècle non seulement à des philosophes comme Malebranche et Leibniz, mais aux

---

1. LINNÉ, *Systema Naturae*, édit. de 1744, p. 1 (texte cité par H. DAUDIN, *op. cit.*, p. 65).

2. Certains poussent le scrupule jusqu'à attribuer à Dieu la création des maladies, l'opinion contraire « donnant trop de pouvoir à la nature ». Cf. GAUTIER, *Nouvelles conjectures physiques concernant la disposition de tous les êtres animés*, Meaux, 1721. Dans leur analyse de l'ouvrage, les *Mémoires de Trévoux* (février 1722, p. 332) s'inquiètent d'une piété excessive qui risque de se retourner contre elle-même ; il est plus philosophique et non moins chrétien, écrit le journaliste, de dire que « Dieu a fait la nature et que la nature a fait le reste, mais en se souvenant que la nature, c'est Dieu lui-même qui agit avec les créatures qu'il a formées, et selon les lois qu'il a établies ».

3. Voir ci-dessus, Ch. II. Cet échec est relevé notamment par LE FRANÇOIS dans ses *Réflexions critiques sur la Médecine*, Paris, 1714, Première partie, Ch. VIII. Voir aussi dans l'*Encyclopédie*, l'article *Génération*, et le chapitre V de l'*Histoire générale des animaux* de BUFFON (*Histoire Naturelle*, t. II, 1749) qui s'intitule *Exposition des systèmes sur la génération*.

savants les plus authentiques, Ch. Bonnet, Haller ou Spallanzani, ainsi qu'à la grande majorité de leurs confrères [1].

Tous, il est vrai, n'étaient pas unanimes sur ses modalités; fallait-il concevoir des germes disséminés dans l'univers, ou « emboîtés » à l'infini les uns dans les autres ? le foetus était-il préformé dans l'œuf de la femelle, ou dans ces étonnants petits animaux aperçus au microscope à la fin du siècle précédent par Leeuwenhoek et Hartsoeker dans la liqueur séminale du mâle ? Au XVIIIe siècle, les « ovistes » tendent cependant à l'emporter sur les spermatistes et croient leur théorie confirmée par les faits. En 1712 la régénération des pattes d'écrevisses est présentée par Réaumur comme une objection très forte contre le « système des vers » [2]; de même en 1745 pour Ch. Bonnet lorsqu'il établit la parthénogénèse des pucerons. Dans le système oviste la préexistence semble en revanche appuyée sur des faits certains : les rêveries d'Hartsoeker affirmant l'existence d'un « homunculus » dans la tête du spermatozoïde avaient été ironiquement parodiée en 1692 par le secrétaire de l'Académie de Montpellier, Plantades [3]; au contraire Ch. Bonnet tire argument de ses expériences sur les polypes en faveur de la préexistence des germes et de leur emboîtement. Ses vues sembleront confirmées en 1757 par les observations de Haller sur l'embryon du poulet, et en 1780 par celles de Spallanzani sur les grenouilles.

Toutes les difficultés n'étaient pas pour autant résolues. Dans son mémoire de 1712 Réaumur admire la prévoyance de la Nature, ou de la Providence, qui a d'elle-même remédié à la fragilité des pattes d'écrevisse, mais il s'effraie un peu de devoir supposer un œuf non seulement dans chaque patte, mais dans chaque partie de patte. On sent de même dans le commentaire de Fontenelle à la fois la satisfaction intellectuelle que lui apporte la clarté relative du système de la préexistence, et le regret d'y voir subsister tant de mystères à côté de trop visibles insuffisances :

« Quoique le système de l'animal déjà tout formé dans l'œuf en rende la génération concevable, il ne l'empêche pas d'être encore bien merveilleux. Mais qu'à la place d'une partie organique d'un animal retranchée, il en renaisse une autre toute semblable, c'est une seconde merveille d'un ordre différent de la première, et où le système des œufs ne peut atteindre... » [4].

---

1. Cf. E. GUYÉNOT, *op. cit.*, J. ROSTAND, *La formation de l'Être. Histoire des idées sur la génération*, Paris, 1930 ; M. CAULLERY, *Les étapes de la biologie*, Paris, P. U. F., 1948, et surtout J. ROGER, *Les sciences de la vie dans la pensée française du XVIIIᵉ siècle*, Paris, A. Colin, 1963.

2. RÉAUMUR, *Sur les diverses reproductions qui se font dans les écrevisses, les omars (sic), les crabes etc... et entre autres sur celles de leurs jambes et de leurs écailles*, M.A.R.S. 16 janvier 1712, p. 226 sq.

3. Cf. CAULLERY, *op. cit.*, p. 41.

4. *Histoire de l'Académie royale des Sciences*, 1712, p. 35 sq.

Encore s'agit-il là d'un caractère permanent, et par là même conciliable aussi bien avec l'uniformité des lois naturelles qu'avec la sagesse du Créateur. Mais que dire de ces productions anormales dont on connaît tant d'exemples ? Le problème des monstres devient au xviiie siècle la pierre d'achoppement du système des « développements ». La logique interne d'une doctrine qui enlevait sa puissance créatrice à la nature conduisait à supposer des œufs originellement monstrueux. C'était rendre la Sagesse divine responsable d'infractions manifestes aux lois naturelles qu'elle avait elle-même établies. En 1706 l'anatomiste Duverney n'avait pas reculé devant cette affirmation, doublement choquante pour la piété de Malebranche et pour le rationalisme de Fontenelle[1]. Mettre les monstres sur le même plan que les productions régulières, c'était non seulement dévaloriser la sagesse de Dieu au profit de sa toute-puissance[2], mais nier implicitement l'universalité de l'ordre des causes secondes.

C'est surtout la deuxième critique que Louis Lémery, fils du célèbre chimiste, retient en 1724 : le système de son confrère Duverney, dit-il, est contraire à « l'uniformité de la nature »[3]; loin de reconnaître à l'exception une signification équivalente à celle de la règle, il faut essayer, selon Lémery, de subordonner la première à la seconde. L'origine des monstres ne peut être que naturelle. Déjà Malebranche avait suggéré une explication psycho-physiologique : le fœtus monstrueux serait un effet de l'imagination maternelle, frappée de quelque émotion trop vive. L'idée avait de quoi plaire à Fontenelle qui l'utilise à plusieurs reprises mais lui préfère l'hypothèse plus générale d'accidents survenus au cours du développement de l'œuf[4]. Cette opinion est partagée par Lémery pour qui un monstre par excès résulte de la confusion de deux germes normaux, un monstre par défaut d'une mutilation accidentelle du germe[5]. Mais l'épistémologie mécaniste de 1730 n'est guère moins rebelle à l'idée du hasard qu'à la notion de miracle. Aussi le débat ne tarde-t-il pas à rebondir. Jusque dans le désordre que constituent apparemment ces productions

---

1. *M.A.R.S.*, 1706, p. 419. sq. Voir le commentaire assez ironique de Fontenelle : « En cela même éclate selon lui la fécondité et la variété de l'art infini du Créateur, et en même temps sa liberté, qui le dispense de s'assujettir toujours à un même plan de construction » (*Histoire de l'Académie royale des Sciences*, 1724, p. 20).

2. Pour esquiver la difficulté les partisans des germes monstrueux insistent sur « le bel arrangement » anatomique des monstres, inexplicable par le hasard... L'argument est déjà chez Duverney ; il est repris par Winslow à plusieurs reprises. Cf. ci-dessous.

3. LÉMERY, *Sur un fœtus monstrueux, Mémoires de l'Académie Royale des Sciences*, 1724, p. 44 sq. L'objection est reprise en 1738 par le même auteur dans son *Second mémoire sur les monstres.*, *ibid.*, 1738, p. 313.

4. *Recherche de la vérité*, *op. cit.*, Livre II, Première partie, Ch. VII. Voir l'anecdote rapportée par Fontenelle dans l'*Histoire de l'Académie Royale des Sciences* (1722, p. 121) : S'il est né à Saint-Domingue un veau couvert d'écailles, c'est que le pays est riche en crocodiles et en caïmans qui terrifient les vaches... Cette explication savante rappelle la croyance populaire aux « envies », que Maupertuis s'emploie à réfuter en 1745 dans le chapitre XV de sa *Vénus physique*. Sur la position de Fontenelle, cf. CARRÉ, *op. cit.*, p. 326 sq.

5. *Sur un fœtus monstrueux*, 1724, *loc. cit.*

extraordinaires, souligne l'académicien Winslow, on n'est pas sans découvrir une régularité anatomique qu'il est bien difficile de croire fortuite [1]...
En vain Lémery essaie-t-il alors de chicaner, refusant par exemple le nom de monstres aux cas allégués par son adversaire; sa seule ressource est d'avouer son ignorance sur le fond et d'invoquer l'expérience : monstres nés du croisement accidentel de deux espèces animales — par exemple un chat et une chienne — greffe d'une expèce végétale sur une autre [2]...

Embarras révélateur. Car la pensée de Lémery apparaît ici déchirée entre la conception étroitement rationaliste de la nature que lui dicte son adhésion à la philosophie mécaniste des lois naturelles et, d'autre part, une définition plus simple et plus compréhensive que son respect du réel lui suggère confusément. Si la nature n'est rien d'autre que l'ensemble des phénomènes découverts par l'observation scientifique, le concept de monstre, la notion d'_êtres contre nature_ perdent toute signification absolue. Les incertitudes de Lémery mettent en lumière le paradoxe de la pensée mécaniste; d'une part celle-ci affirme que tout ce qui existe est naturel, mais d'autre part elle donne à ce dernier mot un sens si restrictif qu'il exclut de la « nature » une partie du réel [3]. Notre anatomiste n'est pas assez philosophe pour élucider les contradictions que recèle sa théorie des monstres, êtres qu'il affirme à la fois conformes et contraires à la nature, sans s'apercevoir que ce dernier mot n'a pas dans les deux cas la même acception. Cette médiocrité dans l'analyse philosophique enlèverait beaucoup de son intérêt à la longue querelle que nous venons d'évoquer si celle-ci n'avait ouvert la voie au matérialisme de Diderot : pour l'aveugle Saunderson, les « monstres » ne sont plus une exception, difficilement intelligible, à l'ordre universel; ils prouvent, par leur existence même, la relativité historique de ce bel ordre qui paraît à tort éternel à

---

1. WINSLOW, _Remarques sur les monstres_ (_Mémoires de l'Académie Royale des Sciences_, 1733, p. 366 sq. ; 1734, p. 453 sq. et p. 478 sq) ; _Observations anatomiques sur un enfant né sans tête_ (_Ibid._, 1740, p. 586 sq.)
En 1733, (_loc. cit._, pp. 388-389), citant le cas d'un homme affligé depuis sa naissance d'une étrange infirmité — un seul doigt à chaque main, et, coïncidence troublante, les deux index —, Winslow pose cette question à Lémery : « De quelle manière et par quelle rencontre cette compression pourrait-elle arriver pour que dans les deux mains le même extraordinaire se trouvât si précisément et si uniformément, et pour que le même doigt de chaque main en fût le seul épargné, sans qu'aucun des autres quatre doigts à côté de lui eussent pu éviter leur destruction ? »

2. _Mémoires de l'Académie Royale des Sciences_, 1738, p. 260 sq. et p. 305 sq. ; 1740, pp. 109 sq, 324 sq., 433 sq., 517 sq. et 617 sq.

3. Voir le _Quatrième Mémoire sur les Monstres_, Deuxième partie (_loc. cit._, 1740, p. 537). L'invalide de Winslow qui a le coeur à droite, le foie à gauche et les autres organes à l'avenant, objecte Lémery, est une simple variété, conforme aux lois de la nature, non un monstre véritable ; car celui-ci « pèche formellement et le plus souvent même très grossièrement contre ces lois _dictées par la raison_ ». Les mots que nous soulignons indiquent bien, nous semble-t-il, le caractère normatif de l'idée de loi naturelle chez Lémery et en général dans l'épistémologie mécaniste de son époque. Les lois naturelles constituent un _ordre_ et pas seulement un déterminisme.

nos petits esprits [1]. La véritable conclusion du débat ouvert par Lémery, il ne faut pas la chercher dans les travaux de l'Académie Royale des Sciences, mais dans la *Lettre sur les Aveugles*. Il est cependant juste de noter qu'un homme au moins, le vieux Fontenelle, avait aperçu toute l'importance du problème quand, avec une sympathie marquée pour la thèse de Lémery, il dénonçait sur un ton désabusé dans le système des germes monstrueux une solution de facilité : « L'on a vu encore en d'autres occasions, écrivait-il, que des idées très peu philosophiques ont réussi par la grande facilité qu'elles donnaient d'expédier tout à peu de frais » [2].

Peu satisfaisante pour l'esprit philosophique sur le problème crucial des monstres, la théorie de la préexistence soulève par ailleurs mainte objection. Les adversaires de la « physique nouvelle » ne se font pas faute, dans le premier tiers du siècle, de railler les absurdités auxquelles elle conduit. Et nous savons qu'ils se recrutent dans des milieux intellectuels très divers, aussi bien parmi les gardiens de l'orthodoxie chrétienne, effrayés par les progrès de l'esprit moderne, que parmi les tenants d'un naturalisme libertin qui persiste à chercher son inspiration du côté des sciences occultes. Curieuse rencontre que celle de l'astrologue Francesco Colonna et d'un savant bénédictin, Dom Benoît Jérôme Feijoo, qui reprochent presque à la même époque à la science mécaniste de rejeter les causes secondes de la génération ! [3] L'argumentation du second vaut d'être mentionnée, car l'auteur du *Théâtre critique espagnol* s'amuse à calculer combien de millions de germes devait contenir, si l'on en croit les préformationnistes, le premier gland du premier chêne... Le livre de Dom Feijoo est de 1728, mais il ne sera traduit en français qu'en 1742, bien peu d'années avant que Buffon ne souligne à son tour l'invraisemblance d'un système qui suppose une progression à l'infini [4].

C'est cependant Maupertuis qui devait porter à la théorie des germes préexistants les coups les plus rudes. Philosophe autant qu'expérimentateur, l'auteur de la *Vénus physique*, ouvrage publié en 1745, ne se borne pas à rappeler les divers épisodes de la controverse sur les monstres [5]; il dresse aussi l'inventaire de toutes les difficultés du système des « déve-

---

1. DIDEROT, *Lettre sur les Aveugles*, 1749 (édit. Niklaus, 1951, pp. 41-44). Saunderson invite ses auditeurs à ne plus définir les « monstres » selon une idée arbitraire de l'ordre naturel, mais à reconstituer au contraire le long passé de la nature en fonction de ces êtres que nous jugeons à tort aberrants, alors qu'ils nous rappellent les premiers essais de sa puissance créatrice.
2. *Histoire de l'Académie Royale des Sciences*, 1740, pp. 37-39.
3. F.M.P. COLONA, *De la nature ou de la génération des choses*, p. 3 sq. L'ouvrage est publié en 1731 : rappelons que l'auteur était mort en 1726 (cf. ci-dessus, Ch. I, 3). Le *Théâtre critique* de Dom Benoît Jérôme FEIJOO est publié en espagnol à partir de 1728 ; sa traduction française en deux volumes, est de 1742-43. Voir au t. II, p. 13 sq., son attaque contre le système de la préexistence. Le *Journal des Savants* signalera le livre à ses lecteurs en 1745 (p. 391 sq.), l'année même où Maupertuis publie sa *Vénus physique*.
4. BUFFON, *Histoire naturelle des animaux*, Ch. V, *loc. cit.*
5. MAUPERTUIS, *Vénus physique*, s.l., 1745, Première partie, Ch. XIV.

loppements ». Système fort peu rationnel, à son gré, puisqu'il implique, même si ses partisans le nient, un appel permanent au miracle ; en vain prétendrait-on ne supposer qu'un miracle unique, le miracle originel de la Création : « On croit résoudre la difficulté en l'éloignant », remarque Maupertuis ; mais si les lois du mouvement ne suffisent pas à expliquer la reproduction des êtres vivants, si l'on doit admettre ici une intervention directe de Dieu, « que gagnera-t-on à croire qu'il les a tous formés en même temps ?... Y a-t-il pour Dieu quelque différence entre le temps que nous regardons comme le même et celui qui se succède ? » [1]. L'emboîtement des germes n'est pas moins difficile à concevoir : non seulement il faudrait que la matière fût divisible à l'infini, ce qui n'est nullement démontré [2], mais on ne comprend guère que toutes ces âmes contenues les unes dans les autres depuis l'époque de la Création soient restées inactives pendant tant de siècles [3]. Et si l'on adopte le système des animaux spermatiques, une autre invraisemblance surgit : « De cette multitude prodigieuse de petits animaux qui nagent dans la liqueur séminale, un seul parvient à l'humanité... » ; ne faudrait-il pas reprocher à la nature une dépense excessive ? [4] Cette dernière objection n'est sans doute pas irréfutable : l'expérience nous révèle dans le cas des arbres et des plantes d'autres exemples d'une semblable prodigalité ; ne nous hâtons pas d'attribuer à la nature nos propres principes d'économie, semble dire ici Maupertuis [5]. Mais, ajoute-t-il, gardons-nous cependant d'invoquer en faveur de la préexistence l'analogie du règne végétal et du règne animal : si toutes les plantes naissent de graines — encore leur emboîtement à l'infini n'est-il nullement prouvé — il n'en est pas forcément de même des animaux [6]. A un raisonnement de ce genre on pourra donc toujours opposer un raisonnement inverse ; et en définitive c'est à l'expérience que Maupertuis demande la solution du problème [7].

---

1. *Ibid.*, Ch. XII, p. 93 (notée 73 par suite d'une erreur de numérotation : de la page 86 on passe à une nouvelle page 67, et ainsi de suite...). Maupertuis reviendra sur cette idée en 1754, dans l'*Essai sur la formation des corps organisés*, XI, XII et XXX.
2. *Ibid.*, Ch. III. C'est l'argument de Feijoo et de Buffon, déjà évoqué.
3. Cf. *Essai sur la formation des corps organisés, op. cit.*, LV et LVI.
4. *Vénus physique*, Première partie, Ch. IV, pp. 31-33.
5. *Ibid.* Réplique inattendue de la part de l'inventeur du principe de moindre action. Il n'y a certes aucune commune mesure entre un principe abstrait et quantitatif et une discussion qui se situe au niveau des données de l'expérience concrète. On peut cependant souligner que les observations du naturaliste tendent à contredire chez Maupertuis les raisonnements du mathématicien : ceux-ci le conduisent à une conception plus rigoureuse que jamais de l'ordre universel ; celles-là le poussent au contraire à refuser toute physico-téléologie, et à ne plus considérer cet ordre apparemment stable que comme un équilibre éphémère, produit par de multiples et successifs tâtonnements de la nature. On voit donc comment deux systèmes du monde fort différents peuvent coexister dans un même esprit qui n'est pourtant dépourvu ni de logique ni de clarté.
6. *Vénus physique*, Première partie, Ch. XII, début. Citons encore cette réflexion (Ch. II, p. 69) : « L'analogie nous délivre de la peine d'imaginer des choses nouvelles, et d'une peine encore plus grande, qui est de demeurer dans l'incertitude. Elle plaît à notre esprit : mais plaît-elle tant à la nature ? » On est loin ici du *Natura est sibi consona*, cher à Newton...
7. Maupertuis ne sous-estime ni la possibilité d'interpréter un même fait en divers sens ni la difficulté des observations en un pareil domaine. Cf. *Ibid*, Ch. X. Aussi préfère-

Or que nous apprend celle-ci ? Rien qui ne soit contraire à la thèse la plus répandue. N'est-il pas bien connu que les enfants ressemblent tantôt à leur père, tantôt à leur mère, tantôt enfin à leurs deux parents à la fois ? Ces données élémentaires de l'hérédité suffiraient à renvoyer dos à dos ovistes et spermatistes. D'autres observations les confirment, et par exemple le cas des hybrides (qui ne cessera désormais d'attirer l'attention de Maupertuis), comme le mulet, produit du croisement de l'âne et de la jument [1]. Mais si, pour expliquer ces ressemblances héréditaires, nous devons revenir à l'idée antique de la double semence — conservée par Descartes — celle-ci est évidemment incompatible avec l'idée des développements. Partant de données très simples, Maupertuis en vient donc à substituer au système de la préexistence celui de « productions nouvelles » : pas décisif qui ruine un demi-siècle de pensée créationniste et ouvre aussitôt la voie au transformisme. Moins audacieux que lui dans ses premières démarches, Buffon n'en saura pas moins saluer ce retour à l'épigénèse, riche de conséquences, et proclamer l'importance de la *Vénus physique* :

« Ce traité, quoique fort court, rassemble plus d'idées philosophiques qu'il n'y en a dans plusieurs gros volumes sur la génération; comme ce livre est entre les mains de tout le monde, je n'en ferai pas l'analyse, il n'en est pas même susceptible; la précision avec laquelle il est écrit ne permet pas qu'on en fasse un extrait; tout ce que je puis dire, c'est qu'on y trouvera des vues générales qui ne s'éloignent pas infiniment des idées que j'ai données et que cet auteur est le premier qui ait commencé à se rapprocher de la vérité dont on était plus loin que jamais depuis qu'on avait imaginé les œufs et découvert les animaux spermatiques » [2].

Premier pas vers la vérité, dit Buffon. L'éloge n'est pas sans restriction. Et, de fait, en 1745 Maupertuis n'avait encore proposé pour remplacer la préexistence qu'une explication bien sommaire dont il ne devait pas lui-même se satisfaire longtemps. Dès cette époque il avait du moins pris conscience de la complexité du problème. Comment concevoir le mélange des deux semences ? Comment comprendre qu'un animal nouveau naisse de ce mélange ? Il restait là bien du mystère : mieux vaut cependant apercevoir confusément la vérité, écrivait-il, que voir clairement une erreur. Si l'idée de la double semence avait pour elle l'autorité de Des-

---

t-il s'en tenir à des faits plus indiscutables que ne l'étaient par exemple les célèbres expériences de Harvey : « Notre esprit ne paraît destiné qu'à raisonner sur les choses que nos sens découvrent. Les microscopes et les lunettes nous ont, pour ainsi dire, donné de nouveaux sens au-dessus de notre portée ; tels qu'ils appartiendraient à des intelligences supérieures et qui mettent sans cesse la nôtre en défaut ». (*Ibid.*, Ch. VIII, p. 62).

1. *Ibid.*, Ch. XIII et XVI. Voir aussi l'*Essai sur la formation des corps organisés*, *op. cit.*, XXXIV-XXXVII.

2. *Histoire naturelle des animaux*, 1749, Ch. V, *loc. cit.*, Cf. BUFFON, *Œuvres philosophiques*, édit. J. Piveteau, *op. cit.*, p. 285 (Lanessan, IV, p. 235).

cartes, il était vain d'espérer expliquer un jour la génération par les seules lois du mouvement [1]. Maupertuis était trop averti, comme physicien, des limites étroites du mécanisme cartésien pour songer à l'admettre dans l'explication des problèmes biologiques : les cartésiens les plus fidèles y avaient eux-mêmes depuis longtemps renoncé; ce n'était pas à un newtonien de venir à leur secours. Mais, précisément, le newtonisme de Maupertuis vient ici soutenir son raisonnement — ou son imagination — de biologiste; déjà la chimie — celle de Geoffroy — avait dû recourir, après l'astronomie, à la force attractive de la matière : pourquoi, si cette force existe dans la nature, n'aurait-elle pas lieu dans la formation du corps des animaux ? Simple supposition dont son auteur ne méconnaît pas les difficultés mais qui lui paraît vraisemblable si l'attraction dont il s'agit, qualitative et sélective, ressemble plus à celle des chimistes qu'à celle des astronomes [2]. Encore faudrait-il préciser l'origine de ces « rapports d'union » particuliers susceptibles de produire les corps les plus complexes à partir d'une matière indifférenciée. Quelques années plus tard Maupertuis reconnaîtra avoir laissé ce problème sans solution :

« Une attraction uniforme et aveugle répartie dans toutes les parties de la matière, ne saurait servir à expliquer comment ces parties s'arrangent pour former le corps dont l'organisation est la plus simple. Si toutes ont la même tendance, la même forme pour s'unir les unes aux autres, pourquoi celles-ci vont-elles former l'œil, pourquoi celles-là l'oreille ? Pourquoi ce merveilleux arrangement ? Pourquoi ne s'unissent-elles pas pêle-mêle ?... » [3].

L'hypothèse de la *Vénus physique* était encore trop grossière pour suffire à renouveler les données traditionnelles du problème de la génération : du moins indiquait-elle la possibilité d'une voie moyenne entre un mécanisme trop simpliste et le renoncement à une explication purement naturelle.

1. *Vénus physique*, Première partie, Ch. XVI, p. 98. « Quoique je respecte infiniment Descartes, et que je croie, comme lui, que le fœtus est formé du mélange des deux semences, je ne puis croire que personne soit satisfait de l'explication qu'il en donne, ni qu'on puisse expliquer par une mécanique intelligible, comment un animal est formé du mélange de deux liqueurs. Mais quoique la manière dont ce prodige se fait demeure cachée pour nous, je ne l'en crois pas moins certain ».

2. *Ibid.*, Ch. XVII, p. 105. « Qu'il y ait dans chacune des semences des parties destinées à former le cœur, la tête, les entrailles, les bras, les jambes, et que ces parties aient chacune un plus grand rapport d'union avec celle qui, pour la formation de l'animal, doit être sa voisine, qu'une tout autre, le fœtus se formera, et fût-il encore mille fois plus organisé qu'il n'est, il se formerait ».

3. *Essai sur la formation des corps organisés, op. cit.*, XIV.

C'est dans la même perspective qu'il convient de situer les idées que Buffon développe à son tour en 1749. Parallèlement à sa critique de la préexistence, en grande partie reprise du livre de Maupertuis, il montre l'insuffisance des principes mécaniques appliqués à la biologie [1]. Si la matière ne se définit pas seulement par des qualités géométriques, mais aussi par une qualité physique comme la force de la pesanteur, pourquoi ne pas lui supposer autant d'autres « qualités générales » que l'expérience nous le suggère ? Car l'expérience seule doit décider de la généralité d'un effet, et les principes les plus abstraits — ceux du mécanisme cartésien — ne sont que des « effets généraux ». En ce sens toute causalité naturelle est mécanique, pourvu qu'il s'agisse d'un phénomène général, mais ce mécanisme nouveau qui tire tout son contenu des données sensibles au lieu de définir d'avance les conditions de leur intelligibilité ne retient guère de l'ancien que son nom :

« J'ai admis dans mon explication du développement et de la reproduction, d'abord les principes mécaniques reçus, ensuite celui de la force pénétrante de la pesanteur qu'on est obligé de recevoir, et par analogie, j'ai cru pouvoir dire qu'il y avait d'autres forces pénétrantes qui s'exerçaient dans les corps organisés, comme l'expérience nous en assure. J'ai prouvé par des faits que la matière tend à s'organiser, et qu'il existe un nombre infini de parties organiques; je n'ai donc fait que généraliser les observations sans avoir rien avancé de contraire aux principes mécaniques, lorsqu'on entendra par ce mot ce qu'il faut entendre en effet, c'est-à-dire les effets généraux de la Nature » [2].

On accuserait presque Buffon de jouer sur les mots, si ce texte ne montrait quel prestige possède encore au milieu du siècle un terme dont la physique newtonienne a complètement altéré le sens original.

Mais ces lignes ont surtout l'intérêt de situer avec clarté la démarche intellectuelle du biologiste. Elles éclairent en particulier l'obscure théorie du « moule intérieur », qui a été souvent mal comprise. Une fois posée l'existence des « molécules organiques », il reste à expliquer comment elles se groupent, par simple juxtaposition, en organes et organismes différenciés [3]. La physiologie de la nutrition permet de concevoir cet étonnant phénomène : les « molécules organiques » subissent une assi-

---

1. *Histoire naturelle des animaux, op. cit.*, Ch. III, fin (Lanessan, IV, p. 175).

2. *Ibid.* : « Le défaut de la philosophie d'Aristote était d'employer comme causes tous les effets particuliers, celui de Descartes est de ne vouloir employer comme causes qu'un petit nombre d'effets généraux, en donnant l'exclusion à tout le reste. Il me semble que la philosophie sans défaut serait celle où l'on n'emploierait pour causes que des effets généraux, mais où l'on chercherait en même temps à en augmenter le nombre, en tâchant de généraliser les effets particuliers. »

3. En faisant des « molécules organiques » les parties élémentaires des corps organisés, Buffon s'inspire des expériences de Trembley et de Ch. Bonnet ; comme un polype ou une patte d'écrevisse, un organisme complexe n'est qu'un agrégat d'organismes plus petits. Voir le début du second chapitre de l'*Histoire naturelle des animaux (De la reproduction en général)*.

milation analogue à celle des ingrédients du bol alimentaire que le corps de tout animal — et chaque partie de ce corps — convertissent en leur propre substance. Ou plutôt il n'y a pas de différence de nature entre la nutrition et la reproduction; se « nourrir, se développer et se reproduire, sont donc les effets d'une seule et même cause... » [1]. La nutrition consiste dans l'assimilation de la matière organique contenue dans les aliments; mais lorsque le développement de l'animal est achevé, il apparaît dans les différents organes un superflu de molécules organiques assimilées par eux : ces dernières se rassemblent alors dans une partie du corps pour y former par leur réunion de petits corps semblables au premier [2]. D'où la génération des animaux les plus simples, polypes ou pucerons par exemple; leur cas éclaire celui, beaucoup plus complexe, de la génération par double semence : alors la liqueur séminale des deux sexes consiste dans « une espèce d'extrait de toutes les parties du corps », mais la rencontre des deux liqueurs est nécessaire à leur développement [3].

C'est donc le corps de chaque animal qui, tel un moule, informe les molécules organiques et les différencie : mais un moule ordinaire n'agit que sur la forme des choses, tandis que l'assimilation porte sur leur substance interne. D'où l'idée paradoxale du « moule intérieur », apparemment contradictoire, mais imposée à Buffon par la logique de sa pensée, et qui trouve par ailleurs dans la physique newtonienne une justification opportune : l'exemple de la pesanteur qui agit selon la quantité de matière des corps et non selon leur surface prouve qu'il existe dans la nature « des qualités, même fort actives, qui pénètrent les corps jusque dans les parties les plus intimes » [4]. Par définition, ces qualités échappent aux sens qui ne nous représentent que l'extérieur des choses : elles sont pourtant réelles, et manifestes par leurs effets. Ainsi l'hypothèse du moule intérieur, impossible à vérifier directement, n'en est pas moins « fondée sur de bonnes analogies » [5]. Par là se trouve apparemment résolue la difficulté rencontrée par l'auteur de la *Vénus physique*, c'est-à-dire le passage d'une matière indifférenciée à des organismes complexes [6]. Le principal obstacle à l'épigénèse disparaît.

---

1. *Ibid.*, Ch. III, (Lanessan, IV, p. 172). On ne saurait mieux proclamer le caractère naturel et nullement miraculeux de la reproduction des êtres vivants.
2. *Ibid.*, Ch. II et III.
3. *Ibid.*, Ch. IV, *De la génération des animaux* (Lanessan, *ibid.* p. 179).
4. *Ibid.*, (Lanessan, *ibid.*, p. 163).
5. *Ibid.* Buffon revient à plusieurs reprises sur cette explication. Ainsi (Lanessan, *ibid.*, p. 180) dans ce passage du chapitre IV : « Pourquoi ne veut-on pas admettre des forces pénétrantes et agissantes sur les masses des corps, puisque d'ailleurs nous en avons des exemples dans la pesanteur des corps, dans les attractions magnétiques, dans les affinités chimiques ? »
6. Un certain doute sur la valeur de son explication semble cependant subsister dans l'esprit de Buffon. Lorsqu'il écrit (*ibid.*, p. 181) que chaque partie du corps s'approprie les molécules « les plus analogues », ou les « plus convenables », ne réintroduit-il pas dans celle-ci des prédispositions particulières qui rendent superflue l'hypothèse du «moule intérieur » ? On voit ici le point de départ des thèmes développés par Maupertuis dans sa dissertation latine de 1751 qui deviendra en 1754 l'*Essai sur la formation des corps organisés.*

Mais en 1745 les ambitions implicites de Maupertuis allaient plus loin et tendaient à une explication physico-chimique de la vie elle-même; Buffon est ici en net retrait par rapport à son devancier. Loin de défendre un monisme matérialiste, il pose l'existence de la matière vivante comme un donné aussi primitif que celle de la matière brute à laquelle la première n'est nullement réductible [1]. Son système explique la formation des corps organisés, non l'origine de la vie : ses molécules organiques sont « primitives et incorruptibles » [2]; leur nombre est infini mais « leur existence est constante et invariable »; la mort d'un individu les sépare sans les détruire [3]; la génération n'est qu'un changement de forme. C'est pourquoi Buffon peut accepter les expériences de Needham sur les anguilles de la colle de farine sans craindre leurs conséquences matérialistes. Dans les substances animales ou végétales la matière organique est fixée par la matière brute; si cette dernière se dissout par décomposition, il est naturel que la première apparaisse dans toute son activité [4] mais on ne peut sans arbitraire parler ici de génération spontanée : il n'y a pas saut qualitatif de la matière brute à la matière vivante; les vers qui naissent dans la chair putréfiée y étaient déjà virtuellement contenus... Bien loin que la pensée de Buffon le conduise en 1749 vers un matérialisme au demeurant assez sommaire, on peut se demander si son adhésion à l'épigénèse n'est pas en fin de compte plus illusoire que réelle [5]. La vie est donnée d'avance à ses molécules organiques, comme aux « germes préexistants » auxquels

---

1. A ses yeux l'inverse serait plus vrai : « La Nature ne tend pas à faire du brut mais de l'organique... »; c'est là, dit-il, l'ouvrage « qui lui coûte le moins... » Et Buffon ajoute aussitôt : « Il me paraît que la division générale qu'on devrait faire de la matière est *matière vivante* et *matière morte*, au lieu de dire *matière organisée* et *matière brute*; le brut n'est que le mort, je pourrais le prouver par cette quantité énorme de coquilles, et d'autres dépouilles des animaux vivants qui sont la principale substance des pierres, des marbres, des craies et des marnes, des terres, des tourbes, et de plusieurs autres matières que nous appelons *brutes*, et qui ne sont que les débris et les parties mortes d'animaux ou de végétaux » (Ch. II, pp. 165-166).

2. *Ibid.*, Ch. II, p. 158.

3. *Ibid.*, Ch. III, p. 169.

4. *Ibid.*, *Récapitulation* (p. 380) : « Lorsque cette matière organique et productive se trouve rassemblée en grande quantité dans quelques parties de l'animal, où elle est obligée de séjourner, elle y forme des êtres vivants que nous avons toujours regardés comme des animaux : le tænia, les ascarides, tous les vers qu'on trouve dans les veines, dans le foie etc., tous ceux qu'on tire des plaies, la plupart de ceux qui se forment dans les chairs corrompues, dans le pus, n'ont pas d'autre origine ; les anguilles de la colle de farine, celles du vinaigre, tous les prétendus animaux microscopiques ne sont que des formes différentes que prend d'elle-même, et suivant les circonstances, cette matière toujours active, et qui ne tend qu'à l'organisation ».

5. Dans des textes ultérieurs Buffon se montre plus hardi. En 1765 il subordonne la formation des molécules organiques à l'action d'une cause physique, la chaleur : « Les molécules vivantes répandues dans tous les corps organisés sont relatives, et pour l'action et pour le nombre aux molécules de la lumière qui frappent toute matière et la pénètrent de leur chaleur ; partout où les rayons du soleil peuvent échauffer la terre, sa surface se vivifie, se couvre de verdure et se peuple d'animaux... » (*Seconde vue de la Nature*, Lanessan, t. II, p. 205). Réminiscence de Lucrèce, encore plus nette, bien que modernisée, dans l'*Introduction à l'Histoire des Minéraux* (1774) : « On peut rapporter à l'attraction seule tous les phénomènes de la matière brute, et à cette même force d'attraction jointe à celle de la chaleur, tous les phénomènes de la matière vive... » (Lanessan, t. II, p. 214).

il veut les substituer; s'il constate la nécessité de la double semence, il n'en donne pas vraiment une explication intelligible; et, une fois acquise la formation du germe, l'étude de son développement laisse apparaître encore beaucoup d'incertitudes. Dans l'ensemble, la critique de Buffon porte plus contre l'emboîtement des germes que sur leur préexistence. Sa théorie rejoint du reste le système des « développements » sur un point essentiel en confirmant le dogme de la fixité des espèces par la constance du nombre de molécules organiques et de « moules intérieurs ». L'idée sera reprise en 1765, avec plus de netteté [1]; elle est déjà cependant en 1749 la conclusion très orthodoxe du biologiste :

> « Il n'y a donc point de germes pré-existants, point de germes contenus à l'infini les uns dans les autres, mais il y a une matière organique toujours active, toujours prête à se mouler, à s'assimiler et à produire des êtres semblables à ceux qui la reçoivent: les espèces d'animaux ou de végétaux ne peuvent donc jamais s'épuiser d'elles-mêmes; tant qu'il subsistera des individus, l'espèce sera toujours toute neuve; elle l'est autant aujourd'hui qu'elle l'était il y a trois mille ans; toutes subsisteront d'elles-mêmes, tant qu'elles ne seront pas anéanties par la volonté du Créateur » [2].

Les lecteurs des deux premiers volumes de l'*Histoire Naturelle* étaient donc loin d'y retrouver toutes les audaces de pensée de la *Vénus physique*. Mais Maupertuis avait d'autres raisons de ne pas se tenir pour satisfait par les thèses de son illustre confrère, et surtout par l'idée bizarre du « moule intérieur ». S'il ne pouvait ignorer les suggestions de Buffon, il n'en poursuivait pas moins l'approfondissement de son propre système [3]. Lorsqu'il en vient à reconnaître les difficultés d'une explication purement physique de l'organisation animale, il ne renonce pas pour autant à l'épigénèse. Là où le dynamisme newtonien d'une « attraction aveugle » se révèle impuissant, pourquoi ne pas faire intervenir une sorte de dynamisme psychique ? Car, en résumé, il n'est que trois systèmes concevables :

> « 1° Celui où les éléments bruts et sans intelligence, par le seul hasard de leur rencontre, auraient formé l'univers.
>
> 2° Celui dans lequel l'Être suprême, ou des êtres subordonnés à lui, distincts de la matière, auraient employé les éléments, comme l'architecte emploie les pierres dans la construction des édifices.

---

1. *Seconde vue de la Nature, op. cit.*, pp. 205-206. Le nombre des individus de chaque espèce varie, mais les espèces elles-mêmes sont invariables et permanentes.
2. *Histoire naturelle des animaux, Récapitulation, loc. cit.*, p. 381.
3. Buffon est cité avec éloges dans sa *Lettre sur la génération des animaux* (*Lettres*, 1752, *op. cit.*, XIV). Mais dès 1751 Maupertuis publie à Erlangen, sous le nom du Dr Baumann, sa *Dissertatio inaugularis metaphysica, de universali naturae systemate*, texte latin de l'*Essai sur la formation des corps organisés* (Berlin, 1754).

3° Enfin, celui où les éléments eux-mêmes doués d'intelligence s'arrangent et s'unissent pour remplir les vues du Créateur » [1].

Mais le premier a révélé sa faillite; le second, plus théologique que philosophique, suppose, nous l'avons vu, une infinité d'opérations miraculeuses; dans le dernier système au contraire, il suffit d'un miracle originel. Chaque « élément » ayant initialement reçu « quelque propriété semblable à ce que nous appelons en nous, désir, aversion, mémoire », les individus ultérieurs n'ont été et ne seront que l'effet naturel de ces propriétés [2].

« Les éléments propres à former le fœtus nagent dans les semences des animaux, père et mère; mais chacun, extrait de la partie semblable à celle qu'il doit former, conserve une espèce de souvenir de son ancienne situation, et l'ira reprendre toutes les fois qu'il pourra, pour former dans le fœtus la même partie » [3].

Par là se trouvent expliqués un grand nombre de faits inintelligibles dans les autres systèmes : les ressemblances héréditaires et leurs caprices [4], les monstres par défaut ou par excès [5], la stérilité des métis [6]. Ni la parthénogénèse de certains insectes, ni la division des polypes, ni la génération spontanée ne constituent des objections valables :

« Et s'il est vrai comme quelques-uns des plus fameux observateurs le prétendent, qu'il y ait des animaux qui, sans père et mère, naissent de matières dans lesquelles on ne soupçonnait aucune de leurs semences, le fait ne sera pas plus difficile à expliquer : car les véritables semences d'un animal sont les éléments propres à s'unir d'une certaine manière : et ces éléments, quoique, pour la plupart des animaux, ils ne se trouvent dans la quantité suffisante, ou dans les circonstances propres à leur union, que dans le mélange des liqueurs que les deux sexes répandent, peuvent cependant, pour la génération d'autres espèces, se trouver dans un seul individu, enfin ailleurs que dans l'individu même qu'ils doivent produire » [7].

Comme on le voit, l'interprétation que donne Maupertuis en 1754 des expériences de Needham est en un sens proche de celle de Buffon. Il y a bien génération puisque passage d'éléments épars à un tout organique,

---

1. *Essai sur la formation des corps organisés*, LXIV. C'est la conclusion du livre.
2. « J'appelle ici *éléments* les plus petites parties de la matière dans lesquelles la division est possible, sans entrer dans la question, si la matière est divisible à l'infini ou si elle ne l'est pas » (*Ibid.*, XXXI, note).
3. *Ibid.*, XXXIII.
4. *Ibid.*, XXXIV. Il pourra arriver aussi qu'un enfant ressemble à son aïeul, non à ses parents : « Les éléments qui forment quelques-uns de ses traits peuvent avoir mieux conservé l'habitude de leur situation dans l'aïeul que dans le père, soit parce qu'ils auront été dans l'un plus longtemps unis..., soit par quelques degrés de force de plus pour s'unir ».
5. *Ibid.*, XXXV, XXXVI, XLI.
6. *Ibid.*, XLII. On doit par exemple admettre que les « habitudes » antérieures prises par les « éléments » chez l'âne et la jument étaient plus fortes que les habitudes nouvelles prises chez le mulet ou la mule.
7. *Ibid.*, XLV.·

mais non création de la vie à partir de la matière brute. Aussi impuissante en ce domaine que l'avait été le mécanisme cartésien, la chimie de 1750 ne permettait évidemment pas de réaliser les ambitions de la *Vénus physique* ; dans l'impossibilité de réduire la vie à un simple processus physico-chimique, on était de plus en plus conduit à admettre l'existence d'un « principe vital » spécifique. Ce retour à un finalisme interne de la nature vivante sera très marqué dans la médecine de la seconde moitié du siècle, mais il apparaît déjà, bien avant 1750, dans l'œuvre de certains médecins, Quesnay par exemple [1]. C'est pourquoi, en 1749, Buffon considère comme un fait primitif la tendance de la matière à l'organisation, en maintenant toutefois le dualisme de la matière vive et de la matière brute. Maupertuis, pour sa part, incline beaucoup plus nettement vers le monisme, mais sa manière propre de poser le problème le conduit finalement à des conclusions aussi scientifiquement discutables qu'opposées à ses intentions conscientes. Par un mouvement dialectique analogue à celui que nous avons noté à propos de l'*Essai de Cosmologie* sa pensée se retourne contre elle-même et le pousse malgré lui d'un déisme assuré à un athéisme latent.

Au départ, sa raison de savant fortifie sa croyance à un Être Suprême et constate l'échec du matérialisme mécaniste, mais elle ne se satisfait pas pour autant d'explications contraires à l'esprit scientifique : d'où le désir d'une voie moyenne qui réaliserait un équilibre raisonnable du naturel et du surnaturel. La solution qui se présente alors — celle du troisième système — est toute conforme à l'épigraphe de l'*Essai* de 1750, *Mens agitat molem* ; l'Intelligence Suprême du Créateur est immanente aux plus petites parcelles de la Création. Mais si la Nature est intelligente, est-il encore besoin de supposer un Dieu distinct de la Nature ? Maupertuis ne s'aperçoit pas que les prémisses de sa pensée le conduisent insensiblement au néo-spinozisme. C'est pourtant, semble-t-il, en toute bonne foi, qu'il reprend les arguments traditionnels des matérialistes. Son système suppose que la matière puisse penser et il ne découvre aucune objection à cette hypothèse du côté de la théologie : la religion n'interdit pas d'attri-

---

1. QUESNAY, *Essai physique sur l'économie animale*, Paris, 1736 ; seconde édition, Paris, 1747. Quesnay semble hésiter entre le mécanisme et une sorte de vitalisme qui doit autant à la tradition hippocratique qu'à l'aristotélisme : s'il cherche à définir de façon mécaniste le « principe vital » comme un « fluide très subtil » (Première section, Ch. III, et surtout Troisième section, Ch. XIII), il croit qu'il existe dans les corps organisés un finalisme interne, mais aperçoit toutes les conséquences matérialistes auxquelles pourrait entraîner l'abus de la « Doctrine des Scolastiques » (Troisième section, Ch. XVI). Pour lui, l'âme végétative est la « matière éthérée », soumise elle-même à cette Intelligence Universelle « qui anime le monde entier, qui dirige toutes les opérations de la Nature, agit par des connaissances, des vues, des volontés générales uniformes et permanentes ». (*Ibid.*, Ch. XV, seconde édition, p. 136). On devine dans les derniers mots le souvenir de Malebranche (dont Quesnay oppose par ailleurs la doctrine au sensualisme de Locke. Cf. Ch. XVII) : les incertitudes de sa pensée n'en illustrent pas moins très clairement la crise que traverse alors la médecine mécaniste.

buer la pensée aux bêtes [1] et les théologiens ont été justement hostiles à la thèse cartésienne des animaux machines [2]. Or ce qui est vrai pour les animaux, « gros amas de matières », doit l'être également pour les « plus petites parties de la matière »; Maupertuis s'aperçoit bien que ce dernier raisonnement pourrait être taxé de sophisme, mais il balaye aussitôt l'objection : « Si l'on dit que l'organisation en fait la différence, conçoit-on que l'organisation, qui n'est qu'un arrangement de parties, puisse jamais faire naître une pensée ? » [3] Une certaine philosophie serait, il est vrai, moins conciliante que la théologie; mais le dualisme cartésien n'est rien moins que prouvé : pourquoi la matière et la pensée ne seraient-elles pas simplement deux parties d'un même sujet, « dont l'essence propre nous est inconnue » ? [4] A l'expérience d'en décider, conclut Maupertuis. Après Voltaire et bien d'autres, notre auteur développe l'idée du caractère inépuisable de la matière; les propriétés qu'on doit lui prêter sont fonction des phénomènes à expliquer : si la physique a eu besoin de l'attraction, pourquoi la biologie n'userait-elle pas de la pensée ? [5]

Quoi qu'en pense Maupertuis ce raisonnement n'était pas très neuf : ses « éléments » doués d'intelligence et de mémoire rappellent les « atomes animés » de Bayle [6], plus sûrement encore les monades de Leibniz, philosophe dont l'influence sur le président de l'Académie de Berlin a déjà été notée [7]. Peut-être n'est-il pas indifférent de retracer le chemin qui, après avoir éloigné Maupertuis du mécanisme géométrique de Fontenelle, le conduit finalement, à travers son newtonisme, jusqu'à cette interprétation naturaliste de la *Monadologie*. Comme beaucoup de ses prédécesseurs Maupertuis demeure cartésien au moins sur un point : une explication vraiment scientifique de la nature doit être, à son avis, une explication analytique qui réduise les formes supérieures de l'être à leurs éléments les plus simples. La démarche habituelle de la science cartésienne consiste à expliquer le supérieur par l'inférieur, non à suivre le développement de la nature, dans un mouvement *ascendant*, de ses formes les plus simples jusqu'aux plus complexes. Appliquée aux problèmes de la nature vivante, cette conception étroitement mécaniste de la causalité aboutit à un résul-

---

1. *Essai...*, *op. cit.*, XVI « Car je ne cherche point à dissimuler la chose par les termes d'*âme sensitive* ou autres semblables. Tous ceux qui raisonnent s'accordent à réduire le sentiment à la perception, à la pensée ».

2. *Ibid.*, XVII. Les premiers théologiens, ajoute Maupertuis, ont même cru que l'intelligence humaine était matérielle (XIX).

3. *Ibid.*, XVIII. L'idée qu'il puisse y avoir autre chose dans un tout que la somme de ses parties n'effleure pas son esprit : c'est dire combien l'organicisme de cette période reste, à son insu, mécaniste.

4. *Ibid.*, XXII.

5. *Ibid.*, XXIII à XXVI.

6. Voir ci-dessus, Ch. II, 3.

7. Voir dans les *Lettres* de 1752 la lettre VIII *Sur les Monades* : l'auteur déplore l'abus qu'ont fait de cette idée les disciples de Leibniz, alors qu'à l'origine, les monades « pouvaient n'être dans leur principe que les premiers éléments de la matière, doués de perception et de force ».

15

tat exactement contraire à celui qui était cherché. Elle suppose en effet
qu'il n'y a jamais rien de plus dans un tout que la somme arithmétique
de ses parties : elle oblige, par conséquent, si l'on pousse le raisonnement
jusqu'à son terme, à admettre que les parties possèdent déjà les caractères
distinctifs du tout. Au lieu d'expliquer la pensée par l'organisation, on
en vient ainsi à expliquer l'organisation par la pensée [1]. Ce n'est pas un
hasard si l'animisme a toujours été, en même temps que l'antithèse du
mécanisme, sa tentation permanente. L'évolution ultérieure de Diderot
en fournira un nouvel exemple [2]. Chez Maupertuis l'esprit de système
accentue déjà les effets de ce retournement. A peine a-t-il conçu son
explication animiste de la reproduction des êtres organisés qu'il l'étend
à la matière inorganique. Généralisation très logique si l'on se place dans
la perspective de la chaîne des êtres et de la continuité de la nature : s'il
n'y a aucun saut de la pierre au végétal et de la plante à l'animal, pourquoi l'explication valable pour ceux-ci ne le serait-elle pas aussi pour
celle-là ? [3] Ainsi, toutes les productions naturelles seraient explicables
par un même principe ; dans son état primitif de fluidité la Terre, pense
Maupertuis, a dû jouer le rôle de matrice universelle :

« Les parties les moins actives de la matière auront formé les métaux et
les marbres; les plus actives les animaux et l'homme. Toute la différence qui
est entre ces productions est que les unes se continuent par la fluidité des
matières où se trouvent leurs éléments et que l'endurcissement des matières
où se trouvent les éléments des autres ne leur permet plus de productions
nouvelles » [4].

Maupertuis se défend de vouloir contredire l'Écriture [5], mais il
aboutit bien à l'idée d'une seule substance universellement active qui,
par ses différentes modifications, produit la diversité concrète des êtres.

---

1. Sans doute inspiré par la théorie leibnizienne des « petites perceptions », Maupertuis essaie bien de distinguer la perception confuse qui serait l'attribut des éléments,
et la pensée véritable réservée aux organismes les plus complexes. (*Essai, op. cit.*, L, LI,
LII) ; il propose même une hiérarchie des degrés de « pensée », fondée sur les différents
degrés d'organisation (*Ibid.*, LIII) en avouant l'imprécision de son vocabulaire (LVII).
Il n'en reste pas moins que pour lui la perception la plus confuse précède l'organisation
la plus simple ; on pourrait même supposer, suggère-t-il (LVII et LVIII) que les « éléments » sont eux-mêmes des « animaux » : n'est-ce-pas alors purement et simplement
escamoter le problème ?
   2. Sous une forme plus élaborée, l'hypothèse de la sensibilité universelle, avec la
distinction de la sensibilité *inerte* et de la sensibilité *active*. Voir notre étude sur les *Sources occultistes de la pensée de Diderot, op. cit.*
   3. *Essai... op. cit.*, XLVI. « Mais le système que nous proposons se bornerait-il aux
animaux, et pourquoi s'y bornerait-il ? Les végétaux, les minéraux, les métaux mêmes ne
pourraient-ils pas avoir de semblables origines ? »
   4. *Ibid.*, XLVIII. Maupertuis semble donc admettre ici une génération parallèle
des êtres les plus simples et les plus complexes : on peut se demander comment il concilie
cette idée archaïque avec celle d'une filiation historique de ceux-là à ceux-ci. De façon
plus générale le transformisme du xviiie siècle, mal dégagé d'un matérialisme sommaire,
souffre de sa contamination par le vieux thème des « générations spontanées ».
   5. *Ibid.*, XXVII : Il ne s'agit pas, écrit-il, d'expliquer la création du monde, mais
seulement sa conservation et la reproduction des individus qui périssent.

Avant même la publication de l'*Essai sur les corps organisés* les postut lats naturalistes, sinon matérialistes, de son système sont clairemendégagés par Diderot qui feint de s'indigner des vues subversives du Dr. Baumann :

« Je lui demanderai donc si l'univers, ou la collection générale de toutes les molécules sensibles, forme un tout ou non. S'il me répond qu'elle ne forme point un tout, il ébranlera d'un seul mot l'existence de Dieu en introduisant le désordre dans la nature; et il détruira la base de la philosophie en rompant la chaîne qui lie tous les êtres. S'il convient que c'est un tout où les éléments ne sont pas moins ordonnés que les portions, ou réellement distinctes, ou seulement intelligibles, le sont dans un élément, et les éléments dans un animal, il faudra qu'il avoue qu'en conséquence de cette copulation universelle, le monde, semblable à un grand animal, a une âme; que, le monde pouvant être infini, cette âme du monde, je ne dis pas est, mais peut être un système infini de perceptions, et que le monde peut être Dieu » [1].

Lorsque Maupertuis voudra réfuter le sophisme d'une telle « généralisation » et montrer que de tout système on pourrait tirer des conséquences aussi terribles, il sera contraint de remettre en cause l'idée de la continuité naturelle, qu'il semblait bien avoir admise jusque-là; tout est discontinu, écrira-t-il en 1756, même un diamant vu au microscope : « Ce que nous pouvons prendre pour un tout ne peut donc être qu'un assemblage plus ou moins composé de parties formant un édifice plus ou moins régulier, mais dans lequel il ne sera jamais nécessaire que ce qui dépend de l'organisation de telle ou telle partie s'étende à l'édifice entier » [2]. Cette palinodie soulignera surtout l'incohérence de sa philosophie générale. Mais malgré les timidités et les repentirs du philosophe, sa pensée pro-

---

1. *Pensées sur l'interprétation de la Nature, op. cit.*, L. Diderot venait de lire la dissertation latine d'Erlangen.

2. *Réponse aux objections de Mr Diderot, Œuvres*, 1756, t. II, p. 176. L'idée de la chaîne des êtres est clairement formulée dans l'*Essai* de 1754 (XLVI et LIII). Dans les *Lettres* de 1752, à propos de l'âme des bêtes (Lettre V), Maupertuis se demande si la grandeur des âmes suit nécessairement celle des corps ; s'interrogeant sur la possibilité de la divination (lettre XVIII) il constate d'autre part : « Ce n'est pas que tout étant lié dans la Nature, un esprit assez vaste ne pût, par la petite partie qu'il aperçoit de l'état présent de l'Univers, découvrir tous les états qui l'ont précédé et tous ceux qui doivent le suivre ; mais nos esprits sont bien éloignés de ce degré d'étendue ».
L'idée de continuité est donc présente dans sa pensée sous ses deux aspects ; hiérarchie continue des êtres et unité d'un déterminisme universel. Aussi sa réponse à Diderot semble-t-elle bien un faux-fuyant, ou une échappatoire assez désespérée. Cette déroute n'empêche pas Maupertuis de maintenir son hypothèse de l'animisme universel : « Nous croyons si peu que la réunion de perceptions des petites parties élémentaires qui forment les corps des animaux entraîne des conséquences périlleuses, que nous ne craindrions point de l'admettre, ou d'admettre quelque chose de semblable, dans des parties plus considérables de l'Univers ; de donner à ces grands corps quelque espèce d'instinct ou d'intelligence, sans qu'il s'en suivît que nous en fissions des Dieux. Combien de Philosophes dans tous les temps, dans toutes les sectes, et dans le sein du Christianisme ; combien de Théologiens même ne citerions-nous pas qui ont admis des âmes dans les étoiles et dans les planètes ! sans parler de ceux qui en ont fait de véritables divinités » (*Ibid.*, p. 176). Curieuse boutade, même s'il ne s'agit que d'une boutade, de la part du premier newtonien français !

prement scientifique était déjà vers 1745 suffisamment audacieuse : Maupertuis recule devant le « néo-spinozisme » qu'on veut lui attribuer, non sans malice; mais il n'en a pas moins objectivement contribué à l'élaboration du nouveau naturalisme. Peu à son aise, en réalité, dans le domaine métaphysique, il est bien le premier savant français à donner clairement un sens génétique à la vieille idée de la chaîne des êtres; son apport décisif à la conception de la Nature qui se cherche obscurément vers 1750, ce n'est pas seulement sa critique de la préexistence des germes, mais le pas qu'il franchit aussitôt de l'épigénèse au transformisme.

4. — *L'Histoire des êtres vivants et le néo-naturalisme*

Dès 1744 l'attention de Maupertuis est attirée par un curieux phénomène d'hérédité : le cas d'un nègre blanc né à Paris de parents noirs [1]. Il
reprend le problème l'année suivante dans la seconde partie de la *Vénus
physique,* où il s'interroge sur l'origine des noirs [2]; on attribuait traditionnellement la couleur de leur peau soit à la malédiction pesant sur les
fils de Cham, soit à l'influence du climat [3]. L'explication de Maupertuis
admet la seconde idée et ne contredit pas la première dans sa lettre, sinon
dans son esprit. A son avis, la naissance du nègre blanc n'est pas une
anomalie, mais elle confirme l'unité d'origine des diverses races : il est
plus rare de voir naître des enfants noirs de parents blancs que des
enfants blancs de parents noirs : c'est la preuve « que les premiers parents
du genre humain étaient blancs ». Ainsi la blancheur primitive tend-elle
toujours à reparaître [4].

Maupertuis ne se proposait-il que de lever une prétendue difficulté
de la *Genèse ?* Peut-être se faisait-il illusion sur l'orthodoxie de son raisonnement. Mais quand il généralise le cas particulier du nègre blanc parisien,
quand il affirme que le problème des noirs en général n'est pas différent et
qu'il s'agit là aussi d'une « variété héréditaire qui se confirme ou s'efface
par les générations » [5], peut-il ignorer tout ce qu'implique cette proposition ? Les espèces ne seraient donc pas immuables ! Maupertuis invoque
ici l'expérience des botanistes : l'art des jardiniers et le hasard multiplient
les espèces de plantes : pourquoi n'en irait-il pas de même dans le règne
animal [6] ? En 1752 la *Lettre sur le progrès des Sciences* montrera l'intérêt

---

1. *Dissertation sur le nègre blanc,* Leyde, 1744.
2. *Op. cit.* Seconde partie, *Dissertation sur l'origine des noirs.*
3. Peut-être Maupertuis avait-il lu en 1744 le rappel des données traditionnelles
du problème dans les *Œuvres physiques et géographiques* de l'abbé PIERQUIN (op. cit.) :
la dix-septième dissertation du recueil — publiée d'abord dans le *Journal de Verdun*
en août 1728 — *Sur la couleur des Nègres et Maures blancs,* discutait l'explication par
le climat et tirait déjà argument de l'existence de nègres blancs en faveur de l'unité
d'origine des races.
4. *Dissertation sur l'origine des noirs, op. cit.,* Ch. VI.
5. *Ibid.,* Ch. IV, p. 151.
6. *Ibid.* En 1745 la remarque est déjà ancienne, mais elle était jusque-là trop isolée
pour qu'on pût édifier sur elle tout un système. Dès 1719, Fontenelle avait cependant prudemment souligné l'importance des observations de Marchant sur l'apparition de nouvelles
espèces de plantes. « L'art, la culture, et encore plus le hasard, c'est-à-dire certaines circonstances inconnues, font naître tous les jours des nouveautés dans des fleurs curieuses,
telles que les Anémones et les Renoncules, et ces nouveautés ne sont traitées par les
botanistes que de variétés, qui ne méritent pas de changer les espèces, mais pourquoi la

des « unions artificielles » pour l'avancement de la biologie expérimentale [2]; dès 1745 Maupertuis constate qu'il suffit de regarder autour de soi
pour découvrir que les espèces animales ne sont pas moins variables que
celles du règne végétal :

« La nature contient le fonds de toutes ces variétés : mais le hasard ou
l'art les met en œuvre. C'est ainsi que ceux dont l'industrie s'applique à satisfaire le goût des curieux sont, pour ainsi dire, créateurs d'espèces nouvelles.
Nous voyons paraître des races de chiens, de pigeons, de serins qui n'étaient
point auparavant dans la nature. Ce n'ont été d'abord que des individus
fortuits; l'art et les générations répétées en ont fait des espèces... » [3].

Sans doute s'agit-il là de faits exceptionnels : ce sont, dit Maupertuis,
des « écarts de la nature » qui tend à rétablir d'elle-même l'ordre primitif [4]; mais on voit qu'à certaines conditions ces productions accidentelles
peuvent se perpétuer; l'existence de la race noire le prouve, et, inversement, on pourrait concevoir la création d'une race nouvelle de nègres
blancs. Celui de Paris, même marié à une négresse blanche, aurait probablement des enfants noirs « parce qu'un nombre suffisant de générations n'aurait pas encore effacé la couleur de leurs premiers ancêtres. Mais
si l'on s'appliquait pendant plusieurs générations à donner aux descendants de ce nègre des femmes nègres-blanches [...] ces alliances confir-
meraient la race » [5]. Il existe de même des maladies et des infirmités
héréditaires, et si les Chinoises ont dès la naissance les pieds plus menus
que les Européennes, c'est une conséquence des pratiques traditionnelles
de leur pays. Avant Lamarck, Maupertuis affirme donc l'hérédité des
caractères acquis; il semble de même pressentir la théorie des mutations
brusques au niveau des gènes, familière à la science d'aujourd'hui [6]. Vues

---

Nature serait-elle incapable de nouveautés qui allassent jusque-là ? Il paraît qu'elle est
moins constante et plus diverse dans les plantes que dans les animaux, et qui connaît
les bornes de cette diversité ?
   « A ce compte les anciens botanistes n'auraient pas eu tort de décrire si peu d'espèces
d'un même genre, ils n'en connaissaient pas davantage, et c'est le temps qui en a amené
de nouvelles. Par la même raison les botanistes futurs seraient accablés, et obligés à la
fin d'abandonner les espèces pour se réduire aux genres seuls. Mais avant de prévoir ce
qui sera il faut se bien assurer de ce qui est ». (Histoire de l'Académie Royale des Sciences,
1719, pp. 57-58, Sur la production de nouvelles espèces de plantes. C'est le compte rendu
des Observations sur la nature des plantes de MARCHANT, publiées dans les Mémoires de
l'Académie des Sciences, à la date du 1er février 1719, p. 59 sq.).
   2. MAUPERTUIS, Lettre sur le progrès des sciences, 1752, Ch. XIII, Expériences sur
les animaux, p. 108. « On verrait peut-être naître là des monstres, des animaux nouveaux,
peut-être des espèces entières que la Nature n'a pas encore produites ».
   3. Dissertation sur l'origine des noirs, loc. cit., Ch. III, p. 140.
   4. Ibid., Ch. V, p. 159. « Ce qu'il y a de sûr, c'est que toutes les variétés qui pourraient
caractériser des espèces nouvelles d'animaux et de plantes tendent à s'éteindre : ce sont
des écarts de la nature dans lesquels elle ne persévère que par l'art ou par le régime. Ses
ouvrages tendent toujours à reprendre le dessus ».
   5. Ibid., Ch. III, p. 139.
   6. Cf. Ibid., Ch. V : la semence de chaque individu, explique Maupertuis, contient
essentiellement des parties propres à former un individu qui lui ressemble, mais aussi,

révolutionnaires, si confuses qu'elles soient encore. En 1745 Maupertuis n'imagine pas qu'elles puissent l'entraîner sur un terrain dangereux. Mais on ne s'arrête pas facilement sur la pente des hypothèses; et voici que l'*Essai sur la formation des corps organisés* avance une conjecture directement contraire aux données de la Révélation :

> « Ne pourrait-on pas expliquer par là comment de deux seuls individus, la multiplication des espèces les plus dissemblables aurait pu s'en suivre ? Elles n'auraient dû leur première origine qu'à quelques productions fortuites dans lesquelles les parties élémentaires n'auraient pas retenu l'ordre qu'elles tenaient dans les animaux pères et mères : chaque degré d'erreur aurait fait une nouvelle espèce; et à force d'écarts répétés serait venue la diversité infinie des animaux que nous voyons aujourd'hui, qui s'accroîtra peut-être encore avec le temps, mais à laquelle peut-être la suite des siècles n'apporte que des accroissements imperceptibles » [1].

Dans cette perspective grandiose, la diversité actuelle des êtres vivants n'est plus l'expression de la volonté du Tout-Puissant Créateur mais le résultat d'une lente évolution historique. L'homme lui-même, aboutissement dernier mais peut-être provisoire de celle-ci, est par là définitivement rangé dans la chaîne des animaux. Ici encore les intuitions scientifiques de Maupertuis contredisent ses scrupules religieux. Dans ses œuvres systématiques ceux-ci vont de pair avec une certaine prudence méthodologique. Ailleurs les tendances de son esprit s'épanouissent plus librement. A la lecture de sa *Lettre sur le Progrès des Sciences*, et plus encore, de ce journal intellectuel que sont ses *Lettres*, on est surpris de découvrir que ce savant rigoureux est aussi un imaginatif et un rêveur : ce contraste humanise et anime la figure un peu morose du président de l'Académie de Berlin. Le trait dominant de cet esprit apparemment austère et sec, c'est peut-être une inlassable curiosité que son voyage en Laponie n'a pas suffi à rassasier : notre univers est si riche qu'il faudrait explorer le ciel pour y découvrir de nouveaux satellites [2] et les entrailles de la terre pour y étudier l'attraction plus efficacement qu'à sa surface [3]. Mais la nature humaine n'est pas moins variée : heureux les voyageurs qui ont visité le pays des Patagons ! « Tant de relations dignes de foi nous parlent de ces géants qu'on ne saurait guère raisonnablement douter qu'il n'y ait dans cette région des hommes dont la taille est fort différente de la nôtre » [4]. Cette remarquable jeunesse d'esprit est peut-être moins carac-

---

accessoirement, des parties différentes qui parfois prennent le dessus. C'est J. Rostand (*La formation de l'être, op. cit.*) qui rapproche ce passage des idées modernes sur les mutations.

1. *Op. cit.*, XLIV.
2. *Lettre sur le progrès des Sciences, op. cit.*, IX, *Astronomie*.
3. *Ibid.*, VI, *Pyramides et cavités*.
4. *Ibid.*, II, *Patagons*, p. 27. Au reste « la grandeur de leur corps serait peut-être la moindre chose à observer ; leurs idées, leurs connaissances, leurs histoires seraient bien

téristique d'un individu que d'une époque ; lorsqu'il commence à rejeter
le cadre trop rigide d'une synthèse mécaniste prématurée, c'est le siècle
des lumières tout entier qui se retrouve étonnamment jeune. D'où, chez
Maupertuis, une ouverture à la richesse concrète de l'univers qui n'est
pas sans rappeler celle de Montaigne. Mais en même temps le sens du
possible et de l'impossible, conquête intellectuelle du mécanisme cartésien, tend à s'atténuer. Ainsi découvre-t-on chez Maupertuis le même
contraste encore que chez Montaigne entre un esprit critique singulièrement aiguisé — renforcé chez lui par la rigueur de la méthode expérimentale — et une faculté d'émerveillement parfois bien crédule. Est-ce
simple boutade, esprit moderne d'exploration systématique, ou enfin
naïve crédulité que ces lignes sur les terres australes et leurs habitants ?
« C'est dans les îles de cette mer que les voyageurs nous assurent avoir
vu des hommes sauvages, des hommes velus, portant des queues, une
espèce mitoyenne entre les singes et nous. J'aimerais mieux une heure
de conversation avec eux qu'avec le plus bel esprit de l'Europe » [1].

Que Maupertuis n'était-il présent, dans sa vingtième année, l'an de
grâce 1718, dans la bonne ville d'Orléans ! Il aurait pu satisfaire cette
légitime curiosité et converser avec un « homme sauvage » de Madagascar
ou un orang-outan de Bornéo. Le consul Maillet avait montré heureusement plus de flair que le jeune mousquetaire mathématicien : homme
d'expérience, il avait eu le mérite de vaincre la pudeur naturelle des
hommes à queue, si prompts à se cacher, on s'en doute, à cause de « la
turpitude attachée à cette difformité ! » [2] Mais il possédait bien d'autres
preuves de la diversité de l'espèce humaine : Esquimaux d'une seule
jambe et d'une seule main, géants et nains, et, plus merveilleux, plus
extraordinaire encore que l'homme singe, l'homme poisson. Ici non plus
témoignages et références ne lui faisaient pas défaut, depuis les récits des
missionnaires du XVIe siècle jusqu'au rapport tout récent d'un capitaine
de Terre-Neuvas [3]. De plus, ajoute doctoralement le philosophe indien,

---

d'une autre curiosité, (p. 29). Rousseau sera plus circonspect que Maupertuis lorsqu'il
évoquera dans le *Discours sur l'inégalité* (Note J), à propos de l'existence d'hommes sauvages, intermédiaires entre l'animalité et l'humanité, « les Patagons, vrais ou faux ».

1. *Ibid.*, I, p. 18. Au XVIIIe siècle on s'exagérait communément les ressemblances
anatomiques entre le singe et l'homme, d'autant que les récits de voyages, souvent
fort anciens, demeuraient la principale source d'information.

2. *Telliamed, op. cit.*, Sixième journée, t. II, p. 175. « On en trouve même en France où
j'en ai vu plusieurs ».

3. *Ibid.*, p. 158 sq.

l'anatomie démontre que « nos corps sont originairement disposés pour vivre sans respiration ». Ne sait-on pas depuis Thalès et Anaxagore que l'eau est le principe de toutes choses ? Il est donc avéré que tous les êtres vivants sont d'origine marine : les animaux marins du fond de l'océan ont donné naissance aux animaux terrestres proprement dits; ceux de la surface aux oiseaux [1]. Ainsi la *Sixième journée* du *Telliamed* propose une histoire de la nature vivante qui complète l'histoire de la terre. Si cette dernière préfigurait les thèses de Buffon, la première avait de quoi séduire bien des esprits audacieux. On aurait tort de ne voir ici que romanesques extravagances : les chimères de Maillet ont incontestablement contribué, au même titre que les suggestions de Maupertuis, à créer un climat de pensée transformiste. A ses débuts la théorie évolutionniste fait mal le départ entre les faits scientifiques établis et l'héritage des *Métamorphoses* d'Ovide. Aussi y a-t-il moins loin qu'on ne croirait d'abord des divagations du *Telliamed* aux intuitions de Maupertuis ou aux visions de Diderot.

*   *
*

On voit ainsi s'affirmer en quelques années l'idée d'une nature toute-puissante, inconsciente de ses propres fins, qui enfante laborieusement, au prix de multiples essais, des êtres de plus en plus complexes : « Que cent millions aient péri, il suffit que deux y soient parvenus, pour avoir donné lieu à l'espèce » [2]. Cette formule du consul Maillet résume bien ce qu'est en 1750, sur l'origine des espèces vivantes comme de l'univers en général, l'opinion des esprits les plus avancés : la réplique d'Épicure à Cicéron. Dans l'éloignement où reculent désormais les premiers temps du monde les difficultés d'une explication cosmogonique par des combinaisons fortuites de la matière perdent beaucoup de leur acuité : certes on ne composera pas l'*Iliade* en jetant sur une table, au hasard, les lettres de l'alphabet; mais cet argument tendancieux, autant que traditionnel, est à la mesure des éphémères que nous sommes. A l'échelle du devenir cosmique « la difficulté de l'événement est plus que suffisamment compensée par la multitude des jets » [3]. Le Diderot déiste des *Pensées philosophiques,* qui demeure attaché au compromis intellectuel de la « religion naturelle », note au passage, sans oser encore l'exploiter, cette évidence lumineuse. Trois ans plus tard le discours de Saunderson au pasteur Holmes permet de mesurer l'affermissement de sa pensée : infinité du

---

1. *Ibid.*, p. 128 sq.
2. *Ibid.*, p. 142.
3. DIDEROT, *Pensées philosophiques*, XXI.

monde dans l'espace et dans le temps; mais aussi incessante évolution, où « les combinaisons vicieuses de la matière » s'éliminent d'elles-mêmes; double relativité de cet « ordre admirable » sur lequel se fonde la piété des newtoniens; dans l'espace, et par rapport aux capacités sensorielles de l'observateur; dans le temps surtout, car l'éternité que nous lui prêtons n'est pas plus réelle que celle que nous attribue « la mouche éphémère »[1].

Le délire grandiose de Saunderson annonce directement le *Rêve de d'Alembert*. Déjà la sûreté de l'information vient y soutenir les prestiges du style : documentation philosophique puisée sans doute dans les cinq volumes de l'*Historia critica philosophiae* de J.-J. Brücker[2], mais aussi dans le *Dictionnaire* de Bayle et dans un siècle de controverses autour du « système épicuro-cartésien »[3]; documentation scientifique et médicale que Diderot ne cessera plus désormais de compléter. Au cœur de sa pensée on découvre ici, de toute évidence, le souvenir des travaux académiques et de la querelle des monstres. Car la Nature n'est pas si parfaite que le veulent les déistes : depuis des siècles de vaticinations téléologiques on répète qu'elle ne fait rien en vain; bientôt Buffon découvrira, avec les deux doigts inutiles de la patte du cochon, la vanité de ce finalisme anthropomorphique[4]. Pour Saunderson déjà « l'ordre n'est pas si parfait [...] qu'il ne paraisse encore de temps en temps des productions monstrueuses »[5]. La Nature peut donc se tromper: cette simple remarque suffit à Diderot pour surmonter les contradictions où se débattait la pensée de Lémery. Au lieu de nous obstiner à croire, de façon bien absurde, qu'il peut exister des êtres contre nature, définissons la nature à partir de ce qui est; dès lors une apparente aberration devient la règle constante. Une suite de prétendues « erreurs » accumulées et insensiblement corrigées suffit à produire toutes les merveilles des corps organisés.

Au lyrisme philosophique de Diderot font écho les raisonnements serrés du médecin La Mettrie; l'œil ne voit pas parce qu'il a été fait pour voir, mais tout simplement parce que son organisation interne est ainsi faite que la vision en résulte nécessairement. Déjà développé dans l'*Homme-Machine*[6], l'argument est repris avec plus de force en 1750 dans

---

1. *Lettre sur les aveugles, op. cit.*, (édit. R. Niklaus, 1951, pp. 39-44). Le 11 juin 1749 Diderot écrit à Voltaire : « Le sentiment de Saounderson n'est pas plus mon sentiment que le vôtre ; mais ce pourrait bien être parce que je vois... » (DIDEROT, *Correspondance*, édit. G. Roth, Paris, 1955, t. I, p. 75 sq.).

2. Leipzig, 1742-1744. C'est la source principale où puise Diderot lorsqu'il se fait, pour l'*Encyclopédie*, historien de la philosophie.

3. Nous empruntons l'expression à LA METTRIE (*Les Animaux plus que Machines, Œuvres*, Berlin, 1796, t. II, p. 83), mais le rapprochement est aussi vieux que le mécanisme cartésien lui-même.

4. *Histoire Naturelle*, t. V, 1755, *Le Cochon, le Cochon de Siam et le Sanglier* (Lanessan, t. VIII, p. 572).

5. *Lettre sur les Aveugles, op. cit.*, p. 43.

6. LA METTRIE, *L'Homme-Machine*, Leyde, 1748 (édition Maurice Solovine, Paris, Bossard, 1921, p. 110). De *L'histoire naturelle de l'Ame* (1745) aux *Pensées philosophiques*

le *Système d'Épicure* [1] : la fragilité des organes les plus parfaits rappelle le caractère fortuit de leur origine [2]; loin de révéler une providence immanente, les fonctions animales résultent de l'organisation qui est elle-même le produit lentement perfectionné de combinaisons accidentelles [3]. L'origine de l'homme n'est pas différente de celle des autres animaux : Saunderson le suggérait à son interlocuteur en quelques phrases rapides; l'épicurien La Mettrie précise plus nettement que la faculté de penser, résultat de l'organisation cérébrale, est, en plus complexe, une fonction biologique parmi d'autres [4]. Il n'y a aucune absurdité à supposer qu'une cause aveugle ait pu produire un être intelligent : La Mettrie se borne à insinuer cette critique d'un sophisme vénérable [5], mais il dénonce l'illusion psychologique qui nous fait attribuer à la Nature la lucidité grâce à laquelle nous pouvons rivaliser, bien péniblement du reste, avec ses productions; le point de vue inverse serait plus justifié, dit-il, car « les tâtonnements de l'art pour imiter la nature font juger des siens propres » [6]. Plus audacieux enfin que le mathématicien aveugle de Diderot [7], il ne se borne pas à

(1746), à *l'Homme-Machine* (1748), à la *Lettre sur les Aveugles* (1749), et au *Système d'Épicure* (1750), on peut suivre l'influence mutuelle de la Mettrie sur Diderot et de Diderot sur La Mettrie. La rédaction de ces pages est antérieure à l'importante édition critique de *L'Homme-Machine* de M. Aram VARTANIAN (*La Mettrie's L'Homme-Machine A study in the origins of an idea*, Princeton University Press, 1960).

1. LA METTRIE, *Système d'Épicure*, 1750, XIII-XXX (*Œuvres*, t. II, pp. 3-48).

2. *Ibid.*, XXII « Un rien dérange l'optique de la Nature, qu'elle n'a par conséquent pas trouvé toute seule ».

3. Voir par exemple *ibid.*, XX : « Les éléments de la matière à force de s'agiter et de se mêler entre eux, étant parvenus à faire des yeux, il a été aussi impossible de ne pas voir que de ne pas se voir dans un miroir soit naturel, soit artificiel... La nature n'a pas plus songé à faire l'œil pour voir que l'eau pour servir de miroir à la simple bergère ». Le développement de La Mettrie sur l'élimination des inaptes (*Ibid.*, XIII, et *passim*) rappelle directement celui de Saunderson sur le même sujet (*Lettre sur les Aveugles, op. cit.*, p. 42), ainsi qu'un passage de l'*Essai de Cosmologie* (*Op. cit.*, Avant-propos, p. 17) : mais nous avons vu que si l'idée du hasard intervient chez Maupertuis dans ses conceptions de généticien, c'est plutôt sous la forme de mutations fortuites lau niveau des éléments de la matière vivante.

4. *Système d'Épicure, op. cit.*, XXVII : « La nature a fait, dans la machine de l'homme, une autre machine qui s'est trouvée propre à retenir les idées et à en faire de nouvelles... Ayant fait, sans voir, des yeux qui voient, elle a fait, sans y penser, une machine qui pense... »

5. Sophisme derrière lequel, en 1748, l'auteur de l'*Esprit des Lois* abritait encore ses propres audaces (*Esprit des Lois*, I, 1). La Mettrie le réfute d'un mot, peut-être un peu rapide : « La faculté de penser n'ayant pas une autre source que celle de voir, d'entendre, de parler, de se reproduire, je ne vois pas quelle absurdité il y aurait de faire venir un être intelligent d'une cause aveugle. Combien d'enfants extrêmement spirituels dont les père et mère sont parfaitement stupides et imbéciles ! » (*Ibid.*, XXVIII).

6. *Ibid.*, XXIII.

7. De façon plus générale, le monisme matérialiste de La Mettrie, fortement étayé par les vues philosophiques de son *Histoire Naturelle de l'Âme* (1745) et les analyses psycho-physiologiques de l'*Homme-Machine*, est alors très en avance sur la pensée de son cadet qui, dans sa lettre à Voltaire du 11 juin 1749, reprend à son compte l'étrange dualisme « spinoziste » qu'il prêtait deux ans plus tôt à l'Oribaze de la *Promenade du Sceptique* : « Il s'ensuit donc de cet aveu et de mon raisonnement, continuerait Saounderson, que l'être corporel n'est pas moins indépendant de l'être spirituel que l'être spirituel de l'être corporel ; qu'ils composent ensemble l'univers, et que l'univers est Dieu » (*Correspondance, loc. cit.*, p. 77).

affirmer que l'ordre actuel des choses est relatif et transitoire, il ose prononcer le mot de « désordre »[1]. Position extrême, mais position logique,
puisque dans un univers soumis au hasard, la notion finaliste d'un ordre
perd toute signification. Certaines formules de La Mettrie ont des accents
pascaliens : l'homme n'a pas de place marquée par Dieu dans l'échelle
des êtres, il est « jeté » dans un monde opaque et absurde, l'univers de
Lucrèce, et non plus celui de l'abbé Pluche ou du cardinal de Polignac[2].
Pourtant le choix offert à la pensée vers 1750 ne se réduit pas à cette alternative traditionnelle. La Mettrie lui-même nous l'apprend : la lutte véritable qui s'engage alors n'oppose plus le *Système d'Épicure* et *L'Anti-
Lucrèce*, la finalité et le hasard, mais la finalité externe de la Création et
la finalité interne de la Nature. Ainsi le matérialisme n'a pas dit son dernier mot ; si l'argument des merveilles de la nature, et en particulier de
la nature vivante, porte contre l'athéisme de « tous les épicuriens
anciens et modernes », il ne saurait convaincre tous les athées :

> « Détruire le hasard, ce n'est pas prouver l'existence d'un Être Suprême,
> puisqu'il peut y avoir autre chose qui ne serait ni hasard, ni Dieu, je veux dire
> la Nature, dont l'étude par conséquent ne peut faire que des incrédules, comme
> le prouve la façon de penser de tous ses plus heureux scrutateurs »[3].

Que nous apprennent donc ces derniers ? Deux idées essentielles au
nouveau naturalisme : la spontanéité vitale des plus petites parties de la
matière ; l'unité organique du grand Tout[4]. Deux idées qui ne sont pas

---

1. Même chez les plus vils insectes, remarque La Mettrie, on peut déceler des traces
d'intelligence : « Supposerons-nous une cause éclairée qui donne aux uns un être si facile
à détruire par les autres, et qui a tellement tout confondu qu'on ne peut qu'à force d'expériences fortuites distinguer le poison de l'antidote, ni tout ce qui est à rechercher de ce qui
est à fuir ? Il me semble, dans l'extrême désordre où sont les choses, qu'il y a une sorte
d'impiété à ne pas tout rejeter sur l'aveuglement de la nature. Elle seule peut en effet
innocemment nuire et servir ». (*Ibid.*, XXIX).

2. « Qui sait d'ailleurs si la raison de l'existence de l'homme ne serait pas dans son
existence même ? Peut-être a-t-il été jeté au hasard sur un point de la surface de la terre,
sans qu'on puisse savoir ni comment ni pourquoi ; mais seulement qu'il doit vivre et
mourir, semblable à ces champignons qui paraissent d'un jour à l'autre, ou à ces fleurs
qui bordent les fossés et couvrent les murailles » (*L'Homme-Machine, op. cit.*, p. 105).

3. *Ibid.*, p. 108. On appréciera l'originalité de ce texte en le rapprochant de celui-
ci qui est de la même année : « Admettre un ordre dans le monde, c'est reconnaître un
Dieu, c'est n'être point athée. L'ordre ne saurait exister sans une Intelligence supérieure
qui l'ait établi ou qui le maintienne : donc, le supposer, c'est supposer un Dieu... » (FAL-
CONET DE LA BELLONIE, *La psycantropie...*, Avignon, 1748, t. III, p. 47). Pour cet auteur,
alors que s'édifie le nouveau naturalisme, les épicuriens sont toujours les seuls athées...
Notons en revanche parmi les sources possibles de La Mettrie, l'interprétation « spinoziste » de l'épicurisme proposée, dès 1740, par l'érudit J.-B. de Mirabaud : en attribuant
au *hasard* la formation du monde, écrivait-il, les épicuriens n'avaient peut-être voulu
invoquer « qu'une cause inconnue à la raison, supérieure à nos lumières, et cependant
nécessaire ». (*Dissertation qui traite de l'origine du monde*, in *Dissertations mêlées sur divers
sujets*, Amsterdam, 1740, p. 43).

4. Le lien des deux idées est bien marqué dans ce même passage de *L'Homme-Machine
(Ibid.)* : « Voyez à votre tour le polype de Trembley ! Ne contient-il pas en soi les causes
qui donnent lieu à sa régénération ? Quelle absurdité y aurait-il donc à penser qu'il est
des causes physiques par lesquelles [les différentes éditions donnent *pour lesquelles*, peu
intelligible] tout à été fait, et auxquelles toute la chaîne de ce vaste Univers est si nécessairement liée et assujettie que rien de ce qui arrive ne pouvait ne pas arriver... »

nouvelles, puisqu'elles définissaient déjà le naturalisme antique, mais qui doivent aux plus récentes découvertes de la science un regain de vigueur et de précision. Toutes deux sont implicitement contenues dans la notion des « tâtonnements » de la Nature. Car la Nature ne tâtonnerait pas si elle ne cherchait, obscurément, à créer. Et d'abord il ne suffit pas de constater — ou plutôt de concevoir — le lent perfectionnement de l'organisation animale au cours des âges, il faut supposer à l'origine une certaine tendance de la matière à s'organiser. Ni l'atomisme épicurien ni le mécanisme cartésien n'étaient en mesure d'en rendre compte. Mais vers 1750 ce stade de la pensée scientifique est, nous l'avons vu, assez largement dépassé. La physique newtonienne donne l'exemple d'une conception dynamiste de la matière; bientôt l'homogénéité abstraite de celle-ci, résidu cartésien, s'effritera derechef dans la multiplicité irréductible des corps élémentaires : ce sera l'apport décisif de la chimie et de la minéralogie allemandes, répandues en France par d'Holbach[1]. La méthode expérimentale enseigne à juger des propriétés de la matière par leurs effets sensibles : appliquée aux phénomènes de la vie, elle aboutit logiquement à des conceptions vitalistes. « Nous ne connaissons point la Nature : des causes cachées dans son sein pourraient avoir tout produit...», écrit encore l'auteur de l'*Homme-Machine*[2].

Ainsi ne soyons pas dupes d'un titre. La Mettrie parle encore un langage mécaniste : « le corps humain est une machine... ». Mais c'est « une machine qui monte elle-même ses ressorts »[3]. Son vocabulaire trahit donc partiellement sa pensée réelle[4]. Mais celle-ci s'affirmait nettement dès 1745 dans son *Histoire naturelle de l'âme* : inexplicable par l'habitude, l'instinct animal est une force vitale spécifique; les animaux ne sont pas des automates; au contraire « il y a dans les mouvements des corps animés autre chose qu'une mécanique intelligible », et notre auteur invoquait ici les conclusions de la *Vénus physique*[5]. De façon plus générale, disait-il encore, la matière n'est pas seulement douée de propriétés mécaniques passives[6], elle possède aussi et la puissance motrice[7] et la « faculté sensitive »[8], la dernière n'étant au total pas plus incompréhensible que

---

1. Cf. P. NAVILLE, *Paul Thiry d'Holbach et la philosophie scientifique au XVIIIᵉ siècle*, Paris, 1943, p. 181 sq.

2. *L'Homme-Machine, op. cit.*, p. 108.

3. *Ibid.*, p. 67.

4. Le titre qu'il choisit en 1747 est évidemment un défi adressé aux spiritualistes : c'est la preuve qu'au milieu du siècle, alors que le mécanisme cartésien est scientifiquement périmé, son contenu matérialiste lui conserve cependant une signification philosophique explosive.

5. *Histoire Naturelle de l'Ame*, nouvelle édition, Oxford, 1747, Ch. XI, *Des facultés qui dépendent des organes sensitifs*, II, *De l'instinct*.

6. *Ibid.*, Ch. IV, *Des propriétés mécaniques passives de la matière dépendantes de l'étendue*.

7. *Ibid.*, Ch. V, *De la puissance motrice de la matière*.

8. *Ibid.*, Ch. VI, *De la faculté sensitive de la matière*.

la précédente. Toutes ces considérations fort peu cartésiennes n'empêchent pas La Mettrie de placer en 1747 son ouvrage le plus célèbre sous le patronage de Descartes [1], mais c'est au terme d'un long développement sur le « principe moteur » inhérent aux plus petites parties des corps organisés [2]; après d'autres observations qui viennent étayer cette thèse, notre médecin philosophe cite enfin la régénération des polypes de Trembley [3] : interprétation matérialiste tout opposée aux commentaires de Ch. Bonnet. Mais comme, selon lui, le mouvement et la sensibilité vont de pair [4], sa pensée n'est pas ici non plus très éloignée de celle de Diderot dans sa maturité. Vingt ans avant l'*Entretien* et le *Rêve* il est bien près de formuler l'hypothèse de la sensibilité universelle.

A côté des noms de Buffon et de Maupertuis, celui de La Mettrie mérite donc bien d'être cité parmi les sources directes des grands textes matérialistes de la période suivante, d'autant que le dogmatisme abstrait de l'*Histoire naturelle de l'âme* recule, dans l'*Homme-Machine,* devant des réflexions plus concrètes. Mais cette évolution très nettement marquée d'un monisme métaphysique à un matérialisme expérimental ne va pas sans limiter curieusement la portée des thèses philosophiques développées dans le second ouvrage. A le lire de près on s'aperçoit vite que La Mettrie se borne, en fait, à affirmer la sensibilité de la matière organisée, et non plus de la matière en général [5]. Le passage de l'une à l'autre, et de l'inerte

---

1. *L'Homme-Machine, op. cit.,* pp. 132-133. Encore cet éloge de Descartes infléchit-il sa doctrine vers le naturalisme : son dualisme ne serait qu'une « ruse de style » à l'adresse des théologiens. La même interprétation est proposée par l'*Abrégé des Systèmes, pour faciliter l'intelligence du Traité de l'Ame* (*Œuvres*, 1796, t. I, p. 231 sq.) Cet ouvrage éclaire les sources philosophiques de La Mettrie : plutôt que ses commentaires sur la subtilité chimérique de Malebranche, « spinoziste sans le savoir » (p. 240), sur la modestie trop prudente de Locke (p. 256), ou même l'athéisme bien « tortueux » et peu cohérent de Spinoza (p. 262), nous pouvons en retenir son éloge de Leibniz et de Wolff, eux-mêmes peu conséquents, dit-il, avec les bases de leur propre doctrine : les « distinctions inutiles » ou les « frivoles abstractions » de Leibniz (pp. 245-46) ne l'ont pas empêché de tendre malgré lui à l'athéisme, puisqu'il a osé, malgré Descartes, revenir à l'opinion des anciens philosophes qui avaient de tout temps reconnu dans la matière à la fois un « principe d'action » et « des perceptions et des sensations semblables en petit à celles des corps animés » (*Ibid.).* Même contradiction chez Wolff entre une volonté évidente d'orthodoxie et des principes qui conduisent nécessairement à l'athéisme : « C'est toujours la nature qui agit seule, qui produit et conserve tous les phénomènes » (p. 252).

2. *L'Homme-Machine, op. cit.,* p. 113 sq.

3. *Ibid.,* p. 115. Même allusion déjà p. 108.

4. *Ibid.,* p. 126. « Tout ce que l'expérience nous apprend, c'est que tant que le mouvement subsiste, si petit qu'il soit, dans une ou plusieurs fibres, il n'y a qu'à les piquer pour réveiller, animer ce mouvement presque éteint, comme on l'a vu dans cette foule d'expériences dont j'ai voulu accabler les systèmes. Il est donc constant que le mouvement et le sentiment s'excitent tour à tour et dans les corps entiers, et dans les mêmes corps dont la structure est détruite ; pour ne rien dire de certaines plantes qui semblent nous offrir les mêmes phénomènes de la réunion du sentiment et du mouvement ».

5. Voir par exemple, *op. cit.,* p. 126 : « Stahl au reste n'est pas le seul qui ait rejeté le principe d'oscillation des *corps organisés* ». (C'est nous qui soulignons) et surtout p. 129 : « Qu'on m'accorde seulement que la matière organisée est douée d'un principe moteur, qui seul la différencie de celle qui ne l'est pas... ». Certaines formules, il est vrai, semblent plus hardies : « cette force innée de nos corps » est localisée dans la « substance propre des parties, abstraction faite des veines, des artères, des nerfs, en un mot de l'organisation de tout le corps » (p. 116). Mais l'auteur n'entend souligner ici que la spontanéité vitale

au vivant, est pour lui aussi mystérieux que le lien évident qui unit la pensée au sentiment et celui-ci au mouvement : « Autant de merveilles incompréhensibles » dont un positivisme conséquent se console aisément de ne pouvoir percer l'obscurité [1]. L'essentiel n'est-il pas d'édifier un matérialisme psycho-physiologique ? Une fois démontré, par l'expérience, qu'il existe une seule substance, est-il encore besoin de spéculer sur ses modes [2] ?

Mais cette prudence méthodologique n'est pas le seul scrupule intellectuel qui vient freiner le développement d'une pensée par ailleurs singulièrement cohérente et forte. La Mettrie redoute, non sans raison, le glissement du vitalisme à l'animisme; il reste finalement trop cartésien — en digne élève de Boerhaave — pour ne pas pressentir à quelles difficultés conduisent les recherches de ses contemporains sur l'origine de la vie : le dynamisme psychique de Maupertuis ou les futurs paradoxes de Diderot sur la sensibilité des pierres. En 1747 il prend bien soin de distinguer son propre « principe d'oscillation des corps organisés » de l'animisme de Stahl; la doctrine du médecin et chimiste allemand le choque doublement par sa valeur scientifiquement douteuse et par le préjugé spiritualiste qu'elle contribue à entretenir [3]. Aussi se refuse-t-il obstinément à la mettre au service de son propre naturalisme. Cette répugnance est encore plus nettement affirmée en 1750 dans L'Homme-Plante où La Mettrie dénonce comme une aberration mentale l'animisme des Anciens et de certains modernes, tel Sennert : n'est-on pas allé jusqu'à attribuer une âme aux minéraux et aux fossiles [4] ? Et cette opinion lui apparaît

---

des différents organes indépendamment de l'organisation centrale et du cerveau, sur le rôle coordinateur duquel il insiste par ailleurs (Cf. p. 123). — Lorsqu'il juge, un peu plus loin, avoir « clairement démontré », contre les spiritualistes de tous bords, « que la matière se meut par elle-même, non seulement lorsqu'elle est organisée, comme dans un cœur entier, par exemple, mais lors même que cette organisation est détruite... » (pp. 127-128), il ne fait que reconnaître la présence de cette même énergie vitale dans « chaque fibre, et pour ainsi dire, chaque élément fibreux » (p. 123). Or qu'est-ce que la « fibre », nerveuse ou musculaire, selon les conceptions histologiques rudimentaires de ses contemporains, sinon l'élément de base de la matière vivante ? La Mettrie n'entend raisonner ici qu'en biologiste. Par rapport à son Histoire Naturelle de l'Ame la différence de point de vue vaut d'être notée. Souvent négligée par les commentateurs modernes, elle a cependant été relevée par M. Aram VARTANIAN, dans l'Introduction de son édition critique de l'Homme-Machine (op. cit., p. 18 sq).

1. « Je suis donc tout aussi consolé d'ignorer comment la matière, d'inerte et simple, devient active et composée d'organes, que de ne pouvoir regarder le soleil sans verre rouge, et je suis d'aussi bonne composition sur les autres merveilles incompréhensibles de La Nature, sur la production du sentiment et de la pensée dans un être qui ne paraissait autrefois à nos yeux qu'un peu de boue ». (L'Homme-Machine, op. cit., p. 129).

2. Ibid., pp. 129-130. « Qu'on m'accorde seulement que la matière organisée est douée d'un principe moteur, qui seul la différencie de celle qui ne l'est pas (Ah ! peut-on rien refuser à l'observation la plus incontestable ?) et que tout dépend dans les animaux de la diversité de cette organisation, comme je l'ai assez prouvé ; c'en est assez pour deviner l'énigme des substances et celle de l'homme. On voit qu'il n'y en a qu'une dans l'Univers et que l'homme est la plus parfaite... »

3. Ibid., p. 125 sq.

4. « Peut-être la formation des minéraux se fait-elle suivant les lois de l'attraction, en sorte que le fer n'attire jamais l'or, ni l'or le fer, que toutes les parties hétérogènes se repous-

si absurde qu'il trouve pour la railler, dans son pamphlet *Les animaux plus que machines*, des formules d'un humour tout voltairien [1].

Attitude pleine de logique. Matérialiste intransigeant, La Mettrie refuse de composer avec le « préjugé » spiritualiste, sous quelque forme qu'il se présente, même dans le cadre de la vieille doctrine de l'âme du monde, même à la faveur de ce panthéisme ambigu dont s'accommoderont bien des auteurs parmi les plus hardis de la seconde moitié du siècle [2]. Mais c'est peut-être cette rigidité doctrinale qui bloque sa pensée et l'empêche de développer toutes ses intuitions. Comparée à celle de Maupertuis, la pensée de La Mettrie semble à la fois plus audacieuse et plus timorée : beaucoup plus vigoureusement polémique, plus consciente d'elle-même, plus systématique, mais aussi moins riche d'idées vraiment nouvelles. C'est Maupertuis, et non notre médecin, qui annonce Lamarck et Darwin. Sans doute La Mettrie accorde-t-il une grande place dans son œuvre philosophique à toutes les analogies qui, du végétal à l'animal et de l'animal à l'homme, font l'unité de la grande chaîne des êtres [3]. Mais lorsque sa science d'anatomiste le pousse à mettre en lumière la complexité croissante de la matière organisée, il ne songe d'aucune façon à interpréter le passage insensible d'un degré à l'autre de l'échelle comme un lien de filiation. Il est bien arbitraire de parler d'évolutionnisme à propos de l'*Homme-Machine* : le seul type d'évolution que son auteur envisage est culturel, non biologique, et s'il lui paraît possible d'apprendre au singe l'usage de la parole, c'est seulement parce que le singe possède déjà — du moins La Mettrie le croit-il — les mêmes organes que l'homme [4].

Comment notre médecin pourrait-il rivaliser sur ce plan avec Maupertuis ou Diderot lorsqu'il s'interdit de lui-même toute spéculation sur l'origine des choses, en particulier sur l'origine de la vie [5] ? S'il évoque

---

sent et que les seules homogènes s'unissent, ou font corps entre elles. Mais sans rien décider dans une obscurité commune à toutes les générations, parce que j'ignore comment se fabriquent les fossiles, faudra-t-il invoquer ou plutôt supposer une âme, pour expliquer la formation de ces corps ? Il serait beau (surtout après en avoir dépouillé des êtres organisés, où se trouvent autant de vaisseaux que dans l'homme), il serait donc beau, dis-je, d'en vouloir revêtir des corps d'une structure simple, grossière et compacte ! » (*L'Homme-Plante*, Ch. II, *Œuvres*, Berlin, 1796, t. II, p. 65). Même réserve dans l'*Abrégé des Systèmes* (*op. cit.*, pp. 245 sq. à propos des « perceptions » dont les leibniziens douent la matière : « On ne peut pas en effet les refuser, écrit La Mettrie, du moins à tout ce qui n'est pas inanimé ».

1. *Les Animaux plus que Machines*, *loc. cit.*, Cf. ci-dessus, Ch. IV, 2.

2. Cf. Hassan EL NOUTY, *Le panthéisme dans les lettres françaises au XVIIIe siècle ; aperçus sur la fortune du mot et de la notion*, *Revue des Sciences humaines*, octobre-décembre 1960, pp. 435-457.

3. Voir *L'Homme-Machine*, *op. cit.*, notamment, p. 137, et surtout *L'Homme-Plante*.

4. *Op. cit.*, p. 80. Sur ce point encore, notre interprétation concorde avec celle de M. VARTANIAN (*La Mettrie's Homme-Machine...*, *op. cit.*, p. 27).

5. *L'Homme-Machine*, *op. cit.*, p. 105 : « Ne nous perdons point dans l'infini ,nous ne sommes pas faits pour en avoir la moindre idée ; il nous est absolument impossible de remonter à l'origine des choses. Il est égal d'ailleurs pour notre repos que la matière soit éternelle ou quelle ait été créée, qu'il y ait un Dieu ou qu'il n'y en ait pas. Quelle folie de tant se tourmenter pour ce qu'il est impossible de connaître, et ce qui ne nous rendrait pas plus heureux, quand nous en viendrions à bout ! »

en quelques lignes les hypothèses de la *Vénus physique,* c'est avec un évident scepticisme [1] : mais celui-ci ne répond pas seulement aux tentatives
de Maupertuis, évidemment fort discutables, pour donner une explication newtonienne de la génération; il atteint aussitôt le principe même
de l'épigénèse, ce qui est infiniment plus grave. La Mettrie ne croit pas
que les ressemblances héréditaires soient un argument suffisant en faveur
de la double semence; veut-il simplement justifier sa réputation de libertinage lorsqu'il écrit par exemple : « Il me paraît que c'est le mâle qui fait
tout, dans une femme qui dort, comme dans la plus lubrique » [2] ? En
réalité, le voici qui penche vers la doctrine conformiste de la préexistence :
« L'arrangement des parties serait donc fait de toute éternité dans le germe
ou dans le ver même de l'homme » [3]. Certes le passage n'est pas très clair,
mais cet embarras même vaut d'être noté, et il n'est pas sans rappeler au
lecteur les précautions prises quelques pages plus haut sur la question
de l'existence de Dieu [4]. C'est pourquoi la conclusion de l'ouvrage a beau
se réclamer de nouveau du Matérialisme invoqué dès la première page [5],
elle apparaît passablement décevante. Plus timide que le médecin, le
philosophe La Mettrie refuse d'ériger en système général de la Nature
les conceptions vitalistes que lui suggèrent ses observations physiologiques. C'est dire qu'en définitive, au moins en 1747, son matérialisme
demeure étroitement mécaniste et purement statique [6]. Assez audacieux
pour opposer au Dieu des Chrétiens la Toute-Puissance d'une nature

---

1. *Ibid.,* p. 137 : « Que les parties qui s'attirent, qui sont faites pour s'unir ensemble ou pour occuper telle ou telle place, se réunissent toutes suivant leur nature, et qu'ainsi se forment les yeux, le cœur, l'estomac, et enfin tout le corps, comme de grands hommes l'ont écrit, cela est possible. Mais comme l'expérience nous abandonne au milieu de ces subtilités, je ne supposerai rien, regardant tout ce qui ne frappe pas mes sens comme un mystère impénétrable... »

2. *Ibid.,* p. 138.

3. *Ibid.* Que La Mettrie s'affirme « spermatiste » et non « oviste » ne change évidem-ment rien au fond du problème.

4. *Ibid.,* pp. 104-105. « Ce n'est pas que je révoque en doute l'existence d'un Être Suprême ; il me semble, au contraire, que le plus grand degré de probabilité est pour elle ; mais comme cette existence ne prouve pas plus la nécessité d'un culte que toute autre, c'est une vérité théorique qui n'est guère d'usage dans la pratique... » L'Être Suprême de La Mettrie ressemble aux divinités d'Épicure plus qu'au Dieu de Newton ou à celui de Rousseau : il n'en reste pas moins que, dans son pragmatisme qui se veut indifférent à toute métaphysique, l'attitude de notre prétendu athée est plus proche ici du déisme que du simple agnosticisme. Et il y a par ailleurs dans son livre suffisamment d'audaces pour rendre cette timidité inexplicable par de simples raisons tactiques.

5. *Ibid.,* p. 142 « Concluons donc hardiment que l'Homme est une Machine, et qu'il n'y a dans tout l'Univers qu'une seule substance diversement modifiée... » Et, p. 58 : « Je réduis à deux les systèmes des philosophes sur l'âme de l'homme. Le premier, et le plus ancien, est le système du Matérialisme ; le second est celui du Spiritualisme ».

6. Il en va autrement dans le *Système d'Épicure,* encore que, dans ce cas aussi, les limites du « transformisme » de La Mettrie soient évidentes. L'auteur suggère (pensée XXXII) que les animaux, moins parfaits que l'homme, ont dû, par conséquent, appa-raître sur la terre avant lui, mais il reste hanté par une sorte de panspermie (Cf. V et VI : l'air contient les graines de tous les corps) et au lieu de concevoir clairement le passage insensible de l'animalité à l'humanité, il développe avec complaisance le vieux thème de l'apparition de l'homme dans le sein de la terre, matrice universelle. (*Ibid.,* X).

presque divinisée, il se contente de la proclamer impénétrable à l'esprit humain [1]. Aussi se révèle-t-il finalement incapable d'édifier lui-même le Naturalisme dont il se réclame pourtant.

*
* *

Comparée à la sagesse un peu courte de ce « fou de La Mettrie » [2], la dialectique de Diderot, avec toutes ses imprudences, est assurément plus révolutionnaire. En 1754 Diderot pose clairement le problème que son prédécesseur cherchait à esquiver : la distinction évidente entre la « matière morte » et la matière vivante est-elle toujours fondée ? La seule différence entre elles ne serait-elle pas « la spontanéité réelle ou apparente du mouvement » [3] ? Il lui faudra quinze ans de lectures et de discussions pour apporter à ces questions un élément de réponse : ce sera l'hypothèse de la sensibilité universelle, rendue moins choquante par la distinction qu'il établira entre la sensibilité passive de la pierre et la sensibilité active de l'animal, mais sans que soit mis en cause le principe de l'unité de la matière [4]. Dès 1754 il semble cependant sur la voie de cette distinction lorsque, dans son commentaire du système de Maupertuis, il propose d'attribuer aux « molécules organiques » non pas la pensée véritable, mais simplement « une sensibilité sourde... une sensation semblable à un toucher obtus et sourd » [5]. Toutes les difficultés ne sont pas pour autant résolues. Même en 1769 il subsistera bien des incertitudes dans sa façon de concevoir les rapports entre la matière inerte et la matière vivante : la sensibilité est-elle bien « une propriété générale de la matière »,

---

1. *L'Homme-Machine, op. cit.*, p. 138 « Nous sommes de vraies taupes dans le chemin de la Nature ; nous n'y faisons guère que le trajet de cet animal ; et c'est notre orgueil qui donne des bornes à ce qui n'en a point... » Cf. *Ibid.*, p. 141 : « Soumettons-nous donc à une ignorance invincible, de laquelle notre bonheur dépend » — Ici La Mettrie est tout proche de Montaigne, auteur dont il invoque du reste volontiers le patronage (Cf. *Système d'Épicure*, LXXVII).

2. Voltaire à Madame Denis, 24 décembre 1751 (lettre écrite quelques semaines après la mort de notre épicurien), Moland, XXXVII, p. 349 : « C'était le plus fou des hommes, mais c'était le plus ingénu ».

3. *Pensées sur l'interprétation de la Nature*, LVIII, A.T., t. II, pp. 58-60.

4. Cf. *Entretien entre d'Alembert et Diderot*, édition P. Vernière, Paris, Didier, 1951, p. 25 : Le germe n'est encore « qu'un fluide inerte et grossier » avant que la chaleur lui confère le mouvement et la vie. Ce rôle dévolu à la chaleur dans l'apparition de la vie est peut-être en partie un souvenir de Buffon. Mais l'unité ontologique ainsi restituée à la matière n'implique nullement une homogénéité abstraite : dès 1754, Diderot affirme que, dans ce cas, la multiplicité des êtres serait inexplicable : « J'appellerai donc éléments, les différentes matières hétérogènes nécessaires pour la production générale des phénomènes de la nature ; et j'appellerai la *nature* le résultat général actuel ou les résultats généraux successifs de la combinaison des éléments » (*Interprétation de la Nature, op. cit.*, LVIII). L'influence de Rouelle et de la chimie allemande devait le confirmer dans cette opinion.

5. *Op. cit.*, LI.

ou seulement le « produit de l'organisation » ? Une formule déroutante de l'*Entretien* semble insinuer l'équivalence des deux suppositions [1], mais ce flottement est révélateur des obstacles que rencontre encore dans la seconde moitié du siècle l'édification d'une philosophie pleinement matérialiste. En fait le niveau atteint par la science et la réflexion épistémologique au temps de Diderot ne lui permet de se passer ni de l'une ni de l'autre de ces deux hypothèses ; même si elles sont au fond contradictoires, il a besoin qu'elles soient vraies en même temps. D'une part son matérialisme psycho-physiologique s'appuie sur les rapports que l'expérience révèle entre les progrès de l'organisation et ceux de la conscience : sur ce terrain désormais solide la dette de Diderot à l'égard de La Mettrie est évidente. Mais d'autre part, et à la différence de celui-ci, le directeur de l'*Encyclopédie* comprend très bien que son explication matérialiste de l'univers ne serait pas complète si elle ne se situait dans le temps comme dans l'espace : rendre compte des choses et des êtres tels qu'ils sont actuellement, mais aussi de leur genèse et de leur devenir ; or pas plus que Maupertuis ou Buffon Diderot n'est en mesure d'expliquer l'organisation sans supposer dans les éléments les propriétés du tout.

Cette insuffisance des bases scientifiques de son système n'empêche pas l'auteur des *Pensées sur l'Interprétation de la Nature* de tenter en 1754 le plus vigoureux effort de synthèse qui soit apparu en France depuis qu'était ouverte la crise du mécanisme cartésien. Les conjectures du newtonien sur l'impossibilité physique du chaos [2] rejoignent les spéculations hardies que la lecture du Docteur Baumann inspire au philosophe sur l'existence primitive d'un seul prototype originel de tous les êtres [3] ; cette hypothèse, rejetée par Buffon, lui paraît essentielle au progrès scientifique :

« Car il est évident que la nature n'a pu conserver tant de ressemblances dans les parties, et effectuer tant de variété dans les formes, sans avoir souvent rendu sensible dans un être organisé ce qu'elle a dérobé dans un autre. C'est une femme qui aime à se travestir, et dont les différents déguisements laissent échapper tantôt une partie, tantôt une autre, donnant quelque espérance à ceux qui la suivent avec assiduité de connaître un jour toute sa personne » [4].

---

1. *Op. cit.*, p. 27 « Écoutez-vous et vous aurez pitié de vous-même ; vous sentirez que, pour ne pas admettre une supposition simple qui explique tout, la *sensibilité, propriété générale* de la *matière, ou produit de l'organisation*, vous renoncez au sens commun, et vous précipitez dans un abîme de mystères, de contradictions et d'absurdités ». (C'est nous qui soulignons).

2. Voir ci-dessus, Ch. III, 5.

3. *Op. cit.*, XII. « Quand on voit les métamorphoses successives de l'enveloppe du prototype, quel qu'il ait été, approcher un règne d'un autre règne par des degrés insensibles, et peupler les confins des deux règnes (s'il est permis de se servir du terme de *confins* où il n'y a aucune division réelle) et peupler, dis-je, les confins des deux règnes d'êtres incertains, ambigus, dépouillés en grande partie des formes, des qualités et des fonctions de l'un, et revêtus des formes, des qualités, des fonctions de l'autre, qui ne se sentirait porté à croire qu'il n'y a jamais eu qu'un premier être prototype de tous les êtres ? »

4. *Ibid.*

Variété de la nature, mais aussi universelle analogie qui assure son unité profonde. « C'est ce sens de l'unité qui fait de Diderot un vrai philosophe », écrit excellemment l'un de ses récents commentateurs [1]. Ce sens philosophique éclate dans la promptitude avec laquelle Diderot dégage les implications panthéistes des hypothèses de Maupertuis : rien ne lui est plus étranger que l'idée qu'on puisse se borner à étudier « des collections de phénomènes indépendantes les unes des autres » [2]. Pour lui un assemblage de « molécules sensibles et pensantes » constitue nécessairement une sorte de sensibilité et de pensée collectives. Diderot appuie ses déductions hardies sur l'image banale de la chaîne des êtres, mais celle-ci devient plus précisément chez lui « la chaîne qui *lie* tous les êtres » [3]. On voit bien ici que sa conception de la continuité n'est plus la contiguïté spatiale des différents degrés d'un cosmos hiérarchisé mais l'idée d'un déterminisme universel : déterminisme au demeurant plus biologique que mécanique, semblable à celui qui fait l'unité et la dépendance naturelles des différents organes d'un être vivant; l'univers est assimilable à un « grand animal ». Cette intuition hylozoïste explique peut-être l'hypothèse suggérée par ailleurs d'un « centre de correspondance » des différents phénomènes étudiés par la physique expérimentale : la fonction prêtés à celui-ci dans la nature ne rappellerait-elle pas le rôle privilégié du cerveau dans l'organisation animale [4] ?

Ainsi unifiée et presque personnifiée, la Nature est vraiment capable de rivaliser avec la Divinité. Les précautions liminaires de Diderot dans son adresse au lecteur ne pouvaient guère tromper que les esprits dont l'indulgence lui était d'avance acquise [5]. L'auteur des *Pensées sur l'Interprétation de la Nature* ne partage pas plus les scrupules cartésiens de La Mettrie que son indifférence à la métaphysique : l'animisme universel ou le panthéisme ne l'effraient guère. Mais, en 1754 au moins, il est encore plus éloigné des scrupules religieux de Maupertuis ou de Buffon. Son propos essentiel est désormais d'opposer aux idées chrétiennes, ou à leur pâle succédané déiste, une explication globale, c'est-à-dire nécessairement historique, de l'univers. S'il subsiste dans sa pensée bien des incertitudes, son orientation intellectuelle apparaît alors définitivement fixée. Aussi doit-on voir en lui, dès cette date, le véritable fondateur du néo-naturalisme qui s'épanouira dans le troisième quart du siècle. Ses *Pensées* de 1754 constituent bien un point de départ, pour lui-même comme pour ses amis de la « coterie holbachique ». Mais elles représentent aussi un point

---

1. P. Vernière dans son introduction au *Rêve de d'Alembert*, édition critique, *op. cit.*, p. LVIII.
2. *Pensées sur l'Interprétation de la Nature*, XI : « L'indépendance absolue d'un seul fait est incompatible avec l'idée de tout, et sans l'idée de tout, plus de philosophie ».
3. *Ibid.*, L. C'est nous qui soulignons.
4. *Ibid.*, XXXXV.
5. *Op. cit.*, A.T., t. II, p. 7. « Encore un mot et je te laisse. Aie toujours présent à l'esprit que la *nature* n'est pas *Dieu* ; qu'un *homme* n'est pas une *machine* ; qu'une *hypothèse* n'est pas un *fait* : et sois assuré que tu ne m'auras point compris, partout où tu croiras apercevoir quelque chose de contraire à ces principes ».

d'arrivée, après ses tâtonnements personnels depuis sa lecture de Shaftesbury, et plus encore après un demi-siècle de recherches collectives passionnées. Malgré leur sobriété explosive, il est facile d'y retrouver l'écho
de toutes les controverses que nous avons dû plus ou moins brièvement
évoquer : celle du « spinozisme » sans doute [1], mais aussi celle du dynamisme leibnizien, qui serait peut-être restée un débat académique et
abstrait si elle n'avait interféré avec la querelle de l'attraction newtonienne. Par son importance scientifique et par ses prolongements philosophiques, comme par les enseignements de la chronologie, celle-ci nous
avait semblé le vrai centre nerveux de la période étudiée; mais, à peine
close, elle débouchait déjà, grâce à Maupertuis, sur le problème des origines de la vie et fournissait ainsi des arguments aux rares partisans de
l'épigénèse. De là, à partir de 1745, dix ans de discussions serrées et
d'hypothèses audacieuses qui viennent parachever la déroute du mécanisme cartésien. Grâce à Diderot, le pas est enfin franchi du matérialisme
déiste de Fontenelle au naturalisme athée. Par-delà Descartes et son école
la période suivante va pouvoir renouer avec les mythes naturalistes de la
Renaissance. Non qu'il s'agisse d'une véritable résurrection : on verra
réapparaître au premier plan un courant intellectuel que le cartésianisme
triomphant avait simplement refoulé dans une demi-obscurité; ce n'est
pas un hasard si d'Holbach et ses amis vont bientôt s'employer à éditer
les manuscrits clandestins que lisaient avec une passion inquiète nombre
de leurs aînés. Sans doute ce retour partiel à l'esprit du XVIe siècle aura-
t-il bien des côtés négatifs : l'idée d'une Nature toute puissante et sans
commune mesure avec l'entendement humain laisse en effet l'esprit
critique désarmé devant une crédulité toujours prompte à renaître; il
n'est guère douteux que le regain d'intérêt manifesté à la fin du siècle
pour les sciences occultes, et ceci dans les cercles les plus éclairés, ait
été intimement lié aux progrès du néo-naturalisme [2]. Celui-ci n'en constituait pas moins, entre le matérialisme mécaniste et statique, et le matérialisme historique, une étape dialectique indispensable.

---

1. Cf. P. VERNIÈRE, *Spinoza et la pensée française...op. cit.*, t. II, pp. 555-611.
2. Selon Buffon la « sphère de la nature » est infinie ; « Il faut ne rien voir d'impossible,
s'attendre à tout, et supposer que tout ce qui peut être est... » (*Histoire Naturelle*, t. V,
1755 ; Lanessan, t. VII, p. 572). Saine définition de l'esprit expérimental, mais aussi voie
ouverte à l'imagination. Si tout est possible, quel droit avons-nous à nier l'existence des
Salamandres, des gnomes et des Ondines ? — interrogeait déjà en 1736 la marquis d'Argens : « Avant l'invention des microscopes, on ignorait que le vinaigre contenait une
quantité étonnante de vers ; on niait hardiment qu'il y eût de petits poissons dans l'eau
que nous buvons : et, depuis plusieurs années, on est convaincu de la réalité de l'existence
de tous ces animaux. Or, s'il est un nombre de créatures animées dans l'eau, que nos yeux
ne peuvent apercevoir, pourquoi ne pourra-t-il pas s'en trouver dans l'air, et dans les
autres éléments ? » (*Lettres juives*, CXXI, *op. cit.*, t. IV, p. 13). C'est l'univers du comte
de Gabalis, mais aussi celui de la maçonnerie occultiste de 1760...
Une tradition invérifiable veut précisément que le baron d'Holbach ait compté parmi
les disciples de Martinès de Pasqually, aux côtés de Saint-Martin et de l'alchimiste Du-
chanteau. Vraie ou fausse, l'anecdote illustre à merveille l'ambiguïté de la nouvelle philosophie de la nature dont nous avons voulu retracer la genèse : formule extrême du rationalisme des lumières, ou, au contraire, revanche de l'irrationnel.

CONCLUSION

Du point de vue cosmologique, toute la courbe que suit l'idée de Nature de la mort de Malebranche aux années qui terminent la « jeunesse de Diderot » s'inscrit dans le passage d'un relatif discrédit à une sorte de divinisation. Au départ la Nature-Horloge des déistes et du rationalisme chrétien semble triompher de la Nature-Animal des athées; dans l'idée de loi naturelle la raison et la foi trouvent un équilibre provisoire; « le silence éternel de ces espaces infinis » a cessé d'effrayer la majorité des croyants; rien ne parle plus à la piété des uns, à la sensibilité des autres que cet univers de géomètres. Car l'ensemble des lois physiques ne consti-tue pas un aveugle déterminisme, mais un Ordre : uniformité, intelligi-bilité, simplicité, mais aussi variété et couleurs; comment ne pas s'émer-veiller qu'un monde aussi riche ait été créé avec une telle économie de moyens ? Beauté intellectuelle et beauté sensible : la palette du divin Peintre apparaît d'autant plus prestigieuse que l'on devine la simplicité de sa composition chimique. Ainsi, malgré leur opposition de principe, l'idée d'un cosmos et celle d'un mécanisme géométrique trouvent dans la pratique une conciliation aisée : physique mathématique et sciences naturelles concourent alors à fournir à l'apologétique chrétienne ses arguments les plus efficaces et à l'enthousiasme déiste ses plus valables motifs d'admiration devant « les merveilles de la Nature » : témoins les volumes de l'abbé Pluche ou ceux qu'inspire le théisme newtonien.

Vingt ou trente ans plus tard, et pour longtemps encore, cet édifice rassurant conserve pour bien des esprits un égal attrait : du *Spectacle* à la *Contemplation* ou aux *Harmonies de la Nature* rien peut-être ne change, sinon une information scientifique plus ou moins solide, un accent tantôt plus grave et tantôt plus enjoué, une sensibilité plus ou moins vive et concrète. Rien ne change et pourtant rien n'est semblable : on peut, en isolant ainsi un « courant d'idées », le suivre sur plusieurs générations et donner l'impression d'une trompeuse continuité. Autant dire que de Fénelon et Nieuwentyit à Rousseau ou Ch. Bonnet, puis à Bernardin de Saint-Pierre, et — pourquoi pas ? — de celui-ci à Chateaubriand, il ne s'est pour l'essentiel rien passé de nouveau... Si l'on s'efforce au contraire de retrouver, dans toute sa complexité, la dynamique interne d'une période relativement courte, on découvre sans grande surprise que tel système du monde qui avait encore en 1715 un contenu révolutionnaire est devenu en 1750 étroitement conservateur. C'est la revanche de la Nature-Animal sur la Nature-Horloge. Dans le combat décisif qui s'engage, les compromissions du déisme apparaissent périmées; aux mythes chrétiens ils convient désormais d'opposer d'autres mythes. D'où l'idée-force du naturalisme : diversité mais aussi unité organique, complexité et mystère, surtout inépuisable fécondité. La Nature n'est plus un Ordre, mais une Puissance, qui a en elle-même sa raison d'être; sa nouvelle définition s'oppose presque mot à mot à la précédente, en même temps qu'elle la complète : après l'âge des cosmologies, voici celui des cosmogonies.

Naguère la métaphysique et la théologie s'épuisaient à concilier, parmi les divers attributs de l'Être Suprême, sa Toute-Puissance souveraine et son infinie Sagesse. Lorsque l'idée de la Nature tend au XVIIIe siècle à éclipser celle de la Divinité, on retrouve dans les essais pour la définir les mêmes oscillations : tantôt l'accent est mis sur la régularité de ses lois, tantôt sur ses facultés créatrices. Mais il ne peut s'agir d'une note exclusive : toute la pensée du siècle se situe en fait, avec des nuances diverses, entre ces deux pôles extrêmes. Car le progrès des lumières exige à la fois que tout le réel soit rationnel et que la raison cesse d'assigner d'avance des bornes trop étroites à la réalité; il implique aussi bien la foi en la raison que la conscience de ses limites. Ce qui se cherche obscurément, tout au long du siècle, à travers de multiples tentatives pour circonscrire l'univers et les moyens de le comprendre, pour bâtir une vision du monde cohérente, en même temps qu'une méthode efficace, c'est la définition d'un déterminisme, assez rigide pour donner à l'esprit une prise sur les choses, mais assez souple pour ne pas exclure de la réalité une partie du réel. Cette notion positive d'un déterminisme, d'Holbach essaiera de la dégager de l'idée normative d'un Ordre, mais sans vraiment éviter, bien qu'il s'en défende, de revenir à celle d'une Puissance organique : inversement l'évolution créatrice de la Nature semblera à Buffon être régie par des lois simples et constantes, mais il ne saura pas sauvegarder l'existence de celles-ci sans y voir l'expression de la sagesse divine. Déjà dans la pensée de leurs aînés, Fontenelle, Maupertuis ou Voltaire, s'étaient élaborés, avec des proportions variables, de tels équilibres également instables. Soucieux de définir les tendances dominantes d'une époque, nous avons dû y distinguer et y opposer deux idéologies de la nature; mais il est évident, et nous en avons rencontré chemin faisant de nombreux exemples, qu'au niveau des pensées individuelles toutes les interférences demeurent possibles. Car l'unité du concept de nature n'est pas seulement verbale : quelles que soient la confusion du terme et la multiplicité de ses sens, si souvent dénoncés

par les philosophes classiques ou modernes, l'unicité du mot exprime
très clairement l'unité de son objet : ou plutôt, devant celui-ci, une identité d'attitude. Si sa signification intellectuelle prête à contestation, son
contenu affectif est d'une limpidité immédiate. Le style de nos faiseurs
de « systèmes » en constitue pour nous le plus sûr indice : style bien rarement froid et sec, et qui presque toujours tend à une sorte de lyrisme.
Lorsqu'on voit se substituer la finalité interne de l'animal à la finalité
externe de l'horloge, on passe de la poésie un peu fade et mièvre de
Fontenelle, du style mollement fleuri de Fénelon, à la phrase majestueuse
de Buffon et aux rêveries grandioses de Diderot. Des premiers aux
secondes se décèlent sans doute plus que des nuances de sensibilité ; mais
le sentiment, ardent ou grêle, est toujours présent. L'idée de Nature est
bien plus qu'une notion abstraite : qu'on admire l'ordre rationnel des
choses ou la puissance qu'elles révèlent, on adopte toujours une attitude
affective, impliquée dans l'usage même du mot. Mythologie plutôt que
simple idéologie : qu'elle reste subordonnés à Dieu ou qu'elle s'oppose à
lui, la Nature n'a pas encore perdu le prestige de la Divinité.

DEUXIÈME PARTIE

LA NATURE HUMAINE
ET SES LOIS

INTRODUCTION

La curiosité scientifique du xviiie siècle ne se borne pas aux expériences de physique ou aux observations d'histoire naturelle. On se presse aux leçons publiques de l'abbé Nollet, on se passionne pour les systèmes du monde que des esprits audacieux bâtissent sur une coquille pétrifiée, accrochent aux bras d'un polype ou aux ailes d'un papillon. Mais les grands succès de librairie sont les récits de voyages, authentiques ou imaginaires : après les Turcs et les Persans, voici les Indiens d'Amérique, les Chinois, les Polynésiens, les Esquimaux, les Patagons. Peuplades primitives, pays de vieille civilisation dont le prestige tout neuf rivalise désormais avec celui du monde gréco-latin. Leur irruption dans la littérature européenne ne pouvait être sans conséquence sur l'histoire des idées. Le xviiie siècle découvre avec émerveillement ce que les époques antérieures avaient pressenti : l'incroyable diversité des mœurs et des coutumes, des genres de vie ou des formes de pensée. Ainsi le monde moral n'est pas moins riche et varié que le monde physique : cette révélation enchante les amateurs d'exotisme et de pittoresque; elle stimule les « philosophes » dans leur hostilité au dogmatisme de la théologie, elle prouve enfin qu'au même titre que les espèces botaniques ou animales, l'espèce humaine peut devenir objet de science.

L'Homme ou des hommes ? Peut-on croire encore à l'unité de la nature humaine, quand s'accumulent ainsi les preuves de sa diversité ? Et surtout quand la philosophie confirme les leçons de l'ethnologie ? Le siècle des lumières fait profession d'empirisme : si toutes les idées de l'homme lui viennent de ses sens, on conçoit qu'il subisse passivement les influences du milieu : milieu « moral » des traditions et des coutumes, milieu physique du climat et du paysage. Autant d'ensembles historico-géographiques, autant de races et de civilisations, autant de formes d'humanité.

Pourtant l'homme dont Condillac sculpte minutieusement la statue n'est pas Français, Huron ou Taïtien : c'est l'« homme de la Nature ». Nature idéale et abstraite, dont le « bon sauvage » lui-même ne représente qu'une image infidèle. Par une étrange aberration, ce siècle qui a le culte des faits, et qui en rassemble une ample moisson, n'a cessé de poursuivre, à travers le temps et l'espace concrets des hommes vivants, le fantôme de l'homme universel. Routine de pensée ? Tradition de l'humanisme classique qui se survit à lui-même. Préjugé tenace qui voit dans tous les peuples de la terre les descendants multiples du couple originel ? Toutes ces raisons, sans doute, ont pu jouer, mais elles n'expliquent pas l'essentiel. Car le siècle des lumières a besoin de croire à la nature humaine. Dans le combat que livrent les « philosophes » l'idée de nature est leur arme la plus efficace, à la fois contre la tyrannie du surnaturel et contre l'artifice de certaines conventions sociales. Bien avant 1750 une nouvelle philosophie morale commence à se dessiner : optimiste et libérale, elle affecte de faire confiance à l'homme, proclame qu'il suffit à celui-ci de développer sans contrainte extérieure les virtualités de sa nature pour être à même de goûter le beau, de connaître et pratiquer la vertu, de mériter — si elle existe — la vie éternelle, et de jouir ici-bas des bienfaits de la vie sociale. Destin limpide et sans pièges, qui se résume d'un mot : le bonheur.

Comme la diversité pittoresque du monde physique, la richesse bigarrée du monde moral est ainsi sous-tendue par un ordre aisément intelligible. A l'instar de l'univers matériel, régi par des lois simples et immuables, la nature humaine a ses propres lois : lois déterminantes, mais qui sont aussi des lois de perfection, puisque l'homme n'a pas d'autre fin que l'accomplissement de sa nature. Cette ambiguïté de la notion de loi naturelle accuse le caractère normatif de l'idée de nature; à en croire les philosophes, l'homme est spontanément ce qu'il doit être. Si leur analyse des « lois de la nature » se bornait à étudier le déterminisme des instincts, sans se soucier de les justifier en droit, ils n'atteindraient pas leur but essentiel qui est de rejeter à jamais dans la nuit obscure « des temps gothiques » les vieux interdits de la morale théologique.

Mais cette confusion nécessaire du fait et du droit n'est pas sans conséquence pour le succès de leur entreprise. De même que le rationalisme scientifique du demi-siècle se heurte au problème des « monstres » et se révèle trop étroit pour embrasser la totalité du réel, l'optimisme moral dont s'inspire ce nouvel humanisme apparaît singulièrement étriqué. Pour libérer l'homme des malédictions qui pesaient sur lui, le XVIIIe siècle est contraint de substituer à la nature empirique une nature reconstruite selon les exigences de sa raison : nature intemporelle et figée, étrangère au devenir historique, nature sans vie. Étudier ce que représente l'idée de nature humaine pour les contemporains de Fontenelle et de Montesquieu, dans les différents domaines où elle s'applique — esthétique, morale, religion, politique, art de vivre, — c'est retrouver partout les aspects changeants d'une même contradiction.

Chapitre V

NATURE ET BEAUTÉ

1. — Géométrie et Sentiment.
2. — A la recherche de la « belle nature » : l'exemple des Anciens.
3. — « Belle nature » ou « vraie nature » ?

Chapitre V

NATURE ET BEAUTÉ

En 1715 la longue querelle des Anciens et des Modernes approche de son dénouement. Ranimée deux ans plus tôt par la dispute sur Homère, elle va bientôt se clore par la réconciliation du courtois La Motte et de la belliqueuse Mme Dacier. Contemporaine de cet événement mémorable, la publication posthume de la *Lettre sur les occupations de l'Académie française,* que Fénelon avait écrite en 1714, apparaît comme l'annonce d'un classicisme rénové, capable d'adapter aux mœurs et aux besoins du siècle les règles et les modèles hérités de l'Antique. Tel est le souple programme que l'auteur du *Télémaque* propose à ses contemporains : rivaliser avec les Anciens, sans crainte superstitieuse ni jalousie mesquine, et — si possible — les dépasser, mais en s'inspirant de leur exemple [1]. Car leur mérite ne tient pas à leur antiquité, mais à la vérité de leur art : « Il faut observer le vrai et peindre d'après nature », rappelle encore Fénelon [2]. L'accord des deux partis pouvait se conclure aisément autour de ce principe. Invités à reconnaître que les défauts d'Homère sont la rançon de sa fidélité aux mœurs et aux croyances de son époque, les modernes acceptent sans difficulté de faire à leurs adversaires une concession où ils trouvent eux-mêmes leur avantage ; si Homère a eu raison d'être de son temps, on ne peut plus leur reprocher de vouloir être du leur; et, dans sa correspondance avec Fénelon, La Motte s'affirme satisfait, pour l'essentiel, de la conclusion ainsi donnée au débat [3].

---

1. *Lettre sur les occupations de l'Académie française,* Seconde partie, *Sur les Anciens et les Modernes.*
2. Fénelon, à la Motte, 22 novembre 1714 (*Œuvres de Fénelon,* Paris, Lefèvre-Pourrat, 1838, t. IV, p. 561).
3. La Motte, à Fénelon, 13 décembre 1714 (*ibid.,* p. 562).

L'enseignement le plus apparent de la querelle est donc une leçon de relativisme. Le goût est affaire de civilisation et varie dans le temps comme dans l'espace. Fortes de cette découverte, les nouvelles générations seront mieux préparées que leurs devancières à comprendre les œuvres du passé et les littératures étrangères. La notion de la relativité du goût débouche sur le cosmopolitisme artistique et littéraire et annonce, à plus longue échéance, nos études de littérature comparée. Mais il faut beaucoup forcer les textes pour prêter aux hommes de 1715 de tels pressentiments. Dans la même page où Fénelon essaie de tenir la balance égale entre les Anciens et les Modernes ses préférences personnelles s'expriment sans détours : les seconds, dit-il, ont sans doute plus d'élégance et d'ingéniosité, mais c'est du côté des premiers qu'il faut chercher la « vraie raison » et la « simple nature »[1]. Inversement Fontenelle ou La Motte tirent trop d'orgueil des conquêtes intellectuelles du XVIIe siècle pour se plier, dans le domaine de l'art, au principe d'autorité. « L'esprit géométrique, dira fièrement La Motte, vaut bien l'esprit commentateur[2]. » Ainsi le compromis passé entre les champions des deux partis est gros de nouvelles controverses. La phase bruyante de la querelle s'achève, mais les zélateurs de la « nature naïve » n'ont pas fini de protester contre le rationalisme abstrait des « géomètres ». Chacun admet que l'art doit *imiter la nature,* mais pour être traditionnelle la formule n'est pas plus limpide. Qu'est-ce, en effet, que cette *nature* qu'il convient d'imiter ? Quel sens donner à cette *imitation* ? L'unité d'un langage convenu ne parvient pas à masquer la grande diversité des réponses faites à ces deux questions. D'où l'extrême confusion d'un demi-siècle où s'opposent « rationaux » et « âmes sensibles », défenseurs du « bon goût » et laudateurs enthousiastes du « génie », dogmatiques et empiristes, novateurs et traditionalistes.

Par delà ces divisions que viennent encore compliquer le jeu des interférences, les nuances multiples et, souvent, les incohérences des prises de position individuelles, le décalage qui apparaît fréquemment entre les proclamations abstraites des théoriciens et la réalité vivante des œuvres, par-delà même le conflit des générations et la succession chronologique des systèmes, il est cependant possible de distinguer deux tendances principales. Certains devinent, au moins confusément, que tout le réel peut devenir matière d'art; cette définition libérale de la « nature » conduirait à un renouvellement réaliste des lettres et des arts si elle n'était trop souvent viciée par l'erreur naïve qui fait de l'imitation artistique la plate copie des choses; longtemps hésitante, elle ne s'affirmera nettement que dans le troisième quart du siècle; mais son échec est

---

1. *Lettre à l'Académie, loc. cit.*
2. LA MOTTE, *Réflexions sur la Critique,* (*Œuvres*, t. III, p. 13).

prévisible dès ses premiers tâtonnements qui laissent pressentir où elle aboutira : non à un véritable réalisme, mais au naturalisme déclamatoire du drame bourgeois. Dans d'autres textes critiques ou doctrinaux, qui sont de loin les plus nombreux, le juste sentiment de ce que doit être la transposition artistique du réel est mis au service des interdits du « bon goût » et des préjugés esthétiques de la haute société. S'il cède plus souvent qu'il ne l'avoue au démon de la nouveauté, le demi-siècle préfère, dans l'ensemble, aux aléas de la découverte les certitudes rassurantes de l'académisme. Plus apte à codifier les idées reçues qu'à en concevoir de nouvelles, il prétend définir les lois objectives du beau, montrer qu'elles s'accordent avec les besoins de la nature humaine comme avec la réalité profonde des choses : mais son attachement au vrai s'accommode sans difficulté majeure des normes étriquées et mensongères de la « belle nature ». Contradiction lourde de conséquences et qui laisse présager que, sur des problèmes plus importants pour eux que celui-ci, les philosophes auront parfois des audaces bien timides.

1. — *Géométrie et Sentiment*

Héritière des Modernes, la génération de 1720 prend pour maîtres
Fontenelle et La Motte mais continue à se réclamer, comme La Bruyère
ou Boileau, de la *nature* et de la *raison*. En fait son rationalisme a un tout
autre caractère que celui de l'*Art Poétique*. L'influence de la philosophie
cartésienne sur l'idéal classique a parfois été surestimée[1] : en réalité la
raison que prône Boileau n'est pas la raison déductive et abstraite de
Descartes ; formellement, elle doit plus à Aristote et à sa méthode classi-
ficatrice qui distribue les données de l'expérience en genres et en espèces
nettement distincts ; pratiquement, la raison classique se confond avec
le « bon sens » des « honnêtes gens ». D'où un réalisme solide mais étroitement limité, qui refuse les cas exceptionnels et extraordinaires et s'attache au vraisemblable plus qu'au vrai. Le naturel de l'œuvre d'art n'est
pas, pour les amis ou les disciples de Boileau, la simple reproduction
du réel ; il suppose une transposition de la réalité, qui tienne compte à
la fois des nécessités internes de l'ouvrage et des exigences du public.
La grande règle est de plaire, répète-t-on à l'envi ; mais pour gagner la
faveur d'un public raisonnable et raffiné, il convient de respecter les
« bienséances ». On sait la place que tient cette notion complexe dans la
doctrine classique[2] ; elle résume toute l'ambiguïté du rationalisme de la
génération de 1660 : respect de la vérité, souci de la cohérence et de
l'unité des œuvres, mais aussi fidélité aux règles de l'honnêteté mondaine.
Même cruelle, la vérité de l'observation va de pair avec la recherche
d'une forme « agréable ». Dans les tragédies de Racine la « violence des
passions » est d'autant plus sensible qu'elle s'exprime dans un langage
châtié. Le naturel du style racinien est fait d'abord de simplicité et de
clarté, et il exclut, en particulier, le galimatias pompeux auquel Corneille
n'échappait pas toujours ; mais cette simplicité n'est jamais prosaïque
ni, à plus forte raison, triviale ; il ne viendrait à l'idée de personne de
comparer la clarté d'un vers de Racine à la nudité abstraite d'un théorème de géométrie. Pour être un bon écrivain, explique de même le
P. Bouhours, il ne suffit pas de penser juste et de savoir exprimer sobrement sa pensée, il faut encore lui donner un « je ne sais quoi » qui la
rende agréable aux gens de goût : élégance d'un vocabulaire choisi, grâce

---

1. Cf. LANSON, *L'influence de la philosophie cartésienne sur la littérature française,*
R.M.M., juillet 1896 et CASSIRER, *op. cit.*, Ch. VII.

2. Cf. R. BRAY, *La formation de la doctrine classique en France*, Paris, 1927.

ou noblesse des images, harmonie discrète du vers, tels sont les « ornements » qui font, au gré de la Cour et de la Ville, l'intérêt et le charme d'une œuvre d'art[1].

L'exemple de Racine prouve qu'il n'était pas impossible de faire œuvre originale sans enfreindre les préceptes et les interdits de ce formalisme esthétique et mondain. Mais chez des artistes d'une personnalité moins forte le désir de « plaire » devait fatalement étouffer la tendance classique au réalisme. Lorsqu'il ne se dégrade pas en préciosité pour aboutir au badinage aimable des genres mineurs et de la poésie de ruelles le goût des ornements se guinde en une pompe majestueuse. On a dit justement que l'art classique tendait ainsi à être essentiellement un art décoratif, voué à l'exaltation du siècle de Louis-le-Grand[2]. Ce sont alors les allégories froidement grandiloquentes de Le Brun, et les tableaux d'histoire qui célèbrent les victoires du nouvel Alexandre. Le goût du vrai cède le pas à un idéal de noblesse conventionnelle; on ne demande plus à l'artiste de peindre la nature, mais de représenter la « belle nature ». Si l'expression est ancienne, elle semble surtout répandue au XVIIe siècle dans le langage des peintres; ainsi dans le poème latin de Dufresnoy, *De arte graphica*, que Roger de Piles traduira en français :
« Sed juxta antiquos naturam imitabere pulchram »[3].
Grand admirateur de Le Brun et du château de Versailles, Charles Perrault se fait l'interprète de cet état d'esprit en opposant la noblesse de l'art français à la grossièreté des peintres flamands; c'est, dit-il, « un talent peu envié » que de savoir imiter, comme ils le font, la « pure nature », c'est-à-dire la réalité la plus vulgaire :

« La plus grande difficulté ne consiste pas à bien représenter des objets, mais à représenter de beaux objets, et par les endroits où ils sont les plus beaux. Je vais encore plus loin, et je dis que ce n'est pas assez au peintre d'imiter *la plus belle nature* telle que les yeux la voient, il faut qu'il aille au-delà, et qu'il tâche à attraper l'idée du beau, à laquelle non seulement la pure nature, mais la belle nature même ne sont jamais arrivées; c'est d'après cette idée qu'il faut qu'il travaille, et qu'il ne se serve de la nature que pour y parvenir... »[4].

---

1. BOUHOURS, *Entretiens d'Ariste et d'Eugène*, 1671 ; *Manière de bien penser dans les ouvrages de l'esprit*, 1687. Pascal avait déjà défini l'art « d'agréer » comme celui d'adapter le discours à la personnalité des auditeurs : « Il y a un certain modèle d'agrément et de beauté qui consiste en un certain rapport entre notre nature, faible ou forte, telle qu'elle est, et la chose qui nous plaît... » (*Pensées*, édit. Br., *op. cit.*, I, 32). Entendons que notre nature, étant *à la fois* faible et forte, demande autre chose que la vérité nue et sans ornements. Toute la difficulté de l'art consiste à trouver ceux qui lui conviennent. C'est l'idée que développe aussi Nicole : « Afin qu'une chose soit trouvée belle, il ne suffit pas qu'elle convienne à la nature de la chose même ; mais (...) il est nécessaire aussi qu'elle s'accorde avec la nature de l'homme ». (*Traité de la beauté des ouvrages de l'esprit*, trad. française, 1689,Ch. I, p. 4 — Texte cité par SOREIL, *Introduction à l'histoire de l'esthétique française*, Bruxelles, 1930, pp. 56-57).
2. Cf. NAVES, *Le goût de Voltaire*, 1939, notamment Première partie, Ch. IV. Le poème de PERRAULT, *Le siècle de Louis le Grand*, qui marque le début de la querelle des Anciens et des Modernes est de 1687.
3. Cf. SOREIL, *op. cit.*, p. 24. Le texte est de 1668.
4. Ch. PERRAULT, *Parallèle des Anciens et des Modernes*, t. III, p. 220 (texte cité par SOREIL, *op. cit.*, p. 68).

Ainsi apparaît une notion qui va tyranniser le goût du XVIIIᵉ siècle, jusqu'à Chénier inclus, et dont les premiers romantiques, tel Chateaubriand, ne parviendront que très imparfaitement à secouer le joug. Perrault raffine ici sur l'idéalisme, puisqu'il ne demande pas seulement à l'artiste de faire un choix dans la réalité, mais d'aller « au-delà » de la « belle nature » elle-même, pour s'approcher le plus possible du beau idéal que l'esprit conçoit, mais dont l'expérience sensible ne donne jamais, au mieux, qu'une expression approximative. Boileau était beaucoup moins exigeant, et lorsqu'il conseillait d'embellir la nature, il n'excluait de cet embellissement aucun aspect du réel, ni le délire d'Oreste parricide, ni le visage sanglant d'Œdipe :

> « Il n'est point de serpent ni de monstre odieux
> Qui, par l'art imité, ne puisse plaire aux yeux :
>   D'un pinceau délicat l'artifice agréable
> Du plus affreux objet fait un objet aimable » [1].

Bien que Boileau ait raillé, dans l'*Arrêt burlesque*, la tyrannie de l'enseignement scolastique et pris la défense des « nouveaux philosophes », sa doctrine artistique est un réalisme aristotélicien, accommodé aux goûts et aux préjugés de la bonne société. Avec Perrault Platon l'emporte sur Aristote, et le « beau idéal » sur l'observation fidèle de la réalité. Ce retour à l'idéalisme platonicien prolonge, sur le plan des lettres et des arts, la révolution scientifique du début du siècle. Comme son frère Claude, Charles Perrault est un partisan enthousiaste de la physique nouvelle. Il est difficile de voir une simple coïncidence dans le fait qu'il devient le chef de file des Modernes. L'idéalisme esthétique apparaît au moment où la science mécaniste, définitivement formée, se dispose à engager son dernier combat contre la science qualitative des péripatéticiens. De même que la physique cartésienne dévalue les qualités sensibles des corps au profit de leur substrat intelligible, de même l'esthétique des Modernes se détourne du réalisme classique pour s'attacher à une Idée platonicienne de la beauté parfaite.

Dans l'esprit de Perrault cette conception idéaliste de l'art devait permettre d'atteindre une vérité plus profonde, l'essence des choses et non leurs apparences superficielles. Peut-être cette haute ambition aurait-elle conduit, si elle s'était au moins partiellement traduite dans les œuvres, non à une pure et simple négation de l'art, comme on le dit souvent, mais à un art révolutionnaire. Représenter les objets, non comme on les voit, mais comme on les connaît, donner le pas à la connaissance intellectuelle sur les données concrètes du vécu, c'est la définition du cubisme. Lorsque la science enseigne au peintre que la structure du monde est

---

1. *Art Poétique*, III, v. 1-4. Sur la portée de ces vers, cf. R. BRAY, *op. cit.*, pp. 152-153.

mathématique, comment hésiterait-il à délaisser les aspects anecdotiques du réel pour donner à la construction de son tableau une rigueur toute géométrique ? C'est au nom de la vérité qu'au début du xxe siècle les maîtres de la peinture abstraite rejetteront les jeux futiles de l'impressionnisme [1]. Mais il suffit d'évoquer les sarcasmes que le public cultivé décoche fréquemment, aujourd'hui encore, à l'art abstrait pour comprendre qu'à la fin du xviie siècle l'idéalisme des Modernes n'avait aucune chance de se développer dans cette direction. Comme les Anciens, les Modernes veulent « plaire », et ils prétendent même y parvenir plus efficacement. Or, de toute évidence, un art géométrique est plus stimulant pour l'esprit qu'immédiatement « agréable ». Les « Modernes » des dernières années du Grand Siècle, les « Géomètres » de la Régence demeurent prisonniers d'un public étroit dont ils ne peuvent faire autrement que partager et suivre les goûts. Par rapport à la génération de 1660 ce n'est certainement pas une absolue nouveauté, et les « honnêtes gens » n'avaient jamais formé un cercle très large ; mais le monarque tout-puissant avait trop conscience de son rôle national pour se plier, en matière d'art, aux caprices des petits marquis. Il n'en est plus tout à fait de même dans les dernières années du règne de Louis XIV, qui en sont aussi la période la plus sombre, et où se prépare la réaction aristocratique de 1715 ; l'affaiblissement politique de la monarchie enlève à Versailles sa suprématie spirituelle et distend les rapports de la Cour et de la Ville ; de plus en plus la protection accordée aux écrivains et aux artistes par de grands seigneurs ou de riches financiers concurrence le mécénat royal ; bientôt le centre de la vie littéraire et mondaine se déplacera à Sceaux, et s'établira, plus durablement, dans les salons et les cafés parisiens. Ainsi l'évolution sociale limite de deux manières les velléités de renouvellement des lettres et des arts, puisque les auteurs sont de plus en plus dépendants d'un public lui-même de plus en plus frivole.

L'équilibre classique reposait sur un compromis entre l'attachement au vrai et le désir de plaire aux honnêtes gens. Les partisans de Perrault ou de Fontenelle ressentent aussi vivement cette double exigence. Mais alors que le public épicurien auquel leurs œuvres sont destinées relègue l'art au rang d'un décor agréable ou d'un jeu de société, leur rationalisme devient trop abstrait pour les prémunir contre les séductions de l'esprit mondain ou les mensonges du « bon goût ». Sans doute ne sont-ils pas les seuls à se réclamer alors de la « belle nature » ; et il y a au moins autant d'artifice dans l'attitude des « Anciens » qui prétendent découvrir dans les œuvres de l'antiquité gréco-romaine les règles immuables du Beau.

---

1. Voir par exemple ce texte de Paul Klee, cité par Maurice Raynal (*Peinture moderne*, Skira, Genève, 1958, p. 233) : « Jadis, nous présentions les choses visibles sur la terre, celles que nous avions plaisir à voir. Maintenant, nous révélons la réalité des choses visibles ; par suite nous exprimons la croyance que la réalité sensible n'est qu'un phénomène isolé, débordé de façon latente par les autres réalités... »

Certaines pages du *Télémaque* l'emportent en fadeur et en mièvrerie sur les *Églogues* de La Motte; et l'on peut légitimement s'inquiéter du rôle tenu à Salente par ces « maîtres d'un goût exquis », que Mentor charge d'y contrôler la peinture et la sculpture [1] : à tout prendre, l'académisme est peut-être encore plus funeste au développement de l'art que la tyrannie d'un public vivant, même le plus étroit et le plus superficiel. Mais tout n'est pas factice et conventionnel dans le culte que les « Anciens » vouent à la sobriété grecque. L'hellénisme de Fénelon n'a pas l'érudition enthousiaste de Ronsard ni la précision artistique de Chénier : un sens très sûr des formes et des cadences harmonieuses s'exprime cependant dans la prose molle et fleurie, les descriptions un peu fades de son roman. En dépit de l'admiration de Perrault pour les pompes de Versailles, les Modernes délaisseront vite eux aussi la grandeur compassée du style Louis XIV [2]; ils sauront apprécier et parfois imiter, dans les négligences étudiées du *Télémaque,* les effusions d'une âme vertueuse, une sensualité discrète, l'élégance sans apprêt d'une simplicité touchante. Dans leur fidélité aux normes de la « belle nature » ils approcheront parfois le « beau simple, aimable et commode » recommandé par l'auteur de la *Lettre à l'Académie* [3], mais ils éviteront rarement les recherches trop cérébrales de la préciosité mondaine et les pointes du bel esprit.

Faute de pouvoir contredire sérieusement les goûts épicuriens de la haute société, les « géomètres » du XVIIIe siècle multiplient les déclarations fracassantes et les professions de foi paradoxales. Charles Perrault disait accorder plus de prix à la clarté de l'évidence rationnelle et au déroulement logique de la pensée qu'à tous les « ornements » superflus

---

1. *Les aventures de Télémaque*, X (édit. A. Cahen, Paris, Hachette, 1922, p. 270).
2. Fénelon déteste Versailles pour des raisons politiques, morales et esthétiques. Dans le livre premier du *Télémaque*, la description de la grotte de Calypso, où l'on ne voit « ni or, ni argent, ni marbre, ni colonnes, ni tableaux, ni statues » (*op. cit.*, pp. 11-15) est une réplique à la grotte de Thétys, aménagée dans le parc du château. Et les « beautés naturelles » de la campagne environnante, que Calypso fait admirer à son hôte, s'opposent à la correction apprêtée des jardins à la française.
3. *Op. cit.*, Deuxième partie, V, *Projet de poétique*. Cf. *Ibid.* : « Les anciens ne se sont pas contentés de peindre simplement d'après nature, ils ont joint la passion à la vérité ». L'idéal artistique de Fénelon n'est pas sans analogie avec celui du peintre Antoine Coypel qui admire la grâce de Corrège, le coloris du Titien, la maîtrise d'Annibal Carrache dans l'art du dessin, la grandeur majestueuse de Michel-Ange, mais vante surtout la parfait *naturel* de Raphaël :

> « Par les charmes touchants des simples vérités,
> Il s'élevait toujours aux sublimes beautés »

et donne à son fils ce conseil :

> « Imitez la nature et sachez faire un choix ;
> Tâcher de joindre ensemble et le grand et l'aimable,
> Le tendre, le naïf, le fort et l'agréable ».

(*Épître en vers d'un père à son fils sur la peinture*, Paris, J. Estienne, 1708).

dont abuse la mauvaise rhétorique [1]. Ses continuateurs égalent volontiers la beauté d'un théorème de géométrie à celle d'une tragédie de Racine ou d'un tableau de Raphaël. En 1715 Crousaz consacre précisément un important chapitre de son *Traité du Beau* à la « beauté des sciences ». Aux belles classifications de la botanique, aux sublimes tableaux de l'astronomie il préfère encore la sûreté lumineuse des mathématiques ; il admire Newton, moins pour la vérité d'un système qui est peut-être imaginaire, que pour la simplicité grandiose de la loi de gravitation [2] ; et si les deux cinquièmes d'un livre qu'il place sous l'autorité de Platon [3] sont occupés par un long développement sur la musique, ce n'est pas que l'auteur soit particulièrement mélomane, mais c'est à cause du caractère mathématique de la théorie musicale [4]. Dans sa recherche d'une Poétique fondée sur la raison, l'abbé Terrasson tend de même à identifier le *naturel* du style avec l'expression claire et logique des idées [5]. Selon Marivaux, auteur d'une *Iliade en vers burlesques* [6], le style n'a pas de réalité propre : il n'est que la « figure exacte » de la pensée, et les seules qualités qu'on puisse exiger de lui sont la justesse, la clarté et la concision [7]. Déjà le Persan de Montesquieu avait plaisamment opposé le langage limpide des savants occidentaux au « style figuré » et aux allégories obscures du Coran [8]. Fontenelle n'est pas moins défiant envers les ornements mythologiques dont les poètes anciens et modernes font un usage excessif : aux « images fabuleuses » de la mythologie, il avoue préférer le langage de la « simple nature » ; la présence d'un dieu n'ajoute rien, selon lui, à l'émotion qui se dégage d'un tableau dramatique et réaliste :

« Je lis une tempête décrite en très beaux vers ; il n'y manque rien de tout ce qu'ont pu voir, de tout ce qu'ont pu ressentir ceux qui l'ont essuyée ; mais il y manque Neptune en courroux avec son trident. En bonne foi, m'aviserai-je de le regretter, ou aurais-je tort de ne pas m'en aviser ? Qu'eût il fait là de plus que ce que j'ai vu ? Je le défie de lever les eaux plus haut qu'elles ne l'ont été, de répandre plus d'horreur dans ce malheureux vaisseau, et ainsi de tout le reste ; la réalité seule a tout épuisé » [9].

Dans cette irrévérence à l'égard du surnaturel on retrouve les tendances philosophiques de l'auteur de la *Pluralité des Mondes* pour qui le seul merveilleux authentique est celui de la science. Mais son réalisme

---

1. *Parallèles, op. cit.*, t. I, p. 59 ; t. II, pp. 79-80, etc.
2. Crousaz, *Traité du Beau*, Amsterdam, 1715, Ch. VIII, pp. 112-113.
3. *Ibid.*, p. 101.
4. *Ibid.*, Ch. XI, pp. 171-302.
5. J. Terrasson, *Dissertation critique sur l'Iliade d'Homère, où à l'occasion de ce poème, on cherche les règles d'une Poétique fondée sur la raison et sur les exemples des anciens et des modernes*, 1715.
6. Marivaux, *Homère travesti, ou l'Iliade en vers burlesques*, 1716.
7. *Le Cabinet du Philosophe*, 1734, Sixième feuille.
8. *Lettres Persanes*, 97, *loc. cit.*
9. Fontenelle, *Sur la poésie en général, Œuvres, op. cit.*, t. III p. 40 sq. La première édition de cet essai, écrit pour défendre La Motte (Cf. *Avertissement*) date de 1752, in *Œuvres de M. de Fontenelle*, Paris, 1751-52, t. VIII.

demeure aussi abstrait que la physique cartésienne ; Fontenelle précise
aussitôt que si les « images réelles » l'emportent sur celles qui ne parlent
qu'à l'imagination, il convient d'en distinguer deux sortes : les « images
matérielles » qui s'adressent aux yeux, et les « images spirituelles » qui
parlent à l'esprit. Or les secondes lui semblent présenter un grand avantage sur les premières : « le champ de la pensée, remarque-t-il en effet,
est sans comparaison plus vaste que celui de la vue. On a tout vu depuis
longtemps; il s'en faut bien que l'on ait encore tout pensé » [1]. Une heureuse alliance de mots abstraits aura donc plus de valeur poétique qu'une
évocation pleine de couleur et de pittoresque : et Fontenelle voit en ce
genre dans la formule de La Motte sur les flatteurs, « idolâtres tyrans des
rois », un modèle de réussite. D'où cette conclusion hardie : « L'on pourrait légitimement croire qu'un ouvrage de poésie qui aurait moins
d'images que de pensées n'en serait que plus digne de louanges» [2].

La prédilection que les « géomètres » affichent pour une forme nue
et dépouillée, qui doive tout son brillant à l'éclat intellectuel des idées,
inspire le mépris qu'ils affectent souvent à l'égard des contraintes poétiques. « La prose est constamment le langage naturel, et la poésie n'en
est qu'un artificiel» [3]. L'auteur de ce jugement catégorique s'était déjà
montré surpris, dans l'*Histoire des Oracles*, qu'aux origines de la littérature
universelle les vers eussent devancé la prose [4]. Ses admirateurs se plaisent
à développer le même thème, en accablant, de leur ironie ces malheureux
poètes dont le métier, comme dit Rica, est de mettre des entraves au bon
sens » [5]. La Motte va plus loin encore puisqu'il ne se borne pas à affirmer
des principes : suivant l'exemple de Fénelon qui avait imprudemment
décerné le nom de « poème » à son *Télémaque* [6], il revendique dans une ode
en prose les droits de la *libre éloquence*, et transcrit en langage « naturel »
une ode de La Faye [7]; enfin, suprême audace, il invoque la vraisemblance
et la « nature » pour proscrire l'emploi du vers dans le théâtre tragique, et
n'hésite pas à donner une version en prose de sa propre tragédie d'*Œdipe* [8].

---

1. *Ibid.*, p. 43.
2. *Ibid.*
3. *Ibid.*, p. 36.
4. *Histoire des oracles, op. cit.*, II, 5, p. 183. « Il est assez surprenant que la Prose
n'ait fait que succéder aux vers, et qu'on ne se soit pas avisé d'écrire d'abord dans le langage le plus naturel ». Fontenelle explique ce paradoxe par l'utilité mnémotechnique des
vers.
5. *Lettres Persanes*, 137. Cf. aussi Pons (abbé de), *Œuvres*, 1738, pp. 135-145.
6. « Pour le Télémaque, écrit Fénelon au P. Le Tellier, c'est une narration fabuleuse
en forme de poème héroïque comme ceux d'Homère et de Virgile... » (*Fragment d'une lettre
au P. Le Tellier*, 1710, *Œuvres, op. cit.*, t. V, p. 588). Dans la *Lettre à l'Académie* (*op. cit.*,
Seconde partie, V) Fénelon souhaite qu'on assouplisse au moins la tyrannie de la rime :
« En relâchant un peu sur la rime, explique-t-il, on rendrait la raison plus parfaite ; on
viserait avec plus de facilité au beau, au grand, au simple, au facile... »
7. LA MOTTE, *La libre éloquence, ode en prose, à S.E. Monseigneur le Cardinal de
Fleury, Œuvres*, t. II, p. 530 sq. Voir dans la même volume l'*Ode de M. de la Faye mise en
prose*.
8. *Ibid.*, t. IV, *Quatrième discours sur la tragédie*, p. 392 ; et *Suite des réflexions
sur la tragédie*, p. 423 sq.

Il s'en faut pourtant de beaucoup que les œuvres littéraires de l'époque poussent toujours aussi loin la volonté de rigueur rationnelle. Dans la pratique la conception géométrique du *naturel* admet bien des assouplissements. Fontenelle espère en l'avènement des poètes philosophes, et il prédit le temps où la poésie, enfin raisonnable, renoncera à tous les « agréables fantômes » de ses ornements traditionnels [1]. Mais jusque dans ses œuvres les plus sérieuses, il ne se prive pas de faire des concessions fréquentes à la frivolité mondaine. Ce géomètre est aussi un « bel esprit » et le secrétaire de l'Académie Royale des Sciences ne laisse jamais oublier tout à fait le Cydias dont La Bruyère s'était moqué [2]. C'est en grande partie sous son influence, et à l'imitation de ses *Mondes*, qu'au début du xviiie siècle la littérature de vulgarisation scientifique s'attache à « plaire » par ses grâces fleuries au lieu de se borner à vouloir instruire [3]; lorsqu'on voit la « nouvelle physique » emprunter le style convenu de l'églogue, on s'étonne moins de l'artifice qui règne alors dans les œuvres littéraires. Défenseurs du style « naturel », les géomètres se complaisent dans la littérature la plus factice : le triomphe de l'esprit cartésien, c'est la poésie de salon, ou le genre pastoral. Le goût des idées pures et d'une concision stimulante pour l'esprit sert d'alibi aux divertissements raffinés de la littérature mondaine. Dans son *Discours sur l'Églogue*, La Motte soutient que le langage du poète bucolique doit être aussi subtil que les sentiments prêtés à ses personnages [4]. Et Marivaux, souvent taxé de préciosité, invoque habilement sa définition géométrique du naturel pour justifier le raffinement de son style dramatique. « Courir après l'esprit, et n'être point naturel, voilà les reproches à la mode », constate le *Spectateur francais* [5] ; mais cette critique lui paraît venir d'un malentendu. Marivaux admet que l'on discute le fond de ses ouvrages, non qu'on se borne à en attaquer la forme : « Si l'idée de l'auteur est juste, que trouvez-vous à redire au signe dont il se sert pour exprimer cette idée ? » [6]. Les critiques et le public confondent trop souvent le naturel et la banalité : « Il y a bien des ouvrages qui ne subsistent que par le défaut d'esprit, et leur platitude fait croire à certains lecteurs qu'ils sont écrits d'une manière naturelle » [7]. Le vrai naturel, pense au contraire Marivaux, c'est le style personnel, où s'exprime l'originalité de chaque écrivain :

---

1. *Sur la poésie en général, op. cit.*, pp. 53-56. « L'ordre naturel des choses demande qu'à la différence des anciens, les poètes modernes soient plus philosophes que poètes... »
2. La Bruyère, *Les Caractères*, huitième édition, 1694, *De la Société et de la Conversation*.
3. Dans *Micromégas* (Ch. II), Voltaire se moque de cette manie. Et l'on sait que l'auteur des *Éléments de la philosophie de Newton* rompt avec la mode du dialogue champêtre, si répandue dans le premier tiers du siècle.
4. *Œuvres, op. cit.*, t. III, pp. 306-307.
5. Marivaux, *Le Spectateur français*. Septième feuille (1722).
6. *Le Cabinet du Philosophe, op. cit.*, Sixième feuille.
7. *Le Spectateur français*, Septième feuille, *loc. cit.*

« Écrire naturellement [...] n'est pas écrire dans le goût de tel ancien ou de tel moderne, n'est pas se mouler sur personne quant à la suite des idées, mais au contraire se ressembler fidèlement à soi-même [...] : en un mot penser naturellement c'est rester dans la singularité d'esprit qui nous est échue »[1].

Cet individualisme esthétique n'est nullement dirigé contre les conventions sociales : Marivaux précise aussitôt qu'il est possible de rester soi-même en respectant les bienséances, à condition que chacun sache ôter de sa singularité « ce qu'elle peut avoir de trop cru »[2]. En dernière analyse le naturel est donc social autant qu'individuel : c'est l'originalité individuelle tempérée par les règles de la bonne société, la spontanéité discrète et « policée » d'un entretien détendu entre personnes de bonne compagnie.

Dans l'*Avertissement* placé en tête de ses *Serments indiscrets* Marivaux reconnaît que le style de son théâtre n'est pas exempt d'une certaine monotonie : ses comédies étant le miroir de la bonne société, il est normal, dit-il, que ses personnages s'expriment aussi élégamment que les habitués des salons parisiens. Et, de fait, le bon ton d'une conversation mondaine est plus exposé au risque de l'uniformité qu'à celui des écarts individuels. Il est plus surprenant de voir, ici encore, la « nature » appelée à la rescousse : « Ce n'est pas moi que j'ai voulu copier, proteste Marivaux, c'est la nature, c'est le ton de la conversation en général que j'ai tâché de prendre »[3]. Pas plus que la grande majorité de ses contemporains, notre auteur n'imagine en effet que les règles de la vie sociale doivent nécessairement brimer ou étouffer l'expression spontanée du moi de chacun[4]. En 1730 on est encore très loin du *Neveu de Rameau*. Persuadé que l'homme est naturellement sociable, et que seule l'organisation de la vie collective lui permet d'actualiser toutes les virtualités de sa nature, Marivaux est logique avec lui-même, et aussi avec les idées de son temps, en demandant des modèles de *naturel* aux formes de vie sociale les plus évoluées : au demeurant, n'est-ce pas dans une conversation entre gens d'esprit que l'on peut le plus aisément être soi-même sans se sentir contraint par les égards dus à ses partenaires ? Ainsi pensaient déjà, pour l'essentiel, le P. Bouhours ou le chevalier de Méré. Et les audaces des Modernes étaient déjà virtuellement contenues dans la notion classique des « bienséances ». Au XVIIe siècle, le « naturel » de l'honnête homme n'est pas la nature primitive, mais une nature cultivée qui s'épanouit dans la pratique des vertus sociales. L'art d'écrire suppose un art de vivre : et puisque l'on convient que sous le règne de Louis XIV — ou de Louis XV — les mœurs sont plus policées que celles des Grecs ou des

---

1. *Ibid.*, Huitième feuille.
2. *Ibid.*
3. *Les Serments indiscrets*, 1732, *Avertissement.*
4. Sur la notion de *sociabilité naturelle*, cf. ci-dessous, Ch. VI et VIII.

Latins, il paraît logique de reconnaître un avantage analogue à la littérature contemporaine. Le progrès de la civilisation, dont la vie mondaine est l'expression la plus exquise, entraîne celui des belles lettres ; à des sentiments plus délicats correspond un art à la fois plus subtil et plus discret. Les Modernes se sentent supérieurs à l'Antiquité pour l'étendue des connaissances et la sûreté du raisonnement, mais aussi pour l'esprit de finesse et tout ce que Perrault, par exemple, résume du mot de « galanterie » : non pas seulement l'analyse ingénieuse et piquante de l'amour, mais « toutes les manières fines et délicates dont on parle de toutes choses avec un enjouement libre et agréable ». Bref, la galanterie est le privilège des temps modernes et d'un milieu social nettement défini :

> « C'est ce qui distingue particulièrement le beau monde et les honnêtes gens d'avec le menu peuple, ce que l'élégance grecque et l'urbanité romaine ont commencé, et que la politesse des derniers temps a porté à un plus haut degré de perfection » [1].

On voit l'ambition et l'étroitesse de cette conception. La galanterie est le fait d'une élite, non de la société tout entière. Les successeurs de Perrault sont rarement moins dédaigneux que lui de la vie et des goûts du « menu peuple ». Le même raisonnement sommaire leur permet d'assimiler le naturel au social, et celui-ci à ce que l'auteur des *Parallèles* appelait, sans ironie, « le beau monde ». La *nature* en vient ainsi à s'incarner dans la personne des dames élégantes et rêveuses ou des seigneurs enrubannés qui hantent les toiles de Watteau et de Lancret. Qu'un caprice les pousse à revêtir les masques et les costumes de la Comédie italienne, ce n'est pas pour introduire dans leurs salons ou dans leurs parcs les plaisanteries du théâtre de la Foire ; et lorsqu'ils se déguisent en bergers ils ne renoncent pas au satin pour s'habiller de drap grossier. Fontenelle pense que la poésie pastorale manquerait de charme si elle était « aussi grossière que le naturel » [2] ; elle a pourtant, à l'en croire, son naturel propre, qui est l'expression simple et « naïve » des sentiments les plus choisis :

> « Il en va ce me semble des églogues comme des habits que l'on prend dans des ballets, pour représenter des paysans. Ils sont d'étoffes beaucoup plus belles que ceux des paysans véritables ; ils sont même ornés de rubans et de points, et on les taille seulement en habits de paysans. Il faut aussi que les sentiments dont on fait la matière des églogues soient plus fins et plus délicats que ceux des vrais bergers ; mais il faut leur donner la forme la plus simple et la plus champêtre qu'il soit possible » [3].

---

1. Ch. PERRAULT, *Parallèles*, op. cit., t. III, p. 286.
2. FONTENELLE, *Discours sur la nature de l'églogue*, *Œuvres*, op. cit., t. II, p. 55.
3. *Ibid.*, p. 68.

Le « beau monde » n'est pas insensible aux charmes d'un séjour rustique à condition que les misères et les servitudes de la vie paysanne ne viennent pas lui choquer la vue ou lui blesser l'odorat; de même il demande que les artistes s'en tiennent à l'imitation de la « belle nature ». Fontenelle est surpris que Théocrite se plaise à parler de brebis et de chèvres, et il lui reproche la « bassesse » de ses peintures [1]. Un sentiment analogue inspire le jugement des Modernes sur Homère; Perrault s'étonnait ironiquement de rencontrer dans l'*Iliade* et dans l'*Odyssée* des héros et des princesses qui font eux-mêmes leur cuisine ou leur lessive [2]. La Motte ne manque pas de développer à son tour ce reproche; affirmant que « toute nature n'est pas bonne à peindre », il accuse Homère de n'avoir pas su choisir, dans la réalité, ce qui était vraiment digne de la noblesse du poème épique [3]. Une « imitation adroite », observe-t-il justement, n'est pas une simple copie, mais « l'art de ne prendre des choses que ce qui est propre à produire l'effet qu'on se propose ». La remarque serait fort opportune si elle n'était faussée par une conception étroitement hédoniste de l'art; le poète, précise encore La Motte, ne doit retenir que « des caractères dignes d'attention et des objets qui puissent faire des impressions agréables » [4]. Dans l'art de plaire aux gens de goût Homère n'est qu'un apprenti.

Aussi dogmatiques que leurs adversaires, les Modernes érigent sans la moindre hésitation en règles universelles de la « belle nature » les conventions de leur temps et de leur milieu. Comme Nicole ou Pascal, ils pensent que le *naturel* de l'œuvre d'art se définit autant par sa conformité à la nature humaine que par sa fidélité à la nature des choses. Persuadés de connaître beaucoup mieux l'une et l'autre que ne le pouvaient les Grecs et les Latins, ils s'empressent en conséquence de s'accorder la supériorité dans le domaine des Lettres. « Le cœur de l'homme qu'il faut connaître pour le persuader et pour lui plaire est-il plus aisé à pénétrer que les secrets de la Nature ? » [5] Mauvais physiciens, les grands écrivains antiques ne pouvaient être de bons moralistes. La Motte est encore plus affirmatif que Perrault. A son avis la grande conquête des Modernes est de pouvoir fonder en raison les règles jadis découvertes dans les tâtonnements de l'expérience : ainsi les progrès accomplis dans la connaissance de l'esprit humain doivent permettre désormais d'atteindre avec une méthode sûre ce que l'on n'obtenait autrefois qu'au prix de

---

1. *Ibid.*, p. 59.

2. *Parallèles, op. cit.*, t. III, p. 47 sq.

3. Homère, précise La Motte, a eu le tort de ne pas imiter « une belle nature » (*Réflexions sur la critique, Œuvres*, t. III, p. 191).

4. *Ibid.*, pp. 189-190.

5. PERRAULT, *Parallèles, op. cit.*, t. II, p. 20.

nombreux échecs [1]. Et Fontenelle se prend également à rêver d'une science nouvelle qui mettrait au service de la poésie dramatique sa connaissance approfondie et systématique de la nature humaine :

« Pour trouver les règles du théâtre, écrit-il au début de ses *Réflexions sur la Poétique*, il faudrait remonter jusqu'aux premières sources du beau, découvrir quelles sont les choses dont la vue peut plaire aux hommes, c'est-à-dire leur occuper l'esprit ou leur remuer le cœur agréablement [...] Après avoir découvert les actions qui, de leur nature, sont propres à plaire, il faudrait examiner quels changements y apporte la forme du théâtre, ou par nécessité, ou par le seul agrément... » [2].

Triomphe de l'esprit de géométrie, ce programme qui subordonne le développement de l'art au progrès de la connaissance annonce la création d'une science nouvelle, l'esthétique [3]. Mais il est plus souple et plus nuancé que la méthode employée pour le définir. Car le rationalisme de Fontenelle trouve en lui-même ses limites; en s'appliquant à l'étude de l'homme, il découvre la complexité de la nature humaine. Que celle-ci est à la fois faible et forte, Fontenelle en est aussi convaincu que Pascal. Or l'art est fait pour l'homme tout entier, être à la fois raisonnable et sensible, qui est chair autant qu'esprit. Au début du XVIIIe siècle cette conviction est assez répandue pour tempérer les excès de la raison abstraite : elle explique les contradictions des « géomètres », sans cesse tiraillés entre un idéal de rigueur logique, seul en mesure de « contenter la raison », et leur désir de ne négliger aucune des aspirations de la nature humaine. Cet humanisme esthétique, si étroit lorsqu'il confond la nature universelle et les mœurs de l'aristocratie, conduit à justifier, au nom de la raison, les formes d'art les plus diverses : tantôt il affirmit l'admiration que les contemporains de Fontenelle accordent aux chefs-d'œuvre du

1. LA MOTTE, *Discours sur la Fable, Œuvres*, t. IX, p. 21. « C'est dans la nature de notre esprit qu'il faut chercher les règles. Elles n'ont point été l'effet du caprice ni du hasard ; on les a fondées d'abord sur l'expérience, en attendant qu'on découvrît pourquoi les choses qui plaisaient devaient plaire : découverte qui affermit les règles bien plus sûrement que l'expérience, car l'expérience est fautive, et comme on n'y démêle pas assez les circonstances particulières qui influent sur l'effet principal, on n'est que trop sujet à se tromper sur les causes, soit en ne les embrassant pas toutes, soit en ne les appréciant pas ce qu'elles valent, soit en prenant souvent l'une pour l'autre : au lieu que la raison générale de l'agrément des choses, prises du rapport qu'elles ont avec notre intelligence, est un principe aussi invariable que la nature même de notre esprit, et qui nous met en état d'user toujours habilement des circonstances particulières au profit du dessein que nous nous proposons ».(Citation empruntée à P. DUPONT, *Houdart de La Motte*, 1898, p. 239). De manière plus concise, l'italien Gravina déclare en 1708 au début de sa *Ragion poetica* : « J'ai donné à ce livre le titre de *Raison poétique* parce que tout ouvrage est précédé de la règle, et toute règle l'est de la raison » (G.V. GRAVINA, *Della Ragion poetica libri due*, Rome, 1708. Trad. Requier, *Raison ou idées de la poésie*, 1755, 2 vol., t. I, p. 9). Cf. R. NAVES, *Le goût de Voltaire, op. cit.*, Première partie ; D. MORNET, *La question des règles au XVIIIe siècle*, R.H.L.F., t. XXI, pp. 241-268 et 592-617.
2. *Réflexions sur la Poétique*, II, *Œuvres*, t. III, p. 1. Texte publié pour la première fois en 1742.
3. Sur les origines de l'esthétique, voir W. FOLKIERSKI, *Entre le classicisme et le romantisme. Étude sur l'esthétique et les esthéticiens du XVIIIe siècle*, Cracovie et Paris, 1925, et CASSIRER, *op. cit.*

Grand Siècle; tantôt il autorise leur préférence secrète pour un art plus aimable et moins guindé; tantôt enfin il ouvre la voie à des tentatives plus neuves, plus conformes aussi aux tendances philosophiques et morales du XVIIIe siècle.

*
* *

Dans ses *Réflexions sur la tragédie,* La Motte critique la règle des trois unités, au nom de la raison et de la nature [1]. Au contraire Fontenelle juge qu'elle est nécessaire à l'illusion dramatique et la défend au nom de la vraisemblance [2]. En fait tous deux sont d'accord pour en reconnaître le caractère conventionnel : mais tandis que La Motte, raisonnant, comme aurait dit Pascal, en « demi-habile », y voit, au moins en principe, une raison pour la rejeter [3], Fontenelle l'estime adaptée aux limites de notre esprit : « Il s'en faut bien, dit-il, que la nature se soit renfermée dans les petites règles qui font notre vraisemblable, et qu'elle s'assujettisse aux convenances qu'il nous a plu d'imaginer : mais c'est au poète à s'y assujettir, et à se tenir dans les bornes étroites où la vraisemblance est resserrée » [4]. Le vraisemblable n'a que l'apparence de la vérité; mais, comme tel, il correspond parfaitement à ce que demande l'esprit humain : à la fois actif, paresseux et inconstant, celui-ci exige en effet de la nouveauté, de la simplicité et de la variété [5]. Le vrai peut satisfaire à la première et à la troisième de ces conditions, mais pas forcément à la seconde. On voit à ces remarques combien la lucidité un peu sceptique de Fontenelle le détourne des excès de l'esprit de géométrie, et pourquoi son goût demeure finalement très conservateur. Malgré leur artifice évident, les conventions de l'art apparaissent en un sens au pyrrhonien qu'il est comme plus naturelles et plus raisonnables que la pure raison. Ce qui est vrai de la règle des unités vaut également pour le rang social des personnages de la tragédie; et Fontenelle répond d'avance à l'objection que les fondateurs du drame bourgeois adresseront au préjugé de la « noblesse » tragique; seuls des princes ou des grands seigneurs peuvent en imposer, dit-il, à l'imagination du public :

« Si Ariane n'était qu'une bourgeoise trahie par son amant et par sa sœur, la pièce qui porte son nom ne laisserait pas de subsister tout entière : mais cette pièce si agréable y perdrait un grand ornement; il faut qu'Ariane soit princesse; tant nous sommes destinés à être toujours éblouis par les titres » [6].

---

1. *Réflexions sur la tragédie*, Premier discours, *Œuvres*, t. IV, *loc. cit.*
2. *Réflexions sur la Poétique*, LXVI sq.
3. Dans la pratique, mis à part son essai de tragédie en prose, La Motte est un dramaturge très conformiste.
4. *Réflexions sur la Poétique, op. cit.*, LIX.
5. *Ibid.*, V et VI.
6. *Ibid.*, VII.

Puisque notre raison se trouve asservie aux « puissances trompeuses » de l'amour-propre et de l'imagination, on conçoit, avec Fontenelle encore, que l'illusion ait parfois sur elle plus d'empire que la simple vérité. Le charme insidieux de la pastorale vient précisément de son artifice ; car elle satisfait les aspirations contradictoires de notre nature. Nous voudrions aimer sans risques, et notre âme qui, malgré sa paresse, a besoin d'être remuée souhaiterait des passions qui fussent sans inquiétudes et sans troubles. C'est cet alliage irréel d'amour et de sérénité qu'incarnent les bergers de l'églogue ; on retient leur tranquillité, non leur bassesse :

> « L'illusion et en même temps l'agrément des bergeries consiste donc à n'offrir aux yeux que la tranquillité de la vie pastorale, dont on diminue la bassesse : on en laisse voir la simplicité, mais on en cache la misère... »[1].

L'erreur de Théocrite est plus grave qu'une faute de goût, c'est une erreur psychologique qui détruit l'effet recherché par le poète. Le philosophe sait bien que l'art est mensonger, mais il sait aussi déceler la vérité de ce mensonge : c'est ainsi qu'un genre littéraire de la plus extrême fausseté trouve grâce à ses yeux, pour sa secrète conformité avec les besoins profonds de l'âme.

La même condescendance lucide et désabusée dicte à Fontenelle son dernier mot sur l'emploi du merveilleux dans l'art. Nous l'avons vu proclamer bien haut sa préférence pour les « images réelles » par rapport aux « images fabuleuses » de la mythologie. Mais il introduit aussitôt une réserve qui atténue passablement l'agressivité de son rationalisme esthétique :

> « Il faut avouer cependant que tout ce divin poétique et fabuleux est si bien proportionné aux hommes, que nous, qui le connaissons parfaitement pour ce qu'il est, nous le recevons encore aujourd'hui avec plaisir, et nous lui laissons exercer sur nous presque tout son ancien empire, nous retombons aisément en enfance »[2].

appeal of poetry

Le philosophe qui admire dans les lois générales de l'univers la simplicité ingénieuse d'une machine d'opéra n'est pas pour autant insensible au spectacle coloré du monde ; et lorsqu'au théâtre il voit Phaéton s'élever dans les airs, il oublie l'existence du treuil caché dans les coulisses et partage, sans arrière-pensée, l'émerveillement du spectateur naïf. Lui-même collabore volontiers à cette féerie. Le cas de La Motte qui juge la tragédie en vers invraisemblable mais compose des livrets d'opéra[3] n'est nullement exceptionnel. Ce sont principalement les Modernes qui font

---

1. *Discours sur la nature de l'églogue, loc. cit.*, p. 59.
2. *Sur la poésie en général, loc. cit.*, p. 38.
3. Notamment celui de *L'Europe galante* (1697), son grand succès.

à la fin du XVIIᵉ siècle le succès de ce nouveau genre dramatique où les
Anciens voient, au contraire, un défi à la raison [1] : invention du Grand
siècle, l'opéra est pour eux une preuve, parmi d'autres, de la supériorité
de leur temps sur les périodes les plus brillantes du passé ; ces « rationaux »
en viennent donc à défendre les droits du merveilleux [2]. Plus tard, une
fois apaisés les derniers remous de la Querelle, les « géomètres » les plus
décidés continuent à céder aux sortilèges d'un spectacle si peu raisonnable. Montesquieu reconnaît que l'opéra choque la raison ; mais lui-
même s'avoue séduit par les œuvres lyriques de Quinault, Fontenelle
et La Motte. C'est qu'il s'agit d'un spectacle complet qui parle à la fois
aux sens, à l'imagination, et au cœur :

> « Dans ce spectacle fait pour être admiré, et non pour être examiné,
> on s'est servi si heureusement des ressorts de la Fable ancienne ou moderne,
> que la raison s'est indignée en vain, que ceux qui ont échoué à la simple
> tragédie, où rien ne les aidait à agiter le cœur ont excellé dans ce nouveau
> spectacle, où tout semblait leur servir... » [3].

Lorsqu'on apprécie la musique de l'opéra — et Montesquieu va
jusqu'à placer la musique italienne au-dessus de la musique française [4] —
peut-on être vraiment insensible au charme de la poésie ? Fontenelle
boude un peu son plaisir quand il la définit comme un jeu, et en voit le
principal agrément dans « la difficulté vaincue » [5] : lorsqu'il oublie un
instant de raisonner, il lui arrive de reconnaître qu'il y a dans les vers
« une espèce de musique » [6]. Bien étranger aussi aux négations absolues
de La Motte ou de l'abbé de Pons cet aveu de l'auteur des *Lettres Persanes* : « La belle prose est comme un fleuve majestueux qui roule ses
eaux, et les beaux vers comme un jet d'eau qui jaillit par force : il sort
de l'embarras des vers quelque chose qui plaît [7] ». Ce « quelque chose »
qui surprend la raison, c'est « l'harmonie charmante » que Voltaire
défendra contre les paradoxes de La Motte [8]. L'exemple de Fontenelle
ou de Montesquieu prouve qu'on pouvait être tenté par l'esprit de géométrie sans devenir indifférent aux séductions d'un rythme harmonieux,
et préférer en ce domaine l'expérience au raisonnement :

---

1. Cf. P. Hazard, *La crise de la conscience européenne, op. cit.*, p. 399.
2. Cf. Perrault, *Parallèles, op. cit.*, t. III, p. 280 sq.
3. *Pensées*, 119, (453).
4. *Ibid.*, 327 (961) « Dans mon séjour en Italie, je me suis extrêmement converti sur
la musique italienne. Il me semble que, dans la musique française, les instruments accompagnent la voix et que, dans l'italienne, ils la prennent et l'enlèvent. La musique italienne
se plie mieux que la française, qui semble raide. C'est comme un lutteur plus agile. L'une
entre dans l'oreille, l'autre la meut ».
5. *Sur la poésie en général, loc. cit.*, p. 39 ; *Réflexions sur la poétique*, LXXI.
6. *Sur la poésie en général*, p. 38.
7. Montesquieu, *Pensées*, 2101 (796).
8. Voltaire, *Préface d'Œdipe*, édit. 1730. « Ce ne sont pas seulement des dactyles et
des spondées qui plaisent dans Homère et dans Virgile : ce qui enchante toute la terre,
c'est l'harmonie charmante qui naît de cette mesure difficile ».

« Bien des gens en France, surtout M. de La Motte, soutiennent qu'il n'y a pas d'harmonie. Je trouve qu'il y en a, comme Diogène prouvait à Zénon qu'il y avait du mouvement en faisant un tour de chambre »[1].

L'admiration que l'« enchanteur » La Motte inspirait à ses partisans n'allait pas sans réticences : Montesquieu qui lui décerne cette épithète flatteuse [2] est parfois agacé par l'insuffisance de sa culture et lui reproche de manquer de sentiment [3]. Est-ce à lui ou à un des « bavards » de son entourage que s'applique le portrait plaisant que trace Rica d'un géomètre rencontré un jour sur le Pont-Neuf ? Le personnage est décrit avec un mélange d'estime et d'agacement. A la différence du traducteur d'Horace, qu'il accable de son dédain, le géomètre est un créateur qui pense par lui-même au lieu de se borner à « travestir » la pensée des autres, mais son « esprit régulier », dépourvu de toute fantaisie, le rend par trop rebelle aux plaisirs de la conversation. « Martyr de sa justesse, nous dit Rica, il était offensé d'une saillie, comme une vue délicate est offensée par une lumière trop vive. » Cet homme qui a la passion du vrai pousse jusqu'à la manie le goût des chiffres et des mesures précises ; vivant dans un monde abstrait où les cataclysmes naturels, les événements politiques et militaires se résolvent en courbes et en équations, il est aussi inadapté à la vie sociale qu'insensible à la beauté des choses ; qu'un « beau désordre » puisse être un effet de l'art est proprement pour lui une idée absurde. Lui arrive-t-il de visiter des « jardins magnifiques », un regard inquiet lui suffit avant qu'il ne s'absorbe dans ses calculs :

« Il aurait fort souhaité que les règles de la perspective eussent été tellement observées que les allées des avenues eussent paru partout de même largeur, et il aurait donné pour cela une méthode infaillible »[4].

Ce jardin géométrique que dessine par la pensée l'interlocuteur de Rica ressemble au jardin de la Beauté, où Marivaux entraîne un jour les lecteurs de son *Cabinet du Philosophe*. Ses proportions régulières, sa symétrie superbe forcent le respect et l'admiration, mais sans toucher le cœur. Il a l'immobile fierté des belles personnes, inhumaines à force d'orgueilleuse sérénité :

« Si la Beauté entretenait un peu ceux qui l'admirent, si son âme jouait un peu sur son visage, cela le rendrait moins uniforme et plus touchant, il plairait au cœur autant qu'aux yeux... »

---

1. MONTESQUIEU, *Pensées*, 412 (84).
2. *Ibid.*, 116 (450).
3. *Ibid.*, 848 (894).
4. *Lettres Persanes*, 128.

Mais la Beauté serait-elle encore la Beauté si elle perdait sa perfection impassible ? Marivaux hésite à formuler ce vœu sacrilège; il préfère guider le promeneur vers un autre jardin, moins magnifique, mais d'un agrément plus familier. Ici « rien d'arrangé », mais une variété qui captive sans jamais lasser : « Tout y était comme jeté au hasard, le désordre même y régnait, mais un désordre du meilleur goût du monde, qui faisait un effet charmant, et dont on n'aurait pu démêler ni montrer la cause. » C'est le jardin du *Je ne sais quoi* ; il ignore les belles proportions du précédent, mais plaît infiniment davantage. Pourquoi ? C'est tout le mystère de ces sympathies irraisonnées que l'on éprouve, dès la première rencontre, pour certaines personnes. « J'entends par le *Je ne sais quoi*, explique Marivaux, ce charme répandu sur un visage, et qui rend une personne aimable sans qu'on puisse dire à quoi il tient » [1].

Charme de la musique ou d'un vers harmonieux, mensonge aimable de la pastorale, sortilèges de l'opéra : à l'âge de la raison géométrique la magie de l'art n'a pas perdu tout empire. Les contemporains de Fontenelle et de Marivaux hésiteraient sans doute plus que le P. Bouhours à comparer le pouvoir mystérieux du *Je ne sais quoi* aux vertus occultes de l'ancienne physique ou aux influences des astres [2]. Admirer sans chercher à comprendre n'est guère dans leur manière [3]. L'abbé Terrasson prétend soumettre en tous domaines le « sentiment » au contrôle critique de la raison [4]. S'il faut en croire La Motte, les jugements de goût, instantanés et souvent déconcertants, sont moins irrationnels qu'ils ne paraît, car ils se fondent sur des « raisonnements soudains » [5] : réflexion de « géomètre », mais aussi justification indirecte de l'instinct. Il y a moins loin qu'on ne pourrait penser de ces proclamations rationalistes à la définition que Mme de Lambert propose du goût : « Le premier mouvement est une espèce d'instinct qui nous entraîne plus sûrement que tous les raisonnements » [6]. Les géomètres ne nient pas l'irrationnel mais s'évertuent à l'analyser. Presque tout le théâtre de Marivaux sera l'œuvre d'un maître-horloger, expert à démonter ou faire mouvoir le mécanisme subtil des surprises de l'amour; ses personnages auront aussi peu de liberté que les automates de Vaucanson; mais sa lucidité impitoyable n'empêchera pas leur créateur de plaider la cause du sentiment et de la « nature » spontanée [7]. Fontenelle développe avec bonheur les raisons informulées qui font le succès de l'églogue. Son scepticisme indulgent, sa surprise de trouver les hommes si enfants annoncent des apologies plus décidées de

---

1. MARIVAUX, *Le Cabinet du Philosophe, op. cit.*, Deuxième feuille.
2. BOUHOURS (le P.), *Entretien d'Ariste et d'Eugène sur le je ne sais quoi*, édit. Radouant, Paris, 1920, p. 201 sq.
3. C'est la conseil que donne Ariste à Eugène, *ibid.*, p. 213.
4. *Op. cit.*, t. I, *Préface* ; cf. R. NAVES, *op. cit.*, p. 104.
5. *Œuvres, op. cit.*, t. VIII, p. 354.
6. Mme de LAMBERT, *Œuvres*, Paris, 1748, t. I, *Réflexions sur le goût*, pp. 142-143.
7. Cf. ci-dessous, Ch. VI, 2.

la « nature naïve »; mais déjà son exemple devrait nous mettre en garde contre des schémas trop simples. Il est bien arbitraire d'interpréter comme une revanche du « sentiment » sur la raison et même comme une source lointaine du romantisme la permanence de ce qu'un historien a justement appelé « les valeurs imaginatives et sensibles »[1]. En réalité les « rationaux » sont les premiers à défendre les droits de l'irrationnel : leur dessein n'est pas d'asservir la nature humaine à la raison, mais d'utiliser la raison à défendre l'intégrité de la nature. Les concessions de Fontenelle au goût du merveilleux traduisent déjà la conviction que tout ce qui est naturel est légitime. Même lorsqu'elles sont faites sur un ton un peu désabusé, elles vont dans le sens d'un nouvel humanisme qui, chez d'autres, ne tardera pas à s'affirmer plus nettement. Les « géomètres » épicuriens de la Régence, et les « philosophes » de la génération suivante ont en commun le même ennemi : non pas le sentiment ou l'imagination, mais le surnaturel que les dévots invoquent pour diviser l'homme contre-lui-même, régenter les âmes et brimer les corps.

L'irrationnel, c'est le merveilleux mais aussi le pathétique. Fontenelle explique comment la tragédie doit plaire au cœur en même temps qu'à l'esprit :

> « On veut être ému, agité. On veut répandre des larmes. Ce plaisir qu'on prend à pleurer est si bizarre que je ne puis m'empêcher d'y faire réflexion [...] D'où vient qu'on est agréablement touché par le spectacle d'une chose qui affligerait si elle était réelle ? »[2].

De ce paradoxe du plaisir tragique Fontenelle donne la même explication que Dubos[3] : le spectacle de la douleur est agréable dans la mesure où il fait « presque l'effet de la réalité »; l'émotion qu'il inspire est assez forte pour arracher le cœur à l'indolence et à l'ennui, mais pas au point de le troubler douloureusement; en effet l'imitation de la nature affaiblit nécessairement la force émotive du naturel, et cela « pour réduire cette douleur au degré où elle commence à se changer en plaisir ». Comprenons qu'il n'existe entre le plaisir et la douleur qu'une différence de degré : cette observation psychologique s'insère chez Fontenelle dans une conception de la nature humaine, qui sera celle de tout le XVIIIe siècle. L'homme aspire à la fois au mouvement et au repos, il redoute l'ennui

---

1. P. HAZARD, *La crise de la conscience européenne*, *op. cit.*, (titre de la quatrième partie).

2. *Réflexions sur la poétique*, *op. cit.*, XXXV.

3. *Ibid.*, XXXVI. Bien que publié beaucoup plus tard que l'ouvrage de l'abbé Dubos, dont nous parlons ci-dessous, l'essai de Fontenelle lui est peut-être antérieur.

mais craint aussi les troubles de la passion [1]. La fascination que l'art exerce sur lui vient de son aptitude à satisfaire cette double exigence ; soit qu'il substitue le rêve au réel et présente une image idéalisée de la condition humaine — ce sont alors les passions sans troubles et l'irréalité voulue de la pastorale —, soit qu'il engendre des émotions réelles, mais assez affaiblies pour n'être pas douloureuses. La vérité de la tragédie, le mensonge concerté de l'églogue correspondent à un même besoin. Que l'art opte pour la fidélité au vrai ou pour la voie de l'évasion, ces deux choix sont également légitimes.

Encore faut-il que, dans le premier cas, les conventions inévitables de toute transposition esthétique du réel ne viennent pas étouffer complètement celui-ci. En matière de théâtre le goût de Fontenelle demeure assez étroitement classique ; mais dès le premier tiers du siècle des tentatives sont ébauchées autour de lui pour rendre la tragédie plus émouvante. Crébillon se fait une spécialité des sujets horribles ou des situations poignantes. Au dernier acte de *Rhadamiste et Zénobie*, on voit un père assassin de son propre fils se tuer lui-même sur la scène ; le meurtre de Rhadamiste fait seulement l'objet d'un récit, mais la victime vient expirer sous les yeux du spectateur, après s'être fait connaître du meurtrier qui ignorait son identité.

« Nature ! Ah, venge-toi, c'est le sang de mon fils », s'écrie alors Pharsamon égaré, avant de se faire justice [2]. Dans *Atrée et Thyeste* la coupe qui contient le sang de Plisthène passe de mains en mains jusqu'au moment où Thyeste en devine enfin le contenu : lui aussi se tue alors sur la scène [3]. De tels spectacles secouaient rudement les nerfs du public et suscitaient parfois ses protestations. Dans la *Préface* de sa pièce Crébillon doit se défendre d'avoir choisi, avec la légende d'Atrée, un sujet trop affreux [4]. En 1725 Voltaire est contraint de renoncer à présenter sur la scène la mort de Mariamne [5]. Mais ces innovations ont aussi de chaleureux partisans. S'il critique le style de Crébillon, Voltaire sait apprécier la force de son tragique [6]. Montesquieu est encore plus enthousiaste ; félicitant Crébillon d'avoir su inspirer « la véritable passion de la tragédie, qui est la terreur » [7], il note qu'aucun auteur moderne ne sait, au même point que lui, arracher l'âme à elle-même et lui

1. Cf. ci-dessous, Ch. VI et IX. Pour le développement de cette idée nous renvoyons à la thèse de R. Mauzi, *L'idée du bonheur au XVIIIe siècle*, Paris, A. Colin, 1960.
2. *Rhadamiste et Zénobie*, 1711, V, 6, (*Œuvres de M. Crébillon*, Paris, 1716).
3. *Atrée et Thyeste*, V, 5 et 6.
4. Il affirme s'être efforcé, à la différence de Sénèque, d'adoucir l'horreur du sujet. A propos de la scène de la coupe, il note que Thyeste « ne porte pas seulement les lèvres au sanglant breuvage » et cite le précédent de *Rodogune*.
5. Voir sa *Préface*, où il déclare : « C'est contre mon goût que j'ai mis la mort de Mariamne en récit au lieu de la mettre en action ».
6. Cf. R. Naves, *Le goût de Voltaire, op. cit.*, p. 359.
7. *Pensées*, 68 (920). La phrase est biffée dans le manuscrit. Mais la suite du texte ne la dément nullement.

donner de « grands mouvements ». De ce fait l'auteur d'*Atrée et Thyeste* échappe aux règles ordinaires de la critique : « On ne saurait juger son ouvrage, conclut Montesquieu, parce qu'il commence par troubler cette partie de l'âme qui réfléchit » [1].

Ce goût des émotions fortes annonce la curiosité que quelques novateurs manifesteront bientôt à l'égard de Shakespeare. Mais au début du XVIIIe siècle le respect des « bienséances » l'emporte de beaucoup sur l'attrait des spectacles barbares. Aussi les efforts déployés pour rendre le théâtre plus vivant sont-ils plus riches de promesses que de réalisations. Il est cependant une forme de pathétique qui obtient alors une faveur grandissante. Dans *Inès de Castro*, tragédie de La Motte jouée avec un grand succès en 1728, une nourrice présente au public les enfants de l'héroïne. Montesquieu note les réactions opposées des spectateurs : « Au cinquième acte, il y a une scène des enfants qui a paru ridicule à bien des gens, et l'auditoire était partagé : les uns riaient et les autres pleuraient. » Pourquoi cet accueil si divers ? C'est que les sentiments simples et la vérité du cœur sont incompatibles avec la frivolité mondaine et le raffinement excessif des mœurs :

« Je suis persuadé, remarque encore Montesquieu, que cette scène ferait un effet étonnant sur un peuple dont les mœurs seraient moins corrompues que les nôtres. Nous sommes parvenus à une trop malheureuse délicatesse ».

Ce mal n'est pas une nouveauté : Racine n'avait pas osé montrer Astyanax, mais depuis *Andromaque*, ajoute Montesquieu, le préjugé a été se fortifiant. « Tout ce qui a quelque rapport à l'éducation des enfants, aux sentiments naturels, nous paraît quelque chose de bas et de peuple » [2].

Lorsque l'auteur des *Lettres Persanes* écrit ces lignes, il n'est pas suspect de dédain systématique à l'égard de la civilisation contemporaine. Mais s'il sait apprécier les raffinements du luxe et de la « politesse » modernes, il voue aussi une très vive admiration à Fénelon et au *Télémaque*. Son goût de la « nature naïve » et des sentiments simples s'exprimait déjà dans l'apologue des Troglodytes, qui a une signification esthétique autant qu'une portée morale. De ces deux points de vue, l'apologie du *sentiment* — qui ne s'oppose pas à la *raison*, mais aux recherches trop subtiles de l'*esprit* — traduit une aspiration sincère à plus de vérité et de sérieux, dans l'art comme dans la vie [3]. L'idée de nature joue alors un

---

1. *Ibid.* ; cf. aussi *ibid.*, 1460 (930) « Je disais : Voltaire se promène toujours dans les jardins ; Crébillon marche sur les montagnes ».
2. Montesquieu, *Pensées*, 143 (916). Dans *Rhadamiste et Zénobie* déjà, la « nature » avait aussi ses moments de douceur ; dans la scène finale de la reconnaissance, au paroxysme de l'horreur, Rhadamiste à l'agonie se dit heureux d'avoir retrouvé son père, et guette sur le visage furieux de Pharsamon un signe d'affection paternelle :
« Votre cœur s'attendrit, je vois couler vos pleurs ».
3. Cf. ci-dessous, Ch. VI, 2.

rôle positif puisqu'elle s'oppose à la dénaturation des mœurs et du goût de l'aristocratie. Il faut voir dans cette protestation l'annonce d'un art libéré des conventions mondaines et capables de représenter les besoins et les mœurs de la classe moyenne : le théâtre et le roman du second tiers du siècle sont en germe dans l'innovation de La Motte et le commentaire de Montesquieu. Mais il faut constater aussi combien cet essai de renouvellement demeure timide. Paradoxalement, le goût de la « vraie nature » s'exprime, dans le cas des Troglodytes, par l'intermédiaire d'une fiction dont la sentimentalité souligne l'artifice. La scène de la nourrice n'a pas ce caractère, mais elle montre encore mieux les limites étroites où s'enfermera longtemps encore la revendication d'un art plus proche du réel. Ce qui est en germe dans cet étalage de bons sentiments, c'est moins un réalisme authentique que le naturalisme larmoyant de la période suivante. On comprend que certains spectateurs l'aient tourné en ridicule, que d'autres se soient laissé prendre à l'émotion, mais que La Motte n'ait pas eu sa querelle du *Cid* ou sa bataille d'*Hernani*. Simple épisode d'une pièce qui, malgré son sujet médiéval, demeure très conventionnelle, cette transposition grandiloquente des vertus familiales dédaignées par l'aristocratie parisienne, mais tenues en honneur par la province et la classe moyenne, traduisait assez exactement l'image que celle-ci pouvait alors se faire d'elle-même. Image originale, sans doute, par contraste avec les mœurs de la haute société, mais en même temps très rassurante pour tout le monde, et aussi peu subversive sur le plan de l'art que pour la stabilité de l'ordre social.

Que le même La Motte puisse manifester à l'égard d'Homère les scrupules de goût les plus pointilleux et prétendre porter à la scène des sentiments simples et naturels, ce fait prouve que, dans la pratique, le règne de la « belle nature » n'était nullement menacé par la forme donnée aux revendications de la « vraie nature ». Les deux tendances se mêlent dans beaucoup d'œuvres de cette époque, selon l'exemple fourni par Fénelon dans son *Télémaque*. Il faut noter aussi qu'elles relèvent d'une même conception de l'art. La « grande règle » est de plaire, avaient proclamé les classiques. Développant cette définition hédoniste, qui s'accorde pleinement avec ses propres tendances philosophiques et morales, Fontenelle cherche à préciser les conditions psychologiques de l'art « d'agréer ». Son goût personnel demeure tout aristocratique, mais sa théorie des émotions superficielles, qui ne reconnaît qu'une différence de degré entre l'émotion esthétique et l'émotion vulgaire, va dans le sens du naturalisme bourgeois. La même remarque vaut pour les *Réflexions critiques sur la poésie et la peinture,* publiées par l'abbé Dubos en 1719 et rééditées en 1733 [1]. L'importance du livre ne vient pas seulement de la

---

1. Le titre de l'ouvrage rappelle le fameux *ut pictura poesis* d'Horace, devenu un lieu commun de la critique littéraire.

variété et de l'ampleur toutes nouvelles de ses vues, ni de l'influence qu'il a exercée sur la génération suivante, mais d'abord de ce qu'il éclaire la façon dont les tendances divergentes de son époque, pressentiments d'un art bourgeois, conventions de l'art aristocratique, peuvent coexister dans une même doctrine.

***

Plaire en imitant la nature : ce précepte résume l'esthétique classique, et l'abbé Dubos qui place son livre sous le patronage d'Horace songe moins à le contredire qu'à en accorder les termes. Il est des passions douloureuses que les hommes devraient fuir au théâtre comme ils cherchent à les éviter dans leur vie quotidienne. L'expérience prouve au contraire qu'à la scène comme en peinture le spectacle du malheur a toujours la faveur du public. Quel plaisir apporte donc l'imitation artistique d'une réalité pénible ? Pas plus que Fontenelle Dubos n'envisage l'aspect créateur de l'art; lui aussi place la solution de ce paradoxe dans la distance que l'imitation établit entre la réalité et sa copie : l'efficacité de l'art vient de son impuissance à reproduire exactement la nature. « L'imitation la plus parfaite n'a qu'un être artificiel, elle n'a qu'une vie empruntée, au lieu que la force et l'activité de la nature se trouvent dans l'objet imité » [1]. Assez vivante pour nous épargner l'ennui, qui est notre ennemi le plus cruel, l'œuvre d'art ne l'est jamais au point de nous affecter douloureusement. Comme Fontenelle, Dubos identifie l'émotion esthétique et l'émotion vulgaire, entre lesquelles il ne discerne qu'une différence d'intensité. C'est là une conséquence de son sensualisme : goûter une œuvre d'art, c'est sentir, et la vivacité du plaisir esthétique se mesure à celle des émotions que l'on a éprouvées [2].

Cette explication empiriste du goût entraîne deux séries de conséquences. L'une concerne la matière des œuvres, l'autre le public qualifié pour les juger. Dans ces deux domaines, Dubos semble d'abord vouloir faire preuve d'un grand libéralisme. L'art lui paraît devoir être aussi varié que la vraie nature; le talent du peintre se reconnaît, selon lui, à son habileté à rendre le détail caractéristique d'une physionomie; les passions sont universelles, mais leur uniformité s'altère et s'individualise sous l'effet de circonstances particulières, l'âge, le sexe, la profession [3]. La

---

1. *Réflexions critiques*, t. I, Première partie, Section III, p. 27.
2. *Ibid.*, p. 26. « La copie de l'objet doit pour ainsi dire exciter en nous une copie de la passion que l'objet y aurait excitée. » On voit que, pour expliquer le plaisir esthétique, Dubos n'a pas besoin d'invoquer l'existence d'un instinct spécifique, d'un « sixième sens » qui serait celui de la beauté. Son sensualisme est très différent de l'intuitionnisme d'un Shaftesbury, avec lequel on l'a souvent confondu. Cf. CASSIRER, *op. cit.*, Ch. VII, 4 ; et A. LOMBARD, *L'abbé Dubos, un initiateur de la pensée moderne, 1670-1742*, 1913, Deuxième partie, Ch. II, p. 214.
3. *Loc. cit.*, XIII.

nature humaine est informée et diversifiée par la société. Il est donc absurde de vouloir l'enfermer dans le moule étroit des préjugés d'une caste. Dubos ironise au sujet des « porte-houlette doucereux » de la pastorale : leur fadeur et leur fausseté proviennent, dit-il justement, de ce que les auteurs d'églogues, prisonniers des conventions du genre, n'ont pas su observer autour d'eux la condition des vrais bergers [1]. Mais la diversité de la nature n'est pas seulement d'origine sociale ; le monde est plus riche de formes et de couleurs que ne le croyaient les Anciens ; les chevaux représentés par la statuaire antique n'ont pas l'élégance et la noblesse de ceux que produit le nord de l'Angleterre ; pour toutes sortes d'animaux les « nations industrieuses » savent, en croisant les races, créer des espèces plus belles. Ainsi l'idée que l'homme se fait de la « belle nature » varie dans l'espace et dans le temps, avec sa connaissance du réel :

« Tant que les hommes découvriront des pays inconnus, et que leurs observateurs pourront leur en apporter de nouvelles richesses, il sera vrai de dire que la nature, considérée dans les portefeuilles des peintres et des sculpteurs, ira toujours en se perfectionnant » [2].

Aussi divers qu'une réalité dont il n'est pas près d'épuiser la richesse, l'art n'est pas fait pour un public trop restreint. Dubos tient que le sentiment est meilleur juge, en matière de beauté, que le raisonnement [3]. Cette affirmation est dans la logique de son système hédoniste et rappelle la réponse souvent opposée par les grands auteurs classiques aux arguties des doctes : « Un ouvrage qui touche beaucoup » ne peut être vraiment contre les règles [4]. En donnant à l'une des idées favorites de Molière et de Racine une expression systématique Dubos ne cherche évidemment pas à assujettir la beauté au caprice des goûts individuels. Les mêmes causes produisant partout les mêmes effets, tous les hommes doivent, à son avis, sentir et juger de la même manière [5]. Sans doute la nature

---

1. *Ibid.*, XXII, pp. 174-175, « Je ne saurais approuver ces portes-houlette doucereux qui disent tant de choses merveilleuses en tendresses et sublimes en fadeur dans quelques-unes de nos églogues. Ces prétendus bergers ne sont point copiés, ni même imités, d'après nature, mais ils sont des êtres chimériques, inventés à plaisir par des poètes qui ne consultèrent jamais que leur imagination pour les forger. Ils ne ressemblent en rien aux habitants de nos campagnes et à nos bergers d'aujourd'hui : malheureux paysans, occupés uniquement à se procurer par les travaux pénibles d'une vie laborieuse de quoi subvenir aux besoins les plus pressants d'une famille toujours indigente. L'âpreté du climat sous lequel nous vivons les rend grossiers, et les injures de ce climat multiplient encore leurs besoins. Ainsi les bergers langoureux de nos églogues ne sont point d'après nature ; leur genre de vie dans lequel ils font entrer les plaisirs les plus délicats, entremêlés des soins de la vie champêtre, et surtout l'attention à bien paître leur cher troupeau n'est pas le genre de vie d'aucun de nos concitoyens ».
2. *Ibid.*, XXXIX, pp. 389-392.
3. *Ibid.*, t. II, Deuxième partie, Section XXII, sq.
4. *Ibid.*, p. 323.
5. *Ibid.*, pp. 331-332, « Tous les hommes, à l'aide du sentiment intérieur qui est en eux, connaissent sans savoir les règles, si les productions des arts sont de bons ou de mauvais ouvrages, et si le raisonnement qu'ils entendent conclut bien ».

met-elle entre eux des différences physiologiques : tous n'ont pas, par exemple, la même acuité visuelle; d'autre part, les organes des sens sont plus ou moins éveillés suivant l'usage qu'on en fait et l'éducation vient encore diversifier la nature. Celle-ci n'en demeure pas moins une et identique dans son fond. « Tous les hommes, qui jugent par sentiment, constate Dubos, se trouvent d'accord un peu plus tôt ou un peu plus tard sur l'effet ou sur les mérites d'un ouvrage » [1]. Pour être impressionniste, la critique de sentiment n'est pas individualiste. Le sentiment esthétique est aussi universel que la nature humaine. Fort de cette conviction, Dubos rejette les prétentions des spécialistes à imposer leur goût au public. S'il existe un « bon goût », et notre auteur n'en doute pas un seul instant, c'est celui du genre humain, non d'une minorité. La sensibilité des gens de métier est émoussée par l'habitude dans le domaine qui leur est propre, et trop déformée par leur spécialité pour qu'ils jugent sûrement de celle des autres [2]. Ainsi la voix de la nature est en matière d'art le guide le moins trompeur. « Tous les hommes peuvent juger des vers et des tableaux parce que tous les hommes sont sensibles, et que l'effet des vers et des tableaux tombe sous le sentiment » [3].

Tout le réel est matière d'art; l'art s'adresse à tous les hommes. Ramenée à ces deux formules, la doctrine de Dubos serait singulièrement audacieuse. Mais la lecture des *Réflexions critiques* conduit à nuancer beaucoup ce jugement. Riche en exemples, le livre de Dubos témoigne le plus souvent d'un goût très timoré. Ce contraste entre des vues théoriques souvent originales et des conclusions pratiques des plus conformistes serait, somme toute, assez banal si notre auteur n'était particulièrement habile à faire entrer les unes et les autres dans un même corps de doctrine. Tous les hommes sont sensibles, mais puisque l'acuité de leurs sens est d'autant plus vive qu'ils les exercent plus souvent, leur goût sera d'autant plus sûr que leurs expériences artistiques auront été plus nombreuses et plus variées. Un empirisme conséquent fait confiance à la culture, plutôt qu'à la nature. Mais la logique de Dubos coïncide opportunément avec les préjugés d'un bourgeois honnête homme, plus porté à imiter les belles manières de l'aristocratie qu'à conserver celles du peuple. Celui-ci est susceptible d'émotions, mais incapable de formuler un véritable jugement critique :

« Je ne comprends point le bas peuple, déclare dédaigneusement Dubos, dans le public capable de prononcer sur les poèmes ou sur les tableaux, comme de décider à quel degré ils sont excellents. Le mot de public ne renferme ici que les personnes qui ont acquis des lumières, soit par la lecture, soit par le commerce du monde. Elles sont les seules qui puissent marquer le rang des

---

1. *Ibid.*, XXIII, pp. 352-353. Voir aussi première partie, XXXXIX, pp. 489-491.
2. *Ibid.*, Première partie, XXV.
3. *Ibid.*, XXIV, p. 360.

poèmes et des tableaux, quoiqu'il se rencontre dans les ouvrages excellents
des beautés capables de se faire sentir au peuple du plus bas étage et de l'obliger
à se récrier. Mais comme il est sans connaissance des autres ouvrages, il n'est
pas en état de discerner à quel point le poème qui le fait pleurer est excellent,
ni quel rang il doit tenir parmi les autres poèmes. Le public dont il s'agit est
donc borné aux personnes qui lisent, qui connaissent les spectacles, qui voient
et qui entendent parler de tableaux, ou qui ont acquis, de quelque manière
que ce soit, ce discernement qu'on appelle goût de comparaison... » [1].

Réflexion de bon sens et, plus encore, constatation d'un état de fait.
Au temps de Dubos, et à d'autres époques, ce n'est pas « le bas peuple »
qui détient les critères du bon goût. Mais, avec la naïveté insidieuse qui
lui est propre, Dubos assimile la culture de l'esprit et « le commerce du
monde ». Il ne libère l'art du dogmatisme des pédants que pour l'asservir
aux préjugés « des honnêtes gens ». De l'imitation de la vraie nature on
se trouve ainsi ramené à celle de « la belle nature »... Notion toute relative, notre auteur, comme nous l'avons vu, en convient volontiers. Il
n'en prétend pas moins astreindre l'art au respect de principes intem-
porels dans lesquels on reconnaît aisément les « bienséances » mondaines,
ou même le goût le plus étroitement classique. Les tendances réalistes
de Dubos restent à l'état de virtualités. Sa critique du genre pastoral
tourne court : en s'élevant contre les faux bergers de l'églogue, princes
travestis, il ne souhaite pas leur voir substituer de vrais bergers, mais
tout simplement de vrais princes [2]... En matière de peinture son goût
est particulièrement étriqué. Dubos ignore ou dédaigne les tendances
nouvelles de la peinture de son temps. Dix ans après la mort de Roger
de Piles, alors que la querelle des Poussinistes et des Rubénistes, est déjà
bien lointaine, il hésite encore à prendre position, ou incline à préférer
le dessin à la couleur [3]. S'il lui arrive de citer R. de Piles, c'est pour le
contredire et lui reprocher d'avoir égalé Véronèse à Le Brun, et négligé
la supériorité du second dans le domaine de la « composition poétique » [4].
Dubos entend par là, à la manière du P. Le Bossu ou de l'abbé d'Aubi-
gnac, l'unité d'action et la vraisemblance. On voit par cet exemple combien
son jugement artistique reste encombré de considérations « littéraires ».
Comme l'indique le titre de son ouvrage, la peinture demeure pour lui,
au même titre que la poésie, essentiellement une rhétorique.

L'étroitesse de ses partis pris se manifeste surtout dans ses réflexions
sur les différents sujets traités par les peintres. Trop intellectualiste pour
s'intéresser aux paysages, Dubos ne soupçonne pas un seul instant l'inté-

---

1. *Ibid.*, t. II, Deuxième partie, XXII, pp. 334-335.
2. *Ibid.*, t. I, Première partie, XXII, p. 175.
3. *Ibid.*, XLVIII sq., Sur R. de Piles et l'évolution du goût en France à la fin du
XVIIe siècle, cf. A. FONTAINE, *Les doctrines d'art en France, de Poussin à Diderot*, 1903,
Ch. V. Le goût de Dubos ne retarde pas seulement sur celui des amateurs, mais aussi sur
celui de l'Académie : voir en particulier l'éclectisme d'Antoine Coypel dans l'*Épître en
vers d'un père à son fils sur la peinture*. Paris, J. d'Estienne, 1708.
4. *Ibid.*, XXXI.

rêt que pouvait présenter cette sorte de tableaux pour rapprocher la peinture du réel, et la libérer des traditions d'atelier ou des canons académiques ; rien n'est plus étranger à cet apologiste du sentiment que le sentiment de la nature :

« Le plus beau paysage, fût-il du Titien ou du Carrache, ne nous émeut pas plus que ne le ferait la vue d'un canton de pays affreux ou riant : il n'est rien dans un pareil tableau qui nous entretienne, pour ainsi dire ; et comme il ne nous touche guère, il ne nous attache pas beaucoup. Les peintres intelligents ont si bien connu, ils ont si bien senti cette vérité que rarement ils ont fait des pays déserts et sans figures »[1].

La peinture « intelligente », c'est donc d'abord la peinture d'histoire, qui s'inspire de la tragédie pour présenter le tableau dramatique de quelque grande passion : de là vient l'importance qu'attache aux « figures » et à l'« expression » ce fidèle admirateur de Charles Le Brun[2]. Chez Poussin, par exemple, Dubos n'apprécie guère que le moraliste, habile à illustrer une certaine idée par l'attitude qu'il prête à ses personnages et la composition générale de son tableau ; le paysagiste le laisse à peu près indifférent, et l'on chercherait en vain dans les pages qu'il consacre au peintre de l'*Arcadie* et des *Funérailles de Phocion* un seul mot sur ces lointains « bizarres » et « sauvages » qui enchantaient l'imagination de Fénelon[3]. En vertu du même préjugé Dubos fait preuve d'un grand dédain pour les natures mortes et la peinture de genre[4]. Son retard par rapport à Fénelon est ici encore très visible. L'auteur de la *Lettre sur les occupations de l'Académie française* savait apprécier dans les scènes villageoises d'un Téniers le charme de la simple vérité[5]. Celui des *Réflexions critiques* s'efforce bien à un jugement nuancé sur la peinture flamande et hollandaise ; il loue la sincérité artisanale de ces « peintres flegmatiques », leur art du clair-obscur, mais il leur reproche d'avoir eu un génie étroitement borné :

« Sans invention dans leurs expressions, incapables de s'élever au-dessus de la nature qu'ils avaient devant les yeux, ils n'ont peint que des passions basses et une nature ignoble. La scène de leurs tableaux est une boutique, un corps de garde, ou la cuisine d'un paysan : leurs héros sont des *faquins...* »[6]

---

1. *Ibid.*, VI, p. 52.
2. Les conférences académiques de Le Brun exercent encore une grande influence au début du xviiie siècle. Voir par exemple sa *Conférence sur l'expression générale et particulière*, Amsterdam-Paris, 1698, rééditée notamment en 1718, et un recueil de gravures, *Expression des passions de l'âme représentées en plusieurs têtes gravées d'après les dessins de feu M. Le Brun*, Paris, J. Audran, 1717.
3. « Le paysage que Le Poussin a peint plusieurs fois, et qui s'appelle communément L'Arcadie ne serait pas si vanté s'il était sans figures » (*loc. cit.*, t. I, VI, p. 53). Sur cet aspect de la sensibilité artistique de Fénelon voir son *Jugement sur différents tableaux*, (*Œuvres*, III, p. 818) et deux de ses *Dialogues des morts*, où Poussin s'entretient tour à tour avec Parrhasius et Léonard de Vinci, et enfin la *Lettre à l'Académie*, V, *Projet de poétique*.
4. *Loc. cit.*, Première partie, VI et X.
5. *Loc. cit.*, V.
6. *Op. cit.*, t. II, VII, pp. 68-69.

L'art est-il donc autre chose que la simple reproduction des apparences sensibles ? Le réalisme naïf des peintres du *Quatrocento* suscite également l'ironie de Dubos :

« On dessinait alors scrupuleusement la nature, mais sans l'anoblir. On finissait les têtes avec tant de soin qu'on pouvait compter les poils de la barbe et des cheveux... » [1].

Même s'il est justifié, ce reproche paraît contredire la définition toute naturaliste que notre auteur avait précédemment donnée de l'imitation. Alors que le charme principal de la musique réside, selon lui, dans l'harmonie imitative [2], et celui d'une nature-morte dans l'art du trompel'œil [3], comment peut-il souhaiter voir les peintres s'élever au-dessus de la nature ? Ou bien l'art est le reflet fidèle et immédiat du réel, ou bien il opère une véritable reconstruction de la réalité. Chacune de ces deux conceptions est, en bonne logique, exclusive de l'autre, et on ne peut les invoquer toutes deux sans contradiction. Dubos a pourtant de bons motifs pour ne pas choisir, car du point de vue hédoniste qui est le sien la difficulté disparaît. Sa théorie des émotions superficielles nie que l'art ajoute quoi que ce soit à la nature : Dubos en conclut, avec une apparence de raison, que ce qui, dans le réel, ne touche pas ne peut toucher dans l'art; aussi son libéralisme esthétique est-il finalement aussi limité que le public auquel il accorde le monopole du bon goût. Naturalisme et idéalisme se rejoignent dans l'exigence d'une nature « anoblie », où la bonne société puisse se reconnaître. Comme Charles Perrault, Dubos assimile en effet la transposition artistique de la réalité à une idéalisation toute conventionnelle. Les mots qu'il emploie prouvent cette confusion. La nature « anoblie » s'oppose à la nature « ignoble » comme la statuaire antique ou les Vierges de Raphaël aux bambochades de Téniers.

Riches en aperçus originaux, les *Réflexions critiques* n'en demeurent pas moins un livre conservateur qui met beaucoup d'érudition et d'ingéniosité à défendre les conventions de la « belle nature ». Par rapport à ses contemporains, la principale originalité de Dubos est de préférer la pompe de Le Brun aux grâces élégantes de Watteau et de Lancret. Ce novateur est d'abord un attardé. Sans doute n'a-t-il pas la superstition du passé : passionné d'opéra [4], il ne rejette pas non plus cette autre invention « moderne » qu'est le poème en prose [5]. Mais sa prédilection pour l'Anti-

---

1. *Ibid.*, XIII, p. 175.
2. *Ibid.*, t. I, XLV.
3. *Ibid.*, X.
4. *Ibid.*, XLV. Cf. LOMBARD, *op. cit.* Première partie, Livre I. Dubos déplore cependant les invraisemblances de ce nouveau genre dramatique (*loc. cit.*, XLVI).
5. *Loc. cit.*, XLVIII, p. 485 : « Il est de beaux poème sans vers, comme il est de beaux vers sans poésie, et de beaux tableaux sans un riche coloris ». A l'appui de cette remarque, Dubos cite deux poèmes en prose : le *Télémaque*, bien entendu, mais aussi *La Princesse de Clèves*...

quité perce en maints passages de son livre. La distinction qu'il établit entre le « goût de comparaison » et le jugement spontané lui permet de justifier habilement ses partis pris. S'il invoque l'un pour exclure le « bas peuple » du privilège de fixer le mérite des ouvrages, ou pour expliquer le peu d'estime que lui-même et ses contemporains accordent au nom jadis si glorieux de Ronsard [1], sa confiance dans la sûreté de l'autre l'incite à écrire que, malgré la diversité des siècles, « la vénération pour les bons auteurs de l'Antiquité durera toujours » [2]. Son empirisme lui dicte à la fois ces deux certitudes : le goût se perfectionne avec la culture, mais il ne se rétracte jamais. A vrai dire, la seconde idée qui fonde en raison l'autorité de la tradition finit pas prendre beaucoup plus d'importance que la première dans le système de Dubos. A la différence de Perrault ou de Fontenelle, notre auteur ne veut pas admettre que le progrès des connaissances entraîne celui du raisonnement : les Anciens, dit-il, étaient moins savants que les Modernes, mais ils avaient autant de justesse d'esprit [3]. Et, surtout, les Anciens avaient davantage de « génie », ce qui suffit à leur assurer la supériorité dans le domaine des lettres [4]. La façon dont Dubos définit le « génie » n'a rien de romantique ; ce n'est pas, pour lui, une faculté mystérieuse ni une vocation surnaturelle, mais tout simplement le produit nécessaire d'un tempérament : s'il passe assez vite sur les bases physiologiques du génie, Dubos insiste beaucoup, en revanche, sur sa dépendance à l'égard du climat [5]. Le génie ne relève pas de la culture, mais seulement de la nature, et surtout de la nature physique [6]. Les hommes de génie se multiplient lorsque, dans un climat privilégié comme celui de la Grèce, de l'Italie ou de la France, des causes physiques plus particulières viennent momentanément fournir à l'action des « causes morales » un appui décisif. Avant Voltaire Dubos formule ainsi une théorie des « siècles », qui concorde avec les préférences de son goût : le quatrième siècle en Grèce, celui de César et d'Auguste, le pontificat de Jules II et de Léon X, le règne de Louis XIV sont les grandes époques de l'histoire où le génie des artistes a le mieux réussi dans l'imitation de la belle nature [7]. En 1719 égaler le siècle de Louis XIV aux trois précédents n'est plus une audace bien grande : cette apparente concession aux Modernes perd encore de sa portée lorsque Dubos précise que toute période brillante est suivie d'une inévitable décadence [8] ; il n'est pas besoin de forcer beaucoup sa pensée pour lui attribuer l'idée que son propre siècle est ainsi sur la pente du déclin.

---

1. *Ibid.*, t. II, XXXI, p. 426.
2. *Ibid.*, XXXIII.
3. *Ibid.*
4. *Ibid.*, XXXIX.
5. Cf. ci-dessous, Ch. XI, 3.
6. *Op. cit.*, t. II, I.
7. *Ibid.*, XII, sq.
8. *Ibid.*, XIII, *Seconde et troisième Réflexions,* notamment p. 222.

L'hédonisme esthétique de l'abbé Dubos apparaît finalement ployable en tous sens. Une analyse superficielle pourrait voir dans son apologie du « sentiment » une réaction originale contre les excès d'un rationalisme desséchant. En fait les *Réflexions critiques* doivent beaucoup plus qu'on ne croirait à l'époque où elles ont été écrites. « Dans les choses qui sont du sentiment comme le mérite d'un poème, écrit Dubos, l'émotion de tous les hommes qui l'ont lu ou qui le lisent, leur vénération pour l'ouvrage, sont ce qu'est une démonstration en géométrie » [1]. Le sentiment est aussi universel que la raison, et pour juger de la beauté d'un ouvrage l'évidence du plaisir est un guide aussi infaillible que peut l'être l'évidence rationnelle pour atteindre la vérité [2]. Enfin l'empirisme de Dubos est lui aussi en accord avec l'esprit scientifique de son temps : Fontenelle veut unir l'expérience au raisonnement et considère que la clarté d'une démonstration géométrique est un idéal d'intelligibilité beaucoup plus qu'une méthode de découverte. Et si l'on ajoute que les « géomètres de la Régence » sont souvent, en morale, des épicuriens, on concevra que le livre de Dubos vise moins à contredire ses contemporains qu'à mettre en système ce que d'autres, avant lui, avaient simplement ébauché.

En réalité l'étude des premières théories esthétiques du XVIIIe siècle fait ressortir clairement un fait capital. La ligne de partage n'est pas entre les rationalistes et les défenseurs du sentiment, mais entre deux conceptions de la nature humaine, dont l'une est encore théologique, l'autre déjà « philosophique ». C'est dans la mesure où il est rallié à la seconde que Dubos contredit partiellement les vues de certains « géomètres ». En 1715, dans son *Traité du Beau*, Crousaz refusait d'admettre une définition purement hédoniste de la beauté; définir le beau par le plaisir qu'on éprouve à le contempler, ce serait, disait le professeur suisse, renoncer à lui attribuer une existence indépendante du caprice des goûts individuels [3]. S'il faisait une place au sentiment dans sa définition du « bon goût », Crousaz laissait en matière d'art le dernier mot à la raison [4]. Bien rares sont, à l'en

---

1. *Ibid.*, XXXIV, Citation empruntée à R. NAVES, *op. cit.*, p. 105.
2. Ce point à été justement souligné par R. NAVES, *op. cit.*, pp. 103-106 après avoir été signalé par Lanson dans son article sur les *Origines et premières manifestations de l'esprit philosophique dans la littérature française de 1675 à 1748, R.C.C.*, décembre 1907 à avril 1910.
3. *Op. cit.*, Ch. I. Lorsqu'un plaideur que son procès préoccupe fait l'éloge d'un tableau, il est bien incapable d'éprouver la moindre sensation agréable : « Il y a donc une beauté indépendante du sentiment, et notre esprit renferme des principes spéculatifs qui nous apprennent à décider, de sang froid, si un objet est beau ou ne l'est pas ». (*Ibid.*, ch. II, p. 11). Si notre géomètre peut s'extasier sur la beauté d'un triangle, c'est, dit-il, parce que les principes naturels du beau coïncident avec ceux de la géométrie : variété, uniformité, régularité, ordre et enfin proportion dont l'idée résume les quatre caractères précédents (Ch. III). Ainsi la variété de l'univers créé se réduit-elle, pour le physicien moderne, à l'effet de quelques lois très simples : « Partout la diversité se réduit à l'uniformité pour nous apprendre à remonter de toutes choses à une seule » (*Ibid.*, p. 13).
4. *Ibid.*, Ch. VII, pp. 68-69. « Le bon goût nous fait d'abord estimer par sentiment ce que la Raison aurait approuvé, après qu'elle se serait donné le temps de l'examiner assez pour en juger sur de justes idées. Et ce même bon goût nous fait d'abord rejeter par un

croire, les personnes dont le sentiment naturel va toujours dans le sens de la raison. Le Créateur avait établi une complète harmonie entre nos idées et nos sentiments, mais il y a loin de notre nature actuelle à la « première constitution de l'homme »[1]; pour Crousaz le divorce qui se manifeste fréquemment entre la raison et les sens prouve la corruption de notre nature :

> « Si nos sens et notre cœur étaient dans leur intégrité,il y aurait un parfait accord de nos sensations et de nos passions avec les lumières de notre Raison; mais il y a longtemps que cette harmonie est troublée »[2].

L'auteur du *Traité du Beau* est cependant lui-même un penseur trop libéral pour croire cette rupture définitive et totale, et nous le verrons protester, en morale, contre le pessimisme outrancier de Bayle[3]. De même remarque-t-il que, si notre faiblesse nous égare souvent, elle nous ramène aussi à une juste notion de la beauté; nous avons besoin, en effet, pour éviter l'ennui qui nous guette, d'éprouver des impressions vives et variées; aussi demandons-nous à l'art d'imiter du mieux possible la richesse déployée par le Créateur dans le spectacle du monde. Crousaz n'ose pas dire « que celui qui nous a donné l'être nous a surtout fait pour ces objets-là »[4] — entendons les objets sensibles —, car la proposition serait sans doute peu conforme à une saine théologie, mais il se félicite que, jusque dans sa corruption actuelle, notre nature trouve dans la réalité des choses de quoi satisfaire ses penchants. Son esthétique se situe donc à mi-chemin entre la théologie et la philosophie : ce qui le sépare surtout de Dubos, c'est que pour ce dernier la distinction de la nature intègre et de la nature déchue est manifestement une idée morte qui ne mérite plus la moindre mention.

Une nouvelle idée de l'homme, qui sera celle du xviiie siècle, apparaît donc à la lecture des *Réflexions critiques*. Mais l'intérêt du livre réside peut-être encore plus dans les tendances contradictoires qu'autorise également son inspiration hédoniste. En assimilant l'émotion esthétique à l'émotion brute, Dubos apporte une justification théorique au goût du pathétique qui se développe dans la littérature de son temps. Pathétique de l'horreur et pathétique de la vertu peuvent l'un et l'autre s'auto-

---

sentiment qui déplaît ce que la Raison aurait condamné ensuite d'un examen éclairé et judicieux. Le mauvais goût au contraire nous fait sentir avec plaisir ce que la Raison n'approuverait pas et ne nous laisse rien voir d'aimable dans ce qu'on ne manquerait pas d'estimer, si on le connaissait mieux. Il y en a qui naissent avec un tempérament si heureux, et avec des organes des sens et de l'Imagination si bien disposés que rien ne se fera sentir à eux agréablement qui ne soit digne du nom de beau et n'en ait la réalité ; mais la plupart ont besoin de corriger, ou du moins de perfectionner le naturel par l'habitude... »

1. *Ibid.*, p. 64.
2. *Ibid.*, Ch. VI, p. 53.
3. Voir ci-dessous, Ch. VI, 1.
4. *Op. cit.*, Ch. VII, pp. 75-77.

riser de ses analyses. Et l'on découvre même dans son ouvrage des idées et des suggestions dont Diderot saura tirer parti : recherche du langage le plus apte à l'expression directe des émotions, conviction que la peinture est, en ce sens, plus naturelle que la poésie, puisqu'elle n'emploie pas de signes arbitraires [1]; enfin, intérêt porté à la danse et à la pantomime comme moyens d'expression plastiques [2]. En revanche l'hédonisme de Dubos est aussi restrictif que celui de Fontenelle ou de Perrault lorsque le principe de l'imitation de la nature se rétrécit en imitation de la « belle nature » : précurseur du naturalisme bourgeois, Dubos conserve tous les préjugés d'un goût aristocratique. Il convient cependant de relever un dernier trait qui atténue beaucoup ce contraste : notre auteur se fait de la « belle nature » une idée plus sévère qu'il n'est habituel aux environs de 1720. Le point d'équilibre de ses tendances opposées, c'est son admiration pour les Anciens qui ont su unir la noblesse et la vérité. En 1719 ce culte voué à l'Antiquité pouvait paraître aux admirateurs de La Motte une survivance anachronique, mais dix ou quinze ans plus tard, au tournant du demi-siècle, il vaudra à Dubos d'être adopté comme un des leurs par tous ceux qui s'efforceront de réagir, au nom du « grand goût » classique, contre le goût trop aimablement frivole de la période précédente.

---

1. *Op. cit.*, t. I, XL, p. 394. « Je parle peut-être mal quand je dis que la peinture emploie des signes. C'est la nature elle-même que la peinture met sous nos yeux. Si notre esprit n'y est pas trompé, nos sens du moins y sont abusés. La figure des objets, leur couleur, les reflets de la lumière, les ombres, enfin tout ce que l'œil peut apercevoir, se trouve dans un tableau comme nous le voyons dans la nature. Elle se présente dans un tableau sous la même forme où nous la voyons réellement. Il semble même que l'œil ébloui par l'ouvrage d'un grand peintre croie quelquefois apercevoir du mouvement dans ses figures ». Mais, à la différence de Diderot, Dubos ne croit guère en 1719 que le théâtre puisse rivaliser en ce domaine avec la peinture : réduite à raconter ce qu'elle ne peut représenter directement, la tragédie est contrainte, selon lui, de n'être « que l'imitation d'une imitation, et une seconde copie » (*Ibid.*, XII, p. 102).

2. Voir sa *Dissertation sur les représentations théâtrales des Anciens*, qui forme la troisième partie des *Réflexions critiques* dans l'édition, en trois volumes, de 1733.

2. — *A la recherche de la « belle nature » : l'exemple des Anciens*

En 1739 le président de Brosses évoque avec regret « le grand goût naturel de l'antique, qui régnait dans le siècle précédent » [1]. Ce rappel nostalgique d'une grandeur passée n'est pas une attitude isolée. Et l'on pourrait citer de nombreux témoignages d'un état d'esprit analogue. Le second tiers du siècle est marqué par un regain d'admiration pour l'Antiquité, comme la génération de La Motte l'avait été par les prétentions des Modernes. Depuis la disparition de leur chef de file, survenue en 1731, ces derniers sont de plus en plus réduits à la défensive : encore est-il difficile d'apprécier l'ampleur réelle de la revanche des Anciens. Les affirmations de principe sont loin de correspondre toujours à la réalité des œuvres, et le retour à l'Antique que beaucoup de contemporains du président de Brosses appellent de leurs vœux est moins un fait qu'une aspiration. La rupture avec la période précédente est d'autre part beaucoup moins tranchée que ne pourrait le laisser croire le nombre des déclamations sur la corruption du goût moderne : en croyant s'opposer à leurs devanciers, les apologistes du « grand goût » se bornent souvent à prendre inconsciemment leur suite, non sans perpétuer aussi certaines de leurs équivoques. A travers l'opposition superficielle du « sentiment » à la raison géométrique, ou du passé au présent, on retrouve en effet, après 1730, — développées et mûries — les deux tendances entre lesquelles hésitaient déjà les « géomètres ». Un besoin sincère de vérité cherche confusément à s'exprimer *contre* les conventions de la « belle nature »; du *Télémaque* à la comédie larmoyante, les progrès limités de l'esprit bourgeois se mesurent à la distance qui sépare l'utopie sentimentale et le naturalisme édifiant [2]. Mais parallèlement à cette évolution — dont l'étude sera esquissée plus loin — les aspirations nouvelles de la classe moyenne s'expriment aussi *à l'intérieur* de l'héritage classique; c'est pourquoi le retour à l'Antique, qui aboutit après 1740 à un effort doctrinal pour définir l'essence du Beau, a lui-même une signification ambiguë : refus plus ou moins total du présent, et attitude toute négative, mais aussi réaction saine contre la tyrannie esthétique des boudoirs et la frivolité cynique des « petits maîtres » [3].

---

1. DE BROSSES, *Lettres... d'Italie*, 8 octobre 1739, *op. cit.*, t. I, p. 221.
2. Voir ci-dessous. Ch. V, 3.
3. Sur le personnage du « petit maître », voir la substantielle introduction de Frédéric DELOFFRE à la comédie de MARIVAUX, *Le petit maître corrigé*, édition critique, *Textes littéraires français*, Droz et Giard, 1955.

Revenir aux Anciens, c'est pour beaucoup de critiques une exigence morale autant qu'un besoin esthétique. Les deux points de vue étaient déjà intimement mêlés dans la pensée de Fénelon. En 1726 Rollin liait également la décadence du goût et celle des mœurs ; et en dénonçant l'une et l'autre comme les vices de son siècle il proposait à ce double fléau un même remède : le retour à une « noble simplicité », le sens des « beautés naturelles », et de la vraie grandeur qui est toujours sans apprêts [1]. Ce janséniste rejoignait l'auteur de la *Lettre à l'Académie* dans la préférence marquée à la belle campagne sur les jardins trop « peignés » [2]. Mais cette prédilection pour la « simple nature » n'allait pas jusqu'à nier ce que le « bon goût » doit à la raison et à la culture. Comme Fénelon, Rollin estimait précisément découvrir chez les Anciens cet heureux équilibre de l'instinct et de la raison, de la nature et de « l'éducation », qui fonde les « principes immuables » du goût [3]. Guidé par cette conviction qui lui inspirait de fines analyses des divers « genres et caractères de l'éloquence » [4], il donnait lui-même l'exemple de la fidélité aux « bons auteurs », dans son enseignement comme dans son style. Aussi était-il particulièrement qualifié pour appeler ses collègues de l'Université à lutter sans relâche autour d'eux contre les séductions du mauvais goût moderne [5]. Mais le procès de ce dernier ne devait pas se plaider seulement devant le petit monde des collèges. Pour Rollin, la défense de l'humanisme classique était un devoir professionnel : on n'en peut dire autant des mondains ou des « philosophes » qui, après 1730, se mettent à leur tour à déplorer, avec des nuances diverses, mais un sérieux de plus en plus marqué, la vaine frivolité de leur temps.

C'est en 1733, deux ans après la mort de La Motte, que Voltaire publie son *Temple du Goût*. S'il peut être considéré comme le bilan critique de la période précédente, ce texte montre bien que son auteur n'entend pas la renier tout entière. Voltaire conserve alors tout son mépris d'antan pour la foule des « commentateurs » au teint jaune,

---

1. *De la manière d'enseigner et d'étudier les belles lettres par rapport à l'esprit et au cœur*, Paris, 1726-28. L'ouvrage est plus connu sous le nom de *Traité des Études*. Voir les *Réflexions générales sur ce qu'on appelle le bon goût* (T. I, *Discours préliminaire*, Seconde partie, II). Après avoir illustré par l'exemple de Sénèque le passage nécessaire de la licence des mœurs à celle du style, Rollin formule sur son temps ce jugement sévère : « Il semble que ce mauvais goût de pensées brillantes et d'une sorte de pointes, qui est proprement le caractère de Sénèque, veuille prendre le dessus dans notre siècle. Et je ne sais si ce ne serait point un indice et un présage de la ruine dont l'éloquence est menacée parmi nous, et dont le luxe énorme qui règne plus que jamais, et la décadence presque générale des mœurs, sont peut-être aussi de funestes avant-coureurs » (*loc. cit.*, édit. 1740, p. LXV).

2. *Réflexions générales sur les trois genres d'éloquence*, *ibid.*, t. I, p. 406.

3. *Discours préliminaire*, *loc. cit.*, p. LV-LXVI.

4. Voir le développement qu'il donne à la théorie des trois tons (le simple, le tempéré et le sublime), *op. cit.*, Livre IV, ch. III, t. I, p. 377 sq. Cf. R. NAVES, *op. cit.*, p. 80.

5. *Discours préliminaire*, *loc. cit.*, p. LXVI.

« ...les Daciers, les Saumaises,
Gens hérissés de savantes fadaises »[1].

Pour lui, comme pour le Montesquieu des *Lettres Persanes,* ou pour
La Motte, ces compilateurs ont le tort de vivre aux dépens de la pensée
d'autrui : l'esprit philosophique perce déjà dans cette remarque, derrière
le dédain traditionnel de l'honnête homme pour les cuistres. Aussi n'est-il
pas surprenant qu'après avoir dénoncé dans l'*Œdipe* en prose de La
Motte un crime de lèse-poésie, Voltaire juge l'auteur avec indulgence.
Le poète de *L'Europe galante* pourra pénétrer « hardiment » dans le temple,
mais non sans avoir piétiné « quelque temps » devant le parvis que
Perrault assiégeait en vain depuis cinquante ans : l'expiation serait légère
s'il n'était contraint de brûler la plus grande partie de son œuvre[2]. Gardienne des clés du temple, la déesse Critique l'invite alors à y retrouver
« le sage Fontenelle » : non pas le poète précieux et un peu mièvre, mais
le librettiste de l'opéra *Thétis et Pélée,* et surtout l'auteur des *Mondes,*
devenu l'animateur de l'Académie Royale des Sciences[3]. Une allusion
malveillante à une « comédie métaphysique » qui représente certainement
le théâtre de Marivaux précise l'impression du lecteur. De toute évidence,
si Voltaire redoute la sécheresse de l'esprit de géométrie, il ne part pas
en guerre contre la raison, mais contre l'artifice du prétendu « bel esprit ».
La préciosité le choque encore plus que le prosaïsme. Son idéal esthétique
est résumé par sa description de la demeure du Dieu :

« Simple en était la noble architecture;
Chaque ornement à sa place arrêté,
Y semblait mis par la nécessité :
L'art s'y cachait sous l'air de la Nature... »[4].

Formules traditionnelles, proches aussi de celles de Rollin : le
contexte leur donne cependant un accent plus personnel. Ce naturel d'un
art aussi discret que savant n'a pas la sévérité un peu contrainte de Versailles ou de l'éloquence classique, mais la douceur élégante de Quinault[5].
L'éloge convenu que Voltaire adresse à la « docte peinture » de l'école
française ne l'empêche pas de regretter que Poussin ou Lebrun n'aient
pas su, à l'instar de Rubens, donner à leurs tableaux « le coloris de la
nature »[6], et il y a aussi beaucoup de sympathie dans les vers aimables

---

1. *Le Temple du goût,* édit. critique par E. Carcassonne, Société des textes français
modernes, Paris, Droz, 1938, p. 66.
2. *Ibid.,* pp. 72-77.
3. *Ibid.,* pp. 78-79.
4. *Ibid.;* p. 70.
5. « Le sage Boileau » se réconcilie avec le collaborateur de Lulli : « Je le vis qui em-
brassait Quinault par ordre exprès du Dieu, mais il y avait trop de contrainte dans ses
embrassements, et Quinault lui pardonnait d'un air plus naturel. » (*Ibid.,* p. 93).
6. *Ibid.,* p. 81.

et détendus que lui inspirent La Fare et Chaulieu [1]. Revenu d'Angleterre
où sa pensée a mûri, Voltaire demeure fidèle aux amitiés et aux goûts
de sa jeunesse. Son admiration pour le Grand Siècle va de pair avec ses
ambitions nouvelles de philosophe, mais s'accommode d'un épicurisme
délicat. Ce n'est pas seulement son rationalisme que Voltaire hérite de
l'époque précédente; les « naïves beautés » auxquelles le visage du dieu
du goût doit sa séduction viennent du cœur comme de l'esprit :

> « Le sentiment et la finesse
> Brillent tendrement dans ses yeux :
> Son air est vif, ingénieux » [2].

Cette « tendresse » est celle de *Zaïre* [3], non le pathétique indiscret
contre lequel Voltaire s'insurgera plus tard : elle rappelle aussi les
« grâces » un peu fades du *Télémaque*. Le *Temple du goût* reproche à Fénelon
la verbosité de son style, et le titre de « poème » abusivement donné à son
roman [4]; mais il doit beaucoup à son exemple dans sa tendance manifeste
à assouplir la rigueur classique. Comme Fénelon Voltaire aime une simplicité raffinée et sans austérité. Aussi son admiration, un peu conventionnelle, pour la sobriété antique, coexiste-t-elle, chez l'épicurien qu'il
est encore en 1732, avec la sensualité discrète du mondain. De là vient
le caractère composite de son goût : Voltaire a le sens du beau, mais il
le confond souvent avec le joli [5].

La même contradiction est encore plus visible en 1734 dans les
Lettres sur le goût de Rémond de Saint-Mard. Chez Voltaire l'esprit philosophique naissant mêlait le sérieux du Grand Siècle à la frivolité épicurienne et assurait l'équilibre de ses tendances opposées. La « philosophie » de Saint-Mard n'est guère que le prolongement direct de sa vie
de riche désœuvré [6]. On pourrait donc s'étonner de voir cet amateur de
jouissances délicates se muer en censeur des mœurs contemporaines, et

---

1. *Ibid.*, p. 84.
2. *Ibid.*, p. 80.
3. Voir la lettre à M. de la Roque, publiée dans le *Mercure* d'août 1732, où Voltaire
se vantait d'avoir écrit « une tragédie tendre » et fait parler au second acte de sa tragédie,
dans la scène de la double reconnaissance, « la voix de la nature ».
4. *Op. cit.*, p. 92.
5. C'est ce que lui reproche Montesquieu à cette époque : « Voltaire n'est pas beau ;
il n'est que joli ». *Pensées*, 896 (925). Avec les années, le goût de Voltaire deviendra cependant plus exigeant et plus étroitement classique. Les variantes de son poème de 1733
permettent de suivre avec précision cette évolution. Voir l'*Introduction* d'E. Carcassonne
à son édition critique du *Temple du goût*, *op. cit.* Cf. *Le Siècle de Louis XIV*, Ch. I, XXXI-
XXXIV et *Catalogue*, ainsi que divers articles du *Dictionnaire philosophique* (*Anciens et
Modernes, Épopée, Français, Goût*, etc...).
En 1744 Voltaire saluera en ces termes la « hauteur d'âme » de Vauvenargues : « Le
grand, le pathétique, le sentiment, voilà mes premiers maîtres, vous êtes le dernier, je
vais vous lire encore » (A M. de Vauvenargues, 4 avril 1744). Mais la même lettre prouve
qu'il ne s'illusionnait pas sur les limites de son propre talent : « Si vous étiez né quelques
années plus tôt, dit-il encore, mes ouvrages en vaudraient mieux... »
6. Voir ci-dessous, Ch. IX, 2,

imputer en particulier aux progrès du luxe la perte du « grand goût » de l'époque Louis XIV [1]. Passe encore qu'il proteste contre la sécheresse de l'esprit de géométrie : on n'attendait pas de sa part de grandes marques d'intérêt pour le rationalisme moderne [2]. Mais il est difficile d'imaginer Pétrone dans le rôle de Quintilien ou de Juvénal : c'est pourtant ce dernier personnage que Saint-Mard prétend assumer, pour freiner la contagion du mauvais goût [3]. En réalité son esthétique s'éclaire par sa morale dont nous verrons le caractère étriqué : morale du repli sur soi et du refus indolent des transformations sociales. Ce n'est pas par inadvertance que Saint-Mard rend le Système de Law responsable de la décadence du goût en France :

« Il faut à l'imagination pour enfanter de belles choses — note-t-il ingénûment — du calme, de la tranquilité, une certaine joie douce que produit l'aisance, et, ce qui est plus nécessaire encore, un état fixe et assuré dans la fortune des citoyens » [4].

Or les spéculations de la rue Quincampoix ont détruit cette heureuse stabilité : tout en se réjouissant que le ministère du cardinal Fleury veille désormais à la sécurité des situations acquises, Saint-Mard n'ose se promettre qu'il en sera toujours ainsi. Les menaces qu'il sent peser sur l'avenir lui inspirent la nostalgie d'une époque moins troublée. Pour lui le « grand goût » des années 1660 à 1680 a une valeur de symbole : c'est le signe d'une société stable où, sans craindre la concurrence des nouveaux riches ou les aventures monétaires, chacun pouvait encore jouir en paix de la fortune amassée par ses ancêtres [5].

La signification étroitement défensive de cette référence aux traditions artistiques du Grand Siècle permet de comprendre pourquoi le goût de Saint-Mard est en pratique fort éloigné de celui de Rollin. Les « belles choses » qu'apprécie notre auteur, ce sont surtout les délicatesses de la littérature bucolique. Sans doute reproche-t-il à Fontenelle de vouloir que les bergers aient « de l'esprit fin et galant » : selon lui, ils devraient au contraire se borner à *sentir*, sans prétendre raisonner [6]. On

---

1. *Première lettre sur la naissance, les progrès et la décadence du goût, Œuvres mêlées*, 1742, t. I, p. 269 sq.
2. *Ibid.*, p. 282. Quelques années plus tard, le président de Brosses impute également à l'esprit de géométrie deux défauts opposés, la froideur et la frivolité. « A force d'analyse, d'ordre didactique et de raisonnements très judicieux, où il ne faudrait que du génie et du sentiment, nous sommes parvenus à rectifier notre goût en France, au point de substituer une froide justesse, une symétrie puérile, ou de frivoles subtilités métaphysiques, au grand goût naturel de l'antique qui régnait dans le siècle précédent » (*loc. cit.*). Protestation d'un « honnête homme », un peu superficiel, qui regrette le temps où la culture pouvait être uniquement littéraire : plus désintéressée que celle de Saint-Mard, cette attitude demeure, elle aussi, surtout négative.
3. *Op. cit., Troisième lettre sur les causes de la décadence du goût*, p. 319.
4. *Ibid.*, p. 307. Cf. ci-dessous, Ch. IX, 2.
5. *Ibid.*, pp. 308-313.
6. *Réflexions sur l'églogue, ibid.*, t. III, pp. 87-88.

pourrait voir dans cette remarque le désir d'introduire dans l'églogue plus de vérité. Saint-Mard ne va-t-il pas jusqu'à écrire qu'une certaine grossièreté est en l'espèce un moindre mal qu'une trop fine politesse [1] ? Mais c'est à l'*Astrée* qu'il demande un exemple de fidélité à la vraie nature, et ce trait suffit à indiquer ce qu'il entend par simplicité champêtre [2]. Le « sentiment » qu'il goûte n'est pas plus primitif que la vie qu'il souhaite voir mener aux héros de la pastorale :

« Je ne me soucierai pas qu'on me parlât de châtaignes et de fromage dans une églogue; je voudrais des bergers presque comme seraient des gens du monde, que le monde n'aurait pas corrompus, qui auraient de l'esprit, mais qui n'en feraient jamais usage parce qu'ils en feraient continuellement de leur cœur » [3].

A retrouver ainsi chez Rémond de Saint-Mard, qui juge « un peu trop rustiques » [4] les bergers de Théocrite, les mêmes préjugés que nous avions déjà rencontrés chez Fontenelle ou La Motte, nous comprenons que son goût ne se distingue du leur que par de bien subtiles nuances. Il les accuse d'avoir plus d'esprit que de « génie », et c'est à propos de La Motte qu'il a cette réflexion ironique : « Quand on n'est appelé à rien par la Nature, on peut hardiment aller à tout » [5]. Mais l'idée qu'il se forme du génie créateur est singulièrement étroite. Le génie est spontané, tandis que l'esprit calcule... « On dit qu'il faut être le maître de sa matière : cependant on n'est vif, agréable, naturel, disons mieux, on n'est beau qu'autant qu'on est entraîné par elle [6]. » Le *beau* se réduit donc à une agréable vivacité. Notre auteur n'essaie même pas de défendre, à l'exemple de Voltaire, les productions monstrueuses ou absurdes du « génie d'invention »; ses maîtres ne sont pas Homère ou Shakespeare, mais Racine et La Fontaine, et, plus encore, Quinault, curieusement rapproché de Pascal : « Trouvez-moi des La Fontaines, des Quinaults, des Pascals, trouvez-moi des esprits mâles, sans dureté, délicats sans afféterie, précis sans sécheresse » [7].

Rémond de Saint-Mard faisait-il vraiment des *Pensées* son livre de chevet ? On est tenté de le croire plus familier de Quinault que de Pascal. Son dessein de revenir à la nature n'a guère que des côtés négatifs; en vain chercherait-on chez cet « esprit stérile » [8] la moindre idée neuve. Son refus du monde moderne et de la civilisation mercantile s'exprime par

---

1. *Ibid.*, p. 51. « Je m'accommode encore plus volontiers de la rusticité de la campagne que de la subtilité de la ville. Cette subtilité me réveille l'idée de tous les vices qui y règnent. »
2. *Ibid.*, pp. 94-95.
3. *Ibid.*, p. 53.
4. *Ibid.*, p. 52.
5. *Lettre deuxième sur les causes de la décadence du goût, loc. cit.*, p. 302.
6. *Ibid.*, p. 293.
7. *Ibid.*, *Troisième lettre...* p. 319.
8. Le mot est de Montesquieu, *Pensées*, 1137 (941).

la voie de l'évasion pastorale qui satisfait à bon compte son besoin de
« naturel ». Le jugement qu'il porte sur ses contemporains, assimilés aux
Romains de la décadence, est un aveu indirect : à l'âge de la « philosophie » conquérante, Saint-Mard est l'un des derniers survivants de l'épicurisme aristocratique, incapable de s'adapter aux tendances nouvelles de
son époque. Il faut rappeler qu'en 1734 également Voltaire publie ses
Lettres philosophiques, où il insère une traduction du monologue d'*Hamlet*,
et où il analyse de nouveau, avec un sens critique qui n'exclut pas l'admiration, les « monstres brillants » qu'engendre le génie anglais [1]. Le même
contraste apparaît si l'on rapproche les réflexions désabusées de Saint-
Mard des *Lettres juives* du marquis d'Argens, qui sont de 1736. Polygraphe infatigable, d'Argens n'a rien d'un épicurien nonchalant.
Contraint de renoncer au métier des armes, il s'enrôle sous la bannière
de la philosophie. De Hollande, puis de Prusse, où sa liberté d'expression
est assurée, il s'emploie à répandre un déisme anticlérical qui doit beaucoup à Bayle et à Locke, et anticipe sur les luttes de Voltaire [2]. On
retrouve le même sérieux dans ses remarques sur la peinture de son temps.
Rien de plus sincère, assurément, que les critiques véhémentes adressées
par ce militant de l'esprit nouveau aux goûts artistiques de ses contemporains. D'Argens dénonce la vaine légèreté de son siècle; beaucoup
moins indulgent que Voltaire à l'égard de Watteau et de ses imitateurs,
il les rend responsables de la décadence moderne. « Aujourd'hui, déplore-
t-il, tous les appartements ne sont plus remplis que de colifichets qui
ressemblent beaucoup moins à de vrais tableaux qu'à de simples éven-
tails» [3]. Sans doute son jugement apparaît-il parfois sommaire, et sa
sensibilité artistique un peu superficielle : ainsi lorsqu'il condamne des
tableaux d'après leur sujet, sans vouloir distinguer Watteau de Lancret,

---

1. *Lettres philosophiques*, XVIII.

2. Cf. E. Johnston, *Le Marquis d'Argens*, Paris, 1928 ; et P. Vernière, *Spinoza*,
op. cit., t. II, pp. 407-412.

3. *Lettres juives*, *op. cit.*, t. VI, lettre 197, p. 71. Cf. *Ibid.*, lettre 196, pp. 59-60 : « Les
Français ont un mot dans leur langue, mon cher Isaac, qui autorise les plus grandes sot-
tises, qui donne le droit de condamner les choses les plus approuvées et qui met à la mode
les gens qui s'en servent. Tu jugeras d'abord que ce mot doit être beaucoup en usage chez
les « Petits Maîtres ». Aussi l'emploient-ils dans toutes les occasions : et le *goût* (car c'est
là ce terme qui a tant de pouvoir) se trouve presque toujours placé dans les conversations,
quelque ridicules qu'elles soient (...) Un seigneur remplit-il son cabinet d'un nombre de
tableaux dont les figures n'ont ni noblesse de composition, ni correction de dessin, et les
préfère-t-il aux ouvrages des Raphaëls, et des Titiens? C'est le *goût* qui le veut ainsi.
Autrefois les gens grossiers estimaient la peinture sans la connaître. Aujourd'hui il n'en
est pas de même : *le bon goût* veut que l'on préfère les colifichets des *Watteaux* et des *Lan-
crets* aux nobles compositions des *Carraches* et des *Tintorets*. Un petit maître méprise-t-il
les sciences et ceux qui les cultivent ; condamne-t-il sans les avoir jamais lus, tous les
auteurs grecs et romains? C'est le goût qui lui fait porter un jugement aussi sensé ».
On voit qu'à la différence de Rémond de Saint-Mard et du président de Brosses, d'Argens
ne songe pas à opposer le nouvel esprit scientifique et l'humanisme antique, également
étrangers aux « petits maîtres ». Sur Watteau son jugement est aussi sévère dans ses
Réflexions critiques sur les différentes écoles de peinture, Paris, 1752, pp. 228-229. Voltaire
était plus indulgent, du moins dans la Préface de sa *Mariamne*, sinon dans le *Temple du
goût* (*op. cit.*, p. 67). Cf. R. Naves, *op. cit.*, p. 372.

sous prétexte que l'un et l'autre peignent également des scènes de la comédie italienne. Mais la sincérité toute désintéressée de ses partis pris n'est pas sujette à caution; et l'on conçoit que ce « philosophe » qui admire les Anciens s'indigne de voir la peinture reléguée au rang d'une décoration de boudoirs.

Sous la plume du marquis d'Argens, l'hommage rendu aux « grands génies » du passé prend donc un sens tout différent de celui qu'il avait chez un Rémond de Saint-Mard. Provincial, issu d'une famille de parlementaires, l'auteur des *Lettres juives* n'éprouve aucune sympathie particulière pour la noblesse de cour et l'aristocratie parisienne. Homme d'action devenu homme d'études, d'Argens n'a rien d'un esprit frivole. Aussi ne peut-il se satisfaire des raffinements aimables que lui offre l'art de son temps. A ce titre sa protestation a une valeur exemplaire, et elle préfigure les combats esthétiques de Diderot. Mais l'analogie s'arrête là : Diderot saura opposer Greuze, et surtout Chardin, à Boucher, et définir une doctrine nouvelle. Celle du marquis d'Argens est aussi peu personnelle que possible. Exception faite de son goût pour l'art du portrait, dont il reconnaît l'importance (encore s'agit-il de ces continuateurs de Le Brun que sont Largillière et Hyacinthe Rigaud), on ne décèle chez lui aucun pressentiment d'un possible renouvellement réaliste de la peinture. Insensible à la lumière des paysages de Watteau, il est excusable d'ignorer Chardin dont la longue carrière ne fait que commencer. Mais il connaît assez bien, en revanche, la peinture flamande et hollandaise; or le commentaire qu'il en donne semble directement inspiré par les préjugés de l'abbé Dubos :

« Van Dyck, affirme t-il, a été le seul dessinateur flamand dont les ouvrages ne se soient point ressentis du génie de sa nation et de l'air du climat. Rubens, Otto Venius, et tous leurs élèves, ont dessiné très souvent d'une manière lourde et pesante. Malgré mille beautés dont leurs tableaux étincellent, on on y voit toujours un certain goût flamand, lourd, matériel, et éloigné de la façon légère des Italiens, fidèles imitateurs des beautés de l'Antique. Les femmes peintes par Raphaël, Corrège, Carlo Maratti, ont quelque chose de divin. Les simples nymphes, dans leurs ouvrages, ressemblent à des Déesses; mais souvent dans ceux des flamands, les Déesses ressemblent à de grosses chambrières »[1].

Négligeons les incertitudes d'un goût qui ne distingue pas les épigones des grands maîtres et place un Carlo Maratta au même niveau que Raphaël... L'intention de ce texte est en elle-même parfaitement claire. A la frivolité des modernes d'Argens ne sait opposer qu'une *nature* aussi

---

1. *Lettres juives, op. cit.*, t. III, lettre 95, p. 137. Protégé du pape Clément XI, Carlo Maratta a peint au XVIIᵉ siècle d'innombrables madones d'une fadeur tout angélique, très admirées de ses contemporains.

conventionnelle que les « colifichets » galants ou grivois qui lui paraissent
si choquants. A l'instar de Dubos il demande aux Anciens non des leçons
de vérité, mais le modèle figé d'une beauté définie une fois pour toutes.
De l'œuvre de Rubens il ne retient guère que la galerie Médicis ; encore
n'est-ce pas sans exprimer des réserves :

> « J'ai vu dans le Palais du Luxembourg, à Paris, la célèbre galerie peinte
> par Rubens. Le sang coule dans les figures tracées sur la toile par cet habile
> peintre. La Nature n'a point un coloris plus parfait : mais elle a quelque chose
> de plus délicat dans les contours ; l'on peut dire que Rubens aurait été le
> premier de son art, s'il fût né en Italie... »[1].

La référence à la « nature » dénote ici tout le contraire d'un dessein
réaliste, puisqu'elle justifie le refus *a priori* d'un aspect du réel. On comprend mieux par cet exemple tout ce que comportait d'artifice l'ambition
de restaurer au XVIIIᵉ siècle la sévérité du « grand goût » antique. Lorsqu'ils ne se laissent pas séduire, malgré eux, par la grâce frivole qu'ils
condamnent, les admirateurs des Anciens ne savent guère que se guinder,
à la manière du marquis d'Argens, dans un refus aveugle de toutes les
nouveautés : étrangers à l'art vivant qui se fait sous leurs yeux, ils se
contentent alors de ressasser des définitions mortes, et de réduire la beauté
en recettes[2].

Dans les dix dernières années du demi-siècle, on assiste, dans le
domaine de l'esthétique, à un vigoureux effort de définition doctrinale.

---

1. *Ibid.*, p. 138.
2. Vauvenargues déplore de même que son siècle ait perdu le sens du « sublime »
(Lettre à Voltaire, 4 avril 1743, in *Œuvres choisies*, édit. H. Gaillard de Champris, p. 317)
et proclame que la vraie beauté n'est jamais sans grandeur : « Il faut donc avoir de l'âme
pour avoir du goût » (*Introduction à la connaissance de l'esprit humain, ibid*, p. 61). Pour lui,
l'*âme* s'oppose à l'*esprit*, toujours superficiel et frivole. Mais cette aspiration sincère à
la vraie grandeur avorte en une définition toute conventionnelle de la « belle nature »
(*Discours sur les mœurs de ce siècle, ibid.*, p. 104), qui l'empêche, par exemple, de goûter
la force du réalisme de Molière, jugé mesquin et grossier (*Égée ou le Bon esprit*, in *Essai
sur quelques caractères, ibid.*, p. 147). Un autre exemple de cette incapacité à donner un
contenu positif à l'exigence de sérieux et de grandeur dans l'art, qui se fait progressivement jour entre 1730 et 1750, nous est donné par Lafont de Saint-Yenne. On sait qu'avec
ses *Réflexions sur quelques causes de l'état présent de la peinture en France* (1747), écrites à
propos du Salon de 1746, celui-ci est, avant Diderot, le véritable fondateur de la critique
d'art en France. A la suite de Dubos, Lafont de Saint-Yenne affirme la validité du jugement des connaisseurs, éclairés « par cette lumière naturelle que l'on appelle sentiment »
(p. 3) ; il apprécie les paysages d'Oudry, où la nature se montre, dit-il, « parée de ses
beautés naïves et rurales » (p. 69) mais son audace s'arrête là. Regrettant le goût marqué
par ses contemporains pour l'art du portrait (*ibid.*, p. 22), affirmant que les sujets traités
par Chardin sont indignes de son talent (pp. 109-111), il reste, lui aussi, étroitement prisonnier des poncifs de l'art aristocratique ; s'il demande à la peinture autre chose que
la poésie légère et piquante du « charmant Watteau », à laquelle il n'est pas insensible
(pp. 97-100), s'il apprécie les beautés toutes nouvelles des marines de Vernet — qui en-
thousiasmeront Diderot — (pp. 100-104), son grand homme demeure Le Brun, « l'Homère
et le Quinte-Curce de Louis XIV » (p. 86) ; aussi regrette-t-il le déclin de la peinture d'histoire, conçue de la manière la plus académique, puisqu'il voudrait voir les peintres emprunter aux Anciens à la fois leurs sujets et leurs principes (p. 8)...

Les théoriciens qui méditent alors sur l'essence du beau cherchent moins à apporter des idées neuves qu'à donner une expression systématique de celles de leurs prédécesseurs. Doublement tributaires de leur temps, ils développent les tendances hédonistes de Fontenelle, mais empruntent à leurs devanciers immédiats une conception plus sévère de la « belle nature ». Une certaine hardiesse idéologique va de pair, dans leur définition du beau, avec le plus étroit conformisme. Soucieux de défendre la réalité objective de la beauté et d'éviter l'écueil du pyrrhonisme, ils ne sont pas moins désireux de montrer que le « beau idéal » répond aux besoins affectifs de la nature humaine, en même temps qu'aux exigences de la raison. L'esthétique naissante veut être à la fois une métaphysique des valeurs et une psychologie des besoins : à cette ambiguïté qui se cristallise autour de la notion de nature on reconnaît la marque du demi-siècle.

L'*Essai sur le Beau* que le P. André publie en 1741 prolonge directement l'idéalisme mathématicien du début du siècle. Persécuté pour sa fidélité à la philosophie de Malebranche, l'auteur place son livre sous le patronage de Platon et de saint Augustin. Il distingue trois degrés dans la beauté : un « beau essentiel, et indépendant de toute institution, même divine »; un « beau naturel » créé par Dieu et indépendant de l'opinion des hommes; enfin un « beau arbitraire » qui est une invention humaine, mais ne doit pas pour autant relever du « pur caprice »[1]. Le « beau essentiel » se confond avec la « géométrie naturelle » qui est pour l'artiste, comme pour le physicien, la réalité la plus profonde[2]. Le « beau naturel » est le monde sensible des formes et des couleurs, dont la variété infinie a été faite pour le plaisir des yeux[3]. Comme exemple de « beau arbitraire » le P. André cite les cinq ordres de l'architecture classés et définis par Palladio et les règles de Vitruve[4]; en réalité, il convient également, selon lui, de reconnaître trois sortes de beau arbitraire :

« Un Beau de génie, fondé sur une connaissance du Beau essentiel, assez étendue pour se former un système particulier dans l'application des règles générales, ce que nous admettons dans les arts; un Beau de goût, fondé sur un sentiment éclairé du Beau naturel — ce que l'on peut admettre dans les modes avec toutes les restrictions que demandent la modestie et la bien-

---

1. *Essai sur le Beau où l'on examine en quoi consiste précisément le Beau, dans le physique, dans le moral, dans les ouvrages de l'esprit et dans la musique*, Paris, 1741, Ch. I, p. 8. — Sur le P. André, voir ci-dessus, Ch. II, 4.

2. *Ibid.*, p. 14.

3. *Ibid.*, p. 25. Ceci n'est pas vrai seulement du spectacle du monde, mais aussi de ceux qui ont été créés pour le contempler. Le P. André explique ainsi la diversité des races : « Dans ce partage d'agréments, il [Dieu] n'a point oublié les spectateurs, nés des merveilles de sa puissance. Il a, comme un habile peintre, diversement colorié les hommes pour les rendre les uns à l'égard des autres un spectacle encore plus ravissant que le ciel et la terre » (*ibid.*) Mais la race blanche est la plus belle de toutes, puisque sa couleur est plus proche de la lumière... (p. 29).

4. *Ibid.*, p. 44 sq.

séance —; enfin un Beau de pur caprice, qui, n'étant fondé sur rien, ne doit être admis nulle part, si ce n'est peut-être sur le théâtre de la comédie » [1].

Bien qu'en partie contingent, le Beau a donc une valeur universelle; l'art imite la nature, elle-même sous-tendue par un ordre intelligible; le beau exprime l'essence des choses et s'identifie au vrai; c'est pourquoi, en dernier ressort, il relève de la raison :

« J'appelle *Beau* dans un ouvrage de l'esprit non pas ce qui plaît au premier coup d'œil de l'imagination dans certaines dispositions particulières des facultés de l'âme ou des organes du corps, mais ce qui a droit de plaire à la raison et à la réflexion par son exellence propre, par sa lumière ou par sa justesse, et, si l'on me permet ce terme, par son agrément intrinsèque » [2].

La fermeté de ce rationalisme esthétique fait du P. André le continuateur de Crousaz; mais son système est suffisamment élaboré pour lui permettre d'éviter plus facilement que son prédécesseur les pièges de l'abstraction. Grâce à se distinction entre le *Beau essentiel* et le *Beau naturel,* notre auteur rejoint en effet l'univers concret de l'expérience commune. La raison humaine analyse et admire les rapports mathématiques qui fondent l'ordre universel des choses; mais, dans le domaine qui lui est propre, le jugement des sens a une égale validité : images grandes ou gracieuses, sentiments nobles ou délicats, « mouvements pathétiques » forts ou tendres [3], apportent au vrai, dans les œuvres d'art, une parure que la raison ne peut désapprouver. Les besoins du corps sont aussi légitimes que ceux de l'esprit, à condition de leur être subordonnés, comme le « beau naturel » l'est au « beau essentiel ». Le plaisir que procure celui-ci est purement intellectuel; celui-là

« plaît à l'esprit en tant qu'uni au corps, indépendamment de nos opinions et de nos goûts, mais avec une dépendance nécessaire des lois du Créateur, qui sont l'ordre de la nature » [4].

Tout en affirmant le primat de l'esprit sur le corps, et celui de la vérité sur les ornements du discours, le P. André se garde de méconnaître la dualité de notre nature, à la fois spirituelle et charnelle. Ainsi peut-il soutenir que le « beau naturel » répond aux besoins de la nature humaine, sans s'exposer par là au reproche de relativisme. Car les lois de notre nature reflètent celles de la sagesse divine qui l'a créée. De même que notre esprit participe des vérités éternelles, le « sentiment » nous révèle

---

1. *Ibid.*, p. 62.
2. *Ibid.*, Ch. III, p. 141.
3. *Ibid.*, pp. 154-157.
4. *Ibid.*, p. 142.

les vérités contingentes de la Création : vérités morales qui règlent nos devoirs naturels envers les autres hommes; vérités esthétiques que reproduit le génie des artistes [1].

Dans le cosmos du P. André, comme dans l'univers de Malebranche, on trouve difficilement trace de la souillure du péché. L'homme y est naturellement accordé à l'ordre général, et par conséquent à Dieu. La place que ce système rationaliste fait au sentiment traduit le refus d'un divorce entre la nature humaine et la nature des choses. Nous rencontrons ici le thème essentiel de l'optimisme du demi-siècle, pressenti par Fontenelle, et qui s'épanouit dans la littérature philosophique de 1740 : les faiblesses de l'homme ne sont plus représentées comme le signe de sa corruption, mais comme un élément de l'ordre universel. En bon géomètre, le P. André s'attache tout particulièrement à l'analyse du « beau musical » : la musique est un langage divin, mais aussi celui qui parle le mieux à l'âme dont elle excelle à traduire les mouvements; il existe en effet une sympathie indéniable entre nos émotions et certains sons naturels; de là vient la supériorité de la musique, et surtout de la musique vocale, sur la peinture qui nous demeure beaucoup plus extérieure [2]. D'autres auteurs appliquent le même raisonnement à deux des qualités les plus communément reconnues de la « belle nature », l'uniformité et la variété. C'est à ce double caractère de l'univers matériel que la « nouvelle physique » décèle surtout la Sagesse et la Puissance du Créateur : les esthéticiens s'évertuent à prouver qu'il ne correspond pas seulement aux exigences de la raison et d'une nature humaine idéale, mais aussi aux besoins de notre nature empirique. Montesquieu s'était peut-être souvenu des réflexions de Crousaz sur le même sujet [3] lorsqu'il notait dans son *Essai sur le goût,* que l'âme demande à la fois de la symétrie et de la variété; la première lui épargne la fatigue [4], la seconde satisfait et sa curiosité intellectuelle et l'instabilité qui lui vient de son union avec le corps :

« Notre âme est lasse de sentir : mais ne pas sentir, c'est tomber dans un anéantissement qui l'accable. On remédie à tout en variant ses modifications : elle sent et elle ne se lasse pas » [5].

En 1746 l'abbé Batteux développe à son tour cette idée devenue fort banale : notre âme, à la fois faible et forte, a besoin d'exercice mais en redoute l'excès; un ouvrage qui est en même temps un et divers est

---

1. *Ibid.*, Ch. II, *Sur le beau dans les mœurs.*
2. *Ibid.*, Ch. IV, *Le beau musical*, notamment p. 258 sq. Alors que la peinture, précise André, est superficielle, immobile et instantanée, la musique a pour elle la profondeur, le mouvement et la durée. (p. 294).
3. Cf. ci-dessus, p. 287.
4. MONTESQUIEU, *Essai sur le goût, Des plaisirs de la symétrie, Œuvres, op. cit.*, t. I, p. 621. Publié en 1755 dans l'*Encyclopédie*, ce petit traité semble avoir été rédigé, pour sa plus grande partie, entre 1726 et 1728.
5. *Ibid., Des contrastes*, p. 624.

donc assuré de lui plaire [1]. Ainsi, écrit encore le même auteur, l'amour-propre qui est « le ressort de tous les principes du cœur humain » détermine également l'idée que nous nous formons de la beauté [2]. Le beau n'est pourtant pas arbitraire, puisqu'il se confond avec le vrai et le bon ; il y a, pour Batteux, « une proportion naturelle » entre nos inclinations et la vérité :

> « Ce penchant si fort et si marqué prouve bien que ce n'est ni le caprice ni le hasard, qui nous guident dans nos connaissances et dans nos goûts. Tout est réglé par des lois immuables. Chaque faculté de notre âme a un but légitime, où elle doit se porter pour être dans l'ordre » [3].

Définir le bon goût comme un *sentiment,* ce n'est pas l'opposer à la raison, mais affirmer son caractère *naturel.* Comme l'intelligence discursive, le goût a ses lois infaillibles et permanentes : la raison étudie les choses en elles-mêmes, le goût les considère par rapport à nos plaisirs et à nos besoins [4]. Mais cette différence de point de vue ne peut devenir une source de conflit. La Providence a voulu qu'en considérant les choses par rapport à nous, nous les découvrions aussi telles qu'elles sont en réalité. Selon Batteux, le goût est « un sentiment qui nous avertit si la belle Nature est bien ou mal imitée » [5]. Le plaisir est le critère du beau ; il ne nous laisse pas enfermés en nous-mêmes, mais implique son propre dépassement. La double définition que Batteux propose de la « belle Nature » développe excellemment l'idée de cette harmonie providentielle. La « *belle Nature* », écrit-il, est « 1º Celle qui a le plus de rapport avec notre propre perfection, notre avantage, notre intérêt ; 2º celle qui est en même temps la plus parfaite en soi » [6]. Philosophiquement, ce texte est d'une grande portée ; il signifie que notre nature n'est pas profondément corrompue, puisqu'en recherchant « notre intérêt », nous sommes assurés de découvrir la beauté parfaite. Mais Batteux ne prend pas garde que l'ambiguïté de son vocabulaire dissimule ici une pétition de principe : « perfection » n'est pas forcément synonyme d'« intérêt », et peut même impliquer tout le contraire du plaisir immédiat. Hédonisme et dogmatisme coexistent dans le système de l'abbé Batteux sans parvenir vraiment à se rejoindre, sinon à la faveur d'une équivoque qui consiste

---

1. *Les Beaux-Arts réduits à un même principe,* Paris, 1746, Deuxième partie, Ch. IV. Même point de vue dans la *Théorie des sentiments agréables* de LÉVESQUE DE POUILLY, 1747, Ch. IV : Les « lois du sentiment » attachent du plaisir à un exercice modéré de nos facultés ; tandis que la variété occupe l'esprit, l'uniformité lui épargne une dispersion vite lassante... Dans l'*Encyclopédie* l'auteur des articles *Passions* et *Plaisir* pille sans vergogne cet écrivain qui compte surtout comme moraliste. Cf. ci-dessous, Ch. VI et IX.
2. *Les Beaux-Arts réduits à un même principe, op. cit.,* Seconde partie, Ch. IV, p. 82.
3. *Ibid.,* Ch. II, p. 61.
4. *Ibid.,* Ch. I, p. 56 et Ch. II, p. 62.
5. *Ibid.,* Ch. I, p. 59.
6. *Ibid.,* Ch. IV, p. 79.

à mêler sans cesse ce que nous sommes à ce que, peut-être, nous devrions
être. Cette incertitude doctrinale n'est pas fortuite — nous la retrouverons
au cœur de cette « morale naturelle » que le xviiie siècle entend opposer
à la morale révélée — et elle ne pouvait être sans conséquences. Dans le
domaine de l'esthétique l'harmonie de l'homme et du monde, que postule
le naturalisme du siècle, se révèle déjà à double sens : on prétend établir
la science du beau sur une analyse des besoins de l'homme ; mais, en
même temps, on admet, sans preuves, que ceux-ci correspondent à la
définition de la beauté que l'on s'est donnée d'avance [1] ; au lieu d'ouvrir
à l'art des voies nouvelles, cet effort de réflexion théorique ne fait guère
que fonder en *nature* les interdits et les normes du « grand goût ».

Dans la cité idéale du P. André, les « Sages de la République des
Lettres » veillent sur l'art à la manière des « maîtres d'un goût exquis »
que Mentor chargeait de choisir les futurs artistes de Salente. Leur autorité n'a même pas besoin d'être officiellement reconnue pour s'affirmer :
il suffit qu'elle repose à la fois sur « la raison et sur l'expérience ». Telle
est la source des règles qui s'imposent aux plus grands artistes, et
contiennent dans de justes bornes l'expression individuelle de leur
génie [2]. Dieu lui-même n'est pas libre de ne pas aimer l'ordre ; les sociétés
humaines ne trouvent leur équilibre qu'en se soumettant strictement à
« l'équité des lois » [3] : comment l'art pourrait-il être affranchi de toute
contrainte ? Fidèle à Malebranche, le P. André ne conçoit pas que l'imitation de la nature puisse être autre chose qu'une imitation des lois éternelles qui font l'harmonie du cosmos ; son goût est conforme à sa philosophie, et aussi conservateur que sa politique. A première vue, l'abbé
Batteux semble plus libéral ; son rationalisme est en effet plus souple que
celui de son prédécesseur et accorde au « sentiment » une plus large autonomie. Devant la diversité empirique des goûts il faut, selon Batteux,
éviter deux excès contraires : nier l'unité du bon goût, ou les rejeter tous
au profit d'un seul. Le bon goût existe, mais personne n'en a le monopole :
« la raison en est, d'un côté dans la richesse de la Nature et de l'autre dans

1. Batteux cherche à se convaincre de la rectitude de « notre goût naturel » (*op. cit.*,
Deuxième partie, Ch. II), mais il n'y parvient pas complètement ; le goût individuel,
dit-il, dépend beaucoup de la conformation particulière des organes (*Ibid.*, Ch. VII, p. 107),
et l'on sera d'autant plus sûr de sa conformité à la raison qu'il aura été l'objet, dès l'enfance,
d'une éducation attentive (*Ibid.*, Ch. X). N'est-ce-pas avouer que la culture compte plus
ici que la nature?
2. *Essai sur le Beau, op. cit.*, Ch. III, p. 172. Le *Beau arbitraire* est « un beau artificiel
qui plaît à l'esprit par l'observation de certaines règles que les Sages de la République des
Lettres ont établies sur la raison et sur l'expérience, pour nous diriger dans nos compositions ». Le P. André accorde bien aux grands artistes la faculté de s'écarter parfois des
règles, et même du beau essentiel, mais à condition que soit sauvegardée l'*unité* de l'ouvrage, qui est la condition du beau (*Ibid.*, Ch. I, p. 51 sq ; Ch .III, p. 188 ; Ch. IV, p. 282).
En fait les exemples qu'il donne prouvent que cette liberté s'exerce dans d'étroites limites
(Cf. Ch. I, p. 44 sq).
3. L'idée d'ordre est la notion centrale du système de Malebranche ; cf. ci-dessus,
Ch. II, 2. Sur les idées politiques du P. André, développées au second chapitre de son livre
(p. 92 sq.) voir ci-dessous, Ch. VIII, 4.

les bornes de l'esprit humain » [1]. Aussi est-il absurde de vouloir exclure du domaine de l'art une partie du réel : « La Nature, c'est-à-dire tout ce qui est, ou tout ce que nous concevons aisément comme possible, voilà, déclare Batteux, le prototype ou le modèle des Arts » [2]. Cette largeur de vues est malheureusement compromise, comme c'était déjà le cas chez l'abbé Dubos, par la manière dont notre auteur conçoit l'imitation artistique du réel : on ne peut lui reprocher de vouloir la distinguer d'une simple copie [3], mais de confondre à son tour la recherche du trait caractéristique avec une fade idéalisation. Les artistes de toutes les époques, dit-il,

> « durent nécessairement se réduire à faire un choix des plus belles parties de la Nature, pour en former un tout exquis, qui fût plus parfait que la Nature elle-même, sans cependant cesser d'être naturel » [4].

Mais comment choisir dans la Nature ce qui doit être reproduit ? Comment décider que telle « partie » est plus belle qu'une autre si l'on n'a pas d'abord défini la beauté ? On en revient ainsi au point de départ, et tout le livre de Batteux se réduirait à une tautologie — pour être belle, une œuvre d'art doit imiter la belle nature — s'il n'était admis une fois pour toutes que l'Antiquité possède le privilège du bon goût et que l'art ne peut atteindre son but sans prendre les Anciens pour modèles.

Le temps viendra où le retour à l'Antique ne sera plus seulement affaire de théoriciens; les essais du P. André ou de l'abbé Batteux préparent l'accueil qui sera fait en France aux études et aux idées de Winckelmann; elles ouvrent également la voie à David. A l'âge du *Serment des Horaces* la bourgeoisie pré-révolutionnaire donnera volontiers à ses propres aspirations un vêtement d'héroïsme et de sobriété antiques. La

---

1. *Les Beaux-Arts réduits à un même principe, op. cit.*, Deuxième partie, Ch. VII, p. 103.
2. *Ibid.*, Première partie, Ch. II, p. 12. En fait la définition était classique, et la manière dont Batteux la développe ne contribue guère à la renouveler.
3. *Ibid.*, Ch. III. Batteux préconise « une imitation où l'on voit la nature non telle qu'elle est en elle-même, mais telle qu'elle peut-être et telle qu'on peut la concevoir par l'esprit » (p. 24). Cela ne l'empêche pas du reste d'affirmer que le but de la peinture est de « tromper les yeux par la ressemblance » (*Ibid.*, troisième partie, p. 249). Des tendances naturalistes coexistent donc dans sa pensée avec le plus pur académisme. Nous avons déjà rencontré cette contradiction chez Dubos, et elle a chez les deux auteurs la même source ; comme son devancier, Batteux nie que l'art soit créateur : « Les hommes de génie qui creusent le plus ne découvrent que ce qui existe déjà » (*Ibid.*, Première partie, Ch. II, p. 11 ; cf. aussi *ibid.*, Ch. I). Si l'art ne crée rien, il faut, de deux choses l'une, ou bien qu'il soit la reproduction plate et fidèle de la réalité, ou bien qu'il se conforme à un modèle imposé : en refusant presque tout au long de son livre la première hypothèse, Batteux est nécessairement conduit à adopter la seconde.
4. *Ibid.*, Ch. I, p. 8.

théorie du beau idéal cessera alors d'être un cadre vide pour recevoir
un contenu moral et politique, et elle répondra au besoin de hausser
l'énergie de la classe moyenne au niveau des grands modèles de l'Antiquité [1]. Mais vers 1750 cette époque est encore bien lointaine. Si quelques
textes rendent un son plus neuf, la plupart ne demandent aux Anciens
que le modèle figé d'une noblesse de convention [2]. Une protestation sincère contre la frivolité du siècle n'aboutit qu'à substituer partiellement
un formalisme guindé au formalisme aimable d'une « nature » galamment enrubannée. Encore existe-t-il bien des transitions imperceptibles
entre l'un et l'autre. L'abbé Batteux s'efforce de distinguer la « belle
nature » des Anciens et le « bel esprit » des Modernes [3], mais il est lui-
même trop « philosophe » pour renoncer à faire entrer dans la définition
du beau le plaisir qu'il procure. Or l'hédonisme esthétique n'est pas
moins équivoque en 1746 qu'il ne l'était vingt ou trente ans plus tôt. La
recherche d'une agréable élégance conduit à la licence raffinée des
tableaux de Boucher et des contes de Crébillon fils, comme naguère à la
sensualité un peu mièvre du *Temple de Gnide* [4]. Contre le déréglement
du goût, qui réduit l'art au rôle d'un divertissement délicatement grivois,
l'attachement aux Anciens n'était pas forcément une barrière efficace. On
admire Homère, mais on lui préfère Virgile, non sans éprouver pour
Ovide une prédilection secrète. L'Antiquité que vante le xviiie siècle
est en effet des plus composites : ami et admirateur de David, A. Chénier
voudra être le Lucrèce des temps modernes ; avant que des événements
tragiques ne l'élèvent au-dessus de lui-même, il sera surtout le poète de
Phryné et de Lycoris... Ainsi l'idéalisme de la « belle nature » continuera-
t-il longtemps à osciller entre la sévérité convenue de l'académisme et les
grâces étudiées d'un art subtilement léger et méthodiquement frivole.

---

1. Cf. Plékhanov, *La littérature dramatique et la peinture en France au XVIIIe
siècle du point de vue sociologique*, in *L'Art et la vie sociale*, Éditions sociales, Paris, 1953,
pp. 169-194.
2. Dans un fragment écrit très probablement à la fin de sa vie, Montesquieu revient
sur le reproche de trivialité si souvent adressé à Homère par les Modernes : la simplicité
des temps héroïques et la participation des rois aux différentes phases des sacrifices
expliquent, selon lui, que les héros de l'*Iliade* fassent la cuisine... S'il ne s'agissait que
d'invoquer la relativité historique des mœurs, la réplique serait fort banale. Mais on ne
s'étonnera pas que l'auteur des *Considérations* et des *Lois* rapproche cette simplicité du
contenu patriotique des poèmes homériques. Cf. *Pensées*, 2179 (865). De même le « citoyen
de Genève » fait-il passer en 1750 le souffle de ses convictions républicaines dans la rhétorique convenue de la prosopopée de Fabricius.
3. *Op. cit.*, Deuxième partie, Ch. III.
4. Selon *L'Essai sur le goût*, dont la première rédaction n'est pas très éloignée de
l'époque du *Temple de Gnide* (1725), le but de l'art est d'exciter dans l'âme « le plus de
sensations en même temps » (*op. cit., Œuvres*, t. I, p. 627). De là un singulier éclectisme :
le même Montesquieu qui apprécie les émotions fortes du théâtre de Crébillon, le pathétique vertueux de La Motte ou de Marivaux, la noble simplicité des Anciens, analyse
avec une finesse toute cérébrale le charme de la « naïveté » ; ainsi lorsqu'il évoque ce que le
commerce des deux sexes doit à la pudeur féminine (*ibid.*, p. 631).

3. — « *Belle nature* » ou « *vraie nature* » ?

Pour renoncer aux équivoques de la « belle nature » et se libérer enfin d'une « noblesse » ou de « grâces » également conventionnelles, il fallait plus qu'un retour à une Antiquité mal définie. Le renouvellement réaliste de l'art exigeait une rupture plus franche avec les normes étriquées du « bon goût » : demander aux Anciens non plus un modèle de goût, mais une leçon de vérité. Au début du siècle Dubos ou Montesquieu avaient confusément pressenti cette nécessaire distinction, lorsqu'ils opposaient le « génie » des Anciens à l'« esprit » des Modernes [1]. Mais les traditions de l'humanisme scolaire et le respect des « bienséances » étaient un obstacle bien difficile à surmonter. C'est pourquoi la découverte de Shakespeare constitue dans l'évolution des idées esthétiques du siècle un fait capital. Après Voltaire, mais plus audacieusement que lui, Diderot saura goûter, à travers Shakespeare, la grandeur sauvage du théâtre grec [2]. Dès ses premiers ouvrages critiques, on voit se former, chez l'auteur de la *Lettre sur les Aveugles*, une conception du naturel dans l'Art qui est en accord avec la philosophie de Saunderson : l'élan créateur de la nature brute a plus de beauté véritable qu'une nature cultivée et « jolie » jusqu'à l'artifice. Mais il y aura loin de cette intuition à sa mise en œuvre. L'intérêt des premiers textes de Diderot n'est pas seulement qu'ils annoncent les aspects les plus neufs de sa doctrine artistique, mais qu'ils permettent également de comprendre par quel gauchissement l'admirateur de *Macbeth* deviendra l'auteur du *Père de famille* et croira trouver en Sedaine le Shakespeare du siècle des lumières [3].

Avant 1730 l'opinion française ne connaît généralement de Shakespeare qu'un nom plus ou moins correctement orthographié [4]. Les Modernes ne sont pas mieux disposés que les partisans des Anciens à

---

1. MONTESQUIEU, *Pensées*, 117 (451).
2. Voir par exemple le *Second Entretien sur le Fils Naturel* (A.T., VII, p. 120)., l'*Essai sur la poésie dramatique* (*ibid.*, p. 371) et le *Paradoxe sur le Comédien* (VIII, p. 394).
3. *Paradoxe sur le Comédien*, VIII, p. 384. « Je le regarde comme un des arrière-neveux de Shakespeare, ce Shakespeare que je ne comparerai ni à l'Apollon du Belvédère, ni au Gladiateur, ni à l'Antinoüs, ni à l'Hercule de Glicon, mais bien au saint Christophe de Notre-Dame, colosse informe, grossièrement sculpté, mais entre les jambes duquel nous passerions tous sans que notre front touchât à ses parties honteuses ».
4. Cf. Paul VAN TIEGHEM, *Le préromantisme*, t. III, 1947, *La découverte de Shakespeare sur le continent*. On trouvera en particulier dans cet ouvrage (Ch. I) la mention des premiers textes qui donnent un aperçu sommaire du théâtre de Shakespeare. Telles la *Dissertation sur la poésie anglaise*, publiée en 1717 dans le *Journal littéraire* de la Haye (t. IX, p. 157) et la seconde des *Lettres sur les Anglais et sur les Français et sur les voyages*, de Béat de Muralt (1725).

l'égard d'une œuvre qu'ils jugent — par ouï dire — grossière et barbare. Lorsque La Motte déplore que la plupart des tragédies françaises ne soient que « des dialogues et des récits », il recommande à ses concitoyens de ne pas imiter les Anglais, tombés dans l'excès inverse [1]. Plus respectueux des règles et du goût classique, Voltaire défend contre La Motte les droits de la poésie, mais son jugement sur le théâtre anglais est beaucoup plus compréhensif :

« Je suis bien loin de proposer, dit-il, que la scène devienne un lieu de carnage, comme elle l'est dans Shakespeare, et dans ses successeurs qui, n'ayant pas son génie, n'ont imité que ses défauts; mais j'ose croire qu'il y a des situations qui ne paraissent encore que dégoûtantes et horribles aux Français, et qui, bien ménagées, représentées avec art, et surtout adoucies par le charme de beaux vers, pourraient nous faire une sorte de plaisir dont nous ne nous doutons pas » [2].

Texte positif, malgré les réserves et les conditions qu'il formule. Depuis son séjour forcé en Angleterre l'auteur de *Mariamne* reconnaît à Shakespeare « le privilège du génie d'invention » : génie irrégulier et « monstrueux », mais qui « laisse loin derrière lui tout ce qui n'est que raison et qu'exactitude ». Les pièces de Shakespeare sont des « monstres en tragédie », mais leur succès prouve qu'à côté de trop nombreuses extravagances elles recèlent d'incontestables beautés : « Il est impossible, constate Voltaire, que toute une nation se trompe en fait de sentiment, et ait tort d'avoir du plaisir » [3].

Par ricochet, pour avoir découvert Shakespeare, Voltaire apprécie mieux Homère. L'esprit et le « bon goût » de La Motte lui avaient jusqu'alors inspiré plus de sympathie que les commentaires pédants de Mme Dacier : il est désormais mieux en mesure d'apercevoir, dans ce « chaos » que sont l'*Iliade* et l'*Odyssée*, « la lumière qui y brille déjà de tous côtés [4]. Devenu moins dogmatique, son goût tient compte de la diversité historique des coutumes [5]. Et c'est sans doute un grand progrès par

---

1. LA MOTTE, *Deuxième discours sur la tragédie... à l'occasion de Romulus* (1730), *Œuvres*, t. IV, p. 183.
2. *Discours sur la Tragédie, à Milord Bolingbroke,* 1730 (placé en tête de la tragédie de *Brutus* (Moland, II, p. 318). Voltaire adresse au théâtre français le même reproche que La Motte : « Nous avons en France des tragédies qui sont plutôt des conversations qu'elles ne sont la représentation d'un événement. » (*Ibid.,* p. 314).
3. *Essai sur la poésie épique,* Moland, t. VIII, p. 318. M. Van Tieghem (*op. cit.,* p. 21) signale que ces lignes ne se trouvent pas dans l'édition anglaise de 1727, ni dans la traduction française de 1728, mais sont insérées en 1733 dans la réédition de celle-ci.
4. *Essai sur la poésie épique, ibid.*
5. « Il faut dans tous les arts se donner bien garde de ces définitions trompeuses par lesquelles nous osons exclure toutes les beautés qui nous sont inconnues, ou que la coutume ne nous a point encore rendues familières » (*ibid.,* pp. 306-307). Notons cependant que ce goût plus compréhensif s'était déjà exprimé, longtemps avant la découverte de Shakespeare, dans les *Lettres sur Œdipe,* qui sont de 1719 (Moland, t. II, p. 11 sq.). Voir notamment la troisième lettre, *Concernant la critique de l'Œdipe de Sophocle.*

rapport aux condamnations sommaires si fréquentes à la même époque. Mais il serait absurde d'exagérer cette opposition. Malgré toute son intelligence critique Voltaire demeure prisonnier des mêmes préjugés que ses aînés. Vers 1730 on est encore loin du temps où la revendication des droits du « génie » contre les conventions littéraires de la bonne société deviendra l'expression esthétique de l'individualisme bourgeois. Lorsque Voltaire loue le « génie d'invention » de Shakespeare ou d'Homère, il se garde de le dire supérieur à tous égards à la « raison exacte » de Racine ou de Virgile. Affirmer qu'avec toutes leurs beautés sublimes les drames de Shakespeare sont des « monstres », c'est leur reprocher très clairement d'être *contre nature* : car, selon Voltaire, la vraie nature s'accorde toujours avec le bon sens ; elle demande de la grandeur, mais aussi de la simplicité, et non « un amas confus d'aventures monstrueuses » ; elle s'exprime chez « les nations polies », non chez les peuples primitifs et mal dégrossis [1].

Dans les années suivantes les auteurs les plus favorables au théâtre anglais expriment rarement des vues plus audacieuses. En 1733 l'abbé Prévost renchérit, dans le *Pour et Contre*, sur l'enthousiasme de Voltaire et donne même une traduction en prose du monologue d'Hamlet [2]. Il est encore plus chaleureux en 1738 lorsqu'il vante, dans le même périodique, « l'admirable délire » du poète anglais. Mais ces éloges s'accompagnent chaque fois de critiques non moins vives. Prévost avoue lui-même « qu'un long usage des mœurs et des goûts de la nation » lui a été nécessaire avant qu'il se sentît capable de passer sur des « bouffonneries » et des irrégularités si manifestes [3]. Sa seule traduction intégrale n'est pas faite d'après l'original shakespearien, mais d'après l'adaptation qu'en avait donnée Dryden [4]. Shakespeare n'occupe qu'une place mesurée parmi tous les dramaturges anglais dont Prévost entretient ses lecteurs. « Il y aurait injustice, remarque notre critique, à le juger par les règles

---

1. *Essai sur la poésie épique, loc. cit.,* p. 309. C'est aussi le point de vue développé, en 1734, dans la dix-huitième des *Lettres philosophiques* : « Le genre poétique des Anglais ressemble jusqu'à présent à un arbre touffu planté par la nature, jetant au hasard mille rameaux et croissant inégalement et avec force ; il meurt si vous voulez forcer sa nature et le tailler en arbre des jardins de Marly » (édit. Naves, *op. cit.,*p. 109). Voltaire ne se contredit pas en parlant, quelques lignes plus haut, d'un « style trop ampoulé, trop hors de la nature » : il entend distinguer le naturel barbare des Anglais et la nature cultivée et raisonnable, qui plaît justement aux Français. Dans l'*Essai sur la poésie épique* il regrette que ses compatriotes n'aient pas « la tête épique », mais se félicite d'avoir su adapter sa *Henriade* à leur « génie sage et exact » (*loc. cit.,* p. 363). Ce jugement équilibré est une constante de l'attitude voltairienne, au delà de ses apparentes palinodies.

2. *Le Pour et Contre,* t. I, n° 12, p. 278 sq. Prévost proteste contre les inexactitudes de la traduction de Voltaire. Lui-même avait déjà vanté *Hamlet* en 1731, au tome V des *Mémoires d'un homme de qualité. Cf.* Van Tieghem, *op. cit.,* p. 56 sq., ainsi que H. Roddier, *L'abbé Prévost, l'homme et l'œuvre,* Paris, 1955, troisième partie, Ch. I, et surtout G.R. Havens, *Abbé Prévost and English literature,* Princeton-Paris, 1921.

3. *Le Pour et Contre, op. cit.,* t. XIV, 1738, (n° 195), p. 63.

4. *Ibid.,* t. VII, 1735, n°s 96 à 100, pp. 121-240. Il s'agit de *All for love or the world well lost,* adaptation de l'*Antoine et Cléopâtre* de Shakespeare.

de l'art, puisqu'il ne les a jamais connues [1]. » Comme Voltaire, et comme
beaucoup de gens de lettres le font à cette époque en Angleterre même,
Prévost accepte seulement de mettre les fautes de Shakespeare au compte
de son siècle et de son ignorance des Anciens. C'est dire que sa conception de la « nature » demeure étroitement classique, même si elle prend
parfois une coloration nettement sentimentale [2]. Ce classicisme est encore
plus marqué chez un autre bon observateur des réalités d'Outre-Manche,
l'abbé Le Blanc, qui en 1745 juge Shakespeare plus souvent monstrueux
que sublime : les productions admirables de son génie, dit-il, font un
contraste perpétuel avec celles de son mauvais goût [3]. Ainsi le naturel
de Shakespeare est trop primitif pour le goût français. Les réticences des
écrivains les mieux disposés à un effort de compréhension ont ici valeur
de test. La distinction que l'abbé Le Blanc établit entre le *goût* de Shakespeare et son *génie* situe exactement le débat. Douze ans plus tard, le parallèle tracé par Saint-Lambert entre le goût et le génie sera tout à l'avantage du second, « pur don de la nature » [4]. Mais dans les dernières années
du demi-siècle la Nature, en France, parle encore en faveur du goût...

Pour apprécier Shakespeare en lui-même, et non d'après les normes
de la tragédie française, il fallait d'abord le connaître autrement que par
quelques extraits soigneusement choisie et édulcorés. C'est pourquoi le
Théâtre anglais de La Place, contemporain des *Lettres* de Le Blanc, marque
une date importante dans sa lente pénétration sur le continent [5]. Pour justifier son audace le traducteur affirme que les libertés prises par Shakespeare avec les règles « ne paraissent pas contraires aux lois de la nature
et de la raison » [6]. Car la nature est plus riche et variée que ne le croient
les Français : « Les bornes du génie nous sont-elles connues ? », ques-

---

1. *Le Pour et Contre*, t. XIV (nᵒ 194), p. 31.
2. Prévost se pose volontiers, contre Marivaux, en défenseur du bon goût. Mettant
en parallèle *Manon Lescaut* et *La vie de Marianne*, il remarque par exemple à propos de
son propre roman : « Il n'y a ni jargon, ni affectation, ni réflexions sophistiques, c'est la
nature même qui parle » (*Ibid.*, t. III, nᵒ 36, p. 139). Encore a-t-il souvent tendance, comme
beaucoup de ses contemporains, à confondre le goût et la pure sensibilité. Sur ce point,
voir R. NAVES, *Le goût de Voltaire, op. cit.*, p. 107.
3. Abbé LE BLANC, *Lettres d'un Français concernant le gouvernement, la politique et
les mœurs des Anglais et des Français*, 1745, lettres XIX et sq. Cf. VAN TIEGHEM, *op. cit.*,
pp. 60-64. Dans le *Discours préliminaire* qui précède ses *Lettres* dans la réédition de 1758
Le Blanc proteste très précisément contre l'idée que Shakespeare serait l'interprète de la
nature...
4. *Encyclopédie*, art. *Génie*. « Le *goût* est souvent séparé du *génie*. Le *génie* est un
pur don de la nature ; ce qu'il produit est l'ouvrage d'un moment : le goût est l'ouvrage
du génie et du temps ; il tient à la connaissance d'une multitude de règles ou établies ou
supposées ; il fait produire des beautés qui ne sont que de convention. Pour qu'une chose
soit belle selon les règles du goût, il faut qu'elle soit élégante, finie, travaillée sans le
paraître : pour être de *génie*, il faut quelquefois qu'elle soit négligée ; qu'elle ait l'air irrégulier, escarpé, sauvage. Le sublime et le génie brillent dans Shakespeare comme des
éclairs dans une longue nuit, et Racine est toujours beau ; Homère est plein de *génie*, et
Virgile d'élégance » (Article longtemps attribué à Diderot. Cf. A.T., XV, p. 37).
5. Pierre-Antoine de LA PLACE, *Le Théâtre anglais*, Paris, 1745-48, 8 vol. in-12.
La moitié du recueil (les quatres premiers volumes) est consacrée à Shakespeare.
6. *Ibid.*, t. I, *Discours sur la théâtre anglais*, p. LXXI.

tionne La Place [1] qui oppose la vérité des drames de Shakespeare aux conventions de la tragédie. Cette largeur de vues s'appuie sur l'idée de la relativité du goût dans l'espace et dans le temps. Que celui des Anglais soit différent du nôtre n'est pas une raison pour le rejeter [2] ; et l'avenir donnera peut-être raison, en France même, à ses laudateurs : « Gardons-nous donc de condamner sans retour ce que nos neveux applaudiront peut-être quelque jour » [3]. Il serait absurde de nier d'avance les progrès futurs de l'art dramatique, et de prétendre limiter le réel à la connaissance que nous avons de lui. Le mérite exceptionnel de Shakespeare, remarque le traducteur, vient précisément de son ignorance des règles et des conventions :

« Jamais poète n'a puisé plus immédiatement dans le sein de la nature. Tous les autres ont eu quelque notion de l'art, soit par la lecture des auteurs qui les ont précédés, soit par la tradition. Shakespeare seul semble l'avoir reçu par inspiration, et doit être regardé moins comme l'imitateur et le peintre de la nature, que comme l'organe des sentiments et des mouvements qui la caractérisent » [4].

Cette fois l'idée d'une nature raisonnable et cultivée semble bien s'effacer derrière l'apologie de la nature brute. Mais la version que La Place propose pour dix pièces de Shakespeare est loin de refléter l'audace du critique. Il s'agit moins d'une traduction que d'une adaptation très condensée, à côté de laquelle les vingt volumes de Le Tourneur apparaî-tront trente ans plus tard comme un modèle — exemplaire ou scandaleux — d'exactitude et de fidélité [5]. Sans doute La Place avait-il voulu tenir compte du goût français et senti la nécessité de procéder avec prudence. Mais les explications qu'il donne des altérations imposées à l'original prouvent qu'il partage lui-même, sur bien des points, les préjugés de ses lecteurs. En dehors du théâtre anglais le meilleur exemple qu'il imagine de liberté dans l'art est le parc de Versailles, dont il oppose le naturel à l'artifice du jardin des Tuileries [6]... S'il tire argument, en faveur de Sha-kespeare, de la diversité des goûts, il n'en persiste pas moins à affirmer lui aussi l'existence d'un « bon goût », fondé sur le respect de la raison et des bienséances : « Le goût n'est pas de tous les siècles, dit-il : plaignons Shakespeare de ne pas avoir vécu dans le nôtre [7]. »

---

1. *Ibid.*, p. LXVI.
2. *Ibid.*, p. L.
3. *Ibid.*, p. LXXI, *loc. cit.*
4. *Ibid.*, p. XXIX. La Place résume ici la Préface de Pope à son édition de Shakes-peare (1728).
5. *Shakespeare traduit de l'anglais*, 1775-1782. Cf. P. VAN TIEGHEM, *op. cit.*, p. 208 sq. Le même historien signale que La Place supprime par exemple, dans *Othello*, quarante scènes sur quatre-vingt-dix.
6. *Discours préliminaire, loc. cit.*, pp. XVII-XVIII (Cf. VAN TIEGHEM, *op. cit.*, p. 74).
7. *Théâtre anglais*, t. III, p. 519 (à propos du *Roi Lear*). Cf. VAN TIEGHEM, *op. cit.*, p. 78). Voir aussi, t. I, *loc. cit.*, pp. LVIII, LXI, LXII, etc...

Dans un texte de 1745 cette inconsistance doctrinale n'a rien qui puisse surprendre. Apprécier la force tragique du théâtre élisabéthain et s'efforcer de la faire sentir au public français était déjà, en soi, une assez grande nouveauté. Mais les Français que rebute la barbarie de Shakespeare savent goûter des formes moins brutales de naturel. S'ils ne sont pas près d'applaudir à la scène le mouchoir de Desdémone, ils n'ont pas honte de pleurer sur les malheurs de la vertueuse Paméla. La traduction française du premier roman de Richardson, publiée en 1752, moins de deux ans après l'original anglais, reçoit un accueil chaleureux [1]. Elle marque le début d'un engouement qui atteindra son paroxysme en 1761 avec les cris d'enthousiasme de Diderot [2]. Mais son succès même prouve qu'elle répondait à un besoin. Plusieurs années auparavant l'abbé Prévost remarquait déjà dans *Le Pour et Contre* : « J'ai cru découvrir que le goût présent se porte aux faits et aux sentiments » [3]. En réalité nous savons que le seconde tendance, au moins, était encore plus ancienne. Nous avons relevé l'une de ses premières manifestations dans le théâtre de La Motte. *Inès de Castro* annonçait la comédie larmoyante de même que, dès le début du siècle, les scènes d'horreur des tragédies de Crébillon ouvraient la voie à Shakespeare. Quant au roman sentimental et vertueux, il était déjà esquissé dans les *Aventures de Télémaque* : ce qu'il apporte de neuf, ce n'est pas son pathétique moralisateur, mais son réalisme. Désormais la « simple nature » chère à Fénelon n'est plus située seulement dans un cadre idyllique et abstrait, proche de la pastorale : si elle continue à prendre souvent pour prétexte un exotisme de convention, elle se charge aussi de réalité sociale lorsqu'elle s'incarne dans la vie de tous les jours et dans les mœurs de la classe moyenne.

Au début de la seconde partie de *La Vie de Marianne*, l'héroïne de Marivaux s'excuse de n'avoir à raconter que des aventures bien ordinaires, et même triviales : tel serait du moins, à l'en croire, le point de vue de nombreux lecteurs, incapables de s'intéresser à la vie d'une « petite lingère » [4]. Et Marivaux de protester, avec sa vivacité coutumière, contre une sottise si injuste :

---

1. *Paméla ou la vertu récompensée*, Paris, 1742. Cette traduction a été longtemps attribuée à Prévost, sans doute à tort. Cf. H. RODDIER, *op. cit.*, p. 116 sq. Dès le 23 juin 1742 Desfontaines loue, dans ses *Observations sur les écrits modernes*, ce « livre nouveau, qui n'a point de modèles, si ce n'est dans la nature ».
2. « Plus on a l'âme belle, plus on a le goût exquis et pur, plus on connaît la nature, plus on aime la vérité, plus on estime les ouvrages de Richardson ». *Éloge de Richardson*, A.T., V, p. 216. Quelques pages plus loin Diderot regrette que, dans sa traduction de *Clarisse Harlowe*, publiée en 1751, l'abbé Prévost ait supprimé par scrupule de goût quelques-uns des passages les plus pathétiques.
3. *Op. cit.*, t. V (nº 65), p. 100.
4. Sur ce reproche de trivialité, voir en particulier *Le Pour et Contre*, t. II, (nº 30), pp. 345-347. « Son pinceau ne s'est pas exercé ici sur la belle nature... ». Reste que des scènes comme celle de la dispute sont peu fréquentes dans *La Vie de Marianne*.

« Il y a des gens dont la vanité se mêle de tout ce qu'ils font, même de leurs lectures. Donnez leur l'histoire du cœur humain dans les grandes conditions, ce devient là pour eux un objet important; mais ne leur parlez pas des états médiocres; ils ne veulent voir agir que des seigneurs, des princes, des rois, ou du moins des personnes qui aient fait une grande figure. Il n'y a que cela qui existe pour la noblesse de leur goût. Laissez là le reste des hommes, qu'ils vivent, mais qu'il n'en soit pas question; ils vous diraient volontiers que la nature aurait bien pu se passer de les faire naître, et que les bourgeois la déshonorent »[1].

A la *noblesse* convenue du goût aristocratique Marivaux oppose donc très clairement le *naturel* du réalisme bourgeois. Mais cette distinction est moins originale qu'il ne semble le croire; en réalité, elle est conforme à l'évolution générale du genre romanesque. Cette même année 1734 Lengley-Dufresnoy définit encore le roman comme « un poème héroïque en prose », mais il constate le goût grandissant du public pour les histoires vraies[2]. L'imagination des romanciers se donne libre cours dans l'invention d'intrigues tumultueuses, et extravagantes[3]. Mais en 1737 le recueil de nouvelles réalistes publié en 1720 par Robert Challes, *Les Illustres Françaises,* en est à sa sixième édition[4]. Et l'un des premiers essais littéraires de Marivaux, écrit dès 1712, avait été une satire de l'invraisemblance des romans de chevalerie[5]. On voit par ce rapprochement à quel courant de pensée se rattache le dessein réaliste de *La Vie de Marianne*. Il s'agit moins de retrouver la veine « bourgeoise » de Furetière ou de Scarron que de répondre aux besoins philosophiques du siècle. Ennemi déclaré du faux romanesque, Marivaux est aussi rationaliste que les « géomètres » qu'il rencontrait jadis dans le salon de

---

1. MARIVAUX, *Romans*, édition Marcel Arland, Paris, N.R.F., 1949, p. 120. En 1767 Beaumarchais adressera la même critique aux personnages de la tragédie : « Examinons quelle espèce d'intérêt les héros et les rois, proprement dits, excitent en nous dans la tragédie héroïque, et nous reconnaîtrons peut-être que ces grands événements, ces personnages fastueux qu'elle nous présente, ne sont que des pièges tendus à notre amour-propre, auxquels le cœur se prend rarement». *Essai sur le genre dramatique sérieux*, in BEAUMARCHAIS, *Théâtre*, Club français du livre, 1960, t. I, p. 17). Comme nous l'avons vu, Fontenelle tirait de la même remarque une conclusion tout opposée.

2. Voir l'étude de Daniel MORNET sur *Le roman français de 1741 à 1760* dans son introduction à *La Nouvelle Héloïse*, édition critique, Paris, 1925, t. I. La définition que Lengley-Dufresnoy donne du roman implique le choix de sujets « nobles ».

3. Sur huit cents romans édités ou réédités entre 1741 et 1760, D. Mornet a recensé environ un tiers de romans d'aventures.

4. Robert CHALLES, *Les Illustres françaises*, Utrecht, Néaulme, 1737, (Édit. Deloffre, Paris, *Les Belles Lettres*, 1959). Voir sur cet auteur encore peu connu l'article de H. ROD-DIER, *Robert Challes inspirateur de l'abbé Prévost et de Richardson*, R.L.C., janvier-mars 1947. Une des nouvelles de R. Challes dont le sujet présente beaucoup d'analogies avec celui de *Manon Lescaut*, l'*Histoire de Des Frans et de Sylvie*, sera portée à la scène en 1741 par Landois, futur collaborateur de l'*Encyclopédie* sous le titre *Sylvie ou le jaloux*. Dans le second des *Entretiens sur le Fils Naturel* Diderot salue la pièce de Landois comme un premier essai de tragédie bourgeoise. Et, de fait, elle était en prose, à la différence des comédies de La Chaussée.

5. *Pharsamon ou les Folies romanesques*, Paris, 1737. Un autre adversaire du merveilleux romanesque est leP. Bougeant, auteur du *Voyage merveilleux du Prince Fan-Férédin dans la Romancie*, Paris, 1735.

Madame de Lambert. Mais à un réalisme abstrait, et par là même voué
à l'échec, il substitue l'observation de la vie quotidienne : alors que le
rationalisme de Fontenelle s'accommodait sans difficulté des conventions
mondaines de « la belle nature », Marivaux ne craint pax de conter avec
pittoresque la dispute d'une lingère et d'un cocher de fiacre. Il garde
cependant de l'idéal des géomètres ce qu'il avait de plus valable, le goût
du vrai pour lui-même. Le spectacle pittoresque du monde ne l'intéresse pas seulement dans la mesure où il soutient sa verve satirique.
Chez lui la satire n'est jamais bien méchante. Comme Prévost à la même
époque, Marivaux devine l'intérêt d'un réseau de petits détails sans
importance en eux-mêmes, mais dont l'ensemble finit par donner une
impression irrésistible de vérité : « Toutes ces petites particularités, au
reste — précise Marianne — je vous les dis parce qu'elles ne sont pas si
bagatelles qu'elles le paraissent » [1]. Grâce à ces « bagatelles » en effet le
roman prend peu à peu de l'épaisseur et de la vie. A la différence de
Le Sage — dont le Gil Blas parvient alors au terme de ses aventures —
Marivaux ne présente pas seulement une « revue », plus ou moins âpre
et mordante, de différents types sociaux, son ironie est toujours compréhensive; il possède le don le plus précieux du romancier, celui d'entrer
dans les vues de ses personnages : telle cette « grosse réjouie » de Madame
Dutour qui prend la vie sans façons, peu délicate parfois, commerçante
avisée pour laquelle il n'y a pas de petits profits, intéressée et sensible,
franche et rusée, au demeurant « le meilleure femme du monde » [2].

Nous verrons comment l'optimisme du moraliste soutient ici la
générosité intellectuelle du romancier. Mais du seul point de vue artistique cette attitude presque constante de Marivaux n'est pas sans
inconvénients. A force de faire crédit à ses personnages, il oublie de les
regarder tels qu'ils sont pour les imaginer tels qu'ils devraient être.
Monsieur de Climal, Tartuffe de bonne famille, qui n'a rien d'un aventurier, aurait pu représenter beaucoup mieux que son prédécesseur une
certaine forme d'hypocrisie, confortablement assise dans l'ordre social.
Mais à mesure que se déroule le récit de sa protégée, nous le voyons
coïncider de plus en plus avec le personnage qu'il joue. A ses manières
à peine équivoques envers Marianne nous avions deviné en lui, dès
son apparition, un séducteur expérimenté, habitué de longue date à
secourir à sa façon l'innocence des jeunes orphelines : mais voici qu'après
nous avoir fait partager à son sujet la colère — un peu tardive et suspecte — de Madame Dutour et la stupeur du bon religieux auquel
Marianne se confie, l'auteur nous présente son triste héros sous un jour

---

1. *Loc. cit.*, Première partie, p. 101.
2. *Ibid.*, Les trois derniers livres du *Gil Blas*, formant la quatrième partie du roman,
sont publiés en 1735, vingt ans aprés le début de l'entreprise. L'œuvre de Le Sage est
accueillie avec faveur, même en pleine vogue du roman sentimental. D. Mornet en a compté
sept rééditions de 1741 à 1760, contre quatre seulement pour *La Vie de Marianne.*

beaucoup moins défavorable; ce n'est plus un Tartuffe mais vraiment un « pauvre homme » dont la vertu a eu un moment de faiblesse... et la pitié que sa sœur lui témoigne nous laisse déjà pressentir que M. de Climal aura une fin toute chrétienne [1]. Sa mort serait-elle aussi édifiante si sa fortune ne lui permettait de léguer à Marianne douze cents livres de rentes ? On ne peut guère douter que, dans l'esprit du romancier, ce dernier trait ne doive contribuer beaucoup au pathétique de l'épisode... Moraliste indulgent, Marivaux apprécie les qualités de cœur du petit peuple de Paris, mais toute sa sympathie va aux « états médiocres » où l'aisance matérielle affine et développe, sans l'altérer, la sincérité de la « nature ». C'est pourquoi les scènes d'attendrissement vertueux sont si fréquentes dans son œuvre : heureusement discrètes dans ses comédies, elles ralentissent encore l'action déjà languissante de ses romans, non sans laisser au lecteur moderne une impression agaçante de contre-vérité [2]. On touche ici au point critique où la fausseté d'un thème idéologique vicie irrémédiablement la forme littéraire dans laquelle il s'exprime. Le roman de mœurs tourne à l'apologie des vertus de la classe moyenne; au lieu d'une peinture véridique, il nous présente des personnages uniformément généreux et « sensibles », qui nous convient à nous attendrir avec eux sur la bonté de leur âme [3]. Rompant avec la tradition satirique du genre, le roman de mœurs n'évite la facilité du sarcasme ou de la caricature que pour tomber dans la fadeur du naturalisme édifiant.

Qu'il y ait eu place, entre ces deux extrêmes, pour un réalisme authentique, l'exemple de Chardin suffit à le prouver. Mais Chardin n'était pas philosophe et se souciait peu de moraliser [4]. Entre 1730 et 1740 la comédie s'engage au contraire dans la même voie qu'une partie de la littérature romanesque. L'un des grands succès de Marivaux, dont les pièces reçoivent alors un accueil très inégal, est en 1730 sa *Mère confidente,* la plus « sérieuse » peut-être de ses comédies : on n'y rit guère que des balourdises de Lubin, type traditionnel de valet-paysan, et si le lecteur

---

1. Pour ces différents épisodes, voir *op. cit.*, Troisième partie, pp. 175 et 191 ; Quatrième partie, pp. 226 et 240 ; Cinquième partie, pp. 273-281.

2. Voir par exemple, *ibid.*, Quatrième partie, pp. 219-220. *L'île des esclaves*, comédie de 1725, se termine aussi sur une scène d'attendrissement général. Le même goût des larmes vertueuses apparaît dans les récits du *Spectateur français*, tel celui de la vingt-deuxième feuille.

3. Nous n'oublions pas que le roman de *La Vie de Marianne* demeure, par certains côtés, très aristocratique. Marianne est de naissance noble, et M\ :eq mme de Miran représente sans doute la marquise de Lambert. Mais la condition sociale des personnages d'un roman ne coïncide pas forcément avec son contenu idéologique. Si M\ :eq mme de Miran appartient à la bonne société, elle est une grande dame selon le cœur de la classe moyenne, et elle place la raison et la vertu avant les « usages » et les préjugés de son rang. Nous verrons du reste que la morale « bourgeoise » de Marivaux s'accommode fort bien de l'ordre social traditionnel.

4. C'est en 1739 que Chardin, peintre de natures mortes, commence à se consacrer aussi à la peinture de genre. Cf. WILDENSTEIN, *Chardin*, Paris, 1933.

moderne prise peu le chantage au sentiment que la vertueuse et bonne
Madame Argante pratique auprès de sa fille, les spectateurs du XVIIIᵉ
siècle se laissèrent facilement toucher par cette moralité en action [1].
Après l'accueil favorable réservé à la *Mère confidente,* les années suivantes
voient se confirmer une tendance nouvelle que Voltaire déplore sans
pouvoir s'empêcher d'y céder parfois lui-même : le public ne demande
plus à la comédie de le faire rire, mais de l'émouvoir. Selon l'abbé
Prévost le plaisir du ridicule ne vaut pas « l'intérêt qui naît du sentiment » [2]. Cette conviction est assez répandue pour donner naissance au
genre dramatique de la comédie larmoyante, où triomphe Nivelle de
la Chaussée. Quoi qu'en aient pu dire Voltaire et après lui nombre de
critiques, l'innovation prouve autre chose que l'impuissance du siècle
à rivaliser avec Molière; elle n'intéresse pas seulement l'histoire littéraire, mais la sociologie et l'histoire des idées. Dans l'*École des Mères,*
comédie de La Chaussée, on voit un bourgeois reprocher à son fils,
qui s'est affublé du titre de Marquis, de l'appeler *Monsieur* et non *Père* :
M. Argant s'indigne de ce cérémonial qui « blesse la nature » [3]. La pièce
se termine sur une scène de double reconnaissance, qui marque la victoire
du sentiment sur les préjugés : « Votre cœur ne vous trompe pas. Embras-
sez votre fille… », déclare noblement M. Argant à sa vaniteuse épouse [4].
Le ton de ces deux scènes est en accord avec la gravité du sujet : comment
songerait-on à rire lorsque se fait entendre la « voix de la nature » ?

Comédie sérieuse, tragédie bourgeoise, ces expressions sont riches
surtout de leur ambiguïté! Dans ce qu'elles ont d'audacieux, elles
reflètent les progrès d'une classe sociale de plus en plus consciente de
sa valeur propre. Mais il est remarquable que la recherche de formes
d'art adaptées à l'esprit du siècle évite de rompre brusquement avec les
traditions classiques. Genre hybride, la comédie larmoyante est un
compromis éphémère entre le « naturel » raffiné de la haute société et
l'aspiration de la classe moyenne à une promotion littéraire. Aussi
s'efforce-t-elle de respecter du mieux possible la règle des bienséances,
qui lui interdit des effets trop appuyés. « Le genre larmoyant, constatera
Fréron, me paraît plus naturel, plus conforme à nos mœurs que la
tragédie ». Mais il précisera aussitôt les limites de ce retour à « la simple
nature » : « Les personnages sont des hommes polis, comme le sont

---

1. La scène douze du second acte met particulièrement en valeur la manière assez
déplaisante dont Mᵐᵉ Argante exploite l'affection et la confiance d'Angélique. En ce
domaine les contemporains de Marivaux n'étaient pas aussi scrupuleux que nous ; ainsi
Montesquieu admirait beaucoup la valeur morale de la pièce. Cf. *Pensées,* 950 (939).
2. *Le Pour et Contre, op. cit.,* t. XII (n° 163), p. 7. L'abbé Prévost est un partisan résolu de la comédie larmoyante. Lui-même s'emploie à révéler aux lecteurs de son
périodique le théâtre bougeois anglais, en particulier la célèbre pièce de Lillo, *Le Marchand
de Londres* (1731). Cf. H. RODDIER, *op. cit.,* p. 159 sq.
3. LA CHAUSSÉE, *L'École des Mères,* 1744, Acte II, scène 4. (Voir la thèse de LANSON,
Nivelle de La Chaussée et la comédie larmoyante, Paris, 1887).
4. *Ibid.,* V, 9.

la plupart des spectateurs » [1]. L'un des signes de cette « politesse » est, bien sûr, l'élégance du langage. Vers 1740 la comédie bourgeoise n'ambitionne pas encore de chausser le cothurne et de rivaliser avec le « grand goût » tragique. C'est peut-être par son ton, presque toujours en demi-teintes, qu'elle se distingue le mieux d'un drame comme *Le Fils Naturel*. Discrètement ennuyeuse, elle est rarement grandiloquente et déclamatoire. Cette réserve de roturière nouvellement reçue dans les salons de l'aristocratie lui vaut l'indulgence de Voltaire :

« Beaucoup de personnes de goût, dit l'auteur du *Siècle de Louis XIV,* ne peuvent souffrir des comédies où l'on ne trouve pas un trait de bonne plaisanterie; mais il y a du mérite à savoir toucher, à bien traiter la morale, à faire des vers bien tournés et purement écrits... »

Ce mérite, Voltaire le reconnaît à La Chaussée, « un des premiers, dit-il encore, après ceux qui ont eu du génie » [2].

Bien avant les théories révolutionnaires de Diderot il apparaît cependant que le théâtre bourgeois en viendra à s'émanciper davantage des contraintes classiques et d'abord de celle du vers. Chez Diderot et surtout Beaumarchais le recours à la prose ne sera pas une facilité mais la mise en œuvre d'un système : la prose n'est-t-elle pas, comme l'avait dit La Motte, plus « naturelle » que les vers ? Grand admirateur des « Modernes », l'abbé Trublet soutient avec vigueur cette opinion; ce disciple de Fontenelle et de La Motte attend de la scène qu'elle donne l'illusion de la vie réelle, et il ouvre ainsi la voie à Diderot [3]. Là encore les philosophes de 1760 seront les héritiers des « géomètres » de 1720. La conception bourgeoise du « naturel » dramatique était en germe dans la théorie des émotions superficielles, développée par Dubos et Fontenelle. Lorsque ce dernier constate que, le cœur humain étant plus sensible à la douleur qu'à la joie, la tragédie nous remue plus vivement que la comédie, il encourage implicitement les essais de comédie pathétique [4] : car si le bourgeois ne se reconnaît pas dans les personnages de la tragédie, il est d'autant plus enclin à proclamer l'infériorité esthétique du rire sur les larmes qu'il avait longtemps été lui-même la cible favorite des auteurs comiques. Mais une fois admis qu'on se rend au théâtre pour y vivre intensément et sans danger les drames de la vie réelle, pourquoi se contenter d'émotions discrètes et feutrées ? La logique du système incitait à substituer au ton de bonne compagnie que conserve la comédie

1. Fréron, *Lettres sur quelques écrits de ce temps*, 1749-1754, t. IV, p. 10. Référence empruntée à R. Naves, *Le goût de Voltaire, op. cit.*, p. 415.
2. *Le siècle de Louis XIV, op. cit.*, Catalogue, Nivelle de la Chaussée.
3. Trublet, *Essais de Morale et de Littérature*, 1735-1754, t. IV, *Réflexions sur la prose et les vers*, XIV. Cf. R. Naves, *loc. cit.*
4. *Réflexions sur la poétique, loc. cit.*, L. Rappelons que ce texte est publié en 1742 et que Fontenelle écrit lui aussi des comédies sérieuses.

larmoyante des effets plus directs et plus brutaux : ce sera le recours à la
pantomime pour exprimer plus « naturellement » que par des mots le
désespoir de Clairville au second acte du *Fils Naturel*[1] ou, plus caractéristique encore, le dénouement de mélodrame esquissé pour la même
pièce dans le *Troisième Entretien*[2].

   Même chez Diderot on constatera encore à cet égard un décalage
très net entre la théorie et la création. Le philosophe s'irritera des règles
mondaines de la « décence »[3], mais le dramaturge n'osera pas s'en
affranchir tout à fait. Aussi n'est-ce-pas le théâtre qui, dans les dernières
années du demi-siècle, illustre le mieux les diverses conséquences de
l'esthétique du sentiment. Genre neuf et sans ancêtres, le roman peut
au contraire se permettre des libertés inconcevables à la scène. Sans doute
s'astreint-il lui aussi, dans ses meilleures pages, à joindre l'élégance du
style à la vérité des peintures. L'auteur de *Manon Lescaut* donne l'exemple
de la discrétion et de la sobriété et lorsqu'il traduit les romans touffus et
verbeux de Richardson il s'efforce de les adapter au goût français[4]. Mais
la définition qu'il donne précisément du goût justifie toutes les formes
du pathétique : « Avoir du goût, c'est sentir », déclare-t-il dans *Le Pour
et Contre*[5]. Dès lors toutes les émotions que l'on parviendra à faire
partager à la sensibilité du lecteur doivent être tenues pour également
valables : le lyrisme de la passion qui lie des Grieux à Manon, mais aussi
les larmes que répand la vertu, soit lorsqu'elle touche à sa fin naturelle,
qui est le bonheur, soit quand elle subit les coups du sort. A vrai dire
l'imagination fertile de l'abbé Prévost exploite plus volontiers le dernier
thème que le précédent : la vertu persécutée lui paraît plus émouvante
que la vertu heureuse. Dans les *Mémoires d'un homme de qualité,* dans
Cleveland ou *Le Doyen de Killerine,* de nombreux épisodes visent à provoquer chez le lecteur, au nom de la nature, un frisson d'horreur savamment
concertée[6]. Et ce qui aujourd'hui agace ou fait sourire avait au XVIIIe
siècle la faveur du public. C'est à propos de scènes de ce genre que
Cartaud de la Villate, auteur renommé d'un *Essai historique et philosophique
sur le goût,* écrit en 1736, après un éloge du *Télémaque* :

   « L'auteur du *Cleveland* a éprouvé pareillement que les hommes aiment
mieux être remués par les vapeurs d'une sombre mélancolie, que de rester
froids au milieu des plaisirs »[7].

---

   1. *Le Fils Naturel,* II, 4. Voir le commentaire de la scène par l'auteur dans le *Second
Entretien avec Dorval.*
   2. A.T., VII, p. 141 sq.
   3. *Ibid., Second Entretien,* p. 118. « Ah ! bienséances cruelles, que vous rendez les
ouvrages décents et petits... ! »
   4. Cf. H. RODDIER, *op. cit.,* p. 166 sq.
   5. *Op. cit.,* t. IV, (no 54) p. 214. Cf. R. NAVES, *op. cit.,* p. 107.
   6. Voir par exemple, au second livre du *Doyen de Killerine,* le récit de l'enterrement
clandestin d'un luthérien. Encore cet épisode possède-t-il une certaine vérité. D'autres
sont purement romanesques, au pire sens du mot.
   7. *Essai philosophique et historique sur le goût,* Deuxième partie, p. 268. Le rapprochement esquissé ici avec Fénelon est moins surprenant qu'il ne peut sembler ; l'élégance

Le naturalisme esthétique oscille entre la prédication morale et la recherche systématique des sensations inédites : il se propose de donner l'illusion du vrai mais, en confondant les « faits » et les « sentiments », il ne parvient à se libérer — très partiellement — des normes étroites de la « belle nature » que pour conduire à des formes opposées et complémentaires de mauvais goût [1].

* * *

Académisme ou naturalisme ? A la fin du demi-siècle, les deux termes du dilemme initial ont été approfondis, sans être vraiment modifiés. A partir du principe classique de l'imitation de la nature, la recherche du « naturel » dans l'art a suivi deux voies opposées : en fait il s'agit de deux impasses. Tandis que le « grand goût antique » demeure une forme vide, l'esthétique du sentiment aboutit à un naturalisme informe. D'un côté on s'attache au style, de l'autre à la vérité immédiate, sans que ces deux exigences également valables parviennent à se rejoindre. Un chapitre des *Bijoux indiscrets* a le mérite de poser assez clairement le problème. Alors que le savant Ricaric défend la cause des Anciens de manière toute conventionnelle, au nom d'une conception académique de la « belle nature », le courtisan Sélim s'affirme résolument moderne : la seule règle, dit-il, est de plaire en imitant la nature, et les Modernes qui la connaissent mieux doivent être, par là même, de meilleurs artistes. C'est à ce point de la discussion que la Sultane intervient : critiquant l'artifice et les conventions de la tragédie moderne, elle semble abonder dans le sens de Ricaric; en réalité elle ne contredit Sélim qu'en lui empruntant ses propres arguments. Mirzoza, elle aussi, se vante d'ignorer les règles et prétend « qu'il n'y a que le vrai qui plaise et qui touche ». Ainsi elle donne à la fois tort et raison aux deux adversaires, et propose une solution de synthèse : les Anciens ont de la noblesse, mais leur

---

abstraite et conventionnelle du style du *Télémaque* laisse paraître deux tentations opposées, celle des effusions vertueuses mais aussi le goût des sujets funèbres. Ainsi le sage Mentor ne craint-il pas de mêler dans ses chants « le malheur du jeune Narcisse » ou « la funeste mort du bel Adonis » aux vérités les plus sublimes. A la lecture de ces lignes un homme sensible du xviiie siècle devait éprouver la même émotion que les auditeurs de Mentor : « Tous ceux qui l'écoutèrent, écrit Fénelon, ne purent retenir leurs larmes, et chacun sentait je ne sais quel plaisir en pleurant » (*op. cit.*, VII p. 179).

1. Nous verrons que la morale du sentiment n'est pas moins équivoque que cette trouble esthétique. (Cf. ci-dessous, Ch. VI, 2). On pourrait appliquer à l'une et à l'autre ce que Marivaux dit de la sensibilité du peuple de Paris : « Ce sont des émotions d'âme que ce peuple demande ; les plus fortes sont les meilleures ; il cherche à vous plaindre si on vous outrage, à s'attendrir pour vous si on vous blesse, à frémir pour votre vie si on la menace ; voilà ses délices ; et si votre ennemi n'avait pas assez de place pour vous battre il lui en ferait lui-même, sans en être plus malintentionné, et lui dirait volontiers : « Tenez, faites à votre aise, et ne nous retranchez rien du plaisir que nous aurons à frémir pour ce malheureux ». Ce ne sont pourtant pas les choses cruelles qu'il aime, il en a peur au contraire ; mais il aime l'effroi qu'elles lui donnent : cela remue son âme qui ne sait jamais rien, qui n'a jamais rien vu, qui est toujours toute neuve ». *La vie de Marianne, op. cit.*, Deuxième partie, p. 152.

supériorité vient surtout de ce que la « pure nature » parle par leur bouche [1].

On voit l'intérêt de ce texte où pour la première fois la dialectique de Diderot tente de concilier, dans le cadre du retour à l'Antique, le formalisme des uns et le vérisme à courte vue des autres. Philosophe et homme sensible, Diderot se souvient d'avoir été l'élève du P. Porée : sa culture gréco-latine est l'une des plus solides de son temps. Aussi est-il bien préparé à accueillir ce que les thèses opposées pouvaient avoir de valable. Mais dès 1748 sa tentative de synthèse se révèle entachée d'équivoque. Entre la « belle nature » et la « pure nature » la balance n'est pas égale. La simplicité des Anciens réside-t-elle dans une simplification artistique du réel, ou dans sa reproduction intégrale et directe ? Il semble bien que cette distinction échappe à Mirzoza :

« Je sais encore, dit-elle, que la perfection d'un spectacle consiste dans l'imitation si exacte d'une action, que le spectateur, trompé sans interruption, s'imagine assister à l'action même... » [2].

On en revient donc à la doctrine de l'imitation-copie; pour la sultane le trompe-l'œil est le comble de l'art. Trois ans après *Les Bijoux indiscrets,* lorsque Diderot publie le *Traité du Beau* et la *Lettre sur les Sourds et Muets,* il est en mesure de poser le problème esthétique de manière plus abstraite et plus philosophique : on ne peut dire pourtant qu'il parvienne davantage à sauver sa pensée de toute ambiguïté.

« M. l'abbé Batteux rappelle tous les principes des beaux-arts à l'imitation de la belle nature; mais il ne nous apprend point ce que c'est que la belle nature » [3].

L'objection porte aussi bien contre les prédécesseurs du système des *Beaux-Arts réduits à un même principe* : on doit même s'étonner qu'il ait fallu attendre le milieu du siècle pour qu'elle soit formulée aussi clairement. C'est sans doute qu'en 1751 la question apparaît plus pressante que naguère. Dans l'univers ordonné du rationalisme chrétien ou déiste il était facile de croire à la réalité objective du beau : la beauté se confondait avec l'ordre rationnel des choses et, en dernière analyse, la sagesse du Créateur en garantissait l'universalité. La science mécaniste fournissait ainsi le modèle du beau idéal : nous avons pu noter la prédilection des

1. *Les Bijoux indiscrets,* 1748, Ch. XXXVIII, A.T., IV, pp. 279-287.
2. *Ibid.,* pp. 284-285.
3. *Recherches philosophiques sur l'origine et la nature du Beau* (ou *Traité du Beau*), A.T., X, p. 17. Ce traité, imprimé séparément, est l'article *Beau* de l'*Encyclopédie*.

théoriciens, de Crousaz au P. André, pour les exemples empruntés aux mathématiques, et Diderot lui aussi parlera parfois de la beauté d'un théorème. Mais vers 1750 les mathématiques ne sont plus la clé unique du savoir; tandis que leur monopole commence à être fortement discuté, la croyance en un *ordre* naturel, transparent à l'esprit et adapté aux besoins de l'homme, est de plus en plus souvent dénoncée comme une illusion anthropomorphique. « Dans la nature il n'y a rien d'imparfait, écrivait au début du siècle un disciple de Spinoza, puisque tout découle de la nécessité des choses » [1]. Le néo-spinozisme qui se fait jour cinquante ans plus tard n'est pas moins affirmatif : le monde n'est en soi ni bon, ni mauvais, ni beau, ni laid, mais il est nécessaire. Tel sera le thème de l'article *Laideur*, dans l'*Encyclopédie* : qu'il soit ou non de Diderot, il prolonge sur le plan de l'esthétique la critique de l'idée d'ordre présentée en 1749 par l'intermédiaire de Saunderson dans la *Lettre sur les Aveugles* [2]. Pour parler efficacement de la « belle nature », objecte dès 1751 l'auteur de la *Lettre sur les Sourds et Muets,* il faudrait d'abord prouver que toute nature n'est pas belle [3].

Il est douteux qu'à cette époque Diderot ait déjà tiré toutes les conséquences esthétiques d'une philosophie de la nature qu'il commence seulement à approfondir. En revanche deux certitudes se font jour à travers son examen critique des différents systèmes du beau : le « beau essentiel » dont parle le P. André n'existe pas, et pourtant la beauté n'est pas seulement affaire de mode ou de caprice. A tout prendre, Diderot semble encore plus proche du dogmatisme que du pyrrhonisme [4]. Du « système de Lucrèce et des Pyrrhoniens » il conserve l'affirmation qu'il n'y a rien de beau et de laid dans les choses, sinon pour l'esprit qui les contemple. La lecture de David Hume a pu le confirmer dans ce relativisme auquel le conduisait toute sa réflexion philosophique des dernières années [5]. Mais pour lui relativisme n'est pas synonyme de scepticisme.

---

1. VROES (?) *Traité des Trois imposteurs ou l'Esprit de Spinoza*, Londres, 1768, Ch. II, p. 24. Toutes les notions abstraites sont le fruit de l'imagination humaine : les hommes « croient les choses bien ou mal ordonnées, suivant qu'ils ont de la facilité ou de la peine à les imaginer » (*Ibid.*, p. 20). L'ouvrage date des premières années du siècle et avait circulé en manuscrit avant d'être édité à Francfort en 1721. Cf. VERNIÈRE, *Spinoza et la pensée française...*, *op. cit.*, p. 362 sq.
2. Cf. ci-dessus, Première partie, Ch. IV, 3.
3. *Lettre sur les Sourds et Muets,* A.T., I, p. 385.
4. Aidé de saint Augustin, Diderot expédie en quelques lignes une troisième doctrine, la solution hédoniste (*Traité du Beau, op. cit.*, pp. 6-7). Il n'a pas de peine à montrer qu'en réalité elle ne résout rien : un objet plaît-il parce qu'il est beau, ou est-il beau parce qu'il plaît ? Dans le second cas, ou bien l'hédonisme conduit au scepticisme — Crousaz l'avait dit clairement — ou bien l'on peut prouver que le plaisir est ici un critère valable, ce qui suppose une définition préliminaire de la beauté : alors l'hédonisme renvoie au dogmatisme. Constater que le beau est source de plaisir ne dispense donc pas de l'analyser en lui-même.
5. A l'époque où Diderot rédige sa *Lettre sur les Sourds et Muets,* Mlle de la Chaux préparait une traduction des *Essais sur l'entendement humain,* qu'il devait accepter de revoir. Une longue lettre adressée par Diderot à Mlle de la Chaux en mai 1751 a été insérée la même année dans les *Additions pour servir d'éclaircissement à quelques endroits de la Lettre sur les Sourds et Muets,* cf. A.T., I, pp. 395-428.

Le beau n'existe que pour l'homme : les pyrrhoniens ont raison de l'affirmer, mais ils ont tort d'en conclure que vouloir donner du beau une définition valable pour tous les hommes serait une entreprise chimérique. A quoi bon écrire un *Traité du Beau* s'il en était ainsi ? Diderot ne s'attarde pas à réfuter directement le pyrrhonisme, mais tout son exposé marque son ambition de faire œuvre constructive [1]. Trente ans plus tôt l'abbé Dubos avait affirmé que le sentiment du beau est universel; Diderot ne nomme même pas l'auteur des *Réflexions critiques* [2] mais il analyse en détail le système du philosophe écossais Francis Hutcheson, qui n'est pas sans analogies, au moins superficielles, avec le précédent [3]. Relativité et universalité du beau sont les deux notions que Diderot retient de la doctrine de Hutcheson, résumée par cette phrase : « On ne voit pas [...] comment les objets pourraient être appelés *beaux*, s'il n'y avait un esprit doué du *sens de la beauté* pour leur rendre hommage » [4]. Mais en quoi consiste ce « sens de la beauté » ? Pour Diderot l'idée d'un « sens interne » est une hypothèse obscure et gratuite qui remplace une difficulté par une autre [5]. Peu s'en faut qu'il ne la relègue au rang de qualité occulte, ou n'y voie un retour honteux à l'innéisme; et de fait, aux yeux d'un empiriste conséquent, le recours à un mystérieux « sixième sens » est une véritable défaite. On conçoit qu'à ce système plus « singulier que vrai [6] » Diderot préfère encore le dogmatisme avoué du

---

1. Pour un encyclopédiste, militant de l'esprit nouveau, le scepticisme n'est jamais qu'un point de départ, une attitude critique qu'il faut savoir dépasser. L'effort de réflexion auquel s'astreint Diderot dans le *Traité du Beau* a une tout autre portée que les réflexions ironiques de Voltaire sur le même sujet (Voir *Dictionnaire philosophique*, article *Beau, Beauté*) et qui semblent directement inspirées par les *Lettres Persanes*, (*op. cit.*, LIX).

2. Ce n'est pas forcément une preuve de dédain et encore moins d'ignorance. Mais il se préoccupe ici d'analyser le beau en lui-même, et non pas seulement dans l'effet qu'il produit. De ce point de vue Dubos ne lui était pas d'un grand secours.

3. Francis HUTCHESON, *Recherches sur l'origine des idées que nous avons de la beauté et de la vertu, en deux traités : le premier sur la beauté, l'ordre, l'harmonie et le dessein ; le second sur le bien et le mal physique et moral*, traduites sur la quatrième édition anglaise par M.A. Eidous... Amsterdam, 1749. La première édition anglaise avait paru en 1726. Disciple de Shaftesbury, Hutcheson traduit en langage empiriste la doctrine intuitionniste de celui-ci : « Le sentiment intérieur est une faculté passive de recevoir les idées de la Beauté à la vue des objets dans lesquels l'uniformité se trouve jointe à la variété » (*op. cit.*, t. I, p. 152). Pour Shaftesbury le « sentiment » n'est pas « une faculté passive » mais une intuition créatrice. Ce qui distingue Hutcheson de Dubos c'est que, pour lui, l'émotion esthétique est une émotion *spécifique* alors que pour son prédécesseur français il s'agissait d'un besoin général de la nature humaine. Ces trois doctrines ont été souvent confondues, à la faveur de l'équivoque du mot « sentiment ». Voir la pénétrante mise au point d'E. CASSIRER, *op. cit.*, Ch. VII, III et IV. Pour l'exposé de la doctrine d'Hutcheson dans le *Traité du Beau*, voir *loc. cit.*, pp. 8-17. Rappelons qu'en 1745 Diderot admettait avec Shaftesbury l'existence d'un « Beau essentiel ». Cf. *Essai sur le Mérite et la Vertu*, A.T., I, p. 33.

4. *Traité du Beau, op. cit.*, p. 13.

5. « Hutcheson [...] a moins prouvé la *réalité de son sixième sens*, que fait sentir la difficulté de développer sans ce secours la source du plaisir que nous donne le *beau* » (*ibid.*, p. 23).

6. *Ibid.*, p. 17.

P. André qui a au moins le mérite d'opposer aux pyrrhoniens une doctrine parfaitement cohérente et claire :

« La seule chose qu'on pût désirer peut-être dans son ouvrage, déclare-t-il, c'était de développer l'origine des notions qui se trouvent en nous, de rapport, d'ordre, de symétrie; car du ton sublime dont il parle de ces notions, on ne sait s'il les croit acquises et factices, ou s'il les croit innées; mais il faut ajouter en sa faveur que la manière de son ouvrage, plus oratoire que philosophique, l'éloignait de cette discussion, dans laquelle nous allons entrer »[1].

Comme son ami Condillac qui avait publié quelques années plus tôt son *Essai philosophique sur l'origine des connaissances humaines*[2], Diderot pense donc trouver dans la méthode génétique le moyen de surmonter le vieux dilemme du dogmatisme et du scepticisme. En 1751 son dessein n'est pas de contredire André ou Batteux, mais plutôt de les compléter. La notion du beau a, selon lui, la même source que toutes les idées abstraites : nous les croyons innées parce qu'elles se sont formées progressivement en nous, et comme à notre insu, depuis notre première enfance[3]; toutes en réalité sont « factices» et les plus « sublimes » d'entre elles ne sont rien d'autre que la combinaison de différentes perceptions. Il n'y a rien d'inné en nous, sinon « la faculté de sentir et de penser», c'est-à-dire le pouvoir « d'examiner ses perceptions, de les unir, de les comparer, de les combiner, d'apercevoir entre elles des rapports de convenance et de disconvenance, etc... »[4]. Mais cette activité n'est pas gratuite : sur ce point Diderot apporte une importante précision à la théorie sensualiste de la connaissance. Il lie en effet la genèse des idées aux nécessités de la vie pratique :

« Nous naissons avec des besoins qui nous contraignent de recourir à différents expédients, entre lesquels nous avons souvent été convaincus par l'effet que nous en attendions, et par celui qu'ils produisaient, qu'il y en a de bons, de mauvais, de prompts, de courts, de complets, d'incomplets, etc... »[5].

Ces expédients peuvent être des gestes coordonnés en vue d'une action particulière; ils peuvent être aussi des outils, simples ou complexes. A tous les niveaux on retrouve le même caractère d'adaptation et de finalité :« Toute machine suppose combinaison, arrangement de parties tendantes à un même but ». C'est ainsi qu'une expérience millénaire, sans cesse renouvelée, aboutit aux idées de proportion, de symétrie, d'ordre, que la métaphysique croit inscrites de toute éternité au ciel

---

1. *Ibid.*, p. 24.
2. Amsterdam, Mortier, 1748. Sur la genèse des notions de *bonté* et de *beauté*, cf. *Traité des sensations*, Quatrième partie, Ch. III.
3. *Traité du Beau, op. cit.*, p. 27.
4. *Ibid.*, pp. 24-25.
5. *Ibid.*, p. 24.

de la géométrie[1]... Que ces diverses notions doivent entrer dans la
définition du beau, Diderot l'accorde volontiers au P. André; bien plus,
il cherche lui aussi à définir leur dénominateur commun, et la solution
qu'il retient doit beaucoup plus qu'il ne le dit à son prédécesseur. Le
P. André citait à plusieurs reprises la formule de saint Augustin : « *Omnis
porro pulchritudinis forma unitas est* »[2]. Diderot juge trop vague cette
réduction du beau à l'*unité*, mais il s'en inspire étroitement dans sa propre
définition. L'essence du beau, dit-il, c'est l'idée de *rapports*[3] : entendons
par là une certaine proportion numérique que nous apercevons entre les
différentes parties d'un même objet, que nous la considérions en elle-même
ou par comparaison avec celles dont d'autres objets éveillent également
l'idée. Dans le premier sens on peut dire que toute fleur est belle[4] ; dans
le second cas, chaque fleur sera jugée plus ou moins belle selon le terme
de comparaison que l'on aura choisi : « Une tulipe peut être *belle* ou
laide entre les tulipes, *belle* ou *laide* entre les fleurs, *belle* ou *laide* entre les
plantes, *belle* ou *laide* entre les productions de la nature »[5].

A en croire Diderot, son système a sur tous les précédents plusieurs
avantages. En premier lieu, il est pleinement rationnel puisqu'il ne fait
appel à rien d'autre qu'à l'expérience vécue et à la pratique des hommes.
Il est d'autre part assez simple pour admettre toute une gamme de
nuances :

« Selon la nature d'un être, selon qu'il excite en nous la perception d'un
plus grand nombre de rapports, et selon la nature de ces rapports qu'il excite,
il est *joli, beau, plus beau, très beau,* ou *laid, bas, petit, grand, élevé, sublime, outré
burlesque* ou *plaisant* »[6].

---

1. Selon Diderot l'idée de désordre est logiquement et historiquement postérieure
à l'idée d'ordre : « Nous avons passé de la notion d'une multitude d'êtres artificiels et naturels, arrangés, proportionnés, combinés, symétrisés, à la notion abstraite et négative de
disproportion, de désordre et de chaos ».

2. *Essai sur le beau, op. cit.,* p. 282. Cf. *Traité du beau, op. cit.,* p. 23. « Il suit de ce qui
précède [...] que saint Augustin a réduit toute *beauté* à l'unité ou au rapport exact des
parties d'un tout entre elles, et au rapport exact des parties d'une partie considérée comme
tout, et ainsi à l'infini ; ce qui me semble constituer plutôt l'essence du parfait que du
beau ».

3. *Op. cit.,* p. 26.

4. Belle d'un *beau* réel, par distinction avec le beau de comparaison : Diderot prend
soin de préciser que le « beau réel » n'est nullement un « beau absolu », c'est-à-dire inhérent
aux objets, indépendamment de la connaissance que nous en prenons (*ibid.,* pp. 27-28).
Nous avons vu que pour lui, comme pour les sceptiques, ce beau absolu n'existe pas.

5. *Ibid.,* p. 28. Dans les *Additions à la Lettre sur les Sourds et Muets* (*op. cit.,* p. 405)
Diderot précise que les rapports peuvent être *simples* ou *composés* : « La perception des
rapports simples étant plus facile que celle des rapports composés, et, entre tous les rapports celui d'égalité étant le plus simple, il était naturel de le préférer ; et c'est ce qu'on a
fait... ». C'est pourquoi en architecture « les ailes d'un bâtiment sont égales, et [...] les
côtés des fenêtres sont parallèles ». Si des circonstances particulières obligent l'architecte
ou le sculpteur à s'écarter du rapport le plus simple, il s'efforce d'y revenir par des voies
détournées : « Les moulures, les filets, les galbes, les plinthes, les corniches, les panneaux
etc...ne sont que des moyens suggérés par la nature pour s'écarter du rapport d'égalité,
et pour y revenir insensiblement ». Juger que ces ornements sont arbitraires est donc le fait
d'un esprit superficiel.

6. *Traité du Beau, op. cit.,* p. 29. Ainsi le « Qu'il mourût » de Corneille est sublime
dans la bouche du vieil Horace ; il serait burlesque ou plaisant dans celle de Scapin et,
séparé de tout contexte, il laisserait indifférent (*Ibid.,* pp. 30-31).

Enfin, et surtout, cette définition du beau est la seule qui soit vraiment universelle. « Je suis étonné, écrit Diderot, quant je pense à combien d'éléments différents tiennent les règles de l'imitation et du goût, et la définition de la belle nature ». En Turquie on trouve des croissants partout, jusque dans les voûtes des édifices; les Chinois affectent une « bizarre irrégularité »[1]. Bien des causes locales et historiques, individuelles et collectives, contribuent à cette diversité déconcertante. Ainsi le sauvage à l'esprit borné s'enorgueillit d'une cabane que dédaigne l'homme policé[2]. Mais cette différence de jugement procède d'un même principe, puisque ce sont toujours des hommes qui jugent, des hommes pourvus des mêmes facultés et de besoins analogues :

« Il n'y a peut-être pas deux hommes sur la terre qui aperçoivent exactement les mêmes rapports dans un même objet et qui le jugent *beau* au même degré : mais s'il y en avait un seul qui ne fût affecté des rapports dans aucun genre, ce serait un stupide parfait; et s'il y était insensible seulement dans quelques genres, ce phénomène décèlerait en lui un défaut d'économie animale; et nous serions toujours éloignés du scepticisme, par la condition générale du reste de l'espèce »[3].

En affirmant que le beau est à la fois un et multiple, Diderot atteint donc le but qu'il s'était proposé; sa définition de la beauté comme ensemble de *rapports* lui permet de dépasser la contradiction du dogmatisme et du scepticisme. Mais si l'on essaie de cerner de plus près sa pensée on s'aperçoit qu'il y subsiste bien des incertitudes. Sa réussite doctrinale peut faire illusion; mais à un niveau moins élevé d'abstraction l'idée qu'il se forme de l'imitation artistique apparaît fort peu cohérente : libérale sans doute puisque son sytème exclut une conception trop étriquée de la « belle nature », mais non sans céder, comme chez ses prédécesseurs, à des sollicitations contraires. Il nous reste à constater ce demi-échec, à voir aussi l'enseignement théorique qu'il peut comporter.

Ni dans la nature, ni dans l'art nous n'avons affaire à des objets isolés. La distinction établie par Diderot entre le beau *réel* et le beau *relatif* tire son importance de cette constatation. Pour juger de la beauté relative d'une production de la nature, il faudrait avoir de la nature entière une connaissance exhaustive. Sans espérer y parvenir jamais, l'artiste

1. *Additions à la lettre sur les Sourds et Muets*, *op. cit.*, pp. 405-406.
2. *Traité du Beau*, *op. cit.*, p. 35.
3. *Ibid.*, p. 41. Cf. p. 35 : « Placez la *beauté* dans la perception des rapports et vous aurez l'histoire de ses progrès depuis la naissance du monde jusqu'aujourd'hui ; choisissez pour caractère différentiel du *beau* en général telle autre qualité qu'il vous plaira, et votre notion se trouvera tout à coup concentrée dans un point de l'espace et du temps ».

s'astreindra du moins à « l'étude la plus profonde et la plus étendue » : mais l'œuvre lui imposera aussi les exigences de sa propres finalité [1]. Un vieux chêne « gercé, tordu, ébranché » serait devant un palais une faute de goût; il contribuera au contraire à la beauté du tableau, s'il s'y trouve placé devant une chaumière : il n'y a « de laide nature que celle qui n'est pas à sa place » [2]. La plus belle rose n'atteint jamais la beauté d'un chêne majestueux : en ce sens, on peut dire qu'il existe, pour chaque ouvrage de la nature, « un maximum de beauté »; mais ce n'est évidemment pas une raison pour ne peindre jamais que des chênes. Lorsque nous parlons d'imiter la nature, persuadons-nous, conseille Diderot, « qu'il n'y a ni *beau*, ni *laid* dans ses productions considérées relativement à l'emploi qu'on en peut faire dans les arts d'imitation » [3]. Tout aspect du réel est susceptible de devenir pour l'art une « belle nature ». Ainsi l'idée du beau n'implique pas nécessairement celle de grandeur [4]. La remarque vaut pour le choix d'un sujet, mais aussi pour la manière de le traiter. Diderot proteste en particulier contre le préjugé de la *noblesse* du style, qui incite les écrivains à fuir le mot propre, et appauvrit la langue à force de « fausse délicatesse [5] ». L'artiste doit préférer le vrai aux conventions du bon goût : « Combien le précepte d'embellir la nature a gâté de tableaux ! Ne cherchez donc pas à embellir la nature. Choisissez avec jugement celle qui vous convient et rendez-la avec scrupule » [6].

S'attacher scrupuleusement au vrai : on ne peut qu'applaudir à ce précepte lorsque Diderot s'en inspire pour regretter la simplicité énergique des Anciens, le langage vigoureux d'Amyot ou de Montaigne. On retrouve ici une tendance déjà ancienne de Diderot dont la pensée apparaît d'une remarquable continuité. En 1746 l'auteur des *Pensées philosophiques* avait proclamé la valeur esthétique et morale des grandes passions [7]. Deux ans plus tard il déplorait, par l'intermédiaire de Mirzoza, la froideur du théâtre de son temps. En 1751 il analyse une nouvelle forme de sublime, le « sublime de situation » [8], qui doit être l'expression la plus saisissante de la passion. Mais en s'élevant contre la fadeur d'un art trop « poli » il commet, en sens inverse, la même confusion que Dubos. Faute de distinguer affadissement et stylisation, il n'évite l'académisme que pour revenir au naturalisme. La *Lettre sur les Sourds et Muets* se situe

---

1. *Ibid.*, p. 29.
2. *Lettre sur les Sourds et Muets, op. cit.*, p. 385.
3. *Traité du Beau, loc. cit.*, p. 29.
4. *Ibid.*, pp. 31-33.
5. *Lettre...*, *op. cit.*, p. 388.
6. *Encyclopédie*, art. *Composition*, A.T, XIV, pp. 201-202.
7. *Op. cit.*, I : « Cependant il n'y a que les passions et les grandes passions qui puissent élever l'âme aux grandes choses. Sans elles, plus de sublime, soit dans les mœurs, soit dans les ouvrages ; les beaux-arts retournent en enfance, et la vertu devient minutieuse ».
8. *Lettre...*, *op. cit.*, p. 389.

dans la même perspective que les réflexions de la Sultane des *Bijoux indiscrets*. L'hypothèse du « muet de convention » est destinée à résoudre le problème de « l'ordre naturel » du langage : comme un sourd-muet de naissance « est sans préjugés sur la manière de communiquer sa pensée », l'ordre de ses gestes révèle celui de la nature [1]. Mais par rapport à notre langue artificielle Diderot découvre à la pantomime du muet un autre avantage : synthétique et intantanée, elle traduit en même temps toutes les impressions que son âme éprouve à la fois. Au contraire le langage articulé est successif et analytique, et il fragmente dans un temps discontinu le flux des états d'âme [2]; ainsi perd-il en naturel ce qu'il gagne en clarté rationnelle. Puisque la poésie ne se propose pas seulement de *dire,* mais aussi de « représenter » [3], celle des gestes pourra heureusement remplacer le prosaïsme des mots : « Il y a des gestes sublimes que toute l'éloquence oratoire ne rendra jamais », tel celui de Lady Macbeth effaçant de ses mains une tache de sang imaginaire [4].

On sait le parti que tirera ultérieurement Diderot de la valeur expressive reconnue ici à la pantomime. Mais cette intuition se trouve faussée, dès le départ, du fait que Diderot confond l'art concerté de la pantomime et la simple gesticulation émotionnelle. Ainsi en reste-t-il, comme Dubos, à une définition très naïve de l'imitation artistique. Pour être « un imitateur fidèle de la nature », dit-il, le peintre qui voudrait représenter Neptune à demi sorti des flots devrait respecter les lois de la réfraction, et écarter la tête du Dieu de dessus ses épaules [5]... Auronsnous un Neptune décollé ou bien conseillerons-nous à l'artiste de renoncer à ce sujet ? Diderot choisit évidemment la seconde solution. Ce faisant, il ne s'aperçoit pas que le système de l'imitation-copie, ainsi poussé jusqu'à l'absurde, aboutit à se nier lui-même. L'exemple de Dubos nous avait déjà prouvé que l'exigence théorique d'une fidélité absolue au réel se conciliait pratiquement fort bien avec un goût très timoré. Le fait est encore plus patent dans le cas de Diderot. Lui qui préconisera bientôt l'emploi de « tableaux » scéniques, propres à frapper l'imagination du spectateur, interdit ici au peintre de traiter certains sujets. « Qui pourrait supporter sur la toile la vue de Polyphème faisant craquer sous ses dents les os d'un des compagnons d'Ulysse [...] ? Ce tableau ne récréera que des cannibales; cette nature sera admirable pour des anthropophages, mais détestable pour nous » [6].

---

1. *Ibid.*, p. 354.
2. *Ibid.*, p. 369. Il faudrait citer toute cette page, étonnamment bergsonienne. Mais Diderot n'est pas anti-intellectualiste. De la plus analytique des langues, le français, il précise aussitôt qu'elle est la langue de la vérité, bien que sa force de persuasion soit en raison inverse de sa valeur scientifique (p. 371).
3. *Ibid.*, p. 374. « Toute poésie est emblématique ».
4. *Ibid.*, p. 354.
5. *Ibid.*, p. 403.
6. *Ibid.*, p. 404.

Qu'eût pensé Diderot du *Saturne* de Goya ? Accusons l'étroitesse de son goût qui lui fait craindre que le peintre ne présente, même indirectement, à l'imagination des « objets désagréables » [1]. Mais comprenons surtout qu'il ne s'agit pas chez lui d'une simple survivance, encore moins d'une inconséquence. Recherche naturaliste de l'expression immédiate, scrupules d'un goût attaché à la « belle nature » sont les deux aspects contradictoires et traditionnellement liés d'une conception de l'art purement hédoniste. Diderot comprend fort bien que définir le beau, en lui-même, par le plaisir qu'il donne est tout à fait insuffisant [2]. Mais dans le détail de ses analyses il n'envisage guère les œuvres d'art que du point de vue du spectateur :

« Convenez, Mademoiselle, écrit-il à Mademoiselle de La Chaux, que si les astres ne perdaient rien de leur éclat sur la toile vous les y trouveriez plus beaux qu'au firmament; le plaisir réfléchi qui naît de l'imitation s'unissant au plaisir direct et naturel de la sensation de l'objet. Je suis sûr que jamais clair de lune ne vous a autant affectée dans la nature que dans une des « Nuits de Vernet » [3].

Sans doute la dernière phrase de ce texte prouve-t-elle que Diderot a dès cette époque l'intuition du pouvoir créateur de l'art. Mais ce n'est encore qu'un sentiment confus et qui contredit le système dans lequel Diderot s'efforce, tant bien que mal, de le faire entrer. Lorsqu'il distingue le *plaisir réfléchi* du *plaisir direct et naturel*, notre philosophe est encore bien éloigné d'une doctrine de l'imitation créatrice : comment le tableau donnerait-il « la sensation de l'objet » s'il n'en était pas la copie fidèle ? [4] En fait selon Diderot la supériorité du paysage peint sur le paysage naturel ne vient pas de l'art du peintre, mais de l'amateur qui le regarde : le

---

1. *Ibid.* « Tout peintre, qui craindra de rappeler à l'imagination des objets désagréables, évitera l'apparence d'une amputation chirurgicale. Il ménagera la disposition relative de ses figures, de manière que quelque portion visible des membres cachés annonce toujours l'existence du reste ».

2. Cf. ci-dessus, p. 319.

3. *Lettre...*, *op. cit.*, pp. 407-408.

4. Diderot insiste sur le fait que ce plaisir est *naturel* : autant dire que toute la valeur du tableau réside dans sa ressemblance avec l'objet imité. Nous ne pouvons donc suivre M.Y. Belaval dans le commentaire qu'il donne de ce même passage (*L'esthétique sans paradoxe de Diderot*, Paris, N.R.F., 1950, pp. 96-97). « L'imitation-copie, écrit le même auteur, n'a jamais eu pour Diderot qu'un rôle secondaire » *(ibid.).* Il nous semble au contraire que la pensée personnelle de Diderot — celle de *l'Essai sur la peinture*, du *Paradoxe* et des *Pensées détachées* — ne s'est dégagée que lentement de la conception naïvement naturaliste qu'il avait opposée aux « maussades fantômes » de l'académisme (*Essai sur la peinture*, A.T., X, p. 465). M. Belaval s'emploie avec bonheur à retrouver la logique interne de l'esthétique de Diderot, et son livre nous a été d'un précieux secours. Mais nous manquons encore sur ce sujet d'une étude historique d'ensemble, qui ne se proposerait pas de reconstruire la doctrine du philosophe, mais la suivrait pas à pas dans son développement, la replaçant dans l'évolution générale des idées et des goûts au XVIIIᵉ siècle. Voir en ce qui concerne plus particulièrement l'esthétique musicale de Diderot l'édition critique du *Neveu de Rameau*, établie et commentée par M.J. Fabre (*Textes littéraires français*, Genève-Paris, 1950), avec une abondante bibliographie et, pour la peinture, l'édition critique des *Salons* par J. Adhémar et J. Seznec, en cours de publication (Oxford, Clarendon Press., 1957).

spectateur s'émerveille de retrouver dans le tableau un paysage connu ; mais l'illusion du naturel lui est d'autant plus agréable qu'il n'en est pas entièrement dupe et sait admirer, dans la fidélité de la copie, l'habileté du copiste.

Académisme, naturalisme, ces frères ennemis ont du moins un trait commun : tous deux nient que l'art soit une véritable création. Cette parenté explique les oscillations constantes de la pensée du demi-siècle. Dans sa définition du beau Diderot lui-même n'échappe pas complètement aux facilités de l'académisme. Ses « rapports », il les a d'abord conçus à propos de la théorie musicale, comme l'expression de la structure mathématique du réel [1] : c'est pourquoi le *Traité du Beau* a tant d'affinités avec le platonisme du P. André. Il est vrai que dès 1745, s'inspirant de Shaftesbury, Diderot leur avait prêté une signification biologique [2]. Cette idée fera son chemin dans l'esprit du philosophe : elle le conduira à voir dans l'art autre chose que la copie d'une beauté toute faite et à penser qu'il imite non pas la nature créée mais l'élan vital de la nature créatrice [3]. Diderot en viendra alors à distinguer très nettement la « nature commune » de la « nature embellie » par le génie de l'artiste ; c'est la même perspective dynamique qui lui fera choisir, pour parler d'art, non plus le point de vue de la contemplation, mais celui de la création [4]. De là son apologie des grandes passions qui permettent à l'artiste de génie de secouer le joug des routines et des recettes d'école. Cependant, même lorsque sa philosophie de la nature sera plus solidement établie qu'elle ne l'est en 1750, Diderot sera toujours tenté de revenir à un point de vue statique. Confondant alors la finalité interne de l'œuvre d'art avec une finalité externe, il lui assignera comme but l'expression d'une vérité *utile*. A l'aliénation représentée par l'idéal aristocratique de la « belle nature » succédera ainsi l'aliénation bourgeoise de l'art moralisateur. « Rien ne captive plus fortement que l'exemple de la vertu, pas même l'exemple du vice », écrira Diderot

---

1. Voir ses *Principes généraux d'acoustique* in *Mémoires sur différents sujets de Mathématiques*, 1748, A.T., IX, p. 83 sq.

2. *Essai sur le mérite et la vertu*, 1745, A.T., I, p. 35, note (du traducteur). « Qu'est-ce qu'un bel homme, si ce n'est celui dont les membres bien proportionnés conspirent de la façon la plus avantageuse à l'accomplissement des fonctions animales ? » Cartaud de la Villate avait déjà exprimé cette idée : « Il est en chaque genre un degré de perfection qui peut mériter le titre de beauté ; c'est de remplir le mieux possible les vues de la nature sur ce genre là. Un gros singe qui possède en un point éminent tous les avantages de ceux de son espèce est véritablement beau ». (*Essai historique et philosophique sur le goût*, op. cit., Deuxième partie, p. 231).

3. Ce n'est pas un hasard, explique-t-il à Sophie en 1762, si la courbe élégante du dôme de Saint-Pierre de Rome coïncide avec la ligne de plus grande résistance, car un monument est beau lorsqu'il est *solide* : « La solidité est dans ce genre-ci ce que sont les fonctions et états particuliers dans le genre animal ». (*Correspondance*, édit. G. Roth, op. cit., t. IV, p. 125 sq.).

4. Voir par exemple *Pensées détachées sur la sculpture, la peinture...* A.T., XII, p. 76, ou encore p. 87 : « Éclairez vos objets selon votre soleil qui n'est pas celui de la nature ; soyez le disciple de l'arc-en-ciel, mais n'en soyez pas l'esclave ».

en 1757 [1]. Ses drames seront l'illustration déclamatoire de cet aphorisme où s'exprime, avec toutes ses équivoques, l'optimisme moral du siècle.

L'histoire des idées esthétiques dans la première moitié du XVIIIe siècle est d'abord celle d'un échec. Les contemporains de Marivaux et de Montesquieu ne parviennent pas à assouplir de façon cohérente les contraintes de la « nature » classique. Mais les incertitudes de la réflexion sur le Beau, tiraillée entre des exigences contraires, s'inscrivent dans un système du monde qui appartient en propre au demi-siècle. A la fois hédoniste et idéaliste, l'esthétique du XVIIIe siècle postule l'accord de l'homme avec lui-même et avec l'univers : de même que la raison du mathématicien est accordée aux lois générales de la nature physique, l'homme de goût accède spontanément à la vérité du Beau absolu. Une harmonie providentielle fait que la définition du Beau idéal coïncide avec les lois hédonistes du goût. Un absolu se révèle ainsi dans la relativité du plaisir. Défini par cette conviction rassurante, le classicisme attardé du XVIIIe siècle n'apparaît plus à l'historien comme une anomalie. Il traduit dans son domaine propre une vision du monde : celle-là même que soutient la téléologie du mécanisme universel et qui inspire simultanément les certitudes équivoques de la morale naturelle.

---

1. *Second Entretien avec Dorval*, A.T., VII, p. 127. Cf. *Ibid.*, cette définition : « Je définis la vertu, le goût de l'ordre dans les choses morales. Le goût de l'ordre en général nous domine dès la plus tendre enfance [...] c'est le germe de l'honnêteté et du bon goût » (Cette page est le commentaire d'une réflexion de Constance dans *Le Fils Naturel*, IV, 3). La vraie nature est-elle « morale » ou passionnelle ? La pensée moyenne du siècle voudrait qu'elle fût les deux en même temps. Diderot va d'un terme à l'autre, sans parvenir ni à un choix clair, ni à une impossible conciliation. Cf. Ci-dessous, Ch. VI. Cette contradiction de sa morale se traduit dans son esthétique par une confusion presque constante entre la finalité interne de l'œuvre d'art, rivalisant avec la puissance créatrice de la Nature, et la recherche d'une finalité externe, qui met l'œuvre au service d'un « ordre moral » donné d'avance. Voir un exemple de ce glissement de pensée à la fin de la lettre à Sophie Volland citée plus haut. Cette confusion apparaît déjà dans l'*Essai* de 1745 ; elle est tellement enracinée dans la pensée de Diderot que lorsqu'il discerne les inconvénients de l'art *utile*, il renonce du même coup à sa définition biologique de la beauté : c'est le cas en 1750 dans le *Traité du Beau* (*op. cit.*, pp. 20-22). M. Belaval déploie beaucoup de finesse et d'ingéniosité pour établir que Diderot ne se contredit pas (*op. cit.*, pp. 74-89). Nous croyons au contraire toucher ici l'antinomie centrale de sa philosophie morale : la vraie grandeur de Diderot n'est pas dans l'édification d'un système achevé et cohérent, mais dans la conscience aiguë qu'il prend des contradictions idéologiques de son siècle. De ce point de vue le progrès de sa pensée se mesure, comme l'a excellemment montré M.R. Mortier (*Diderot et le problème de l'expressivité : de la pensée au dialogue heuristique, Cahiers de l'Association internationale des Études françaises*, Paris, 1961, pp. 283-298), à l'évolution des formes littéraires choisies pour l'exprimer, de l'*Essai*, ou du *Traité* à la *Lettre*, et enfin au *Dialogue*.

Chapitre VI

NATURE ET MORALE

1. — Les lumières de la raison.
2. — Le « sentiment » et les délices de la vertu.
3. — Les « passions » et l'ordre du monde.

Chapitre VII

NATURE ET MORALE

« La plupart des législateurs ont été des hommes bornés, que le hasard a mis à la tête des autres, et qui n'ont presque consulté que leurs préjugés et leurs fantaisies »[1]. Pour dénoncer le chaos des lois humaines bien des esprits retrouvent ainsi au XVIIIe siècle les accents de Pascal ou de Montaigne; mais sous leur amertume ou leur ironie perce un sentiment nouveau de sécurité. « En considérant le bel ordre que la Sagesse suprême a établi dans le *Monde Physique,* on ne saurait se persuader qu'elle ait abandonné au hasard et au dérèglement le Monde *spirituel* ou *moral...*»[2]. Et le physicien vient alors au secours du moraliste : entre les lois capricieuses, arbitraires et changeantes dont l'absurdité indigne celui-ci et les « lois générales, immuables, et éternelles »[3] que le livre de la Nature révélait depuis un siècle à la contemplation des savants, le contraste était trop brutal pour qu'on s'en accommodât longtemps.

Formé par la cosmologie mécaniste à l'idée d'un univers ordonné, qui satisfait à la fois la raison et le cœur, l'esprit de Montesquieu ne peut admettre que l'idée de justice soit pure illusion : des *Lettres Persanes* ou du *Traité des Devoirs* au livre premier de *L'Esprit des Lois* la conviction qu'il existe des « rapports de justice » indépendants des conventions humaines apparaît comme une constante de sa pensée.

---

1. MONTESQUIEU, *Lettres Persanes,* 129.
2. BURLAMAQUI, *Principes du Droit Naturel,* Genève, 1748. Deuxième partie, Ch. II, p. 240. Même réflexion dans l'*Essai* de Montesquieu sur les lois naturelles, ouvrage de jeunesse (*Œuvres, op. cit.,* t. III, pp. 180-181).
3. *Lettres Persanes,* 97, *loc. cit.*

Son hostilité à Hobbes, maintes fois affirmée, va de pair avec son admiration pour la morale des Stoïciens [1]; mais de cette sagesse humaniste qu'il emprunte à « la secte de Zénon » et, pratiquement, au Cicéron du *De Officiis* ou du *De Legibus*, Montesquieu trouve une expression plus moderne dans ses lectures de juriste : non pas certes dans ces ouvrages de jurisprudence, contradictoires et confus, dont, « au sortir de l'école », comme il nous le confie lui-même, il chercha vainement « l'esprit » [2]; mais chez ces philosophes du Droit qui, à la suite de Grotius et de Pufendorf, s'efforçaient de définir les règles immuables d'une justice universelle. Or ce n'est peut-être pas un hasard si l'épanouissement de l'École du Droit Naturel est parallèle, de Grotius à Burlamaqui, à celui de la science mécaniste. Tandis que la loi naturelle apparaît au physicien comme une norme, et non comme un simple fait expérimental, la même dualité permet au juriste de découvrir dans la « nature des choses » des préceptes qui n'ont pas moins de *réalité* que les lois du mouvement. De même que celles-ci assurent la conservation de l'univers matériel, il y a des lois qui tendent à la conservation et au bonheur du genre humain, non moins certaines et non moins claires que les règles de la géométrie [3].

Lois de la raison, lois de l'instinct ? Ordre idéal de la sagesse divine ou déterminisme des forces aveugles ? Les ambiguïtés de la science mécaniste n'épargnent pas la morale naturelle. La physique de 1730 se révèle incapable de rendre compte de la totalité du réel : mais la morale a aussi ses « monstres ». D'où la tentation de renoncer à plier la « nature » aux lois de la raison pour proclamer que tout ce qui est naturel est légitime. La démarche est conforme au grand dessein du demi-siècle qui veut réconcilier l'homme avec lui-même et secouer les contraintes de la Religion révélée. Elle ne trouve cependant sa pleine efficacité qu'à la faveur d'un compromis : la raison est souvent impuissante et les passions toujours dangereuses; seul le « sentiment » peut les associer et faire que les désirs de l'homme coïncident avec ses devoirs.

---

1. Cf. P. DIMOFF, *Cicéron, Hobbes et Montesquieu, Annales Universitatis Saraviensis, Philo-lettres*, n° 1, 1952.
2. Lettre à Solar, 7 mars 1749 (*Œuvres*, t. III, p. 1200).
3. Le rapprochement est souvent établi par les traités de droit naturel. Cf. CUMBERLAND, *Traité philosophique des lois naturelles* (édition latine, 1672 ; édition anglaise, 1727) traduit par Jean Barbeyrac, Amsterdam, 1744, *Discours préliminaire*, pp. 9 et 34, et Ch. I, *De la Nature des choses en général*. De même BURLAMAQUI, *op. cit.*, Première partie, Ch. V ; Deuxième partie, Ch. I, V, XII, etc...

I. — *Les lumières de la raison*

Proclamer l'existence d'une *morale naturelle*, n'est-ce pas jouer sur les mots et associer des termes contradictoires ? Sans les lumières de la foi, écrit l'auteur du *Traité philosophique de la faiblesse de l'esprit humain*, nous ne pourrions compter, pour guider notre conduite, que sur des « vraisemblances » et des « probabilités » [1]. Ce fidéisme extrême rejoint le scepticisme des « esprits forts » pour qui les « règles de la Nature » se réduisent aux impulsions égoïstes de l'instinct. On ne sait trop lequel de ces deux courants d'idées inspire en 1704 la protestation passionnée de Bayle :

« Qu'est-ce, je vous prie, que la *voix de la nature* ? Quels sont ses sermons ? qu'il faut bien manger et bien boire... Il ne faut pas prétendre que le commerce des méchants est ce qui inspire ces passions ; elles paraissent non seulement dans les bêtes qui ne font que suivre les instincts de la nature, mais aussi dans les enfants. Elles sont antérieures à la mauvaise éducation, et si l'on ne corrigeait la nature, il n'y aurait rien de plus corrompu que l'âme humaine... » [2].

Prétendre fonder la vie morale sur l'obéissance à la nature revient donc à céder à une double illusion : celle du « consentement universel », qui nous fait attribuer indûment à la nature ce qui provient en réalité de la culture; celle d'un optimisme psychologique à courte vue qui ignore combien les passions vicieuses et impudiques sont profondément enracinées dans la nature humaine [3]. Bayle reconnaît volontiers que les « nouveaux philosophes » ont raison de vanter le bel ordre qui règne dans l'univers physique, mais il refuse d'oublier le désordre qui tyrannise le monde des âmes. Pour lui ce contraste prouve la vérité du christianisme : comme tous les êtres de la création l'âme humaine a été créée dans l'ordre, et « si elle n'y est plus, c'est parce qu'abusant de sa liberté, elle est tombée dans le désordre » [4]. Instruit par le dogme du péché originel, convaincu que l'homme est depuis la chute foncièrement dépravé, le moraliste chrétien ne doit donc rien attendre de la nature, mais deman-

---

1. Huet, *op. cit.*, Livre II, Ch. IV ; Livre III, Ch. XV.
2. *Continuation des Pensées diverses*, *op. cit.*, Ch. VIII. Cf. *ibid.*, Ch. XXIV : « Tout le bien moral qui se voit parmi les hommes vient de la peine qu'on a prise d'arracher les mauvaises herbes naturelles et d'en semer d'autres ».
3. *Réponses aux questions d'un provincial*, *op. cit.*, Ch. CV.
4. *Pensées diverses sur la Comète*, *op. cit.*, Ch. CLX.

der au contraire aux lois divines et aux lois humaines de réfréner ses
mauvais instincts : « La Nature, conclut Bayle, est un état de maladie » [1].

Considéré en lui-même, indépendamment des secours de la grâce,
l'homme n'est pourtant pas privé de tout remède. Bayle ne songe pas
vraiment à nier qu'il puisse trouver dans sa seule nature de quoi lutter
contre sa nature. L'auteur de ce réquisitoire contre la corruption humaine
est aussi celui qui, en 1686, demandait à la « lumière naturelle » d'arbitrer
les obscurités de la foi. Il s'agissait alors de défendre les huguenots
français contre « tous les sophismes des convertisseurs à contrainte »,
et Bayle ne craignait pas de rejeter toute interprétation de l'Écriture
susceptible d'autoriser une telle injustice : « Je veux dire — écrivait-il —
que, sans exception, il faut soumettre toutes les lois morales à cette
idée naturelle d'équité qui, aussi bien que la lumière métaphysique,
illumine tout homme venant au monde... » [2]. Plus nettement encore, il affirme
dans la *Continuation des Pensées diverses* la validité absolue et objective
de la distinction du juste et de l'injuste : les règles morales auxquelles
doit obéir la volonté ne sont pas moins impératives que les règles logi-
ques qui dirigent les opérations de l'entendement, car dans les deux cas
il est également « indigne de la créature raisonnable » de ne pas se conformer à ce qui lui paraît la droite raison; or celle-ci ne peut manquer de
reconnaître « qu'il y a dans la vertu une honnêteté *naturelle* et intérieure,
et dans le vice une déshonnêteté de la même espèce, et qu'ainsi la vertu
et le vice sont deux espèces de qualités *naturellement* et moralement
différentes » [3].

L'hostilité de Bayle à la « nature » ne l'empêche donc pas d'admettre
qu'il existe dans le monde moral un ordre analogue à celui qui règne
dans le monde physique; c'est précisément parce qu'il y a des vérités
éternelles et nécessaires, pour la pratique comme pour la théorie, que
que Bayle juge l'athéisme compatible avec la moralité [4]. Le seul point
en discussion est, à ses yeux, la manière dont l'homme peut prendre
place dans cet ordre universel : dans son état d'intégrité la nature spirituelle de l'homme était aussi totalement accordée à l'ordre des âmes
que sa nature physique l'est restée à celui des corps; mais depuis que le
péché d'Adam a rompu cette harmonie primitive, l'homme est déchiré
entre sa raison qui le rattache encore à l'ordre général et ses sens qui
l'en écartent pour lui faire suivre des voies égoïstes. Si Bayle condamne
la « nature », c'est donc pour mieux exalter la valeur de la « droite raison »,
avec la conviction qu'au sein même de l'erreur le péché n'a pas altéré

---

1. *Réponse aux questions d'un provincial, loc. cit.*
2. *Commentaire philosophique sur les paroles de Jésus-Christ* : « *Contrains-les d'entrer* »
Œuvres diverses, La Haye, 1737, t. III, p. 368.
3. *Ibid.*, p. 400 (Cf. DELVOLVÉ, *Essai sur P. Bayle, op. cit*, p. 398).
4. *Ibid.*, p. 409.

cette rectitude [1]. Son apparent scepticisme traduit un rationalisme critique dont les conclusions ressemblent fort à ce qu'affirment dogmatiquement, au début du XVIIIe siècle, la grande majorité des moralistes : c'est par la raison que l'homme est vraiment humain, c'est dans sa raison que consiste sa véritable nature.

*
* *

Si l'on entend par *nature* les « lumières naturelles » de la raison, rien n'est plus orthodoxe dans une perspective chrétienne que l'idée d'une morale naturelle. La raison humaine n'est-elle pas, selon saint Jean, « la lumière véritable qui éclaire tout homme venant au monde » [2] ? La plus saine doctrine reconnaît l'existence d'une loi naturelle antérieure à la loi de Moïse et à celle du Christ. Le Syrien Hasaël se montre aussi bon théologien que Mentor lorsqu'il évoque devant Télémaque « cette vérité souveraine et universelle qui éclaire tous les esprits, comme le soleil éclaire tous les corps » [3]. Dieu a fait de l'homme une créature raisonnable, écrit de même Bossuet; après le péché, le déchaînement des passions a rendu nécessaire l'établissement de « lois positives », divines et humaines, mais elles n'ont pas d'autre rôle que de restituer à la raison sa pleine efficacité : « Toutes les lois sont fondées sur la première de toutes les lois, qui est celle de la nature, c'est-à-dire sur la droite raison et sur l'équité naturelle » [4]. Dans l'état de la nature déchue, qui est le nôtre, la raison est ce qui subsiste en nous de l'intégrité originelle. Malebranche s'accorde sur ce point avec Bossuet :

> « Si notre nature n'était point corrompue, il ne serait pas nécessaire de chercher par la raison, ainsi que nous allons faire, quelles doivent être les inclinations naturelles des esprits créés ; nous n'aurions pour cela qu'à nous consulter nous-mêmes, et nous reconnaîtrions, par le sentiment intérieur que nous avons de ce qui se passe en nous, toutes les inclinations que nous devons avoir naturellement. Mais, parce que nous savons par la foi que le péché a renversé l'ordre de la nature, et que la raison même nous apprend que nos inclinations sont déréglées, comme on le verra mieux dans la suite, nous sommes obligés de prendre un autre ton... » [5].

---

1. Voir la conclusion du chapitre CV de la *Réponse aux questions d'un provincial*, *loc. cit.*, et le *Supplément au Commentaire philosophique*, Ch. XV, où Bayle affirme qu'il subsiste en nous, malgré les suites du péché, « une détermination invincible et insecouable vers la vérité en général, détermination qui fait que jamais notre âme n'adhère à une doctrine qui lui paraît fausse... » (*loc. cit.*, p. 507).

2. *Évangile selon saint Jean*, I, 9.

3. *Les Aventures de Télémaque*, Livre IV, *op. cit.*, p. 95. Thème développé par Fénelon dans sa *Démonstration de l'existence et des attributs de Dieu*, *op. cit.*, Première partie, Ch. II.

4. BOSSUET, *Politique tirée des propres paroles de l'Écriture Sainte*, Paris, 1709, Livre I, art. IV, p. 29,

5. *Recherche de la Vérité*, Livre IV, Ch. I, 1.

Formules lumineuses ! Pour le philosophe chrétien la morale
« naturelle » est une métaphysique, non une psychologie. Ses lois ne
sont pas celles de la nature actuelle, mais de la nature originelle. Comme
le dit Malebranche, le philosophe se préoccupe moins de ce que *sont*
en réalité les inclinations de l'homme que de ce qu'elles *doivent* être
selon l'ordre primitif de la Création. Raisonner ainsi ne revient nullement
à laisser libre cours à la diversité des « systèmes », pour le seul avantage
des pyrrhoniens ; car la loi morale est inscrite dans la « nature des choses ».
Les vérités morales sont aussi certaines que les vérités géométriques :
« Les idées de justice et de sagesse, rappelle en 1724 le *Journal des Savants*,
sont des idées éternelles, inséparables de l'entendement humain, et aussi
naturelles à l'homme que les idées du cercle et du triangle » [1]. Les esprits
les plus religieux ne trouvent rien de choquant dans cette affirmation.
On réimprime en 1723 le grand ouvrage de Domat, *Les lois civiles dans
leur ordre naturel…* ; janséniste, ami de Pascal, l'auteur refusait d'admettre
que les païens aient eu réellement connaissance de la loi naturelle ;
à l'en croire, les « premiers principes des lois » ne pouvaient être découverts sans le secours de la Révélation : « Mais quoique ces principes ne
nous soient connus que par la lumière de la religion, précisait-il
aussitôt, elle nous les fait *voir dans notre nature même* avec tant de clarté
qu'on voit que l'homme ne les ignore que *parce qu'il s'ignore lui-même* :
et qu'ainsi rien n'est plus étonnant que l'aveuglement qui lui en ôte la
vue » [2]. Cet « aveuglement » ne paraît pas si redoutable aux moralistes
du siècle, enclins à accorder plus d'efficacité que Jean Domat à la lumière
naturelle de la raison. Adversaires et partisans de la « nouvelle philosophie » se rejoignent dans ce rationalisme. Disciple infidèle de Malebranche, le P. Rodolphe Dutertre célèbre comme lui dans la loi naturelle
« la loi éternelle en tant qu'intimée à la nature raisonnable par la
lumière de la raison » [3]. Citant le mot de Tertullien « *O âme de l'homme
qui êtes comme naturellement chrétienne !* », un autre philosophe de la Société
de Jésus, le P. Buffier, n'hésite pas à écrire : « Les lumières surnaturelles,
toutes divines qu'elles sont, ne nous montrent rien, par rapport à la
conduite ordinaire de la vie, que les lumières naturelles n'adoptent par
les réflexions exactes de la pure philosophie » [4].

Affirmer qu'il est possible de fonder la vie morale sur les lumières
de la raison ne signifie pas nécessairement qu'on s'illusionne sur l'énergie
que la plupart des hommes mettent à s'imposer ces « réflexions exactes »

---

1. *Op. cit.*, 1724, p. 268. Quelques années plus tard, Legendre de Saint-Aubin précise
même que les vérités morales sont encore plus faciles à démontrer que les vérités géométriques. (*Traité historique et critique de l'opinion, op. cit.*, t. V, p. 29 sq.).
2. Jean DOMAT (1625-1696), *Les lois civiles dans leur ordre naturel…*, nouvelle édition
corrigée et augmentée par Louis de Héricourt, Paris, 1723, p. I.
3. *Entretiens sur la religion…*, Paris, 1743, t. I, p. 195.
4. *Traité de la société civile et du moyen de se rendre heureux en contribuant au bonheur
des personnes avec qui on vit*, Paris, 1726, p. 12.

dont parle le P. Buffier. Plus souvent fous que sages, les hommes ne cessent d'oublier qu'ils sont des êtres raisonnables. Cette idée banale permet à nos moralistes de réfuter l'argumentation traditionnelle des sceptiques invoquant le nombre des infractions à la loi pour soutenir que la loi n'existe pas. Lorsqu'il veut démontrer que l'altruisme est plus « naturel » que l'égoïsme, d'Aguesseau se garde bien de faire appel à l'expérience commune, et il saisit au contraire l'occasion de dissiper une équivoque. Le « naturel », écrit-il, n'est pas forcément le plus fréquent mais ce qui est conforme à l'essence de chaque être :

« Je ne pourrais rejeter une notion si simple et si évidente, pour appeler *naturel* ce qui est le plus commun, sans tomber dans l'étrange absurdité de dire qu'il est *naturel* à l'homme de vivre contre sa nature : proposition qui renferme une contradiction grossière. Si je trouve donc d'un côté que sa nature exige qu'il vive d'une certaine manière avec ses semblables ; si je vois de l'autre qu'il fait souvent tout le contraire, la seule conséquence que j'en doive tirer est qu'il est très ordinaire à l'homme de faire ce qui convient à ses passions plutôt que ce qui convient à sa nature, comme j'ai déjà remarqué qu'il le fait souvent à l'égard de son corps même, quoique le désir de le conserver soit regardé comme la plus naturelle de toutes ses inclinations »[1].

En un mot la morale a ses monstres, comme la biologie[2], mais pas plus que Lémery, d'Aguesseau n'entend fonder sur de simples données statistiques la distinction du normal et du pathologique. Rien de plus étranger à la pensée du chancelier que la morale entendue comme la « science des mœurs » ; elle est bien une science, mais toute déductive ; sa démarche comme ses conclusions sont au delà de tous les démentis expérimentaux. De même que l'univers de la physique mathématique du début du siècle reste en grande partie un monde platonicien, l'univers moral du chancelier d'Aguesseau est celui des idées pures, idéalement abstraites et pleinement intelligibles, sans qu'elles soient pour autant, le moins du monde, des créations de l'esprit qui les découvre. A la limite il n'y aurait rien de choquant pour lui à identifier le *naturel* à *l'exceptionnel*, et non *au plus commun*.

A plus forte raison cet idéalisme moral empêche-t-il que l'on confonde le naturel et le primitif, au sens ethnologique du mot. La *nature* à laquelle se réfèrent les moralistes est celle de l'homme adulte et civilisé. Prétendre en juger autrement, et ne considérer par exemple que l'enfance d'un individu isolé, ou celle de l'humanité tout entière,

---

1. D'AGUESSEAU, *Méditations métaphysiques*, Neuvième Méditation, Œuvres complètes, 1759-89, t. XI, p. 449. Le chancelier d'Aguesseau (1668-1751) est aussi l'auteur d'un *Essai d'une institution au droit public*, où il s'inspire à la fois de la philosophie cartésienne et des théories de l'école du droit naturel. On sait que ces dernières n'avaient alors aucune place en France dans l'enseignement officiel.
2. Même remarque chez l'historien du droit naturel, Martin Hübner : les exceptions à l'ordre sont des monstres, car « il y en a dans le monde moral comme dans le monde physique ». (*Essai sur l'histoire du droit naturel*, Londres, 1757-58, t. I, p. 354).

c'est ignorer que la raison, tout comme les plantes et les fruits, n'atteint que peu à peu son plein développement. Quand Hobbes soutient que la sociabilité n'est pas naturelle, il fait — répliquait déjà Cumberland — un bien mauvais jeu de mots, et il oublie la formule d'Aristote, selon laquelle « il faut juger de la Nature par la fin ou la perfection à quoi elle tend »[1]. L'ouvrage du théologien anglais ne sera traduit en français qu'assez tardivement, en 1744, mais la même remarque est souvent faite par les autres théoriciens du droit naturel[2]. Et c'est aussi l'opinion du P. Buffier qui prétend opposer à l'ambitieuse philosophie cartésienne la simple métaphysique du « sens commun » : car les « premières vérités » sur lesquelles il veut faire reposer celle-ci ne sont elles-mêmes accessibles qu'à une raison pleinement développée[3]. Voltaire se souviendra de cette mise au point lorsqu'il dira en 1756 des « premiers ressorts » de la vie morale :

> « Il faut que l'enfant croisse afin qu'il les exerce;
> Il ne les connaît pas sans la main qui le berce.
> Le moineau dans l'instant qu'il a reçu le jour,
> Sans plumes dans son nid, peut-il sentir l'amour ? »[4].

L'importance accordée ainsi à l'éducation dans la formation de la « lumière naturelle » ne contredit nullement la métaphysique cartésienne : elle se comprend cependant encore mieux si l'on adopte la philosophie de Locke. Or, malgré la rhétorique un peu vague de certaines formules souvent reprises, il est peu de moralistes qui se hasardent, au début du XVIIIᵉ siècle, à donner à l'idée de loi naturelle une caution aussi précaire que le système des idées innées. Le chancelier d'Aguesseau, le jésuite Dutertre parlent en termes presque identiques, et inconsciem-

---

1. ARISTOTE, *Politique*, Livre I, Ch. II. La référence est donnée par Cumberland (*op. cit.*, Ch. II, p. 108) avec le commentaire suivant : « Le mot de *Nature*, selon l'étymologie grammaticale, vient à la vérité de *naître* : mais chacun sait qu'en parlant de la Nature humaine on entend par la *Nature* cette force de la Raison dont il ne se trouve que des ébauches et des semences dans les enfants qui viennent de naître. C'est ainsi que l'homme est naturellement propre à la *propagation de son espèce* : et cependant il ne saurait y vaquer, pendant qu'il est enfant [...]. Nous disons que les *plantes* et les *fruits* ont quelque vertu naturelle de servir à notre nourriture ou à des usages de médecine : ces qualités néanmoins ne s'y trouvent pas dès le moment qu'une semence a germé, ou que l'arbre fleurit ; il faut que le soleil et la pluie aient fait parvenir à maturité les plantes et les fruits, et que d'ailleurs les malignes influences de l'air n'y apportent point d'obstacles... »
2. Cf. PUFENDORF, *Le droit de la nature et des gens...* traduction française par Jean Barbeyrac, Amsterdam, 1706, Livre II, Ch. II, IX et Ch. III, XIII. — BURLAMAQUI, *Principes du droit naturel, op. cit.*, Première partie, Ch. IV, XI. Martin HÜBNER, *op. cit.*, Première partie, Ch. II, etc...
3. BUFFIER, *Traité des premières vérités*, Paris, 1724, Première partie, Ch. V, p. 25 : « *J'entend donc ici par le sens commun la disposition que la nature a mise dans tous les hommes, ou manifestement dans la plupart d'entre eux, pour leur faire porter à tous quand ils ont atteint l'âge et l'usage de la raison un jugement commun et uniforme sur des objets différents du sens intime de leur propre perception, jugement qui n'est point la conséquence d'aucun principe antérieur* ».
4. *Poème sur la loi naturelle*, v. 89-92 (Moland, IX p. 450). Cf. *Voltaire's «Poème sur la loi naturelle »*, édit. Crowley, Berkeley, 1938.

ment équivoques, d'une loi « gravée » par Dieu dans le fond de notre
âme [1]. A la différence de Domat qui s'affirmait intégralement cartésien [2],
la plupart des « jurisconsultes » s'abstiennent de s'aventurer dans une
philosophie discutable : pour Cumberland l'innéité de la loi naturelle
est une simple hypothèse [3]. Plus réservé encore, J. Barbeyrac redoute
de fournir des arguments aux sceptiques en faisant reposer la science
du droit naturel sur des bases aussi fragiles : pour réfuter Montaigne,
écrit-il en tête de sa traduction française du grand ouvrage de Pufendorf,
il n'est pas nécessaire de prouver que nous avons des idées morales
innées, mais seulement que nous sommes doués des facultés nécessaires
à leur découverte [4]. De même Burlamaqui ne croit pas qu'abandonner
sur ce point la doctrine cartésienne aboutisse à ruiner la morale naturelle :
soucieux de fonder celle-ci sur des faits évidents et des raisonnements
accessibles à tous les hommes, il entend au contraire la dissocier de
« toute spéculation abstraite et métaphysique » [5]. Une préoccupation
analogue inspirait déjà vingt ans plus tôt au P. Buffier, grand admirateur de Locke [6], son *Traité des Premières Vérités* : les évidences du
sens commun sur lesquelles Buffier fait reposer toute la philosophie
morale sont moins « une pensée actuelle » qu'une « disposition à penser »,
et constituent des jugements, plutôt que des idées, à proprement parler [7].
Or le sentiment qu'il existe en dehors de nous d'autres hommes, doués
d'un appétit de bonheur égal au nôtre, n'est guère moins évident, selon
Buffier, que celui de notre propre existence :

> « *Je veux être heureux ; mais je vis avec des hommes qui, comme moi, veulent
> être heureux chacun de leur côté : cherchons le moyen de procurer mon bonheur, en pro-
> curant le leur, ou du moins sans y jamais nuire.* Tel est le fondement de toute la
> sagesse humaine, la source de toutes les vertus purement naturelles, et le
> principe général de toute la Morale et de toute la Société civile » [8].

---

1. DUTERTRE, *Entretiens sur la religion, op. cit.*, t. I, p. 195. D'AGUESSEAU, *Essai
d'une institution au droit public*, Première partie, *Notions générales du Droit naturel*, (*Œuvres complètes*, t. I, p. 446).
2. Cf. *Les Lois civiles, op. cit.*, Ch. IX, p. 10.
3. *Traité philosophique des lois naturelles, Discours préliminaire, op. cit.*, p. 7.
4. *Le Droit de la Nature et des Gens, op. cit., Préface* du traducteur, pp. XIV-XVII.
Barbeyrac interprète fidèlement la pensée de Pufendorf, clairement exposée dans ses deux
grands ouvrages. Cf. *Ibid.*, Livre II, Ch. III, XIII, p. 174 et *Les devoirs de l'homme et du
citoyen*, quatrième édition, Amsterdam, 1718, Livre I, Ch. III, p. 72.
5. *Principes du droit naturel, op. cit.*, Deuxième partie. Ch. V, p. 318 sq.
6. Voir ses *Remarques sur la Métaphysique de M. Locke* : « Il est le premier de ce temps-ci
qui ait entrepris de démêler les opérations de l'esprit humain immédiatement d'après
la nature, sans se laisser conduire à des opinions appuyées plutôt sur des systèmes que
sur des réalités ; en quoi sa philosophie semble être, par rapport à celle de Descartes
et de Malebranche, ce qu'est l'Histoire par rapport aux Romans » (*Appendice* au *Traité
des Premières Vérités*, 1724, *op. cit.*, t. II, p. 253).
7. *Traité des Premières vérités*, Première partie, Ch. V, p. 30.
8. BUFFIER, *Traité de la Société Civile, op. cit.*, Ch. III, p. 15. Voir aussi *Les Éléments
de Métaphysique* du même auteur (Paris 1725, pp. 97-98) : « La vraie métaphysique ne
cherche point à détruire la nature des choses, mais à les considérer telles qu'elles sont
par leurs différentes faces. Or, dans la nature des hommes, il est un principe qui se fait
sentir, malgré toutes les vaines subtilités, et qui répond à tous les faux raisonnements,
ou plutôt qui est évidemment au-dessus de tous les raisonnements : *savoir que chacun de nous
existe de manière que d'autres hommes et d'autres êtres existent avec lui...* »

Est-ce donc notre désir d'être heureux qui est le véritable fondement de la loi morale ? La « sagesse humaine » du P. Buffier aurait paru
bien utilitaire à Malebranche et à Bossuet. Sous prétexte d'échapper
aux incertitudes de la métaphysique, elle rompt en réalité avec l'idéalisme moral de ses prédécesseurs. Des formules apparemment identiques
cachent deux conceptions fort différentes de la raison et de son rôle
dans la vie morale. Raison normative qui nous élève jusqu'au monde
des vérités éternelles; raison calculatrice qui se fait simplement le guide
de l'instinct. Le XVIII⁰ siècle ne renoncera jamais à voir dans la raison
la révélation naturelle d'un absolu, mais il croira aussi, avec le P. Buffier,
que la morale est la science du bonheur. Dans les deux cas on parlera
de morale *naturelle* sans s'apercevoir qu'il ne s'agit ni de la même raison
ni de la même *nature :* là une nature idéale, ici la nature de l'homme
quotidien. La première notion se conciliait sans difficulté avec le
dogme chrétien de l'innocence perdue; elle supposait l'homme divisé
contre lui-même, et impliquait un effort de sa raison pour retrouver au
fond de son être la vraie nature. C'est le point de vue très orthodoxe
que soutiendra en 1751 le pasteur Samuel Formey, en réplique aux
sophismes de « libertins » comme La Mettrie : « Ils croient avoir la
Nature pour eux et dans leurs intérêts, parce qu'ils la confondent avec
les penchants corrompus et les désordres du vice. Mais qu'ils apprennent
à la connaître ! La *Nature* est cette voix intérieure de la raison, qui nous
appelle à la Vérité et à l'amour de la Vertu... » [1]. Au rigorisme d'inspiration chrétienne répondra celui des « philosophes », soucieux de ne pas
donner prise aux calomnies du parti dévot et surtout indignés de trouver
le genre humain trop différent de ce qu'il devrait être. Ainsi Montesquieu fera-t-il écho à Domat pour déplorer, au début de *L'Esprit
des Lois*, que l'homme soit si enclin à s'oublier lui-même. Réflexion de
moraliste, mais aussi amorce d'une critique sociale et politique; car
si l'homme est « sujet à l'ignorance et à l'erreur », il lui arrive aussi
d'être victime d'institutions qui le dénaturent [2]. La mauvaise organisation de la vie sociale n'est-elle pas responsable des fautes que les théologiens imputent à l'homme éternel ? « J'oserais assurer qu'il est presque
impossible de trouver sur la terre une société d'hommes qui se gouvernent par des principes humains. Est-il surprenant après cela qu'on ait

---

1. FORMEY, *Système du vrai bonheur*, Berlin, 1751, *Préface*, p. 9. Bien qu'il ait col-
laboré à l'*Encyclopédie*, Formey est un écrivain conformiste. Le déiste Toussaint passe au
contraire pour un auteur subversif ; il ne l'est guère dans les lignes suivantes : « Qu'est-
ce que la *vertu?* C'est la fidélité constante à remplir les obligations que la *raison* nous
dicte. Et qu'est-ce que la raison elle-même? C'est une portion de la sagesse divine dont
le Créateur a orné nos âmes pour nous éclairer sur nos devoirs ». (*Les Mœurs*, s.l., 1748,
Discours préliminaire sur la vertu, p. 10).

2. *Esprit des Lois*, *Préface* et *Livre I*. Sur l'idéalisme moral qui informe le prétendu
« relativisme » de Montesquieu, voir ci-dessous, Ch. VIII, 3.

peine à trouver dans ces sociétés un homme qui soit vraiment homme, et qui vive conformément à sa nature ? » [1].

Le pessimisme métaphysique des moralistes chrétiens, le pessimisme critique des « philosophes » se rencontrent au moins dans cette constatation : l'ordre idéal de la loi naturelle gouverne rarement la conduite réelle des hommes. Peut-être le sentiment de cette dualité n'est-il cependant pas aussi aigu vers 1730 qu'il pouvait l'être chez Bayle ou Malebranche et qu'il le redeviendra quinze ou vingt ans plus tard. Le trait le plus caractéristique de la pensée morale du demi-siècle, c'est une idée de l'homme beaucoup plus rassurante : un optimisme foncièrement conservateur — puisqu'il consiste à nier, non sans mauvaise foi, la réalité du mal — et pourtant d'une grande audace, inconsciente ou agressive, dans sa méconnaissance ou son refus de la doctrine chrétienne. L'univers moral du P. Buffier est étonnamment dépourvu de caractère tragique; on s'en aperçoit à la méthode que l'auteur emploie pour définir la loi naturelle : méthode génétique qui prétend fonder le droit sur le fait, et partir de ce que l'homme est en réalité pour démontrer ce qu'il devrait être. Peu nous importe qu'elle aboutisse dans le détail aux préceptes les plus conformistes : sa hardiesse consiste à nier d'avance que l'homme soit irrémédiablement déchiré entre ses sens et sa raison. C'est par là que le rationalisme moral du P. Buffier se distingue de celui de Bayle : la moralité n'est plus une conquête difficile, mais une harmonie naturelle qu'un peu de « bon sens » suffit à préserver.

Entre le pessimisme outrancier des pyrrhoniens et le naturisme déiste, la sagesse chrétienne du demi-siècle s'efforce de tracer une voie moyenne. Après avoir réfuté Bayle, Crousaz se heurte à Pope et à ses admirateurs français. Son langage se fait alors plus sévère que celui du P. Buffier, car le précepte de Pope, *suivre la Nature*, est au moins équivoque : « Sous ce nom de *Nature* il se présente divers Maîtres, le premier, c'est les *sens*, les enfants ne connaissent que cette voix, et le plus grand nombre de ceux qui sont nés dans une haute fortune ne pensent qu'à tirer de là leurs satisfactions... ». Craignons qu'ainsi entendue la morale naturelle n'autorise le libertinage, et fions-nous plutôt aux « idées claires de l'entendement... ». Mais gardons-nous aussi de leur fausse clarté, car la raison, nourrie de préjugés, nous trompe souvent, et, dans leur inconscience, les enfants sont parfois plus sages que les adultes. Ainsi « les sens ne méritent pas tout à fait d'être abandonnés... » [2].

*   *
*

1. *Essai sur le mérite et la vertu*, A.T., I, p. 76.
2. CROUSAZ, *Examen de l'essai de M. Pope sur l'homme*, Lausanne, 1737, p. 160. Rappelons l'*Examen du pyrrhonisme ancien et moderne*, publié par le même auteur en 1733.

Fonder les règles universelles de la morale et du droit sur la nature actuelle de l'homme, c'était précisément l'ambition des théoriciens du droit naturel. Pour développer celui-ci, explique Pufendorf, on doit considérer l'homme non dans l'état d'innocence, mais « tel qu'il est depuis le péché » [1]. A quoi bon en effet une morale qui ne tiendrait pas compte du réel, et, par conséquent, ignorerait le possible ? Hobbes a raison de définir la nature humaine par l'égoïsme, car nul ne saurait renoncer à sa propre conservation : « En un mot, quoi qu'on fasse pour autrui, on ne s'oublie jamais soi-même » [2]. Mais il est faux que l'amour de soi fasse nécessairement de l'homme un loup pour l'homme. Nous voulons être heureux, mais l'expérience a vite fait de nous apprendre que nous ne pouvons le devenir sans le secours d'autrui. Du sentiment que l'individu isolé a de sa faiblesse naît le désir d'échapper à la solitude. Tel est le véritable fondement du droit naturel ; en vain voudrions-nous réprimer une inclination irrésistible ; le désir de bonheur, gravé par Dieu dans le cœur de sa créature, ne peut assurément être coupable. Encore devons-nous prendre conscience que sa satisfaction implique de notre part certains sacrifices. Si le bonheur n'est possible que par la vie sociale, la *sociabilité* est le vrai critère du juste et de l'injuste [3]. La loi de nature exclut donc l'assouvissement immédiat du désir. Fondée sur l'instinct de conservation, la morale naturelle n'est pas pour autant ce « droit de tous sur tout » auquel la réduisent Hobbes et ses disciples : morale de l'intérêt éclairé, et non de l'impulsion aveugle, elle reste en cela doublement « naturelle », puisque la raison est aussi essentielle à l'homme que l'amour-propre, et que, d'autre part, l'ordre providentiel des choses veut qu'il n'y ait pas de vrai bonheur en dehors de la vertu [4].

Les « lumières de la droite raison » ont-elles à élever l'homme au-dessus de lui-même, ou bien à permettre l'épanouissement harmonieux de tout son être ? La seconde idée, toute « philosophique », est assurément en germe dans les gros ouvrages de Pufendorf. On aurait cependant tort de croire que la première soit pour lui une idée morte. Le jurisconsulte allemand n'est ni un Helvétius, ni un Bentham, et sa doctrine n'est rien moins qu'utilitariste. Après avoir décrit la genèse de la loi naturelle à partir de l'amour-propre, il ne juge pas que sa tâche soit terminée. Car l'idée d'une morale *sans obligation* lui est parfaitement étrangère. Comme toute loi, la loi naturelle est pour lui une norme, et non un simple calcul : même éclairé par la raison, le déterminisme de l'amour-propre n'a en lui-même aucune valeur éthique.

---

1. *Les devoirs de l'Homme et du Citoyen...*, op. cit., *Préface*, p. LIII.
2. *Le droit de la Nature et des Gens*, op. cit., p. 177.
3. *Ibid.*, p. 178.
4. Le droit naturel, dira Burlamaqui, est donc « tout ce que la Raison reconnaît certainement comme un moyen sûr et abrégé de pourvoir au bonheur et qu'elle approuve comme tel ». (*Principes du droit naturel*, op. cit., p. 89).

Pour que les *conseils* de l'intérêt bien compris se transforment en *lois*, il faut qu'intervienne une volonté supérieure. Or celle-ci est précisément inscrite dans la nature humaine. C'est l'Auteur de la Nature qui a donné à chacun de nous l'amour de son être, et qui a lié le juste à l'utile. Aussi le bonheur de la créature est-il un hommage dû au Créateur. En ce sens le bonheur est moins un droit qu'un devoir, car le respect dû à Dieu exige que nous conformions nos actions à la nature qu'il nous a donnée. « La volonté de Dieu, constate Pufendorf, est le fondement de l'obligation qu'il y a d'observer la loi naturelle » [1].

En conservant à la loi morale, dans sa forme sinon dans son contenu, un caractère de transcendance, Pufendorf évite les difficultés d'une morale de l'intérêt, mais il marque aussi son attachement à la psychologie classique. L'homme demeure pour lui un être double, et le rationalisme de notre auteur n'accorde une certaine confiance à la « nature » qu'à condition qu'elle accepte de se laisser « éclairer ». Ainsi n'évite-t-il le pessimisme de Hobbes qu'en revenant à l'idéalisme de Cicéron. C'est seulement sous l'empire de la raison, régnant souverainement sur les passions, que se manifeste, selon lui, l'harmonie providentielle de l'honnête et de l'utile. Constatant que la vraie doctrine d'Épicure s'accorde sur ce point essentiel avec la morale du *De Officiis*, il écrit par exemple :

« A l'égard de ce que dit encore Horace, que *la Nature toute seule n'est pas capable de démêler ce qui est juste d'avec ce qui ne l'est pas*, j'en tombe d'accord si l'on entend par la *Nature* ce principe commun aux hommes et aux bêtes, qui fait apercevoir aux bêtes mêmes par le moyen de leurs sens ce qui est convenable ou nuisible au corps, sans leur donner pourtant aucune connaissance de l'honnête ou du déshonnête. Mais si par la *Nature* on entend un principe intelligent et raisonnable, la proposition est fausse » [2].

Les jurisconsultes romains définissaient pourtant le droit naturel comme « ce que la Nature enseigne à tous les animaux » : Pufendorf s'élève contre cette confusion, inspirée, dit-il, par une erreur de philosophie. Car les Anciens croyaient à l'Ame du Monde et à la métempsychose; pour un philosophe chrétien, pour un penseur moderne qui voit dans les animaux de simples machines, il est absurde de confondre le monde de la raison et celui de l'instinct, la tendresse d'une mère pour ses enfants et les soins qu'une chienne accorde à ses petits... [3]. L'amour naturel n'a de valeur morale que dans la mesure où il est beaucoup plus qu'un instinct : telle cette « amitié naturelle » qui unit tous les hommes, non pas en vertu d'une impulsion aveugle de l'affectivité, mais parce qu'ils savent prendre conscience de l'identité de leur nature.

---

1. *Le Droit de la Nature et des Gens*, Livre II, Ch. III, XX, *loc. cit.*, p. 187.
2. *Ibid.*, XI, p. 171.
3. *Ibid.*, I à III, notamment p. 158.

La vie morale suppose qu'on s'élève du particulier à l'universel, elle implique une ascèse, un effort de la raison [1].

Le traducteur de Pufendorf, Jean Barbeyrac, fait preuve de perspicacité lorsqu'il lui reproche un excès de pessimisme : l'opposition de l'instinct et de la raison n'est guère moins forte dans la pensée du juriste allemand que dans celle de Bayle [2]. Que le traducteur du *Droit de la Nature et des Gens* ait relevé l'analogie est un fait digne d'attention. Car c'est à travers les commentaires de Barbeyrac que le xviiie siècle français découvre Pufendorf ou Grotius; commentaires doublement importants, par l'influence qu'ils ont exercée et par l'état d'esprit qu'ils révèlent. En politique, Barbeyrac s'affirme disciple de Locke et sur des problèmes aussi essentiels que celui du droit de résistance il oppose le libéralisme du philosophe anglais à l'absolutisme de Pufendorf [3]. Cette divergence se manifeste également au niveau des principes théoriques. En apparence Barbeyrac interprète avec fidélité la doctrine de Pufendorf lorsqu'il défend contre Leibniz l'idée que la loi naturelle doit son caractère impératif à un décret divin [4]. En réalité cet appel à la transcendance de la loi est beaucoup moins justifié de sa part qu'il ne l'était chez son maître. Barbeyrac nie en effet que la sociabilité dérive seulement de l'amour-propre, et il lui assigne, parallèlement, une origine toute différente. Comme Grotius, il croit à un altruisme spontané, donc à une moralité innée, non pas au niveau des idées, mais à celui du sentiment [5]. Par souci de réalisme Pufendorf voulait fonder la théorie du droit sur l'état de la nature corrompue : mais chez son commentateur, fils d'un pasteur calviniste, l'idée de péché est presque effacée par celle de la bonté naturelle. C'est par là surtout que Barbeyrac appartient au xviiie siècle [6].

---

1. Ici nous sommes beaucoup plus près de Kant que de Bentham. Dans le même passage (*ibid.*, XVIII), Pufendorf oublie les concessions qu'il vient de faire à l'utilitarisme : « Quoique par un effet admirable de la sagesse du Créateur, les lois Naturelles se trouvent tellement proportionnées à la Nature humaine que leur observation est toujours avantageuse, et par conséquent qu'il revient à chacun un très grand bien de cette amitié générale : cependant quand il s'agit d'en établir le fondement, il ne faut pas le chercher dans l'utilité qu'on en retire, mais dans la conformité d'une même Nature ». (Texte cité par R. DERATHÉ, *Jean-Jacques Rousseau et la science politique de son temps*, Paris, 1950, p. 143).

2. Lorsque Pufendorf dit que les bêtes vivent sous l'empire de la force, remarque Barbeyrac, il s'exprime exactement comme Bayle (*Le Droit de La Nature et des Gens*, Livre II, Ch. III, III, *loc. cit.*, Note du traducteur).

3. Cf. ci-dessous, Ch. VIII, 2.

4. Cf. ci-dessous, Ch. VII, *Introduction*.

5. *Le Droit de la Nature et des Gens*, loc. cit., XV, p. 178. Cf. GROTIUS. *Le Droit de la guerre et de la paix*, nouvelle traduction, par J. Barbeyrac, Amsterdam, 1724. *Discours préliminaire*. Cumberland écrit de même « que la simple impression des sens ou de l'imagination, qui nous représente les autres hommes comme des animaux de même espèce, nous dispose à des sentiments d'affection envers eux, semblables à ceux par lesquels nous sommes portés à nous conserver nous-mêmes » (*op. cit.*, Ch. II, XVIII). Dans ses *Origines juris civilis* (1708), qui ne seront traduites en français qu'en 1766, l'Italien Gian Vincenzo Gravina affirme de même qu'il existe une « double loi de nature », celle de l'âme et celle du corps, la seconde étant commune à l'homme et aux animaux. (cf. *Esprit des Lois romaines*, trad. Requier, nouvelle édition, Paris, 1822, pp. 5-6).

6. Barbeyrac avait vingt ans à la mort de Pufendorf (1694) ; il vivra jusqu'en 1744.

Comment refuser à l'homme l'instinct social dont les bêtes brutes nous donnent de si nombreux exemples ? En posant cette question, le chancelier d'Aguesseau ne croit pas contredire son propre rationalisme mais constater simplement un fait d'expérience [1]. Toute la pensée morale du demi-siècle tend ainsi à une réhabilitation de l'instinct, ne serait-ce que pour y voir, à la manière de l'abbé Pluche, l'une des plus claires manifestations de la sagesse divine. Même les juristes professionnels, portés à privilégier la raison par rapport au « sentiment », se conforment ici à l'esprit de leur temps. En 1743 François-Richer d'Aube, maître des requêtes, soutiendra contre Carnéade et Hobbes que l'altruisme est aussi naturel que l'égoïsme : à preuve, la société des fourmis, des abeilles et des castors [2]. L'année suivante un autre théoricien du droit écrira que la source de celui-ci n'est ni la raison, ni l'intérêt, ni la volonté de Dieu, ni la crainte, mais les « passions en tant qu'elles sont conformes à la nature » [3]. Plus traditionaliste, l'auteur de L'Esprit des Lois juxtaposera, à la façon de Barbeyrac ou du chancelier d'Aguesseau, plusieurs conceptions de la loi naturelle : loi de la raison, sentiment de crainte qui exclut toute volonté agressive, enfin « plaisir qu'un animal sent à l'approche d'un animal de son espèce » [4]. Cet éclectisme conciliant apparaît déjà, bien des années avant son grand ouvrage, dans son Essai touchant les lois naturelles, œuvre de jeunesse qui est peut-être antérieure aux Lettres Persanes [5]. Montesquieu y suit Pufendorf de très près. Pour discerner le juste de l'injuste, la « voie du raisonnement » lui paraît plus efficace et d'une application plus générale que le simple abandon à la « nature» [6]. Mais c'est, dit-il, parce que les « premières impressions » de celle-ci sont souvent effacées, non par la malédiction originelle, mais « par une mauvaise éducation » [7]. Ainsi se trouve posé dans cet essai

---

1. *Essai d'une Institution au Droit public, loc. cit.,* p. 468.

2. *Essai sur les principes du droit et de la morale,* Paris, 1743, *Préface,* p. XXVII.

3. F.H. STRUBE de PIERMONT, *Ébauche des lois naturelles et du droit primitif,* Amsterdam, 1744, *Préface,* p. VII. L'ouvrage est dédié à Élisabeth de Russie ; l'auteur se dit élève de Thomasius, le célèbre jurisconsulte et « théosophe » allemand auquel Diderot feindra de reprocher son « naturalisme ». (*Encyclopédie,* art. *Thomasius.* Cf. A.T., XVII, p. 273).

4. *De l'Esprit des Lois,* I, 2,. Cf. ci-dessous, ch. VIII, 3.

5. *Essai touchant les lois naturelles et la distinction du juste et de l'injuste, Œuvres,* édit. A. Masson, *op. cit.,* t. III, pp. 175-199. Le texte imprimé reproduit une copie manuscrite de cet ouvrage inédit, retrouvée par M. Xavier Védère dans les Archives de la ville de Bordeaux. Sur la date possible de sa rédaction, voir l'article de Paul DIMOFF, *L'Essai de Montesquieu sur les lois naturelles, R.H.L.F,* octobre-décembre 1957, pp. 481-493. Son attribution à Montesquieu a toutefois été contestée par M. ROBERT SHACKLETON, *Montesquieu. A critical biography,* Oxford, 1961, p. 249, note 1.

6. *Loc. cit.,* p. 199. Comme Pufendorf Montesquieu fait reposer la morale sur deux propositions : « La première, que les hommes doivent faire pour être heureux. La seconde, que Dieu veut leur bonheur et leur conservation » (*Ibid.,* p. 188). Commes son prédécesseur il distingue les « maximes » de l'amour-propre et les « lois » que dicte la volonté d'un supérieur (*Ibid.,* p. 192) ; et pour illustrer cette distinction il a recours à la même image : les premières, dit-il, ne sont pas plus impératives que les conseils d'un médecin.

7. *Ibid.,* pp. 186-199.

encore maladroit l'un des thèmes essentiels de la philosophie des
lumières, le problème de l'homme social et de l'homme de la *nature*.
Montesquieu prend alors le mot dans son sens biologique : automatisme
des gestes de défense indépendants de notre volonté et qui prouvent
que la *nature* fuit spontanément la douleur; affection des parents pour
leurs enfants, qui est « un pur effet du mécanisme puisqu'elle se remarque
dans tous les animaux » mais s'étend chez l'homme à tous ses semblables.
De là cette «merveilleuse sympathie» qui, «naturellement et sans dessein»,
nous fait partager les émotions des autres hommes et tisse entre eux et
nous le lien de sociabilité le plus élémentaire : « Ce sont là des effets
admirables de la sagesse de Dieu qui nous a fait les uns pour les autres,
et qui, pour suppléer à la lenteur du raisonnement, a voulu nous conduire
tout d'un coup à notre devoir. On pourrait appeler cela la religion de
l'instinct » [1].

*
* *

Une conception euphorique de la vie morale se dégage ainsi, au
début du XVIIIe siècle, des réflexions les plus conformistes. On ne
renonce pas à voir dans la raison la source de la moralité, mais on ne
croit plus guère qu'il s'agisse d'une victoire à remporter sur la « nature ».
L'équivoque du mot, souvent dénoncée mais jamais totalement élucidée,
traduit ce refus complaisant des déchirements intimes. La nature, c'est
à la fois la raison et l'affectivité. Entre l'esprit et le cœur il ne peut donc
survenir de véritables conflits : tout au plus des malentendus. Ou bien
le cœur désire spontanément ce que la raison approuve, ou bien il se
laisse facilement « éclairer » par elle. Dès le premier tiers du siècle cette
conviction est assez répandue pour que l'âge de la « géométrie » soit
aussi celui du « sentiment ». Amie de Fontenelle, et aussi attachée que
lui à la maîtrise de soi qui est le privilège des âmes lucides, la marquise
de Lambert résume en quelques lignes le problème moral :

« Il y a d'aimables caractères qui ont une convenance naturelle et délicate
avec la vertu : pour ceux à qui la nature n'a pas fait ces heureux présents,
il n'y a qu'à avoir de bons yeux et connaître ses véritables intérêts, pour corriger un mauvais penchant. Voilà comment l'esprit redresse le cœur » [2].

Morale aimable et facile : de la part de Madame de Lambert ce
il n'y a qu'à est d'autant plus révélateur qu'elle entend proposer à son
fils une éthique de la « gloire », tout aristocratique. Vingt ans plus tard
le bourgeois Toussaint répétera, après cette grande dame, que « la morale

---

1. *Ibid.*, p. 198. Avec cette dernière formule nous sommes déjà loin de Pufendorf.
2. *Avis d'une mère à son fils*, 1728 (*Œuvres de M*me *la Marquise de Lambert, avec un
abrégé de sa vie...*, Paris, 1728, t. II, p. 54).

n'a pas pour objet de détruire la nature »[1] : à quoi bon prêcher contre l'égoïsme de celle-ci quand le secret de la vertu est si peu caché, quand « il suffit » de subordonner l'instinct à la raison, le corps à l'âme, et l'âme à Dieu... ?[2] On pourrait multiplier les exemples de cette sagesse lénifiante qui résout les difficultés de la vie morale en les escamotant avec une tranquille assurance. Les plus connus ne sont pas les moins caractéristiques : telle l'histoire édifiante des Troglodytes, par laquelle Montesquieu semble avoir voulu illustrer cet accord du « raisonnement » et de la « nature » que postulait dans l'abstrait son *Essai sur la loi naturelle.*

« Victimes de leurs propres injustices », car la méchanceté finit toujours par se retourner contre elle-même, les premiers Troglodytes ont des successeurs qui ne leur ressemblent guère[3]. Élevés dans le goût et la pratique de la justice, ceux-ci n'ont aucune répugnance à suivre le chemin de la vertu : route agréable et riante, puisque l'équité est aussi naturelle à l'homme que l'amour de soi. Dans leur jeunesse leurs pères ne se privent pas de leur enseigner cette vérité : « Ils leur faisaient surtout *sentir* que l'intérêt des particuliers se trouve toujours dans l'intérêt commun; que vouloir s'en séparer, c'est vouloir se perdre; que *la vertu n'est point une chose qui doive nous coûter ;* qu'il ne faut point la regarder comme un exercice pénible; et que la justice pour autrui est une charité pour nous ». Leçon somme toute fort conventionnelle de l'intérêt bien compris. Ce qui est déjà plus nouveau, c'est qu'elle s'adresse moins à l'esprit des jeunes Troglodytes qu'à leur sensibilité. « La droiture de leur cœur » les prédispose en effet à reconnaître sans réticences leur véritable intérêt. C'est pourquoi la vertu leur est si *facile.* La « Nature naïve » qui parle dans les assemblées de la nation est sans doute la voix de la raison, mais d'abord, et plus immédiatement, celle du cœur : « Ils avaient de l'humanité, ils connaissaient la justice, ils aimaient la vertu... »[4].

Cette vertu heureuse rappelle le bonheur innocent que Fénelon prêtait au peuple de la Bétique[5]. Dans les deux apologues l'homme vertueux s'abandonne à la nature comme un disciple de Madame Guyon au pur amour de Dieu. De même que le quiétisme substitue l'image d'un Dieu aimable au Dieu effrayant du jansénisme, l'idée du devoir perd pour les bons Troglodytes tout aspect de contrainte. Aussi ne devons-nous pas sous-estimer la signification polémique de cette idylle. Elle exprime déjà le grand rêve du siècle : celui d'une humanité récon-

---

1. *Ibid., Avis d'une mère à sa fille,* p. 165. Cf. TOUSSAINT, *Les Mœurs, op. cit.,* Première partie, Ch. II, p. 74 sq. Toussaint dilue dans un pathos verbeux ce que Mme de Lambert disait d'un mot.
2. *Les Mœurs, op. cit.,* Deuxième partie, *De la Sagesse,* p. 110 sq.
3. *Lettres Persanes,* 12.
4. *Ibid.,* C'est nous qui soulignons.
5. *Les Aventures de Télémaque,* VII, *op. cit.,* p. 189 : « Télémaque était ravi d'entendre ces discours d'Adoam et il se réjouissait qu'il y eût encore au monde un peuple qui, suivant la droite nature, fût si sage et si heureux à la fois ».

ciliée avec elle-même comme avec le monde et qui s'accorderait spontanément à l'ordre universel. Le nom de la divinité revient souvent dans
les quelques pages qui peignent le bonheur des Troglodytes [1], et le narrateur ne nie pas que la crainte du Ciel contribue à parfaire les préceptes
de la morale naturelle : mais en aucune manière elle n'en constitue le
principe. Bien plus, l'idée qu'une obligation d'origine surnaturelle
doive se surajouter à la voix de la nature pour la rendre impérative est
absente de l'apologue, et cela suffit à faire du récit des *Lettres Persanes*
un texte beaucoup plus « philosophique » que l'*Essai touchant la loi
naturelle*. On est loin ici de Bayle et de Pufendorf, de la tradition sceptique et du pessimisme chrétien. Le bonheur des Troglodytes, c'est
celui d'un âge d'or qui ne connaît pas le péché.

Rêve ou réalité ? Montesquieu situe sa fiction à une époque lointaine et indéterminée, dans le décor imprécis d'une Arabie de convention.
Aussi ne s'apparente-t-elle pas à l'histoire, ni même à l'utopie, mais
plutôt au mensonge concerté de la pastorale. Cette irréalité intentionnelle
prouve que la « religion de l'instinct » demeure pour Montesquieu un
idéal teinté de nostalgie, qu'elle n'est pas encore, ou qu'elle n'est plus,
une vérité d'expérience. A l'époque des *Lettres Persanes*, et surtout dans
la période suivante, l'apologie du « sentiment » ne s'embarrasse pas
toujours de telles nuances. Quitte à verser dans le paradoxe et à dépasser
le but visé en rompant, au profit du cœur, l'équilibre de la raison et de
la sensibilité que la vraie nature est censée atteindre d'elle-même, on
cherche dans les récits de voyage, mais aussi dans l'expérience quotidienne, la preuve que l'homme n'a pas irrémédiablement perdu l'innocence et l'unité que lui prêtait la fable.

---

1. « Un peuple si juste devait être chéri des Dieux. Dès qu'il ouvrit les yeux pour les
connaître, il apprit à les craindre et la Religion vint adoucir dans les mœurs ce que la
Nature y avait laissé de trop rude ». *(Loc. cit.)*

2. — *Le « sentiment » et les délices de la vertu*

Aux égarements du cœur les moralistes trouvent un remède efficace
dans les lumières de la raison. Mais, à l'inverse de ce que suppose la
morale mondaine de Madame de Lambert, n'est-ce pas souvent au cœur
qu'il appartient de corriger les égarements de l'esprit ? « La sagesse se
fait mieux sentir que comprendre », explique Pythagore au jeune
Cyrus [1]. Car la « droite raison » est souvent pervertie par l'orgueil ; elle
bâtit des systèmes ambitieux qui la détournent du réel. Selon le P. Buffier,
c'est une philosophie bien discutable que celle qui en vient à « contredire
par des réflexions alambiquées le sentiment universel de la nature » [2].
Que d'erreurs monstrueuses dans la métaphysique des héritiers de Confucius, s'exclame Silhouette [3] ! En revanche le même auteur admire
dans la morale chinoise des principes de sensibilité vertueuse tout à
fait analogues à ceux de l'Évangile... [4]. La raison raisonnante divise
les hommes, le sentiment les unit. Cette affirmation, souvent répétée,
n'implique pas forcément un parti pris d'anti-intellectualisme, mais
plutôt une réserve critique devant les écarts de l'esprit de système ou
la fausse évidence des « préjugés ». Antérieur à l'exercice de la raison,
le sentiment est moins exposé aux déformations de toutes sortes qui
menacent celle-ci. « Philosophes » et traditionalistes sauront également
exploiter cette idée. Mis au service d'une cause ou de l'autre, le parallèle
de l'esprit et du cœur se prête à des variations contrastées, fertiles en
paradoxes, mais dont personne n'est jamais tout à fait dupe.

Sur un point essentiel la morale du sentiment semble incompatible
avec la morale rationnelle. Celle-ci suppose, nous l'avons vu, le plein
développement d'une raison parvenue à maturité : morale de l'homme
adulte et civilisé. Au contraire l'apologie du sentiment conduit à idéaliser
l'humanité primitive. Ce sont les êtres les plus simples, ceux qui n'ont

---

1. RAMSAY, *Les voyages de Cyrus, op. cit.*, Livre VI, p. 47. Pythagore veut réfuter
la fausse morale d'Anaximandre : « la nature » que celui-ci invoque est l'instinct égoïste,
une nature sans Dieu ; Pythagore lui oppose la « voix de la nature » ou « sentiment intérieur » de générosité.
2. *Éléments de métaphysique, op. cit.*, p. 123.
3. *Idée générale du gouvernement et de la morale des Chinois, tirée particulièrement
des ouvrages de Confucius*, Paris, 1729, p. 7 (Sur la querelle chinoise, voir ci-dessous, Ch.
VII, 1).
4. *Ibid.*, p. 31. En 1698, dans son *Histoire de l'Édit de l'empereur de Chine*, le P. Le
Gobien vantait déjà la morale des « nouveaux philosophes » chinois, mais en insistant sur
son caractère *raisonnable* : la différence est un signe des temps.

pas encore appris à penser, qui paraissent alors les plus fidèles à la loi de nature... A la suite des *Dialogues* du baron de la Hontan, combien de sages Indiens, de vertueux Hurons reprennent sur la scène ou dans le roman les paroles du sauvage Adario : « Nous vivons simplement sous les lois de l'instinct, et de la conduite innocente que la Nature sage nous a imprimées dès le berceau ! » [1] Mais bien que cette « heureuse innocence » inspire des développements littéraires d'un exotisme facile, nous aurions peut-être tort de surestimer leur importance idéologique. Lorsqu'il n'est pas exploité simplement pour le plaisir des yeux ou de l'imagination, le thème du bon sauvage possède une incontestable efficacité polémique ; il nourrit la critique sociale ou les controverses autour de la religion naturelle, et à ce titre il intéresse directement l'histoire des idées ; mais l'ingénuité des Hurons qui précèdent le héros de Voltaire rappelle trop la fausse naïveté des Persans de Montesquieu pour qu'on voie dans cette différence d'affabulation autre chose qu'une affaire de mode. Il s'agit bien d'un simple thème littéraire, et non d'un mythe véritable, qui serait un phénomène d'illusion collective. Quelles que fussent leurs tendances intellectuelles, les contemporains de Montesquieu n'étaient pas assez naïfs pour céder à un tel mirage, au mépris des faits les plus certains et des commentaires les plus autorisés.

Si l'on quitte en effet la pure littérature pour se reporter aux témoignages mêmes des voyageurs et des missionnaires, on s'aperçoit que le XVIIIe siècle n'a nullement ignoré des aspects fort peu édifiants de la vie ou du caractère des sauvages [2]. Les missionnaires jésuites eux-mêmes, malgré tout leur solide optimisme, ne perdent pas une occasion d'insister sur la difficulté de leur tâche : tandis que le P. Labat déplore le « mauvais naturel » et le « libertinage » des Caraïbes [3], le P. Charlevoix trace des Hurons un portrait non moins sévère [4]. En dépit de son empressement humaniste et apologétique à peindre les sauvages d'Amérique comme les Crétois ou les Spartiates des temps modernes, le P. Lafitau ne cherche pas, lui non plus, à cacher leurs défauts [5] ; bien plus, le mélange contradictoire de principes valables et vicieux qu'il découvre dans leur morale l'incite à rappeler que les Américains subissent eux aussi les conséquences du péché d'Adam : « Car il n'est pas naturel de penser que la pureté de

---

1. La Hontan, *Dialogues curieux entre l'auteur et un sauvage de bon sens qui a voyagé...*, publiés par G. Chinard, Baltimore, 1931. Sur La Hontan, et en général sur les divers aspects du « primitivisme » au XVIIIe siècle, voir ci-dessous, Ch. XII, 1.

2. Cf. R. Hubert, *Les Sciences sociales dans l'Encyclopédie...*, Lille, 1923, Première partie, Ch. IV.

3. *Nouveaux voyages aux îles d'Amérique*, Paris, 1722, t. II, pp. 25-27.

4. « Des barbares qui ne connaissaient point d'autres règles que celles d'une raison corrompue, et d'une nature accoutumée à suivre toutes ses inclinations » *(Histoire et description de la nouvelle France*, Paris, 1744, t. I, p. 296).

5. *Mœurs des sauvages américains comparées aux mœurs des premiers temps*, Paris, 1724, t. I, p. 103 sq.

la morale soit née de la corruption et du vice, au lieu qu'il n'est que trop naturel de voir le vice et la corruption gâter et altérer les choses les plus saintes »[1]. Beaucoup plus catégorique, l'*Histoire Générale des Voyages* où l'abbé Prévost rassemble à partir de 1746 l'essentiel de la documentation ethnographique de son temps affirme que les sauvages sont des dégénérés plutôt que des primitifs[2]; et le portrait impartial que cet ouvrage présente par ailleurs de leur caractère se complète d'une distinction entre la « nature » et la vertu familière à l'auteur de *Manon Lescaut* : les Indiens d'Amérique du Nord ont du jugement et de la noblesse, et s'ils sont cruels et déloyaux envers leurs ennemis, ils se traitent mutuellement avec beaucoup de douceur; mais ces bonnes qualités mêmes, fruits du « tempérament » ou de la vanité, ne sauraient passer pour des vertus[3]. Ainsi voit-on le héros d'un roman du même auteur enseigner aux « bons sauvages » Abaquis les « lois naturelles » qu'ils ignorent, tant leur simplicité grossière, malgré toute son innocence, est loin de constituer à ses yeux un idéal[4]. Et lorsque le lecteur apprend que la fille de Cleveland a bien failli succomber à l'appétit cannibale des Rouintons, il lui faut se laisser convaincre que tous les sauvages ne sont pas également bons[5].

*
* *

Tous les lecteurs de l'abbé Prévost ne devaient pas pour autant lui accorder sans regret que l'état sauvage ne fût qu'un « horrible avilissement qui déshonorait la nature »[6]. Mais d'autres modèles moins contestables s'offraient à la sensibilité de ceux que hantait le désir d'opposer aux vaines arguties de la raison ou aux vices raffinés d'une société corrompue la droiture naturelle du cœur. Plus ancienne peut-être que celle du bon sauvage, la promotion littéraire du paysan, sous la forme nouvelle qu'elle prend au XVIIIᵉ siècle, est sans doute en profondeur encore plus caractéristique de l'évolution des esprits. On avait pris depuis longtemps l'habitude de vanter le bon sens paysan, réputé

---

1. *Ibid.*, p. 9.
2. *Histoire générale des voyages*, t. XV, pp. 3-4.
3. *Ibid.*, p. 9-11.
4. Prévost, *Le philosophe anglais ou histoire de M. Cleveland, fils naturel de Cromwell*, Paris-Utrecht, 1731-39, t. III, Livre IV. Cleveland enseigne aux Abaquis le principe de l'autorité paternelle ; il leur apprend à respecter la vie humaine, même dans le cas d'enfants mal constitués.
5. *Ibid.*, t. VI, Livre X, pp. 357-359. Une « espèce de respect pour la nature » les incite malheureusement à épargner le beau sexe.
6. *Ibid.*, t. VIII, Livre XIV, p. 15. Prévost oppose aux mœurs dénaturées des sauvages la sagesse naturelle des Nopantes : mais ces derniers sont des civilisés qui forment une cité analogue à Sparte ou à Salente.

proche de l'instinct animal : dans divers périodiques, à propos de la mort ou de tel grand problème métaphysique réputé insoluble, Marivaux retrouve ce thème cher à Montaigne [1]. C'est un autre lieu commun des moralistes classiques que l'opposition du bonheur simple de la vie champêtre et de la misère dorée des citadins, en particulier des courtisans : ce cliché édifiant, sans cesse repris, avec des accents plus ou moins originaux, d'Horace à La Fontaine ou de Ronsard à Fénelon avait trouvé son expression la plus élaborée en même temps que la plus conventionnelle dans le genre pastoral; sans se faire illusion sur la vérité sociale de ce divertissement aimable, le XVIIIe siècle continue à goûter l'élégance enrubannée de nobles dames et de grands seigneurs déguisés en bergers [2]. Les vrais paysans, dans la mesure où ils avaient accès à la littérature, ne bénéficiaient guère de cette idéalisation complaisante : la gaucherie de leurs manières ou le pittoresque de leur langue avaient fourni à Molière un moyen efficace de faire rire les honnêtes gens. La comédie du XVIIIe siècle a aussi ses paysans ridicules, même lorsqu'Arlequin prend la suite de Pierrot. Mais il arrive que le personnage acquière de l'épaisseur psychologique et de la vie; poussé au premier plan de la scène, il incarne un instant l'un des grands thèmes idéologiques de l'époque. En 1723 on n'avait pas encore oublié l'*Arlequin sauvage*, applaudi deux ans plus tôt au théâtre italien; il fallait bien qu'on eût Arlequin laboureur. Le voici donc. Dans la *Double Inconstance* Arlequin conserve ses traits traditionnels de paysan milanais, balourd, gourmand et poltron [3], mais sa grossièreté devient franchise [4], et sa simplicité bon sens ironique; ses ridicules tournent à son avantage, et permettent à l'auteur d'opposer une fois de plus la « naïveté » de la nature aux préjugés de la cour et des grands [5]. Surtout, Marivaux prête à son personnage les qualités spontanées de la « pure nature » : c'est le sentiment de son bon droit qui nourrit jusqu'à la subtilité l'argumentation d'Arlequin

---

1. *L'indigent philosophe ou l'homme sans souci*, Paris, 1728, *Septième feuille*, p. 111 : « Je me souviens qu'un jour à la campagne nous disputions, deux amis et moi, sur l'âme. Un bon paysan qui travaillait auprès de nous entendit notre dispute et me dit : « — Monsieur, vous avez tant parlé de nos âmes, est-ce que vous en avez vu quelqu'une ? » et il avait raison de me demander cela ». A rapprocher de cette remarque du *Spectateur Français* (Paris, 1721-24, *Vingt-quatrième feuille*) : « Les adieux d'un paysan sont bientôt faits, lorsqu'il meurt ; son âme n'a pas contracté de grandes liaisons, n'a pas souffert de ces secousses violentes qui laissent tant d'ardeur pour la vie... » (édit. Paul Bonnefon, Paris, 1921, *op. cit.*, p. 111). Dans la comédie de l'*Ile de la Raison* (1727) la taille des personnages est en raison inverse de leur folie : aussi Blaise, le paysan, est-il le plus grand de tous (Cf. Acte I, scène 8).
2. Sur la pastorale, cf. ci-dessus, Ch. V, 1 et 2.
3. Sur ces différents traits de son caractère, voir en particulier acte I, scènes 4, 6, 13 ; acte II, scènes 4 et 5 ; acte III, scène 4.
4. *Ibid.*, III, 5 : « Moi, j'ai coutume de dire vrai ».
5. Satire de la coquetterie féminine, *ibid.*, I, 6 ; de la fausse grandeur, I, 9 ; de la servilité des courtisans, II, 7 ; de l'honneur féodal et du duel, III, 4 : Arlequin est « trop raisonnable » pour être gentilhomme. Enfin satire du luxe et de l'inégalité sociale : « Laissez vos chevaux à tant d'honnêtes laboureurs qui n'en ont point, cela vous fera du pain » (I, 4).

face aux propositions de Trivelin, porte-parole du prince [1]. Mais cette connaissance instinctive de la justice est chez lui plus compatissante que revendicative : Arlequin est sensible ; il se laisse attendrir par la douleur de son persécuteur [2], et sa pitié pour celle que feint artificieusement Flaminia est à la racine de l'amour qu'il va peu à peu concevoir pour elle [3]. Il attire enfin la sympathie du public par sa faiblesse même sur laquelle il est le premier à s'apitoyer [4]. La comédie tournerait au drame si le Prince n'était aussi tendre que lui [5] et si le héros ne prenait enfin conscience de ses sentiments réels pour Flaminia [6]. Aussi bien son « inconstance » ne le met-elle pas dans son tort, puisqu'il ne fait qu'écouter son cœur [7]. Encore plus désarmé devant les surprises de l'amour que devant les intrigues des grands, Arlequin conserve jusqu'au dénouement cette sincérité ingénue qui fait toute son innocence.

Dans ce type du paysan tendre et sensible Marivaux incarne en effet cette vertu de sincérité qu'il a tant prisée, jusqu'à inventer un jour la fiction du « Monde vrai » [8]. Les hommes sont faux et vivent dans le mensonge, mais ils sont en même temps bien *naïfs* : « Leur naïveté n'est pas dans leurs mots [...] elle est dans la tournure de leurs discours, dans l'air qu'ils ont en parlant, dans leur ton, dans leur geste, même dans leurs regards [...] Tout cela forme une langue à part qu'il faut entendre » [9]. Cette « langue à part », langage d'un geste, d'un soupir, d'une intonation, langage des yeux, Marivaux excelle à la faire parler, malgré eux, aux personnages de son théâtre. C'est pourquoi le « marivaudage » n'est pas une virtuosité gratuite, mais une nécessité psychologique et dramatique, en même temps qu'une exigence morale ; toutes les grandes comédies de Marivaux sont faites de la superposition de ces deux langages : le langage conscient des mots, lourd d'illusions et de mauvaise foi, et le langage muet du cœur. La comédie se termine lorsque le marivaudage n'est plus possible, c'est-à-dire lorsque cette dualité a disparu, le cœur ayant enfin trouvé des mots pour s'exprimer. Car les êtres qui sont faits l'un pour l'autre finissent toujours par se reconnaître ; le dénouement voit la victoire de l'amour sur l'amour-propre et la vanité, donc le triomphe de la nature sur l'éducation et les préjugés.

---

1. *Ibid.*, I, 4.
2. *Ibid.*, III, 5 : « *Arlequin* : Que j'ai du souci ! le voilà désolé. — *Le Prince*, en caressant Arlequin : Je te sais bon gré de la sensibilité où je te vois. Adieu, Arlequin ; je t'estime, malgré tes refus ».
3. *Ibid.*, I, 11, fin.
4. *Ibid.*, III, 5, début.
5. *Ibid.*, et III, 6 « J'ai un peu fait le nigaud avec le Prince, parce que je suis tendre à la peine d'autrui ; mais le Prince est tendre aussi ».
6. *Ibid.*, III, 7.
7. *Ibid.*, « Ne dites pas à Silvia que je vous aime ; elle croirait que je suis dans mon tort, et vous savez que je suis innocent ».
8. *Le Cabinet du Philosophe, op. cit.*, Feuilles VII à XI.
9. *Ibid.*, Huitième feuille, p. 173. Cf. Frédéric DELOFFRE, *Une préciosité nouvelle : Marivaux et le marivaudage. Étude de langue et de style*, Paris, 1955.

Si tous les héros, toutes les héroïnes de Marivaux, subissent cette évolution qui en fait des personnages transparents, elle n'est pas toujours d'une égale rapidité. Ceux qui sont les plus gâtés par les préjugés, c'est-à-dire les plus élevés dans la hiérarchie sociale, trouvent moins vite que les plus humbles le chemin de la sincérité. L'affection toute simple de Pierre et de Jacqueline est plus naturelle et plus vraie que la vaine obstination de leur maîtresse à prétendre fuir l'amour [1]; Arlequin est moins entêté que Lélio dans cette même folie, dont Colombine n'a pas trop de mal à le guérir [2] et le dénouement justifie enfin les prédictions initiales de cette dernière [3].

*
* *

En face du paysan ou du valet rustaud l'attitude de Marivaux manque cependant de netteté. Au moment même où il nous conduit à sympathiser avec son bon sens et son bon cœur, il persiste à nous faire rire de ses maladresses. A la fois ridicule et spirituel, bouffon traditionnel et homme sensible, l'Arlequin de la *Double Inconstance* est trop composite pour être bien cohérent; la vie propre du personnage se ressent de la diversité des traditions littéraires et morales auxquelles il se rattache. Marivaux manquait décidément de contact avec les choses et les gens de la terre; dans la mesure où il les connaît, la grossièreté de leur naturel rebute son goût raffiné. S'il lui arrive souvent de railler dans les manières des grands un excès d'affectation et de recherche, il n'en apprécie pas moins tout ce que la politesse des gens de qualité apporte à la nature brute [4].

Cet équilibre idéal, c'est dans les conditions moyennes qu'il le trouve le plus sûrement réalisé. Le titre de son roman inachevé, *Le Paysan parvenu,* indique bien le dénouement que l'auteur lui aurait donné — et son continuateur ne s'y est pas trompé : la récompense de la vertu de Jacob, c'est que ce paysan devienne un bourgeois. Il y a bien peu de réalisme rustique dans cet ouvrage, mais beaucoup plus de vérité dans la peinture de ces mœurs moyennes pour lesquelles Marivaux réclame ailleurs le droit à l'existence littéraire [5]. Si la veine satirique n'en est pas absente, elle est rarement très acrimonieuse; l'indulgence de l'auteur pour les milieux qu'il nous présente va jusqu'à imaginer le personnage d'un financier honnête : le bon M. Bono manque peut-

---

1. *La Surprise de l'Amour* (1722), Acte I, scène 1.
2. *Ibid.,* II, 3, 4, 5.
3. *Ibid.,* I, 7. De même dans la *Seconde Surprise de l'Amour* (1727) l'évolution de Lubin devance celle du Chevalier.
4. Voir cette réflexion, publiée en 1728 dans le *Mercure de France,* p. 482 : « Il règne parmi les gens de qualité une certaine politesse dégagée de toute fade affectation ; cette politesse n'est autre chose qu'une façon d'agir naturelle, épurée de la grossièreté que pourrait avoir la nature ».
5. Cf. Ci-dessus, Ch. V, 3. En réalité la bourgeoisie riche le retient plus que la petite bourgeoisie, trop proche du peuple.

être de délicatesse, mais il ne ressemble guère à Turcaret ou aux « P.T.S. »
de La Bruyère[1].

Le théâtre de Marivaux prend souvent, lui aussi, une teinte bourgeoise très prononcée : dans sa pièce *Le Préjugé vaincu*, l'orgueil d'une
« naissance très distinguée »[2] ne tarde pas à faiblir dans le cœur d'Angélique devant les mérites du bourgeois Dorante. Dans *La Colonie*, la
rusticité de Madame Sorbin n'empêche pas le spectateur de préférer sa
vertu un peu brutale aux mœurs relâchées d'Arthénice, et le contraste
plaisant entre la petite bourgeoise et la grande dame n'est pas à l'avantage de la seconde[3]. Plus chère sans aucun doute au cœur et au goût
de son créateur, l'exquise Araminte des *Fausses Confidences* se débat
en vain contre ses propres sentiments; désorientée par les premiers
émois d'un amour vrai, elle ne cède pas pour autant aux prétentions
nobiliaires de sa mère. Sa dignité, son sérieux, sa droiture — aidés il
est vrai par l'artificieux Dubois — finissent par lui donner le courage
de s'avouer qu'elle aime son intendant; ici encore la sincérité l'emporte
sur les préjugés[4]. Du moment que la nature a parlé, nous pouvons
être assurés qu'aucun obstacle ne s'opposera plus au bonheur vertueux
d'Araminte et de Dorante. S'ils ont un jour des enfants, Dorante sera
certainement un père aussi tendre que M. Orgon dans *Le Jeu de l'Amour
et du Hasard*, décidé à ne pas contrarier les inclinations de sa fille, et
persuadé au demeurant que « dans ce monde il faut être un peu trop bon
pour l'être assez »[5]. Mais il restera aussi un mari parfait qui, selon le
vœu de Marivaux, n'aura pas honte d'aimer sa femme. Un honnête
bourgeois, attaché aux vertus familiales traditionnelles, se gardera bien,
si distingué qu'il soit, de tomber dans ce « préjugé à la mode » que La
Chaussée n'a pas été le premier à dénoncer :

« Des époux ne sont précisément que des amants heureux qui ne doivent
point s'attacher ailleurs mais qui, malgré le mariage, peuvent toujours rester
glorieux et jaloux de l'honneur et du plaisir de se plaire, en ce que ce n'est
pas le nœud qui les unit, mais seulement le goût qu'ils ont l'un pour l'autre
qui les rend mutuellement aimables »[6].

---

1. *Le Paysan parvenu*, Quatrième partie (MARIVAUX, *Romans*, édit. Marcel Arland,
op. cit., p. 741 sq.). La bonté de ce financier est un peu lourde mais contraste avec la
dureté de son collègue, M. de Fécour.
2. *Le Préjugé vaincu* (1746), Scène 2. A rapprocher du *Jeu de l'Amour et du Hasard*,
III, 8 : « Ma fortune nous suffit à tous deux, et le mérite vaut bien la naissance », affirme
Dorante.
3. Mme Sorbin est « femme d'artisan ». La condition moyenne qui unirait la vertu
du peuple et la politesse mondaine n'est pas représentée dans la pièce.
4. *Les Fausses Confidences* (1727), notamment I, 10 ; III, 12 et 13.
5. *Le Jeu de l'Amour et du Hasard* (1730), I, 2. Marivaux conseille ailleurs aux pères
de famille de fonder l'éducation de leurs enfants sur l'amour plutôt que sur la crainte.
(Cf. *Le Spectateur français*, *op. cit.*, Seizième feuille.)
6. *Le Spectateur français*, *ibid.*, p. 196. Cf. LA CHAUSSÉE, *Le Préjugé à la Mode* (1735).
Notons cependant ce « malgré le mariage » : dans la comédie de La Chaussée le plaidoyer
sera moins réservé.

A mi-distance de la bonté instinctive du sauvage ou du paysan et du raffinement des mœurs aristocratiques, la « voix de la nature » trouve ainsi sa meilleure expression dans la simplicité bourgeoise [1]. Mais qu'est-ce au juste qu'une bourgeois au début du XVIIIᵉ siècle ? Ce n'est pas encore l'aventurier des temps modernes; le « juste milieu » que vante Marivaux n'exclut pas la richesse ou l'aisance — il les suppose plutôt, car sans elles on reste trop près de la « petitesse » du peuple — mais il demande, semble-t-il, une fortune assise dont l'origine se fasse oublier, une fortune que l'on administre sagement — rentes et propriétés foncières — sans se soucier beaucoup de la grossir. Araminte prend un intendant : la démarche prouve à la fois son sérieux, son goût pour une bonne économie... et sa répugnance à s'occuper elle-même des questions matérielles. Cette bourgeoise vit en femme de condition. L'argent joue un grand rôle dans le théâtre de Marivaux : mais ses héros de prédilection ne refusent pas si obstinément d'identifier la naissance au « mérite » pour accepter de fonder celui-ci sur la richesse. Dorante est pauvre, mais « honnête homme » : dès les premières scènes nous devinons qu'Araminte pourra l'épouser sans déchoir [2]. Le « monde vrai » n'est pas le monde des hommes d'affaires, prisonniers de leur esprit de lucre, ni celui des parvenus qui singent grossièrement les grands. Le bourgeois tel que Marivaux l'entend ne subit aucune aliénation. Pleinement accordé à sa condition, il est de lui-même et sans peine ce qu'il doit être. Sa raison et son cœur vivent en bonne intelligence, et la vertu lui est si naturelle qu'elle ne peut lui paraître difficile.

« Otez la peine qu'il y a à être bons et vertueux, nous le serons tous; il n'y a que cette peine qui ait fait de si sottes philosophies : les systèmes hardis, les erreurs les plus raisonnées, tout vient de là... » [3]. Le bourgeois n'est ni un héros ni un abstracteur de quintessence. A quoi bon tant raisonner sur ce qui est pour lui la trame de la vie quotidienne ? Il n'a pas besoin de lire Pufendorf ou Barbeyrac pour se persuader qu'il existe une morale naturelle indépendante de toutes les conventions humaines :

« Les gens d'esprit gâtent tout, ils vont chercher tout ce qu'ils disent dans un pays de chimère, ils font de la Vertu une précieuse qui est toujours en peine de savoir comment elle fera pour se guinder plus haut... Je leur apprends moi, qu'il n'y a rien de si simple que ce qu'on appelle vertu, bonne morale ou raison » [4].

---

1. « Un bourgeois qui s'en tiendrait à sa condition, qui en saurait les bornes et l'é~~ ~~ due, qui sauverait son caractère de la petitesse de celui du peuple, qui s'abstiend~~ ~~ ~~ de~~ tout amour de ressemblance avec l'homme de qualité, dont la conduite en un mot se maintiendrait dans un juste milieu, cet homme serait mon sage ». (MARIVAUX, *Première lettre à* Mᵐᵉ *XXX*, texte cité par LARROUMET, *Marivaux, sa vie et ses œuvres*, Paris, 1882, p. 372).
2. *Les Fausses Confidences*, op. cit., I, 7.
3. *L'indigent philosophe* (1728), op. cit., Cinquième feuille.
4. *Ibid.*, Première feuille. Sur le personnage de « l'Indigent philosophe » et l'attitude que Marivaux lui prête à l'égard de l'argent, voir ci-dessous, Ch. IX, 2.

Évidence du bon sens cher au P. Buffier et surtout évidence du
cœur : la morale *naturelle* est alors le contraire d'une morale *réfléchie*.
Plutôt qu'au niveau des spéculations philosophiques elle se situe à
celui de l'altruisme spontané : « la voix de la nature» ne retentit plus à
l'oreille de Marivaux comme le cri de l'égoïsme et de la corruption,
mais comme l'appel d'une sensibilité généreuse, prompte à s'émouvoir
du malheur d'autrui. Sans doute le moraliste décèle-t-il chez tous les
hommes « à peu près le même volume de méchanceté, de faiblesse et
de ridicule » [1], sans doute compte-t-il beaucoup sur la raison et l'intérêt
bien compris pour combattre ces penchants mauvais [2], mais de même
qu'on ne peut imaginer de conventions durables entre des méchants,
le calcul n'a pas, à son avis, l'efficacité du sentiment. « Écoutez la
voix de votre conscience », dit à ses lecteurs le *Spectateur Français*,
et vous découvrirez en vous un « esprit de justice » qui ne saurait vous
tromper... [3] Et le coup d'œil sévère que Marivaux promène quelques
années plus tard sur les vices de ses contemporains n'empêche pas une
affirmation plus optimiste : « Il faut que les hommes portent dans le
fond de leur âme un furieux fond de justice, et qu'ils aient originairement
une bien forte vocation pour marcher dans l'ordre, puisqu'il se trouve
encore d'honnêtes gens parmi eux » [4].

Les plus honnêtes gens ne sont pas forcément les plus grands
esprits; pour être juste, il suffit d'avoir du cœur. Dans la *Vie de Marianne*
la protectrice de l'héroïne, Madame de Miran, est un modèle de simplicité et de bonté; elle avait même, nous dit Marivaux, « plus de simplicité
que de philosophie » [5] sans qu'on pût prendre cependant sa bonté pour
une faiblesse aveugle et sotte : « Non, la sienne était une vertu; c'était
le sentiment d'un cœur excellent; c'était cette bonté proprement dite
qui tiendrait lieu de lumière, même aux personnes qui n'auraient point
d'esprit; et qui, parce qu'elle est vraie bonté, veut avec scrupule être
juste et raisonnable, et n'a plus envie de faire un bien dès qu'il en arriverait un mal » [6]. Ainsi le cœur peut tenir lieu d'esprit et la sensibilité
suppléer le raisonnement; Marianne elle-même en fournit la preuve :
lorsqu'elle entoure de son affection la sœur du curé qui l'avait recueillie,
elle comprend d'instinct, malgré sa grande jeunesse, les tourments de

---

1. *Le Spectateur français*, Vingt-et-unième feuille, *op. cit.*, p. 254.
2. *Ibid.*, p. 258 : « Il est vrai que nous naissons tous méchants, mais cette méchanceté,
nous ne l'apportons que comme un monstre qu'il nous faut combattre : nous le connaissons pour monstre dès que nous nous assemblons, nous ne faisons pas plutôt société que
nous sommes frappés de la nécessité qu'il y a d'observer un certain ordre qui nous mette à
l'abri des effets de nos mauvaises dispositions, et la raison qui nous montre cette nécessité est le correctif de cette iniquité même ».
3. *Le Spectateur français*, Vingt-et-unième feuille, *loc. cit.*, p. 257.
4. *L'Indigent philosophe*, *op. cit.*, Quatrième feuille, p. 76.
5. *La vie de Marianne*, Quatrième partie, *op. cit.*, p. 212.
6. *Ibid.*, p. 210.

celle-ci : « Et moi, je la consolais, je lui faisais mille caresses, et elles étaient bien vraies, car j'étais remplie de sentiment : j'avais le cœur plus fin et plus avancé que l'esprit, quoique ce dernier ne le fût déjà pas mal » [1].

Ces deux exemples éclairent l'aphorisme du *Spectateur Français* : « Soyons bons et vertueux, on apprend si aisément à le devenir » [2]. Parce qu'elle est *naturelle*, la vertu est en effet doublement aisée : facile à concevoir puisqu'elle a à peine besoin d'être conçue, mais aussi, et en dépit des apparences, facile à pratiquer. Pour une « âme sensible » la pratique de la vertu est plus un besoin qu'un devoir. Rien de plus triste que le sort de l'homme de cœur que sa pauvreté empêche de secourir les malheureux dont il pénètre profondément l'affliction : un besoin de bienfaisance insatisfait enlève à l'âme toute sérénité et la plonge dans une douleur pire peut-être que celle qu'elle ne peut apaiser [3]. Mais en revanche quelle plénitude euphorique éprouve l'être tout entier engagé dans une bonne action !

Pour peindre les voluptés de la vertu, Marivaux ne trouve pas de mots assez forts : « délices... douce lumière... plaisirs » [4]... C'est le dernier terme, le plus banal, en même temps que le plus frivole, qui lui apparaît finalement le plus approprié ! Cet hédonisme de la vertu ne repose pas seulement sur la conviction que la Providence ou l'ordre général des choses veulent qu'une vie vertueuse conduise au bonheur; la récompense de la vertu n'est pas uniquement au bout du chemin qu'elle parcourt, mais à chacun de ses pas. La vertu porte en elle-même sa récompense qui est le plaisir qu'on ressent à la pratiquer : plaisir d'un cœur qui s'épanche, effusion de l'âme attendrie, plaisir des larmes. On pleure beaucoup dans les romans de Marivaux : parfois de douleur, mais souvent aussi d'attendrissement vertueux. Les larmes de chagrin que verse Marianne sacrifiant son amour pour Valville à sa reconnaissance envers Madame de Miran ne tardent pas à faire couler les larmes de joie de celle-ci, au spectacle d'une telle noblesse de cœur, et bientôt Madame Dorsin son amie, personne pourtant moins sensible, éprouve à son tour le besoin de s'essuyer les yeux... [5] Ce pathétique larmoyant et vertueux qui annonce les tableaux édifiants du théâtre de Diderot n'a certes pas été inventé par Marivaux; mais celui-ci n'a pas peu contri-

---

1. *Ibid.*, Première partie, p. 90. Marivaux ne veut pas dire que la bonté instinctive ou la délicatesse de cœur excluent une générosité plus raisonnée. Marianne se défie justement des sophismes ingénieux de l'esprit, « grand visionnaire », mais son « bon sens » ne contredit pas son cœur (*ibid.*). Quant à Mme de Miran, elle ne serait pas moins bonne si sa bonté avait parfois la vue moins courte : « Son esprit bornait la bonté de son cœur » (*ibid.*, Cinquième partie, p. 254). La vraie sagesse ne sépare pas la raison et la « nature ».
2. *Op. cit.*, Vingt-et-unième feuille, p. 256.
3. Cf. *Ibid.*, Quatrième feuille, p. 60.
4. *Ibid.*, p. 65.
5. *La Vie de Marianne, op. cit.*, Quatrième partie, pp. 219-220. Cf. Ci-dessus, Ch. V, 3.

bué à lui assurer sa fortune littéraire, en même temps que Destouches,
Gresset et La Chaussée [1]. Et comme Marivaux se veut moraliste autant
que dramaturge ou romancier, la signification idéologique de ce qui
n'est souvent ailleurs que procédé littéraire ou simple cliché apparaît
chez lui très clairement; c'est dans son œuvre que la morale du sentiment
trouve son expression la plus complète, mais c'est chez lui également
que l'on en décèle le mieux les timidités et les équivoques.

*
* *

Malheureux naufragé, Arlequin se console aisément de cette
infortune. Le sort l'a conduit, en effet, dans l'île des Esclaves, où il
pourra enfin rendre à son maître les mauvais traitements qu'il a reçus
de lui. Mais Arlequin devenu maître ne laisse pas d'avoir toujours le
cœur tendre. C'en est assez pour qu'il restitue son habit à Iphicrate et
reprenne le sien. Une bonne conscience n'est-elle pas un avantage plus
sûr que toutes les distinctions sociales ? « Il faut avoir le cœur bon,
de la vertu et de la raison; voilà ce qu'il faut, voilà ce qui est estimable,
ce qui distingue, ce qui fait qu'un homme est plus qu'un autre » [2]. A
son tour Cléanthis pardonne à Euphrosine, et tout rentre dans l'ordre...
La supériorité du mérite sur la richesse ou la naissance sert d'alibi au
conformisme social. « La différence des conditions, conclut Trivelin,
n'est qu'une épreuve que les dieux font sur nous » [3]. A la faveur des
effusions collectives du dénouement le problème social posé par la
révolte d'Arlequin se trouve ainsi escamoté.

La « voix de la nature » ignore les distinctions artificielles que la
société introduit parmi les hommes. Mais dans l'univers dramatique et
romanesque de Marivaux cette universalité se rétrécit au gré des usages
et des convenances. Le dialogue sentimental s'établit plus facilement
entre nobles et bourgeois qu'entre maîtres et valets. Qu'une jeune fille de
bonne famille s'éprenne d'un domestique, tout le monde sera bien aise
d'apprendre que celui-ci est un maître déguisé... Il est vrai que, dans
la *Double Inconstance*, Sylvia finit par épouser le prince : mais l'événement
ne prouve rien, car la distance sociale est trop grande, dans ce cas, pour

---

1. Voir par exemple DESTOUCHES, *Le Glorieux* (1732), acte IV, scène 7, et ces vers
de GRESSET (*Le Méchant*, 1747, IV, 4).
        « Le véritable esprit marche avec la bonté [...]
        Pourchassez ce nuage ; et pour voir la clarté
        Que l'homme n'est point fait pour la méchanceté,
        Consultez, écoutez pour juges, pour oracles,
        Les hommes rassemblés ; voyez à nos spectacles,
        Quand on peint quelque trait de candeur, de bonté,
        Où brille en tout son jour la tendre humanité,
        Tous les cœurs sont remplis d'une volupté pure,
        Et c'est là qu'on entend la voix de la nature ».
2. *L'Ile des Esclaves*, comédie (1725), scène 8.
3. *Ibid.*, 11.

ne pas se combler d'elle-même. Dénouement de conte de fées ! Par définition un prince est au-dessus des conventions qui règlent la destinée du commun des hommes. Lorsqu'elles risquent de sembler plus sérieusement menacées, on prend soin de nous rassurer : dès le début du roman, nous savons que Marianne est de bonne naissance; lorsque la nature parlera, la société lui fera écho en sourdine.

Peut-être le sentimentalisme vertueux des personnages de Marivaux prouve-t-il combien l'esprit bourgeois demeure timide en ce début de siècle [1]. Il aide en tout cas à masquer au lecteur la fragilité de l'équation *nature=vertu,* sur laquelle repose la morale du sentiment. L'auteur du *Paysan parvenu* s'avise parfois que celle-ci recouvre quelque sophisme. Les avances prometteuses de Madame de Fécour inspirent au narrateur cette réflexion : « Voyez quelle école de mollesse, de volupté, de corruption, et par conséquent de sentiment ! Car l'âme se raffine à mesure qu'elle se gâte » [2]. Le « sentiment » est-il le cri de la nature vertueuse ou celui du vice raffiné ? Le romancier ne nous cache pas que la sensibilité de son héros est plus sensuelle que sentimentale : la beauté mûrissante de Madame de Ferval, « négligemment couchée sur un sopha », éveille en Jacob plus de désir que de tendresse, cette dernière n'étant guère à ses yeux qu'un moyen d'enjoliver la nature, comme « l'honnête » ajouté à « l'utile » [3]. Ira-t-on préférer à la franchise de cet aveu la casuistique du visiteur importun qui survient alors ? Un moment de faiblesse ne suffit pas à rendre une femme méprisable, explique ce galant cavalier, car si elle est faible, c'est qu'elle est sensible, et par conséquent digne d'estime [4]...

Assurément, l'auteur n'est pas dupe de cette « petite morale », pas plus qu'il ne l'est des tours et détours qu'emprunte ingénûment la coquetterie de Marianne pour lui faire accepter les cadeaux de M. de Climal [5]. On souhaiterait toutefois le trouver moins indulgent pour des roueries moins innocentes. L'amoralisme tranquille de Jacob frappe d'autant plus le lecteur moderne que ce précurseur de Bel-Ami nous est toujours présenté sous des dehors sympathiques. Qu'importent les moyens qu'il emploie pour se pousser dans le monde ! Ils ne peuvent altérer la pureté du regard naïvement ironique que Jacob promène autour de lui... Jacob, c'est Arlequin descendu de la scène. Au théâtre sa moralité n'était guère plus exigeante. L'innocence des deux héros de la *Double Inconstance,* leur bon cœur même, ne les empêchent pas

---

1. Nous verrons d'autres exemples de ce caractère timoré et conformiste. Cf. ci-dessous, Ch. VIII, 3 et 4 ; Ch. IX, 2 ; Ch. XII, 3.
2. *Le Paysan parvenu,* Quatrième partie, *op. cit.,* p. 722.
3. *Ibid.,* Cinquième partie, pp. 758-759.
4. *Ibid.,* p. 763. « Pensez-vous que je vous en estime moins parce que vous êtes capable de ce qu'on appelle une faiblesse ? Eh ! tout ce que j'en conclus, au contraire, c'est que vous avez le cœur meilleur qu'une autre. Plus on a de sensibilité, plus on a l'âme généreuse, et par conséquent estimable... »
5. *Op. cit.,* Première partie, p. 108.

d'être peu scrupuleux l'un envers l'autre; au contraire l'idée qu'il va faire plaisir au prince apaise opportunément dans l'esprit d'Arlequin les scrupules qu'il pourrait nourrir à l'égard de sa fiancée : « Silvia se mariera avec le Prince, et il sera content »[1]. Plus subtile, Silvia cherche de son côté à se persuader qu'Arlequin mourrait de tristesse si elle l'abandonnait; mais les craintes qu'elle affiche à ce propos devant Flaminia relèvent plus de la coquetterie que de la conscience morale; secrètement dépitée à la pensée qu'Arlequin puisse se consoler trop facilement, elle se trouve à elle-même l'excuse que l'évolution de ses sentiments s'est faite sans l'intervention de sa volonté[2]. Encouragée par l'approbation de Flaminia, elle ne tarde pas à entendre de la bouche du Prince les paroles rassurantes qu'elle désirait : « Comme on n'est pas le maître de son cœur, si vous aviez envie de m'aimer, vous seriez en droit de vous satisfaire, voilà mon sentiment »[3]. Telle est la moralité de la pièce : de cette double infidélité personne, au fond, n'est coupable. On voit tout ce que cette conclusion implique de relâchement dans la rigueur morale; si l'on n'est pas responsable de ses sentiments, comment le serait-on de ses actes? C'est au contraire un devoir de sincérité que de conformer ceux-ci à ceux-là. La « naïveté » d'Arlequin et de Silvia s'élève contre la corruption des grands qui les entourent, mais c'est elle aussi qui les pousse à se conduire exactement comme eux. Ainsi la sincérité — vertu bourgeoise — finit-elle par servir d'alibi au dérèglement des mœurs aristocratiques...

Une « âme sensible » peut-elle ne pas être aussi une âme vertueuse ? Par contraste avec le conformisme équivoque dont se bercent à ce sujet beaucoup de ses contemporains, l'abbé Prévost semble avoir voulu consacrer sa vie de romancier à l'analyse des rapports ambigus du « sentiment » et de la vertu. Cette investigation inquiète et lucide n'est pas le moindre intérêt du plus célèbre de ses romans. Des Grieux a au départ tous les dons, toutes les séductions morales qui peuvent plaire aux cœurs sensibles : la jeunesse, la beauté, la distinction, mais aussi la douceur et la tendresse. Ses maîtres du collège d'Amiens et tous ceux qui l'approchent sont également frappés de « cette humeur douce et tranquille »[4] que le chevalier se reconnaît lui-même. Mais comment

---

1. *La Double inconstance, op. cit.*, III, 7.
2. *Ibid.*, III, 8 : « Quand ce serait un malheur, qu'y ferais-je ? Lorsque je l'ai aimé, c'était un amour qui m'était venu ; à cette heure je ne l'aime plus, c'est un amour qui s'en est allé ; il est venu sans mon avis, il s'en retourne de même ; je ne crois pas être blâmable ».
3. *Ibid.*, III, 9.
4. *Histoire du Chevalier des Grieux et de Manon Lescaut* (1731), édition Georges Matoré, Genève-Lille, 1953, Première partie, p. 14.

cette « bonté naturelle » le conduit-elle au meurtre, à l'escroquerie, et au libertinage ? En un sens le Supérieur de Saint-Lazare n'a pas tort de voir dans ce contraste incompréhensible entre ses actes et le fond de son caractère la preuve que tout espoir de conversion n'est pas perdu pour lui [1]; l'abbé Prévost accorde volontiers à ce bon religieux que la sensibilité prédispose à la vertu. C'est elle qui enfante cette forme supérieure de sociabilité qu'est l'amitié ressentie l'un pour l'autre, dès le premier contact, par deux cœurs généreux : « Nous nous embrassâmes avec tendresse, et nous devînmes amis, sans autre raison que la bonté de nos cœurs, et une simple disposition qui porte un homme tendre et généreux à aimer un autre homme qui lui ressemble » [2]. Des Grieux éprouve d'autre part avec l'intensité la plus douloureuse la honte de certaines situations où le réduisent ses dérèglements; lors de son premier emprisonnement le sentiment d'humiliation qui l'envahit en vient presque à éclipser le souvenir même de Manon; la noblesse de son caractère apparaît, nous dit Prévost, dans cette exceptionnelle aptitude à ressentir avec violence une passion presque inconnue du commun des hommes [3].

Mais la honte n'est pas le remords; cette passion noble pourrait contribuer à réveiller la conscience morale de des Grieux; dès que celui-ci s'aperçoit de l'heureuse impression qu'elle produit sur l'esprit du Supérieur, il s'évertue au contraire à jouer, avec une hypocrisie très efficace, le personnage du pécheur repenti : tant il est vrai qu'aux yeux de l'auteur la moralité véritable ne se situe pas au niveau des impulsions irraisonnées du cœur. Dès le début de son récit le héros nous avait lui-même incités à nous garder de cette confusion : « Je m'appliquais à l'étude par inclination, et l'on me comptait pour des vertus quelques marques d'aversion pour le vice » [4].

Il ne suffit donc pas d'être sensible pour être vertueux; l'exemple de Manon confirme celui de des Grieux : « Elle était droite et naturelle dans tous ses sentiments, qualité qui dispose toujours à la vertu » [5]. Mais cette rectitude du cœur ne l'empêche pas de trouver bien tardivement le chemin d'un « amour vertueux »; car il y a aussi loin de la nature à la vertu que de la honte au repentir. Si le roman de Prévost comporte une leçon morale, comme l'auteur le soutient dans sa préface [6], on peut dire que celle-ci tient dans la découverte de cette distance douloureuse

---

1. *Ibid.*, p. 75. « Vous êtes d'un naturel si doux... »
2. *Ibid.*, p. 94.
3. *Ibid.*, p. 74 « Il y a peu de personnes qui connaissent la force de ces mouvements particuliers du cœur... » Entendons bien que Prévost parle ici de la honte, non de l'amour.
4. *Ibid.*, p. 14.
5. *Ibid.*, Deuxième partie, p. 179.
6. *Ibid.*, *Avis de l'auteur* des *Mémoires d'un homme de qualité*, pp. 4-6.

qui sépare les bonnes dispositions « naïves » du futur chevalier de Malte, que nous présentent les premières pages du livre, et la sagesse tranquille de l'homme que le malheur a précocement mûri : la « tranquillité » qui renaît alors dans l'âme de des Grieux ne rappelle que de nom l'innocence paisible qui forçait la sympathie de tous à sa sortie du collège [1]. C'est alors seulement que les conseils du sage Tiberge commencent à porter leurs fruits et que le héros sent germer en son cœur les « semences de vertu » que son fidèle ami y avait autrefois jetées [2].

La vertu est le fruit du malheur et de l'adversité. C'est dire que le mythe de la vertu facile a peu de prise sur l'esprit de Prévost. Au naïf Tiberge qui s'indignait de le voir préférer un amour coupable et malheureux au bonheur de la vertu, des Grieux avait beau jeu de rétorquer que d'un point de vue hédoniste la différence n'était pas si grande de l'un à l'autre, ni même plus sûrement à l'avantage du second que du premier : d'un côté bien des plaisirs immédiats, passagers mais souvent très vifs; de l'autre « un tissu de malheurs au travers desquels on tend à la félicité » [3]. La conclusion, à contre-courant de son siècle, à laquelle parvient Prévost, c'est que la vertu est incompatible avec le plaisir : « Prédicateurs qui voulez me ramener à la vertu, dites-moi qu'elle est indispensablement nécessaire, mais ne me déguisez pas qu'elle est sévère et pénible » [4]. Car le moraliste chercherait en vain à s'abuser sur la nature humaine : « De la manière dont nous sommes faits, il est certain que notre félicité consiste dans le plaisir; je défie qu'on s'en forme une autre idée : or le cœur n'a pas besoin de se consulter longtemps pour sentir que, de tous les plaisirs, les plus doux sont ceux de l'amour» [5]. Si « naturel » qu'il soit, l'attrait du plaisir nous entraîne donc loin des voies d'une saine morale : cette vérité naguère banale est réaffirmée par Prévost avec force; loin de se confondre avec les élans de la sensibilité, la vertu est plus justement le contraire de la nature.

Le bon naturel de des Grieux n'empêche pas les égarements de son cœur. On peut même dire qu'il en est responsable. L'amant de Manon est parfaitement conscient de l'étendue de ses fautes, il sait aussi que sa passion le voue finalement au malheur; quand Manon vient le surprendre à Saint-Sulpice il est épouvanté des « mouvements tumultueux» qu'il sent renaître en lui [6] mais n'en cède pas moins très vite à un « attendrissement» funeste. Toute l'œuvre romanesque de l'abbé Prévost illustre ainsi par anticipation le cri que poussera bientôt Saint-Preux :

1. *Ibid.*, Deuxième partie, pp. 191-192.
2. *Ibid.*, p. 193.
3. *Ibid.*, Première partie, p. 83 sq.
4. *Ibid.*, p. 86.
5. *Ibid.*, p. 87.
6. *Ibid.*, p. 40.

« Fatal présent du ciel qu'une âme sensible ! » [1]. Avec une sensibilité moins délicate, des Grieux eût été moins amoureux, moins criminel et moins malheureux. La femme de Patrice dans le *Doyen de Killerine* s'abandonne de même à une inconduite scandaleuse et finit par mourir de remords, après un suicide manqué : elle était, note l'auteur, trop « sensible » et « voluptueuse » pour résister au charme d'une vie toute frivole [2]. Est-ce un hasard si le même mot recouvre ainsi les appétits sensuels et la tendresse du cœur ? Moins coupable sans doute que sa femme, Patrice n'est pas en fait plus vertueux, lui « qu'un cœur trop sensible » et toujours insatisfait laisse dans une continuelle inquiétude [3]. Les fautes que commet Mylord Lynch, autre personnage du même roman, viennent comme celles de des Grieux d'une passion irrésistible [4]. Sensualité débridée, inaptitude de l'âme à se fixer durablement, égarement passionnel, tels sont les trois aspects essentiels du mal que dénonce le vénérable Doyen, sans que son inlassable bonne volonté parvienne jamais à empêcher l'irréparable. Lorsque les conseils de la sagesse chrétienne se révèlent aussi peu efficaces, il est vain de compter sur le secours de la philosophie : un autre héros de notre romancier, Cleveland, en fait l'expérience douloureuse. L'existence agitée de ce « fils naturel de Cromwell », qu'un destin capricieux et l'imagination féconde de son créateur promènent d'une grotte anglaise jusque chez les sauvages Rouintons, puis à la cour du Prétendant exilé, est aussi, à travers mille souffrances, l'apprentissage de la vraie vertu. Dans son profond désir de bonheur, Cleveland ne tarde pas à s'apercevoir que l'innocence naturelle n'est pas toujours prémunie contre les pièges de la passion [5], mais c'est seulement au terme de longues épreuves qu'une foi chrétienne sans rigueur excessive lui apporte enfin la paix de l'âme [6].

En mettant le lecteur en garde contre les entraînements et les illusions de la sensibilité, Prévost s'abstient pourtant de porter contre elle une condamnation absolue. On comprend sans peine qu'il traite ses héros avec une grande indulgence. Des Grieux est-il libre d'aimer ou de ne pas aimer Manon ? Les héros passionnés de Prévost sont plutôt des victimes que des coupables. Victimes de la société qui fait obstacle

---

1. *Julie ou La Nouvelle Héloïse*, Première partie, lettre XXVI.

2. *Le Doyen de Killerine* (1735), Livre IX (édit. 1810, Paris, Librairie Stéréotype, t. III, p. 245 sq.).

3. *Ibid.*, Livre I. « Sous un visage enjoué et tranquille il portait un fond secret de mélancolie et d'inquiétude, qui ne se faisait sentir qu'à lui, et qui l'excitait sans cesse à désirer quelque chose qui lui manquait ». (T.I, p. 19).

4. *Ibid.*, Livre VI. « Je conçus qu'en effet une passion ardente dans un homme violent peut le porter à bien des excès que sa raison condamne sans avoir la force de les arrêter ». (T. II, p. 197).

5. *Le philosophe anglais...*, op. cit., Livre I.

6. *Ibid.*, Livre XV. L'itinéraire de Cleveland illustre la remarque de l'*Avis de l'auteur...* placé en tête de *Manon Lescaut* : « Il n'y a que l'expérience ou l'exemple qui puisse déterminer raisonnablement le penchant du cœur » (*loc. cit.*, p. 5).

à leurs inclinations, victimes de la fatalité qui fait naître en eux un amour impossible. On s'attendrait moins à voir cette pitié du moraliste tourner à l'avantage du « sentiment » auquel les personnages de ses romans doivent tous leurs malheurs; on est surpris de trouver par exemple dans le *Doyen de Killerine* l'esquisse d'une apologie de la passion :

> « L'amour et la haine, ces deux inclinations naturelles auxquelles toutes les autres doivent être rapportées, ne méritent jamais en elles-mêmes le nom d'inclinations vicieuses. Elles ne le deviennent que par la mauvaise qualité des objets vers lesquels nous nous portons; ce qui est si vrai, c'est que, de quelque nature que ces objets puissent être, le sentiment du cœur est toujours le même » [1].

Lorsque les personnages de l'abbé Prévost invectivent contre le Destin, lorsqu'ils s'interrogent tragiquement sur les voies de la Providence, il semble en effet que ce soit pour mieux innocenter la Nature. Malgré tous ses effets funestes ou blâmables, l'amour de des Grieux pour Manon se pare aux yeux du lecteur d'un prestige sans égal : pas seulement parce que le héros vit une vie intense et pleine, mais parce que, dans ses pires écarts, il conserve intacte l'innocence de son âme. Des Grieux peut commettre les actes les plus bas, ceux-ci ne suffisent pas à l'avilir : « *le sentiment du cœur est toujours le même* »... Dira-t-on que l'« objet » sur lequel il se porte est de « mauvaise qualité » ?... Mais le cœur de Manon est aussi pur que le sien. Si elle envoie à l'amant trahi « une jolie fille » pour le consoler, c'est avec les meilleures intentions du monde, et le plus parfait naturel : « Comme je ne doutais point que mon absence ne vous coutât de la peine, c'était sincèrement que je souhaitais qu'elle pût servir à vous désennuyer quelques moments, car la fidélité que je souhaite de vous est celle du cœur » [2]. L'accent de ces paroles surprenantes n'est nullement celui de l'ironie ou du cynisme; la « mystérieuse » Manon est beaucoup trop simple pour se moquer de celui qu'elle n'a jamais cessé d'aimer [3]. Aussi des Grieux ne manque-t-il pas d'être « touché par l'ingénuité de son récit », et la sincérité évidente de sa maîtresse suffit aussitôt à le rassurer [4].

Une conduite criminelle, un cœur innocent : l'abbé Prévost ne sous-estime pas le problème que ce contraste pose au moraliste; nous verrons qu'il lui donne une solution métaphysique, dans le cadre d'une philosophie où les passions humaines sont les instruments de la Pro-

---

1. *Le Doyen de Killerine, op. cit.*, Livre IX, t. III, p. 311.
2. *Histoire du Chevalier des Grieux..., op. cit.*, Deuxième partie, p. 140.
3. *Ibid.*, p. 137 sq.
4. « Elle pèche sans malice, disais-je en moi-même ; elle est légère et imprudente, mais elle est droite et sincère » (*ibid.*, p. 141). Sans doute des Grieux n'est-il pas forcément bon juge : sur le moment l'amour suffit à lui fermer les yeux. Mais l'abbé Prévost n'est pas moins persuadé de l'innocence de Manon, puisqu'il présente plus loin, par l'intermédiaire du narrateur, sa « droiture naturelle » comme une prédisposition à la vertu.

vidence [1]. Plus profonde et plus clairvoyante que la pensée de ses contemporains, la sienne n'échappe pourtant pas complètement aux préjugés commodes de son temps. Dans toute son œuvre la sensibilité demeure indûment privilégiée, et fournit une excuse aux actes les moins défendables. Prévost ne parvient pas à dépasser vraiment cette contradiction : du moins est-il, avant Rousseau, l'un des rares écrivains du siècle à la ressentir avec une telle acuité.

*
* *

L'abbé Prévost doit peut-être sa lucidité de moraliste à l'expérience d'une vie chargée d'aventures. De près de vingt ans son cadet, Vauvenargues se débat à la même époque dans des difficultés doctrinales aussi aiguës, mais il se révèle beaucoup moins habile à les cerner. Son attachement aux leçons héroïques de Sénèque et de Plutarque ne le conduit pas à rompre avec toutes les idées-forces de son époque. Stoïcien, il est aussi « philosophe » et « âme sensible ». Son amitié déférente pour Voltaire, son admiration enthousiaste pour Fénelon [2] révèlent les tendances « modernes » de son âme à l'antique. Avec quel dédain le voyons-nous cependant rejeter le mythe de la vertu facile ! « Quelques auteurs traitent la morale comme on traite la nouvelle architecture, où l'on cherche avant toute chose la commodité » [3]. Plus chère aux grandes âmes que le bonheur, la vertu ne se manifeste jamais avec autant d'éclat que dans l'adversité : Clazomène, le héros selon le cœur de Vauvenargues, n'eût pas accepté de « changer sa misère pour la prospérité des hommes faibles ». Les coups du destin fournissent aux âmes bien trempées l'occasion d'éprouver leur vigueur : « La fortune peut se jouer de la sagesse des gens courageux, mais il ne lui appartient pas de faire fléchir leur courage » [4].

Ainsi la grandeur dépend plus du courage des « âmes fortes » que de la philosophie des esprits éclairés. « Osons l'avouer », proclame ailleurs Vauvenargues, conscient de son paradoxe : au dessus de la raison qui « fait des philosophes », et même de la gloire qui « fait des

---

1. Cf. ci-dessous, Ch. X, 1. Voir aussi R. MAUZI, *L'idée du bonheur au XVIIIᵉ siècle*, *op. cit.*, pp. 199-201 et 472-74.

2. Cf. *Réflexions et Maximes* (in *Œuvres choisies*, édit. Gaillard de Champris, *op. cit.*), nᵒˢ 368, 373, 669, etc...

3. *Ibid.*, p. 29.

4. *Essai sur quelques caractères*, 1, *Clazomène ou la vertu malheureuse, ibid.*, pp. 139-140. Cf. *Réflexions sur divers sujets*, 30 (*ibid.*, p. 81), *La vertu est plus chère que le bonheur*. Dans son *Introduction à la connaissance de l'esprit humain*, livre III (*ibid.*, p. 72), Vauvenargues écrit : « La préférence de l'intérêt général au personnel est la seule définition qui soit digne de la vertu et qui doive en fixer l'idée... » Définition toute « philosophique » qui ignore l'existence de vertus proprement chrétiennes, mais qui répudie aussi les sophismes de l'utilitarisme auquel Vauvenargues fait ailleurs quelques concessions.

héros », il faut placer la vertu qui seule « fait des sages » [1]. Encore subsiste-t-il dans les diverses définitions que le jeune moraliste nous propose de cette vertu bien des incertitudes. Tantôt elle lui semble accessible par la voie du raisonnement, et l'on retrouve alors le lieu commun de l'intérêt bien entendu [2]. Tantôt, inversement, la raison lui paraît un guide moins sûr que le sentiment [3], ce qui ne va pas sans humaniser beaucoup la morale héroïque de Clazomène : à trop demander à l'homme, ne risque-t-on pas de céder bien vite au découragement et au pessimisme ? « J'ai toujours trouvé ridicule que les philosophes aient forgé une vertu incompatible avec la nature de l'homme, et que, après l'avoir ainsi feinte, ils aient prononcé froidement qu'il n'y avait aucune vertu... ». L'existence et la validité d'une morale universelle supposent au contraire que l'on « naturalise » la vertu; dans le grand combat que son siècle livre au pyrrhonisme moral, Vauvenargues prend à son tour parti contre les sceptiques : « La véritable vertu, celle qu'ils ne veulent pas nommer de ce nom parce qu'elle n'est pas conforme à leurs définitions, celle qui est *l'ouvrage de la nature,* non le leur, et qui consiste principalement dans *la bonté et la vigueur de l'âme,* celle-là n'est point dépendante de leur fantaisie, et subsistera à jamais, avec des caractères ineffaçables » [4].

Mais, si la vertu est « naturelle », que doit-on entendre au juste par cette *nature* dont elle est l'ouvrage ? La pensée de notre auteur semble osciller ici encore entre deux conceptions bien différentes, et l'on reconnaît vite dans ce flottement l'une des principales ambiguïtés de l'idéal « vertueux et sensible » de ses contemporains. Optimisme humanitaire d'un côté : la nature vertueuse de l'homme est alors cette bonté du cœur qui le pousse spontanément vers ses semblables [5]. A cette conception bourgeoise qui fait de la vertu une réalité universelle, à la portée de tous, pour peu que chacun soit fidèle à sa vraie nature, s'oppose cependant une définition tout aristocratique : l'accent du texte précédent n'est plus mis alors sur la *bonté* de l'âme, mais sur sa *vigueur.* Il y a des « âmes fortes » et des « âmes faibles »; la vertu est l'apanage des premières, réservée aux « natures d'élite ». C'est là sans aucun doute l'aspect le plus personnel de la pensée de Vauvenargues; les textes où il nous explique ce qu'il entend par cette « vigueur » de l'âme le mon-

---

1. *Réflexions et Maximes,* 876.
2. *Ibid.,* 292. « Quand il serait vrai que les hommes ne seraient vertueux que par raison, que s'ensuivrait-il ? Pourquoi, si on nous loue avec justice de nos sentiments, ne nous louerait-on pas encore de notre raison ? Est-elle moins nôtre que la volonté ? » Cf. *ibid.,* 293 : « On suppose que ceux qui suivent la vertu par réflexion la trahiraient pour le vice utile : oui, si le vice pouvait être tel, aux yeux d'un esprit raisonnable ».
3. *Ibid.,* 123. « La raison nous trompe plus souvent que la nature ». Cf. 127. « Les grandes pensées viennent du cœur ».
4. *Ibid.,* 296. C'est nous qui soulignons.
5. Cf. *Ibid.,* p. 219. « L'homme est maintenant en disgrâce chez tous ceux qui pensent, et c'est à qui le chargera de plus de vices ; mais peut-être est il sur le point de se relever, et de se faire restituer toutes ses vertus... »

trent plus épris d'héroïsme que de moralisme banal. Son goût des
« grandes choses » le conduit à prendre la défense de l'amour-propre :
car si celui-ci peut être « naturellement officieux et compatissant »[1],
il devient sous une forme plus haute « l'amour de la gloire »[2]. Ce dernier
thème est d'autre part presque toujours lié dans les réflexions de Vauvenargues à celui des passions; les grands hommes sont ceux dont une
passion dominante se subordonne toutes les autres[3]. Pour tous les
hommes l'intensité des passions est le signe de la santé et de la vitalité;
elle est à l'âme ce que l'appétit est au corps[4]; l'esprit n'aurait aucune
force sans les passions[5] qui sont historiquement à l'origine du progrès
des arts[6], du génie,[7] et de la raison elle-même[8]. Qu'importe alors
qu'elles soient excessives et insatiables ? Vauvenargues dénonce comme
anti-naturels l'idéal classique de la juste mesure et l'apologie convenue
de la frugalité : « N'est-ce pas encore la nature qui nous pousse même à
sortir de la nature comme le raisonnement nous écarte quelquefois de
la raison, ou comme l'impétuosité d'une rivière rompt ses digues et la
fait sortir de son lit ? »[9]. Il semble même tout près de préférer encore la
grandeur dans le crime à l'honnêteté médiocre. Comment interpréter
autrement l'admiration qu'il porte à Catilina[10] ? Une tendance à placer
la grandeur d'âme « au delà du bien et du mal » perce ainsi chez ce disciple de Fénelon, plus proche parfois de Calliclès ou de Nietzsche que
de Mentor. Sous une forme plus acceptable pour la sagesse fénelonienne,
elle rejoint son complet dédain des illusions égalitaires, son attachement
aux hiérarchies sociales et ses préjugés de gentilhomme[11]. Cet aspect

---

1. *Ibid.*, 291.
2. *Introduction à la connaissance de l'esprit humain*, Livre second, 27, *loc. cit.*, p. 65 ;
Maximes, n°s 58-59 et 152 : « Si les hommes n'avaient pas aimé la gloire, ils n'avaient ni
assez d'esprit, ni assez de vertu pour la mériter ».
3. Cf. *Réflexions et Maximes*, 588 : « Ce qui constitue ordinairement une âme forte,
c'est qu'elle est dominée par quelque passion altière et courageuse à laquelle toutes les
autres, quoiques vives, soient subordonnées... »
4. *Ibid.*, 148 : « Ni le dégoût n'est une marque de santé, ni l'appétit n'est une maladie ;
mais tout au contraire. Ainsi pense-t-on sur le corps, mais on juge de l'âme sur d'autres
principes ; on suppose qu'une âme forte est celle qui est exempte de passions, et comme la
jeunesse est plus active et plus ardente que le dernier âge, on la regarde comme un temps
de fièvre, et on place la force de l'homme dans sa décadence ».
5. *Ibid.*, 149 : « L'esprit est l'œil de l'âme, non sa force ; sa force est dans le cœur,
c'est-à-dire dans les passions... » Ici *cœur* est synonyme de *passions*, et non plus de *tendresse
sentimentale*.
6. *Ibid.*, 153.
7. *Introduction à la connaissance de l'esprit humain*, Livre premier, 15, *Du génie et
de l'esprit, op. cit.*, p. 62.
8. *Réflexions et Maximes*, 154 : « Les passions ont appris aux hommes la raison ». Cf.
ibid., 155 : « Dans l'enfance de tous les peuples, comme dans celle des particuliers, le sentiment a toujours précédé la réflexion et en a été le premier maître » ; et 125 : « Si la passion
conseille quelquefois plus hardiment que le réflexion, c'est qu'elle donne plus de force pour
exécuter ».
9. *Ibid.*, 358. Cf. ci-dessous, Ch. IX, 2.
10. *Introduction à la connaissance de l'esprit humain*, Livre troisième, p. 44, *De la grandeur d'âme, loc. cit.*, p. 74. Cf. sa lettre à Mirabeau, du 13 mars 1740, *ibid.*, p. 304.
11. *Réflexions et Maximes*, 196 et surtout 227 : « Il est faux que l'égalité soit une loi
de la nature : la nature n'a rien fait d'égal ; sa loi souveraine est la subordination et la
dépendance ».

traditionaliste de la pensée de Vauvenargues tempère l'individualisme anarchique que l'on serait souvent tenté de lui prêter. Il n'autorise cependant pas à méconnaître son incapacité à choisir entre deux conceptions opposées de la « sensibilité »; ce n'est pas un hasard si les « âmes fortes » sont aussi pour lui des « âmes tendres » [1]. Jusque dans le détail de son style on retrouve l'antinomie inhérente à la morale du sentiment, contradiction dont, malgré tout son génie, il n'était pas lui non plus en mesure de se dépêtrer.

*
* *

La sensibilité est-elle une effusion généreuse de l'âme, ou la revendication du moi, égoïste mais parfois grandiose ? L'homme sensible est-il un cœur tendre ou une nature passionnée ? Sans doute inconscient chez Vauvenargues, le dilemme sera clairement posé par l'œuvre ultérieure de Diderot, sans que celui-ci parvienne jamais à le résoudre. Il y aura le Diderot du *Père de Famille* et celui du *Neveu de Rameau,* l'apôtre des vertus bourgeoises, et l'admirateur des « espèces » rebelles à l'ordre social. Les incertitudes dans lesquelles se débat la morale du sentiment dès le second quart du siècle ne sont donc ni passagères ni fortuites. C'est pourquoi la traduction tardive du principal texte de Shaftesbury en 1745 vient tout à fait à son heure [2] : car si elle constitue le point de départ de la réflexion morale de Diderot, elle concentre en une centaine de pages l'essentiel des difficultés rencontrées en France depuis plus de vingt ans par l'apologie du sentiment.

L'*Essai sur le Mérite et la Vertu* s'ouvre sur l'affirmation d'un dessein peu inquiétant, « montrer que la vertu est indivisiblement attachée à la connaissance de Dieu, et que le bonheur temporel de l'homme est inséparable de la vertu » [3]. Mais que faut-il entendre par vertu ? Un effort de l'âme tendue vers une fin supérieure que définit la raison ? ou bien un abandon aux impulsions de l'affectivité ? Aussi clairement que Prévost, Diderot semble d'abord opter pour une conception rigoriste de la moralité. Il prend bien soin de distinguer les « cris de la nature » et les « conseils de la vertu » [4]; d'un côté « une bonté animale », effet d'un tempérament dont les inclinations concordent avec les intérêts

---

1. Voir cette variante de la maxime 296, citée plus haut : « La vraie vertu, celle qui est au-dessus de leur esprit, comme au-dessus de leur cœur, et qui consiste principalement dans la supériorité des âmes *fortes et tendres* sur les âmes faibles » (c'est nous qui soulignons).

2. *Principes de la philosophie morale, ou Essai sur le mérite et la vertu, par Mylord S...,* *traduit de l'anglais,* Amsterdam, 1745. Il s'agit bien d'une traduction, dans l'ensemble fidèle, mais les notes du traducteur en font aussi une œuvre personnelle, dont les idées les plus intéressantes sont fortement soulignées. Cf. Dorothy Schlegel, *Shaftesbury and the French Deists,* University of North Carolina Press, 1956, notamment pp. 45-51.

3. *Discours préliminaire,* A.T., I, p. 12.

4. *Livre* I, Première partie, III, *ibid.,* p. 39.

de l'espèce [1]; de l'autre, bien supérieure à cette « bonté pure et simple dont toute créature sensible est capable » [2], le vrai mérite moral qui est l'apanage de la seule humanité. Un « bon cheval » n'est pas vertueux, il a des penchants, mais il n'a pas d'idées; or « point de vertu morale, point de mérites, sans quelques notions claires et distinctes du bien général, et sans une connaissance réfléchie de ce qui est bien ou mal, digne d'admiration ou de haine, droit ou injuste » [3]. Mais si la vertu suppose un jugement, elle ne peut d'autre part avoir qu'en elle-même sa propre fin. Diderot insiste sur le fait que la vraie vertu est désintéressée [4]; il semble même un instant ne pas concevoir d'attitude moralement neutre entre l'égoïsme qui est vice et l'altruisme qui est vertu; le moindre motif d'intérêt personnel vicie l'acte le plus conforme au bien public :

« Quelque avantage que l'on ait procuré à la société, le motif seul fait le mérite. Illustrez-vous par de grandes actions tant qu'il vous plaira, vous serez vicieux tant que vous n'agirez que par des principes intéressés; vous poursuivez votre bien particulier avec toute la modération possible, à la bonne heure; mais vous n'aviez point d'autre motif en rendant à votre espèce ce que vous lui deviez par inclination naturelle; vous n'êtes pas vertueux » [5].

Cette conception de la moralité des actions, si exigeante et tout intérieure, n'exclut cependant pas, on le voit, une définition pratique et sociale de la vertu. Nous en avions été prévenus dès les premières pages de l'*Essai* : l'auteur n'entend traiter ici que de la « vertu morale », indépendamment de tout critère religieux et théologique [6], et, plus précisément, d'une vertu active qui vise au bien général des hommes. « L'homme est intègre ou vertueux lorsque, sans aucun motif bas et servile, tel que l'espoir d'une récompense ou la crainte d'un châtiment, il contraint toutes ses passions à conspirer au bien général de son espèce : effort héroïque et qui toutefois n'est jamais contraire à ses intérêts particuliers » [7]. La dernière formule atténue quelque peu l'austérité de cet idéal stoïcien : si désintéressée qu'elle soit dans son principe, la vertu est sûre de trouver ici-bas sa récompense; comme l'écrit plus loin Diderot, « l'homme n'en sera que plus ferme dans la vertu, s'il est une

---

1. *Ibid.*, II, p. 31. « En général, lorsque toutes les affections sont d'accord avec l'intérêt de l'espèce, le tempérament naturel est parfaitement bon. Au contraire, si l'on manque de quelque affection avantageuse, ou qu'on en ait de superflues, de faibles, de nuisibles, et d'opposées à cette fin principale, le tempérament est dépravé, et conséquemment, l'animal est méchant ».
2. *Ibid.*, III, p. 32.
3. *Ibid.*, pp. 35-36. Voir aussi la note du traducteur, pp. 30-31, où Diderot renchérit sur cette distinction.
4. *Ibid.*, p. 36. Même affirmation un peu plus loin, Troisième partie, III, p. 57.
5. *Loc. cit.*, p. 30.
6. *Discours préliminaire*, *loc. cit.*, pp. 12-13. Ce *Discours* est l'œuvre de Diderot.
7. *Ibid.*, p. 13. Notons l'emploi du mot *espèce* qui fait pressentir le sens biologique que Diderot donnera dans la suite, d'après Shaftesbury, à la notion de sociabilité.

fois convaincu qu'elle ne croise jamais ses vrais intérêts »[1]. Curieux
héroïsme qui veut bien s'élever jusqu'à une généreuse abnégation
mais aime également à se persuader que celle-ci ne lui coûtera aucun
sacrifice réel ! On aperçoit ici toute la duplicité inconsciente d'une morale
qui, faute d'oser légitimer ouvertement l'intérêt personnel, habille ses
vues utilitaires du langage de la générosité. Diderot, il est vrai, n'insiste
pas plus que Shaftesbury sur les récompenses matérielles accordées
ici-bas à la vertu; la sanction « naturelle » attachée à l'exercice des vertus
sociales, c'est d'abord pour lui le charme intrinsèque qu'elles possèdent
pour celui qui les pratique. Le bonheur de l'honnête homme réside
dans son honnêteté même : non pas exactement dans la conscience du
devoir accompli mais, comme l'écrira bientôt un autre moraliste, dans le
sentiment agréable entre tous qu'est « le plaisir qui naît du sein même
de la vertu »[2]. Mais si notre philosophe évite ainsi une morale franchement utilitariste, ce n'est pas sans tomber dans de nouvelles difficultés.

De ce plaisir inhérent aux actes vertueux il donne une explication
toute sensualiste : « Les sujets intellectuels et moraux agissent sur l'esprit
à peu près de la même manière que les êtres organisés sur les sens ».
C'est pourquoi l'entendement est aussi sensible à la beauté d'une action
qu'à l'harmonie des sons ou des couleurs[3]. Mais d'où vient l'agrément
de telles « sensations », sinon de ce que notre âme est naturellement
faite pour goûter le Bien comme le Beau ? Il est aisé de constater que
Diderot accepte de réintroduire ici, au niveau des « inclinations », la
morale innée que presque tout son siècle refuse d'admettre sur le plan
des idées. En fait ce retour partiel à l'innéisme est un phénomène général
des dix dernières années du demi-siècle, parallèle aux progrès de la
philosophie sensualiste. En 1741 le P. André s'inspirait de Malebranche
pour fonder la morale à la fois sur les évidences du cœur et sur celles
de la raison[4]. Les premières paraîtront plus sûres que les secondes au
déiste Toussaint, persuadé que « la science des mœurs est, de sa nature,
une science de sentiment »[5]. Pour Toussaint le cœur n'est pas une
« table rase », mais « une surface plane, dure et blanche », analogue au
« plus beau marbre de Paros », où sont gravés « les saints précepte

1. Troisième partie, III, p. 57. Diderot insiste un peu plus loin sur cette idée de Shaftesbury. Voir la note de la page 60.
2. LÉVESQUE DE POUILLY, *Théorie des sentiments agréables...*, 1747, *op. cit.*, p. 179.
Sur le livre et son auteur, voir ci-dessous, Ch. IX, 1.
3. *Essai sur le mérite et la vertu*, *loc. cit.*, p. 32.
4. *Essai sur le Beau*, *op. cit.* Ch. II, pp. 90-91. «Conclusion par conséquent évidente que,
de même qu'il y a dans nos esprits un ordre d'idées, qui est la règle de nos devoirs essentiels
par rapport aux trois genres d'êtres que nous connaissons dans l'univers, il y a aussi dans
nos cœurs un ordre de sentiments, qui est la règle de nos devoirs naturels par rapport
aux autres hommes, selon les divers degrés d'union ou d'affinité que la Providence nous a
donnés avec eux ». Malebranche distinguait trois sortes d'inclinations « naturelles », bonnes
en elles-mêmes : amour du bien en général, amour de soi, amour du prochain. Cf. *Recherche
de la Vérité*, Livre IV, Ch. I.
5. *Les Mœurs*, *op. cit.*, *Avertissement*.

de la loi naturelle ». Loi *innée,* précise-t-il un peu plus loin [1]. Son livre est contemporain des *Principes du droit naturel,* où Burlamaqui affirme que la nature nous offre deux moyens de distinguer le juste et l'injuste : la raison — qui est, à son avis, le plus sûr des deux — mais aussi « l'instinct moral » que l'on rencontre même chez les sauvages [2]. S'il ne mentionne pas Shaftesbury, Burlamaqui se réclame en revanche d'un de ses disciples, Francis Hutcheson, dont le livre essentiel, *Inquiry into our ideas of Beauty and Virtue,* va être précisément traduit en français en 1749. Hutcheson est du reste un innéiste honteux qui cherche à concilier la doctrine de Shaftesbury et celle de Locke [3]. Fortement marqué par l'influence de Leibniz, le pasteur Jean-Henri Samuel Formey n'a pas les mêmes réticences lorsqu'il écrit : « Il y a dans mon âme un penchant inné et invincible vers tout ce qui est décent, honnête, juste, généreux et magnanime, un goût essentiel pour la beauté, l'harmonie, la perfection, considérées en général, mais surtout manifestées dans les opérations des Êtres intelligents et libres » [4].

Si divers qu'ils soient dans leur inspiration profonde, tous ces textes ont au moins un dénominateur commun : le désir d'assurer l'indépendance de la morale naturelle à l'égard des systèmes philosophiques comme à l'égard des dogmes. Ils opposent au pyrrhonisme l'universalité de la loi naturelle, et au dogmatisme la sûreté infaillible de ce que Diderot appelle le « sentiment intérieur » [5]. Entendons par là, avec Shaftesbury, le plaisir que donne la vertu : plaisir analogue, mais en plus intense, à celui que la vérité procure par exemple au mathématicien. Car une action vertueuse apporte à la fois bonheur intellectuel et joie de l'âme. « C'est alors que, pour combler le bonheur de la créature, une flatteuse approbation de l'esprit se réunit à des mouvements du cœur délicieux et presque divins » [6]. Aussi la sociabilité est-elle doublement fondée en nature, puisqu'elle satisfait à la fois l'esprit et le cœur; en revanche, le méchant est voué au malheur, car il se met en dehors de la société humaine et vit « dans un divorce irréconciliable avec la nature » [7].

---

1. *Ibid., Discours préliminaire,* p. 13 et p. 18.
2. *Op. cit.,* Deuxième partie, Ch. III, p. 253. « J'appelle instinct moral ce penchant ou cette inclination naturelle qui nous porte à approuver certaines choses, comme bonnes et louables, et à en condamner d'autres comme mauvaises et blâmables, indépendamment de toute réflexion. »
3. Sur Hutcheson, cf. ci-dessus, Ch. V. Cet auteur insiste sur l'idée que le « sens moral comme le « sens intérieur » du beau est une « faculté passive » (*op. cit.,* p. 152) ; mais il ne peut s'empêcher de réintroduire une certaine innéité dans sa définition du *sens moral* : « cette *détermination à approuver* les affections, les actions ou les caractères des êtres raisonnables, qu'on nomme vertueux » (C'est nous qui soulignons).
4. *Système du vrai bonheur,* 1751, *op. cit.,* p. 40.
5. *Essai sur le mérite et la vertu, loc. cit.,* p. 34.
6. *Ibid.,* Livre II, Deuxième partie, I, p. 81.
7. *Ibid.,* III, p. 117. « Séparé de la chaîne des êtres, et seul contre la nature entière, il ne peut qu'imaginer toutes les créatures réunies par une ligue générale, et prêtes à le traiter en ennemi commun ». Dans une longue note de la page suivante, Diderot appelle l'histoire à la rescousse pour démontrer cette vérité qui lui est aussi chère qu'à Shaftesbury.

Cette « nature » qui fait le malheur de ceux qui la méprisent, n'est-ce pas déjà l'illumination intime, sorte d'étincelle divine en nous, que sera pour Rousseau la conscience morale ? Le « sentiment intérieur » ne se réduit pas à la simple sensibilité ; sous la plume de Diderot, les mots de *sentiment intérieur* et de *conscience* sont à peu près synonymes. Toutes les créatures sensibles craignent les conséquences naturelles de leurs mauvaises actions. « Mais le terme de conscience emporte quelque chose de plus dans toute créature raisonnable ; il indique une connaissance de la laideur des actions punissables, et une honte secrète de les avoir commises » [1]. De même, si « le sentiment intérieur » est en matière d'honnêteté morale un « connaisseur équitable », c'est parce que le cœur « dans son état *naturel* et sain est affecté du *raisonnable* et du beau » [2]. Le mélange de termes affectifs et intellectuels montre bien ici sur quel équilibre délicat de l'entendement et de la sensibilité repose l'efficacité de la conscience morale.

Mais si l'homme est accordé au monde par sa raison et par son cœur, il l'est aussi par sa constitution physique. Le théisme de Shaftesbury découvrait Dieu à tous les niveaux de la création. A la suite du philosophe anglais, Diderot insiste sur le fait que la sociabilité, source de toutes les vertus, a aussi des racines biologiques. Car « l'exercice est essentiel à la santé de l'âme » [3]. Sans lui il n'est pas d'harmonie possible entre nos divers penchants qui risquent de se déchaîner de façon anarchique, détruisant cette « architecture morale » qui est indispensable au bonheur [4]. Or l'action est altruiste par essence, puisqu'elle nous arrache à nous-même. Par la sociabilité l'homme participe à l'élan créateur de la Nature ; tout est vie et mouvement dans l'univers et les bêtes périssent ou dégénèrent lorsque l'existence leur est rendue trop facile [5]. Il n'en va pas autrement de l'espèce humaine : « La nature a des lois qu'elle observe avec autant d'exactitude dans l'ordonnance de nos affections que dans la production de nos membres et de nos organes » [6]. Ces lois ne ressortissent pas à un déterminisme mécaniste mais à une finalité biologique qui est le caractère commun du Bien et du Beau [7]. Si la morale mérite d'être considérée comme une science, c'est moins comme une arithmétique que comme une branche des sciences naturelles [8].

---

1. *Ibid.*, I, p. 90.
2. *Ibid.*, Livre I, Deuxième partie, III, pp. 34-35.
3. *Ibid.*, livre II, Deuxième partie, I, p. 97.
4. *Ibid.*, p. 98.
5. *Ibid.*, p. 96.
6. *Ibid.*, p. 97.
7. Nous avons vu que cette idée avait particulièrement frappé Diderot. Cf. ci-dessus, Ch. V, 3.
8. Diderot utilise cependant l'expression d'*arithmétique morale* (*Ibid.*, *Conclusion*, p. 119). Mais, quoi qu'il en ait dit plus tard, la philosophie morale de Shaftesbury, qu'il expose ici avec fidélité, est loin de se réduire au calcul de l'intérêt. Les abeilles et les fourmis que le moraliste cite en exemple n'ont pas besoin de calculer pour respecter l'ordre de la nature (*ibid.*, Livre II, Première partie, III, p. 69).

Mieux qu'aucun autre texte de la même époque, l'*Essai sur le Mérite et la Vertu* manifeste les équivoques de la morale du « sentiment ». Tantôt elle impose à l'esprit et au cœur une ascèse qui les élève jusqu'à l'ordre universel, ou bien elle leur fait ressentir douloureusement leurs faiblesses et leurs désordres; tantôt elle propose à l'entendement et à la sensibilité une arithmétique des plaisirs; tantôt enfin elle ne connaît plus d'autre « loi naturelle » que le dynamisme de l'instinct. Entre une sorte de stoïcisme sentimental où la réflexion continue à jouer un rôle essentiel[1], et ce primitivisme des impulsions élémentaires, il semble difficile de trouver le moindre lien logique. D'un côté les progrès de la conscience morale apparaissent liés à ceux de la culture, de l'autre la « nature » est entendue comme tout ce que la civilisation n'a pas encore altéré. Mais si elle autorise les « passions », ce n'est pas sans leur fixer des bornes : « Si la passion a des limites qu'elle ne peut franchir sans nuire aux intérêts de la créature, qui déterminera ces limites ? qui fixera ce point ? La nature, seule arbitre des choses... »[2]. La nature libère et contient en même temps les appétits individuels. C'est pourquoi elle ne coïncide jamais tout à fait avec les élans passionnels.

---

1. Telle est la leçon que Formey retient surtout de Shaftesbury : si efficace que puisse être un art de vivre où la raison éclaire et contrôle le goût des plaisirs, cet épicurisme délicat laisse l'âme insatisfaite (*Système du vrai bonheur, op. cit.*, pp. 28-30). Le « vrai bonheur » exclut toute forme d'égoïsme, même raffiné, qui méconnaîtrait la place de l'homme dans l'ordre universel : « A chaque instant de ma vie je me proposerai d'être ce que ma Nature et la Nature universelle des choses veulent que je sois » (*ibid.*, p. 55). Cet idéal tout stoïcien implique donc une prise de conscience lucide de cette « nature des choses » à laquelle Formey entend que l'homme conforme sa conduite : « Je suis une partie du grand tout » (*ibid.*, p. 50). Mais l'ascèse à laquelle l'invite sa raison n'a rien qui puisse faire violence à sa nature propre : celle-ci ne se définit pas seulement par l'amour de soi mais par un penchant inné vers la vertu. Ainsi le stoïcisme de Formey prend-il une coloration sentimentale très caractéristique de son époque : « Je mettrai ma principale gloire dans cette tendresse d'un bon cœur, que la Nature, notre commune mère, a voulu nous inspirer à tous » (*ibid.*, p. 51).
2. *Essai sur le mérite et la vertu, op. cit.*, pp. 108-109.

3. — Les « passions » et l'ordre du monde

« Ôtez de la raison cette affreuse austérité que lui prêtent ceux qui la craignent, parce qu'ils ne la connaissent pas, ou qui la haïssent, parce qu'elle les blesse par l'endroit sensible; ôtez de la passion son opposition au christianisme, arrachez-en tout ce qui peut nuire à la réputation, à la santé, et à la fortune; assujettissez la à des principes, et ne vous en laissez pas tyranniser, vous n'en deviendrez que plus heureux : en un mot, que la raison soit votre passion dominante »[1].

Écrites en 1734, ces lignes résument excellemment ce qu'est l'attitude de la plupart des moralistes du demi-siècle à l'égard des passions : le refus d'un ascétisme qui ferait violence à la « nature » ne conduit pas à accorder aux passions une liberté inconditionnelle, mais seulement à revendiquer pour elles une sorte de liberté surveillée. On se borne à demander que la raison les guide sans chercher à les détruire, et l'on veut croire qu'elles se laisseront docilement « éclairer » et conduire. La morale du sentiment soutient cette illusion et répond parfaitement au besoin d'une sagesse aimable, à égale distance de l'austérité et du libertinage. Par sa spontanéité irréfléchie le « sentiment » participe de la nature passionnelle, mais comme il est amour de l'ordre il va dans le même sens que la « droite raison ». Tout au long du demi-siècle cette ambiguïté favorise une apologie prudente des passions. Discret ou provoquant, le plaidoyer n'est jamais sans réserves ni sans contre-partie.

Pourquoi nous plaindre de l'empire que les passions exercent sur nous ? « Si la raison dominait sur la terre, il ne s'y passerait rien ». Les navigateurs préfèrent le risque d'une tempête au long ennui d'une mer étale. « Les passions sont chez les hommes des vents qui sont nécessaires pour mettre tout en mouvement, quoiqu'ils causent souvent des orages »[2]. Ainsi jouent-elles leur rôle dans l'ordre universel : « Ce que la nature n'aurait pas obtenu de notre raison, elle l'obtient de notre folie »[3].

---

1. Le Maître de Claville, *Traité du vrai mérite de l'homme considéré dans tous les âges, et dans toutes les conditions, avec des principes d'éducation propres à former les jeunes gens à la vertu*, Paris, 1734, *Discours préliminaire*, p. 19. Cf. ci-dessous, Ch. IX, 1.

2. Fontenelle, *Dialogue des morts anciens*, I (*Œuvres, op. cit.*, t. II, p. 215).

3. *Id., Dialogue des morts anciens avec les modernes*, VI, (*ibid.*, pp. 241-43).

Sous la plume alerte de Fontenelle l'éloge des passions emprunte le ton du paradoxe mais ce persiflage mondain cache une conviction raisonnée. Puisque la passion est naturelle et puisque la nature tout entière apparaît ordonnée par une souveraine Intelligence, la passion doit être l'un des maillons de la chaîne qui lie tous les êtres. Elle est au monde moral ce que le mouvement est dans le monde physique. Ce que Fontenelle dit en badinant, Malebranche l'exprime dans son langage de philosophe chrétien : à la racine des passions qui nous égarent dans la quête des biens de ce monde se trouve une « inclination pour le bien en général », où nous devons reconnaître une impulsion divine. Dans l'univers de Malebranche ni les corps ni les esprits n'ont la faculté de se mouvoir eux-mêmes, seul Dieu crée et conserve le mouvement. Des inclinations qui, en dernière analyse, émanent de la volonté de Dieu ne peuvent être que bonnes : elles font la variété du monde spirituel comme le mouvement fait la diversité du monde matériel [1].

Il s'en faut cependant de beaucoup que l'optimisme cosmologique de l'oratorien débouche sur une apologie des passions. Comme il le rappelle aussitôt, l'ordre naturel et primitif de nos inclinations a été perverti par le péché. L'amour de nous-même est conforme au dessein de la création, mais non pas au point qu'il devienne sa propre fin et qu'il éclipse l'amour de Dieu [2]. Chez Malebranche le pessimisme du moraliste chrétien coexiste avec le rationalisme du savant et du philosophe. Au XVIIIe siècle cet équilibre est rarement sauvegardé de façon aussi lucide. Dans le poème latin en douze chants — traduit en prose par l'auteur — qu'il consacre aux passions, le P. Brumoy insiste à son tour sur l'analogie du physique et du moral, mais il n'omet pas de préciser que, depuis le péché, la raison doit sans cesse lutter contre le dérèglement des sens [3]. En revanche l'abbé Pluche oublie son jansénisme lorsque le tableau des passions humaines lui offre l'occasion de vanter, une fois de plus, la bonté de la Providence : de la multiplicité des passions naît en effet la division du travail, qui assure à la fois la cohésion sociale et la riche variété de la fourmilière humaine. Mais il ne s'ensuit pas, comme le voudraient les athées, que l'harmonie sociale relève d'une explication matérialiste; car si les hommes sont ce qu'ils sont, c'est parce que Dieu les a voulu tels, et que leurs faiblesses mêmes concourent à réaliser le plan de la Création :

---

1. *Recherche de la vérité, op. cit.,* Livre IV, Ch. I. Idée augustinienne : il faut distinguer les passions, bonnes en elles-mêmes, et le cœur corrompu qui les pervertit. Cf GILSON, *Introduction à l'étude de saint Augustin,* 1929, p. 167.

2. *Ibid.,* notamment Ch. V.

3. Le P. PIERRE BRUMOY, *Les Passions,* Ch. I (*Recueil de divers ouvrages en prose et vers,* Paris, 1741, t. I, pp. 53-56). Cf. *Mémoires de Trévoux,* septembre 1741, pp. 1624-1625.

« Ce n'est donc ni le mouvement qui a formé la nature et les différents êtres, ni le besoin, ou la philosophie ou la politique qui ont formé les diverses parties et les diverses inclinations de la société; mais la société et la nature sont l'ouvrage d'une Providence adorable, qui emploie le mouvement pour entretenir l'univers, et qui fait marcher la société, tant par la direction des meilleurs esprits que par l'aiguillon du besoin »[1].

Ainsi les passions ont leur utilité. L'idée a un aspect édifiant : elle implique une cosmologie finaliste et elle sert le grand dessein apologétique du demi-siècle, disculper la Providence de la responsabilité du mal physique ou moral. L'abbé Pluche sait que le mal vient du péché : mais il s'ingénie à montrer que la miséricorde divine convertit le mal en bien[2]. Le raisonnement n'est pas sans danger. S'il suffit de chercher égoïstement son propre bonheur pour réaliser les desseins de Dieu, à quoi bon la Révélation et les rigueurs de la morale chrétienne? Si le désordre apparent manifeste un ordre caché, pourquoi s'imposer l'effort de se vaincre soi-même? Il y a quelque inconséquence doctrinale à soutenir simultanément que la vraie vertu est volontaire et que Dieu rend les hommes vertueux sans qu'ils le veuillent[3]. « Chacun d'eux a son mouvement séparé, dont l'intérêt personnel est le centre, et tous ces mouvements particuliers et passagers font partie du mouvement universel et immense qui a pour centre le bien général »[4]. Admirons donc cette belle harmonie, mais ne nous mêlons pas de la corriger... Le thème de la finalité des passions conduit logiquement à une morale toute contraire à l'ascétisme chrétien; de même que la science mécaniste exclut le miracle de l'ordre du monde physique, la morale naturelle incite à accepter tel qu'il est l'ordre du monde moral. C'est la conclusion que dégage au début du siècle l'auteur anonyme d'un *Examen de la Religion dont on cherche l'éclaircissement de bonne foi* :

« Nous n'avons donc point de mauvaises inclinations, tous nos penchants sont bons, parce qu'ils viennent de Dieu: nous en faisons parfois mauvais usage par rapport aux Créatures; mais les circonstances qui font trouver ces usages mauvais ne changent rien au fond; et ce que nous appelons mauvais penchant est un instinct que Dieu nous a donné, qui donne le branle à tout ce que nous faisons, soit pour notre propre conservation particulière, soit pour celle de la société »[5].

---

1. *Le Spectacle de la Nature, op. cit.*, t. VI, p. 14.
2. Cf. ci-dessous, Ch. X, 1.
3. Dans son *Essai sur le cœur humain* (1745), Morelly déclare : « Ainsi le mal moral, effet du mauvais usage de notre liberté, est détruit par le même mal ; l'ordre établi par le Créateur subsiste, malgré les efforts que l'homme fait pour le renverser » (p. 196). Cette belle confiance dans l'harmonie providentielle des passions ne l'empêche pas d'écrire qu'il faut « contrebalancer le poids du sentiment par les lumières de la raison » (p. 29) et qu' « une vertu involontaire ne peut apporter le vrai bonheur » (p. 199).
4. LÉVESQUE DE POUILLY, *Théorie des sentiments agréables... op. cit.*, Ch. IX, p. 134.
5. Texte cité par Ira O. WADE, *Clandestine organisation..., op. cit.*, p. 161. Le même historien précise qu'il a retrouvé le manuscrit de l'*Examen* dans vingt-sept bibliothèques. L'exemplaire le plus ancien semble avoir été écrit entre 1710 et 1720, mais peut s'inspirer d'un texte antérieur. Voltaire attribue l'ouvrage à Dumarsais (Moland, XLIII, p. 49). M. Wade suggère d'y voir l'œuvre collective de la « coterie » Boulainvilliers (*ibid.*, pp. 157-158).

Libre aux théologiens d'appeler vices des instincts qui sont le ressort de la vie sociale. Bayle leur avait déjà répliqué qu'une société composée de parfaits chrétiens serait hors d'état de se conserver [1]. Et Bernard de Mandeville avait inventé une fable pour illustrer ce paradoxe : des abeilles vivaient heureuses parce que leurs friponneries contribuaient au bonheur collectif; elles eurent un jour l'idée saugrenue de devenir honnêtes, et c'en fut fini de leur prospérité... [2] Satire des vices contemporains ou machine de guerre contre la morale chrétienne ? Le dessein de l'apologue est quelque peu énigmatique. Les contemporains de Mandeville interprétèrent en tout cas son livre comme une réplique au stoïcisme du sentiment propagé à la même époque par Shaftesbury. « La voix de la nature » est pour Mandeville, comme pour Bayle ou La Rochefoucauld, celle de l'instinct égoïste, et non l'amour désintéressé de la justice. Aussi faut-il choisir, selon lui, entre le salut et le bonheur, entre la vertu et la richesse. L'esprit de lucre et de vanité est incompatible avec les préceptes de l'Évangile; c'est pourtant sur lui que se fonde la puissance de la Hollande ou celle de l'Angleterre moderne, née de la Révolution de 1688. Au lecteur de dire s'il préfère le vice heureux ou la vertu morose...

Par son ton sarcastique, par sa lucidité, par son refus des compromis superficiels, la *Fable des Abeilles* était assurée d'un succès durable. Elle aura six éditions anglaises de 1705 à 1732, et se grossira encore de notes et de commentaires. Sa traduction française est de 1740; en réalité les idées de Mandeville passent la Manche bien avant cette date. Il est possible que Montesquieu s'en inspire dans les *Lettres Persanes* lorsqu'il fait écrire par Usbek que la « passion de s'enrichir » est le moteur de la prospérité publique [3]. C'est l'argument que reprendront dans les années suivantes les défenseurs du « luxe » : tel Voltaire avec *Le Mondain*, ou l'économiste bordelais Jean-François Melon [4]. Dans *L'Esprit des Lois* enfin le dilemme posé par Mandeville reçoit une signification politique. A la « vertu » républicaine, toute de renoncement, s'oppose le principe de la monarchie. Or l'honneur n'est rien d'autre qu'un dérivé de l'amour de soi. Dans l'état monarchique ce « préjugé » joue le même rôle que les forces centrifuges et centripètes qui font à la fois le mouvement et l'unité du monde physique. Ainsi « cet honneur faux est aussi utile au public

---

1. Cf. *Réponse aux questions d'un provincial*, Ch. XXVII.
2. *The fable of bees* with a commentary critical, historical and esplanatory, by F. B. Kaye, Oxford, 1924. En français, *La Fable des abeilles, ou les fripons devenus honnêtes gens, avec le commentaire où l'on prouve que les vices des particuliers tendent à l'avantage du public*, traduits de l'anglais sur la sixième édition, 4 vol. in-12, Londres, 1740.
3. *Lettres persanes*, 106.
4. Cf. MORIZE, *L'apologie du luxe au XVIIIe siècle* : « *Le Mondain* » *et ses sources*, Paris, 1909. Le problème est traité par Melon au chapitre IX de son *Essai politique sur le commerce* (1734). Voltaire reviendra sur la question à plusieurs reprises, notamment dans *Babouc ou le monde comme il va* (1748).

que le vrai le serait aux particuliers qui pourraient l'avoir » [1]. Le même remarque se vérifie dans l'ordre économique ; citant la *Fable des Abeilles,* Montesquieu vante « les biens sans nombre qui résultent de la vanité » [2]. Si les moralistes ont raison, de leur point de vue, de vouloir corriger les hommes de leurs défauts, l'homme d'État doit savoir que certains vices sont essentiels à la prospérité des peuples ; alors que la bonne foi des Espagnols les a ruinés, la cupidité scrupuleuse des Chinois leur vaut le monopole du commerce japonais [3]. Tant il est vrai, conclut Montesquieu, « que tous les vices politiques ne sont pas des vices moraux et que tous les vices moraux ne sont pas des vices politiques » [4].

Si l'idée est la même, le ton n'est plus celui de Mandeville. Ni amer ni cynique, Montesquieu veut seulement tenir compte des réalités. Toute sa culture antique le pousse à admirer un régime politique où l'harmonie sociale serait assurée par la subordination librement consentie des intérêts privés au bien public. Mais il a aussi l'esprit trop moderne pour ne pas comprendre le caractère anachronique de la république vertueuse ou de l'idéal stoïcien. L'expérience contemporaine, l'exemple de l'Angleterre comme celui de la France de Louis XV et de Fleury, le portent à croire que le bien général peut naître de la concurrence des passions égoïstes. Les citoyens d'une grande monarchie n'ont pas besoin d'être des Caton : la prospérité générale se développe d'elle-même, pour peu que le législateur n'intervienne pas indûment dans le libre jeu des mécanismes naturels. Comme dans le cas de Fontenelle, le regard un peu désabusé que Montesquieu jette sur la nature humaine a pour contre-partie une confiance sereine dans la « nature des choses ».

Deux morales s'affrontent ainsi dans *L'Esprit des Lois :* la première place la vertu dans le sacrifice de soi ; la seconde fait confiance à l'ordre général du monde pour résoudre de lui-même les contradictions de ses parties. D'un côté une morale de héros ou de saint, qui combat les « passions particulières » : la république vertueuse a l'austérité d'un couvent [5].De l'autre la morale du négociant toujours attentif a ses intérêts, persuadé aussi qu'en s'enrichissant il assume une fonction sociale. Sur « l'esprit de commerce » Montesquieu a un jugement nuancé :

---

1. *Esprit des Lois, op. cit.,* III, 7 : « Vous diriez qu'il en est comme du système de l'univers, où il y a une force qui éloigne sans cesse du centre tous les corps, et une force de pesanteur qui les y ramène. L'honneur fait mouvoir toutes les parties du corps politique ; il les lie par son action même ; et il se trouve que chacun va au bien commun, croyant aller à ses intérêts particuliers » Cf. *ibid.,* III, 5 et 6 et IV, 2.
2. *Ibid.,* XIX, 9.
3. *Ibid.,* XIX, 10.
4. *Ibid.,* XIX, 11.
5. *Ibid.,* V, 2. « Moins nous pouvons satisfaire nos passions particulières, plus nous nous livrons aux générales. Pourquoi les moines aiment-ils tant leur ordre ? C'est justement par l'endroit qui fait qu'il leur est insupportable. Leur règle les prive de toutes les choses sur lesquelles les passions ordinaires s'appuient : reste donc cette passion pour la règle même qui les afflige. Plus elle est austère, c'est-à-dire plus elle retranche de leurs penchants, plus elle donne de force à ceux qu'elle leur laisse ».

le commerce est pacifique, il détruit les préjugés et adoucit les mœurs, il développe même « un certain sentiment de justice exacte, opposé d'un côté au brigandage, et de l'autre à ces vertus morales qui font qu'on ne discute pas toujours ses intérêts avec rigidité ». Mais il introduit aussi dans les relations inter-individuelles un esprit mercantile qui ne permet plus la moindre générosité : « Nous voyons que dans les pays où l'on n'est affecté que de l'esprit de commerce, on trafique de toutes les actions humaines, et de toutes les vertus morales : les plus petites choses, celles que l'humanité demande, s'y font ou s'y donnent pour de l'argent » [1].

A la justice trop minutieuse et un peu mesquine du marchand Montesquieu préfère secrètement l'hospitalité des « peuples brigands »... [2] Il n'en prend pas moins nettement parti en faveur du prêt à intérêt, que certains moralistes chrétiens continuaient à proscrire : c'est à son avis « une chose naturellement permise et nécessaire » [3]. Ainsi la morale naturelle autorise aussi bien le grand négoce, fondé sur le crédit, que le petit commerce des boutiquiers. En 1748 cette idée que Montesquieu suggère prudemment pouvait encore scandaliser certains rigoristes; en fait elle était familière depuis bien des années à la littérature « philosophique ». En 1739 le marquis d'Argens considérait le métier de négociant comme l'état « le plus utile et le plus respectable », après celui de laboureur [4]. Voltaire s'était montré encore plus enthousiaste lorsqu'il opposait à l'orgueil stérile des « gens de qualité » la puissance d'un marchand anglais « qui enrichit son pays, donne de son cabinet des ordres à Surate et au Caire, et contribue au bonheur du genre humain » [5]. Plus de vingt ans après, l'abbé Coyer évoque en termes presque identiques la puissance du grand commerce [6]; dressant un parallèle entre la gloire pacifique du négociant et la gloire militaire de la noblesse d'épée, il formule la proposition que résume le titre de son livre : que la noblesse puisse commercer sans déroger. Non seulement elle y gagnera en richesse et en prestige, mais elle sera ainsi beaucoup plus utile à l'État : « Le règne de *Louis le Grand* fut le siècle du génie et des conquêtes; que le règne

1. *Ibid.*, XX, 2.

2. *Ibid.*, A propos des Germains : « L'hospitalité, très rare dans les pays de commerce, se trouve admirablement parmi les peuples brigands ».

3. *Ibid.*, XXI, 20. Cf. XXII, 19. Bien que Montesquieu distingue soigneusement le prêt à intérêt et l'usure, les pages qu'il consacre à ce problème devaient lui attirer les foudres des *Nouvelles Ecclésiastiques*. Voir sa *Défense de l'Esprit des Lois*, Seconde partie, *Usure*. Plusieurs textes cités par BERNARD GRŒTHUYSEN (*L'Église et la bourgeoisie*, Paris, 1927, notamment p. 236 sq.) prouvent que l'hostilité aux formes modernes de l'économie marchande demeurait très vive au XVIIIᵉ siècle, en particulier dans les milieux jansénistes.

4. *Lettres chinoises*, La Haye, 1739-1740, LXXXVII.

5. *Lettres philosophiques*, X, *op. cit.*, p. 47.

6. Voir cet appel aux nobles de province (*La Noblesse commerçante*, Londres-Paris, 1756, p. 140) : « Regretterez-vous le gouvernement d'une basse-cour quand vous donnerez des ordres pour Le Caire et pour Surate ? »

de *Louis le Bien-Aimé* soit celui de la Philosophie, du Commerce et du Bonheur ! »[1]

Peu d'années avant la Révolution on verra le négociant, nouvel Atlas, revendiquer le droit de soutenir le monde sur ses épaules[2]. Dès le début du siècle sa richesse lui vaut la considération que mérite une puissance bénéfique. Qu'il soit mû par l'appât du gain ne l'empêche pas d'être socialement utile : c'est le premier argument qu'on allègue en sa faveur. Mais cette idée s'insère dans un système du monde. Le négociant est l'instrument de la Providence qui a voulu unir les hommes par leurs besoins mutuels : un livre de l'époque précédente, souvent réédité, le déclarait déjà sans ambages[3]. Un autre auteur précise dès 1701 que le commerce remplit le même office que la charité, car en valorisant les « arts » il fait passer l'argent des riches dans la poche des pauvres[4]. En 1725 le P. Castel explique à son tour qu'il en est de la « Politique » comme de la Physique : dans les deux cas l'harmonie de la nature repose sur un équilibre dynamique où la *circulation* joue le rôle essentiel[5]. Deux de ces trois textes sont antérieurs aux sarcasmes de la *Fable des Abeilles ;* à la différence de l'*Examen de la Religion* aucun des trois n'émane d'un « esprit fort »; mais ce qu'ils baptisent *entr'aide* ou *solidarité,* d'autres le dénomment sans fard *libre concurrence.* Selon Boisguillebert toutes les classes d'une société diversifiée dépendent les unes des autres, « l'ouvrier du superflu achetant son nécessaire de celui qui lui donnait sa vie à gagner, et soutenant par là le prix des denrées du laboureur, ce qui seul le peut faire payer son maître et mettre celui-là en pouvoir d'acheter de cet ouvrier »[6]. Mais l'auteur précise qu'il s'agit d'une solidarité *inconsciente,* assurée par le mécanisme naturel des prix. Seule la concurrence des intérêts particuliers met une juste proportion dans les prix de marchandises ou de services :

« La Nature donc, ou la Providence, peut seule faire observer cette justice, pourvu encore que qui que ce soit d'autre ne s'en mêle; et voici comme elle s'en acquitte. Elle établit d'abord une égale nécessité de vendre et d'acheter dans toutes sortes de trafics, de façon que le seul désir du profit

1. *Ibid.,* p. 215. Coyer reproche à Montesquieu et au marquis de Lassay de s'être opposés à la mesure qu'il préconise, et il invoque en sa faveur l'autorité de Vauban.
2. L'expression « l'Atlas nouveau » figure dans l'ouvrage de BEDOS, *Le Négociant patriote,* Amsterdam, 1784. Voir le texte cité par R. Mauzi dans sa thèse sur *L'idée du bonheur au XVIIIᵉ siècle, op. cit.,* p. 288.
3. J. SAVARY, *Le parfait négociant* (1675), septième édition, Paris, 1713, Livre I, Ch. 1. L'ouvrage est un manuel pédagogique destiné aux futurs commerçants.
4. BAUDOT de JUILLY (?) *Dialogue entre Mrs Patru et d'Ablancourt sur les plaisirs,* Paris, 1701, t. II, pp. 305-306. Sur cet ouvrage, cf. ci-dessous, Ch. IX, 1.
5. *Lettre sur la politique adressée à M. l'abbé de Saint-Pierre par le P. Castel, jésuite, le 8 février 1725,* in *Mémoires de Trévoux,* mars 1725, pp. 698-729.
6. *Dissertation sur la nature des richesses, de l'argent et des tributs,* Ch. IV, (E. DAIRE, Collection des principaux économistes, Paris, 1843, pp. 404-407). Entendons que l'argent avec lequel le propriétaire foncier paie les produits de l'artisanat urbain permet à l'artisan d'acheter sa nourriture au paysan, et donne ainsi à ce dernier de quoi payer ses redevances au propriétaire.

soit l'âme de tous les marchés, tant dans le vendeur que dans l'acheteur; et c'est à l'aide de cet équilibre, ou de cette balance, que l'un et l'autre sont également forcés d'entendre raison, et de s'y soumettre » [1].

*
* *

Au xviiiᵉ siècle l'apologie pour l'amour-propre et les passions est liée, sur le plan des faits, au développement du capitalisme commercial, et, sur le plan des idées, à la naissance du libéralisme économique [2]. Puisque la recherche du profit est l'âme du commerce, et que ce dernier manifeste la sagesse de l'ordre naturel des choses, il est absurde de s'élever contre la cupidité des marchands. Voltaire refuse d'admettre avec Pascal que l'amour-propre et « la pente vers soi » engendrent le désordre : « Il est bien vrai que Dieu aurait pu faire des créatures uniquement attentives au bien d'autrui. Dans ce cas, les marchands auraient été aux Indes par charité, et le maçon eut scié de la pierre pour faire plaisir à son prochain. Mais Dieu a établi les choses autrement. N'accusons point l'instinct qu'il nous donne, et faisons-en l'usage qu'il commande » [3]. Morale de marchands, la morale naturelle justifie l'amour de soi et la passion de s'enrichir. Les jansénistes s'en indignent, mais en 1740 les *Mémoires de Trévoux* concèdent qu'il existe un « amour-propre légitime » [4]. Dans les dernières années du demi-siècle ce « naturalisme » apparaît cependant de plus en plus menaçant pour la morale chrétienne. Du Voltaire des *Lettres philosophiques* au Diderot des *Pensées* de 1746 le ton s'élève de l'ironie à l'enthousiasme : « Il n'y a que les passions et les grandes passions qui puissent élever l'âme aux grandes choses. Sans elles, plus de sublime, soit dans les mœurs, soit dans les ouvrages; les beaux-arts retournent en enfance, et la vertu devient minutieuse » [5]. Bientôt l'apologie des passions trouvera chez Diderot lui-même, puis chez d'Holbach, des bases philosophiques plus sûres que celles que pouvait lui donner la Nature-horloge de l'univers cartésien. Le « néo-spinozisme » que les philosophes les plus hardis s'emploieront à bâtir après 1750 assignera au dynamisme des passions un rôle aussi essentiel,

---

1. *Ibid.*, Ch. V, pp. 408-409. Dans son *Essai sur la police générale des grains* (Londres, 1753, p. 17) Herbert écrira de même que le commerce est le seul moyen d'assurer « le juste équilibre des prix ».

2. Cf. J. LECLER, *Libéralisme économique et libre pensée au XVIIIᵉ siècle*, *Études*, 5 mars 1937, pp. 624-645.

3. *Lettres philosophiques*, XXV, *Sur les Pensées de M. Pascal*, XI, *op. cit.*, p. 152.

4. *Op. cit.*, novembre 1740, p. 2131. En elle-même, l'idée n'est nullement une nouveauté. Cependant le janséniste Gaultier proteste en 1746 contre cette morale « spinoziste » qui identifie la loi naturelle à l'instinct égoïste : « Si l'amour-propre qui n'est autre chose que la cupidité est un don de Dieu, il faudra dire qu'en suivant la cupidité, on ne fera que suivre un penchant que Dieu nous a donné... » (*Le poème de Pope... convaincu d'impiété*, La Haye, 1746, *Seconde lettre*, p. 66.).

5. *Pensées philosophiques*, *op. cit.*, I.

dans la vie des hommes, que celui de l'élan vital qui anime les plus petites parcelles de la *Natura naturans*. Tout est *force* dans l'univers physique; tout est *passions* dans le monde moral. « Interdire les passions aux hommes, écrira d'Holbach, c'est leur interdire d'être hommes » [1].

Ce libéralisme ne sera pourtant pas sans contre-partie. Le même d'Holbach est convaincu que toutes les passions ne sont pas également valables, et le plaidoyer éloquent qu'il écrit en leur faveur voisine avec un chapitre où il développe avec abondance ce thème convenu : « L'homme ne peut être heureux sans la vertu » [2]. La contradiction apparaissait déjà, près de cinquante ans avant le *Système de la Nature*, dans la *Lettre de Thrasybule à Leucippe*, publiée seulement en 1768, mais dont la rédaction remonte peut-être à 1722 [3]. Le matérialisme virulent qui s'étale dans ses trois cents pages conduit à une morale des plus conformistes. Thrasybule n'admet pas d'autre loi naturelle que celle du plaisir et de la douleur : condamner l'instinct qui nous pousse à rechercher l'un et à fuir l'autre, c'est reprocher à un corps de se mouvoir selon les lois du mouvement... [4] En fait, les notions de bien et de mal moral, aussi incertaines et flottantes que la diversité des coutumes, n'expriment rien de réel, sinon la joie et la peine ordinairement liées à certaines actions [5]. Ainsi la loi naturelle n'est pas celle du plus juste, mais tout simplement la loi du plus fort :

« Ce monde n'est autre chose que l'assemblage d'un nombre infini d'êtres qui agissent et réagissent les uns sur les autres par des désirs et des forces différentes. Cet univers n'aurait pu être tel qu'il est, si ces désirs n'avaient pas été opposés les uns aux autres; et comme ces désirs se combattent mutuellement, ils ne peuvent être satisfaits tous en même temps. Les uns forment des obstacles aux autres; et la victoire est toujours du côté où se trouve le plus grand degré de force » [6].

Langage cohérent, s'il n'est pas sans rudesse ! Mais voici que l'auteur lui-même semble effrayé des conséquences qu'il aperçoit. Sans craindre de se contredire, il évoque avec emphase l'universalité des « premiers principes de la morale », aussi certains et constants, dit-il,

---

1. *Système de la Nature*, Londres, 1771, Première partie, Ch. XVII, I, p. 384.
2. *Ibid.*, Ch. XV. *Des intérêts des hommes ou des idées qu'ils se font du bonheur. L'homme ne peut être heureux sans la vertu.* Cf. R. Mauzi, *op. cit.*, pp. 446-447.
3. Cf. Lanson, *Questions diverses sur l'histoire de l'esprit philosophique en France avant 1750*, *R.H.L.F*, janvier-juin 1912, p. 300. Ira O. Wade, *The Clandestine organisation... op. cit.*, p. 190 sq. ; P. Vernière, *Spinoza..., op. cit.*, pp. 370-371. L'ouvrage est attribué à Fréret.
4. « L'instinct naturel » qui attache le plaisir à notre conservation est la seule « vérité du cœur » (*op. cit.*, pp. 216-217). « Nous naissons tellement disposés que nous recherchons le plaisir et que nous fuyons la douleur, et cette loi que la nature a gravée en nous est d'une telle autorité que nous ne pouvons nous empêcher d'y obéir dans toutes les actions de notre vie »: (*Ibid.*, p. 132).
5. *Ibid.*, pp. 225-228. A rapprocher de la prétendue *Réfutation de Spinoza*, par Boulainvilliers, *op. cit.*,, notamment Première partie, pp. 75-76, et Deuxième partie, *Des passions*, p. 163 sq.
6. *Lettre de Thrasybule à Leucippe*, *op. cit.*, pp. 20-21.

L'IDÉE DE NATURE EN FRANCE

que « les vérités de la géométrie » [1]. A la différence des animaux, précise-t-il encore, les hommes ne sont pas seulement sensibles aux « impressions des sens extérieurs », mais encore — et plus vivement — aux « impressions intérieures », telles que le plaisir naturel du commerce de leurs semblables[2]. Un autre passage vante la sagesse des Indiens et leur croyance en une « certaine fatalité qui a attaché le bonheur à la vertu et l'infortune au vice » [2]; et Fréret trouve enfin des accents dignes de Shaftesbury pour parler du « sentiment voluptueux que les âmes bien nées éprouvent en faisant le bonheur de la société dans laquelle ils (*sic*) se trouvent » [3].

Pourquoi réintroduire ainsi dans le monde moral la finalité que l'on refuse à l'univers matériel ? L'inconséquence s'explique si l'on tient compte du dessein antireligieux qui est celui de l'ouvrage. Aux dogmes chrétiens de la Création et de la Providence Fréret oppose les thèmes habituels du naturalisme athée; mais son hostilité au « fanatisme » lui interdit de saper les bases de la « morale naturelle ». Pour triompher de la morale chrétienne, il faut que celle-ci reste sauve, au prix d'une contradiction. La même intention polémique fait qu'au XVIIIe siècle les défenseurs des passions empruntent volontiers un langage moralisateur. Attitude hypocrite ? Pharisaïsme calculé ? Rien n'est moins sûr. Il serait plus juste de parler d'un phénomène de bonne conscience collective. La « cupidité » du négociant est trop utile à la société pour être blâmable, et la philosophie militante ne permet pas que les dévots la blâment. Mais il est d'autres passions qu'aucun philosophe ne songe à défendre [4] : le « faux héroïsme » des guerriers [5], la folie du jeu [6] et, de façon générale, tous les plaisirs égoïstes qui font de ceux qui les vivent des parasites sociaux [7]. En réalité le problème des « passions » est peut-être un faux problème ; tout au plus une survivance intellectuelle qui cache des idées neuves. Le mot même de *passion* est assez vague pour recouvrir des réalités psychologiques opposées. Ce que le XVIIIe siècle défend, ce n'est pas la *jouissance,* mais l'*action.* Pour vivre selon la nature, pense Diderot, il ne faut pas imiter les « riches fainéants » des grandes cités, ni les « dervis oiseux », mais « se livrer à quelque fonction, honnête

---

1. *Ibid.*, pp. 71-72.
2. *Ibid.*, p. 220.
3. *Ibid.*, pp. 96-98.
4. *Ibid.*, pp. 25-26.
5. Voir le *Séthos* de l'abbé Terrasson (Paris, 1731, t. I, *Préface*, p. IX). Toussaint a écrit sur ce thème un long développement (*op. cit.*, pp. 229-252).
6. Cf. R. MAUZI, *Écrivains et moralistes du XVIIIe siècle devant les jeux de hasard*, *R.S.H*, avril-juin 1958. Le jeu est en lui-même un plaisir innocent, il perd son innocence quand il devient une passion. (*ibid.*, p. 233).
7. Cf. TOUSSAINT, *op. cit.*, pp. 40-41 (contre les moines) et p. 216 sq (contre le parasitisme en général). Selon l'abbé Coyer, l'un des avantages qu'il y aurait à permettre le commerce à la noblesse serait de lui épargner les vices qu'enfante l'oisiveté (*La noblesse commerçante, op. cit.*, p. 38 sq.).

par elle-même, et profitable à la société » [1]. Le parallèle esquissé par Voltaire entre le marchand anglais et le gentilhomme français ou allemand, vainement infatué de ses quartiers de noblesse, débouchait déjà sur une réfutation de Pascal : il n'est pas vrai que le besoin de « divertissement » prouve la misère de l'homme ; l'action n'est pas le succédané d'un bonheur inaccessible à la créature déchue, mais tout simplement le contraire de la paresse : « L'homme est né pour l'action, comme le feu tend en haut et la pierre en bas » [2]. Entendons l'action *utile,* car toutes les occupations ne sont pas équivalentes [3]. La tâche quotidienne du négociant est pour lui à la fois un travail et un plaisir. Aussi juge-t-il sévèrement ceux qui, autour de lui, se livrent à des passions funestes ou frivoles. C'est parce que la morale naturelle est d'abord une morale de marchands qu'elle a des côtés si restrictifs et que l'idée du « sublime » des passions y voisine avec le sérieux bourgeois.

Les passions entrent dans l'ordre de la nature... mais toutes les passions ne sont pas également « naturelles ». Forts de cette double conviction, les mêmes auteurs peuvent célébrer le dynamisme des passions et demander, comme le fera d'Holbach, qu'il soit réglé par la raison. Chez le négociant de Nantes ou de la *City,* le désir du gain n'est pas une passion aveugle. Voltaire constate qu'il en est des hommes comme des animaux : « Ceux qui sont le mieux organisés sont ceux qui ont les passions les plus vives ». Mais il précise aussitôt que l'homme « est pourvu de passions pour agir, et de raison pour gouverner ses actions » [4]. Diderot vante les « passions fortes », mais il conseille d'établir entre elles « une juste harmonie » [5]. Toussaint proteste que les passions sont « bonnes, utiles et nécessaires »... à condition que l'on n'en abuse pas ; la raison doit les éclairer, leur fixer un objet convenable, les modérer [6]. Duclos nie que la « nature » doive être combattue ; l'amour-propre et les passions, dit-il, sont les « ressorts » de la société ; mais il juge nécessaire de démontrer aux hommes « que leur gloire et leur intérêt ne se trouvent que dans la pratique de leurs devoirs » [7].

---

1. *Essai sur le mérite et la vertu, op. cit.,* p. 97. Toussaint écrit également : « C'est un sentiment bas et inventé par la mollesse que de regarder comme un châtiment la nécessité du travail : c'en serait fait de nous au contraire, si Dieu nous l'eût interdit. L'inaction est une sorte de léthargie, également pernicieuse à l'âme et au corps » (*op. cit.,* p. 221)

2. *Lettres philosophiques,* XXV, *loc. cit.,* p. 159.

3. *Ibid.,* p. 160. Remercions Dieu de ce « qu'il a attaché l'ennui à l'inaction, afin de nous forcer par là à être utiles au prochain et à nous-même ». Sur le plaisir du travail et de la « bienfaisance », voir ci-dessous, Ch. IX.

4. *Ibid.,* p. 144.

5. *Pensées philosophiques, op. cit.,* IV. Diderot refuse de « déclamer » contre les passions ; mais s'il force la voix en leur faveur, c'est seulement pour compenser tout le mal qu'en disent les rigoristes : « Ce qui me donne de l'humeur, c'est qu'on ne les regarde jamais que du mauvais côté. On croirait faire injure à la raison, si l'on disait un mot en faveur de ses rivales » (*Ibid.,* I).

6. *Les Mœurs, op. cit.,* Première partie, Ch. II, p. 74 sq.

7. *Considérations sur les mœurs de ce siècle,* 1751, Ch. I, pp. 13-14.

Toussaint et Duclos n'appartiennent pas au même milieu. Petit avocat, le premier se présente lui-même comme un homme de « sentiment ». Le second est un romancier mondain dont la « philosophie » se colore d'un léger scepticisme; habitué des cafés parisiens avant de devenir un académicien chargé d'honneurs officiels, Duclos n'oublie cependant pas qu'il est fils de commerçants bretons; à Paris il est une personnalité du monde des lettres et il fréquente la haute société; en province c'est une notabilité locale, député du Tiers aux États de Bretagne, maire de Dinan... Ces contrastes expliquent peut-être que sa morale ne répugne pas à une certaine sévérité. Il a en commun avec Toussaint le goût d'un sage équilibre qui fasse leur part aux appétits naturels, mais sans leur permettre d'entrer en conflit avec les impératifs de l'ordre social. Sans doute l'auteur des *Moeurs* distingue-t-il plus strictement « l'honnête homme » et l'homme vertueux : à celui-ci une conscience pure, à celui-là les biens de ce monde et la considération publique [1]. De ce point de vue la morale de Toussaint reste à l'ancienne mode, c'est une morale de père de famille [2]. La voici cependant qui s'ouvre jusqu'à tolérer l'amour des richesses, pourvu qu'il reste modéré et se fixe dans un juste milieu entre l'avarice et la prodigalité [3]; les vertus que Toussaint prise le plus sont par ailleurs la sincérité et la bonne foi : lui même choisit comme exemple la ponctualité dans le paiement de ses dettes... [4] L'argent joue donc un grand rôle dans cette morale un peu étriquée de petit bourgeois, comme dans la morale plus ouverte du grand négociant dont les vaisseaux sillonnent les mers. De l'une à l'autre la différence est surtout de tonalité.

Un trait encore les rapproche. Citoyen du monde, le négociant possède un pouvoir presque fabuleux, mais dans sa vie privée il conserve les habitudes et les vertus de la bourgeoisie traditionnelle. M. Van Derck, « philosophe sans le savoir », dont Sedaine dira bientôt la puissance, sera aussi le modèle des pères de famille... Bien plus, ses qualités d'homme font la réussite professionnelle du négociant. Le commerce a son honneur, ses lois, sa rigueur, et la « bonne foi » notoire du commerçant est le fondement de son crédit. L'abbé Coyer insiste sur le sérieux que réclament les affaires et le négoce [5]. Et Montesquieu reconnaît que « l'esprit de commerce entraîne avec soi celui de frugalité, d'économie, de modération, de travail, de sagesse, de tranquillité, d'ordre et de règle » [6]. La dignité du négociant exigeait la réhabilitation de l'amour-propre; mais une fois le principe admis, tout rentre dans l'ordre : les passions se lais-

---

1. *Les Mœurs, op. cit., Discours préliminaire*, notamment p. 5, *loc. cit.*
2. Cf. *ibid.*, Troisième partie, *Des vertus sociales* (Voir ci-dessous, Ch. VII, 3).
3. *Ibid.*, Deuxième partie, pp. 132 sq. et 329 sq.
4. *Ibid.*, pp. 255 et 264.
5. *La noblesse commerçante, op. cit.*, p. 119 sq.
6. *Esprit des Lois*, V, 6.

seront éclairer par la raison et guider par le « sentiment » ! On ne sera donc pas surpris que dans la littérature du siècle le négociant soit choisi comme exemple et modèle aussi bien par les défenseurs des passions que par ceux qui croient à la sûreté infaillible de « l'instinct moral ». Entre le « monde sage » des convenances sociales — monde hypocrite — et le « monde fou » des passions déréglées, il y a place, si l'on en croit Marie Huber, pour un « monde sincère » : l'amour-propre n'y serait ni impudent ni déguisé, mais simplement docile à la « droite raison » et surtout aux impulsions de la conscience... Est-ce un hasard si le personnage qui incarne cet idéal, Éraste, est un négociant [1] ?

Un homme utile à la société ne peut manquer d'être raisonnable et vertueux : par une sorte de transfert on en vient donc à créditer ses intentions du résultat indirect de ses ambitions égoïstes. Objectivement bienfaisant, le négociant doit être sensible et généreux... Ce glissement de pensée doit peut-être beaucoup à la réalité historique : nous ne pouvons nous empêcher d'y voir une mystification. Tout se passe comme si, fondé en principe sur l'acceptation d'une seule loi naturelle, celle de la libre concurrence — Mandeville l'avait bien compris — le libéralisme économique avait besoin d'un alibi. La volonté de puissance du négociant s'abrite d'abord derrière la « vertu » du père de famille; plus assurée, elle prendra la masque de la philanthropie. Au milieu du XVIIIe siècle la vertu prêtée au négociant conserve un caractère d'intimité. C'est dire que l'idéalisation du personnage est à double sens : elle sert les intérêts du capitalisme commercial, mais traduit aussi sa faiblesse relative. La littérature consacre la dignité morale du négociant mais du même coup elle le fixe dans sa condition, elle l'enferme dans sa vertu, dans son idéal avoué de juste mesure, de bonheur paisible et de raisonnable médiocrité [2].

Quelques déclarations fracassantes ne suffisent pas à modifier l'attitude globale du demi-siècle à l'égard des passions. Alors même qu'on parle en leur faveur, on introduit subrepticement dans le plaidoyer

---

1. *Le monde fou préféré au monde sage, en vingt-quatre promenades de trois amis,* Amsterdam, 1731. La vraie préférence de l'auteur va au « monde sincère » (T. I, p. 83). Sa morale est rationaliste, mais pose en principe que le « sentiment », c'est-à-dire la conscience, doit agir sur la volonté pour que l'intelligence s'ouvre à l'évidence de la vérité (Cf. t. II, notamment pp. 262 et 294). Née à Genève en 1695, morte en 1753, Marie Huber est surtout connue par ses *Lettres sur la religion essentielle à l'homme...* (Londres, 1739) où elle prêche un christianisme épuré. On l'a parfois taxée de déisme.

2. La morale naturelle est donc aussi conservatrice que libérale. Cf. ci-dessous, Ch. VIII, 4 ; Ch. IX, 2 et Ch. XII, 3. Nous verrons que toute la pensée de l'époque est marquée de cette ambiguïté.

des distinctions, des réserves, toute une rhétorique insidieuse qui reprend en détail ce que l'on accorde en gros. Le chef-d'œuvre de cette dialectique sournoise méritera une étude particulière : il consiste à fonder ces restrictions non plus seulement sur l'intérêt public, la raison, la vertu, mais sur le droit au bonheur, comme si la « nature » fixait elle-même des bornes à ses appétits[1]. Dans un tel climat la caution de Shaftesbury devait être invoquée plus souvent que celle de Mandeville. En 1725 le *Journal des Savants* s'élève contre le « système pernicieux » de la *Fable des Abeilles*[2]. L'année suivante, le journal des Jésuites rend compte avec beaucoup de sympathie de l'attaque lancée en Angleterre contre Mandeville par « le théoricien du sens moral », Francis Hutcheson[3]. Et en 1740 le même périodique consacre trois articles à la réfutation du « plus révoltant des paradoxes » : cette fois encore le rédacteur s'appuie sur l'autorité de Shaftesbury pour proclamer l'existence d'une moralité naturelle, émanant à la fois de la raison et du sentiment[4].

Du côté des « philosophes » l'accueil est à peine plus favorable. Mandeville les intéresse mais les effraie un peu. Et lorsqu'ils adoptent les idées de celui que Rousseau appellera « le détracteur le plus outré des vertus humaines[5], ce n'est pas sans les édulcorer. Voltaire s'inspire de Mandeville lorsqu'il écrit *Le Mondain*, mais dès l'époque des *Lettres philosophiques* il s'est découvert des affinités avec un moraliste moins cynique : en Angleterre il a fait la connaissance de Pope qui est devenu aussitôt l'un de ses grands hommes[6]. Publié à Londres en 1733, l'*Essai sur l'homme* est traduit en français dès 1736 : entre l'original anglais de la *Fable des Abeilles* et son édition française il y a plus d'un tiers de siècle. Ce n'est pas qu'on ne puisse relever entre les deux ouvrages plus d'une analogie. En 1756 Voltaire prétendra rattacher la philosophie de Pope à celle de Shaftesbury, et il reprochera au poète anglais de n'avoir pas cité le nom de son inspirateur[7]. A première vue, cette prétendue filiation est difficile à défendre. L'instinct dont Pope célèbre la divinité[8]

---

1. Cf. ci-dessous, Ch. IX, *Nature et Bonheur*.
2. *Op. cit.*, novembre 1725, pp. 664-667.
3. *Mémoires de Trévoux*, décembre 1726.
4. *Ibid.*, juin, août et novembre 1740, pp. 941 sq. ; 1956 sq. ; 2103 sq. Le journaliste dénonce en particulier le sophisme qui consiste à se montrer plus exigeant que l'Évangile pour mieux justifier ensuite le libertinage : il existe un amour-propre légitime, et son utilité ne prouve rien en faveur du vice... (*Ibid.*, p. 2131, *loc. cit.*).
5. *De l'inégalité parmi les hommes, op. cit.*, première partie, p. 96. (Passage attribué à Diderot dans l'édition Assézat-Tourneaux de ses Œuvres complètes, t. IV, pp. 100-104).
6. Cf. *Lettres philosophiques*, XXII, *Sur M. Pope et quelques autres poètes fameux*. Deux ans après avoir écrit *Le Mondain*, Voltaire paraphrase Pope dans ses *Discours en vers sur l'Homme*. Cf. ci-dessous, Ch. IX, 2.
7. Voir la variante de la lettre XXII, citée en note par R. NAVES dans son édition des *Lettres philosophiques, op. cit.*, pp. 256-257.
8. *Essai sur l'Homme*, Londres, 1736 (traduit par Silhouette), *Épître* III, p. 55. Il est arbitraire, dit Pope, de vouloir subordonner l'instinct à la raison : « Dans celui-ci, c'est Dieu qui gouverne ; dans l'autre, c'est l'homme ».

n'a rien de commun avec l'altruisme spontané par lequel Shaftesbury définissait la « nature ». La sociabilité dérive, selon lui, de l'égoïsme, et l'harmonie sociale naît du conflit des intérêts privés : « Tout subsiste par un combat élémentaire et les passions sont les éléments de la vie » [1]. Pope insiste donc, à la manière de Fontenelle, sur le rôle dévolu aux folies humaines dans l'ordre primordial des choses [2], et son apologie de la vanité rappelle directement les paradoxes de Mandeville.

Il y a pourtant beaucoup de vrai dans l'interprétation de Voltaire. Le ton de l'*Essai sur l'homme* est très différent de celui de la *Fable des Abeilles*. Pope n'est ni sarcastique ni amer; son poème n'est pas une satire, mais un hymne à la gloire de la Providence. Sa morale s'inspire d'une vision du monde sans doute plus déiste que chrétienne, mais baignée de religiosité [3]. Lorsqu'il écrit que nos faiblesses servent les desseins de la Providence, Pope met l'accent sur la seconde idée, non sur la première : « Quoique l'homme soit folie, Dieu est tout sagesse » [4]. Enfin, comme dans le cas de Voltaire, Diderot ou Toussaint, il y a loin des principes de sa morale aux conclusions qu'il en tire. Crousaz lui reprochera d'avoir prétendu que la raison n'a aucun pouvoir sur « la passion dominante » de chacun [5]; les *Mémoires de Trévoux* l'accuseront de préférer les leçons de la nature corrompue à celles de la Révélation [6], et l'abbé Gaultier fulminera contre cette morale « spinoziste » [7]. Mais avant d'apercevoir le venin caché dans le poème les journalistes de Trévoux se seront laissé abuser quelques mois par la piété de l'auteur... [8]. Et le même Crousaz qui relève minutieusement toutes les erreurs philosophiques du poète termine son *Examen* en le félicitant d'avoir lié le bonheur à l'exercice de la vertu [9]. C'est en effet le terme essentiel de la dernière *Épître* : le « chemin de la nature » n'y est plus décrit comme la voie triomphale du vice utile, mais comme le sentier discret des âmes pures et de la bonne conscience. Si elle ignore le péché, la morale de Pope n'a rien de subversif : le contraste devait plaire aux déistes français, assurés de trouver dans l'optimisme de l'*Essai sur l'homme* l'écho de leurs propres idées, et dans sa conclusion édifiante une caution de bon aloi pour les audaces de la « religion naturelle ».

*
* *

---

1. *Ibid.*, *Épître* I, p. 14.
2. *Ibid.*, *Épître* II, pp. 42-46.
3. *Cf.* ci-dessous, Ch. X, 2. Rappelons que Pope était catholique.
4. *Ibid.*, *Épître* II, p. 46, *Loc. cit.*
5. *Examen de L'Essai de M. Pope, op. cit., Réflexions sur la seconde Épître*, pp. 110-111.
6. *Op. cit.*, avril 1737, pp. 703-723.
7. *Cf.* ci-dessus, p. 382, note 4.
8. Nous étudierons plus loin les circonstances de ce revirement. *Cf.* ci-dessous, Ch. X, 2.
9. *Op. cit., Réflexions sur la quatrième Épître*, p. 199.

Que l'homme soit naturellement vertueux, sociable et altruiste, ou bien que l'ordre naturel des choses concilie les voies égoïstes de l'individu avec l'intérêt collectif de la communauté, la « nature » se passe aisément des secours de la Révélation et de la Grâce. Antichrétienne dans son principe, la philosophie des lumières n'atteint pourtant sa pleine efficacité qu'en empruntant au christianisme certains de ses dogmes; ou bien celui d'un Dieu créateur qui a fait l'homme à son image — de là le thème de la bonté primitive, abstraction faite du péché — ou bien celui d'un Dieu conservateur dont la Providence gouverne ici-bas toutes choses. Dans les dernières années du demi-siècle un philosophe au moins semble avoir pris nettement conscience de l'impasse intellectuelle dans laquelle s'engageaient ses contemporains. Ce n'est pas un hasard si La Mettrie se révèle alors également hostile au finalisme en morale et en physique. Dans les deux cas il se veut en effet résolument matérialiste[1]. L'auteur de l'*Homme-Machine,* qui prône le retour à la philosophie d'Épicure, n'est pas plus décidé à reconnaître dans la nature humaine que dans l'ensemble de l'univers les traces d'une pensée ordonnatrice ou d'une sagesse supérieure. Si l'homme n'est qu'une machine, il est, comme tous les autres animaux, esclave de ses sensations, et porté à s'en procurer le plus possible d'agréables [2]; toutes les philosophies qui prétendent le contraire tournent le dos à la vérité, à la nature, et, par conséquent, au bonheur. On peut être malheureux en suivant la nature, puisqu'il est des hommes dont la « machine » est mal agencée[3]; on ne peut pas être heureux sans elle. Rien de plus néfaste à cet égard que les préjugés moraux qui la briment et la divisent contre elle-même; de là naissent les remords, ces « bourreaux » de l'âme, que le philosophe doit d'abord s'attacher à détruire [4]; « fruits amers de l'éducation », ceux-ci ne doivent rien à la nature qui ne saurait condamner ses propres ouvrages [5] :

« Nous sommes dans ses mains comme une pendule dans celles d'un horloger; elle nous a pétris comme elle a voulu, ou plutôt comme elle a pu; enfin nous ne sommes pas plus criminels, en suivant l'impression des mouvements primitifs qui nous gouvernent que le Nil ne l'est de ses inondations et la mer de ses ravages » [6].

---

1. « Savez-vous pourquoi je fais encore quelque cas des hommes ? C'est que je les crois sérieusement des *machines* ? Dans l'hypothèse contraire, j'en connais peu dont la société fût estimable. Le matérialisme est l'antidote de la misanthrophie ». (*Système d'Épicure,* XLVI. Cf. aussi *Anti-Sénèque* ou *Discours sur le bonheur,* in *Œuvres,* Berlin, 1796, t. II, p. 139 sq.)
2. *Anti-Sénèque, ibid.,* p. 142.
3. *Système d'Épicure,* XLVII.
4. *Anti-Sénèque,* p. 176. *Système d'Épicure,* XLVII.
5. Dans l'*Homme-Machine* La Mettrie mettait certains remords au compte de l'« organisation », ce qui revenait à les considérer comme partiellement naturels. Dans l'*Anti-Sénèque* (p. 178) il évoque le souvenir du libertin Saint-Évremond pour revenir sur ce qu'il nomme désormais une erreur.
6. *Système d'Épicure,* XLVIII.

C'est dire que les moralistes faussent la notion de loi naturelle lorsqu'ils lui supposent une signification éthique absolument étrangère à la nature; celle-ci tend égoïstement à sa conservation et à son plaisir, telle est son unique leçon, bien différente de ce discernement spontané du bien et du mal que d'aucuns lui prêtent [1]. Le paradoxe serait banal si La Mettrie se bornait à rejeter ici les idées innées [2], mais il pousse beaucoup plus loin le non-conformisme en démontrant le mensonge d'un des lieux communs les plus rebattus en son temps; la meilleure preuve que la nature est amorale, écrit-il en effet, c'est que le bonheur n'est nullement inséparable de la vertu :

« Le plaisir de l'âme étant la vraie source du bonheur, il est donc très évident que par rapport à la félicité le bien et le mal sont en soi fort indifférents, et que celui qui aura une plus grande satisfaction à faire le mal sera plus heureux que quiconque en aura moins à faire le bien. Ce qui explique pourquoi tant de coquins sont heureux dans ce monde, et fait voir qu'il est un bonheur particulier et individuel qui se trouve, et sans vertu, et dans le crime même » [3].

Admettre que le bonheur des méchants peut être aussi réel et intense que celui des gens de bien, c'est sans doute renoncer à une illusion rassurante, mais c'est aussi se faire de la vertu une idée plus haute! Non que La Mettrie entende revenir sur sa critique de l'orgueil des stoïciens : en se proposant un idéal inaccessible, ceux-ci s'éloignent aussi bien de la nature que de la vertu véritable [4]. L'auteur de l'*Anti-Sénèque* partage la défiance de ses contemporains à l'égard d'un vertu rébarbative et contre nature; mais il n'est pas prêt pour autant à admettre que la vertu soit naturelle. Isolés de leur contexte, certains de ses propos pourraient, il est vrai, être interprétés en ce sens : « Elle (*la vertu*) a été donnée, ou plutôt enseignée, à tous les hommes. Soyons hommes seulement et nous serons vertueux. Rentrons en nous-mêmes et nous trouverons la vertu » [5]. En réalité La Mettrie ne se range pas ici le moins du monde parmi les tenants de la moralité innée. Il suggère au contraire un moyen de résoudre la contradiction dans laquelle se débat la philosophie morale de son temps : d'un côté la tradition du

---

1. « Mais puisque nous sommes machinalement portés à notre bien-propre, et que nous naissons avec cette pente et cette invincible disposition, il s'ensuit que chaque individu, en se préférant à tout autre, comme font tant d'inutiles qui rampent sur la surface de la terre, ne fait en cela que suivre l'ordre de la nature, dans lequel il faudrait être bizarre et bien déraisonnable pour ne pas croire qu'il pût être heureux » (*Anti-Sénèque*, p. 181).

2. « Les belles connaissances dont l'orgueil gratifie si libéralement notre âme lui font plus de tort qu'elles ne lui donnent de mérite, en la privant de celui que leur acquisition suppose : car l'âme apportant avec elle le discernement de milles choses, comme du bien et du mal, ressemblerait à ceux qui, favorisés par le hasard de la naissance, n'auraient point mérité leur noblesse » (*Ibid.*, p. 177).

3. *Anti-Sénèque, op. cit.*, p. 182.

4. «... plus ils s'éloigneront de la nature, sans laquelle la morale et la philosophie sont également étranges, plus ils s'éloigneront de la vertu » (*Anti-Sénèque*, p. 162).

5. *Ibid.*

réalisme psychologique, selon lequel la nature est égoïste; de l'autre l'aspiration moderne à une morale moins dure et plus humaine. L'originalité de La Mettrie est de ne pas vouloir choisir entre deux courants de pensée qui lui paraissent également valables; mais comme son athéisme militant lui interdit par ailleurs la solution commode d'un acte de foi dans l'ordre providentiel des choses, il est bien obligé de chercher par lui-même comment dépasser un dilemme apparemment sans issue. C'est pourquoi il précise que la vertu a été *enseignée* et non *donnée* à tous les hommes; son inconstance et sa fragilité prouvent assez qu'elle est acquise, et non pas naturelle [1]; le philosophe compte sur la culture pour suppléer la nature et l'infléchir, sans la rudoyer, dans le sens de l'utilité commune. L'erreur de Shaftesbury et de ses disciples vient de ce qu'ils ont confondu la nature et la coutume; s'il y a dans notre âme des germes d'altruisme, ils ne constituent pas un instinct moral mais ont été peu à peu déposés en nous au cours des siècles. La moralité n'est pas le fruit spontané de la nature, mais le produit héréditaire de l'histoire et de la civilisation :

« Ce n'est point je ne sais quelle loi naturelle que la nature méconnaît, ce sont les plus sages des hommes qui l'y ont gravée, et en ont jeté les plus utiles fondements. En général les hommes sont nés méchants; sans l'éducation, il y en aurait peu de bons; et encore avec ce secours y en aurait-il beaucoup plus des uns que des autres. Tel est le vice de la conformation humaine. L'éducation seule a donc amélioré l'organisation; c'est elle qui a tourné les hommes au profit et à l'avantage des hommes; elle les a montés, comme une horloge, au ton qui pût servir, au degré le plus utile. Telle est l'origine de la vertu : le bien public en est la source » [2].

Si l'homme est à sa naissance « plus bête qu'aucun animal », c'est un animal perfectible dont la raison, « comme un corps bien nourri, se fortifie peu à peu par la culture » [3]. Mais l'« éducation », c'est-à-dire, au sens large, l'influence du milieu, consiste aussi tout simplement à superposer aux inclinations naturelles, souvent antisociales, cette seconde nature qu'est la coutume : un acte de générosité, pourtant contraire à notre intérêt, peut ainsi augmenter notre bonheur d'un sentiment de vanité et de fierté [4]; les honnêtes gens et les coquins sont mus par le même mobile, la recherche de leur « bien propre », mais l'éducation a fait coïncider l'idée de celui-ci avec celle du bien commun [5].

---

1. *Ibid.*, pp. 178-179.
2. *Ibid.*, p. 163. Pour La Mettrie comme pour Diderot il n'y a donc d'autre vertu que sociale. Notre auteur se réfère du reste sur ce point à l'*Essai sur le mérite et la vertu* (*ibid.*, p. 171) ; sa pensée doit par ailleurs fort peu à celle de Shaftesbury, dont elle prend le contre-pied sur des points essentiels. Quant à sa critique de l'idée de loi naturelle, elle rappelle évidemment Pascal et Montaigne.
3. *Système d'Épicure*, *op. cit.*, XXXVII.
4. *Anti-Sénèque*, pp. 166-167.
5. *Ibid.*, p. 183.

La pensée morale de La Mettrie n'est donc pas moins originale et forte que ses vues sur le système du monde. Par sa sincérité, son sens critique, et son refus d'être dupe des mots, il est au milieu du siècle le digne continuateur de Bayle : rien de plus caractéristique à cet égard que la manière dont il renonce, au grand scandale de ses contemporains, à donner au plaisir soit l'alibi de la vertu désintéressée, soit celui de l'utilité sociale. Mais par la cohérence de son athéisme il préfigure les grands systèmes matérialistes de la période suivante en même temps qu'il contribue à lancer, avec le thème de la perfectibilité humaine[1], l'une des idées-forces de la philosophie des lumières. A la différence de Bayle, et c'est évidemment un signe des temps, il a en effet un désir de synthèse aussi vif que son goût de l'analyse. Peut-être est-il cependant moins à l'aise pour édifier que pour détruire : des faiblesses, des équivoques et des difficultés apparaissent vite à la lecture d'ouvrages toujours trop courts pour être pleinement satisfaisants. Son rationalisme même, si progressiste qu'il se veuille, se révèle entaché de certains aspects négatifs, et manque curieusement de confiance en l'universalité de la raison. Sous la plume de La Mettrie l'éloge des « rois-philosophes » ou du « Julien moderne » que serait Frédéric de Prusse est beaucoup plus qu'un propos de circonstance et une flatterie intéressée[2]; il rejoint en effet son complet dédain de la multitude, qui lui fait réserver à une petite élite le bonheur d'une âme épurée au flambeau de la philosophie[3]. C'est dire que sa conception du progrès social demeure tout aristocratique : à la sagesse éclairée du prince la philosophie enseignera « l'art de rendre les hommes dociles et de leur mettre un frein, quand on ne peut les conduire par les lumières naturelles de la raison »[4]. Le philosophe apprendra ainsi au souverain à organiser « l'éducation » de ses sujets, essentielle à la bonne harmonie de la cité, mais bien peu respectueuse de la personnalité de chacun. Comme nous l'avons vu, le résultat de « l'éducation » est moins en effet de développer la raison que de créer des automatismes mentaux; on peut même assurer que pour l'empirisme sensualiste de La Mettrie cette distinction n'a pas grand sens, puisque la raison est elle-même une sorte de mécanisme supérieur,

---

1. Cf. ci-dessous, Ch. XII, 2.

2. Cf. *Système d'Épicure*, XCIII, (*Conclusion*) et *Discours préliminaire*, *Œuvres*, *op. cit.*, t. I, p. 45 sq.

3. Le Philosophe aime contempler, « loin du peuple et du bruit », le spectacle varié de l'univers. (*Système d'Épicure*, XLIII). Cf. *ibid.*, p. 145, et *Discours préliminaire*, p. 38 : « Chez moi, j'écris ce qui me paraît vrai ; chez les autres je dis ce qui me paraît bon, salutaire, utile, avantageux : ici je préfère la vérité, comme philosophe ; là l'erreur, comme citoyen ; l'erreur est en effet plus à la portée de tout le monde ; nourriture générale des esprits, dans tous les temps et dans tous les lieux, quoi de plus digne d'éclairer et de conduire ce vil troupeau d'imbéciles mortels ! Je ne parle point dans la société de toutes ces hautes vérités philosophiques, qui ne sont point faites pour la multitude ».

4. *Ibid.*, p. 51.

monté du dehors par une accumulation d'expériences [1]. Il se borne
donc à constater que dans la « machine » humaine un mécanisme
artificiel peut corriger l'effet des mécanismes naturels : l'éducation telle
qu'il la conçoit relève plus d'une science du « conditionnement psychologique », c'est-à-dire des techniques de la propagande, que du souci
de répandre une véritable culture.

Lorsque les continuateurs de Pufendorf donnaient comme fondement à la morale naturelle la découverte de la volonté divine inscrite
dans la nature des choses, ils incitaient l'homme à prendre conscience
de son être et de sa place dans l'univers. La Mettrie ne demande même
plus que l'on démontre aux hommes que la vertu est utile, mais seulement qu'on les habitue à la considérer comme telle. Parce qu'ils la jugeaient
essentiellement raisonnable, Domat ou d'Aguesseau avaient au total
plus de confiance en la nature humaine que notre philosophe épris de
progrès. Or sur les conditions de celui-ci sa pensée n'est peut-être pas
moins incertaine. La Mettrie se heurte au problème sur lequel achop-
peront plus tard Diderot et Helvétius : comment concilier le déterminisme universel sur lequel reposent son matérialisme et son athéisme
avec l'idée d'un perfectionnement possible ? « L'organisation [...] peut
se modifier par l'éducation », écrit-il [2]. Mais d'autres remarques attestent
que cette conviction reste chez lui assez fragile, combattue en particulier
par le désir de trouver une excuse aux folies de ses semblables : « Dépendant de tant de causes externes et à plus forte raison de tant d'internes,
comment pourrions-nous nous dispenser d'être ce que nous sommes ? » [3].
Chacun est prisonnier de son tempérament, bon ou mauvais : « Une
détermination absolument nécessaire nous entraîne, et nous ne voulons
point être esclaves ! » [4]. Aussi son apologie de l'éducation se conclut-
elle sur une note assez sceptique :

« Vraies girouettes, nous tournons donc sans cesse au vent de l'éducation et nous retournons ensuite à notre premier point, quand nos organes
remis à leur ton naturel nous rappellent à eux, et nous font suivre leurs dispositions primitives. Ainsi les anciennes déterminations renaissent; celles que
l'art avait produites s'effacent : on n'est même pas le maître de profiter de son
éducation, autant qu'on le voudrait, pour le bien de la société » [5].

---

1. L'âme subit passivement la pression du milieu : « Éclairée par mille sensations
nouvelles, elle trouve mauvais ce qu'elle trouvait bon, elle loue en autrui ce qu'elle y
blâmait ». (*Anti-Sénèque, op. cit.*, p. 183).

2. *Ibid.*, p. 157.

3. *Ibid.*, pp. 179-180.

4. *Ibid.*, p. 181. C'est également la nature, entendue au sens physiologique, qui
assigne à chacun la qualité et la quantité de bonheur à laquelle il peut atteindre. « On
est construit pour être heureux ou malheureux, et presque à un tel ou tel point, comme
pour mourir, jeune ou vieux, de tel ou tel mal, entouré de médecins » (p. 231).

5. *Ibid.*, p. 183.

A lire ces considérations désenchantées on comprend que La Mettrie ait été tenté d'accepter tout bonnement ce qu'il croyait si difficile de modifier d'une façon durable. Le regard lucide qu'il jette sur la nature humaine le conduit alors à un amoralisme cynique[1]. Du moins certaines formules un peu tapageuses ont-elles pu faire croire à ses contemporains qu'il se faisait le héros d'un libertinage bien compromettant pour la cause de la philosophie; est-ce un goût imprudent pour le paradoxe et le sacrilège qui lui fait invoquer Pétrone et Chaulieu à côté d'Épictète ou de Sénèque[2]? En réalité ses maîtres de prédilection sont Bayle et surtout Montaigne : « J'ai entrepris de me peindre dans mes écrits, comme Montaigne a fait dans ses *Essais*. Pourquoi ne pourrait-on pas se traiter soi-même ? »[3]. C'est Montaigne que La Mettrie imite en nous confiant ses « projets de vie et de mort »[4]. Son matérialisme militant aboutit ainsi à la recherche d'un art de vivre un peu égoïste et d'une sagesse toute personnelle. Ses confidences dernières nous rendent sa personnalité encore plus attachante, mais elles ne vont pas sans diminuer la portée de ses vues philosophiques les plus neuves.

L'échec relatif de La Mettrie n'est pas accidentel, car son entreprise de démystification allait trop à contre-courant de son siècle pour être acceptée de ses contemporains. Honni par les bien-pensants, La Mettrie n'est guère mieux traité par les philosophes : en sapant les bases de la morale naturelle, il les prive en effet d'une arme efficace contre le christianisme et l'Église, et il risque même de déconsidérer aux yeux du public la cause qu'ils défendent. Lucide et sincère, l'auteur de l'*Homme-Machine* était fort dépourvu du sens de l'opportunité. Son mérite reste d'avoir compris combien était équivoque l'idée même d'une morale naturelle : celle-ci veut être à la fois une éthique et une science; elle prétend emprunter à la géométrie ou à la physique mathé-

---

1. Le *Discours préliminaire* est particulièrement agressif. On y lit que la morale est une invention politique, contraire à la nature qui incite l'homme, à l'instar de tous les animaux, à rechercher simplement son plaisir : « Qu'en faut-il conclure, sinon que la philosophie est absolument inconciliable avec la morale, la religion et la politique...» ; et cela malgré « les vains efforts même que tant d'habiles gens ont faits pour les accorder ensemble » (p. 7).

2. « Épictète, Antonin, Sénèque, Pétrone, Anacréon, Chaulieu, soyez mes évangélistes et mes directeurs dans les derniers moments de ma vie... Mais non, vous me serez inutiles ; je n'aurai pas besoin ni de m'aguerrir, ni de me dissiper, ni de m'étourdir. Les yeux voilés, je me précipiterai dans ce fleuve de l'éternel oubli qui engloutit tout sans retour » (*Système d'Épicure*, LXVI).

3. *Ibid.*, LXXXVII.

4. « Tels sont mes *projets de vie et de mort*, dans le cours de l'une et jusqu'au dernier soupir, Épicurien voluptueux ; Stoïcien ferme aux approches de l'autre » (*ibid.*, XCI).

matique leur force démonstrative sans perdre pour autant le caractère
impératif de la morale chrétienne. De l'ambiguïté de ce dessein initial
résulte le double aspect de la notion de loi naturelle : loi positive qui
suppose un déterminisme; loi normative qui postule un ordre et la
volonté d'un Supérieur. Toute la pensée du demi-siècle oscille de
l'un à l'autre de ces deux pôles, non sans qu'apparaisse d'année en année
une tendance de plus en plus marquée à refuser jusqu'à l'idée d'obligation morale. De là le succès de la morale du « sentiment » qui, nous
l'avons vu, espère sauvegarder la notion d'un ordre éthique en faisant
l'économie de l'effort nécessaire pour y adhérer : morale euphorique
qui escamote les problèmes à la faveur d'un acte de foi dans la bonté
de la nature humaine et la sagesse de l'univers. Parallèlement on voit
se développer un courant de pensée plus réaliste, qui ne nie plus l'égoïsme
primitif des instincts naturels, mais les concilie avec l'intérêt commun
de façon non moins mythique. Ainsi tiraillée en divers sens, la morale
naturelle trouve cependant son équilibre et son unité dans un optimisme
qui dissimule aux yeux du plus grand nombre ses contradictions
internes : il n'est pas rare de voir coexister dans un même texte les
thèmes les plus différents. Car l'efficacité polémique de l'idée de loi
naturelle importe plus aux philosophes que l'analyse de ses antinomies.
Il est à cet égard hautement significatif que l'auteur du *Mondain* soit
aussi celui du *Poème sur la Loi Naturelle,* et que la tâche de réfuter l'*Anti-
Sénèque* de La Mettrie ait été assumée par l'homme qui devait bientôt
devenir le champion attitré de la lutte contre « l'Infâme ».

Chapitre VII

NATURE ET RELIGION

1. — Universalité de la religion naturelle.
2. — Loi naturelle et loi révélée.
3. — La « suffisance de la religion naturelle ».

Chapitre VII

NATURE ET RELIGION

Il est des athées vertueux. Bayle l'a dit et Voltaire le répète [1]. Mais la vertu de quelques adeptes prouve-t-elle la vérité d'une doctrine ? Diderot fait plus qu'en douter lorsqu'à la suite de Shaftesbury il s'interroge à son tour sur les rapports de la morale et de la religion : « L'athéisme laisse la probité sans appui. Il fait pis, il pousse indirectement à la dépravation ; cependant Hobbes était bon citoyen, bon parent, bon ami et ne croyait point en Dieu. Les hommes ne sont pas conséquents » [2]. Tous les athées ne vivent pas dans le crime ou la débauche, mais tous les chrétiens sont-ils honnêtes gens ? Chez les uns et chez les autres on constate le même écart entre les principes et les actes, car les hommes ne se conduisent pas toujours d'après les idées qu'ils professent... Reste que tous les principes ne se valent pas et que certaines idées sont moralement meilleures que d'autres : Diderot et Voltaire s'accordent au moins sur ce point avec les moralistes chrétiens. Aussi la place de choix que l'athée vertueux occupe dans la mythologie morale du demi-siècle ne doit-elle pas faire illusion. Les libres penseurs opposent complaisamment la vie innocente des athées célèbres aux méfaits du fanatisme, mais l'hommage ainsi rendu aux hommes va rarement au système. En 1745 Diderot tient que l'immoralisme est dans la logique de l'athéisme : pour la plupart des « philosophes » comme pour les dévots la morale naturelle est de même indissociable d'une certaine théologie.

---

1. Cf. BAYLE, *Pensées diverses sur la Comète, op. cit.*, t. II, Ch. CXXXIII-CXCII ; *Dictionnaire historique et critique*, art. SPINOZA, etc... VOLTAIRE, *Ode sur la Superstition*, 1732 (Moland, VIII, p. 428) et *Lettres philosophiques*, XIII, fin.

2. *Essai sur le mérite et la vertu, op. cit.*, p. 58, note 2.

Sans doute cette profession est-elle trop bruyante pour n'être pas suspecte. Il faut une religion pour le peuple, disent cyniquement les esprits forts du siècle. Même matérialiste ou athée, le bourgeois éclairé se félicite volontiers que la crainte de l'Enfer mette ses biens à l'abri des convoitises de la canaille. Nous verrons que la « morale des philosophes » n'est pas exempte de telles arrière-pensées. Mais elle a des ruses plus subtiles que ce recours à un grossier épouvantail. Les calculs intéressés d'une idéologie savent mettre de leur côté la sincérité et la logique. Nous savons aujourd'hui que la religion de Voltaire ne manquait ni de chaleur ni de complexité. C'est de même le développement de l'idée de loi naturelle qui conduit au XVIIIe siècle à celle d'une *surnature*. Le rôle policier que joue le Dieu-gendarme de certains est alors l'image dégradée d'une fonction plus haute. Dans le monde moral, comme dans le monde physique, Dieu est le garant de l'Ordre : soit que son autorité confère à la loi son caractère impératif, soit que sa sagesse en cautionne la finalité.

Pour les juristes de l'école du Droit naturel la volonté de Dieu est la source de l'obligation morale. Certes ils se défendent de raisonner en théologiens et veulent fonder la morale comme une science, en partant de la nature actuelle de l'homme, et non de l'idée que la théologie nous propose de Dieu. Mais Pufendorf explique que les maximes de l'intérêt bien compris sont de simples *conseils* tant qu'une autorité supérieure ne les transforme pas en *lois* : l'utilité de la vertu ne suffit pas à rendre sa pratique *obligatoire*. Les conseils de l'amour-propre n'obligent que dans la mesure où notre nature, physique et morale, est d'institution divine. « La volonté de Dieu, écrit Pufendorf, est le fondement de l'obligation qu'il y a d'observer la loi naturelle » [1]. Ainsi, en s'élevant du fait au droit et de la science de l'homme à la morale, la théorie du droit naturel passe nécessairement par l'idée de Dieu. C'est l'argumentation que Barbeyrac oppose en 1718 au rationalisme leibnizien : en soi ni la raison ni la nature ne sont normatives, et l'on ne peut leur attribuer ce caractère sans confondre la nature créée et la nature divine [2]. Cumberland pensait de même et l'on voit tour à tour, au long du demi-siècle, Montesquieu, le P. Buffier et, dans l'*Encyclopédie*, l'abbé

---

1. *Le Droit de la Nature et des Gens, op. cit.*, livre II, p. 187.

2. Voir l'exposé de la thèse de Leibniz et sa réfutation méthodique par Barbeyrac à la suite de la quatrième édition des *Devoirs de l'homme et du citoyen* de Pufendorf, 1718, *op. cit.*, pp. 429-495. Pour Leibniz, comme pour Malebranche, et à la différence de ce qu'avait soutenu Descartes, la justice fait partie des vérités incréées ; co-éternelle à Dieu, elle existe en vertu d'une nécessité *absolue*. Selon Barbeyrac et Pufendorf sa nécessité n'est que *conditionnelle* ; car si le droit naturel dérive nécessairement de la nature humaine, telle que Dieu l'a créée, la création est en soi un acte libre de la volonté divine. Sur cet aspect de la pensée de Leibniz, voir Gaston GRUA, *Jurisprudence universelle et théodicée selon Leibniz*, Paris, 1953.

Yvon applaudir à ce raisonnement [1] : raisonnement devenu banal, et peut-être d'autant plus facilement répandu qu¹il est déjà assez largement dépassé.

Une évolution s'accuse en effet dans la théorie du droit naturel : l'œuvre de Burlamaqui en témoigne. En 1747 cet auteur emprunte à Pufendorf sa définition de la loi comme émanation d'une volonté supérieure, mais à cette *obligation externe* doit s'ajouter, selon lui, pour que l'obligation soit parfaite, l'*obligation interne* que la loi tire de sa conformité à la raison. Car le Souverain qui dicte la loi, explique Burlamaqui, ne détient pas seulement la force suprême mais « la Puissance, la Sagesse, et la Bonté jointes ensemble » [2]. Dieu ne peut vouloir que le bonheur de sa créature. A partir de cette constatation on glisse aisément d'une conception théocratique de la loi à une définition utilitariste. En dernière analyse la loi n'oblige que parce qu'elle est raisonnable et utile : c'est le point de vue qu'exprimera en 1757 Martin Hübner, en subordonnant la validité du décret divin à la justesse de ses raisons [3].

Compte tenu du climat intellectuel du demi-siècle, cette transformation de la théorie du droit ne peut surprendre. Vers 1730 ou 1740 la pensée morale française est aussi peu kantienne qu'elle est peu chrétienne. La morale équivoque que propagent alors les apologistes du « sentiment » rejette toute forme de transcendance; anti-ascétique dans son principe elle n'admet même pas, à la différence de la morale rationaliste des jurisconsultes, la transcendance de la raison par rapport à l'instinct. Elle fait plus que s'évertuer à fonder le droit sur le seul critère de l'utile, puisqu'elle confond tout bonnement l'un et l'autre : identifiant la pratique de la vertu et la satisfaction de l'instinct, elle peut faire l'économie de cette idée d'obligation que conservent les plus libéraux des jurisconsultes.

Ainsi humanisée à l'extrême, la morale naturelle n'en continue pas moins à se situer dans un contexte de religiosité diffuse. S'il devient superflu de faire intervenir la toute-puissance de Dieu pour donner à la

1. CUMBERLAND, *Traité philosophique des lois naturelles, op. cit,* Ch. V — MONTESQUIEU (?), *Essai sur les lois naturelles, op. cit.,* in *Œuvres,* t. III, p. 192, *Ce qui distingue une maxime d'avec une loi* —. BUFFIER, *Observations sur quelques ouvrages renommés de morale,* in *Traité de la société civile, op. cit.,* pp. 171-180. *Encyclopédie,* art. *Athées.*
2. BURLAMAQUI, *Principes du droit naturel, op. cit.,* Première partie, Ch. IX et *passim.*
3. *Essai sur l'Histoire du Droit naturel, op. cit.,* Première partie, Ch. XI, pp. 158-159 : « Les lois naturelles tirent la plus grande partie de leur force de leur utilité. L'obligation primitive qu'elles comportent, c'est une *obligation interne,* fondée sur ce que leur observation conduit à la félicité ; au lieu que leur mépris et leur violation détruit le bonheur des hommes. Être heureux sans obéir aux arrêts inaltérables du plux grand des Êtres, promulgués par la Raison, n'est pas moins impossible qu'être homme sans en avoir l'essence. Les lois naturelles nous imposent sans contredit encore une autre obligation qui naît de l'autorité de leur Auteur, et de la dépendance nécessaire où nous sommes à l'égard de l'Arbitre Souverain de notre destinée : mais cette *obligation externe* serait nulle si elle n'était pas précédée par la première, et elle le serait parce que nous sommes des êtres raisonnables qui ne peuvent être obligés que par des motifs ».

loi morale une valeur contraignante, il reste indispensable d'évoquer sa Bonté et sa Sagesse pour comprendre que l'observation de la loi naturelle soit seule en mesure de conduire à la félicité. C'est à l'abri de la Sagesse divine que la nature humaine conquiert sa liberté. L'harmonie du bonheur et de la vertu permet une morale sans obligation, mais non pas une morale sans Dieu. Cette morale pleinement *naturelle* qui postule la bonté de la nature ne peut s'empêcher de renvoyer, même dans les textes les plus ouvertement anti-chrétiens, à une sorte de transcendance honteuse. Il faut la bonté du Créateur pour garantir celle de la créature, et la sagesse de la Providence pour consacrer la légitimité de l'instinct.

Sans l'idée de Dieu la morale rationaliste des théoriciens du droit ne formerait pas un système complet, mais la notion d'un Être Souverain n'est pas moins indispensable à la sécurité des âmes sensibles. *Dans les deux cas la suffisance de la nature ne parvient à s'affirmer que par référence à une surnature.* Nous ne serons donc pas étonnés de constater qu'au moins dans le premier tiers du siècle chrétiens et déistes s'accordent à célébrer le triomphe de la *religion naturelle*. Mais si l'idée de nature a sa place dans l'arsenal des apologistes, c'est une arme dangereuse pour ceux qui l'utilisent. Contradictoirement, elle renvoie au surnaturel et lui fait la part la plus exiguë. La religion qu'impliquent la théorie du droit naturel ou la morale du sentiment est une religion sans mystères. De façon plus discrète mais au moins aussi efficace que les grands systèmes de Malebranche, Spinoza ou Leibniz, la pensée religieuse du demi-siècle dresse en face du Dieu incompréhensible et caché de la tradition chrétienne un Dieu transparent et raisonnable. Le dynamisme propre à l'idée de nature n'est jamais aussi conquérant, au début du XVIII⁰ siècle, que lorsqu'il se manifeste aux dépens du Dieu biblique. C'est ici le domaine des dernières audaces, ou des plus graves imprudences. Mais toutes les hardiesses intellectuelles, tous les besoins nouveaux que traduit la notion de nature avortent dans le plus fade et le plus incohérent compromis. Au Dieu d'Isaac et de Jacob succède une étrange divinité : simple reflet de la raison humaine, ombre de la nature, mais dont la philosophie triomphante ne parvient pas à dissiper le fantôme inconsistant.

1. — *Universalité de la religion naturelle*

Sans religion point de morale, et sans morale point de vie collective possible. Lorsque Bossuet formule cet aphorisme, il songe surtout à l'utilité sociale des religions « positives », même fausses [1]. Mais avant lui Pufendorf avait exprimé à propos de l'état de nature la même opinion : livré à lui-même et à ses instincts, hors de toute société organisée, l'homme naturel se sent placé sous la surveillance de la Divinité, gardienne des lois non écrites; car la notion de l'existence d'un Être Souverain est naturellement inscrite dans l'esprit de l'homme [2]. L'humanisme chrétien admet communément que les païens éclairés ont pu, par la seule force de la lumière naturelle, accéder à l'idée d'un Être Suprême; c'est ce qu'écrit par exemple en 1681 l'oratorien Thomassin qui voit dans cette démarche spontanée de la raison l'une des quatre sources de la vérité connue des Anciens [3]. A la même époque le protestant Abbadie, auteur d'une apologie du christianisme qui sera constamment rééditée au cours du XVIIIᵉ siècle, proclame que tout homme digne de ce nom convient de l'existence de Dieu : « Il n'y a que les enfants, les fous, ou ceux qui ne font aucun usage de leur raison [...] qu'on puisse soupçonner de ne pas reconnaître le consentement universel » [4].

Contre les sophismes des athées, anciens ou modernes, est-il en effet une démonstration métaphysique qui vaille en efficacité l'accord unanime de tous les peuples ? Dans les dernières années du XVIIᵉ siècle l'argument est encore couramment utilisé, mais sa validité n'est plus admise sans discussion. C'est d'abord une question de principe, qui oppose les « rationaux » aux traditionalistes : n'est-il pas des cas d'erreurs

---

1. « Que si l'on demande ce qu'il faudrait dire d'un état où l'autorité publique se trouverait établie sans aucune religion ? On voit d'abord qu'on n'a pas besoin de répondre à des questions chimériques. De tels états ne furent jamais. Les peuples où il n'y a pas de religion sont en même temps sans police, sans véritable subordination, et entièrement sauvages. Les hommes n'étant point tenus par la conscience ne peuvent s'assurer les uns les autres. Dans les empires où les histoires rapportent que les savants et les magistrats méprisent la religion, et sont sans Dieu dans leur cœur, les peuples sont conduits par d'autres principes, et ils ont un culte public » (*Politique...*, *op. cit.*, livre VIII, p. 291).

2. *Les Devoirs de l'homme et du citoyen*, *op. cit.*, t. I, Livre I, Ch. IV, p. 89.

3. *La méthode d'étudier et d'enseigner chrétiennement et solidement les Lettres humaines, par rapport aux Lettres divines*, 1681-82, t. I, pp. 219-220. Cette voie d'accès à la vérité n'est cependant citée par l'auteur qu'en dernier lieu. Les trois autres sont le plagiat des livres sacrés, les révélations faites par les démons, et enfin la tradition remontant aux enfants de Noé. Cf. R. MERCIER, *La réhabilitation de la nature humaine*, Villemonble, 1960, pp. 28-30.

4. *Traité de la vérité de la religion chrétienne*, 1684, t. I, p. 185.

universellement acceptées ? Combien de superstitions ont pour seul
appui l'autorité d'une tradition trop vénérable pour qu'on songe communément à en examiner les origines ! A coup sûr, et l'histoire tout
entière de l'esprit humain en témoigne, la vérité d'une opinion ne
dépend pas du nombre de ceux qui la professent : ainsi raisonne P. Bayle
dont on sait la lucidité inquiète, ou l'agilité diabolique à faire s'entrechoquer les idées reçues [1]. A l'époque des *Pensées diverses sur la Comète*
— soit sincérité, soit prudence, soit simple concession dialectique —
sa critique du consentement universel épargne encore la preuve de
l'existence de Dieu [2], mais cette exception disparaît dans la *Continuation...*
de 1704. Alors l'idée même d'une religion naturelle semble emportée
dans la débâcle de la notion de Nature : comment distinguer, dans ce
domaine comme dans tous les autres, s'interroge Bayle, ce qui émane
vraiment de la Nature de ce qui n'est que préjugé invétéré ? Comment
prouver que l'idée de Dieu n'est pas en nous, elle aussi, l'apport de la
coutume et de l'éducation ? [3]

A ces objections de principe l'expérience en ajoute d'autres qui ne
sont pas moins fortes : car si l'argument du consentement universel est
menacé par le rationalisme critique, il ne l'est pas moins par les révélations de l'ethnologie naissante. A supposer que l'unanimité soit une
preuve de vérité, il faudrait encore établir qu'elle existe réellement : or
à cette assertion l'exploration de terres lointaines ne cesse d'apporter
de nouveaux démentis. Il n'est pas jusqu'aux missionnaires qui n'avouent
avoir rencontré, dans leurs tentatives d'évangélisation, des peuples
entiers auxquels le sentiment religieux est inconnu. Lecteur attentif
de leurs récits, P. Bayle est expert à interpréter en cette matière les
silences mêmes de ses auteurs et à les monter en épingle pour les besoins
de sa cause [4]. Mais la littérature de voyages devait ultérieurement rapporter bien des faits analogues à ceux dont sa maligne sagacité avait
tiré parti : au zèle apostolique du P. Labat les indigènes des Caraïbes
opposent une telle force d'inertie que leur conversion, péniblement

---

1. « En un mot la vérité perdrait hautement sa cause si elle était décidée à la pluralité des voix » (*Continuation des Pensées diverses, op. cit.,*, Ch. IV).
2. « Je suis persuadé qu'il n'y a pas d'ignorance invincible d'une première cause
qui gouverne le monde. Je conviens avec le prophète David que les Cieux, tout muets
qu'ils sont, ne laissent pas d'annoncer la gloire de Dieu depuis l'un des bouts de la terre
jusqu'à l'autre, par l'admirable symétrie de leur construction, et par la régularité de
leurs mouvements » (*Pensées diverses sur la Comète*, édit. A. Prat, *op. cit.*, t. II, Ch. CCXIX,
p. 214).
3. *Continuation...*, *op. cit.*, Ch. VII à XXXVIII. Voir notamment Ch. XV, *Combien
il est difficile de discerner ce qui vient de la Nature d'avec ce qui vient de l'Éducation.*
4. Voir par exemple ses *Réponses aux questions d'un provincial, op. cit.*, Troisième
partie, Ch. XII (t. III, p. 929), *Nouvelle découverte d'un grand nombre d'îles bien peuplées
dont les habitants n'ont aucune connaissance de la Divinité. Si les Nasamons étaient athées* :
« Le P. Le Gobien qui raconte toutes ces choses, note insidieusement Bayle, ne marque
quoi que ce soit concernant la religion de ces insulaires ; mais il est facile de deviner
juste qu'ils ressemblent parfaitement aux Marianites dont il avoue l'athéisme sans aucun
détour... »

acquise, est souvent peu durable. Déplorant, parmi d'autres cas semblables, l'endurcissement d'un Caraïbe apostat, le P. Labat explique ainsi la vanité de ses pieuses remontrances : « Je connus que je parlais à un sourd, et que le libertinage où il vivait, joint à l'indifférence naturelle que les Caraïbes ont pour la Religion, l'avait rendu incapable de penser à son salut » [1]. Mais si les indolents Caraïbes ignorent toute inquiétude religieuse, que dire de ces habitants du Brésil dont la langue n'aurait même pas de mot pour exprimer le nom de Dieu ? [2]

Lorsque dans son isolement champenois le curé Meslier rédige son *Testament* et veut opposer aux « Archidéicoles » l'existence d'une contre-tradition d'athéisme, il ne songe guère qu'à des exemples isolés de grands hommes de tous les temps : dans son énumération hétéroclite Socrate et Aristote voisinent avec Averrhoès et Vanini, Spinoza avec Jules III, Léon X, et le « ci-devant Régent de France » [3]. Mais plutôt que de ces cautions individuelles, illustres mais parfois contestables, les esprits mieux informés de l'actualité pouvaient s'autoriser de références plus massives. Que tant de peuples récemment découverts aient pu vivre pendant des siècles sans aucune notion de l'existence de Dieu, c'était une preuve suffisante à la fois de l'inanité du prétendu consentement universel et de la possibilité de vivre en société sans le frein de la religion. Car les récits des voyageurs ne concernaient pas seulement des peuplades arriérées, souvent proches encore de l'animalité. Dans la démonstration que Bayle poursuit inlassablement l'exemple de la Chine pèse d'un autre poids : aussi occupe-t-il une place centrale dans les controverses philosophiques du demi-siècle [4].

Les Chinois croient-ils à l'existence d'un Être Suprême ou se contentent-ils d'adorer le ciel matériel ? Au début du siècle il semble que la cause soit jugée. Tout le monde ne suit pas Bayle lorsqu'il affirme l'athéisme de la nation chinoise tout entière [5], mais personne ne doute que la philosophie des lettrés soit un naturalisme athée : l'isolement des Jésuites est sur ce dernier point à peu près total. La longue querelle des cérémonies chinoises venait d'aboutir en 1700 à une double condamnation des imprudences de leurs missionnaires, d'abord par

---

1. *Nouveaux voyages aux îles d'Amérique, op. cit.*, Paris, 1722, t. II, p. 25. Voir aussi Prévost, *Histoire générale des voyages*, t. XV, p. 304.
2. « On a dû remarquer, dans ce détail, que la Religion a peu de part aux idées des Brésiliens. Ils ne connaissent aucune sorte de divinité ; ils n'adorent rien ; et leur langue n'a pas même de mot qui exprime le nom de Dieu... » (*Histoire générale des voyages, op. cit.*, t. XIV, p. 264).
3. *Op. cit.*, t. II, Ch. LXI. Pour le dernier cité l'auteur est moins affirmatif que pour les précédents. Mais la liste lui paraît assez longue pour justifier cette conclusion énergique : « Et par conséquent l'Athéisme n'est pas une opinion si étrange, ni si monstrueuse et si dénaturée que nos superstitieux Déicoles le font entendre » (*ibid.*, p. 297).
4. Voir V. Pinot, *La Chine et la formation de l'esprit philosophique en France, 1640-1740*, Paris, 1932 (notamment seconde partie).
5. *Continuation des Pensées diverses, op. cit.*, in *Œuvres diverses*, La Haye, 1737, t. III, pp. 343-344. Cf. V. Pinot, *op. cit.*, Livre II, Ch. II.

l'Assemblée du Clergé, puis par la Faculté de Théologie [1]; mais pour
l'opinion cultivée ce coup très rude porté à la Compagnie de Jésus
était peut-être moins convaincant que les affirmations réitérées du
Dictionnaire historique et critique [2]. Cette conjonction du jansénisme et du
pyrrhonisme explique en tout cas que la croyance en l'athéisme des
héritiers de Confucius fasse dès lors autorité. Tandis que Malebranche
en profite pour prendre ses distances par rapport à cet étrange spinozisme oriental, si proche de celui que ses adversaires voulaient découvrir dans ses propres ouvrages [3], un correspondant des *Mémoires de
Trévoux* révèle avec inquiétude l'existence d'un livre presque introu-
vable en France, où l'Anglais Toland tentait d'annexer la doctrine des
lettrés chinois à son syncrétisme panthéiste [4]. Dans les années suivantes
l'intérêt porté à la Chine ne cesse de grandir. C'est peut-être par l'entremise de l'orientaliste Fréret — qui deviendra avec Étienne Fourmont
l'un des plus éminents sinologues de l'Académie des Inscriptions —
qu'en 1712 ou en 1713, au terme de ses études juridiques, le jeune Montesquieu rencontre à Paris un authentique Chinois, l'un des premiers
sans doute à être venus en France s'initier à la culture de l'Occident [5].
Converti au catholicisme et marié à une Française, Arcadio Hoange
devait être pour un étudiant curieux de pittoresque et d'idées neuves
un interlocuteur très attrayant. Il est possible que le futur auteur des
Lettres Persanes ait dès cette époque emprunté aux confidences étonnées
de son nouvel ami et à ses réactions de surprise devant les mœurs occidentales l'idée générale et de nombreux détails de son livre. Toujours
est-il qu'Usbek y manifeste une connaissance assez précise de la religion chinoise et du culte des ancêtres [6]. Montesquieu n'avait pas confié

---

1. Voir les ouvrages déjà cités de V. Pinot (*loc. cit.*) et de R. Mercier. Les adversaires
des Jésuites leur reprochaient de composer avec l'idolâtrie en admettant par exemple
le culte des ancêtres. Pour leur défense. les Jésuites alléguaient que celui-ci était purement
civil, et qu'on pouvait par ailleurs facilement déceler dans l'idolâtrie des lettrés les traces
d'une religion plus pure.
2. *Op. cit.*, articles *Ame, Athéisme, Chinois, Spinoza* (édit. de 1702, note B). Cf. P. Vernière, *op. cit.*, t. II, pp. 346 sq.
3. *Entretiens entre un philosophe chrétien et un philosophe chinois*, Paris, 1708.
4. *Lettre de M. Morin de l'Académie des Inscriptions à M. Huet, ancien évêque d'Avranches, touchant le livre de M. Tollandus, Anglais, intitulé « Adeisidaemon et Origines judaïcae »* (*Mémoires de Trévoux*, septembre 1709, pp. 1588-1618 — notamment p. 1607).
— L'ouvrage de Toland, dirigé contre la révélation judaïque, est de la même année :
Adeisidaemon — autore J. Tolando — Annexae sunt ejusdem Origines judaïcae, La Haye,
Johnson, 1709 ; Cf. Vernière, *op. cit.*, t. II, p. 357).
5. Voir l'*Introduction* de A. Masson au t. II des *Œuvres* de Montesquieu (*op. cit.*,
pp. XXV, sq.).
6. *Op. cit.*, lettre 119. « Si la Chine a dans son sein un peuple si prodigieux, cela ne
vient que d'une certaine manière de penser : car comme les enfants regardent leurs pères
comme des Dieux, qu'ils les respectent comme tels dès cette vie, qu'ils les honorent
après leur mort par des sacrifices, dans lesquels ils croient que leurs âmes, anéanties
dans le Tyen, reprennent une nouvelle vie, chacun est porté à augmenter une famille si
soumise dans cette vie et si nécessaire dans l'autre ». M. A. Masson (*loc. cit.*, p. XXX)
rapproche justement ce passage d'une note des *Geographica* (fol. 82) : « Ils regardent le
Tyen comme l'âme du monde ou le monde même, laquelle agit nécessairement et est
fatalement déterminée, et détermine de même ».

à sa seule mémoire la substance de ses conversations avec Hoange : des notes prises sur le moment il transcrira plus tard l'essentiel dans ses *Geographica* [1]. Ces différents textes prouvent que le problème de la religion chinoise était pour lui aussi chose résolue : un peuple superstitieux à l'extrême, des lettrés « athées ou spinozistes», telle est l'idée peu élogieuse qu'il se forme très tôt de la pensée religieuse des Fils du Ciel, idée sur laquelle même la lecture du P. du Halde ne le fera pas revenir [2].

Ainsi lorsqu'en 1724 l'historien Lévesque de Burigny constate que les thèses des Jésuites sur la Chine sont tout à fait isolées, il ne fait que reconnaître une évidence [3]. En 1732 encore Voltaire adopte l'interprétation de Bayle quand il dédie à la Marquise du Châtelet son *Ode sur la Superstition* où l'athéisme des «faux sages d'Orient» est mis avantageusement en parallèle avec le « fanatisme sacrilège» des dévots européens [4]. Le thème de l'athéisme chinois est donc entré dans l'arsenal où les adversaires de l'Église s'arment contre son intolérance, sinon contre ses dogmes. Une telle situation ne pouvait laisser les Jésuites indifférents : il n'y allait plus seulement du prestige de la Société, ou du succès de leurs missions lointaines, mais de l'efficacité de la tâche apologétique qu'ils entendaient assumer en France devant les progrès menaçants de la libre pensée. En fait ils n'avaient jamais accepté leur défaite : dans les divers recueils de *Lettres édifiantes* ils n'avaient cessé de s'employer à convaincre leurs lecteurs que les rites incriminés n'étaient que des cérémonies civiles, dépourvues de signification religieuse. Vers 1730 le moment leur semble venu d'une contre-offensive plus vigoureuse. C'est l'un d'eux, et des plus illustres, le P. Tournemine, qui inspire dès 1729 l'ouvrage de Silhouette, tout entier à la gloire de la sagesse chinoise. Trente ans après le P. Le Gobien Silhouette présente la doctrine aberrante des lettrés comme une déformation de la religion naturelle :

---

1. *Op. cit.*, fol. 81-101. (*Œuvres*, t. II, pp. 927-943).

2. *Ibid.*, p. 927. « Je crois que les Chinois perdraient infiniment à êtres connus. C'est un des plus superstitieux peuples du monde », constate-t-il ensuite (p. 928), non sans se moquer de leurs cérémonies ridicules (p. 940).

3. *Histoire de la philosophie païenne*, La Haye, 1724, t. I, Ch. 1.

4. *Op. cit.*

> « Au vaste empire de la Chine
> Il est un peuple de lettrés
> Qui de la nature divine
> Combat les attributs sacrés.
> O vous ! qui de notre hémisphère
> Portez le flambeau salutaire
> A ces faux sages d'Orient,
> Parlez ; est-il plus de justice,
> Plus de candeur et moins de vice,
> Chez nos dévots de l'Occident ? »

Après la conversion de l'auteur aux thèses du P. Tournemine et de ses confrères cette strophe disparaîtra des éditions ultérieures.

« La plus grande partie des Chinois est aujourd'hui dans l'idolâtrie : la secte des lettrés a une religion particulière. Ils semblent se faire une divinité de je ne sais quelle vertu répandue dans l'univers, et surtout dans le Ciel matériel, son principal instrument : si ce sont des athées, c'en est une espèce singulière. L'erreur monstrueuse qu'ils suivent n'a pu entrer dans leur esprit qu'en s'accommodant à l'idée naturelle qu'on a de Dieu, et en donnant à leur être chimérique les traits de la Divinité »[1].

Ainsi l'erreur plaide en faveur de la vérité : cette interprétation rassurante était un peu trop ingénieuse pour être convaincante. Dans le *Nouvelliste du Parnasse* Desfontaines en donne une analyse très ironique[2]. L'attaque plus virulente des *Nouvelles Ecclésiastiques*[3] prouve cependant que les ennemis des Jésuites prenaient au sérieux leur désir de revanche. La réédition du livre de Silhouette dès 1731 atteste d'autre part qu'il avait remporté un certain succès[4] et préparé la voie à l'ouvrage autrement ambitieux que le rédacteur des *Lettres édifiantes,* le P. Du Halde, publie en 1735. Œuvre de seconde main sans doute, mais aussi véritable somme des connaissances acquises à cette date sur le Céleste Empire, les quatre gros volumes in-folio de cette *Description de la Chine*[5], enrichis de nombreuses cartes, ont un intérêt polémique autant que scientifique : à l'idée d'un spinozisme d'Extrême-Orient, popularisée par P. Bayle, ils opposent de nouveau l'image du Chinois spiritualiste et déiste, depuis longtemps familière aux amis du P. Tournemine[6].

Ceux-ci comptaient-ils sur l'intérêt documentaire du livre et la richesse évidente de son information pour répandre dans l'opinion une thèse qu'ils étaient depuis plus de trente ans à peu près seuls à soutenir ? Il semble alors que la sagacité de leurs lecteurs les plus attentifs ait parfois trompé leur attente. L'auteur de l'*Esprit des Lois* devra beaucoup à la *Description de la Chine,* mais lorsqu'il couvre de ses notes de lecture les feuillets de ses *Geographica* ce n'est pas sans exercer son esprit critique aux dépens du P. Du Halde. Celui-ci précise-t-il que l'athéisme serait chez les lettrés d'introduction toute moderne ? « Cherchons donc dans le P. du Halde, remarque ironiquement Montesquieu, ce qu'il n'est point de l'intérêt des Jésuites de nous cacher ou

---

1. *Op. cit.,* p. 7. Cf. Le Gobien, *Histoire de l'édit de l'empereur de Chine,* 1698, Préface.

2. *Lettre XXXVIII.*

3. *Op. cit.,* 21 avril 1731.

4. V. Pinot, (*op. cit.,* Livre II, Ch. II) nous semble sous-estimer le retentissement de l'ouvrage. A l'édition de 1731 sont jointes les deux réponses de l'auteur au périodique janséniste et à Desfontaines : dans la seconde (p. 47) il maintient, contre Bayle, que les Chinois ne sont pas athées.

5. *Description géographique, historique, chronologique, politique et physique de l'Empire de la Chine et de la Tartarie chinoise,* Paris, 1735, 4 vol. in-fol. Cf. V. Pinot, *op. cit.,* Livre I, Ch. III.

6. Voir en particulier la *Préface* du P. Tournemine au *Traité de l'existence de Dieu* de Fénelon, (*op. cit.,* pp. X-XI) où il s'évertue à distinguer la doctrine des Lettrés de celle de Spinoza.

de contrefaire » [1]. Le Président n'aimait guère les disciples de Loyola, dans la compagnie desquels il avouait sentir comme un relent de l'Inquisition [2], et sur la religion des Chinois son siège était fait depuis longtemps. Mais il était dès lors trop occupé par la préparation de ses *Lois,* trop peu enclin aussi aux vaines polémiques, pour livrer au public ses réflexions. Polygraphe infatigable, le marquis d'Argens n'était pas aussi dédaigneux de l'actualité immédiate : aussi publie-t-il à La Haye, à partir de 1739, après ses *Lettres juives* et ses *Lettres cabalistiques,* cinq volumes de *Lettres chinoises* où le problème religieux trouve naturellement sa place; une fois de plus la philosophie des lettrés est assimilée à celle de Spinoza, exactement à la manière de Bayle dont d'Argens est dans le second tiers du siècle l'un des plus fidèles continuateurs : disciple efficace puisqu'il apporte aux lourdes exégèses du *Dictionnaire historique et critique* l'attrait d'un cadre romanesque et d'une présentation allégée, sinon brillante [3].

Difficile à mesurer avec précision, l'influence du livre du P. Du Halde ne doit cependant pas être sous-estimée. Tous ses lecteurs n'avaient pas à leur disposition la documentation personnelle de Montesquieu, tous n'avaient pas non plus les partis pris agressifs du marquis d'Argens. On aimerait savoir combien d'entre eux, dépourvus d'opinions préconçues ou précédemment acquis aux interprétations de Bayle, ont vu dès lors la Chine à travers la description quelque peu déformante qu'en avait donnée le savant Jésuite. L'autorité de Leibniz dont la correspondance est publiée à Leipzig par Chrétien Kortholt à partir de 1734 a pu opportunément fortifier dans l'esprit de certains l'impression faite par la lecture de Du Halde [4]. Mais nous connaissons au moins un cas de conversion à la thèse du déisme chinois. Dans les années d'intense activité intellectuelle qui suivent pour lui le coup d'éclat des *Lettres philosophiques* Voltaire prépare, entre autres ouvrages, son *Siècle de Louis XIV,* ainsi qu'un *Essai sur l'Histoire générale* qui deviendra

---

1. *Op. cit.,* fol. 232 (édit. Masson, t. II, p. 949), cf. fol. 121 (*ibid.,* p. 945) : « Le P. du Halde, en bon jésuite, appelle toujours le Tien le Seigneur du Ciel », et fol. 233 (p. 949) « Que gagnent donc les jésuites à prouver que les Chinois ne sont pas athées, puisqu'ils sont manifestement idolâtres ? »

2. Voir par exemple *Pensées,* 395 (1331) et 482 (1332).

3. *Lettres chinoises,* La Haye, Paupie, 1739-40 (Nouvelle édit. *ibid.,* 1751), t. I, Lettre 14. Cf. P. Vernière, *op. cit.,* t. II, p. 353.

4. Deux lettres du P. Bouvet, missionnaire jésuite, jointes au *Recueil de diverses pièces* publié à Hambourg par Kortholt *(op. cit.)* venaient de rappeler l'intérêt porté à la Chine par l'auteur des *Novissima sinica* (1699) quand le second tome des *Epistulae ad diversos* verse au dossier une *Lettre de M. de Leibniz sur la philosophie chinoise à M. de Rémond,* qui oppose la piété des anciens Chinois à l'athéisme des modernes, et en fait des adeptes de la religion naturelle. « C'est le christianisme tout pur, écrit Leibniz, en tant qu'il renouvelle la loi naturelle gravée dans nos cœurs. Sauf tout ce que la révélation et la grâce y ajoutent, pour mieux redresser la nature » *(loc. cit.,* p. 451 — Citation empruntée à V. Pinot, *op. cit.,* p. 339). Sur l'intérêt porté par Leibniz à la pensée chinoise, voir le cours de M. Étiemble, *L'Orient philosophique au XVIIIᵉ siècle,* t. II, 1958, pp. 133-171.

l'*Essai sur les moeurs* : dès 1745 il confie au *Mercure* la matière des deux premiers chapitres de celui-ci, qui consomment sur le problème chinois sa rupture avec les idées de Bayle [1]. La Chine ne cessera désormais de lui fournir un exemple précieux de cette religion raisonnable qui satisfait les besoins de son intelligence et de son cœur [2]. Au terme du demi-siècle la question chinoise divise donc la philosophie des lumières presque aussi gravement qu'elle avait fait naguère pour la pensée chrétienne. Si beaucoup persistent à demander au *Dictionnaire* de Bayle la confirmation de leurs propres tendances, il est des esprits plus prudents qui, devant des témoignages contradictoires, préfèrent avouer leur incertitude. L'*Encyclopédie* reflète à cet égard le trouble de l'opinion. Malgré un effort visible d'érudition et d'objectivité Diderot cache mal où vont ses préférences [3]; mais dans un autre article l'abbé Yvon se montre beaucoup plus réservé et constate que l'obscurité du vocabulaire chinois ne permet aucune conclusion ferme [4]. Ce « théologien philosophe » [5], de tendances libérales mais sincèrement chrétien, s'attache à réfuter le paradoxe de Bayle sur l'athéisme vertueux. Persuadé, on l'a vu, qu'il n'est pas de morale indépendante de la religion, il cherche à minimiser le nombre des athées qui ne peuvent jamais former, selon lui, qu'une minorité aberrante : que l'athéisme soit l'alibi de la débauche ou qu'il provienne, comme peut-être dans le cas des lettrés chinois, d'une erreur de raisonnement, son existence n'altère donc pas sérieusement l'universalité de la croyance en Dieu [6].

Les divers rebondissements de la querelle chinoise ont une importance idéologique qui dépasse de loin les rivalités souvent peu charitables de missionnaires concurrents ou les polémiques opposant en France

---

1. *Nouveau plan de l'histoire de l'esprit humain* (Le *Mercure de France,* avril 1745 et juin 1746). Cf. *Essai sur les Mœurs,* édit. de 1753, Ch. II. — Dès 1742 il avait retranché de son *Ode sur la superstition* la strophe consacrée aux lettrés chinois.

2. Voir en particulier *Le siècle de Louis XIV* (1751), Ch. XXXIX et les articles *Catéchisme chinois* et *Chinois* du *Dictionnaire philosophique* (1764).

3. Art. *Chinois (Philosophies des).* Diderot rapproche une fois de plus du naturalisme de Spinoza la doctrine des lettrés modernes : quant à celle des anciens Chinois, du temps des « rois philosophes », elle n'était, à son avis, ni idolâtre, ni athée, ni déiste, mais « toute politique et morale ». Pour sa part, Confucius dédaignait la métaphysique, ce qui rend assez vaines les discussions à son sujet...

4. Art. *Athées, loc. cit.*

5. C'est ainsi que d'Alembert le présente dans le *Discours préliminaire* à l'*Encyclopédie,* (t. I, p. XLI).

6. Article cité. Le raisonnement de l'abbé Yvon n'est pas nouveau. Il rappelle de très près celui que tenait au début du siècle l'ancien bénédictin Veyssière de la Croze, converti à la religion réformée, qui fut à Berlin le protégé de Leibniz : sa *Dissertation sur l'athéisme et les athées modernes,* insérée en 1711 dans ses *Entretiens sur divers sujets d'histoire, de littérature, de religion et de critique* (Cologne, P. Marteau, pp. 250-457) avait été rééditée avec le même recueil en 1733 ; elle le sera de nouveau en 1770. Dans son article *Athées, Athéisme* du *Dictionnaire philosophique,* Voltaire invoque le témoignage du « savant La Croze » pour tourner en ridicule les accusations du P. Hardouin qui voyait des athées partout (Allusion aux *Athei detecti* publiés après la mort du P. Hardouin dans ses *Opera varia,* Amsterdam, 1733).

même les membres de la Société de Jésus à leurs adversaires de toujours,
soit jansénistes, soit libertins. A plus forte raison ne s'expliquent-ils
pas simplement par les vicissitudes ou les progrès de l'érudition orientale
et de la sinologie. L'obstination des Jésuites à défendre leurs thèses
correspond à une tendance majeure de la pensée du demi-siècle. Et il
n'est pas surprenant qu'un esprit aussi lucide que Voltaire, désormais
soucieux d'édifier et de maintenir la morale naturelle tout autant que de
combattre le « fanatisme », ait délibérément volé au secours de ses anciens
maîtres. Malgré son ambiguïté cette alliance reposait sur des bases solides,
le désir commun de rétablir contre ses détracteurs le vieil argument du
consentement universel. Imparfaitement achevée dans le cas de la Chine,
cette tâche était plus facile dans celui des sauvages : Bayle avait su
exploiter les difficultés rencontrées auprès d'eux par les missionnaires;
mais son argumentation n'était pas sans réplique. Elle supposait en
particulier que la vraie nature parlât aussi clairement par la bouche
d'un indigène arriéré des îles Marianne que par celle d'un occidental
évolué. Nous avons vu que les défenseurs de la morale naturelle étaient
loin d'admettre l'évidence de ce postulat : dans le domaine religieux
il n'apparaît pas plus valable, mais les critiques qu'on lui adresse au cours
du demi-siècle sont presque contradictoires. Selon certains les sauvages
sont des dégénérés et non pas de véritables primitifs; pour d'autres
ils représentent l'enfance de l'humanité et n'ont pas encore atteint l'âge
adulte. Dans les deux hypothèses on nie que leur ignorance religieuse
détruise l'universalité de la religion nautrelle, mais s'agit-il bien dans
les deux cas de la même nature ? La religion naturelle que l'on veut
restaurer est-elle la religion des premiers temps ou la religion raisonnable
de l'humanité adulte ? En réalité — et l'on retrouve ici le paradoxe
essentiel de l'idée de nature — elle est à la fois l'une et l'autre; universelle dans le temps comme dans l'espace, primitive et toujours actuelle,
c'est une donnée immédiate de la conscience aussi bien que le terme
d'un raisonnement. Pour rétablir l'argument du consentement unanime
ses partisans, et en premier lieu les Jésuites, jouent volontiers sur ce
double aspect de la religion naturelle. Mais l'équivoque qu'ils entretiennent ainsi n'est pas seulement une habileté tactique. Le propre de la
pensée du demi-siècle est de vouloir réconcilier l'homme avec lui-même,
et de refuser toute distinction tranchée entre son instinct et sa raison.
Aussi les deux démarches des apologistes de la religion naturelle se
complètent sans se contredire : pour combattre les arguties des philosophes athées ils invoquent la droiture naturelle du cœur et « le sentiment
naturel de la divinité » qui, selon le P. Tournemine, « ne manque à
aucun homme » [1]; et, parallèlement, ils opposent à l'instinct corrompu

---

1. *Réflexions sur l'athéisme, Mémoires de Trévoux*, janvier 1717, p. 38.

des sauvages le jugement sain de la raison cultivée. Tantôt Dieu parle
au cœur, tantôt il s'adresse à l'esprit, mais c'est toujours la même nature
humaine qui reçoit de lui une empreinte que la pire corruption parvient
rarement à effacer.

*
* *

Admettons les faits que rapporte Bayle, écrit au début du siècle le
pasteur Élie Benoist, et supposons démontré l'athéisme de certains
sauvages : l'idée du consentement universel n'en est nullement atteinte.
Car les sauvages des temps modernes ne peuvent rien nous apprendre
sur la vraie nature de l'homme; il n'est pas étonnant qu'abandonnés à
eux-mêmes depuis des siècles, privés des secours de la Révélation, ils
aient peu à peu perdu toute notion de la vérité. Discutable de nos jours,
l'argument du consentement unanime de tous les peuples retrouve sa
force si l'on se reporte par la pensée aux origines de l'humanité. La
mythologie païenne corrige heureusement l'idée que donne de la
nature humaine l'état d'abandon où vivent aujourd'hui certains natifs
de contrées lointaines : toutes les fables de l'humanité primitive attestent
en effet que la croyance en Dieu était alors partout reçue [1]. A la manière
d'Élie Benoist, de nombreux auteurs jugent qu'il est possible de déceler,
non plus seulement chez les plus grands philosophes de l'Antiquité,
mais jusque dans le polythéisme de la fable, les traces de la croyance en
un Dieu unique. Les Anciens, il est vrai, passaient pour avoir communément admis la doctrine de l'âme du monde, et cru en un Dieu immanent
à la nature; dans une dissertation qu'il lit en 1716 à l'Académie de
Bordeaux Montesquieu s'inspire des idées du théologien anglais Cudworth
— l'inventeur de la théorie des « natures plastiques » — pour exposer
que les Anciens, si tolérants en matière religieuse, jugeaient indifférent
d'adorer la divinité même ou les manifestations concrètes de sa puissance : ainsi leur idolâtrie ne les empêchait pas d'avoir la notion d'un
Être Suprême [2]. Le même raisonnement permet à Ramsay de démontrer
en 1727 l'universalité du monothéisme : les Égyptiens, écrit-il par
exemple, adorent des animaux, mais ceux-ci ne sont que les symboles

---

1. Élie BENOIST, *Mélanges de remarques critiques, historiques, théologiques, sur les deux dissertations de M. Toland*, Delft, 1712, *Préface*, pp. 80-81.
2. « M. Cudworth a fort bien prouvé que ceux qui étaient éclairés parmi les païens adoraient une divinité suprême, dont les divinités du peuple n'étaient qu'une partici-pation. Les païens, très peu scrupuleux dans le culte, croyaient qu'il était indifférent d'adorer la divinité même ou les manifestations de le divinité ; d'adorer par exemple dans Vénus la puissance passive de la nature ou la divinité suprême en tant qu'elle est suscep-tible de toute génération, de rendre un culte au soleil, ou à l'Être Suprême en tant qu'il anime les plantes et rend la terre féconde par la chaleur... » *Dissertation sur la politique des Romains dans la religion*, (Œuvres, op. cit., t. III, p. 44).

d'une puissance invisible [1]. Quant à l'antiquité gréco-romaine, elle trouve à cet égard, comme en d'autres domaines, l'un de ses défenseurs les plus enthousiastes et les plus efficaces en la personne de Rollin : la poésie d'Homère est vantée par l'auteur du *Traité des Études* autant pour les vérités religieuses qu'elle contient que pour sa portée morale ou sa beauté littéraire [2]; les erreurs d'une fausse religion, écrit-il par ailleurs, n'altèrent pas la pureté de son principe, et dans l'Antiquité celui-ci était « louable et fondé sur la nature »; pénétrés de leur faiblesse devant la grandeur et la beauté de l'univers, comment les hommes de ce temps n'auraient-ils pas été envahis par le sentiment de la toute-puissance divine ? [3]

L'attitude de Rollin n'est pas un cas isolé, mais elle a l'autorité de l'éducateur le plus prestigieux du siècle. Parallèlement à l'œuvre, écrite ou vécue, de ce janséniste, les collèges des Jésuites maintiennent de même les traditions de l'humanisme chrétien : au milieu du siècle celles-ci demeurent assez fortes pour que les leçons beaucoup moins assurées de l'ethnographie soient impuissantes à les combattre. Pour les élèves et les lecteurs de Rollin l'exemple d'un Cafre ou d'un Hottentot ne pouvait avoir la même valeur démonstrative que celui d'un contemporain de Socrate ou de Cicéron. Aussi l'objection de Bayle apparaît-elle très facile à écarter. L'abbé Prévost rapporte l'étrange histoire des boucaniers de Saint-Domingue : après trente ans passés dans un isolement complet, ceux-ci ne gardaient plus de leur formation chrétienne que le rite du baptême; et le compilateur de l'*Histoire générale des Voyages* imagine ce qu'il serait advenu de ce dernier vestige du christianisme si la solitude des boucaniers s'était prolongée davantage; deux ou trois générations auraient sans doute suffi, écrit-il, pour effacer de leur esprit presque toute croyance religieuse et les réduire à l'état d'ignorance des habitants de la Nouvelle Guinée ou des Terres australes... [4]. A plus forte raison, l'isolement séculaire de certains peuples sauvages explique qu'ils aient progressivement perdu toute notion de la Divinité, tandis que, plus favorisés, d'autres en conservaient à tout le moins un sentiment confus.

---

1. *Discours sur la mythologie* (joint aux *Voyages de Cyrus*), Première partie, p. 11.
2. *Méthode d'étudier les belles-lettres* (ou *Traité des Etudes.*), *op. cit.*, édit. 1740, t. I, pp. 323-334.
3. *Histoire ancienne*, 1730, *Préface*, pp. XLV-XLVIII. — Sur la pensée de Rollin, voir les analyses de R. Mercier (*op. cit.* pp. 216-225) auquel nous empruntons ces références.
4. *Histoire générale des Voyages*, *op. cit.*, t. XV, pp. 3-4. L'abbé Prévost revient dans la suite de son ouvrage (*ibid.*, p. 384) sur cet épisode si instructif : « La Religion même conservait si peu de droits sur eux, constate-t-il encore à propos des mêmes boucaniers, qu'à peine se souvenaient-ils du Dieu de leurs pères : sur quoi l'on observe qu'il n'est pas surprenant qu'on ait eu peine à découvrir quelques traces d'un culte religieux chez divers peuples, puisqu'on ne saurait douter que si les boucaniers s'étaient perpétués dans l'état qu'on représente, ils n'eussent eu moins de connaissances du Ciel, à la seconde ou troisième génération, que les Caffres, les Hottentots, les Topinambous, ou les Caraïbes ».

Tous les sauvages, en effet, ne sont pas aussi corrompus que ceux dont l'exemple aiguisait contre la religion la malignité de Bayle. Chez les Indiens de l'Amérique du Nord le P. Lafitau avoue n'avoir découvert ni la grossièreté animale que voyageurs et missionnaires leur avaient parfois reprochée, ni la subtilité d'esprit que leur supposait, bien gratuitement, le libertin La Hontan [1]. Plus précisément, le même auteur exprime le dessein de réagir contre toutes les relations qui présentaient les sauvages américains comme des bêtes, sans Dieu et sans lois, et de rétablir ainsi contre les athées l'argument du consentement universel [2]. Si altérées par l'ignorance et les passions que soient les croyances religieuses des Indiens, il n'est pas impossible, selon lui, d'y retrouver des traces de la vérité primitive [3] et même de grandes analogies avec les mystères de l'Antiquité classique [4]. Animé d'un zèle identique à celui du P. Lafitau, le P. Dutertre est encore plus habile à déceler dans l'âme confuse des sauvages le sens du divin : il ne croit pas à l'athéisme des Brésiliens, et il voit dans leur admiration pour les beautés de l'univers ou leur crainte devant les grands phénomènes cosmiques au moins un sentiment obscur de la divinité [5]. Enfin, dans son *Histoire générale des Voyages,* l'abbé Prévost qui résume à propos des Hurons ou des Iroquois les idées déjà anciennes du P. Lafitau, ou les relations plus récentes de l'historien de la Nouvelle France, le P. Charlevoix [6], fait en ces termes le point de la question :

« Des sauvages, qui n'ont pas de meilleures lois ont-ils une religion ? Question difficile. On ne saurait dire qu'ils n'en aient point ; mais comment définir celle qu'ils ont. Rien n'est plus certain, suivant les missionnaires, et plus obscur à la fois que l'idée d'un premier Être. Ils s'accordent généralement à le regarder comme le premier Esprit, le Maître et le Créateur du Monde; mais les presse-t-on d'expliquer ce qu'ils entendent ? On ne trouve plus que des imaginations bizarres et des fables mal conçues » [7].

Que des superstitions absurdes troublent dans l'esprit des sauvages la pureté de la religion primitive, personne ne songe à le contester. Mais la majorité des missionnaires et des auteurs qui, de près ou de loin, s'intéressent à leurs croyances ne cèdent pas à un excès de pessimisme. Il en est même pour forcer la note en sens inverse; tel le P. Buffier qui s'émerveille de la facilité avec laquelle les sauvages accueillent l'idée de Dieu quand on la leur révèle, et qui y voit la preuve certaine que

---

1. *Op. cit.,* pp. 108-111.
2. *Ibid., Dessein et plan de l'ouvrage,* pp. 5-7.
3. *Ibid.,* p. 13.
4. *Ibid.,* p. 7.
5. DUTERTRE (le P.R.), *Entretiens sur la religion,* 1743, *op. cit.,* t. I, pp. 40-42.
6. CHARLEVOIX, (le P.), *Histoire et description générale de la nouvelle France,* Paris, 1744, 3 vol. in-4º.
7. *Op. cit.,* t. XV, p. 27.

« cette vérité est naturelle à l'esprit de l'homme et convenable aux premiers exercices de son raisonnement[1]. Une fois admise cette constatation rassurante, toutes les difficultés soulevées par Bayle disparaissent ; pour sauvegarder l'universalité de la religion naturelle il n'est même plus nécessaire de traiter les sauvages comme de tristes spécimens de l'humanité dégradée et de la nature corrompue : ce sont tout simplement des enfants qui n'ont pas encore appris à raisonner. Déjà en 1723 l'éditeur hollandais des *Cérémonies et coutumes religieuses de tous les peuples du monde,* désireux d'illustrer l'influence du degré de civilisation sur les croyances religieuses, remarquait que les sauvages « se font comme les enfants un Dieu proportionné à la force de leur génie »[2]. L'idée de la relativité historique des religions suppose ainsi chez les hommes les moins évolués quelque prédisposition à recevoir des lumières plus hautes. On conçoit que bien peu de chose suffise, comme l'affirme le P. Buffier, pour faire de ces esprits puérils de vrais hommes et des créatures de Dieu. Voltaire se souviendra de cette argumentation pour balayer d'une phrase les objections de Bayle : « Ce sont de vrais enfants, dira-t-il des Cafres et des Topinambous; un enfant n'est ni athée, ni déiste, il n'est rien »[3]. Plus exactement, aurait précisé le P. Buffier, un enfant est naturellement appelé à devenir un homme, si bien que son ignorance est toute provisoire et qu'on n'en peut tirer aucune conclusion contre la validité du monothéisme. Le sentiment de la divinité, expliquait-il en effet en 1732, « répandu si communément et si universellement, ne saurait être que le sentiment de la nature, qui ne peut nous tromper. Ceux qui n'en sentiraient pas l'impression, ne peuvent être regardés que comme des enfants dont la raison n'est pas développée, ou comme des monstres qui ne tirent point à conséquence »[4].

Entre ces affirmations et celles d'Élie Benoist la différence de point de vue est évidente. Pour le ministre réformé l'idée de Dieu était une donnée originelle de la conscience humaine, peu à peu obscurcie au cours des siècles là où la Révélation n'était pas venue secourir la nature corrompue. Les Jésuites sont loin de rejeter cette explication, mais ils lui en ajoutent une autre plus « philosophique ». Selon le P. Buffier l'unanimité de la croyance en Dieu n'est pas seulement une donnée primitive des origines de l'humanité, c'est un fait permanent et toujours vérifié, bien que dans certaines circonstances il reste à l'état de virtualité : ainsi chez les sauvages, les enfants, ou les fous. Cet auteur est si convaincu de la solidité de sa thèse qu'il n'hésite pas à exclure l'idée de Dieu du nombre des « premières vérités », puisqu'elle suppose un certain déve-

---

1. *Traité des Premières Vérités, op. cit.,* p. 34.
2. *Cérémonies et coutumes religieuses de tous les peuples du monde,* Jean-Frédéric Bernard, Amsterdam, 1723, t. I, *Préface,* p. 13.
3. *Dictionnaire philosophique,* Art. *Athées, Athéisme.*
4. *Exposition des preuves les plus sensibles de la véritable religion,* Paris, p. 14.

loppement de la raison [1]. Comme les notions plus élémentaires qui apparaissent avant elle dans la conscience de chaque être, l'idée de Dieu est du reste, selon lui, une « vérité externe » que l'esprit conçoit à partir des impressions des sens : la beauté et l'ordre visibles de l'univers conduisent irrésistiblement toute créature intelligente à l'idée d'un Être souverain. Ainsi présenté, l'argument du consentement universel échappe aux difficultés de l'innéisme ; fidèles à leurs traditions anti-cartésiennes, les Jésuites font un accueil favorable aux idées de Locke, que Buffier est l'un des premiers à répandre en France. Pour l'apologétique chrétienne cette attitude d'esprit avait l'avantage de prévenir efficacement les progrès de la propagande athée, prompte à utiliser dans son combat clandestin les thèmes de la philosophie sensualiste [2].

Un quart de siècle après la publication du *Traité des Premières Vérités* des vues tout à fait analogues à celles du P. Buffier apparaîtront paradoxalement comme une dangereuse nouveauté. Montesquieu se verra reprocher d'avoir écrit au début de l'*Esprit des lois* que l'idée de nos devoirs envers le Créateur est la première des lois de la nature par son importance mais non dans l'ordre chronologique [3]. Pour avoir eu l'imprudence de soutenir en Sorbonne une thèse aussi banale, le malheureux abbé de Prades sera ensuite condamné par la Faculté de Théologie, et contraint à un exil précipité. Comment nier, s'indigneront ses juges, que l'idée de Dieu soit « empreinte dans notre âme par la main du Créateur » ! Selon les docteurs de Sorbonne il est faux que cette idée ait une origine externe : la contemplation de la nature, précisent-ils, ne fait que la « réveiller » en nous [4]. Ce retour solennel autant que tardif à une doctrine à laquelle la philosophie officielle du siècle précédent s'était montrée si longtemps rebelle s'explique par l'évolution générale des esprits : alors que le développement récent du néo-naturalisme inquiète les gardiens de la religion traditionnelle et que le progrès des sciences naturelles menace l'idée de la Création, la preuve de l'existence de Dieu par la beauté et l'ordre du monde sensible ne paraît plus à beaucoup une base suffisante pour la théologie naturelle. Mais à l'époque où écrit le P. Buffier l'argument téléologique est admis au contraire, à l'exemple

---

1. *Traité des premières Vérités*, Première partie, Ch. VI, *loc. cit.*
2. C'est le cas de la *Lettre de Thrasybule à Leucippe*, *op. cit.*, pp. 128-130.
3. *Op. cit.*, V. 1. Cf. *Nouvelles Ecclésiastiques*, 9 octobre 1749 et *Défense de l'Esprit des Lois*, Première Partie, II, *Sixième objection* et *Réponse*. Montesquieu, dans sa *Réponse*, joue un peu sur le mot « première », mais sur le fond il maintient son opinion : « Il a été aussi permis à l'auteur d'examiner quelle serait la première impression qui se ferait sur cet homme, et de voir l'ordre dans lequel ces impressions seraient reçues dans son cerveau ; et il a cru qu'il aurait des sentiments avant de faire des réflexions ; que le premier, dans l'ordre du temps, serait la peur ; ensuite le besoin de se nourrir, etc... » A rapprocher de l'*Esprit des Lois*, *loc. cit.* : « L'homme, dans l'état de nature, aurait plutôt la faculté de connaître, qu'il n'aurait des connaissances. Il est clair que ses premières idées ne seraient point des idées spéculatives : il songeait à la conservation de son être, avant de chercher l'origine de son être ».
4. De PRADES, *Apologie*, 1752, t. II, Seconde partie, p. 8.

de Fontenelle, par la grande majorité des savants et des philosophes. Même dans les dernières années du demi-siècle, et ultérieurement, malgré les éclats tapageurs du naturalisme athée, un grand nombre d'écrivains peu suspects de pactiser avec les « préjugés » continueront de proclamer leur foi en la sagesse et la puissance du Souverain Horloger. En 1747 le marquis d'Argens estime superflu de recourir à la doctrine des idées innées, dont il est un adversaire résolu, pour prouver l'existence de Dieu : comme le P. Buffier il pense que cette démonstration ne relève pas d'une métaphysique obscure et contestable, mais de la simple prise de conscience de la régularité des lois de la nature [1]. L'intérêt que cet auteur fécond et curieux, mais sans originalité, porte au « spino-zisme » chinois ne l'éloigne pas sur ce point essentiel de la pensée du père jésuite, à laquelle Voltaire, pour sa part, demeurera toujours fidèle.

*
* *

Seul le libertinage peut étouffer le sentiment naturel de la divinité, explique le P. Croiset, et il n'est pas d'athée sincère, sinon insensé; lorsque l'athéisme ne vient pas d'un dérèglement de l'esprit, il sert artificieusement d'alibi à celui des mœurs [2]. Même si tous les lecteurs du P. Croiset ne partagent pas entièrement ce jugement sévère, la plupart sont, sur le fond, d'accord avec lui. Comme moraliste, le P. Croiset n'a pas l'habitude de ménager son siècle, mais il se borne à reprendre ici l'opinion la plus répandue. Son refus d'entrer dans le point de vue adverse, et d'admettre même la réalité du problème, illustre la bonne conscience de ses contemporains, bonne conscience qui est d'abord le fait des Jésuites, mais aussi d'une grand nombre de laïques [3]. Pour eux l'existence de Dieu, avouée et postulée même par la science méca-niste, est une évidence presque immédiate des sens, de la raison et du cœur [4]; pour s'assurer que Dieu est, des raisonnements recherchés ne sont nullement nécessaires, il suffit d'ouvrir les yeux et de regarder, avec l'abbé Pluche, le spectacle de la nature. La conviction que toutes nos idées nous viennent des sens, loin de contredire la religion naturelle, la fortifie au contraire. Modelée par les impressions reçues du monde extérieur, la nature humaine s'élève plus sûrement vers l'idée de Dieu que si celle-ci était inscrite en elle de toute éternité. En pratique tout se

---

1. *La Philosophie du bon sens*, *op. cit.*, *Quatrième Réflexion, concernant la Méta-physique*, sections 2 à 8.
2. CROISET (le P.), *Parallèle des mœurs de ce siècle et de la morale de Jésus-Christ*, 1735, 2ᵉ édit., Lyon, 1743, t. II, Ch. VIII, *De la religion*.
3. Pour Legendre de Saint-Aubin, « l'athéisme de conviction » est impossible, et il n'existe que des « athées » de cœur (*op. cit.*, t. II, pp. 52-55).
4. Plutôt que de l'idée de Dieu, le P. Buffier, nous l'avons vu, préfère parler du « sen-timent de la divinité », mais celui-ci est produit par la raison, à partir des données sensibles.

passe comme s'il s'agissait d'une idée innée : comme en tous temps l'univers a fourni aux hommes le même spectacle, il n'est pas surprenant que tous, ou presque, aient admis avec crainte ou reconnaissance qu'il existe un Être suprême.

Vers 1730, en dépit des paradoxes destructeurs de Bayle, l'universalité de la religion naturelle semble donc démontrée et rétablie surdes bases solides. Sous une forme quelque peu renouvelée l'argument du consentement unanime apparaît alors plus vigoureux que jamais. Mais derrière cet accord de façade on entrevoit une grave équivoque; qu'est-ce au juste que la religion naturelle ? Dès qu'on tente de la définir en détail les divergences s'accusent de nouveau. Selon Crousaz, par exemple, la religion naturelle consiste « à étudier le grand livre de la nature, à cultiver sa raison, à perfectionner son esprit, à reconnaître un Créateur de l'univers, à respecter sa Providence, à l'admirer dans ses ouvrages, à sentir la différence de la vertu, que Dieu aime, d'avec le vice, qu'il condamne, et à passer cette vie, en sa présence, dans la modération et dans la justice, dans l'attente enfin d'une meilleure destinée après la mort » [1]. Ainsi conçue, la religion naturelle englobe nos devoirs envers Dieu, envers nous-mêmes et envers nos semblables [2], mais si elle suffit à remplir notre vie sur cette terre, et à nous donner en plus l'espérance de la vie éternelle, est-il encore besoin de lui surajouter une religion révélée ? L'objection, à vrai dire, n'est pas nouvelle; mais au cours du demi-siècle elle apparaît de plus en plus pressante : reconnaître que la religion naturelle fait le bonheur de l'homme et de la société, n'est-ce pas négliger le mystère de la Chute et de la Rédemption, et faire bon marché de la Grâce ?

Tel est le dilemme posé à la conscience chrétienne : ou bien nier que la lumière naturelle permette, à elle seule, de connaître Dieu, et cela au risque de fournir un argument à l'athéisme, ou bien l'admettre, et s'exposer au reproche d'oublier les suites du péché et de ressusciter une hérésie presque aussi vieille que le christianisme. Au XVIIIe siècle les épigones du grand Arnauld n'ont pas toujours tort de faire à ce propos à la doctrine conciliante des Jésuites un procès de tendance : car les « philosophes », eux, hésitent de moins en moins à pousser leur système jusqu'à ses dernières conséquences. D'où le différend le plus grave qui, par delà les querelles intérieures au catholicisme, oppose à la religion révélée un déisme d'abord prudent ou clandestin, ensuite ouvertement agressif.

---

1. CROUSAZ, *Logique*, édition de 1720, t. I, p. 249. Citation empruntée à R. MERCIER, *op. cit.*, p. 130.
2. Voir par exemple dans le *Journal des Savants* (1727, p. 392) le compte rendu élogieux de l'*Ébauche de la religion naturelle* par M. Wollaston, traduite de l'anglais, La Haye, 1726.

2. — *Loi naturelle et loi révélée*

Il apparaît au début du siècle que le grand effort du rationalisme chrétien de l'époque précédente aboutit à une impasse. Le scandale suscité par la tentative de Pierre Cally d'expliquer physiquement les mystères de l'Eucharistie profite aux adversaires du cartésianisme [1]. Et, sur un plan plus général, les implications spinozistes des grands systèmes cartésiens soulèvent de nombreuses inquiétudes. Ainsi la doctrine de Malebranche coalise contre elle l'hostilité des jansénistes et de leurs ennemis. Les dix dernières années de la vie du grand Arnauld, mort en 1694, avaient été remplies par une longue polémique avec l'oratorien, mais dès 1681 celui-ci avait trouvé un censeur peut-être plus redoutable; car c'est à l'instigation de Bossuet que le jeune abbé de Fénelon, encore frais émolu de Saint-Sulpice [2], s'était employé à réfuter le *Traité de la Nature et de la Grâce*. On a dit souvent que cette discussion minutieuse et méthodique qui s'efforçait honnêtement d'étudier tous les aspects de la doctrine adverse reflétait autant la personnalité de Bossuet que celle de Fénelon; mais il arrive aussi que le futur disciple de Madame Guyon s'y exprime déjà avec des accents très personnels. La chaleur de sa conclusion est bien de lui lorsque, dépassant le détail des points litigieux, il en vient enfin à l'essentiel, défendre contre les prétentions d'une philosophie trop ambitieuse la notion de la toute-puissance divine; à ce péché d'orgueil intellectuel il oppose avec force « les jugements incompréhensibles de Dieu » et l'exemple d'humilité que donne l'Église : « L'auteur croit-il qu'il soit indigne de la philosophie de demeurer dans cette ignorance, dont l'Église, qui est l'épouse du Fils de Dieu, et qui est animée par le Saint-Esprit, ne rougit pas ? qu'il rende donc gloire à Dieu contre ses propres erreurs, qu'il leur préfère enfin l'humble et sage ignorance de toute l'Église, et qu'il se réjouisse de *succomber sous le poids de la majesté des mystères divins* » [3].

Comment pourrait-on rationaliser ce qui par définition échappe à la raison ? Il est une manière de concilier la raison et la foi, où celle-ci a

---

1. Pierre CALLY, *Durand commenté ou l'accord de la philosophie avec la théologie touchant la transsubstantiation*, 1700 ; Cf. BOUILLIER, *Histoire de la philosophie cartésienne, op. cit.* : La condamnation du livre de Cally ne devait pas mettre un terme aux essais de ce genre. Dans un *Recueil de pièces fugitives sur l'Eucharistie* publié par Vernet à Genève en 1730 (et réédité en 1747) on trouve un texte curieux du mathématicien Varignon, mort huit ans plus.tôt, *Démonstration de la possibilité de la présence réelle de Jésus-Christ dans l'Eucharistie*. Cf. aussi *Encyclopédie*, art. *Transsubstantiation*.
2. Il y avait terminé six ans plus tôt ses études de théologie.
3. *Réfutation du système du P. Malebranche sur la Nature et la Grâce*, Ch. XXVI (*Œuvres, op. cit.*, t. III, p. 160).

tout à perdre. Le Dieu trop raisonnable des philosophes ne parle pas au
cœur des humbles croyants, mais la piété des âmes simples est plus
chère à l'Église que les spéculations de la métaphysique. Malgré ses
sympathies pour la pensée cartésienne Bossuet, lui non plus, ne perd
pas une occasion de le rappeler [1]. Dans les dernières années du XVIIᵉ
siècle beaucoup d'esprits jusque-là favorables à la nouvelle philosophie
sentent le besoin de repenser en chrétiens les rapports de la raison et de
la foi. Chez certains le sentiment du risque couru détermine une véritable
crise de conscience; on les voit alors renier solennellement leurs enthou-
siasmes de jeunesse. En 1689 un ami de Pierre Cally, le savant Daniel
Huet, rompt publiquement avec la philosophie cartésienne [2]. D'abord
il cherche à maintenir entre les deux puissances rivales un certain équilibre, en assignant à chacune son domaine propre [3]; mais voici que ce
fragile compromis s'effrite. Déchue de ses prétentions métaphysiques,
chassée du domaine de la religion, la raison doit encore céder du terrain; même dans son ressort propre elle se révèle impuissante, incapable
de démontrer l'existence de ce monde extérieur qu'elle prétend étudier
avec certitude [4], incapable aussi de justifier ses propres critères : celui
de l'évidence rationnelle exclut que Dieu veuille nous tromper, mais
comment réfuter sans le secours de la foi l'hypothèse d'un Dieu trompeur ? [5] Telles sont les questions que pose au rationalisme de son temps
l'auteur du *Traité philosophique de la faiblesse de l'esprit humain ;* par son
titre et par son contenu ce livre important est le constat d'un échec.

Constat brutal mais peut-être sommaire et hâtif. Huet pressentait-il
les résistances auxquelles son ouvrage se heurterait ? Il s'abstint en tout
cas de le faire imprimer de son vivant. Sa publication posthume en 1723
devait être la cause d'un petit scandale, les journalistes de Trévoux
allant jusqu'à en contester l'attribution à un homme jadis très lié à la
Compagnie de Jésus [6]. Que le fidéisme de l'auteur soit alors apparu aux
Pères Jésuites comme le masque d'un scepticisme libertin est en soi
significatif; il est clair qu'aux environs de 1720 une attitude sincèrement
fidéiste est devenue à peu près incompréhensible, même aux esprits
les plus soucieux des empiètement possibles « de la lumière naturelle »
sur les vérités révélées. Opposer aussi brutalement que le faisait Huet
les erreurs de la raison et les certitudes de la foi n'était à vrai dire guère

---

1. Cf. H. Busson, *La Religion des classiques,* op. cit., Ch. XV, *Un semi-cartésien,
Bossuet apologiste.*
2. *Censura philosophiae cartesianae,* Helmstadt, Hamnius, 1690.
3. *Alnetanae quaestiones de Concordia Rationis et fidei, quarum primo continetur lex
concordiae Rationis et fidei...,* Caen, Cavelier, 1690. Cf. H. Busson, op. cit., p. 372, note.
4. *Traité philosophique de la faiblesse de l'esprit humain,* op. cit., livre II, Ch. II.
5. *Ibid.,* livre I, Ch. IX et X. Heureusement « la Foi supplée au défaut de la Raison » (*Ibid.,* livre II, Ch. II. loc. cit.). Humilier l'une, affirme Huet, c'est préparer la voie
à l'autre (*ibid.,* Ch. VI).
6. Cf. *Mémoires de Trévoux,* juin 1725, pp. 989-1020, *loc. cit.*

plus orthodoxe que vouloir élucider pleinement les mystères de la Révélation. Et de plus, au début du xviiie siècle, les esprits les plus rebelles à la science mécaniste subissent malgré eux son prestige qui est alors à son apogée : de là un rationalisme diffus qui est un obstacle supplémentaire à une rupture totale de la raison et de la foi. Aussi voit-on alors des philosophes chrétiens de formation et de milieu très divers s'évertuer à la prévenir, quitte à faire la part du feu; et s'ils visent moins haut que Malebranche, ils ne renoncent pas à restaurer, à un niveau inférieur, l'accord de la raison et de la foi.

C'est à la recherche d'une solution moyenne, évitant l'équivoque du fidéisme et les excès du rationalisme, que l'un des plus efficaces vulgarisateurs de la philosophie de Descartes, Pierre Sylvain Régis, consacre ses dernières forces : la raison et la foi, conclut-il en 1704, sont toutes deux infaillibles, l'une dans l'ordre de la nature, l'autre dans celui de la grâce, mais la distance entre ces deux ordres est si grande qu'elles n'ont même pas besoin d'être accordées [1]. Aussi l'*accord* qu'évoque le titre de l'ouvrage n'est-il pas une véritable collaboration, mais plutôt une sorte de séparation à l'amiable. Plus proche de son maître Descartes que de Leibniz ou de Malebranche, Régis entend ne raisonner qu'en philosophe et sans jamais confondre l'objet de la philosophie et celui de la théologie. Mais si la raison n'a pas à sortir de son domaine propre, elle peut pourtant servir la foi en mettant en parallèle les motifs de croire et ceux de l'incrédulité : ainsi le meilleur moyen de combattre l'impiété d'un Spinoza est, selon Régis, de lui opposer point par point la pure doctrine cartésienne, qui ne préjuge d'aucune vérité révélée [2].

Se résigner à un divorce définitif de la foi et de la raison, ce serait nécessairement soit favoriser l'athéisme, soit tomber dans les paradoxes et les sophismes de Bayle, et ni la philosophie ni la religion n'auraient à y gagner. Mais ce serait d'abord faire bon marché d'une vérité évidente que le bénédictin Dom François Lamy, auteur réputé d'une célèbre réfutation de Spinoza [3], rappelle en 1710 avec plus de force encore que Régis : « Dieu n'est-il pas l'auteur et de la foi et de la raison ? [...] Le Verbe incarné, qui est l'auteur et le consommateur de notre foi, peut-il nous enseigner, comme tel, quelque chose de contraire ou d'opposé à ce qu'il enseigne, comme Sagesse éternelle, à tous ceux qui rentrent en

---

1. *L'usage de la foi et de la raison, ou l'accord de la raison et de la foi. Réfutation de l'opinion de Spinoza touchant l'existence de Dieu*, Paris, 1704, *Avertissement*. Voir le texte cité par H. Busson, *op. cit.*, p. 375, note 2.

2. Voir une analyse plus détaillée de cette argumentation in P. Vernière, *op. cit.*, p. 255-257. Le propre de la philosophie, précise Régis, n'est pas d'apporter « des démonstrations touchant le fond des mystères, mais seulement de faire voir qu'ils sont croyables » (*op. cit., Avertissement*. Cf. P. Vernière, *ibid.*, p. 255).

3. *Le nouvel athéisme renversé, ou Réfutation du système de Spinoza*, Paris, 1696. Sur le contenu et la diffusion de cet ouvrage, voir P. Vernière, *ibid.*, pp. 241-250.

eux-mêmes pour le consulter ? » [1]. Dans la mesure où elle participe de la sagesse divine, la raison humaine ne saurait être «une lumière trompeuse»[2]. Elle a son propre royaume, celui des vérités éternelles de la géométrie et de la morale [3], sans frontière commune avec celui de la Révélation : d'un côté les vérités obscures des textes sacrés, de l'autre les idées claires de l'évidence rationnelle [4]. Mais si la foi n'a pas à se mêler de science, ni la raison des Mystères [5], il n'en résulte pas que tout projet d'apologétique rationnelle soit voué à l'échec : François Lamy entend précisément, par l'exemple, démontrer le contraire. Non que le raisonnement puisse suffire à faire un vrai chrétien : devançant une objection facile à prévoir, notre auteur admet volontiers que la grâce seule donne une foi salutaire [6]; au dernier moment, dit-il, il y aura toujours nécessité d'un sacrifice de la raison, mais se sera un sacrifice *raisonné* [7]. Même la foi des simples, si souvent évoquée par les adversaires du rationalisme, n'est pas, selon Lamy, sans reposer sur quelques raisons, au moins intuitives [8]. Du fait qu'elle s'enracine dans l'histoire des hommes, la Révélation relève, comme toute autre relation humaine, de la critique des témoignages; son contenu est et demeurera à jamais opaque à la raison, mais le cœur et l'esprit ne peuvent s'ouvrir à la foi si le second n'est pas d'abord convaincu que le fait historique de la Révélation est établi avec une certitude indiscutable [9].

« Les fonctions de la raison, résume le docile interlocuteur du sage et pieux Timandre, sont de nous mener jusqu'à la découverte d'une autorité infaillible et du fait de la Révélation. Mais elle en demeure là et cède ensuite le pas à la foi, qui soumet l'esprit et le fait adhérer avec fermeté aux articles révélés, quelque obscurs qu'ils soient » [10].

Ainsi l'efficacité du raisonnement ne se réduit pas à démontrer contre les athées l'existence de Dieu et la validité de la religion naturelle [11]. L'esprit honnête que sa réflexion conduit à reconnaître l'une et l'autre doit également s'avouer que dans la vie quotidienne il est plus attaché aux créatures périssables qu'à l'Être éternel : cette contradiction manifeste suffit à lui enseigner que sa nature actuelle n'est plus ce qu'elle

---

1. François LAMY, *L'incrédule amené à la religion par le raison, en quelques entretiens où l'on traite de l'alliance de la raison avec la foi*, Paris 1710, Entretien IX, p. 375.
2. *Ibid.*, p. 361.
3. *Ibid.*, p. 368.
4. « La Foi est une lumière qui porte très certainement à croire sur la parole de Dieu les vérités obscures qu'il a révélées [...] ; la raison est une lumière qui, par l'évidence des idées, porte à se rendre irrévocablement à des vérités claires ». (*ibid.*, p. 374).
5. *Ibid.*, pp. 380-83.
6. *Ibid.*, p. 389.
7. *Ibid.*, p. 390.
8. *Ibid.*, p. 391.
9. *Ibid.*, pp. 385-86.
10. *Ibid.*, p. 393.
11. *Ibid.*, C'est l'objet des premiers *Entretiens* entre Arsile et Timandre.

devrait être [1]. Mais il ne reste pas longtemps enfermé dans le sentiment d'une désolante et irrémédiable corruption : la même raison qui lui a fait découvrir sa déchéance ne tarde pas à éveiller en lui l'espoir d'un sort meilleur. Car ce Dieu tout puissant dont il a conçu l'infinie bonté n'a pu l'abandonner à jamais : ainsi s'impose l'idée d'une Révélation destinée à rétablir dans sa pureté la Religion primitive. Dès lors il ne reste plus qu'à choisir entre toutes les doctrines religieuses qui prétendent à ce titre, mais ce choix est aisé; la faute qui a causé la déchéance de l'homme a dû être d'une extrême gravité; pour réconcilier la créature avec l'Être suprême qu'elle a offensé, il est besoin d'un intercesseur; et la religion chrétienne est la seule à nous proposer l'idée d'un tel médiateur [2]. Ici l'histoire vient au secours du raisonnement, car ce médiateur nous est connu, ainsi que son message, par le témoignage des apôtres que leur personnalité préserve de tout soupçon d'imposture [3], et par une tradition qui s'est universellement perpétuée de siècles en siècles [4].

Il n'est pas sûr que cette démonstration ait paru aussi probante à tous les lecteurs de Dom François Lamy que celle qu'il avait opposée quelques années plus tôt au « nouvel athéisme » de Spinoza. C'est avec beaucoup de circonspection que les journalistes de Trévoux abordent un ouvrage si manifestement fidèle, surtout dans ses premières pages, aux principes de Descartes; et les bons pères d'imaginer avec effroi les conséquences impies que des esprits malins pourraient tirer d'une philosophie aussi contestable : « Le R. P. Lamy eût ôté ces prétextes aux libertins s'il eût entrepris d'amener l'incrédule à la religion par des raisons qui ne fussent point appuyées sur les opinions des nouveaux Philosophes, et qui fussent indépendantes de tous les systèmes particuliers » [5]. On voit cependant que les regrets et la méfiance des Jésuites portent sur les prémisses de la démonstration, et non sur le dessein, en lui-même très louable, d'appuyer la religion sur des *raisons*. Aussi n'expriment-ils pas les mêmes réserves à l'égard du traité apologétique de Jean Denyse, publié en 1717 [6]. Ce professeur péripatéticien qui défend contre Descartes la physique d'Aristote n'hésite pas à reconnaître la supériorité d'une démonstration géométrique sur la méthode en usage dans les Écoles [7]; mais il n'entend nullement introduire dans les arcanes

---

1. *Ibid., Entretien V.*
2. *Ibid., Entretien VI.*
3. Moins parce qu'ils étaient honnêtes et vertueux, précise l'auteur, que par leur humble condition sociale. Comment d'aussi petites gens auraient-elles pu répandre dans dans l'empire romain des contre-vérités manifestes ? (*Entretien VII*).
4. *Ibid., Entretien VIII.*
5. *Mémoires de Trévoux*, octobre 1710, pp. 1748-1754, *loc. cit.*
6. *La vérité de la religion chrétienne démontrée par ordre géométrique, op. cit.* Cf. ci-dessus, Ch. II, 4.
7. *Op. cit., Préface.* Denyse y avoue sa dette envers le célèbre ouvrage d'Abbadie, dont François Lamy invoquait également l'autorité contre les pyrrhoniens (*L'Incrédule amené à la religion par la raison, op. cit.*, p. 362).

de la théologie, au risque d'altérer l'intégrité de la foi, la logique du
métaphysicien. Sans se hasarder à une tâche qu'il sait impossible, sans
essayer de prouver directement les Mystères de la Religion, il se borne à
rétablir, contre Spinoza, la validité des témoignages portés à leur propos [1].
Avec plus de lourdeur et de minutie, sa méthode est ici très voisine de
celle qu'avait préconisée Dom François Lamy, et dont le bénédictin
avait lui-même donné l'esquisse dans l'avant-dernier de ses *Entretiens*.
Dès lors la raison critique de l'historien tend de nouveau à supplanter
dans l'apologétique la raison déductive et systématique. Un autre
exemple en est donné dans les années suivantes par le livre de l'abbé
Houtteville, *La Vérité de la Religion chrétienne prouvée par les faits :* titre
en lui-même significatif des intentions d'un ouvrage dont le contenu
répond à l'attente du lecteur; en bon oratorien l'abbé Houtteville se
révèle parfois plus rationaliste qu'il ne voudrait et sur la question du
miracle son attitude intellectuelle n'est pas sans ambiguïté; mais cette
incertitude théorique ne l'empêche pas de fonder l'essentiel de sa démonstration sur la réalité historique des miracles et des prophéties [2].

Les Mystères sont au-dessus de la Raison, mais ils ne lui sont pas
pour autant contraires. Le prudent positivisme dont les Jésuites n'aiment
guère à se départir dans le domaine des sciences de la nature s'accommode
très aisément de cette distinction devenue banale, qui permet de donner
toutes leur force aux preuves historiques sans mettre la raison en contradiction avec elle-même. Dieu ne peut parler contre la raison puisqu'il
en est la source, répète, après François Lamy, le P. Buffier [3] ; mais Dieu
peut en revanche agir et parler d'une manière qui dépasse notre entendement. Lorsqu'un aveugle se laisse persuader de l'existence des couleurs
qui font la beauté du monde, n'admet-il pas la réalité d'une chose dont
il est bien incapable de se former une idée claire [4]? Ainsi l'expérience
nous enseigne qu'il est des faits que la raison peut et doit croire sans
les comprendre. Cette nécessité inéluctable tient aux limites de l'esprit
humain, impuissant à élucider les mystères mais tout aussi inapte à les
combattre : les contradictions du système de Spinoza témoignent, par
l'absurde, de cette faiblesse radicale [5]. Puisque, de toute évidence, l'Être
parfait ne peut ni se tromper ni nous tromper, il est raisonnable de croire

---

1. Voir par exemple, *op. cit.*, p. 3.
2. *La Vérité de la Religion chrétienne prouvée par les faits*, Paris, 1722, *op. cit.*, Cf.
P. VERNIÈRE, *op. cit.*, p. 147 sq.
3. *Exposition des preuves les plus sensibles de la véritable religion*, *op. cit.*, Première
partie, Ch. IV, 1.
4. *Ibid.*, Ch. IV, 3.
5. *Ibid.*, Ch. I, 4.

ce qu'il nous dit, sans plus nous étonner que sa Parole échappe en grande partie à notre intelligence bornée [1]. Reste à prouver que Dieu a effectivement parlé : le P. Buffier consacre l'essentiel de son exposé à cette démonstration. Les miracles de Jésus-Christ, attestés par des témoins dignes de confiance et par l'unanimité des historiens, sacrés ou profanes, le succès même de la prédication du Fils de Dieu, et l'établissement de l'Église prouvent que les faits rapportés par l'Évangile ne sont pas une vulgaire imposture [2]. Qu'un géomètre pointilleux observe que de tels arguments ne portent pas en eux une absolue certitude, le P. Buffier lui concédera volontiers que ses preuves ne sont que « plausibles » [3]; mais en est-il autrement dans la vie pratique où nous devons sans cesse, pour les choses les plus importantes, nous fier au rapport d'autrui ? [4] La convergence des témoignages est de même un motif suffisant de croire en la divinité des textes bibliques. Mais une dernière difficulté apparaît alors : diverses sociétés chrétiennes prétendent suivre les enseignements du Christ, mais on constate dans leurs dogmes et dans leurs rites de grandes divergences [5]. Comment choisir ? Un raisonnement superficiel pourrait inciter à s'en tenir au seul Évangile, à l'exclusion de toute autre règle : mais ce serait négliger les risques d'erreur, et la multiplicité des interprétations apparemment possibles [6]. Pour éviter aussi bien l'anarchie des contre-sens individuels que le fanatisme des sectes, nous disposons heureusement d'un recours indiscutable : peut-on imaginer plus sûre caution que celle du corps des pasteurs, établi à cette fin par Jésus-Christ en personne ? Seule l'Église catholique est donc en mesure d'interpréter fidèlement les vérités obscures de la Révélation [7].

Telles sont, à l'avis du P. Buffier, « les preuves les plus sensibles de la véritable religion ». Toute l'originalité de cet exposé réside dans la modestie voulue de son titre : le livre ne s'adresse pas à la raison ambitieuse des philosophes mais au bon sens des honnêtes gens. Son auteur ne s'encombre ni de subtilités métaphysiques, ni de scrupules d'érudition : son assurance tranquille élimine les difficultés plutôt qu'elle ne les résout. Mais il sait à merveille bâtir un raisonnement méthodique et clair, et conduire patiemment le lecteur, de « preuves sensibles » en vérités « plausibles », jusqu'au terme de sa démonstration. Prouver l'existence de Dieu contre les athées puis la certitude de la Révélation contre les déistes, enfin la validité de la foi catholique contre toutes les

---

1. *Ibid.*, Ch. II et III. Ces deux chapitres justifient le titre de la première partie, *Rien n'est plus raisonnable que de croire les choses quand c'est Dieu qui les a dites.*
2. *Ibid.*, Seconde partie, Ch. I et II.
3. Voir son préambule, *Dessein et plan de l'ouvrage.*
4. *Ibid.*, Seconde partie, *Méthode particulière pour découvrir et reconnaître la vérité des faits miraculeux de Jésus-Christ rapportés dans l'Évangile*, pp. 172 sq.
5. *Ibid.*, Troisième partie, Ch. I.
6. *Ibid.*, Ch. II et III.
7. *Ibid.*, Ch. IV.

hérésies et les églises schismatiques, ce schéma s'imposera désormais
à la plupart des apologètes : si le P. Buffier n'en est pas l'inventeur, du
moins a-t-il beaucoup fait pour le vulgariser [1].

*
* *

Il est une « Révélation naturelle », l'ensemble des lois que « le seul
nom du Créateur impose à la Créature ». Mais il ne suffit pas de reconnaître ces lois que dicte la raison pour vivre selon la Vérité. Leur découverte n'est qu'un premier pas vers l'obéissance à une Révélation plus
solennelle et plus complète [2]. L'harmonie providentielle de la raison et
de la foi éclate dans cette démarche spontanée de la raison qui tend à
son propre dépassement. Assurée mais insuffisante, la loi naturelle
trouve son accomplissement et sa perfection dans la parole de Dieu.
Mais cette illumination de la nature par le Verbe divin peut être envisagée
sous deux aspects différents : ou bien on se borne à établir qu'elle s'est
effectivement produite, ou bien on démontre que l'événement devait
nécessairement avoir lieu. Dans le premier cas le rôle de la raison se réduit
à constater; dans le second, elle explique. Et c'est toute la différence
entre le traité du P. Buffier et celui de François Lamy, publiés à vingt
ans d'intervalle. Dans l'ouvrage du bénédictin la Révélation apparaît
comme la suite nécessaire de la bonté du Créateur et du péché de la
créature, et les preuves historiques n'interviennent qu'à la fin des pieux
entretiens d'Arsile et de Timandre; elles font au contraire toute la substance du livre de Buffier. Celui-ci se cantonne strictement sur le terrain
des faits : seule l'intéresse la réalité historique de la Révélation; tout
au plus prend-il d'abord la peine de montrer qu'elle était *possible,* et
conforme à l'idée que la religion naturelle nous propose de la puissance
divine [3]. On retrouve dans cette omission un parti pris habituel aux
théologiens de la Compagnie de Jésus : le refus de se hasarder dans la
zone dangereuse des raisonnements *a priori* qui finissent toujours par
faire que la volonté de Dieu soit prise au piège de sa Raison. Sous une
forme un peu vague et beaucoup moins élaborée, l'argumentation de
François Lamy vulgarisait une démarche familière aux lecteurs de
Malebranche : l'Incarnation, avait écrit l'oratorien, était dans l'ordre de

---

1. Comme tous les apologètes de son temps Buffier avait certainement lu Abbadie.
Dans le second quart du siècle, plusieurs auteurs suivent son exemple, en prose ou en
vers. Citons l'abbé Ilharart de la Chambre dans son *Traité de la Véritable religion* (1737,
op. cit.), le futur cardinal de Bernis dans un ambitieux poème de jeunesse, écrit entre
1737 et 1740 à la demande du cardinal de Polignac (*La Religion vengée, poème en dix
chants,* Strasbourg, 1796) ; le père Rodolphe Dutertre (*Entretiens sur la religion où l'on
établit les fondements de la religion révélée contre les athées et les déistes,* Paris, 1743) ;
enfin l'abbé Laurent François (*Preuves de la Religion de Jésus-Christ contre les spinozistes
et les déistes,* Paris, 1751, *op. cit.*).
2. D'AGUESSEAU, *Essai d'une institution au droit public, op. cit.,* pp. 455-457.
3. *Op. cit.,* Première partie, Ch. II.

la sagesse éternelle, car la Création eût été sans elle un Ouvrage trop borné et indigne de l'Ouvrier [1]; à quoi Fénelon avait répliqué que si l'Incarnation était nécessaire le péché l'était aussi : idée doublement préjudiciable à la sagesse divine et au libre-arbitre de l'homme [2]. Au début du xviiie siècle le souvenir de cette controverse est encore présent à tous les esprits; d'où les réticences marquées par le journal des Jésuites à l'égard du livre de Dom Lamy, et le désir de nombreux apologistes, même étrangers à la Société, de s'en tenir à des arguments moins périlleux.

*
* *

Dans l'avant-dernier de ses *Entretiens* François Lamy opposait aux hésitations ultimes de l'incrédule, déjà plus qu'à demi-ébranlé, l'universalité de la tradition chrétienne [3]. C'était mobiliser au profit de la Religion révélée l'argument du consentement unanime, si souvent utilisé, malgré toutes les difficultés, en faveur de la Religion naturelle. Quelle méthode pouvait être plus efficace pour établir sur *les faits* l'insuffisance de la loi naturelle et la validité des Mystères que de montrer des traces de ceux-ci dans les croyances et les rites de tous les peuples du monde ? Pour l'antiquité païenne de tels rapprochements étaient depuis longtemps familiers aux humanistes : mais ils n'étaient pas forcément à l'avantage de la religion chrétienne. « Naturalistes » et libertins y voyaient au contraire la preuve que le christianisme n'était qu'une religion comme les autres et ne pouvait prétendre à aucun privilège. C'est l'argument qu'avait voulu retourner contre eux Daniel Huet, en soutenant que les païens avaient tout simplement plagié Moïse... De là une étrange apologétique dont l'érudition étonnante apparaissait à Arnauld comme un énorme blasphème [4]. Bien qu'il y eût en effet matière à scandale dans les comparaisons qu'entassait inlassablement Huet, son hypothèse initiale avait remporté à la fin du xviie siècle un succès assez grand pour que l'oratorien Bernard Lamy lui fît par exemple une place dans ses *Entretiens sur les Sciences* [5].

Au début du xviiie siècle cette manière de concilier le paganisme et le christianisme trouve encore des imitateurs. En 1711, dans le neuvième recueil des *Lettres édifiantes,* un missionnaire des Indes Orientales, le P. Bouchet, entreprend de prouver l'origine mosaïque de la

---

1. Voir son *Traité de la Nature et de la Grâce,* (1680).
2. *Réfutation du système du P. Malebranche...,* *op. cit.,* notamment Ch. XXIII.
3. *Op. cit., Entretien VIII.*
4. *Demonstratio evangelica,* Paris, 1679. *Alnetaneae quaestiones de Concordia Rationis et Fidei, op. cit.* Seconde partie ; Cf. H. Busson, *La religion des classiques, op. cit.,* Ch. XIV.
5. B. Lamy, *Entretiens sur les Sciences,* 1684, p. 84.

L'IDÉE DE NATURE EN FRANCE

religion hindoue [1]. Dès 1702 le P. Tournemine avait cependant montré les difficultés soulevées par de telles explications; plutôt que de recourir à l'idée d'un plagiat, il préférait attribuer aux fables païennes une naissance spontanée, en fonction des besoins et des tendances de la nature humaine [2]. Dans l'esprit de son auteur cette dernière théorie ne s'appliquait évidemment pas aux Mystères chrétiens; restait donc à rendre compte, et d'une autre façon que ne l'avait fait Huet, de certaines analogies entre la Fable et la Révélation, que beaucoup d'adversaires du plagiat ne songeaient pas à rejeter. Une autre interprétation de ces faits était déjà assez largement répandue à la fin du XVIIe siècle, même chez quelques partisans de la précédente [3] : elle consistait à invoquer une tradition universelle remontant aux enfants de Noé. Cette idée d'une *Révélation primitive,* presque contemporaine des origines de l'humanité, avait sur la thèse d'un « emprunt » fait à Moïse plusieurs avantages : elle n'obligeait pas à supposer qu'avant Moïse la plupart des peuples de la terre aient pu pendant trois mille ans vivre sans aucune religion [4]; elle était indépendante des discussions sur la chronologie; enfin elle pouvait s'appliquer à des nations qui n'avaient pu avoir aucune communication, même indirecte, avec le peuple juif. Par son caractère universel et sa simplicité elle convenait parfaitement au grand dessein apologétique des membres de la Société de Jésus. Aussi n'est-il pas étonnant que les Jésuites de Chine, ou leurs correspondants parisiens, lui soient particulièrement favorables [5]. Mais c'est surtout dans le livre du P. Lafitau sur les sauvages d'Amérique qu'elle trouve au XVIIIe siècle son application la plus systématique : toutes les fables des peuples idolâtres, antiques ou modernes, procèdent visiblement d'un même fonds que la religion chrétienne, constate le P. Lafitau [6] qui écrit plus de trois cents pages pour démontrer leurs multiples ressemblances, preuve certaine, selon lui, d'un communauté d'origine [7]. Jusqu'à sa mort, en 1746, l'auteur des *Moeurs des sauvages américains* devait travailler à enrichir

---

1. *Lettre du P. Bouchet à Monseigneur l'ancien évêque d'Avranches, Lettres édifiantes, op. cit.,* 1711, Neuvième recueil, pp. 1-60.

2. *Mémoires de Trévoux,* novembre décembre 1702, pp. 84-111, et *Supplément,* pp. 1-22.

3. C'est le cas de Thomassin et de B. Lamy qui admettent les deux explications. Cf. R. MERNIER, *op. cit.,* p. 107.

4. C'est l'objection que le P. Lafitau adresse à Huet (*Moeurs des sauvages américains comparées aux moeurs des premiers temps,* Paris, 1724, pp. 10-11)

5. Ceci tout au long de la période qui va des ouvrages des P. Le Comte et le Gobien à la grande *Description* de Du Halde. Voir en particulier LE COMTE, *Nouveaux Mémoires, op. cit.,* t. II, pp. 133 sq ; LE GOBIEN, *Histoire de l'Édit..., op. cit.,* Préface, p. XVIII ; DU HALDE, *op. cit.,* t. III, p. 2. — De même le P. Tournemine vante en 1702 « l'antiquité de la véritable Religion » (*loc. cit.*). Voir aussi ROLLIN, *Histoire ancienne, Préface,* t. I, p. XLIII.

6. *Op. cit.,* pp. 8-9.

7. *Ibid., De la Religion,* pp. 108-455.

d'exemples nouveaux un ouvrage auquel les *Mémoires de Trévoux* avaient fait, naturellement, l'accueil le plus flatteur [1].

Ajouter à l'érudition de l'humaniste celle de l'ethnologue, montrer que toutes les religions du monde dérivent d'une même tradition plus ou moins altérée n'était certes pas une tâche moins ambitieuse que celle que s'était proposée Daniel Huet [2]. A son tour le P. Lafitau multiplie les rapprochements entre le paganisme ancien ou moderne et la doctrine chrétienne, notant par exemple que le mystère de la Trinité est une croyance commune aux Mexicains, aux Japonais et aux peuples de l'Orient classique [3]. Il pratique cependant la méthode comparative avec plus de prudence et de discernement que son devancier. On est même surpris que tant d'érudition aboutisse à une conclusion bien timide et vague; au terme de cette longue étude, si fortement documentée, l'auteur marque un curieux recul par rapport à sa propre thèse; il n'affirme plus l'universalité des dogmes et des mystères chrétiens, mais seulement celle de la croyance en Dieu [4]. Ce gauchissement sans doute involontaire n'est pas fortuit : il était au contraire prévisible dès les premières pages de l'interminable développement destiné à prouver l'existence d'une *religion primitive*. Car l'auteur ne se contente pas de situer son origine au temps de Noé et de ses fils, il la fait remonter jusqu'à Ève et Adam [5]. N'était-ce pas risquer de confondre la Révélation primitive avec la simple « Révélation naturelle »? Sans dissiper entièrement l'équivoque, le P. Lafitau avait bien pris la peine d'annoncer qu'il parlerait de la révélation « faite à nos premiers pères *après leur péché* » [6]. C'était s'exprimer en théologien, et non pas seulement en philosophe. Mais voici qu'oubliant ses déclarations liminaires il attribue au culte du vrai Dieu une origine encore plus ancienne et le fait remonter à l'époque de la Création : « L'auteur de la nature, créant l'homme à son image, imprima alors l'idée de lui-même d'une manière ineffaçable dans les cœurs les plus féroces et dans les esprits les plus grossiers... » [7] Dira-t-on qu'il s'agit bien là d'une grâce surnaturelle, à laquelle les seules lumières de la nature n'auraient pu suppléer? La suite du texte prouve exactement le contraire : « Cette idée se fait sentir par tout ce qui est en nous la preuve de notre faiblesse. Notre dépendance elle-même, notre impuissance, notre dérèglement toujours combattu par une *rectitude naturelle, fondée sur les lumières de la*

---

1. *Mémoires de Trévoux*, Février 1725, pp. 199-239.
2. « Un des plus grands hommes de notre siècle » : c'est ainsi que Lafitau appelle l'auteur de la *Démonstration évangélique* (*op. cit.*, p. 10).
3. *Ibid.*, p. 9.
4. *Ibid.*, p. 454.
5. *Ibid.*, pp. 13-14. « Dans ce système on voit dès la création de l'Homme une religion et un culte formé et public consistant en beaucoup de traditions, de principes de vertu, d'observances et de cérémonies légales, ainsi que le comporte avec soi l'idée de la Religion et de la condition des hommes ».
6. *Ibid.*, *Frontispice*. C'est nous qui soulignons. Cf. aussi pp. 115-116.
7. *Ibid.*, p. 110.

raison et de la conscience, nous aident à nous élever au-dessus de nous-
mêmes et à chercher hors de nous un Maître qui ne soit pas sujet à nos
misères »[1]. Si Dieu se révèle directement à la conscience de chaque
individu, est-il encore besoin, pour le connaître, du secours de la tradition ? A force de vouloir prouver la réalité de la Révélation, le P. Lafitau
en exténue la nécessité. Et il ne s'agit pas de simples maladresses d'expression. Car la religion des anciens Chinois dont le P. du Halde célèbre
la piété se résume également en l'amour du vrai Dieu et le respect de
la loi naturelle[2]; dans ce cas aussi la Révélation perd en substance, et
surtout en mystère, ce qu'elle gagne en extension. Cette remarque
confirme la justesse de l'objection adressée en 1722 par l'abbé Houtteville au système de Huet, et qui est beaucoup plus valable contre celui de la
Révélation primitive : l'emploi de la méthode comparative conduit à
dégager de la diversité des croyances et des pratiques les éléments
communs qu'elles contiennent; mais on ne s'élève ainsi jusqu'aux lois
de la nature humaine qu'en éliminant tout ce qui, au regard de la nature,
est historique, local et contingent[3]. Vouloir à tout prix rapprocher du
christianisme les religions païennes ou idolâtres, c'est nécessairement
appauvrir la religion chrétienne, et la diluer dans un vague monothéisme.

Même chez des auteurs dont la piété ne fait aucun doute, la Nature
tend ainsi à absorber la Révélation. Pour pallier ce danger il ne suffisait
pas de montrer dans les religions païennes quelques traces de la foi des
premiers temps, il fallait interpréter systématiquement leurs erreurs
comme le masque d'une vérité cachée. Faute de choisir clairement
entre ces deux méthodes, le P. Lafitau laisse son lecteur sur une impression
équivoque. Au contraire certains Jésuites de Chine, beaucoup plus hardis
que la majorité de leurs confrères, prétendent retrouver derrière le sens
littéral des anciens textes chinois un sens spirituel en tous points conforme
à la doctrine catholique[4]. Ils appliquent donc aux livres sacrés de la
Chine la méthode d'explication allégorique que depuis saint Paul et
saint Augustin les commentateurs chrétiens de la Bible avaient de tous
temps utilisée à propos de l'Ancien Testament. Cette extension du principe pascalien des « figuratifs »[5] hors de son domaine traditionnel n'était
pas une absolue nouveauté : Pascal lui-même en avait peut-être eu l'idée,
et l'on a pu en citer d'autres exemples au xviie siècle[6]. La tentative des
Jésuites de Canton devait portant être accueillie avec une grande méfiance
aussi bien par les missionnaires de Pékin que par les membres parisiens

---

1. *Ibid.* C'est nous qui soulignons.
2. *Op. cit.,* t. III, pp. 2 sq. et 529. Voir aussi les textes du P. Parennin, cités par le
même auteur.
3. *La Vérité de la Religion, op. cit., Discours historique et critique...,* p. CLXXXIV.
4. Cf. V. Pinot, *op. cit.,* livre II, Ch. II, 3.
5. Pascal, *Pensées, op. cit.,* Section X.
6. Notamment un livre du P. Beurrier, curé de Saint-Etienne-du-Mont. Cf. Mercier,
op. cit., p. 277.

de la Société; faute de pouvoir publier leurs travaux, les PP. Bouvet
ou de Prémare n'ont d'autre moyen de répandre en France leurs idées
que leur correspondance avec d'autres savants orientalistes : soigneusement filtrées à Paris leurs relations n'atteignent guère les lecteurs des
Lettres édifiantes [1]. En fait la prudence ou l'hostilité des Jésuites de Paris
s'explique aisément si l'on songe à tous les abus auxquels pouvait prêter
l'emploi de la méthode figurative. Exploitée avec leur passion coutumière par les jansénistes les plus exaltés, elle sert à justifier les égarements
des convulsionnaires et leurs visions d'Apocalypse, qui présentent par
exemple la Bulle *Unigenitus* comme le signe précurseur du retour d'Élie
et de la conversion des juifs [2]. Devant des excès de ce genre l'Église
adopte une attitude très restrictive. C'est un champion de la lutte contre
le jansénisme, l'abbé de la Chambre, qui entreprend de définir à ce sujet
une saine doctrine en soumettant à des règles strictes l'interprétation
allégorique des textes sacrés [3]. Mais la portée de cet effort de réglementation dépasse le cadre de la polémique anti-janséniste. Le *Traité de la
véritable Religion* est d'abord dirigé contre les déistes : moins de trois
ans après le scandale des *Lettres philosophiques,* l'abbé de la Chambre
n'avait pu oublier l'éloge des sociniens auquel s'était imprudemment
livré Voltaire [4]. Or le même raisonnement qui permettait aux Jésuites
de Canton d'assimiler les fables chinoises aux dogmes chrétiens, et
aux fidèles du diacre Pâris d'annoncer comme prochaine la fin des
temps, pouvait être orienté dans un tout autre sens : laisser à n'importe
qui la pleine licence de découvrir n'importe où des symboles, c'était
aussi bien ouvrir la voie à une interprétation rationaliste de la Bible
tout entière. Pourquoi les dogmes les plus essentiels du christianisme,
la Trinité, la Divinité de Jésus, le mystère de la Rédemption par la Croix
ne seraient-ils pas également de pures allégories ?

En appliquant à l'histoire universelle des religions les principes
des missionnaires figuristes, le chevalier de Ramsay ne nourrissait sans
doute à l'égard de la foi chrétienne aucune intention de ce genre. Prêter

---

1. Cf. V. PINOT, *op. cit.*, Livre I, chap. III ; livre II, Ch. II, *loc. cit.* Le P. de Prémare avait gagné la Chine en 1698 en compagnie du P. Bouvet. Parmi les destinataires de leurs lettres, mentionnons Leibniz, Fourmont et Fréret. C'est de ce côté ou dans leurs ouvrages inédits que l'on trouve la véritable pensée des missionnaires. Les *Lettres édifiantes* ne leur empruntent guère que ce qui peut servir à prouver que les Chinois n'étaient pas athées.

2. *Dictionnaire de théologie catholique, op. cit.,* Art. *Figurisme.* Les « miracles » du diacre Pâris ne commencent qu'en 1729, mais l'utilisation du figurisme est contempo-raine des premières controverses autour de la *Constitution* de 1713. En 1729 un janséniste modéré, l'abbé de Bonnaire, juge opportun de dénoncer les excès du « figurisme moderne ».

3. *Op. cit.,* t. IV, pp. 228 sq. L'article *Figurisme* de l'*Encyclopédie*, qui s'inspire de l'abbé de La Chambre, rappelle également l'attitude analogue de l'abbé Fleury, le célèbre auteur du *Catéchisme historique* (1679), des *Mœurs des Israélites et des Chrétiens* (1681-82), et de l'*Histoire Ecclésiastique* (1691), qui craignait que l'abus du figurisme, trop fréquent à son gré chez les anciens théologiens, ne favorisât le progrès du socinianisme.

4. *Lettres philosophiques,* VII, *Sur les Sociniens, ou Ariens, ou anti-Trinitaires.*

à ce personnage énigmatique des arrière-pensées voltairiennes serait commettre à son égard, plus encore qu'une injustice, un véritable contresens. Nul peut-être n'a mis au cours du demi-siècle une passion plus sincère dans sa quête d'une vérité absolue. L'intelligence de Ramsay est, comme celle de Bayle, toujours insatisfaite; mais tandis que le réfugié de Rotterdam promenait son inquiétude de négations en négations, celle de l'exilé écossais va de certitudes en certitudes. De Locke à Poiret puis à Fénelon, du quiétisme à la doctrine maçonnique, son itinéraire spirituel préfère souvent, il est vrai, les sentiers mystérieux de l'aventure aux larges avenues des croyances toutes faites[1]. Et l'on découvre aussi dans sa pensée de curieuses dissonances. C'est à lui surtout que le xviiie siècle doit l'image idéalisée et simpliste d'un Fénelon philosophe et tolérant[2]. Mais la sincérité du sentiment religieux égale en Ramsay le goût de la libre réflexion et la ferveur intellectuelle. Son aptitude à concevoir de vastes synthèses s'accommode d'étranges confusions; les notions de base de la science mécaniste voisinent dans son esprit avec un mysticisme diffus et des thèmes occultistes. On saisit déjà dans son œuvre le glissement de la philosophie des lumières vers l'illuminisme. Aveuglés par leur zèle apostolique, les Jésuites de Canton n'avaient certainement pas prévu l'usage que ferait de leur méthode d'exégèse cet esprit chimérique et passionné.

De la première édition des *Voyages de Cyrus* aux *Principes philosophiques de la religion naturelle et révélée* la piété de Ramsay se fait de plus en plus personnelle, et l'orthodoxie de son catholicisme de plus en plus douteuse[3]. Au cours de son périple à travers le Moyen-Orient, le jeune Cyrus doit à la rencontre des principaux Sages de l'Antiquité païenne, Zoroastre, Hermès, Orphée et Pythagore, puis à celle d'Éléazar et du prophète Daniel, de s'élever progressivement de l'athéisme au déisme, du déisme au socinianisme, puis à la foi chrétienne[4]. Mais il semble bien que Ramsay n'ait pas tardé à considérer cette conversion de son héros au christianisme comme une simple étape vers une vérité plus haute. Dans son ouvrage posthume qui est l'aboutissement des années les moins connues de sa vie, et d'une intense activité maçonnique, il ne se borne plus à défendre la Révélation chrétienne, il tend visible-

---

1. Ce n'est pas une raison pour faire de lui un « aventurier », comme le veut A. CHÉREL (*Un aventurier religieux au XVIIIe siècle : André-Michel Ramsay*, Paris, 1926). Pour une mise au point plus récente, voir G.-D. HENDERSON, *Chevalier Ramsay*, Londres, 1952.
2. *Histoire de la vie et des ouvrages de Fénelon*, 1723. Voir, en plus de l'ouvrage mentionné ci-dessus, la thèse d'A. CHÉREL, *Fénelon au XVIIIe siècle en France, op. cit.*
3. *Les Voyages de Cyrus*, Paris, 1727 ; édition anglaise, Londres, 1728 ; seconde édition française augmentée, Londres, 1730. *The philosophical principles of natural and revealed religion, unfolded in a geometrical order*, Glasgow, 1748, (publication posthume).
4. *Op. cit.* Cet itinéraire est tout à fait analogue à celui qu'esquissent à la même époque les principaux apologistes. Au terme de son récit, l'auteur précise même que si l'esprit de Cyrus est éclairé, son cœur n'est pas encore touché : pour que sa conversion soit complète il faudra encore que la grâce vienne parachever l'œuvre de sa raison (Livre VIII, édit. 1727, p. 220).

ment à intégrer le christianisme à une synthèse plus élevée et plus universelle [1]. L'idée d'une révélation progressive qui superpose à la religion primitive, sans la détruire, d'abord la loi de Moïse, ensuite celle du Christ, trouve alors son ultime développement dans une vision messianique du règne universel de Dieu, enfin restauré :

> « Ce sera la fin et la consommation de toutes choses, quand le Fils remettra le royaume au Père; Dieu deviendra tout en tout; le mal moral et physique sera anéanti, l'harmonie universelle sera rétablie; toutes les langues célébreront le Seigneur, et chanteront ses miséricordes pour toujours; tous les esprits dans le ciel, sur la terre et sous la terre plieront le genou devant le Seigneur, dans un hommage d'amour et d'obéissance; la mort et l'enfer seront plongés dans l'abîme, engloutis par la victoire, et à travers toute l'immensité de l'univers, on ne verra que Dieu tel qu'il est, et la nature telle qu'elle le représente » [2].

Le cercle mystique dans lequel s'inscrit ainsi la destinée de l'univers est infiniment plus large et compréhensif que ne l'enseigne la foi chrétienne. Ramsay emprunte à Origène, peut-être par l'intermédiaire de Poiret qu'il avait jadis connu en Hollande, l'idée de la préexistence des âmes et la négation de l'éternité des peines [3]. Il est clair que, dans cette période où il s'efforce d'introduire en France les rites et la doctrine de la Franc-Maçonnerie, sa pensée est à peu près affranchie de la tutelle de l'Église. Dès les *Voyages de Cyrus* ses tendances hétérodoxes étaient très visibles. Avant que Daniel enseignât à Cyrus les lois de Moïse et l'avènement futur du Messie [4], Éléazar lui avait révélé la doctrine des philosophes hébreux sur les trois états du monde : innocence, corruption, réparation [5]. Bien plus, Éléazar avait précisé que cette loi des trois états était connue aussi, bien que de manière plus confuse, par les Perses, les Égyptiens et les Grecs [6]. Ainsi l'essentiel de la religion de l'avenir était déjà contenu dans celle des premiers temps. Revenant sur ce point dans son *Discours sur la Mythologie*, Ramsay s'ingéniait à retrouver la loi des trois états derrière les allégories des fables païennes : à l'en croire, les Sages de l'Antiquité classique, les philosophes et les poètes, les mages d'Orient, les brachmanes de l'Inde, les Chinois et les Cabalistes gardaient également le souvenir de cette vérité ancienne que leur raison venait fortifier [7]. Ramsay avait beau protester ensuite de son zèle et de

---

1. Sur les *Philosophical principles* voir R. MERCIER, *op. cit.*, pp. 282-283.

2. *Op. cit.*, t. II, pp. 371-372. Nous devons la traduction de ce passage à M. Roger Mercier.

3. Cf. Pierre POIRET, *L'Œconomie divine, ou Sysrème universel et démontré des œuvres et des desseins de Dieu envers les hommes*, Amsterdam, Wetstein, 1687.

4. *Op. cit.*, livre VIII, pp. 208 sq.

5. *Ibid.;* pp. 167 sq.

6. *Ibid.*, pp. 175 sq.

7. *Discours sur la mythologie, op. cit.*, Deuxième partie, *De la mythologie des Anciens*, pp. 93-164.

son respect pour le christianisme [1], l'approbation chaleureuse du P. de Prémare [2] ne pouvait suffire à masquer les inconvénients de sa thèse : le moins grave n'était pas qu'en replaçant ainsi la tradition judéochrétienne dans un ensemble beaucoup plus vaste, l'auteur des *Voyages de Cyrus* diluait dans l'universalité de la religion primitive le privilège historique accordé par Dieu au peuple élu. Tandis que Montesquieu notait en historien, et non sans quelque agacement, la fragilité de ce système [3], l'abbé Desfontaines s'inquiétait de voir la Révélation ainsi galvaudée :

« Un docteur de Sorbonne que j'ai consulté là-dessus m'a assuré, écrivait-il, que tout ce qu'il y a de théologiens illustres soutiennent le même sentiment, que rien n'est plus chimérique que la connaissance des trois états accordée aux Égyptiens et aux Grecs ; que Philon et les Rabbins ne sont pas des juges compétents de la créance des anciens juifs, et que pour connaître les dogmes crus distinctement ou obscurément par les Hébreux, il fallait s'en tenir aux livres saints » [4].

Il n'était pas inexact de déceler dans le goût marqué par l'ancien disciple de Madame Guyon pour les allégories les plus obscures la marque d'une certaine indifférence à la rigueur dogmatique de la foi. Peu enclin au « fanatisme », le *Journal des Savants* n'avait pas attendu la seconde édition française des *Voyages de Cyrus* pour dénoncer à ses lecteurs la présence dans cet ouvrage d'un « germe de tolérantisme » [5].

Tous les efforts pour démontrer par les faits l'universalité de la Loi révélée aboutissent à ce dilemme : ou bien un monothéisme abstrait qui réduit pratiquement le contenu de la Révélation à celui de la religion naturelle; ou bien un ambitieux syncrétisme légitimement suspect à l'Église. Dans sa tentative pour accorder la raison et la foi, le positivisme des Jésuites n'est finalement pas plus heureux que le rationalisme des grands cartésiens. Privée des ressources de la métaphysique et de l'histoire comparée des religions, l'apologétique gardait celles de l'analyse morale, mais elle ne songeait guère à les exploiter. Montrer comment les troubles appels de la concupiscence obscurcissent la lumière de la

---

1. « Voilà, ce me semble, les grands principes du Christianisme ; et voilà l'hommage que j'ai voulu lui rendre en justifiant ses dogmes contre les vaines subtilités des esprits téméraires, et contre les préjugés superstitieux des âmes faibles » (*Ibid.*, p. 164).
2. PRÉMARE (LE P. DE), lettre à Fourmont, 27 août 1732, Texte manuscrit cité par V. PINOT, *op. cit.*, pp. 359-60. Selon V. Pinot *(ibid.)* c'est au P. de Prémare que Ramsay aurait dû sa documentation sur la religion chinoise.
3. MONTESQUIEU, *Pensées*, 291 (1463). Montesquieu qui connaissait Ramsay et l'avait notamment rencontré au Club de l'Entresol ne l'appréciait guère : « J'ai connu Ramsay, c'était un homme fade ; toujours les mêmes flatteries ; il était comme les épithètes d'Homère : tous ses héros avaient les pieds légers ». *Ibid.*, 2122 (911).
4. *Le Nouvelliste du Parnasse*, t. II, 1731, Lettre XXII, p. 139. En collaboration avec l'abbé Granet, Desfontaines s'était déjà attaqué à Ramsay dans ses *Entretiens sur les Voyages de Cyrus*, Nancy, 1728.
5. *Journal des Savants*, février 1728, p. 111.

NATURE ET RELIGION   435

loi naturelle, rappeler que l'homme est chair autant qu'esprit, découvrir
à l'incrédule ou au déiste le mystère de la chute et de la Rédemption
non plus comme le terme d'un raisonnement *a priori* sur la sagesse de
Dieu et l'ordre universel des choses, ou comme la conclusion d'une
enquête historique, mais comme une réalité immédiate et vécue, inscrite
au plus profond de son être, tout cela formait sans doute un remède
trop brutal pour les lecteurs du P. Buffier. L'inaptitude presque totale
de la pensée chrétienne du demi-siècle à situer sur ce plan la défense
de la foi est, en soi, un signe révélateur de son inconsistance.

**
*

Que l'homme se découvre incompréhensible à lui-même, et il
faudra bien que sa raison orgueilleuse accepte les obscurités de la
foi; bien plus, les Mystères de la Vérité révélée lui apparaîtront comme
la seule réponse, et le seul apaisement, au mystère insupportable de sa
propre nature. Dans la démonstration de François Lamy le sentiment
de la dualité humaine tient, nous l'avons vu, une place importante ;
exposé en 1710 avec quelque sécheresse, cet argument pascalien avait
été développé beaucoup plus longuement quinze ans plus tôt par le
même auteur dans un volumineux *Traité de la connaissance de soi-même* [1].
La faiblesse de la nature privée de la Grâce est le sujet du premier grand
poème de Louis Racine [2]. Et c'est encore de Pascal que le poète affirme
vouloir s'inspirer lorsqu'il écrit quelques années plus tard son œuvre
maîtresse [3]. À vrai dire ses alexandrins élégants sont loin d'égaler en
puissance et en émotion la prose de son modèle : l'exposé de Louis
Racine qui sait tirer parti des controverses scientifiques les plus récentes
vaut surtout par sa clarté et parfois par sa précision [4]. Mais si tout le
second chapitre du poème est consacré aux contradictions de la
nature humaine et aux vains efforts des philosophes pour en rendre
compte, on est surpris de voir un janséniste suivre dans ses grandes
lignes le plan qui s'impose alors à presque tous les apologistes : avant
de céder le pas à la Révélation, la raison démontre efficacement l'existence
de Dieu. On retrouve donc sous la plume de Louis Racine les arguments
familiers aux déistes et aux chrétiens du siècle : le consentement una-

---

1. *Traité de la connaissance de soi-même*, Paris, Pralard, 1694-1698, 4 vol.
2. *La Grâce*, Paris, 1720.
3. *La Religion*, Paris, 1742. La rédaction du poème était achevée dès 1731. La *Préface* place le livre sous l'autorité de Pascal et de Bossuet.
4. Louis Racine sait que le problème de la pesanteur est la pierre d'achoppement
de la science mécaniste, il connaît les explications contradictoires que les médecins proposent de la digestion ; les incertitudes de la science lui servent à montrer l'impuissance
de la raison devant les mystères de la nature physique, et par conséquent à désarmer
ses objections contre ceux de la Foi. Cf. *ibid.*, Chant V.

nime, l'universalité de la loi morale naturelle et même, au premier rang, la preuve téléologique que Pascal avait si fermement désavouée [1]. Est-ce bien le Dieu de la grâce qui parle ainsi aux hommes par les merveilles de la nature ? Comme s'il voulait le rendre encore plus accessible et plus proche, le poète prend soin de conclure sur une note rassurante : la morale révélée, précise-t-il en terminant, rend plus efficace la morale rationnelle, et, bien loin qu'elle « étouffe la nature », elle apporte au fidèle la sécurité et le bonheur [2].

A défaut de qualités littéraires il y a souvent plus de rudesse et de conviction dans la prose appliquée de l'abbé Mésenguy que dans la poésie oratoire de Louis Racine. Ce professeur qui fut pendant plus de vingt ans le compagnon et l'adjoint de Rollin au collège de Beauvais ne dédaigne pas d'utiliser dans son *Exposition de la doctrine chrétienne* [3] les preuves purement philosophiques, ou celles qui sont le plus à la portée du sens commun [4]. Il reconnaît aussi l'existence d'une loi naturelle, « gravée par le Créateur dans l'âme de tous les hommes » et que les préceptes du Décalogue se sont bornés à renouveler [5]; mais, ajoute-t-il aussitôt, l'histoire sainte enseigne que les israélites ne cessaient de désobéir à celui-ci, et leur constante infidélité à la Loi prouve bien qu'il ne suffit pas de la connaître pour l'observer [6] : non seulement le péché a obscurci la raison, mais il lui a suscité un redoutable rival, cet attachement aux biens sensibles et charnels, qui nous incline au mal alors même que nous apercevons le bien. Et ce n'est pas encore, précise Mésenguy, sa conséquence la plus grave. Il est juste d'admirer avec saint Augustin, la sagesse morale ou politique à laquelle ont pu s'élever quelques philosophes ou législateurs de l'Antiquité païenne [7], mais Cicéron lui-même ignorait que Dieu, et non l'homme, est la fin dernière de l'homme : l'ordre de la loi naturelle n'a de sens que s'il est informé par celui de la charité. Cette vérité annoncée par le Christ condamne la vertu du sage païen :

« Quand donc il mettrait en pratique tous les autres préceptes de la loi naturelle, dès qu'il ignore ce grand et ce premier précepte de l'amour de Dieu, le poids de son amour-propre le tourne infailliblement vers lui-même; et par une idolâtrie affreuse, il s'établit la fin de toutes choses, et devient à lui-même son Dieu » [8].

---

1. *Op. cit.*, Chant I. (Cf. PASCAL, *Pensées, op. cit.*, Section IV (fragments 242-244).
2. *Ibid.*, Chant VI.
3. *Exposition de la doctrine chrétienne ou Instruction sur les principales vérités de la Religion*, Utrecht, 6 vol. in-12, 1744. Louis Racine avait été au collège de Beauvais l'élève de Mésenguy.
4. Ainsi la preuve par le consentement universel (*ibid.*, t. I, Premier Entretien) ou celle du spectacle de la Nature (*Ibid.*, Second Entretien).
5. *Ibid.*, t. IV, p. 7.
6. *Ibid.*, p. 24.
7. *Ibid.*, pp. 8-9.
8. *Ibid.*, pp. 17-18.

Se fier à la nature et à l'efficacité de ses lois, c'est raisonner comme si l'humanité vivait encore dans l'innocence originelle, c'est confondre, comme Ramsay l'écrit à Louis Racine, « l'ordre passager de la nature dégradée, avec l'ordre éternel, immuable et nécessaire auquel l'homme est destiné »[1]. Que de maux dont se plaignent les fils d'Adam sont les suites nécessaires de la première faute ! Le baptême détruit en nous « l'empire du péché », mais il n'en efface pas les « suites » : la malédiction du travail, la maladie et la mort, l'ignorance et la concupiscence, et la tyrannie des « puissances trompeuses » de l'âme que sont l'imagination et les sens...[2] Ces vérités élémentaires de la doctrine chrétienne, que l'abbé Mésenguy ne se lasse pas de répéter, combien autour de lui, parmi les auteurs qui se disent chrétiens, les méconnaissent complètement ou ne les mentionnent que du bout des lèvres ! Vérités terribles qu'il ne sert à rien de savoir développer à grand renfort de rhétorique si l'on n'en sent pas d'abord toute l'étendue. Les Jésuites sans doute ne les nient pas, mais tout se passe souvent dans leurs écrits ou dans leur enseignement, comme si elles n'étaient pour eux que des thèmes convenus ou des vérités mortes dont on peut sans inconvénient minimiser le poids. C'est là chez eux une tendance traditionnelle : elle apparaît notamment dans le *Catéchisme* de Canisius, dont des adaptations à l'usage des collèges sont couramment pratiquées au xviiie siècle[3]. Les jansénistes n'ont pas tort de combattre dans cette doctrine l'hydre toujours renaissante des vieilles erreurs pélagiennes. Les *Nouvelles Ecclésiastiques* qui paraissent très régulièrement chaque semaine à partir de 1728 ne se lassent pas de dénoncer, mais en vain, les progrès du mal : c'est un catéchisme tout entier inspiré de Molina, que patronne dans son diocèse l'évêque de Sées[4]; c'est l'enseignement hérétique que les Jésuites dispensent non seulement aux étudiants laïques de leurs collèges, mais aux séminaristes confiés à leurs soins[5], ce sont enfin les thèses de métaphysique ou de théologie où l'hérésie s'étale et trouve jusqu'en Sorbonne sa consécration officielle[6].

---

1. *Lettre de M. le Chevalier de Ramsay à M. Racine* (à la suite du poème *La Religion*, *op. cit.*, pp. 215-218). Ramsay y défend le catholicisme de Pope.
2. MÉSENGUY, *op. cit.*, t. V, pp. 222 sq. *Des suites du péché qui restent après le baptême.*
3. Canonisé en 1725, le P. Canisius est un célèbre théologien du XVIe siècle. Parmi les adaptations scolaires de son *Catéchisme*, R. Pomeau cite et analyse le *Catéchisme graeco-latinus*, publié à Caen en 1686, réédité en 1733, auquel le jeune Marie-François Arouet a dû, au Collège Louis-le-Grand, sa formation religieuse. Cf. R. POMEAU, *La Religion de Voltaire, op. cit.*, Première partie, Ch. II, pp. 46 sq.
4. *Nouvelles Ecclésiastiques*, 3 avril 1734, p. 57.
5. C'est le cas à Sées, encore (Cf. *ibid.*, 7 septembre 1737, p. 141), mais aussi à Montargis (*Ibid.*, 22 octobre 1733, p. 172), à Bourges (*ibid.*, 11 décembre 1745, p. 199), etc.
6. En 1734, le nouvelliste note que la Sorbonne, à son tour, conforme son enseignement à la Bulle *Unigenitus* : « Presque toutes les thèses qu'on soutient dans cette Faculté moderne ne respirent que le Molinisme, s'indigne-t-il. On y aperçoit partout un penchant déclaré pour les opinions ultramontaines... » (*ibid.*, 18 août 1734, p. 141. Cf. *ibid.*, 12 mars, 1744, pp. 43 ; 30 juillet 1744, p. 121 etc...). En réalité c'est des dernières semaines de 1729

Le point qui retient le plus la vigilance hargneuse du nouvelliste c'est l'obstination des Jésuites à soutenir la possibilité de l'état de pure nature. Dieu pouvait-il créer Adam sans lui donner la grâce ? La question peut sembler très théorique puisque, selon l'opinion admise par tous les théologiens depuis le Concile de Trente, les deux partis conviennent que cet état n'a jamais existé. En réalité la réponse qu'on lui donne engage tout le système de la nature et de la grâce. Celle des jansénistes tient dans la trente-cinquième proposition du P. Quesnel, condamnée par la bulle de 1713 : « La grâce d'Adam est une suite de la création, et était due à la nature saine et entière »[1]. Une fois admis que la grâce du premier homme faisait partie de sa nature, il est évidemment impossible de supposer que la nature ait pu avant le péché exister sans la grâce. Cette hypothèse ne serait pas seulement un illogisme, mais une véritable injure à la Sagesse divine : car la nature privée de la grâce serait une nature mutilée, et indigne de la Création. D'où la définition que donne de l'état de pure nature l'un des plus ardents adversaires de la Bulle, l'Oratorien de Gennes : « Cette condition du premier Homme, créé de Dieu misérable, aveugle, plein de passions et de désirs déréglés, tel enfin que nous sommes tous par le malheur de notre naissance »[2]. Qui ne voit que cette description correspond à l'état de la nature déchue, et non à celui d'innocence ? Et, de fait, les vues pessimistes des disciples du P. Quesnel sur la nature humaine sont dans la logique de la proposition initiale; si la grâce première faisait partie de l'intégrité de la nature, son retrait après la faute a dû entraîner pour Adam une véritable amputation; c'est un ennemi des jansénistes qui reconnaît en ces termes la cohérence de leur doctrine :

« Ce système supposé, il s'ensuit que l'homme ayant perdu la charité par le péché, cette perte est une blessure, une maladie, une corruption survenue à sa nature, et non un dépouillement de quelque précieuse robe dont il eût été revêtu; car la robe n'est point de l'intégrité de la nature, mais une grâce surajoutée »[3].

---

que date le recul du jansénisme à la Faculté de Théologie, à la suite des mesures d'autorité prises par Fleury contre une bonne centaine de docteurs « appelants ». Un fervent janséniste, l'abbé Pucelle, avait alors déclaré devant le Parlement de Paris qu'il ne restait plus de la Sorbonne qu'une *carcasse* (cf. A. GAZIER, *Histoire générale du mouvement janséniste*, 1922, t. I, pp. 307-308) : de là l'épithète injurieuse de « carcassienne », souvent prodiguée par le parti janséniste pour flétrir la nouvelle Sorbonne.
    1. Voir les documents reproduits en appendice à son livre par A. GAZIER, *op. cit.*, t. II, p. 316.
    2. Le P. Joseph Galien, de l'ordre des Frères Prêcheurs, emprunte en 1745 cette définition au P. de Gennes, pour la réfuter. Cf. J. GALIEN, *Lettres théologiques touchant l'état de pure nature, la distinction du naturel et du surnaturel, et les autres matières qui en sont les conséquences, par le R.P. Joseph Galien de l'ordre des F.F. Prêcheurs, docteur agrégé à la Faculté de Théologie de l'Université d'Avignon*, Avignon, 1745, pp. 17-18. Persécuté pour les thèses jansénistes qu'il avait soutenues à Saumur en 1718, le P. de Gennes, exclu de l'Oratoire en 1729, mena jusqu'à sa mort en 1748 une vie aventureuse, tout entière vouée à la défense des idées jansénistes les plus extrêmes, ce qui lui valut des difficultés même avec le parti. (Voir la semonce que lui adressent les *Nouvelles ecclésiastiques* en 1743 (p. 27).
    3. J. GALIEN, *op. cit.*, p. 23.

Reconnaissons qu'il fallait aux censeurs du P. Quesnel quelque mauvaise foi pour l'accuser ici de pélagianisme. En identifiant la grâce aux facultés naturelles de l'homme, Pélage pensait à la nature actuelle de l'humanité et entendait nier que le péché d'Adam pesât en quelque manière sur ses descendants; le postulat des jansénistes ne porte que sur la nature intègre et aboutit à des conclusions exactement opposées. La chose vaudrait à peine d'être dite si leurs ennemis ne s'employaient à créer entre les deux doctrines une confusion toute verbale [1]. Les théologiens de la Société de Jésus devaient être particulièrement portés à imputer à leurs adversaires l'erreur dont ils étaient eux-mêmes soupçonnés. Tout différent dans son principe, leur propre système aboutit en effet à minimiser les suites du péché originel. S'ils défendent avec tant de continuité leur thèse sur la possibilité de l'état de pure nature, c'est parce qu'elle constitue la justification théologique de leur morale : là encore on se trouve devant une doctrine parfaitement liée, et même si cohérente que ses prémisses abstraites semblent bien en fait commandées par ses conclusions. Avant le péché le premier homme bénéficiait, selon eux, d'une grâce *surnaturelle* dont il s'est trouvé privé après sa faute. Ainsi, même dans son état d'intégrité, la nature créée ne participait de la nature divine que par un don gratuit de la grâce; cette affirmation très orthodoxe est commune aux thomistes et aux molinistes; elle permet à ces derniers d'invoquer contre le « pélagianisme » supposé des jansénistes l'autorité de saint Thomas [2]. Mais leur accord avec la tradition thomiste s'arrête là : au lieu d'avouer que le péché a profondément blessé et corrompu la nature en même temps qu'il la privait de la grâce, ils tiennent cette privation pour son unique effet. A leur avis la nature déchue est donc identique, abstraction faite de la grâce, à la nature intègre de l'Éden. La perspicacité malveillante des *Nouvelles ecclésiastiques* ne s'y trompe pas; si les molinistes soutiennent que l'état de pure nature est possible, c'est pour mieux autoriser les maximes de leur morale relâchée :

« On ne saurait faire assez d'attention à l'intérêt qu'ont les Jésuites d'établir en toute occasion la possibilité de cet état chimérique. La possibilité de l'état de pure nature n'est pas chez eux une question de pure théorie :

---

1. Les archives du Vatican conservent les appréciations du pape Clément XI sur les 155 propositions extraites des *Réflexions morales* du P. Quesnel et dénoncées à Rome. La trente-cinquième y est qualifiée de « *Temereria, erronea, sapiens haeresim pelagianam et damnata in Baio* » (A. GAZIER, *op. cit.*, t. II, p. 337). La doctrine de Baïus, théologien de l'Université de Louvain, avait été condamnée par Pie V en 1567 ; elle présente beaucoup d'analogies avec celle de Jansénius. Quant au rapprochement avec Pélage, il est au XVIII⁰ siècles un lieu commun de la polémique anti-janséniste. Cf. J. GALIEN, *op. cit.*, *Première lettre*, Art. I, 6, et *Seconde lettre*, art. III.

2. J. GALIEN, *op. cit.*, *Première lettre*, art. I, 3 ; *seconde lettre*, Art. I, *Pensées de saint Thomas et des autres anciens théologiens sur l'état de pure nature*. Ce dominicain n'est pas moliniste, mais les *Mémoires de Trévoux* (mai 1747, pp. 1102 sq.) donnent de son livre une analyse très élogieuse.

c'est un principe, pour ainsi dire pratique, qui leur sert à combattre les fondements de la morale chrétienne. Tandis qu'ils paraissent ne proposer cet état que comme simplement possible, ils en font insensiblement, et presque sans qu'on s'en aperçoive, un état réel actuellement existant [...] En effet sur quel autre principe pourraient-ils appuyer cette pernicieuse maxime [...], *savoir qu'une action faite par la seule honnêteté est bonne moralement sans avoir besoin d'être rapportée à Dieu, et faite par son amour* [...]. Si l'homme n'est pas réellement dans l'état de pure nature : s'il est créé, comme nous l'apprend la foi, pour jouir de Dieu et le posséder éternellement comme sa dernière fin, comment lui serait-il permis d'agir pour une autre fin que Dieu, pour une fin purement naturelle... ? » [1].

Peut-on concevoir une morale purement humaine et indépendante de la Révélation ? Pour les jansénistes la question n'a aucun sens : « Que peut-on être autre chose que ténèbres, qu'égarement et que péché, sans la lumière de la foi, sans Jésus-Christ, sans la charité ? » [2]. Supposer que la volonté de la créature déchue puisse accomplir par ses seules forces un acte moralement honnête, c'est l'ériger en puissance rivale de la volonté divine : contre les partisans de la Bulle, les « appelants » ne cessent de le répéter [3]. Mais les Jésuites peuvent se réclamer à ce propos de la tradition théologique aussi bien que des récentes décisions de l'Église romaine, qui définissent une position moyenne entre Pélage et Luther : nécessaire dans l'état de péché pour les actes *salutaires,* la grâce ne l'est pas en principe pour les actes simplement *honnêtes.* Sans doute les vertus purement naturelles sont-elles insuffisantes et précaires, écrira encore en 1754 le journaliste de Trévoux, « mais dire qu'un homme guidé par la lumière seule de la raison ne puisse jamais exercer les actes d'équité, d'obéissance, de modération, d'humanité, de reconnaissance, etc... que par des vues secrètes d'intérêt et de vanité, c'est penser trop injurieusement de notre nature : elle est défigurée, altérée, corrompue, sans doute, elle n'est point détruite : la raison et la religion s'accordent ici » [4]. Aussi le même périodique protestait-il en 1709 contre le système de La Rochefoucauld, mis en vers par La Motte [5]. Cette doctrine constamment reprise s'inscrit dans la ligne de l'humanisme chrétien, mais si elle est en soi très orthodoxe elle peut conduire à des principes qui le sont

---

1. *Nouvelles ecclésiastiques,* 11 décembre 1745, pp. 199-200, (*loc. cit.*)
2. C'est la quarante-huitième proposition du P. Quesnel condamnée en 1713. Cf. GAZIER, t. II, *loc. cit.,* p. 319. Voir aussi la trente-huitième, plus lapidaire : « Le pécheur n'est libre que pour le mal sans la grâce du libérateur » (*ibid.,* p. 317).
3. « Ils n'hésitent point à borner la puissance de Dieu par rapport au monde spirituel. Ils lui associent dans le gouvernement de ce monde un autre principe puissant qui opère et qui décide ce que Dieu n'opère et ne décide pas. Ce principe est le libre-arbitre, à qui ils attribuent comme on le voit, une puissance souveraine ». *Les Hexaples ou les Six colonnes sur la constitution Unigenitus,* 1721, t. III, Première partie, p. 249 (texte cité par B. GROETHUYSEN, *op. cit.,* p. 109). Ce titre étrange, emprunté à Origène, suffit à marquer l'intention polémique de l'ouvrage. Sur la question du libre-arbitre, cf. ci-dessous, Ch. XI, 1.
4. *Mémoires de Trévoux,* août 1754, Cf. GRŒTHUYSEN, *op. cit.,* p. 156.
5. *Ibid.,* avril 1709, p. 585. Cf. R. POMEAU, *op. cit.,* p. 55.

beaucoup moins : une action moralement honnête mérite en cette vie une récompense, mais Dieu pourra-t-il punir dans l'au-delà ce qu'il récompense ici-bas ? Le rédacteur des *Nouvelles Ecclésiastiques* n'a pas besoin de forcer beaucoup les textes pour déduire du catéchisme de l'évêque de Sées cette conclusion implicite [1]. De la notion d'un *mérite naturel* on passe aisément à une conception rationaliste du salut, et l'histoire offre bien des exemples de ce glissement : ce sont les maximes sur la grâce condamnées en 1700 par l'Assemblée du Clergé et qui avaient déjà déclenché, quinze ans plus tôt, l'affaire du « péché philosophique », dont les Jésuites ne s'étaient pas tirés à leur avantage[2].

« Hors de l'Eglise, point de salut ». Le dogme sévère qu'Antoine Arnauld opposait en 1642 à la Mothe le Vayer et à son *Traité de la vertu des païens* porte également contre les thèses des docteurs molinistes [3]. Mais les païens ou les enfants morts sans baptême ne sont pas les seuls exclus de la vie éternelle. Dieu veut que tous les hommes soient sauvés, mais le nombre des élus est infime : tous les systèmes théologiques sur la prédestination et la grâce visent à développer cette vérité contradictoire, et les prédicateurs trouvent dans ce redoutable mystère de quoi frapper durablement l'imagination et le cœur des fidèles [4]. Mais parmi les vérités obscures de la foi il n'en est pas qui heurtent autant la raison des philosophes. Car enfin un Dieu tout-puissant ne peut-il pas tout ce qu'il veut ? En France la philosophie de Malebranche est le dernier grand effort pour résoudre rationnellement cette antinomie. Les Jésuites qui se méfient de la métaphysique et avaient inspiré en 1715 à l'un des leurs, malebranchiste repenti, une *Réfutation* de l'oratorien, qui tournait celui-ci en ridicule [5], ne laissent pas cependant d'accommoder parfois à leurs principes le dogme du petit nombre des élus. Selon le P. Croiset il s'agit presque d'une vérité d'expérience : combien de chrétiens en effet peuvent se targuer de vivre selon les maximes de l'Évangile ? « Quand la foi ne nous enseignerait pas cette vérité terrible, conclut-il, supposé certains principes de l'Évangile, dont tous les chrétiens convien-

---

1. *Op. cit.*, 3 avril 1734, p. 57.
2. Voir sur le premier point R. MERCIER, *op. cit.*, Première partie, Ch. II, pp. 49-52. C'est en 1686 qu'un Jésuite dijonnais, l'abbé Meunier, avait proposé de distinguer le péché philosophique qui enfreint la loi naturelle et le péché théologique qui viole la loi divine : ainsi les païens de l'Antiquité ou les idolâtres des temps modernes, ne pouvant violer une loi qu'ils ignorent, ne seraient pas nécessairement damnés. Vivement dénoncée par Arnauld, et condamnée à Rome en 1690, la doctrine de l'abbé Meunier avait été reprise en 1697 par le cardinal Sfondrato, non sans susciter la réaction de Bossuet. (Voir un résumé de l'affaire in R. POMEAU, *op. cit.*, pp. 54-55).
3. C'est un adversaire des Jésuites, Ellies Dupin, qui prend l'initiative en 1701, à l'occasion de la querelle chinoise, de publier la réplique d'Arnault à La Mothe le Vayer, demeurée manuscrite, *De la nécessité de la foi en Jésus-Christ pour être sauvé*.
4. Cf. MASSILLON, *Sur le petit nombre des élus. Grand Carême, Troisième lundi*, édit. Blampignon, t. II, p. 26.
5. Le P. R. DUTERTRE, *Réfutation d'un nouveau système de métaphysique proposé par le P. M.*, Paris, 1715, *op. cit.*

nent, la seule raison suffirait pour nous convaincre que le nombre des sauvés doit être petit »[1]. Tout autre est sur le même problème la position de Mésenguy qui accepte sans discussion le mystère, dans un acte de foi inconditionnel : « Dieu est essentiellement incompréhensible à quiconque n'est pas Dieu [...]. Si le justice divine pouvait être comprise par nous, elle ne serait plus une justice divine »[2]. Trois ans avant le lancement de l'*Encyclopédie,* ce texte qui est presque contemporain de l'*Esprit des Lois* et des *Moeurs* de Toussaint sonne comme un véritable défi. Entre la nature et la grâce, entre la raison et la foi, l'heure de la conciliation est passée, voici qu'approche le temps du combat décisif.

Dès les dernières années du demi-siècle, avant même que la déconfiture de leurs anciens persécuteurs ne devienne un fait européen, les jansénistes apparaissent dans la lutte qui s'engage comme les champions les plus vigilants de la cause du vrai Dieu[3]. Mais leur intransigeance est plus méritoire qu'efficace : lorsque Mésenguy proclame hautement que la morale chrétienne est contre nature, et qu'il voit dans ce caractère la preuve de sa sainteté, il n'a pas besoin de connaître le *Testament* du Curé Meslier pour savoir que c'est précisément là ce que les athées ou les déistes reprochent au christianisme[4]. S'il est une manière de défendre la religion révélée qui la compromet avec la philosophie des lumières, celle-ci la discrédite à coup sûr. Au gré des apologistes le Dieu des chrétiens apparaît tour à tour soit comme un despote capricieux et cruel, soit comme un souverain raisonnable et juste. Comment les philosophes hésiteraient-ils longtemps entre ces deux images de la Divinité ? La seconde même ne les retient finalement qu'une fois dissipées les ombres qui l'obscurcissent encore. Dans le Royaume universel le Dieu des Jésuites n'a qu'un règne de transition : fondé sur le consentement universel de la nature, son pouvoir absolu devait nécessairement lui être bien vite contesté au nom de la même nature. Selon les jansénistes il n'est pas de salut possible sans la charité et l'amour de Dieu ; selon les Jésuites un sentiment purement humain et que leurs

---

1. CROISET, *Exercices de piété.* Texte cité par HOUDRY, *La Biliothèque des Prédicateurs...,* nouvelle édition, Paris, 1856-69, t. VII, pp. 403-404. Homme d'une piété austère et intransigeante, le P. Croiset n'est pas suspect de favoriser la morale relâchée ou de sympathiser avec les idées du siècle ; « le monde, écrit-il encore, est l'ennemi irréconciliable du Fils de Dieu » (*ibid.*). Même chez lui on aperçoit pourtant une tendance très nette à *naturaliser* le mystère et à faire de la morale l'essentiel de la Religion.

2. *Abrégé de l'Histoire de l'Ancien Testament,* 1747, t, I, p. 64. Cf. B. GRŒTHUYSEN, *op. cit.,* p. 107.

3. Longtemps les *Nouvelles Ecclésiastiques* avaient pratiquement réservé leurs attaques aux défenseurs de la *Constitution.* Montesquieu et Buffon, entre autres philosophes, s'apercevront à leurs dépens, qu'il n'en est plus ainsi. Citons également l'infatigable abbé Gaultier qui s'en prend tour à tour aux Jésuites (*Les jésuites convaincus d'obstination à permettre l'idolâtrie dans la Chine,* 1744), à Pope (*op. cit.,* 1746), et enfin aux *Lettres Persanes* (*Les Lettres Persanes convaincues d'impiété,* 1751).

4. *Exposition de la doctrine chrétienne, op. cit.,* t. VI, *Conclusion,* pp. 187-188. Le précepte aimer ses ennemis, expose Mésenguy, est contraire au sentiment de la nature. Meslier ne dit pas autre chose. Cf. *Testament, op. cit.,* t. II, *Cinquième preuve,* pp. 160 sq.

adversaires qualifient de servile, la crainte de l'Enfer, suffit à nous détourner du péché [1]. Mais les philosophes ne peuvent se résoudre ni à aimer un Dieu incompréhensible, dont l'arbitraire les révolte, ni à craindre l'Être souverainement bon qui voit la droiture de leur cœur. De là ce « naturalisme subtil » dont s'inquiète un défenseur de la Révélation et qui est en effet mille fois plus dangereux pour les mystères de la Foi que le « naturalisme grossier » des athées [2].

---

1. Les jansénistes ont toujours combattu « l'attritionisme » des Jésuites. Cf. Dupin, *Traité philosophique et théologique sur l'amour de Dieu*, 1717 ; Nicolas Petitpied, *Lettres sur la crainte et la confiance*, 1734, etc... Voir sur le dogme de l'Enfer les belles analyses de B. Grœthuysen, *op. cit.*, pp. 70 sq.

2. J. Buddeus, *Traité de l'athéisme et de la superstition, op. cit.*, Ch. I et II. L'édition latine de cet ouvrage date de 1717, mais sa traduction française, publiée en 1740, vient à son heure. L'auteur s'en prend notamment à Herbert de Cherbury, en notant que son critère du consentement universel le conduisait à nier la Révélation (Ch. I, pp. 87-88). Il convient donc de distinguer *naturalisme* et *athéisme*. « Le terme de naturalisme se prend en plusieurs sens ; tantôt l'on entend par là le Pélagianisme, qui est effectivement un Naturalisme subtil ; tantôt les lumières de ceux qui suivent les lumières de la raison seule sur l'article de la Religion ; tels étaient les philosophes du paganisme ; mais le Naturalisme le plus grossier est celui qui ne reconnaît point d'autre Dieu que la Nature ou plutôt l'Univers. Tel est le Panthéisme, ou le Spinozisme, parce que Spinoza en a été le principal restaurateur et a tâché de le farder de belles couleurs. Il n'y a point de doute que le Naturalisme pris en ce sens ne soit un véritable Athéisme ». (Ch. II, p. 100).

3. — La « suffisance de la religion naturelle »

Dieu tout-puissant ne pouvait-il sauver tous les hommes? Ou malgré sa bonté ne l'a-t-il pas voulu? La tradition théologique qui voue à la damnation la plus grande partie de l'humanité laisse l'esprit et le cœur insatisfaits devant ce dilemme. N'est-il pas plus naturel et plus exaltant de croire en la Rédemption universelle? Jésus-Christ est monté au Calvaire pour les Gentils comme pour les Juifs; donc tous, sans distinction, sont sauvés. Ainsi raisonne, dans la sincérité de sa foi mais aussi dans la logique de son bon-sens, un humble serviteur de l'Église [1]. Pierre Cuppé n'est pas un esprit fort; il se soumet sans difficulté à la censure de ses supérieurs; mais voici que ses idées, mûries en silence, lui échappent; il a désavoué son manuscrit, mais des copies circulent; en 1744, l'année même de sa mort, le bon chanoine s'en plaint amèrement à l'évêque de Mirepoix. Simple tactique ou bonne foi abusée? Sa fidélité au catholicisme ne fait pas de doute, mais l'audace inconsciente de son entreprise l'entraîne vite plus loin qu'il ne voulait : ce prêtre si soucieux de ne « rien déranger des pratiques de la religion » n'hésite pas à plier aux notions humaines de la logique et de la justice les mystères et les dogmes de la Religion révélée. C'en est assez pour que, de gré ou de force, il soit enrôlé [2].

Pierre Cuppé croit aux châtiments éternels mais il les réserve à celui qui est désormais le seul prisonnier de l'Enfer, l'Antéchrist. D'autres, autour de lui et après lui, ne s'embarrassent pas de scrupules d'orthodoxie aussi puérils... Pour eux il n'est qu'une loi naturelle d'équité et elle s'impose à l'Être suprême comme aux hommes. L'auteur des *Lettres Persanes,* qui avait écrit dix ans plus tôt un essai *De la damnation éternelle des païens,* sait que Dieu est « nécessairement juste », et il s'indigne que certains docteurs osent l'imaginer capable d'un « exercice tyrannique de sa puissance » [3]; aussi Usbek ne peut-il se résoudre à croire qu'au jour du Jugement les chrétiens soient punis par Dieu pour « n'avoir pas

---

1. *Le Ciel ouvert à tous les hommes ou traité théologique par lequel sans rien déranger des pratiques de la religion, on prouve solidement par l'Écriture Sainte et par la raison, que tous les hommes sont sauvés,* par M. *Pierre Cuppé, prêtre, bachelier en théologie, chanoine régulier de Saint-Augustin et prieur curé de Bois,* diocèse de Meaux. C'est le plus répandu des manuscrits qu'étudie Ira O. WADE (*op. cit.,* pp. 33-44).

2. Le désaveu est signé du 10 septembre 1716. L'ouvrage de Cuppé sera publié en 1768.

3. *Lettres Persanes, op. cit.,* 83.

pratiqué une religion qu'il ne leur a pas fait connaître » [1]. Les Féliciens du marquis de Lassay ne prennent même pas la peine de spéculer sur ce que peut être l'autre vie : « Ils abandonnent leur sort avec confiance et tranquillité à cette Providence qui conduit l'Univers, ils sont seulement attentifs à suivre les lois qu'elle a gravées dans le cœur de tous les hommes, à être vrais, justes et humains, charitables et miséricordieux » [2]. Dans un style plus agressif le juif Aaron Monceca proteste que des peines éternelles seraient contraires à la lumière naturelle qui exige une proportion entre la faute et le châtiment [3]. Et l'infatigable abbé de Saint-Pierre, faisant à son tour dialoguer deux Persans, assure par leur entremise qu'il suffit d'être bienfaisant ici-bas pour gagner le bonheur céleste [4].

Que peuvent contre ce sentiment naturel de la justice les chimères obscures des théologiens ? Ce n'est pas en proposant aux philosophes du siècle des explications absurdes qu'on leur fera admettre des dogmes iniques. Eux savent que la justice et la raison vont de pair et sont deux aspects de la même loi naturelle. « La raison doit être notre dernier juge et notre dernier guide en toute chose », avait proclamé l'un de leurs maîtres à penser [5]. Il arrive que les sauvages du Canada donnent en ce domaine, comme en d'autres, des leçons aux prétendus civilisés; voyez leur résistance obstinée et lucide aux efforts des missionnaires : « Ils soutiennent que l'homme ne doit jamais se dépouiller des privilèges de la raison, puisque c'est la plus noble faculté dont Dieu l'ait enrichi, et que, puisque la religion des chrétiens n'est pas soumise au jugement de cette raison, il faut absolument que Dieu se soit moqué d'eux, en leur enjoignant de la consulter pour discerner ce qui est bon d'avec ce qui ne l'est pas » [6]. Contre les croyances qui heurtent la raison le siècle n'est pas à court d'arguments : de Montaigne à Bayle la tactique traditionnelle

---

1. *Ibid.*, 35. Voir aussi *Pensées*, 1945 (674), *Doutes* ; la seule prédestination digne de la justice de Dieu est celle qui prédestine au salut. « Mais il ne s'ensuit pas, précise Montesquieu, que tous ceux qui ne sont pas prédestinés soient damnés ».

2. *Relation du royaume des Féliciens*, in *Recueil de diverses choses*, Lassay, 1727, p. 104. C'est déjà l'attitude de Voltaire dans la *Prière* qui conclut son *Poème sur la loi naturelle* (Édit. Crowley, *op. cit.*, p. 269).

> « O Dieu ! qu'on méconnaît, O Dieu ! que tout annonce,
> Entends les derniers mots que ma bouche prononce ;
> Si je me suis trompé, c'est en cherchant ta Loi ;
> Mon cœur peut s'égarer, mais il est plein de toi ;
> Je vois sans m'alarmer l'Éternité paraître,
> Et je ne puis penser qu'un Dieu qui m'a fait naître
> Qu'un Dieu qui sur mes jours verse tant de bienfaits
> Quand mes jours sont éteints, me tourmente à jamais. »

3. *Lettres juives*, 1738, *op. cit.*, t. II, lettre 43.

4. *Ouvrages de politique*, t. XII, p. 133.

5. LOCKE, *Essai sur l'entendement humain*, livre IV, Ch. XIX, (édit. Coste, *op. cit.*, p. 913).

6. LA HONTAN, *Mémoires sur l'Amérique Septentrionale*, édit. Chinard, *op. cit.*, p. 108.

des pyrrhoniens, qui fait s'entrechoquer les doctrines et les textes, n'avait jamais fait défaut aux érudits et aux libertins. Beaucoup continuent à la suivre avec une application laborieuse, à grand renfort de références et de subdivisions [1]. Mais le siècle possède une arme qui est bien à lui : même maniée avec plus ou moins de bonheur, elle est plus dangereuse pour la foi que la science des érudits ou les raisonnements sublimes de la métaphysique. Arme si nouvelle et déconcertante que les âmes pieuses ne semblent pas en avoir senti aussitôt la puissance : le parti janséniste mettra trente ans à s'apercevoir des impiétés que répand l'ironie des *Lettres Persanes* [2]. Mais alors il sera bien tard pour réagir; les défenseurs de la foi continueront à avoir pour eux des méthodes éprouvées, un grand luxe d'arguments et d'autorités, une bonne conscience à toute épreuve : littérairement parlant, leurs innombrables volumes ne valent pas une page de *Zadig*.

Légère ou passionnée, l'ironie est mieux qu'une arme, l'indice d'une victoire. Champions et adversaires de la *Bulle* se portent des coups redoutables : leur interminable combat, vu avec la sérénité critique de la philosophie, apparaît comme une dispute de pygmées. Naguère l'honnête homme était féru de théologie, mais le jansénisme du XVIIIe siècle n'a pas trouvé ses *Provinciales*. Las d'entendre discourir sur la Constitution, Usbek cherche à se renseigner : mais au lieu du savant dervis dont il espérait des éclaircissements, il ne trouve qu'un « gros homme avec un teint vermeil », tout suant de hargne et de suffisance [3]. En vérité Paris est beaucoup plus grand qu'Ispahan ; le Persan y découvre en même temps deux mondes, celui de la rigueur scientifique et celui des controverses obscures du fanatisme : deux univers mentaux plus éloignés l'un de l'autre que Chiraz, la ville des roses, ne l'est du café Procope. Le « style figuré » des prophètes permet bien des commentaires, mais on ne discute pas la géométrie d'Euclide [4]. Les querelles théologiques ne sont que délire verbal : un mot fait de vous un hérétique, un autre mot vous rend de nouveau orthodoxe [5]. Chacun se fait de Dieu une image conforme à ses intérêts, à ses habitudes ou à son tempérament; les nègres ont bien leur Diable blanc ! Ainsi en est-il de toutes les religions du monde. « Dieu est si haut que nous n'apercevons pas même ses nuages » [6]. Mais cette ignorance invincible n'a jamais empêché les hommes, ces vers *qui rampent sur un atome*, de se proposer « pour modèles

---

1. C'est le cas du curé Meslier dont l'acharnement méritoire est souvent bien pesant.
2. Voir le livre de l'abbé Gaultier cité plus haut.
3. *Lettres Persanes*, 101.
4. *Ibid.*, 97, *loc. cit.*
5. *Ibid.*, 29.
6. *Ibid.*, 69.

de la Providence ». Vraiment, avoue Rica, un rien découragé, « je ne sais comment accorder tant d'extravagance avec tant de petitesse » [1].

De telles folies ne peuvent se traiter simplement par l'indifférence ou par le mépris. « En Espagne et au Portugal il y a de certains dervis qui n'entendent point raillerie, et qui font brûler un homme comme de la paille » [2]. Les visions des fanatiques ne heurtent pas seulement l'idée que la raison propose à l'homme de la justice et de la vérité, elles menacent directement sa sécurité et son bonheur. Les religions révélées prétendent assurer le salut éternel de leurs adeptes, mais que sera ce bonheur surnaturel si l'on en juge par les crimes qu'elles font commettre ici-bas ? Qu'est-ce qu'une charité au nom de laquelle on torture et on brûle ? Telles seront les questions sans cesse posées au cours du siècle. Il ne se trouvera pas beaucoup d'esprits assez modérée, parmi les « sectateurs de la religion naturelle » ou les tenants du naturalisme athée, des *Lettres Persanes* [3] à l'*Essai sur les moeurs* et au *Christianisme dévoilé,* pour s'efforcer à un bilan objectif. Et Montesquieu qui s'y essaiera honnêtement mettra plus de conviction passionnée dans son réquisitoire que dans son plaidoyer. Dans l'*Esprit des Lois* aucun chapitre, aucun paragraphe écrit à la gloire ou à la décharge de la religion chrétienne n'égale en densité affective la *Très humble remontrance aux Inquisiteurs d'Espagne et de Portugal* [4]. Quant à Voltaire, il publie en 1732 son *Ode sur le fanatisme,* ainsi que l'*Épître à Uranie,* rédigée dix ans plus tôt, qui contient à l'adresse de Dieu le vers fameux :

« Je ne suis pas chrétien, mais c'est pour t'aimer mieux » [5].

Dès avant son départ en Angleterre, dans *La Ligue* et surtout dans *La Henriade,* Voltaire avait essayé d'écrire l'*Énéide* de la guerre contre l'intolérance [6]. Dès lors l'obsession du *prêtre cruel* ne le quittera plus, de toute sa vie, jusqu'à lui donner la fièvre à chaque anniversaire de la Saint-Barthélemy [7].

---

1. *Ibid.,* 59.
2. *Ibid.,* 29, *loc. cit.*
3. Cf. *Esprit des Lois,* XXIV, 2. « C'est mal raisonner contre la religion de rassembler dans un grand ouvrage une longue énumération des maux qu'elle a produits, si l'on ne fait de même celle des biens qu'elle a faits ». Le christianisme, précise, ailleurs Montesquieu, a apporté aux hommes un certain esprit d'égalité (XV, 7), de paix (XXIV, 16), de douceur (XXXI, 2) qui s'oppose à la férocité des temps barbares comme à la cruauté arbitraire des régimes despotiques. Le christianisme est la religion de l'Occident et des gouvernements modérés. Le mahométisme, au contraire, est lié à la tyrannie et à l'esclavage. (Cf. *ibid.,* XII, 29 ; XVI, 2 ; XXIV, 3 etc...).
4. *Ibid.,* XXV, 13.
5. Moland, IX, p. 361, *op. cit.*
6. Cf. R. POMEAU, *op. cit.,* Première partie, Ch. III.
7. *Ibid.,* pp. 108-109. Dans le *Poème sur la Loi naturelle,* Voltaire constate avec soulagement que, dans l'Europe des lumières, la philosophie a fait reculer le fanatisme :
  « Le feu est émoussé, les bûchers sont éteints ».
Cette satisfaction n'est cependant pas exempte d'inquiétude pour l'avenir :
  « Mais si le fanatisme était encore le Maître,
  Que ces feux étouffés seraient prompts à renaître ».
(édit. Crowley, *op. cit.,* pp. 258 sq., vers 46 à 48.).

Le conflit de la nature et de la religion prend le plus souvent des formes moins dramatiques. Ce ne sont plus les crimes du fanatisme que l'on condamne alors, mais le caractère ascétique d'une morale qui brime les instincts les plus légitimes. Moins tapageuse que la précédente, cette critique va plus loin, puisqu'elle nie la corruption de la nature humaine et s'attaque ainsi, non plus seulement aux excès commis parfois au nom du christianisme, mais à son dogme fondamental. Toute la pensée morale du demi-siècle va, à vrai dire, en ce sens, qu'il s'agisse de faire l'apologie du « sentiment », ou de revendiquer le droit à goûter sans contrainte les plaisirs de ce monde [1]. Mais la plupart des auteurs qui travaillent à cette « réhabilitation » de la nature humaine se gardent bien d'attaquer ouvertement la doctrine de l'Église : beaucoup demeurent, nous l'avons vu, très sincèrement chrétiens, et se laissent emporter par le courant du siècle sans voir où il les conduit; d'autres préfèrent biaiser et laissent prudemment le lecteur tirer lui-même ses conclusions. Les attaques les plus nettes prennent longtemps le masque de l'exotisme ou de l'utopie : en 1700 le dijonnais Gilbert, décrivant dans son *Histoire de Calejava* le bonheur innocent des Avaïtes qui vivent selon la loi de nature, se fait à lui-même l'objection du péché; mais celle-ci se détruit aussitôt : puisqu'Adam innocent a péché, écrit-il ingénieusement, notre prétendu penchant au mal ne suffit pas à prouver que notre nature soit réellement corrompue [2]. A côté de cette démonstration ambiguë, le déisme qui s'étale dans quelques manuscrits clandestins du début du siècle apparaît infiniment plus audacieux. C'est le cas notamment d'un texte de date incertaine, mais qui semble avoir été presque aussi répandu que l'ouvrage de P. Cuppé, L'*Examen de la Religion dont on cherche l'éclaircissement de bonne foi* : « L'homme est tel qu'il est par sa nature, y lisons-nous. La nature est l'ordre que Dieu a établi, qui, par conséquent, ne peut être mauvais. On ne saurait réformer l'homme sans tomber dans de grands inconvénients » [3].

Confiance en la nature humaine, rejet du surnaturel, surtout quand il prend la forme des miracles ou des prophéties, ces deux thèmes essentiels du déisme de 1750 sont déjà plus qu'esquissés dans l'*Examen de la Religion*. Aussi a-t-on du mal à déceler dans la pensée antichrétienne du demi-siècle une véritable évolution. Il est plus exact de distinguer deux grandes périodes dans sa diffusion : longtemps clandestine et souterraine, à quelques exceptions près, celle-ci commence à se faire au grand jour dans les quinze années qui précèdent la bataille de l'*Encyclopédie*. Beaucoup plus tard encore les philosophes continueront à puiser dans l'arsenal constitué cinquante ou soixante ans auparavant par quelques penseurs

---

1. Voir ci-dessus Ch. VI et ci-dessous, Ch. IX, 1.
2. Claude GILBERT, *Histoire de Calejava*, 1700, p. 249.
3. B.N. Fonds français, 13.214, p. 172. Cf. Ira O. WADE, *op. cit.*, p. 161.

audacieux. Venant après les *Lettres philosophiques,* la traduction de
l'*Essai sur l'homme* et les *Nouvelles libertés de penser,* un fait notable permet
de mesurer les progrès de la propagande déiste avant 1750 : l'*Examen
de la Religion* n'a pas attendu sa publication aussi longtemps que la plupart
des manuscrits de la même époque; sa première édition, datée de Londres
et de Trévoux (!) est de 1745. La lecture de l'*Examen* fournit à l'abbé
Gaultier, qui constate avec inquiétude l'audace grandissante des adeptes
de la religion naturelle, l'occasion de revenir sur le poème de Pope [1],
rangé parmi les responsables de l'incrédulité moderne. Le reproche
n'était pas nouveau : dès 1737 les *Mémoires de Trévoux* avaient jugé
nécessaire de mettre leurs lecteurs en garde contre le « naturalisme »
du poète anglais, assimilé à celui de son concitoyen Tindal [2]. Mais, si
grand que fût à cette époque le prestige du déisme d'Outre-Manche
auprès des philosophes du continent, ceux-ci n'avaient pas besoin de
l'exemple britannique pour reléguer la notion de vérité révélée au rang
des « préjugés » et des « superstitions ». Il leur suffisait en somme d'aller
un peu plus loin, mais dans la même direction, que leurs anciens maîtres
de la Société de Jésus : l'un des plus éminents n'avait-il pas écrit en 1724
que si le christianisme porte à son point de perfection la religion naturelle,
celle-ci suffit pour l'*essentiel* au bonheur des hommes [3] ?

*
* *

« Le *déiste* [...] est celui qui croit en Dieu, mais qui nie toute révélation, le *théiste,* au contraire, est celui qui est près d'admettre la révélation, et qui admet déjà l'existence d'un Dieu » [4]. En 1745 Diderot
s'affirme persuadé, avec Shaftesbury, que « pour devenir *chrétien,* il faut
commencer par être théiste » [5]. A supposer que cette conviction fût
sincère, ce dont il est permis de douter, sa fragilité se manifeste l'année
suivante, lorsque l'ancien élève des Jésuites de Langres publie ses *Pensées*

---

1. *Le poème de Pope convaincu d'impiété, op. cit.,* 1746, *Première lettre,* pp. 1 à 4.
L'auteur ne se réfère qu'à une copie manuscrite de l'*Examen,* datée de 1741, et ne semble
pas connaître l'édition de 1745.
2. *Mémoires de Trévoux,* mars et avril 1737 (*loc. cit.,* notamment p. 409). L'ouvrage
de Tindal, *Christianity as old as the creation,* qui identifiait le « vrai christianisme » à la
religion naturelle, avait été publié en 1730.
3. Buffier, *Traité de la Société civile, op. cit.,* livre IV, Ch. XXIII, pp. 113-120.
Peut-être le journaliste de Trévoux éprouve-t-il en 1737 quelque mauvaise conscience ;
toujours est-il que la critique qu'il adresse à Pope reproduit exactement celle que les jansénistes adressaient depuis longtemps à la théologie des Jésuites : « M. Pope réalise, ainsi
que font tous les Déistes, ce qu'on appelle état de pure nature. Et au lieu que les catholiques regardent cet état comme purement possible, M. Pope le regarde comme existant,
et en fait le système du Créateur, par rapport à l'homme, tel qu'il naît à présent. De là
plus de Révélation ni d'Évangile, qui nous oblige aujourd'hui de pratiquer une religion
différente de celle que M. Pope appelle la religion naturelle » (*loc. cit.,* pp. 405-406).
4. Diderot, *Essai sur le mérite et la vertu, Discours préliminaire, op. cit.,* (A.T., I,
p. 13). Même distinction chez l'abbé de Prades, *Apologie, op. cit.,* t. II, p. 60.
5. *Ibid.,* p. 14.

philosophiques : le hasard des athées ne satisfait pas sa raison, mais le Dieu farouche et tyrannique des dévots, sorte de loup-garou ridicule, n'est plus à ses yeux qu'un épouvantail pour esprits faibles [1]. Des visionnaires égarés peuvent se répandre dans les rues, se couvrir de sacs et de cendres, et annoncer la fin du monde, le philosophe, lui, se moque du retour d'Élie : « Le temps des Révélations, des Prodiges, et des Missions extraordinaires est passé » [2]; la seule religion vraie est celle qui s'impose à la raison par des arguments invincibles [3]. Mais le christianisme est-il dans ce cas ? Pour rassurer les dévots, Diderot feint un instant de le croire [4], mais, ajoute-t-il aussitôt, « Abadie, Huet et les autres » ont-ils jamais démontré plus que la religion naturelle ? [5] Interrogeons les *religionnaires :* le même raisonnement qui permettait à Cicéron de faire avouer par les Parthes, les Gaulois et les Africains la supériorité de Rome établira de leur propre aveu celle du *naturalisme.* Car s'il n'est aucune religion, sauf celle-là, que chacun reconnaisse digne de remplacer éventuellement la sienne, n'est-ce pas la preuve qu'elle l'emporte sur toutes les religions révélées [6] ?

A quoi bon une Révélation ? Si la religion naturelle est l'ouvrage de Dieu, ce dont les dévots conviennent, il est absurde et injurieux à la Divinité de supposer qu'elle ne contienne pas déjà toutes les vérités dont l'homme a besoin [7]. Mais cette hypothèse insoutenable ne serait même pas à l'avantage de la religion chrétienne : pourquoi celle-ci aurait-elle dans ce cas le privilège de mettre un point final au progrès de la connaissance de Dieu ? « Si la loi naturelle a pu être perfectionnée par la loi de Moïse, et celle-ci par la loi chrétienne, ne pourrait-elle pas l'être par une autre qu'il n'a pas encore plu à Dieu de manifester aux hommes ? » [8] Entre une perfection donnée dès l'origine et une perfectibilité indéfinie il n'est pas, en bonne logique, de solution moyenne. Diderot a foi en la raison des siècles futurs; il se plaît à imaginer l'époque où tous les peuples du monde, enfin dociles à la voix de la nature, renonceront pour leur bonheur commun, aux superstitions qui actuellement

---

1. *Pensée philosophiques, op. cit.,* notamment XXV. Rappelons que Diderot juge alors irréfutable la preuve de l'existence de Dieu par l'ordre de la nature.
2. *Ibid., Pensées* XLI.
3. *Ibid.,* L. « ... ma foi n'est point à la merci des premiers saltimbanques ».
4. *Ibid.,* LVII « Je ne suis pas chrétien parce que Saint Augustin l'était ; mais je le suis parce qu'il est raisonnable de l'être ».
5. *Ibid.,* LIX.
6. *Ibid.,* LXII. Texte repris presque littéralement dans le *Traité de la suffisance de la religion naturelle* (A.T., I, p. 265), IX).
7. DIDEROT, *De la suffisance de la religion naturelle,* I-III. (A.T. I, pp. 261-63). Écrit peut-être en 1747, ce traité ne sera publié qu'en 1770 en même temps que l'*Addition aux Pensées philosophiques.*
8. *Ibid.,* IV. L'idée d'une Révélation primitive était, nous l'avons vu, pleine d'ambiguïté : lorsqu'elle ne tendait pas à se confondre avec celle de *Révélation naturelle,* elle conduisait au thème d'une Révélation *progressive* et aboutissait au messianisme de Ramsay. Diderot qui ne mentionne ici ni le P. Lafitau ni le philosophe écossais était certainement très informé des contradictions internes des tentatives apologétiques de son temps.

les divisent [1]. Mais le progrès des lumières concerne seulement la découverte d'une loi qui, inscrite dans la nature de l'homme, a en elle-même sa perfection éternelle [2]. Conforme à la justice et à la bonté de Dieu, la religion naturelle est aussi la seule qui soit digne de l'homme, puisque la seule à le traiter pleinement en être raisonnable [3]. Sans prétendre résoudre tous les problèmes de la destinée humaine, elle se garde bien d'ajouter à un mystère certain des mystères absurdes [4]; immuable et incorruptible, à l'image de Dieu [5], elle parle au sentiment des hommes les plus bornés comme à la raison des plus cultivés [6]. Cette universalité est le gage de son innocuité : tandis que « les religions prétendues révélées » ont toujours « armé les hommes les uns contre les autres et semé partout le crime et l'horreur [...], la religion naturelle n'a pas coûté une larme au genre humain » [7].

*
* *

« Mes amis, vous alliez vous quereller pour rien, car vous êtes tous du même avis » [8]. La sagesse conciliante de Zadig rejoint l'éloquence lapidaire de l'auteur des *Pensées philosophiques* et répond à l'embarras d'Usbek qui ne savait comment faire sa toilette matinale ou composer son menu sans risquer de perdre son âme [9]. C'est l'idée-force du déisme : les dogmes et les rites divisent les hommes, la religion naturelle les unit. Pourtant, lorsqu'on s'efforce de définir celle-ci autrement que par ses négations, son unité est moins frappante que ses contradictions. Les déismes ne sont-ils pas en fait encore plus nombreux et divers que les religions « positives » qu'ils prétendent supplanter ? L'histoire littéraire a souvent opposé le Dieu de Voltaire à celui de Rousseau mais, dès la première moitié du siècle, la réalité est beaucoup plus complexe que cette dichotomie sommaire; peu s'en faut qu'on ne doive alors compter presque autant de déismes que de déistes. Libre de toute tutelle extérieure, la religion naturelle s'éparpille et se morcelle en multiples nuances individuelles [10]. Elle peut prendre une forme agressivement polémique,

---

1. Voir la conclusion du traité, XXVII, (*ibid.*, pp. 272-73).
2. Cf. *Ibid.* « Ils *recommenceront* enfin d'être simples et vertueux ». (C'est nous qui soulignons).
3. *Ibid.*, VI-X, et *passim*.
4. *Ibid.*, XXII.
5. *Ibid.*, XX.
6. *Ibid.*, VIII.
7. *Ibid.*, XXIII.
8. VOLTAIRE, *Zadig, Le Souper* (in *Romans et contes*, édit. H. Bénac, Classiques Garnier, p. 33). Chapitre ajouté en 1748 à l'édition originale de 1747.
9. *Lettres persanes, op. cit.*, 46.
10. Voir à propos de Bolingbroke, Pope, Voltaire et Lessing, les analyses brillantes de P. HAZARD, *La pensée européenne...*, *op. cit.*, t. II, Livre III, Ch. I à III. « Dès lors, écrit P. Hazard, l'unité de croyance était décidément perdue » (*ibid.*, p. 164). Cette affirmation nous paraît cependant quelque peu forcée ; et, dans la première moitié du siècle au moins, l'unité d'inspiration l'emporte à notre avis sur la diversité des doctrines. Cf. ci-dessous.

et presque uniquement négative : c'est le déisme que l'on a longtemps
prêté à Voltaire et qui s'exprime par exemple dans l'*Examen de la Religion*.
Plus positif, mais d'une extrême sécheresse, est le déisme des géomètres
qui mettent en équation l'existence de Dieu. Celui du vrai Voltaire n'est
pas seulement le dernier terme d'un raisonnement mais répond à une
secrète et permanente inquiétude. Il est un autre déisme, sentimental
autant que rationnel, effusion d'une âme qui découvre partout autour
d'elle, avec ravissement, la marque du divin. La religion naturelle tend
alors à devenir la religion de la nature : c'est le mysticisme platonisant
de Shaftesbury, qui deviendra chez Diderot panthéisme ou naturalisme
athée. Le Dieu du marquis de Lassay, indéfinissable et lointain, ne ressemble guère à celui du *Militaire philosophe* [1] : cet interlocuteur anonyme
de Malebranche invoque parfois le Souverain Horloger, mais aussi un
Être à la fois mystérieux et proche, immédiatement présent à la conscience
de chacun. Sa confiance en l'instinct qui nous fait sentir qu'il y a « un
Être au-dessus de nous » annonce la religion de Marie Huber et celle du
Vicaire savoyard [2]. Acte de foi dans l'inconnu, pâle agnosticisme, ferveur
ardente, toutes les nuances de religiosité se retrouvent à l'intérieur du
déisme : y compris l'adhésion peut-être provisoire de ceux dont la
croyance en Dieu est une concession forcée aux limites de leur raison [3].

Ce Dieu créateur qui semble souvent se désintéresser de son ouvrage
a-t-il du moins réservé à sa créature d'élection une destinée surnaturelle ?
Le spiritualisme de ses adorateurs est parfois aussi ferme que celui des
chrétiens. La croyance à l'immortalité de l'âme réchauffe alors l'hommage
que le déiste rend à une Providence impersonnelle et abstraite ; elle
relève du même sentiment de justice qui répudie le Dieu cruel des
jansénistes. Claude Gilbert ne doute pas que la récompense des bons
et le châtiment des méchants doivent réparer dans l'autre vie les iniquités
de celle-ci [4], et cette pensée suffit à le rassurer sur la sagesse et la bonté
de Dieu. A en croire La Hontan, les indigènes du Canada seraient plus
enclins que les naturels de Calejava à discuter les voies impénétrables
de la Providence : mais que les souffrances de quelques honnêtes gens
soient ou non nécessaires au bonheur de l'humanité et à l'accomplisse-

---

1. LASSAY, *Relation... op. cit.*, p. 103 ; *Le Militaire philosophe. Difficultés sur la religion proposées au R.P. Malebranche, prêtre de l'Oratoire, par un ancien officier*, est l'un des
nombreux manuscrits clandestins du début du siècle dont on sait aujourd'hui le rôle à
l'origine de la philosophie des lumières. (Cf. Ira O. WADE, *op. cit.*, pp. 45-64).

2. *Le Militaire philosophe*, textes cités par I. O. WADE, *op. cit.*, pp. 59 sq. La formule
de P. Vernière qui parle du « déisme » sec du *Militaire philosophe* (*op. cit.*, t. II, p. 367)
nous semble un peu rapide. Dans son livre *Le Monde fou préféré au Monde sage, ou vingt-
quatre promenades de trois amis*, 1731, *op. cit.*, Marie Huber affirme la primauté de l'instinct moral et religieux sur la raison, mais non sans accorder à celle-ci le soin d'éclairer
la conscience.

3. A lire les premières pages des *Pensées philosophiques* on sent bien que dès 1746
Diderot est fortement attiré par l'athéisme.

4. *Histoire de Calejava, op. cit.*, p. 161 sq.

ment de la justice divine, celle-ci trouvera à coup sûr dans l'autre monde sa perfection [1]. Ainsi apparaît dans le déisme des premières années du siècle l'argument auquel Burlamaqui donnera son plein développement : à la différence de Pufendorf qui était muet sur ce point, le professeur genevois jugera indispensable à la perfection du système du monde de faire entrer l'idée de sanctions surnaturelles dans la théorie du droit de la Nature [2]. D'aucuns estiment cependant le raisonnement peu démonstratif : il n'est pas douteux, disent-ils, que l'homme souhaite la survie, mais un désir aussi universel tient trop à la faiblesse humaine pour plaider efficacement en faveur des dogmes spiritualistes. Lorsque les rationaux en sont dupes, ils retombent dans le préjugé anthropomorphique si souvent dénoncé par eux dans la doctrine chrétienne : Les hommes vont toujours « jugeant de Dieu par eux-mêmes » [3]. Cette tendance si répandue à imaginer l'Être Suprême semblable à ce que l'on voudrait qu'il fût explique l'illusion de l'esprit qui croit découvrir une vérité quand il se borne à exprimer un besoin; et Burlamaqui doit convenir que la raison est impuissante à démontrer l'immortalité de l'âme : tout au plus établit-elle, selon lui, la probabilité de cette opinion, que la Révélation seule peut transformer en certitude [4].

L'âme est elle ou non périssable ? L'auteur des *Lettres juives* penche pour la négative [5]. Mais le marquis de Lassay s'en remettait à la Providence du soin d'en décider [6]. Voltaire réplique à d'Argens que l'immortalité de l'âme n'est rien moins que prouvée [7]. Avant de spéculer sur son destin ne faudrait-il pas d'abord connaître sa nature ? Encore que le « divin Platon » et le « divin Socrate », son maître, l'aient dite « corporelle et éternelle », son éternité serait plus assurée si le bon sens permettait de suivre Descartes lorsqu'il la définit comme une *substance pensante*. Mais si l'on préfère aux sublimes romans de la métaphysique cartésienne les leçons plus modestes de l'expérience, il faut bien reconnaître avec Locke notre absolue incapacité à savoir jamais « si un être purement matériel pense ou non ». Quand les théologiens refusent aux bêtes une âme spirituelle, ils reconnaissent implicitement que la matière peut sentir : pourquoi, à un niveau supérieur d'organisation, ne serait-elle

---

1. *Dialogues...*, édit. Chinard, *op. cit.*, p. 160 sq. ; *Mémoires. ibid.*, pp. 105-108.
2. BURLAMAQUI, *Principes du Droit naturel*, *op. cit.* Deuxième partie, Ch. XII-XIV.
3. *Examen de la religion*, Ms.B.N. Fonds Fr. 13214, *op. cit.*, p. 81. Ainsi les hommes font-ils jouer à Dieu, « la plus ridicule de toutes les comédies » (*ibid.*, p. 35) en imaginant qu'il punit et récompense à la manière d'un Roi. (cf. *ibid.*, pp. 32, 54, 58 et *passim*)
4. *Op. cit.*, Deuxième partie, Ch. XIV.
5. *Op. cit.*, Lettre IV. D'Argens traite longuement de ce problème dans sa *Philosophie du Bon sens* (*Quatrième Réflexion*, Sections 9-19) et assure qu'il est philosophiquement insoluble : la raison ne peut prouver que l'âme est spirituelle, mais elle ne peut non plus démontrer le contraire. La sagesse est donc de s'en tenir à ce qu'enseigne la foi et qui est très avantageux à la morale.
6. Cf. ci-dessus, p. 445.
7. Voltaire, au marquis D'Argens, 20 décembre 1736 (Moland, XXXIV, p. 190).

pas également douée de la faculté de penser ? Se trouvera-t-il en tout
cas un esprit assez présomptueux pour dénier au Créateur le pouvoir
de la lui donner [1] ? Voltaire ne nie pas l'immortalité de l'âme, mais il
avoue son incertitude. En 1734 l'hypothèse matérialiste lui paraît au
moins plausible : sa volonté d'empirisme, qui va de pair avec un sentiment sincère de la toute-puissance divine, l'incline de ce côté; mais un
scrupule qui n'est pas seulement prudence épistémologique ou crainte
du scandale l'empêche de sauter le pas. « Le bien commun de tous les
hommes demande qu'on croie l'âme immortelle; la foi nous l'ordonne;
il n'en faut pas davantage et la chose est décidée » [2]. Passons sur la seconde
raison, la première est plus sérieuse. « Le bien de tous les hommes », ce
pourrait être d'échapper au vertige du néant, mais dans cette période
de sa vie, Voltaire ne paraît guère avoir déjà ressenti l'angoisse de la
mort; peut-être doit-on deviner ici, encore voilé d'une lénifiante hypocrisie, le thème du Dieu-Gendarme, si familier plus tard au seigneur
de Ferney [3]; ou de manière plus banale et plus vague, une vérité consolante sans laquelle la religion naturelle resterait imparfaite. Toujours
est-il que Voltaire accorde volontiers à une croyance incertaine le bénéfice
du doute : car si, dans une question aussi obscure, il est philosophique
de savoir douter, dans un problème aussi important nul ne peut, à son
avis, refuser au philosophe le droit d'espérer : notre corps est mortel;
mais les atomes dont il est formé sont éternels; qui sait si la pensée
comme la vie, n'est pas l'attribut de ces éléments simples, plutôt que de
leur assemblage éphémère ? [4]

Une chose en tout cas est évidente : l'auteur des *Lettres philosophiques* ne redoute à aucun moment que son éventuelle adhésion au
matérialisme contredise sa croyance en l'Être Suprême. Bien au contraire,
plus Voltaire se persuade de la toute-puissance de Dieu, et de sa disproportion infinie avec la petitesse de l'homme, plus il juge raisonnable
de ne pas exclure d'avance que la matière puisse penser. Au XVIIIe siècle
le matérialisme n'est pas nécessairement athée : dans les polémiques du
temps il est banal d'affirmer que la vraie spiritualité est une notion

---

1. VOLTAIRE, *Lettres philosophiques*, XIII. La même argumentation est reprise en
1735 dans une lettre au P. Tournemine sur le système de Newton (Moland, XXXIII, p.
567, *loc. cit.*). Sur le problème de l'âme des bêtes, voir ci-dessous, Ch. XI, 2.

2. *Lettres philosophiques*, XIII, édit. Naves, *op. cit.*, p. 66.

3. Selon R. Pomeau (*op. cit.*, p. 392) la plus ancienne mention du Dieu-Gendarme
dans l'œuvre de Voltaire serait de 1752. Remarquons cependant que dès les *Lettres philosophiques* il fait sienne la doctrine banale de la double vérité : « Jamais les philosophes ne
feront une secte de Religion. Pourquoi ? C'est qu'ils n'écrivent point pour le peuple... »
(*loc. cit.*, p. 68). L'interprétation la plus étroitement utilitaire ne peut donc être entièrement exclue ici.

4. *Lettres philosophiques*, XIII, addition de 1748. Cf. édit. Lanson, t. I, p. 208.
M. R. Pomeau signale la même hypothèse dans plusieurs textes ultérieurs (Voir en particulier *Histoire de Jenni*, Ch. XI, in *Romans et contes*, édit. H. Bénac, p. 545). On reconnaît
le souvenir des monades leibniziennes, à moins qu'il ne s'agisse des atomes animés de
Bayle, ou des deux à la fois.

toute moderne, alors même qu'on reconnaît aux Anciens au moins un sentiment obscur de la Divinité. Qu'ils croient ou non en Dieu, les adversaires du christianisme prennent un égal plaisir à mettre la théologie en contradiction avec elle-même, et à opposer à un de ses dogmes fondamentaux soit le silence de Moïse qui ne dit pas un mot de la vie future, soit les erreurs des premiers pères de l'Église, persuadés sans doute que l'âme est immortelle, mais non moins convaincus de sa matérialité. Ces jeux érudits dont Bayle est le principal inspirateur alimentent parfois un athéisme virulent : ainsi dans une dissertation anonyme, *Sentiments des philosophes sur la nature de l'âme,* qui est insérée en 1743 dans les *Nouvelles libertés de penser* après avoir longtemps circulé manuscrite [1]. Mais les tenants de la religion naturelle ne répugnent pas à emprunter aux athées ce genre d'argument : l'article *Ame* de l'*Encyclopédie* reproduit littéralement la dissertation précédente, bien que son auteur, l'abbé Yvon, théologien d'une orthodoxie douteuse, ne soit pas suspect d'athéisme [2]. Les malices de l'érudition ne sont du reste pas le seul point de contact entre les athées et les déistes : l'intérêt que les uns et les autres portent à la physiologie les incite à considérer l'âme comme un simple épiphénomène; étroitement dépendante des sens et du cerveau, la vie intellectuelle relève à leurs yeux de l'histoire naturelle, et non de la théologie [3].

Dès 1746 il est clair que le déisme de Diderot n'est pas celui de Voltaire. Le problème de l'immortalité est évoqué très discrètement dans les *Pensées philosophiques :* « Le Déiste assure l'existence de Dieu, l'immortalité de l'âme et ses suites... » [4]. En fait l'ouvrage ne porte que sur le premier point, et Diderot s'en tient pour le second à une prudente réserve. « Ce qu'on n'a jamais mis en question n'a point été prouvé [...]. Le scepticisme est donc le premier pas vers la vérité » [5]. Il ne semble pas que sur la question de la vie éternelle le philosophe ait cru légitime de s'avancer au-delà de ce doute méthodique. La pensée du néant ne l'effraie pas : « L'on serait assez tranquille en ce monde, si l'on était bien assuré que l'on n'a rien à craindre dans l'autre » [6]. Le Dieu dont l'existence lui paraît assurée n'est pas le Dieu « rémunérateur et vengeur » auquel Voltaire voudrait croire, mais « l'Être souverainement intelligent » qui a minutieusement monté les rouages de notre machine [7], ou bien

---

1. C'est la seconde du recueil, pp. 90-97. Les contemporains l'attribuaient à Mirabaud ; elle semble en tout cas à peu près contemporaine de la *Lettre de Thrasybule à Leucippe,* (Cf. P. Vernière, *op. cit.,* p. 345).

2. Voir aussi Voltaire, *Dictionnaire philosophique,* art. *Ame* et *passim.*

3. Voir ci-dessous Ch. XI, 2.

4. *Op. cit.,* XXIII.

5. *Ibid.,* XXXI.

6. *Ibid.,* IX.

7. *Ibid.,* XVIII.

peut-être, en chacun de nous, la voix de la conscience [1]. En 1745 La
Mettrie déclarait ne vouloir raisonner sur l'âme qu'en anatomiste [2].
Dans ce principe de méthode il n'y a rien qui puisse choquer l'auteur
des *Pensées philosophiques* : sa réserve à l'égard de l'hypothèse matérialiste
ne contredit pas les affirmations audacieuses du médecin; elle tranche
au contraire avec l'attitude fluctuante et les affirmations contradictoires
de Voltaire. Ici encore le déisme apparaît décidément bien incertain
et divers.

De cette confusion provient sans doute le relatif discrédit du mot
après 1750. Voltaire l'abandonne en 1751 et lui préférera désormais
le terme de *théisme* [3]. Habileté tactique, car le second mot est plus neuf
et moins compromettant, mais surtout souci de clarté : « On a donné
le nom de Théistes, constate la même année Lefranc de Pompignan, à
ceux qui croient non seulement à l'existence de Dieu, mais encore l'obligation de lui rendre un culte, la loi naturelle dont il est la source, le libre
arbitre de l'homme, l'immortalité de l'âme, les peines et les récompenses
d'une autre vie. On a conservé le nom de Déistes à ceux qui, se bornant
à l'existence de Dieu, mettent tout le reste au rang des erreurs ou des
problèmes » [4]. Le credo du théiste est à la fois plus fourni et plus précis
que celui du déiste, ce qui ne le rend du reste pas moins dangereux pour
la foi chrétienne : mais cette opposition ne suffit pas à détruire l'unité
de la religion naturelle. Lefranc de Pompignan fait au théisme la part
un peu trop belle : en réalité le déiste Diderot n'est pas moins attaché
au respect de la loi naturelle que le théiste Voltaire, ni moins profondément persuadé qu'une vie vertueuse est ici-bas le plus sûr moyen de
plaire à Dieu. Au fanatisme des « religionnaires », à l'asservissement
de l'État par l'Église, la religion naturelle oppose des valeurs positives :
la tolérance, l'esprit laïque, enfin la vertu; ses hésitations portent sur
un hypothétique au-delà, non sur ce qui relève de la « simple nature ».

---

1. Doit-on interpréter ainsi le passage suivant ? « Si j'avais un enfant à dresser, moi,
je lui ferais de la Divinité une compagnie si réelle, qu'il lui en coûterait peut-être moins
pour devenir athée que pour s'en distraire. Au lieu de lui citer l'exemple d'un autre homme
qu'il connaît quelquefois pour plus méchant que lui, je lui dirais brusquement, *Dieu t'entend et tu mens* » (*ibid.*, XXVI). Dieu n'est guère ici que le symbole, ou l'hypostase de la
loi morale. Encore peut-on se demander pourquoi l'apprentissage de celle-ci demande
une telle mise en scène, si elle est vraiment *naturelle*. Tout l'artifice du drame bourgeois
n'est-il pas en germe dans cette équivoque ? Le « brusquement » est déjà l'un des coups
de théâtre où Diderot dramaturge verra un des signes du naturel et du vrai.
2. *Histoire naturelle de l'âme, op. cit.*, Ch. X, 7. Voir aussi la conclusion du livre,
toute lucrétienne : « Donc l'âme dépend essentiellement des organes du corps, avec lesquels elle se forme, croît et décroît. *Ergo participem leti quoque convenit esse* ». Quant à
Montesquieu, il aime mieux raisonner sur les effets politiques de la croyance à l'immortalité de l'âme que se prononcer nettement sur sa validité. Cf. *Pensées*, 230 (2084) et *Esprit
des Lois*, XXIV, 14 etc...
3. Le petit essai *Du Déisme* devient dans l'édition des *Œuvres de M. de Voltaire* publiée cette année-là par Lambert un *Discours sur le Théisme* (t. XI, pp. 149-152). — Cf.
R. POMEAU, *op. cit.*, p. 422, note 2.
4. LEFRANC DE POMPIGNAN, *Questions diverses sur l'incrédulité*, Paris, Chaubert, 1751,
p. 3. Citation empruntée à R. POMEAU, *ibid.*, note 3.

« On commence à se défaire parmi les chrétiens de cet esprit d'intolérance qui les animait »[1]. Au gré des événements le philosophe qui promène son regard autour de lui éprouve deux sentiments opposés; tantôt, et par contraste avec les horreurs du passé, il se félicite de vivre dans un siècle éclairé; tantôt il s'indigne de découvrir encore chez ses contemporains tant d'étroitesse superstitieuse. A l'époque de la Régence, après les contraintes de la période précédente, le soulagement l'emporte; de là l'optimisme mesuré d'Usbek; plus tard celui de Voltaire sera à la fois plus tendu, plus inquiet, et plus combattif. Mais tout au long du siècle le thème de la tolérance nécessaire est l'une des idées-forces de la philosophie des lumières. Constater son importance est une banalité, en écrire l'histoire serait un sujet immense, presque neuf encore[2], et que nous ne pouvons même pas esquisser. Tout au plus essaierons-nous de distinguer quelques-uns de ses aspects. L'esprit de tolérance qui anime Ramsay émane d'une volonté positive de ne rejeter aucune des religions du monde; son indifférence au détail des dogmes est tout le contraire d'une hostilité de principe. La tolérance déiste est en revanche nettement polémique; elle suppose la négation de tout ce que les religions prétendues révélées ont ajouté à la nature, les dogmes invérifiables ou absurdes, sources d'innombrables querelles, mais aussi les pratiques extérieures. Et il ne s'agit pas seulement de ridiculiser, comme le fait l'auteur des *Lettres juives,* l'adoration superstitieuse des reliques, ou le culte des saints[3]. La revendication de la liberté de conscience, que Bayle avait jadis formulée en réponse à l'intolérance de Jurieu[4], devient dans la littérature déiste le thème du *culte intérieur.* Dieu n'a pas besoin de nos cérémonies, constate l'« historien » de Caléjava[5]. Moins catégorique, Montesquieu admet que les cérémonies expriment l'amour des hommes pour Dieu, en quoi consiste le « fondement de la religion »; mais elles ne sont jamais, à son avis, que des signes conventionnels : « Il y a [...] deux sortes de préceptes sacrés : les uns sont entièrement fondés sur une raison éternelle, comme ceux d'aimer Dieu et de l'adorer; les autres sont purement arbitraires et sont plutôt un signe de la Religion que la Religion même, et ce sont les cérémonies »[6]. La religion naturelle ignore les pratiques individuelles ou collectives que les religions révélées imposent à leurs fidèles. A quoi bon des rites et des cérémonies qui « dégénèrent tôt ou tard en superstitions » ? Les Abaquis que Cleveland

---

1. *Lettres Persanes,* 60.
2. Voir l'étude d'A. CHÉREL sur Ramsay, déjà citée.
3. *Op. cit.,* t. I, Lettre 20 ; t. II, Lettre 76.
4. *Commentaire philosophique sur les paroles de Jésus-Christ « Contrains-les d'entrer »* (1686). Dans sa défense des droits de la conscience, le *Militaire philosophe* est très proche de Bayle.
5. *Op. cit.,* p. 134.
6. *Pensées,* 205 (1928).

s'emploie à civiliser ont comme temple l'Univers et ils ne connaissent
que des croyances «conformes aux lumières les plus simples de la nature»[1].
Lorsque, dans le même épisode, le héros du roman de Prévost épouse
Fanny selon la loi de nature, c'est-à-dire par consentement mutuel, il se
sent en repos avec sa conscience. A ce trait hardi l'œuvre romanesque
de l'abbé Prévost apparaît une fois de plus comme le miroir des idées
de son temps. La liberté que prend Cleveland avec les règles du mariage
chrétien rappelle l'irrévérence des *Lettres philosophiques* à l'égard des
autres sacrements du baptême et de la communion[2].

Les Abaquis n'ont évidemment pas besoin de prêtres. Si la seule
lumière naturelle découvre à chacun l'existence de Dieu ainsi que ses devoirs
envers le Créateur et les autres hommes, à quoi serviraient des pontifes ?
Dans l'état de nature, écrit en 1715 l'avocat Louis Desbans, tout homme
a la qualité et la puissance du prêtre[3]. C'est exactement la leçon que
Voltaire retient de sa visite aux Quakers londoniens : « Pourquoi aban-
donnerions-nous notre enfant à des nourrices mercenaires quand nous
avons du lait à leur donner ? »[4] Cette formule imagée est à son avis
pleine de sagesse. « Faiseurs de contorsions », les Quakers ont certes
des côtés bien grotesques; il est douteux que Voltaire ait pris très au
sérieux leur prétention à recevoir de Dieu une « révélation immédiate ».
Mais il lui était facile de laïciser ce mysticisme un peu extravagant. Dès
1734 il en comparaît la substance à la « vision en Dieu » de Malebranche;
plaisanterie sans doute, mais aussi premier pas dans la rationalisation
de l'irrationnel. Cette démarche très voltairienne aboutira dans l'*Essai
sur les Moeurs* à l'assimilation des Quakers aux anabaptistes, et de ceux-ci
aux déistes[5].

De cet individualisme religieux on passe logiquement à une attitude
de franche hostilité envers le clergé. C'est peut-être l'aspect le plus paradoxal de la tolérance déiste. Il est facile de mettre sur ce point les tenants
de la religion naturelle en contradiction avec eux-mêmes; et à toutes
les époques les ennemis de Voltaire n'y ont pas manqué. On peut alléguer
en revanche les nécessités de la lutte contre l'intolérance de l'Église;
pas de tolérance pour les adversaires de la tolérance[6] ! Mais la véritable

---

1. PRÉVOST, *Le philosophe anglais...*, *op. cit.*, livre IV, pp. 176 sq.
2. *Op. cit.*, I. Cf. *Le philosophe anglais*, *loc. cit.* Voir aussi, au livre précédent, le récit
que fait Bridge, compagnon de Cleveland, de son mariage secret avec Angélique, dans
l'île Heureuse.
3. *Les principes naturels du droit et de la politique*, *op. cit.*, *Droit naturel*, Ch. VII.
Au chapitre précédent l'auteur développait lui aussi la théorie du culte intérieur.
4. *Op. cit.*, II. (édit. Naves, p. 9. Voir en note le commentaire très judicieux de
l'éditeur).
5. *Op. cit.*, Ch. CXXXVI. Voir le texte cité par R. Naves, note 35 de son édition des
Lettres philosophiques. On se rappellera l'interprétation voltairienne du théisme newtonien.
(Cf. ci-dessus, Ch. III, 1). Dans son *Histoire des Trembleurs*, publiée en 1733, le Jésuite
Catrou traite les Quakers de déistes, mais de sa part ce n'est évidemment pas un compliment. Cf. R. POMEAU, *op. cit.*, p. 135.
6. Cf. VOLTAIRE, *Traité sur la tolérance*, 1764, Ch. XVIII.

explication est ailleurs : toute religion révélée étant nécessairement fausse, pensent les déistes, il importe de savoir à qui l'erreur profite. Le prêtre est soit un fourbe intéressé, soit l'auxiliaire inconscient d'une imposture collective : imposture politique, précise le marquis de Lassay [1]. Les chrétiens en conviennent volontiers lorsqu'il s'agit d'une autre religion que la leur; de là une équivoque sur laquelle la propagande déiste joue malicieusement. On sait l'anecdote du *Mahomet* de Voltaire, applaudi par le clergé de Lille et presque aussitôt interdit à Paris, tandis que l'auteur faisait accepter au pape Benoît XIV la dédicace de la pièce [2]. Lorsque l'abbé Prévost attribue à Cleveland l'invention d'un « miracle » destiné à le défaire d'un rival politique, les intentions de l'auteur sont plus énigmatiques : ici l'imposture est mise en effet au service de la vérité, puisque Cleveland a besoin d'asseoir son autorité sur les Abaquis afin de les amener à vivre tout à fait selon la nature et la raison... [3].

L'anticléricalisme des philosophes ne s'embarrasse guère d'une telle subtilité. Pour eux la Religion révélée est un instrument d'oppression. Voltaire a pu trouver ce thème, développé avec une particulière virulence, dans le *Testament* de Meslier, mais il était depuis longtemps familier aux lecteurs de l'*Histoire des Oracles* ou des *Pensées sur la Comète* [4]. L'influence anglaise a sans doute aussi beaucoup contribué à répandre l'idée d'une société laïque, affranchie de la tutelle de l'Église. En 1715 Louis Desbans emprunte à Hobbes l'idée que le pouvoir politique doit toujours avoir le pas sur le pouvoir religieux [5]. Cette laïcisation de l'État était en Angleterre, pour les partisans de la monarchie hanovrienne, une manière de défendre le régime de 1688 contre les défenseurs de la succession de droit divin. Les *Pensées libres sur la Religion, l'Église et le Bonheur de la Nation* de B. de Mandeville, où l'anticléricalisme et l'antipapisme deviennent ouvertement des arguments politiques, sont traduites en français en 1722 [6]. Mais l'auteur de la *Fable des Abeilles* y reconnaissait sa dette envers P. Bayle. Et, de fait, le conflit qui avait opposé à Jurieu le philosophe de Rotterdam était politique autant que religieux, Bayle n'admettant pas de faire passer l'intérêt de l'État après celui de la religion [7]. Fort de ces exemples, le déiste est persuadé que sa cause coïncide avec le bien public. En luttant pour la vérité il combat

---

1. *Relation du royaume de Félicie, op. cit.*, p. 104.
2. *Mahomet* est de 1741 ; (cf. R. POMEAU, *op. cit.*, p. 145 sq.). Dans sa *Vie de Mahomet*, publiée en 1730, Boulainvilliers présentait au contraire le prophète comme un apôtre de la religion naturelle. Les deux interprétations, bien que contradictoires, servent également la cause de celle-ci, puisqu'elles établissent à la fois la vanité d'une prétendue Révélation et l'universalité du déisme.
3. *Loc. cit.*
4. Et à ceux du *Traité Théologico-politique* de Spinoza.
5. *Op. cit., Droit civil*, Ch. VIII, XIV ; *La Politique*, Ch. VII.
6. *La Haye*, 2 vol., in-12.
7. Cf. DELVOLVÉ, *op. cit.*, Première partie, Section IV.

aussi pour la liberté ; la caste du clergé asservit l'État : il réclame donc
la subordination des autorités religieuses à l'autorité politique. Montesquieu admire en ce domaine la supériorité des Romains sur tous les
autres peuples : « Les premiers firent la Religion pour l'État, et les autres
l'État pour la Religion » [1]. N'y avait-il pas dans cette politique le risque
de confondre la « raison éternelle » et la seule raison d'État ? Devant
ses confrères de l'Académie de Bordeaux Montesquieu vante au contraire
la tolérance des Romains, plus large encore que celle des Grecs ; le
panthéisme des païens est un exemple, riche d'enseignements, de religion indifférente aux particularités des dogmes et des cultes : « Pourvu
qu'on allât adorer au temple, chaque citoyen était grand pontife dans
sa famille » [2].

Trente ans plus tard les vues que développe L'Esprit des Lois sur ce
problème sont beaucoup moins sommaires, mais si la pensée de Montesquieu s'est approfondie, son orientation générale n'a pas changé.
Soucieux de ménager des contrepoids à l'autorité monarchique, il voit alors
dans les privilèges du clergé, même apparemment abusifs, un frein efficace
au glissement de la monarchie vers le despotisme [3], et pour la même raison
il recommande de séparer le pontificat et le pouvoir politique [4]. Mais
cette séparation n'est pas toute à l'avantage du clergé, puisqu'elle a pour
corollaire la laïcisation de l'État. Plusieurs chapitres de L'Esprit des Lois
s'appliquent minutieusement à distinguer le domaine des lois religieuses
de celui des lois civiles [5] ; un autre prescrit d'éviter les lois pénales en
matière de religion ; très modéré de ton, il insiste surtout sur leur totale
inefficacité ; mais le manuscrit de Montesquieu révèle le fond de sa pensée :
« Il est étonnant, y écrivait-il, que l'on ait si souvent violé les lois naturelles dans les lois pénales que l'on a faites contre la religion » [6]. L'Inquisition est le plus sinistre exemple qu'offre l'histoire de ces violations de
la liberté de conscience : on sait en quels termes L'Esprit des Lois la
condamne, au nom de la vraie charité chrétienne, mais aussi de la lumière

---

1. *Dissertation sur la politique des Romains dans la religion, op. cit.*, (*Œuvres*, t. II, p. 38).

2. *Ibid.*, p. 45.

3. « Comme le despotisme cause à la nature humaine des maux effroyables, le mal même qui le limite est un bien ». (*Esprit des Lois*, II, 4).

4. *Ibid.*, XXV, 8.

5. *Ibid.*, XXVI, 9 à 13. Le principe général de cette distinction est posé au chapitre 9 : « Les lois de perfection, tirées de la religion, ont plus pour objet la bonté de l'homme qui les observe que celle de la société dans laquelle elles sont observées : les lois civiles, au contraire, ont plus pour objet la bonté morale des hommes en général que celle des individus ». Autant dire que la religion est une affaire essentiellement individuelle. Dans la pratique Montesquieu est cependant d'une grande prudence ; voir par exemple ce qu'il dit au Chapitre 13 de l'indissolubilité du mariage.

6. *Ibid.*, XXV, 12. L'édition Brethe de la Gressaye (t. III, p. 438) donne le texte du chapitre primitif intitulé *Des tribunaux injustes par eux-mêmes*, dont nous reproduisons la première phrase.

naturelle [1]. Et c'est bien le même idéal philosophique qui lui dicte ses considérations sur la tolérance. A en croire le texte retenu pour la publication, l'auteur se bornerait à montrer les avantages pratiques de la tolérance civile sans empiéter sur le domaine de la théologie; en réalité ces réflexions pragmatistes sur la nécessité de garantir l'ordre public s'inspirent très directement de ce qu'on appelait autrefois le *tolérantisme*, c'est-à-dire l'indifférence aux dogmes; ici encore il est utile de se reporter au texte primitif du chapitre qui, dans le manuscrit, commence par cette phrase : « Nous pouvons considérer Dieu comme un monarque qui a plusieurs nations dans son empire; elles viennent toutes lui porter leur tribut, et chacune lui parle sa langue » [2].

Il est presque impossible de séparer dans la littérature déiste du demi-siècle l'hostilité ou la méfiance envers la caste sacerdotale et l'apologie de la religion naturelle. Le recours à la *nature* sert ainsi de justification idéologique à une entreprise beaucoup plus concrète : politique sans doute, et ceci est l'une des explications possibles de l'indulgence souvent marquée en France par le pouvoir central au clan des philosophes dont l'attitude rejoint les traditions gallicanes de la monarchie; mais aussi entreprise économique. L'Église de France est le plus grand propriétaire foncier du royaume, et cette fortune suscite nombre de convoitises. On s'indigne que des prêtres qui font profession de mépriser les biens de ce monde en possèdent une telle quantité; on reproche au clergé de gêner doublement la circulation des richesses, en imposant une morale étroite et ascétique et en accumulant les terres en friche et les capitaux inemployés [3]. Ces deux critiques sont souvent exprimées par Montesquieu [4], auquel il arrive de manifester à ce propos ses sentiments aristocratiques : s'avouant moins choqué par la masse énorme des biens ecclésiastiques que par les modalités de leur répartition entre d'innombrables petits bénéficiers, il propose de remédier à ce gaspillage en les réservant, pour l'essentiel, à la noblesse, « le seul corps oisif du Royaume et le seul qui ait besoin de biens étrangers pour se soutenir » [5]. L'abbé

---

1. *Ibid.*, XXV, 13, *loc. cit.* ; « Mais si vous ne voulez pas être chrétiens, soyez au moins des hommes : traitez-nous comme vous feriez si, n'ayant que ces faibles lueurs de justice que la nature nous donne, vous n'aviez point une religion pour vous conduire, et une révélation pour vous éclairer ». Ce rapprochement entre la charité évangélique et les préceptes de la religion naturelle n'est pas propre à Montesquieu ; sincère ou tactique, on le rencontre très fréquemment dans l'œuvre de Voltaire (voir par exemple le personnage d'Alvarez dans sa tragédie d'*Alzire*, 1733. Cf. R. POMEAU, *op. cit.*, p. 138, sq.).

2. *Ibid.*, XXV, 9. Cf. BRETHE de la GRESSAYE, *op. cit.*, t. III, p. 437, note 32. Montesquieu tenait à cette profession de foi universaliste et l'avait recueillie dans ses *Pensées*, 1699 (378).

3. Le reproche ne porte évidemment pas contre les Jésuites qui sur ce plan aussi rivalisent avec les esprits les plus avancés. On sait que leurs spéculations malheureuses seront, avec le scandale La Valette, la cause immédiate de la suppression de la Société.

4. Sur la richesse du clergé, voit *Politique des Romains dans la religion*, *loc. cit.*, p. 47 ; *Lettres Persanes*, 117 ; *Pensées*, 214 (2057) ; 273 (2056) ; 1077 (2059) etc... ; *Esprit des Lois*, XXV, 5 et 6.

5. *Pensées*, 2053 (181).

de Saint-Pierre, lui, ne veut envisager que l'intérêt de l'État, lorsqu'il rédige un *Projet pour rendre les Établissements religieux plus parfaits, c'est-à-dire plus utiles au prochain*[1]. Dans d'autres textes le lien entre cet idéal de productivité et des préoccupations purement idéologiques est encore plus apparent. Dans l'*Examen de la Religion* un déisme particulièrement agressif voisine avec cette remarque que le christianisme détruit la richesse et le commerce « qui est l'âme de la société »[2]. La Hollande que vante le marquis d'Argens est le pays de la liberté politique, de la prospérité commerciale, et de la tolérance[3] : il semble que ces trois avantages inestimables soient impossibles à séparer. En Angleterre, pays de la pluralité religieuse, le continental étonné découvre l'existence de « pacifiques et libres assemblées » d'un genre bien particulier : mahométans, juifs et chrétiens, presbytériens, anglicans et anabaptistes s'y côtoient sans se quereller; cette Babel des temps modernes, dont tous les habitants ont miraculeusement retrouvé un langage commun, ce Parlement cosmopolite qui réunit « les députés de toutes les Nations pour l'utilité des hommes », ce temple de la Religion universelle, c'est tout simplement la Bourse de Londres[4].

Le Dieu des hommes d'affaires ne réclame pas de ses fidèles d'autre preuve de leur foi que leur bonne foi. Le déiste l'adore dans son cœur, mais pourquoi le prierait-il ? Il sait bien que l'Être suprême ne dérangera pas en sa faveur l'ordre de la nature. Se plier aux volontés générales de la Providence, et surtout pratiquer les maximes de la loi naturelle, voilà le seul moyen de plaire à la Divinité. On a dit pourquoi la morale laïque des philosophes impliquait l'existence de Dieu : mais comme la fonction de celui-ci se borne à garantir la validité de la loi, il n'est pas surprenant que la religion naturelle se confonde avec la morale. Les « vertus théologiques » sont aussi diverses que les religions révélées, mais les « simples vertus morales » sont reconnues et enseignées chez tous les peuples de la terre. A considérer les intrigues des mages, la folie de leurs controverses et les ambitions orgueilleuses que recouvre leur vaine sagesse, Persépolis mériterait cent fois d'être détruite : mais les mages mêmes sont parfois vertueux, et ils enseignent tous la même morale; c'est assez, pense Babouc, pour qu'Ituriel leur pardonne[5]. La religion de Babouc est celle qu'exposera le *Poème sur la Loi naturelle,* et que Voltaire attribue en 1742 au curé Meslier, « cette religion simple que Dieu a mis (*sic*) dans le cœur de tous les hommes, qui nous apprend à ne rien faire à

1. *Ouvrages de politique, op. cit.,* t. V, pp. 63-103.
2. Cf. Ira O. WADE, *op. cit.,* p. 162.
3. *Lettres juives, op. cit.,* t. III, Lettres 101 à 105.
4. VOLTAIRE, *Lettres philosophiques,* VI, *op. cit.,* p. 29. « Là le Juif, le Mahométan et le Chrétien traitent l'un avec l'autre comme s'ils étaient de la même religion, et ne donnent le nom d'infidèles qu'à ceux qui font banqueroute... »
5. VOLTAIRE, *Le monde comme il va,* (*Romans et contes, op. cit.,* pp. 74-76).

autrui, que ce que nous voudrions être fait à nous-mêmes » [1]. Religion toute pratique, sans mystères et sans dogmes, et qui se confond avec le respect et l'amour du prochain : faite pour le bonheur collectif d'une humanité réconciliée avec elle-même et avec Dieu et sur laquelle ne pèse plus aucune malédiction. C'est la religion du *Militaire philosophe* qui identifie la piété à la vertu, et celle-ci à l'utilité sociale [2], celle aussi du Sage égyptien dont l'abbé Terrasson raconte en 1731 la vie exemplaire [3].

*
* *

Religion des hommes d'affaires, aussi universelle que le capitalisme financier, ou plus généralement de tous les honnêtes citoyens, respectueux des lois naturelles comme de celles de la cité ? Lorsqu'il s'agira de rompre avec les traditions routinières, de briser toutes les barrières des particularismes et des préjugés, de conduire tous les hommes unis dans l'adoration d'un même Dieu vers ce bonheur sans mélange que leur apportera la Raison et que leur garantit la Nature, la première des deux religions a chance d'être plus audacieuse que la seconde. Encore faudrait-il que dans l'esprit des philosophes elle s'en distingue nettement, ce qui n'est nullement le cas. Puisse la religion naturelle triompher enfin du fanatisme, rêve Voltaire : « Alors l'univers serait composé de bons citoyens, de pères justes, d'enfants soumis, d'amis tendres » [4]. Mais ces qualités estimables suffisent-elles à un militant ? On retrouve ici l'équivoque déjà rencontrée dans la morale du « sentiment », où l'apologie des passions se voile du langage de la vertu. Pour certains ce peut n'être qu'un masque rassurant et un alibi commode; mais il est remarquable, en soi, que dans les textes les plus ouvertement déistes, la religion naturelle tende à se diluer dans un vague moralisme bourgeois. L'une des *Lettres persanes* les plus « voltairiennes », où Usbek s'interroge sur les différentes manières possibles de plaire à Dieu, se termine sur ces paroles lénifiantes qu'il adresse au Seigneur : « Je ne sais si je me trompe, mais je croyais que le meilleur moyen pour y parvenir est de vivre en bon

---

1. C'est la conclusion de son « précis exact » daté du 15 mars 1742. Voltaire n'était pas le premier lecteur du *Testament* à tirer celui-ci vers le déisme, et l'on connaît d'autres *extraits* anonymes qui lui font subir le même traitement. Cf. LANSON, *Questions diverses sur l'Histoire de l'esprit philosophique en France avant 1715*, R.H.L.F, 1912, p. 10; et A.R. MOREHOUSE, *Voltaire and Jean Meslier*, New Haven, 1936, p. 25.

2. « J'entends par la morale ce qui regarde les actions libres, en tant qu'elles peuvent être bonnes ou mauvaises, raisonnables ou brutales, justes ou injustes, convenables ou contraires à la société et aux intentions de la Nature, c'est-à-dire aux volontés éternelles du Créateur, c'est ce en quoi consiste la vertu et le vice, ce qui fait les hommes bons ou méchants, et qui les rend dignes de récompenses ou de châtiments ». (Texte cité par Ira O. WADE, *op. cit.*, p. 55).

3. *Séthos, Histoire ou vie tirée des monuments anecdotes de l'Ancienne Égypte, traduite d'un manuscrit grec*, Paris, J. Guérin, 1731, *op. cit.*, Le livre est écrit à la gloire des « vertus morales ». Cf. *Préface*, pp. XVII-XVIII.

4. *Précis exact* de Meslier, *loc. cit.*

citoyen dans la société où vous m'avez fait naître, et en bon père dans la famille que vous m'avez donnée »[1].

Faut-il canoniser les pères de famille ? Cette question saugrenue que pose très sérieusement en 1748 un futur collaborateur de l'*Encyclopédie* résume toutes les audaces et tout le conformisme latent du « naturalisme » religieux. A deux ans près, François-Vincent Toussaint est du même âge que Diderot avec lequel il est lié d'amitié[2]; c'est un esprit hardi qui se targue de faire litière des préjugés. Le succès de ses *Mœurs* qui, du jour au lendemain, le font connaître de tout Paris est presque aussitôt consacré par une décision du Parlement qui condamne l'ouvrage au bûcher; en Belgique puis à Berlin, sous la protection de Frédéric II, Toussaint saura poursuivre le bon combat. Écrivain médiocre et sans génie, il excelle à exprimer les tendances intellectuelles de son époque. Son livre rassemble dans un exposé clair et précis la plupart des thèmes propagés depuis cinquante ans par la littérature antichrétienne : c'est le bréviaire de la libre-pensée[3]. Mais le sentimentalisme vertueux s'y étale presque à chaque page :

« J'ai répandu dans cet ouvrage plus de sentiment que d'esprit, avertit ingénûment l'auteur; premièrement parce que l'un m'était plus facile que l'autre, et de plus parce que la science des Mœurs est, de sa nature, une science de sentiment »[4].

De là cette étonnante déclaration qui revendique contre toutes les formes d'égoïsme, mystique ou guerrier, le droit au bonheur quotidien :

« Cette prévention qu'on ne saurait aimer Dieu, sans contrarier tous les instincts de la nature, même les plus innocents, est si généralement répandue qu'on ne s'avise pas de vanter la sainteté d'un homme qui fait tous les jours ses quatre repas, qui mange indifféremment chair ou poisson, qui porte des

---

1. *Lettres Persanes*, 46.

2. Cet ancien janséniste, converti à la philosophie militante (1715-1772), a écrit en plus de ses *Mœurs*, son principal titre de gloire, un traité financier, *Essai sur le rachat des rentes*, traduit de l'anglais, Londres (?), 1751, et un roman, *Histoire des Passions ou Aventures du Chevalier Shroop*, traduit de l'anglais, La Haye, 1751. Avocat, il a aussi rédigé pour l'*Encyclopédie* des articles de jurisprudence.

3. Dieu serait un tyran si la loi naturelle qu'il nous oblige à pratiquer n'était pas universellement connue (*op. cit.*, p. 24) ; toutes les religions du monde doivent reconnaître la suprématie de la loi naturelle (pp. 18-19) ; la vraie religion exclut le dogme de la prédestination (p. 36) de même que toute morale ascétique (p. 40) ; les besoins du corps sont légitimes et à l'origine de tous nos plaisirs (p. 60) ; le culte intérieur est « le seul qui honore Dieu » ; les formes extérieures du culte relèvent de la coutume et non de la nature (pp. 91 sq.) etc...

4. *Ibid.*, *Avertissement*, *loc. cit.*, Cf. ci-dessus, Ch. VI.

3. — La morale du père de famille

(« La Lecture de la Bible », gravure de P.-F. Martenasie, 1759, d'après
Greuse. Estampes B.N.)

Que sert ce vain amas d'une inutile gloire ?
Boil. Sat. V.

4. — LA MORALE DE L'HOMME D'AFFAIRES

(Frontispice de *La noblesse commerçante,* par l'abbé Coyer, Londres et Paris, Duchesne, 1756, gravure d'Eisen jeune.)

Cf. p. 3, *Explication du frontispice :* « Le gentilhomme qu'on y voit, las de vivre dans l'infortune et l'inutilité, montre ses marques de noblesse, un écusson, un tymbre ou casque d'armoiries et un parchemin qui renferme ses titres, présents de la naissance, dont il n'a tiré aucun fruit. Il s'en détache et va s'embarquer pour servir la patrie en s'enrichissant par le commerce. »

habits propres et couche sur le duvet, qui aime tendrement son épouse, et prend plaisir à s'en assurer; quelque vertu qu'il ait d'ailleurs, quelques bonnes actions qu'il ait faites.

On canonise à Rome des papes, des anachorètes, des fondateurs d'Ordres, et des squelettes anonymes, quand on ne trouve rien de mieux, mais on n'y canonise guère des pères de famille vertueux, s'ils n'ont été rois, ou du moins ancêtres de rois » [1].

O saint Chrysale ! Pourquoi en effet, au ciel de la philosophie, n'aurais-tu pas ta place marquée à la droite du Père ? « Dieu, écrit encore Toussaint, est un père tendre, bon à tous ses enfants; prodigue de ses faveurs pour ceux qui lui sont soumis, indulgent et flexible pour ceux qui l'ont offensé » [2]. Mais Chrysale n'est pas Polyeucte : il ne faut pas compter sur lui pour renverser les idoles; s'il va au temple, c'est pour y adorer, comme le premier dévot venu, le Dieu du fanatisme et de la superstition. Persuadé que toutes les formes extérieures du culte se valent, il ne fait pas de difficulté pour suivre celui du pays où le hasard l'a fait naître : la superstition même est un hommage à la vraie religion et, pourvu qu'elles ne heurtent pas trop violemment la loi naturelle, les conventions religieuses ont, à son avis, l'avantage de parler à la foule des fidèles un langage qu'elle peut comprendre. Les cérémonies sont de la piété en action [3].

« Il n'est pas impossible d'attaquer une religion révélée, parce qu'elle existe par des faits particuliers, et que les faits, par leur nature, peuvent être une manière de dispute. Mais il n'en est pas de même de la religion naturelle : elle est tirée de la nature de l'homme, dont on ne peut pas disputer, et du sentiment intérieur de l'homme, dont on ne peut pas disputer encore » [4].

Quelques années avant d'adresser ces lignes à W. Warburton, évêque de Glocester, Montesquieu avait dû se défendre contre les *Nouvelles ecclésiastiques* d'être un « sectateur de la Religion naturelle » [5]. Lorsqu'il s'agit pour lui de protéger son œuvre et la tranquillité de ses dernières années, le Président multiplie volontiers, sans rien céder sur l'essentiel, les déclarations conciliantes. Mais sa correspondance privée éclaire sa véritable pensée. Auteur d'une *Démonstration de la mission divine de Moïse*, Warburton lui avait envoyé quelques semaines plus tôt

---

1. *Ibid.*, Première partie, Ch. I, p. 44.
2. *Ibid.*, Ch. III. (Citation empruntée à B. GROETHUYSEN, *L'Église et la bourgeoisie,* op. cit., p. 161).
3. *Ibid.*, Première partie, Ch. III, *De l'hommage qu'on doit à Dieu.*
4. MONTESQUIEU, Lettre à Warburton, mai 1754 (*Œuvres, op. cit.*, t. III, p. 1509).
5. *Défense de l'Esprit des Lois.* Voir en particulier la conclusion de la Première partie (*Œuvres*, t. I, pp. 452-54).

le premier volume de cet ouvrage, destiné à réfuter le déisme de Bolingbroke [1]. Il n'est pas sûr que le pieux apologiste ait été entièrement satisfait par la réponse toute pragmatiste de son illustre correspondant :
Montesquieu y marquait son étonnement qu'on pût songer à s'en
prendre Outre-Manche à la religion révélée, si parfaitement purgée
dans ce pays de « tout préjugé destructeur ». Passe encore en Espagne
ou au Portugal, pays des *autodafé,* précisait-il. « Mais il n'en est pas de
même en Angleterre, où tout homme qui attaque la religion révélée
l'attaque sans intérêt, et où cet homme quand il réussirait, quand même
il aurait raison dans le fond, ne ferait que détruire une infinité de biens
pratiques pour établir une vérité purement spéculative » [2].

Toutes les vérités ne sont pas également bonnes à dire. Autrefois
l'auteur des *Lettres Persanes* se laissait aller à imaginer le triomphe futur
de la raison universelle [3]; mais ce n'était chez lui qu'un élan passager.
Quelques années plus tard, il notait en effet dans ses *Pensées :* « Ce qui
me prouve la nécessité d'une révélation, c'est l'insuffisance de la religion
naturelle, la crainte et la superstition des hommes : car si vous aviez
mis aujourd'hui les hommes dans le pur état de la religion naturelle,
demain ils tomberaient dans quelque superstition grossière » [4]. Partagé
entre son rationalisme de philosophe et un certain mépris de la faiblesse
humaine, Montesquieu constate que toutes les religions ont leurs mystères, sans quoi elles ne seraient pas « respectables » [5]. Il en était ainsi
chez les anciens Romains que la simple vérité n'aurait pas touchés [6];
la sagesse politique conseille d'imiter l'exemple de leurs magistrats qui
savaient tourner au bénéfice de l'État les tendances superstitieuses de la
foule [7]. Lorsqu'il rédige l'*Esprit des Lois,* Montesquieu se souvient
de ces réflexions de sa jeunesse pour montrer combien la religion catho-

---

1. Warburton, à Montesquieu, 9 février 1754, *ibid.*, t. III, p. 1488 sq. Warburton
accusait Bolingbroke de détruire non seulement la *Religion révélée* mais aussi « ce qu'on a
appelé jusqu'à présent la *loi naturelle* ». « Son dessein, précisait-il, est d'établir, non point
la Religion naturelle, mais le Naturalisme, fondé sur ce principe que nous n'avons et ne
pouvons avoir aucune idée des « attributs moraux » de Dieu, de sa bonté et de sa justice,
mais seulement de ses attributs *naturels,* c'est-à-dire de sa puissance et de sa sagesse »
(*ibid.*, p. 1493). La distinction correspondait en gros à celle du théisme et du déisme, le
premier pouvant seul se concilier avec la Révélation : il est remarquable que, dans sa
réponse, Montesquieu l'escamote complètement.

2. *Loc. cit.*, p. 1509.

3. *Op. cit.*, Lettre 35. « Il viendra un jour où l'Éternel ne verra sur la terre que des
vrais croyants : le temps, qui consume tout, détruira les erreurs mêmes ; tous les hommes
seront étonnés de se voir sous le même étendard ; tout, jusques à la Loi, sera consommé ;
les divins exemplaires seront enlevés de la Terre et portés dans les célestes Archives ».

4. *Pensées,* 825 (2110).

5. *Ibid.*, 109 (443).

6. *La Politique des Romains...*, *op. cit.*, p. 40. « Plus une chose était contraire à la
raison humaine, plus elle leur paraissait divine. Une vérité simple ne les aurait pas vivement touchés : il leur fallait des sujets d'admiration ; il leur fallait des signes de la divinité ;
et ils ne les trouvaient que dans le merveilleux et dans le ridicule ».

7. *Ibid.*, p. 38.

lique est, de ce point de vue, supérieure à toutes les autres. Spirituel et charnel en même temps, le catholicisme s'accorde parfaitement avec la double nature de l'homme, raisonnable et sensuelle. Il partage d'autre part avec le mahométisme l'avantage d'un rituel minutieux qui enferme les fidèles dans un réseau serré d'habitudes. Et enfin la magnificence de son culte extérieur frappe durablement les imaginations : « Ainsi la misère même des peuples est un motif qui les attache à cette religion qui a servi de prétexte à ceux qui ont causé leur misère » [1].

Libre à l'abbé de Saint-Pierre d'imaginer pour les temps futurs « l'accroissement presque perpétuel de la raison universelle » et l'avènement d'une religion « entièrement raisonnable » [2] ! L'auteur de l'*Esprit des Lois* a depuis longtemps répudié les chimères de ce rationalisme conquérant. Il sait que les religions « positives », vraies ou fausses, sont le plus sûr appui de l'ordre social. Sa conception pratique de la tolérance, c'est tout simplement l'acceptation de ce qui existe, et le respect de la religion dominante [3]. Le baron de La Brède rejoint ainsi le roturier Toussaint, et cette rencontre n'est pas fortuite : pas plus que n'est due au hasard l'intransigeance que manifeste le curé Meslier dans son enthousiasme rationaliste [4]. L'accord de l'aristocrate et du bourgeois sur les problèmes religieux en annonce un autre, plus important sans doute à leurs yeux. Mais il convenait d'abord de montrer comment il se traduit dans les contradictions intimes de la religion naturelle, sans cesse tiraillée entre les erreurs qu'elle refuse et les vérités qu'elle redoute, et qui n'échappe au monstre de l'athéisme que pour composer avec l'hydre de la superstition.

---

1. *Esprit des Lois*, XXV, 2.

2. *Anéantissement futur du Mahométisme et des autres religions humaines par le progrès continuel de la raison humaine universelle, Ouvrages de Politique, op. cit.*, t. XIII, (pp. 222-23 et sq.). Dans son *Projet pour perfectionner l'éducation*, 1728 (pp. 150 sq.) le même auteur se montrait plus « réaliste » en soulignant l'importance que revêt pour l'ordre social la croyance à des sanctions surnaturelles. Cette idée est banale dans la littérature clandestine la plus frondeuse, et même chez les athées. Cf. FRÉRET, *Lettre de Thrasybule à Leucippe, op. cit.*, p. 283. C'est la doctrine de la double vérité, que les « philosophes » héritent des « libertins » du siècle précédent. Voir aussi l'article *Christianisme* de l'*Encyclopédie*.

3. *Esprit des Lois*, XXV, 9 à 11. La politique religieuse de Montesquieu ressemble beaucoup à celle de Montaigne : tous deux redoutent par-dessus tout les innovations. La liberté de conscience se réduit ainsi au droit de suivre la tradition...

4. « Les seules lumières de la raison naturelle sont capables de conduire les hommes à la perfection de la science et de la sagesse humaine, aussi bien qu'à la perfection des arts ; et elles sont capables de les porter non seulement à la pratique de toutes les vertus morales, mais aussi à la pratique de toutes les plus belles et les plus généreuses actions de la vie... » (*Testament, op. cit.*, t. III, *Conclusion*, p. 378).

DEUXIÈME PARTIE

Chapitre VIII

NATURE ET SOCIÉTÉ

1. — L'origine des sociétés civiles.

2. — De l'indépendance naturelle à la liberté politique.

3. — Libertés féodales et liberté bourgeoise : le choix ambigu de Montesquieu.

4. — De l'égalité naturelle à l'inégalité sociale.

Chapitre VIII

NATURE ET SOCIÉTÉ

L'homme est naturellement sociable. Contre la désolante philosophie de Hobbes le demi-siècle tout entier ne se lasse pas de le proclamer. Les divergences apparaissent seulement lorsqu'il s'agit d'expliquer le saut historique de la simple société de nature aux sociétés organisées. Tantôt les « lois positives » sont rendues responsables de tous les maux qui affligent l'homme social — et le thème de la loi naturelle se teinte alors de nuances anarchistes; tantôt au contraire — et c'est de loin le cas le plus fréquent — on invoque la fragilité des lois naturelles pour justifier l'existence des lois positives. Il reste alors à définir les rapports des unes et des autres, ce qui ne va pas sans entraîner plus que des tiraillements : l'idée de loi naturelle peut aussi bien inspirer un généreux idéalisme humanitaire que servir d'alibi au plus plat conformisme. Son ambiguïté essentielle s'affirme ainsi une fois de plus, en même temps que l'ambivalence du couple Nature-Société : la conformité de la société à la nature implique pour la première des devoirs envers ses membres, autant que des droits; mais il était facile de trouver, au prix de quelque subtilité dialectique, dans la notion d'un ordre naturel une caution de bon aloi à l'ordre social existant. Dans les rapports entre les hommes comme dans les relations physiques entre les choses la Nature représente à la fois ce qui est nécessairement et ce qui devrait être : dualité commode pour qui sait dévoiler opportunément, au gré d'intérêts bien précis, l'un ou l'autre de ses deux visages.

1. — L'origine des sociétés civiles

« Un fils est né auprès de son père, et il s'y tient : voilà la Société et la cause de la Société »[1]. L'ironie péremptoire d'Usbek à l'égard des spéculations historico-juridiques dont il raille le ridicule comporte une affirmation positive. La société est un fait naturel; les hommes naissent « liés les uns aux autres » : comment s'étonner qu'ils le restent? Sans renier le bon sens de son Persan, Montesquieu comprendra plus tard que le problème des origines sociales n'est pourtant pas aussi vain qu'il lui avait paru d'abord, et il lui consacrera un chapitre essentiel de L'Esprit des Lois[2]. Le juriste peut en effet dédaigner la question de fait, comme insoluble et de peu d'intérêt, mais par ses implications politiques la question de droit lui importe au plus haut point[3]. Admettre que la société fait violence à la nature, c'est se condamner à choisir entre le despotisme et l'anarchie; au postulat de Hobbes le libéralisme naissant a besoin d'opposer un dogme contraire, celui de la sociabilité naturelle. L'analyse du fondement juridique de la société et de la souveraineté est donc inséparable d'une certaine manière de définir la nature humaine. De là l'importance des spéculations sur «l'état de nature», puisque l'on se propose, comme l'écrit par exemple Pufendorf, de rechercher la racine de la vie sociale dans la constitution même de l'homme, abstraction faite des « établissements purement humains »[4]. Bien peu de ses contemporains ou de ses continuateurs semblent s'être avisés qu'il y avait dans cette tentative un véritable cercle vicieux : comment jugera-t-on, pratiquement, de l'homme naturel, sinon par ce que l'on sait de l'homme social ? C'est la confusion que dénoncera Rousseau, reprochant à Pufendorf d'avoir pris « les effets pour les causes »[5]. L'auteur de l'Émile ne sera cependant pas tout à fait le premier à relever ce sophisme; dès 1748 Montesquieu en souligne l'artifice intéressé : « On ne sent pas que l'on attribue aux hommes, avant l'établissement des sociétés, ce qui ne peut leur arriver qu'après cet établissement »[6]. Mais la critique

---

1. *Lettres Persanes*, 94.
2. *Esprit des Lois*, I, 2.
3. Burlamaqui formule cette distinction très clairement. Cf. ses *Principes du Droit Politique*, Genève, 1751, Première partie, Ch. II et III.
4. *Le Droit de la Nature et des Gens, op. cit.*, Livre II, Ch. II.
5. Voir les textes cités par R. Derathé dans son livre sur *J.-J. Rousseau et la science politique de son temps, op. cit.*, pp. 145-146.
6. *Esprit des Lois*, I, 2.

est alors dirigée contre Hobbes, et contre sa théorie qui fait de l'état de nature un état de guerre; persuadé que l'homme est « fait pour vivre dans la société », le Président ne s'aperçoit pas que son argumentation vaudrait tout autant contre la thèse qu'il défend.

A vrai dire celle-ci lui est fort peu personnelle. Et s'il n'éprouve pas le besoin de la développer longuement, c'est qu'à cette époque elle fait depuis longtemps figure de truisme. Ici encore des références antiques — stoïciennes ou aristotéliciennes — peuvent relever la banalité d'une idée moins nouvelle en elle-même que par la manière dont elle est désormais exploitée [1]. Mais il s'agit aussi d'un thème traditionnel de la pensée chrétienne; Bossuet par exemple le met pleinement en valeur et en propose une double démonstration : la sociabilité est une forme de la charité, et puisque tous les hommes sont à l'image de Dieu, l'amour de Dieu les oblige à s'aimer les uns les autres [2]; de là les liens de fraternité qui les unissent et leur interdisent de se désintéresser de leur prochain [3]; cette obligation naturelle trouve d'autre part une sanction providentielle dans l'intérêt de chacun, puisque la diversité de leurs talents fait que les hommes ne peuvent se passer les uns des autres [4]. Ces deux aspects de la sociabilité sont également soulignés par l'école du droit naturel. Pufendorf affirmait l'existence d'une sociabilité générale, fondée sur l'universalité de la nature humaine [5], mais il insistait beaucoup plus que Bossuet sur l'accord entre cette bienveillance de l'homme pour l'homme et le simple instinct de conservation : quelle plus efficace réponse au cynisme de Hobbes que de se placer sur son propre terrain en montrant que la sociabilité dérive de l'amour-propre [6] ? Traducteur consciencieux de Pufendorf, Barbeyrac proteste cependant contre cette interprétation trop utilitariste, et en montre l'étroitesse : « Il y a des occasions où l'on doit sacrifier son propre intérêt à l'avantage d'autrui et au bien de la Société » [7]. Si la sociabilité peut ainsi contredire l'intérêt individuel, il faut admettre qu'elle constitue un principe distinct de celui-ci, et qu'elle est aussi naturelle à l'homme que l'égoïsme. Ainsi avait pensé Grotius, dont le grand ouvrage suscite au milieu du demi-siècle un regain de curiosité [8], au moment même où se développe la morale du « sentiment ». On a vu par quels sophismes euphoriques l'appel au sentiment permettait de concilier les besoins spontanés du moi et les impératifs

---

1. Tous les tenants de la sociabilité naturelle empruntent par exemple à Aristote l'argument de l'usage de la parole. Cf. R. Derathé, *op. cit.*, p. 147, n. 8.
2. *Politique tirée des propres paroles de l'Écriture Sainte*, *op. cit.*, Livre I, article I, Deuxième proposition.
3. *Ibid.*, 3ᵉ, 4ᵉ et 5ᵉ propositions.
4. *Ibid.*, 6ᵉ proposition.
5. *Le Droit de la Nature et des gens*, *op. cit.*, Livre II, Ch. III, 18.
6. *Ibid.*, 14 à 16.
7. *Ibid.*, 15, note. Cf. ci-dessus, Ch. VI, 1.
8. *Le droit de la Guerre et de la Paix*, 1724, *op. cit.* Voir en particulier le début du *Discours préliminaire.*

de la conscience[1]. Mieux que la raison le sentiment évite à la nature humaine de se diviser contre elle-même. Aussi prend-il une place de choix à côté de la raison — lorsqu'il n'éclipse pas complètement celle-ci — dans la plupart des définitions que l'on propose alors de la sociabilité naturelle. Mais les réalistes qui ne croient guère à une sociabilité désintéressée ne sont pas moins affirmatifs dans leur conviction que l'homme est naturellement porté à rechercher le commerce de ses semblables. L'amour de soi, selon eux, l'y pousse plus sûrement que l'attachement à autrui : besoins matériels que seule la vie sociale permet de satisfaire[2], mais aussi besoins d'un ordre plus élevé. Là où Pascal ne voulait voir que « divertissement » et vain dérivatif à notre misère essentielle, Voltaire aperçoit au contraire la condition et la cause de notre bonheur. Nous ne sommes pas plus faits pour la solitude que pour la vie contemplative, et la sagesse consiste à prendre acte de cette inquiétude qui accompagne toujours l'isolement et l'inactivité : « Nous avons tant d'obligation à l'auteur de la nature qu'il a attaché l'ennui à l'inaction, afin de nous forcer par là à être utiles au prochain et à nous-même »[3].

Obligation impérative que dicte la droite raison « dans le silence des passions »[4], expression spontanée d'un instinct de sympathie qui porte toute créature vers celles qui lui ressemblent, ou enfin besoin irrépressible du corps comme de l'âme, la sociabilité apparaît dans tous les cas comme si essentielle à la nature humaine que celle-ci semble parfois se résoudre tout entière en elle. A son plus haut niveau elle atteint à la vertu la plus sublime, cet amour de l'humanité qui tend de plus en plus à supplanter l'amour de Dieu ; la république des philosophes, dont rêvera Voltaire, réalise cette société du genre humain qui était déjà l'idéal des stoïciens, en la faisant passer du monde intellectuel des idées pures dans celui des faits et de l'action quotidienne. Son goût de l'universel dicte de même à Montesquieu une hiérarchie naturelle des divers devoirs qui l'attachent à sa famille, à sa patrie, à l'Europe et au

---

1. Cf. ci-dessus, Ch. VI, 2.

2. Avant d'appartenir à Helvétius et aux Encyclopédistes l'idée que *le besoin unit les hommes* est un lieu commun de la sagesse chrétienne. « C'est par un effet de la Providence divine, écrit Fénelon, que nulle terre ne porte tout ce qui sert à la vie humaine. Car le besoin invite les hommes au commerce, pour se donner mutuellement ce qui leur manque ; et ce besoin est le lien naturel de la société entre les nations ». (*Démonstration de l'existence de Dieu... op. cit.*, XV, p. 27). Cf. CROUSAZ, *Traité sur l'obligation où sont les hommes de s'unir en corps de société, Premier Discours.* (*Divers ouvrages de M. de Crousaz*, Amsterdam, 1737, t. I). A rapprocher de VOLTAIRE, *Lettres Philosophiques*, XXV, XI, et DIDEROT, *Apologie de l'abbé de Prades*, A.T., I, p. 463.

3. *Lettres philosophiques*, XXV, XXVI. Le marquis d'Argens constate de même : « Nous sommes nés pour vivre dans le monde. La solitude est un état qui ne nous est point naturel. Les hommes ne sauraient se passer les uns des autres Ils sont obligés d'avoir recours à la Société pour prévenir une certaine inquiétude qui vient du vide qu'ils sentent en eux et qu'ils ne peuvent remplir eux-mêmes. » *La philosophie du Bon Sens*, nouvelle édition, La Haye, 1755, t. II, p. 296.

4. Cette formule classique est encore reprise par Diderot dans son article *Droit naturel* de l'*Encyclopédie* (9).

genre humain : tant le baron de La Brède est fermement persuadé que s'il est « nécessairement homme », il n'est « Français que par hasard »[1]. La nécessité naturelle devient ainsi la suprême valeur éthique ; c'est l'universalité de la nature humaine qui fonde celle du droit naturel : ainsi pour le chancelier d'Aguesseau[2] mais aussi pour le directeur de l'*Encyclopédie*[3]. Mais à l'autre pôle de l'évolution humaine, aux origines ou en marge de la civilisation, la sociabilité n'est pas moins contraignante ; à son degré le plus bas ses lois rudimentaires devancent les principes les plus élaborés de la philosophie des lumières : lois de l'hospitalité chez les pillards d'Arabie, ou innocente générosité des Hurons, qui enthousiasme le voyageur européen[4]. Au point de départ comme au terme de l'histoire des hommes, la vie en société est donc bien leur véritable état naturel.

Aussi convient-il de ne pas se tromper sur le sens que prend dans la philosophie politique antérieure à Rousseau l'hypothèse de « l'état de nature »[5]. De Pufendorf à l'*Encyclopédie* on s'accorde à définir celui-ci de trois points de vue différents ; état naturel de la créature par rapport à Dieu ; état de l'homme isolé ; enfin relation naturelle de l'homme avec ses semblables, indépendamment de toute organisation politique[6]. C'est en ce dernier sens que l'état de nature intéresse surtout les prédécesseurs de Rousseau. Lorsqu'il leur arrive d'imaginer ce que serait la vie d'un solitaire, privé du secours d'autrui, ils en dressent un tableau fort peu enviable. Pufendorf insiste éloquemment sur la misère d'un être dépourvu de toute industrie, exposé aux rigueurs des intempéries comme aux dents des bêtes féroces[7]. Montesquieu se souvient certainement de cette

---

1. MONTESQUIEU, *Pensées*, 350 (10), et 741 (11).

2. *Essai d'une Institution au Droit public*, Première partie, *Droit naturel*, loc. cit., t. I, pp. 467-81.

3. Article *Droit naturel*, 6 : « Mais si nous ôtons à l'individu le droit de décider de la nature du juste et de l'injuste, où porterons-nous cette grande question ? Où ? Devant le genre humain ; c'est à lui seul qu'il appartient de la décider, parce que le bien de tous est la seule passion qu'il ait. Les volontés particulières sont suspectes ; elles peuvent être bonnes ou méchantes, mais la volonté générale est toujours bonne ; elle n'a jamais trompé, elle ne trompera jamais... » (A.T., XIV, p. 299).

4. Cf. LA HONTAN, *Dialogues*, Amsterdam, 1704, p. 41 et *passim*.

5. Voir sur ce problème les analyses très pertinentes de R. DERATHÉ, *op. cit.*, Ch. III.

6. Cf. PUDENDORF, *Le Droit de la Nature et des Gens*, op. cit. Livre II, Ch. II, et *Les Devoirs de l'Homme et du Citoyen*, op. cit. Livre II, Ch. I. — BURLAMAQUI, *Principes du Droit Naturel*, op. cit., Deuxième Partie, Ch. III. Même distinction dans l'*Encyclopédie*, article *Etat de Nature* (t. VI, 1756).

7. *Loc. cit.* et surtout *Les Devoirs...*, Livre I, Ch. III. « Figurons-nous un homme devenu grand sans avoir eu aucune éducation, ni aucun commerce avec ses semblables, abandonné tout seul dans quelque désert, et par conséquent sans autres connaissances que celles qu'il aurait acquises de lui-même : le misérable animal qu'il y aurait là ! Muet et nu, réduit à brouter et à arracher quelques racines, ou à cueillir des fruits sauvages, à boire de l'eau de la première fontaine, du premier ruisseau ou du premier marais qu'il trouverait, à se retirer dans quelque caverne, pour être un peu à couvert des injures de l'air, et à se couvrir de mousse ou d'herbe ; à passer son temps dans une oisiveté ennuyeuse ; à trembler au moindre bruit, au premier aspect d'un autre animal, à périr enfin ou de froid, ou par les dents de quelque bête féroce » (t. I, pp. 64-65).

description lorsqu'il voit dans la crainte le sentiment le plus primitif, et par conséquent dans la paix la première loi naturelle. Et s'il s'attarde un instant à « considérer un homme avant l'établissement des sociétés », c'est pour ajouter presque aussitôt, selon un schéma classique, que l'intérêt comme le sentiment et enfin la raison auraient vite fait d'éveiller en lui « le désir de vivre en société » [1]. Pour le Président, comme pour la grande majorité des penseurs politiques de son temps, « l'état de nature » n'est guère qu'une hypothèse de travail, une fiction morale ou juridique, si l'on entend par là un état d'isolement. Mais si l'on admet au contraire qu'il constitue déjà un *état social,* il peut recevoir un contenu historique plus précis : petites sociétés familiales des temps bibliques et des origines de l'humanité; peuplades sauvages qui aujourd'hui encore vivent sans gouvernements et sans lois; enfin princes et chefs des grandes sociétés organisées, dont les relations mutuelles, comme les différends, ne sont soumis à aucune autorité supérieure [2]. Ainsi entendu, l'état de nature se distingue de « l'état civil » par l'absence de toute subordination politique; c'est « l'*état de troupeau,* celui sous lequel les hommes rapprochés par l'instigation simple de la nature, comme les singes, les cerfs, les corneilles, etc..., n'ont formé aucunes conventions qui les assujettissent à des devoirs, ni constitué d'autorité qui contraigne à l'accomplissement des conventions » [3].

La « société de nature », c'est donc l'état où les hommes ne sont unis que par les lois de la sociabilité naturelle : « Celui où l'on conçoit les hommes en tant qu'ils n'ont ensemble d'autre relation morale que celle qui est fondée sur cette liaison simple et universelle qui résulte de la ressemblance de leur nature, indépendamment de toute convention qui en ait assujetti quelques-uns à d'autres » [4]. Subordonnés à Dieu seul, les individus y sont dans une situation d'égalité et d'indépendance réciproques. Pufendorf précise avec la plus grande fermeté cette notion de *liberté naturelle* [5] sur laquelle Locke devait fonder ensuite sa théorie libérale de l'État. Notion évidemment révolutionnaire si on la compare aux idées de Bossuet, ou à celles du jacobite Ramsay [6]. En France elle

---

1. *Esprit des Lois,* I, 2.

2. *Ibid.,* XXVI, 20. A rapprocher de Pufendorf, *Le Droit de la Nature...,* Livre II, Ch. II et *Les Devoirs...,* Livre II, Ch. I — Locke. *Essai sur le gouvernement civil,* Amsterdam, 1691, Ch. I. — Burlamaqui, *Principes du Droit naturel,* Deuxième partie, Ch. VI. — Cf. R. Derathé, *op. cit.,* p. 126.

3. Diderot, *Apologie de l'abbé de Prades, loc. cit.,* A.T., I, p. 455.

4. Pufendorf, *Les Devoirs...,* op. cit., Livre II, Ch. I, pp. 284-85.

5. *Ibid.*

6. Pour ces deux auteurs, les hommes sont naturellement inégaux et dépendants. « Les hommes naissent tous sujets, écrit Bossuet : et l'empire paternel qui les accoutume à obéir, les accoutume en même temps à n'avoir qu'un chef « (*Politique...,* op. cit., Livre II, art. I, p. 69). De même le disciple de Fénelon consacre un chapitre de son *Essai philosophique sur le gouvernement civil,* (Londres, 1719, Ch. IV) à démontrer que « les hommes naissent tous plus ou moins inégaux » ; dans *Les Voyages de Cyrus,* sa prise de position n'est

fait figure de paradoxe quand le baron de la Hontan l'habille d'un vêtement exotique pour exalter l'heureuse ignorance des Hurons qui ne connaissent pas d'autres lois que celles de leurs penchants naturels : « Ha ! vive les Hurons qui sans lois, sans prisons, et sans tortures passent la vie dans la douceur, dans la tranquillité et jouissent d'un bonheur inconnu aux Français. Nous vivons simplement sous les lois de l'instinct et de la conduite innocente que la Nature sage nous a imprimés dès le berceau » [1]. Mais trente ans plus tard, lorsque le docte Crousaz, esprit éclairé mais foncièrement conservateur, entreprend de réfuter les dangereux sophismes du trop subtil Adario, toute sa démonstration roule sur les inconvénients de « l'état d'anarchie et de liberté naturelle », bien loin qu'il songe à en discuter le principe [2]. Et, s'il n'entend pas céder au mirage du bonheur primitif, l'auteur de *L'Esprit des Lois* admet néanmoins sans discussion que la liberté naturelle est « l'objet de la police des sauvages » [3]; sa croyance en l'indépendance des « peuples qui ne cultivent point les terres » le conduit même à leur attribuer, non sans abus de langage, la liberté politique, alors que la distinction de l'une et de l'autre est par ailleurs au centre de son système [4].

Mais si les hommes sont naturellement libres, en raison même de l'identité de leur nature qui les rend tous égaux, il ne s'ensuit pas que leur conduite ne soit soumise qu'à leur seul caprice. Leur liberté n'est pas de la licence; si aucune contrainte extérieure ne vient la borner, elle est subordonnée à cette même loi qui fonde la société de nature. Ici encore, quelles que soient leurs divergences doctrinales et politiques, une unanimité presque parfaite se manifeste chez tous les théoriciens, des plus conservateurs aux plus libéraux. Pufendorf refuse à l'homme une liberté absolue qui ne convient qu'à Dieu et il ne proclame son indépendance naturelle que pour mieux l'assujettir aux préceptes de la « droite raison » [5]. Locke de son côté n'est pas moins attentif à préciser les

---

pas moins nette lorsqu'il prête à Solon ces paroles : « Je fis punir sévèrement ceux qui enseignaient que tous les hommes naissaient égaux, que le mérite seul doit régler les rangs, et que le plus grand mérite est l'esprit. Je fis sentir les funestes suites de ces fausses maximes. Je prouvai que cette égalité naturelle est une chimère fondée sur les fables poétiques des compagnons de Cadmus et des enfants de Deucalion ; qu'il n'y a jamais eu de temps où les hommes soient sortis de la terre avec toute la force d'un âge parfait ; que c'était manquer de bon sens que de donner ainsi des jeux d'imagination pour des principes ; que depuis le siècle d'or l'ordre de la génération avait mis une dépendance et une inégalité nécessaire entre les hommes ; et qu'enfin l'empire paternel avait été le premier modèle de tous les gouvernements » (*op. cit.*, livre V, p. 307).

1. *Dialogues.*, *loc. cit.*, p. 41.

2. *Traité sur l'obligation où sont les hommes de s'unir en corps de société*, Troisième discours, *op. cit.*, p. 158.

3. *Esprit des Lois*, XI, 5.

4. « Chez ces peuples, la liberté de l'homme est si grande, qu'elle entraîne nécessairement la liberté du citoyen ; » (*Ibid.*, XVIII, 14). Aussi les sauvages « ne connaissent point naturellement le despotisme », et si les Natchès de la Louisiane font exception à cette règle, ce ne peut être que par un effet de la superstition (XVIII, 18).

5. *Le Droit de la Nature et des Gens*, *op. cit.*, Livre II, Ch. I, p. 136. « De tout ce que nous avons dit, il paraît que la liberté naturelle, du moins celle qui convient véritable-

limites que sa définition même assigne à la liberté : « L'état de nature a
la loi de la Nature, qui le doit régler, et à laquelle chacun est obligé de
se soumettre et d'obéir. La Raison, qui est cette Loi là, enseigne à tous
les hommes, s'ils veulent bien la consulter, qu'étant tous égaux et indépendants, nul ne doit nuire à un autre, au regard de sa vie et de sa santé,
de sa liberté et de son bien... » [1]. Burlamaqui et, dans l'*Encyclopédie,* le
chevalier de Jaucourt maintiennent de même que l'indépendance naturelle
implique des devoirs autant que des droits [2].

Il en résulte une conséquence très importante : la société de nature
n'est pas, du moins en droit, le règne de la violence. Pufendorf reproche
à Hobbes, et plus encore à Spinoza, d'avoir confondu le droit et la force [3].
L'état de nature n'est pas un état de guerre, puisque, si loin que leurs
passions les emportent, les hommes ont toujours la faculté de suivre
leur raison [4]. Locke n'est pas moins affirmatif lorsqu'il définit l'état de
nature comme un « état de paix, de bienveillance, d'assistance et de
conservation naturelle » [5]. Pour réfuter l'horrible légende de la guerre
de tous contre tous le chancelier d'Aguesseau n'hésite pas à invoquer
le témoignage des anciens poètes et les fables de l'âge d'or; plus métaphysique que psychologique, son argumentation a l'intérêt de montrer
à quelle vision du monde se rattache le dogme de la sociabilité naturelle :
« Il en est de la paix comme de la santé; c'est la santé qui a précédé la
maladie : l'une est un état naturel, l'autre un accident qui dérange la
Nature. Le bien est plus ancien dans le monde que le mal » [6]. Beaucoup
plus qu'à des raisonnements la théorie de Hobbes se heurte en France à
cette évidence du cœur et de l'esprit : la guerre est un fléau trop cruel
pour que la Nature, ou son auteur, puissent en être rendus responsables.
Mais les arguments ne manquent pas pour étayer cette conviction.
Dès l'époque de son *Traité des Devoirs* Montesquieu oppose à Hobbes
l'idée qu'il reprendra, on l'a vu, au début de *L'Esprit des Lois ;* la guerre
n'est pas un fait primitif, mais le produit des passions que développe la
vie sociale : « Sitôt que les hommes sont en société, ils perdent le sentiment de leur faiblesse; l'égalité qui était entre eux cesse, et l'état de guerre
commence » [7].

---

ment à l'homme, et qui ne se conçoit pas seulement par abstraction, doit toujours supposer quelque obligation de la droite Raison et de la Loi naturelle ».

  1. *Op. cit.,* Ch. I, p. 4.
  2. BURLAMAQUI, *Principes du Droit politique,* Première partie, Ch. III, p. 16 ; *Encyclopédie,* art. *État de Nature.*
  3. *Le Droit de la Nature...,* op. cit., Livre II, Ch. II, IV.
  4. *Ibid.,* p. 151.
  5. *Op. cit.,* § 19 (Cf. R. DERATHÉ, *op. cit.,* p. 132).
  6. *Essai d'une Institution au Droit Public, op. cit.,* Deuxième partie, pp. 548-551.
  7. *Esprit des Lois,* I, 3. Cf. *Pensées,* 1266(615) : « Ce n'est que lorsque la société est
formée, que les particuliers dans l'abondance et la paix, ayant à tous les instants l'occasion de sentir la supériorité de leur esprit ou de leurs talents, cherchent à tourner en leur
faveur les principaux avantages de cette société ».

Tels sont les aspects contradictoires de la société de nature — car c'est bien d'elle que nous parle ici Montesquieu [1] : conforme dans son principe à la loi naturelle, elle provoque elle-même les causes de sa ruine. Comment s'en étonner puisqu'elle incarne et reflète fidèlement le double aspect de la nature humaine ? Créature raisonnable, l'homme est cependant « sujet à l'ignorance et à l'erreur comme toutes les intelligences finies »; « créature sensible », il est spontanément porté vers ses semblables mais aussi « sujet à mille passions » qui détruisent cette sympathie naturelle. Supérieur en dignité aux animaux, aux plantes et aux pierres, il est beaucoup moins en mesure que les bêtes de suivre invariablement ses propres lois [2]. Car sa grandeur est aussi sa faiblesse, et chez un être libre la loi naturelle n'a qu'une nécessité idéale [3]; pour que ses préceptes impératifs deviennent également contraignants elle a besoin d'une sanction extérieure. Le rôle des « lois positives » est précisément de remédier à l'état de guerre qui, dans la société de nature, enlève à la loi naturelle toute efficacité. L'exposé de Montesquieu ne prétend à aucune originalité, il se borne à rappeler brièvement un thème juridique aussi traditionnel que l'analyse psychologique sur laquelle il se fonde. « La société générale du genre humain, écrivait Bossuet, a été détruite et violée par les passions » [4], et le dérèglement de celles-ci a rendu nécessaire l'institution d'une autorité souveraine [5]. Dans l'état de corruption qui est celui de la nature humaine depuis le péché la société de nature ne peut être viable. Le pessimisme chrétien de l'évêque de Meaux rejoint ici le pessimisme athée de l'auteur du *Léviathan ;* mais Pufendorf assigne de même comme origine aux « sociétés civiles » l'inefficacité de la loi naturelle et le désir des hommes de mettre fin aux maux qu'ils ne cessaient de craindre les uns des autres [6]; et le parallèle qu'il dresse de l'état de nature et de la société civile n'est guère moins sévère pour le premier que la description de Hobbes : « Dans l'état de Nature on ne trouve que passions qui règnent en liberté, que guerres, que craintes, que pauvreté, que solitude, qu'horreur, que barbarie, qu'ignorance, que férocité : dans une société civile on voit régner la Raison, la Paix, la Sûreté, les Richesses, l'Ordre, la Beauté, la Douceur du commerce, la Politesse, les Sciences, l'Amitié » [7].

---

1. La phrase citée est équivoque, mais les lignes qui suivent montrent bien que l'état de guerre envisagé ici est antérieur à l'établissement du droit politique et du droit international.

2. *Esprit des Lois*, I, 1.

3. Cf. G. LANSON, *Déterminisme historique et idéalisme social dans l'Esprit des Lois*, R.M.M., t. XXIII, 1916.

4. *Politique tirée... de l'Écriture Sainte, op. cit.*, Livre I, art. II, 1.

5. *Ibid.*, art. III, 2-3.

6. *Le Droit de la Nature et des Gens*, Livre VII, Ch. I.

7. *Les Devoirs de l'Homme et du Citoyen*, Livre II, Ch. I, p. 289.

Ainsi se trouve posé le schéma d'explication que, du Jésuite Buffier à l'*Encyclopédie*, la xviiie siècle reprend inlassablement. L'apparition des sociétés civiles n'est pas un fait accidentel ou arbitraire, elle était indispensable pour remédier aux graves inconvénients de l'état de nature. De ceux-ci l'expérience même atteste la cruelle réalité. La liberté naturelle dont continuent à jouir les sauvages ne contribue guère à les rendre heureux : l'érudition d'un Crousaz a vite fait d'assombrir le tableau idyllique que La Hontan avait tracé de leur bonheur [1]. Sur le même sujet toutes ses lectures exotiques inspirent à Montesquieu des réflexions non moins propres à désabuser ses concitoyens : la liberté anarchique des sauvages et la destruction de toute liberté par les gouvernements despotiques entraînent des mœurs également féroces [2]. Chez des peuples barbares comme les Germains la substitution d'une loi générale et publique à l'usage des « compositions privées » lui apparaît de même comme un progrès évident : à des vengeances sans frein, exercées par chacun à sa fantaisie, succède alors une justice uniforme et sereine. « Ce fut par l'établissement de ces lois que les peuples germains sortirent de cet état de nature où il semble qu'ils étaient encore du temps de Tacite » [3]. Les nations évoluées fournissent enfin un exemple non moins clair de cette distance entre ce que devrait être l'état de nature et ce qu'il est en réalité. Puisqu'elles sont vis-à-vis les unes des autres comme les individus dans la société de nature, la paix devrait être leur état naturel [4]; mais comme la volonté de puissance des princes ne se heurte à aucune « loi positive », la société naturelle qui les unit devient nécessairement l'empire du plus fort. C'est pourquoi les traités imposés par la violence sont aussi obligatoires que ceux qui sont conclus de plein gré; c'est là une différence essentielle entre « l'état civil » et l'état de nature :

« Quand nous, qui vivons sous des lois civiles, sommes contraints à faire quelque contrat que la loi n'exige pas, nous pouvons, à la faveur de la loi, revenir contre la violence; mais un prince qui est toujours dans cet état dans lequel il force ou il est forcé, ne peut pas se plaindre d'un traité qu'on lui a fait faire par violence. C'est comme s'il se plaignait de son état naturel » [5].

---

1. Crousaz, *Traité sur l'obligation...*, *op. cit.*, Premier Discours.
2. *Esprit des Lois*, VI, 9. « Chez les peuples sauvages qui mènent une vie très dure et chez les peuples des gouvernements despotiques où il n'y a qu'un homme exorbitamment favorisé de la fortune, tandis que tout le reste en est outragé, on est également cruel. La douceur règne dans les gouvernements modérés ». Cf. *Ibid.*, XXIV, 17, etc...
3. *Esprit des Lois*, XXX, 19.
4. Cf. Burlamaqui, *Principes du Droit politique*, quatrième partie, Ch. I (t. II, p. 3) : « L'état naturel des nations à l'égard les unes des autres est sans doute un état de société et de paix : tel est l'état primitif et naturel de l'homme par rapport à tout autre homme, et quelque modification particulière que les hommes puissent apporter à leur état primitif, ils ne sauraient, sans blesser leurs devoirs, donner atteinte à cet état de paix et de société dans lequel ils se trouvent naturellement, et que les lois naturelles leur recommandent si fort ».
5. *Esprit des Lois*, XXVI, 20. Pufendorf expose de même que si la paix est naturelle, elle est aussi très précaire. (*Droit de la Nature et des Gens*, Livre II, Ch. II, XI et XII. Cf. *Ibid.*, Livre VIII, ch. VI).

Il n'y a donc pas d'opposition entre l'empire de la loi naturelle et celui de la loi civile; seule la seconde peut au contraire assurer le règne de la première. L'anarchie de l'état de nature contredit l'ordre naturel des choses, puisqu'elle est directement contraire à la conservation du genre humain [1]. La véritable liberté n'est pas la précaire indépendance naturelle mais la situation où nul ne peut être forcé de faire ce que la loi positive, acceptée par tous, n'ordonne pas : « Nous sommes donc libres, écrit encore Montesquieu, parce que nous vivons sous des lois civiles » [2]. Et Burlamaqui est encore plus explicite : « Puis donc que la liberté civile l'emporte de beaucoup sur la liberté naturelle, nous sommes en droit de conclure que l'État civil, qui procure à l'homme une telle liberté, est de tous les états de l'homme le plus parfait, le plus raisonnable, et par conséquent le véritable état naturel de l'homme » [3]. C'est lui en effet qui ramène l'homme à sa vraie nature, en le forçant à suivre les préceptes de la raison et de la sociabilité [4]; c'est lui qui assure le triomphe de l'ordre sur le désordre, de la raison sur les passions et confère à la loi morale sa pleine efficacité [5]. Mais il ne s'agit pas seulement d'un ordre contraignant et coercitif : comme il répond aux besoins les plus profonds de la nature humaine, elle accède en lui à un parfait épanouissement; en un mot l'état civil apporte à l'homme ce bonheur qui lui était refusé dans l'état de nature. Telles sont les deux fins complémentaires que réalise la société civile : comme la loi naturelle unit le bonheur et la vertu, l'ordre artificiel qui la prend en charge ne peut séparer celui-là de celle-ci. En un mot l'art ne se distingue de la nature que pour mieux l'imiter : « Ainsi, pour se faire une juste idée de la Société civile, il faut dire que c'est la Société naturelle elle-même, modifiée de telle sorte qu'il y a un Souverain qui y commande, et de la volonté duquel tout ce qui peut intéresser le bonheur de la Société dépend en dernier ressort, afin que par ce moyen les hommes puissent se procurer d'une manière plus sûre le bonheur auquel ils aspirent naturellement » [6].

---

1. MONTESQUIEU, *Pensées*, 883 (1848).
2. *Esprit des Lois*, XXVI, 20. C'est la liberté dont jouissent les abeilles, si l'on en croit l'abbé Pluche : « Elles sont libres parce qu'elles ne dépendent que des lois » (*Le Spectacle de la Nature*, t. I, Entretien VII, Cf. *Journal des Savants*, 1733, p. 191).
3. *Principes du Droit Politique*, *op. cit.*, Première partie, Ch. III, p. 26.
4. *Ibid.*, p. 27. « En un mot l'établissement d'un gouvernement et d'une puissance souveraine ramenant les hommes à l'observation des lois naturelles, et par conséquent dans la route du bonheur, les fait rentrer dans leur état naturel, duquel ils étaient sortis par le mauvais usage qu'ils faisaient de leur liberté ».
5. *Ibid.*, Première partie, Ch. III, p. 17. « Les lois ne sauraient faire le bonheur de la Société, à moins qu'elles ne soient bien connues. Les lois naturelles ne peuvent être connues des hommes qu'autant qu'ils font un bon usage de leur raison ; mais comme la plupart des hommes, abandonnés à eux-mêmes, écoutent plutôt les préjugés et la passion que la raison et la vérité, il s'ensuit que dans la Société de nature, les lois naturelles n'étaient connues que très imparfaitement, par conséquent que dans cet état de choses les hommes ne pouvaient pas vivre heureux ».
6. *Ibid.*, Première partie, Ch. I, p. 2.

La société est faite pour le bonheur de ses membres. Le langage volontiers moralisateur de Burlamaqui[1] ne parvient pas. à étouffer complètement la hardiesse de cette idée. Elle ne consiste pas seulement à dire, avec la plupart des moralistes chrétiens, qu'un roi a le devoir de veiller au bonheur de ses sujets, elle implique une conception individualiste de l'État, qui est l'apport essentiel de l'école du droit naturel aux XVIIe et XVIIIe siècles. Bossuet soutient avec fermeté, selon la doctrine même de saint Thomas, que l'autorité royale est soumise aux préceptes de l'Évangile et aux conseils de la raison[2] : mais celle d'un monarque oublieux de ses devoirs n'en reste pas moins entière; car le fondement de la souveraineté ne réside pas dans les services rendus à la collectivité, mais dans la volonté divine dont tout pouvoir terrestre est l'émanation[3]. Cette analyse vaut pour toute les formes de gouvernement : la loi en général est sacrée puisque conforme à l'ordre établi par Dieu[4]. Aussi convient-il, selon Bossuet, de dissiper à ce propos une confusion; s'il est vrai que la loi a souvent une origine contractuelle, ce n'est pas de cette convention initiale qu'elle emprunte son autorité : « Il faut remarquer que Dieu n'avait pas besoin du consentement des hommes pour autoriser sa loi, puisqu'il est leur créateur, qu'il peut les obliger à ce qu'il lui plaît; et toutefois, pour rendre la chose plus solennelle et plus ferme, il les oblige à la loi par un traité exprès et volontaire »[5].

Cette notion d'un pacte social, dont Bossuet limite le plus possible la portée, est au contraire au centre du système élaboré par les théoriciens du droit naturel. Dès lors qu'on admet que tous les hommes naissent égaux et libres, il est logique d'en déduire que toute autorité repose sur le consentement, au moins tacite, de ceux qui se sont soumis à elle. Selon Pufendorf la souveraineté émane bien de Dieu, dans la mesure où celui-ci est l'auteur de la raison humaine[6], mais sa source directe est une double convention, la première pour la formation de la société elle-même, la seconde entre le gouvernement et les gouvernés[7]. Ainsi

---

1. *Droit Naturel, op. cit.*, Seconde partie, Ch. VI, p. 341. « On a voulu mettre les hommes plus en état de s'acquitter des devoirs que les lois naturelles leur prescrivent, et de parvenir plus sûrement à leur destination ». Mais cette destination, nous venons de le rappeler, est autant le bonheur que la vertu.

2. *Politique, op. cit.* Livre III, art. III ; livre V, art. I ; livre VIII, art. II et *passim.* Fénelon écrit de même dans l'*Examen de conscience sur les devoirs de la royauté* : « Ce n'est point pour lui-même que Dieu l'a fait roi. Il ne l'est que pour être l'homme des peuples, et il n'est digne de la royauté qu'autant qu'il s'oublie pour le bien public ». (*Écrits et Lettres politiques*, édit. Ch. Urbain, Paris, Bossard, 1921, p. 93. Voir aussi sa *Lettre au marquis de Louville, ibid.*, p. 164).

3. BOSSUET, *op. cit.*, Livre III, art. II.

4. *Ibid.*, Livre II, art. I, § 12.

5. *Ibid.*, Livre I, art. IV, pp. 33-34.

6. *Le Droit de la Nature et des Gens, op. cit.*, Livre VII, Ch. III.

7. *Ibid.*, Ch. II.

redescendue du ciel sur la terre, l'autorité suprême trouve ses limites naturelles dans l'intérêt bien compris de ceux qui, pour l'instituer, ont renoncé à leur indépendance primitive. Tout le libéralisme politique du XVIIIe et du XIXe siècle était en germe dans ce principe dont Grotius et Pufendorf étaient bien loin d'apercevoir les dernières conséquences.

484   L'IDÉE DE NATURE EN FRANCE

2. — De l'indépendance naturelle à la liberté politique

Montrer que les sociétés civiles dérivent nécessairement de la société de nature ce n'est pas seulement reconnaître la légitimité de ce qui est, c'est aussi et surtout proclamer ce qui doit être. L'ordre politique n'a pas pour fonction de nier l'ordre naturel, mais au contraire d'en réaliser pleinement toutes les virtualités : tel est son rôle propre, à la fois nécessaire et subordonné. Dans les sociétés organisées les lois naturelles conservent toute leur valeur impérative. Ce principe dont conviennent tous les héritiers de Grotius est, à vrai dire, si général et abstrait qu'il admet dans la pratique bien des atténuations [1]. Pris à la lettre il pouvait conduire à une doctrine de l'objection de conscience, qui aurait laissé à chaque membre du corps politique la liberté de désobéir à des lois positives injustes; c'est l'attitude que définit superbement le marquis d'Argens : « Quelque savant que soit un législateur, dès qu'il introduit des coutumes et des règles contraires aux maximes du Droit naturel, je n'en fais aucun cas. Je les regarde comme les arguments d'un subtil sophiste, qui tendent à offusquer la Vérité, et à étouffer la raison » [2]. Cette belle intransigeance demeure cependant toute théorique, puisque le même auteur nie que le peuple ait le droit de se révolter contre l'autorité d'un prince injuste [3]. Du moins illustre-t-elle l'existence d'un double problème, impossible à esquiver : comment remédier à l'injustice légale ? et, surtout, comment la prévenir ? A la première question la doctrine du droit de résistance apporte une réponse prudente et nuancée; la seconde est plus importante encore puisqu'elle conduit à un choix constitutionnel entre les diverses formes de gouvernements.

Si la souveraineté est de droit divin, la révolte contre le pouvoir établi, même le plus injuste, est un véritable sacrilège. C'est la thèse que défend très logiquement Bossuet [4] pour qui le respect nécessaire de la loi naturelle, comme de la loi révélée, est affaire intérieure de la conscience du monarque, ou affaire entre lui et Dieu. Fénelon met encore plus de

---

1. H. KELSEN souligne justement que les théories du Droit naturel n'ont presque jamais servi au cours de l'histoire qu'à justifier les institutions établies, et que « l'idée de Droit naturel n'a rempli une fonction réformatrice ou révolutionnaire qu'exceptionnellement ». (*Justice et Droit naturel*, in *Le Droit naturel, Annales de philosophie politique*, 3, Paris, P.U.F., 1959, p. 111).
2. *Lettres juives, op. cit.* t. III, lettre 98, p. 166.
3. *Ibid.*, t. II, lettre 55. « Philosophe », le marquis d'Argens est aussi un homme d'ordre, qui n'oublie pas ses origines parlementaires.
4. *Op. cit.*, Livre VI.

flamme à condamner les erreurs de Hobbes et de Machiavel. Mentor n'expose-t-il pas à son jeune élève que la puissance n'est rien sans le droit ? Voyez les malheurs exemplaires de ceux qui méconnaissent cette vérité providentielle. C'est « l'impie Adraste » victime de sa folie guerrière et de ses manœuvres perfides [1]; c'est le cruel Pygmalion, tyran avide et sanguinaire, mais plus misérable, dans sa solitude inquiète, que le dernier de ses esclaves [2]. Ce sombre tableau du régime despotique, avec la dialectique de la crainte qui le régit implacablement, donnait à un lieu commun de la prédication chrétienne un accent neuf, vivant et passionné. De là l'enthousiasme de Vauvenargues célébrant avec ferveur dans « le vertueux auteur de Télémaque [...] l'homme né véritablement pour enseigner aux rois l'humanité » [3]; on comprend que l'image singulièrement déformante d'un Fénelon « philosophe » et « sensible » ait traversé tout le xviiie siècle pour inspirer encore les révolutionnaires de 1793 [4]. Mais en réalité, lorsque le précepteur du duc de Bourgogne enseigne que la violence appelle la violence et qu'aucun pouvoir durable ne s'édifie sur la haine, il se borne à exprimer sa foi dans la justice de la Providence, et n'entend nullement faire l'apologie de la rébellion. Ses préjugés aristocratiques comme ses convictions chrétiennes le poussent au contraire à souffrir des abus auxquels on ne pourrait remédier sans tomber dans « le despotisme de la multitude », plus pernicieux encore que celui d'un seul [5].

S'il faut choisir entre la tyrannie et l'anarchie, la première est un moindre mal. Sur ce point les raisonnements de Pufendorf ne sont pas très éloignés de ceux de Fénelon et de Bossuet : pour lui l'insurrection contre le pouvoir établi anéantirait tous les avantages de la société civile, et ramènerait celle-ci à la barbarie de l'état de nature dont on a vu que les passions, en fait sinon en droit, y parlaient plus haut que la raison [6].

---

1. *Les aventures de Télémaque*, Livre XV, *op. cit.*, p. 456. « Ainsi une puissance injuste et trompeuse, quelque prospérité qu'elle se procure par ses violences, creuse elle-même un précipice sous ses pieds ».

2. *Ibid.*, Livre III.

3. VAUVENARGUES, *Réflexions critiques sur quelques poètes — Sur quelques ouvrages de M. de Voltaire*, *op. cit.*, p. 131. Ce fragment, publié seulement en 1806, est une défense de Fénelon contre les critiques contenues dans *Le Temple du Goût*.

4. M.-J. Chénier écrit alors une tragédie, *Fénelon ou les Religieuses de Cambrai*. Cf. CHÉREL, *Fénelon au XVIIIe siècle en France*, 1918, *op. cit.* Les écrits politiques de Fénelon ont été publiés pour la première fois en 1747.

5. « Triste état de la nature humaine ! Les souverains, jaloux de leur autorité, veulent toujours l'étendre ; les peuples, passionnés pour leur liberté, veulent toujours l'augmenter. Il vaut mieux cependant souffrir, pour l'amour de l'ordre, les maux inévitables dans tous les États, même les plus réglés, que de secouer le joug de toute autorité en se livrant sans cesse aux fureurs de la multitude qui agit sans règle et sans loi. Quand l'autorité suprême est donc une fois fixée par les lois fondamentales dans un seul, dans peu, ou dans plusieurs, il faut en supporter les abus, si l'on ne peut y remédier par des voies compatibles avec l'ordre ». *Examen de conscience d'un roi sur les devoirs de la royauté, Écrits politiques...*, *op. cit.*, p. 94. Fénelon ajoute qu'en pratique tous les gouvernements se valent, puisque la faiblesse humaine les expose aux mêmes inconvénients.

6. *Le Droit de la Nature et des Gens*, *op. cit.*, Livre VII, Ch. VIII. L'opinion de Grotius est moins catégorique (*op. cit.*, notamment Livre I, Ch. III).

Ainsi le conservatisme politique va-t-il de pair avec le pessimisme moral. Mais la pensée du jurisconsulte allemand est néanmoins fort peu cohérente. Car la doctrine du contrat social implique le droit à l'insurrection : il n'est pas de convention valable qu'un de ses signataires puisse rompre selon son bon plaisir; lorsque l'autorité suprême viole le contrat qui l'a fondée, la société civile est dissoute et ses membres retrouvent leur indépendance naturelle. En justifiant ainsi la révolution anglaise de 1688 Locke se bornait à donner au système politique de Grotius et de Pufendorf sa conclusion logique [1]. L'idée du pacte social et celle du droit de résistance sont évidemment liées l'une à l'autre : c'est pourquoi, lorsque le jacobite Ramsay voudra dénoncer l'usurpation orangiste et hanovrienne, il invoquera à son tour, en réponse à Locke, l'origine divine du pouvoir souverain [2]. Inversement le traducteur de Grotius et de Pufendorf, J. Barbeyrac, s'inspire du philosophe anglais pour corriger, dans ses notes, la pensée conservatrice de ses maîtres [3]. Deux thèses extrêmes, d'une égale cohérence, s'affrontent ainsi devant l'opinion française, habituée à vénérer la monarchie de droit divin, mais sollicitée aussi par les idées nouvelles que diffusent les protestants émigrés [4].

Les échos littéraires de ce débat témoignent cependant que l'intérêt qu'on lui porte est plus curieux que passionné. Les lecteurs des *Lettres persanes* connaissent un résumé approximatif de la philosophie politique anglaise : « Si un prince, bien loin de faire vivre ses sujets heureux, veut les accabler et les détruire, le fondement de l'obéissance cesse : rien ne les lie, rien ne les attache à lui; et ils rentrent dans leur liberté naturelle » [5]. Mais il faut rapprocher ce passage des deux lettres précédentes, vive satire du despotisme oriental, pour deviner les préférences de l'auteur : Usbek, son porte-parole, se borne en effet à souligner ici, sans aucun commentaire, l'étrange nouveauté d'une doctrine qui constitue dans l'Europe de ce temps une anomalie. L'attitude de Voltaire est beaucoup plus nettement admirative dans le parallèle du peuple anglais et du peuple romain que lui inspire son séjour forcé outre-Manche :

---

1. *Du gouvernement civil où l'on traite de l'origine, des fondements, de la nature, du pouvoir et des fins des sociétés politiques*, (traduit de l'anglais par D. Mazel). Amsterdam, 1691, Ch. XIV, *op. cit.* Cette traduction est rééditée en 1724. Sur la pensée politique de Locke, voir le livre de Raymond POLIN, *La politique morale de John Locke*, Paris, P.U.F., 1960.
   2. *Essai philosophique sur le gouvernement civil*, *op. cit.* Ch. VI et X.
   3. Voir notamment *Le Droit de la Guerre et de la Paix* de GROTIUS, *op. cit.*, Livre I, Ch. III, VIII, note 1 ; et, de PUFENDORF, *Le Droit de la Nature et des Gens*, Livre VII, Ch. VIII, X, note 2.
   4. Les nombreuses rééditions des ouvrages de Barbeyrac consolident le prestige acquis aux idées de Locke par la traduction de Mazel et les analyses données de son traité par J. Leclerc (*Bibliothèque universelle*, t. XIX, pp. 559-573) et Basnage (*Histoire des ouvrages des savants*, t. IV, pp. 457-465). Cf. DERATHÉ, *op. cit.*, p. 114. L'influence directe de Jurieu qui dans ses *Lettres pastorales* de 1686-89 avait proclamé, lui aussi, la souveraineté du peuple et son droit à la rébellion est moins facile à cerner que celle de Locke.
   5. *Op. cit.*, Lettre 104.

« Voici une différence plus essentielle entre Rome et l'Angleterre, qui met tous les avantages du côté de la dernière : c'est que le fruit des guerres civiles à Rome a été l'esclavage, et celui des troubles d'Angleterre, la liberté. La Nation anglaise est la seule de la terre qui soit parvenue à régler le pouvoir des Rois en leur résistant... » [1]. Ces lignes sont, il est vrai, la constatation élogieuse d'un historien, plutôt que l'approbation d'un juriste. Un certain scepticisme perce même dans la dernière phrase quant à la possibilité pour d'autres peuples de suivre un jour l'exemple des Anglais avec un égal succès... Pour régler le pouvoir monarchique Voltaire compte sur la raison des philosophes, et non sur la force populaire; la discrétion de son commentaire de la révolution anglaise n'est pas seulement une prudente tactique, mais l'indice d'une réserve réfléchie.

On peut s'interroger en revanche sur le degré de sincérité des opinions conformistes qu'affiche sur ce problème la littérature politique du milieu du siècle. Le fameux article *Autorité politique* de l'*Encyclopédie*, qui suscita le courroux du P. Berthier [2], se termine sur une note lénifiante et des conseils de résignation : « La religion, la raison et la nature », y lit-on, imposent aux sujets d'un prince injuste et violent « de n'opposer au malheur qu'un seul remède, celui de l'apaiser par leur soumission, et de fléchir Dieu par leurs prières ». Toute autre attitude serait en effet aussi illégitime qu'inefficace, ajoute l'auteur de l'article, et l'expérience prouve qu'avec la révolte « on n'a jamais corrigé les princes, ni aboli les impôts, et qu'on a seulement ajouté aux malheurs dont on se plaignait déjà un nouveau degré de misère ». Cette sagesse désenchantée serait plus convaincante si dans le corps de l'article la révolte n'était affirmée naturelle et juste contre un pouvoir usurpé par la violence... [3]. Car il faut beaucoup de subtilité pour apercevoir plus qu'une différence de degré entre une autorité usurpée et un pouvoir abusif. La même inconséquence se retrouve dans le second *Discours* de Rousseau, où l'on trouve ces lignes : « L'émeute qui finit par étrangler ou par détrôner un sultan est un acte aussi juridique que ceux par lesquels il disposait la veille des vies et des biens de ses sujets. La seule force le maintenait, la seule force le renverse » [4]. Comment cette logique irréfutable ne vaudrait-elle pas aussi pour les monarchies qui dégénèrent en régime despotique ? Si le droit les a instituées, la force les conduit désormais, et la force seule

---

1. *Lettres philosophiques*, VIII, *Sur le Parlement* (édit. R. Naves, *op. cit.*, p. 34).

2. *Mémoires de Trévoux*, mars 1752, pp. 456-466.

3. Voir par exemple ces lignes : « La puissance qui s'acquiert par la violence n'est qu'une usurpation, et ne dure qu'autant que la force de celui qui commande l'emporte sur celle de ceux qui obéissent ; en sorte que si ces derniers deviennent à leur tour les plus forts, et qu'ils secouent le joug, ils le font avec autant de droit et de justice que l'autre qui le leur avait imposé. La même loi qui a fait l'*autorité* la défait alors : c'est la loi du plus fort ».

4. *De l'origine de l'inégalité parmi les hommes*, édit. J.L. Lecercle, Paris, Éditions sociales, 1954, p. 142.

peut rétablir le droit... Mais voici qu'au lieu de cette conclusion attendue Rousseau escamote le problème du droit de résistance, en se félicitant que la religion soit venue « donner à l'autorité souveraine un caractère sacré et inviolable qui otât aux sujets le funeste droit d'en disposer »[1] !

Dans la France de 1750 c'était sans doute déjà une suffisante audace de soutenir que toute puissance légitime est nécessairement bornée, et par les lois de la nature, et par le contrat même qui l'a fondée[2]. Un bourgeois philosophe peut applaudir au théâtre la vertu exemplaire des deux Brutus[3] : il est trop persuadé que la raison gouverne le monde, trop pacifique aussi par tempérament et par culture, pour souhaiter voir revivre les temps des Jacques Clément et des Ravaillac[4]; et d'autre part la violence incontrôlée de la « canaille » lui répugne au moins autant que les abus du despotisme. A mesure que le souvenir de la révolution anglaise s'atténue, le problème de droit de résistance perd de son actualité; tout au plus apparaît-il comme un cas limite, sur lequel on préfère ne pas s'appesantir[5]. Ce qui reste acquis, c'est l'idée même de contrat social, en passe de devenir un lieu commun[6], et la conviction que la nature n'autorise pas toute espèce de gouvernement. Désormais la primauté de la loi naturelle sur la loi positive n'est plus affirmée seulement sur le plan de la morale individuelle, mais aussi dans l'ordre des rapports politiques. Ce qui n'était chez Bossuet, et même chez

---

1. *Ibid.*, p. 136.

2. Le monarque, lit-on dans l'article *Autorité politique*, ne détient qu'à titre d'usu-fruit la souveraineté que la nation lui a confiée. Aussi n'a-t-il pas le droit de changer les termes de ce contrat initial. Par exemple les rois de France ne peuvent modifier l'ordre de succession au trône : « Partout la nation est en droit de maintenir envers et contre tout le contrat qu'elle a fait ; aucune puissance ne peut le changer ; et quand il n'a plus lieu, elle rentre dans le droit et dans la pleine liberté d'en passer un nouveau avec qui et comme il lui plaît. C'est ce qui arriverait en France si, par le plus grand des malheurs, la famille entière régnante venait à s'éteindre, jusque dans ses moindres rejetons ; alors le sceptre et la couronne retourneraient à la nation ».

3. Est-ce un hasard si, comme Voltaire lui-même nous l'apprend, sa tragédie de *Brutus* (1730), qui présente une apologie de la révolution de 509, (I, 2), a été conçue en Angleterre ? Mais dans *La mort de César* (1735) le tyran a autant de noblesse que son meurtrier et, au dénouement, la peuple romain apparaît bien versatile...

4. C'est au contraire le vœu suprême de Jean Meslier : « Où sont les Jacques Clément et les Ravaillac de notre France ? » (*op. cit.*, Conclusion, t. III, p. 374).

5. Burlamaqui n'est guère moins prudent que Rousseau et les Encyclopédistes. S'il affirme que l'abus de pouvoir manifeste rend la révolte légitime, cette déclaration de principe s'accompagne aussitôt d'une mise au point d'esprit très aristocratique : « Mais il faut bien remarquer ici que lorsque nous disons que le peuple est en droit de résister à un tyran, ou même de le déposer, on ne doit pas entendre par le peuple la vile popu-lace ou la canaille du pays, ni une cabale d'un petit nombre de séditieux, mais bien la plus grande et la plus saine partie des sujets de tous les ordres du royaume. Il faut encore, comme nous l'avons dit, que la tyrannie soit notoire, et de la dernière évidence ». (*Droit politique*, op. cit. Seconde partie, Ch. VI, p. 177).

6. De même que l'auteur de l'article *Autorité politique*, Rousseau présente la doctri-ne du contrat comme une évidence admise : « Sans entrer aujourd'hui dans les recherches qui sont encore à faire sur la nature du pacte fondamental de tout gouvernement, je me borne, en suivant l'opinion commune, à considérer ici l'établissement du corps poli-tique comme un vrai contrat entre le peuple et les chefs qu'il se choisit... » (*De l'inégalité*, op. cit., p. 134).

Fénelon, qu'un thème de prédication sur les devoirs des chefs d'État est devenu la revendication, mesurée mais ferme, des droits de leurs sujets. En un mot, la même raison qui justifie, au nom de la nature, l'existence d'un pouvoir souverain prétend en régler les prérogatives.

*
* *

Pour éviter que le droit positif heurte violemment le droit naturel, il suffit d'un gouvernement conforme à la nature... Novateurs et traditionalistes se rendent volontiers à cette évidence. Mais la « nature » dont ils se réclament n'est pas la même. D'un côté une nature hiérarchisée qui préfigure, dans l'ordre de la génération, l'ordre de la subordination politique; de l'autre une nature uniforme et égalitaire qui condamne tout lien de dépendance artificielle non indispensable au respect des droits de chacun. Les progrès de l'idéologie libérale dans la première moitié du XVIIIe siècle se mesurent au recul de la doctrine paternaliste du pouvoir. L'enseignement de Bossuet trouve encore des défenseurs, comme Ramsay ou Legendre de Saint-Aubin : de même que la famille est la plus ancienne société, expliquent ceux-ci, le pouvoir monarchique, issu du pouvoir paternel, est le plus naturel et le plus primitif de tous les gouvernements; ainsi, bien que tout pouvoir établi soit de droit divin, la monarchie absolue a sur les autres régimes politiques l'avantage d'être directement fondée en nature [1]. Mais les arguments ne manquent pas pour démontrer la faiblesse de ce raisonnement. Et d'abord, les droits d'un père sur ses enfants sont-ils autre chose que la contre-partie des services qu'il leur rend? A cette objection classique de l'école du droit naturel [2] Pufendorf avait même imaginé de fournir une expression juridique plus précise; malgré son attachement à la monarchie absolue il était allé jusqu'à soutenir que l'autorité paternelle, comme toutes les formes de souveraineté, a une origine contractuelle : car si elle ne repose pas sur une convention explicite, elle implique, écrivait-il, « un consentement présumé des enfants à recevoir les soins nécessaires pour leur conservation... » [3]. Bien que l'idée d'un contrat tacite fût familière aux jurisconsultes, elle était dans ce cas, il faut l'avouer,

---

1. Nous avons déjà évoqué la doctrine de Bossuet et celle de Ramsay. En 1733 Legendre de Saint-Aubin soutient également, contre le libéral anglais Algernon Sidney, l'origine paternelle du pouvoir monarchique (*op. cit.*, t. IV, Deuxième partie, p. 83, sq.). Le même thème se rencontrait aussi chez Fénelon, mais dans un contexte tout différent : pour l'auteur des *Tables de Chaulnes* il ne s'agissait pas de fonder en droit une autorité absolue, mais de définir l'attachement naturel d'un roi au bonheur de ses sujets. Toussaint reste fidèle à cette conception lorsqu'il écrit en 1748 : « On compare les Rois à des pères de famille et l'on a raison : cette comparaison est fondée sur la nature et sur l'origine même de la royauté... ». (*Les Mœurs, op. cit.*, p. 400).

2. On la trouve même chez Hobbes. Cf. R. DERATHÉ, *op. cit.*, p. 189, note 3.

3. *Droit de la Nature et des Gens*, Livre VI, Ch. II, IV.

d'une application particulièrement difficile. Sensible à sa fragilité, Locke lui préfère une remarque de bon sens : si naturelle que soit l'autorité paternelle, elle ne peut servir de fondement aux sociétés politiques; car tandis que la nature n'assigne pas à celles-ci de durée définie, elle limite à un petit nombre d'années le pouvoir du père de famille, et la liberté des enfants suit le développement de leur raison [1].

Comment assimiler un citoyen adulte et raisonnable à un enfant chez qui la raison n'existe qu'en puissance ? Poser la question revenait à souligner l'absurdité de la thèse paternaliste. Pour les philosophes français le mérite de Locke est de l'avoir dit clairement. C'est quelques années après son retour d'Angleterre que Montesquieu note dans ses *Pensées :* « La nature elle-même a borné la puissance paternelle, en augmentant, d'un côté la raison des enfants, et de l'autre, la faiblesse des pères; en diminuant d'un côté les besoins des enfants, et augmentant de l'autre les besoins des pères » [2]. Et le Président de noter ensuite tout ce qui sépare les sociétés politiques de la simple société familiale des premiers temps : « Les familles se sont divisées, les pères étant morts ont laissé les collatéraux indépendants. Il a fallu s'unir par des conventions, et faire par le moyen des lois civiles ce que le droit naturel avait fait d'abord » [3]. Cette distinction vaut d'être particulièrement soulignée, puisqu'elle émane d'un auteur qui des *Lettres persanes* à *L'Esprit des Lois,* n'a cessé d'exprimer son attachement aux prérogatives paternelles [4]. Elle prouverait, s'il en était besoin, que la discrétion dont Montesquieu fait preuve, dans son grand ouvrage, à l'égard de l'idée du contrat social n'est nullement, comme on l'a parfois prétendu, l'indice d'un « parti pris » hostile [5]. En 1748 son refus de confondre le pouvoir politique et le pouvoir paternel n'est pas moins ferme que dix ou quinze ans plus tôt, et quelques lignes lui suffisent alors pour nier que le gouvernement d'un seul soit plus naturel que celui de plusieurs [6]. Peut-être cette prise de position a-t-elle influé sur celle des Encyclopédistes : tandis que l'auteur de l'article *Autorité politique,* qui est très probablement Diderot lui-même, défend contre la thèse paternaliste le principe

---

1. *Du gouvernement civil, op. cit.*, Ch. V.
2. *Pensées*, 1267 (616). L'écriture du manuscrit assignerait à ce fragment une date intermédiaire entre 1733 et 1738. (Voir l'étude de M. Louis Desgraves, placée en tête de son édition des *Pensées*, in *Œuvres de Montesquieu, op. cit.*, t. II, pp. LVI-LVII).
3. *Ibid.*. Voir aussi la *Pensée* 1318 (1933), contemporaine de la précédente.
4. *Lettres Persanes*, 129 : « C'est de toutes les puissances celle dont on abuse le moins ; c'est la plus sacrée de toutes les magistratures ; c'est la seule qui ne dépend pas des conventions, et qui les a même précédées ». Cf. *Esprit des Lois*, VI, 20 ; XXII, 7, 8 etc...
5. L'expression et l'idée sont de L. ALTHUSSER, *Montesquieu, la politique et l'histoire,* Paris, P.U.F., 1959. En réalité des allusions précises à la doctrine du contrat se rencontrent non seulement dans les *Pensées* — cf. ci-dessus, ainsi que les fragments 1253 (604) et 1908 (237) —, mais également dans l'*Esprit des Lois* où elle est, comme nous le verrons, à l'arrière-plan de la critique du droit d'esclavage.
6. *Esprit des Lois*, I, 3 « L'exemple du pouvoir paternel ne prouve rien ».

de l'égalité naturelle, Rousseau s'applique en particulier à montrer combien « l'économie politique » diffère de « l'économie domestique » [1].

Loin de refléter l'ordre naturel des choses, la monarchie absolue en est exactement l'opposé. Un pouvoir absolu nie le droit légitime de chacun à disposer librement de sa personne et de ses biens. Il n'est au contraire de gouvernement valable que celui où chaque citoyen conserve la jouissance de ses droits naturels. De l'indépendance de l'état de nature au contrat social et à la liberté politique, ou bien de la liberté sans lois à la liberté par la loi, telle est la voie que dictent aux hommes la nature et la raison. Nul mieux que Locke n'avait su exprimer avec force et clarté ces idées simples [2]. Aussi est-ce sous son influence que l'école du droit naturel devient au XVIIIe siècle celle du libéralisme politique. Le professeur consciencieux qu'est Burlamaqui n'hésite pas à écrire que la forme de gouvernement la plus souhaitable est celle qui assure le mieux la liberté [3], et c'est dans le passage de l'indépendance naturelle à la liberté par la loi — nous l'avons noté — qu'il voit la meilleure justification de « l'état civil. »

On mesure à cette réflexion le chemin parcouru en quelques décennies. Pufendorf croyait si peu, on l'a vu, au maintien de la paix dans la société de nature qu'il attribuait sur celle-ci à la société civile une supériorité absolue. Pour lui toute espèce de gouvernement était préférable à l'anarchie originelle. En mettant l'idée de liberté au centre de son système Burlamaqui se montre beaucoup plus exigeant. Déjà Barbeyrac avait fermement déclaré, en s'inspirant de Locke, que les avantages relatifs de l'état civil dépendaient de l'existence d'un bon gouvernement [4] : peut-être ces vues permettent-elles d'apprécier la véritable portée des professions de foi anarchistes qui s'étalent dans certains textes du début du siècle. Lorsque La Hontan exalte le bonheur innocent des sauvages, il cherche moins à dresser une opposition absolue entre la société civile et la société de nature qu'à défendre pour la première,

---

1. *Encyclopédie*, article *Économie politique* (1755) : « L'autorité politique, purement arbitraire quant à son institution, ne peut-être fondée que sur des conventions, ni le magistrat commander aux autres qu'en vertu des lois ».
2. *Op. cit.*, Ch. I, p. 13, et *passim*.
3. *Droit politique, op. cit.*, Deuxième partie, Ch. II.
4. *Droit de la Nation et des Gens*, Livre II, Ch. II, note 16, p. 140. « Concluons par un parallèle plus exact de l'*état naturel* et de l'*état civil*. L'expérience fait voir que, contre la destination naturelle du Créateur, et par effet de la corruption humaine, l'un et l'autre de ces états est souvent insociable et malheureux. Le gouvernement civil étant le moyen le plus propice à réprimer la malice humaine, l'état civil peut sans contredit être plus sociable et plus heureux que l'état naturel. Mais il faut supposer pour cela que la société civile soit bien gouvernée : autrement, si le souverain abuse de son pouvoir, ou qu'il se décharge du soin des affaires sur des ministres ou ignorants ou vicieux, comme il arrive très souvent, l'état civil est beaucoup plus malheureux que l'état naturel, ce qui parait par tant de guerres, de calamités et de vices qui naissent de ces abus, et dont l'état naturel serait exempt. Voyez ce que dit M. Locke dans son *Traité du gouvernement civil*, Ch. I, § 10, et Ch. XVIII, § 17 à la fin ».

au nom de la seconde, un certain idéal politique; cette intention devient tout à fait claire lorsque notre voyageur qui admire avec enthousiasme l'indépendance des Hurons avoue se féliciter de jouir personnellement de la liberté anglaise [1]!

Les vêtements exotiques dont se parent les idées politiques de La Hontan ne sont pas le plus grand paradoxe du libéralisme naissant. Quarante ans plus tard celui-ci trouve son expression la plus dense et la plus explosive chez un écrivain qu'aucun censeur n'a jamais soupçonné d'avoir voulu « fouler au pied les sceptres et les lois ». A l'insolent Huron qui effrayait tant les bons journalistes de Trévoux [2] succède un héraut de la liberté non moins redoutable aux civilisations décadentes. Pour célébrer son rôle historique le grave président de Montesquieu oublie un instant sa réserve habituelle de savant; au terme d'un chapitre de ton très didactique éclatent alors, comme il arrive parfois dans *L'Esprit des Lois,* un paragraphe, une phrase surtout, qui sont parmi ses réussites littéraires les plus achevées; le « cœur » sans doute est pour beaucoup dans la beauté de ces lignes que rythme une émotion vite contagieuse; mais l'« esprit » également y fait entendre sa voix [3], et l'élan généreux qui les entraîne en rend plus frappante l'exemplaire vigueur :

« Le Goth Jormandès a appelé le nord de l'Europe la fabrique du genre humain. Je l'appellerai plutôt la fabrique des instruments qui brisent les fers forgés au midi. C'est là que se forment ces nations vaillantes, qui sortent de leur pays pour détruire les tyrans et les esclaves et apprendre aux hommes que, la nature les ayant faits égaux, la raison n'a pu les rendre dépendants que pour leur bonheur » [4].

1. *Dialogues, op. cit., Préface.* Sur cet aspect de la pensée de La Hontan, voir ci-dessous, Ch. XII, 1.
2. Le frontispice des *Nouveaux Voyages du Baron de La Hontan en Amérique septentrionale* (La Haye, 1703) représentait un sauvage piétinant un code et une couronne, avec cette légende : « Et leges et sceptra terit ». Cf. *Mémoires de Trévoux,* juillet 1703, art. 109.
3. Cf. *Esprit des Lois,* XV, 8 : « Je ne sais si c'est l'esprit ou le cœur qui me dicte cet article-ci... »
4. *Ibid.,* XVII, 5.

3. *Libertés féodales et liberté bourgeoise :*
Le choix ambigu de Montesquieu

L'auteur de *L'Esprit des Lois* se défend d'accorder à aucun type de gouvernement une préférence absolue : lorsqu'il réfute la doctrine paternaliste de la monarchie, il n'invoque pas contre elle tout à fait la même *nature,* universelle et abstraite, que les disciples de Locke. D'un côté un dogmatisme juridique qui demande à l'expérience historique tout au plus des exemples et des illustrations; de l'autre une volonté raisonnée de serrer de près le réel dans la diversité de ses « cas particuliers » : « Il vaut mieux dire que le gouvernement le plus conforme à la nature est celui dont la disposition particulière se rapporte mieux à la disposition du peuple pour lequel il est établi »[1]. Cet effort d'objectivité n'implique pourtant pas un total relativisme. Derrière l'étude scientifique des institutions humaines se profilent des attitudes plus personnelles que l'auteur ne cherche guère à masquer. Le plus difficile pour nous n'est pas de reconnaître dans *L'Esprit des Lois* l'existence d'un choix politique, mais de définir celui-ci de manière suffisamment cohérente. La pensée politique de Montesquieu hésite en effet, semble-t-il, entre l'attrait du libéralisme à l'anglaise et l'attachement aux vieilles structures de la monarchie féodale. De 1748 à nos jours elle a pu inspirer les doctrines les plus diverses : il est moins malaisé de lui emprunter des idées et des arguments que de résoudre la contradiction qui apparemment la déchire. Mais qui sait si ce qui nous semble contradictoire n'était pas ressenti par Montesquieu comme un harmonieux équilibre ? Si nous voulons saisir toute sa pensée sans la mutiler, il convient d'abord de nous garder de vues trop simples, et de ne pas projeter d'avance dans l'époque où elle se situe nos distinctions tranchées et notre propre logique.

« Il y a trois espèces de gouvernements... » : constatation objective d'un juriste et d'un sociologue. Mais voici qu'au moment de définir le troisième, celui où « un seul, sans loi et sans règle, entraîne tout par

---

[1]. *Ibid.,* I, 3. Lorsqu'il en vient à parler, en termes bien vagues, du rapport des institutions politiques avec les « caractères des peuples » et « l'étendue des états », Burlamaqui liquide en seize lignes... ce qui fait presque toute la matière de l'*Esprit des Lois* (*Droit politique, op. cit.,* Deuxième partie, Ch. II, 46, 47).

sa volonté et par ses caprices », Montesquieu laisse déjà percer une sourde irritation; ainsi, tout au long de son livre, il ne l'évoque jamais avec d'autres accents que ceux de la colère ou de l'amertume. Car ce n'est pas un gouvernement comme les autres, ce régime despotique qui désole les vastes étendues de l'Asie, et ne cesse de menacer l'Europe : régime absurde qui se détruit lui-même et ne trouve une sécurité précaire que dans un isolement funeste; [1] régime instable sans lois de succession au trône [2], où un despote enivré de plaisirs vit dans l'angoisse d'une révolution de palais ou d'une révolte populaire [3]; régime « corrompu par sa nature » et voué à l'instabilité lorsque des circonstances extérieures ne contribuent pas à le fixer [4]. Ce gouvernement monstrueux a-t-il existé ailleurs que dans l'imagination de l'auteur de L'Esprit des Lois ? A propos de la Chine, de l'Orient ou de la Moscovie celui-ci ne pouvait ignorer bien des témoignages plus rassurants que ses propres analyses [5]. Si son exposé confine à la caricature, elle est intentionnelle et se veut édifiante. Le dessein de Montesquieu n'est pas ici une enquête scientifique mais une démonstration politique. Aux descriptions des historiens, aux récits des voyageurs il n'emprunte guère que des exemples et des illustrations. L'origine de sa thèse est ailleurs, dans ses souvenirs du Télémaque, et surtout dans les problèmes et l'expérience de son temps, tels que pouvait les penser un magistrat provincial, parvenu à l'âge d'homme dans les années les plus sombres du grand siècle. Son tableau du despotisme est une démonstration par l'absurde des avantages d'une monarchie fidèle à sa « nature » et à son « principe », une leçon aussi, aux allusions transparentes, pour les princes enclins à abuser, contre leur propre intérêt, de leur pouvoir légitime.

Toute une hiérarchie de « puissances intermédiaires » qui s'interposent entre la volonté du monarque et la masse passive du peuple, voilà ce qui distingue la monarchie du despotisme. A quoi bon des lois pour régler le pouvoir monarchique si rien n'empêche celui-ci de les violer à sa guise ? Il faut bien que leur existence se traduise, d'une façon ou d'une autre, dans les structures de la société. Montesquieu sait l'insuffisance de définitions purement juridiques; séparé du social, le politique ne serait qu'un tissu d'abstractions. Mais c'est un étrange sophisme

---

1. *Esprit des Lois*, V, 13. « Quand les sauvages de la Louisiane veulent avoir du fruit, ils coupent l'arbre au pied, et cueillent le fruit. Voilà le gouvernement despotique ». Isolement stratégique, acquis par le sacrifice et le ravage des régions frontalières (IX, 4 ; V, 14) ; isolement économique aussi. L'État despotique est un monde fermé qui vit replié sur lui-même, dans une stupeur inquiète.
2. *Ibid.*, V, 14 ; XVI, 16.
3. *Ibid.*, V, 11, 14 etc...
4. *Ibid.*, VIII, 10. Ainsi la religion qui le force « à souffrir quelques règles » et « apprivoise » sa « férocité », mais sans changer sa nature. Cf. XII, 29 ; XXVI, 2 etc...
5. Cf. P. VERNIÈRE, *Montesquieu et le monde musulman*, *Actes du Congrès Montesquieu*, Bordeaux, 1956, pp. 175-190 ; F. WEIL, *Montesquieu et le despotisme*, *ibid.*, pp. 191-215.

qui lui fait aussitôt préciser : « Le pouvoir intermédiaire subordonné le plus *naturel* est celui de la noblesse » [1]. Quelques lignes suffisent donc pour ériger en lois universelles de la monarchie les principes de l'ordre seigneurial français : à voir la logique se plier si aisément aux caprices de l'histoire, le lecteur mesure combien le baron de La Brède demeure intellectuellement prisonnier de sa caste. Ce n'est pas sans une apparence de raison qu'Helvétius lui reprochait de mettre son talent au service des « préjugés ». Justices seigneuriales et ecclésiastiques [2], privilèges économiques de la noblesse terrienne [3], vénalité des charges judiciaires [4], tous ces « abus » que la philosophie militante réprouve ou réprouvera, Montesquieu les voit inscrits dans la définition de la monarchie. Accusé d'avoir voulu « ôter les rangs intermédiaires », Law devient à ses yeux « un des plus grands promoteurs du despotisme que l'on eût encore vus en Europe » : ce n'est pas la faillite financière du « Système » qui est en cause ici, mais le coup porté par les spéculations de la rue Quincampoix aux assises traditionnelles de la société française [5]. L'erreur fatale de la monarchie absolue est ainsi de détruire les meilleurs soutiens du trône.

Dans le gouvernement d'un seul le destin des nobles et celui du prince sont nécessairement liés, pour le meilleur et pour le pire. Heureux ensemble ou malheureux de même. L'histoire enseigne la vérité de cet aphorisme : « *Point de monarque, point de noblesse* », mais ce théorème de la sagesse monarchiste a sa réciproque :« *Point de noblesse, point de monarque* » [6]. La sottise du despotisme est de méconnaître cette double maxime. Le destin tragique du despote veut qu'il ne puisse affirmer son pouvoir arbitraire qu'en supprimant tout écran protecteur entre sa personne et la colère impulsive du peuple. Les grands sont les victimes naturelles de cette absurde frénésie : « Comme l'instabilité des grands est de la nature du gouvernement despotique, leur sûreté entre dans la nature de la monarchie... » [7]. De là cette précision inattendue : « Il faut que le peuple soit jugé par les lois, et les grands par la fantaisie du prince; que la tête du dernier sujet soit en sûreté, et celle des bachas toujours exposée » [8].

---

1. *Op. cit.*, II, 4. Dans sa thèse sur *Montesquieu et le problème de la constitution française au XVIIIᵉ siècle* (Paris, 1927), E. Carcassonne cite à ce propos le mot de l'abbé de Bonnaire, auteur d'un *Esprit des Lois quintessencié* (1751) : « Notre auteur oublie que la nature ne fait ni nobles, ni roturiers ». Protestation du bon sens bourgeois contre les prétentions féodales : mais il est évident qu'elle repose sur un contresens. Il ne s'agit pas ici de la « nature » commune à tous les hommes, et qui les faits tous égaux en droit, mais de l'essence d'un certain régime politique, la suite du paragraphe l'indique bien. On n'oserait pourtant soutenir qu'oublieux de ce qu'il dit par ailleurs de l'égalité primitive Montesquieu n'a pas, plus ou moins consciemment, joué sur l'équivoque du mot « naturel ».
2. *Op. cit.*, II, 4.
3. *Ibid.*, V, 9.
4. *Ibid.*, V, 19.
5. *Ibid.*, II, 4.
6. *Ibid.*
7. *Ibid.*, V. 21.
8. *Ibid.*, III, 9.

Serait donc « despotique » tout régime qui opprime et asservit les grands, tandis que le peuple y jouit d'une relative tranquillité... A méditer cette définition imprévue on comprend à quel contre-sens a pu conduire depuis deux siècle une lecture cursive de *L'Esprit des Lois.* Oublions un instant le prestige de quelques mots magiques : le despotisme que combat Montesquieu n'est plus que l'adversaire d'une classe sociale décadente, la liberté qu'il vante se résume en des privilèges anachroniques, sa sagesse politique en un appel à l'alliance du roi et des privilégiés contre les aspirations populaires... [1]

Il est bon que l'historien sache ainsi séparer la paille des mots et le grain des choses [2]. Encore ne doit-il pas être dupe de sa propre lucidité, et confondre la clarté d'un schéma d'explication avec la complexité du réel. Il y avait sans doute beaucoup de naïveté dans l'image que le XIXe siècle s'était formée de l'auteur de *L'Esprit des Lois,* mais à trop simplifier et durcir sa pensée l'injustice n'est peut-être pas moins grande que naguère l'illusion de découvrir en lui le théoricien du régime parlementaire. En tout cas, si l'intention initiale de Montesquieu avait la subtilité intéressée qu'on lui prête — masquer d'un jargon libéral un programme réactionnaire —, il faut avouer que, pris à son propre jeu, il ne tarde pas à dépasser largement ce propos initial. Alors sa conception du despotisme apparaît moins unilatérale qu'il ne semblait d'abord. Qu'en est-il par exemple de cette sécurité que le peuple devrait au malheur des nobles ? « Ce n'est point une paix, c'est le silence de ces villes que l'ennemi est près d'occuper » [3]. Quel bonheur dérisoire que celui de ces peuples que l'on doit « consoler » des exactions des grands... en confisquant au profit du gouvernement l'argent que leur ont extorqué la corruption et le péculat [4] ! Bien sûr, ils paient des impôts fort légers en regard de ceux qui, dans les monarchies ou les républiques, sont la rançon de la liberté [5]. Mais s'ils ne sont pas « sans cesse accablés par de nouvelles demandes », cet « avantage » n'a rien de vraiment enviable : il tient à la « nonchalance » de gouvernants fort peu soucieux de grandes entreprises [6] et à l'indolence partout répandue ; l'impôt indirect, le plus normal sous un gouvernement modéré, est l'impôt sur la prospérité ;

---

1. Cf. ces lignes révélatrices : « La noblesse anglaise s'ensevelit avec Charles Ier, sous les débris du trône ; et, avant cela, lorsque Philippe second fit entendre aux oreilles des Français le mot de liberté, la couronne fut toujours soutenue par cette noblesse, qui tient à honneur d'obéir à un roi, mais qui regarde comme la souveraine infamie de partager la puissance avec le peuple ». (*Ibid.*, VIII, 9).

2. La thèse que nous venons d'exposer est celle que soutient brillamment Louis ALTHUSSER (*Montesquieu ,la politique et l'histoire...*, *op. cit.*, notamment Ch. IV et V).

3. *Esprit des Lois*, V, 14.

4. *Ibid.*, V, 15.

5. *Ibid.* XIII, 10 à 12.

6. *Ibid.*, XIII, 15.

l'impôt par tête, « plus naturel à la servitude », est un impôt sur la misère [1].
On n'a pas assez remarqué que le despotisme tel que le définit Montesquieu n'est pas seulement un régime politique mais aussi un régime
économique. Régime absurde, sur ce plan également, puisqu'il se
condamne lui-même à la stagnation et à la ruine : une circulation moné-
taire presque inexistante, car « la tyrannie et la méfiance font que tout
le monde y enterre son argent » [2]; partant, une totale inaptitude au commerce, soit intérieur [3], soit extérieur [4]; des hommes « sans courage et
sans industrie »; de grands domaines en friches auxquels le bas peuple
n'a même pas accès, et enfin l'inévitable déclin démographique, mal
incurable de tout mauvais gouvernement [5]. Dans ce « désert » que devient
l'État despotique la servilité craintive ou arrogante des grands, la misère
de la masse ne sont pas finalement les plus grands motifs d'étonnement
et de scandale. Le trait le plus caractéristique des nations ainsi gouver-
nées, c'est peut-être l'absence d'un véritable tiers-état. En vain la Moscovie
voudrait-elle sortir de son isolement économique et « descendre de son
despotisme », ses lois même lui interdisent tout commerce : « Le peuple
n'est composé que d'esclaves attachés aux terres, et d'esclaves qu'on
appelle ecclésiastiques ou gentilshommes, parce qu'ils sont les seigneurs
de ces esclaves. Il ne reste donc guère personne pour le tiers-état qui doit
former les ouvriers et les marchands » [6]. C'est en Angleterre qu'il y a
de riches marchands, et non en Turquie où la violence et les vexations
font que la fortune est toujours « suspecte, incertaine, ruinée » [7].

Il n'est pas de prospérité économique sans un minimum de liberté
politique. Le despotisme oriental qui est, en l'espèce, un cas limite en
apporte la preuve. Le réquisitoire que Montesquieu dresse contre lui
tourne à l'avantage de la classe moyenne autant que de l'aristocratie;
il rend alors un bien autre son que sa défense des droits seigneuriaux.
Et, comme il dépasse les intérêts bornés d'une classe, son langage tend
spontanément à l'universel. Montesquieu ne cesse de répéter que le
despotisme est *contre nature* : non seulement parce qu'il est, dans son
essence, contradictoire et absurde, mais parce qu'il viole à chaque instant
les droits élémentaires de la nature humaine et ses sentiments les plus
primitifs [8]. Séparer sur ce point la doctrine politique du Président de la

---

1. *Ibid.*, XIII, 13. « Ce tribut ne peut être que très modique, car, comme on n'y peut
pas faire diverses classes de contribuables, à cause des abus qui en résulteraient, vu l'injustice et la violence du gouvernement, il faut nécessairement se régler sur le taux de ce
que peuvent payer les plus misérables (*Ibid.*, 14).
2. *Ibid.*, XXII, 2.
3. *Ibid.*; XIII, 14 fin.
4. *Ibid.*, XXII, 14.
5. *Ibid.*, XXIII, 28.
6. *Ibid.*, XXII, 14.
7. *Ibid.*, XIII, 14.
8. *Ibid.*, II, 4. « Comme le despotisme cause à la nature humaine des maux effroyables... » Cf. III, 10 ; V, 14 ; VI, 13 ; VII, 9 ; VIII, 8 etc.

philosophie morale qui la soutient et qui l'inspire, c'est mutiler bien arbitrairement sa pensée.

Que Montesquieu ait été acquis dans sa jeunesse aux principes du Droit Naturel, personne ne peut sérieusement le contester [1]. Mais il est devenu banal d'affirmer que de l'époque du *Traité des Devoirs* à la publication de *L'Esprit des Lois* cet intérêt porté à Grotius et Pufendorf avait progressivement décru, à mesure que les soucis du moraliste faisaient place dans sa pensée à la curiosité méthodique du sociologue. Au terme de cette évolution le concept de loi naturelle aurait pris pour lui une signification strictement positive et scientifique. Quant à ses fameuses protestations contre la torture, l'Inquisition, ou l'esclavage, elles seraient le cri d'une sensibilité généreuse que la froide raison du savant ne parviendrait pas à étouffer [2]. Il est vrai que « les lois de la nature » énumérées au chapitre second du premier livre se situent au niveau des réflexes élémentaires plutôt qu'à celui de la réflexion morale : mais ce n'est pas un motif suffisant, bien au contraire, pour leur refuser tout caractère éthique. La tendance profonde de la « morale naturelle » n'est elle pas, comme on l'a vu, de donner le pas au « sentiment » sur la raison, pour en venir à le confondre avec l'instinct ? Le critique a le droit de dénoncer cette ambiguïté complaisamment entretenue, non celui d'ignorer que si Montesquieu la cultive quelque peu, ce travers lui est commun avec beaucoup de ses contemporains. Et on ne peut soutenir non plus que ces premiers chapitres de *L'Esprit des Lois* ne sont que « résidus métaphysiques », pensée morte et sans lien avec le reste de l'ouvrage [3]. La première « loi naturelle » est l'instinct de conservation. Or c'est à cette notion que l'auteur fait d'abord appel lorsqu'il se préoccupe, au dixième livre, de définir et limiter le droit de conquête [4]; et nous la retrouvons encore au Livre XXVI qui s'attache en particulier à distinguer le domaine des lois civiles et celui du droit naturel : la pudeur est une forme de la « défense naturelle » et les lois ou pratiques qui la violent ne sauraient être tolérées [5]. Dira-t-on que c'est enfermer le Droit Naturel dans un domaine si restreint qu'il perdrait toute importance

---

1. Cf. ci-dessus Ch., VI, 1

2. C'est notamment l'interprétation de M. R. SHACKLETON (*Montesquieu in 1948*, *French Studies*, 1949, pp. 299-323).

3. L'expression est de P. MARTINO, *De quelques résidus métaphysiques dans l'Esprit des Lois*, *Revue d'histoire de la philosophie et d'histoire générale de la civilisation*, juillet-septembre 1946. En réalité, Montesquieu s'est volontairement abstenu de répéter en détail ce que d'autres avaient dit avant lui : « Je rends grâce à M.M. Grotius et Pufendorf d'avoir exécuté ce qu'une grande partie de cet ouvrage demandait de moi, avec cette hauteur de génie à laquelle je n'aurais pu atteindre ». (*Pensées*, 1863 (191). Pour n'être pas développée, la « métaphysique » qui sous-tend *L'Esprit des Lois* est tout autre chose qu'une survivance routinière.

4. *Esprit des Lois*, X, 3.

5. *Ibid.*, XXVI, 3, 4, 14 ; XII, 14 ; XVI, 12.

politique ? [1] Mais il est faux que les préceptes de la « nature » se réduisent à ces tendances élémentaires. A la « loi de la nature » définie dans son sens le plus strict et le plus primitif se superpose en effet celle de la « lumière naturelle » qui condamne à son tour les prétentions excessives des conquérants [2], ou le fanatisme barbare des Inquisiteurs d'Espagne et de Portugal [3]. Les « faibles lueurs de justice que la nature nous donne » [4] sont les traces qu'ont laissées dans notre conscience les « rapports » éternels de la justice universelle [5]. Idée classique, et même banale, mais qui trouve dans maints chapitres de *L'Esprit des Lois* une vitalité nouvelle. Et malgré sa force émotionnelle il s'agit bien d'une conviction raisonnée, non d'un écart de la sensibilité. Le problème de l'esclavage a préoccupé Montesquieu pendant plus de vingt ans : l'embarras même de certains chapitres du Livre XV, avec leurs hésitations et leurs repentirs, prouve le sérieux intellectuel que le Président apporte à sa discussion. On verra plus loin qu'il y avait là, en réalité, la pierre d'achoppement de tout son système et de son optimisme [6]. Mais de telle note des *Pensées,* qui date de l'époque des *Considérations,* jusqu'à une lettre adressée en 1750 à l'érudit Grosley, et même dans l'édition posthume de 1757 [7], sa position de principe demeure d'une remarquable constance : l'esclavage doit révolter les âmes sensibles, mais de son côté la raison du philosophe n'a pas de peine à démontrer qu'il est absolument contraire au Droit naturel [8].

Et il vaut sans doute la peine de souligner combien cette argumentation est originale. Les fondateurs de l'école du Droit naturel s'étaient employés à corriger sur ce point tout ce que la logique de leur pensée aurait pu avoir de subversif [9]. Loin de prononcer contre l'esclavage la

---

1. Voir la remarque de J. Brethe de la Gressaye, dans son édition de *L'Esprit des Lois,* t. III, 1958, p. 287.
2. *Op. cit.,* X, 3.
3. *Ibid.,* XXV, 13.
4. *Ibid.*
5. *Ibid.,* I, 1. Cf. *Lettres Persanes,* 83.
6. Voir ci-dessus, Ch. XI, 4.
7. *Pensées,* 174 (1935) ; *Esprit des Lois,* Londres, 1757, XV, 9. Ce chapitre supplémentaire est emprunté à la lettre envoyée par Montesquieu à Grosley le 8 avril 1750 (*Œuvres,* t. III, p. 1294).
8. Une phrase isolée de la lettre à Grosley (*loc. cit.*) semble remettre en cause cette condamnation absolue : « Je n'ai point cherché, au chapitre VI du Livre XV, l'origine de l'esclavage qui a été, mais l'origine de l'esclavage qui peut ou *doit* être » (c'est nous qui soulignons). — En réalité cette déclaration ne contredit nullement ce que Montesquieu dit par ailleurs. Si l'on se reporte au chapitre cité, on s'aperçoit qu'il traite seulement de l'esclavage dans un régime despotique ; dans ce cas là un « esclavage très doux » peut être dit « juste » et « conforme à la raison » parce qu'il est un moyen d'atténuer les funestes effets du despotisme : « Dans ces États, les hommes libres, trop faibles contre le gouvernement, cherchent à devenir les esclaves de ceux qui tyrannisent le gouvernement ». Il s'agit en somme de trouver dans l'esclavage civil un remède à la servitude politique. Mais s'il arrive qu'on soigne ainsi le mal par le mal, la distinction entre le mal et le bien, la santé et la maladie, n'en garde pas moins sa pleine valeur.
9. Comme le note justement M. R. DERATHÉ (*op. cit.,* p. 193) l'importance qu'ils attachent à cette question vient de ce qu'ils assimilent l'autorité d'un maître sur ses esclaves et celle d'un monarque absolu sur ses sujets.

condamnation absolue qu'aurait dû impliquer, semble-t-il, la doctrine
de l'égalité naturelle et du contrat, ils le justifient en effet, au nom de cette
même doctrine. L'esclavage est légitime, disent-ils, lorsqu'il est fondé
sur le consentement de l'esclave; consentement forcé de la part d'un
prisonnier de guerre qui évite ainsi une exécution sommaire; consentement spontané dans le cas où un homme vend à un tiers sa liberté. Il y a
donc selon eux deux sortes de servitudes légitime, l'une qui relève du
droit des gens et l'autre du droit civil [1]. Hostile à la seconde au nom du
caractère inaliénable de la liberté, Locke admet de son côté que les
citoyens d'un pays vaincu peuvent être réduits en esclavage, à condition
que ce soit à la suite d'une « juste guerre » [2]. Un auteur de second plan
comme Richer d'Aube, dont l'*Essai sur les principes du Droit et de la Morale*
précède *L'Esprit des Lois* de quelques années, est encore tout à fait
conservateur et reprend simplement les vues de Pufendorf [3]. Comparée
à celle de ses prédécesseurs, la position de Montesquieu apparaît donc
infiniment plus généreuse, plus novatrice et plus cohérente [4]. La timidité
relative des conclusions pratiques de son livre XV n'enlève rien de sa
netteté à la double condamnation de principe qu'il formule contre
l'esclavage. Ses partisans, écrit-il, ne peuvent se réclamer d'un prétendu
droit de conquête que la raison réprouve : le vainqueur n'a pas plus le
droit de réduire en servitude les vaincus que celui de les tuer [5]. Mais il
est aussi arbitraire d'invoquer le droit civil et la possibilité d'une servitude volontaire : « Il n'est pas vrai qu'un homme puisse se vendre ».
Car le droit civil lui-même se retourne contre ceux qui l'appellent ici à
la rescousse; le contrat supposé par lequel un esclave se choisirait un
maître serait, au regard du droit, frappé de nullité : contrat abusif et
unilatéral puisqu'à l'avantage exclusif de l'une des deux parties. « La
vente suppose un prix : l'esclave se vendant, tous ses biens entreraient
dans la propriété du maître; le maître ne donnerait donc rien, et l'esclave
ne recevrait rien » [6]. Dans l'état civil les rapports entre les hommes sont
réglés par des conventions; mais pour être valables celles-ci ne doivent
pas enfreindre les préceptes élémentaires du droit naturel qui veut que
chaque individu tende légitimement à sa conservation et à son bonheur.
Montesquieu juge bon d'insister sur ce point : « la loi de l'esclavage »,

---

1. Sur la première, voir GROTIUS, *op. cit.*, Livre III, Ch. VIII ; PUFENDORF, *Droit de la Nature et des Gens*, Livre VIII, Ch. VI ; BURLAMAQUI, *Principes du Droit politique, op. cit.*, Seconde partie, Ch. III.

2. *Essai sur le gouvernement civil, op. cit.*, Ch. III. — Une note de Barbeyrac (*Droit de la Nature et des Gens*, livre VII, Ch. VIII, § VI, note 2) rappelle l'opposition de Locke à l'esclavage prétendûment fondé sur une vente consentie par l'intéressé.

3. *Essai sur les principes du droit et de la morale, op. cit.*, Première partie, pp. 165-166.

4. Cf. JAMESON, *Montesquieu et l'esclavage*, Paris, 1911.

5. *Esprit des Lois*, XV, 2. Cf. *Ibid.*, X, 3.

6. *Ibid.*, XV, 2.

qui apporte tout au maître et rien à l'esclave, est « contraire au principe fondamental de toutes les sociétés » [1].

C'est donc bien une interprétation libérale de la philosophie du droit naturel qui incite l'auteur de *L'Esprit des Lois* à rejeter l'esclavage. Loin d'ignorer à ce propos la notion de contrat social, c'est sur elle qu'il appuie l'essentiel de sa démonstration; aussi déclare-t-il nettement que la société du maître et de l'esclave est *contre nature* [2]. En 1748 il n'a pas renié l'époque déjà lointaine où il soutenait la légitimité de la guerre servile, et il est toujours fermement convaincu qu'une institution qui viole aussi ouvertement la liberté naturelle des hommes est juridiquement indéfendable [3]. Proclamer devant ses contemporains cette vérité généreuse n'était dépourvu ni de lucidité ni de courage. Montesquieu aurait pu craindre de froisser dans sa patrie bordelaise bien des intérêts et des préjugés. Comme ceux de Nantes ou de La Rochelle, les armateurs bordelais s'enrichissent en effet de la traite des noirs d'Afrique, élément du « commerce triangulaire » qui fait aussi à la même époque la prospérité des Antilles françaises [4]. C'est un familier du Président, Jean-François Melon, qui devient alors le porte-parole du grand commerce colonial et propose même d'introduire en Europe des esclaves d'Asie [5]. Esprit « éclairé », Melon formule le vœu que l'esclavage soit réglementé et humanisé, mais il ne s'attarde guère à en discuter le principe, et le réaliste qu'il veut être a tôt fait d'apaiser les moralistes pointilleux : « L'usage des

---

1. *Ibid.* Ce principe veut que la loi profite à ceux qui lui sont assujettis ; or ce n'est pas le cas de la loi de l'esclavage, qui n'apporte jamais rien à l'esclave.

2. *Ibid.*, et XV, 7. M.R. Derathé (*op. cit.*, p. 202, n. 1), toujours soucieux de mettre en valeur l'originalité des positions de Rousseau, prend argument d'une formule de Montesquieu pour soutenir que la condamnation de l'esclavage s'appuie chez lui sur le seul droit civil et non pas, comme dans le *Contrat social*, sur le droit naturel. Renoncer à sa liberté c'est en effet, selon Rousseau, « renoncer à sa qualité d'homme ». (*Contrat social*, Livre I, Ch. IV), et selon Montesquieu, « vendre sa qualité de citoyen » (*op. cit.*, XV, 2).
— Mais limiter ainsi la pensée du Président, c'est méconnaître d'autres affirmations du même chapitre, et oublier aussi que pour lui le citoyen seul est pleinement homme. Cf. *Pensées*, 174 (1935) : « Un homme ne peut contracter que comme citoyen. Or un esclave n'est pas citoyen. La Nature l'a fait citoyen ; il ne peut contracter pour ne l'être pas ». Sur les rapports du droit civil et du droit naturel la pensée de Montesquieu est en réalité toute proche de celle de Burlamaqui : le droit civil est un véritable « droit naturel second », puisqu'il a pour rôle d'appliquer le droit naturel primitif aux problèmes de la société civile (*Principes du Droit naturel*, Deuxième partie, Ch. IV, § 24).

3. *Pensées*, 174 (1935), *loc. cit.* : « L'esclavage est contre le droit naturel, par lequel tous les hommes naissent libres et indépendants [...] La guerre de Spartacus était la plus légitime qui ait jamais été entreprise ». La place de ce fragment dans le premier volume des *Pensées* incite à le dater des environs de 1730. L'essentiel de l'argumentation est devenu le septième chapitre du livre XV de *L'Esprit des Lois*.

4. Bimbeloterie ou tissus sont troqués sur les côtes d'Afrique contre les esclaves nécessaires à la production antillaise de sucre de canne, dont la consommation en Europe et en France est alors en plein essor. Cf. GASTON-MARTIN, *Nantes au XVIIIᵉ siècle. L'ère des négriers (1714-1774)*, Paris, Alcan, 1931.

5. *Essai politique sur le commerce*, édition de 1736, Ch. III. Il s'agit de procurer aux manufactures une main-d'œuvre à bon marché. Non sans logique, l'auteur ironise sur l'inconséquence des chrétiens d'Europe refusant chez eux une institution qu'ils développent ailleurs avec un grand profit. Dans le chapitre V Melon s'affirme hostile à l'introduction d'esclaves noirs en France, mais c'est pour des raisons racistes — éviter les mulâtres — qui n'ont évidemment rien d'humanitaire.

esclaves, autorisé dans nos colonies, nous apprend que l'esclavage n'est ni contraire à la Religion, ni à la morale »[1]. Après cette constatation rassurante il est à peine besoin d'invoquer encore l'intérêt de l'État, qui doit toujours primer « les intérêts de détail », et les lois de l'harmonie universelle où le mal même a sa raison d'être, inconnues seulement des « esprits qui n'embrassent pas la totalité »; il suffit de rappeler que l'égalité est une chimère, et de conclure allègrement que le besoin crée le droit. « Les colonies sont nécessaires à la Nation, et les esclaves sont nécessaires aux colonies »[2]. Nécessaire, donc légitime... Un sophisme aussi transparent n'avait rien qui pût choquer la conscience de bien des hommes du XVIIIe siècle. C'est pourtant contre lui que la raison de Montesquieu s'insurge : ce n'est pas à l'État que l'esclavage profite, précise-t-il dans sa lettre à Grosley, mais à la « petite partie riche et voluptueuse de chaque nation ». Concluons donc que toutes les déclamations en faveur de l'esclavage sont « le cri du luxe et de la volupté, et non pas celui de l'amour de la félicité publique »[3].

Il est vrai que le libéralisme de l'auteur des *Lois* demeure dans ce domaine plus théorique que concret. La fermeté de ses principes ne le conduit nullement à demander l'abrogation de la traite et de l'esclavage colonial[4]. Mais malgré ses hésitations et sa timidité, la portée de sa critique apparaît clairement si on replace celle-ci dans son contexte. Car l'esclavage n'est pas seulement pour Montesquieu une réalité lointaine, dans le temps et dans l'espace, une institution isolée ou aberrante; il lui apparaît lié dans l'histoire à ce que le philosophe déteste le plus : la torture, à laquelle les Anciens soumettaient leurs esclaves et qui subsiste encore au siècle des lumières, comme le témoin de ce passé cruel[5]; le despotisme surtout — où la torture trouve du reste son milieu naturel[6]. Le paradoxe de ce régime, c'est que l'esclavage civil peut y venir atténuer les rigueurs de l'esclavage politique[7]; l'un et l'autre n'en demeurent pas moins contraires aux droits de la nature humaine.

---

1. *Ibid.*, Ch. V, p. 48.
2. *Ibid.*, p. 50 sq.
3. Cf. *Esprit des Lois*, XV, 9.
4. Nous verrons ci-dessous, (Ch. XI, 4) que la timidité des réformes proposées par Montesquieu relève moins, comme on l'a parfois prétendu, d'un manque de logique et de courage, que de l'incertitude même de sa pensée théorique ; persuadé que l'esclavage est condamnable, Montesquieu n'est pas sûr qu'il puisse toujours être évité. — Son réquisitoire n'en a pas moins exercé une influence très profonde, aussi bien sur Rousseau lui-même que sur l'*Encyclopédie*, où l'article *Esclavage* du chevalier de Jaucourt suit de près *L'Esprit des Lois*.
5. *Pensées*, 643 (1959) : « La question vient de l'esclavage : *servi torquebantur in caput dominorum* ; et cela n'est pas étonnant. On les fouettait et tourmentait en cette occasion comme on faisait en toutes les autres, et pour les moindres fautes. Comme ils n'étaient pas citoyens, on ne les traitait pas comme hommes »... Cf. *Esprit des Lois*, VI, 17.
6. *Esprit des Lois, ibid.*
7. *Ibid.*, XV, 1 et 6, *loc. cit.*

Les nécessités politiques, économiques ou géographiques qui les rapprochent sous les mêmes latitudes peuvent être analysées par le sociologue, elles ne suffisent pas à les justifier aux yeux du moraliste : « Comme tous les hommes naissent égaux, il faut dire que l'esclavage est contre la nature, quoique dans certains pays il soit fondé sur une raison naturelle... » [1]. Comme le despotisme politique l'esclave civil est en effet une école de corruption : tandis que l'esclave, mû par la crainte, « ne peut rien faire par vertu », le maître de son côté « s'accoutume insensiblement à manquer à toutes les vertus morales » [2]. Or il n'y a pas de liberté possible là où la nature humaine est avilie : c'est pourquoi le gouvernement monarchique aussi bien que le républicain sont incompatibles avec l'esclavage [3]. Admettre par exemple que dans un pays libre un citoyen puisse se vendre serait ajouter une absurdité politique à la faute commise contre le droit naturel; car « la liberté de chaque citoyen est une partie de la liberté publique » [4]. Mais une autre formule de Montesquieu est à rapprocher de celle-ci; à propos du sort réservé à leurs esclaves par les Romains il note dans ses *Pensées* : « Comme ils n'étaient pas citoyens, on ne les traitait pas comme hommes » [5]. Il existe donc entre la dignité humaine et la liberté politique un double lien : le respect de la première est nécessaire au maintien de la seconde, mais inversement celle-ci est la garantie de celle-là. De toute évidence, la critique de l'esclavage n'est pas chez Montesquieu une réaction sporadique de la sensibilité, elle fait partie d'un système, où le souci du moraliste interfère constamment avec un idéal politique.

Le lecteur risquait-il d'être dupe de la classification tripartite des gouvernements, et de sa trompeuse objectivité ? Voici que se superpose à elle une distinction nouvelle, beaucoup plus nettement polémique. A l'inverse des régimes despotiques, les gouvernements « modérés » sont ceux qui garantissent à chaque citoyen le respect de ses droits naturels. Et d'abord le premier de tous, qui est la libre disposition de sa personne et de ses biens :

« Comme les hommes ont renoncé à leur indépendance naturelle pour vivre sous des lois politiques, ils ont renoncé à la communauté naturelle des biens pour vivre sous des lois civiles. Les premières lois leur acquièrent la liberté, les secondes la propriété » [6].

---

1. *Ibid.*, XV, 7 (Sur les deux « natures » qui s'opposent ici, voir ci-dessous, Ch. XI, 4)
2. *Ibid.*, XV, 1, *loc. cit.*
3. *Ibid.* On voit bien ici que Montesquieu raisonne plus en philosophe qu'en historien.
4. *Ibid.*, XV, 2.
5. Cf. ci-dessus, p. 502, note 5.
6. *Esprit des Lois*, XXVI, 15.

Nous retrouvons ici le schéma classique qui explique et justifie l'apparition des sociétés civiles : de la nature à la loi et de l'indépendance à la liberté. Montesquieu ne juge pas utile de développer longuement un tel lieu commun; s'il en reconnaît la validité, la manière incidente dont il l'évoque au début d'un chapitre révèle la place que ce thème a dû tenir dans sa pensée : non pas un aboutissement mais un point de départ. Car le chemin qui conduit de l'indépendance naturelle à la liberté politique lui apparaît bien moins facile qu'à la plupart de ses contemporains et, à ses yeux, le passage nécessaire de la société de nature à la société civile pose peut-être plus de problèmes qu'il n'en résout. S'il fournit en principe le moyen de préserver les droits de chacun, en contenant dans de justes limites les passions de tous, on peut dire que le danger couru par la nature humaine grandit avec l'apparition du remède. Car l'homme d'État reste un homme, sujet par nature aux mêmes appétits que ceux qu'il a mission de gouverner, et comme eux exposé aux passions complexes qu'enfante la civilisation. Alors que « l'état civil » se définit par l'existence d'une autorité souveraine, instituée d'un commun accord dans l'intérêt de tous les contractants, la tentation est donc fatale pour ceux qui la détiennent de la détourner de sa fin pour la mettre au service de leurs intérêts égoïstes. Telle est en effet la contradiction du pouvoir politique qu'il représente pour la liberté un nécessaire recours et le plus redoutable péril. « C'est une expérience éternelle, constate Montesquieu, que tout homme qui a du pouvoir est porté à en abuser » [1]. On comprend que les gouvernements modérés soient infiniment moins nombreux que les gouvernements despotiques ; bien que ceux-ci ne cessent de heurter les « lois de la nature », ils sont d'une certaine façon plus « naturels » que ceux-là, car ils vont dans le sens des passions; rien de plus artificiel au contraire qu'un gouvernement modéré, « chef-d'œuvre de législation » qui doit « combiner les puissances, les régler, les tempérer, les faire agir; donner pour ainsi dire un lest à l'une, pour la mettre en état de résister à une autre... » [2]. Comment s'étonner qu'un équilibre aussi savant soit rarement atteint ? Il en est du législateur comme du peintre ou du poète dont tout le génie consiste à « imiter » ce qu'il observe et ce qu'il sent : son art ne triomphe jamais autant que lorsqu'il se fait presque oublier et ne s'écarte de la nature que pour mieux lui être fidèle.

Indispensable à l'harmonie sociale, l'existence de l'État est un mal nécessaire mais toujours menaçant. La solution de cette antinomie est donnée par la phrase célèbre : « Pour qu'on ne puisse pas abuser du pouvoir, il faut que, par la disposition des choses, le pouvoir arrête le

---

1. *Ibid.*, XI, 4.
2. *Ibid.*, V, 14.

pouvoir » [1]. Mais la défiance de Montesquieu à l'égard de l'État apparaît jusque dans le détail de son analyse : et il est caractéristique de ce sentiment qu'au moment d'énumérer ses trois fonctions, législative, exécutive et judiciaire, il cantonne en fait la seconde dans les affaires diplomatiques et militaires [2]. Défendre la liberté et les droits de chacun contre toutes les menaces, intérieures ou extérieures, voilà la raison d'être de l'État et de l'autorité politique : rôle de protection plutôt que de direction. L'État le plus efficace est aussi le plus effacé. Ainsi le voulait Locke et, en dépit des divergences de détail, c'est bien le même esprit, typiquement libéral, qui anime ici le baron de La Brède [3]. Mais son originalité est d'avoir une conscience plus aiguë que son prédécesseur du paradoxe que représente la notion d'un État libéral. De là cette définition si restrictive qu'il propose de la liberté, le droit de faire non pas tout ce que l'on veut, mais « tout ce que les lois permettent ». La liberté politique comporte ainsi un aspect positif, « pouvoir faire ce l'on doit vouloir » et un côté purement défensif : « n'être pas contraint de faire ce que l'on ne doit pas vouloir » [4]. Mais c'est à dessein que Montesquieu insiste sur le second aspect : « Une constitution peut être telle que personne ne sera contraint de faire les choses auxquelles la loi ne l'oblige pas, et à ne point faire celles que la loi lui permet » [5]. Le style même de cette phrase où s'accumulent les négations illustre le point de vue du Président : la liberté politique est moins facile à définir en elle-même que par opposition à son contraire, le despotisme. La fonction sociale de la loi est précisément d'éviter celui-ci : fonction de garantie et rempart contre l'arbitraire. La loi préserve le citoyen des caprices de l'autorité suprême. Mais de toute évidence la sécurité qu'elle lui apporte ne rappelle que de très loin la pleine indépendance de l'état de nature. A la limite, comme la loi seule décide dans la société civile de ce que le citoyen « doit vouloir », on voit apparaître le risque d'un despotisme légal. Pour Montesquieu cette dernière formule est un non-sens : il conçoit la loi comme une barrière, et non comme une menace. Mais il a une claire notion des limites nécessaires de cette liberté politique dont il se fait l'apôtre, et sa lucidité critique en un domaine encore peu exploré suffit à lui assurer une place à part dans la lignée des penseurs libéraux.

Sans aller jusqu'à proclamer, comme le fera Rousseau, que la société est contre nature, Montesquieu ne cède pas à l'illusion euphorique de voir dans l'ordre politique l'épanouissement spontané de l'ordre naturel.

---

1. *Ibid.*, XI, 4.
2. *Ibid.*, XI, 6, début.
3. Locke distingue le pouvoir législatif, le pouvoir exécutif et le pouvoir « confédératif », c'est-à-dire la conduite de la politique étrangère (*op. cit.*, Ch. XI). Mais il précise aussi que la seule fin du gouvernement politique est d'assurer à chacun la pleine jouissance de ses droits naturels. (Ch. VIII).
4. XI, 3.
5. *Ibid.*, XI, 4.

Il admet que la défense de la liberté impose parfois qu'on jette sur elle un voile[1]; et en dehors même de ces cas exceptionnels il sait que la société brime nécessairement la nature : « C'est un malheur de la condition humaine que les législateurs soient obligés de faire des lois qui combattent les sentiments naturels mêmes »[2]. Mais cette sagesse politique n'est pas plus désabusée que cynique : l'exigence d'absolu s'unit en elle au sens du possible, et l'esprit critique à l'idéalisme. Toutes les monarchies ne jouissent pas d'une liberté politique égale à celle qu'assure la constitution anglaise : mais elles sont d'autant plus éloignées du despotisme que leur manière de distribuer les trois pouvoirs les rapproche davantage de ce modèle[3]. Encore convient-il de rappeler que cette apologie de la liberté du citoyen n'a de sens que par rapport à une exigence universelle et absolue de la nature humaine :

« La liberté pure est plutôt un état philosophique qu'un état civil. Ce qui n'empêche pas qu'il n'y ait de très bons et de très mauvais gouvernements, et même qu'une constitution ne soit plus imparfaite à mesure qu'elle s'éloigne plus de cette idée philosophique de liberté que nous avons »[4].

Comment organiser la vie collective de telle sorte que ses nécessités contredisent le moins possible la liberté de chacun ? Tel est le problème fondamental que Montesquieu s'attache à résoudre, résigné d'avance à ne pas lui trouver de solution parfaite, mais convaincu aussi que toutes les réponses théoriquement possibles ne sont pas également acceptables. La plus simple, et la plus mauvaise, est celle qui prétend confier à un individu ou à une minorité le soin exclusif de l'harmonie sociale. Car le caprice d'un seul n'est pas une loi, et la liberté sans la loi n'est pas concevable : si restrictif qu'il soit à certains égards, le culte que Montesquieu voue à la légalité est le corollaire de son antipathie pour la monarchie absolue, et il suffit de le situer à sa date pour en comprendre toute la signification polémique. A l'opposé d'un ordre ainsi imposé de l'extérieur, il était loisible d'en concevoir un qui fût au contraire librement accepté.

---

1. *Ibid.*, XII, 19.
2. *Ibid.*, XXVII, *Chapitre unique.* Il s'agit ici de la loi Voconienne qui limitait à Rome le droit de tester en faveur des femmes. Montesquieu montre que cette loi sacrifiait l'homme au citoyen et le citoyen à la république... Une curieuse incertitude apparaît sur ce point dans sa pensée car il avait dit au livre précédent (XXVI, 6), à propos de la même loi, qu'il n'était nullement contraire à la nature de priver une fille de la succession de son père : « La loi naturelle ordonne aux pères de nourrir leurs enfants, mais elle n'oblige pas de les faire héritiers ».
3. *Ibid.*, XI, 7.
4. *Pensées*, 943 (1798). Ce fragment suffit à réfuter l'assertion suivante : « L'exigence de la liberté n'est pas chez lui une exigence universelle de la nature humaine, mais plutôt un équilibre de toutse les forces sociales, dont aucune ne doit être sacrifiée » (E. BRÉHIER, *Histoire de la philosophie. Le XVIIIᵉ siècle*, Ch. VI, p. 380). Si la seconde idée est juste, elle n'exclut nullement la première. Il nous semble au contraire évident que c'est l'idée d'une liberté absolue qui soutient et anime dans *L'Esprit des Lois* la recherche d'un équilibre social.

C'est la solution stoïcienne du sacrifice volontaire de l'intérêt particulier au bien public. Nul doute qu'elle ait tenté Montesquieu, sollicité dans son imagination et sa culture d'humaniste par le mythe de la « vertu » antique. La démocratie, où « le gouvernement est confié à chaque citoyen », n'est-elle pas le régime le plus conforme à la nature raisonnable de l'homme ? [1] Mais l'admiration qu'elle inspire à l'auteur des *Considérations* ne s'exprime jamais sans un accent de mélancolie. Il sait qu'une telle force d'abnégation, incompréhensible à « nos petites âmes » [2], ne doit pas être demandée aux citoyens des grands états modernes [3]. Cette exigence serait à son avis non seulement une chimère, mais une duperie, car « la vertu même a besoin de limites » [4]. Entendons que si l'homme a le sens de l'universel, il a aussi, et très légitimement, celui de ses intérêts propres; sa nature est passionnelle autant que raisonnable. Pas plus que la majorité des esprits éclairés de son temps Montesquieu n'entendait porter contre les passions une condamnation rigoureuse [5]. De là cette double évidence qui précise les données du problème de la Cité : les passions sont bonnes puisqu'elles sont naturelles, et pourtant leur libre développement est incompatible avec l'ordre social. La seule solution réaliste et humaine est fournie par le régime monarchique et en général par les gouvernements modérés : canaliser les passions sans les supprimer. Dans les monarchies la hiérarchie complexe des rangs et des ordres transforme en esprit de corps les égoïsmes individuels : tel est l'honneur, « préjugé de chaque personne et de chaque condition » [6]. Dans un état mixte comme l'Angleterre, où la structure sociale est beaucoup moins diversifiée, c'est l'esprit de parti qui produit le même résultat; la passion brute devient une passion sociale [7]. Ainsi élaborée, elle cesse d'être dangereuse. Bien au contraire elle est indispensable à la vie de la cité. A propos de l'honneur des monarchies comme des haines partisanes du gouvernement anglais Montesquieu fait la même remarque : les passions sont nécessaires dans les deux cas à l'équilibre dynamique en quoi consiste l'harmonie sociale d'un pays libre; elles sont les forces de l'État [8].

---

1. *Esprit des Lois*, IV, 6.
2. *Ibid.*, IV, 4.
3. Cf. *Ibid.*, IV, 7.
4. *Ibid.*, XI, 4.
5. Cf. ci-dessus, Ch. VI, 3.
6. *Esprit des Lois*, III, 7.
7. *Ibid.*, XIX, 27.
8. « L'ambition est pernicieuse dans une république. Elle a de bons effets dans la monarchie ; elle donne la vie à un gouvernement ; et on y a cet avantage, qu'elle n'y est pas dangereuse, parce qu'elle y peut être sans cesse réprimée » (*ibid.*, III, 7). Cet équilibre des ambitions opposées est encore plus visible en Angleterre : « Toutes les passions y étant libres, la haine, l'envie, la jalousie, l'ardeur de s'enrichir et de se distinguer, paraîtraient dans toute leur étendue : et si cela était autrement, l'État serait comme un homme abattu par la maladie, qui n'a point de passions parce qu'il n'a point de forces.
La haine qui serait entre les deux partis durerait parce qu'elle serait toujours impuissante.
Les partis étant composés d'hommes libres, si l'un prenait trop le dessus, l'effet de la liberté ferait que celui-ci serait abaissé, tandis que les citoyens, comme les mains qui secourent le corps, viendraient relever l'autre... » (*ibid.*, XIX, 27).

Tout le prestige de la constitution anglaise vient de ce qu'elle assure à la fois l'ordre et la liberté. La « nature » s'y trouve à son aise, mais elle est captée au profit de la société. Plus que le mythe de la vertu, celui du « laisser faire » libéral apparaît ainsi en mesure de résoudre l'antinomie du naturel et du social.

*
* *

En méditant sur les rapports de la nature et de la société Montesquieu va plus loin que la plupart de ses prédécesseurs, mais il va dans le même sens. S'il réagit contre des vues trop simplistes, sa conclusion est authentiquement libérale. Mais elle a d'autant plus de poids que les nuances théoriques dont elle s'assortit s'accompagnent de constantes références à l'expérience et à l'histoire. Ce sens du concret qui donne à la pensée du Président sa richesse et sa densité détermine en particulier la portée de son système de la balance des pouvoirs. Comme un historien du droit l'a récemment soutenu, les célèbres formules du Livre XI de *L'Esprit des Lois* ont moins une valeur juridique qu'une signification sociale : il ne s'agit pas de séparer dans la pratique constitutionnelle les diverses fonctions, logiquement distinctes, de l'autorité souveraine, mais de *diviser* celle-ci, c'est-à-dire de la morceler de façon qu'aucune force sociale ne puisse, en l'accaparant tout entière, en opprimer une autre [1]. Les exemples donnés par Montesquieu confirment bien cette interprétation : du temps de la liberté romaine *chacun* des trois pouvoirs était « distribué », dans des proportions diverses, entre la plèbe, les patriciens et le Sénat [2]. Ce n'est pas non plus en vertu d'une nécessité logique que le pouvoir législatif est confié en Angleterre à deux Chambres, mais ce bicamérisme assure le maintien d'un équilibre entre les notables et le peuple :

« Il y a toujours dans un État des gens distingués par la naissance, les richesses ou les honneurs; mais s'ils étaient confondus parmi le peuple, et s'ils n'y avaient qu'une voix comme les autres, la liberté commune serait leur esclavage, et ils n'auraient aucun intérêt à la défendre, parce que la plupart des résolutions seraient contre eux. La part qu'ils ont à la législation doit donc être proportionnée aux autres avantages qu'ils ont dans l'État : ce qui arrivera s'ils forment un corps qui ait droit d'arrêter les entreprises du peuple, comme le peuple a droit d'arrêter les leurs » [3].

Retenons l'aveu tranquille de ces lignes. Montesquieu ne cherche pas à masquer le caractère conservateur du libéralisme à l'anglaise. Il admire au contraire le compromis ainsi passé entre l'aristocratie et

---

1. Cf. Charles EISENMANN, *La pensée constitutionnelle de Montesquieu* (in *La pensée politique et constitutionnelle de Montesquieu*, Recueil Sirey, Paris, 1952, pp. 133-160).
2. *Esprit des Lois*, XI, 14 à 18.
3. *Ibid.*, XI, 6.

la classe moyenne [1] ; on ne peut guère douter qu'il l'ait présent à l'esprit lorsqu'il songe au destin de la monarchie française.

*
* *

« La fable dit que Saturne dévorait les pierres... » Pour un philosophe du siècle des lumières les anciennes annales des temps barbares ne sont pas une nourriture intellectuelle beaucoup plus appétissante [2]. Si Montesquieu s'astreint à la tâche ingrate de compiler et de confronter tant de vieux textes, sa curiosité d'historien n'est pas toute désintéressée. Dans les « anciennes lois françaises » il est sûr de trouver la nature et « l'esprit » de la monarchie [3]. A l'histoire si confuse des siècles « gothiques » il demande un enseignement et un soutien pour les problèmes de son temps. N'est-ce pas l'attitude typiquement réactionnaire qui consiste à juger le présent au nom du passé ? L'attitude même du duc de Saint-Simon invoquant contre l'autorité royale les droits historiques des pairs ? Montesquieu connaissait personnellement l'illustre adversaire de Louis XIV et lui avait rendu visite en 1734 dans sa retraite de La Ferté-Vidame [4]. Mais dans l'intérêt qu'il porte aux origines de la monarchie il ne s'inspire pas forcément des vues extrêmes du vieux duc. Peut-être avait-il eu en mains quelques-uns de ces traités manuscrits si nombreux à appuyer de leur érudition les prétentions politiques des parlements, ou à prôner la restauration des antiques « franchises » de la noblesse [5]. De toute la littérature qui répand au début du XVIIIᵉ siècle, avec des nuances diverses, l'idée d'une liberté primitive que la royauté aurait peu à peu détruite, un ouvrage émerge surtout. En 1727 la publication tardive d'un livre écrit quinze ou vingt ans plus tôt par le comte de Boulainvilliers relance

---

1. Prôner pour un peuple les institutions d'un pays étranger serait évidemment contraire au relativisme que professe l'auteur de *L'Esprit des Lois*. C'est très sincèrement, et logiquement, qu'il se défend dans sa *Préface* contre une telle interprétation de son œuvre. Mais il sait aussi la fragilité de la liberté extrême dont jouissent les Anglais (*op. cit.*, II, 4 et XI, 6 fin) et se contente volontiers d'une liberté plus modérée mais aussi plus solide.

2. *Ibid.*, XXX, 11. « Quand on jette les yeux sur les monuments de notre histoire et de nos lois, il semble que tout est mer et que les rivages même manquent à la mer Tous ces écrits froids, secs, insipides et durs, il faut les lire, il faut les dévorer, comme la fable dit que Saturne dévorait les pierres ».

3. *Ibid.*, VI, 10.

4. Le *Spicilège* (nᵒˢ 570 et 657) nous a conservé l'écho de leurs entretiens. Et une lettre de Dodart à Montesquieu, datée du 23 novembre 1723, nous indique que Montesquieu connaissait dès 1723 le manuscrit de l'*Histoire de la Pairie et du Parlement de Paris*, par le Laboureur, ouvrage écrit un demi-siècle plus tôt, mais publié seulement en 1740, sur lequel Saint-Simon fondait ses prétentions. Cf. E. CARCASSONNE, *Montesquieu et le problème de la Constitution française au XVIIIᵉ siècle, op. cit.* Ch. I.

5. Le *Dictionnaire des arrêts* de Pierre-Jacques Brillon (édit. de 1727, V, pp. 33-34, art. *Parlement*), lui avait fourni aussi une bibliographie de l'histoire des parlements, consignée dans le *Spicilège* (nᵒ 315).

la querelle entre les partisans et les adversaires de la monarchie absolue [1]. Ces deux gros in-folio ne sont évoqués dans *L'Esprit des Lois* qu'en quelques lignes, mais sur un ton de grande déférence [2]. En revanche Montesquieu s'y évertue à pulvériser les arguments contraires de l'abbé Dubos qui avait voulu battre sur leur terrain favori, celui de l'histoire, les adversaires de l'absolutisme royal [3]. Alors que Boulainvilliers plaçait sa défense du système féodal sous le signe de la conquête barbare, et reprochait à la royauté d'avoir usurpé au cours des siècles suivants les droits acquis par les Francs vainqueurs sur les Gallo-Romains, Dubos niait tout simplement la réalité de cette conquête : montrant dans les rois francs les alliés des Gaulois et non leurs vainqueurs, il faisait d'eux les héritiers légitimes des empereurs romains; ainsi la seule usurpation historique aurait été commise par des officiers royaux révoltés qui, transformant par la force en fiefs héréditaires les territoires confiés à leur garde, auraient violé à la fois « les droits imprescriptibles de la couronne et les droits du peuple » [4]. Thèse ingénieuse, mais aux bases bien fragiles : Montesquieu n'a pas grand mal à réfuter l'étrange paradoxe niant que la Gaule romaine ait jamais été vraiment conquise par les barbares... Une argumentation serrée le conduit à relever sans ménage-ment toutes les erreurs commises par Dubos [5]. Mais dans la politesse dédaigneuse qu'il apporte à cet inventaire critique on sent d'autre part le sentiment d'une supériorité qui n'est pas seulement intellectuelle [6]. Par ses convictions raisonnées d'historien, mais aussi par ses préjugés de caste, le baron de La Brède se veut évidemment plus proche du comte de Boulainvilliers que d'un roturier obscur, coupable au surplus d'une « conjuration contre la noblesse » [7]. Sa mentalité de parlementaire et de gentilhomme provincial le pousse également à se défier des ambitions dévorantes de la capitale, ainsi que du centralisme monarchique [8]. Son

---

1. *État de la France... extrait des mémoires dressés par les intendants du royaume par ordre du roi Louis XIV avec des mémoires historiques sur l'ancien gouvernement de cette monarchie jusqu'à Hugues Capet*, Londres, 1727, 2 vol. in-fol. ; deuxième édit., *ibid.*, 1737, 6 vol. in-12. — D'après Mme R. SIMON (*op. cit.*) l'ensemble aurait été écrit entre 1697 et 1712.

2. *Op. cit.*, XXX, 10.

3. *Histoire critique de l'établissement de la monarchie française dans les Gaules*, Paris, 1734, 3 vol. in-4°.

4. *Ibid.*, t. I, *Discours préliminaire*, p. 52. Dans ses *Considérations sur le gouverne-ment ancien et présent de la France*, écrites en 1737 et publiées seulement en 1764, le marquis d'Argenson s'inspire visiblement de Dubos, bien qu'il ne le nomme pas. Cf. CARCASSONNE, *op. cit.*, Ch. I, p. 45.

5. Voir par exemple sa discussion du mot *census*, *op. cit.*, XXX, 14-15.

6. *Ibid.*, XXX, 25 : « Monsieur l'abbé Dubos soutient que dans les premiers temps de notre monarchie, il n'y avait qu'un seul ordre de citoyens parmi les Francs. Cette prétention injurieuse au sang de nos premières familles ne le serait pas moins aux trois grandes maisons qui ont successivement régné sur nous ».

7. *Ibid.*, XXX, 10.

8. On connaît ses démêlés de vigneron avec l'intendant de Guyenne.

hostilité à l'égard de Louis XI est à cet égard tout à fait caractéristique, et l'on n'est pas surpris de le voir déplorer, avec la mort de Charles VII, « le dernier jour de la liberté française »[1].

Franchises municipales et provinciales, privilèges des seigneurs féodaux donnent, il est vrai, à cette liberté un aspect fort peu « philosophique ». L'universalité que le xviiie siècle reconnaît à la raison s'accommode encore mieux du « despotisme éclairé » que de ce morcellement des droits et des coutumes, que Montesquieu évoque avec nostalgie. Il serait cependant injuste de durcir et simplifier sa pensée. La répulsion que lui inspire la monarchie absolue ne l'empêche pas d'évaluer avec lucidité les dangers d'anarchie que recélaient les institutions féodales ; de là le jugement sévère qu'il porte sur la France des premiers Capétiens :

« C'était un corps monstrueux qui, dans un grand fief où personne n'obéissait, renfermait un nombre incalculable de petits états, dans lesquels l'obéissance était quelquefois sans bornes et quelquefois à peine connue. Le bien public ne consistait que dans l'exercice de certains droits particuliers, que les uns prétendaient avoir sur les autres, et n'était fondé sur aucune vue générale »[2].

Comment le magistrat humaniste qu'est Montesquieu, avec toute sa culture classique et surtout romaine, pourrait-il approuver un tel régime où la tyrannie côtoie le désordre ? Ennemi d'un pouvoir arbitraire, il reste néanmoins très attaché au puissant facteur d'unité et d'équilibre que représente l'autorité royale[3]. C'est pourquoi son mépris ironique pour les thèses de l'abbé Dubos ne le conduit pas à faire siennes toutes les idées de Boulainvilliers. *L'Esprit des Lois* présente l'esquisse d'une solution moyenne, qui accepte la réalité historique de la conquête barbare mais en atténue les effets[4]. Montesquieu admet l'origine germanique de la « constitution française », mais il se refuse à croire qu'après leur défaite les Gallo-Romains aient été réduits en servitude. Son rêve d'harmonie sociale, il croit le voir réalisé par la fusion des vainqueurs et des vaincus, les premiers conservant leurs lois ancestrales et les seconds leurs droits politiques et civils : « C'était le droit des gens de ces temps-là ;

---

1. *Pensées*, 1302 (595), *Morceaux de ce que je voulais écrire sur l'Histoire de France, Louis XI* (*Œuvres*, t. II, p. 366).
2. *Ibid.*, p. 364.
3. Cf. *ibid.*, (p. 368), une analyse de cet équilibre sous le règne de Charles VII. « Les états des principaux seigneurs étaient presque tous entourés de la présence royale. La plupart des grands fiefs étaient réunis ; d'autres allaient se réunir. Les bornes de l'empire et de l'obéissance étaient assez connues ; les droits réciproques assez bien établis. Ainsi il était facile au successeur de Charles VII d'allier la justice avec la grandeur, de se faire redouter dans sa modération même, d'être, enfin, le prince de l'Europe le plus aimé de ses sujets, et le plus respecté des étrangers. »
4. *Esprit des Lois*, XXX, 10. « M. le Comte de Boulainvilliers et M. l'abbé Dubos ont fait chacun un système, dont l'un semble être une conjuration contre le tiers-état, et l'autre une conjuration contre la noblesse... »

on enlevait tout dans la guerre, on accordait tout dans la paix. Si cela
n'avait pas été ainsi, comment trouverions-nous dans les lois saliques
et bourguignonnes tant de dispositions contradictoires à la servitude
générale des hommes ? »[1] Si la noblesse moderne, héritière des Francs
victorieux, peut légitimement prétendre à une origine plus ancienne
que la monarchie, elle ne s'identifie pas pour autant à la nation. Favorable
au développement des États provinciaux, Montesquieu voit dans l'union
des trois ordres un rempart solide contre l'arbitraire fiscal du pouvoir
royal[2]; mais inversement il compte sur celui-ci pour maintenir les prétentions de chacun des ordres dans de justes bornes; de là le portrait
élogieux qu'il dresse éloquemment de Charlemagne :

> « Charlemagne songea à tenir le pouvoir de la noblesse dans ses limites,
> et à empêcher l'oppression du clergé et des hommes libres. Il mit un tel
> tempérament dans les ordres de l'État qu'ils furent contrebalancés et qu'il
> resta le maître. Tout fut uni par la force de son génie...»[3].

Unité sans uniformité, mais dans un raisonnable équilibre : ce schéma
nous était déjà familier. C'est bien le même Montesquieu qui admire
le mécanisme si moderne de la constitution anglaise et prêche à ses concitoyens l'exemple d'un passé révolu. Pourquoi la France aurait-elle à
copier sa voisine ? Il lui suffit d'être fidèle à ses traditions, de rétablir
dans leur pureté ses institutions primitives pour atteindre à sa manière
l'équilibre politique payé par les Anglais de deux révolutions[4]. Un même
idéal peut inspirer des constitutions différentes, surtout si elles ont en
réalité la même origine. Montesquieu note que les Anglais ont emprunté
à la Germanie de *Tacite* l'idée de la leur : « Ce beau système a été trouvé
dans les bois »[5]. La liberté anglaise et les « libertés » françaises ont donc
une source commune. A la Gaule conquise les Germains ont en effet
apporté leurs propres mœurs politiques, conformes à la description
qu'en avaient donnée Tacite et César : un gouvernement modéré où
le pouvoir monarchique était contenu par les « assemblées de la nation »,
ou par les représentants de celle-ci.

> « Voilà l'origine du gouvernement gothique parmi nous. Il fut d'abord
> mêlé de l'aristocratie et de la monarchie. Il avait cet inconvénient que le bas
> peuple y était esclave. C'était un bon gouvernement qui avait en soi la capacité

---

1. *Ibid.*, XXX, 11.
2. *Ibid.*, XIII, 12. Voir aussi son Mémoire de 1715 *Sur les dettes de l'Etat*, (Œuvres
t. III, p. 29).
3. *Esprit des Lois*, XXXI, 18.
4. Il n'y a donc pas d'opposition entre le libéralisme du Livre XI de *L'Esprit des Lois*
et l'esprit conservateur qui anime Montesquieu lorsqu'il définit au livre second la nature
de la monarchie : bien discutable à tous égards, l'hypothèse souvent formulée d'une transformation totale de sa pensée (Cf. R. SHACKLETON, *La genèse de l'Esprit des Lois*, R.H.L.F.,
octobre-décembre 1952) au cours de la rédaction de son livre apparaît ici tout à fait inad-
missible.
5. *Op. cit.*, XI, 6, fin.

de devenir meilleur. La coutume vint d'accorder des lettres d'affranchisse-ment; et bientôt la liberté civile du peuple, les prérogatives de la noblesse et du clergé, la puissance des rois se trouvèrent dans un tel concert, que je ne crois pas qu'il y ait eu sur la terre de gouvernement si bien tempéré que le fut celui de chaque partie de l'Europe dans le temps qu'il subsista » [1].

On notera bien sûr la modestie de la place dévolue au peuple dans ce tableau harmonieux. Affranchi des liens de l'esclavage, il a droit à la liberté *civile,* mais non, semble-t-il, à aucune sorte de droits *politiques.* Mais Montesquieu précise dans un autre passage que si les seigneurs et les évêques formaient seuls, sous les deux premières races, les assemblées de la « nation », c'est tout simplement que les communes n'existaient pas encore [2]. En réalité c'est au « bas peuple », non à l'ensemble du Tiers, qu'il refuse un rôle actif dans la conduite des affaires publiques; sinon il ne reprocherait pas au système de Boulainvilliers, à l'inverse de la critique adressée à celui de Dubos, d'être « une conjuration contre le Tiers-Etat » [3]. Mais si tout son libéralisme se réduit pratiquement à faire une place à la classe moyenne dans l'ordre féodal, il serait bien naïf de s'en étonner. Jusque dans les exemples historiques dont il s'autorise — Sparte, la république romaine, l'Angleterre, et les « gouvernements gothiques » — l'idéal politique d'un Burlamaqui ressemble beaucoup à celui de Mon-tesquieu [4]. Aux environs de 1740 un esprit libéral redoute autant, sinon plus, le despotisme de la multitude que celui d'un souverain autocrate. L'équilibre recherché n'a rien de démocratique; il vise à protéger, à la fois contre la loi du nombre et contre l'arbitraire d'un seul, une minorité de notables. La bourgeoisie révolutionnaire de 1791 ne sera pas moins méfiante à l'égard de la masse des « citoyens passifs »; mais elle se sentira assez forte pour fonder sur la richesse un ordre politique nouveau et pour opposer le mérite de la fortune aussi bien aux privilèges de la nais-sance qu'aux revendications populaires. Encore cette prise de conscience se fera-t-elle très tardivement, à la faveur d'événements bien imprévisibles un demi-siècle plus tôt. On peut penser au contraire que le compromis proposé par Montesquieu correspondait assez bien aux réalités de son temps, et surtout à la conscience qu'en avaient ses contemporains [5].

---

1. *Ibid.,* XI, 8. Le système représentatif a été rendu nécessaire par la dispersion qui a suivi la conquête.
2. *Ibid.,* XXVIII, 9.
3. *Ibid.,* XXX, 10, *loc. cit.*
4. Cf. *Droit politique, op. cit.,* Deuxième partie, Ch. II. Il s'agit bien d'une rencontre : le livre n'a été publié que trois ans après la mort de son auteur, disparu l'année même de la première édition de *L'Esprit des Lois.* Selon Burlamaqui un gouvernement « tempéré » se reconnaît à ce que la souveraineté y est divisée en trois pouvoirs, celui de faire la guerre, de voter les lois, et de lever les impôts.
5. Citons l'article *Représentants* de l'*Encyclopédie,* longtemps attribué à Diderot : son auteur admet, avec Boulainvilliers, l'origine germanique de la noblesse française, mais c'est pour dénoncer des privilèges fondés sur la violence commise autrefois par des « brigands heureux » au détriment du peuple vaincu; en réplique à Montesquieu, il montre

Entre le liberté bourgeoise et les libertés féodales Montesquieu ne choisit pas, et il ne conçoit même pas l'idée d'un tel choix. Par rapport aux positions tranchées de l'avenir toute l'originalité de son attitude réside dans cette ambiguïté. Viendra un temps où les Gaulois d'Augustin Thierry prendront leur revanche sur les Germains de Boulainvilliers. Mais les Germains de Montesquieu ne ressemblent guère à ceux de son prédécesseur. Ils ont pour eux le droit autant que la force; ces envahisseurs rudes et grossiers font preuve, on l'a vu, à l'égard des vaincus d'une bien surprenante modération; trop passionnés de liberté pour réduire en servitude les peuples conquis [1], ils deviennent les initiateurs de l'Europe au véritable droit des gens [2]. Lorsque Boulainvilliers invoquait « la liberté naturelle des hommes », par exemple contre la doctrine absolutiste de Bossuet, il ne songeait guère qu'à la liberté de la noblesse d'épée, héritière des Francs victorieux [3], et il ne voyait pas contradiction à applaudir la sujétion des Gaulois : l'autorité des féodaux sur leurs sujets lui paraissait également inscrite dans la « nature»... [4]. On chercherait en vain dans L'Esprit des Lois une telle incohérence de langage et de pensée. Grâce à Montesquieu le Germain mérite de prendre dans la mythologie morale et politique du xviiie siècle la place souvent assignée au « bon sauvage » [5]. Mieux que celui-ci dont une littérature convention-

---

ce qu'était la « liberté » du gouvernement féodal: « Opprimer, piller, vexer impunément le peuple, sans que le chef de la nation pût y porter remède... » En conclusion, il se borne à revendiquer pour les négociants, les manufacturiers et pour les « cultivateurs » — c'est-à-dire, précise-t-il aussitôt, « tout citoyen qui possède des terres » — le droit de faire entendre leur voix par des représentants élus : non pas pour bouleverser la société traditionnelle, mais pour « maintenir entre les différentes classes des citoyens un juste équilibre qui empêche chacune d'entre elles d'empiéter sur les autres » (A.T., XVII, 11-22). N'est-ce pas la doctrine même de Montesquieu ? Diderot aussi partage l'opinion favorable du Président sur les prétentions politiques des Parlements, gardiens du pacte social. Cf. Apologie de l'abbé de Prades (A.T. I, p. 469) et Réfutation... d'Helvétius (ibid., II p. 275 et p. 380).

1. Esprit des Lois, XXX, 2 à 9.
2. Ibid., X, 4. Quelques avantages des peuples conquis. La conduite des Germains vainqueurs illustre donc cet aphorisme : « Les peuples du Nord de l'Europe l'ont conquise en hommes libres... » (XVII, 5).
3. Lettres historiques sur les Parlements ou États généraux, jointes à l'Histoire de l'ancien gouvernement de la France, La Haye et Amsterdam, 1727 — Lettre III (t. I, p. 253) Cf. CARCASSONNE, op. cit., p. 19. La hiérarchie féodale serait issue de la hiérarchie militaire franque (Mémoires historiques, op. cit., p. 24). A côté de la masse des Gallo-Romains réduits en servitude, un petit nombre auraient continué à jouir de la libre possession de leurs biens, en échange de lourds impôts ; telle serait l'origine de la noblesse de robe que l'auteur prend soin de distinguer de la précédente : « Ainsi, de façon ou d'autre, il est certain que cette Noblesse, tirée de la Magistrature n'avait rien de commun avec celle de la Nation française, qui était toute militaire » (Ibid., p. 32).
4. Cf. État de la France, op. cit., t. I, Préface, Première partie, p. V. A la « juridiction arbitraire » des intendants Boulainvilliers oppose « l'autorité naturelle » de la noblesse « sur ses propres sujets » et déplore que celle-ci soit désormais « tellement avilie que les paysans, lesquels originairement ne sont libres et propriétaires de leurs biens que par la grâce des seigneurs, auraient à l'avenir le droit d'imposer les Nobles à la taille, eux et leurs possessions, et qu'à jamais ils demeureraient exclus de leurs droit naturel de diriger et de conduire cette populace aveuglée ».
5. Montesquieu distingue les peuples sauvages et les peuples barbares par leur degré d'évolution économique : les premiers sont chasseurs, les seconds pasteurs, mais les uns et les autres forment la catégorie « des peuples qui ne cultivent point les terres » et « jouissent d'une grande liberté » (XVIII, 14).

nelle affadit et déforme les traits, il incarne les aspirations de la « pure nature ». Sa victoire est déjà celle des droits de l'homme.

Ce n'est donc pas sans raison que les Constituants de 1791 se réclameront de *L'Esprit des Lois,* et pour rendre compte du destin posthume du livre il ne suffit pas d'accuser les contresens et les caprices de l'histoire. On peut estimer qu'il entrait une bonne part d'illusion dans la conception si répandue au XVIIIᵉ siècle qui faisait du pouvoir monarchique une force sociale autonome, un arbitre au-dessus des ordres et des classes [1]; on peut surtout dénoncer comme profondément réactionnaire l'idée d'une harmonie possible et souhaitable entre des classes antagonistes; enfin, à considérer seulement les idées politiques concrètes de Montesquieu, il n'est peut-être pas trop injuste de ranger le Président parmi les « opposants de droite » et les défenseurs d'une cause périmée [2]. Mais une chose sont les articles d'un « programme », une autre la manière dont on les justifie. Bien des arguments s'offraient à Montesquieu en faveur des privilèges de sa caste : il aurait pu les proclamer conformes à la « nature », une nature à jamais hiérarchisée selon l'ordre de la Providence; il pouvait les justifier par les services rendus, le sang versé, les droits acquis, enfin tout le poids des siècles passés: il écrit que les hommes naissent égaux et libres [3], et les traditions qu'il invoque n'ont de valeur pour lui que dans la mesure où elles respectent le mieux possible cette exigence universelle de la nature humaine. Son apologie du « gouvernement gothique » prend ainsi une résonance authentiquement « philosophique » et libérale. Non par hasard, ni en vertu de quelque astuce démagogique, mais en fonction d'un système raisonné. Montesquieu a cru pouvoir réconcilier l'idéologie et l'histoire; ou plutôt, il a refusé de croire qu'un conflit fût fatal entre l'une et l'autre. Tout le paradoxe de sa pensée politique tient dans ses constantes références à une philosophie si manifestement contraire — mais à nos yeux seulement — aux intérêts de classe qu'il voulait défendre.

---

1. Cette conception classique de la monarchie a été récemment remise en cause, notamment par l'historien soviétique B.F. Porchnev.
2. Cf. Louis ALTHUSSER, *op. cit.*
3. *Esprit des Lois.,* XVIII, 5, *loc. cit.*

4. — *Égalité naturelle et inégalité sociale*

Dans son unité ambiguë la pensée politique de Montesquieu n'est pas plus « féodale » que bourgeoise; ou plutôt elle est à la fois l'une et l'autre. Sans doute le baron de La Brède, magistrat et vigneron, n'est-il pas le duc de Saint-Simon : ni le milieu social de Montesquieu ni sa formation ne le prédisposaient à se faire l'interprète exclusif des intérêts d'une caste. Mais l'ambivalence de son système ne tient pas seulement à des causes individuelles. C'est une vue de l'esprit bien arbitraire et simpliste que de supposer vers 1730 ou 1740 [1] un conflit ouvert et tranché entre la mentalité bourgeoise et les préjugés de la noblesse. Rien ne permet en particulier de prêter à la bourgeoisie d'alors une conscience de classe agressive : la masse des propriétaires fonciers, des possesseurs de charges et d'offices, et même la grande bourgeoisie financière des fermiers généraux sont étroitement intégrées au régime seigneurial; quant à la fraction la plus moderne de la classe moyenne, la bourgeoisie commerçante du grand négoce, la paix revenue, qui assure sa prospérité, satisfait l'essentiel de ses aspirations [2]. Aussi n'est-il pas surprenant que cette interpénétration de la noblesse et du Tiers se retrouve sur le plan de l'idéologie : les équivoques même de la notion de *liberté* traduisent et favorisent ce rapprochement. En face du pouvoir monarchique, usurpateur des droits traditionnels de la noblesse mais aussi responsable de la ruine économique de la nation dans les premières années du siècle, la convergence des intérêts devait être fortement ressentie; le despotisme est l'ennemi commun du noble et du bourgeois qui unissent contre lui le prestige des siècles et celui de la raison. L'apologie du travail et des

---

1. C'est dans cette période que les idées de Montesquieu se sont définitivement formées.

2. « Enfin l'esprit de paix a éclairé notre Europe... », écrit Melon (*op. cit.*, Ch. VII, p. 88). Elle bénéficie aussi des conséquences du « Système » de Law : avec l'exploitation de la Louisiane, la Compagnie des Indes fait alors la prospérité de Lorient et de Nantes. (De là l'essor des doctrines économiques et la place qu'elles prennent dans la vie intellectuelle de l'époque. Cf. Harsin, *Les doctrines monétaires et financières en France du XVIe au XVIIIe siècle*, Paris 1928, Cinquième et sixième parties). Mais l'argent gagné dans le négoce est souvent investi dans l'achat de terres. Il n'y a donc pas de cloison étanche entre la bougeoisie commerçante et la classe des propriétaires fonciers, clercs, nobles ou roturiers. Notons enfin avec Gaston-Martin (*op. cit.*, Deuxième partie, Ch. IV), que dans les dernières années du demi-siècle, la guerre de Succession d'Autriche sera loin d'avoir sur le commerce colonial les effets désastreux que produira plus tard la Guerre de Sept Ans. La puissance économique de la classe des négociants conduira bientôt à une revendication sociale, mais qui n'aura rien de subversif : en 1756, une brochure publiée à Bruxelles demandera que le commerce anoblisse ceux qui l'exercent, de la même façon que la magistrature (*Le commerce ennobli*, Bruxelles, 1756).

vertus productrices, dans laquelle se complaît alors la fraction la plus avancée de la bourgeoisie, vise moins la noblesse que le clergé régulier : l'anticléricalisme rapproche au contraire nobles et bourgeois.

Non qu'il n'y ait entre eux bien des froissements : l'humiliation infligée à Voltaire par le chevalier de Rohan n'est qu'un exemple de tiraillements sans doute fréquents dans le vie quotidienne. Mais si la morgue aristocratique peut offenser le roturier dans le sentiment qu'il a de sa dignité, cet antagonisme ne dépasse guère le plan des rapports inter-individuels. La protestations du mérite personnel contre les privilèges de la naissance peut emprunter aux *Caractères* de La Bruyère leur amertume, elle n'aboutit pas plus qu'eux à remettre vraiment en cause les bases de l'ordre social. L'abbé de Saint-Pierre conçoit le projet audacieux d'abolir l'hérédité des principaux titres de noblesse, et de les attribuer désormais au seul mérite[1]; c'est une vue révolutionnaire à ranger parmi les autres chimères de cet esprit fertile. Dans son scepticisme lucide et satisfait, Fontenelle s'accommode beaucoup mieux de l'état présent des choses : sans doute le hasard est-il pour beaucoup dans la répartition des différences sociales, mais joue-t-il au fond un moindre rôle dans celle du mérite de l'esprit ? Le noble entiché de sa naissance est bien sot, mais plus sot encore Érasme lorsqu'il prétend, au nom de sa supériorité intellectuelle, avoir le pas sur Charles-Quint : une certaine finesse fortuite des fibres cérébrales ne fait-elle pas toute la différence de l'esprit vulgaire et de l'homme de génie ?[2]

Ainsi le matérialisme des esprits forts les conduit-il au plus étroit conformisme. Dans ses conclusions négatives la pensée sociale de Fontenelle rejoint très exactement les vues métaphysiques du P. André; pour ce disciple de Malebranche, non seulement l'inégalité des conditions est aussi immuable que la volonté même de Dieu, mais elle est indispensable à la diversité du plus beau des mondes possibles; de même que la variété ordonnée de l'échelle des êtres témoigne de la sagesse divine et fait la grandeur du cosmos, la hiérarchie des rangs et des ordres est essentielle à l'harmonie du microcosme social[3]. Ainsi en était-il déjà dans la cité idéale de Fénelon, où le costume même assigné à chaque classe devait

1. *Projets pour rendre les titres honorables plus utiles à la patrie* (*Ouvrages de politique*) t. II, 1733, pp. 121-149). Précurseur de l'abbé Coyer qui écrira un plaidoyer en faveur de *La Noblesse commerçante* (1756), l'auteur formule le souhait d'éloigner « pour toujours la Noblesse riche de cette honteuse fainéantise si indigne de la véritable noblesse » (p. 144). En 1748 Toussaint, moins novateur, se borne à écrire : « La subordination, si nécessaire pour la police d'un État serait bientôt détruite si le peuple, au moins en public, n'honorait jamais les grands qu'à proportion de ce qu'ils valent » (*Les Mœurs, op. cit.* p. 470).

2. *Dialogue des morts modernes*, II (*Œuvres*, t. II p. 203). Dans les *Fragments de ce que Fontenelle appelait sa République* (*ibid.*, t. II), on lit bien ce programme lapidaire: « Il n'y aura ni nobles, ni roturiers » (p. 436), mais c'est après cette précision initiale : « On ne pourra parvenir aux charges, à moins d'avoir un certain bien : deux mille écus de rente par exemple », (p. 435).

3. *Essai sur le Beau, op. cit.*, *Second discours, Sur le Beau dans les mœurs*, p. 92 sq.

rendre sensible à jamais l'ordre de leur subordination [1]. Persuadé lui
aussi que « les hommes naissent tous plus ou moins inégaux » [2], Ramsay
se félicite que les inégalités sociales apportent à la paix publique une
garantie providentielle [3]; quelques années plus tard l'auteur des *Voyages
de Cyrus* vante la hiérarchie immuable de l'ancienne Egypte, où nul ne
pouvait sortir de son rang [4], et la division du peuple athénien en quatre
classes instituée par Solon, si conforme à « l'inégalité nécessaire entre
les hommes », lui paraît un modèle de sagesse politique [5]; sans doute
serait-il souhaitable d'attribuer les distinctions sociales au mérite plutôt
qu'à la naissance, précise Ramsay, mais comment discerner le vrai
mérite ? Si l'élection peut en décider dans les petites républiques, où
chaque citoyen est connu de tous les autres, il faut bien dans les grandes
monarchies, sous peine du plus total arbitraire, se fier plutôt à la naissance:

> « J'avoue que c'est un mal d'accorder les dignités à ceux qui n'ont aucun
> vrai mérite; mais c'est encore un mal nécessaire, et cette nécessité est la source
> de presque tous les établissements politiques; voilà la différence entre le droit
> *naturel* et le droit *civil*. L'un est toujours conforme à la plus parfaite justice :
> l'autre, souvent injuste dans les suites qui en résultent, devient pourtant
> inévitable, pour prévenir la confusion et le désordre » [6].

Toute société organisée suppose une certaine hiérarchie; dans l'état
civil l'égalité absolue est une chimère. Mieux disposé que Ramsay à
reconnaître qu'aux yeux de la philosophie et de la Religion « tous les
hommes sont de même nature, et que de ce côté là ils doivent se regarder
comme égaux », le P. Buffier n'est pas moins ferme à soutenir que la
différence des conditions est indispensable au bonheur de tous [7]. Aussi
n'est-ce pas dans cette constatation que Montesquieu est le moins du
monde original : « Dans l'état de nature, les hommes naissent bien dans
l'égalité; mais ils n'y sauraient rester. La société la leur fait perdre et ils ne
redeviennent égaux que par les lois » [8]. Entendons que la loi établit,
selon la forme du gouvernement, le maximum d'égalité compatible
avec la vie en commun; mais la démocratie même, qui est le gouvernement le plus proche de la nature, ne supporte pas « l'esprit d'égalité
extrême » qui cause la corruption de son principe [9]; l'égalité civile
est aussi éloignée de l'égalité naturelle que la liberté politique l'est de

---

1. *Les aventures de Télémaque*, X, *op. cit.*, pp. 265-266.
2. *Essai philosophique sur le gouvernement civil*, 1719, Ch. IV, *loc. cit.*
3. *Ibid.*, Ch. VI, notamment p. 43 sq.
4. *Les Voyages de Cyrus*, *op. cit.*, Livre III.
5. *Ibid.*, Livre X, p. 307.
6. *Ibid.*, p. 310.
7. *Traité de la Société civile*, *op. cit.*, Livre IV, Ch. I, p. 1.
8. *Esprit des Lois*, VIII, 3. Cette phrase est reprise textuellement dans l'*Encyclopédie* par le chevalier de Jaucourt (art. *Égalité naturelle*, t. V, 1755).
9. *Ibid.*, VIII, 2 et 3.

l'indépendance des hommes dans l'état de nature. Une certaine inégalité est au contraire indispensable au bon ordre social sans lequel il n'y a pas de véritable liberté; dans la démocratie les privilèges politiques des citoyens aisés sont en réalité tout à l'avantage des plus pauvres qui n'auraient pas les moyens matériels d'assumer la charge d'une magistrature [1]. Dans les grands États il faut choisir entre la liberté dans l'inégalité ou l'égalité dans la servitude. C'est dans les gouvernements despotiques que les hommes sont tous égaux, mais parce qu'ils sont tous esclaves [2]; au contraire « le gouvernement monarchique [...] suppose des prééminences, des rangs, et même une noblesse d'origine » [3]; car la hiérarchie des diverses conditions, avec « les prérogatives des seigneurs, du clergé, de la noblesse et des villes », y constitue le frein indispensable aux passions de la multitude comme au pouvoir capricieux du prince [4].

On a déjà noté tout ce que cette manière de défendre les privilèges de la noblesse concédait à l'esprit nouveau. C'est au nom de l'ordre social, et même d'une vision téléologique du monde, que Ramsay justifie l'inégalité des rangs; Montesquieu préfère invoquer la liberté. Sa défense des privilèges féodaux participe ainsi à la même entreprise de démystification que le prudent scepticisme de Fontenelle. L'hérédité nécessaire de la noblesse [5] ne doit plus rien à la magie du « sang », mais correspond seulement à une fonction politique. Encore la stabilité des ordres n'entraîne-t-elle pas celle des conditions individuelles ; sur ce point encore Montesquieu est infiniment moins conservateur que Ramsay. Ainsi son attachement à la vénalité des charges ne s'inspire pas seulement des habitudes et des préjugés de son milieu. Si cette institution qui fait d'une magistrature un bien familial « rend les ordres de l'État plus permanents », elle fournit aussi, selon lui, à l'activité économique des citoyens de moindre condition le stimulant d'une promotion possible : « La manière de s'avancer par les richesses inspire et entretient l'industrie ; chose dont cette espèce de gouvernement a grand besoin » [6].

Pourquoi un roturier se révolterait-il contre l'inégalité de la naissance ? Qu'il s'enrichisse : ce sera peut-être un premier pas vers l'anoblissement... Le continuateur anonyme du *Paysan parvenu* conduira tout

---

1. *Ibid.*, V. 5. La démocratie sera donc censitaire : la division du peuple en plusieurs classes permettra « d'égaliser, pour ainsi dire, les inégalités » en instituant des charges proportionnées aux revenus de chacun.
2. *Ibid.*, III, 8. Idée reprise et développée par Rousseau dans le second *Discours* (Deuxième partie, *op. cit.*, p. 142).
3. *Esprit des Lois*, III, 7.
4. *Ibid.*, II, 4.
5. *Ibid.*, XI, 6.
6. *Ibid.*, V. 19. Cf. *Pensées*, 19 (1921). Si l'on compare la France à l'Espagne, écrit Montesquieu, « on verra qu'il est infiniment utile d'encourager dans les citoyens le désir de faire fortune, et que rien n'y contribue plus que de leur faire sentir que les richesses leur ouvrent le chemin des honneurs ».

naturellement le héros de Marivaux à ce destin exemplaire. Lorsque
Madame de Vambures que Jacob vient d'épouser propose à son mari
l'achat d'un titre de noblesse, l'honnête bon sens de celui-ci a d'abord
un mouvement de surprise indignée : « Comment, par mon argent, lui
dis-je ? Est-ce que la noblesse s'achète comme un cheval au marché ?
J'ai cru jusqu'à présent que les nobles tenaient leurs rangs d'un partage
ancien dont, à la vérité, je ne pouvais bien découvrir ni la raison ni
l'équité; car le sens commun me dicte que, tous les hommes nés égaux,
aucun n'a pu, sans une usurpation tyrannique, établir cette distinction
d'ordres que nous voyons parmi les hommes » [1]. A cette profession de
foi égalitaire le jugement plus nuancé de Madame de Vambures apporte,
il est vrai, quelques nuances : les services rendus dans la suite des siècles,
réplique-t-elle, justifient dans bien des cas les privilèges de la noblesse, et
l'inégalité est alors conforme à la plus stricte justice. Mais une personne
d'expérience et d'esprit ne peut nourrir l'illusion qu'il en est toujours
ainsi : « Combien parmi, je ne dis pas parmi les simples nobles, mais les
plus grands du royaume, qui ne doivent la grandeur et les titres qu'on
leur a transmis qu'à l'erreur, au caprice, à l'argent, ou à d'autres motifs
encore plus humiliants » ! La satire véhémente de la noblesse contemporaine à laquelle sa femme s'abandonne alors devrait, semble-t-il,
fortifier Jacob dans ses convictions démocratiques et sa répugnance
initiale; en réalité il se laisse aussitôt convaincre : si tant de nobles le
sont devenus de cette façon, après tout, pourquoi pas lui ? [2]

De la simplicité à l'ambition satisfaite, de la lucidité au cynisme,
tel est le chemin que suit désormais M. Jourdain, moins naïf mais aussi
avide de distinctions qu'au temps de Molière. Aussi n'est-ce pas de la
bourgeoisie riche qu'il faut attendre alors les protestations les plus
sincères et les plus raisonnées contre l'inégalité sociale. Bien des compromis sont possibles entre la richesse et la naissance, mais il n'en est pas de
même entre la fortune des nantis et l'indigence de ceux qui n'ont rien.
Dans l'ordre des antagonismes sociaux l'opposition de la pauvreté et
de la richesse est plus difficile à réduire que celle de la noblesse et de la
roture; et si, par la force des choses, elle trouve plus difficilement des
interprètes, elle n'en est pas moins autrement profonde. Aussi le cri
de révolte que lance le curé Meslier contre l'injustice ne porte-t-il pas
seulement contre les nobles, mais contre l'ensemble des riches et contre
tous les parasites sociaux qui vivent aux dépens du petit peuple des

---

1. *Le Paysan parvenu*, édit. Abel Farges, Paris, Classiques Carnier, 1939, Huitième
partie, p. 417, sq.
2. Il achète donc une charge et devient *écuyer* (*ibid.*, p. 419).

campagnes : prébendiers ecclésiastiques de toutes sortes, moines fainéants, gens de justice et de finances, gens de guerre enfin; d'un côté la masse des exploités, « qui supporte tout le fardeau de l'État », de l'autre les exploiteurs et leurs valets, « tant de sortes de gens qui ne servent qu'à fouler, qu'à piller, à ruiner et à accabler les pauvres peuples »[1]. Les vrais diables sont les grands et les riches[2], et non pas ceux que la superstition et la tyrannie ont inventés comme autant de « brides à veaux » à l'usage de leurs victimes[3]. Le véritable péché, source de tous les maux et qui juxtapose sur la terre l'Enfer et le Paradis, c'est la propriété individuelle : de là les crimes et les bassesses de la cupidité, de là cette inégalité extrême qui engendre à son tour haines et discordes[4].

Au soir de sa vie le curé d'Etrépigny ne rompait pas le silence auquel il s'était si longtemps contraint[5] dans la seule pensée de clamer enfin son indignation. S'il dénonçait le scandale de l'iniquité sociale, il en indiquait aussi la cause et par là même lui proposait un remède : revenir à l'âge d'or de la communauté des biens dont nous parlent les Anciens[6], rétablir la communion des premiers chrétiens, c'est-à-dire la mise en commun des biens de la terre et non cette prétendue communion spirituelle qu'imagina plus tard l'imposture des prêtres[7]. Et, dans cette perspective, ne pas s'embarrasser plus longtemps des préceptes intéressés d'une fausse morale qui enseigne à se résigner au mal, et à aimer ses ennemis : car de telles maximes, « si contraires au Droit naturel, si contraires à la droite Raison et si contraires à la Justice et à l'Equité naturelles, [...] tendent manifestement au renversement de la justice, à l'oppression des pauvres et des faibles »[8].

Le sentiment d'avoir pour soi la Raison et la « Nature » explique et justifie l'appel à l'action violente qui est le dernier mot du *Testament*[9]. La sincérité et la force de la critique sociale à laquelle se hausse Jean

---

1. *Op. cit.*, t. II, p. 210. Cf. *ibid.*, p.223-24 : « Vous étonnez vous, pauvres peuples, que vous avez tant de mal et tant de peines dans la vie ? C'est que vous portez seul tout le poids du jour et de la chaleur, comme ces laboureurs dont il est parlé dans une parabole de l'Évangile, c'est que vous êtes chargés, vous et tous vos semblables, de tout le fardeau de l'État ; vous êtes chargés non seulement de tout le fardeau de vos rois et de vos Princes, qui sont vos premiers tyrans, mais vous êtes encore chargés de toute la Noblesse, de tout le Clergé, de toute la Moinerie, de tous les gens de justice, de tous les gens de guerre, de tous les maltotiers, de tous les gardes de sel et de tabac, et enfin de tout ce qu'il y a de gens fainéants et inutiles dans le monde. Car ce n'est que des fruits de vos pénibles travaux que tous ces gens là vivent, eux et tous ceux et celles qui les servent. Vous fournissez par vos travaux non seulement tout ce qui est nécessaire à leur subsistance, mais encore tout ce qui peut servir à leurs divertissements et à leurs plaisirs ». Cf. *Avant-Propos*, t. I, p. 5.
2. *Ibid.*, t. II, Ch. XLIII, p. 180.
3. *Ibid.*, t. I, Ch. III (citation de Montaigne, *Essais* II, 6).
4. *Ibid.*, t. II, Ch. XXXXIX.
5. *Ibid.*, t. I, Ch. II.
6. *Ibid.*, t. II, Ch. LII.
7. *Ibid.*, Ch. LIII.
8. *Ibid.*, Ch. XXXXI, p. 164. Cf. Ch. LIX.
9. *Ibid.*, t. III, *Conclusion*, p. 374 sq.

Meslier tranchent sur la littérature conformiste de l'époque, et l'on comprend qu'elles aient effrayé le grand bourgeois qu'était Voltaire. Mais à cet égard les faiblesses du livre ne sont pas moins évidentes. L'attaque contre les riches s'accompagne de revendications, comme celle de la liberté du commerce [1], que n'auraient pas désavouées un aristocrate libéral ou un négociant éclairé; et en dernière analyse c'est « la tyrannie des rois de France » qui est rendue responsable de tous les maux précédemment dénoncés : à son tour Meslier se fait l'apôtre de ce libéralisme politique dont nous avons vu qu'il pouvait satisfaire aussi bien les privilégiés que la bourgeoisie de son temps. Le voici qui déplore l'asservissement du clergé et de la noblesse ou l'abaissement des Parlements [2], et souhaite voir étendre et consolider, en matière d'imposition, les prérogatives des « pays d'États » [3]. On comprend que ce défenseur du prolétariat rural et des petits laboureurs, qui avait vu de près en ce qui les concernait « l'envers du Grand Siècle », ait été surtout sensible aux abus les plus manifestes : le poids des impôts, les tracasseries administratives. Son impuissance à définir un programme positif aussi original que son virulent réquisitoire n'en est pas moins certaine, et l'on voit sans étonnement combien la classe sociale dont il se fait le véhément porte-parole restait encore incapable de formuler une idéologie qui lui fût propre : obligée au contraire de nourrir ses propres colères de thèmes empruntés à ceux-là mêmes dont elle était la proie assurée. La partie la plus riche et la plus cohérente du *Testament* est sans conteste le long catalogue des absurdités du dogme chrétien, destiné à saper, avec l'autorité de l'Église, l'absolutisme de droit divin [4]. Mais en contraste avec ce rationalisme militant et ce libéralisme politique qui portent en eux l'avenir, le programme social de Meslier apparaît bien étroitement anachronique : à côté de l'exemple hollandais qu'il propose, en conclusion, à ses compatriotes [5] — cette Hollande commerçante si active et prospère — de quel poids dérisoire pèse, aux yeux de l'histoire, le communisme qu'il préconise ! Un communisme de paroisse [6], fermé sur lui-même, et qui ignore le dynamisme économique du monde moderne. Sans doute cet idéal n'a-t-il pas seulement une origine livresque et légendaire : il reflète un aspect trop méconnu des réalités du XVIIIᵉ siècle, l'existence d'une mentalité communautaire encore vivante dans les campagnes, et la résistance obstinée des paysans pauvres aux empiètements des seigneurs et des propriétaires bourgeois sur les friches et les

---

1. *Ibid.*, t. II, Ch. LIV.
2. *Ibid.* et ch. suivants, notamment LVII.
3. *Ibid.*, Ch. LVIII.
4. *Ibid.* Ch. LIX. (Cf. ci-dessus, Ch. II, 3 et Cf. VII, 3).
5. *Ibid.*, t. III, p. 382, sq.
6. *Ibid.*, t. II, Ch. LIII et t. III, ch. LXXXXVIII.

bois communaux[1]. Mais l'incohérence du programme de Meslier apparaît ici dans une lumière crue; jusque vers 1750 le pouvoir central et les Intendants freinent le plus possible morcellement des communaux et prétentions seigneuriales que les Parlements soutiennent au contraire le plus souvent[2]. Les revendications politiques de Meslier, hostile au « despotisme », contredisent donc de toute évidence ses revendications sociales. Encore celles-ci ne sont-elles pas aussi extrêmes qu'on pourrait croire : avec une sagesse désabusée, digne d'un Crousaz ou d'un Buffier, notre auteur reconnaît que la parfaite égalité établie entre les hommes par la Nature est impossible à sauvegarder dans la vie sociale; tout au plus peut-on espérer, écrit-il, y limiter les excès de l'inégalité :

> « Tous les hommes sont égaux par la nature, ils ont tous également droit de vivre et de marcher sur la terre, également d'y jouir de leur liberté naturelle et d'avoir part aux biens de la terre, en travaillant utilement les uns et les autres, pour avoir les choses nécessaires et utiles à la vie; mais comme ils vivent en société, et qu'une société, ou communauté d'hommes, ne peut être bien réglée, ni même, étant bien réglée, se maintenir en bon ordre, sans qu'il y ait quelque dépendance et quelque subordination entre eux, il est absolument nécessaire, pour le bien de la Société humaine, qu'il y ait entre les hommes une dépendance et une subordination des uns aux autres. Mais il faut aussi que cette dépendance et cette subordination des uns et des autres soit juste et bien proportionnés, c'est-à-dire qu'il ne faut pas qu'elle aille jusqu'à trop élever les uns et trop abaisser les autres [...], d'autant qu'une telle dépendance et subordination serait manifestement injuste et odieuse et contre le droit de la nature même »[3].

Cette violation du droit naturel que Meslier dénonce avec passion, d'autres, autour de lui, la ressentent plus confusément. Il n'est pas nécessaire de remonter jusqu'au *Panégyrique de Saint François d'Assise* pour trouver l'évocation d'un temps heureux où n'était pas encore apparue la funeste distinction du *tien* et du *mien* :

> « La nature, ou plutôt, pour parler plus chrétiennement, Dieu, le père commun des hommes, écrivait alors Bossuet, a donné dès le commencement un droit égal à tous ses enfants sur toutes les choses dont ils ont besoin pour la conservation de leur vie. Aucun de nous ne peut se vanter d'être plus avantagé que les autres dans la nature, mais l'instable désir d'amasser n'a pas permis

---

1. Voir sur cette question les belles analyses de Marc BLOCH (*Les caractères originaux de l'histoire rurale française*, Nouvelle édition, Paris, notamment Ch. V) et de Roger DION (*Essai sur la formation du paysage rural français*, Tours, 1934).
2. Cf. *ibid.*, Ch. V et VI.
3. *Op. cit.*, t. II, Ch. XLIII, pp.170-171. Rappelons avec Marc Bloch (*op. cit.*, Ch. II et V) que la communauté rurale classique n'est pas une société sans classes : on y distingue au contraire les « laboureurs » qui possèdent des chevaux ou des bœufs d'attelage, et les «brassiers ».

que cette belle fraternité pût durer longtemps dans le monde. Il a fallu venir au partage et à la propriété, qui a produit toutes les querelles et tous les procès : de là est né ce mot de tien et de mien, cette parole si froide »[1].

A l'époque de Meslier le thème du communisme primitif est à l'arrière-plan de toutes les théories sociales. C'est un lieu commun de l'école du Droit naturel que la communauté des biens a précédé l'établissement de la propriété individuelle : Dieu a donné aux hommes en général le droit de disposer des autres créatures pour leur propre conservation[2] ; mais il ne s'agit guère là, comme le remarque Pufendorf, que d'une communauté négative et presque abstraite, antérieure à toute véritable activité productrice. Si la propriété individuelle est apparue seule conforme à l'intérêt social, c'est qu'elle était indispensable au progrès économique et à la multiplication des biens de la terre[3]. Aussi tous les auteurs qui cherchent à évoquer de manière un peu plus concrète le communisme originel le projettent-ils dans un lointain âge d'or à jamais disparu ou dans un cadre exotique, en marge de la civilisation moderne : c'est l'heureuse Bétique de Fénelon[4], ce sont les sauvages de La Hontan[5] ou, peut-être, les innocents Troglodytes[6]. Presque toutes ces évocations empruntent leur charme nostalgique au souvenir mythique d'un paradis perdu dont on sait bien qu'il relève plus sûrement du rêve que de l'histoire[7] : dans ces rêveries édéniques, d'une séduction un peu fade, on devine le besoin d'apaiser une sorte de mauvaise conscience collective. Mais si l'imagination s'évade volontiers vers le mirage d'une société égalitaire, la raison et le « bon sens » ne tardent pas à revenir à des vues plus réalistes, moins périlleuses aussi pour l'ordre social existant.

---

1. Texte cité par J. Lecercle dans son édition du *Discours sur l'inégalité*, (*op. cit.* p. 108, note 1).

2. PUFENDORF, *Le droit de la nature et des gens... op. cit.*, Livre IV, 4. Hobbes admet de même le droit primitif de tous sur tout. Cf. DES BANS, *Les principes naturels du droit et de la politique*, Paris, 1715, Première partie, Ch. X. C'est à cette doctrine classique que se réfère Quesnay lorsqu'il écrit : « Tous les hommes ont donc chacun en particulier naturellement droit à tout indistinctement » (*Principes physiques...*, *op. cit.*, t. III, p. 364). Cf. MONTESQUIEU, *Esprit des Lois*, XXVI, 15.

3. PUFENDORF, *loc. cit.*

4. *Op. cit.*, Livre VII.

5. « Les sauvages ne connaissent ni tien, ni mien, car on peut dire que ce qui est à l'un est à l'autre ». *Mémoires...*, édit. Chinard, *op. cit.*, p. 95. Voir aussi la *Préface* des *Dialogues*.

6. A certains détails on constate que les Troglodytes connaissent la propriété individuelle. Voir cependant ces lignes, à vrai dire peu explicites : « Le peuple troglodyte se regardait comme une seule famille : les troupeaux étaient *presque* toujours confondus ; la seule peine qu'on s'épargnait *ordinairement*, c'était de les partager ». (*Lettres persanes*, 12).

7. Boulainvilliers considère cependant que l'âge d'or était moins idyllique qu'on ne dit. (*Abrégé de l'histoire universelle*, Ms. Mazarine, p. 257 ; cf. R. SIMON, *op. cit.*, p. 265). C'est aussi, bien entendu, l'avis du *Mondain* de Voltaire :
   « Regrettera qui veut l'âge d'or... »
Les économistes sont d'esprit encore plus positif : si Boisguillebert s'attarde à déplorer la perte de l'égalité primitive (*Dissertation sur la nature des richesse*, *op. cit.*, Ch. III, p. 399), Cantillon se borne à constater que la chose était inévitable (*Essai sur la nature du commerce en général*, Londres, 1755, Première partie, p. 3).

Au premier abord l'inégalité des richesses heurte le sentiment naturel de l'équité. Mais pour peu qu'on réfléchisse on doit bien reconnaître que ce mal apparent est certainement la condition d'un plus grand bien. On convient que la vie en société est nécessaire au bonheur des hommes ; la logique impose donc d'admettre tout ce qui favorise la cohésion sociale. Telle est la fonction providentielle de l'inégalité qui, loin de contredire la nature des choses, respecte au contraire la volonté divine d'unir les créatures par le sentiment même de leurs besoins : de l'inégalité naît l'échange de services, ciment de l'harmonie collective. Ainsi raisonne le chancelier d'Aguesseau, bien éloigné d'imaginer la notion de lutte des classes : « Je ne saurais concevoir qu'un Dieu souverainement juste ait laissé s'introduire une telle différence entre des Êtres parfaitement égaux, s'il n'avait voulu les lier plus étroitement par cette inégalité même, en donnant lieu aux grands et aux riches d'exercer abondamment une bienveillance dont ils seraient avantageusement récompensés par les services qu'ils recevraient des pauvres »[1]. A son tour le P. Buffier se félicite de cette bienfaisante solidarité qu'engendre la différence des conditions[2]. Cet argument des moralistes chrétiens reçoit parfois un contenu économique plus précis ; l'inégalité n'est plus alors qu'un aspect de la division du travail, que le progrès technique devait rendre inévitable : « Dès que les arts deviennent nécessaires, écrit par exemple Crousaz, [...] il faut que les hommes s'unissent, il faut que les uns tirent des mains d'autrui ce qu'ils ne peuvent pas se procurer eux-mêmes »[3]. C'est déjà l'idée que développera Rousseau, mais dans une perspective tout autre, lorsqu'il dénoncera dans l'invention de la métallurgie et de l'agriculture la source immédiate de l'inégalité[4].

Lorsqu'on proclame que la richesse des nantis est indispensable au bonheur de tous, y compris des plus humbles, on n'est pas en peine de justifier la propriété individuelle qui n'est que le support économique et juridique des différences sociales. Les fondateurs de l'école du Droit naturel avaient échafaudé une doctrine devenue classique : comme la société civile elle-même, la propriété privée a pour origine, disaient-ils,

---

1. *Essai d'institution au droit public*, *op. cit.*, p. 474. Des vues métaphysiques analogues soutiennent le raisonnement de Quesnay (*op. cit.*, p. 370). qui s'élève même jusqu'à invoquer le « système général » de l'univers.
2. *Traité de la société civile*, *op. cit.*, Livre IV, Ch. I. L'abbé Pluche est peut-être plus sensible aux excès de l'inégalité, mais il y voit les suites du péché, et surtout une manifestation de la Providence qui tire de ce mal un bien : la nécessité de l'entr'aide (*op. cit.*, t. VI, 1746, *Entretien* VI).
3. *Traité sur l'obligation... de s'unir en corps de société*, *op. cit.*, *Premier Discours*, p. 7.
4. *Discours sur l'Inégalité*, *op. cit.*, Deuxième partie, pp. 117-118.

une convention qui a mis fin, d'un commun accord au communisme primitif. C'est la thèse que Montesquieu résume dans L'Esprit des Lois :

« Comme les hommes ont renoncé à leur indépendance naturelle pour vivre sous des lois politiques, ils ont renoncé à la communauté naturelle des biens pour vivre sous des lois civiles.
Ces premières lois leur acquièrent la liberté, les secondes la propriété » [1].

A bien des lecteurs de L'Esprit des Lois ces lignes pouvaient apparaître assez timides et très étroitement traditionnelles. Une autre théorie du droit de propriété, beaucoup plus radicale, s'était en effet répandue depuis un demi-siècle. Attribuer à la propriété une origine contractuelle, c'était la faire relever directement du seul droit « positif » et non du droit naturel; dans une perspective plus résolument libérale, cette sorte de restriction devait sembler superflue, ou même dangereuse. Aussi disparaît-elle chez Locke qui place l'analyse du droit de propriété au centre de son système, en lui conférant un caractère absolu; car selon lui la même loi de la Nature qui met indistinctement à la disposition de tous les hommes les biens de la terre place hors de la communauté ce que chacun s'attribue par son industrie. Ainsi en est-il déjà des fruits que la terre produit d'elle-même avec abondance : avant d'être cueillis, précise Locke, ils appartiennent en puissance à tout le monde, mais une fois la cueillette faite ils deviennent la possession légitime de ceux qui ont pris la peine de les amasser. A plus forte raison ce droit d'appropriation individuelle est-il valable pour les produits de l'agriculture et des différents arts. Car le véritable fondement de la propriété, ce n'est pas un contrat, toujours contestable ou révocable, mais le droit naturel acquis par le travail [2]. « Autant d'arpens de terre qu'un homme peut labourer, semer, cultiver, et dont il peut consommer les fruits pour son entretien, autant lui en appartient-il en propre. Par ce travail il rend ce bien son bien particulier, et le distingue de ce qui est commun à tous » [3].

Pour Locke le droit de propriété est donc naturel et indépendant de toute convention. Encore le dernier passage cité conserve-t-il un accent très restrictif; il assigne aux possessions de chacun des limites étroites, puisqu'il implique qu'on ne peut posséder sans injustice, aux dépens d'autrui, plus que ses propres besoins. L'idéal de Locke semble ici très proche de celui que définira plus tard Rousseau : une société de petits propriétaires ruraux vivant en économie fermée, dans une frugalité évangélique. C'est bien là une des tendances de l'auteur qui donne volontiers à ses idées les plus neuves, non sans en déformer le sens, le

---

1. *Esprit des Lois*, XXVI, 15, *loc. cit.*, Cf. PUFENDORF, *Le Droit de la Nature et des Gens*, *op. cit.*, Livre IV, 4 ; BURLAMAQUI, *Principes du Droit politique*, *op. cit.*, Troisième partie, Ch. V. etc.
2. *Du gouvernement civil*, *op. cit.*, Ch. IV, *De la propriété des choses*.
3. *Ibid.*, p. 37.

ton d'une prédication religieuse [1]. Mais on aurait tort de rechercher dans cette direction la part la plus vivante de sa pensée. Avec une pointe de pharisaïsme Locke se plaît à mêler les maximes de la piété aux principes de l'économie moderne. Mais c'est bien celle-ci qu'il veut justifier. Si les limites naturelles de la propriété sont les *besoins* du propriétaire, dit-il, on ne doit pas entendre par là les seuls besoins élémentaires et immédiats : pour que la justice et la volonté de Dieu soient respectées, il suffit que les biens de la terre ne soient jamais gaspillés [2]. Pour rester dans l'ordre, il n'est donc que d'échanger contre d'autres produits son propre superflu, ou du moins de s'en réserver pour plus tard la possibilité : c'est ici qu'intervient l'argent, instrument de l'échange et qui permet de différer celui-ci. C'est lui qui étend le droit de propriété à des biens non périssables [3], et justifie par là l'existence de « possessions inégales et disproportionnées » [4]. Mais c'est l'argent encore qui donne à la notion de travail producteur un sens beaucoup plus large qu'il ne paraissait d'abord : à côté de la propriété foncière ou artisanale, la propriété mobilière trouve sa place providentielle. S'il représente une jouissance différée, l'argent est d'abord un travail accumulé, et sa possession n'est pas moins légitime que celle des biens que le laboureur ou l'artisan tirent directement de l'effort de leurs mains.

Plus que par les conseils de pieuse modération qu'il lui arrive de donner, l'influence des idées de Locke sur la propriété s'explique par son habileté à joindre deux termes apparemment inconciliables, l'égalité naturelle et l'inégalité sociale. Ainsi étaient pour longtemps justifiés à la fois les prétentions politiques de la bourgeoisie et ses privilèges économiques. Dès les premières années du siècle, dans sa traduction du grand ouvrage de Pufendorf, J. Barbeyrac oppose la doctrine de Locke à la théorie contractuelle de la propriété [5]. Mais il faut attendre l'*Encyclopédie,* et l'article *Économie politique* de Rousseau, pour que la pensée du philosophe anglais soit vraiment vulgarisée. Avec des accents très personnels et des thèmes qui seront repris et précisés plus tard dans le *Contrat social* [6], l'auteur s'y montre en effet sur deux points essentiels

---

1. « Car la même loi de la Nature qui donne à ceux qui cueillent et amassent des fruits communs un droit particulier sur ces fruits-là, renferme en même temps ce droit dans certaines bornes. *Dieu nous a donné toutes choses abondamment.* C'est la voix de la Raison confirmée par celle de l'Inspiration. Mais à quelle fin ces choses nous ont-elles été données de la sorte par le Seigneur ? *Afin que nous en jouissions.* La propriété des biens acquis par le travail doit donc être réglée selon le bon usage qu'on en fait pour l'avantage et le plaisir de la vie. Si l'on passe les bornes de la modération, et que l'on prenne plus de choses qu'on n'en a besoin, on prend sans doute ce qui appartient aux autres... » (*ibid.,* pp. 35-36).
2. « L'excès d'une propriété ne consistant point dans l'étendue d'une possession, mais dans la pourriture et dans l'inutilité des fruits qui en proviennent ». (*Ibid.,* p. 58).
3. *Ibid.*
4. *Ibid.,* p. 61.
5. *Op. cit.* Livre IV, 4 (Note du traducteur).
6. Par exemple la notion de « volonté générale ». Sans en indiquer les moyens, Rousseau invite d'autre part le législateur à prévenir « l'extrême inégalité des fortunes », au

le fidèle disciple de Locke : non seulement, comme nous l'avons vu, il dénonce à son tour la confusion entre l'autorité politique et l'autorité paternelle, mais il s'emploie à réfuter un autre sophisme qui voudrait que les particuliers dussent sacrifier leurs biens à l'intérêt général. Car l'amour de la patrie, que l'éducation doit développer, perdrait toute efficacité si les bases mêmes du pacte social se trouvaient détruites. Or, si la société civile a été instituée pour préserver la sûreté de chacun, il faut entendre par là, selon Rousseau, l'intégrité des biens autant que la sécurité des personnes; renchérissant encore sur son inspirateur, Rousseau en vient à écrire que « le droit de propriété est le plus sacré de tous les droits », encore plus précieux que la liberté [1]... Mais pour l'essentiel il exprime exactement la pensée de Locke : les hommes n'ont renoncé à leur indépendance naturelle que pour préserver leur vie et leurs biens; le pouvoir politique ne peut, sans arbitraire, disposer de ceux-ci; loin de dépendre du bon vouloir de l'État l'exercice du droit de propriété est « le vrai fondement de la société civile » [2].

« Liberté, propriété, sûreté ». Cette devise du baron d'Holbach [3], qui va inspirer la pensée politique et sociale de la seconde moitié du siècle [4], vient directement de Rousseau et de Locke. Mais vers 1750 l'idéal qu'elle résume est déjà largement répandu, même chez les tenants de vues plus traditionnelles que celles de la philosophie anglaise et des Encyclopédistes. Plus proche de Pufendorf que de Locke, Burlamaqui complète son libéralisme politique d'une défense de la propriété privée, qui limite à des cas exceptionnels les droits du Prince sur les biens de ses sujets [5]. Quant à Montesquieu, après avoir rappelé, comme on l'a vu, la théorie contractuelle de la propriété, il évoque, d'après Cicéron, un

---

lieu de chercher à y remédier après coup : « Le plus grand mal est déjà fait quand on a des pauvres à défendre et des riches à contenir. C'est sur la médiocrité seule que s'exerce toute la force des lois... »

1. *Loc. cit.* « Il est certain que le droit de propriété est le plus sacré de tous les droits des citoyens, et plus important à certains égards que la liberté même, soit parce qu'il tient le plus à la conservation de la vie, soit parce que les biens étant plus faciles à usurper et plus pénibles à défendre que la personne, on doit plus respecter ce qui se peut ravir plus aisément ; soit enfin parce que la propriété est le vrai fondement de la société civile, et le vrai garant des engagements des citoyens : car si les biens ne répondaient pas des personnes, rien ne serait si facile que d'éluder ses devoirs et de se moquer des lois ».

2. Cf. LOCKE, *op. cit.*, Ch. IV, VIII et X.

3. *Système de la Nature, op. cit.*, Ch. IX.

4. Sans craindre de heurter les idées toutes faites de leurs contemporains, les Physiocrates auront la logique d'ajouter à ces trois principes de l'ordre social une quatrième notion : l'*inégalité*. Car « la loi de propriété, écrira Mercier de la Rivière, se trouve nécessairement exclusive de l'égalité ». (*L'ordre naturel et essentiel des sociétés politiques*, Ch. XVI ; Cf. WEULERSSE ; *Le mouvement physiocratique en France*, 1910, Livre III, Ch. I, 4).

5. « Concluons donc qu'à parler en général il faut tenir pour constant que le droit du Prince sur les biens des sujets n'est point un doit de propriété, que ce droit est fondé sur la nature même et la fin de la Souveraineté, qui lui donne le pouvoir d'en disposer en différentes manières, pour le bien même des particuliers et de l'État, sans ôter pour cela aux sujets leur droit de propriété, excepté dans les cas où cela est absolument nécessaire à l'utilité publique ». (*Principes du Droit politique, op. cit.*, Troisième partie, Ch. V, p. 282).

principe tout différent qui est en réalité celui de Locke : « Cicéron soutenait que les lois agraires étaient funestes parce que la cité n'était établie
que pour que chacun conservât ses biens » [1]. Comment concilier ces deux
affirmations ? En bonne logique il est difficile de soutenir à la fois que
la propriété est le fondement de la cité, et la cité celui de la propriété...
L'auteur de L'Esprit des Lois ignore superbement la difficulté, peut-être
parce que le problème qu'il évoque ici très brièvement n'est pas au centre
de son système, plus sûrement encore parce que les deux hypothèses
lui semblent entraîner la même conclusion pratique. Pour lui aucune
raison d'État ne peut autoriser la saisie de biens privés ; même si la propriété n'est pas un droit naturel, elle devient intangible dès lors qu'elle
est instituée : « C'est un paralogisme de dire que le bien particulier doit
céder au bien public ; cela n'a lieu que dans les cas où il s'agit de l'empire
de la cité, c'est-à-dire de la liberté du citoyen ; cela n'a pas lieu dans ceux
où il est question de la propriété des biens parce que le bien public est
toujours que chacun conserve invariablement la propriété que lui donnent
les lois civiles » [2]. Entendons que s'il est des circonstances « où il faut
mettre, pour un moment, un voile sur la liberté, comme l'on cache les
statues des dieux » [3], la sauvegarde de la propriété ne souffre aucune
exception. Ici encore, et jusque dans ses incertitudes, la pensée de Montesquieu est visiblement imprégnée de ce que l'esprit bourgeois de son
temps pouvait avoir de plus ferme et de plus hardi [4].

*
* *

Si la propriété est légitime, conforme à l'ordre de la nature comme
à l'intérêt social, la richesse s'identifie au mérite ; peu s'en faut en revanche
que la pauvreté ne soit un vice. Parmi les défenseurs de l'ordre établi
certains reculent devant une affirmation aussi brutale. Pour apaiser
les scrupules de leur conscience au spectacle ou à l'idée de la misère,

---

1. Esprit des Lois, XXV, 15. A rapprocher de cette réflexion sur la légitimité des
lois agraires à Rome : « Les particuliers ne pouvaient pas même s'en plaindre : car,
quoique les sociétés n'aient été principalement établies que pour que chacun conserve
son bien, cependant personne ne pouvait appeler son bien ce qu'il avait acquis en faisant
une fraude à la loi ». Pensées, 1549 (1526).
2. Esprit des Lois, loc. cit., Suit l'énoncé du principe de l'expropriation pour cause
d'intérêt public, qui ouvre nécessairement droit à une indemnité.
3. Ibid., XII, 19, loc. cit. En règle générale, liberté et propriété vont cependant de
pair : la meilleure preuve en est que pour Montesquieu le dernier degré du despotisme
est atteint lorsque le prince « se déclare propriétaire de tous les fonds de terre, et l'héritier de tous ses sujets ». (Ibid., V, 14). Cf. Pensées 1839 (345) « Propriété des terres, mère
de tout... »
4. Si elle s'inspire du droit romain, l'idée de propriété est en France toute moderne.
« Cette notion, écrit G. Roupnel, le Moyen-Age l'a ignorée. Avant que le droit romain ne
fût venu donner irruption à ses abstractions, nul ne se préoccupait d'asseoir sur la terre
un droit complet d'appropriation ». (Histoire de la campagne française, Paris, Grasset,
1932, p. 369). Le système féodal est fait de droits superposés, droit d'usage pour les tenan-
ciers, droit à des redevances et privilège divers pour le seigneur, « si bien que personne ne
peut être tenu, au sens absolu du mot, pour l'unique propriétaire du sol ».

ceux-là s'en tiennent à des thèmes aussi rassurants que traditionnels. Le bonheur est indépendant de la condition sociale, et chacun peut être heureux dans la sienne pourvu qu'il y fasse son devoir, explique pesamment Crousaz [1]. Plus matérialiste, Montesquieu pense que le bonheur est d'abord affaire de tempérament, et la gaîté des galériens le confirme dans ce relativisme [2]. Le P. Buffier croit pouvoir avancer que les chances de bonheur diminuent à mesure qu'on s'élève dans la hiérarchie sociale : les gens de basse condition sont souvent les plus heureux [3]. Et d'Aguesseau explique pourquoi : tandis que les riches sont prisonniers de besoins imaginaires, « le pauvre au contraire mesure ses désirs sur les vrais besoins de la Nature », et jouit donc seul de la véritable indépendance [4]. Mais que dire des hommes pour qui ces « vrais besoins » eux-mêmes sont impossibles à satisfaire ? les *vrais* pauvres ? Les vagabonds sans feu ni lieu qui vont errant sur les routes et les chemins ? En marge de la société, ils n'ont guère de place dans la littérature. Pris d'un scrupule, le marquis de Lassay évoque un instant leur existence; sans doute la richesse est-elle un bien très secondaire, qui doit passer après la santé, l'estime des hommes et surtout la liberté, mais, écrit-il, une précision s'impose :

« Je n'entends pas par le manque de bien cette extrême pauvreté qui réduit à la mendicité, car elle ne saurait jamais arriver à de certaines gens et pour ceux qui sont nés dans cette pauvreté, ils n'y sont pas plus sensible que nous le sommes aux biens que la naissance nous a donnés. Un homme ne se sent point heureux de ce qu'il est né dans une condition riche, et il ne se sent point aussi malheureux de ce qu'il est né dans une pauvre... » [5].

Derrière la conclusion conformiste où ce grand seigneur a tôt fait de se réfugier on devine cependant une certaine gêne, ou plutôt de l'étonnement, la surprise d'un esprit honnête qui découvre brusquement la réalité d'un problème auquel il n'était nullement préparé. Car les lieux communs de la sagesse antique, ou d'une morale chrétienne platement laïcisée, ne conduisent guère au-delà d'un éloge de la médiocrité, et d'un idéal de juste milieu : morale d'honnêtes gens, et non de misérables affamés, qui ne descend pas plus bas que l'innocence champêtre et le bonheur du berger. Lorsqu'il ne s'agit plus d'églogue mais d'une réalité aussi choquante pour le bon goût que pour les bons sentiments, le paradoxe est difficile à soutenir. Faute de croire au bonheur des gueux on peut, comme Lassay, se persuader qu'ils ne sentent pas leur malheur. Mais cette conviction négative est un faible remède au trouble de la conscience. Mieux vaut donc franchir délibérément le pas et reconnaître

---

1. *Op. cit., Troisième discours*, pp. 131-133.
2. Cf. *Pensées*, 30 (549).
3. *Traité de la société civile, op. cit*, Livre IV, Ch. I, p. 2.
4. *Essai d'une Institution au droit public*, Première partie, *op. cit.*, p. 475.
5. *Recueil de différentes choses, op. cit.*, p. 68.

en réaliste le malheur des pauvres : il suffira de démontrer qu'ils sont coupables. A cette fin l'économie politique vient prendre opportunément le relais de la morale traditionnelle. Dès lors le pauvre ne fournit plus matière à de faciles attendrissements; à plus forte raison perd-il son prestige surnaturel; il n'est plus la créature privilégiée qui venait rappeler aux riches la simplicité évangélique et les préceptes de la charité : C'est parfois une victime de la mauvaise fortune, plus souvent un parasite social dont l'oisiveté constitue « un crime d'État »[1].

Combien de pauvres ne sont tels que par leur paresse ! Persuadé que les talents naturels sont très inégalement répartis entre les hommes, Quesnay ne pense pas que cette inégalité suffise à expliquer le contraste de la richesse et de la misère; celui-ci tient surtout à l'usage que nous savons faire de nos aptitudes[2]. Il est dans la nature des choses que l'esprit d'entreprise trouve ici-bas sa récompense, et que la misère sanctionne au contraire l'indolence et la dissipation. Aussi l'État n'a-t-il pas lieu de se substituer à la Providence pour prêter aux pauvres une assistance qui remettrait en cause les bases de l'ordre social : gardienne de la propriété privée, l'autorité politique n'a pas pour rôle d'encourager par des mesures arbitraires la fainéantise et la mauvaise conduite[3]. Cette idée que le père de la Physiocratie formule dès avant 1750, avec une netteté brutale, deviendra un article de foi du libéralisme économique[4]. La majorité des contemporains de Quesnay continue cependant à croire au rôle social de l'État.

« Quelques aumônes que l'on fait à un homme nu dans les rues, écrit Montesquieu, ne remplissent point les obligations de l'État, qui doit à tous les citoyens une subsistance assurée, la nourriture, un vêtement convenable et un genre de vie qui ne soit point contraire à la santé »[5].

Les vieillards, les malades, les orphelins, et enfin les chômeurs ont droit à la sollicitude publique; mais celle-ci ne s'exercera pas gratuitement, sinon dans des cas exceptionnels : donner à ceux que l'âge ou la maladie réduisent à l'inactivité « les travaux dont ils sont capables »,

---

1. MELON, *Essai politique sur le commerce, op. cit.*, Ch. VIII.

2. *Essai physique sur l'économie animale, op. cit.*, t. III, p. 370 sq.

3. *Ibid.* : L'autorité réprime les entreprises de ceux qui veulent envahir nos biens, ou attenter à notre liberté ; mais elle ne peut sans troubler l'ordre de la société, et sans favoriser le dérèglement des hommes qui tombent dans l'indigence par leur mauvaise conduite, remédier aux dérangements qui arrivent continuellement dans la distribution des richesses ». A rapprocher des articles *Fondation* et *Hôpital* de l'*Encyclopédie*.

4. Sur la politique « Sociale » des Physiocrates, voir WEULERSSE, *op. cit.*, Livre II, Ch. II, 4 et Ch. IV ; et Livre V, Ch. V.

5. *Esprit des Lois*, XXIII, 29. Ne nous hâtons pas de parler du « socialisme » de Montesquieu. L'idée que le pouvoir a une fonction sociale est traditionnelle dans la théorie monarchique. Elle se combine du reste chez Montesquieu à la tendance contraire — plus « moderne » pour son temps —, réduire le plus possible le rôle de l'État.

répandre chez les plus jeunes l'enseignement professionnel [1], telle sera
son action la plus constante. Montesquieu est vivement opposé à la
création d'hospices permanents qui encouragent l'oisiveté. L'expérience
lui enseigne que c'est une solution de facilité, le remède des nations
pauvres qui augmentent par là leur pauvreté : à la limite de l'absurde,
on a l'exemple de Rome où « les hôpitaux font que tout le monde est à
l'aise, excepté ceux qui travaillent... » Que l'État favorise au contraire
« l'esprit de commerce et d'industrie », en réduisant par exemple le nombre des fêtes chômées [2] et, dans la prospérité générale, des secours
réguliers deviendront inutiles [3]. Car le bonheur collectif d'une nation
se mesure à sa capacité productive : il n'est pas de tableau plus affligeant
que celui des pays désolés par le despotisme, quand d'immenses domaines
en friche laissent dans l'inactivité une population que décourage la
misère [4].

Il en est des individus comme des peuples : « Un homme n'est pas
pauvre parce qu'il n'a rien, mais parce qu'il ne travaille pas » [5]. Tel est
le vrai remède à une excessive inégalité des richesses. Cette conviction
que Montesquieu partage avec l'abbé de Saint-Pierre doit dicter à l'État
sa politique [6], aux riches leurs devoirs. Autrefois les riches connaissaient,
s'ils ne les appliquaient pas toujours, les préceptes de la charité. Aux
yeux de quelques théoriciens, comme d'Aguesseau ou Quesnay, ceux-ci
conservent toute leur valeur [7]. D'autres au contraire se demandent si
la charité privée n'est pas en fin de compte aussi dommageable que la
charité publique; plus funeste même puisqu'à la prime ainsi donnée à
la paresse s'ajoute l'injustice d'une répartition fortuite et désordonnée [8].

---

1. *Ibid.* « Il (l'*État*) enseigne les autres à travailler, ce qui fait déjà un travail ».
2. *Ibid.*, XXIV, 23. « Quand une religion ordonne la cessation du travail, elle doit
avoir égard aux besoins des hommes, plus qu'à la grandeur de l'être qu'elle honore ».
Ce sera aussi une revendication de l'école physiocratique. L'abbé de Saint-Pierre avait
déjà réclamé pour les pauvres « la liberté de travailler les dimanches après-midi ». (*Ouvrages de politique*, t. VII, Observation XIV).
3. *Esprit des Lois*, XXIII, 29.
4. *Ibid.*, XXIII, 28.
5. *Ibid.*, XXIII, 29. *Des hôpitaux.*
6. « Le but du bon gouvernement c'est de procurer aux sujets deux choses difficiles
à concilier :
    La première est l'augmentation du travail, car c'est le travail qui produit l'abondance
et le superflu dans les États... » (Abbé de SAINT-PIERRE, *op. cit.*, t. VII, observation V,
p. 33). Même réflexion chez Cantillon : « La voie naturelle et constante d'augmenter les
habitants d'un État, c'est de leur y donner de l'emploi, et de faire servir les terres à produire de quoi les entretenir » (*Essai sur la nature du commerce en général*, Ch. XV, p. 113.
Cf. le titre du chapitre suivant, « Plus il y a de travail dans un État, plus l'État est censé
riche naturellement ».
7. Pour d'Aguesseau, voir ci-dessus, p. 525. Quesnay écrit de son côté : « Ceux qui
sont dans l'impuissance de travailler trouvent du secours dans l'assistance des hommes
bienfaisants et attentifs à observer les règles de l'équité et les préceptes de la Religion ».
(*Essai physique*, t. III, p. 370, *loc. cit.*). L'adjectif « bienfaisant » a ici un sens trop vague
et indéterminé pour qu'on puisse penser à une influence précise des idées de l'abbé de
Saint-Pierre. La même remarque vaut pour Toussaint (*Les Mœurs op. cit.*, Deuxième partie, p. 332).
8. CASTEL DE SAINT-PIERRE, *op. cit.*, t. IV, pp. 39-40.

Que l'homme charitable cède donc la place à l'homme *bienfaisant*. Comme la charité, la bienfaisance va au delà de la stricte justice; elle développe des vertus chrétiennes qui sont aussi des vertus sociales, « la patience, l'indulgence, le pardon des offenses » [1], mais, qualité plus active que celles-ci, elle est aussi plus éclairée que la charité. Le riche bienfaisant ne se borne pas à distribuer des aumônes selon les élans de son cœur; mais il n'est pas non plus ce « mondain » égoïste et jouisseur qui se découvre une raison d'être dans le labeur d'autrui [2]. S'il suit les conseils de l'abbé de Saint-Pierre, le riche dédaignera ce sophisme intéressé : il saura utiliser sa fortune au mieux de l'intérêt social, et consacrer son superflu — par exemple le dixième de son revenu [3] — non à des dépenses de pur luxe, mais à des investissements productifs : « Faire travailler une grande quantité d'ouvriers pour la plus grande utilité publique, voilà où doit se placer la magnificence pour mériter des louanges » [4].

Puisque la pauvreté punit la fainéantise, le riche peut désormais avoir bonne conscience. Il n'est plus le consommateur oisif qui étale un luxe vaniteux, insolent pour la misère des uns comme pour le dur labeur des autres. Devenu producteur, il contribue à multiplier les biens dont il est, très équitablement, le premier à jouir [5]. Le pauvre, s'il veut vivre, lui doit son salaire et devient son obligé : bienheureux pauvre qui n'a même pas à se soucier de son bonheur, puisque si par hasard la paresse le tente, la justice et la nature commanderont au riche de l'en détourner... [6] Une fois le pauvre au travail, de gré ou de force, le riche à son tour peut être heureux, devant les hommes et devant Dieu :

« Plus je considère les grands et les bons effets de la bienfaisance, écrit encore l'abbé de Saint-Pierre, plus je trouve que la pratique de cette vertu

*
* *

1. « Le caractère de la bienfaisance est de rendre plus qu'on ne doit, biens, soins, politesses, complaisances, et de n'exiger pas tout ce qui nous est dû » (*Ibid.*, t. II, *Origine des devoirs et des droits les uns à l'égard des autres*, p. 111).
2. Argument classique des partisans du luxe.
3. *Économie bienfaisante : Réserve du dixième de son revenu*, Amsterdam, 1740.
4. *Ouvrages de politique, op. cit.*, t. V, p. 41.
5. Cette mentalité nouvelle qu'il faut bien appeler capitaliste, par opposition à l'appétit de jouissance de la haute aristocratie et de ses parasites, ou à l'esprit thésauriseur des bourgeois d'antan se répandra plus tard sous l'influence des physiocrates. Le riche fermier qui consacre ses capitaux à la mise en valeur d'un vaste domaine et fait vivre ainsi de nombreux ouvriers agricoles (sans parler des citadins et de toutes les classes de la société qui vivent de la plus-value foncière), c'est pour les Économistes l'*homme bienfaisant* par excellence.
6. *Projet pour renfermer les mendiants, op. cit.*, t. IV, pp. 33-56. L'auteur cite l'exemple des cités hollandaises qui consacrent le produit d'un droit d'entrée sur les boissons à cette manière « bienfaisante » de réprimer la mendicité : « La première dette annuelle de chaque ville, la dette la plus pressée et la plus privilégiée, n'est-ce pas d'empêcher une partie de ses habitants de vivre dans la fainéantise et de les faire travailler en leur fournissant leur subsistance? » (p. 34). Même point de vue chez le fermier général Dupin (*Œconomiques*, Carslruhe, 1745, t. I, p. 247).

est importante pour augmenter notre bonheur dans la vie présente, et pour nous assurer le Paradis, puisqu'il n'est destiné qu'aux seuls bienfaisants »[1].

Tous les hommes sont naturellement égaux, mais l'inégalité sociale ne contredit pas la nature... Cette double évidence où se complaît la bonne conscience des possédants résume l'essentiel de la philosophie politique du demi-siècle. Mais au moment même où elle semble définitivement acquise, des voix discordantes s'élèvent pour en souligner la contradiction. Tandis que l'animateur de l'*Encyclopédie* évoque le bonheur communautaire des Bacchionites[2], le *Discours sur les Sciences et les Arts* est le point de départ d'une critique sociale que Rousseau ne cessera plus désormais d'approfondir[3]. Trois ans plus tard le nouveau sujet de concours proposé par l'Académie de Dijon lui offre l'occasion de préciser des idées qui, pour la grande majorité des « philosophes », retentissent comme des paradoxes : de quelque manière qu'on définisse la loi naturelle, écrit Rousseau — loi de la nature raisonnable et cultivée ou instinct animal —[4] l'inégalité qui règne parmi les hommes lui est manifestement contraire ; et c'est un bien étrange sophisme qui prétend concilier avec la croyance en l'égalité naturelle[5] le fait « qu'un enfant commande à un vieillard, qu'un imbécile conduise un homme sage, et qu'une poignée de gens regorge de superfluité, tandis que la multitude affamée manque du nécessaire »[6]. Rousseau reconnaît bien qu'il existe dans la nature certaines inégalités « physiques » qui tiennent par exemple à l'âge et surtout à la force du corps ou de l'esprit ; mais, « presque nulles » dans l'état de nature, elles sont, écrit-il, sans commune mesure avec celles que développe « l'institution » et que consacrent les conventions sociales[7]. L'inégalité n'est pas dictée par la nature, mais engendrée par un long processus historique qui a fait peu à peu de « l'homme naturel » « l'homme policé » que nous connaissons. La source du mal social est en effet dans cette « perfectibilité » qui distingue l'homme de l'animal[8] : de là l'invention des arts et leurs progrès, le partage des terres et la division du travail, qui ont mis fin à l'indépendance et l'égalité

---

1. *Économie bienfaisante, op. cit.,* pp. 1-2.
2. *Encyclopédie,* t. I, 1750, art. *Bacchionites.* Cf. ces lignes : « Après avoir banni d'entre eux les distinctions funestes du *tien* et du *mien,* il leur restait peu de choses à faire pour n'avoir plus aucun sujet de querelles, et se rendre aussi heureux qu'il est permis à l'homme de l'être ».
3. Les sciences et les arts et leurs prétendus bienfaits sont un luxe, privilège d'une minorité parasitaire. Plus que le procès de la civilisation, le premier *Discours* de Rousseau est déjà un réquisitoire contre l'inégalité sociale, et ceci apparaît plus nettement dans sa *Réponse au Roi de Pologne,* ainsi que dans la *Préface* de son *Narcisse* (1752). Cf. *Discours sur l'inégalité, op. cit., Introduction* de J. Lecercle, p. 16.
4. La notion de loi naturelle qui apparaît à Rousseau très obscure est analysée dans la *Préface* du *Discours.* On sait le titre complet de celui-ci : *Discours sur cette question proposée par l'Académie de Dijon : Quelle est l'origine de l'inégalité parmi les hommes et si elle est autorisée par la loi naturelle.*
5. Croyance admise, nous dit l'auteur, « d'un commun aveu » (*Préface, op. cit.,* p. 60).
6. *Ibid.,* Seconde partie, p. 145. Ce sont les dernières lignes du *Discours.*
7. Cf. Première partie, pp. 67, 103 sq. ; seconde partie, p. 145.
8. Première partie, pp. 80-81. Cf. ci-dessous, Ch. XII, 1.

primitives [1], jusqu'à aboutir à cet état d'aliénation dans lequel vit désormais « l'homme sociable », prisonnier de passions aussi funestes qu'artificielles [2].

Cette perversion de la nature humaine s'est bientôt doublée de l'oppression politique. La société civile étant née avec la propriété [3], il a bien fallu créer un nouveau pouvoir suprême pour mettre fin à la guerre des riches et des pauvres [4]. L'inégalité économique devait nécessairement entraîner l'inégalité politique; c'est là une des vues les plus personnelles de Rousseau pour qui l'État n'est pas un arbitre impartial entre les classes, mais l'instrument politique de l'oppression d'une classe par une autre : au nom de l'intérêt général, et en réalité parce qu'ils ont tout à perdre au désordre, ce sont les riches qui prennent l'initiative du contrat social [5]. Aussi le despotisme n'a-t-il rien d'accidentel; il est le dernier degré d'une évolution nécessaire qui conduit de la propriété au pouvoir légitime, et de celui-ci au pouvoir arbitraire; car les passions qui divisaient les hommes avant l'institution de la loi positive ne sont pas supprimées par celle-ci : « Les vices qui rendent nécessaires les institutions sociales sont les mêmes qui en rendent l'abus inévitable » [6].

Ce n'est pas sans raison que Rousseau insiste sur la « nécessité de ce progrès », car cette idée constitue peut-être le point le plus original de son *Discours*. Peu soucieux de détails et à plus forte raison d'une impossible exactitude chronologique, il a exprimé sa méfiance à l'égard des « témoignages incertains de l'histoire » [7]. Mais la méthode analytique qu'il emploie, par son abstraction même, lui permet de mettre en valeur les lois du développement historique et les rapports qui unissent les différents ordres de faits. Accuser la propriété privée de tous les maux qui affligent l'homme social n'était pas à son époque, nous l'avons vu, une idée nouvelle : mais il était moins banal d'analyser, comme le fait Rousseau, les causes économiques de son institution, de montrer com-

---

1. Seconde partie, p. 112 sq. Cf. H. GRANGE, *Rousseau et la division du travail*, R.S.H., avril-juin 1957, pp. 143-156.

2. « Le sauvage vit en lui-même ; l'homme sociable, toujours hors de lui, ne sait vivre que dans l'opinion des autres... » (Seconde partie, p. 144. Voir aussi pp. 121-122). C'est la différence entre le simple et naturel « amour de soi-même » et l'« amour propre », sentiment factice qui apparaît avec la vie sociale (Cf. Note o, p. 182).

3. Voir le texte fameux sur lequel s'ouvre la seconde partie du *Discours* : « Le premier qui ayant enclos un terrain s'avisa de dire : *Ceci est à moi* et trouva des gens assez simples pour le croire, fut le vrai fondateur de la société civile » (p. 108).

4. *Ibid.*, Seconde partie, p. 123 sq.

5. *Ibid.*, p. 125. Voir la note judicieuse de l'éditeur.

6. *Ibid.*, p. 138.

7. Première partie, p. 83. Cette formule précise le sens qu'il convient d'attribuer à la célèbre déclaration du préambule : « Commençons donc par écarter tous les faits... » (p. 68).

ment celle-ci était devenue inévitable avec l'invention de l'agriculture[1];
et de suivre enfin cette première infraction à l'égalité naturelle jusque
dans ses dernières conséquences morales et politiques. Rousseau ne se
borne pas à opposer l'égalité naturelle et l'inégalité sociale; il explique
le passage de l'une à l'autre; prenant à la lettre la question imprudente
des académiciens dijonnais, il ne pouvait manquer de les surprendre et
de les effrayer par la cohérence et la vivacité de sa réponse.

Ce sens de la nécessité historique ne le conduit pourtant pas à
dessiner la moindre perspective d'avenir. A cet égard son *Discours* apparaît presque uniquement négatif, et tient plus du réquisitoire, ou de la
satire, que du programme politique. C'est très sincèrement qu'il prévient
le reproche de vouloir « retourner vivre dans les forêts avec les ours »[2],
mais pour pallier les maux inhérents à l'état civil il ne compte guère
que sur la vertu des citoyens et la bonne volonté des princes[3]. Persuadé
que la destination de l'homme est ailleurs que dans l'« originelle simplicité », il imaginera plus tard des institutions aptes à substituer le règne
de la raison et de la vertu à celui de la nature et de l'innocence. Même
lorsqu'il aura compris plus nettement qu'en 1754 que le chemin de la
moralité passe par la politique, à l'époque du *Contrat social* ou des projets
pour la Pologne et la Corse, il n'envisagera jamais la suppression de la
propriété privée[4]. Si celle-ci n'est apparue qu'à un moment précis de
l'histoire des hommes et si, en ce sens, on peut dire qu'elle n'est pas
naturelle, elle constitue pour l'espèce humaine une acquisition aussi
définitive que la société civile dont elle est inséparable[5]. Ce fléau contre
nature tient à la nature même de l'homme : dans la mesure où il appartient
à son essence d'être « perfectible », l'homme naturel, divisé contre lui-
même, porte inscrits en lui, au moins virtuellement tous les traits de
caractère de l'homme social. Ainsi la nature humaine, soumise aux
contraintes du milieu physique, crée-t-elle spontanément, par un processus fatal, les institutions qui la bafouent et la nient.

---

1. Voir notamment Première partie, p. 84. Cette invention entre sans doute parmi
ces « causes étrangères » et ces « différents hasards » dont Rousseau montre plus loin le
rôle dans « les développements successifs de l'esprit humain » (*ibid.* p. 105). Mais n'a-t-
elle pas elle-même été nécessitée par la multiplication de l'espèce à laquelle les « productions
naturelles » ne pouvaient plus suffire (*ibid.*, p. 84) ? En fait le hasard ne joue donc dans
l'évolution décrite par Rousseau qu'un rôle limité. (Nous nous écartons ici de la conclusion
à laquelle parvient M. Henri Gouhier. Cf. *Nature et histoire dans la pensée de J.J.Rousseau*
Annales J.J. Rousseau, t. XXXIII, 1956, pp. 7-48).
2. *Ibid.*, note h, p. 163.
3. *Ibid.*, p. 164.
4. Cf. *Du Contrat social*, Livre I, Ch. IX, *Du domaine réel*.
5. En 1755, dans sa définition du droit de propriété, Rousseau juxtapose les deux
doctrines traditionnelles : d'une part il affirme (*ibid.*, pp. 120 et 133) son caractère contrac-
tuel et l'oppose à la loi naturelle ; d'autre part (p. 120), il emprunte à Locke son principe
du droit d'acquisition fondé sur le travail : c'est pourquoi l'institution de la propriété est
contemporaine de l'invention des arts, en particulier de l'agriculture et de la métallurgie.
Il n'y a donc aucune contradiction entre le *Discours sur l'inégalité* et l'article *Économie
politique*.

On aperçoit ici toute l'originalité de cette analyse, mais aussi la contradiction insurmontable à laquelle elle conduit. Rousseau conçoit clairement que le lien qui unit la société et la nature est dialectique; il s'oppose en cela à tous les promoteurs du libéralisme politique pour qui la société se bornait à développer les virtualités de la nature. A l'optimisme illusoire de cette façon de définir l'évolution humaine — une évolution exempte de conflits — il répond par une critique serrée du lieu commun de la sociabilité naturelle. Cette rupture avec la tradition n'est pas fortuite. Si Rousseau définit l'état de nature comme un état de dispersion, c'est parce que la liberté primitive exclut, dans sa pensée, tout lien de mutuelle dépendance [1]; l'expérience contemporaine lui prouve en effet le mensonge de ce thème rebattu : *le besoin unit les hommes.* Il constate que cette prétendue solidarité masque l'exploitation des faibles par les puissants [2], développe les passions égoïstes et se traduit en réalité par une impitoyable « concurrence » [3] : « Qu'on admire tant qu'on voudra la société humaine; il n'en sera pas moins vrai qu'elle porte nécessairement les hommes à s'entre-haïr à proportion que leurs intérêts se croisent, à se rendre mutuellement des services apparents, et à se faire en effet tous les maux imaginables » [4]. Jamais encore les arguments faciles de l'utilitarisme n'avaient été réfutés avec autant de force :

« Si l'on me répond que la société est tellement constituée que chaque homme gagne à servir les autres, je répliquerai que cela serait fort bien, s'il ne gagnait encore plus à leur nuire. Il n'y a point de profit si légitime qui ne soit surpassé par celui qu'on peut faire illégitimement, et le tort fait au prochain est toujours plus lucratif que les services » [5].

L'harmonie providentielle des intérêts privés et du bien public n'existe donc que dans l'imagination de ceux qui ont avantage à en répandre l'idée. Rousseau n'est pas dupe de cette mystification idéo-

---

1. Première partie, p. 92 «... Il est impossible d'imaginer pourquoi, dans cet état primitif, un homme aurait plutôt besoin d'un autre homme, qu'un singe ou un loup de son semblable. »
Quant à la sociabilité désintéressée, elle ne peut naître qu'avec les progrès de la raison. Le seul sentiment altruiste que connaisse le sauvage s'est la *pitié* qui l'empêche de faire le mal plutôt qu'elle ne le pousse à faire le bien, et qui tempère ainsi, dans l'intérêt de l'espèce, son instinct de conservation (cf. p. 93).
2. Les hommes ne seraient-ils pas « dans une situation plus heureuse de n'avoir ni mal à craindre ni bien à espérer de personne, que d'être soumis à une dépendance universelle, et de s'obliger à tout recevoir de ceux qui ne s'obligent à leur rien donner? » (p. 94). Cf. Seconde partie, p. 122 : « D'un autre côté, de libre et indépendant qu'était auparavant l'homme, le voilà par une multitude de nouveaux besoins assujetti pour ainsi dire à toute la nature, et surtout à ses semblables, dont il devient l'esclave en un sens, même en devenant leur maître : riche, il a besoin de leurs services ; pauvre, il a besoin de leurs secours ; et la médiocrité ne le met point en état de se passer d'eux ».
3. *Ibid.* « En un mot, concurrence et rivalité d'une part, de l'autre opposition d'intérêts, et toujours le désir caché de faire son profit aux dépens d'autrui. Tous ces maux sont le premier effet de la propriété ,et le cortège inséparable de l'inégalité naissante. »
4. Cf. note i, p. 156.
5. *Ibid.*, pp. 157-158.

logique, et son analyse sape les bases de la société bourgeoise qui s'édifie sous ses yeux. Mais il reste lui-même prisonnier de cette lucidité toute négative : en affirmant que la société est nécessaire, mais contre nature, que l'égalité et la véritable liberté sont incompatibles avec la sociabilité, il est incapable de dépasser des évidences aussi absolues que contradictoires. De là ce pessimisme qui est la note dominante du *Discours* de 1755; de là cette solution anachronique qu'il imaginera plus tard d'une *société sans relations sociales,* fragmentée en cellules indépendantes les unes des autres, et aussi étrangère à la vie économique moderne que le communisme paroissial du curé Meslier [1].

Dans son impuissance à concilier la nature et la société, Rousseau n'aura d'autres ressources que celles du rêve et de la solitude. Son destin intellectuel, qu'il voudra vivre de tout son être, est déjà inscrit dans l'éloquence passionnée de son *Discours* de 1755. On chercherait en vain une tension aussi dramatique dans l'ouvrage superficiel que Morelly publie la même année en guise de commentaire à son étrange poème de la *Basiliade* [2]. Le livre ne manque pourtant pas d'ambition puisqu'il prétend opposer aux doctrinaires de l'inégalité sociale le véritable *Code de la Nature* [3] : une nature égalitaire que la propriété a corrompue pour le malheur de l'homme policé. Avec Rousseau, et contre Montesquieu, Morelly juge que l'inégalité sociale rend impossible la véritable liberté [4], mais l'analogie des deux doctrines s'arrête là. En conservant l'idée de sociabilité naturelle, et en admettant que les hommes naissent dans une dépendance mutuelle, Morelly évite l'impasse dans laquelle venait de s'engager l'auteur du *Discours sur l'Inégalités*. Au lieu de s'arrêter à l'antinomie de l'interdépendance et de la liberté, il préfère définir celle-ci par son contenu, plutôt que de manière formelle : « Je dis [...] que la véritable liberté politique de l'homme consiste à jouir sans obstacles et sans crainte, de tout ce qui peut satisfaire ses appétits naturels et, par conséquent, très légitimes... » [6]. C'est seulement du jour

---

1. Ce sera le monde fermé de Clarens, ou bien la société sans classes, formée de petits propriétaires, prévue par le *Projet de Constitution pour la Corse* — Cf. H. GRANGE, article cité, p. 148 sq. C'est de cet idéal que s'inspireront l'esprit jacobin et les décrets de Ventôse An II, préparés par Saint-Just.

2. *Naufrage des îles flottantes ou la Basiliade du célèbre Pilpai. Poème homérique en quatorze chants, traduits de l'indien par M.M...,* Messine, 1753.

3. *Code de la Nature, ou le véritable Esprit de ses lois, de tout temps négligé et méconnu* (1755), édit. V.P. Volguine, Paris, Éditions sociales, 1953.

4. *Op. cit.* Seconde partie, p. 84. Les révolutions politiques ne sont dues ni au hasard, ni à la fatalité : « La cause n'en est que trop sensible ; c'est la propriété, l'intérêt qui tantôt associent les hommes, et tantôt les subjuguent et les oppriment » (p. 85).

5. Première partie, p. 42 sq. ; Seconde partie, p. 80 sq.

6. *Loc. cit.*, p. 80.

où l'institution de la propriété, « en privant la moitié des hommes des biens de la nature », a rendu criminels leurs appétits légitimes qu'il a fallu inventer tout un arsenal de lois répressives et de morales restrictives [1] : dès lors la tyrannie de l'intérêt personnel et l'exploitation des pauvres par les riches a remplacé la solidarité primitive. L'énoncé du mal indique aussi le remède : s'il est faux que l'inégalité soit le ciment nécessaire de l'harmonie sociale [2], il suffira d'abolir la propriété privée et de rétablir la communauté des biens pour que, dans l'égalité retrouvée, la « probité naturelle » des hommes assure de nouveau la concorde originelle [3].

Entre ce communisme euphorique et les vues amères de Rousseau la différence de ton est évidente. La législation idéale dont Morelly propose le plan est préfigurée dans la société de nature où vivent encore les sauvages [4]. Ni la société, ni la raison ne contredisent la nature; il est au contraire dans l'ordre des choses qu'en codifiant les lois naturelles la raison permette le passage du communisme aveugle des premiers temps à un communisme conscient [5]. Le retour à la nature n'implique donc pas le rejet des arts et des sciences : contre les paradoxes du premier *Discours* de Rousseau Morelly reprend les arguments précédemment opposés par Crousaz aux sophismes de La Hontan, et se fait à son tour le défenseur de la civilisation [6]. Tout dans l'univers soit physique, soit moral, écrit-il, se perfectionne par gradation [7] : à vrai dire, cette fois dans le Progrès de l'humanité est si vive que le lecteur comprend difficilement comment le mal provisoire de l'inégalité a pu s'établir; Morelly passe très vite sur l'exposé des « causes physiques » qui ont affaibli l'esprit de communauté [8]; la responsabilité véritable incombe selon lui à la sottise des législateurs, qui a plongé les hommes dans l'erreur, pourtant plus difficile à instituer que la vérité [9]. Selon Rousseau la propriété est un mal nécessaire et irrémédiable; pour Morelly elle est aux

---

1. Première partie, p. 51 .Cf. *Ibid.*, p. 41 sq. ; Seconde partie, p. 70 sq ; Troisième partie, p. 105, etc...
2. Seconde partie, p. 60.
3. Première partie, p. 47 ; Seconde partie, pp. 60-88 ; Cf. *ibid.* p. 56, note : « Tout peuple sauvage et autre a pu et peut être ramené aux lois de la pure nature, en conservant exactement ce qu'elle autorise et rejetant tout ce qu'elle désapprouve. »
4. Quatrième partie, *Modèle de législation conforme aux intentions de la nature.*
5. Troisième partie, pp. 101-107.
6. *Ibid.*, p. 116, note. Mais tandis que Crousaz cherchait à justifier l'inégalité sociale, Morelly affirme au contraire que les arts et les sciences sont corrompus par l'esprit de propriété.
7. *Ibid.*, p. 101. « Je puis donc dire avec fondement que, par une analogie merveilleuse (*avec l'univers physique*), il est dans le moral des accroissements favorables, et que les lois de la nature, malgré leurs forces et leur douceur, n'acquièrent que par degrés une autorité entière sur l'humanité ». Cf. ci-dessous, Ch. XII, 3.
8. Seconde partie, p. 69. Une page lui suffit pour les énumérer : multiplication démographique, transmigrations, difficultés d'un nouvel établissement.
9. *Ibid.*, p. 70 sq. Cf. Première partie, p. 51. Seules les créatures raisonnables sont responsables du mal moral. (Troisième partie, p. 95). Ainsi l'institution de la propriété est moins un fait économique qu'un péché.

yeux des hommes un accident, au regard de Dieu une étape vers la réalisation des fins dernières de la Providence [1]. La précision de l'analyse sociologique qui fait la force du *Discours sur l'Inégalité* se dilue ici dans un vague mysticisme de l'évolution : Rousseau condamne le présent au nom du passé; chez Morelly la fuite dans le futur émousse tout esprit de révolte, et sa foi irrationnelle en un avenir égalitaire découvre même quelques raisons aux injustices présentes. En réconciliant la nature avec l'histoire, il lui fait également passer un compromis, au moins provisoire, avec la propriété; car si la propriété bafoue la nature, celle-ci a aussi en elle une alliée. L'équité naturelle, écrit bien sagement notre prophète, trouve son compte dans l'existence des lois positives, même injustes, puisque, si elles engendrent des crimes, elles assurent aussi leur répression.. [2].

Oui, le bourgeois peut être tranquille. Les protestations de quelques intellectuels ne suffiront pas, de longtemps, à troubler sa bonne conscience. Loin des griseries vaines de la révolte, ou des chimères inconsistantes de l'utopie, il est solidement installé dans une sagesse confortable. A l'aise dans une société où son mérite lui fait une place conforme à ses goûts, persuadé que son activité laborieuse justifie ses avantages présents et lui en prépare peut-être d'autres dans le ciel, fort de sa supériorité morale sur l'oisiveté arrogante des grands ou la faiblesse envieuse des humbles, pourquoi aurait-il scrupule à saisir enfin le bonheur que la nature lui offre ?

---

1. *Loc. cit.*, p. 101. « Le mal moral n'est dans l'homme, aux yeux de la Providence, que ce que sont les imperfections dans les êtres physiques : sa sagesse ne détruit point la chose imparfaite, mais la perfectionne. J'appelle *chose imparfaite* ce qui n'est pas encore ce que la Providence a dessein de le faire devenir ».
2. Troisième partie, p. 104. Cet optimisme métaphysique, très banal à l'époque de Morelly, (Cf. ci-dessous, Ch. X) se retrouve, sur un autre plan, dans la doctrine de la sociabilité naturelle. Là encore la pensée de Morelly brille par son peu d'originalité, puisqu'il admet sans discussion les thèmes de l'utilitarisme dénoncés au même moment par Rousseau avec tant de force : de l'amour de nous-même à l'amour d'autrui, et du sentiment de nos besoins à la bienfaisance, le chemin lui paraît tout à fait aisé et « naturel ». (Voir *op. cit.*, Première partie, p. 41 ; Seconde partie p. 75 ; Troisième partie, p. 96, 110, 123).

Chapitre IX

NATURE ET BONHEUR

1. — Bonheur et plaisirs.
2. — Bonheur et frugalité.

Chapitre IX

NATURE ET BONHEUR

> « Il n'y a aucun sentiment plus naturel
> à l'homme, plus unanime, plus inséparable
> de sa volonté, que le désir de se rendre
> heureux » [1].

Nous ne sommes pas libres de ne pas vouloir être heureux. L'aspiration au bonheur est inscrite en nous comme un besoin élémentaire; mais plus encore qu'un droit, le bonheur est pour l'homme un devoir, puisqu'il convient que chaque créature réalise la fin qui lui est assignée dans l'ordre de la Création. Sur cette évidence toute classique la sagesse du demi-siècle a cru pouvoir construire une morale, une politique, voire une théologie. Dieu veut le bonheur de l'homme, explique en 1721 l'auteur d'un *Nouveau Système de Morale* [2] : mais il ne s'agit plus de l'homme pascalien, héroïque et misérable ; les deux mots de *nature* et de *bonheur* cessent de traduire, dans leur incompréhensible et tragique opposition, le mystère de la souillure originelle. L'appétit de bonheur qui est en nous n'est plus ressenti comme le signe de notre vocation surnaturelle : en même temps qu'il découvre en lui cette impulsion irrésistible, l'homme du XVIIIe siècle s'aperçoit qu'il suffit de lui céder pour la satisfaire. Le bonheur n'est plus au terme d'une vie de pénitence et de mortifications, mais dans la satisfaction spontanée du désir. « L'homme cherche le plaisir et le cherche en tout ce qu'il fait et en tout ce qu'il dit, car c'est dans le plaisir que consiste le bonheur » [3].

---

1. LEGENDRE DE SAINT-AUBIN, *Trait de l'opinion, op. cit.*, t. V, p. 6.
2. LADVOCAT, *Nouveau système de Morale*, Paris, 1721, *Préface*.
3. Abbé de SAINT-PIERRE, *Pensées diverses*, art. XVII, in *Ouvrages de Politique*, t. XII, p. 90.

Bonheur immédiat, bonheur limpide et sans mystère, tel est le bonheur *naturel* dont rêve le siècle. Bonheur terrestre que la béatitude céleste pourra ensuite prolonger, mais sans qu'on ait jamais à choisir entre lui et elle. L'identité du bonheur et du plaisir signifie que le premier est possible ici-bas : l'homme n'a pas seulement en lui le désir d'être heureux, il en a aussi la capacité. L'idée est, à vrai dire, moins nouvelle en elle-même que par le caractère d'évidence banale qu'elle revêt désormais. Au grand scandale des dévots la quête du plaisir était précédemment l'unique souci des libertins : vers 1730 on verra les moralistes chrétiens s'ingénier à réconcilier la religion et l'esprit du monde. Mais parallèlement l'apologie du plaisir prendre une tonalité nouvelle. Le xviiie siècle naissant connaît encore de ces épicuriens délicats qui, tels La Fontaine ou Saint-Évremond, placent le bonheur dans une voluptueuse indolence. Peu à peu cependant cet épicurisme aristocratique devient moins paresseux et moins égoïste. L'homme nouveau trouve son bonheur dans l'activité et dans les vertus sociales. Plaisir vertueux, bonheur sérieux : Épicure s'embourgeoise.

Pour la morale chrétienne et pour l'Église cette évolution était, à terme, particulièrement redoutable. Le grand bourgeois laborieux et matérialiste, attaché à multiplier les biens de la terre, sera bientôt pour elles un adversaire d'une autre taille que le mondain oisif et jouisseur d'antan [1]. Mais dans la première moitié du siècle la rupture n'est pas encore nettement consommée; il semble au contraire que la morale naturelle ne puisse entrer en concurrence avec la morale révélée qu'en reprenant à son compte quelques-uns au moins des interdits de celle-ci : aussi sa définition du bonheur est-elle étonnamment restrictive. Le caractère ambivalent de l'idée de nature nous était déjà apparu à plusieurs reprises; cette ambiguïté se confirme ici et s'approfondit jusqu'à la contradiction. Mais l'analyse des idées du demi-siècle sur le bonheur ne permet pas seulement de mettre en évidence ce fait capital. A propos d'un problème aussi concret, il est tentant de remonter des faits aux causes, et de proposer une explication. On ne sépare guère au xviiie siècle le bonheur individuel et le bonheur social. Cette confusion est de celles qui favorisent le travail de l'historien; car si dans le premier cas les doctrines et les attitudes peuvent paraître relever du seul domaine des idées et du sentiment [2], les théories s'alourdissent dans le second de tout le poids du réel. C'est alors que le conditionnement de la réflexion morale

---

1. Voir les belles analyses de B. GROETHUYSEN, dans *L'Église et la Bourgeoisie, op. cit.*, Deuxième partie.
2. Même ainsi limitée, la question du bonheur déborderait encore très largement les limites de notre sujet. La première partie de ce chapitre, où elle est esquissée, doit beaucoup à la thèse de R. MAUZI, *L'idée du Bonheur au XVIIIe siècle, op. cit.* C'est dans la seconde section de notre chapitre que nous envisageons l'idée du bonheur naturel, et surtout du bonheur collectif, dans ses rapports avec les grands faits économiques de la période étudiée.

par les réalités économiques d'une époque peut être mis en pleine lumière. Bonheur bourgeois, soit; encore convient-il de définir l'adjectif : bourgeois n'est pas synonyme de capitaliste, et la mentalité moyenne du demi-siècle reste, par la force des choses, bien étrangère au dynamisme de l'âge industriel. Faute de ces distinctions nécessaires, les limitations sournoises que la nature impose au bonheur, alors même que celui-ci est proclamé l'unique affaire de la vie, risquent fort de demeurer inintelligibles.

1. — *Bonheur et plaisirs*

« Nature est un doux guide... » Ceux qui, dans les premières années du siècle, réclament le droit de se laisser conduire par elle invoquent plus volontiers Horace et Montaigne que Sénèque ou Marc-Aurèle. « Vivre selon la nature », ce n'est pas à leur gré s'élever par un effort de la raison et de la volonté jusqu'à la contemplation de l'ordre universel, mais simplement cueillir, au fil des jours, les plaisirs de la vie. Alors que des moralistes de plus en plus nombreux célèbrent la facilité de la vertu, pourquoi les mondains s'embarrasseraient-ils d'une sagesse austère et guindée ? S'ils se piquent de philosophie, ils partagent sur celle de Sénèque l'avis irrévérencieux de Saint-Évremond, avouant estimer « beaucoup plus sa personne que ses ouvrages »[1]. Qu'est-ce qu'un bonheur qui méprise les appétits les plus naturels ? Au milieu du siècle le marquis d'Argens n'hésitera pas à écrire que le stoïcisme est le contraire du « bon sens »[2] et La Mettrie publiera un vigoureux *Anti-Sénèque,* mais ce ne seront pas là des idées neuves. Dès la fin du XVIIe siècle le dialogue d'Épictète et de Montaigne avait largement tourné à l'avantage du second. Les disciples de Gassendi et de Bernier jugent bien rebutante et vaine la sagesse ambitieuse de ceux que Bayle dénomme joliment les « Pharisiens du paganisme »[3]. Leur adhésion, dans l'ordre scientifique, aux principes de l'atomisme se complète ainsi d'une réhabilitation de la morale d'Épicure; en 1699 le chevalier Temple constate que celui-ci bénéficie d'un engouement général : « Le cabinet et la ruelle, tout veut être pour lui »[4]. Combien de Chaulieu reprennent alors à leur compte l'invocation de La Fontaine !

> « Volupté, volupté, qui fus jadis maîtresse
> Du plus bel esprit de la Grèce,
> Ne me dédaigne pas... »[5].

---

1. *Jugement sur Sénèque et sur Plutarque* (SAINT-ÉVREMOND, *Critique littéraire,* édit. Wilmotte, Paris, 1921, p. 85). Voir les *Œuvres* de SAINT-ÉVREMOND, *publiées sur ses manuscrits avec une vie de l'auteur, par M. Des Maizeaux,* Amsterdam, 1725.

2. *La philosophie du bon sens, op. cit.,* nouvelle édition, 1755, *Septième réflexion, Sur la Vie heureuse.* Ce passage ne figure pas dans l'édition de 1747.

3. *Dictionnaire historique et critique,* art. *Épicure.*

4. Cf. H. BUSSON, *La Religion des Classiques, op. cit.,* p. 223.

5. LA FONTAINE, *Les amours de Psyché et de Cupidon,* Livre II, in *Œuvres complètes,* Paris, Hachette, 1883., t. VIII, p. 233.

Le même épicurisme délicat inspire toute l'œuvre littéraire de Rémond de Saint-Mard, et en particulier l'*Éloge des plaisirs* qu'il publie en 1714[1]. Ce riche désœuvré, fils d'un fermier général, avait la réputation de savoir mettre ses idées en pratique. On ignore tout, en revanche, de son frère, dit Rémond le Grec, sinon les quelques pages d'un petit *Dialogue de la Volupté* où Aspasie développe, à l'intention de son interlocuteur Agathon et des lecteurs du *Nouveau Mercure,* une interprétation épicurienne de la doctrine de l'âme du monde : « La nature a mis dans toutes les choses qui ont vie, un certain désir d'être heureux; et c'est cette inclination qui porte chaque animal à chercher le plaisir qui lui convient ». Mais si ce penchant naturel, commun à tous les êtres vivants, a toute la puissance et la pureté du feu céleste qui anime l'univers, chez l'homme il doit être réglé par la philosophie : la nature d'un être spirituel ne peut se contenter de plaisirs corporels ni, à plus forte raison, s'accommoder du dérèglement des sens. Et Agathon ne déforme pas la pensée d'Aspasie en concluant : « La volupté [...] sera donc l'art d'user des plaisirs avec délicatesse et de les goûter avec des sentiments vertueux »[2].

La volupté n'est pas la débauche : tel était le propos initial du *Dialogue.* Mais sa conclusion va bien au-delà, puisqu'elle semble près d'identifier la volupté à la vertu. Celle-ci, précise l'auteur, « ne saurait être que dans un naturel sensible et tendre »[3]. On retrouve ici le thème de la sensibilité vertueuse si répandu chez les contemporains de Marivaux: au lieu de célébrer, comme tant d'autres, le charme de la vertu, Rémond le Grec souligne qu'il est des plaisirs vertueux. En cédant à l'attrait du plaisir chaque être vivant collabore à l'ordre général de l'univers et réalise la fin qui lui est propre. Ainsi présentée, l'apologie du plaisir conduit à un système du monde fort peu chrétien : la *Lettre de Thrasybule à Leucippe,* attribuée à Fréret, oppose vigoureusement au dogme du péché le déterminisme de cette loi élémentaire qui nous pousse inexorablement à rechercher le plaisir et à fuir la douleur[4]. Mais à l'égard du christianisme le libertinage souriant de Rémond le Grec est beaucoup moins agressif : par la pensée, sinon par la chronologie, l'auteur appartient à la génération de ces beaux esprits qui, à la manière de Saint-Évremond, se montraient fort peu enclins à dogmatiser et au contraire tout prêts à passer avec la religion un compromis tacite. En donnant à son apologie du plaisir une conclusion aussi édifiante Rémond le Grec faisait un pas de plus, sinon vers l'orthodoxie de la tradition chrétienne, du moins vers la religion aimable que cherchait à devenir le catholicisme de son temps.

---

1. *L'éloge des plaisirs,* Rotterdam, 1714.
2. *Nouveau Mercure,* septembre 1719, pp. 3-11. (Texte inséré en 1736 dans la *Recueil de divers écrits...* de Saint-Hyacinthe.)
3. *Ibid.,* p. 11.
4. *Op. cit.,* pp. 131-133, Cf. *supra,* Ch. VI, 3.

A côté de l'épicurisme mondain le XVIIe siècle avait déjà connu un *Épicure chrétien et spirituel* [1]. Les gassendistes s'étaient évertué à laver de tout soupçon d'immoralité la vie et la personne de leur héros, à rendre aussi ses idées moins choquantes pour le rigorisme des âmes pieuses. L'entreprise avait même failli dépasser son but en présentant la frugalité du philosophe grec comme l'indice d'un désir de mortification : d'où la protestation de Saint-Évremond, bien surpris de cette « jalousie d'austérité » que l'on prêtait à son modèle. Comment croire qu'en compagnie de Léontium, femme de science mais aussi jolie femme, Épicure se bornât à philosopher ? Assurément, « si Horace et Pétrone se l'étaient figuré comme on le dépeint, ils ne l'auraient pas pris pour leur maître dans la science des plaisirs » [2]. Quels qu'en fussent les motifs, la tempérance d'Épicure était néanmoins reconnue et proclamée : Saint-Évremond refusait d'y voir autre chose qu'un principe hédoniste d'économie ou le fruit de la vieillesse ; Bayle louait Épicure d'avoir su mettre le bonheur non dans ses causes apparentes ni dans les objets extérieurs mais dans le contentement de l'esprit [3]. Tous deux s'accordaient cependant à vanter l'innocence de ses mœurs et à juger sa doctrine fort « raisonnable ». Fénelon pensait de même lorsque, dans son aversion pour la rudesse arrogante des stoïciens, il approuvait que leur grand adversaire fût cité en exemple pour l'instruction des jeunes princes chrétiens. On a sans doute eu tort de lui attribuer l'*Abrégé des vies des anciens philosophes,* publié sous son nom à Paris par le libraire Estienne en 1726 ; il est en revanche vraisemblable que le précepteur du duc de Bourgogne avait revu et autorisé ces notes, rassemblées dans le manuscrit d'un de ses subordonnés [4]. Cette approbation cesse de surprendre lorsqu'on examine le contenu de l'ouvrage : tandis que l'amoralisme impie d'Aristippe et des cyrénaïques y est jugé avec sévérité [5], Épicure s'y trouve loué d'avoir possédé des vertus chères à l'auteur du *Télémaque,* et surtout une sobriété tranquille, bien éloignée de cette « simplicité barbare » dont Zénon se plaisait à faire étalage. Sa frugalité, nous dit-on, n'avait en effet rien d'ascétique : nécessaire à la santé du corps et de l'esprit, elle apportait aussi des plaisirs beaucoup plus réels que la vie dissolue des cyrénaïques :

« Les choses les plus communes font autant de plaisir lorsqu'on a faim que les mets les plus délicieux [...] enfin les festins qu'on fait de temps en temps en sont beaucoup plus agréables, et on est bien plus disposé à souffrir les

---

1. Ouvrage anonyme cité notamment par Bayle. Cf. H. Busson, *op. cit.*, p. 219, note 4.

2. Saint-Évremond, *Sur la morale d'Épicure, op. cit.*, pp. 49-57.

3. *Dictionnaire historique et critique,* art. *Épicure, loc. cit.*

4. Voir les pièces citées dans les *Œuvres* de Fénelon, Paris, 1838, t. IV, pp. 577-583, notamment la lettre de Ramsay à l'abbé Bignon, bibliothécaire du Roi, datée du 24 janvier 1727.

5. *Ibid.*, pp. 664 et 667.

revers de la fortune, quand on sait simplement se contenter du peu que la
nature demande, que lorsqu'on est accoutumé à vivre dans les délices et dans
la magnificence »[1].

Sans doute ce bonheur si frugal risquait-il de paraître aux mondains
un peu sévère. Le philosophe candide et chaste qu'on leur présentait
ici ne ressemblait guère à l'idée que pouvaient se faire du véritable
Épicure les admirateurs de Saint-Évremond. A la différence de l'auteur
de l'*Abrégé* celui-ci refusait de réduire l'essentiel du bonheur épicurien
à une tranquille « indolence »[2]. Pour la date présumée de sa rédaction
le texte de l'*Abrégé* n'en était pas moins hardi. En affirmant que le goût
du plaisir pouvait être innocent il heurtait une conviction fortement
enracinée alors dans nombre de consciences chrétiennes[3]. On en trouve
une preuve dans le retentissement de la controverse à épisodes qui
opposait à la même époque Malebranche et le grand Arnauld. Bayle et
Régis s'en étaient mêlés; les *Nouvelles de la République des Lettres* et le
Journal des Savants avaient rendu le débat public. Or tout ce bruit était
fait autour d'une petite phrase des *Conversations chrétiennes*, dont le théologien janséniste s'était indigné : « Ce qui cause en nous quelque plaisir
nous rend en quelque manière heureux : car le plaisir actuel rend actuellement heureux »[4]. C'était la reprise d'un thème développé dans la
Recherche de la Vérité : les Stoïciens prétendent vaincre la nature par la
seule force de la raison, et se rendre ainsi insensibles au plaisir comme à
la douleur; Malebranche raille cette sagesse vaine et chimérique que la
tradition classique attribuait à Caton; dans la fausse sérénité du sage
stoïcien il ne veut voir que péché d'orgueil; la grandeur stoïque est
incompatible, écrit-il, avec l'humilité d'une âme vraiment chrétienne.
Et tous les raisonnements des disciples de Zénon ne peuvent empêcher
que la douleur ne soit *toujours un mal,* et le plaisir *toujours un bien :* les
martyrs ne laissaient pas d'être misérables pendant les persécutions,
malgré la joie que leur apportait l'espérance de la béatitude céleste, et
ils ne cherchaient pas à le nier. Aussi Épicure avait-il raison de reconnaître
que la douleur existe lors même qu'il l'affirmait supportable. C'est de son
côté qu'il convient de chercher sur ce point la vérité et le bon sens[5].

---

1. *Ibid.*, p. 708 et *passim*. A rapprocher par exemple de cette réflexion de Mentor
(*op. cit.*, X, édit. Cahen, p. 268) : « La sobriété rend la nourriture la plus simple très agréable. C'est elle qui donne, avec la santé la plus vigoureuse, les plaisirs les plus purs et les
plus constants ».

2. *Sur la morale d'Épicure, op. cit.*, p. 52.

3. L'opposition du bonheur innocent des simples à la triste corruption des grands
est cependant un thème que cultivent les prédicateurs. « Tout est délassement pour un
cœur innocent, s'écrie par exemple Massillon. Les plaisirs doux et permis qu'offre la nature,
fades et ennuyeux pour l'homme dissolu, conservent tout leur agrément pour l'homme de
bien » (*Sermon sur les malheurs des grands, Petit Carême*, 1718, édit. Blampignon, t. I,
p. 41.

4. *Conversations chrétiennes*, 1677, *Premier entretien* (édit. Louis Bridet, Paris, Garnier, 1929).

5. *Recherche de la vérité, op. cit.*, notamment Livre I, Ch. XVII ; Livre II, Troisième
partie, Ch. IV ; et livre IV, Ch. X.

Cet hommage rendu par l'Oratorien à un maître de la sagesse païenne n'impliquait évidemment pas une acceptation de toute sa doctrine. En réalité Malebranche renvoie dos à dos Épicure et Sénèque, car s'il n'y a que vaine pompe dans la morale hautaine du second, celle du premier repose, explique-t-il, sur une grave erreur de raisonnement; l'attachement aux plaisirs sensibles vient de la conviction que les objets extérieurs sont véritablement causes des sensations agréables que nous éprouvons à leur sujet [1]. C'est le préjugé que dénonce Théodore, porte-parole de l'auteur dans les *Conversations chrétiennes* : le feu produit la chaleur, mais il ne fait pas que celle-ci soit agréable ou douloureuse; comme l'expérience prouve d'autre part que ces impressions sont indépendantes de notre volonté, et que l'âme n'en est pas non plus la cause, il faut bien recourir à une causalité supérieure, c'est-à-dire à l'action divine [2]. Dieu a établi une fois pour toutes que notre âme ressentirait certains mouvement à l'occasion de ceux que la rencontre des objets extérieurs pourrait produire sur les fibres de notre corps. L'erreur des Épicuriens est d'avoir confondu la cause véritable des plaisirs et leur cause occasionnelle. Le chrétien devrait au contraire savoir n'aimer les créatures que pour Dieu et n'aimer en elles que Dieu [3]. Même éclairée par la raison, sa foi n'est pourtant pas toujours assez forte pour le détourner d'un préjugé si répandu. Car le désordre du péché a transformé en servitude l'union établie par Dieu entre l'homme et les autres êtres créés; la raison humaine est si faible que les philosophes mêmes demeurent esclaves de leur sens et courent le risque d'oublier dans les plaisirs l'unique Auteur de ceux-ci. Un chrétien parfait serait capable d'aimer Dieu jusque dans les voluptés sensibles : mais comme la meilleure philosophie ne saurait effacer les traces du péché, la sagesse invite à se défier des pièges que nous tendent les biens de ce monde. Il faut donc dire, conclut Malebranche, « que le plaisir est toujours bon, mais qu'il n'est pas toujours avantageux de le goûter » [4].

Le dénouement des *Conversations chrétiennes* permet de mesurer le poids de cette formule. Convaincu — ou plutôt converti — par les démonstrations de Théodore, le jeune Éraste va chercher refuge dans un couvent; peut-être n'embrassera-t-il pas pour autant l'état monastique; mais il gardera en lui la conviction « que la voie ordinaire et la plus sûre pour tendre à Dieu est celle de la retraite et de la privation de toutes les choses sensibles ». Et, tandis que le mondain Aristarque se dispose à le rejoindre, Théodore montre comment l'union naturelle qui nous lie aux autres hommes nous rend presque fatalement esclaves de

---

1. *Ibid.*, Livre V, Ch. XVIII (pp. 84-85).
2. *Op. cit., Entretien* I.
3. *Ibid., Entretien* IV.
4. *Recherche de la Vérité, op. cit.*, Livre IV, Ch. X (t. II, p. 45 sq.).

l'opinion. Faut-il donc choisir entre le monde et Dieu, et chercher
« dans les déserts » « le bonheur que nous ne pouvons trouver parmi
nos semblables ? » Sans atteindre à une telle rigueur, qu'il sait incompatible avec la vie sociale, la conclusion de Théodore est d'une grande
sévérité : Aristarque devra faire « une sérieuse pénitence ». Quitte à se
rendre ridicule aux yeux de ses anciens compagnons de plaisir, il lui
faudra rompre brutalement avec son passé : « Car l'austérité de la vie
est nécessaire à ceux qui ont vécu dans la volupté et les exercices
continuels d'humiliation qu'on pratique dans ces lieux sont les plus
assurés moyens pour combattre l'orgueil de l'esprit » [1].

<center>
* *

De cette morale sévère, et en vertu d'un contresens qui est lui-
même un signe de l'évolution des esprits, le XVIIIe siècle n'allait vouloir
retenir que les formules qui avaient le plus scandalisé Arnauld. L'affirmation que le plaisir est légitime, qu'il joue son rôle dans l'ordre universel,
et que l'inclination qui nous pousse à le rechercher est à la fois « si forte,
si naturelle et si juste » [2], devait avoir plus d'influence sur la pensée d'un
Lévesque de Pouilly, pressé d'enrôler Malebranche parmi les tenants
d'un finalisme facile [3], que tous les commentaires par lesquels l'Oratorien
en avait restreint et précisé la portée. Dès l'aube du siècle un texte révèle
le désir d'une religion « traitable »; ce sont les *Dialogues entre M. Patru
et d'Ablancourt sur les plaisirs,* attribués généralement à l'historien Baudot
de Juilly [4]. La personnalité historique des deux interlocuteurs y est à vrai
dire fort peu respectée, mais l'intérêt du livre est ailleurs, dans la confron-
tation de deux thèses entre lesquelles la génération suivante devait
choisir très clairement. Au sortir d'un sermon qui a violemment condamné
les plaisirs Patru prend la défense du prédicateur, attaqué par le protestant
d'Ablancourt [5]. Non sans habileté, jusque dans ses excès, Patru soutient
le parti de la rigueur; anticipant sur l'argument par lequel son partenaire
distinguera le plaisir de la débauche [6], il précise que dans ce domaine
la délicatesse est à ses yeux plus coupable encore que la grossièreté, car
il est plus grave, dit-il, de mettre de sang-froid sa raison au service de la
volupté que de céder à un emportement passionnel. L'attrait des plaisirs est en effet pour lui doublement condamnable : non seulement
parce qu'il détourne l'âme de sa vocation naturelle, mais parce qu'il

---

1. *Op. cit., Entretien* X, p. 261.
2. *Recherche de la vérité,* Livre I, Ch. XVII (*op. cit.,* t. I, p. 85).
3. LÉVESQUE DE POUILLY, *Théorie des sentiments agréables,* Genève 1747, Ch. II.
4. Paris, 1701, 2 vol. in-12 (autre édition en un vol. in-12 Amsterdam, 1714). Le
livre a été également attribué à l'abbé Genest.
5. *Ibid.,* t. I, *Premier Dialogue.*
6. *Ibid.,* p. 255.

est contraire à sa vraie nature. « C'est la raison qui fait l'homme »,
proclame Patru, affirmant que la volupté « dégrade l'homme et anéantit
le chrétien » [1]. Parmi les voluptés coupables qu'il énumère alors, voici
l'amour et la bonne chère, mais aussi le jeu, la conversation, la lecture,
la comédie... Plaisirs immoraux mais, de plus, divertissements dérisoires,
bien étrangers au vrai bonheur : « Il est à coup sûr plus facile d'être
heureux en se passant des plaisirs qu'en les possédant » [2], constate encore
notre moraliste. Mais après cette maxime d'une sagesse toute classique,
il se croit tenu de reprendre à son compte le paradoxe, déjà réfuté par
Malebranche, du bonheur par la souffrance, avant de rappeler enfin la
nécessité d'expier chaque jour la faute originelle : « C'est un crime,
pour un chrétien, conclut-il en effet, que de vouloir être ce qui s'appelle
heureux sur la terre » [3].

Dans la démonstration de Patru on voit ainsi apparaître tour à tour
un stoïcien et un janséniste, comme si l'auteur avait voulu rassembler
dans un même exposé, pour mieux en finir avec eux, les arguments les
plus massifs. Devant des outrances aussi manifestes d'Ablancourt a la
partie facile, et il lui est aisé de tenir un langage à la fois mesuré et
humain : invitant son interlocuteur à prendre en considération la faiblesse de notre nature et à ne pas exiger d'elle une perfection inaccessible [4], il souligne habilement que si nous ne mettons pas trop d'âpreté
dans notre quête du plaisir et sommes toujours prêts à le quitter nous
saurons le goûter sans en devenir esclaves [5]. Sans doute, concède-t-il,
le souverain bien est au Ciel, et les plaisirs ne peuvent nous rendre
heureux; mais ils ne nous font pas non plus criminels; ce sont des
dérivatifs innocents à notre misère : « Il ne faut pas en jouir comme d'un
bien, mais comme d'un amusement et d'un jeu, comme d'un soulagement
et d'un remède » [6]. Serait-il chrétien de refuser les secours que nous offre
sur cette terre la miséricorde divine ? D'Ablancourt insiste au contraire
sur la bonté de la Providence, et c'est là sans doute le point le plus
important de son exposé. S'il réprouve toute affectation de sévérité
dans les mœurs, il ne se présente nullement comme un « esprit fort ».

----

1. *Ibid.*, p. 43.
2. *Ibid.*, p. 163.
3. *Ibid.*, p. 711. Baudot de Juilly ne force-t-il pas à dessein la note ? On pourrait
lui attribuer l'intention perfide de discréditer la morale traditionnelle en lui prêtant une
sévérité outrancière. En réalité le personnage et les idées de Patru n'ont rien de carica-
tural. Les *Dialogues* sont presque contemporains de l'Assemblée du Clergé qui venait en
1700 de condamner des maximes du genre de celle-ci : « Ce n'est pas un péché de manger
et de boire jusqu'à être plein dans la vue du seul plaisir, pourvu que la santé n'en soit
pas altérée, parce qu'il est permis à l'appétit naturel de jouir de ses actes» (*Procès-verbal.*
Proposition 96, p. 553). R. Mercier qui reproduit ce texte (*op. cit.*, Ch. II, Première partie
p. 53) remarque que cette condamnation de la morale relâchée était apparue à l'époque
comme une revanche des jansénistes sur les Jésuites.
4. *Ibid.*, p. 177 sq.
5. *Ibid.*, t. II, *Second dialogue*, p. 272 sq.
6. *Ibid.*, p. 296.

Ni janséniste, ni libertin, il cherche à définir simplement, en honnête homme, mais aussi en chrétien, une morale du juste milieu. Le Dieu qu'il invoque ne ressemble guère à celui d'Arnauld ou de Bossuet : C'est moins un Maître redoutable qu'un Père dont la bienveillance s'étend à l'univers entier. On évoquerait plutôt à son propos le Dieu de Fénelon, si le sentiment de la bienveillance divine ne tendait à éclipser presque entièrement chez d'Ablancourt, avec le mystère de la Chute et de la Rédemption, la notion de la misère humaine. Un Dieu si bon n'a pu créer qu'un univers parfait : la beauté féminine est son œuvre et, comme à « un festin où Dieu nous convie », [1] la nature entière offre aux sens des plaisirs de toutes sortes [2]. Pourquoi refuser cette invitation, alors qu'elle répond à notre désir le plus profond ! « Il n'y a pas de sentiment plus naturel à l'homme que celui du plaisir » [3]. Lui céder, c'est obéir à la volonté de Celui qui l'a inscrit à jamais en nous; en attachant le plaisir à la conservation de l'individu et de l'espèce, la sagesse du Créateur a su joindre l'agréable à l'utile :

« Ce qui est admirable, s'écrie d'Ablancourt, c'est que Dieu n'a rien fait de nécessaire qui ne soit agréable en même temps. Plus une chose est nécessaire, plus elle est délicieuse; en sorte qu'il est impossible de séparer le plaisir de tout ce qui fait subsister le genre humain » [4].

Objectera-t-on, comme Patru ne manque pas de le faire, que ce qui était vrai de la nature intègre ne l'est plus de la nature corrompue par le péché [5] ? Ici encore d'Ablancourt a la répartie facile. Si le goût des plaisirs criminels vient à coup sûr de notre corruption, il n'en est pas de même, explique-t-il, pour tous les plaisirs : sinon, on ne comprendrait pas que Dieu ait, avant la faute, placé le premier homme dans les délices de l'Éden [6]. Il est donc des plaisirs innocents : tel l'amour, lorsqu'il n'est pas simple libertinage des sens mais « union des cœurs ». Encore cet amour spirituel n'est-il pas condamné à demeurer platonique. Voici qu'avec une bourgeoise ingénuité notre avocat vante le charme de la possession dans le mariage : « C'est le comble de la félicité que d'être heureux et innocent tout ensemble » [7].

Un bonheur innocent, une vertu aimable... Tout le style de vie auquel voudra croire la génération qui atteint sa maturité intellectuelle vers 1720 est déjà résumé dans cette parole prêtée à un huguenot du

---

1. *Ibid.*, p. 73.
2. *Ibid.*, t. I, p. 191.
3. *Ibid.*, p. 180.
4. *Ibid.*, p. 188.
5. *Ibid.*, p. 196.
6. *Ibid.*, p. 197 sq.
7. *Ibid.*, t. II, p..46.

siècle précédent : un huguenot qui admire l'enseignement dispensé par les collèges des Jésuites... [1]. Restait à systématiser les thèmes posés par d'Ablancourt, et plus ou moins dûment empruntés à Malebranche ou à Fénelon. Dans les dernières années de sa vie, un ancien diplomate devenu président du bureau des finances de Rouen réalise enfin le projet qu'il avait conçu quinze ou vingt ans plus tôt; il ne s'agit de rien de moins que de mettre un point final à la longue série d'anathèmes lancés par les prédicateurs et les moralistes chrétiens contre les tentations du « monde », et de montrer que l'on peut travailler efficacement à son salut sans renoncer pour autant à toutes les joies terrestres. Présenter aux mondains un idéal trop austère, c'est à coup sûr décourager leurs rares velléités de dévotion et les rejeter dans le libertinage. « Il faut ruser avec l'homme pour le servir efficacement », constate Lemaître de Claville [2]. Mais cette remarque désabusée sur la « corruption du monde » est loin de donner le ton de son livre. Celui-ci s'inspire au contraire d'un optimisme raisonné. Si la nature humaine est ainsi faite que le plaisir a sur elle un irrésistible attrait, la sagesse ne peut consister à la heurter de front, mais au contraire à lui offrir des plaisirs innocents qui la détourneront des jouissances coupables. Plaisirs de la table, de la musique, des spectacles et même du jeu, plaisirs plus intellectuels de la conversation et de la lecture n'ont rien en eux-mêmes d'incompatible avec une piété véritable; soutenir le contraire serait retomber dans la « sévérité rebutante » de cette morale outrée à laquelle l'auteur du *Traité du Vrai Mérite* n'épargne pas les sarcasmes :

« A un pédant, à un hypocrite, à un moine, qui n'aura vu le monde que par la lucarne de son froc, proposer de la conformité entre les plaisirs innocents et les bonnes mœurs, quel paradoxe ! quelle hérésie ! C'est Épicure ressuscité. On n'est point chrétien si on ne parle pas à la Capucine... » [3].

Ce refus irrévérencieux de l'ascétisme monacal, ce langage si délibérément « philosophique » ne manquèrent sans doute pas de contribuer au succès durable d'un livre que Diderot devait tenir en haute estime. Mais sa diffusion rapide tint surtout à son ton modéré, et à l'idéal de juste mesure qu'il cherchait à défendre. D'autres textes de la même époque reflètent un désir identique de concilier les impératifs de la foi et les séductions du bonheur terrestre. Les huit volumes de l'abbé

---

1. *Ibid.*, p. 129.
2. *Traité du vrai mérite de l'homme*, 1734, *op. cit.*, Ch. I, p. 22.
3. *Ibid.*, p. 21. Parmi ces « plaisirs innocents », Lemaître de Claville recommande particulièrement celui de la promenade : « Si le plaisir de la promenade n'a pas le même piquant que celui de la table, de la musique, des spectacles, du jeu, aussi n'a-t-il pas les mêmes inconvénients. La nature, pure encore, ne connaissait ni richesse, ni cupidité, quand elle fit du monde entier un promenoir pour tout ce qui respire ; et les plaisirs que nous fournit la nature valent bien ceux que nous devons à l'art. (*Ibid.*, Ch. IV, *De l'utilité, du choix et de l'usage des plaisirs*, 7, *De la promenade*, p. 230.

Pluche découvrent à leurs lecteurs des horizons infiniment plus vastes
et variés que le petit ouvrage de Lemaître de Claville mais, bien que la
démonstration y soit plus ambitieuse, elle s'inspire du même état d'esprit :
si Dieu a voulu que le « spectacle de la nature » fût si beau et témoignât
de sa bonté, il serait maladroit de bouder notre plaisir et de refuser, par
une affectation de rigorisme, les joies que la Providence nous offre.
Non seulement la religion chrétienne bien entendue ne condamne pas
les plaisirs, mais elle reconnaît en eux l'action de la souveraine Puissance.
Cette conclusion est du moins impliquée par le système des causes occasionnelles, et l'abbé Pluche se souvient visiblement de Malebranche
lorsqu'il constate sur ce point l'analogie du monde physique et du monde
moral : de même que tous les mouvements qui agitent les corps ne sont
jamais que « l'action de Dieu diversifiée », ainsi « les sentiments qui
affectent notre âme sont un ordre selon lequel Dieu agit sur notre âme,
et toutes les diversités de saveurs, d'odeurs, de sons, de couleurs, en un
mot toutes nos sensations ne sont que l'action de Dieu sur nous, diversifiée selon nos besoins » [1].

Une fois admise la possibilité d'être en même temps chrétien et
« honnête homme » [2], une fois la présence et l'action divines reconnues
dans toutes les jouissances que l'univers peut fournir à notre esprit et à
nos sens, il ne restait plus, pour compléter la réhabilitation du plaisir,
qu'à faire reposer sur lui toute une théologie. Lemaître de Claville
s'était contenté d'écrire un manuel de savoir-vivre; l'abbé Pluche promenait son élève à travers les merveilles de la nature entière, mais il
n'abordait directement le problème des plaisirs qu'en quelques passages.
Il en est tout autrement dans la *Théorie des sentiments agréables* de Lévesque
de Pouilly, ouvrage publié seulement en 1747, mais dont une première
ébauche est insérée dans un recueil collectif de Saint-Hyacinthe dès
1736. Ancien protégé du libertin Fréret, lui-même membre de l'Académie des Inscriptions, mais aussi féru de mathématiques, l'auteur se
propose d'appliquer à l'analyse de la nature humaine la méthode rigoureuse de la science mécaniste. Mais ce prédécesseur de Condillac n'entend
pas seulement faire de la psychologie une science exacte. Persuadé que
la « science des sentiments » est « aussi certaine et plus importante
qu'aucune science naturelle », il désire la mettre à la portée de tous les
hommes afin de contribuer à leur bonheur. « De tous les arts il n'en est
point de plus important que celui d'être heureux... » [3]. Aux esprits
chagrins qui pourraient s'indigner de cette déclaration liminaire, Lévesque
de Pouilly rappelle d'abord que le dernier mot de la morale évangélique

---

1. *Le Spectacle de la Nature, op. cit.*, t. IV, p. 168.
2. Voir l'ouvrage du P. CALMEL, *Méthode facile pour être heureux en cette vie et assurer son bonheur éternel*, Paris, 1727.
3. *Op. cit.*, Ch. I, p. 7.

n'est pas la crainte mais la charité[1]. Mais son propos essentiel se situe sur un autre plan que celui de la Révélation : ce qui légitime à ses yeux la recherche du bonheur, c'est sa conformité aux intentions de notre Auteur, telles que nous pouvons les découvrir, « gravées dans la nature de notre être ». Le bonheur est légitime parce qu'il est possible : l'expérience en effet nous apprend qu'il est lié au « bon usage » de nos différentes facultés; pour l'esprit et pour le cœur, comme pour les organes de la vie physique, il existe un certain « agrément » attaché à ce qui exerce nos facultés sans les fatiguer[2]. A mi-distance d'une torpeur qui serait un néant de la sensibilité et d'un excès d'activité qui deviendrait vite douloureux, le bonheur réside dans un équilibre de repos et de mouvement; il est ainsi l'épanouissement de la nature humaine, que Lévesque de Pouilly identifie à la perfection morale[3]. L'accès à cette plénitude d'être suppose évidemment que nos sensations, agréables ou désagréables, ne nous trompent jamais. Aussi notre auteur insiste-t-il sur la finalité du plaisir et de la douleur, reconnue, rappelle-t-il, par de très nombreux philosophes, de Platon à Sénèque, et de Descartes à Crousaz[4]. Comme celles de la physique ou de la physiologie les lois du sentiment prouvent que la Création a été souverainement ordonnée par une Intelligence bienfaisante[5]. La douleur même a son utilité, que les Épicuriens ont eu tort de nier, puisqu'elle nous détourne de ce qui nous est contraire. Les exceptions apparentes à ce principe ne justifient nullement l'incrédulité des sceptiques et en confirment au contraire l'universalité; car l'ordre du monde moral, réglé une fois pour toutes par le Créateur, n'est pas moins immuable que celui de l'univers physique :

« Il arrive quelquefois, concède Lévesque de Pouilly, que la douleur semble nous avertir de nos maux en pure perte; rien de ce qui est autour de nous ne peut alors les soulager. C'est qu'il en est des lois du sentiment comme de celles du mouvement. Les lois du mouvement règlent la succession des changements qui arrivent dans les corps, et portent quelquefois la pluie sur des rochers ou sur des terres stériles. Les lois du sentiment règlent de même la succession des changements qui arrivent dans les êtres animés; et les douleurs qui nous paraissent inutiles en sont quelquefois une suite nécessaire, par les circonstances de notre situation. Mais l'inutilité apparente de ces différentes lois dans quelques cas particuliers, est un bien moindre inconvénient que n'eût été leur mutabilité continuelle, qui n'eût laissé subsister aucun principe fixe, capable de diriger les démarches des hommes et des animaux »[6].

---

1. *Ibid.*, p. 10.

2. *Ibid*, Ch. III à VIII.

3. *Ibid.*, Ch. VIII, p. 117 : La perfection morale « consiste dans la possession des habitudes de l'âme, qui nous mettent à portée de nous procurer un solide bonheur, en conformité des intentions de notre Auteur, gravées dans la nature de notre être ».

4. *Ibid.*, Ch. II.

5. *Ibid.*, Ch. X et XI.

6. *Ibid.*, Ch. X, p. 160.

Comme le Dieu de Malebranche, mais aussi comme celui de Pope, la Providence dont la *Théorie des sentiments agréables* célèbre la sagesse et la bonté n'agit jamais que par des voies générales. L'ordre de la nature incarne la sagesse divine, mais il tend aussi à éclipser celui de la grâce. Dans son éloge du plaisir Lévesque de Pouilly est d'autant plus à son aise que le souvenir du péché originel, encore présent çà et là dans l'œuvre de Lemaître de Claville, n'effleure même pas son esprit. Son ouvrage sobre et clair érige en système les tendances épicuriennes diffuses dans la pensée chrétienne depuis un demi-siècle, mais il en fait par là même ressortir plus nettement les équivoques et les dangers. L'inspiration du livre apparaît beaucoup plus déiste qu'elle n'est chrétienne. L'approbation tacite de l'*Encyclopédie* qui lui empruntera l'essentiel de son article *Plaisir* ne sera pas à cet égard une caution d'orthodoxie. Il faut rappeler aussi que Lévesque de Pouilly avait dédié en 1736 la première esquisse de son traité à Lord Bolingbroke [1]. C'est dans le même climat intellectuel et sous les mêmes influences que Voltaire écrit à partir de 1734 ses *Discours en vers sur l'Homme,* où l'existence de Dieu est très sérieusement prouvée par celle du plaisir [2]. Ainsi l'évolution de l'épicurisme chrétien conduisait-elle insensiblement à la satisfaction voluptueuse du Mondain...

Le peu de remous suscité par le livre de Lévesque de Pouilly, accueilli dans l'ensemble avec une grande faveur, prouve cependant qu'une décennie après le pamphlet paradoxal de Voltaire toutes les implications déistes de cette nouvelle « théologie morale » n'étaient pas encore clairement apparues [3]. A plus forte raison l'ouvrage avait-il chance de répondre dix ans plus tôt, lors de sa première conception, aux tendances profondes de l'opinion catholique éclairée. Un témoignage sur celles-ci nous est fournie par la littérature romanesque des années 1730-1740 et en particulier par l'œuvre de l'abbé Prévost. Dans la préface du *Doyen de Killerine* l'auteur précise lui-même la signification morale de son roman qui met face à face, et souvent oppose, deux hommes également droits, l'un selon les « maximes du monde », l'autre « suivant

---

1. Cf. Saint-Hyacinthe, *Recueil de divers écrits,* 1736, pp. 135-227. Cette lettre à Bolingbroke avait été d'autre part l'objet d'un tirage confidentiel en 1743.

2. Cf. *Cinquième Discours, Sur la nature du plaisir.*

3. Le compte rendu du Journal des Savants (avril 1748, pp. 230-236) est particulièrement élogieux. Les *Mémoires de Trévoux* mêlent bien à des louanges analogues quelques critiques, mais celles-ci ne portent nullement sur le dessein de l'auteur, ni sur le fond de l'ouvrage ; le plus grave reproche, à vrai dire assez inattendu, que le périodique adresse à Lévesque de Pouilly, c'est d'avoir manqué d'esprit de système : « Il semble que dans sa *Théorie* il ne s'est pas assez appliqué à lier les principes et à rapprocher les conséquences ; il a de l'esprit de reste pour faire un ouvrage plus parfait » (Mai 1748, vol. I, p. 935). Un autre témoignage sur le succès remporté par la *Théorie des sentiments agréables* nous est fourni par un obscur académicien dijonnais, le médecin Hoin, qui publie en 1752 une *Dissertation sur l'utilité des passions par rapport à la santé,* où il déclare s'inspirer des principes posés par Lévesque de Pouilly.

celles du christianisme » [1]. Il s'en faut de peu qu'avec sa rigueur intransigeante le Doyen ne fasse le malheur de tous les siens, tout en voulant
travailler à leur félicité. A travers les péripéties d'une action mouve-
mentée et les situations difficiles ou scabreuses où l'engage imprudemment son zèle apostolique il finit par comprendre que les agitations du
monde ne sont pas forcément opposées aux devoirs de la religion;
à la manière de saint François de Sales il en vient même à admettre, au
cours d'un humiliant examen de conscience, que la politesse mondaine,
source de tous les plaisirs de la société et de la conversation, a dans la
charité chrétienne sa véritable origine [2]. C'est à peu près le chemin
inverse que suit Cleveland, dans un autre grand ensemble romanesque
du fertile auteur de *Manon Lescaut :* non plus de Dieu au monde, mais du
monde à Dieu. Encore cette évolution intérieure n'a-t-elle rien d'exclusif.
Après bien des aventures qui ont failli anéantir en lui tout espoir de
bonheur le héros a enfin déjoué les coups du sort et les machinations
de ses ennemis; délivré d'une passion sans issue, réconcilié avec celle
qu'il n'a en fait jamais cessé d'aimer, il s'abandonne aux plaisirs du monde
jusqu'au jour où l'exemple de Fanny, sa femme, lui fait cruellement
ressentir le vide qu'ils laissent en lui. « Plaisirs frivoles, s'écrie-t-il dans
un moment de lucidité, vous n'êtes pas faits pour remplir mon cœur » [3].
Bientôt la philosophie matérialiste à laquelle il inclinait subit l'épreuve
décisive de la mort. La perte de sa fille plonge Cleveland dans un désespoir affreux qui contraste avec la douce résignation de Fanny. Apaisée
par les sages maximes de son entourage, son âme s'ouvre enfin à Dieu.
Mais sa conversion ne fait pas de lui un fanatique; loin de fuir le monde,
comme le jeune héros des *Conversations chrétiennes,* Cleveland admet
volontiers que la piété puisse s'accommoder des joies d'ici-bas : « Le
chrétien trouve dans les plaisirs qu'il se procure par l'usage des biens
passagers du monde une raison d'en désirer de plus parfaits » [4].

Parmi les contemporains de Prévost ou de l'abbé Pluche il est
cependant des âmes d'une piété plus exigeante. Celles-là refusent une
équivoque aussi complaisamment entretenue, et dénoncent comme une
périlleuse duperie l'accord prétendu des plaisirs du monde et de la béatitude céleste. Figés dans leur étroit sectarisme, les jansénistes ne sont pas
les derniers à s'élever contre une telle compromission. Un Jésuite, le

---

1. Édit. 1808, *op. cit.*, t. I, p. X.
2. *Ibid.*, Livres VIII (t. III, p. 164) et XI (t. IV, pp. 63-64).
3. *Op. cit.*, Livre XIV (t. VII, p. 131).
4. *Ibid.*, XV, pp. 328 sq.

P. Bougeant, imagine un jour de renouveler de manière humoristique le vieux débat sur l'âme des bêtes : à l'en croire, le corps des animaux servirait de logis aux démons, humiliés ainsi dans leur orgueil avant de subir les tourments de l'Enfer. Dans le subtil enjouement qu'il apporte à défendre cette hypothèse saugrenue, le P. Bougeant ne craint pas d'établir entre la sagesse animale et la folie des hommes un parallèle qui n'est pas sans rappeler l'*Apologie de Raymond Sebond*[1]. C'en était assez pour se faire taxer d'épicurisme : opinion peu surprenante chez un disciple d'Escobar, s'exclame aussitôt le rédacteur des *Nouvelles Ecclésiastiques* : « Il est clair du moins que la maxime avancée par le P. Boujean (*sic*) sur les plaisirs s'accorde merveilleusement avec cet horrible principe de la Société : *Il est permis à l'appétit naturel de jouir des actions qui lui sont propres...* »[2]. Ainsi le parti janséniste ne manque-t-il pas une occasion de tonner contre la corruption du siècle et d'en rendre responsables ses adversaires de toujours. En l'espèce la sainte indignation du nouvelliste serait pourtant plus convaincante si à son zèle pieux ne venaient se mêler des motifs moins avouables ; bien que toute la Société soit visée ici à travers l'un de ses membres, le P. Bougeant était pour les fervents du diacre Pâris une cible de choix; avant de philosopher sur le langage des bêtes, n'avait-il pas exercé dans plusieurs comédies sa verve caustique aux dépens des jansénistes ?[3]

Trop de rancœurs vainement ressassées depuis un siècle, trop de mesquines jalousies, trop d'aigreur se mêlent ainsi à la dévotion sincère des jansénistes pour que leurs protestations puissent trouver une bien large audience. Leur acharnement venimeux à dénoncer toutes les idées neuves, leur esprit de hargne pédante et bornée discréditent leur intransigeance et leur refus des compromis. On ne décèle au contraire aucune arrière-pensée maligne dans le réquisitoire impitoyable qu'un de ces Jésuites qu'ils abhorraient dresse à la même époque contre les maximes relâchées de ses contemporains. C'est peu d'années avant sa mort que le P. Croiset publie son *Parallèle des mœurs de ce siècle et de la morale de Jésus-Christ*[4]. Dans la sévérité de ses remarques percent

---

1. *Amusement philosophique sur le langage des bêtes*, 1739. (Édit. critique par Hester Hastings, *Textes littéraires français*, 1954).

2. *Nouvelles ecclésiastiques*, 7 mai 1739, p. 71.

3. Cf. H. HASTINGS, *op. cit., Introduction*, pp. 12-14. Il est vrai que les Jésuites allaient parfois fort loin dans leur désir de réconcilier le christianisme et le « monde » ; jusqu'à porter à la scène l'union de la religion et du Plaisir. C'est Helvétius qui rapporte cette anecdote : « Les Jésuites donnèrent à Rouen, en 1750, un ballet dont l'objet était de montrer *que le plaisir forme la jeunesse aux vraies vertus, c'est-à-dire, première entrée, aux vertus civiles ;· seconde entrée, aux vertus guerrières ; troisième entrée, aux vertus propres à la religion*. Ils avaient, dans ce ballet, prouvé cette vérité par des danses. La Religion, personnifiée y avait un pas de deux avec le Plaisir ; et pour rendre le Plaisir plus piquant, disaient alors les jansénistes, les Jésuites l'ont mis en culotte ». (*De l'Homme*, II, XVI — Texte cité par Diderot dans sa *Réfutation...*, A.T., II, p. 363).

4. Lyon, 1735, 2 vol. in-12. La vie du P. Jean Croiset, mort à un âge avancé en 1738, appartient autant au XVIIe siècle qu'au XVIIIe.

l'esprit d'un autre âge et une fermeté de principes peu habituelle à la littérature morale du demi-siècle : siècle brillant, concède l'auteur, mais combien peu chrétien ! Les mondains et leurs défenseurs distinguent volontiers la volupté et la débauche, mais, pour être plus raffiné, le libertinage n'en est pas moins dangereux : « Les vices aujourd'hui les plus grossiers sont admis, et comme spiritualisés par des airs de politesse qui les masquent »[1]. Bien plus, continue le P. Croiset, la mollesse et l'oisiveté des grands ont gagné peu à peu les conditions moyennes; il n'est pas jusqu'au petit peuple qui ne consacre à de vaines distractions les loisirs que lui apporte chaque semaine le jour du Seigneur[2]. Mais la concupiscence a des habitudes sournoises plus dangereuses encore que ses appels évidents. Quand des communautés religieuses oublient ouvertement tous leurs devoirs pour s'adonner à des divertissements frivoles le scandale n'échappe à personne. Mais ceux qui, devant cette dissipation luxueuse, s'enorgueillissent de leur esprit d'épargne ou de leur stricte observance du jeûne ne sont pas moins coupables : à ces bourgeois consciencieux que la frivolité du temps n'a pas encore touchés le P. Croiset rappelle que l'économie, fille de l'intérêt, n'a jamais passé pour une vertu évangélique, et que la sensualité se rencontre « jusque dans la frugalité et l'abstinence »[3]. Habile à déceler dans les mœurs les plus irréprochables les pièges du démon, l'auteur du *Parallèle* se défend contre le soupçon d'un excès de rigueur : la morale de Jésus-Christ, plaide-t-il, « condamne également le rigorisme et le relâchement »[4]. Mais il suffit de parcourir son livre pour s'apercevoir qu'en réalité la seconde erreur y est seule visée. Le péché, rappelle-t-il, a empoisonné toutes les inclinations du cœur; aussi n'est-il pas de bonnes passions, toutes doivent être combattues, non par la seule raison, bien incapable de les vaincre, mais avec le secours de la foi[5]. Telle est la règle de vie que les Évangiles imposent aux chrétiens : « Tous les raisonnements et l'éloquence des avocats des sens ne changeront rien à la loi »[6]. Aux sophismes d'une morale facile, si prompte à justifier les troubles appels du désir, le P. Croiset réplique, inlassablement, qu'il n'est pas de conciliation possible entre les attraits du monde et la vie éternelle. L'expérience prouve qu'on ne peut chercher son bonheur terrestre sans oublier son salut[7]. Le vrai chrétien est un soldat qui a en lui-même ses pires ennemis : « La vie chrétienne est une guerre continuelle »[8]. Et pour décrire cet incessant combat, le P. Croiset ne trouve

---

1. *Parallèle....*, t. I, *Idée générale de l'esprit et des mœurs de ce siècle*, p. 13.
2. *Ibid.*, *De la vie molle*, p. 81 et *Du salut éternel*, p. 308.
3. *Ibid.*, t. II, *Des devoirs de la Religion*, p. 382.
4. *Ibid.*, t. I, *Idée générale de la morale de Jésus-Christ*, p. 57.
5. *Ibid.*, *Des passions*, pp. 166 sq.
6. *Ibid.*, t. II, *Des Devoirs de la Religion*, p. 388.
7. *Ibid.*, t. I, *Du Monde*.
8. *Ibid.*, *Des passions*, p. 171.

pas de mots assez rudes : « Mortification continuelle, abnégation de soi-même, victoire non ininterrompue des passions, et sur les sens, amour de la retraite, modestie sans fard; humilité sans déguisement; aversion pour le luxe; tout ce qui doit caractériser le vrai chrétien condamne, proscrit, anathématise la vie molle »[1].

Au sortir des fades équivoques où se complaisaient si souvent les fidèles du P. Croiset il est permis de trouver tonique une sévérité aussi clairvoyante. L'auteur du *Parallèle* ne veut pas accepter qu'on exténue le christianisme sous prétexte de lui conserver l'adhésion de ceux qui l'ont en eux-mêmes déjà renié. Mais ce refus de tout compromis, même tactique, n'allait pas sans grandes conséquences. Il risquait de précipiter, entre le siècle des lumières et la religion du Christ, la rupture que tant de moralistes s'étaient précisément efforcés d'éviter. Sommées de choisir sans délai entre les plaisirs et Dieu, les âmes égarées n'hésiteraient pas longtemps : il leur serait désormais facile ou bien d'opposer à la dévotion belliqueuse de leur directeur de conscience les arguments habituels de l'épicurisme chrétien, ou bien même d'ériger en une philosophie ouvertement agressive et anti-chrétienne le discret libertinage des mondains de naguère. Car si l'on admet, dans la perspective ouverte par Malebranche, que les plaisirs sont l'œuvre de Dieu, mais que la Religion nous interdit pourtant de les goûter, on se heurte à une contradiction insupportable; comme l'avait malignement souligné Bayle en prenant contre Arnauld la défense de l'Oratorien, Dieu jouerait dans le drame de la vie humaine à la fois le rôle de tentateur et celui de bourreau. Comment ne pas préférer à une telle image de la divinité, monstrueuse et absurde, soit la providence uniforme et raisonnable du Dieu des déistes, soit les démarches aveugles et néanmoins assurées de la Nature toute-puissante ? La génération de Diderot n'aura pas grand' peine à trouver à ces deux attitudes des prédécents nombreux : elle découvrira l'athéisme militant du curé Meslier qui, dans le secret de son *Testament*, s'indignait de l'anathème lancé par l'Église contre les plaisirs de la chair[2]; elle se rappellera aussi le bonheur des Féliciens chers à l'imagination du marquis de Lassay : bonheur confiant dans la bonté

---

1. *Ibid.*, *De la vie sociale*, p. 80. (Entendons « victoire *sur les* passions»!). En prêchant sur l'antinomie du bonheur et du salut le P. Croiset n'entend pas détourner les fidèles des devoirs de leur état, mais leur rappeler que ceux-ci doivent être accomplis dans un esprit de piété austère, et non d'ambition frivole : « Dieu daigne nous tenir compte de ce que l'on fait pour soi, quand c'est pour l'amour de lui qu'on le fait, et alors nulle incompatibilité de devoirs et d'affaires. On est homme d'épée, homme d'affaires, mais on est chrétien. On peut servir dans ces différents états le même maître, et on travaille utilement pour Dieu, pour les hommes et pour soi-même » (extrait de sermon cité par Houdry, *op. cit.*, t. VI, p. 791). B. Groethuysen qui reproduit ce texte (*op. cit.*, p. 203), montre brillamment que cette conception de la vie chrétienne, qui condamne l'épicurisme paresseux des mondains et plus encore la passion de s'enrichir de la nouvelle classe capitaliste, s'accorde au contraire fort bien avec le sérieux traditionnel des bourgeois à l'ancienne mode.

2. *Op. cit.*, t. II, *Cinquième Preuve* (41), pp. 160 et sq. Il y a quelque chose de monstrueux, écrit Meslier, à condamner une inclination aussi naturelle.

des lois par lesquelles l'Être Suprême conduit l'univers, sans jamais rien ordonner « qui soit opposé à la nature ou qui contraigne les plaisirs » [1]. Déjà dans l'œuvre de La Mettrie, en particulier dans l'*Anti-Sénèque* et l'*Art de jouir*, la quête du plaisir est célébrée comme l'unique affaire de la vie, avec un cynisme tranquille qui refuse les hypocrisies de la « morale naturelle » [2]. L'un des grands problèmes de Diderot sera de concilier, non plus avec la tradition chrétienne mais avec les contraintes inévitables de la vie sociale, le droit de chaque individu à satisfaire librement tous ses instincts. Car si le plaisir et la peine sont les seuls critères du bonheur et du malheur, comme du juste et de l'injuste, il en résulte que le bonheur du méchant, au regard de la nature sinon au gré de la société, est aussi légitime que celui de l'homme de bien ; et comme Bayle l'avait également noté, tous les plaisirs se valent, puisque « spirituels » ou « physiques » dans leurs causes, ils ne sont jamais en eux-mêmes que certaines modifications de l'âme. D'où cette constatation de Diderot, empruntée à Aristippe : « Une peine ne diffère d'une peine et un plaisir ne diffère d'un plaisir que par la durée et par le degré » [3].

A partir du moment où le « calcul moral » est le dernier mot de la raison humaine la fidélité à celle-ci apparaît incompatible avec les maximes transcendantes d'une Religion révélée. L'échec de l'épicurisme chrétien est moins surprenant que la faveur prolongée dont il bénéficie jusqu'au milieu du siècle. Comment expliquer en effet que le divorce si patent entre la morale hédoniste des philosophes et l'idéal chrétien n'ait pas éclaté plus tôt aux yeux de tous ? Comment comprendre qu'un accord entre ces inconciliables ait été jugé si longtemps à la fois souhaitable et possible ? Tous les aspects de l'antinomie du bonheur et du salut avaient déjà été aperçus et disséqués par l'intelligence inquiète de Bayle. Pour que de telles évidences, soulignées avec lourdeur et prolixité mais aussi avec une impitoyable logique, fussent momentanément oubliées, il ne suffisait pas du désir profond des moralistes chrétiens de rendre le christianisme accueillant aux tendances et aux aspirations de leur temps, il fallait encore que dans l'autre camp les avocats attitrés des plaisirs voulussent bien se prêter à ce jeu et qu'une sorte de sagesse moyenne se formât ainsi des concessions téméraires des uns et du conformisme prudent des autres.

---

1. LASSAY, *Relation du Royaume des Féliciens*, in *Recueil de différentes choses*, Lassay, 1727 (réimprimé à Lausanne en 1756), pp. 104-106. Les femmes des Féliciens sont pudiques, mais eux-mêmes « n'ont jamais imaginé que la chasteté fût une vertu » (*ibid.*, p. 132). En nous donnant à la fois le goût des plaisirs et les moyens de le satisfaire Dieu ne nous a pas tendu de piège : cette conviction du marquis de Lassay inspire aussi l'*Épître à Uranie*, où Voltaire s'élève contre l'idée d'un Dieu-tyran qui prendrait une joie cruelle à punir le goût naturel des hommes pour le plaisir.

2. Cf. ci-dessus, Ch. VI, 3.

3. *Encyclopédie, art. Cyrénaïque.*

Tous les plaisirs se valent, répètent à l'envi, après Bayle et avant Diderot, les épicuriens modernes. Mais, lorsqu'ils s'appliquent à construire leur bonheur selon les évidences de l'arithmétique, on les voit s'ingénier à réintroduire dans leur morale pratique le hiérarchie dont ils avaient d'abord proclamé l'inanité. Ainsi l'art de vivre élaboré par un admirateur de Pétrone finit-il par ressembler beaucoup au bonheur innocent dont rêvent les lecteurs du *Télémaque*. Car si l'on accorde que toutes les « passions » ne sont pas forcément funestes, on est loin de souhaiter qu'elles puissent indistinctement et sans contrôle s'épanouir en toute liberté. Le bonheur épicurien relève beaucoup plus de la raison que de la passion [1].

Certains opposent, il est vrai, aux vains artifices de la raison les joies sans mélange de l'abandon à l'instinct. C'est le thème pyrrhonien classique du bonheur animal : bonheur instantané que ne troublent jamais ni le regret du passé ni l'espérance ou la crainte de l'avenir. Il est des cœurs blasés qui regrettent la triste condition de l'homme, incapable de ces jouissances simples : « Hélas ! s'écrie l'un d'eux, pourquoi la nature, en nous donnant des passions, qui suffisaient pour nous rendre heureux, nous donne-t-elle une raison qui ne nous permet pas de l'être » ? [2] De tels accents ne sont pas rares dans la littérature du demi-siècle, mais on aurait tort de leur attribuer trop d'importance. Lorsqu'elle ne se réduit pas à une banale rhétorique, cette apologie du bonheur aveugle des bêtes a surtout une signification polémique : antichrétienne ou antistoïcienne, elle raille tous les efforts de l'homme pour sortir de sa condition et dépasser sa nature. Nul ne conteste sérieusement que, ramenée à plus de modestie, la raison puisse et doive jouer dans la recherche du bonheur un rôle essentiel. Après avoir noté que l'amour du plaisir et la haine de la douleur sont en nous des impulsions primitives, antérieures à toute réflexion, Fréret reconnaît que tous les plaisirs n'ont pas la même consistance ; il en est de durables et d'éphémères; certains, si agréables qu'ils soient dans l'instant, ont parfois des conséquences fâcheuses. Heureusement le déterminisme qui nous régit porte en lui-même son correctif : les enfants qui « en cela ne diffèrent pas des petits des bêtes » cèdent toujours à l'attrait du moment ; mais l'expérience qu'ils acquièrent peu à peu à leurs dépens finit par leur apprendre à différer, voire à refuser le plaisir qui s'offre. Ainsi se forme progressivement, à force d'expériences accumulées, une raison sans prétentions métaphysiques

---

1. Le problème des « passions » est abordé ici du point de vue du *bonheur* et non plus sous l'angle de la *vertu* (Cf. ci-dessus, Ch. VI, 3). La distinction était nécessaire dans notre exposé, ne fût-ce que pour souligner avec quel entêtement le demi-siècle la refuse : c'est toute l'équivoque de la *morale naturelle* qui prétend être à la fois une morale du plaisir et une morale de la vertu.

2. RÉMOND de SAINT-MARD, *Nouveaux dialogues des Dieux*, X. *Qu'il ne faut point trop examiner les passions pour être heureux.* (*L'éloge des plaisirs, op. cit.,* p. 136).

et qui ne contredit pas la nature puisqu'elle n'est, en fait, que la nature devenue consciente d'elle-même [1].

*
* *

Les stoïciens tiennent que notre bonheur dépend de nous. La foule s'en prend à la destinée [2]. N'y-a-t-il pas plus de vérité dans ce fatalisme vulgaire que dans les proclamations hautaines du *Portique*? Le bonheur est affaire de tempérament et il est soumis au caprice des événements. Entre les prédispositions naturelles et la pression des circonstances il reste cependant un étroit domaine qui est celui de la liberté critique. En joignant à « un heureux naturel [...] tout l'art de la philosophie » [3] il est possible de se ménager une existence calme, agrémentée de quelques plaisirs, et abritée des heurts trop violents de la fortune. Mais ce bonheur sera la conquête d'une sagesse toujours en éveil : contre les pièges de l'imagination, toujours prête à déformer ou grossir nos maux réels, et à en inventer de fictifs, contre les passions surtout qui troublent le cœur, aveuglent l'esprit, et aliènent soit à autrui, soit aux circonstances, le peu d'indépendance auquel nous puissions prétendre. L'homme heureux est un joueur assez maître de soi pour peser toujours les chances et les risques de l'enjeu. Au lieu de s'attacher à l'apparence des biens extérieurs il choisit, froidement, ceux « dont il y a plus à espérer qu'à craindre ». A ces conditions, le bonheur est en somme facile à gagner : « Il n'est question que de calculer, et la sagesse doit toujours avoir les jetons à la main » [4]. Cette nécessaire lucidité exclut aussi bien la fièvre des sens que l'aveuglement passionnel. Le plaisir est un instant, le bonheur un état; le plaisir est mouvement, le bonheur est le repos de l'âme. Mais un repos parfait ressemblerait beaucoup à de l'ennui; l'âme a besoin d'une agitation modérée. Aimons donc les plaisirs calmes, la conversation et l'amitié, la lecture et l'étude : à l'avantage de la durée ils joignent celui de la sécurité. Ne négligeons pas les « petits biens » : ils font, au fil des jours et sans risques, le charme de la vie. Sachons nous contenter de ceux qu'il nous est possible de saisir, apprenons à « tirer des choses plus de bien que de mal », réjouissons-nous des maux qui nous sont épargnés, et si nous avons la chance d'être nés dans une « condition médiocre », félicitons-nous d'offrir moins de prise aux coups du sort. « Celui qui veut être heureux, conclut Fontenelle, se réduit et se resserre autant qu'il est possible » [5].

---

1. *Lettre de Thrasybule à Leucippe, op. cit.*, p. 134.
2. FONTENELLE, *Pensée sur le bonheur* (in *Le Temple du Bonheur...*, Bouillon, 1759, t. I, pp. 323-342). Première publication en 1724.
3. *Ibid.*, p. 332.
4. *Ibid.*, p. 337.
5. *Ibid.*, p. 339.

On voit tout ce que cette félicité suppose de renoncements sans tapage et de limitations discrètement consenties. Persuadé que les maux sont plus nombreux que les biens [1], mais que le bonheur n'est pas pour autant une chimère, Fontenelle apporte à ses contemporains le modèle d'une sagesse confiante et désabusée, sans illusions comme sans amertume. Les quelques pages de ses *Pensées sur le bonheur* auront au xviiie siècle un grand succès; la définition du bonheur avancée par l'*Encyclopédie* s'en inspire directement : « *un état tranquille semé çà et là de quelques plaisirs qui en égayent le fond* » [2]. Plus que les côtés négatifs de cet idéal mesuré, le xviiie siècle voudra retenir l'exemple d'une méthode efficace : il existe un art d'être heureux, « le premier de tous les arts », aux dires de l'abbé Trublet qui félicite Fontenelle d'en avoir esquissé l'étude pour le plus grand profit de quelques personnes de sa connaissance [3].

S'étonnera-t-on de voir le spirituel auteur de la *Pluralité des Mondes* ainsi promu au rôle de directeur de conscience ? Beaucoup de ceux qui, à sa suite, prétendent mettre en recettes l'art de vivre heureux sont loin de montrer une pénétration égale à la sienne. Dans la plupart des *Essais* ou *Traités sur le Bonheur* que le siècle verra éclore s'étalera une suffisance naïve, la conviction que le bonheur peut être réduit à quelques formules simples et d'une application aisée. De toute cette littérature uniforme et fastidieuse émergent quelques pages où l'on sent, derrière l'abstraction des idées convenues, l'écho d'une expérience vivante. « On ne s'est jamais trompé plus grossièrement que lorsqu'on a voulu réduire en système les sentiments des hommes », proteste par exemple Montesquieu [4]. Dans un domaine aussi subjectif presque toutes les idées générales sont fausses. On s'accorde communément à placer le bonheur dans la possession de certains biens, sans comprendre que ce qui est agréable à l'un ne l'est pas forcément à l'autre. Il y a des âmes languissantes que rien ne peut tirer de leur torpeur, il en est d'autres toujours inquiètes et incapables de se fixer : celles-ci et celles-là sont également inaptes au bonheur. Le bonheur consiste moins dans les plaisirs que dans les prédispositions naturelles qui nous portent à les goûter; tout est bonheur à un esprit et un cœur heureusement disposés : les divertissements qui les remuent avec intensité, mais aussi les joies les plus élémentaires, le

---

1. *Ibid.*, p. 334.
2. *Encyclopédie*, article *Bonheur*.
3. Trublet, *Essai sur divers sujets de littérature et de morale*, t. III, p. 228 (Cf. R. Mauzi, *op. cit.*, Ch. XII, p. 515).
4. *Pensées*, 30 (549).

sommeil, la lumière du jour, le sentiment d'exister... « Ma machine est si heureusement construite que je suis frappé par tous les objets assez vivement pour qu'ils puissent me donner du plaisir, pas assez pour me donner de la peine »[1].

Ainsi notre aptitude au bonheur dépend étroitement de la finesse et de l'équilibre de nos organes. Chacun de nous est fondamentalement voué, par sa nature physiologique, au bonheur ou au malheur. Il nous appartient cependant soit de subir passivement ce déterminisme du tempérament, soit de l'infléchir dans le sens le plus favorable. « Notre âme qui a la faculté de recevoir par les organes des sentiments agréables ou douloureux a l'industrie de se procurer les uns et d'en écarter les autres et, en cela, l'art supplée sans cesse à la nature... »[2]. Si le bonheur ne se réduit pas aisément en recettes, le moraliste peut rappeler quelques vérités d'expérience. Les unes conduisent à une sage économie des plaisirs, les autres à une souple thérapeutique de l'âme. Il nous faut des plaisirs, ou du moins des « amusements », car si nous ne sommes pas occupés de quelque objet, un sentiment de vide intérieur nous devient rapidement insupportable[3]. Mais nous ne pouvons en avoir toujours : la continuité aboutit à la satiété[4] et, dans l'intérêt même de nos plaisirs, il convient que nous ménagions et « notre machine » et notre âme[5]. A l'instar de Fontenelle, Montesquieu se défie d'autre part de cette « puissance trompeuse » qu'est l'imagination : en s'habituant à examiner les choses telles qu'elles sont, nous l'empêcherons de grossir démesurément les maux dont nous souffrons[6]. Ce rationalisme critique admet sans doute de notables exceptions; notre orgueil nous trompe, mais à notre avantage, et ce miroir déformant nous est toujours favorable: « c'est un nouveau sens de l'âme qui lui donne à tous les instants des satisfactions nouvelles »[7]. L'imagination est aussi habile à inventer des biens que des maux : bonheur illusoire sans doute, mais dans l'instant où elle est sentie l'illusion est aussi réelle que la vérité. En nous poussant à de vains espoirs la nature multiplie notre bonheur : « Ce sont autant de quarts d'heure heureux de gagnés »[8]. C'est cependant la raison qui

---

1. *Ibid.*, 213 (4).
2. *Ibid.*, 30 (549).
3. *Ibid.*, 1675 (551). Cette remarque n'a aucun accent tragique. Le besoin de « divertissement », où Pascal voyait le signe de notre misère, apparaît à Montesquieu, comme au Voltaire des *Lettres philosophiques*, tout à fait naturel et sain. Comme l'âme est « une suite d'idées », sa nature même fait qu'elle a toujours besoin d'un hochet : « Elle souffre quand elle n'est pas occupée, comme si cette suite était interrompue, et qu'on menaçât son existence ». L'exemple des solitaires ne doit pas nous abuser : « Si quelques Chartreux sont heureux, ce n'est pas sûrement parce qu'ils sont tranquilles, c'est parce que leur âme est mise en activité par de grandes vérités... » (*ibid.*).
4. *Ibid.*, 658 (995).
5. *Ibid.*, 408 (989). Cf. *Ibid.*, 1675 (551) : « L'âme a son être à ménager, comme le corps ».
6. *Ibid.*, 58 (996).
7. *Ibid.*, 30 (545).
8. *Ibid.* « Tout ceci est une affaire de calcul... », constate posément Montesquieu.

donnera à notre bonheur ses assises les plus solides : évaluer les risques d'une passion naissante, favoriser les passions agréables au détriment de celles qui nous attristent [1] seront ses tâches de chaque jour. Mais là ne s'arrête pas son rôle : grâce au témoignage de nos sens, plus convaincant que tous les raisonnements abstraits, la philosophie peut nous consoler de nos maux en leur assignant leur juste place dans « l'immensité des choses » [2], et elle peut découvrir dans la pensée des peines toujours mêlées à nos plaisirs un remède à l'angoisse de la mort. « Il est bon qu'il y ait dans le monde des biens et des maux : sans cela on serait désespéré de quitter la vie » [3]. Surtout, elle nous gardera d'espérer un bonheur disproportionné à notre nature. La plupart des gens se croient malheureux parce qu'ils ne jouissent pas du bonheur des Anges [4]; contentons-nous d'être hommes tout simplement et de goûter les plaisirs qui nous sont accessibles : « Cherchons à nous accommoder à cette vie; ce n'est point à cette vie à s'accommoder à nous » [5].

La résignation stoïcienne à laquelle Montesquieu nous invite est sans doute moins étonnante de la part de ce « Romain » qu'elle ne pouvait l'être chez aucun de ses contemporains. Ce qui intéresse et émeut davantage, c'est l'accent très personnel qu'il lui donne : « Quand je devins aveugle, je compris d'abord que je saurais être aveugle » [6]. Montesquieu ne tire aucun orgueil de cette assurance tranquille qu'il a su opposer à l'adversité. A peine a-t-il le sentiment d'une victoire remportée sur lui-même. De là cette formule admirable de familiarité : « On peut compter, ajoute-t-il, que, dans la plupart des malheurs, il n'y a qu'à savoir se retourner » [7]. La sérénité reconquise n'est pas la récompense d'un effort héroïque de la raison et de la volonté, elle est au bout d'un abandon raisonné à la nature : « une minute d'attention par jour suffit » [8]. Car nous sommes ainsi faits que nos faiblesses même conspirent à notre bonheur : l'imagination, l'orgueil, comme on l'a vu, mais aussi cette frivolité providentielle qui accroche notre âme au moindre objet et la délivre de ses pensées dévorantes [9]. Mais notre aptitude à l'illusion et au divertissement n'est pas le seul remède à nos maux; une curieuse alchimie morale transforme spontanément notre malheur en bonheur : « Nous pouvons

---

1. *Ibid.*, 1675 (551).
2. *Ibid.*, 58 (996).
3. *Ibid.*, 547 (1029).
4. *Ibid.*, 1644 (1002) et 1675 (551).
5. *Ibid.*, 1675 (551).
6. *Ibid.*
7. *Ibid.*
8. *Ibid.* « Il ne faut point beaucoup de philosophie pour être heureux : il n'y a qu'à prendre des idées un peu saines. Une minute d'attention suffit, et il ne faut point entrer pour cela dans un cabinet, pour se recueillir : ces choses s'apprennent dans le tumulte du monde mieux que dans un cabinet ».
9. *Ibid.*, 31 (550).

nous faire des biens de tous nos biens, et nous pouvons encore nous faire des biens de nos maux »[1]. Cette transmutation ne suppose aucune opération compliquée, aucun raisonnement recherché, aucune grâce particulière, elle s'opère d'elle-même en fonction d'une réalité psychologique très simple : tout est aliment à notre besoin d'activité, même la douleur. « Les vraies afflictions ont leurs délices, les vraies afflictions n'ennuient jamais, parce qu'elles occupent beaucoup l'âme »[2].

Comme l'exercice est la santé du corps, l'activité, même attachée à des objets pénibles, fait le bien-être de l'âme. En ce sens il est juste de soutenir que notre bonheur est en nous : vérité élémentaire que la plupart des hommes ignorent[3], alors qu'ils sont en réalité beaucoup plus heureux qu'ils ne croient. « La nature, constate Montesquieu, a travaillé pour des ingrats... »[4]. Arracher ses lecteurs à cette ingratitude est le seul but raisonnable d'un *Traité sur le bonheur*. « En traitant du bonheur, avoue ingénuement l'auteur de *L'Esprit des Lois*, j'ai cru devoir prendre des idées communes, et me contenter de faire sentir ce que je sentais, et porter dans l'âme des autres la paix de mon âme »[5].

La résonance exceptionnelle qu'ont en nous ces quelques fragments tient sans doute à leur ton direct, et à la qualité du témoignage personnel qu'ils nous apportent. Mais on y devine autre chose que l'expression naïve d'un tempérament, et le secret de cette quiétude n'est pas seulement d'ordre intime : il serait plus exact de le définir comme la rencontre d'un individu et d'une idéologie. La personnalité de Montesquieu est parfaitement accordée à la pensée collective de son temps; dans ses confidences sans apprêt sur son bonheur quotidien comme dans la sérénité intellectuelle de *L'Esprit des Lois,* on retrouve la même confiance dans l'ordre naturel des choses, la même conviction que cet univers terrestre, avec toutes ses imperfections, reste, sinon le meilleur possible, du moins un monde tout à fait acceptable.

Plus assuré et plus dense, moins étriqué aussi que celui de Fontenelle, le bonheur de Montesquieu n'était pas à même de satisfaire entièrement des âmes plus ardentes. Lui-même distinguait « deux sortes de gens heureux » : les uns désirent et jouissent avec intensité, les autres se contentent d'une activité douce et modérée. Aux seconds les charmes

---

1. *Ibid.*, 897 (1001).

2. *Ibid.*, 1675 (551), *loc. cit.* « L'âme est une ouvrière éternelle, qui travaille sans cesse pour elle ».

3. *Ibid.*, 31, 708, 1201, *loc. cit.*

4. *Ibid.*, 30 (549).

5. *Ibid.*, 1675 (551), *loc. cit.*

paisibles de la lecture et de la conversation, aux premiers les passions vives et mêmes violentes de la chasse et du jeu [1]. Vilipendé par les moralistes, ce dernier plaisir tient une grande place dans le bonheur de Madame du Châtelet; non par l'attrait vulgaire du gain, mais par les émotions contrastées que le jeu engendre : « Notre âme veut être remuée par l'espérance ou la crainte; elle n'est heureuse que par les choses qui lui font sentir son existence » [2]. Ni la paix intérieure, ni un regard souriant jeté sur le monde ne suffisent à la châtelaine de Cirey; il lui faut vivre intensément : « Ce n'est la peine de vivre, écrit-elle, que pour avoir des sensations et des sentiments agréables, et plus les sentiments agréables sont vifs, plus on est heureux » [3]. Or il n'est pas de grands plaisirs sans grandes passions : quelles que soient les suites souvent fâcheuses de celles-ci, elles sont indispensables au bonheur. Ainsi le vain fantôme de la gloire, contre lequel s'acharnent les philosophes, est une illusion utile dont seules « les âmes élevées » connaissent tout le prix : en nous faisant jouir d'avance de notre réputation future l'amour de la gloire enrichit notre être présent de toutes les virtualités de l'avenir [4]. Au regard d'une sagesse convenue la passion amoureuse est une folie encore plus dangereuse, qui met sous la dépendance d'autrui la sécurité de notre bonheur : mais c'est aussi pour Madame du Châtelet celle qui nous apporte les sensations les plus enivrantes, « peut-être la seule qui puisse nous faire désirer de vivre, et nous engager à remercier l'auteur de la nature, quel qu'il soit, de nous avoir donné l'existence » [5]. Sans doute une âme sensible et tendre est-elle exposée à bien des chagrins : il est à peu près impossible que les sentiments qu'elle inspire égalent ceux qu'elle éprouve; mais cette inévitable déception est en grande partie compensée par « le seul plaisir qu'elle trouve à aimer » [6]. Bien plus, l'illusion vient ici encore combler la distance entre le désir et la réalité; une âme passionnée admet difficilement qu'on puisse ne lui porter qu'un amour médiocre : « Elle doit tant aimer, qu'elle aime pour deux, et que la chaleur de son cœur supplée à ce qui manque réellement à son bonheur » [7]. Après dix ans d'un bonheur partagé Émilie a mis longtemps à s'apercevoir que le grand amour de Voltaire s'était mué en simple amitié : le jour où la cruelle vérité lui est enfin apparue a été le début de bien des tourments; « la plaie de mon cœur, avoue-t-elle, a saigné

---

1. *Ibid.*, 30 (549).
2. Madame du CHATELET, *Discours sur le bonheur*, édition R. Mauzi, 1961, p. 26. Publié pour la première fois en 1779, ce texte aurait été rédigé en 1747.
3. *Ibid.*, p. 6.
4. *Ibid.*, pp. 21-23.
5. *Ibid.*, pp. 27-28.
6. *Ibid.*, p. 29. Ainsi les souffrances d'un grand amour ne sont que l'envers des joies enivrantes qu'il apporte. L'expérience de Madame du Châtelet rejoint ici celle de l'abbé Prévost. Cf. ci-dessous, Ch. X, 1.
7. *Ibid.*, p. 30.

longtemps » [1]. Qu'importe ! Parvenue à une sorte d'apathie, « assez heureuse », elle espère que son âge la mettra désormais à l'abri de telles secousses, mais elle a « tout pardonné » et elle ne regrette pas d'avoir jadis cédé à une passion aussi impétueuse [2].

On est loin ici des prudents calculs de Fontenelle. Madame du Châtelet ne se contente pas de petits plaisirs; la sécurité du bonheur compte moins pour elle que sa qualité, et elle ne refuse pas, au contraire, de prendre des risques. Pourtant cette hardiesse s'accompagne de vues beaucoup plus banales. « Une personne raisonnable, écrit superbement Émilie, aurait à rougir si elle ne tenait pas toujours son bonheur dans sa main... » [3]. Voici donc le calcul, cher à Fontenelle, réintroduit dans l'abandon au sentiment. Quelques mois à peine avant le début foudroyant de son amour pour Saint-Lambert [4], Madame du Châtelet affirme très sérieusement qu'il n'est pas de passion à laquelle nous ne puissions résister si nous sommes persuadés qu'elle fera notre malheur. Grâce à cet équilibre de l'instinct et de la raison, où l'esprit critique règle le sentiment et les goûts, mais sans les étouffer, le bonheur lui semble d'un accès moins difficile qu'on ne le croit communément. « On n'est heureux que par des désirs satisfaits; il faut donc ne se permettre de désirer que les choses qu'on peut obtenir sans trop de soins et de travail » [5]. Mais cette modération nécessaire des désirs n'est pas une véritable privation : la nature même nous y prédispose : « Nous ne désirons naturellement que de proche en proche » [6]. Entendons que dans chaque condition sociale on n'ambitionne guère que les avantages attachés à la condition immédiatement supérieure et qui, comme telle, n'est nullement inaccessible. Ainsi les leçons de la sagesse vont dans le sens de l'instinct : dans la recherche d'un bonheur solide le rôle de l'esprit n'est pas de faire violence aux appétits naturels mais seulement de « fortifier cette sage sobriété de la nature... » [7].

Plus encore que dans le cas de Fontenelle ou même de Montesquieu, on voit clairement ici le rôle ambigu que joue l'idée de nature dans la morale hédoniste de l'époque. Tout en légitimant le plaisir, elle lui assigne des limites assez étroites pour que le droit ainsi reconnu perde tout caractère subversif. L'épicurisme des philosophes ne menace ni les

1. *Ibid.*, p. 32.
2. *Ibid.*
3. *Ibid.*, p. 35.
4. Cf. R. MAUZI, *Ibid., Introduction*, pp. LXXIV sq.
5. *Discours sur le bonheur*, p. 24.
6. *Ibid.*, On est tenté de mettre cette observation psychologique en rapport avec un fait social : dans la France de Madame du Châtelet la société est assez stable pour que les ascensions individuelles ou familiales s'opèrent par lents progrès et accumulation d'efforts patients, plutôt que par des réussites foudroyantes à la manière du XIXe siècle Cf. A. DAUMARD et F. FURET, *Structures et relations sociales à Paris au milieu du XVIIIe siècle*, Paris, A. Colin, 1961.
7. *Ibid.*

idées convenues de la « morale naturelle » ni l'ordre social existant. Une fois escamotés tous les dangers d'individualisme anarchique que pouvait recéler une apologie des plaisirs, il était logique que le dernier mot de l'« arithmétique morale » fût le *plaisir de la vertu*. Dans son bonheur un peu égoïste et sec Fontenelle faisait une place à la satisfaction intérieure de la conscience : mais ce n'était encore qu'une condition négative de la vie heureuse qu'aucun remords ne doit venir troubler [1]. On se rappelle au contraire avec quel enthousiasme Marivaux évoque les délices d'une vie vertueuse [2]. A la fin de sa *Théorie des sentiments agréables*, Lévesque de Pouilly consacre plusieurs chapitres à développer complaisamment le même lieu commun : parmi tous les plaisirs, ceux de l'esprit sont plus réels que ceux du corps, dit-il, mais ceux que l'âme éprouve à accomplir ses devoirs ont encore plus de prix. L'être le plus heureux est donc celui qui est le mieux en mesure de faire le bien, c'est-à-dire le bon prince. Un souverain vertueux goûte dans toute sa plénitude le bonheur que l'abbé de Saint-Pierre réservait aux âmes bienfaisantes [3]. Madame du Châtelet mentionne très brièvement « le plaisir intérieur que causent les actions vertueuses » [4], mais elle ne manque pas non plus d'évoquer dans le même esprit la condition des rois, l'une des plus misérables qui soient puisque l'abondance des biens leur enlève toute saveur, mais aussi la plus parfaite lorsque le souverain a « l'âme assez grande pour être susceptible des plaisirs de son état, c'est-à-dire, de celui de rendre un grand nombre d'hommes heureux » [5].

Par sa rigueur « géométrique » l'*Essai de Philosophie morale* publié par Maupertuis à Berlin en 1749 met particulièrement en valeur les conclusions conformistes auxquelles aboutit très généralement le calcul des plaisirs. L'auteur prétend poser le problème du bonheur avec l'objectivité d'un physicien. La précision qu'il donne à ses définitions préliminaires montre bien son dessein de ne plus se contenter de définir un simple art de vivre. « Le bonheur est la somme des biens qui restent après qu'on en a retranché tous les maux » [6]. Mais ces biens eux-mêmes peuvent être évalués avec précision : « L'estimation des moments heureux ou malheureux est le produit de l'intensité du plaisir ou de la peine par la durée » [7]. Il n'est de vraie science que du nombre. Le vulgaire juge du bonheur à sa qualité; le savant refuse les préjugés de l'expérience commune et n'admet pas d'autres réalités que celles qui lui sont

---

1. *Op. cit.*, p. 340.
2. Cf. ci-dessus, Ch. VI, 2.
3. *Op. cit.* Ch. XII à XVI.
4. *Op. cit.*, p. 14.
5. *Ibid.*, p. 27.
6. *Essai de philosophie morale*, Berlin, 1749, Ch. I, p. 8.
7. *Ibid.*, p. 5.

révélées par sa balance ou son chronomètre. L'homme de la rue n'a pas
appris à compter et, comme il ignore la valeur des chiffres, il met naïvement son ignorance au passif de la condition humaine. Il est vrai, constate sévèrement le savant, que « dans la vie ordinaire la somme des maux
surpasse celle des biens » [1]. Mais c'est que la raison calculatrice n'y joue
aucun rôle : apprenons donc l'arithmétique puisque notre bonheur en
dépend. Et d'abord, faisons litière de tous préjugés : la distinction
théologique de l'âme et du corps n'intéresse pas la science; le savant
ne veut connaître que des sensations. Pour lui tous les plaisirs, même
physiques, sont des perceptions de l'âme et il n'y a pas lieu de faire
intervenir ici des considérations éthiques, très étrangères au sujet : « Les
plaisirs les plus nobles sont ceux qui sont les plus grands... » [2]. Mais
que les moralistes se rassurent! Les plaisirs du corps sont limités en
nombre, et tous nos organes n'en sont pas susceptibles; bien plus, la
durée diminue leur intensité, alors qu'elle augmente celle de la douleur
physique. Il en va tout autrement des plaisirs spirituels : la contemplation de la vérité et la pratique de la justice nous apportent des satisfactions qui grandissent avec le temps, au lieu de s'émousser; l'âme entière
les ressent; loin de l'affaiblir, elles la fortifient et la mettent ainsi en état
d'en goûter de nouvelles, toujours plus denses [3].

Fort de ces évidences expérimentales, le savant peut maintenant
juger de la valeur des « systèmes ». Parmi tous les philosophes du passé
les stoïciens sont ceux qui ont raisonné le plus juste; confiants dans le
pouvoir de la raison, ils ont voulu en effet diminuer la somme des maux
qui affligent la vie humaine [4]. Mais la soumission du Sage stoïcien à un
Dieu aveugle, son mépris pour la folie des autres hommes rendent son
bonheur tout négatif et fort peu enviable. Le bonheur ne consiste pas
seulement à fuir la douleur : l'homme heureux doit jouir de plaisirs
positifs, et surtout de ces plaisirs de l'âme dont une exacte arithmétique
lui a enseigné la supériorité. C'est pourquoi le bonheur du moindre
chrétien a infiniment plus de substance que celui d'un Marc-Aurèle : en
se soumettant à l'ordre du monde, le chrétien obéit à la Providence,
non à une absurde Fatalité; et l'amour qu'il porte à ses semblables lui
procure tous les plaisirs d'une sociabilité bienfaisante. « Autant que les
motifs du Stoïcien répandent de tristesse sur sa vie, autant ceux du
Chrétien remplissent la sienne de douceur » [5].

---

1. *Ibid.*, Ch. II, Cf. p. 20 : « N'est-ce point le peu d'usage ou le mauvais usage que
l'homme fait se sa raison, qui rend cette proportion si funeste ? Une vie plus heureuse
ne serait-elle point le prix de ses réflexions et de ses efforts ? ».

2. *Ibid.*, Ch. III, p. 24.

3. *Ibid.*

4. *Ibid.*, Ch. IV et V.

5. *Ibid.*, Ch. VI.

Ainsi la science des plaisirs ne se borne pas à établir la vérité de la morale naturelle, elle démontre du même coup le droit de la Religion révélée à régenter les âmes. Mais cette apologie est toute pragmatiste. A l'obscurité des dogmes Maupertuis oppose la clarté et l'efficacité des préceptes moraux de l'Évangile. On ne s'attendait certes pas à découvrir dans la religion de ce géomètre la moindre trace de mysticisme. Mais l'autorité qu'il reconnaît à la Révélation pour la conduite de sa vie n'a rien de tyrannique ni même de contraignant. Le christianisme est vrai parce qu'il nous rend heureux : seul de toutes les religions et de toutes les philosophies, il répond au besoin le plus universel de la nature humaine. Aussi ne peut-il y avoir de contradiction entre notre bonheur ici-bas et notre félicité surnaturelle : « C'est une impiété de penser que la Divinité nous ait détournés du vrai bonheur en nous offrant un bonheur qui lui était incompatible »[1]. Les enseignements objectifs de l'arithmétique morale rejoignent donc les intuitions de l'épicurisme chrétien. L'éloge des stoïciens auquel se livre Maupertuis ne contredit pas davantage ce goût d'une vertu aimable et « naturelle » qu'il partage avec la plupart de ses contemporains. En célébrant la grandeur de Marc-Aurèle il s'attache surtout à montrer que son idéal n'avait rien d'inaccessible : témoins, dit-il, les sauvages d'Amérique, qui sont autant de Curtius et de Catons[2]. Comment l'historien n'évoquerait-il pas ici les Américains chers au cœur du P. Lafitau, qui, dans leur grandeur spontanée et leur mépris instinctif des vanités du luxe, jouissaient innocemment du bonheur de la simple nature[3] ?

Malgré tous les sarcasmes qu'on lui adresse tout au long du demi-siècle, il n'est pas rare qu'au Panthéon des Sages Zénon siège fraternellement aux côtés d'Épicure. C'est le cas dans l'ouvrage au titre pittoresque, mais au contenu souvent très banal, de Falconet de la Bellonie, la *Psycantropie*[4]. Fréron voyait dans ce livre parfois étrange « le fruit d'une imagination vraiment méridionale »[5] ; mais il n'y avait rien que de

---

1. *Ibid.*, Ch. VII, *Réflexions sur la religion*, p. 103.
2. *Ibid.*, Ch. V.
3. *Op. cit.*, *Idée ou caractère des sauvages en général*, p. 103 sq. et *Du gouvernement politique*, p. 486, C'est dans le même état d'esprit que P. Charlevoix vante le bonheur des sauvages du Canada (*Histoire de la Nouvelle France*, 1744, t. III, pp. 321-322) : toute leur vertu tient à leur ignorance des « faux biens » qui corrompent les Européens. Le thème de la vertu naturelle, et du bonheur qui l'accompagne, aboutit aux contradictions du premier *Discours* de Rousseau, que ses commentateurs ont souvent soulignées : l'éloge de la vertu romaine ou spartiate y voisine, une fois de plus, avec l'apologie de l'innocence primitive.
4. Falconet de la Bellonie, *La Psycantropie ou Nouvelle théorie de l'Homme*, Avignon, 1748, 3 vol. in-16 *(op. cit.)*.
5. *Lettres sur quelques écrits de ce temps*, t. IX, pp. 316-325.

très « raisonnable » dans le dessein que l'auteur affichait de « concilier
le Bonheur, ce grand mobile de nos actions, avec la pratique de la Vertu » [1]. Pas de bonheur sans vertu, mais pas, non plus, de vertu qui brime
la nature... Ce sont toujours les mêmes lieux communs, aimablement
édifiants, que ressasse la littérature morale de l'époque. Déjà, dans
l'*Ode à M. le Marquis de la Fare,* J.-B. Rousseau s'était fait le chantre,
plus éloquent qu'inspiré, de cette alliance de la vertu et de la volupté :

> « Toi qui dans les sentiers d'Horace
>   Marches sans jamais t'égarer :
>   Qui, par les leçons d'Aristippe,
>   De la sagesse de Chrysippe
>   As su corriger l'âpreté... » [2].

Entre la philosophie ambitieuse de l'un et le réalisme cynique de
l'autre, il est en effet un moyen terme, le goût d'une heureuse simplicité.
Tel est le bonheur du Huron, ignorant de « notre luxe asiatique » mais
aussi des tourments que causent les « insatiables désirs » [3]. Même à La
Mettrie, auteur d'un *Anti-Sénèque,* la nature enseigne les limites nécessaires de la volupté : vivre selon la nature, c'est satisfaire sans remords
ses appétits naturels, mais c'est aussi apprendre à distinguer les « vrais
besoins » de ceux qu'invente l'artifice des hommes [4]. La voix de la
nature condamne l'ascétisme, mais elle recommande la frugalité :

---

1. *Op. cit.,* t. III, *Spectacle des vertus,* pp. 170-172.
2. J.-B. Rousseau, *Odes,* II, 9, in *Œuvres,* Paris, Garnier, 1869, p. 128.
3. *Ibid.,* p. 131.
4. *Op. cit.,* pp. 206-207. « Je ne voudrais posséder de grands biens que pour jouir
de cette belle prérogative, le plaisir d'obliger [...] Loin d'ici tout superflu. Le sage ne le
connaît que pour le mépriser. O ! malheureux cent fois qui ajoute aux besoins de la nature
qui sont déjà en trop grand nombre, ceux que le faste ou la vanité lui fait ! » Dans son
Système du vrai bonheur (op. cit., 1751, p. 25), le pieux Formey vante de même la supériorité des « plaisirs simples et naturels » sur les plaisirs artificiels.

2. — *Bonheur et Frugalité*

Au début du siècle, dans les *Dialogues* déjà cités, Patru dit son regret des mœurs frugales des temps anciens, et il les oppose rudement à l'amour immodéré de la bonne chère que manifestent impudemment les modernes [1]. Mais lorsqu'il ajoute que cette frugalité est indispensable à la santé [2], son partenaire n'a pas grand mal à le convaincre qu'on peut, avec moins de contrainte, arriver au même résultat : la *tempérance* que prône d'Ablancourt est une vertu moins sévère, mais plus efficace que la frugalité ancienne [3]. Ainsi se trouvent posés les deux termes entre lesquels oscille la sagesse du demi-siècle. Suffit-il d'être sobre ? ou convient-il encore d'être frugal ?

Il s'agit bien, en bonne logique, d'un dilemme, et ces deux attitudes engagent deux styles de vie très différents. La sobriété peut être dictée, soit, comme on l'a vu, par des préoccupations hédonistes et une sage économie des plaisirs, soit par un souci d'hygiène. La frugalité est beaucoup plus exigeante : elle influe sur la qualité des plaisirs, et pas seulement sur leur fréquence ou sur leur durée. Être frugal, c'est choisir parmi tous les plaisirs qu'offre une civilisation raffinée ceux-là seulement qu'autorise « la simple nature ». La sobriété n'exclut pas qu'on goûte avec mesure à tous les biens qu'à inventés l'artifice des hommes, elle est résolument moderne. La frugalité évoque avec nostalgie les temps lointains où aucune tentation malsaine ne se mêlait aux joies pures de l'homme, à peine sorti des mains du Créateur. Toutes deux peuvent se réclamer de la nature, mais dans le second cas celle-ci tourne le dos à l'histoire, dont elle s'accommode fort bien dans le premier.

Ces deux notions apparemment hétérogènes, aussi bien en elles-mêmes que par le cortège d'idées qui les accompagnent, il semble pourtant que la pensée morale du demi-siècle ait eu le plus grand mal à les

---

1. *Op. cit.*, t. I p. 86. « La frugalité si louable du temps de nos pères à cessé d'être une vertu ».

2. *Ibid.*, p. 149 sq.

3. *Ibid.*, t. II, p. 263. D'Ablancourt ne défend pas le luxe, mais seulement le droit de satisfaire, avec abondance, aux « besoins de la nature » (p. 194) ; il vante surtout l'agriculture et les plaisirs de la campagne (p. 191), mais n'en est pas moins attaché aux progrès des « arts », qui, s'il multiplie les besoins, favorise la circulation des richesses et rétablit « une espèce d'égalité » entre les riches et les pauvres (p. 305).

distinguer[1]. D'une génération à l'autre[2] quelques voix discordantes vite étouffées n'altèrent pas l'accord quasi unanime des esprits les plus divers : il n'est pas de bonheur concevable qui néglige ou déforme les besoins de la « simple nature ». La fidélité à celle-ci peut être plus ou moins étroite, et la frugalité qu'elle implique paraît souvent hésiter entre une austérité extrême et une raisonnable modération : dans tous les cas c'est toujours la sagesse spontanée de la Nature qu'on invoque, comme si aucune autre force n'était mieux à même d'endiguer le flot des appétits et des ambitions.

*
* *

Il arrive que l'apologie de la frugalité prenne encore au xviiie siècle, comme dans la bouche de Patru, la forme d'un refus total et abrupt de toutes les superfluités. La *nature* que l'on célèbre ainsi se présente sous son aspect le plus restrictif : elle condamne globalement tout ce dont l'*art* humain a pu enrichir au cours des siècles l'humanité primitive. Ainsi les prédicateurs ne sont pas seuls à tonner, avec plus ou moins de conviction profonde, contre le luxe de la table. La médecine vient à la rescousse de la religion. Un homme d'une piété étroite comme le doyen Hecquet déplore que ses contemporains oublient trop souvent les prescriptions du jeûne. Mais c'est en médecin qu'il cherche habilement à les convaincre des avantages que présente un régime maigre, non seulement pour le salut de l'âme, mais pour la santé et le bien-être du corps[3]. Les interdits alimentaires de l'Écriture sont motivés, à son avis, par des considérations hygiéniques[4], et il est curieux de voir ce janséniste mêler ainsi le profane au sacré, quinze ans avant qu'au grand scandale des *Nouvelles Ecclésiastiques* Montesquieu n'explique de façon analogue — et, somme toute, moins audacieuse — certaines prescrip-

---

1. Dans son édition de 1694 le *Dictionnaire de l'Académie* française donne de la sobriété et de la frugalité la même définition sommaire : « tempérance dans le boire et le manger ». Plus explicite, le *Dictionnaire de Trévoux* prend contre Saint-Évremond la défense de la frugalité romaine (édit. de 1743) ; l'article *frugal* insiste sur l'étymologie du mot, les fruits de la terre étant « la plus simple, la plus saine, la plus ancienne nourriture de l'homme » ; mais toute confusion n'est pas pour autant dissipée, et la citation de Dacier qui sert à définir la *frugalité*, « un ménagement du plaisir et non pas une abstinence de mortification »: ressemble beaucoup à la phrase de Saint-Évremond que reproduit l'article *Sobriété* : « Épicure voulait que la sobriété fût une économie de l'appétit ». Il ressort bien de ces différents textes que le calcul hédoniste qui répudie l'ascétisme chrétien va rarement sans référence à la simplicité de la Nature première.
2. Nous distinguons trois époques : celle des premières années du siècle ,où le marasme économique se fait cruellement sentir ; celles de la fausse opulence du « Système », avec ses conséquences durables ; enfin les années prospères qui commencent avec le second tiers du siècle.
3. Ph. HECQUET, *La Médecine théologique* ou *la Médecine créée telle qu'on la fait voir ici, sortie des mains de Dieu, Créateur de la Nature, et régie par ses lois*, Paris, 1733, *op. cit.* La publication de cet ouvrage est relativement tardive ; mais le système médical de l'auteur était formé dès les premières années du siècle.
4. *Ibid.*, Cf. *Préface*.

tions de la religion musulmane. La *Genèse* nous apprend, constate Hecquet, que l'usage de la viande est postérieur au Déluge : le vin est de même une invention humaine, tandis que l'eau, boisson naturelle de tous les êtres vivants, est de création divine [1]. Mais les lois de l'économie animale confirment en tous points l'enseignement biblique : chez l'homme comme chez tous les animaux, les organes de la digestion sont visiblement faits pour les légumes, seuls susceptibles d'être facilement broyés par l'estomac... [2]. Cette conviction du médecin va si loin qu'il refuse de tenir compte de l'existence des sucs digestifs : la digestion n'est, selon lui, qu'un phénomène mécanique; elle se réduit à un travail de « broiement » sans aucun processus chimique [3]. A une époque où les thèses opposées de l'iatro-chimie et de l'iatro-mécanisme s'affrontent bruyamment Hecquet n'est pas seul à opter résolument et sans nuances pour les secondes. Mais on s'aperçoit ici que ce choix scientifique obéit à des motifs qui n'ont rien à voir avec la physiologie; à vrai dire les vues religieuses et les vues médicales de l'auteur de la *Médecine théologique* sont si intimement fondues qu'on a peine à décider lesquelles commandent aux autres. Fort en tout cas de leur double caution, Hecquet prône un régime strictement végétarien : « Il devient donc hors de doute, conclut-il, que l'homme a été fait pour vivre et se nourrir des fruits de la terre » [4].

Si la vie naturelle exclut les raffinements de la table — comme du reste ceux de la mode — il est logique et nécessaire qu'elle rejette aussi ce qui est à la fois le symbole de ces plaisirs de luxe et le moyen universel de se les procurer. Le thème de l'argent corrupteur occupe une grande place dans la pensée morale des premières années du siècle. Les lecteurs du *Télémaque* savent que, si les Crétois étaient presque végétariens et les habitants de l'heureuse Salente habitués, à l'instar des héros d'Homère, à ne consommer la viande que rôtie, et sans le piment d'aucune sauce recherchée, le bonheur idyllique des riverains du fleuve Bétis tenait pour beaucoup à leur dédain naïf des métaux précieux, utilisés tout au plus par eux à la fabrication du soc de leurs charrues... [5]. Le sage Érichthon que le jeune disciple de Mentor rencontre aux Enfers n'avait pas tort de regretter le funeste présent qu'il avait fait aux hommes en inventant l'usage de la monnaie [6]. Le bon sens du Huron Adario découvre de même dans cette invention européenne la source de tous les maux qui

---

1. *Ibid.*, Première partie, p. 78 sq.
2. *Ibid.*, p. 15.
3. Voir, du même auteur, *De la digestion et des maladies de l'estomac, suivant le système de la trituration et du broiement, sans aide des levains ou de la fermentation, dont on fait voir l'impossibilité en santé et en maladie*, Paris, 1712.
4. *La Médecine théologique, op. cit.* Première partie, p. 78.
5. *Les aventures de Télémaque, op. cit.*, Livres VII et X.
6. *Ibid.*, XIV, pp. 420-422.

empêchent les prétendus civilisés de goûter le bonheur de la simple nature : « Je dis donc que ce que vous appelez argent est le démon des démons, le tyran des Français, la source des maux, la perte des âmes et le sépulcre des vivants » [1]. Et un économiste très sérieux, Boisguillebert, déplore la vaine idolâtrie des métaux précieux dont ses contemporains donnent trop souvent l'exemple [2].

On peut s'étonner que ces attaques contre l'argent se multiplient ainsi dans les dernières années du règne de Louis XIV, alors que la politique du Roi Soleil ne cesse d'aggraver la crise financière latente depuis le milieu du siècle; il semble paradoxal de choisir pour dénoncer les méfaits de l'argent le moment où le numéraire devient de plus en plus rare... C'est qu'en réalité la dépression économique, qui provoque ou aggrave la crise financière, fait alors ressentir de façon aiguë non seulement les différences de niveau de vie, mais aussi le bouleversement des rapports sociaux traditionnels. Plus encore que le luxe des courtisans, celui des traitants devient une cause journalière de scandale : tandis que s'accroît sans cesse le poids des impôts qui frappent essentiellement les paysans, taillables à merci, l'ensemble des revenus fonciers se trouve atteint par la baisse continue des prix agricoles; en face de cette gêne ou de cette misère, le faste des nouveaux riches coalise contre lui rancœurs sociales et prédications morales. D'où les pages fameuses où La Bruyère accuse le luxe de confondre toutes les conditions [3]. La signification sociale de la frugalité que prône Fénelon n'est pas moins claire, et l'on sait le soin que déploie Mentor à rendre intangible la hiérarchie des sept classes entre lesquelles se répartissent les habitants de Salente [4]. Mais cette attitude strictement défensive a une contre-partie très positive. Aux « richesses artificielles » de l'argent et du luxe Fénelon ne cesse d'opposer les « vraies richesses » que produit la terre; sous sa plume, comme dans l'œuvre de son cher Virgile, l'inspiration bucolique est mise au service d'une politique réfléchie et réaliste. Pour s'exprimer de façon moins poétique, Bossuet n'est pas d'un avis différent [5]. Quant à Boisguillebert, son dessein profond est tout proche des discours que Mentor tient à Télémaque ou à Idoménée : rappeler que la vraie puissance de l'État ne se mesure pas au montant des impôts obtenus en pressurant un peuple misérable, mais à l'abondance de la production agricole [6].

---

1. LA HONTAN, *Dialogues, op. cit.*, éd. Chinard, p. 199.
3. *Dissertation sur la nature des Richesses, op. cit.*, p. 394.
3. LA BRUYÈRE, *Les Caractères*, Ch. VI, *Des biens de fortune.*
4. *Les aventures de Télémaque, op. cit.*, X, pp. 265-267.
5. *Politique..., op. cit.*, Livre X, art. I, Proposition X, p. 530. « On doit conclure des passages que nous avons rapportés que les véritables richesses sont celles que nous avons appelées naturelles, à cause qu'elles fournissent à la nature ses vrais besoins. La fécondité de la terre et celle des animaux est une source inépuisable de vrais biens ; l'or et l'argent ne sont venus qu'après, pour faciliter les échanges... »
6. *Op. cit.*, Ch. V et VI.

Appliquée à la définition du bonheur, l'idée de nature apparaît ainsi plus complexe qu'il ne semblait d'abord. Ni Fénelon, ni Boisguillebert, ni même La Hontan, ne renient vraiment la civilisation moderne et les commodités qu'elle apporte à la vie de chaque jour : leur critique du luxe est une réaction généreuse que leur dicte l'injustice sociale, et le fruit de leur connaissance des réalités économiques du temps. Moins naïfs qu'on ne l'a cru parfois, ils ne proposent pas en modèle à leurs concitoyens la simplicité barbare des premiers hommes, mais défendent un idéal équilibré où l'essentiel ne soit pas étouffé par l'accessoire. L'essentiel ? C'est le nécessaire physique qu'il est scandaleux de ne pas fournir à tous, avant de satisfaire aux besoins moins immédiats. Dans une économie de pénurie et de disette l'organisation du bonheur collectif impose à ce point de vue un ordre d'urgence. Par delà ses modes d'expression littéraire la fonction sociale de l'idée de nature est de rappeler cette vérité élémentaire. Mais les mythes agraires qu'elle ressuscite alors ou les vêtements exotiques dont elle se pare sont loin d'exprimer fidèlement toute sa substance. Fénelon lui-même n'est pas dupe de ce bonheur primitif qu'il prête si complaisamment aux habitants de la Bétique : ces peuples laboureurs et pasteurs, encore à demi-nomades, qui pratiquent la communauté des biens, n'ont guère de traits communs avec les citoyens d'un grand État moderne. Leur exemple peut apprendre à ceux-ci à retrouver le goût des « plaisirs purs et simples », et à ne pas dépasser le point où les inventions de l'art sont encore compatibles avec les leçons de la nature primitive. De nombreux textes de l'œuvre de Fénelon confirment qu'il s'était voué à la définition d'un équilibre de ce genre. Le « naturel » qu'il prône en tous domaines a une douceur aimable, bien étrangère à la férocité sauvage [1]. Exilé dans l'affreux désert d'Oasis, en butte aux tracasseries tyranniques du cruel Butis, Télémaque regrette amèrement d'avoir perdu jusqu'aux plaisirs innocents de la lecture; bientôt il enseignera les charmes de la musique et de la poésie à ses farouches compagnons, et ceux-ci connaîtront alors, mais alors seulement, les joies sans mélange de l'âge d'or [2].

Une nature cultivée qui joigne à l'innocence de la simplicité les séductions de la « politesse », voilà l'idée que Fénelon se forme du parfait bonheur ici-bas : cette définition du bonheur englobe un genre de vie et un style de vie; elle relève à la fois de l'économie politique et de la morale, puisque c'est en se consacrant à la production des « vrais biens » de l'agriculture et de l'élevage que les hommes auront chance de restaurer entre eux les rapports « naturels » pervertis par le culte de l'argent. Sans doute la manière dont Mentor organise à Salente l'éco-

1. Cf. A. CHÉREL, *L'idée du « naturel et le sentiment de la nature chez Fénélon, R.H.L.F.* octobre-décembre 1911, pp. 810-826.
2. *Op. cit.*, Livre II, pp. 34-44.

nomie agricole peut-elle sembler très archaïque : chaque famille reçoit juste la quantité de terre nécessaire à sa subsistance. Mais la cité nouvelle ne vit pas pour autant en économie fermée : sans que le lecteur en comprenne clairement l'origine, il reste à l'État, une fois satisfaits les besoins intérieurs, un « superflu » qui fait l'objet d'un « commerce utile » avec les pays étrangers. Le bonheur des Salentins n'est nullement gâté par la prospérité commerciale de leur ville; commerce d'exportation et d'importation, ou simplement de transit, mais qui fait en tout cas de Salente l'émule de la puissante Tyr [1]. En dressant de cette dernière, au début de son livre, un ample tableau Fénelon avait déjà montré l'importance qu'il attachait au grand négoce [2]. Son insistance à revendiquer pour le commerce, sinon la liberté totale que préconiseront plus tard les tenants du libre échange, du moins le droit d'échapper à l'arbitraire des tracasseries administratives, prouve qu'il ne voit rien dans cette activité qui contredise vraiment la « droite nature ». Et l'on n'est pas surpris alors de le voir réintroduire dans la vie naturelle ce fléau des fléaux qu'il en avait proscrit d'abord : en apprenant aux hommes la pratique de l'argent monnayé, Érichthon avait bien prévu le mauvais usage qu'ils en feraient mais n'avait pas cru devoir pour cette raison leur cacher « cette invention utile en elle-même » [3].

Dresser des autels à Plutus, c'est s'interdire le bonheur que la nature refuse aux âmes cupides. Mais si l'argent ne peut être mis, sans idolâtrie, au rang des vraies richesses, il joue un rôle indispensable d'instrument des échanges. Bossuet et Fénelon en sont également convaincus. Vauban compare la fonction du stock métallique d'un État à celle du sang dans le corps humain [4]; et Boisguillebert précise que la quantité du numéraire importe moins que sa mobilité : il faut que l'argent circule; criminel s'il devient une fin en soi, l'argent est bienfaisant lorsqu'il reste subordonné aux besoins du commerce; la vitesse de sa circulation traduit l'essor de la consommation et favorise en retour les progrès de la production; il n'y aura plus de terres incultes le jour où leur défrichement deviendra rentable, c'est-à-dire lorsque la hausse générale du niveau de vie, en particulier dans les classes les plus indigentes, assurera aux laboureurs la garantie d'un « bon prix » de leurs produits. Loin d'exclure le commerce, la nature a donc besoin de lui pour assurer le bonheur de tous [5].

---

1. *Ibid.*, Livre X.
3. *Ibid.*, III.
3. *Ibid.*, XIV, *loc. cit.*
4. Cf. P. HARSIN, *Les doctrines monétaires...*, *op. cit.*, Quatrième partie, et *passim.*
5. *Sur la nature des richesses*, *op. cit.*, Ch. VI, pp. 420-421. Le libre commerce des grains, c'est la solution que proposeront aussi les Physiocrates au problème du « bon prix ».

A l'époque de Fénelon, le thème de la nature frugale prend ainsi une double signification. Étroitement conservateur lorsqu'il interdit à quiconque de sortir de sa condition sociale, il peut dans ce cas impliquer le refus des réalités économiques, et prendre la forme d'une évasion dans le passé ou dans l'exotisme. Mais de tels départs sont rarement sans retour. Même l'heureux Adario doit avouer que le bonheur des Hurons ne serait pas complet sans les « bonnes marchandises » que leur apportent les négociants français : c'est là une exception notable à la méfiance qu'il marque en général à tout ce qui vient d'Europe [1]. La triade *nature-bonheur-frugalité* (à laquelle il conviendrait d'ajouter la *vertu*) se révèle clairement ici comme l'expression d'une sagesse moyenne qui, blâmant le faste insolent des grands et l'ambition effrénée des princes, refuse de confondre les gains légitimes des commerçants honnêtes avec les profits scandaleux des gens de finance [2]. Pourquoi le bonheur du commerçant ne serait-il pas aussi solide, ou presque, que celui du laboureur ? Tous deux sont utiles à la société, et apportent à l'accomplissement de leur tâche les mêmes qualités. « Les Tyriens, explique-t-on à Télémaque, sont industrieux, patients, laborieux, propres, sobres et ménagers » [3]; ce sont les mêmes vertus qui font la prospérité de la population agricole de la Crète [4]. Aussi le bonheur des Crétois et celui des Tyriens ont-ils l'un avec l'autre beaucoup de ressemblances : à mi-chemin de la misère et du faste, ils se définissent par « l'abondance du nécessaire » et le mépris du superflu. A propos de la Crète, de Tyr, de l'Égypte, et de Salente enfin, le vocabulaire de Fénelon est d'une lassante monotonie. Mais deux mots surtout reviennent : *sobriété* et *frugalité*. Le premier s'applique surtout à la table, le second, d'un emploi moins restreint, vaut aussi pour le vêtement, le logement et en général tous les aspects de la vie quotidienne. Mais on chercherait en vain à découvrir entre eux une différence de tonalité : ils appartiennent au même registre, et contribuent à définir le même style de vie, également éloigné de tous les extrêmes.

Car la *frugalité* que prône Fénelon n'est pas moins complexe que la *nature* qui la justifie. Parfois l'accent est mis sur ses aspects les plus négatifs : exclusive de toute volupté, elle n'admet d'autre plaisir que

---

1. *Dialogues, op. cit.*, p. 213. ; *Mémoires... Ibid.*, p. 151.
2. Adario célèbre ainsi les mérites des marchands (*Dialogues...*, p. 213, *loc. cit.*) : « Ils risquent beaucoup, ils avancent, ils prêtent, ils attendent ». Le cas des traitants est évidemment tout autre. (Sur le « primitivisme » de La Hontan, voir ci-dessous, Ch. XII, 1).
3. *Op. cit.*, Livre III, p. 64. La malédiction originelle ne semble pas peser sur cette énergie laborieuse. Ni le péché, ni sa punition n'altèrent le bonheur des Tyriens, des Crétois, ou des Salentins. Le travail n'est pas pour eux une pénitence, mais simplement le moyen de vivre heureux. Au XVIIIe siècle les jansénistes continueront au contraire à insister sur l'aspect négatif du travail, châtiment infligé par Dieu aux fils d'Adam. Voir par exemple MÉSENGUY, *Abrégé de l'histoire de l'Ancien Testament*, t. I, pp. 71-72. (Cf. GROETHUYSEN, *L'Église et la bourgeoisie, op. cit*,. p. 217).
4. *Ibid.*, Livre V.

celui de la vertu [1]; elle consiste à « vivre de peu » [2]. Et entre deux développements idylliques sur le bonheur des Salentins, Mentor glisse très sèchement : « Ils auront du pain à la vérité et même assez largement, mais ils n'auront que du pain et des fruits de leur propre terre, gagnés à la sueur de leur visage » [3]. Dans ces quelques passages la frugalité a quelque chose de monastique et tend à l'ascétisme. Mais de telles notes de dureté sont exceptionnelles. C'est sur l'abondance que l'auteur insiste, ainsi que sur tous les plaisirs qui l'accompagnent [4]. Alors la vie frugale perd toute aridité et s'épanouit dans la joie : joies champêtres et bucoliques [5], mais aussi celles qu'apportent l'union et la tendresse familiales [6]. Ainsi se dessine le bonheur dont Fénelon rêve pour ses contemporains : un bonheur intime et sans éclat, qui méprise le luxe fracassant mais ne dédaigne pas le simple confort. Dans les villes de la Crète les maisons ne sont pas des « palais dorés », mais elles sont « propres, commodes, riantes » [7]; à Salente il n'y aura plus de logements magnifiques, mais des maisons ensoleillées et pratiques, d'un entretien facile, et d'« une architecture simple et gracieuse » [8]. Économie, hygiène et confort, intimité et élégance, telles sont les composantes de cette « noble et frugale simplicité » [9] qui fonde l'harmonieux équilibre du bonheur.

    La frugalité ainsi entendue est bien proche de la modération. Vertu de juste milieu, elle est la source d'un bonheur laborieux et calme, aussi étranger à l'oisiveté fastueuse des parvenus de l'intrigue ou de l'argent qu'à la misère dégradante du plus grand nombre; vertu généreuse cependant puisqu'en se proposant en exemple elle veut ramener les uns dans le chemin du vrai bonheur, et rendre celui-ci accessible aux plus déshérités. Moins statique et moins conservatrice qu'il ne pouvait sembler, elle partage le dynamisme propre à l'idée même de nature : le bonheur frugal tend à s'imposer à toutes les classes de la société comme le seul genre de vie qui ait une valeur universelle. Il n'est pourtant pas surprenant qu'un grand seigneur comme Fénelon en soit le plus sûr interprète. Car la réforme morale qu'implique ce retour à la nature se concilie fort bien avec le plus strict conformisme social. Une frugalité « honnête »[10], c'est-à-dire adaptée à la condition de chacun, ne peut avoir un contenu uniforme : il y a des degrés dans la simplicité, qui sont les

1. *Ibid.*, p. 101.
2. *Ibid.*, p. 121.
3. *Ibid.*, X, p. 278.
4. Voir notamment Livres V (pp. 103, 120, 128) et X (p. 268) etc.
5. *Ibid.*, X, pp. 276-277, 282-283, etc.
6. *Ibid.*, V, pp. 103, 128, etc.
7. *Ibid.*, p. 102.
8. *Ibid.*, X, pp. 269-270.
9. *Ibid.*, p. 267.
10. *Ibid.*, XVII, p. 482.

signes extérieurs de la hiérarchie sociale [1]. Et les normes du bonheur, même si on les qualifie de bourgeoises, ne représentent pour celle-ci aucune menace.

Avec sa rigidité et sa souplesse l'idée d'une heureuse frugalité traduit les difficultés momentanées mais aussi l'équilibre profond d'une société dont l'économie demeure essentiellement agricole et marchande. S'il nous a paru utile d'analyser avec quelque détail le climat idéologique de cette période marginale, ce n'est pas seulement à cause de la personnalité de Fénelon et de l'influence certaine que son œuvre, en particulier le *Télémaque,* a eue sur la pensée des générations suivantes, mais aussi parce qu'en 1750, et même au-delà, les données économiques du problème du bonheur ne sont pas fondamentalement différentes de ce qu'elles étaient cinquante ans plus tôt. Mais la permanence des structures économiques n'exclut pas une évolution de la conjoncture qui n'est pas elle-même sans retentir sur les attitudes individuelles et collectives en face du bonheur : bien que celui-ci continue à être pensé dans les mêmes termes, l'accent peut être mis tantôt sur un aspect, tantôt sur l'autre de cet ensemble complexe de sentiments et d'idées que la notion de nature traîne après elle.

Victime de la faillite du *Système,* Marivaux a un sentiment aigu de l'injustice sociale [2]. Mais sa révolte tourne court; au lieu de le conduire à une violente satire de la société contemporaine, elle aboutit à un repli sur soi qui n'est pas sans douceur. Puisque l'agitation des riches et des grands lui est interdite, il trouvera le bonheur dans une vie simple et sans trouble : le classique parallèle du courtisan et du paysan n'est pas épargné aux lecteurs du *Spectateur français,* mais malgré son caractère très conventionnel ce n'est pas seulement un exercice académique. Marivaux a besoin de croire que la sagesse est de savoir borner ses appétits : « des désirs innocents » aussitôt satisfaits forment un bonheur tranquille, au jour le jour, où aucun obstacle artificiel, aucune présence trompeuse, ne viennent s'interposer entre l'âme et les choses. Libre des inquiétudes de l'orgueil et de l'ambition, le paysan est tout au plaisir de chaque moment; que la pluie tombe quand la terre réclame une ondée bienfaisante, et le voilà joyeux : « Son âme se repose tout entière, et le bonhomme se couche content, se lève de même, reprend son travail avec plaisir, et meurt enfin aussi tranquillement qu'il a vécu, car une vie passée dans le repos a cela d'heureux, qu'elle est douce pendant qu'on en jouit,

---

1. Cf. *ibid.,* X, pp. 265-266, etc...
2. Voir Le *Spectateur français, op. cit.,* Vingt-cinquième feuille.

et qu'on ne s'y trouve point attaché quand on la quitte »[1]. Le bonheur
« sans souci » de « l'Indigent philosophe », s'il est plus conscient, n'est
pas moins assuré : il est facile, constate Marivaux, de se contenter d'une
existence médiocre, puisque la Nature, « bonne mère », proportionne
les besoins de chacun à ses possibilités[2].

Souple Nature qui se rétracte ou s'épanouit au gré des événements !
Son opportune élasticité atténue la violence des coups de la fortune
et leur enlève tout caractère tragique. Quels que soient les caprices du
destin, le bonheur est toujours à portée de la main; la frugalité forcée
n'est donc pas une privation; il n'est même pas nécessaire de faire contre
mauvaise fortune bon cœur, puisque le mouvement de l'instinct devance
les conseils stoïques de la raison. Marivaux ne semble pas s'apercevoir
d'une évidente contradiction de sa morale : car si la nature humaine
s'adapte avec tant de facilité à toutes les circonstances, pourquoi la vie de
cour et la richesse feraient-elles exception ? En réalité la souplesse de
la Nature n'est invoquée que pour sauvegarder à tout prix la croyance
au bonheur frugal. La victime du sort trouve son compte à cet illogisme, car c'est pour elle un besoin vital que de se croire heureuse,
envers et contre tout; mais l'ordre social gagne aussi des deux côtés :
si la supériorité prétendue du bonheur des pauvres devient difficile à
soutenir, du moins n'en mettra-t-on pas en doute la réalité.

Lorsque le P. Croiset s'emporte contre le luxe des parvenus et
s'indigne de voir des personnes bien nées réduites à une honteuse
indigence, la signification conservatrice de sa morale sévère est tout à fait
transparente[3] : peut-être même trop claire pour être pleinement efficace.
S'il joue le même rôle de frein, le thème du bonheur frugal est plus insidieux, et par là même plus sûr. Aussi n'est-on pas surpris de voir un homme
aussi résolument conservateur que Ramsay préférer les mœurs frugales
des anciens Perses au luxe des rois de Médie : tandis que la cour d'Ecba-
tane brillait d'un éclat éphémère, annonciateur d'une ruine prochaine,
les Perses, dans leur grossièreté vertueuse, devaient à la « science sublime
de se contenter de la simple nature » un bonheur plus réel et plus durable[4]. Cet idéal austère, ce dédain de « tous les plaisirs qui énervent
l'âme, en affaiblissant le corps[5], s'accordent avec les idées politiques
et sociales du disciple de Fénelon. Mais Ramsay aurait été peu respectueux de la pensée de son maître s'il s'en était tenu à cette attitude restrictive. Pour lui aussi le vrai bonheur est moins dans la fidélité à la

---

1. *Ibid.*, Vingt-quatrième feuille, p. 295.
2. *L'Indigent philosophe ou l'Homme sans souci*, 1726 (?). *op. cit.*, Première feuille.
3. Cf. *Parallèle...*, *op. cit.*, pp. 27, 98, 249, etc... La piété veut que chacun reste au
rang que lui a assigné la Providence.
4. *Les Voyages de Cyrus, op. cit.*, Livre I, pp. 3-7.
5. *Ibid.*, p. 4.

nature primitive que dans un sage équilibre de la nature et de l'art :
avec tout ce qu'elle demande d'intelligence pratique et d'énergie laborieuse, la vie agricole lui paraît la plus propre à réaliser cet heureux
alliage. Avant qu'ils ne fussent à leur tour corrompus par le luxe et les
connaissances inutiles, les Égyptiens jouissaient d'un bonheur plus
grand que celui des pasteurs nomades d'Arabie : « Là tout était l'effet
de la simple nature, ici l'art avait tout perfectionné »[1]. L'industrie et
le commerce doivent également contribuer à une saine prospérité, à
condition que celle-ci soit solidement assise sur le travail de la terre :
la richesse commerciale de Tyr serait funeste à une grande monarchie.
Les Tyriens s'enrichissent du superflu des autres nations[2], mais dans un
État plus étendu le commerce extérieur ne peut porter que sur l'excédent des produits naturels, préalablement transformés par l'industrie[3]. Dans ces limites raisonnables l'esprit de commerce et d'industrie stimule le goût de la frugalité. L'histoire de Sparte en fournit la
preuve négative : Lycurgue avait eu raison de proscrire le luxe, funeste
à l'Égypte comme à Athènes, mais la constitution uniquement guerrière
dont il était l'auteur favorisait trop l'ambition pour ne pas s'écarter de
la nature[4]; la frugalité de tous aurait été mieux assurée par l'agriculture et les arts que par une égalité des rangs et une communauté des
biens impossibles à maintenir longtemps.

A l'égard des Spartiates Ramsay est très partagé. Il admire leur
activité et leurs vertus sociales[5], mais répugne aussi bien à leur esprit
guerrier qu'à leur idéal égalitaire... Leur bonheur lui apparaît à la fois
très fragile et un peu barbare. La vie frugale qu'il aime est faite de travaux
pacifiques et non d'héroïsme destructeur. Il croit plus volontiers au
bonheur de l'artisan, du laboureur et du commerçant qu'à celui du soldat,
mais il ne songe pas à cacher qu'en favorisant leur prospérité laborieuse
le législateur contribue à stabiliser l'ordre de la cité : « L'agriculture et

---

1. *Ibid.*, t. II, Livre III, p. 178.
2. *Ibid.*, t. II, Livre VII, notamment p. 95.
3. *Ibid.*, p. 99. « Dans un royaume fertile, étendu, et bordé de côtes maritimes, on
peut, en rendant les peuples laborieux, tirer du sein fécond de la terre des richesses immenses qui seraient perdues par la négligence et par la paresse de ses habitants. En faisant perfectionner par l'art les productions de la nature, on peut augmenter de nouveau
ses richesses, et c'est en vendant aux autres peuples ces fruits de l'industrie, qu'on établit
un commerce solide dans les grands Empires. Il ne faut porter hors de chez soi que son
superflu, ni rapporter dans son pays que ce qu'on achète avec ce superflu. » Ce texte
souligne à la fois l'utilité du grand commerce et son caractère marginal : deux notions
directement inspirées par les réalités économiques du XVIIIᵉ siècle.
4. *Ibid.*, Livre VI, p. 56. « Lycurgue a remédié aux maux qui ont ruiné l'Égypte,
et qui perdront Athènes ; mais ses lois sont trop contraires à la nature. L'égalité des rangs
et la communauté des biens ne peuvent pas durer longtemps : sitôt que les Lacédémo-
niens auront étendu leur pouvoir dans la Grèce, ils s'affranchiront sans doute de ces lois ;
elles bornent les passions d'un côté, mais elles les flattent trop d'un autre ; en proscri-
vant la volupté, elles autorisent l'ambition ».
5. *Ibid.*, t. I, Livre IV, p. 253. « Les Spartiates croyaient que, dans cette vie, l'homme
est fait moins pour connaître que pour agir et que les dieux l'ont formé plutôt pour la
société que pour la contemplation ».

les arts [...] sont absolument nécessaires pour préserver le peuple de
l'oisiveté qui engendre les discordes, la mollesse et tous les maux rui-
neux pour la société » [1].

La frugalité est donc indispensable au bonheur collectif autant qu'à
celui des particuliers. Opposée à l'esprit de jouissance, elle va de pair avec
les vertus de labeur et d'épargne qui font la sécurité de la vie individuelle,
sans menacer jamais la hiérarchie sociale. Dans les années qui suivent
les scandales de la rue Quincampoix de telles convictions acquièrent
une résonance nouvelle. C'est alors que Montesquieu confie à son
Spicilège son dégoût d'avoir vu, « à la honte de la nation française »,
de grands seigneurs abdiquer toute dignité, et les « premières femmes
de la cour » se livrer sans vergogne aux plus fructueuses spéculations [2].
Jusque dans sa fortune et dans celle de son entourage il avait pu mesurer
les bouleversements produits par le « Système » dans les situations les
mieux assises [3]. Longtemps après, l'entreprise de Law lui apparaîtra
encore comme une sorte d'énorme complot dirigé contre les structures
traditionnelles de la « constitution française » [4]. Il en gardera une méfiance durable à l'égard de l'argent dont le culte mercantile corrompt
toutes les vertus morales [5]. Chez un admirateur de Fénelon et du *Télémaque*, chez un homme dont on a vu l'aptitude à saisir et goûter les joies
les plus simples de chaque jour, une telle expérience devait développer
la nostalgie de la « Nature naïve » et de ses vraies richesses.

Contemporain du « Système », l'apologue des Troglodytes incarne
dans une Arabie de convention cette aspiration à un bonheur calme et
vertueux, abrité des passions mauvaises de la cupidité et de l'intérêt
aveugle. Pour démontrer que le bonheur ne réside pas dans les plaisirs
des sens mais dans la pratique de la vertu, Usbek était conduit à situer
l'action de sa fable dans un cadre bucolique : c'est nécessairement « dans
les délices de la vie champêtre » que la voix de la nature révèle « le
bonheur d'une condition toujours parée de l'innocence » [6]. Sans doute
Montesquieu ne devait-il pas s'abuser sur la vérité pittoresque de son

1. *Ibid.*, p. 255.
2. *Spicilège*, 330. (*Œuvres*, t. II, pp. 775-76). Voir aussi une attaque virulente contre
les nouveaux riches dans les *Lettres Persanes*, 132.
3. En 1724 son ami Joseph de Navarre, ruiné par l'effondrement de Law, doit démis-
sionner de l'Académie de Bordeaux, faute de pouvoir contribuer à ses dépenses. Cf.
MONTESQUIEU, *Œuvres*, t. III, p. 729 (note e). Montesquieu lui-même avait éprouvé en
1720 des difficultés financières sérieuses.
4. *Esprit des Lois*, II, 4. En 1728 Montesquieu avait eu à Venise un long entretien
avec le financier écossais ; ses notes de voyage prouvent qu'il l'avait écouté avec attention
et curiosité, mais l'homme est jugé sans aucune sympathie, bien que Montesquieu reconnaisse qu'il était « plus amoureux de ses idées que de son argent ». Cf. *Voyages, Œuvres*,
t. II, pp. 1004-1007. Pour d'autres allusions, voir notamment *Lettres de Xénocrate à Phérès*,
ibid., t. III, pp. 132-133 ; *Mémoire contre l'arrêt du Conseil...*, *ibid.*, p. 270 ; *Histoire véritable, ibid.*, p. 303, etc.
5. Dans les villes de commerce, en Hollande ou en Allemagne, même les vertus sont
mises en vente. *Pensées*, 522 (1120).
6. *Lettres Persanes*, 12

récit; trente ans plus tôt Fontenelle avait finement analysé le sens de l'évasion pastorale et de son irréalisme : non pas le goût de la vraie campagne, avec ses rudesses et sa grossièreté, mais l'expression mythique d'un rêve épicurien de repos insouciant [1]. A la différence de leurs ancêtres qui « ressemblaient plus à des bêtes qu'à des hommes » [2], les Troglodytes dont Usbek peint la félicité ne sont plus des sauvages ni des êtres primitifs : la religion par exemple est venue adoucir dans leurs mœurs « ce que la Nature y avait laissé de trop rude » [3]. Leur frugalité n'a rien de barbare et elle s'allie à toutes les délicatesses du cœur. Mais lorsqu'on se souvient de la « nature » fénelonienne, on est tenté de croire que cette idéalisation un peu fade de la vie rurale n'avait pas seulement, dans l'intention de Montesquieu, une valeur poétique et une portée morale, et qu'elle exprimait aussi, chez ce provincial proche de la terre, un attachement plus concret aux réalités agricoles, qu'on ne pouvait évidemment s'attendre à trouver au même degré chez le parisien Fontenelle.

Une autre lettre du même recueil confirme cette impression. Pénétrant un jour dans un café, Rica écoute d'une oreille distraite les doléances d'un gentilhomme provincial qui se plaint amèrement que sa fortune terrienne ne lui fournisse pas assez d'argent liquide pour vivre à Paris; quelques mois plus tard, au même endroit, un autre interlocuteur de rencontre déplore en sa présence un malheur tout différent : riche la veille, il ne lui reste plus que des billets de banque sans valeur et des écus dévalués. « Au moins, s'écrie-t-il, si j'avais seulement une petite terre où je pusse me retirer, je serais sûr d'avoir de quoi vivre... ! » [4]. Moins brillant et plus étriqué que le bonheur qu'apporte la richesse mobilière, celui de la fortune terrienne est en tout cas plus assuré.

Provincial à Paris, Montesquieu ne se serait-il pas senti en province quelque nostalgie de la vie facile et luxueuse de la capitale ? Le charme intellectuel des *Lettres persanes* tient pour beaucoup à un dialogue sans fin que l'auteur semble y poursuivre avec lui-même. Rhédi est tout à fait dans le ton de la fable des Troglodytes lorsqu'il oppose aux progrès matériels de la civilisation occidentale « l'aimable simplicité » où vivent encore les adeptes de Mahomet [5]. Mais voici que la cause du luxe trouve

---

1. FONTENELLE, *Discours sur la nature de l'églogue*, 1688. Cf. ci-dessus, Ch. V, 1. Dans ses *Réflexions sur l'églogue*, où il suit de près Fontenelle, mais en lui reprochant de manquer parfois de naturel et de prêter trop d'esprit à ses bergers, Rémond de Saint-Mard, écrit de même : « Les bergers de l'églogue sont faux. Qu'importe ? Ils sont agréables. Riches parce qu'ils n'ont pas besoin de richesses, paresseux et ne connaissant jamais l'ennui qui accompagne parfois la paresse, toujours agités de la manière du monde la plus délicieuse, les bergers sont tels précisément que nous voudrions et que nous devrions être ». (*Œuvres mêlées*, 1742, t. III, p. 90, *loc. cit*).
2. *Lettres Persanes*, 11.
3. *Ibid.*, 12.
4. *Ibid.*, 132.
5. *Ibid.*, 105.

en la personne d'Usbek un défenseur imprévu. Le superflu, proclame
cet étrange apologiste de la frugalité champêtre, est aussi indispensable que le nécessaire; bannira-t-on d'un pays tous les arts qui ne sont
pas directement utiles à l'agriculture ? On verra bientôt l'État dépérir
et ses habitants réduits à un bonheur tout négatif, celui de ne pas mourir
de faim. Car les arts les plus frivoles produisent plus de richesses qu'un
fonds de terre; dans un état policé les particuliers ne peuvent vivre en
économie fermée, et la prospérité générale dépend de la vanité d'une
coquette. « Pour qu'un prince soit puissant, conclut Usbek, il faut que
ses sujets vivent dans les délices » [1].

Faisons dans ces propos antithétiques la part du paradoxe, mais n'y
voyons pas seulement le jeu d'un esprit léger. Sévère pour la politique
de Law, Montesquieu a pu comprendre les idées justes que ses imprudences déformaient. Bientôt l'expérience de Pâris-Duverney, chargé
de liquider le « Système », lui apparaîtra tout aussi dangereuse : sous
prétexte d'assainir la situation financière, on provoquera alors la réces-
sion, véritable « paralysie de l'État » [2]. Or la réponse d'Usbek ne contredit pas en tous points l'exposé de Rhédi : tous deux sont d'accord pour
rejeter le préjugé chrysohédoniste; mais tandis que Rhédi s'en tient
à cette attitude négative et pose le problème en termes statiques [3],
Usbek introduit dans la discussion un élément nouveau en distinguant,
à la manière de Vauban ou de Boisguillebert, la quantité globale de
numéraire et sa vitesse de circulation. Quelques années plus tard Montesquieu précisera ses vues sur ce point en écrivant ses *Considérations
sur les richesses de l'Espagne* [4]. L'exemple espagnol le confirmera dans
l'idée que les métaux précieux ne sont que des richesses de fiction mais
ont leur rôle à jouer dans la production des vraies richesses. Bien que
l'ouvrage entier semble le commentaire du propos de Rhédi, son inspiration profonde l'apparente, en réalité, au plaidoyer d'Usbek.

Quel enseignement l'historien tire-t-il en effet du déclin espagnol ?
Grâce à l'argent importé des Indes occidentales l'Espagne a joui, pendant deux siècles, d'une prospérité fallacieuse : sa décadence est venue,
inexorablement, de l'erreur vulgaire commise par ses souverains et
ses hommes d'État qui ont pris le signe de la puissance pour sa cause.
En réalité l'abondance du numéraire est malsaine lorsqu'elle ne traduit
pas l'essor de la production nationale : « Il ne faut pas que les richesses
du prince lui viennent immédiatement et par une voie accidentelle, il faut

---

1. *Ibid.*, 106.
2. *Spicilège*, 615 (*loc. cit.*, p. 864).
3. *Loc. cit.* Les métaux précieux, explique-t-il, n'ont qu'une valeur de signe.
4. *Œuvres*, *op. cit.*, t. III, pp. 137-155. La date de rédaction de l'ouvrage doit se
situer aux environs de 1724. Montesquieu en a tiré plus tard l'article XVI de ses *Réflexions
sur la Monarchie universelle en Europe* (1734), puis l'essentiel d'un important chapitre
de *L'Esprit des Lois*, (XXI, 22).

qu'elles soient l'effet des tributs, et les tributs l'effet de l'aisance des sujets » [1]. « Une bonne police, la bonté et la culture des terres » sont des biens plus précieux que de stériles monceaux d'or et d'argent. La France tire plus de profit de ses petites colonies antillaises avec lesquelles elle pratique un commerce fructueux que l'Espagne de son vaste empire des Indes. « Pour nous, conclut Montesquieu, nous jouissons de notre terre et de notre soleil, nos richesses sont plus solides, parce qu'une abondance toujours nouvelle viendra pour des besoins toujours nouveaux » [2].

Si l'on rapproche ce texte du *Dialogue de Xantippe et de Xénocrate*, probablement écrit deux ans plus tôt [3], on est frappé par l'unité que présente à cette époque la pensée de Montesquieu. Le culte des métaux précieux est doublement condamné par l'économiste et par le moraliste. Mais cette condamnation n'est pas celle du commerce et des manufactures [4]. Montesquieu affirme au contraire que l'intérêt de l'agriculture est lié à celui des autres activités économiques dans lesquelles ses productions trouvent un débouché fructueux [5]. Cette idée éclaire la conclusion qu'il avait envisagé de donner à l'histoire des Troglodytes. Lorsque ceux-ci décidèrent de se choisir un Roi, le vieillard auquel ils offrirent la couronne ne se fit pas d'illusions sur les motifs qui les inspiraient : las de leur frugale innocence, ils souhaitaient pouvoir « acquérir des richesses et languir dans une lâche volupté » [6]. Dans sa version imprimée, l'apologue s'arrête là; mais il n'est pas sûr que l'auteur ait voulu s'en tenir, pour le fond, à cette opposition sommaire du bonheur et de la richesse. Vers 1748 il fera recopier et insérer dans ses *Pensées*, avec d'autres fragments, choisis peut-être en vue de l'édition de 1754, une addition pleine d'intérêt : on y voit le second souverain des Troglodytes accepter d'introduire chez eux « le commerce et les arts », et le langage qu'il leur tient alors précise à quelles conditions cette nouveauté pourra n'être pas pernicieuse. « Troglodytes, dit le Roi, les richesses vont entrer chez vous; mais je déclare que si vous n'êtes pas vertueux, vous

---

1. *Op. cit.*, p. 153.
2. *Ibid.*, p. 155.
3. *Ibid.*, pp. 119-124.
4. Cf. *Richesse de l'Espagne, op. cit.*, p. 153. « Des négociants entreprenants, des ouvriers industrieux, des villes puissantes, voilà ce que l'Espagne a perdu en préférant une richesse d'emprunt à l'exploitation du sol national ». Ce point de vue est confirmé par les historiens d'aujourd'hui. Cf. F. BRAUDEL, *La Méditerranée et le monde méditerranéen à l'époque de Philippe II*, Paris, A. Colin, 1949.
5. C'est la différence entre l'effet produit par l'or en Hongrie et en Espagne : « Le travail des mines en Hongrie fait valoir la culture des terres ; le travail des mines en Espagne la détruit ». (*Ibid.*, p. 161). Montesquieu ne mentionne pas un autre aspect du profit que l'agriculture peut trouver au développement du grand négoce, celui des investissements. C'était pourtant l'un des aspects les plus importants de la reprise économique due au « Système » (Cf. P. HARSIN, *op. cit.*, Cinquième partie, Ch. IV), et le secret de la prospérité agricole dans l'Angleterre de Fielding.
6. *Lettres Persanes*, 14.

serez un des peuples les plus malheureux de la terre » [1]. Le contexte
éclaire le sens de cette *vertu*, indispensable au bonheur, mais compatible avec la fortune mobilière : il s'agit de « flétrir également l'avarice
et la prodigalité » et cet idéal de juste mesure a une portée politique
très claire, car il s'impose au roi comme à ses sujets. Le bonheur de tous
exige que le souverain n'accorde pas désormais sa confiance à la richesse
plutôt qu'à la « vertu », et que les commerçants de leur côté sachent
se tenir à leur rang : sinon toutes les assises de la société seront boule-
versées et, la cour ne pouvant être moins fastueuse que les particuliers,
il faudra bien que les frais de ce luxe retombent sur ceux qui l'auront
suscité [2]. En un mot, si les négociants abusent de leurs richesses, ils ne
s'étonneront pas d'être accablés d'impôts.

Peut-être cette démonstration habile permet-elle de comprendre
pourquoi, dans les *Lettres Persanes*, le thème de la frugalité coexiste si
curieusement avec l'apologie du luxe. Montesquieu ne s'amuse pas à
un savant et vain jeu de miroirs. En rapprochant ces deux notions
antagonistes il se fait l'interprète de l'aristocratie éclairée de son temps,
essentiellement foncière mais aux intérêts imbriqués dans ceux de la
bourgeoisie d'affaires, prête à accorder à celle-ci sa place dans la société
à ordres, mais à condition qu'elle sache y rester. Économiquement
plus audacieux que celui de Fénelon [3], ce programme dénote, dans une
conjoncture différente — et mises à part toutes les préoccupations religieuses qui se mêlaient à la pensée politique du précepteur du duc de
Bourgogne — un état d'esprit très voisin, aussi ouvert aux réalités
concrètes que résolu à défendre l'ordre ancestral.

On conçoit alors qu'en soulignant les avantages de la circulation
des richesses Usbek s'évertue à prouver que, loin d'amollir les peuples,
le progrès des arts « leur impose une vie plus dure ». Il n'affirme pas
seulement que le luxe des riches assure aux pauvres leur subsistance, mais
voit toutes les classes sociales, « depuis les artisans jusqu'aux grands »,
saisies d'une fructueuse émulation. Cette rivalité dans le désir du gain
transforme l'appétit de jouissance en « ardeur pour le travail ». C'est
au milieu des productions du luxe que s'épanouit l'esprit d'entreprise
dont le sérieux est gage aussi bien de prospérité économique que de
stabilité sociale [4].

---

1. *Pensées*, 1616 (120). Fragment recopié par Damours qui a été au service de Montesquieu entre 1746 et 1750.

2 *Ibid.* « Je trouve à présent toutes mes richesses en moi-même ; mais, pour lors, il
faudra que vous vous épuisiez pour m'enrichir, et ces richesses, dont vous faisiez tant de
cas, vous n'en jouirez point : elles viendront toutes dans mes trésors ».

3. Dans ses *Extraits de lecture annotés* (*Œuvres*, t. III, p. 707), Montesquieu remarque
que l'organisation économique de Salente, si restrictive à l'égard du luxe, ne serait pas
valable dans une grande monarchie. C'est exactement la distinction qu'il reprendra
dans *L'Esprit des Lois*.

4. *Lettres Persanes*, 106, *loc. cit.*

Pour les nations comme pour les individus il n'est de bonheur possible que dans une vie conforme à la nature. L'idée que Montesquieu se forme du cœur humain s'accorde avec ses conceptions économiques. La vrai richesse d'un pays est l'esprit d'industrie, appliqué d'abord à la culture du sol, ensuite au commerce et à la création de manufactures. De même, sur le plan de la morale individuelle, la droite nature condamne la cupidité, mais non le « simple désir de faire fortune »[1] : comme tout autre mouvement de l'âme, et si elle ne tourne pas à la « frénésie », cette ambition légitime répond à l'instinct d'activité qui est en nous. Aussi est-il dans l'ordre naturel des choses que les besoins augmentent avec les moyens de les satisfaire : le désir du superflu, suggère Usbek, n'est pas seulement conforme à l'intérêt social, mais aussi parfaitement naturel[2].

* *

L'exemple de Marivaux, de Ramsay, et de Montesquieu illustre trois réactions différentes à l'ébranlement économique et social provoqué par le « Système »[3]. La première, toute négative, est celle d'un homme de lettres, étranger à l'économie politique, et qui subit les événements sans être en mesure de les analyser : la nature et la frugalité lui sont un refuge opportun, grâce auquel sa gêne matérielle ne tourne pas à l'aigreur. La seconde révèle une personnalité mieux informée des problèmes concrets, mais chez qui le conservatisme politique et social l'emporte encore très visiblement sur l'esprit producteur. La troisième, au contraire, tend à accorder la primauté à l'économique sur le politique, étant bien entendu que celui-ci n'est nullement menacé. C'est, des trois, l'attitude la plus moderne, par son dynamisme, sinon selon une exacte chronologie ; toujours méfiante à l'égard des aventures financières, elle voudrait cependant consacrer l'union de la terre et de l'argent, l'alliance

---

1. *Pensées*, 30 (549), *loc. cit.*
2. *Lettres Persanes*, 106. « Quand les habitants auraient assez de courage pour se passer de tant de choses qu'*ils doivent à leurs besoins...* » Nous soulignons cette affirmation qui prend tout son sens lorsqu'on la rapproche des dernières lignes, déjà citées, des *Considérations sur les richesses de l'Espagne*. Si la nature inspire le désir du mieux-être, celui-ci une fois satisfait enrichit à son tour la nature de besoins nouveaux.
3. Un autre témoignage est fourni par Rémond de Saint-Mard. Cet amateur délicat de poésie bucolique impute bizarrement au « Système » la décadence du goût contemporain, corrompu par le luxe qui est lui-même le signe de l'instabilité des fortunes (Cf. ci-dessus, Ch. V, 2). Le « luxe » traduit à ses yeux l'ambition sociale de nouveaux venus dont la cupidité empêche les riches oisifs de jouir paresseusement de leurs biens : « Je sais que des jours plus sereins nous mettent aujourd'hui à l'abri des orages, écrit encore Rémond de Saint-Mard : Fleury veille sur nous, et nos fortunes sont assurées ; mais tranquilles de ce côté-là, n'aurons-nous plus rien à craindre ? Quelle attention ne faut-il pas encore pour conserver son bien ? quels mouvements, quelle activité, pour se défendre contre ceux qui cherchent à l'envahir ? Combien de gens n'a t-on point à ménager ? » (*Œuvres mêlées, op. cit.*, p. 309). On ne saurait mieux souligner le caractère défensif du bonheur et du goût « naturels » que prône Rémond de Saint-Mard.

du vieil ordre seigneurial et du capitalisme commercial. C'est alors que l'idée de nature acquiert sa plus grande souplesse : le thème des « vrais besoins » disparaît presque, au profit d'une nature en expansion, aux besoins toujours renouvelés. La signification restrictive de la notion n'en subsiste pas moins, même masquée par l'apologie des vertus actives : la frugalité du négociant garantit la permanence d'une société à la fois immuable et prospère.

Cet équilibre rassurant du dynamisme économique et du conformisme social explique le succès littéraire d'un thème comme celui de la frugalité hollandaise. Déjà Fénelon songeait peut-être à la Hollande lorsqu'il évoquait la sobriété des Tyriens. En vain Mandeville, dans sa *Fable des Abeilles*, avait-il critiqué ce lieu commun et montré que la vraie frugalité, synonyme de pauvreté, aurait causé la ruine du commerce[1]. En 1725 le *Journal des Savants* lui réplique imperturbablement que sa défense du luxe est un paradoxe cynique : il suffit de comparer la Hollande à l'Espagne appauvrie par l'or des Indes, écrit le rédacteur, pour comprendre que la prospérité véritable est incompatible avec le goût du faste[2].

Le lecteur moderne, lui, aperçoit surtout ici le malentendu sur lequel repose la fameuse « querelle du luxe ». Tandis que le publiciste anglais prend le mot dans une acception si large qu'il englobe tout ce qui n'est pas le strict nécessaire (même les sauvages alors vivent dans le luxe), son adversaire songe surtout à la vie fastueuse des grands seigneurs de Versailles ou au train de vie insolent des financiers. Cet héritage idéologique du xviie siècle l'empêche de reconnaître ce qu'il y a de simple bon sens dans le cynisme de Mandeville. Mais une autre source de ce quiproquo est la position défensive du négociant français : beaucoup plus empêtré que son homologue britannique dans le réseau des méfiances et des interdits traditionnels, il tient à donner de lui-même une idée édifiante et aussi « morale » que possible; à défaut d'humilité et de charité chrétienne, il a besoin de faire croire à sa *vertu*, et de prouver que pour, régler sa vie, la Nature n'est pas moins efficace que la religion[3].

C'est après 1730 que la controverse sur le luxe commence à agiter vraiment l'opinion. Et dans cette nouvelle phase, comme précédemment, le mouvement des idées reflète très clairement l'évolution des choses. La grande période du néo-mercantilisme coïncide, sur le plan théorique,

---

1. *Op. cit.*, Remarques L et P.
2. *Journal des Savants*, novembre 1725.
3. Les Féliciens du marquis de Lassay jouissent d'une prospérité qui ressemble beaucoup à celle des citoyens britanniques ; leur gouvernement même a de nombreuses analogies avec celui de l'Angleterre hanovrienne ; mais à la différence des Anglais, ils sont conduits par la vertu, et non par l'ambition égoiste (*op. cit.*, p. 106). L'idéologie libérale s'affiche sans vergogne en Angleterre ; en France elle est encore timide et emprunte volontiers son langage à la morale traditionnelle.

avec l'essor du commerce colonial. Mais la reprise économique, déjà esquissée à l'époque du « Système », est cette fois plus réelle et plus durable. Au lieu de n'atteindre l'agriculture qu'indirectement, elle est commandée par la hausse régulière du prix des grains : phénomène capital qui s'amorce en 1733 et constituera le grand fait économique du siècle. C'en est fini de l'argent rare et de la stagnation : les propriétaires fonciers, dont les fermages augmentent, consacrent l'excédent de leurs revenus à des dépenses de consommation, ou les investissent dans l'industrie et le grand négoce. La production industrielle bénéficie de la montée de la rente foncière que le profit industriel et commercial prend ainsi en relais [1].

Quand la machine économique marche toute seule, ceux qui doivent à cette prospérité leur vie facile ne songent pas à regretter l'heureuse simplicité des temps primitifs. L'attitude de Voltaire, au début de cette période brillante de Cirey ou de Sceaux qui s'ouvre devant lui, exprime la satisfaction spontanée de la minorité de grands seigneurs et de riches bourgeois qui sont, dans leur fortune et dans l'agrément de leur vie, les grands bénéficiaires du renversement de la tendance [2]. Le prestige de la « Nature naïve » est alors au plus bas, comme en témoignent les sarcasmes du *Mondain* :

> « Regrettera qui veut le bon vieux temps,
> Et l'âge d'or et le règne d'Astrée... » [3].

Après Saint-Évremond et Mandeville, Voltaire dénonce dans l'éloge convenu de la frugalité l'illusion historique qui érige en vertu une pauvreté de fait [4]. Son poème est très ouvertement un *Anti-Télémaque*, aussi peu respectueux des mythes féneloniens [5] que des vérités bibliques ; le tableau burlesque qu'il présente des ébats du premier couple indique suffisamment le ton de l'ouvrage :

> « Deux singes nus, deux chèvres pieds fourchus,
> Sont moins hideux au fond de leur feuillée ;
> Par le soleil votre face hâlée,

---

1. Cf. E. Labrousse, *La crise de l'économie française à la fin du XVIII⁰ siècle*, Paris, 1939. *Introduction*, II, 1. Le renversement de la tendance économique en 1733 a été précédé par la stabilisation de la monnaie en 1726.

2. On sait quel homme d'affaires avisé était Voltaire. Cf. J. Donvez, *De quoi vivait Voltaire*, Paris, Deux Rives, 1949.

3. Édit. Morize, *op. cit.*, v. 1-2. Rappelons la date du poème : 1736.

4. Cf. aussi *La Défense du Mondain, ou Apologie du luxe* (*Ibid.*; v. 97-98).
    N'allez donc pas avec simplicité
    Nommer vertu ce qui fut pauvreté »,
et ces lignes écrites à Frédéric de Prusse en janvier 1737 (Moland, XXXIV, p. 200, texte cité par Morize) : « C'est un petit essai de *morale mondaine* où je tâche de prouver avec quelque gaieté que le luxe, la magnificence, les arts, tout ce qui fait la splendeur d'un État, en fait la richesse et que ceux qui crient contre ce qu'on appelle *le luxe* ne sont guère que des pauvres de mauvaise humeur ».

5. Voir en particulier les vers 112 à 122.

Vos bras velus, votre main écaillée,
Vos ongles longs, crasseux, noirs et crochus,
Votre peau bise, endurcie et brûlée,
Sont les attraits, sont les charmes flatteurs
Dont l'assemblage allume vos ardeurs.
Bientôt lassés de leur sale aventure,
Sous un vieux chêne ils soupent galamment
Avec de l'eau, du millet et du gland;
Ce repas fait, ils dorment sur la dure :
Voilà l'état de la pure Nature » [1].

Dans une prose moins spirituelle que ces alertes décasyllabes, Cartaud de la Villate, en 1736 également, manifeste autant de scepticisme que Voltaire à l'égard du bonheur frugal de Cincinnatus dont il juge la vertu par trop austère [2]; le félicité champêtre du siècle d'or ne lui inspire aucun regret et le bonheur que les hommes tirent de leur industrie lui paraît plus consistant que les « simples dons de la nature » [3].

Exprimées avec plus de modération et sous une forme moins agressive que l'ironie allègre du *Mondain*, de telles idées n'auraient pas suffi à faire un grand scandale. Il fallait à Voltaire beaucoup d'insolence et de mauvaise foi pour prêter aux laudateurs de la frugalité le goût des glands et la nostalgie de la pierre nue des cavernes. Un homme aux idées aussi peu subversives que Crousaz peut, sur le fond, abonder dans le même sens que les défenseurs du luxe. Admettons un instant, écrit-il, que les sauvages soient aussi heureux que le proclament leurs apologistes, il ne s'agira jamais que d'un bonheur négatif, qu'il n'est pas possible de comparer sérieusement à celui dont jouissent les civilisés :

« Deux personnes qui ne désirent rien au delà de ce qu'ils possèdent sont également heureux (*sic*), mais dans un sens négatif; et de deux personnes dont les désirs sont remplis, celui (*sic*) qui éprouve des douceurs en plus grand nombre, ou d'une plus grande vivacité, est le plus heureux, et cela dans un sens positif, autrement un bœuf serait tout aussi heureux qu'un homme » [4].

Les réactions suscitées par le poème de Voltaire viennent sans doute moins du fond de l'ouvrage que de la satisfaction égoïste qui s'y étale, avec une naïve impudence. L'esprit de jouissance qui s'y révèle à l'état pur, sans référence à aucune valeur morale, avec une franchise fort compromettante pour la thèse mercantiliste, l'apparente à la *Fable des Abeilles* dont la traduction française sera quelques années plus tard longuement critiquée par les *Mémoires de Trévoux* [5]. Devant la moyenne

---

1. *Ibid.*, v. 48-59.
2. *Essai historique et philosophique sur le goût*, Paris, 1736, Deuxième partie, pp. 318-323.
3. *Ibid.*, p. 316.
4. *Divers ouvrages de M. de Crousaz*, 1737, *op. cit.*, t. I, p. 202.
5. *Mémoires de Trévoux*, juin, août et novembre 1740, *loc. cit.*

de l'opinion française la cause de l'industrie n'avait rien à gagner à se colorer ainsi d'immoralisme, ni à heurter cyniquement ces « pauvres de mauvaise humeur » dont Voltaire s'était moqué. Passé l'éclat du scandale, l'auteur du *Mondain* reviendra vite à des vues moins tapageuses et moins choquantes. Ainsi le *Septième Discours sur l'Homme* délaisse l'argument de l'utilité sociale du luxe pour vanter la vertu active de la bienfaisance [1]; et dans le quatrième, l'auteur interpelle, avec quelque grandiloquence, les viveurs qui croient trouver le bonheur dans une mollesse voluptueuse : « plongés dans le luxe » et dans l'ivresse des sens, ces Sybarites modernes oublient qu'il n'est pas de plaisir sans effort et que l'âme énervée par ces lâches excès devient incapable d'en jouir. Aussi le poète les incite-t-il rudement à sortir de leur stérile indolence :

> « Le travail est souvent le père du plaisir :
> Je plains l'homme accablé du poids de son loisir.
> Le bonheur est un bien que nous vend la nature » [2].

L'homme d'action est donc plus heureux que le parasite : les vers où Voltaire exprime cette conviction sont plus fidèles à l'inspiration des *Lettres philosophiques* qu'à celle du *Mondain*. Mais cet appel à l'énergie laborieuse correspond aussi beaucoup mieux à l'idéal économique dont s'inspirent à la même époque les héritiers intellectuels de Law et de Colbert [3], idéal de productivité et de plein emploi, dirions-nous aujourd'hui. Si l'on en croit J.-F. Melon, le luxe arrache à l'indolence l'excédent de population d'un pays; et selon ce concitoyen de Montesquieu, qui avait dû lire les *Lettres Persanes*, loin d'amollir la nation qui le favorise, il est le « destructeur de la paresse et de l'oisiveté » [4]. Non sans raison, Melon protestait du reste contre l'habitude d'employer un mot trop vague, et si péjoratif qu'il pouvait nuire au développement de l'industrie : « Le terme de luxe est un vain nom, qu'il faut bannir de toutes les opérations de Police et de Commerce, parce qu'il ne porte que des idées vagues, confuses, dont l'abus peut arrêter l'industrie même dans sa source » [5].

Entre les apologistes de la frugalité et les partisans du luxe semblait se creuser un abîme infranchissable. Mais à partir du moment où l'exemple de la vie frugale est donné par le négociant ou le manufacturier, tandis que le « luxe » devient la manifestation tangible de l'effort

---

1. *Op. cit.*, *Sur la vraie vertu.* (Moland, IX, pp. 423-24).
2. *De la modération en tout, dans l'étude, dans l'ambition, dans les plaisirs.* (*Ibid.*, p. 404).
3. Dans la *Défense du Mondain* (v. 99-110) Voltaire fait l'éloge de Colbert. Melon, Dutot, Dupin sont des admirateurs de Law dont Cantillon avait été le collaborateur.
4. *Essai politique sur le commerce, op. cit.*, Ch. IX, *Du luxe.* Voir aussi Ch. XXII, notamment p. 298.
5. *Ibid.*, p. 113. Le mot « industrie » tend à prendre ici son sens moderne.

collectif de production, un pont est jeté entre les deux thèses auxquelles
la notion de travail sert de dénominateur commun. Une petite minorité
de parasites sociaux vivra peut-être dans la mollesse, l'essentiel sera que
la nation presque tout entière développe ses facultés créatrices [1]. Un
exemple concret illustre le progrès de cet état d'esprit dans le second
tiers du siècle. Dans le vêtement d'intérieur et dans l'ameublement la
mode est alors aux « indiennes », tissus de coton peints ou imprimés
qui font une sévère concurrence aux étoffes de fabrication française,
à décor tissé ou broché; frappées de prohibition, les « indiennes »,
souvent fabriquées dans les pays voisins, n'en pénètrent pas moins
clandestinement en France. La fraude est si patente que l'opinion et les
économistes s'en préoccupent. En 1734 l'auteur de l'*Essai politique
sur le commerce*, qui préconise de façon générale qu'on interdise l'importation de produits manufacturés, s'inquiète de ce que le commerce des
indiennes ne profite qu'à l'étranger : il faut, dit-il, soit les proscrire
effectivement, soit autoriser des négociants français à les importer librement [2]. Onze ans plus tard, le fermier général Dupin recommande un
troisième parti, fabriquer en France même les indiennes avec du coton
importé, à l'exemple de ce que font les Anglais :

> « Il y a par exemple, remarque-t-il, plus de 600 pour 100 de différence
> d'une toison de laine prise sur la bête, jusqu'à la perfection de la quantité
> de drap fin, dont cette toison est capable. Pourquoi ne tenterions-nous pas de
> faire sur le coton et même sur les toiles de notre crû, un gain proportionné ? » [3].

Vérité d'expérience, cet argument de Dupin était riche aussi de
prolongements doctrinaux. Si le drap coûte six fois plus que la toison
dont il est fait, c'est que la valeur d'un objet est proportionnelle à la
quantité de travail nécessaire à sa production. A partir de cette constatation Ricardo et Marx édifieront leur théorie de la valeur-travail. Vingt
ans avant Dupin Cantillon avait déjà écrit que la terre est la matière de
la richesse, le travail humain « la forme qui la produit » [4]. La publication tardive de son ouvrage apportera en 1755 aux partisans de l'expansion industrielle un appui précieux : affirmer que le travail joue dans la
production des richesses un rôle déterminant, c'est sous-entendre la

---

1. *Ibid.*
2. *Ibid.* (fin du chapitre). Voir aussi Ch. X, *De l'exportation et de l'importation.*
3. *Œconomiques*, Carlsruhe, 1745, t. I, pp. 81-86. Vue neuve et hardie de la part
d'un « financier » de profession traditionnelle ! Comme l'auteur du *Télémaque*, Dupin est
hostile aux importations de luxe. Même doctrine dans les *Réflexions politiques sur les finances et sur le commerce* de Dutot, La Haye, 1738 (t. I, p. 298).
   Il faudra encore quinze ans pour qu'Oberkampf obtienne le droit de fonder à Jouy
sa célèbre manufacture (1760). Mais en 1789 la France comptera une centaine d'établissements de ce genre, dont plusieurs organisés, financièrement, sous la forme moderne de
sociétés par actions.
4. CANTILLON, *Essai sur la nature du commerce en général, op. cit.*, Première partie,
pp. 1-2.

supériorité économique de l'industrie sur l'agriculture. Il est plus coûteux de former un artisan qu'un laboureur et Cantillon en conclut que le travail du second vaut moins que celui du premier [1].

De plus en plus les discussions sur le luxe tendent ainsi à se déplacer du plan de la morale à celui de l'économie politique. Au delà des controverses sur les « besoins » qu'autorisent ou non, soit la Religion, soit la « simple Nature », se profile un antagonisme plus fondamental, celui de l'économie agraire et de la nouvelle classe industrielle. Bientôt l'idée de Nature deviendra, dans le cadre de l'école physiocratique, l'arme idéologique de la classe des grands propriétaires fonciers, désireux de drainer vers la grande culture les revenus précédemment investis dans l'industrie ou dépensés pour la consommation urbaine de produits fabriqués [2]. Et pour soutenir leur programme devant l'opinion et le ministère, les amis de Quesnay iront jusqu'à proclamer, en contraste avec la générosité de la Nature, la stérilité de l'industrie et du travail humain : « L'oisif et l'ouvrier, dira l'un d'eux, c'est tout un » [3].

Même dans les phases les plus tendues du combat physiocratique les adversaires des « Économistes » ne seront pourtant jamais en mesure d'opposer à leur philosophie de la Nature un système inverse et aussi paradoxalement agressif. Ils ne se priveront pas de critiquer le détail du programme des physiocrates et l'outrance de beaucoup de leurs affirmations de principe, mais la prédominance de l'agriculture dans la vie économique française sera encore un fait trop évident pour que les plus chauds partisans des manufactures puissent le contester. A plus forte raison devait-il en être ainsi avant 1750. Chez Cantillon par exemple des thèmes pré-physiocratiques se mêlent à la défense des intérêts de l'industrie, et cet auteur souligne le rôle essentiel de la rente foncière

---

1. *Ibid.*, p. 23. Le même raisonnement incite Melon à proclamer la supériorité sociale du manufacturier sur le boutiquier. (*op. cit.*, Ch. VIII. Cf. *Lettres Persanes*, 106).

2. Cf. WEULERSSE, *Le mouvement physiocratique en France*, Paris, 1910, notamment Livre II, Ch. II et III. La résidence du propriétaire foncier sur ses domaines sera recommandée par les Physiocrates qui prendront sur la question du luxe un parti très restrictif : hostiles au « luxe de décoration », ils admettent seulement le « luxe de subsistance », c'est-à-dire l'augmentation de la consommation intérieure, et surtout rurale, des produits du sol. Notons que les capitaux disponibles devraient, selon les Physiocrates, être utilisés à l'amélioration des techniques agricoles plutôt qu'à l'achat de terres.

3. Cf. WEULERSSE, *ibid.*, Livre III, Ch. IV, 3 ; et livre II, Ch. I. Selon Quesnay l'agriculture est la seule activité économique à rapporter un produit net, une fois déduits les frais de production. Cette plus-value, expliquent de même Mirabeau et Dupont de Nemours, est « un don gratuit » de la terre et non l'effet du travail : théorie doublement avantageuse aux possesseurs de grands domaines, puisqu'en assurant leur supériorité sociale sur la classe des manufacturiers, elle met d'autre part la rente foncière à l'abri des revendications des travailleurs agricoles. C'est à la Nature ou à Dieu seuls que le grand propriétaire doit son rang et son train de vie : dans la philosophie physiocratique l'idée de Nature prend souvent une coloration religieuse. Pour le fondateur du mouvement, le médecin Quesnay, lecteur fervent de Malebranche, la Nature est l'action immanente de la Providence, dans l'univers en général et en particulier dans l'ordre physiologique : le même respect doit inspirer l'homme d'État à l'égard des lois naturelles de la production agricole et le médecin devant « la force curative de la nature ».

dans la circulation des richesses [1]. Quant à Melon, il place la production
du blé au premier rang des signes de la puissance d'un État [2], et recommande particulièrement les laboureurs à la sollicitude des pouvoirs
publics : « Le laboureur, écrit-il, mérite plus d'attention que les autres,
parce qu'il est plus nombreux, et que son travail est plus essentiel » [3].
Comme celui des Encyclopédistes vingt ans plus tard, l'idéal de ce
théoricien du mercantilisme s'incarne moins dans la France de Colbert
que dans celle de Sully et de Henri IV [4].

Bien des facteurs contribuaient à freiner la maturation d'une véritable mentalité industrielle autonome. D'abord l'évidence que l'industrie restait triplement tributaire de l'agriculture, pour ses matières premières, pour ses besoins en capitaux, enfin pour le débouché que fournissait à ses produits le train de vie des propriétaires fonciers [5]. Ensuite
un souvenir lourd de résonances affectives, celui des famines si fréquentes et si cruelles à l'époque précédente [6]. Sans doute ce fléau endé-
mique est-il en recul : la courbe plus régulière du prix des grains entraîne
à partir de 1733 une « révolution de la mortalité sociale » [7], mais le spec-
tre de la faim est plus tenace que les réalités démographiques. Il y a
souvent un grand décalage dans le temps entre les phénomènes économiques et la conscience qu'en prennent ceux qui les vivent; ceci était
encore plus vrai autrefois qu'aujourd'hui. Le xviiie siècle a cru longtemps,
à partir de l'expérience limitée des dernières années du règne de Louis
XIV, que la population française persistait à décroître [8] : en aurait-il
été autrement que le problème des subsistances n'aurait pas semblé
moins urgent, puisqu'il aurait fallu alors, avec des moyens limités,

---

1. *Op. cit.* Première partie, Ch. XII, XIII, XV ; Deuxième partie, p. 180 sq.
2. *Op. cit.*, Ch. I.
3. *Ibid.*, Ch. XXII, fin. La France, précise Melon, compte 80 % de laboureurs,
10 % d'artisans, 5 % de gens d'Église et de Justice ou de militaires, 5 % de négociants,
financiers et « bourgeois ».
4. *Ibid.*. Melon reconnaît la supériorité du fer sur les métaux précieux qui ne sont
que le « gage » des vraies richesses, les denrées de première nécessité, et peuvent, comme
tels, être facilement remplacés par d'autres signes également conventionnels : « Ce qui
est d'institution de nature est plus fort par lui-même que ce qui est d'institution arbitraire ». (*Ibid.*, Ch. I, p. 12). Cf. *ibid.*, Ch. XXIV, p. 341 : « Pour nous qui regardons la
culture des terres comme le fondement solide de l'industrie et du commerce, c'est par
là que nous établissons nos richesses fondamentales ; et nous regardons comme valeur
augmentant ces richesses ce qui sert à l'exportation, car ce qui est de consommation et
de commerce intérieur (bien plus essentiel que le reste) constitue le bien-être actuel des
peuples ».
5. La grande masse des produits fabriqués de consommation courante est encore
due à l'artisanat domestique. C'est pourquoi la cause de l'industrie manufacturière coïncide avec celle du luxe.
6. Notamment la grande famine de 1709-1710. Au XVIIIe siècle le phénomène
perd de sa cruauté ; moins meurtrier, il réapparaît cependant à diverses reprises, par exemple en 1741 et 1748.
7. Cf. E. LABROUSSE, *loc. cit.*
8. De là l'importance des thèmes « populationnistes » dans la littérature politique
de l'époque. Les physiocrates s'évertueront au contraire à prouver que la richesse, et
par conséquent la puissance réelle d'un État, dépend plus des capitaux que des hommes.
Cf. WEULERSSE, *op. cit.*, Livre V, Ch. I, 8.

satisfaire les exigences vitales d'une population croissante [1]. Nourrir le mieux possible le plus grand nombre d'hommes possible, tel est, selon Melon, la maître mot de « l'arithmétique politique » : c'est ensuite seulement qu'il est loisible d'échanger l'excédent éventuel contre des produits moins indispensables [2].

Malgré leurs disputes bruyantes, partisans et adversaires du luxe sont ainsi bien près de s'accorder sur l'essentiel. En 1745 Boureau-Deslandes se livre à un inventaire très critique des arguments avancés par Melon en sa faveur [3]. Se déclarant personnellement ennemi d'un fanatisme austère, il propose de distinguer le « luxe de génie », c'est-à-dire les beaux-arts, et le « luxe de mœurs », par exemple dans la table ou l'ameublement. Le second seul, dit-il, présente de graves inconvénients : sociaux d'abord, car la frivolité vaniteuse que manifeste et développe le goût du luxe tend à la confusion de tous les rangs; économiques ensuite, parce que le luxe entretient des activités parasitaires et détourne une partie de la main-d'œuvre des travaux vraiment productifs [4]. Aussi le contraire du luxe n'est-il pas, selon Boureau-Deslandes, la pauvreté, mais bien l'abondance : fort de cette remarque judicieuse, il ne s'aperçoit pas que, malgré leur désaccord sur l'utilité des manufactures, son idéal de productivité est très voisin de celui de Melon.

Si frugalité est synonyme d'ascétisme et si cette vertu freine la production, il n'est plus grand monde pour la défendre [5]. Mais si elle implique simplement la volonté de satisfaire d'abord les besoins élémentaires et de ne pas accorder aux uns le superflu avant d'avoir assuré à tous le nécessaire, aucun défenseur sérieux du luxe et de l'industrie ne songe à en contester le bien-fondé. Car de Fénelon jusqu'à l'aube du mouvement physiocratique les données de base du problème n'ont pas changé. Étroitement conditionnée par l'état des techniques et les modes d'exploitation du sol, l'inélasticité de la production agricole est un fait permanent de l'économie ancienne. C'est seulement dans la seconde moitié du siècle que les débuts de l'agronomie et l'application très partielle du programme physiocratique permettront d'envisager

---

1. Rappelons que le célèbre essai de Malthus est de 1798.

2. « L'expression arithmétique de la gloire du législateur est le nombre de personnes dont il fait le bonheur, multiplié par le nombre des obstacles qu'il a surmontés ». (*Op. cit.*, Ch. XXIV, p. 348). Le contexe indique que ce bonheur consiste d'abord dans la satisfaction des besoins physiologiques. Dans le chapitre suivant Melon s'en prend aux sinophiles de son temps, qui oublient, dans leur admiration pour la Chine, qu'elle est le pays des famines et des meurtres d'enfants.

3. *Lettre sur le luxe, avec l'examen du neuvième chapitre de l'Essai politique sur le commerce*, Francfort, 1745.

4. L'auteur s'en prend à la profession d'aide-cuisinier, déjà citée en 1740 par les *Mémoires de Trévoux* comme exemple d'activité stérile (novembre 1740, p. 2138, *loc. cit.*).

5. Les physiocrates mêmes, si hostiles au luxe, la rejetteront (Cf. WEULERSSE, *op. cit.*, Livre II, Ch. III, 2).

les moyens pratiques de lui porter remède : encore y aura-t-il dans ce domaine plus d'agitation et de projets que de résultats concrets [1].

Avant 1750 le thème du droit au bonheur se heurte à la résistance invincible de l'économique. Alors que personne n'a encore prévu ni les formes modernes du capitalisme, ni la révolution des techniques, la force des bras reste le seul moyen concevable d'améliorer la condition humaine [2]. L'esprit de l'époque se ressent de cet état de choses. Plutôt que par une frivolité tapageuse, ou une ambition conquérante, il se définit par une énergie laborieuse, d'avance résignée à n'obtenir que des résultats limités. Si le capitalisme commercial ouvre des horizons plus larges, son dynamisme n'intéresse, économiquement et socialement, qu'une étroite minorité. Surtout, le caractère marginal de son activité l'empêche de bouleverser la mentalité précapitaliste du plus grand nombre. Celle-ci permet de comprendre les aspects les plus restrictifs de la morale naturelle qui n'incite pas à transformer le monde, mais à s'en accommoder, tel qu'il est, ou, tout au plus, à l'aménager; dans une période exempte de grandes secousses elle conduit sur le plan social à un conservatisme sans aigreur, et sur le plan individuel à l'expression d'une sagesse mesurée, sournoisement répressive, et complaisamment euphorique.

« Qui peut se sauver des faiblesses que la médiocrité traîne avec soi ? » [3]. Ce cri pathétique est la protestation d'un cœur ardent, la plainte d'un homme généreux qui se sent à l'étroit dans sa condition. Il faut beaucoup de courage intellectuel à Vauvenargues pour dénoncer les mensonges lénifiants où ses contemporains croient trouver le bonheur. Il n'admet pas, lui, que « peu de choses suffisent à la nature » [4]; il sait au contraire que la nature est « insatiable », et que toutes les limitations que la société lui impose la briment sans contre-partie [5]. Mais autour de lui on préfère se bercer de vues moins amères. Madame du Châtelet estime que la privation est nécessaire à la continuité du plaisir, elle en déduit qu'il est plus avantageux de naître dans une condition moyenne

---

1. L'agronomie fait ses premiers pas en 1750 avec le *Traité de la culture des terres*, de Duhamel de Monceau. Il y aura entre 1760 et 1770 une floraison, souvent éphémère, de Sociétés d'agriculture. Cf. BOURDE (A.J.), *The influence of England on the French agronomes*..., Cambridge, 1953.

2. Sur le problème des sources d'énergie, voir ci-dessous, Ch. XII, 3.

3. VAUVENARGUES, *Réflexions sur divers sujets*, 8, *Contre la médiocrité*, (*op. cit.*, p. 78).

4. Cf. *Ibid.* « Enfin, de même qu'on ne peut jouir d'une grande fortune avec une âme basse et un petit génie, on ne saurait jouir d'un grand génie ni d'une grande âme dans une fortune médiocre ».

5. *Ibid.*, *Réflexions et Maximes posthumes*, 358.

que de jouir d'une grande fortune [1]. Cleveland, le héros de l'abbé Prévost,
s'évertue à faire vivre les Indiens Abaquis dans un juste milieu entre
le luxe et la grossièreté : car la nature condamne également tous les excès [2].
La même idée, toute fénelonienne et classique, prend souvent une résonance nettement bourgeoise. Duclos juge absurde que les citoyens d'un
état moderne feignent de mépriser la richesse, et il s'en prend aux « gens
de condition » qui insultent par leur mépris les commerçants et les
financiers, mais ne se privent pas d'épouser leurs filles [3]. La vraie nature
lui semble s'accommoder beaucoup mieux de « mœurs simples et sévères » que de la politesse raffinée des grands [4], mais cette apologie des
vertus bourgeoises n'a rien de subversif, elle vise à rassurer autant qu'à
convaincre et ne cherche guère qu'à faire accepter par les gens du monde
la société de la bourgeoisie [5].

Si les grands bourgeois dont Duclos se fait le porte-parole accordent tant de prix à leur réputation de sérieux, voire d'austérité, qu'en
sera-t-il de la moyenne et petite bourgeoisie « à talents », comme les
robins et les médecins ? Aussi éloignée du petit peuple que du faste des
grands, mais surtout étrangère à la vie économique moderne, elle fournit
souvent au jansénisme ses adeptes les plus fervents. Même quand ses
rancœurs sociales se teintent de philosophie, son hostilité à l'égard du
luxe demeure entière : c'est chez elle que le regret du « bon vieux temps »
et le rappel de la frugalité ancienne prennent leur sens le plus négatif.
Parfois les deux courants de pensée se rejoignent curieusement chez un
même individu. Tel le jeune dijonnais Fromageot, homme d'une piété
austère, mais aussi frotté, à sa manière, d'esprit nouveau [6]. Ce n'est
pas un hasard si l'Académie dont il est membre couronne en 1750 le
premier *Discours* de Rousseau. Celui-ci a voulu croire et faire croire que
sa protestation contre la corruption du siècle émanait d'un isolé et d'un

---

1. *Discours sur le bonheur, op. cit.*, p. 27.
2. *Op. cit.* Livre IV, p. 260. « Tout ce qui est opposé à la raison ou qui s'en écarte
par quelque excès n'appartient point à l'humanité ». Au livre XIV, Mme Riding décrit
le bonheur de la cité des Nopantes dont les habitants sont « des gens simples, qui ne connaissent point d'autres biens que ceux de la nature » ; mais elle précise aussitôt que cette
simplicité ne doit rien à la vie sauvage, « cet horrible avilissement qui déshonorait la
nature ».
3. *Considérations sur les Mœurs, op. cit.*, 1751, Ch. IX. Duclos marque ici une certaine préférence pour les commerçants, plus directement utiles à la société que les gens
de finances (p. 243). Mais dans son roman *Les confidences du Comte de *** (1741), il se
félicitait que le préjugé hostile à ceux-ci fût déjà très affaibli : « La Finance, écrivait-il,
est absolument nécessaire dans un État, et c'est une profession dont la dignité on la bassesse dépend uniquement de la façon dont elle est assurée » (Première partie, p. 168-169).
4. *Considérations, op. cit.*, Ch. I, pp. 61-67.
5. *Ibid.*, Ch. VII, p. 201. « Quant au commerce en général, les gens du monde ne
valent pas mieux, ne valent pas moins que la bourgeoisie. Celle-ci ne gagne ou ne perd rien
à les imiter. A l'exception du bas peuple qui n'a que des idées relatives à ses besoins, et
qui en est ordinairement privé sur tout autre sujet, le reste des hommes est partout le
même. La bonne compagnie est indépendante de l'état et du rang, et ne se trouve que
parmi ceux qui pensent et qui sentent, qui ont les idées justes et les sentiments honnêtes ».
6. Cf. M. BOUCHARD, *L'Académie de Dijon et le premier Discours de Rousseau*, Paris,
1950, p. 71. Le père de l'Académicien Fromageot, professeur à la Faculté de Droit de

être d'exception. Dans ce cas les Académiciens de Dijon n'auraient pas accordé leur premier accessit à l'érudit Grosley qui avait soutenu une thèse voisine. En réalité le succès de ces deux ouvrages prouve qu'ils répondaient l'un et l'autre à l'attente de la classe sociale dont leurs juges faisaient partie [1]. Applaudissant aux thèmes les plus conventionnels du *Discours sur les arts et les sciences*, ceux-ci s'étaient prudemment désolidarisés du ton de revendication politique que l'auteur leur avait parfois prêté [2]. Nul doute qu'ils n'aient été moins sensibles à l'idéal républicain du citoyen de Genève qu'à l'évocation nostalgique de la simplicité ancestrale : « C'est un beau rivage paré des seules mains de la Nature... » [3]. En célébrant à son tour la Nature naïve Rousseau avait su parler à leur cœur, et fournir à leur amertume latente le philtre enchanteur de l'évasion.

La nature console donc les nobles de n'être pas riches et les roturiers de n'être pas nobles, voire de ne posséder aucun de ces deux avantages. « Le bonheur et le bon-sens des particuliers, écrit de même l'auteur de *L'Esprit des Lois*, consiste beaucoup dans la médiocrité de leur talent et de leurs fortunes » [4]. Au problème du luxe Montesquieu apporte, il est vrai, en 1748, la solution complexe qu'impose son relativisme politique : ainsi la démocratie égalitaire exclut le luxe qui est au contraire dans la logique de la monarchie [5]. Mais ce relativisme n'est pas si total qu'on ne discerne, ici ou là, la marque d'une secrète préférence. En réalité le point de vue du Président reste alors très voisin de ce qu'il était vingt ans ou vingt-cinq ans plus tôt. Enrichi de nuances nouvelles, il consiste toujours à accepter l'apport positif de la civilisation mercantile mais aussi à neutraliser le danger potentiel qu'elle représente pour l'ordre ancien.

En face d'une civilisation fondée sur l'argent, Montesquieu subit fortement la tentation du repli sur soi ou de l'évasion. Peut-être à cause de son différend avec Melon sur l'esclavage [6], il est encore plus sensible qu'autrefois aux méfaits d'une institution qui, en « multipliant les désirs », est source de corruption morale et d'injustice sociale [7]. A cette

---

Dijon, avait remporté le prix de 1743 pour une dissertation sur la loi naturelle, où il opposait aux « bienséances de mode » et à la « fausse politesse » les vrais sentiments de la nature. Cf. Bouchard, *ibid.*, p. 42.

    1. On trouvera dans l'ouvrage mentionné ci-dessus une étude précise du recrutement social de l'Académie dijonnaise.

    2. Voir dans le *Mercure* de novembre 1750 le compte rendu de la séance de remise des prix et l'exposé du rapporteur. Dans le même périodique, en janvier 1751, l'abbé Raynal mettra au contraire en valeur la signification républicaine du *Discours*.

    3. Rousseau, *Discours sur les arts et les sciences*, Deuxième partie, éd. Havens, p. 140.

    4. *Op. cit.*, V, 3.

    5. *Ibid.*, VII, 1 à 5.

    6. *Ibid.*, XV, 9. « Le cri pour l'esclavage est donc le cri du luxe et de la volupté ».

    7. *Ibid.*, IV, 6. Les sauvages qui ignorent l'usage de la monnaie sont libres (XVIII, 17) et ne sont exposés qu'à un petit nombre d'injustices, dues à la violence physique contre laquelle il est plus aisé de se défendre (XVIII, 16). Cf. *ibid.*, XX, 1.

aliénation funeste il oppose le bonheur de Sparte ou des Indiens du Paraguay : bonheur paradoxal puisque fondé sur des institutions « si singulières » qu'elles semblent bafouer les sentiments les plus naturels [1]. C'est le paradoxe même de la frugalité républicaine : vertu héroïque et d'une austérité proche de l'ascétisme [2], mais plus profondément naturelle que les passions qu'elle asservit. On retrouve ici la double signification, antithétique et complémentaire, du thème de la nature frugale, qui est une constante de la pensée de l'époque : inséparable de celle des « vrais besoins », la notion de frugalité humanise l'âpre vertu républicaine et la réconcilie avec la nature.

Celle-ci peut alors s'assouplir jusqu'à autoriser ce qu'elle semblait d'abord proscrire inexorablement. Dans le dialogue que Montesquieu poursuit avec lui-même, c'est la réplique du vigneron à l'humaniste. La frugalité démocratique devient si libérale que, tout en continuant à interdire le luxe de jouissance, elle se confond avec la richesse active et laborieuse : sous cette forme elle s'incarne, comme chez Ramsay, non plus dans la république militaire de Lacédémone, mais dans la pacifique Athènes, tout entière vouée au commerce [3]. Dans une société fondée sur l'inégalité des biens « l'esprit de commerce, de travail et de vertu » préserve des méfaits du luxe [4] : grâce à lui nature et civilisation cessent d'être deux notions antinomiques. Dans un pays commerçant, dynamique et prospère, on doit jouir d'un bonheur simple qui relève plus du confort que d'une vaine « politesse » : « Il y aurait un luxe solide, fondé, non pas sur le raffinement de la vanité, mais sur celui des besoins réels; et l'on ne chercherait guère dans les choses que les plaisirs que la nature y a mis » [5].

Ces lignes attestent la forte impression faite sur Montesquieu par la prospérité anglaise; ignorant ici ses ombres et les misères qu'elle cache, il ne veut en retenir que l'image d'un bonheur confortable où communient nobles et bourgeois. Mais si dans l'Angleterre qu'il vante les différences de genre de vie tendent à disparaître, cette quasi uniformité laisse intacte la hiérarchie des rangs [6]. Non seulement l'universalité de la nature autorise ainsi l'inégalité sociale, mais cette idéalisation du bonheur bourgeois est à double sens, puisqu'en louant l'existence laborieuse du négociant elle l'encourage à ne pas en désirer une autre plus brillante.

---

1. *Ibid.*, IV, 6.
2. *Ibid.*, III, 5 ; IV, 5 et V, 2, *loc. cit.*
3. *Ibid.*, V, 6, *loc. cit.*
4. *Ibid.*, VII, 2.
5. *Ibid.*, XIX, 27. Sur Montesquieu et « l'esprit de commerce », cf. ci-dessus, Ch. VI, 3.
6. *Ibid.*, XIX, 27, *loc. cit.* « Les dignités, faisant partie de la constitution fondamentale, seraient plus fixes qu'ailleurs ; mais, d'un autre côté, les grands, dans ce pays de liberté, s'approcheraient plus du peuple, les rangs seraient donc plus séparés, et les personnes plus confondues ».

Sans doute Montesquieu a-t-il sincèrement envié la simplicité des mœurs anglaises et l'équilibre social qu'elle lui semblait traduire : mais s'il lui arrive souvent de déplorer que ses concitoyens préfèrent les plaisirs du bon goût et de la politesse à ceux de la simple nature, il sait que cette dépravation est inscrite dans la constitution monarchique. Tandis que le moraliste, en lui, la stigmatise, le politique en discerne la nécessité. Mais la constatation de ce divorce n'a rien de déchirant ni d'amer. Même dans la monarchie le bonheur est possible, pour peu que le luxe s'y plie à certaines règles : c'est dans les pays despotiques qu'il obéit seulement au caprice individuel [1]; dans un état monarchique il est soumis au moins à deux conditions. Il importe que la recherche du superflu ne nuise pas à la production du nécessaire : ainsi l'empire de Chine a besoin de lois somptuaires pour que tous les bras disponibles travaillent à nourrir une population surabondante [2]. Et, surtout, le luxe doit suivre une progression qui respecte l'échelle des classes et des rangs ; l'ordre dans lequel Montesquieu énumère ceux-ci, et qui devrait, selon lui, coïncider avec celui des fortunes, exprime les prétentions de la noblesse de robe, mais il traduit mieux encore l'attitude ambiguë de l'aristocratie foncière à l'égard des possesseurs de la richesse mobilière : tolérance forcée pour le luxe des « traitants principaux » qui sont un mal inévitable; sympathie condescendante pour les négociants dont on reconnaît l'utilité sociale, mais en ne leur concédant qu'une place très subordonnée, juste au-dessus des laboureurs et des artisans [3].

En face du luxe l'attitude de La Bruyère était toute négative. Sans être fondamentalement différente, celle de Montesquieu se veut plus souple et plus réaliste. La frugalité à laquelle il reste attaché est à la fois aristocratique et bourgeoise : mépris et crainte de l'argent s'y mêlent au goût d'une vie sérieuse et socialement utile. Autant que ses idées politiques, l'image que le Président se forme du bonheur, individuel ou collectif, reflète l'équilibre complexe d'une société qui se croit à l'abri des convulsions, mais son ambivalence révèle aussi tout ce que cette sécurité supposait d'illusions et de compromis [4].

*
* *

---

1. *Ibid.*, VII, 4.
2. *Ibid.*, VII, 5.
3. *Ibid.*, VII, 4. « Ainsi, pour que l'État monarchique se soutienne, le luxe doit aller en croissant, du laboureur à l'artisan, au négociant, aux nobles, aux magistrats, aux grands seigneurs, aux traitants principaux, aux princes, sans quoi tout serait perdu ». Sans doute faut-il compter les manufacturiers au nombre des négociants... On notera aussi la place assignée à la noblesse de robe, immédiatement au-dessous des grands.
4. Sur la question du luxe, l'article *Christianisme* de l'*Encyclopédie* suit de près *l'Esprit des Lois* : le vrai Christianisme, lit-on, n'interdit pas d'aller au delà du nécessaire mais invite seulement à une sage modération ; celle-ci correspond aussi à l'intérêt social qui veut un luxe proportionné à l'inégalité des fortunes. Cette conclusion mesurée suit un long rappel de tout ce que les bienfaits apparents du luxe cachent souvent de corruption réelle.

« Ceux-là seuls sont heureux en possédant les faveurs de la fortune, qui pourraient être heureux sans les posséder. En effet il n'y a de bonheur solide que pour celui qui, renfermant ses désirs dans la sphère des besoins réels et des biens qui sont à sa portée, se fait de cette enceinte comme un retranchement contre l'inquiétude et le chagrin. Dès que le cœur passe cette ligne marquée par la Nature, il se perd dans un champ immense, où il cherche en vain des bornes qui arrêtent et qui fixent la violence de ses mouvements »[1].

Ce texte de Lévesque de Pouilly éclaire à merveille l'équivoque centrale du bonheur « naturel » que la sagesse du demi-siècle s'évertue à édifier : bonheur « solide », mais dont la sécurité est payée de tant de renoncements qu'il perd en épaisseur et en richesse ce qu'il gagne en stabilité. Bonheur toujours menacé, soit par les caprices du sort, dont il convient de n'être pas dupe, soit par les agitations trop violentes de l'âme. Une image illustre pleinement cette sécurité étroite et précaire : celle de la forteresse assiégée, ou d'une place forte avancée en pays ennemi. Les métaphores militaires du P. Croiset évoquant le combat héroïque livré par l'âme chrétienne aux tentations du monde étaient, avouons-le, plus exaltantes que ce langage prudemment défensif. Le caractère étroitement normatif de l'idée de Nature éclate dans le rôle de garde-frontière qui lui est assigné ici. On ne l'évoque plus pour revendiquer le droit de chacun au libre épanouissement de sa personnalité, mais pour plier tout le monde à une règle uniforme. Ainsi les contraintes qui paraissaient insupportables lorsqu'elles se prévalaient de la Révélation sont subrepticement réintroduites dans la pratique quotidienne, et assumées par cette même Nature au nom de laquelle on les avait d'abord rejetées. Il n'est pas jusqu'à la distinction des « besoins réels » et de ceux qui ne le sont pas, qui ne rappelle l'opposition des « vrais biens » et des « faux biens », traditionnelle dans la pensée chrétienne. Au lieu de conduire à un choix sans équivoque entre le plaisir immédiat et la félicité surnaturelle cette distinction est simplement mise au service de l'ordre social dont elle favorise la stabilité; mais cette fonction restrictive et conservatrice est opportunément masquée par une habile référence à la *vraie Nature*. La notion des « vrais besoins » entretient ainsi, non sans quelque hypocrisie, la croyance illusoire en une harmonie spontanée du bonheur individuel et des vertus sociales. Il pouvait en coûter beaucoup au croyant de renoncer aux « faux biens »

---

1. *Théorie des sentiments agréables*, *op. cit.*, Ch. XIII, p. 196. Au gré des philosophes la nature s'épanouit, on l'a vu, dans les conditions moyennes. Mais selon les moralistes chrétiens il n'en était pas autrement d'une vie réglée par les maximes de l'Évangile. Le P. Croiset regrettait que les négociants fussent peu nombreux à se contenter d'une « chrétienne médiocrité ». (*Réflexions chrétiennes sur divers sujets de morale*, édit. de 1752, t. II, p. 299). Et un autre prédicateur, le P. Caussin, pensait que le bourgeois, moins exposé qu'un grand aux tentations du monde, mais plus libre aussi qu'un pauvre de songer à la vie spirituelle, était le mieux placé pour travailler efficacement à son salut. (Cf. HOUDRY, *op. cit.*, t. VIII, p. 293. Texte cité, comme le précédent, par B. GROETHUYSEN, *L'Église et la bourgeoisie*, *op. cit.*, pp. 200 et 238.

de ce monde, car ils n'étaient faux qu'au regard de la grâce, non à celui
de la nature charnelle. En confondant ces deux ordres, le xvIIIe siècle
croit faire disparaître toute difficulté de ce genre : il est désormais possible de prêcher la limitation des désirs sans avoir l'air de conseiller le
moindre sacrifice. Autrefois on pouvait parier soit sur le bonheur ici-bas,
soit sur le salut éternel. Mais dès lors que tout le problème de l'aventure
humaine est posé en termes de bonheur terrestre, dès lors que celui-ci
se réduit à une somme algébrique de plaisirs et de peines, il n'est plus
concevable de le sacrifier à quoi que ce soit : sous peine d'une insupportable contradiction il faut bien supposer que ce que l'on est contraint
d'abandonner n'a en réalité aucune valeur. L'illusion dans laquelle
s'enferme, bon gré mal gré, la morale hédoniste n'est donc pas fortuite :
elle est au contraire dans la logique de ses postulats mensongers. Restait
à la mettre à l'épreuve des faits, à prouver que dans l'expérience du malheur elle était mieux en mesure que le stoïcisme antique ou la foi chrétienne d'affronter efficacement les réalités amères de la condition humaine.

TROISIÈME PARTIE

NATURE HUMAINE
ET « NATURE DES CHOSES »

Chapitre X

NATURE ET PROVIDENCE

1. — Le mal est-il un bien ?
2. — « Tout est bien » : est-ce un mal ?

Chapitre X

NATURE ET PROVIDENCE

Il y a le mal physique, les maladies, les tremblements de terre, et ces petites absurdités qui font que la pluie tombe sur la mer ou qu'un fruit pourrit au lieu de mûrir; il y a le mal moral, les vices, les injustices, le triomphe des méchants. Pourquoi l'ordre de la nature souffre-t-il de tels désordres? Pourquoi le monde est-il si visiblement imparfait? La tradition chrétienne apportait à ces questions une réponse d'une énigmatique et grandiose simplicité : le néant de la créature par rapport à l'infinité de Dieu, et surtout la corruption de la nature déchue. Réponse terrible, et en même temps rassurante. Car l'idée du Dieu justicier et vengeur restait liée dans l'âme du croyant à celle de la Providence : la confiance dans la sagesse du Père et dans sa sollicitude quotidienne apaisait l'effroi ressenti devant l'obscurité de ses desseins, et empêchait la crainte de tourner en révolte ou en désespoir. Même accablé du sentiment de sa déchéance, l'homme chrétien gardait la conviction d'avoir été créé par Dieu à son image, comme le roi de la Création. Sans doute lui arrivait-il de s'interroger encore sur son étrange destinée, et de se heurter alors à de nouvelles contradictions : un Dieu tout-puissant qui n'a pas pu détourner Adam du péché; un Dieu sage et bon qui ne l'a pas voulu, un Dieu omniscient et omniprésent qui détermine invinciblement l'action de ses créatures privilégiées sans altérer pourtant leur libre-arbitre. Mais la force de la doctrine chrétienne tenait précisément à ces affirmations contradictoires; elles seules pouvaient rendre compte de la première antinomie : un Dieu bon et un monde mauvais. Combien d'hérésies étaient nées du refus de cette contradiction originelle? Les grands hérétiques de l'histoire avaient eu la logique de leur côté, leurs erreurs n'étant que des vérités partielles; mais au nom de la vérité totale

l'Église n'avait cessé de défendre contre une raison simpliste les incohérences de la foi.

Qu'un enfant « incapable de volonté » doive être châtié d'un crime
commis six mille ans avant sa naissance, c'était pour Pascal un mystère,
et même un scandale au gré de « notre misérable justice », mais aussi la
seule explication de la destinée humaine : « Le nœud de notre condition
prend ses replis et ses tours dans cet abîme; de sorte que l'homme est
plus inconcevable sans ce mystère que ce mystère n'est inconcevable
à l'homme » [1]. La religion chrétienne forme un tout dans lequel il faut
entrer, tout y est clair pour l'esprit que la foi illumine. Vue de l'extérieur, elle est un tissu d'absurdités. C'est ainsi que la jugent les libertins
auxquels Pascal s'adresse; pour eux l'existence du mal est la preuve
irréfutable, sinon que Dieu n'existe pas, du moins qu'il n'est pas tel
que les chrétiens le disent. Héritier de Charron et de Montaigne, Orasius
Tubero s'inquiète ironiquement des « défauts infinis » qu'il remarque
dans l'univers : Homère aurait-il eu raison d'imaginer Jupiter incapable
d'arracher son propre fils, Sarpédon, à la mort qu'avait fixée pour lui
le Destin ? Soit que Dieu, dans son indolente perfection, se désintéresse
de son œuvre, soit que sa volonté également se plie à la loi de la Fortune,
les « manquements innombrables » à l'ordre démentent la fiction de
la Providence [2].

A l'image chrétienne d'un monde ordonné et gouverné par la
sagesse divine les esprits forts opposent donc au XVIIe siècle la notion
antique du hasard ou de la fatalité. Mais pour renouveler la doctrine
d'Épicure ils n'avaient pas besoin d'invoquer l'autorité des poètes
anciens : au temps de Pascal la science mécaniste fournit aux lecteurs
de Lucrèce des arguments plus solides. Le rejet des causes finales, qui
n'était chez Descartes qu'un principe de méthode, devient chez certains
de ses disciples une arme dangereuse pour la piété naïve de tous les
admirateurs des merveilles de la nature. Descartes lui-même avait donné
l'exemple d'une cosmogonie qu'il était difficile de concilier avec le récit
de la *Genèse*; et on a vu que ses adversaires n'avaient pas toujours tort
de confondre dans une commune réprobation cartésiens et gassendistes [3]. Vers 1670, à la Faculté de Médecine dont il deviendra doyen
quelques années plus tard, Guillaume Lamy faisait figure de novateur
intrépide : ses *Discours anatomiques* de 1675 attaquent rudement le pieux
préjugé qui attribue au corps humain une structure providentielle.

---

1. PASCAL, *Pensées, op. cit.*, VII, 434.
2. LA MOTHE LE VAYER, *Les Dialogues d'Orasius Tubero*, V, *De la Divinité*, édit.
E. Tisserand, Paris, Bossard, 1922, pp. 112-113. Les *Dialogues* sont de 1630 ; exclus de
plusieurs éditions ultérieures des *Œuvres*, ils semblent avoir suscité à la fin du XVIIe
siècle et au XVIIIe un regain d'intérêt ; l'édition la plus répandue est alors celle de Trévoux (?), 1716 et 1718, (2 vol. in-16).
3. Cf. ci-dessus, Ch. II.

Selon Guillaume Lamy l'adaptation des organes à leur fin n'est que le résultat d'un concours fortuit d'atomes et de la sélection naturelle. Il en résulte que l'homme n'est pas « le chéri de la nature » mais le produit des mouvements aveugles de la matière [1].

A quoi bon s'étonner des défauts de l'univers ? Si l'homme n'est plus le roi de la Création, les imperfections dont il se plaint sont aussi naturelles que les quelques avantages dont il bénéficie. La doctrine des « nouveaux philosophes » éliminait le problème du mal en même temps que l'idée de la Providence. Mais si elle satisfaisait la raison critique, elle laissait le cœur désarmé devant la réalité vécue de la souffrance. Le seul bonheur concevable devenait celui de l'intelligence abstraite se haussant jusqu'à embrasser la totalité du réel : c'est la béatitude du Sage que Spinoza oppose à la faiblesse misérable de l'ignorant. Asservi à l'action de forces qui le dépassent, celui-ci n'a qu'une existence aliénée et passive : « sitôt qu'il cesse de pâtir, il cesse aussi d'être ». Seul le Sage, « conscient de lui-même, de Dieu et des Hommes » connaît « la vraie satisfaction de l'âme » [2]. Mais l'ignorant ne pourrait-il répliquer au Sage que son bonheur est irréel et vain puisqu'il suppose le sacrifice de tous les appétits individuels ? N'aurait-il pas lieu de regretter, lui, « cet asile de l'ignorance » qu'était sa confiance en la protection divine [3] ? Ce qui est pour le philosophe nécessité intelligible lui apparaît comme un hasard absurde ou une implacable fatalité. La notion d'un ordre providentiel, réservant à l'homme une place de choix, était du moins une illusion réconfortante. Comment ne pas tenter un ultime effort pour sauvegarder, à côté des vérités nouvelles de la science, les certitudes anciennes et apaisantes de la foi ?

Dans le dernier quart du XVIIe siècle la philosophie chrétienne ne pouvait se proposer de tâche plus urgente. Restaurer non pas contre la science mécaniste, mais grâce à elle, et en s'inspirant de ses principes, l'idée de la Providence, telle est alors l'ambition de Malebranche. À la différence de Descartes, l'Oratorien ne croit pas qu'il soit interdit à la raison humaine « de pénétrer dans les conseils de Dieu » [4]. A condition de ne pas céder à l'anthropocentrisme vulgaire, il est à son avis facile de découvrir partout dans l'univers des marques de la Sagesse supérieure qui le régit : la nouvelle physique s'attache moins aux détails

---

1. Cf. H. Busson, *La religion des classiques, op. cit.* Ch. VI, pp. 147-164.
2. Spinoza, *Éthique,* Cinquième partie, *Scholie* de la *Proposition* XLII (édit. R. Caillois, Gallimard, 1954, pp. 652). — C'est la conclusion du livre.
3. *Ibid.,* Première partie, *Appendice,* p. 406. Spinoza étudie dans ce passage l'origine du préjugé des causes finales et de l'anthropocentrisme vulgaire.
4. *Recherche de la vérité, VIIe Éclaircissement,* XV (*op. cit.* t. III, p. 41). A comparer avec cette déclaration catégorique de Descartes : « Nous ne nous arrêterons pas à examiner les fins que Dieu s'est proposées en créant le monde, et nous rejetterons entièrement de notre philosophie la recherche des causes finales ; car nous ne devons pas tant présumer de nous-mêmes que de croire que Dieu nous ait voulu faire part de ses conseils ». (*Principes,* Première partie, XXVIII).

de la nature qu'aux lois universelles qui font sa structure intelligible ;
le philosophe doit de même aller au-delà des apparences sensibles pour
admirer la Sagesse divine non plus uniquement dans la complexité de
ses effets, mais d'abord dans la simplicité de ses voies. C'est dans la
mesure où la Création obéit à des lois simples qu'elle exprime les règles
éternelles de l'entendement du Créateur. Dès lors le déterminisme
naturel n'est plus une nécessité aveugle, mais un Ordre en faveur duquel
ses imperfections apparentes elles-mêmes portent témoignage. Il en est
ainsi du mal physique, inexplicable si l'on prête à la Providence des
volontés particulières, mais qui est en réalité la conséquence nécessaire
des lois générales que Dieu a une fois pour toutes instituées [1]. Le grand
principe que *la Providence n'agit jamais que par des volontés générales* rend
compte en particulier de l'existence des monstres : que l'imagination
déréglée d'une mère influe sur la santé de l'enfant qu'elle porte en elle,
c'est la suite inévitable de la communication établie par le Créateur
entre le cerveau de la mère et celui de l'enfant [2]. Souhaiterait-on que,
pour éviter cette conséquence fâcheuse mais exceptionnelle, Dieu se
permît d'enfreindre une loi si utile à la propagation de l'espèce ? « Dieu
ne veut pas positivement ou directement qu'il y ait des monstres, mais
il veut positivement certaines lois de la communication des mouvements,
desquelles les monstres sont des suites nécessaires ». Que le sol s'entr'ouvre sous les pieds d'un honnête homme, sa mort sera l'effet de la
pesanteur. « Est-il juste et dans l'ordre que Dieu change ses volontés
générales pour ce cas particulier ? » [3].

Le mal moral, à la différence du mal physique, vient du péché,
mais il entre pourtant dans le même système d'explication. Si les enfants
naissent pécheurs, c'est-à-dire moralement monstrueux, c'est qu'ils
sont tous conçus dans l'iniquité, par la même raison qui cause parfois
la naissance de monstres physiques. La transmission héréditaire du péché
n'est donc pas un bien grand mystère. Il serait plus étonnant que Dieu
ait changé sur ce point ses décrets éternels pour remédier au désordre
causé par sa créature [4] : désordre qu'il n'avait pas voulu mais qu'il avait
prévu, sans que sa Perfection immuable lui permît de le prévenir. C'est
là sans doute le point le plus difficile. L'auteur des *Pensées sur la Comète*
convient volontiers avec Malebranche « qu'il n'y a rien de plus digne

---

1. Cf. ci-dessus, Ch. II, 2.
2. *Recherche de la Vérité, op. cit.*, Livre II, Première partie, Ch. VII.
3. *Ibid., VIIᵉ Éclaircissement*, t. III, p. 47.
4. *Ibid.*, pp. 39-41. C'est à la volonté de l'homme, non à celle de la Providence,
qu'il convient donc d'imputer les injustices de ce monde. Égaré par la concupiscence,
l'homme ne cesse d'abuser de ses facultés naturelles ; il serait contraire à la sagesse divine
de l'en empêcher : « Il faut prendre garde que Dieu agit toujours par les voies les plus
simples, et que les lois de la nature doivent être générales ; et qu'ainsi nous ayant donné
le pouvoir de remuer notre bras et notre langue, il ne doit pas nous ôter celui de frapper
un homme injustement ou de le calomnier » (*Ibid.*, p. 55). Cf. Livre II, *Première partie*,
Ch. VII, *loc. cit.*, p. 128.

de la grandeur de Dieu que de maintenir les lois générales »[1]. Dieu ne peut agir comme un gouverneur faible et timoré qui modifie ses règlements au gré de ses administrés... Quant à la malice humaine qui tourne à son profit des lois en elles-mêmes excellentes, Bayle admet aussi qu'elle démontre la vérité du dogme de la chute[2]. Mais il verra plus tard dans la permission du péché une difficulté insoluble : alléguer la liberté de l'homme ne résoudrait rien, écrira-t-il alors, car même si ce libre-arbitre n'était pas totalement inintelligible, il n'en resterait pas moins incompréhensible que Dieu ait accordé à l'homme, pour son malheur, une faculté dont il savait quel usage en serait fait[3].

La Sagesse éternelle exigeait-elle donc que l'homme fût libre de lui désobéir ? Malebranche n'avait pas craint de soutenir que le péché lui-même était dans l'ordre des desseins de Dieu. Celui-ci ne pouvant créer qu'un ouvrage digne de lui, c'est-à-dire d'un prix infini, il fallait bien que l'Incarnation de Jésus-Christ fût prévue dans le plan de la Création : car un monde fini, si parfait qu'il fût, eût été indigne de la Perfection divine. Malebranche ne croyait pas que la concupiscence ait été permise par Dieu simplement comme une épreuve salutaire. Dieu, précisait-il, « a voulu qu'on ne pût faire le bien sans le secours que Jésus-Christ nous a mérité»[4]. Pour être réparée un jour, il fallait d'abord que la nature fût corrompue, et Dieu avait besoin qu'Adam péchât pour parfaire « son grand ouvrage » ...Pour justifier la *permission* du péché, l'Oratorien finissait donc par en supposer la *nécessité* : nous avons déjà noté l'émotion suscitée par cette hypothèse, et la vivacité de la réponse inspirée à Fénelon par Bossuet en 1681[5]. Admettre que le péché était nécessaire à la perfection de l'Ordre, c'était décharger Adam de la responsabilité de sa faute; en dernière analyse le système de Malebranche aboutissait à deux affirmations également scandaleuses : l'humanité est innocente du mal qu'elle subit ; la gloire de Dieu veut le malheur de l'homme.

Ainsi contrainte de vouloir ce qu'elle ne peut empêcher, la Providence est-elle encore celle du christianisme ? A quoi bon invoquer et prier Dieu si l'on est d'abord persuadé que sa sagesse lui interdit de répondre à nos appels ? Qu'il soit ou non indifférent aux souffrances des hommes, le Dieu de Malebranche est aussi inexorable que la fatalité. Quelle consolation le chrétien pourrait-il trouver dans cette pensée ?

---

1. *Op. cit.*, Ch. CCXXXI.
2. *Ibid.*, Ch. CLX. Cf. ci-dessus, Ch. VI, 1.
3. *Dictionnaire historique et critique*, art. *Manichéens, Marcionites, Pauliciens, Rorarius. — Réponse aux questions d'un Provincial*, t. II, Ch. CXLIV, Cf. DELVOLVÉ, *Essai sur P. Bayle, op. cit.* Deuxième partie, Ch. VIII.
4. *Recherche de la Vérité, op. cit.*, t. III, *VIIᵉ Éclaircissement*, p. 41. Voir le *Traité de la Nature et de la Grâce*, et les *Conversations chrétiennes*, Second et cinquième *Entretiens*.
5. Cf. ci-dessus, Ch. VII, 2. Malebranche hésite visiblement devant cette conséquence ultime de son système, mais Fénelon n'a pas tort de lui dire qu'elle en découle logiquement.

Pour supporter son lot personnel de souffrances il a besoin, lui, de se sentir directement visé par les volontés de la Providence; et il se résigne plus aisément à en ignorer les fins qu'à se convaincre qu'elles ne le concernent pas personnellement. La notion chrétienne de la Providence suppose que celle-ci agisse par des volontés particulières, et non pas seulement selon des lois générales. Aux objections d'Arnauld Malebranche réplique par une concession hautaine : « Que M. Arnauld juge de la Providence divine sur l'idée qu'il a d'une providence humaine, cela lui est permis s'il ne peut pas s'élever plus haut. Car il vaut mieux admettre en Dieu une providence humaine que de lui ôter toute providence. Mais qu'il nous laisse suivre, conduits et soutenus par la foi, l'idée d'un être infiniment parfait » [1]. L'idée d'une « providence humaine » était-elle si inférieure à celle d'une providence déshumanisée ? Malebranche accuse Arnauld de trop accorder à la piété populaire; peut-être y avait-il plus de sagesse dans la foi du charbonnier que dans celle du philosophe.

Le Dieu de Bossuet dirige, grands ou petits, tous les événements de l'histoire; celui de Spinoza n'est autre que la nécessité universelle. Le drame de la philosophie chrétienne aux prises avec le problème du mal, c'est de ne pouvoir justifier le premier sans le dépouiller de ce qui le distingue du second. Plus de vingt ans de controverses passionnées aboutissent à une faillite dont Bayle dresse impitoyablement le constat : si le mal pouvait être évité, Dieu qui l'a permis est un père dénaturé; si le mal était nécessaire, Dieu est l'auteur du péché; à moins que l'univers n'ait pas un seul maître, mais deux, et que, selon le système des manichéens, le monde ne soit le champ clos où le principe du bien livre à celui du mal un interminable combat; à moins encore que Dieu n'existe pas et que l'homme soit seul devant le destin... [2]. Dans ce vertige d'hypothèses où la raison se perd il n'est qu'un point fixe et une certitude : l'ordre ou le désordre de l'univers passent infiniment les forces de l'esprit humain. Le vulgaire croit aux secours de la Providence comme à l'influence des comètes : « Sotte et ridicule vanité ! Si nous avions une juste idée de l'univers, nous comprendrions bientôt que la mort ou la naissance d'un Prince est une si petite affaire eu égard à toute la Nature des choses, que ce n'est pas la peine qu'on s'en remue dans le ciel » [3].

---

1. Texte cité par F. Bouillier, *op. cit.*, t. II, p. 202.
2. Voir en plus des textes déjà cités, la *Réponse aux questions d'un Provincial*, Deuxième partie, Ch. LXXXVIII, CLI, etc.
3. *Pensées diverses sur la Comète, op. cit.*, Ch. LXXXIII.

La nature a-t-elle été créée pour l'homme, ou celui-ci n'est-il qu'une infime partie de la nature ? L'expérience dément la première hypothèse, et la seconde contredit la foi. Telle est la conclusion contradictoire que le xviie siècle lègue à son successeur : la raison s'insurge à la pensée qu'un Dieu bon ait pu, sciemment, construire un monde mauvais; mais aux incohérences apaisantes de la Révélation elle ne peut substituer que des certitudes négatives. Impatient de reconstruire sur les ruines des vieilles croyances un monde habitable, le xviiie siècle essaiera, une fois encore, de surmonter ce dilemme; après tout, le monde est-il si mauvais ? Moralistes et savants modernes ne s'accordent-ils pas à vanter la finalité de la Nature ? Forts de cette évidence, les apologètes et les philosophes du siècle nouveau s'évertueront moins à expliquer le mal qu'à le nier : jusqu'au jour où de cet effort désespéré surgiront de nouveau, aussi insolubles, les mêmes problèmes. Car les antinomies de la pensée chrétienne du xviie siècle se retrouvent dans le naturisme du xviiie. On a souvent dit l'euphorie, agaçante ou ridicule, du demi-siècle qui suit le *Dictionnaire* de Bayle; peut-être convenait-il d'analyser aussi la mauvaise conscience qu'elle dissimule, et le témoignage qu'elle apporte, malgré elle, d'une impuissance pathétique à sortir des contradictions du passé.

1. — Le mal est-il un bien ?

Si Dieu existe, le mal est impossible. Puisque le mal est, Dieu n'est pas. C'est l'argument élémentaire et irréfutable que développe la lourde rhétorique de Jean Meslier :

« D'ailleurs si c'est un être tout-puissant, infiniment sage et éclairé, qui forme et qui dirige dans nous-mêmes et dans tous les autres êtres tous les mouvements internes et externes qui se font dans les corps et dans toute la nature, comment peut-il y avoir dans nous et dans tous les autres êtres aucuns mouvements qui soient tant soit peu déréglés et irréguliers ? Certainement il ne pourrait y avoir aucun dérèglement, ni aucune irrégularité dans les mouvements qui se forment dans nous, ni dans les mouvements qui se forment dans toute la nature, puisque ce serait un être tout-puissant, infiniment sage et éclairé qui les formerait et qui les dirigerait tous. Or il est constant et évident qu'il se fait tous les jours dans nous et dans toute la nature mille et mille sortes de mouvements déréglés et irréguliers qui causent une infinité de maux partout; donc on ne peut dire qu'ils soient formés ni qu'ils soient dirigés par un être tout-puissant, infiniment sage et éclairé »[1].

Pour un athée épicurien ou « spinoziste » les défauts de ce monde sont moins étonnants que ses perfections ; Meslier se défend de sous-estimer les merveilles de l'univers : trop imparfaites et inégales pour être dignes d'un Dieu tout-puissant, elles lui paraissent d'autant plus belles qu'elles sont l'œuvre de la seule nature [2]. Mais n'est-ce pas substituer un mystère à un autre ? Le bien n'est pas plus facile à expliquer dans le système des athées que le mal dans celui des « Déicoles ». Que Dieu permette qu'un tremblement de terre engloutisse des vies innocentes, la raison s'en accommode difficilement; mais il lui est aussi malaisé de comprendre que les mouvements désordonnés de la matière aient pu produire le bel ordre du cosmos, ou les merveilles encore plus admirables des corps organisés.

En adoptant l'argument téléologique la science mécaniste donne raison aux déicoles contre l'athéisme de Meslier. Fontenelle n'a pas les naïvetés de Fénelon ou de l'abbé Pluche; son scepticisme sans illusion le persuade que les maux sont ici-bas plus nombreux que les biens [3]. Mais le pessimisme discret de l'homme ne contredit pas en lui la foi

---

1. MESLIER, *Testament, op. cit.*, t. III, Ch. LXXIII, p. 5.
2. *Ibid.*, t. III, Ch. LXXIX, p. 118.
3. Voir ses *Pensées sur le bonheur* (cf. ci-dessus, Ch. IX, 1).

rationaliste du savant; les ressources de l'esprit critique grâce auxquelles le mondain blasé se ménage un bonheur étroit mais sûr, à l'abri des tempêtes de l'âme et des caprices du sort, sont l'effet du regard lucide que l'animateur de l'Académie des Sciences jette sur le monde. Dans son *Micromégas* Voltaire a quelque peu égratigné « le secrétaire de l'Académie de Saturne »; comme le héros du conte le vrai Fontenelle avait pourtant coutume de juger les choses terrestres du point de vue de Sirius. Son relativisme est plus sardonique que celui de Voltaire dont l'ironie à l'égard de la petitesse humaine va rarement sans une nuance de pitié [1]. Mais tous deux ont la même aptitude à diluer le sentiment du mal dans celui de l'infini et à refuser de prendre au tragique les drames de « notre petit globe ». Les habitants de celui-ci se croient volontiers le centre de l'univers; l'un des avantages du système de Copernic est, selon Fontenelle, de les forcer à rabattre beaucoup de cette vaine prétention [2]. Égarés sur une petite parcelle du grand tout, comment connaîtrions-nous la fin dernière des choses ? En évoquant la diversité des mondes habités, le philosophe des *Entretiens* s'amuse à « accabler » l'imagination de la marquise : rien de tel qu'un voyage dans l'espace pour se défaire de ses préjugés. Mais le tourisme interplanétaire n'est intellectuellement tonique que si le dépaysement qu'il apporte reste à la mesure de l'esprit humain. Aussi le philosophe se hâte-t-il de rassurer son interlocutrice en lui montrant que la variété infinie de la nature cache un principe d'uniformité : « Ce que la nature pratique en petit entre les hommes pour la distribution du bonheur ou des talents, elle l'aura sans doute pratiqué en grand entre les Mondes, et elle se sera bien souvenue de mettre en usage ce secret merveilleux qu'elle a de diversifier toutes choses, et de les égaler en même temps par les compensations » [3].

Tout dans l'univers se compense, et le mal n'est sans doute que l'envers du bien. Nous méprisons les insectes et nous sommes étonnés d'apprendre qu'il y a dix-sept mille trois cent vingt-cinq cristallins sur la cornée d'un papillon; le philosophe s'interroge, lui aussi, sur cette prodigalité de la nature, mais avec la conviction qu'elle a une secrète raison d'être : « Nous sommes des aveugles en comparaison de ces insectes là. La Nature, si prodigue pour eux à cet égard, n'aura pourtant pas été follement prodigue, elle ne leur aura donné que ce qui leur était nécessaire, mais pour quels usages, pour quels besoins ? c'est ce que nous ignorons, ainsi que beaucoup d'autres choses... » [4]. Ainsi l'agnosticisme de Fontenelle est à double face : le sentiment que la richesse de la nature passe infiniment les forces de l'intelligence humaine y est

---

1. Cf. *Micromégas*, Ch. III.
2. *Pluralité des mondes, op. cit., Premier soir*, p. 28.
3. *Ibid., Troisième soir*, p. 78.
4. *Histoire de l'Académie royale des Sciences, op. cit.*, 1734, p. 34.

balancé par la certitude de vivre dans un univers ordonné par une Sagesse supérieure. Quelle que soit la distance qui les sépare, la raison du savant qui analyse les lois de la nature participe de la raison divine qui a créé le monde selon ces mêmes lois [1]. C'est pourquoi l'esprit du philosophe se meut sans le moindre effroi et respire même avec une heureuse allégresse dans l'immensité des espaces stellaires [2]. Il est bien difficile d'imaginer ce que peuvent être les habitants de la lune : nul doute qu'ils ne ressemblent guère aux hommes [3]. Le philosophe n'est pas dupe des limites de son imagination, mais dans sa réserve prudente s'exprime une certitude : « J'entends des fruits, des blés, des eaux à la manière de la lune, que je fais profession de ne pas connaître, le tout proportionné aux besoins de ses habitants, que je ne connais pas non plus ». La nature est diverse mais ne fait rien au hasard. La partenaire du philosophe ne demande pas mieux que de s'en laisser convaincre : « C'est-à-dire, me dit la marquise, que vous savez seulement que tout est bien, sans savoir comme il est... » [4].

Ni dans les *Entretiens sur la Pluralité des Mondes* ni dans les écrits ultérieurs de Fontenelle la critique de l'anthropocentrisme n'a jamais le ton d'agressivité qu'elle prend si souvent chez Bayle. Ce n'est pas seulement la longueur de sa vie qui fait de Fontenelle un homme du XVIIIe siècle, alors que l'œuvre de Bayle appartient à la préhistoire du siècle des lumières. Dix ans à peine, une demi-génération, les séparent. Mais tandis que Bayle se débat dans les incertitudes de la métaphysique, Fontenelle commente avec sérénité les certitudes de la science. Il serait facile de mettre aussi en parallèle les persécutions subies par le premier et l'existence comblée du second. Mais le « tout est bien » prudent et circonstancié de Fontenelle est beaucoup plus qu'un soupir égoïste de satisfaction ; il exprime une confiance raisonnée dans l'ordre du monde et traduit déjà ce que l'optimisme du siècle naissant aura de plus valable. Enfin il ouvre la voie, ne serait-ce qu'au prix d'un malentendu, à des affirmations moins nuancées. L'idée chrétienne de la Providence est fort étrangère à l'esprit de Fontenelle ; on a vu pourtant que ce libertin était en un sens plus proche de Fénelon que de Lucrèce. En affirmant que tout dans l'univers a une fin il contribue malgré lui à humaniser l'univers géométrique de la physique nouvelle et à le rendre plus acceptable pour la foi. Les défenseurs de la religion sauront exploiter, tout au long du demi-siècle, cette première concession de la science à la théologie. Chez eux le « tout est bien » est un cri de victoire sur les arguties de Bayle, et un témoignage de gratitude envers la bonté du Créateur ;

---

1. Voir ci-dessus, Ch. II, 1.
2. *Pluralité des mondes, op. cit., Cinquième soir*, p. 104.
3. *Ibid., Deuxième Soir*, p. 53.
4. *Ibid., Troisième Soir*, p. 64.

il signifie que le monde est adapté à tous les besoins de l'homme, et pas seulement à la capacité de son intelligence. Pour Fontenelle le mal n'est que relatif; mais dans cette vision providentialiste de la nature, qu'il a involontairement favorisée, la réalité du mal tend tout bonnement à disparaître.

*
* *

« Plus on contemple sans prévention toute la Nature, plus on y découvre partout un fonds inépuisable de sagesse, qui est comme l'âme de l'univers » [1]. Le regard émerveillé que le lecteur de Fénelon est invité à promener sur la beauté du monde ne s'attarde guère sur ses imperfections ; quelques petites pages suffisent pour justifier la Création des défauts que certains reprochent à la Providence :

« Il n'est point question de critiquer ce grand ouvrage. Les défauts qu'on y trouve viennent de la volonté libre et déréglée de l'homme, qui les produit par son dérèglement; ou de celle de Dieu, toujours sainte et toujours juste, qui veut tantôt punir les hommes infidèles, et tantôt exercer par les méchants les bons qu'il veut perfectionner. Souvent même, ce qui paraît défaut à notre esprit borné, dans un endroit séparé de l'ouvrage, est un ornement par rapport au dessein général, que nous ne sommes pas capables de regarder avec des vues assez étendues et assez simples pour connaître la perfection du tout... » [2]

Cette perfection ne peut sans doute approcher celle de la Divinité : « La créature serait le Créateur même s'il ne lui manquait rien » [3]. Mais Fénelon n'insiste guère sur cet argument traditionnel ; le monde est aussi parfait que le comporte l'essence d'un être créé. Le mal n'est qu'une apparence, dont notre « esprit borné » s'étonne en vain, ou bien l'effet direct ou indirect de la corruption de notre nature. Dans les deux cas la doctrine chrétienne l'emporte sans peine sur les sophismes intéressés de ses ennemis.

Le mal vient du péché. Tous les croyants en sont persuadés; mais après Bayle il ne leur est plus possible d'ignorer les problèmes insolubles que cette petite phrase soulève. Quelques-uns ne craignent pas de demander à la science la confirmation de ce mystère. Le monde n'est plus ce qu'il était autrefois, explique gravement l'abbé Pluche. Jadis la terre ne connaissait pas la diversité des saisons; recouverte toute l'année d'une dense verdure, comme l'enseigne la *Genèse*, elle jouissait d'un continuel printemps. C'était l'âge d'or si souvent évoqué par les poètes anciens. Pourquoi n'en est-il plus ainsi de nos jours ? Pourquoi

---

1. FÉNELON, *Démonstration de l'existence de Dieu, op. cit.* Première partie, LXXXIX, p. 303.
2. *Ibid.*, LXXXVIII, pp. 294-95.
3. *Ibid.*, p. 299.

le froid glacial de l'hiver succède-t-il à la chaleur torride de l'été ? C'est que le déluge universel destiné à punir la corruption du genre humain a également ruiné cette belle harmonie des premiers temps. Depuis que s'est produit le cataclysme annoncé par Dieu à Noé l'axe de la terre est oblique, et non plus vertical : ce dérangement explique les inégalités de la température, la diversité des climats, et même le raccourcissement de la vie humaine [1] : tous ces désordres évidents sont des ombres dans le spectacle de la nature, mais leur origine, facile à établir, prouve qu'ils n'entraient pas dans le plan primitif de la Création.

Lorsque l'abbé Pluche écrit ces lignes, l'obliquité de l'écliptique est à l'ordre du jour de la curiosité scientifique. Un membre de l'Académie Royale des Sciences, le chevalier de Louville, avait démontré vers 1715 que le plan de l'orbite solaire se rapprochait lentement de celui de l'équateur; dans l'*Éloge* funèbre de son confrère, qu'il prononce en 1732, Fontenelle ne manque pas de rappeler sa découverte [2]. Il ne semble pas cependant que l'auteur du *Spectacle de la Nature* ait voulu tenir compte de ce phénomène, peu compatible avec son ingénieuse hypothèse[3]. En revanche l'abbé Pluche avait certainement pu lire les *Voyages de Cyrus* où Zoroastre enseigne au héros, mais de manière assez vague, que l'univers physique subit les conséquences de la révolte d'Ahriman [4]. Évoquant dans son *Discours sur la Mythologie* le thème de l'âge d'or, Ramsay s'inspirait d'autre part de Platon pour soutenir que la terre avait beaucoup perdu de sa beauté primitive : « Cette idée de Platon s'accorde avec celle de Descartes sur la nature des planètes. Le philosophe moderne croit qu'elles étaient d'abord des Soleils qui contractèrent ensuite une croûte épaisse et opaque; mais il ne parle point des raisons morales de ce changement, parce qu'il n'examine le monde qu'en physicien » [5].

---

1. « Depuis ce temps là la terre, inclinant toujours son axe de 23° vers le Nord, et présentant au rayon direct du soleil des points différemment distincts de son équateur, éprouve des aspects qui varient tous les jours durant six mois, et qui se renouvellent lorsqu'elle parcourt l'autre moitié de sa route annuelle. La diversité des saisons et les vicissitudes de l'air causèrent une altération nécessaire dans le tempérament de l'homme, et resserrèrent la durée de sa vie... » *Le Spectacle de la Nature, op. cit.*, t. III, p. 527.

2. Le chevalier de Louville évaluait approximativement la diminution de l'obliquité de l'axe terrestre à une minute par siècle ; nous savons qu'elle est actuellement de 48 secondes. Cf. ses *Observations sur l'obliquité de l'écliptique*, in *Mémoires de l'Académie Royale des Sciences*, 1714, 1716, 1721 — et FONTENELLE, *Éloge du Chevalier de Louville, Histoire de l'Académie royale des sciences*, 1723, p. 131. Le ton de Fontenelle est du reste très réservé, et la découverte de Louville présentée au conditionnel.

3. Nous savons aujourd'hui que le mouvement de l'axe de la terre est un balancement pendulaire dont l'amplitude n'atteint pas 3 degrés ; sa période est de 20.000 ans.

4. *Op. cit.*, Livre II, pp. 112-14. « Ce point de l'immensité dans lequel nous sommes relégués, depuis que nous animons des corps mortels, n'est pas ce qu'il était autrefois ; la force mouvante du premier Principe est suspendue et arrêtée ; tout est devenu difforme, obscur, irrégulier, semblable aux Intelligences qui furent entraînées dans la révolte d'Arimane ».

5. *Op. cit.*, Deuxième partie, p. 103.

Que la cassure de cette croûte superficielle, libérant les eaux des abîmes inférieurs, ait été la cause immédiate du déluge, et que cette rupture d'équilibre ait provoqué le déplacement de l'axe de la terre, c'étaient là des idées familières à certains savants et théologiens anglais, contemporains de Newton, qui croyaient trouver dans l'histoire naturelle la confirmation du récit de la *Genèse*. Dans son *Astrologie mondiale*, publiée en 1711, le comte de Boulainvilliers qui se réclame ailleurs de l'un d'eux, Thomas Burnet [1], développe déjà le système physico-théologique que l'abbé Pluche reprendra à son compte [2]. Le moment était pourtant proche où les théologiens renonceraient à se mêler de physique, et les physiciens de théologie : la critique du système diluvien de Woodward, que présentent en 1736 les *Mémoires de Trévoux*, annonce à ce point de vue les railleries que Buffon adressera en 1749 à toutes les tentatives faites dans le passé pour mêler le naturel et le miraculeux [3]. Mais dans son grand poème de *La Religion*, qu'il publie en 1742, Louis Racine écrit encore que le dérangement de l'axe terrestre provoqué par le déluge est peut-être la vraie cause du mal physique, alors que les déistes qui, eux, nient le péché sont incapables d'expliquer celui-ci [4]. Et de fait, au gré de pieux écrivains, ces idées qui nous paraissent aujourd'hui si étranges avaient l'avantage de disculper la Providence du mal physique, et de rendre ainsi toute leur force aux raisonnements fondés sur la finalité de la nature. L'année même où Buffon fait paraître son *Histoire et Théorie de la terre* le poète Dulard s'interroge à la manière de l'abbé Pluche sur l'origine des animaux nuisibles : la perfidie du serpent, écrit-il, est la conséquence du péché, car les animaux malfaisants ne désobéiraient pas à l'homme si celui-ci n'avait commencé par désobéir à Dieu... [5].

Dans la littérature apologétique du demi-siècle l'explication du mal physique par le péché n'occupe cependant qu'une place secondaire. On l'invoque en désespoir de cause lorsqu'un désordre trop manifeste

---

1. Cf. ci-dessus, Ch. IV, 2. On trouvera un rappel de cette idée de Burnet dans l'article *Mosaïque et Chrétienne* (*Philosophie*) de l'*Encyclopédie* (DIDEROT, *Œuvres*, A.T., XVI, p. 128).

2. « On est assuré et on juge par la raison que l'inégalité des saisons n'avait point lieu dans l'ancien monde, mais qu'étant arrivé un grand désordre à la machine par la rupture de cette croûte qui, dans l'origine, enveloppait l'élément liquide, le globe a été tellement ébranlé que ses pôles ont changé de place, ayant cessé de répondre à ceux du Ciel, de sorte que le cours du soleil a totalement changé, et que l'on peut dire le Zodiaque qui jusque là n'avait point été différent de l'Équateur, s'en sépara pour lors, ce qui les rend à présent excentriques... » (*Astrologie mondiale, op. cit.*, p. 64).

3. Cf. ci-dessus, Ch. IV, 2, *loc. cit.*

4. *Op. cit., Chant* V, p. 136, note. Inversement le consul Maillet propose du phénomène une explication « naturelle », conforme à son hypothèse de l'assèchement progressif des mers : la terre a basculé sous l'effet du déséquilibre ainsi produit, car les mers étaient plus profondes au Sud qu'au Nord où se trouvent de hautes montagnes sous-marines... (*Telliamed, op. cit., Cinquième journée*, t. II, pp. 74-75).

5. *La Grandeur de Dieu dans les merveilles de la Nature, op. cit., Chant* V, p. 155 sq.

risque de gêner les admirateurs des merveilles de l'univers. Mais ceux-ci
ne se découragent pas aisément et leur bonne volonté à trouver des
excuses à la Providence en vient à multiplier les raisons, jusqu'au ridicule. Selon Dulard l'homme est responsable de la malice du serpent,
mais le serpent n'est pas si nuisible qu'on le dit, puisque la médecine
fait un grand usage de son venin... [1]. Les mêmes auteurs qui s'ingé-
nient à rendre le genre humain responsable des imperfections de la nature
physique soutiennent souvent, sans craindre la contradiction, que le
mal est en réalité un bien caché. Selon Ramsay les inégalités des phénomènes atmosphériques collaborent à l'harmonie universelle : « Toutes
les irrégularités et les intempéries des éléments qui paraissent détruire
la nature dans une saison, servent à la ranimer dans une autre. Les
chaleurs immodérées de l'été, et les rigueurs excessives de l'hiver,
préparent les beautés du printemps, et les richesses de l'automne... » [2].
La diversité des saisons est donc présentée à la fois comme une malédiction et comme un bienfait; oubliant ce qu'il dit ailleurs de l'âge
d'or et de la dégradation subie depuis la Chute par le globe terrestre,
Ramsay déclare ici, superbement : « Toutes ces vicissitudes qui semblent aux esprits superficiels les effets d'un concours fortuit de causes
irrégulières sont réglées avec poids et mesure par une Sagesse souveraine qui tient l'univers dans sa main, qui pèse la terre comme un grain
de sable, et la mer comme une goutte d'eau » [3].

   Persuadé que tout dans la nature a sa raison d'être, l'auteur des
Voyages de Cyrus est cependant trop pénétré du sentiment de la grandeur
divine pour chercher à entrer par la pensée dans le détail des fins de la
Création. Il évite les naïvetés de son maître Fénelon, et ne songe pas à
écrire, à l'instar de celui-ci, que l'étendue déconcertante de l'Océan a
été voulue par la Providence pour faciliter les voyages et les rendre
plus rapides [4]. Il ne pousse pas non plus la piété jusqu'à remercier Dieu
d'avoir créé les parasites intestinaux, comme le fera l'abbé Pluche quelques années plus tard [5]. Prudence louable ! Lorsqu'il entreprend à son

---

   1. *Ibid.* Dans la *Théologie des Insectes* (trad. française, 1740), *op. cit.*, Lesser s'évertue
à montrer l'*utilité* des dommages causés par les insectes (Livre II, Troisième partie,
Ch. IV), Cela ne l'empêche pas d'intituler le chapitre suivant *Des moyens propres à exter-
miner les insectes*... Lorsqu'il s'agit de prouver que *tout est bien* on n'est pas à une contradiction près !
   2. *Les Voyages de Cyrus, op. cit.*, Livre II, pp. 107-108.
   3. *Ibid.*, Dans son *Essai sur l'origine des langues* Rousseau explique que la Providence
a incliné l'axe de la terre afin de donner à l'homme des besoins qui l'arrachent à sa paresse naturelle et le forcent à chercher l'aide de ses semblables. La diversité des saisons
est donc à l'origine de la vie sociale. En 1761 Robinet remarquera qu'un printemps perpétuel serait bien monotone et stérile... (*De la Nature, op. cit.*, Première partie, Ch. VIII).
Ainsi le mal n'est que l'envers d'un bien ; le titre donné par Robinet à la première partie
de son livre parle précisément d'un *équilibre nécessaire des biens et des maux dans la Nature.*
Chrétienne ou déiste, toute la pensée du demi-siècle était déjà hantée par ce thème des
compensations.
   4. *Démonstration de l'existence de Dieu, op. cit.*, Première partie, Ch. XIII.
   5. *Op. cit.*, t. III, p. 485 sq. Pluche devait connaître les travaux du médecin Nicolas
Andry sur le ver solitaire.

tour de feuilleter pour les jeunes gens de bonne famille le grand livre du monde, Pluche ne se contente pas d'en décrire inlassablement toutes les richesses ; il ne lui suffit pas que la nature donne à chaque instant l'exemple de la plus harmonieuse diversité ; il veut en plus prouver qu'elle est faite pour l'homme, et conspire dans toutes ses parties au bonheur de la créature privilégiée :

« Tout est lié dans la nature; et quoique chaque chose y ait sa fin particulière, ou sa correspondance avec quelque autre, nous les voyons toutes se rapporter à l'homme en dernier lieu. Elles se réunissent en lui comme dans leur centre ; il est la fin de tout, puisqu'il est ici le seul qui fasse usage de tout. C'est pour lui que le soleil se lève, c'est pour lui que les étoiles brillent; et si les corps les plus éloignés de lui le servent si régulièrement, à plus forte raison ce qui a été placé auprès de lui est-il destiné pour son usage »[1].

Au gré de l'abbé Pluche le vrai philosophe n'est pas le savant qui pèse et mesure, mais le laboureur qui pratique la « philosophie du cœur »; dans l'ordre naturel des saisons et des jours, qui rythme son travail quotidien, le paysan devine comme une grandiose mise en scène, imaginée par Dieu à son intention; pour lui l'action de la Providence n'est pas une idée abstraite, mais une vérité d'expérience[2]. Ce dernier trait achève de dessiner le portrait du laboureur innocent et heureux : le paysan ne songe point à se plaindre qu'il n'y ait pas de moisson en hiver ; il s'émerveille au contraire de voir le neige protéger opportunément les semences que le soleil printanier fera ensuite germer. Ses désirs et ses besoins sont accordés à l'ordre général des choses; le laboureur perpétue miraculeusement en lui l'intégrité de la nature première; il est aussi proche de Dieu qu'Adam avant la faute; pour lui le mal, physique ou moral, n'a pas de réalité.

---

1. *Ibid.*, t. II, p. 3.

2. *Ibid.*, t. IV, pp. 66-67 : « On peut étudier l'ordre des crépuscules comme fait un philosophe, ou comme fait un laboureur. Le philosophe calcule la différence de la lumière crépusculaire d'un jour à l'autre, et son travail peut être d'une justesse à lui attirer les applaudissements. Le laboureur n'en fait pas tant : mais dans les moments où son travail lui permet de respirer, il réfléchit quelquefois sur la chaleur qui suit la moisson pendant le jour, et sur la lumière douce qui vient l'aider à la mettre bas pendant la nuit. Il est touché de voir que la fraîcheur concourt avec la lumière pour faciliter son ouvrage. Il voit l'intention de Dieu dans ce bel ordre : il l'en loue et l'en remercie. Ils philosophent donc tous les deux à leur manière. Mais si le premier n'a regardé l'atmosphère, où s'opère le crépuscule, que comme une masse poudreuse, que la gravité a affaissée autour de la planète, s'il n'a ni vu ni adoré la main qui règle et assure le jour à l'homme dans la concavité d'une atmosphère, lequel de nos deux philosophes préférez-vous ? Lequel est le meilleur raisonneur ? Vous faites sans doute grand cas des calculs et de la précision : nous en avons souvent besoin ; mais vous vous déclarez, j'en suis sûr, pour la philosophie du cœur ».

Le caractère conventionnel et la fadeur de ce mythe accusent le trouble de conscience que masque l'optimisme de l'époque. Car le mal existe et ne se laisse pas oublier. Arrachés à leur rêve édénique, les chrétiens du siècle se retrouvent en face de cette dure vérité. Si la Providence gouverne les événements de ce monde, pourquoi tant d'injustices aussi flagrantes ? Pourquoi les méchants réussissent-ils souvent mieux que les bons dans leurs entreprises ? L'Église n'ignore pas ce scandale : la vie terrestre, dit-elle, n'est que l'antichambre de la vie éternelle; en supportant avec résignation les maux dont le Ciel les accable, les justes acquièrent des titres à une récompense surnaturelle. Le mal est à la fois une punition et une épreuve. « Tout m'étonne, jusqu'aux moindres moucherons », s'écrie Fénelon, lorsqu'il énumère les merveilles de la vie animale; mais à l'enthousiasme succède aussitôt la perplexité : à quoi peuvent servir les moucherons ? Leur existence semble démentir l'idée rassurante d'un monde fait à la mesure de l'homme. Si tout dans l'univers a une fin humaine, il faut bien que ces insectes incommodes aient de quelque manière leur utilité. Fénelon ne laisse pas longtemps son lecteur dans le doute : Dieu a créé les moucherons pour exercer la patience de l'homme [1]. Et cet exemple éclaire à son avis le problème du mal moral qui sert lui aussi les desseins de Dieu : car la Providence choisit souvent « d'exercer par les méchants les bons qu'elle veut perfectionner » [2].

Le mal présent est le prix dont il faut payer un bonheur futur. La destinée humaine serait absurde si la foi en la Rédemption ne lui donnait un sens. « Le mal *physique* est nécessaire pour guérir le mal *moral*, écrit Ramsay, et la *souffrance* est l'unique remède du péché » [3]. Plus détaché des croyances chrétiennes, Gilbert n'en restait pas moins persuadé que les injustices de ce monde devaient être compensées dans l'autre [4]. Cette conviction est souvent réaffirmée au cours du demi-siècle, sans qu'on distingue toujours si elle répond à une inquiétude sincère ou si elle n'est pas l'alibi d'un égoïsme satisfait. Mais dans tous les cas elle équivaut à un aveu d'impuissance. Attribuer au mal une finalité surnaturelle et reconnaître que la Création a besoin d'être réparée, c'est, comme l'écrira Diderot, ajouter une absurdité à un mystère [5]. Les objections de Bayle gardent ici toute leur force. Dieu est-il un si mauvais ouvrier qu'il n'ait pu produire un ouvrage plus parfait ? Ou bien son pouvoir est-il limité par quelque puissance mauvaise qui s'ingénie à déjouer ses plans ? Les théologiens ont beau rejeter la seconde hypothèse aussi

---

1. *Démonstration...*, *op. cit.*, Première partie, Ch. XIX, pp. 67-69.
2. *Ibid.*, LXXXVIII, p. 294, *loc. cit.*
3. *Les Voyages de Cyrus*, *op. cit.*, Livre VIII (t. II, p. 186). Voir aussi la lettre de Ramsay à Louis Racine jointe au poème *La Religion*, *op. cit.*, pp. 216-218.
4. *Histoire de Calejava*, *op. cit.*, p. 161 sq.
5. *De la suffisance de la Religion naturelle*, *op. cit.*, XXII.

fermement que la première : la littérature du demi-siècle est marquée
d'un manichéisme latent. Des âmes qu'obsède le sentiment du péché
peuvent trouver dans leurs maux un pieux réconfort; l'excès même du
malheur est pour elles l'effet d'une attention particulière de la Providence, empressée à leur ouvrir les voies d'une expiation salutaire. Mais
les chrétiens du siècle raisonnent tout autrement; comme ils ne croient
plus guère à la corruption profonde de la nature humaine, ils ne comprennent pas que leur malheur puisse être la condition de leur salut. Persuadés
que leur cœur est innocent, confiants dans l'ordre du monde et dans
la bonté du Créateur, ils ressentent leurs souffrances et leurs déceptions
comme une inexplicable infortune. Au lieu de remercier la Providence
ils accusent alors le Destin. Chassé de l'univers physique, le hasard
conserve dans le monde moral son empire et son inquiétant prestige.

En vain les moralistes s'acharnent-ils à démontrer que le hasard
n'est qu'un mot; en vain opposent-ils au mythe païen de la Fortune
la finalité d'une Nature qui n'est que l'action immanente de Dieu.
« Les événements de la vie, écrit l'un d'eux, dépendent du cours de la
Nature et du concours des actions des hommes. La Nature, qui est
toujours dans sa perfection, ne change point, mais l'homme en peut
tirer tous les avantages qu'il veut, en y réglant sa conduite, et la prenant du bon côté » [1]. Suivre la nature, c'est obéir à la raison éternelle,
inscrite dans les choses; la nature veut que les bons soient heureux et
que le bonheur accompagne toujours la vertu... Ainsi parle la sagesse
convenue du siècle, qui rejette sur la liberté humaine la responsabilité
des exceptions à ce bel ordre. Quand, après bien des péripéties dramatiques, Cleveland touche enfin au bonheur, il reconnaît que ses malheurs
venaient de sa conduite imprudente et non de la Providence [2]. Mais le
même public auquel s'adresse cet aveu rassurant se passionne en 1742
pour la *Paméla* de Richardson, traduite par Aubert de la Chesnaye [3]; et
dans la littérature romanesque le pathétique de l'horreur côtoie celui
des bons sentiments. La synthèse des deux aspirations apparaît dans les
romans qui prennent pour sujet les *épreuves de la vertu*. Le thème plaît
aux âmes sensibles, il se prête aux déclamations généreuses et aux situations émouvantes; sa fortune littéraire est due à sa capacité de faire
couler les larmes : larmes de pitié sincère ou d'inconsciente cruauté.
Mais il est permis de voir autre chose qu'une mode lassante et un peu
équivoque dans ces débordements de sensibilité : l'expression indirecte
d'une inquiétude. Pourquoi la vertu est-elle malheureuse ? Que les
romanciers ne puissent esquiver cette question est un démenti aux
propos lénifiants des moralistes. Avec toutes les concessions qu'elle

---

1. LA BRUYÈRE, *Traité de la Fortune*, Paris, 1732, p. 30.
2. *Le philosophe anglais*, op. cit., Livre XII.
3. Et non par Prévost, comme on le dit souvent. Cf. H. RODDIER, *L'Abbé Prévost,*
op. cit., pp. 166 sq.

fait aux goûts passagers du public, l'imagination complaisante des faiseurs de romans est moins vide de vérités que les platitudes ingénieuses
de la morale reçue.

*
* *

Sans doute la manière dont les romanciers s'interrogent sur la
condition humaine n'est-elle pas exempte de sophismes. Un dénouement
heureux met un terme opportun aux infortunes du héros; et l'on discerne
alors la main de la Providence dans ce qui avait d'abord paru révoltant
ou absurde. Le thème des malheurs de la vertu se révèle finalement
très conformiste. La notion même d'une épreuve implique celle d'une
récompense accordée aux vainqueurs. Une apparente injustice est souvent l'annonce d'un grand bonheur; maints personnages de romans
essaient du moins de s'en persuader. Madame de Miran a tout fait pour
le bonheur de Marianne et de Valville, mais voici que l'inconstance de
son fils ruine soudainement ses efforts. Une autre se fût peut-être abandonnée au dépit; mais la protectrice de Marianne n'est pas femme à se
perdre en vaines récriminations : « Lorsque les choses paraissent désespérées, que les événements s'enchaînent contre notre attente, contre
nos espérances, explique-t-elle à sa fille adoptive, il faut tout remettre
entre les mains de la Providence. Ce qui nous paraît un mal est peut-être
un bien. La prudence humaine se trompe souvent... » [1]. Les romanciers
développent à leur manière le *tout est bien* des moralistes; au récit bouleversant des épreuves de la vertu ils aiment faire succéder les scènes
attendrissantes de la vertu récompensée. En soumettant leurs lecteurs
à ces émotions contrastées ils les habituent à accepter sans révolte les
caprices apparents de la fortune et leur enseignent une confiance inconditionnelle dans la justice immanente. Le thème chrétien de l'expiation
par la souffrance se profile derrière la fiction romanesque du dénouement
édifiant : mais le héros de roman espère des compensations à court
terme, et non dans un lointain au-delà. Lorsque, dans le roman souvent
cité de l'abbé Prévost, le pieux doyen de Killerine apprend que sa sœur
Rose se trouve brusquement réduite à la misère, ce nouveau coup porté
par le sort à sa famille le plonge d'abord dans le désespoir; mais bientôt
une pensée consolante lui permet de se ressaisir :

« Cependant à mesure que la raison et la religion reprenaient le dessus
sur les mouvements de la nature, je considérai que tout ce que je regardais

---

1. *La vie de Marianne*, XII⁰ partie, édition Marcel Arland, *op. cit.*, p. 1113. Cette
suite du roman de Marivaux, écrite par Mᵐᵉ Riccoboni en 1751, a été publiée dix ans plus
tard dans *Le Monde comme il est*.

comme le dernier excès du malheur pour une fille de la naissance et du mérite de Rose, pouvait n'être qu'une disposition du Ciel qui avait voulu mettre sa vertu à l'épreuve, et qui n'en serait peut-être que plus libéral à la récompenser »[1].

Les conventions du genre romanesque sont ici en plein accord avec la philosophie rassurante qui fait à la même époque le succès du *Spectacle de la Nature*. L'événement justifie la confiance du doyen, et Rose trouve le bonheur dans un mariage conforme à ses inclinations[2] : rien sur la terre ne se fait au hasard, un mal momentané annonce un bien durable. Reste à savoir pourquoi l'ordre providentiel de la nature est astreint à de tels détours. C'est la question que les romanciers les plus conformistes ne parviennent pas toujours à escamoter complètement. Dans les conseils de résignation et d'espoir que Madame de Miran prodigue à Marianne se glisse l'aveu d'une révolte secrète : « La prudence humaine se trompe souvent : on s'afflige parce que l'on est borné dans ses connaissances, on voit mal, on juge de même, *à la vérité on souffre, et la douleur est réelle ;* c'est le pis que j'y trouve »[3]. La perspective d'un bonheur futur n'enlève rien à la réalité actuelle de la souffrance. Que dire alors de ceux dont l'existence entière est une suite d'échecs et de douleurs, alors même que leur âme est innocente et que leur énergie sans faille ne se permet aucune imprudence ? Il est des héros prédestinés au malheur; tout ce qu'ils tentent se retourne contre eux comme si un mauvais sort s'acharnait à leur ruine. En se décidant à épouser secrètement celle qu'il aimait, Bridge avait conscience d'enfreindre justement la loi barbare qui le séparait d'Angélique; bien plus, désireux d'éviter tout scandale, il avait su conseiller la patience et la modération à ses compagnons d'infortune. Lorsqu'il fait à Cleveland, son demi-frère, le récit de sa funeste aventure, il est encore incapable de comprendre comment une entreprise si légitime et si raisonnable a pu le conduire à sa perte. Pourquoi une paternité imprévue a-t-elle rendu patente l'union qu'il était résolu de tenir cachée? Pourquoi lui seul, surtout, s'est-il trouvé ainsi frappé ?

« Il y avait quelque chose de si extraordinaire dans cet événement que j'étais embarrassé moi-même à l'expliquer. Je le regarde encore comme une preuve sans réplique de la réalité de quelque Puissance maligne qui s'est comme emparée de mon sort, et qui change le cours même de la Nature pour assurer ma perte »[4].

---

1. *Le Doyen de Killerine, op. cit.*, Livre III, t. I, pp. 254-255.
2. *Ibid.*, Livre VII, t. III, p. 19 sq.
3. *Loc. cit.*, C'est nous qui soulignons.
4. *Le philosophe anglais ou Histoire de M. Cleveland, op. cit.*, Livre III, t. II, p. 320. Cf. *Ibid.*, p. 296 : « Dans le fond, c'était un parti raisonnable, et qui devait naturellement réussir ; mais le même ascendant qui s'était opposé jusqu'alors à mon bonheur, se préparait à consommer ma ruine ». Cet *ascendant*, c'est, au sens propre, une fatalité astrale.

Est-ce la Providence ou la Fatalité qui règle la destinée humaine ?
Cette question angoissante que presque tous les personnages de l'abbé
Prévost en viennent un jour ou l'autre à se poser donne à son œuvre
romanesque sa véritable dimension : non plus celle d'un banal récit
d'aventures, mais d'une enquête passionnée qui met la fiction romanesque au service d'une recherche métaphysique. Il y a une sombre
grandeur dans le dernier défi de Bridge exilé à ses gardiens : écrasé par
le sort, le héros malheureux trouve encore le courage de dénier à la
Fortune tout pouvoir sur son cœur; face à un destin aveugle, il revendique jusqu'au bout son droit à l'amour et au bonheur [1]. Bridge est seul
dans un monde absurde et sa révolte prend un accent de vanité tragique;
le cas de des Grieux, plus complexe, est aussi plus attachant. A la différence de Bridge, il ne se croit pas abandonné du Ciel; il invoque la Providence presque aussi souvent que la Fortune. Victime d'un vol malen-
contreux qui le réduit à l'indigence, convaincu que l'amour de Manon
ne résistera pas à la misère, des Grieux se persuade aisément que l'idée
de confier son bonheur au hasard du jeu lui vient d'une inspiration
surnaturelle [2]. La Providence n'a-t-elle pas « arrangé les choses fort
sagement » en exposant la sottise des riches à l'esprit industrieux des
jeunes gens qui ont, comme lui, plus de talents que de ressources ? [3].
Cette réflexion prouve qu'au début de son aventure le héros ne sent
peser sur lui aucune malédiction; plein de confiance dans la bonté du
Ciel, il reconnaît aussi à la Divinité le droit de le punir de ses fautes et
aucun sentiment de révolte ne se mêle à son chagrin quand, selon la
prédiction de Tiberge, ses richesses mal acquises lui font brutalement
défaut [4]. « J'ai remarqué dans toute ma vie, avoue-t-il plus loin, que le
Ciel a toujours choisi, pour me frapper de ses plus rudes châtiments,

---

1. *Ibid.*, p. 382 : « Dites à ma chère Angélique qu'il n'y a pas de sentence barbare,
ni de séparation cruelle qui puisse m'empêcher d'être à elle et de porter le nom de son
époux, qu'elle me doit sa foi et sa constance ; qu'elle peut se reposer sur la mienne : que
je puis encore être trahi par des perfides et outragé par des cruels, manquer de succès
dans mes desseins, périr dans mes entreprises ; mais que tout le pouvoir de la fortune et la
malignité des hommes ne l'effaceront jamais de mon cœur... »

2. *Op. cit.*, Première partie, édition G. Matoré, p. 48. « Le ciel me fit naître une idée,
qui arrêta mon désespoir ». De même lorsqu'il pense à emprunter à son ami la première
mise de fonds : « Je regardai comme un effet de la protection du Ciel de m'être souvenu si
à propos de Tiberge... » (*Ibid.*, p. 32).

3. *Ibid.*, p. 49 (*loc. cit.*). « La Providence, ajoutais-je, en réfléchissant sur les différents
états de la vie, n'a-t-elle pas arrangé les choses fort sagement ? La plupart des grands
et des riches sont des sots ; cela est clair à qui connaît un peu le monde. Or il y a, là dedans,
une justice admirable : s'ils joignaient l'esprit aux richesses, ils seraient trop heureux,
et le reste des hommes trop misérable. Les qualités du corps et de l'âme sont accordées
à ceux-ci, comme des moyens pour se tirer de la misère et de la pauvreté... » Il n'est pas
sûr que l'humour de cette page soit intentionnel ni que Prévost ait voulu tourner en ridicule une idée que ses contemporains prenaient très au sérieux. On peut croire au contraire
que le cynisme naïf de Des Grieux traduit à sa manière une vérité dont l'auteur convient :
celle des compensations qui font l'harmonie complexe d'une société diversifiée à l'extrême.

4. *Ibid.*, p. 59. « Vous les avez acquises injustement, elles vous seront ravies de même.
La plus terrible punition de Dieu serait de vous en laisser jouir tranquillement ».

le temps où ma fortune me semblait le mieux établie »[1]. Le Ciel avait offert à des Grieux un répit, et il n'a pas voulu en profiter : comment s'étonnerait-il que son obstination lui soit funeste ?[2]. Les malheurs spectaculaires qui le frappent n'ont rien de tragique et de mystérieux : ils prouvent au contraire que la même Providence qui règle l'ordre général du monde veille avec une stricte justice sur chacune de ses créatures. Le Dieu qui punit est aussi le Dieu qui assiste et réconforte, le suprême appui que l'on invoque encore lorsque tout est perdu : « O Ciel, disais-je, serez-vous aussi impitoyable que les hommes ? Je n'ai plus de secours à attendre que de vous »[3].

D'où vient cependant l'accent de colère de cette ultime invocation[4] ? Elle ressemble moins à une prière qu'à une mise en demeure ou à un défi. C'est que la punition est ici sans proportion avec la faute. Au moment de sa seconde arrestation des Grieux s'était déjà douloureusement interrogé sur l'étonnante sévérité du Ciel qui réserve ses coups aux âmes bien nées[5]. Le sort de Manon le révolte mais lui-même a conscience d'être plus malheureux que criminel. S'il lui arrive d'éprouver des remords[6], il a souvent l'impression d'être entraîné dans l'inconnu par des forces auxquelles il ne peut résister. Comme dans le cas de Bridge de surprenants concours de circonstances se jouent de ses résolutions et de ses projets : le hasard veut que le navire qui doit conduire les déportés en Amérique lève l'ancre quelques heures avant l'arrivée des secours qu'il attend de Tiberge[7]; la vengeance du vieux G... M... avait de même fondu sur lui tandis qu'il se félicitait, avec soulagement, de « n'avoir point encore perdu tout sentiment d'honneur »[8]. Qu'il s'étonne rêveusement de ces caprices du destin[9], ou qu'il se soumette aveuglément aux persécutions de la fortune[10], jamais sa volonté n'a de prise réelle sur les événements. Ceux-ci ne sont pas de simples accidents

---

1. *Ibid.*, Deuxième partie, p. 118.
2. *Ibid.*, p. 118 sq.
3. *Ibid.*, p. 164.
4. Des Grieux commente ainsi son attitude : « Je marchai dans les rues comme un furieux... »
5. Le destin de Manon, surtout, le révolte : « Ciel ! Comment traitez-vous avec tant de rigueur le plus parfait de vos ouvrages ? Pourquoi ne sommes-nous pas nés, l'un et l'autre, avec des qualités conformes à notre misère ? Nous avons reçu de l'esprit du goût, des sentiments. Hélas ! Quel triste usage en faisons-nous tandis que tant d'âmes basses et dignes de notre sort jouissent de toutes les faveurs de la fortune ! » (*Ibid.*, p. 150).
6. Première partie, p. 56 etc...
7. Deuxième partie, p. 173.
8. Première partie, p. 69 : « Mais j'étais né pour les courtes joies et les longues douleurs. La Fortune ne me délivra d'un précipice que pour me faire tomber dans un autre ».
9. *Ibid.*, p. 65. « Je m'assis en rêvant à cette bizarre disposition de mon sort... » Cf. Seconde partie, p. 173, « par une étrange disposition de mon mauvais sort... » etc.
10. Ainsi lorsqu'il renonce à l'attaque du convoi : « Je n'attends plus rien, ni de la fortune, ni du secours dex hommes. Mes malheurs sont au comble ; il ne me reste plus qu'à m'y soumettre [...] Adieu, je vais aider mon mauvais sort à consommer ma ruine, en y courant moi-même volontairement » (Deuxième partie, p. 168).

qu'un peu de prévoyance eût évités; leur caractère irrationnel est le
signe de l'aliénation funeste qui voue des Grieux au malheur. « Asservi
fatalement à une passion » qu'il est impuissant à vaincre, des Grieux
n'est pas libre de ne pas aimer Manon [1]. Lors de sa retraite éphémère à
Saint-Sulpice il avait cru, sincèrement, qu'une page de saint Augustin
suffirait désormais à le délivrer des « faiblesses de l'amour »; quand il
évoque, longtemps après, cette période de sérénité et de « joie intérieure », il s'avoue encore « effrayé » de la brutalité de sa rechute :

> « S'il est vrai que les secours célestes sont à tous moments d'une force
> égale à celle des passions, qu'on m'explique donc par quel funeste ascendant
> on se trouve emporté tout d'un coup loin de son devoir, sans se trouver ca-
> pable de la moindre résistance et sans ressentir le moindre remords » [2].

Incapable de résister à la violence de sa passion, des Grieux agit
comme un chrétien à qui la grâce a manqué : mais l'abbé Prévost n'est
pas janséniste; à la différence de Phèdre, nous l'avons déjà noté, son
héros ne se sent pas profondément coupable [3]. Phèdre a horreur de sa
faiblesse qui est en elle l'effet et le signe du péché; des Grieux trouve
dans la sienne une excuse à ses fautes; c'est en peignant à Tiberge toute
la force de sa passion qu'il parvient à l'attendrir : « Je la lui représentai
comme un de ces coup particuliers du destin, qui s'attache à la ruine
d'un misérable, et dont il est aussi impossible à la vertu de se défendre
qu'il l'a été à la sagesse de les prévoir » [4]. Enfant du siècle, des Grieux
ne conçoit pas que la victime puisse être en même temps le criminel;
il se repent de ses fautes, mais ne songe pas un instant à renier son être
profond; les circonstances qui provoquent sa déchéance sociale n'altèrent pas la pureté de son cœur. C'est peu dire qu'il reste innocent *malgré*
sa passion; en réalité son amour est ce qu'il y a en lui de meilleur; seule
l'intensité de sa passion lui évite la souillure des fautes qu'elle lui fait
commettre. Comment aurait-il honte d'un amour auquel il doit tant ? [5].
Ses malheurs sans doute, mais aussi la force de les supporter et des

---

1. *Ibid.*, pp. 180-181.
2. *Ibid.*, Première partie, p. 38.
3. Cf. ci-dessus, Ch. VI, 2.
4. *Op. cit.*, Première partie, p. 54.
5. Un passage du roman semble contredire notre analyse ; profondément touché
par la générosité de Tiberge, Des Grieux fait un retour sur lui-même : « La vertu eut assez
de force pendant quelques moments pour s'élever dans mon cœur contre ma passion,
et j'aperçus du moins, dans cet instant de lumière, la honte et l'indignité de mes chaînes.
Mais ce combat fut léger et dura peu. La vue de Manon m'aurait fait précipiter du ciel,
et je m'étonnai en me retrouvant près d'elle, que j'eusse pu traiter un moment de honteuse
une tendresse si juste pour un objet si charmant » (*Ibid.*, p. 56). En réalité ces deux attitudes successives et contradictoires sont également légitimes ; des Grieux n'a pas honte
de son amour, mais des égarements auxquels il l'entraîne. — Voir quelques pages plus
loin cette mise au point (*Ibid.*, p. 66). « Par quelle fatalité, disais-je, suis-je devenu si
criminel ? L'amour est une passion innocente ; comment s'est-il changé, pour moi, en
une source de misères et de désordre ?... »

moments d'indéniable bonheur. Plongé dans l'infortune, Cleveland éprouve la vanité de la philosophie; mais des Grieux n'a pas besoin de raisonner pour être heureux *quand même* ; il lui suffit de regarder Manon : « En dépit du plus cruel de tous les sorts, je trouvais ma félicité dans ses regards et dans la certitude de son affection » [1].

Ce bonheur paradoxal qui se nourrit d'épreuves et de larmes [2], des Grieux ose le comparer, devant le pieux Tiberge, à celui que la religion promet à la vertu chrétienne [3]. Non par goût du sacrilège, mais par une conviction profonde. L'Auteur de la Nature ne peut condamner son propre ouvrage. Amant comblé, des Grieux est nécessairement innocent : parce qu'il n'est pas libre de ne pas aimer, mais aussi, et plus encore, à cause des jouissances qu'il doit à son amour. Son bonheur est le signe infaillible d'une âme pure. *Heureux et innocent* à la fois, puisque son innocence se mesure à l'intensité de son bonheur, des Grieux réalise ainsi, dans son destin tragique et prestigieux, le rêve d'unité intérieure et d'harmonie facile qui hante les contemporains de Prévost. Le livre n'aurait pas eu un tel succès si ses lecteurs ne s'étaient reconnus dans son héros. Que la passion de celui-ci soit aussi irrésistible que la grâce n'a pas de quoi surprendre à une époque où l'on ne conçoit guère la volonté divine autrement que comme inscrite dans la nature des choses. S'il est vrai que la nature prouve Dieu et qu'elle est l'action immanente de la Divinité, l'amour de des Grieux pour Manon ne peut être vraiment coupable. On doit appliquer à son cas ce qu'un autre personnage de l'abbé Prévost dit ailleurs des passions extraordinaires : en admettant que la concupiscence charnelle soit une suite du péché, il reste à expliquer pourquoi le « penchant général » que nous avons pour les femmes se fixe durablement sur un objet particulier. C'est le miracle naturel de l'amour : « Je voudrais conclure de là que les passions extra-ordinaires, telles que fut celle de mon père, ont quelqu'autre principe qui se joint au dérèglement causé par le péché d'origine. La Providence les permet pour des fins qui ne nous sont pas toujours connues, mais qui sont toujours dignes d'elle... » [4]. Selon le narrateur cette conviction devrait suffire à inciter à l'indulgence les parents qu'inquiète ou scanda-lise une passion excessive d'un de leurs fils. Il est vain d'opposer la violence à l'amour si celui-ci n'est pas une maladie de l'âme, mais l'effet de la volonté divine. L'ordre artificiel que la raison des parents oppose au bonheur de leurs enfants ne peut l'emporter sur l'ordre naturel du

---

1. *Ibid.*, Deuxième partie, p. 171.
2. Au moment de quitter Le Havre, Manon propose à des Grieux de mourir avec elle, ou de la quitter : « Non, non, lui dis-je, c'est pour moi un sort digne d'envie que d'être malheureux avec vous » (*Ibid.*, p. 173).
3. *Ibid.*, Première partie, pp. 83-86.
4. *Mémoires et aventures d'un homme de qualité...*, Livre I, Paris, Ledoux et Tenré, 1819, t. I, pp. 14-15.

sentiment. La raison est humaine, le sentiment est divin ; en défendant les droits de la nature contre les préjugés de la raison l'abbé Prévost fait œuvre de romancier philosophe ; sans qu'il ait eu jamais l'intention de rompre avec les croyances chrétiennes, il contribue, à sa manière, à la ruine des valeurs traditionnelles. Exceptionnels par le ton et par le style, ses romans sont plus engagés dans le siècle qu'il ne paraît.

Sa conception providentialiste des passions, si conforme aux tendances morales de son époque, permet ainsi de préciser les vues de Prévost sur la condition humaine. En fait l'auteur de *Manon Lescaut* est aussi étranger au romantisme qu'au jansénisme. Les souffrances et les crimes de des Grieux ne font pas de lui un héros fatal, abandonné du Ciel et victime de la société ; ils sont l'indice d'une prédilection surnaturelle, et traduisent les desseins impénétrables de Dieu. Pourquoi le Ciel frappe-t-il des Grieux au moment où, décidé à épouser Manon, il pense retrouver le chemin de la vertu ? Le héros ne peut que gémir sur cette rigueur incompréhensible [1]. Ses plaintes sont humaines, mais sa douleur ne le conduit pas à la révolte et au blasphème. Même après la mort de Manon, alors que la Providence est restée insensible à ses prières, des Grieux espère encore en un ultime recours : « Je me couchai ensuite sur la fosse, le visage tourné vers le sable, et fermant les yeux, avec le dessein de ne les rouvrir jamais, j'invoquai le secours du Ciel et j'attendis la mort avec impatience » [2]. Que ce dernier espoir soit lui aussi trompé n'empêche pas des Grieux de se réconcilier finalement avec Dieu, et de retrouver une certaine sérénité :

« Mais le ciel, après m'avoir puni avec tant de rigueur, avait dessein de me rendre utiles mes malheurs et ses châtiments. Il m'éclaira de ses lumières, qui me firent rappeler des idées dignes de ma naissance et de mon éducation. La tranquillité ayant commencé de renaître un peu dans mon âme, ce changement fut suivi de près par ma guérison » [3].

Dénouement artificiel, et trop édifiant pour n'être pas suspect ? La résignation chrétienne que le romancier prête ici à son héros n'enlève rien de leur gravité aux questions douloureuses qu'il se posait auparavant sur sa destinée. Si des Grieux est innocent, de quel crime doit-il être puni ? Le mystère demeure entier. L'abbé Prévost donne une conclusion chrétienne à un récit qui l'est beaucoup moins. Les dernières pages du roman, si conformistes qu'elles soient, ont pourtant un point

---

1. *Op. cit.*, Deuxième partie, p. 181. « Mais se trouvera-t-il quelqu'un qui accuse mes plaintes d'injustices, si je gémis de la rigueur du Ciel à rejeter un dessein que je n'avais formé que pour lui plaire ? Hélas ! Que dis-je, à le rejeter ? Il l'a puni comme un crime. Il m'avait souffert avec patience tandis que je marchais dans la route du vice, et ses plus rudes châtiments m'étaient réservés lorsque je commençais à retourner à la vertu ».
2. *Ibid.*, p. 190.
3. *Ibid.*, p. 191. Le texte de 1731, corrigé en 1753, donnait ici : « Il m'éclaira des lumières de sa grâce ».

commun avec l'ensemble du livre. Elles indiquent que la vie a un sens et que la nature des choses n'est soumise qu'en apparence aux caprices du hasard. Les souffrances de des Grieux sont le passif d'un destin hors de pair ; son malheur est sans exemple [1], mais le bonheur qu'il a connu avec Manon n'est pas moins exceptionnel. Son destin inspire à la fois la pitié et l'envie ; plus paisible, il aurait également été plus médiocre. A ce niveau aussi les maux et les biens se compensent. Le roman de l'abbé Prévost incite à l'acceptation d'un monde où le mal a sa raison d'être ; il décrit les limites de la condition humaine mais il exalte aussi la plénitude du bonheur qu'apporte une passion partagée. Cette ambiguïté se retrouve jusque dans le détail des aventures de des Grieux ; le meurtre de Lescaut, assassiné par l'une de ses dupes, expose les deux amants fugitifs à la curiosité de la police mais les délivre aussi d'une compagnie fort compromettante. « C'est quelque chose d'admirable, commente le narrateur, que la manière dont la Providence enchaîne les événements » [2]. Les interventions de la Providence sont aussi énigmatiques et soudaines que celles que l'on impute à la Fatalité : plutôt que de s'égarer dans un manichéisme simpliste, semble dire Prévost, ne vaut-il pas mieux avouer qu'une seule Puissance dirige les affaires de ce monde ? Un monde ordonné mais en fonction d'une Sagesse qui nous échappe. Tel est celui où se déroule l'histoire exemplaire de des Grieux et de Manon.

L'œuvre romanesque de l'abbé Prévost éclaire les démarches de la littérature apologétique et en accuse les contradictions. Durant tout le premier tiers du siècle les auteurs chrétiens s'évertuent à rétablir contre les raisonnements de Bayle la notion traditionnelle de la Providence ; ils mettront plus de trente ans à s'apercevoir que ce long effort ne triomphe du scepticisme qu'en favorisant le déisme. Si vraiment le monde a été créé pour l'homme, il faut que ses imperfections apparentes aient leur utilité : mais l'utilitarisme naïf ne résiste pas à un examen sérieux. Poussés dans leurs derniers retranchements, les admirateurs des merveilles de la nature reconnaissent que les voies de la Providence sont insondables. Cette affirmation orthodoxe et banale recouvre l'aveu de leur échec. La beauté et la bonté de l'ordre naturel des choses devaient rassurer la foi inquiète des chrétiens ; en délaissant les subtilités abstraites de la métaphysique au profit des certitudes immédiates de l'expérience les apologistes pensaient échapper aux difficultés insolubles dans

---

1. *Ibid.*, p. 188 : « Je vous raconte un malheur qui n'eut jamais d'exemple ».
2. *Ibid.*, Première partie, pp. 100-101.

lesquelles leurs adversaires, Bayle surtout, avaient prétendu les enfermer.
Mais voici que la nature, à son tour, se dérobe à leur regard. Contraints
d'avouer que les fins dernières des choses leur échappent, ils n'évitent
une déroute complète que par un appel délibéré à l'inconnaissable :

> « Accusateur aveugle, un mot va te confondre.
> Tu n'aperçois encore que le coin du tableau :
> Le reste t'est caché sous un épais rideau »[1].

Faute de pouvoir nier absolument le mal, on se contente d'affirmer
qu'il est *relatif*. Ce glissement de pensée était déjà très net chez Fénelon.
Lorsque l'auteur du *Traité sur l'existence de Dieu* invoque en dernier
lieu, contre les plaintes impies des libertins, « la perfection du tout »[2],
il reconnaît implicitement que les besoins de l'homme ne sont pas l'unique raison d'être des choses; pour sauver l'existence de l'ordre universel,
Fénelon dévalorise le petit canton de l'univers où l'humanité se trouve
logée. Chez lui ces deux démarches ne sont pas contradictoires; sa pensée
religieuse trouve son unité dans un double mouvement qui glorifie la
générosité divine et humilie la créature devant la puissance de Dieu.
Les concessions que l'apologète accorde à l'anthropocentrisme ne sont
qu'un moment d'une dialectique qui tourne à la gloire de Dieu la finitude
de la Création aussi bien que sa beauté. Présentée de cette manière, la
démonstration est sans faille ; elle n'apparaît contradictoire que si on la
réduit à un schéma abstrait en la séparant du fond de mysticisme qui,
chez Fénelon, la baigne et l'informe. Rebelle au mysticisme, le rationalisme du XVIIIe siècle hésite entre le relativisme de Fontenelle et le
finalisme de l'abbé Pluche. L'échec du second annonce la revanche du
premier ; lorsqu'il devient évident que le mal ne se laisse pas facilement
escamoter, le seul refuge des apologistes est un acte de foi en la Sagesse
de l'Être Suprême. Aux récriminations de l'orgueil humain ils opposent alors, comme Fénelon, le « dessein général » du Créateur : autant
dire que la volonté toute puissante qui, selon eux, gouverne la nature
est indifférente au détail des phénomènes naturels. Ce retour inavoué à
la doctrine de Malebranche souligne le désarroi de l'apologétique : car
les difficultés théologiques du système ne sont pas moins grandes en
1730 ou en 1740 qu'un demi-siècle plus tôt; que les adversaires de l'Oratorien en viennent alors à présenter le mal comme la conséquence nécessaire des lois générales instituées par la Sagesse de Dieu, ce simple fait
témoigne de leur gêne, ainsi que de leur impuissance à maintenir une
conception de la Providence qui satisfasse la conscience chrétienne[3].

---

1. Louis RACINE, *La Religion*, *op. cit.*, Chant I, p. 16.
2. *Démonstration...*, Première partie, LXXXVIII, pp. 294-295, *loc. cit.*
3. Cf. BUDDEUS, *Traité de l'athéisme...*, *op. cit.*, Ch. V, p. 190, note. En 1743 un malebranchiste repenti, le P. Dutertre, croit éviter les difficultés théologiques du système des

« Au lieu de juger de la Providence par l'idée qu'on se forme des maux, il faut au contraire juger des maux par l'idée de la Providence »[1]. La recette est facile et la maxime évidente : si Dieu existe, le mal n'est qu'une ombre. Les difficultés commencent lorsque la Providence cesse d'être un objet de foi pour devenir une idée, et qu'on se met à raisonner au lieu de croire. Le drame des chrétiens du siècle, c'est qu'ils sont devenus incapables de cette foi simple sur laquelle l'intelligence critique n'a pas de prise. Il ne leur suffit pas de croire, ils veulent comprendre. « Ce raisonnement, poursuit le journaliste des *Savants*, tout victorieux qu'il est, n'instruit pas. Il ferme la bouche mais il n'éclaire point, et il y a peu de lecteurs qui, en convenant qu'il est persuasif, ne souhaite (*sic*) qu'on aille plus loin, et qu'on lui démêle, à l'aide d'un principe clair, le rapport qu'il peut y avoir entre l'ordre et le désordre qui semble venir de l'ordre »[2]. Pourquoi le mal est-il nécessaire au bien ? Pourquoi par exemple les méchants sont-ils heureux sur la terre ? Ce sont les questions que se posent les lecteurs du *Journal des Savants* ou des *Mémoires de Trévoux*. Si bon chrétiens qu'ils soient, ils ne se satisfont pas d'admettre le mal comme un mystère; et tout en affirmant que les voies de la Providence sont insondables, ils ne se privent pas de formuler des hypothèses. Heureux de pouvoir prouver Dieu par l'ordre de la nature, ils ne savent pas s'arrêter en chemin; et les lueurs que la raison scientifique projette sur les choses leur en fait désirer, impatiemment, de plus complètes.

On a vu que l'apologétique se prête volontiers à leur désir. Pour lutter contre le manichéisme de Bayle et revaloriser la Création elle fait preuve d'une ingéniosité qui, parfois, confine au ridicule. Tous les arguments lui sont bons, même les plus curieusement subtils, pour montrer que les hommes n'ont pas à se plaindre de leur condition et qu'ils ont tort de suspecter la sagesse de la Providence. En 1752 on révélera ainsi au public français un ouvrage au titre prometteur, *L'art de se tranquilliser dans tous les événements de la vie*, traduction abrégée de l'œuvre d'un Jésuite du siècle précédent, le P. Antoine-Alphonse de Sarasa[3].

---

lois générales en juxtaposant une mosaïque d'arguments qu'il ne cherche même pas à accorder : notre impuissance à concilier l'idée de la Providence et la réalité du mal ne prouve, selon lui, que la faiblesse de notre esprit (*Entretiens sur la Religion, op. cit.*, t. I, p. 150) ; il proteste contre le fatalisme qui rejette sur Dieu la responsabilité du mal (*ibid.*, p. 181) au lieu de l'imputer à la liberté humaine (pp. 176-177), mais il développe parallèlement une explication du mal physique par les lois générales de la nature (pp. 172-174) et ne se préoccupe guère d'accorder la liberté des créatures avec ce qu'il dit de l'inefficience des causes secondes (p. 180).

1. *Journal des Savants*, avril 1728, p. 200.

2. *Ibid.*, Ces réflexions sont inspirées au journaliste par l'*Essai philosophique sur la Providence*, de l'abbé Houtteville qui est, comme nous le verrons, un admirateur de Leibniz.

3. Strasbourg, A. König, 1752, L'original latin, *Ars semper gaudendi*, est de 1664-1667 (2 vol. in-4°). Réédité à Iéna en 1740 et à Francfort en 1750, il avait été également traduit et abrégé en allemand ; la traduction française de 1752 est établie à partir d'une de ces versions allégées.

Toutes les objections tirées du bonheur des méchants s'y trouvent victorieusement réfutées; le P. de Sarasa convient que les imperfections de la justice immanente seront corrigées dans la vie éternelle, mais il s'attache surtout à montrer que l'ordre de la nature est plus raisonnable qu'il ne paraît à un examen superficiel. Créatures finies, les hommes n'atteignent jamais, dit-il, l'absolu de la perversité ou de la vertu; et la justice de la Providence ne serait pas satisfaisante si elle ne tenait compte de cette impuissance congénitale. Il est sûr que les méchants seront damnés : Dieu doit donc récompenser ici-bas les parcelles de bonté qui se trouvent en eux; inversement, comme les justes, promis à la béatitude céleste, ne sont jamais parfaitement justes, leurs maux actuels sont l'équitable punition de leurs faiblesses. Le raisonnement est si convaincant que le problème initial se trouve inversé. Si le bonheur des méchants prouve la justice divine, celle-ci n'exige-t-elle pas que les méchants soient *toujours* heureux ? Or cette conséquence est visiblement contraire à l'expérience : la répartition des biens et des maux naturels n'est pas si unilatérale que les bons n'aient jamais part aux premiers... La difficulté n'embarrasse pas longtemps le P. de Sarasa, et cette objection est son triomphe : dans les exceptions que la Providence fait assez souvent en faveur des bons, il voit, de la part de Dieu, une suprême habileté; car si la règle était toujours appliquée les méchants seraient trop nombreux sur la terre et, pour les bons, la vie y deviendrait impossible... [1].

Si l'on croit la *Préface* de la traduction française de l'*Ars gaudendi*, Leibniz avait emprunté au P. de Sarasa l'idée centrale de sa *Théodicée*. A supposer que cette dette soit réelle, il faut admettre qu'elle a été largement remboursée. Car l'ouvrage ingénieux du père jésuite ne serait certainement pas ressorti du néant si, dans les quinze dernières années du demi-siècle, le système du meilleur des mondes, revu et répandu par Wolf, n'avait suscité un vif intérêt. Curiosité n'est cependant pas synonyme d'adhésion. En réalité Leibniz trouve alors en France plus de contradicteurs que de disciples; tandis que les philosophes voient dans sa doctrine un exemple de cette métaphysique obscure, à l'allemande, qui leur est de plus en plus étrangère, les milieux traditionalistes se méfient d'une pensée aussi originale qu'ambitieuse. Ses partisans déclarés occupent dans la littérature de langue française une position marginale; à quelques exceptions près, ils se recrutent surtout hors de France, en particulier chez les protestants de Prusse, dont Formey est un représentant éminent et très actif [2]. Mais l'importance

---

1. *Op. cit.*, pp. 149-175.
2. Ce fait a été mis en évidence par W.H. BARBER (*Leibniz in France...*, *op. cit.*, notamment Troisième partie). Pendant plus de quinze ans Formey s'est employé à répandre, dans des publications périodiques, la philosophie de Leibniz et de Wolf : *Bibliothè-*

historique d'une doctrine ne se mesure pas seulement au nombre de ses sectateurs avoués; elle peut tenir également à la fréquence et à la qualité des réactions suscitées; ce qui est vrai du système de Spinoza l'est aussi, bien qu'à un degré moindre, de celui de Leibniz. La cause du philosophe allemand ne se confond pas avec celle de l'optimisme chrétien : on a même pu écrire que sa véritable pensée était à l'opposé de ce finalisme lénifiant dont le XVIIIe siècle devait donner si souvent l'exemple [1]. Mais s'il est vrai que le système de l'harmonie universelle répond à une anxiété secrète de son inventeur, on peut en dire autant de la pensée collective des chrétiens du demi-siècle. Tous sont secrètement hantés par le problème du mal que leur foi chancelante et trop rationalisée ne suffit plus à résoudre; tous ont en commun avec Leibniz le même adversaire, qui est le scepticisme manichéen de Bayle. Tous voudraient croire, avec Formey, que la Nature, « guide infaillible [...] tend continuellement à sa propre perfection » [2]. Parce qu'elle donne des tendances et des besoins diffus de l'opinion chrétienne une expression systématique, la *Théodicée* éclaire aussi leurs contradictions; dire l'accueil qui lui est réservé en France de 1710 à 1750 par les défenseurs de la religion catholique, c'est résumer tous les efforts apologétiques de cette période. L'échec de Leibniz en France consacre la rupture de la religion et de la philosophie, ainsi que la faillite de cet humanisme renouvelé qu'avait voulu être dans le premier tiers du siècle le naturisme chrétien des Jésuites.

*
* *

C'est en 1710 que les *Essais de Théodicée* sont publiés à Amsterdam. Alors que les *Nouvelles de la République des Lettres* analysent l'ouvrage presque aussitôt, les deux périodiques français l'ignorent jusqu'en 1713 [3]. Mais ce retard n'est nullement un signe d'hostilité. A l'« esprit subtil » de Bayle le P. Tournemine oppose « l'esprit juste » de Leibniz, et s'il fait quelques réserves sur la « nécessité morale » à laquelle le système du meilleur des mondes assujettit la volonté de Dieu, l'ensemble de son compte rendu est très élogieux. Vouloir définir les principes de la sagesse divine est peut-être imprudent, dit-il, mais ce n'est qu'un excès de zèle; le mérite de Leibniz est de retourner contre Bayle l'accusation d'anthro-

---

que germanique, Amsterdam (1734-41) ; *Journal littéraire d'Allemagne, de Suisse et du Nord* (1741-43) ; *Nouvelle Bibliothèque germanique*, (1746-60).

1. G. Friedmann définit le prétendu optimisme leibnizien comme « une des premières formes des modernes philosophies de l'angoisse et du désespoir » (*Leibniz et Spinoza*, Paris, 1946, *Avant-propos*, p. 17.)

2. FORMEY, *Essai sur la Perfection*, 1751, p. 29.

3. *Nouvelles de la République des Lettres*, septembre et octobre 1710 ; *Journal des Savants*, janvier 1713 ; *Mémoires de Trévoux*, juillet 1713 ; cf. BARBER, *op. cit.*, Deuxième partie, Ch. I.

pomorphisme, si familière aux pyrrhoniens : ceux qui reprochent à
Dieu l'existence du mal raisonnent comme si la sagesse de la Providence
était aussi bornée dans son objet que celle d'un médecin ou d'un père
de famille; consciente de l'immensité de Dieu et de son gouvernement,
la raison nous invite au contraire à juger de la beauté du tout par les
quelques échantillons que nous en avons ici-bas [1]. En 1713 Leibniz
apparaît aux Jésuites comme un allié utile : l'attitude du P. Tournemine
à son égard ressemble beaucoup à celle qu'il prend la même année devant la *Démonstration de l'existence de Dieu* de Fénelon : mélange de
méfiance tenace envers les « nouveaux philosophes » et d'approbation
chaleureuse.

Il en va tout autrement en 1737 lorsque le P. Castel rend compte
dans les *Mémoires de Trévoux* de l'importante réédition de la *Théodicée*
publiée trois ans plus tôt [2]. Le critique reconnaît le génie de Leibniz
et la pureté de son dessein; il se réjouit de ne rien rencontrer dans son
ouvrage de ce « venin sceptique qui infecte tous les écrits de M. Bayle » [3],
et avoue préférer encore son système, malgré toutes ses erreurs, à l'ingratitude impie de ceux pour qui « il y a plus de mal que de bien dans
ce monde » [4]. Mais les objections l'emportent cette fois sur les éloges;
car pour répondre aux sophismes de quelques « sublimes misanthropes »,
comme Bayle et Pascal, Leibniz est tombé dans l'excès inverse. Sa doctrine sous-estime le poids du péché : comment un monde souillé et
corrompu serait-il le meilleur que Dieu ait pu créer ? Et surtout elle
enlève au Créateur son libre arbitre : « L'Optimisme [...] règle Dieu
comme un automate. En l'assujettissant à la loi du meilleur, il ne lui
laisse ni la liberté du choix, ni aucune espèce de liberté ». D'où cette
accusation capitale : « *L'Optimisme, celui du moins de M. Leibniz*, n'est
qu'un matérialisme déguisé, un Spinozisme spirituel... » [5].

---

1. *Mémoires de Trévoux*, loc. cit., pp. 1191-93. Le P. TOURNEMINE reproduit ici un
long passage de la *Théodicée*, dont ces lignes : « Ce que nous pouvons voir n'est pas une
partie assez considérable pour y reconnaître la beauté et l'ordre du tout. La nature même
des choses porte que cet ordre de la cité de Dieu que nous ne voyons pas encore ici-bas soit
l'objet de notre foi et de notre espérance ».

2. *Nouvelle édition augmentée de l'histoire de la vie et des œuvres de l'auteur*, par M. de
NEUFVILLE, (L. de Jaucourt), Amsterdam, 1734, 2 vol. in-12. Dans sa *Vie de Leibniz*
l'éditeur marque plus d'admiration au savant qu'au métaphysicien. Entre 1710 et 1734
la *Théodicée* avait été réimprimée à plusieurs reprises, en 1712, 1714 et 1720. Et elle avait
inspiré à l'Oratorien Houtteville un *Essai philosophique sur la Providence* (Paris, 1728)
où l'auteur de *La religion chrétienne prouvée par les faits* développait à son tour le système
du meilleur des mondes : « L'état de l'univers créé est donc celui qui, précisément dans
l'infinité des possibles créables, méritait le plus que la puissance suprême le fît sortir
des vides du néant ». (*op. cit.*, p. 188). Analysé avec sympathie par le *Journal des Savants*
(avril 1728, pp. 195-203), vivement critiqué en revanche la même année dans un périodique
éphèmère, *Le spectateur littéraire* (troisième et cinquième feuilles), le livre ne semble pas
avoir eu un très grand succès.

3. *Mémoires de Trévoux*, février 1737, pp. 197-203.

4. *Ibid.*, mars 1737, p. 456.

5. *Ibid.*, février 1737, p. 210. C'est nous qui soulignons. L'accusation de « matérialisme » avait déjà été portée contre Leibniz par le même Castel en 1724 (*Mémoires de*

Voilà le grand mot lâché. S'il ne s'agissait que de rendre grâce à la Providence, les Jésuites s'accommoderaient volontiers de la philosophie de Leibniz. Au soin que prend le P. Castel de la distinguer des autres formes possibles de l'Optimisme (lesquelles, sinon ce naturisme chrétien, prudemment empirique, dont nous avons parlé ?) on devine qu'il ne la condamne pas sans quelque regret. Habitués à voir vanter par les *Mémoires de Trévoux* les harmonies de la nature, les lecteurs du périodique risquaient de ne rien comprendre à cette volte-face. Aussi le censeur croit-il urgent de s'en expliquer. « Il paraîtra surprenant à ceux qui ne suivent ni de l'esprit, ni souvent de l'œil, le progrès des systèmes du bel esprit, de nous voir, pour justifier la Providence, nous attacher en quelque sorte à exagérer les imperfections qui règnent dans l'univers, et à lui assurer la liberté du choix de cet univers ; jusqu'ici la grande critique des esprits forts roulait sur ces imperfections. Bayle au reste n'en savait pas davantage... » Mais Malebranche est venu, puis Leibniz, et à eux deux ils ont ouvert la voie à une nouvelle secte qui tend à se multiplier. « Ce n'est plus la mode de critiquer la Providence. Ces critiques sont trop usées et trop ouvertement impies et libertines. Le grand air est d'applaudir à la Providence et de dire à toutes choses *tant mieux* ». Tels sont les « beaux esprits » d'aujourd'hui : « Ils ne critiquent point la Providence, mais ils ne l'anéantissent que mieux en faisant semblant de lui applaudir. Tout est bien, tout est mieux, tout est très bien. Le mal n'est pas un mal puisqu'il est la cause nécessaire du bien, nécessaire à Dieu même, qui non seulement sait tirer le bien du mal, mais ne le sait ou ne le peut tirer que de là, non seulement encore malgré sa sagesse, mais précisément à cause même de sa sagesse... » Tant de perfidie peut légitimement irriter la bonne foi d'un Jésuite ; mais la plus sainte colère sait se proportionner au crime. Leibniz, conclut le P. Castel, n'a guère fait qu'insinuer avec modération une doctrine dont il n'apercevait pas toutes les conséquences ; les vrais coupables sont ceux qui exploitent brutalement son système pour répandre autour d'eux l'impiété. Ceux-là n'ont pas d'excuses et sont faciles à identifier ; pour les dénoncer à la vindicte de ses lecteurs, le journaliste peut se contenter d'initiales vengeresses : « Un P... en Angleterre, un V... en France »[1].

Trévoux, avril 1724, p. 618) ; mais ce n'était qu'une allusion malveillante, perdue dans l'analyse élogieuse que Castel donnait alors de son propre *Traité de la Pesanteur*...

1. *Ibid.*, pp. 219-221. Le journal des Jésuites revient sur ce sujet en 1741, à l'occasion de son analyse des *Institutions de Physique* de Mme du Châtelet (*Ibid.*, mai 1741, pp. 894-927). Pour l'abbé de Bernis également, l'Optimisme est une variante du Spinozisme (*La Religion vengée, op. cit.*, Chant V) ; enfin au tome VI du *Spectacle de la Nature*, publié en 1746, l'abbé Pluche attaque à son tour Leibniz (*op. cit., Entretien VI*, pp. 155-157).

2. — « *Tout est bien* » : *est-ce un mal ?*

« Toute la nature est un art et un art qui t'est inconnu : le hasard est une direction que tu ne saurais voir; la discorde est une harmonie que tu ne comprends point; le mal particulier est un bien général; et en dépit de l'orgueil, en dépit d'une raison qui s'égare, cette vérité est évidente : *que tout ce qui est, est bien* »[1].

On a dit justement ce qui distingue le *tout est bien* de Pope du *tout est le mieux possible* de Leibniz : Pope raisonne à l'anglaise, c'est-à-dire sur les données de l'expérience, et non sur des notions *a priori ;* par son caractère prudemment empirique son système évite, au moins en apparence, les inconvénients théologiques de celui de Leibniz[2]. Certes, la vision du monde que le poète propose à ses lecteurs est celle du mécanisme universel : un univers-horloge régi par des lois générales, et non par des volontés particulières de la Providence[3]. Mais Pope se garde de spéculer sur l'essence et les attributs de l'Être Suprême. Persuadé que l'ordre actuel de la nature témoigne de la sagesse divine, il ne cherche pas à savoir si la Création aurait pu être différente de ce qu'elle est en réalité. Rebelle aux abstractions métaphysiques, il a cependant en commun avec Leibniz l'idée d'un monde harmonieusement structuré; l'inhumanité de la science mécaniste se trouve donc masquée chez lui aussi par la notion rassurante de l'échelle des êtres; dans le monde de Pope la nécessité mécanique des choses est informée par un ordre qualitatif qui assigne à chaque espèce de créatures sa place fixe à l'un des degrés du cosmos[4]. Ainsi le bonheur de l'individu consiste-t-il à accepter la condition faite par le Créateur à son espèce; si l'homme est souvent malheureux, c'est qu'une folle présomption l'incite à sortir de son état[5]. Ce qui est vrai du macrocosme l'est aussi du microcosme social : à l'image de l'ordre naturel, celui de la société suppose une hiérarchie immuable dont le respect est la règle d'or du bonheur collectif[6].

Dans la morale de Pope on aperçoit donc une ambiguïté analogue à celle qui a été déjà relevée chez ses admirateurs français : un certain libéralisme qui répudie les interdits de la morale théologique, et affirme

---

1. POPE, *Essai sur l'homme,* trad. Silhouette, *op. cit.* Épître I, pp. 23-24.
2. Cf. BARBER, *op. cit.* Deuxième partie, Ch. II.
3. *Essai sur l'Homme, op. cit.,* Épître IV, notamment pp. 76 et 83.
4. *Ibid.,* Épître I, p. 19.
5. *Ibid.,* pp. 7 et sq.
6. *Ibid.,* Épître IV, p. 77.

la légitimité de l'amour-propre, en même temps que l'utilité sociale des passions[1]; mais aussi une tendance toute restrictive à déprécier les biens extérieurs au profit du bonheur que donne la vertu[2], et à opposer l'innocence de la simple nature au désordre qu'introduit dans le monde la perversion de la raison[3]. Cette double morale, à la fois close et ouverte, correspond à l'équilibre social de l'Angleterre hanovrienne : pays essentiellement agricole où l'intégration de la bourgeoisie d'argent à l'ancienne aristocratie favorise le système des « enclosures » et le développement de la grande propriété foncière; d'où l'apologie du patriarcat où Pope voit l'état social qui rappelle le mieux le bonheur de l'âge d'or[4].

Le poète de l'*Essai sur l'Homme* n'a rien d'un auteur subversif. Son empirisme, son respect des hiérarchies, naturelles ou sociales, son optimisme conservateur, son catholicisme enfin devaient plaire aux Jésuites français. C'est l'un de leurs protégés, Silhouette, qui donne en 1736, avec l'approbation du P. Tournemine, la première traduction française de son livre, publiée en Angleterre trois ans plus tôt. Aussi les *Mémoires de Trévoux* en présentent-ils un compte rendu aussi élogieux pour l'écrivain que pour le traducteur : les développements de Pope sur l'échelle des êtres, où l'homme a sa place marquée par la nature, paraissent trop évidents au journaliste pour qu'il leur consacre un long commentaire; et il loue surtout la beauté littéraire de la première Épitre[5]. Mais lorsqu'il en arrive à la quatrième, son admiration porte sur le fond autant que sur le style : « Que de choses profondément pensées en peu de mots sur cette dispensation si inégale des dons de la fortune », s'écrie-t-il alors, en félicitant le poète anglais d'expliquer si clairement pourquoi, alors que la vertu seule donne le vrai bonheur, elle est parfois si malheureuse[6]. Dieu ne peut renverser en faveur d'un particulier, même le plus méritant, les lois générales de la Création. Loin de s'inquiéter de cette affirmation, le rédacteur prend à ce sujet la défense de Pope : « On a voulu reconnaître et trouver les principes du Spinozisme dans l'ouvrage de M. Pope. Le traducteur se récrie contre cette accusation, et il a raison. En effet le Dieu du poète n'est point celui de ce célèbre impie, sourd, aveugle, muet, confondu avec la matière. La sagesse de l'Être suprême éclate à chaque page du poème; sa providence, sa bonté y sont partout clairement exprimées »[7]. Une seule objection se mêle à ces applaudissements, et le critique regrette que l'*Essai sur l'Homme*

1. *Ibid.*, *Épître II* et *Épître III*, pp. 69-72.
2. *Ibid.*, *Épître IV*, pp. 79, 81, 86.
3. *Ibid.*, *Épître III*, pp. 60-62.
4. *Ibid.*, p. 65.
5. *Mémoires de Trévoux*, juin 1736, p. 1198. L'approbation du P. Tournemine est rappelée dans la préface de Silhouette.
6. *Mémoires de Trévoux*, *loc. cit.*, p. 1210.
7. *Ibid.*, p. 1215.

fournisse du culte dû à la Providence une définition beaucoup plus large que celle qu'on attendrait d'un adepte de la vraie Religion ; encore l'expression de cette inquiétude est-elle bien discrète : « Tels sont les doutes que nous proposons modestement sur cet ouvrage, et nous le faisons sans amertume, et sans rien diminuer de notre estime pour ce qu'il contient... »[1].

Le catholicisme de Pope est assurément plus libéral et plus tolérant que celui des Jésuites français. En Angleterre les catholiques sont minoritaires, et exclus par la loi des charges publiques. Mais les tendances du poète anglais au « naturalisme » ne sont ni plus ni moins évidentes en 1737 que l'année précédente : brusquement les *Mémoires de Trévoux* l'accusent alors de déisme et de fatalisme[2]; contemporaine de leur changement d'attitude à l'égard de la *Théodicée*, la volte-face est ici beaucoup plus brutale. Dès lors Pope est rangé, avec Leibniz, parmi les blasphémateurs de la Providence chrétienne. Les *Nouvelles ecclésiastiques* applaudissent à cette double condamnation[3]. Et le protestant Crousaz s'indigne de son côté de découvrir dans la première Épître de l'*Essai sur l'Homme* et dans la *Théodicée* la même immoralité impie qui rejette sur Dieu la responsabilité du péché et du mal moral[4]. La seule source du mal que puisse admettre un chrétien c'est, rappelle-t-il, la liberté humaine. Dieu, sans doute, aurait pu créer un monde où la faute eût été impossible, mais l'univers aurait constitué alors un ouvrage moins digne de sa toute-puissance[5]. Le *tout est bien* de Pope est aussi contraire à la liberté du Créateur qu'à celle de l'homme, et il a les mêmes implications « spinozistes » que le principe leibnizien du meilleur[6]. En 1746 le janséniste Gaultier unira à son tour les deux auteurs dans la même condamnation[7]. Pour les défenseurs de la Providence chrétienne les analogies des deux systèmes l'emportent désormais sur leurs différences. Il est même probable que celui des deux qui aurait pu leur paraître le plus anodin est le vrai respondable des attaques supportées par l'autre. L'édition de la *Théodicée* publiée par Jaucourt en 1734 n'avait pas causé sur le moment de grands remous. C'est le succès de Pope qui, trois ans plus tard, vaut à Leibniz une attention soupçonneuse[8]. En réalité on reproche surtout au poète d'avoir fait école. Et l'accueil que lui réser-

---

1. *Ibid.*, p. 1217.
2. *Ibid.*, mars, 1737, pp. 401-426 ; avril 1737, pp. 707-723 ; *loc. cit.* Ces *Réflexions sur le livre de M. Pope...* se présentent comme une réplique au compte rendu précédent.
3. *Op. cit.*, 4 mai 1737, p. 69.
4. *Examen de l'Essai de M. Pope sur l'Homme, op. cit.*, pp. 23-26.
5. *Ibid.*, p. 30. « Un univers où il se trouverait des Intelligences libres et véritablement actives serait un ouvrage tout autrement digne de Dieu qu'un monde où le bien et le mal, le vertu et le crime, sont des suites immanquables et inévitables de la construction de chaque être et du premier branle que le Créateur leur a imprimé. »
6. *Ibid.*, pp. 40-41, et 89-95.
7. *Le poème de Pope... convaincu d'impiété, op. cit.*, p. 56.
8. Cf. E. AUDRA, *Les traductions françaises de Pope*, Paris, 1931.

vent les philosophes français discrédite également Leibniz dans le parti adverse. C'est l'époque où le déisme anglais envahit le continent, et où les Jésuites français découvrent avec stupeur dans la littérature philosophique d'Outre-Manche comme l'image déformée et grossie de leurs propres idées [1]. Dès lors le temps n'est plus aux nuances. Peu importe que Pope ait été lui-même hostile aux *free-thinkers* de son pays natal, et que l'agressivité anti-chrétienne de Voltaire l'ait effrayé [2]. 1736, date de la traduction de Silhouette, c'est aussi l'année du *Mondain*. Pour l'opinion française Pope devient le porte-drapeau du déisme militant, et il compte parmi les principaux inspirateurs d'une secte d'autant plus dangereuse pour la vraie foi qu'elle est en apparence très proche du christianisme [3].

Vers 1740 la cause de la Providence peut sembler victorieuse. Mais dans la partie engagée dans les premières années du siècle contre les manichéens et les sceptiques les Jésuites ont presque trop bien réussi; car le Dieu qui triomphe grâce à eux est un souverain qui règne sans gouverner. Semblable à celui des sauvages d'Amérique du Nord, que La Hontan célébrait jadis à leur grand scandale, « il contient tout, il paraît en tout, il agit en tout, et il donne le mouvement à toutes choses » [4]; mais cette omniprésence équivaut à une absence; car la volonté de Dieu se confond avec la nécessité naturelle. En voulant défendre contre Bayle le Dieu des chrétiens, les Jésuites ont fait triompher celui des philosophes. Lorsqu'ils s'en aperçoivent, ils n'ont d'autre ressource que de rompre avec la philosophie des lumières et d'entamer contre elle un combat d'arrière-garde. Une lucidité toute nouvelle leur vient de cette déconvenue, et ce n'est pas sans quelques motifs qu'elle s'exerce au détriment de Pope. Car la morale qu'enseigne l'*Essai sur l'Homme* prêche la résignation à l'inévitable; tel qu'il y est décrit, l'ordre naturel de l'échelle des êtres est à l'opposé d'un univers anthropocentrique; si l'homme y occupe une situation relativement enviable, Pope insiste surtout sur les limites étroites qu'elle impose à son bonheur. Derrière l'euphorie complaisante des formules à succès se dissimule ainsi une amertume désolée : professeur d'optimisme, Pope était connu pour son esprit chagrin [5]; ce contraste entre l'homme et sa doctrine ne laisserait pas de surprendre si la seconde n'était dans le fond presque aussi désespérée que celle de Leibniz.

---

1. La conception déiste de la Providence s'étalait notamment dans le livre de Th. Chubb, *Nouveaux essais sur la bonté de Dieu, la liberté de l'homme et l'origine du mal*, traduits de l'anglais, Amsterdam, F. Changuion, 1732.
2. Cf. R. Pomeau, *La religion de Voltaire, op. cit.*, pp. 127-129.
3. *Mémoires de Trévoux*, mars 1737, *loc. cit.*, p. 422.
4. *Mémoires sur l'Amérique septentrionale, op. cit.*, p. 105 sq.
5. Voltaire trace de lui le portrait d'un homme « contrefait dans son corps, inégal dans son humeur, toujours malade, toujours à charge à lui-même, harcelé par cent ennemis jusqu'à son dernier moment » (Moland, t. XXIII, p. 536 ; cf. R. Pomeau, *op. cit.*, p. 231).

Affirmer que *tout est bien* revient à convenir que le mal est nécessaire. Cette équivoque qui pèse sur l'optimisme de Pope se retrouve chez les déistes français. Nous avons vu que le libéralisme de ceux-ci, moral, religieux ou politique, conserve bien des côtés négatifs; la nature humaine idéale dont ils se réclament pour fonder dans ces divers plans leurs revendications freine insidieusement l'élan de celles-ci qui avortent en une apologie de la frugalité, c'est-à-dire des restrictions librement consenties. Le penchant du demi-siècle au stoïcisme a été également relevé, ainsi que la tendance à donner à la morale de Sénèque une coloration sentimentale qui masque l'aridité du sacrifice imposé, au nom de la « nature », à des appétits reconnus naturels. Facilité de la vertu, frugalité heureuse et innocente, ces thèmes souvent rencontrés sont intimement liés au naturalisme moral de l'époque. Ce sont autant d'illusions complaisamment entretenues qui altèrent sournoisement le dynamisme de l'idée de Nature; le lecteur moderne éprouve souvent un malaise à voir l'idéal se dégrader ainsi en alibi. Alibi efficace, il faut le reconnaître, puisqu'il donne à la contrainte l'aspect attrayant de la spontanéité. Il faut de même lire à travers les lignes pour déceler derrière l'hommage que les déistes ne manquent pas de rendre à la bonté de la Providence l'appréhension ou l'acceptation d'une fatalité naturelle.

Puisque Dieu existe, le monde ne peut être mauvais : l'optimisme déiste de 1740 ne se lasse pas de reprendre l'argument[1]. Pour un temps les circonstances favorisent ce raisonnement usé : non seulement parce que la conjoncture économique est bonne, mais parce que la science newtonienne qui l'emporte alors donne l'exemple d'un positivisme raisonné qui accepte les limites de l'esprit humain en exaltant la grandeur mystérieuse, mais partiellement intelligible, de la Création. La même attitude intellectuelle permet d'esquiver assez allègrement le problème du mal. C'est ce que fait Voltaire dans sa *Métaphysique de Newton* : la philosophie naturelle ne nie pas l'existence de Dieu sous prétexte qu'elle est incapable d'analyser son essence; les aspects déconcertants de l'ordre universel ne doivent pas non plus la conduire à mettre en doute sa sagesse qui est, par ailleurs, abondamment démontrée; au contraire l'ordre newtonien englobe le mal au même titre que les innombrables phénomènes qui dépassent notre entendement. Il serait absurde de nier la sagesse du tout en alléguant que certaines de ses parties nous échappent[2]. D'une inspiration analogue mais plus concrète, le sixième *Discours en vers sur l'Homme* offrait déjà en 1738 l'exemple d'une méditation souriante et sereine sur les bornes de la condition humaine. Au pessi-

---

1. « Soyons persuadés que tout ce qui est est bien », écrit de même le marquis d'Argens pour qui l'existence du mal prouve seulement notre ignorance du plan de l'univers. (*Lettres chinoises*, 1739, *op. cit.*, Lettre XVI, p. 128).
2. Voir les *Éléments de la philosophie de Newton*, édit. 1741, *op. cit.*, Première partie, Ch. I, *De Dieu* (Moland, XXII, p. 406-407).

misme outrancier de Pascal Voltaire oppose dans ce texte les jugements
modérés de Pope et du « grand Leibniz ». Mais il y répudie aussi fermement la naïveté d'un finalisme à courte vue. En se plaçant au centre du
monde les hommes tombent dans le ridicule des souris qui remercient
Dieu d'avoir créé pour elles le lard et le jambon; cette sotte prétention
fait l'inégalité de leur humeur qui hésite sans cesse entre l'orgueil et
l'amertume; nous ne murmurerions pas tant contre nos maux, suggère
le poète, si nous ne nous étions d'abord laissé convaincre que le monde
a été créé à notre usage. Ainsi déraisonnent sans doute, à tous les échelons du cosmos, les diverses sortes de créatures, anges, hommes ou
quadrupèdes, auxquelles le Dieu de Voltaire adresse cette utile mise
au point :

> « Ouvrages de mes mains, enfants du même père,
> Qui portez, leur dit-il, mon divin caractère,
> Vous êtes nés pour moi, rien ne fut fait pour vous :
> Je suis le centre unique où vous répondez tous.
> Des destins et des temps connaissez le seul maître.
> Rien n'est grand ni petit; tout est ce qu'il doit être.
> D'un parfait assemblage, instruments imparfaits,
> Dans votre rang placés, demeurez satisfaits » [1].

Plus nettement encore que son modèle anglais, Voltaire oppose
donc le théocentrisme de la philosophie à l'anthropocentrisme de la
religion vulgaire. Mais son poème enlève à cette doctrine ce qu'elle
pourrait avoir de trop inhumain. Car, si le *tout est bien* de Pope devient
ici *tout est ce qu'il doit être*, cette dernière formule n'est pas non plus exempte d'ambiguïté. Comme la notion même de Nature, cette Nature que
le poète ne se prive pas d'invoquer [2], elle implique aussi bien l'idée d'un
ordre que celle d'un *déterminisme*. Les choses sont ce qu'elles ne peuvent
pas ne pas être, mais également ce qu'elles doivent être pour être bonnes
et raisonnables. Dans quelques passages du poème un finalisme inavoué
perce plus clairement. Le vieux lettré chinois qui déplore l'exiguïté
de sa taille et la brièveté de sa vie est forcé de convenir que la terre
aurait été trop petite pour le genre humain dont il rêve :

> « Le Chinois argumente, on le force à conclure
> Que, dans tout l'univers, chaque être a sa mesure » [3].

Dans cet apologue la nécessité naturelle est celle d'une proportion,
c'est-à-dire d'une finalité. Bien que développé avec moins d'abondance

---

1. *Sixième Discours, Sur la nature de l'homme*, Moland, IX. p. 417.
2. *Ibid.*, p. 420.
   « Pour moi, loin des cités, sur les bords du Permesse,
   Je suivais la nature, et cherchais la sagesse ».
3. *Ibid.*, p. 418.

oratoire, l'argument rappelle les *trop ou trop peu* de Fénelon[1]. A tout prendre, Voltaire se sent plus proche, en 1738, de Mathieu Garo que de Bayle[2]; à quarante ans sa santé chancelante[3] ne l'empêche pas de croire que la vie vaut d'être vécue. Sans doute,

> « .... la félicité pure
> Ne fut jamais permise à l'humaine nature »[4].

Mais dans sa retraite studieuse de Cirey l'amant d'Émilie s'en console aisément. Il a la liberté et l'aisance, l'amour ou l'amitié, les plaisirs de la société et les joies de la philosophie. Qu'importe la brièveté de la vie lorsqu'on vit intensément !

> « Le temps est assez long pour quiconque en profite;
> Qui travaille et qui pense en étend la limite.
> On peut vivre beaucoup sans végéter longtemps »[5].

C'est toujours, en moins frivole, l'ardeur de vivre du *Mondain ;* bien qu'il place son poème sous le double patronage de Leibniz et de Pope, Voltaire y fait preuve d'un optimisme beaucoup plus assuré que celui de ses modèles : la preuve en est qu'à la différence de Pope il se refuse toujours aux vains regrets de l'âge d'or. Son attitude sur ce point est aussi ferme que deux ans plus tôt lorsque sa verve burlesque raillait l'amour du « bon vieux temps ». La seule différence tient à ce que, dans l'intervalle, son horizon s'est élargi; Voltaire prend désormais la vie au sérieux, et le mondain s'est mué en homme de science. C'est pourquoi, dans le sixième *Discours*, le désir épicurien de jouir de l'instant s'ennoblit en un refus raisonné des curiosités chimériques :

> « Sans rechercher en vain ce que veut notre maître,
> Ce que fut notre monde, et ce qu'il devrait être,
> Observons ce qu'il est... »[6].

* *

En 1738 Voltaire est heureux, et le fardeau intellectuel que le problème du mal représente pour la philosophie s'en trouve allégé... Nous avons vu que cette euphorie de l'homme était aussi celle de son temps[7].

---

1. Voir ci-dessus, Ch. II, 2.
2. *Loc. cit.*, p. 419.
   « Mathieu Garo chez nous eut l'esprit plus flexible,
   Il loua Dieu de tout... »
3. *Ibid.*, p. 420. « Dans un corps languissant, de cent maux attaqué... »
4. *Ibid.*
5. *Ibid.*, p. 419.
6. *Ibid.*
7. Voir ci-dessus, Ch. IX, 2.

Euphorie passagère et bientôt remise en cause par le mouvement des idées avant même de l'être par celui des faits. Venant après le tremblement de terre de Lisbonne, les horreurs de la Guerre de Sept Ans auront leur écho dans *Candide*. Mais on n'a pas assez remarqué que ces événements suivent une période de désarroi intellectuel. Dans les dernières années du demi-siècle le Dieu des déistes est aussi menacé que la Providence chrétienne. Les philosophes fondaient naguère son empire sur la finalité de la nature; même tentés par les certitudes négatives de l'athéisme, ils devaient reconnaître dans les ouvrages de l'univers l'œuvre d'un habile Ouvrier. Vers 1750 ce raisonnement commun à Fontenelle et à Fénelon a cessé d'être sans réplique. Nous avons dit par quel paradoxe le succès du newtonisme, système si profondément marqué de religiosité, favorise les audaces d'un « néo-spinozisme » impatient de synthèses plus hardies [1]. La puissance créatrice que la science de l'époque restitue à la Nature est enlevée au Dieu-horloger de Fontenelle; c'est la revanche de la *natura naturans* sur la *natura naturata*. Et elle ne pouvait être sans contre-coups sur l'optimisme facile de la période précédente. Tant que la nature se définissait comme l'ouvrage du Créateur, l'objection du mal n'avait somme toute qu'une importance secondaire. Si déconcertant qu'il apparût souvent, l'ordre de l'univers n'en exprimait pas moins la volonté de Dieu, et cette conviction suffisait à apaiser le gros des doutes et des inquiétudes. Il en va tout autrement à partir du moment où la nature tend à se libérer du joug tutélaire de la Providence. Dès lors le mal n'est plus, au pis aller, une exception incompréhensible à la règle du *tout est bien ;* il apparaît comme un échec de la nature, ou plutôt comme un exemple de ses tâtonnements dans la poursuite obscure de fins qui nous sont inconnues. Comme celle des monstres, l'existence du mal prouve la vanité des tentatives visant à accorder la nécessité immanente et la sagesse supposée de Dieu. Dès 1746, alors qu'il demeure déiste, Diderot se montre sensible au raisonnement qui retourne contre la Providence les arguments de l'Optimisme :

> « Si les merveilles qui brillent dans l'ordre physique décèlent quelque intelligence, les désordres qui règnent dans l'ordre moral anéantissent toute Providence. Je vous dis que, si tout est l'ouvrage d'un Dieu, tout doit être le mieux qu'il est possible; car si tout n'est pas le mieux qu'il est possible c'est en Dieu impuissance ou mauvaise volonté. C'est donc pour le mieux que je ne suis pas plus éclairé sur son existence... » [2].

A leur tour les déistes sont réduits à la défensive. Et ils en viennent alors à emprunter aux chrétiens l'un de leurs arguments favoris : c'est une infaillible recette d'optimisme que celle qui consiste à juger de ce

---

1. Voir ci-dessus, Ch. III et IV.
2. *Pensées philosophiques*, XV, *op. cit.* A la même époque, La Mettrie conclut allègrement à l'absurdité de la condition humaine. Cf. *L'Homme-Machine, op. cit.*, p.105.

que l'on voit en fonction de ce que l'on ignore. « Ne jugez jamais de Dieu par les événements, conseille par exemple Toussaint : jugez plutôt des événements par l'idée que vous avez de Dieu. Dans les affaires régies par les hommes, il n'arrive des désordres que parce que ceux qui s'en mêlent sont faibles, injustes ou ignorants. Aucune de ces imperfections ne se trouve en Dieu : c'est lui sans doute qui régit l'univers, comment donc pourrait-il y avoir de véritables désordres ? Je vois deux choses à cet égard, dont l'une est évidente et l'autre obscure. Il est évident que Dieu est juste, sage et tout puissant : il n'est pas évident que ce qui paraît un désordre le soit en effet, Dieu pouvant avoir des lumières supérieures aux nôtres; je décide de l'incertain par le certain; et je conclus que tout est dans l'ordre » [1]. Admirons cette belle confiance en la sagesse de la Création, plus forte que l'évidence des faits ! Chez Toussaint elle est très clairement, à l'échelle du cosmos, la traduction d'un choix politique. Si *tout est bien*, rien ne mérite d'être changé; l'audace de la philosophie déiste ne va pas plus loin que la négation du péché; héritier du naturisme chrétien des Jésuites, le déisme des philosophes n'est pas moins conservateur. D'où cette démission de la raison qui se dissimule derrière un acte de foi dans la sagesse impénétrable de Dieu.

Nous avons vu que cet échec était inscrit dans les définitions initiales de l'entreprise déiste. La morale et la politique *naturelles*, c'est-à-dire laïques, que les philosophes voulaient opposer au vieil univers théocratique ne pouvaient se passer de l'hypothèse d'un Dieu créateur. Et c'est pourquoi le concept de Nature, notion valorisée et normative, est impuissant à recouvrir toutes les données de l'expérience; comme il faut que la nature reflète la sagesse de Dieu, cette condition exclut de l'ordre naturel les phénomènes qui lui sont apparemment contraires. Le fait que la nature ait ses *monstres,* et qu'on puisse admettre l'existence de *faits contre nature* est significatif des contradictions auxquelles se heurte le prétendu empirisme des philosophes. L'existence du mal est aussi inexplicable pour un déiste que pour un chrétien, et même plus énigmatique encore puisque le déiste, rejetant le dogme du péché, doit avouer que la nature est en même temps toujours bonne et souvent mauvaise... Tandis qu'un esprit médiocre, comme Toussaint, s'accommode de ce mystère sans trop regimber, d'autres font preuve à là même époque d'un rationalisme plus exigeant et dressent le bilan critique de ces contradictions.

Pour que Zadig soit heureux il ne lui manque rien, au départ, de ce que les moralistes du siècle estiment nécessaire et suffisant au bonheur : la santé, l'indépendance financière, les amis, la vertu. Mais la malice

---

1. *Les Mœurs, op. cit.*, p. 63.

de la fortune ne respecte pas plus le mérite des hommes que les calculs de leur prudence. C'est précisément la vertu de Zadig qui fait son malheur; s'il avait suivi les conseils de son ami Cador et cédé à sa passion pour la belle Astarté, il aurait été plus habile à dissimuler son amour aux regards jaloux du roi Moabdar. « Tout ce que j'ai fait de bien a toujours été pour moi une source de malédictions », constate-t-il amèrement[1]. Désespéré de cette injustice du destin, Zadig s'étonne encore davantage de ses caprices déconcertants : le trait le plus fréquent de ses surprenantes mésaventures, c'est la disproportion évidente entre les effets et leurs causes. Être astreint à l'amende pour avoir vu passer une chienne, échapper de peu au supplice parce que la reine portait des rubans jaunes, ce sont là des rencontres assez merveilleuses pour solliciter la réflexion du philosophe... De même, lorsque le héros a enfin des raisons de penser qu'il touche au bonheur, mais que l'armure blanche de sa victoire lui fait brusquement défaut, on ne peut reprocher à Zadig les plaintes qu'il profère contre son étoile : « Il lui échappa enfin de murmurer contre la Providence, et il fut tenté de croire que tout était gouverné par une destinée cruelle qui opprimait les bons, et qui faisait prospérer les chevaliers verts »[2]. Il est grand temps que l'ermite lui enseigne à ne pas juger du tout d'après l'une de ses parties... Zadig écoute avec un respect étonné le discours de Jesrad; qu'il n'y ait pas de mal d'où ne naisse un bien, il ne demande qu'à s'en laisser convaincre; l'évocation de la diversité infinie des mondes correspond à l'idée qu'il s'était faite lui-même de la puissance de Dieu[3]. Pourtant ces raisons qu'il approuve laissent sa raison insatisfaite; il souhaiterait « disputer » encore si l'ange ne mettait fin à l'entretien. Conclusion un peu brutale, mais sans doute pleine de sagesse, car le dialogue risquait de se poursuivre indéfiniment : le *mais* de Zadig, qui reste en suspens, en est la preuve, alors même qu'à la façon du vertueux père de famille que célèbre Toussaint le héros se soumet et adore la Providence.

Il est clair qu'en 1747 Voltaire n'accepte plus sans un sérieux examen critique les formules apaisantes de Leibniz ou de Pope. Fidèle au Dieu de Newton il ne marchande pas son admiration à la beauté de la nature, mais la contemplation des espaces stellaires ne suffit plus à lui faire oublier les souffrances du genre humain. Aux yeux du philosophe — qui se souvient d'avoir lu Pascal — la terre n'est « qu'un point imperceptible dans la nature », et les hommes « des insectes se dévorant les uns les autres sur un petit atome de boue »; mais lorsque le malheureux amant d'Astarté songe à la perte cruelle qui vient de le frapper, « l'ordre immuable » de l'univers n'offre plus à son regard qu'un spectacle déri-

1. *Zadig ou la Destinée, La jalousie, op. cit.*, p. 23.
2. *Ibid., L'Hermite*, p. 54.
3. Sur la piété de Zadig, voir notamment *Le Bûcher* et *Le Souper*.

soire [1]. L'intérêt philosophique et humain du conte tient dans ce balancement. A la différence de Toussaint, Voltaire n'accepte plus d'escamoter le problème du mal; son ironie inquiète fait se heurter deux évidences contradictoires, mais qui sont, à son avis, aussi certaines l'une que l'autre. « Le flux et le reflux de philosophie sublime et de douleur accablante » qui agitent l'âme de Zadig résument toute sa nouvelle métaphysique. Voltaire hésite cependant à renoncer au *tout est bien* et craint de favoriser l'athéisme de Meslier, qu'il voit se répandre autour de lui. Les inquiétudes de Babouc sont moins tenaces que celles de Zadig. D'abord révolté par les injustices ou les absurdités qu'il découvre à Persépolis, le Scythe du *Monde comme il va* finit par comprendre qu'il y a « de très bonnes choses dans les abus »; le principe de Jesrad que le mal est nécessaire au bien offre ici au conservatisme social une justification opportune; d'où l'optimisme mitigé du dénouement du conte : « Si tout n'est pas bien, tout est passable » [2]. Formule de compromis, toute provisoire. Dès l'année suivante Voltaire apparaît de nouveau tiraillé entre l'admiration que lui inspire la grandeur de la Création et les doutes qu'il ressent sur la condition humaine. A la réédition de ses *Discours en vers sur l'homme* il joint en 1749 la brève histoire des déconvenues du sage Memnon. Après avoir vainement recherché un bonheur sans mélange, celui-ci doit avouer que dans la chaîne infinie des degrés de perfection, dont lui parle son bon génie, la terre occupe certainement un échelon des plus modestes; tout est bien, sans doute, pour qui considère « l'arrangement de l'univers entier », mais c'est une piètre consolation pour le malheureux qui a perdu un œil : « Ah, je ne croirai cela, répliqua le pauvre Memnon, que quand je ne serai plus borgne » [3].

Ces sarcasmes de plus en plus fréquents sous sa plume ne prouvent pas que Voltaire soit devenu pessimiste. En 1752 on le verra par exemple défendre contre Maupertuis l'idée qu'à tout prendre il y a sur la terre plus de bien que de mal [4]. Mais ce bilan positif comporte un lourd passif. Dieu existe et l'humanité souffre : la philosophie et les systèmes sont impuissants à accorder ces deux certitudes. Le conte voltairien naît, avec *Zadig*, du sentiment aigu de leur opposition irréductible [5]. L'expérience personnelle de Voltaire a joué un grand rôle dans cette prise de conscience de la fragilité du bonheur. En 1747 son horizon s'est assombri : déceptions du courtisan et surtout état dépressif qui atteindra son

---

1. *Ibid.*, *La femme battue*, p. 23.
2. *Op. cit.*, p. 80.
3. *Memnon ou la sagesse humaine, op. cit.*, p. 86.
4. *Extrait de la Bibliothèque raisonnée*, juillet 1752 (Moland, XXIII, pp. 535-545). C'est une réponse à L'*Essai de cosmologie* publié par Maupertuis en 1750. Sur ce dernier ouvrage voir ci-dessus, Première partie, Ch. III, 6,
5. Cf. R. POMEAU, *op. cit.*, p. 243. « ... Le conte voltairien naît définitivement de la crise de 1748. Le conte dit ce qu'il a à dire non seulement dans ses formules, mais dans son style. De frêles humanités y courent, dont l'existence même est un reproche à Dieu... »

plus bas degré avec la mort d'Émilie en mars 1749 [1]. On ne risque guère de surestimer la part de la biographie de Voltaire dans l'élaboration de ses idées : au gré des circonstances, sa pensée se ressent toujours de ses sautes d'humeur. Cette mobilité extrême de son tempérament n'est pourtant pas un motif suffisant pour présenter sa vie intellectuelle comme le simple reflet de son affectivité. Voltaire, dit-on, n'est pas un vrai philosophe parce que sa pensée ne forme pas un tout systématique [2]; assurément celle de Toussaint mérite moins ce reproche; mais est-il plus philosophique d'esquiver les difficultés que de s'évertuer passionnément à les circonscrire ? La crise profonde que Voltaire traverse en 1748 n'est pas seulement un épisode individuel; elle est celle du naturalisme déiste qui achoppe sur le problème du mal, de la même façon que le providentialisme chrétien. Une fois dissipées les illusions du *tout est bien*, le credo du déiste ne peut plus que juxtaposer ces deux certitudes antinomiques que sont la bonté de Dieu et la nécessité du mal. Dans la philosophie déiste la *nature* est à la fois l'empire de la *nécessité* et le règne de la *finalité*. C'est ce caractère hybride que masquait l'euphorie des années 1730-1740. Le mérite de Voltaire philosophe, digne continuateur de Bayle, consiste dans son refus de fermer désormais les yeux sur cette contradiction, alors même que ses deux termes continuent à lui paraître également fondés.

Parce qu'un brachmane avait un matin commencé du pied gauche sa promenade, Henri IV devait nécessairement mourir sous le poignard de Ravaillac; telle est, dans la nature, la chaîne infinie des causes, dont l'immensité étonne notre petit esprit [3]. Le « tout est lié » de la métaphysique leibnizienne n'est plus, pour Voltaire, la postulation d'une harmonie secrète, mais la constatation expérimentale d'un déterminisme. A l'avis du brachmane il est vain de prier Dieu si la prière consiste à solliciter de sa toute-puissance une dérogation à ce qui est voulu par « la grande chaîne des destinées » [4]. Mais ce Dieu indifférent aux désirs des hommes existe pourtant. Sa présence sauve de l'absurde l'univers voltairien [5] : elle garantit la validité de la science et de la morale. Le *Dialogue entre un brachmane et un jésuite* est contemporain du *Poème sur la loi naturelle*, et les deux textes s'éclairent mutuellement. Puisque Dieu existe, le déterminisme naturel doit correspondre à un ordre caché, et la chaîne des causes être aussi une chaîne de raisons. Mais comment pénétrer les raisons de l'Être infini ? C'est la question de Lucrèce à

---

1. Selon M.V.L. SAULNIER, (*Introduction* à *Zadig*, Paris, Droz, 1946, pp. XII-XIV), ce conte est un « anti-Versailles ». R. Pomeau souligne la gravité de la crise, physique et morale, que traverse Voltaire à cette époque (*op. cit.*, pp. 234-237).
2. Cf. R. POMEAU, *op. cit.*, p. 245.
3. *Dialogue entre un brachmane et un jésuite sur la nécessité et l'enchaînement des choses*, 1756, in *Dialogues et anecdotes philosophiques*, édit. Naves, *op. cit.*, pp. 30-34.
4. *Ibid.*, p. 33.
5. Voir l'excellent commentaire de *Candide* par R. POMEAU, *op. cit.*, pp. 304-308.

Posidonius : quel a été le dessein du Créateur ? « Pourquoi aurait-il fait ce monde ? quel est son but ? Pourquoi former des êtres sensibles et malheureux ? Pourquoi le mal moral et le mal physique ? De quelque côté que je tourne mon esprit, je ne vois que l'incompréhensible ». Mais le déiste Posidonius rétorque que l'épaisseur de ce mystère ne doit pas nous inciter à rejeter même l'évidence : « N'y a-t-il pas des choses aussi incompréhensibles que démontrées dans les propriétés du cercle ? Concevez donc qu'on doit admettre l'incompréhensible, quand l'existence de cet incompréhensible est prouvée » [1].

*
**

Un Dieu juste tient dans sa main la chaîne des êtres et des événements [2] ; c'en est assez pour qu'apparaisse un espoir ténu :

> « *Un jour tout sera bien*, voilà notre espérance.
> Tout est bien aujourd'hui, voilà l'illusion » [3].

Voltaire songe-t-il à « ce temps funeste de la modération et de l'indulgence » dont il prédisait naguère l'avènement [4] ? Ou bien n'envisage-t-il de réparation aux maux présents que dans un hypothétique au-delà ? Ne soyons pas surpris de cette imprécision : un disciple de Bayle peut-il se hasarder à interpréter les desseins de la Providence [5] ?. Reste que si le *tout est bien* de Pope est une « insulte aux douleurs de notre vie » [6], le *tout sera bien un jour* du *Poème sur le désastre de Lisbonne* n'apporte encore qu'une consolation incertaine... Trois ans plus tard la conclusion de *Candide*, prônant à la fois l'action et le repli sur soi, ne sera pas moins énigmatique. Dans ces années sombres Voltaire hésite entre trois attitudes, un relativisme désabusé, un acte de foi dans la justice d'un Dieu inconnaissable, enfin un effort prudent pour aménager du mieux possible notre condition terrestre. Mais comment travailler à un monde meilleur si la condition humaine est à jamais fixée par les lois immuables de la nature des choses ? L'analyse de la finalité naturelle conduit à cette observation désolante : ce qui est ordre au regard de Dieu est pure néces-

---

1. *Dialogues entre Lucrèce et Posidonius*, Premier entretien, *op. cit.*, p. 42.
2. *Poème sur le désastre de Lisbonne*, Moland, IX, p. 472.
3. *Ibid.*, p. 478.
4. *Histoire du voyage de Scarmentado...*, in *Romans et Contes*, *op. cit.*, p. 91. Publié en 1756, ce conte date probablement de 1754.
5.   « J'abandonne Platon, je rejette Épicure,
           Bayle en sait plus qu'eux tous : je vais le consulter :
           La balance à la main, Bayle enseigne à douter ».
                                        (Moland, IX, p. 476).
6. *Ibid.*, p. 469.

sité pour l'humanité souffrante. A l'idéalisme encore timide du *Tout sera bien* répond l'ironie paralysante d'un *Tout est nécessaire*. La philosophie de l'âge encyclopédiste, pour une bonne part, sera faite de ce dialogue. L'apport du premier demi-siècle aura été d'en définir peu à peu les éléments contrastés, dans sa recherche d'une insaisissable nature, maternelle et despotique, une nature dont la protection est tyrannique et dont la tyrannie se dissimule sous le masque de la bonté.

Chapitre XI

NATURE ET NÉCESSITÉ

1. — Liberté ou Nécessité?

2. — L'âme et le corps.

3. — L'empire du climat.

4. — « L'Esprit des Lois » et les contradictions de la « nature des choses ».

Chapitre XI

NATURE ET NÉCESSITÉ

Chrétienne ou déiste, la conception providentielle et finaliste de la nature n'apporte pas de solution satisfaisante au problème du mal. Qu'il soit présenté comme une épreuve ou un châtiment infligé par Dieu, ou bien comme le produit fatal d'une nécessité immanente, le mal finit toujours par être reconnu comme inséparable de la « nature des choses ». Les philosophes ne libèrent l'homme de l'impérialisme du divin que pour le soumettre à la fatalité naturelle. En vain soutiennent-ils que celle-ci constitue un ordre véritable, et non un simple déterminisme : qu'est-ce pour l'homme qu'une finalité dont il n'est pas lui-même la fin ? Simple maillon d'une chaîne dont il n'aperçoit qu'une faible partie, il supporte le poids de la nécessité, comme naguère les volontés incompréhensibles du Très-Haut, mais sans pouvoir fléchir par la prière sa loi inexorable. A ce « fatalisme moderne » le spiritualisme chrétien oppose en vain l'existence du libre-arbitre; quand il ne donne pas lui-même des gages à la Nature des philosophes, il accorde trop à la puissance de Dieu pour défendre efficacement la liberté humaine. Ses efforts n'enrayent pas les efforts d'une philosophie matérialiste qui subordonne la vie spirituelle aux fonctions du corps et celles-ci à l'action du milieu physique.

On comprend que la vieille idée d'une « influence » du climat sur le caractère et la vie des hommes rencontre dans la première moitié du XVIIIe siècle un regain de faveur. Elle satisfait les tendances matérialistes de certains philosophes, sans contredire l'optimisme tenace de tous ceux, libres-penseurs ou chrétiens, qui persistent à croire en la bonté et l'harmonie de la nature. Ces deux courants de pensée, également conservateurs, se confondent en effet plus souvent qu'ils ne s'opposent. De Dubos à Montesquieu les contraintes de la nature physique sont généralement senties comme un aspect de l'ordre universel et non comme un déterminisme aveugle. Le fatalisme latent de la théorie des climats est informé par l'idée d'une Providence immanente. Ainsi se rejoignent dans la conscience collective les thèmes contradictoires du matérialisme et du finalisme. Au lieu de s'affirmer brutalement, comme il arrive dans quelques textes, la nécessité naturelle est presque toujours vécue comme l'envers d'une finalité. Telle est l'unité ambiguë de l'idée de nature, rompue seulement dans quelques lignes de L'Esprit des Lois. Au départ le livre est une tentative originale pour situer dans l'histoire concrète des sociétés humaines le « tout est bien » qui, de Fontenelle et Fénelon à Pope, résume la pensée moyenne du demi-siècle. Comme la plupart de ses contemporains Montesquieu aurait pu faire sien le mot de Vauvenargues : « Il n'y a pas de contradictions dans la nature » [1]. Mais voici que surgit la plus grave des contradictions, lorsque le philosophe est conduit à reconnaître que la nécessité de la nature des choses n'enveloppe pas toujours une finalité conforme aux exigences de la raison humaine. Cependant Montesquieu ne se borne pas à constater cette antinomie : il devine aussi le moyen de la dépasser, substituant à l'idée d'une fatalité intemporelle la notion d'une causalité historique qui offre une prise à l'action des hommes.

*
* *

---

1. Vauvenargues, Réflexions et maximes, op. cit., 289.

1. — *Liberté ou Nécessité ?*

Vers 1715 le vieux problème théologique du libre-arbitre divise
plus que jamais la pensée chrétienne. Il faut se résoudre soit à rendre
l'homme responsable de ses actes, quitte à rogner la toute-puissance
de Dieu, soit à proclamer le néant de la créature au risque de rejeter sur
l'auteur de l'univers la responsabilité du péché. Tout l'effort des théologiens de la Compagnie de Jésus visait traditionnellement à maintenir
le principe de la liberté humaine; on verra même bientôt l'un des espoirs
de la société, le P. Castel, poser audacieusement le problème sur le plan
de la science en montrant que l'action libre des hommes, bien loin de
contredire le plan de la Création, est physiquement nécessaire à sa conservation [1]. Les jansénistes au contraire sont depuis toujours les champions
de la toute-puissance divine, et dans les années qui suivent la promul-
gation de la Bulle *Unigenitus* ils mettent plus d'âpreté que jamais à pour-
fendre une doctrine dont le moindre tort n'est pas, à leurs yeux, de
poser l'homme en associé et en égal de Dieu [2]. Prompts à saisir les arguments que la philosophie nouvelle peut offrir à leur cause, les disciples
du P. Quesnel ne se soucient guère, au début du siècle, des dangers
évidents qu'ils présentent pour l'intégrité de la foi et que les Jésuites,
en revanche, aperçoivent très clairement. Ainsi la longue et insoluble
querelle des partisans et des adversaires de Jansénius finira par tourner
doublement à l'avantage de leurs ennemis communs. On a vu comment
la philosophie morale et religieuse des Jésuites avait favorisé les progrès
du déisme et de la religion naturelle [3]; mais la dette des « philosophes »
à l'égard des jansénistes n'est pas moins certaine : lorsqu'ils opposent
à la notion chrétienne de la Providence le thème du déterminisme
universel, ils ne font guère que substituer la nécessité de la nature à celle
de la grâce. Longtemps absorbés par leur polémique contre les partisans
de la Bulle, les jansénistes deviendront au milieu du siècle les censeurs
les plus soupçonneux du « spinozisme moderne » : mais il sera bien

---

1. Cf. ci-dessus, Ch. II, 4.

2. « Ils n'hésitent point, lit-on dans un pamphlet janséniste, à borner la puissance
de Dieu par rapport au monde spirituel. Ils lui associent dans le gouvernement de ce
monde un autre principe puissant qui opère et qui décide ce que Dieu n'opère et ne décide
pas. Ce principe est le libre-arbitre, à qui ils attribuent, comme on le voit, une puissance
souveraine ». *Les Hexaples ou les six colonnes de la Constitution Unigenitus*, 1721, t. III,
Première partie, p. 249. (Texte cité par B. GRŒTHUYSEN, *op. cit.*, p. 109).

3. Voir ci-dessus, notamment Ch. VII.

tard pour réagir alors contre une idéologie à laquelle leur propre zèle, dans son intransigeance aveugle, avait inconsciemment ouvert la voie.

Que la philosophie des lumières doive être considérée, à certains égards, comme la fille prodigue de la théologie janséniste, nous en avons divers indices. Et, d'abord, il n'est pas rare qu'un janséniste ardent se convertisse, sans transition, au déisme militant; au XVIIIe siècle le cas de Toussaint n'a rien d'exceptionnel[1]; une étude sociologique des deux mouvements aurait même chance de découvrir dans le recrutement social de l'un et de l'autre bien des éléments communs. La même petite bourgeoisie intellectuelle d'avocats et de médecins qui est souvent janséniste au début du siècle fournira à la cause encyclopédiste ses dévouements les plus sûrs. Dans un domaine aussi mal défriché il est téméraire de hasarder des suggestions. Mais on dispose cependant de quelques jalons : il y a tout lieu de penser que François Arouet, en robin qu'il était, sympathisait avec les adeptes du P. Quesnel ; son fils Armand sera un convulsionnaire notoire. Quant à François-Marie, devenu philosophe et grand bourgeois, doublement libéré du milieu familial par la culture et par l'argent, il ne cessera jamais d'en garder l'empreinte : comme on l'a justement écrit, son déisme sera d'abord un anti-jansénisme[2], et sa déclaration de guerre à « l'infâme » une réponse passionnée aux influences subies dans sa jeunesse. Mais celles-ci ne joueront pas seulement dans un sens négatif : dans bien des textes de Voltaire la métaphysique de Ferney, qui « gonfle Dieu au détriment de l'homme », a des accents pascaliens[3]. « J'avais fait autrefois tout ce que je pouvais pour croire que nous étions libres, écrit-il alors à Frédéric II; mais j'ai bien peur d'être détrompé »[4]. Voltaire vieillissant éprouve le vertige de l'infini ; confrontée avec l'immensité de Dieu, la croyance au libre-arbitre lui apparaît comme une pauvre illusion : ce Dieu qui est partout et nulle part et dont la présence mystérieuse écrase l'homme, c'est celui de Spinoza, de Malebranche ou de Clarke, mais aussi bien le Dieu de Pascal[5].

En 1777 Voltaire rapprochera lui-même, mais pour les opposer, le Dieu de la théologie janséniste, toujours occupé à intervenir arbitrairement dans le détail de l'univers, et le Dieu de la philosophie, qui

---

1. Nous avons déjà évoqué celui du Dijonnais Fromageot que son milieu social apparente à Toussaint.
2. Cf. R. POMEAU, *La Religion de Voltaire*, *op. cit.*, p. 27.
3. *Ibid.*, p. 408. M. Pomeau a souligné la résurgence fréquente chez Voltaire des thèmes jansénistes (Voir en particulier, *ibid.*, Première partie, Ch. I ; seconde partie, Ch. V ; Troisième partie, Ch. V). Mais cette brillante analyse d'une sensibilité individuelle ne montre peut-être pas suffisamment qu'il s'agit d'un phénomène général de l'histoire des idées au XVIIIe siècle.
4. A Frédéric, 18 octobre 1771, Moland, XLVII, p. 530.
5. Sur les rapports intellectuels de Voltaire avec Spinoza, voir P. VERNIÈRE, *op. cit.*, pp. 495-527. L'influence de Malebranche avait déjà été signalée par Francisque BOUILLIER (*Histoire de la Philosophie cartésienne*, *op. cit.*, Ch. XX).

n'agit jamais que selon des lois « générales, immuables et éternelles » [1]. Mais il y a plus d'affinités qu'il ne l'avoue alors entre le premier et le second. Callicrate pourrait bien avoir raison, dans le même dialogue, lorsqu'il assimile malicieusement la doctrine religieuse de son interlocuteur Évhémère à celle qu'avait autrefois défendue l'un des chefs du parti janséniste : « C'est, insinue-t-il, la *prémotion physique*, le *décret prédéterminant*, l'action de Dieu sur les créatures ». L'allusion vise deux volumes publiés en 1713 par un docteur de Sorbonne, le P. Boursier [2], qui prétendait appuyer le système janséniste de la grâce sur celui des causes occasionnelles et de la création continuée. La grâce est-elle *nécessitante* comme l'affirment les disciples de Jansénius, ou simplement *concomitante* comme le soutiennent ceux de Molina ? Quoi qu'en dise le P. Boursier, la première interprétation, si elle semble plus fidèle que la seconde à la tradition thomiste, anéantit le libre-arbitre de la créature. Et les Jésuites ont beau jeu à lui reprocher cette conséquence de sa définition. Mais ce n'est pas un hasard si le porte-parole de la Société dans cette affaire, en 1716, est le même malebranchiste repenti qui avait pris à charge l'année précédente de tourner en ridicule la métaphysique de son ancien maître [3]. En vain l'Oratorien avait-il rassemblé ses dernières forces pour réfuter l'ouvrage du P. Boursier [4]. Les analogies entre sa propre doctrine et celle de ce disciple compromettant étaient bien difficiles à masquer. Selon le P. Boursier Dieu meut la volonté de toutes les créatures de la même façon qu'il produit et règle le mouvement des corps; mais la philosophie de Malebranche ne prive-t-elle pas également les êtres créés de toute activité ? « Nous n'agissons que par le concours de Dieu, précise l'Oratorien, et notre action considérée comme efficace et capable de quelque effet, n'est point différente de celle de Dieu » [5]. En réalité les deux auteurs sont aussi inconséquents l'un que l'autre lorsqu'ils prétendent maintenir l'existence de la liberté, et la contradiction que Malebranche relève à ce propos chez le P. Boursier n'est pas moins manifeste dans son propre cas [6].

Défenseurs du libre-arbitre, les Jésuites n'ont pas tort de dénoncer la conjonction du jansénisme et du cartésianisme. Depuis longtemps la théologie janséniste s'accommodait fort bien de la vision mécaniste du monde proposée par la physique nouvelle. Si Malebranche n'était

---

1. *Dialogues d'Évhémère*, Cinquième dialogue (Moland, XXX, p. 488).
2. *De l'action de Dieu sur les créatures, traité dans lequel on prouve la prémotion physique*, Paris, 1713. Voir les éloges que Voltaire lui décerne dans son *Catalogue des écrivains du siècle de Louis XIV*.
3. DUTERTRE (le P. Rodolphe), *Le philosophe extravagant dans l'action de Dieu sur les créatures*, Paris, 1716. On a déjà mentionné, du même auteur, la *Réfutation d'un nouveau système de métaphysique proposé par le P. Malebranche*, Paris, 1715.
4. *Réflexions sur la prémotion physique*, Paris, David, 1715.
5. *Recherche de la Vérité*, XVe *Éclaircissement, op. cit.*, p. 149.
6. Cf. F. BOUILLIER, *op. cit.*, t. II, Ch. XVI, pp. 314-327.

pas janséniste — et l'on connaît ses controverses avec Arnauld [1] —
l'augustinisme était de tradition à l'Oratoire, non moins favorable par
ailleurs que Port-Royal à la philosophie de Descartes. Et l'on avait vu
l'un des plus illustres prédécesseurs de Malebranche dans la Congrégation fondée par Bérulle s'employer par exemple à établir sur l'autorité
de saint Augustin le système des animaux-machines [2]. Au début du
xviiie siècle, où l'opinion cultivée demeure très favorable au jansénisme,
la diffusion du cartésianisme doit beaucoup à cette rencontre de la
science et de la théologie. Dans les deux domaines les Jésuites sont également réduits à la défensive. Ils s'inquiètent, non sans raison, des implications « spinozistes » de la science mécaniste, mais sans parvenir à
échapper eux-mêmes à son influence [3]. Chaque progrès de la philosophie
nouvelle marque un recul de la doctrine du libre-arbitre. La liberté
humaine a encore moins de place dans l'univers de Fontenelle que dans
celui de Malebranche. Et le Secrétaire de l'Académie Royale des Sciences
n'a pas sur ce sujet les mêmes scrupules que l'Oratorien : son petit
Traité de la liberté, publié anonymement en 1743 dans les *Nouvelles libertés
de penser,* est un bon exemple de la manière dont la philosophie mécaniste
prétend résoudre les contradictions de la théologie. La prescience divine,
écrit Fontenelle, suppose « un ordre nécessaire et invariable » dont l'existence est incompatible avec celle de causes libres [4] ; l'homme n'est pas
moins déterminé que les phénomènes astronomiques où le vulgaire
admire ou redoute des prodiges, tandis que le savant y reconnaît la suite
nécessaire des lois générales de la nature : « Tout est compris dans un
ordre physique, où les actions des hommes sont à l'égard de Dieu la
même chose que les éclipses et où il prévoit les unes et les autres sur le
même principe » [5].

Les philosophes qui raisonnent à la façon de Fontenelle ne sont
évidemment pas les premiers à douter qu'il soit possible de concilier
la prescience divine, attribut de Dieu indispensable à sa perfection,
avec la liberté supposée de l'homme. Mais ils se font un malin plaisir
d'exploiter au profit de leur cause une notion qui s'accorde fort bien,
en revanche, avec leur propre conception de l'univers. Tel Collins en
Angleterre, dans ses démêlés avec les théologiens d'outre-Manche [6],
ou en France le libertin Fréret qui conclut de la prescience de Dieu à

---

1. Rappelons toutefois qu'il s'agit d'un conflit intérieur à l'histoire du cartésianisme dont les deux adversaires se réclament également.
2. Sur le P. André Martin, Cf. BOUILLIER, *op. cit.*, t. II, pp. 10-13.
3. Cf. ci-dessus, Ch. II, 4.
4. *Op. cit.,* 1.
5. *Ibid.*, 4, p. 151.
6. *Les recherches philosophiques sur la liberté de l'homme* (édit. anglaise, 1717) sont
insérées dès 1720 par des Maizeaux dans son *Recueil de diverses pièces...* (*op. cit.*, t. II,
pp. 245-350), en même temps que la réplique du principal contradicteur de Collins,
Samuel Clarke (*ibid.*, pp. 353-409).

l'inutilité des pratiques du culte [1]. On ne peut douter que, dans le climat ainsi créé, les controverses suscitées par le livre du P. Boursier aient grandement servi la propagande des philosophes. Tandis que Condillac l'utilise, à côté de Malebranche et de Leibniz, pour démontrer la vanité de l'esprit de système [2], on peut lire dans l'*Encyclopédie* que la doctrine de la prémotion physique est aussi funeste à l'activité de l'âme et au libre-arbitre que le dogme de la prescience divine [3].

Face à cet assaut concerté, les penseurs chrétiens du siècle sont réduits à une stricte défensive. Leur ultime position de repli consiste à affirmer, à la manière de Bossuet, que la prémotion physique et la liberté humaine sont deux vérités également évidentes, bien qu'impossibles à concilier, ou à proclamer avec l'Anglais Samuel Clarke que Dieu est assez puissant pour créer un être libre [4]. Dans les deux cas le recours à la toute-puissance divine fait bon marché des exigences de la raison, contrainte d'accepter des notions contradictoires. Bossuet et Clarke expliquent une obscurité en invoquant un mystère : c'est reconnaître que la croyance au libre-arbitre relève plus de la foi que de la philosophie. L'aveu n'est pas moins net lorsqu'on invoque le témoignage du sentiment intime que chacun éprouve de sa propre liberté. Le pasteur Jean de la Placette se faisait-il beaucoup d'illusions sur la valeur démonstrative de cet argument lorsqu'il l'opposait à Bayle et à Spinoza ? [5]. Il est plus facile de présenter la liberté comme un postulat de la conscience morale que d'en proposer une démonstration efficace. Or La Placette est plus prolixe sur le premier point que sur le second, et le plan même de son livre trahit sa gêne. L'auteur des *Réponses aux questions d'un provincial* et celui de l'*Éthique* avaient d'avance souligné la faiblesse de la preuve par le sens intime. Comme la girouette de Bayle, qui se croit libre parce qu'elle ignore l'existence des vents, l'homme de Spinoza prend à tort pour le signe de sa liberté la conscience qu'il a de ses mouvements nécessaires : « Les hommes donc se trompent en ce qu'ils pensent être libres; et cette opinion consiste uniquement pour eux à être conscients de leurs actions, et ignorants des causes par lesquelles ils sont déter-

---

1. *Lettre de Thrasybule à Leucippe, op. cit.*, pp. 194-199. Dieu n'est pas libre de changer ce qu'il a prévu, sans quoi sa prescience serait en défaut : à quoi bon alors chercher à lui plaire ? — conclut l'auteur. Cf. *Lettres Persanes*, 69.

2. *Traité des Systèmes, op. cit.*, Première partie, Ch. IX.

3. *Encyclopédie*, art. *Malebranchisme, Prescience, Prémotion physique*. Les discussions soulevées par le livre du P. Boursier sont rapportées en détail dans l'*Histoire et analyse du livre de l'action de Dieu*, 1753, 3 vol. in-12.

4. BOSSUET, *Traité du libre-arbitre et de la concupiscence*, Paris, 1731 ; CLARKE, *Traité de l'existence de Dieu*, traduction Ricotier, 1727-28, p. 144 (La première édition française est de 1717). — C'est aussi la solution proposée de nos jours, d'après saint Thomas, par le *Dictionnaire de Théologie catholique, op. cit.*, art. *Prémotion physique*.

5. LA PLACETTE, *Éclaircissement sur quelques difficultés qui naissent de la considération de la liberté nécessaire pour agir moralement, avec une addition où l'on prouve contre Spinoza que nous sommes libres*, Amsterdam, 1709. — Cf. P. VERNIÈRE, *Spinoza..., op. cit.*, t. I, pp. 67-72.

minés... [1]. L'objection est reprise presque mot à mot par Boulainvilliers dans sa prétendue *Réfutation de Spinoza* [2] tandis que Fontenelle lui donne un sens nettement matérialiste : l'illusion de la liberté provient à son avis de l'ignorance où nous sommes de l'action de notre cerveau [3]. Ainsi peut-on dire de la preuve par le sentiment intérieur qu'elle contient l'aveu implicite d'une défaite, surtout lorsque les auteurs qui l'utilisent continuent à se placer par ailleurs dans une perspective rationaliste. Le régime de faveur qu'elle obtiendra au milieu du siècle auprès des écrivains spiritualistes sera l'un des signes les plus assurés de l'influence croissante des « fatalistes modernes » [4].

Il arrive pourtant que les théologiens ou moralistes chrétiens trouvent dans le clan des philosophes des alliés imprévus. Car si la philosophie des lumières exploite à son profit les contradictions de la pensée chrétienne, elle les sécularise et les fait siennes beaucoup plus qu'elle ne les résout. Héritière du Dieu chrétien, la Nature des Philosophes se heurte aux mêmes antinomies. Le déterminisme immanent de la nature n'est pas moins contraignant que la nécessité transcendante de la grâce. Pour préserver leur univers des interventions arbitraires de Dieu les rationaux ont besoin de se retrancher derrière l'ordre naturel des choses. Mais cette première exigence de leur combat contre la religion révélée en contredit une autre qui n'est pas moins forte. La morale philosophique prétend affranchir l'humanité des vieilles malédictions et reconnaître à la nature humaine l'innocence que la morale chrétienne lui déniait : dans la perspective historique de la lutte contre la « superstition » — qui est celle du siècle — cette seconde tâche n'est pas moins indispensable que la précédente. Or les deux entreprises sont en partie contradictoires. Le succès de l'une conduit à exalter l'homme et la vie terrestre au détriment de la vie surnaturelle et des promesses fallacieuses de la Révélation. La philosophie déterministe contribue, elle aussi, à détruire la notion du péché, mais elle n'y parvient qu'en dépréciant au contraire la nature humaine : réduisant l'homme à n'être plus qu'un maillon inerte de la chaîne des êtres, elle fait de lui une chose parmi les

---

1. SPINOZA, *Éthique*, Deuxième partie, XXXV, Scolie (édition R. Caillois, *op. cit.*) ; BAYLE, *Réponse aus questions d'un provincial*, t. II, p. 764. Malebranche se défie beaucoup, en tous domaines, de la preuve par le sentiment intérieur : voir la *Recherche de la Vérité*, livre I, en particulier le XVe *Éclaircissement*, 6e et 7e preuves.

2. *Op. cit.*, Deuxième partie, *Des passions*, p. 178. « Les hommes se croient libres parce qu'ils ont le sentiment de leurs désirs et des actions qu'ils font en conséquence, et qu'ils n'en ont point des causes qui les déterminent ».

3. *Traité de la liberté*, 4, in *Nouvelles libertés de penser*, *op. cit.*

4. Abbé LELARGE DE LIGNAC, *Le témoignage du sens intime et de l'expérience opposé à la foi ridicule des fatalistes modernes*, Auxerre, 1760. — Cf. P. VERNIÈRE, *op. cit.*, t. II, pp. 444-445. Dans *La Nouvelle Héloïse*, Sixième partie, Lettre VII, Rousseau fait dire à Saint-Preux : « J'entends beaucoup raisonner contre la liberté de l'homme, et je méprise tous ces sophismes, parce qu'un raisonnement a beau me prouver que je ne suis pas libre, le sentiment intérieur, plus fort que tous ses arguments, les dément sans cesse... » Voir aussi l'utilisation passablement hypocrite de la « preuve du sentiment » dans l'article *Liberté* de l'*Encyclopédie*.

choses. En ce sens la métaphysique des philosophes contredit leur morale : c'est le dilemme du « fatalisme » et de l'humanisme, dont la dialectique de Diderot devait bientôt s'emparer. Dans la première moitié du siècle il apparaît cependant que si le clan des philosophes a ses « jansénistes », de plus en plus nombreux et bruyants, il possède aussi ses disciples de saint Ignace.

*
* *

« La nécessité n'exclut point la liberté; la religion les admet l'une et l'autre; la Foi, la Raison, l'expérience s'accordent à cette opinion; c'est par elle que l'on concilie l'Écriture avec elle-même, et avec nos propres lumières; qui pourrait la rejeter ? »[1]. Cette déclaration péremptoire émane d'un homme dont l'idéal de grandeur et de volonté héroïque s'accommode fort mal d'une doctrine de la nécessité. Pour une âme généreuse et ardente comme celle de Vauvenargues, les reproches que les hommes adressent communément au destin sont l'indice de leur médiocrité[2]. Quiconque prétend s'élever au-dessus du vulgaire et « oser de grandes choses » doit savoir se colleter avec la fortune : dans les cas désespérés, l'amour-propre demeure le suprême recours du héros qui sait faire de vanité vertu[3]. Mais Vauvenargues ne croit pas l'homme incapable de triompher du sort : « Il y a peu de situations désespérées pour un esprit ferme, qui combat à force inégale, mais avec courage, la nécessité »[4]. En serait-il autrement que les plates consolations des moralistes n'en deviendraient pas plus convaincantes ; la morale de Vauvenargues est une éthique de la révolte et non de la résignation. En réplique à la fausse sagesse de la morale commune, son expérience lui enseigne que « la nécessité empoisonne les maux qu'elle ne peut guérir »[5]. Et tout le tragique de la condition humaine s'exprime dans ce cri : « La nécessité de mourir est la plus amère de nos afflictions »[6]. Ce n'est pas de Vauvenargues qu'il faut attendre des complaisances pour les sophismes du siècle; son plaidoyer pour le libre-arbitre peut sembler bien scolaire, mais la sincérité en est évidente. Pour lui comme pour les moralistes chrétiens, mais dans un sens évidemment tout différent, la liberté humaine est la condition de la vie morale.

---

1. Vauvenargues, *Traité sur le libre-arbitre*, in *Œuvres choisies*, édition H. Gaillard de Champris, *op. cit.*, p. 110.
2. *Réflexions sur divers sujets, ibid.*, p. 78, *De l'âme.* Cf. *Maximes*, 711 (supprimée dans la seconde édition).
3. *Réflexions et maximes posthumes*, 593.
4. *Ibid.*, 456.
5. *Réflexions et maximes*, 249.
6. *Ibid.*, 863..Maxime supprimée dans la seconde édition sur le conseil de Voltaire qui y voyait une agaçante lapalissade. A nous qui connaissons le destin de son auteur elle apparaît au contraire comme une étrange et poignante prémonition.

Pourquoi faut-il cependant que la pensée de Vauvenargues sur ce problème nous apparaisse extrêmement hésitante ? En vain le voyons-nous invoquer la raison en faveur de la liberté. Au XVIIIe siècle, dans le procès du libre-arbitre, la raison siège du côté de l'accusation. L'existence de la liberté est chez Vauvenargues une revendication du cœur plutôt qu'une certitude de l'esprit. Nous avons déjà remarqué combien les idées de son temps, même lorsqu'il les refuse de tout son être, continuent à son insu à peser lourdement sur lui [1]. Cet égotiste ombrageux, si convaincu de l'autonomie de son moi, est né l'année même où mourait Malebranche, et l'on est tenté de voir un souvenir des *Conversations chrétiennes* ou de la *Recherche de la Vérité* dans les pages éloquentes et un peu emphatiques où il célèbre avec émerveillement la gloire infinie du Créateur [2]. Mais lorsqu'il insiste sur ce que serait la misère de l'homme seul, privé du reflet de la grandeur divine, sa pensée est toute proche de Pascal et du jansénisme [3]. Grandeur de l'homme en Dieu, misère de l'homme sans Dieu. Faisons ici encore la part d'une rhétorique qui n'est pas forcément synonyme d'insincérité. Renonçons même à savoir quelle consistance avait, en profondeur, la foi de Vauvenargues. Il reste une philosophie de l'ordre universel, qui s'appuie sur la physique mécaniste autant que sur la théologie de Port-Royal [4]. Par là surtout Vauvenargues est de son temps, jusque dans son impuissance à concilier rationnellement sa vision déterministe du monde et son exigence intérieure de liberté.

En 1745 Vauvenargues croit pouvoir soutenir que l'homme est à la fois *libre* et *dépendant*. Pour accorder ces deux vérités il s'en remet à la sagesse divine. Cette attitude fidéiste était déjà quelques années plus tôt celle de Voltaire, et l'on ne peut guère douter que, parmi les diverses influences subies par Vauvenargues, celle des *Discours en vers sur l'homme* ait été déterminante. Pendant presque toute la période de Cirey et dans les années qui suivent la publication des *Lettres philoso-*

---

1. Voir ci-dessus, Cf. VI, 2.

2. « Adorons la hauteur de Dieu, qui règne dans tous les esprits, comme il règne sur tous les corps ; déchirons le voile funeste qui cache à nos faibles regards la chaîne éternelle du monde et la gloire du Créateur ! Quel spectacle admirable que ce concert éternel de tant d'ouvrages immenses et tous assujettis à des lois immuables ! O majesté invisible ! votre puissance infinie les a tirés du néant et l'univers entier, dans vos mains formidables, est comme un fragile roseau » (*Traité du libre-arbitre, op. cit.*, p. 110).

3. *Ibid.*, p. 111. « L'homme indépendant serait un objet de mépris ; toute gloire, toute ressource, cessent aussitôt pour lui ; la faiblesse et la misère sont son unique partage, le sentiment de son imperfection fait son supplice éternel ».

4. Voir par exemple sa *Réponse aux conséquences de la nécessité, ibid.*, p. 113. De façon plus concrète, Vauvenargues ressent douloureusement le déterminisme du tempérament : « Mes goûts, mon caractère, ma conduite, mes volontés, mes passions, tout était décidé avant moi » (A Mirabeau, 30 juin 1739, *ibid.*, p. 292).

phiques Voltaire ne marque pas moins de répugnance que son jeune ami pour le système de la nécessité universelle. D'octobre 1737 à juin 1738 sa correspondance avec Frédéric II témoigne de l'importance vitale qu'il accorde à ce problème. Frédéric a pour lui la logique, et de l'idée de la toute-puissance divine il déduit que la notion du libre-arbitre n'a aucun sens : si l'univers est une horloge que le doigt de Dieu meut nécessairement, l'homme est lui aussi un simple automate [1]. Voltaire est d'autant moins à son aise pour réfuter cette conclusion qu'il est pleinement d'accord avec son correspondant sur les prémisses de son raisonnement. Son désir de sauvegarder l'autonomie de ces pauvres insectes que nous sommes se heurte au théocentrisme de sa métaphysique [2]. Lorsqu'il parle de Dieu Voltaire est tout près de Malebranche; mais sur la question du libre-arbitre il redevient le disciple du P. Tournemine. Cependant c'est d'abord vers l'Angleterre qu'il se tourne pour trouver des arguments décisifs. Le point de départ de sa controverse avec Frédéric est un chapitre de son *Traité de Métaphysique* qu'il lui envoie en octobre 1737, et où il s'inspire étroitement de Samuel Clarke [3]. Quelques mois plus tard il fait parvenir à Frédéric son *Second Discours en vers sur l'homme*, où la réalité du libre-arbitre est triplement démontrée par la puissance de Dieu, les exigences de la raison pratique et enfin le sentiment intérieur de tous les hommes, même prévenus en faveur du « funeste système » que Frédéric défend [4]. Beaucoup plus que le *Traité de Métaphysique*, demeuré inédit, ou même la *Métaphysique* de Newton [5], ce sont les *Discours sur l'homme* qui répandent dans le public lettré les doutes et les certitudes de Voltaire. On peut penser que Vauvenargues s'en inspire lorsqu'il esquisse son propre *Traité sur le libre-arbitre* : chez Voltaire aussi la conciliation de la toute-puissance de Dieu avec la liberté humaine est en dernière analyse un « secret du Très-Haut » qu'il est vain de vouloir percer. D'où le conseil que lui donne dans le *Second Discours* l'envoyé divin descendu pour l'éclairer « de la voûte des cieux » :

> « Sûr de ta liberté, rapporte à son auteur
> Le don que sa bonté te fit pour ton bonheur.
> Commande à ta raison d'éviter ces querelles,
> Des tyrans de l'esprit, disputes immortelles... » [6].

---

1. Voir en particulier la réponse de Frédéric, datée du 26 décembre 1737 (Moland, t. 34, pp. 367-372) à la longue dissertation sur la liberté que Voltaire lui avait adressée quelques semaines plus tôt (*ibid.*, pp. 320-334).
2. Cf. R. POMEAU, *La Religion de Voltaire, op. cit.*, pp. 221-222 et *passim*.
3. A Frédéric, octobre 1737, *loc. cit. Traité de Métaphysique, op. cit.*, Ch. VII.
4. Voltaire juge bon d'étayer l'argument du sentiment intérieur par celui de la véracité divine. Si la liberté était une illusion,
> « Automates pensants, mûs par des mains divines,
> Nous serions à jamais de mensonge occupés,
> Vils instruments d'un Dieu qui nous aurait trompés »
> (Moland, IX, p. 389).
5. *Op. cit.*, Ch. IV, *De la liberté de l'homme*.
6. *Deuxième Discours en vers sur l'homme, loc. cit.* (Moland, IX, p. 392).

Comme beaucoup de ses contemporains Voltaire a pour la méta-physique une passion jalouse. Il cède volontiers à son attrait tant qu'elle ne contredit pas ses certitudes intimes, et la crible de raillerie dans le cas inverse. Mais on ne fait pas aisément sa part à la raison ratiocinante. Dix ans plus tard Collins et Frédéric l'emportent sur le docteur Clarke. Dans une addition à ses *Éléments de la philosophie de Newton*, Voltaire reconnaît « qu'il s'élève contre l'idée de la liberté des objections qui effrayent »[1]. Si elle n'était pas une illusion la liberté humaine contre-dirait la volonté divine, inscrite dans la nature des choses : « Chaque homme pourrait changer et changerait en effet, à chaque instant, l'ordre éternel »[2]. Dès lors, il n'est plus qu'une définition concevable du libre-arbitre, qui concerne moins la volonté elle-même que l'exécution de ses décrets; cette définition, toute pragmatiste, Voltaire l'attribue à Locke : « Voilà pourquoi le sage Locke n'ose pas prononcer le nom de liberté; une volonté libre ne lui paraît qu'une chimère. Il ne connaît d'autre liberté que la puissance de faire ce qu'on veut »[3]. En réalité Voltaire n'est guère plus fidèle ici à la véritable pensée de Locke que lorsqu'il interprète dans un sens matérialiste la doctrine sensualiste du philosophe anglais. L'*Essai philosophique concernant l'entendement humain* définissait la liberté comme une « puissance d'*agir* ou de *ne pas agir*, conformément à la pré-férence que l'esprit donne à l'un ou à l'autre »[4]. Locke attribuait à l'âme le pouvoir de suspendre la réalisation immédiate du désir pour soumet-tre celui-ci à l'examen de la raison[5] : selon lui la vraie liberté se mesurait donc au pouvoir de l'âme sur les passions. C'est aussi le fond de la réplique de Clarke à Collins : s'il est vrai que la volonté est toujours déterminée par des motifs, « les motifs offrent à la faculté motrice des occasions d'agir, mais ils ne la déterminent pas à agir. Ainsi elle peut agir ou n'agir pas, malgré toutes sortes de motifs et de raisons : et c'est dans cette indépendance absolue que consiste la liberté de l'homme »[6]. Quoi qu'en dise Voltaire, sa nouvelle métaphysique doit plus à Collins qu'à Locke, lorsqu'il supprime purement et simplement le second terme de

---

1. *Op. cit.*, in *Œuvres*, édition Walther, Dresde, 1748, t. VI, p. 37. Sur la date et les circonstances de cette conversion au déterminisme, cf. R. POMEAU, *op. cit.*, pp. 240-241.

2. *Éléments de la philosophie de Newton*, édit. Walther, *loc. cit.* p. 38.

3. *Ibid.*, Cf. *Dictionnaire philosophique*, art. *Liberté* (*de la*) : « Votre volonté n'est pas libre, mais vos actions le sont. Vous êtes libre de faire quand vous avez le pouvoir de faire ». Le paragraphe d'introduction ajouté en 1771 est encore plus explicite : « Ou je me trompe fort, ou Locke le définisseur a très bien défini la liberté *puissance*. Je me trompe encore, ou Collins, célèbre magistrat de Londres, est le seul philosophe qui ait bien approfondi cette idée, et Clarke ne lui a répondu qu'en théologien ». Voir aussi le *Dialogue entre un Brachmane et un jésuite...*, 1756, *op. cit.*

4. *Op. cit.*, Livre II, Ch. XXI, p. 287.

5. *Ibid.*, § 47-48. Pour une bonne mise au point de cette question, voir R. POLIN, *La Politique morale de John Locke*, *op. cit.*, notamment pp. 20-22 et 164-171.

6. *Remarques sur un livre intitulé : Recherches philosophiques sur la liberté de l'homme*, résumées par des Maizeaux dans sa *Préface* au *Recueil de diverses pièces*, p. IX.

l'alternative précédemment offerte à la liberté[1]. Cette dernière notion ne signifie plus pour lui autre chose que l'absence des contraintes extérieures qui pourraient empêcher l'exécution de nos volontés nécessaires : en d'autres termes, l'homme est libre lorsque la nécessité interne de ses désirs et de ses volitions s'insère sans difficulté dans le déterminisme externe de la nature des choses; il est contraint dans le cas inverse. Mais la contrainte et la liberté entrent également dans l'ordre universel et nécessaire de la nature.

*
* *

Les incertitudes de Vauvenargues, le ralliement de Voltaire au déterminisme sont riches d'enseignements. Quelles qu'en soient les motivations individuelles, ces deux attitudes ont à notre avis une signification beaucoup plus large. De même que les difficultés de la pensée chrétienne, elles prouvent que dans les dernières années du demi-siècle le « fatalisme » a décidément gagné la partie. Un observateur honnête et lucide, l'abbé Pluquet, le constatera bientôt avec effroi[2]. Mais l'apologétique chrétienne devra affronter alors, nous le savons, des ennemis plus redoutables, par la solidité de leur système sinon toujours par le brillant de l'expression, que l'auteur de *Zadig*. Si le mécanisme déiste du premier tiers du siècle tendait déjà à éliminer le libre-arbitre, à plus forte raison en est-il de même du naturalisme athée qui profite après 1740 du mouvement des idées scientifiques. Dès lors, et malgré les tiraillements et les divergences qui subsistent parmi les philosophes, sur ce point essentiel le parti trouve son unité : l'adhésion à la doctrine de la nécessité est le plus sûr critère qui le distingue, globalement, des défenseurs de la foi et de la morale chrétiennes. Dans la *Prière* que prononce Diderot à la fin de ses *Pensées sur l'interprétation de la Nature*, l'idée de nécessité est la certitude commune de l'athée et du déiste : « Je ne te demande rien dans ce monde, déclare-t-il à Dieu; car le cours des choses est nécessaire par lui-même, si tu n'es pas; ou par ton décret, si tu es »[3].

Si la notion du déterminisme universel s'impose ainsi vers 1750 à l'unanimité des philosophes, bien des nuances subsistent cependant dans la manière de la concevoir. L'homme est-il soumis à la même nécessité physique que les êtres inanimés ? Obéit-il seulement à une nécessité

---

1. Cette déformation date au moins du *Second Discours sur l'homme* que Voltaire faisait précéder de ce chapeau : « On entend par ce mot de liberté le pouvoir de faire ce qu'on veut. Il n'y a pas et ne peut y avoir d'autre liberté. C'est pourquoi Locke l'a si bien défini Puissance ». Mais en 1738 la morale des *Discours* reléguait au second plan cette définition, puisque l'auteur y affirmait la possibilité pour chacun de vaincre ses passions : « La liberté dans l'homme est la santé de l'âme ».
2. *Examen du fatalisme*, Paris, Didot, 1757.
3. *Op. cit.*, A.T., II, p. 61.

morale, ce qui suffirait à lui réserver une place à part dans l'ordre général de la nature ? La première forme de déterminisme est .évidemment
plus brutale que la seconde, et c'est à elle que se rallie Diderot lorsqu'il
se présente lui-même comme une « portion nécessairement organisée
d'une manière éternelle et nécessaire » [1]. Au contraire, dans sa *Réfutation de Spinoza*, Boulainvilliers adoptait une solution plus prudente :
« S'il est vrai que tout est lié », l'homme a des relations avec tout l'univers et ne peut s'isoler des autres parties de la nature [2]; mais c'est une
raison pour rejeter aussi bien le matérialisme que le spiritualisme qui
rendent incompréhensibles les rapports de l'âme et du corps; tout
s'éclaire en revanche si l'esprit et la matière sont les deux modes d'une
même substance [3]. La nécessité morale et la nécessité physique, tout
en restant distinctes, apparaissent alors comme les deux faces d'une
même réalité. Celle-ci peut être la substance unique de Spinoza ou
l'action immanente du Dieu de Malebranche, qui règle aussi sûrement
l'action des esprits que le mouvement des corps. Mais il y avait peu de
chances que cet équilibre de deux séries de causes, également indépendantes de notre volonté, se maintînt longtemps. Selon Malebranche
Dieu est la cause véritable de nos idées, dont les organes des sens ne
sont que les causes occasionnelles. Les philosophes ne se privent pas,
on l'a vu, d'exploiter le premier thème qui favorise leur conception
déterministe de l'univers. Mais lorsqu'il s'agit d'expliquer l'union de
l'âme et du corps, ils vont chercher ailleurs leur inspiration : dans la
philosophie sensualiste qui, venue d'Angleterre, insuffle une nouvelle
vitalité au vieux courant du gassendisme français, et aussi dans les leçons
de la médecine qui leur fournit les données d'un matérialisme psycho-
physiologique. Alors que la doctrine de la nécessité universelle postule
l'unité du monde, n'était-il pas contradictoire de maintenir la distinction
de l'esprit et de la matière, ainsi que la division de l'homme ?

---

1. *Ibid.*
2. *Op. cit.*, p. 186.
3. Ainsi, écrit Boulainvilliers, l'essence des esprits « consiste dans la suite des idées
qu'ils reçoivent à l'occasion de l'actuelle existence de leur corps ; et non dans une prétendue
spiritualité qui ne pourrait avoir de relations naturelles avec le corps » (*ibid.*, p. 190).

2. — *L'âme et le corps*

En identifiant la matière à l'étendue et l'âme à la pensée Descartes avait creusé un abîme entre le monde des esprits et celui des corps ; la liberté de l'âme pouvait ainsi échapper à l'empire de la nécessité mécanique. Mais cette exception au déterminisme universel n'avait pas tardé à être remise en cause : la notion d'une activité propre à l'âme était en effet directement contraire au principe de la conservation du mouvement, qu'établissait la nouvelle physique. Si l'âme a réellement le pouvoir d'agir sur le corps et de créer du mouvement, sa liberté est incompatible avec la permanence de l'ordre naturel des choses. En vain Descartes avait-il cru éviter cette contradiction en attribuant à l'âme non la faculté de créer du mouvement mais celle d'en changer la direction : Leibniz devait montrer que cette distinction était fallacieuse, et que changer la direction du mouvement c'était aussi en modifier la quantité. Mais cette première difficulté n'était-elle-même qu'un aspect d'un problème plus général que le fondateur de la nouvelle philosophie avait laissé sans solution : dans le cadre du dualisme cartésien l'action du corps sur l'âme était aussi malaisée à concevoir que celle de l'âme sur le corps. Ici la métaphysique se heurtait aux évidences expérimentales de la psycho-physiologie, développée notamment dans le *Traité des passions* et le *Traité de l'homme* : « l'étroite alliance qui est entre l'âme et le corps » [1], constatée par le sens commun, confirmée par les observations du moraliste et du médecin, demeurait pour le philosophe tout autre chose qu'une idée claire. La logique du principe dualiste incitait à nier qu'il y eût dans l'interaction de l'âme et du corps un véritable lien de causalité. Ce point de vue est commun à Malebranche et à Leibniz. Dans le système des causes occasionnelles, où Dieu seul est actif, les mouvements des esprits animaux ne sont que l'occasion des passions de l'âme, et non leur cause efficiente ; de même les volontés de l'âme n'ont prise sur le corps qu'en vertu des lois générales par lesquelles Dieu règle la communication des substances [2]. Dans le système de l'harmonie préétablie l'âme et le corps sont comme deux horloges qui indiquent toujours la même heure : le vulgaire, explique Leibniz, croit à une influence occulte de l'une sur l'autre ; un lecteur de Malebranche imagine Dieu sans cesse

---

1. DESCARTES, *Traité des passions*, Première partie, 28.
2. Voir la *Recherche de la Vérité*, XV⁰ *Éclaircissement*, Sixième preuve, *op. cit.*, t. III, p. 138.

occupé à les régler toutes deux, mais le vrai philosophe ne doute pas que le Souverain-Horloger ait su en les construisant régler une fois pour toutes le mouvement de chacune, de telle sorte qu'aucune intervention nouvelle de sa part ne fût désormais nécessaire; ainsi l'accord de l'âme et du corps ne résulte ni d'une influence mutuelle, ni d'un miracle que Dieu renouvellerait à chaque instant, mais il est l'effet d'une harmonie pré-déterminée par la sagesse divine [1].

Analysée dans le *Dictionnaire* de Bayle — qui lui reproche de trop demander à la prévoyance de Dieu — [2] la solution de Leibniz est discutée en 1703 par le P. Tournemine qui lui oppose ses propres *Conjectures sur l'union de l'âme et du corps* [3]. La philosophie cartésienne, constate le P. Tournemine, est incapable d'expliquer la nature du lien qui unit l'âme au corps, et les critiques que Leibniz lui adresse sont parfaitement justifiées; mais pour Leibniz aussi il ne s'agit que d'une correspondance tout extérieure, non d'une véritable union. Tout s'éclaire en revanche si au lieu de définir arbitrairement l'âme comme substance pensante on tient compte des données de l'expérience pour lui accorder la faculté de mouvoir : dès lors il devient évident que la vie du corps ne peut être conçue indépendamment de celle de l'âme, à laquelle elle doit toute sa réalité. Citant saint Augustin, le P. Tournemine décrit la liaison de l'âme et du corps comme une « union de propriété »; il y a, selon lui, interpénétration des deux substances, et non simple action réciproque : « Ce n'est donc pas seulement parce que l'âme agit sur le corps qu'elle est unie avec lui, c'est parce que son action sur le corps est d'un côté si essentielle au corps que sans cela il ne serait pas un corps humain, et d'un autre côté elle est si propre à l'âme que nulle créature ne peut la produire par ses forces naturelles » [4]. Bien que le directeur des *Mémoires de Trévoux* prétende renoncer aussi bien aux préjugés de l'École qu'à ceux des « nouveaux philosophes », l'inspiration de ces lignes rappelle la doctrine aristotélicienne et thomiste qui fait de l'âme la *forme* du corps; comme Bossuet, et pour les mêmes raisons [5], le P. Tournemine pense que dans ce domaine les intuitions du sens commun sont théologiquement plus solides que les hautes spéculations de la métaphysique. Sans le dire nettement, car il désire ménager Leibniz, il craint pour la liberté les conséquences dangereuses de son système. De là son insistance à rétablir l'âme dans tous ses droits de puissance souveraine. A ses yeux Leibniz a le grand tort de demeurer encore trop cartésien. Et de fait les critiques

---

1. Voir notamment le *Système nouveau de la nature* publié dans le *Journal des Savants* du 27 juin 1695.
2. *Op. cit.*, art. *Rorarius*, note 3.
3. *Mémoires de Trévoux*, mai-juin 1703, pp. 864-875 ; 1063-1064, et 1075-1085.
4. *Ibid.*, p. 874.
5. Voir le *Traité de la connaissance de Dieu et de soi-même*, rédigé par Bossuet à l'intention du Dauphin, et publié sans nom d'auteur en 1722 sous le titre d'*Introduction à la philosophie*.

que les Jésuites prodiguaient à Malebranche pouvaient valoir aussi contre le système de l'harmonie préétablie. En 1715 le P. Dutertre fera, nous l'avons vu, le procès de l'occasionnalisme : ce qu'il dit en général pour défendre l'efficace des causes secondes vaut en particulier pour l'activité de l'âme, que Malebranche est accusé de détruire[1]. Mais dans sa polémique avec Leibniz, que des Maizeaux fera connaître en France en 1720, Samuel Clarke adresse à son adversaire un reproche analogue : dédaigneuse de l'expérience qui prouve l'action réelle de l'âme sur le corps, la philosophie de Leibniz « tend à faire croire que les hommes ne sont que de pures machines »[2]. La même accusation, qui deviendra vite banale, est reprise en 1727 par un théologien protestant, le pasteur Boullier, qui s'évertue à rétablir contre Malebranche, et surtout contre Leibniz, l'idée ancienne d'une action réelle de l'âme sur le corps[3].

Sans doute les théologiens n'ont-ils pas tort de redouter, pour ce problème comme pour d'autres, les ambitions de la nouvelle philosophie. Mais la vivacité de leur réaction est un signe de leur désarroi. Tandis que toute leur vigilance s'exerce aux dépens de la métaphysique issue de Descartes, ils ne s'aperçoivent pas que les traditions dont ils se réclament peuvent être interprétées, elles aussi, d'une manière peu conforme à leurs vues. Placés devant deux doctrines extrêmes, dont l'une définit l'âme de façon tout intellectualiste alors que l'autre insiste sur l'intimité de son union avec le corps, ils discernent clairement les dangers de la première qui rend inconcevable la possibilité d'une action des esprits sur les corps, mais ils ne conçoivent pas que la seconde risque de rendre illusoire la distinction substantielle de la matière et de l'esprit. La critique du dualisme cartésien présentée par le P. Tournemine est tournée vers le passé plutôt que vers l'avenir ; elle ouvre cependant la voie aux disciples français de Locke, tel Voltaire, qui exploiteront dans un sens matérialiste des principes très voisins de ceux du savant Jésuite. S'il est faux que la pensée constitue l'essence de l'âme, on doit rejeter l'innéisme cartésien et chercher en dehors des esprits l'origine des idées ; les Jésuites, pour leur part, demeurent fidèles au vieil adage d'Aristote, *Nihil est in intellectu quod non prius fuerit in sensu*. Ce sensualisme s'accorde avec les « conjectures » du P. Tournemine sur l'union étroite de l'âme et du corps. Par sa nature la sensation relève en effet à la fois du psychisme et de la physiologie. Elle est la perception par l'âme de l'ébranlement transmis d'un organe quelconque aux fibres du cerveau. Mais ce

---

1. *Réfutation d'un nouveau système de métaphysique...*, op. cit., Première partie, notamment Ch. IV et V.
2. *Recueil de diverses pièces...*, op. cit., p. 170.
3. *Essai philosophiques sur l'âme des bêtes*, Amsterdam, 1727, Seconde partie, Ch. XV-XVIII. En ce qui concerne Leibniz, considéré comme le destructeur de la liberté, l'attaque annonce celle que les Jésuites développeront dix ans plus tard contre la *Théodicée* (Voir ci-dessus, Ch. X, pp. 35-37). Elle sera reprise, non sans arrière-pensées, par Diderot dans son article de l'*Encyclopédie* sur la philosophie de Leibniz.

caractère hybride n'est-il pas plus propre à mettre en évidence l'action du corps sur l'âme que de l'âme sur le corps ? Mue par l'impression des objets extérieurs, l'âme n'apparaît plus douée de cette souveraineté que voulait lui conférer le P. Tournemine : elle est plutôt l'esclave du corps qui la détermine à subir avec passivité ses propres mouvements organiques. C'est l'un des grands arguments que les libertins opposent au spiritualisme chrétien, et aussi une idée depuis longtemps familière aux médecins qui s'inspirent à la fois de Descartes et de Lucrèce pour expliquer la mécanique des passions. Lorsque La Mettrie fondera sur elle son système matérialiste, il aura le sentiment justifié de continuer une tradition ancienne, celle qu'avait par exemple illustrée au XVIIe siècle le médecin Guillaume Lamy, auteur d'une *Explication mécanique et physique de l'âme sensitive, des passions et du mouvement volontaire* [1].

Au début du XVIIIe siècle ce matérialisme psycho-physiologique ne se dissimule pas seulement dans une littérature clandestine dont nous connaissons aujourd'hui l'importance [2]. Il lui arrive aussi de s'étaler, avec quelques clauses de style destinées à rassurer les âmes pieuses, dans des ouvrages que les *Mémoires de Trévoux* ne répugnent pas à prendre sous leur patronage. En 1710 le périodique signale le livre récent d'un médecin de Montpellier, au titre dépourvu de toute ambiguïté : *Principes physiques de la raison et des passions des hommes* [3]. Le ton du commentaire, aimablement protecteur, n'a rien de désobligeant; le journaliste regrette que l'auteur, un certain Maubec, n'ait pas pris la peine « de développer davantage son système et d'en mieux établir les principes », mais ne songe nullement à en contester le bien-fondé. Le dessein de l'ouvrage est résumé avec une objectivité qui ressemble beaucoup à de la sympathie : Maubec, nous dit-on, « s'efforce de montrer que les inclinations de la volonté et les pensées de l'entendement sont des suites naturelles de la disposition des organes du corps » [4]. Ce qui masque au zèle du journaliste la hardiesse de ce propos, c'est qu'il s'abrite derrière une thèse qu'à cette date un Jésuite ne peut qu'approuver chaleureu-

---

1. L'ouvrage est de 1678. Sur la personnalité et les idées de Lamy, voir H. Busson, *La Religion des Classiques, op. cit.,* notamment Ch. V et VI (cf. *supra,* Ch. X, *Introduction*). Dans son *Histoire naturelle de l'âme* (1745, Ch. VIII et XI) La Mettrie cite son prédécesseur avec intérêt.

2. Voir en particulier le manuscrit de *L'âme mortelle,* conservé à la Bibliothèque Mazarine, qui a été étudié par M. J.S. Spink, (Cf. *Revue d'Histoire littéraire,* 1937, p. 251 sq. *article cité*). M. H. Busson (*op. cit.,* pp. 188-189) a montré ce que son matérialisme doit à G. Lamy. Dans la *Lettre de Thrasybule à Leucippe* Fréret analyse de même le déterminisme qui lie les décisions de notre volonté aux mouvements de nos organes, et ceux-ci aux impressions du monde extérieur : « Tout est lié dans la nature », et l'homme subit comme toutes les autres parties du grand Tout cette universelle nécessité (*op. cit.,* pp. 203 et 262).

3. *Principes physiques de la raison et des passions des hommes, par M. Maubec, docteur en médecine de la Faculté de Montpellier. Nihil est in intellectu quod non prius fuerit in sensu. C'est-à-dire que l'homme n'a aucune connaissance qui ne lui soit venue par l'entremise des sens,* Paris, 1709. Cf. *Mémoires de Trévoux,* octobre 1710, pp. 1172-1174.

4. C'est une citation presque littérale du préambule de Maubec (*op. cit.,* p. 4).

sement. Maubec est en effet, comme le marque le sous-titre de son livre, un adversaire résolu de l'innéisme des idées. Beaucoup de ses formules font songer à Locke — qu'il s'abstient de nommer et ignore peut-être — mais elles s'inscrivent aussi bien dans la ligne des objections adressées par Gassendi à Descartes. Maubec nie que l'essence de l'âme consiste dans la pensée : pour une raison de fait, car l'expérience, dit-il, prouve que l'esprit ne pense pas toujours[1]; et pour une raison de principe, car, de façon générale, notre esprit lui paraît trop borné pour pouvoir atteindre avec certitude l'essence des êtres[2]. Notre auteur écarte cependant l'hypothèse matérialiste : la matière, étendue, divisible, figurée, capable de mouvement et de repos, « n'a point de rapport avec la pensée : elle ne peut pas par conséquent en être le principe »[3]. Mais cette concession au spiritualisme n'a qu'une valeur négative; « si je veux approfondir quelle est la nature et l'essence de ce principe qui pense, ajoute immédiatement Maubec, je ne trouve qu'obscurité et que ténèbres ». Renonçant à percer le mystère de l'âme, notre médecin entend donc se borner à observer ses opérations visibles. Or que nous apprend l'expérience? Que nos pensées sont liées aux ébranlements des fibres du cerveau[4]; que toutes nos idées viennent des sens[5], y compris les évidences mathématiques[6]; que chaque impression nouvelle laisse une trace dans notre cerveau[7], et qu'un jugement est la combinaison d'une impression actuelle avec les impressions anciennes qu'elle réveille[8]; enfin, que la diversité de nos sensations, et par conséquent des passions et des caractères des hommes, est « une suite nécessaire de la diversité des organes et de la diverse manière dont les objets agissent sur nos sens »[9].

Maubec peut bien répéter dans sa conclusion que le lien de la pensée et du cerveau est un mystère, et notre impuissance à élucider celui-ci un grand motif de soumission à l'Église et aux vérités de la foi[10]. Sincère ou non, ce fidéisme est un paravent commode pour les audaces de son livre. Lorsque, dans le même passage, on le voit invoquer à l'appui de ses observations sur les liens nécessaires de la pensée et du cerveau, si peu intelligibles qu'ils soient, la toute-puissance du Créateur,

---

1. *Ibid.*, Ch. III, p. 27. A rapprocher du livre second (Ch. I) de l'*Essai philosophique concernant l'entendement humain*. L'argument sera repris par Voltaire dans la treizième *Lettre philosophique* et dans le *Traité de Métaphysique*. (édit. Patterson, *op. cit.*, Ch. V, p. 35). Il se trouve déjà chez Gassendi.
2. *Ibid.*, p. 24.
3. *Ibid.*, pp. 18-19.
4. *Ibid.*, p. 28.
5. *Ibid.*, Ch. IV, pp. 39-40.
6. *Ibid.*, Ch. XI, p. 109. Elles ne nous paraissent innées que sous l'empire de la coutume. Ce sont des préjugés mais qui se distinguent des préjugés ordinaires dans la mesure où ils sont communs à tous les hommes.
7. *Ibid.*, Ch. V et IX, *De la Mémoire*.
8. *Ibid.*, Ch. VI.
9. *Ibid.*, Ch. IV. p. 37 et Ch. XIII.
10. *Ibid.*, Ch. XX, pp. 198-200.

on ne peut s'empêcher de songer au parti que Voltaire tirera vingt ans plus tard d'une remarque semblable de Locke. Il n'est pas sûr cependant que la portée du livre de Maubec ne dépasse pas les intentions de son auteur. Nous avons vu qu'il reste fidèle à un certain dualisme; chez lui le métaphysicien est plus timoré, ou plus prudent, que le médecin; son opposition à Descartes ne l'empêche pas de traiter celui-ci avec le plus grand respect[1]. Enfin il atténue lui-même par une réserve d'importance la rigueur du déterminisme psycho-physiologique dont son livre est la constante démonstration : « Au reste, écrit-il, je prie le lecteur de remarquer que dans le raisonnement que l'on vient de faire, on ne dit pas que nos pensées soient liées à l'ébranlement des fibres du cerveau, et qu'on dit seulement qu'elles sont excitées par l'ébranlement de ces fibres... ». Cette distinction, lisons-nous ensuite, ne s'applique pas aux pensées de l'entendement, mais elle est valable pour les mouvements de la volonté, qui sont libres et dont les mouvements des fibres ne sont que l'*occasion*[2].

Convient-il de prendre au sérieux cette dernière formule qui permet de sauvegarder, *in extremis*, le libre-arbitre de l'âme ? Dans sa sobriété méthodique le livre de Maubec ne manque pas d'une certaine élégance, mais il est trop sommaire pour qu'on puisse faire un sort à chacun de ses mots : ce recours épisodique à l'occasionnalisme peut constituer un refuge aussi bien qu'un alibi[3]. Mais il est impossible de sous-estimer l'importance du problème qu'il met en jeu. Au début du XVIIIe siècle, alors que le prestige de Descartes et de la nouvelle physique s'impose même à leurs adversaires les plus tenaces, tout système matérialiste butte, nous l'avons vu, sur l'axiome cartésien de l'inertie de la matière. Il faudra la révolution intellectuelle du newtonisme pour que le postulat fondamental du matérialisme n'apparaisse plus forcément contredit par les certitudes de la science. Tant que les propriétés de la matière étaient définies de façon étroitement limitatives, l'affirmation selon laquelle la matière peut penser devait être jugée bien téméraire et fragile. Il n'en sera plus de même lorsque les disciples français de Newton auront substitué au mécanisme cartésien une conception nouvelle de la matière, dynamique et plus compréhensive : quand on lui aura accordé le mouvement, pourquoi lui refuser la sensibilité et la pensée ?[4]. Voltaire ne verra aucun inconvénient à considérer la pensée comme une propriété de la matière organisée, et Diderot ira plus loin encore avec son hypo-

---

1. Un « philosophe que je révère », dit-il de lui (Ch. III, p. 27) et ailleurs (Ch. IV, p. 40) : « Ce n'est qu'en tremblant que je propose mes conjectures, lorsqu'elles sont contraires à ses raisonnements ».

2. *Ibid.*, Ch. III, p. 30.

3. C'est de refuge qu'il servira au pasteur David-Renaud Boullier affirmant, contre Voltaire, que les sensations sont l'occasion des idées, et non leur cause efficiente (*Lettres sur les vrais principes de la religion...*, Amsterdam, 1741, t. II, *Lettre sur la nature de notre âme et sur son immortalité*, p. 300).

4. Voir ci-dessus, Ch. III et IV.

thèse de la sensibilité universelle. Mais dans le premier tiers du siècle, au même titre que l'attraction newtonienne, de telles idées pouvaient légitimement effrayer les esprits les moins enclins à vénérer aveuglément les dogmes de la théologie. Les hésitations de Maubec méritent moins d'attention que celles de Fontenelle. Les tendances de celui-ci au matérialisme apparaissent notamment dans son *Traité de la Liberté*; et Fontenelle s'éloigne également du cartésianisme sur la question de l'origine des idées, qu'il croit tout empirique [1]. Mais s'il rive étroitement l'âme au corps, il est trop obstiné à défendre les principes de la physique cartésienne pour se laisser entraîner à confondre le monde de la matière et celui de l'esprit; par répugnance envers toute espèce de retour aux « qualités occultes » dont Descartes avait purgé la science Fontenelle demeure donc dualiste, quitte à avouer ne pas comprendre comment la vibration d'un nerf peut devenir une perception de l'âme : « Quelque système que l'on prenne, écrit l'historien de l'Académie royale des Sciences, quand on veut suivre les sensations jusqu'au bout, et jusqu'à ce qu'elles arrivent à l'âme, on se perd, on tombe dans le chaos immense qui est entre l'âme et le corps » [2].

Simple parallélisme ou véritable action mutuelle ? La métaphysique classique laisse le problème sans réponse satisfaisante, et Fontenelle est le témoin lucide de son échec. L'occasionnalisme préserve l'autonomie de l'âme, mais en la privant de toute activité; il est pour le spiritualisme le refuge du désespoir. Le parallélisme est une solution prudente, ou plutôt un refus prudent de conclure. Dans le second tiers du siècle il apparaîtra vite dépassé par le mouvement général des idées et les progrès du monisme naturaliste. Favorisée par la mutation des concepts scientifiques que provoquera la crise newtonienne, cette évolution aura pu être hâtée, accessoirement, par le renouvellement des données d'un problème historiquement et logiquement lié à celui de l'âme et du corps. Sur la vieille question de l'âme des bêtes, comme sur beaucoup d'autres, le XVIIIe siècle devait liquider le passé avant de frayer hardiment des voies nouvelles.

Les bêtes ont-elles une âme ? Les péripatéticiens leur accordent une « âme sensitive », intermédiaire entre la matière et l'esprit. Fidèle à Descartes, Malebranche tient que les bêtes sont des automates. Mais

---

1. *De la connaissance de l'esprit humain*, Première partie. *De l'origine des idées*, Ch. I, *Que toutes les idées sont prises dans l'expérience* (*Œuvres*, t. II, p. 141 sq.).

2. *Histoire de l'Académie Royale des Sciences*, 1712 (édit. 1731), p. 33, *Sur le principal organe de la vision et sur la structure du nerf optique*. Texte cité d'après J.R. CARRÉ (*op. cit.*, p. 81) qui analyse excellemment la position de Fontenelle sur le problème de l'âme et du corps.

les libertins qui demandent leur inspiration à Gassendi et à Lucrèce pressent les scolastiques et les cartésiens d'une série de questions : l'âme des bêtes est-elle mortelle ou bien appelée, comme celle de l'homme, à une destinée surnaturelle ? Si les théologiens ne veulent envisager que la première hypothèse, comment prouver qu'elle ne s'applique pas également à l'âme humaine ? Enfin si une mécanique simple préside chez les animaux aux fonctions les plus complexes et aux merveilles de l'instinct, pourquoi l'homme ne serait-il pas lui, aussi, une machine ? Au XVIIe siècle la question de l'âme des bêtes avait donné lieu à des discussions passionnées. Philosophes et théologiens, médecins et gens du monde s'en étaient également mêlés [1]. Bayle enfin avait fait le bilan de la controverse : bilan tout négatif, une fois de plus, puisqu'il aboutissait à mettre en évidence les antinomies de la raison et de la foi, et l'impossibilité de concilier les conjectures diverses de la première avec les dogmes de la seconde [2]. Au XVIIIe siècle la querelle est en général moins bruyante : elle se poursuit cependant, avec des rebondissements qui accusent l'antagonisme des thèses en présence et aussi leurs difficultés internes [3].

En dépit de son allure de paradoxe, le système des animaux-machines conserve ses partisans. Ceux-ci se recrutent parmi les auteurs chrétiens qui s'attachent à sauvegarder la nature spirituelle de l'homme et savent gré à Descartes d'avoir mis entre l'homme et l'animal une distance infinie. Dans deux *Épîtres à Madame de Noailles sur l'âme des bêtes* Louis Racine expose le double avantage d'une hypothèse qui attribue à l'action divine, et non à la prétendue sagesse des animaux, la perfection de l'instinct, et qui disculpe la Providence du reproche de laisser souffrir des êtres innocents [4]. Un autre continuateur de Malebranche, du grand Arnauld, de dom François Lamy et de Fénelon est le cardinal de Polignac. L'auteur de l'*Anti-Lucrèce* hésite quelques instants à mettre au compte d'un mécanisme aveugle la sûreté infaillible de l'instinct animal, mais il se persuade vite avec Descartes que la régularité de ses effets est au

---

1. Pour un historique de la querelle au XVIIe siècle, voir l'article de H. Busson, *La Fontaine et l'âme des bêtes* (*R.H.L.F.*, 1935-36) et son édition critique du *Discours à Madame de la Sablière*, Paris, Droz, 1938 (en collaboration avec G. Gohin).

2. *Dictionnaire historique et critique*, art. *Barbe, Charron, Sennert* et surtout *Rorarius*.

3. Cf. H. Hastings, *Man and beast in French thought of the Eighteenth century*, John Hopkins Press, 1936 ; et surtout L. C. Rosenfield, *From Beast machine to Man-Machine, the theme of animal soul in French letters from Descartes to La Mettrie*, Oxford University Press, New-York, 1941. Dès le XVIIIe siècle une étude historique de la question, de valeur médiocre, avait été présentée par J.A. Guer, (*Histoire critique de l'âme des bêtes*, Amsterdam, F. Changuion, 1749).

4. Ces deux poèmes ont été publiés pour la première fois en 1728, au tome VI de la *Continuation des mémoires de littérature et d'histoire* du P. Desmolets, et repris en 1747 dans le second volume des *Œuvres* de Louis Racine. Mme. L. C. Rosenfield qui croit leur composition très antérieure remarque qu'émanant d'un poète l'attitude de L. Racine est tout à fait exceptionnelle. La réplique lui sera donnée en 1732, un peu à la manière de La Fontaine, par un certain Morfouace de Beaumont, auteur d'une *Apologie des bêtes* à laquelle les *Mémoires de Trévoux* (novembre 1732, pp. 1868 sq.) reconnaîtront et de la solidité et « toutes les grâces d'une versification aisée ».

contraire la preuve de sa nature mécanique[1]. Ces prises de position restent cependant très isolées. Même les cartésiens sont forcés de le reconnaître, et en 1737 l'un d'eux, l'abbé Macy, constate avec regret que la doctrine de l'automatisme des bêtes a perdu presque tout crédit dans l'opinion[2].

Au XVIIᵉ siècle déjà le pur système cartésien était apparu trop manifestement contraire au sens commun pour être admis par le grand public. A l'époque suivante les lecteurs de Réaumur ou de l'abbé Pluche sont plus que jamais enclins à s'enthousiasmer pour la sagesse des abeilles ou des castors. Parallèlement il se trouve d'assez nombreux écrivains, catholiques ou protestants, qui s'inquiètent très sincèrement du risque de voir le principe de l'automatisme appliqué également à la nature humaine. Tous ne sont pas les ennemis déclarés de la nouvelle philosophie. Le P. Regnault, de la Société de Jésus, défend avec ardeur contre Newton la physique de l'impulsion, mais sur le problème de l'âme des animaux il préfère s'en tenir à l'orthodoxie aristotélicienne et à la doctrine de l'âme sensitive[3]. Cartésiens plus rigides, d'autres persistent à rejeter les « formes substantielles » de l'École, mais cherchent à esquiver les possibles implications matérialistes du système de Descartes. En 1726 Crousaz corrige Descartes par Locke qui accordait aux bêtes une intelligence bornée mais réservait à l'esprit humain la capacité de former des idées générales[4]. L'année suivante le pasteur David Boullier — qui prendra bientôt contre Voltaire la défense de Pascal — s'inspire d'une distinction analogue et propose de reconnaître chez les bêtes la présence « d'un principe actif et sensitif »[5], c'est-à-dire d'une âme spirituelle, bien qu'inférieure en dignité à celle de l'homme. L'âme des bêtes existe donc, dit-il, mais, douée de « perceptions confuses », elle n'a pas la conscience claire de ses propres pensées[6]. Les cartésiens qui en nient l'existence commettent une grave erreur de méthode ; car dans ce domaine, comme dans les autres, la seule bonne manière de raisonner est de remonter des effets visibles à leur cause probable. Puisque tout se passe comme

---

1. *Anti-Lucrèce, op. cit.*, Livre VI, *Des bêtes*. Cf. DESCARTES, *Discours de la méthode*, Cinquième partie. Le même argument est évoqué au passage par le P. CASTEL dans son *Traité de Physique sur la pesanteur universelle des corps*, Livre IV, Ch. VI, *Sur la différence des corps et des esprits*, p. 420.

2. *Traité de l'âme des bêtes, avec des réflexions physiques et morales par M. l'abbé M****, Paris, P. G. Le Mercier, 1737, p. 32.

3. *Entretiens d'Ariste et d'Eudoxe sur la physique nouvelle, op. cit.*, II, *Sur l'âme des bêtes*. Sur cet auteur, cf. ci-dessus, Ch. III. Il est un peu injuste de le ranger de façon sommaire parmi les péripatéticiens, comme le fait L.C. Rosenfield (*op. cit.*, p. 90).

4. CROUZAS, *De mente humana*, Ch. 50, pp. 247-257. Cf. LOCKE, *Essai philosophique concernant l'entendement humain*, Livre II, Ch. XI, section X.

5. *Essai philosophique sur l'âme des bêtes, op. cit.*, Seconde partie, Ch. VII.

6. *Ibid.*, Ch. VI. Dans un contexte très différent l'argument rappelle celui du *Discours à Madame de la Sablière* : les bêtes pensent, mais elles n'ont pas le pouvoir de réfléchir sur leurs propres pensées. Mais l'hypothèse gassendiste — développée notamment par Willis — d'une « âme corporelle et sensitive » est rejetée par Boullier comme contradictoire et inintelligible. (*ibid.*, Première partie, p. 16).

si les animaux étaient doués de sentiment, la logique inductive interdit
de voir en eux de simples machines ; sinon, il faudrait admettre que Dieu
nous trompe, et renoncer du même coup à établir la moindre vérité
expérimentale [1].

Réédité en 1737 et 1744, l'*Essai* de Boullier est à coup sûr le livre
marquant du demi-siècle sur l'âme des bêtes [2]. En 1751 l'abbé Yvon lui
empruntera, pour l'*Encyclopédie*, sa réfutation de la doctrine des animaux-
machines [3]. Mais il n'est pas indifférent de savoir que cet ouvrage, écrit
surtout dans un dessein d'apologétique, était dédié à Fontenelle qui le
prisait fort [4]. Ce fait prouve que la réaction anticartésienne trouvait des
adeptes chez les plus fermes partisans de la physique mécaniste. Et en
effet, pour des raisons qui n'avaient rien de théologique, Fontenelle
était lui aussi à la recherche d'une solution moyenne entre Descartes
et Montaigne, qui ne fût pas un simple retour à l'aristotélisme. Le secrétaire de l'Académie royale des Sciences est encore moins enclin que
Boullier à retenir la notion d'une « âme matérielle qui pense », où il
n'aperçoit que contradiction et absurdité [5] ; mais son empirisme lui fait
rejeter également le paradoxe de l'automatisme animal. Reste donc à
éviter deux excès contraires : refuser aux bêtes toute forme d'intelligence
et de sentiment, ou prendre à la lettre les déclamations des pyrrhoniens
sur la sagesse des bêtes, opposée à la folie des hommes. Invoquer la
sûreté de l'*instinct*, c'est, selon Fontenelle, recourir à une idée confuse
et toute scolastique : pour peu qu'on l'analyse, chaque action prétendue
instinctive se résout en un raisonnement élémentaire rendu instantané
par l'habitude [6]. Comme Boullier Fontenelle se tourne finalement vers
Locke pour lui demander un moyen de distinguer l'intelligence des
animaux et celle de l'homme : la première, dit-il, est bornée aux impressions des sens, tandis que la seconde, capable de les combiner, s'élève
jusqu'à des idées abstraites [7].

Fontenelle n'accepte cependant pas toutes les idées de l'*Essai philosophique sur l'âme des bêtes* ; à la différence de Boullier, il ne se prononce
pas nettement sur la nature de cette âme. On retrouve sur ce point
particulier la prudence qu'il manifeste, en ce qui concerne l'homme,
à propos de l'union de l'âme et du corps. Pour un tenant de la physique

---

1. *Ibid.*, Première partie, *Réfutation du Système des automates*, Ch. VI et VII.
2. Le *Journal des Savants* qui en avait signalé avec quelque retard la première édition
(1729, p. 486 sq.) présente de la seconde, « revue et augmentée », une analyse beaucoup
plus détaillée. (*Ibid.*, 1737, pp. 150 sq. ; 259 sq. ; 344 sq.).
3. *Encyclopédie*, art. *Ame des bêtes*.
4. Voir deux lettres de Fontenelle à Boullier, l'une du 13 novembre 1736, l'autre
du 21 mars 1744, in *Œuvres*, t. II, pp. 571-573 et 589.
5. *Doutes sur le système des causes occasionnelles*, *op. cit.*, Ch. II.
6. *Sur l'instinct*, (*Œuvres*, t. II, p. 421). Ce souci d'équilibre apparaît notamment
dans ses comptes rendus des travaux de Réaumur sur les insectes, publiés dans l'*Histoire
de l'Académie royale des Sciences* (Cf. J. R. CARRÉ, *op. cit.*, p. 93 sq.).
7. *Fragment d'un traité de la raison humaine* (*Œuvres*, t. II, pp. 399-403).

cartésienne il est inconcevable que la matière, inerte par définition, puisse penser; mais l'auteur de l'*Histoire des Oracles* répugne également à faire une place dans sa philosophie libertine à la notion d'une âme spirituelle, qui lui paraît relever de la métaphysique, voire de la théologie, plutôt que de l'expérience. C'est pourquoi il demeure dans l'expectative, tiraillé entre ses scrupules de savant et ses audaces de « philosophe ». Dans le premier tiers du siècle, chez les esprits les mieux informés des problèmes scientifiques, l'épistémologie freine les élans de la libre-pensée. En contraste avec les hésitations de Fontenelle, le matérialisme de Meslier apparaît d'une cohérence vigoureuse et presque brutale : mais il émane d'un autodidacte, plus apte à développer avec vigueur quelques idées simples qu'à s'interroger sur les exigences du véritable esprit scientifique [1]. Lorsque le mécanisme cartésien commence au contraire à être battu en brèche, et qu'avec lui s'effrite l'appui qu'il prêtait au spiritualisme, l'apologie des bêtes devient un lieu commun de la philosophie des lumières. Dans les *Lettres philosophiques* Voltaire choisit l'exemple des animaux comme preuve de ce que la faculté de sentir peut très bien faire partie des propriétés de la matière organisée : si les animaux étaient des machines insensibles, Dieu qui leur a donné des organes analogues aux nôtres aurait fait, dit-il, « un ouvrage inu-tile »... Et Voltaire est si satisfait de cet argument qu'il le déclare « pres-que » irréfutable [2]. Plus catégorique, le marquis d'Argens affirme sans hésiter que « l'âme des bêtes est une preuve que la matière peut acquérir la faculté de penser » [3]. Et La Mettrie se livre à une critique en règle de l'hypothèse cartésienne, avec une argumentation qui rappelle celles de Voltaire et de Boullier : si nous reconnaissons aux autres hommes une sensibilité identique à la nôtre, c'est uniquement, dit-il, parce que l'expérience nous y porte; pourquoi, en ce qui concerne les bêtes, fau-drait-il juger d'après des critères différents ? En plus d'une circonstance, les animaux ont un comportement analogue au nôtre; ils possèdent les mêmes organes des sens que nous : en bonne logique nous n'avons donc aucune raison de les considérer comme des automates de Vau-canson [4].

---

1. Sur la pensée de Meslier, voir ci-dessus, Ch. II, 3. Au tome III de son *Testament* (*Huitième preuve*, XCIII), Meslier s'insurge contre l'opinion cruelle et fausse qui refuse la sensibilité aux bêtes.

2. *Lettres philosophiques*, XIII, *op. cit.* Dans son *Essai* de 1727 Boullier consacrait tout un chapitre à démontrer (Première partie, Ch. VI) que « l'admirable structure » du corps des bêtes ne pouvait avoir été créée que pour loger une âme immatérielle. C'est l'idée même que développe Voltaire, à cette différence près que l'auteur des *Lettres phi-losophiques* la met au service de son matérialisme.

3. *Philosophie du bon-sens*, *op. cit.*, quatrième réflexion, section XIV. Cf. aussi *Lettres juives*, CLXXI etc... Diderot se souviendra de l'argument pour soutenir son hypothèse de la sensibilité universelle. Voir ses *Réflexions sur le livre De l'Esprit*, A.T., II, p. 267.

4. *Histoire naturelle de l'âme*, *op. cit.*, Ch. VI et XI.

Le tour pris après 1730 par les discussions sur l'âme des bêtes semble bien confirmer le jugement de Bayle : malgré ses inconvénients ou même ses dangers, le système de l'automatisme est le seul dont, à l'extrême rigueur, la théologie puisse s'accommoder [1]. Dès que l'on s'en écarte tant soit peu la voie est ouverte à un matérialisme qui abolit toute distinction substantielle entre l'homme et l'animal. Le succès du livre de Boullier profite surtout au parti des Philosophes. Accorder aux bêtes la moindre lueur de sensibilité, s'empressent-ils de proclamer, c'est ruiner le dogme de la spiritualité de l'âme. Entre l'homme et l'animal il ne subsiste plus en effet, une fois le premier point admis, qu'une différence d'organisation, différence physiologique et non métaphysique. Si les organes grossiers des bêtes suffisent à leur assurer « la faculté de sentir et de percevoir », n'est-il pas logique, interroge Voltaire, de croire que les « organes plus déliés » que nous possédons sont la véritable source de « cette faculté de sentir, d'apercevoir et de penser, que nous appelons raison humaine ? [2]. Pour un disciple de Locke, persuadé que les formes les plus complexes de la pensée rationnelle naissent de la sensation, il est tentant d'admettre que la sensibilité animale et la raison humaine sont deux attributs d'une même substance : si la première est matérielle, la seconde doit l'être aussi. Dans son *Histoire naturelle de l'âme,* il est vrai, La Mettrie semble ne vouloir abandonner le dualisme cartésien que pour revenir à la vieille distinction aristotélicienne des trois âmes superposées [3]. Mais ce langage scolastique n'est qu'un artifice de style : en réalité lorsque l'auteur en vient à définir les perceptions proprement intellectuelles, il précise aussitôt qu'elles sont « les rapports que l'âme découvre dans les sensations qui l'affectent » [4]. Penser, c'est sentir, mais « sentir en philosophe » [5] et dans ses plus savantes démarches, « l'âme raisonnable n'agit que comme sensitive » [6].

Sans doute le sensualisme ne conduisait-il pas nécessairement au matérialisme. L'exemple de Condillac, au milieu du siècle, le confirme encore ; le caractère hybride de la sensation rend ambiguë toute théorie de la connaissance édifiée sur elle et permet des interprétations contradictoires. Mais le cas de Condillac montre également que si le matérialisme n'est pas le corollaire inévitable du sensualisme il constitue cependant pour lui une tentation permanente. Condillac définit la sensation de manière tout idéaliste comme « une modification de notre âme » [7] ;

---

1. *Dictionnaire historique et critique,* art. *Rorarius, Remarque C.* Cf. aussi *Encyclopédie,* art. *Ame des bêtes, loc. cit.*
2. *Lettres philosophiques,* XIII, *loc. cit.* Voir aussi le *Traité de métaphysique, op. cit.,* Ch. V, et le *Dictionnaire philosophique,* art. *Bêtes.*
3. *Op. cit.,* Ch. VIII, *De l'âme végétative* ; ch. X, *Des facultés du corps qui se rapportent à l'âme sensitive* ; Ch. XIII, *Des facultés intellectuelles ou de l'âme raisonnable.*
4. *Ibid.,* Ch. XIII, 1, (*Œuvres philosophiques, op. cit.,* t. I, p. 178).
5. *Ibid.,* p. 179.
6. *Ibid.,* 4, p. 186.
7. Cf. *Traité des sensations* (édit. 1788), p. 5, note 1.

sa statue resterait enfermée dans son intériorité, sans aucune notion de l'existence du monde extérieur, si elle était bornée aux quatre sens de l'ouïe, de l'odorat, de la vue et du goût [1]; il faut l'intervention d'un sens privilégié, celui du toucher, pour l'arracher à ce solipsisme absolu [2]. Le système esquissé en 1746 dans l'*Essai sur l'origine des connaissances humaines* et développé en 1754 dans le *Traité des sensations* est donc plus proche de l'immatérialisme de Berkeley que du matérialisme de La Mettrie. Mais dans les deux cas il est également difficile de supposer une différence de nature entre le psychisme de l'animal et celui de l'homme. Une fois admis que « le jugement, la réflexion, les désirs, les passions, etc... ne sont que la sensation même qui se transforme différemment » [3], on ne peut maintenir entre les aspects les plus élémentaires et les formes les plus hautes de la connaissance qu'une différence de degré. Tandis que le matérialisme de La Mettrie animalise l'homme, Condillac spiritualise l'animal [4] : théologiquement la seconde doctrine n'était guère plus défendable que la première. Pleinement conscient de cette difficulté, Condillac semble avoir longuement réfléchi à la manière de la résoudre. On ne peut dire pour autant que la solution finalement retenue soit tout à fait exempte d'équivoque.

Dès 1746 son ambition de devenir le Locke français, plus systématique et plus cohérent toutefois que le philosophe anglais, s'était heurtée à la difficulté de préserver, dans le cadre d'une théorie sensualiste de la connaissance, la spécificité de la raison humaine : problème d'autant plus grave pour notre auteur que son sensualisme était beaucoup plus rigoureux que celui de Locke; alors que son inspirateur présentait encore l'entendement comme un principe autonome et doué d'une activité propre, Condillac le définissait radicalement comme « la collection ou la combinaison des opérations de l'âme » [5]. Pour sauvegarder, malgré tout, la supériorité de l'âme humaine sur celle des bêtes, il était alors conduit à insister sur le rôle du langage articulé dans le développement de la pensée réfléchie : le progrès de l'imagination

---

1. *Ibid.*, Première partie, Ch. XII.
2. L'éducation des autres sens par celui du toucher est étudiée par Condillac dans la troisième partie de son traité. C'est une réponse à Berkeley, écrite à la suggestion de Diderot (*Lettre sur les aveugles*, édit. Niklaus, *op. cit.*, p. 36) ; à la lecture de l'*Essai* de 1746 Diderot avait été frappé par l'analogie des principes de son ami avec ceux de l'évêque anglican. Rappelons que les *Dialogues d'Hylas et de Philonoüs*, traduits par Guy de Malves en 1744 et réédités en 1750, suscitent en France à la fin du demi-siècle un assez vif intérêt.
3. *Traité des sensations*, *op. cit.*, Dessein de cet ouvrage, p. 5.
4. En 1755, en réplique à Buffon pour qui il y a un abîme entre l'animal et l'homme (Voir son *Discours sur la nature des animaux*, 1755, où il accorde aux bêtes le « sentiment », mais en leur déniant toute espèce d'activité mentale), Condillac publie son *Traité des animaux* où il cherche à mettre en évidence le spiritualisme de son *Traité des sensations* : s'il s'y accorde avec La Mettrie, contre Buffon, pour nier qu'il y ait rupture de continuité de la sensation à la réflexion, c'est une fois de plus dans une perspective exactement contraire à celle de l'*Homme-Machine*.
5. *Essai sur l'origine des connaissances humaines*, *op. cit.*, Première partie, Section II, Ch. VIII, p. 73.

15

et de la mémoire exigeait, selon lui, l'invention de ces signes arbitraires que sont les mots ; de plus, grâce à cet écran protecteur qui s'interpose entre elle et les choses, notre âme cesse d'être immédiatement dépendante des objets du monde extérieur, auxquels les animaux demeurent, pour leur part, étroitement rivés [1]. Cette théorie si originale [2] soulevait cependant une nouvelle question : pourquoi les animaux ne sont-ils pas capables, eux aussi, d'inventer de tels signes ? Comme beaucoup de ses contemporains, le président de Brosses, Rousseau et Maupertuis entre autres, Condillac s'était donc intéressé au problème de l'origine des langues. En 1746 il voyait dans la vie sociale la condition nécessaire de l'apparition du langage, et citait le cas d'un enfant sauvage de Lithuanie, resté tout proche de la vie animale [3]. Mais lorsqu'il revient en 1754, très brièvement, sur cette question épineuse, il la résout d'une manière assez différente. Si les bêtes, pourtant douées de sensibilité, n'ont pas les mêmes facultés intellectuelles que nous, écrit-il alors, c'est pour une raison d'ordre physiologique : « L'organe du tact est en elles moins parfait et, par conséquent, il ne saurait être pour elles la cause occasionnelle de toutes les opérations qui se remarquent en nous. Je dis la *cause occasionnelle*, parce que les sensations sont les modifications propres de l'âme et que les organes n'en peuvent être que l'occasion » [4]. Mieux que de longs commentaires ces deux petites phrases dénotent l'embarras d'un auteur qui n'ose aller jusqu'au bout d'aucune de ses idées. Il est piquant de voir ce pourfendeur de l'esprit de système, si ironique à l'égard de Malebranche auquel il refusait quelques années plus tôt le nom de philosophe en le traitant de « bel esprit » [5], recourir ainsi à l'occasionnalisme pour éviter un écueil encore plus redoutable. Car si l'on dépouille cette explication de ses résonances malebranchistes il

*\
*

---

1. *Ibid.*, Ch. II.

2. Point souligné par M. G. Le Roy dans son *Introduction aux Œuvres philosophiques* de Condillac, (*Corpus des philosophes français*, Paris, P.U.F., 1947-48, t. I, p. XVI), où il remarque que Locke « n'avait jamais rien dit de tel ».

3. *Op. cit.*, Première partie, Section IV. De telles anecdotes se rencontrent fréquemment dans la littérature philosophique de l'époque. En 1745, dans l'*Histoire naturelle de l'âme*, La Mettrie cite également celle de l'enfant lithuanien trouvé parmi un troupeau d'ours en 1694 (*op. cit.*, Ch. XV, *Histoire V*) après le cas moins extraordinaire d'un habitant de Chartres, sourd-muet de naissance, et brusquement tiré de la vie animale par la découverte du son, puis du langage (*ibid.*, *Histoire première*).

4. *Traité des sensations*, p. 5, note 1 (*loc. cit.*). Et Condillac ajoute : « De là, le philosophe doit conclure, conformément à ce que la foi enseigne, que l'âme des bêtes est d'un ordre essentiellement différent de celle de l'homme. Car serait-il de la sagesse de Dieu qu'un esprit capable de s'élever à des connaissances de toute espèce, de découvrir ses devoirs, de mériter et de démériter, fût assujetti à un corps qui n'occasionnerait en lui que les facultés nécessaires à la conservation de l'animal ? »

5. *Traité des systèmes*, *op. cit.*, Première partie, Ch. VII.

reste cet aveu que la seule différence objectivement vérifiable entre l'homme et l'animal réside dans l'inégale perfection de leurs organes. La Mettrie n'en avait pas dit davantage.

Au milieu du siècle le problème métaphysique de l'âme de bêtes suscite moins d'intérêt que les observations sur l'intelligence animale. Sur la question de l'âme et du corps on constate une évolution analogue des points de vue. Affirmant son dédain des spéculations sans issue, la philosophie des lumières prétend se borner à la seule recherche expérimentale. Mais cette volonté de strict empirisme, qui se manifestait déjà chez Fontenelle, conduit à deux attitudes très différentes : soit un phénoménisme qui réserve prudemment le domaine de la foi, soit un matérialisme virulent pour qui les réalités spirituelles n'ont pas d'existence propre, puisqu'aucune expérience ne permet de les isoler de leur conditionnement physiologique. La première attitude est celle de Maupertuis, tandis que La Mettrie choisit résolument la seconde. Sur le problème de l'âme des bêtes l'auteur de la *Vénus physique* avoue sa grande incertitude. Acquis au sensualisme, et persuadé que « tout sentiment, toute perception est une pensée », il juge vaines les distinctions scolastiques : accorder aux animaux « une âme sensitive », c'est leur reconnaître aussi « une âme pensante »; mais il est vrai, inversement, que toutes les merveilles de l'instinct peuvent s'expliquer mécaniquement. Comment choisir entre Locke et Descartes ? Maupertuis invoque alors l'analogie de la nature, démontrée par les sciences naturelles : puisqu'il n'y a aucune solution de continuité de la plante à l'huître et de l'huître à l'homme, et que la complexité de la nature vivante croît insensiblement d'espèces en espèces, pourquoi les âmes ne différeraient-elles pas entre elles, comme les corps, « par des nuances insensibles de perfection »? Mais une nouvelle objection surgit aussitôt, car rien ne prouve, réplique Maupertuis, que dans l'échelle naturelle des êtres la gradation des âmes suive forcément celle des corps [1]. Le dualisme métaphysique auquel le président de l'Académie de Berlin entend demeurer fidèle interfère ici avec la réserve critique du savant toujours soucieux de n'admettre aucune hypothèse dont il n'ait vérifié toutes les conditions. Aussi ne recule-t-il pas devant un aveu d'ignorance, ni sur l'âme des bêtes, ni sur l'union de l'âme et du corps; renvoyant dos à dos les « deux grandes sectes de philosophes modernes », c'est-à-dire les disciples de Malebranche et ceux de Leibniz, il conclut sur cette note un peu désabusée : « Les autres, moins savants sur cette matière et peut-être plus raisonnables, admettent une influence de l'âme sur le corps et du corps sur l'âme et ne savent ce que c'est » [2].

---

1. *Lettres*, 1752, 5, *Sur l'âme des bêtes, loc. cit.*
2. *Ibid.*, 4. *Sur la manière dont nous apercevons, loc. cit.*, in *Œuvres*, 1756, t. II, p. 210.

Pour La Mettrie, au contraire, parler d'une action réciproque de l'âme et du corps, c'est mêler un préjugé aux enseignements de l'expérience. Celle-ci ne nous apprend rien sur l'existence d'un prétendu principe spirituel indépendant des organes du corps. Ce que les spiritualistes appellent l'âme « se forme, croît et décroît avec le corps, et il n'y a aucune raison d'en faire une substance distincte de la matière organisée »[1]. Fort de son érudition médicale et de son expérience de médecin, La Mettrie multiplie les observations destinées à prouver que l'âme n'est rien sans le corps; anatomie comparée, psychologie de l'enfant, psycho-physiologie et psycho-pathologie lui fournissent de nombreux exemples de l'étroite dépendance du psychique par rapport au physiologique[2]. D'où la conclusion que l'âme est dans le corps comme le timbre dans la montre, et que sa sensibilité est inerte et engourdie lorsque le marteau ne frappe pas le timbre[3]; passive aux impressions extérieures, l'âme n'a qu'une existence discontinue; semblable à la corde d'un violon ou à la touche d'un clavecin, elle ne frémit et ne vibre que lorsque le mouvement des esprits animaux atteint les centres cérébraux[4]. « En faut-il davantage [...] questionne notre médecin, pour prouver que l'homme n'est qu'un animal, ou un assemblage de ressorts, qui, tous, se montent les uns par les autres, sans qu'on puisse dire par quel point du cercle humain la Nature a commencé » ?[5] Quant à savoir par quels processus le *mouvement* devient *sensibilité*, La Mettrie reconnaît sa complète ignorance : mais il lui suffit que le mouvement et le sentiment soient expérimentalement indissociables pour affirmer, contre tous les spiritualistes, « l'unité matérielle de l'homme »[6].

C'est bien dans la rigueur de cette affirmation matérialiste qu'il faut voir la principale originalité de La Mettrie, et la source de son influence sur les générations suivantes, de Diderot à Helvétius, à Cabanis et aux Idéologues. Les limites de ses conceptions physiologiques, étroitement mécanistes, sont évidentes; bien qu'elle accorde plus d'impor-

---

1. *Histoire naturelle de l'âme, op. cit., Conclusion.* Parmi les prédécesseurs de La Mettrie dans la voie du matérialisme psycho-physiologique, citons Boureau-Deslandes, auteur de *Pigmalion, ou la statue animée,* Londres, 1741.

2. Nous renvoyons sur ces différents points à la monographie du Dᵣ Boissier, déjà citée, ainsi qu'à l'introduction de Mᵐᵉ Marcelle Tisserand à ses *Textes choisies* de La Mettrie, Éditions sociales, Paris, 1954. Rappelons toutefois que La Mettrie était l'élève et le traducteur de Boerhaave, et que, parmi ses œuvres médicales personelles, un *Traité du Vertige* (1737) est l'une des sources de son *Homme-Machine* (cf. édit. Solovine, *op. cit.* p. 102, note).

3. *Histoire naturelle de l'âme, op. cit.,* Ch. IX.

4. *L'Homme-Machine, op. cit.,* p. 83.

5. *Ibid.,* p. 128.

6. *Ibid.,* p. 120, et p. 128 : « Tout ce que l'expérience nous apprend, c'est tant que le mouvement subsiste, si petit qu'il soit, dans une ou plusieurs fibres, il n'y a qu'à les piquer pour réveiller, animer ce mouvement presque éteint, comme on l'a vu dans cette foule d'expériences dont j'ai voulu accabler les systèmes. Il est donc constant que le mouvement et le sentiment s'excitent tour à tour, et dans les corps entiers, et dans les mêmes corps, dont la structure est détruite ; pour ne rien dire de certaines plantes qui semblent nous offrir les mêmes phénomènes de la réunion du sentiment et du mouvement ».

tance que Descartes à l'ensemble du système nerveux, sa physiologie demeure celle des esprits animaux [1]. Il n'est pas non plus le premier à ranger l'homme parmi les autres espèces vivantes, et à compléter l'explication mécanique des passions qu'avait proposée Descartes par une théorie sensualiste de la raison [2]. Mais la fermeté de sa démonstration, la verve de son style, sa réputation de médecin expliquent le retentissement de son œuvre et le scandale provoqué par *l'Homme-machine,* moins de trois ans après celui de l'*Histoire naturelle de l'âme* [3]. Pour ces diverses raisons La Mettrie mérite d'occuper une place de choix dans l'histoire des idées : d'autres ont plus de droits que lui à être rangés parmi les précurseurs du transformisme [4]; riche en vues personnelles, sa morale est l'expression de son tempérament, le champ de manœuvres de son esprit critique, plutôt qu'un système d'une pleine cohérence [5]; mais il a cristallisé, à la faveur de sa réflexion et de son expérience personnelles, les tendances matérialistes diffuses dans la libre-pensée française depuis plusieurs générations : il est en France le véritable initiateur du matérialisme psycho-physiologique.

Point de départ des développements ultérieurs de ce matérialisme, l'*Homme-Machine* en laisse déjà apparaître les futures contradictions. Le dissentiment d'Helvétius et de Diderot est en germe dans les quelques pages où La Mettrie juxtapose l'exposé des « mérites » d'une bonne organisation et l'analyse des bienfaits de l'instruction. Comment affirmer à la fois que l'homme est une partie de la Nature et le produit de la culture ? Quelle part faire en tout cas, dans sa formation, à l'une et à l'autre ? Notre auteur accorde un grand crédit aux ressources de « l'éducation », jusqu'à admettre la possibilité d'apprendre un jour aux singes le langage articulé [6]. Mais s'il tient que « l'organisation est le premier mérite de l'homme » [7], il sait aussi que l'uniformité physiologique de l'espèce humaine laisse place à de nombreuses variantes, individuelles ou col-

---

1. On sait que Descartes logeait principalement l'âme dans la glande pinéale. La Mettrie discute cette hypothèse au chapitre X de l'*Histoire naturelle de l'âme.*

2. Nous avons vu qu'il reconnaît sa dette envers Guillaume Lamy. Étant donné le succès du recueil, il pouvait difficilement ignorer l'article des *Nouvelles libertés de penser* intitulé *Le sentiment des philosophes sur la nature de l'âme,* attribué à Mirabaud, et où sont développées des thèses analogues à celles de l'auteur des *Discours anatomiques.* L'idée que l'âme est un effet de l'organisation se trouve également exprimée par Diderot dans la *Promenade du Sceptique* (*L'allée des marronniers,* 18, A.T., I, p. 223). Rappelons cependant que la date de cet ouvrage, composé en 1747 et demeuré inédit jusqu'en 1830, interdit qu'on y voie une source de l'*Homme-Machine,* et *a fortiori,* de l'*Histoire naturelle de l'âme.* Il n'en est pas de même du livre de Boureau-Deslandes cité plus haut.

3. Forcé d'abandonner en 1745 sa charge de médecin aux gardes françaises, puis de se réfugier à Leyde l'année suivante, il est de nouveau fugitif après la publication de l'*Homme-Machine* et ne trouve la tranquillité qu'à la cour de Frédéric II en 1748.

4. Cf. ci-dessus, Ch. IV, 4.

5. Cf. ci-dessus, Ch. VI, 3, et Ch IX, 1.

6. *L'Homme-Machine, op. cit.,* p. 77.

7. *Ibid.,* p. 88.

lectives : l'humeur d'un individu se modifie avec l'air qu'il respire; « l'esprit a, comme le corps, ses maladies épidémiques et son scorbut » [1]. Tel est « l'empire du climat », que les peuples subissent comme les particuliers. Le matérialisme du médecin La Mettrie n'aurait pas été complet si, à côté de la physiologie, il n'avait pas fait une place, même réduite, à la géographie.

---

1. *Ibid.*, p. 72.

3. — *L'empire du climat*

Comment s'étonner que tant d'esprits hardis ou originaux soient tentés au XVIIIe siècle d'expliquer l'histoire par la géographie ! La littérature de voyages qui habitue le public cultivé à prendre conscience de la diversité humaine dans l'espace met presque constamment en parallèle la nature physique du pays visité avec le caractère et les mœurs de ses habitants. L'explication ainsi suggérée a l'avantage de sauvegarder le principe de l'unité de l'espèce humaine, que personne au XVIIIe siècle ne songe sérieusement à révoquer en doute [1]. Mais l'abondance de la documentation ethnographique rassemblée par les voyageurs n'aurait pas suffi à rajeunir le prestige de la vieille théorie des climats, si cette dernière n'avait trouvé appui dans l'évolution générale des idées. Or la notion d'un déterminisme géographique s'accorde avec deux tendances majeures de la philosophie des lumières : d'une part, elle fournit au « spinozisme » latent ou avoué de l'époque un contenu concret et l'esquisse d'une confirmation expérimentale; d'autre part, en supposant les hommes individuellement ou collectivement passifs à l'action du milieu naturel où ils vivent, elle rejoint l'hypothèse sensualiste, et surtout l'interprétation matérialiste qu'en donnent fréquemment les disciples français de Locke.

Considérée à ce double point de vue, la théorie des climats apparaît donc comme un aspect essentiel du « naturalisme » des Philosophes. Comme elle souligne d'une manière particulièrement vigoureuse leurs tendances déterministes et matérialistes, il est normal qu'elle finisse par susciter de la part de leurs adversaires les plus vives réserves; on s'attendrait moins, de prime abord, à devoir constater qu'au milieu du siècle ses ennemis se recrutent autant chez les partisans résolus de l'esprit nouveau que chez les défenseurs des traditions spiritualistes; le « fatalisme » géographique communément attribué, à tort ou à raison, à *L'Esprit des Lois* vaudra à Montesquieu les critiques d'Helvétius après les attaques de la Sorbonne ou des *Nouvelles Ecclésiastiques*. L'his-

---

1. Voir en particulier les remarques de R. HUBERT, *Les sciences sociales dans l'Ency-clopédie, op. cit.*, Première partie, Ch. II. Une question très discutée au cours du demi-siècle est celle de la couleur des nègres : l'expliquer par le climat et non plus comme un effet de la malédiction pesant sur les fils de Cham, c'est faire succéder, au moins en intention, la science à la théologie ; mais cette hardiesse de pensée s'inscrit dans un contexte beaucoup plus conformiste, puisqu'elle dispense de contredire sur un point beaucoup plus important l'autorité de la *Genèse* qui attribue à tous les peuples de la terre une origine commune.

toire des idées ne peut se borner à enregistrer sans commentaire ce fait
capital d'une scission de la philosophie des lumières. Si la théorie des
climats en est la cause directe, c'est que son succès même finit par exposer au grand jour la contradiction centrale de l'idée de nature, telle
du moins que l'avait spontanément définie l'optimisme facile du premier
demi-siècle ; le double aspect, positif et normatif, de la notion de nature
permettait de croire à une sorte d'harmonie préétablie entre le fait et le
droit, c'est-à-dire entre les lois objectives de la « nature des choses »
et les aspirations idéalistes de la morale naturelle. Mais cet accord est
rompu quand l'ordre universel de la nature se trouve assimilé à un
déterminisme aveugle et brutal qui ne fait plus la moindre place aux
revendications de la conscience. Nous voudrions montrer que l'apport
le plus personnel de Montesquieu à la théorie des climats réside précisément dans le sentiment aigu que *L'Esprit des Lois* manifeste de ce
divorce irréductible. Encore convient-il, pour s'en convaincre, de ne pas
se laisser d'abord égarer sur de fausses pistes. Alors que, de nos jours,
les sciences humaines se sont depuis longtemps débarrassées d'un
« géographisme » sommaire, il est urgent que l'histoire littéraire cesse
de présenter comme une conquête de l'esprit scientifique moderne une
doctrine plus riche de survivances mentales que de vues fécondes [1] :
en attribuer la paternité à Montesquieu, c'est sans doute beaucoup
déformer sa pensée ; fonder ses titres envers la postérité sur des bases
aussi fragiles, c'est assurément lui faire un honneur douteux auquel
sa gloire véritable n'a rien à gagner.

Au XVIIIe siècle établir un rapport de cause à effet entre le cadre
géographique d'un pays et le caractère de ses habitants, voire ses institutions politiques, n'a plus rien, dans son principe, d'une idée neuve.
Les sources de la théorie des climats ont pu faire l'objet, de nos jours,
de fructueuses recherches [2]. La moisson de références est désormais
assez abondante pour qu'un examen critique des textes connus soit

---

1. Voir le vigoureux examen critique auquel la soumet Lucien Febvre dans son livre
La Terre et l'évolution humaine, Paris, Albin Michel, deuxième édition, 1924. A rapprocher des vues très nuancées que propose sur la même sujet un géographe contemporain,
orfèvre en la matière, Maximilien Sorre (*Les fondements de la géographie humaine*, t. I,
Les fondements biologiques. Essai d'une écologie de l'homme, Paris, A. Colin, seconde édition revue et augmentée, 1947 ; et *Géographie psychologique*, Paris, P. U. F., 1954). A la
notion de « climat », elle-même singulièrement enrichie depuis le XVIIIe siècle, la science
d'aujourd'hui préfère celle de « milieu climatique et biosocial » ; et elle substitue parallèlement à l'idée sommaire d'un déterminisme celle d'une « adaptation » qui n'est pas
acceptation passive, mais plutôt incessante recréation du milieu par l'homme.

2. Parmi les études les plus récentes mentionnons l'article de R. Mercier, *La Théorie
des climats des Réflexions critiques à l'Esprit des Lois*, R.H.L.F., janvier-mars et avril-
juin 1953. Nous lui emprunterons de nombreuses références.

plus utile que de nouvelles glanes. Sans remonter d'emblée jusqu'à Bodin, Aristote et Hippocrate, et sans quitter le domaine de la littérature, on peut citer par exemple de nombreux textes du XVIIe siècle où la notion d'un déterminisme géographique est admise sans discussion. C'est Maxime plaidant devant Auguste la cause de la République :

> « J'ose dire, Seigneur, que par tous les climats,
> Ne sont pas bien reçus toutes sortes d'états... »[1].

ou Boileau celle de la vérité dans l'art :

> « Des siècles, des pays, étudiez les mœurs;
> Les climats font souvent les diverses humeurs »[2].

Quelques années avant l'abbé Dubos, Fénelon cite le milieu physique parmi les causes du talent littéraire ou artistique de quelques nations privilégiées :

> « Certains climats sont plus heureux que d'autres pour certains talents, comme pour certains fruits. Par exemple le Languedoc et la Provence produisent des raisins et des figues d'un meilleur goût que la Normandie et les Pays-Bas. De même les Arcadiens étaient d'un naturel plus propre aux Beaux-Arts que les Scythes. Les Siciliens sont encore plus propres à la musique que les Lapons. On voit même que les Athéniens avaient un esprit plus vif et plus subtil que les Béotiens... »[3]

Intuitions géniales? Pressentiments d'une vérité scientifique que les générations suivantes devaient développer et approfondir ? Ne nous hâtons pas trop de crier au miracle. La fréquence même de ces remarques prouve qu'elles doivent moins à la réflexion personnelle de leurs auteurs qu'au fonds commun de la culture classique et de la sagesse des nations[4]. Cicéron expliquait déjà la vigueur de l'éloquence athénienne par le climat de l'Attique[5], et le sens péjoratif donné à l'adjectif « béotien » ne date pas des temps modernes... Quant à l'utilisation de cette idée comme preuve de la supériorité des Anciens, ce n'est pas non plus une nouveauté en 1713. Fontenelle l'avait discutée dès 1688, objectant que s'il est permis d'assimiler l'homme à la plante, la culture a, dans les deux

---

1. CORNEILLE, *Cinna*, II, 2.

2. BOILEAU, *Art poétique*, III, v. 113-114. Cf. aussi LA BRUYÈRE, *Caractères*, Ch. II, *Du cœur* ; BOUHOURS, *Entretiens d'Ariste et d'Eugène*, Quatrième entretien. Références empruntées à L. FEBVRE, *op. cit.*, pp. 5-6.

3. FÉNELON, *Lettre sur les occupations de l'Académie française*, IV, (*Œuvres, op. cit.*, t. IV, p. 489)

4. Cf. L. FEBVRE, *op. cit.*, pp. 6-8.

5. CICÉRON, *Brutus*, 51. On trouvera une remarque analogue dans l'*Essai sur les causes...* de Montesquieu (*Œuvres, op. cit.*, t. III, p. 404), et dans le *Traité des Études* de Rollin (t. II, pp. 397-398). Cf. R. MERCIER, article cité, p. 19.

cas, le pouvoir de transformer et d'améliorer la nature [1]. Souvent invoqué au cours de la Querelle, l'argument du climat y apparaît sous son
vrai jour, non comme une idée subversive, mais comme un lieu commun
que le conservatisme littéraire appelle volontiers à la rescousse. L'opposition de Fontenelle et de Fénelon prend de ce point de vue une valeur
exemplaire et la querelle des Anciens et des Modernes annonce à cet
égard l'un des plus graves problèmes qui se poseront, un demi-siècle
plus tard, à la philosophie des lumières [2]... Les choses seront moins
claires dans le second quart du XVIIIᵉ siècle où les tenants des « causes
physiques » feront au contraire figure de novateurs; l'importance accordée par Dubos, puis Cartaud de la Villate, aux causes géographiques
du génie soulèvera alors les protestations des « gardiens du bon goût »,
inquiets de cette tendance au relativisme esthétique [3]. Si l'étude des
sources de la seconde partie des *Réflexions critiques* peut présenter un
intérêt évident, c'est à coup sûr lorsqu'elle éclaire l'ambiguïté d'un
système de pensée apparemment révolutionnaire et, en réalité, profondément conservateur.

Invoquer le climat et son influence, c'est prêcher le respect des
habitudes et la soumission à l'ordre établi. Ceci est aussi vrai en littérature qu'en politique, et nous avons vu combien l'esthétique et le
goût de l'abbé Dubos demeuraient prisonniers des traditions classiques.
La véritable origine de la théorie des climats, nous devons la chercher
dans la sagesse millénaire qui ne propose d'autre remède aux maux des
hommes que l'acceptation de l'inévitable. Sagesse à courte vue qu'un
Corneille ou un La Bruyère regardent, presque sans examen, comme
l'expression même du bon sens. Sagesse des fables et des almanachs,
riche de l'expérience des siècles, mais lourde aussi de préjugés ancestraux. Le déterminisme du climat est aussi fatal que l'influence supposée
des astres. Historiquement, les deux croyances sont liées, et on les rencontre intimement mêlées chez Hippocrate, Cardan et Bodin [4]; menta-

---

1. *Digression sur les Anciens et sur les Modernes, op. cit.* (*Œuvres*, t. II, p. 354).
2. Il va sans dire que nous ne prétendons pas définir ici toute la doctrine littéraire
de Fénelon ; dans le même passage il invoque en faveur des Athéniens les causes morales
et politiques auxquelles leur éloquence devait sa valeur, et il leur accorde visiblement
plus d'importance qu'aux facteurs géographiques. On sait d'autre part que sa position,
sur le fond de la querelle, était d'une grande souplesse (cf. ci-dessus, Ch. V). Sur l'utilisation défensive de l'argument des climats par les « Anciens » nous disposons du témoignage
très critique d'Adrien Baillet, auteur des *Jugements des Savants*, 9 vol., 1685-86, t. I,
pp. 230-360. Cf. R. NAVES, *Un adversaire de la théorie des climats au XVIIIᵉ siècle :
Adrien Baillet, R.H.L.F.*, 1936, pp. 430-432. Notons, après l'auteur de cet article, qu'en
osant discuter « le préjugé des Nations ou du pays des auteurs » A. Baillet, qui est résolument « moderne », a conscience de se heurter « au plus grand nombre des critiques ».
3. Voir R. MERCIER, article cité, pp. 18-27.
4. Cf. L. FEBVRE, *op. cit.*, pp. 7-8 ; H. BUSSON, *Les sources et le développement du
rationalisme dans la littérature française de la Renaissance (1533-1601)*, Paris, 1922, pp. 235-
238 ; et R. MERCIER, *loc. cit.*, p. 162, note 2. Dans le détail, la doctrine de Bodin est beaucoup plus nuancée que nous ne pouvons le montrer ; nous nous bornons à indiquer une
direction essentielle de sa pensée, étant bien entendu que lui-même apporte de nombreux
correctifs à l'idée d'une influence exclusive du climat.

lement, elles supposent de la part de l'homme la même attitude à l'égard
du cosmos. Le « petit monde » des astrologues est à l'image du grand,
de la même manière que, dans la littérature des climats, l'homme se trouve
modelé par le milieu naturel. La meilleure preuve qu'il s'agit bien,
dans les deux cas de la même forme de pensée, c'est qu'en plein XVIIIe
siècle on rencontre encore des textes littéraires qui assimilent naïvement
l'action des « causes physiques » à la fatalité astrologique :

> « Expliquez nous, par quelque adroit système,
> Pourquoi jadis accablés de faveurs,
> Nous éprouvons de si tristes rigueurs;
> Si de ces dons la mesure inégale
> Vient d'une source ou physique ou morale;
> Les astres seuls, malins ou bienfaisants,
> Font-ils éclore ou périr les talents ?
> Où pensez-vous qu'en ces jours trop stériles
> Un Mécénas produirait des Virgiles ? »[1].

L'auteur anonyme de cette question sur les causes de la décadence
des lettres en France depuis le siècle de Louis XIV n'envisage pas
d'autre réponse possible que l'alternative de la *fatalité* physique ou de
la *causalité* historique. Simple badinage littéraire, dira-t-on. Mais, nous
le savons, l'esprit du XVIIIe siècle n'était que très partiellement affranchi
des vieilles superstitions astrologiques. Boulainvilliers mérite d'être
considéré comme un précurseur de Montesquieu dans l'explication
géographique des religions; dans sa *Vie de Mahomet* le fanatisme religieux
des musulmans et les interdits alimentaires de leur religion sont également
imputés au climat brûlant d'Arabie[2]. Mais ce relativisme géographique
s'étalait déjà dans son *Astrologie mondiale* de 1711. Dans ce livre Boulainvilliers explique le caractère et la destinée des peuples à la fois par la
longitude et par la position des astres : « placés sous la longitude du
signe du Bélier », les Tartares et les Turcs ne pouvaient former que des
nations féroces et conquérantes[3]; un ascendant inverse détermine la
mollesse et la timidité des peuples de l'Inde[4]. Plutôt qu'une « déformation curieuse » de la théorie des climats[5], il convient, à notre avis, de
voir dans ces considérations astrologiques son inspiration la plus profonde. Sans doute sera-t-il malaisé de déceler cette origine dans la pensée
systématique d'un Dubos ou d'un Montesquieu. Le XVIIIe siècle a su

---

1. *Épître à M. l'abbé du Resnel, auteur de la traduction de Pope, et un des journalistes
des Savants, sur la cessation des talents en ce siècle*, in DESFONTAINES, *Observations sur les
écrits modernes*, t. I, 1735, pp. 234-235 — Citation empruntée à R. MERCIER, *loc. cit.*, p. 22.
2. *Vie de Mahomet*, 1730, *op. cit.*, Livre I, p. 8 et p. 149.
3. *Astrologie mondiale*, édit. R. Simon, *op. cit.*, p. 191.
4. *Ibid.*, p. 18.
5. R. MERCIER, *loc. cit.*, p. 161.

moderniser la théorie des climats et lui prêter la rigueur d'une hypothèse scientifique ; il lui a donné aussi une extension et une cohérence qu'elle n'avait jamais possédées jusque là au même degré. Mais ce double effort de rationalisation — expérimental et philosophique — ne doit pas nous faire oublier les sources lointaines et un peu honteuses de la croyance à une action directe du climat sur les formes les plus complexes de la vie et de l'activité des hommes. Nous verrons même le souvenir de cette préhistoire de l'esprit humain affleurer chez des auteurs qui se targuent d'être de véritables savants. C'est parfois dans de très vieilles outres — était-il indifférent de le rappeler ? — qu'a été versé au siècle des lumières le vin nouveau de la « philosophie ».

Traditionnellement l'action du milieu physique sur les hommes est presque toujours ramenée à celle du climat. On n'ignore pas sans doute l'importance du sol ou du relief auxquels Montesquieu, après Hippocrate et Bodin, fera une place dans son système. Mais le manque de connaissances géologiques fait qu'on ne distingue guère qu'entre plaines et montagnes, et — notation plus utilitaire que scientifique — entre pays fertiles et terrains stériles. Quant à la notion de climat, sa définition formelle est plus précise, mais son contenu demeure très incertain. Pour les géographes du xviiie siècle le climat est essentiellement affaire de latitude et *par conséquent* (la déduction semble logique) fonction de la température. On le définit avec une rigueur toute mathématique comme « un espace de terre renfermé entre deux cercles parallèles à l'Équateur, et tellement éloignés l'un de l'autre, qu'il y ait une différence de demi-heure dans la durée de leur grand jour d'été »[1]. La terre compte donc vingt-quatre climats différents. Mais dans la pratique on se borne, comme le faisait déjà Bodin, à distinguer trois grandes zones de part et d'autre de l'équateur : zone méridionale et torride, zone moyenne et tempérée, zone froide du nord[2]. La médecine s'efforce cependant de venir au secours de la climatologie ; pour elle, ce qui fait le caractère propre d'un climat particulier, c'est, de manière très concrète, la nature de l'air qu'on y respire. L'histoire de la théorie des climats au xviiie siècle est inséparable de celle des recherches menées en ce sens. Si la médecine semble fournir alors à l'idée de déterminisme climatique,

---

1. Abbé d'Espiard, *De l'Esprit des nations*, Paris, 1752, t. I, p. 5 (cité par R. Mercier, *loc. cit.*, p. 32). On lit une définition analogue dans la *Géographie universelle* du P. Claude Buffier.

2. *Ibid.*, Livre I, Ch. II. Aujourd'hui on parle volontiers de « complexe » climatique, tant sont divers les éléments qui entrent dans la définition d'un climat donné : température, humidité, régime des vents et des pluies, ensoleillement et radiations, électricité atmosphérique, etc...

dans la voie ouverte par Hippocrate, une caution expérimentale, c'est qu'elle s'intéresse intensément à l'action physiologique et pathologique de l'air sur les êtres vivants.

Dans le premier tiers du siècle l'attention des hommes de l'art est surtout retenue par la multiplication des maladies épidémiques : un praticien anglais, Clifton, tient de 1715 à 1725 le double journal de la température et des maladies qui sévissent dans la ville d'York[1]. En France la grande peste de 1720 suscite un grand nombre d'hypothèses médicales sur les causes et la nature du fléau : si le caractère contagieux du mal est loin d'être admis sans discussion, partisans et adversaires de l'idée de contagion s'accordent à ranger l'influence du « mauvais air » parmi les principales causes de la propagation de la maladie. Un médecin de Montpellier, Jean Astruc, que son *Traité des maladies vénériennes* rendra bientôt célèbre dans toute l'Europe, fait ainsi une large place à l'action de l'air dans sa théorie de la peste, et dans l'explication générale qu'il donne des maladies épidémiques[2]. Quelques années plus tard le physicien anglais Hales est conduit par ses observations sur les plantes à un essai d'analyse de l'air;[3] l'Académie de Bordeaux s'en inspire en 1733 pour proposer comme sujet de concours « l'explication la plus probable de la nature de l'air et de ses propriétés »[4]. La même année voit la publication en Angleterre du premier ouvrage de synthèse sur la question, l'*Essai des effets de l'air sur le corps humain,* de J. Arbuthnot. Cet ouvrage qui connaît un grand succès est traduit en français en 1742[5]. En 1743 l'Académie de Pau lui emprunte aussitôt le sujet de son prix : « La différence des climats où les hommes naissent contribue-t-elle à celle de leurs esprits ? »[6]. Plus pragmatiste, Hales invente un ventilateur destiné à empêcher, dans les lieux fermés, la corruption de l'air, et la description qu'il en donne est accueillie en France avec un vif intérêt[7]. Mais les discussions soulevées par les livres géographiques de *L'Esprit des Lois* font bientôt passer au second plan de l'actualité ces préoccupa-

---

1. Cf. *Encyclopédie,* t. I, 1751, art. *Air.*

2. J. Astruc, *Dissertation sur l'origine des maladies épidémiques, et principalement sur l'origine de la peste, où l'on explique les causes de la propagation et de la cessation de cette maladie.* Montpellier, 1721. Voir la brève analyse qu'en donne R. Mercier (article cité, p. 165) et aussi notre étude, déjà mentionnée, sur *La peste et l'idée de contagion au XVIIIe siècle,* (*loc. cit.,* pp. 49-51).

3. *La statique des végétaux, et l'analyse de l'air. Expériences nouvelles lues à la Société Royale de Londres. Ouvrage traduit de l'anglais par M. de Buffon,* Paris, 1735. L'édition anglaise date de 1727.

4. Cf. P. Barrière, *L'Académie de Bordeaux...,* op. cit., p. 130 et p. 190.

5. *Essai des effets de l'air sur le corps humain, traduit de l'anglais par M. Boyer de Pebrandié...,* Paris, 1742. Une seconde édition anglaise sera publiée en 1751.

6. Cf. P. Barrière, *op. cit.,* p. 204.

7. *Description du ventilateur, par le moyen duquel on peut renouveler facilement et en grande quantité, l'air des mines, des prisons, des hôpitaux...,* traduit par M. P. Demours, Paris, 1744.

tions hygiénistes [1]. Tandis que l'*Encyclopédie* essaie d'analyser dans son
ensemble la question du climat [2], deux concours académiques attestent
l'intérêt qu'elle continue à susciter. « La température de l'air dans un
pays influe-t-elle sur la température et la force de ses habitants ? »,
interrogent en 1753 les académiciens dijonnais [3]; et leurs confrères
bordelais couronnent la même année l'élégante étude d'un médecin de
Montpellier, François Boissier de Sauvages, dont les idées doivent
beaucoup à Hales et Arbuthnot [4].

Tous ces textes — et l'on pourrait en citer encore beaucoup d'autres — [5] attestent la place grandissante que la question occupe dans la
curiosité scientifique de la première moitié du XVIIIe siècle. Mais cette
prolixité est aussi un signe d'incertitude. Les observations de Hales
sur la respiration des plantes démontrent que la fonction respiratoire
est un phénomène universel de la matière vivante; deux expériences
simples, rappelées par Arbuthnot, prouvent d'autre part que la vie est
impossible dans le vide, et qu'un animal ne peut vivre longtemps dans
le même air [6]. Les difficultés commencent lorsqu'il s'agit d'interpréter
ces vérités expérimentales. Et d'abord, qu'est-ce que l'air ? Jusqu'à
Lavoisier on admettra que c'est un *corps simple*, et même l'un des corps
élémentaires dont la combinaison forme, selon l'ancienne chimie, toutes
les matières complexes de l'univers. Sur sa nature profonde on est
réduit à un aveu d'ignorance : « Nous ne connaissons point la nature
de cet élément, écrit un médecin renommé; ses propriétés seules nous
sont connues, encore ne se montrent-elles que par les effets... » [7]. Des
« effets » indiscutables de l'air ont été mis en évidence par la physique
du siècle précédent; l'air est fluide et élastique, on sait aussi depuis
Torricelli et Pascal qu'il est pesant. En revanche ses propriétés chimiques demeurent très mystérieuses. L'un des maîtres à penser des méde-

---

1. Celles-ci n'en subsistent pas moins et ne feront que se développer au cours de la
seconde moitié du siècle. Cf. *Encyclopédie*, art. *Air*, 1751 ; DESESSARTS, *Traité de l'éducation corporelle des enfants*, Paris, 1760 ; et à la fin du siècle, les travaux du médecin autri-
chien J.P. Frank.
   Comme jadis la peste, l'hygiène aura bientôt sa mythologie. Étroitement mêlée
au culte romantique de la montagne, la confiance dans les vertus physiologiques et
morales du « bon air » donnera naissance alors à un nouveau mythe. Cf. DAGOGNET, *La
cure d'air : Essai sur l'histoire d'une idée en thérapeutique, Thalès, (Année 1959)*, Paris,
1960, pp. 75-93.
2. Articles *Air, Climat, Crise, Sensibilité*... etc.
3. Cf. BOUCHARD, *De l'Humanisme à l'Encyclopédie, op. cit.*, pp. 602-603. En 1751
le sujet mis au concours à Dijon portait déjà sur un aspect de la théorie des climats :
« L'ordre des jours critiques est-il le même en nos climats que dans ceux où Hippocrate
les a observés, et quel égard doit-on y avoir dans la pratique ? »
4. *Dissertation où l'on recherche comment l'air suivant ses différentes qualités agit
sur le corps humain*, Bordeaux, 1753.
5. Le problème est abordé, de près ou de loin, dans tous les traités de théorie médicale
(Voir en particulier l'*Essai physique sur l'économie animale*, de QUESNAY, *op. cit.*), de même
que dans les ouvrages de chimie et de physique.
6. *Op. cit.*, Ch. V.
7. SÉNAC, *Traité de la peste*, 1744, Première partie, p. 62.

cins et des chimistes français du xviiie siècle, Bœrhaave, leur dénie même toute réalité : pour lui l'air agit dans les diverses combinaisons chimiques non comme un véritable élément au même titre que l'eau, la terre, et le feu, mais comme un simple instrument[1]. Même lorsque les disciples français du maître de Leyde s'écartent sur ce point de son enseignement, leur pensée garde l'empreinte de ses principes mécanistes. C'est dans ce cadre étroit qu'ils s'efforcent de faire entrer, pour la rendre intelligible, l'action de l'air sur l'organisme.

Encore frappés par la grande découverte de Harvey, les médecins et physiciens du xviiie siècle attribuent à l'air un rôle mécanique essentiel dans la circulation du sang. Certains pensent que la dilatation des poumons est nécessaire pour offrir au sang un passage[2]; pour d'autres les poumons agissent comme des soufflets et sont le moteur de la circulation[3]. Boissier de Sauvages enfin complète ces hypothèses d'une vue ingénieuse : l'air mêlé au sang des artères et dilaté par la chaleur interne du corps équilibre la pression atmosphérique; ce fait explique que, sauf en cas de changement brusque, nous soyons peu sensibles aux variations du poids de l'atmosphère[4]. Si neuves et si satisfaisantes pour l'esprit qu'apparaissent alors ces considérations de pure mécanique, les plus cartésiens de nos médecins en devinent cependant l'insuffisance. Tous ont le sentiment que le corps humain est autre chose qu'une machine pneumatique. S'ils analysent avec complaisance les propriétés mécaniques de l'air, ils n'abandonnent pas pour autant le point de vue d'Aristote et de Galien, adopté du reste par Descartes, selon lequel la fonction de l'air est aussi de rafraîchir le sang : n'est-il pas aisément vérifiable que la température de l'atmosphère est normalement inférieure à celle du corps ? Forts de cette vérité d'expérience, les médecins ne se doutent guère que ce retour au concret marque en fait un premier recul intellectuel par rapport aux abstractions de la science mécaniste[5]. Il est vrai qu'une hypothèse toute contraire fait de la respiration la véritable source de la chaleur animale : plus proche, en un sens, de la vérité, cette dernière idée trahit surtout le désarroi de la science médicale devant un

---

1. Les *Éléments de Chimie* ont été traduits en français en 1752, puis en 1754. Un condensé de l'ouvrage, lui-même publié par Bœrhaave en 1732, avait été donné par La Mettrie en 1741.

2. Cf. DIONIS, *Dissertation sur la mort subite et sur la catalepsie*, *op. cit.*, 2e édition, Paris, 1718, p. 42 sq. ; D. BERNOUILLI, *De respiratione*, Bâle, 1721, etc...

3. Edme GUYOT, *Nouveau système du microcosme*, *op. cit.*, p. 77 ; ARBUTHNOT, *op. cit.*, Ch. V, p. 127.

4. *Op. cit.* Deuxième partie, 1°, *Action des molécules de l'air sur le corps humain*. La présence d'air dans le sang rouge des artères avait été signalée au XVIIe siècle par Mayow mais n'était pas unanimement admise. En 1739 l'Académie de Bordeaux demande « si l'air de la respiration passe dans le sang ». (Cf. P. BARRIÈRE, *op. cit.*, p. 130).

5. Voir par exemple BOISSIER de SAUVAGES, *loc. cit.* L'erreur de cette intuition du sens commun sera démontrée par Lavoisier : en réalité la respiration est une combustion, et produit par conséquent un dégagement de chaleur. Une fois de plus la vérité scientifique se formera au détriment de « l'expérience » quotidienne.

phénomène qui échappe à ses prises. Sans doute la chaleur du corps est-elle analysée comme l'effet des « ondulations élastiques » de l'air [1] : mais cette explication mécaniste ne fait que rationaliser une intuition d'un tout autre genre. Derrière les effets sensibles, et même mesurables, de l'air on soupçonne la présence occulte du « feu » atmosphérique, principe de vie, que certains n'hésitent pas à dire porteur de l'âme du monde. L'idée que l'air contient du feu est alors communément admise : « Dans ce fluide que nous respirons, affirme au début du siècle un traité de chimie, il faut considérer trois choses, le feu, les exhalaisons et cette matière élastique qui s'appelle proprement l'air » [2]. Matière subtile des cartésiens, éther newtonien, ou enfin fluide électrique, le feu a sur la curiosité scientifique du siècle un pouvoir de fascination. Le feu est matière, mais si quintessenciée que ses vertus et qualités l'apparentent plus au monde spirituel qu'à la matière grossière. On lui attribue un grand rôle dans l'« économie animale ». Boissier de Sauvages l'assimile au « fluide électrique » étudié par le chimiste Du Fay, et voit en lui le « vrai fluide nerveux » [3]. Chez quelques-uns de ses devanciers le recours aux propriétés biologiques du feu traduit plus nettement une intuition vitaliste. Arbuthnot se borne à exposer les effets de l'air « tels qu'on peut les déduire des principes mécaniques » mais il s'autorise ensuite d'une référence à Hippocrate pour suggérer qu'il y a peut-être également en lui « quelqu'autre principe vital qui le rend si nécessaire à la vie de tous les animaux » [4]. Tout en s'affirmant cartésien, Quesnay consacre un chapitre entier à ce « principe vital » qu'il situe dans l'éther; malgré sa prudence et même son embarras, on décèle chez lui aussi la tentation du vieux thème panthéiste de l'âme du monde [5].

Véhicule du feu, l'air joue donc dans la nature un rôle bienfaisant que les traités de médecine et de chimie célèbrent avec reconnaissance. Mais ses pouvoirs mystérieux ne se bornent pas là. L'air a aussi son côté maléfique; l'air que nous respirons n'est jamais pur, il est chargé d'exhalaisons, d'émanations diverses qui le souillent jusqu'à le rendre parfois « pestilentiel ». C'est par ce caractère que l'air devient, selon Astruc et beaucoup d'autres médecins, la cause des maladies épidémiques; en 1722, le *Journal des Savants* accorde à cette thèse un accueil favorable, et la résume ainsi :

---

1. QUESNAY, *op. cit.*, t. I, p. 212.

2. *Nouveau cours de chimie suivant les principes de Newton et de Stahl, op. cit.*, p. 131. — Même distinction, très banale, chez Bœrhaave, La Mettrie, Arbuthnot, etc...

3. *Op. cit.*, p. 19.

4. *Op. cit.*, Ch. V, p. 147.

5. *Op. cit.*, Troisième section, Ch. XII et XV. Ce panthéisme s'étale, nous l'avons vu, dans de nombreux traités parascientifiques de l'époque. Selon Edme Guyot (*Nouveau traité du Microcosme..., op. cit.*, Ch. IV) l'air porte l'éther, lui-même porteur de « l'esprit universel ».

« L'air nous affecte, ou par les qualités sensibles, telles que la chaleur, le froid, l'humidité, la sécheresse, ou par les exhalaisons étrangères dont il est chargé. M. Astruc parcourt ces différentes qualités et marque de quelle manière elles peuvent causer différentes maladies épidémiques. Il insiste particulièrement sur les exhalaisons répandues dans l'air, et qui viennent en premier des entrailles de la terre lorsqu'on la remue profondément, ou qu'elle est ébranlée ou entr'ouverte par des tremblements, ou 2° du desséchement des marais ou des terres inondées ou 3° des cadavres, soit d'hommes, soit d'animaux qui se pourrissent sur la terre »[1].

Notons l'allusion aux tremblements de terre : dans l'imagination populaire la crainte des grandes épidémies est liée à celle qu'inspirent les autres cataclysmes naturels, comme si la nature furieuse — ou un Dieu irrité — déchaînait alors contre l'homme toutes ses forces secrètes. La croyance à la réalité de ces « exhalaisons » repose sur des observations fondées; au XVIIIe siècle elle paraît de plus solidement étayée par la science mécaniste : celle-ci explique les phénomènes d'action à distance par le choc des corpuscules qui émanent de tous les corps de l'univers. Mais, malgré le brevet d'objectivité que lui décerne la physique de l'époque, le concept d'exhalaison demeure lourd de charge affective et concentre en lui la crainte de toutes les fatalités invisibles qui pèsent sur la misérable humanité. Sans doute certains auteurs s'efforcent-ils de réagir contre cette peur millénaire. Tout en reconnaissant l'existence d'émanations pernicieuses, par exemple au voisinage des mines, Arbuthnot attribue aux exhalaisons en général une fonction essentielle dans la conservation de la vie sur la terre. L'air contient, selon lui, « un amas de toutes les substances qui s'exhalent de la terre », minérales, végétales, et animales, et notre auteur de rendre hommage au « Sage Auteur de la nature » qui a su doser et tempérer ce mélange au mieux des besoins des êtres vivants[2]. Mais ce langage finaliste trahit à son insu la signification affective que conserve pour lui aussi une notion qui, dans un sens ou dans l'autre, ne cesse d'être inconsciemment valorisée.

Bonnes ou mauvaises, les émanations occupent dans la littérature médicale du demi-siècle une place sans commune mesure avec les connaissances qu'on peut alléguer à leur propos. L'ignorance où l'on est de leur véritable nature incite à surestimer leurs effets. Les auteurs les plus critiques ne songent guère à réduire ceux-ci à de plus justes proportions, ils se bornent à en proposer une explication mécaniste et, par conséquent, intelligible... Évoquant l'existence de maladies climatiques causées par l'air, Arbuthnot se défend de recourir aux « qualités occultes et extraordinaires dont ce fluide est souvent doté »[3]. Dans le même esprit,

---

1. *Journal des Savants*, 13 avril 1722, p. 227. Voir aussi l'article *Air* de l'*Encyclopédie*, déjà cité.
2. *Op. cit.*, Ch. I.
3. *Op. cit.*, Ch. VI, p. 223.

Boissier de Sauvages prétend donner des « idées distinctes » de l'action
des exhalaisons sur le sang et les poumons : ceux-ci, dit-il, sont « extrêmement sensibles à l'attouchement des matières auxquelles ils ne sont
pas accoutumés »; de plus les « vapeurs » détruisent le ressort de l'air
et, altérant son élasticité, gênent par là même la circulation sanguine [1].
Trente ans plus tôt, le doyen de la Faculté de médecine de Paris, Philippe Hecquet, expliquait déjà de la même manière l'action des « corpuscules ignés » issus des entrailles de la terre, qui étaient selon lui la cause
de la peste [2]. Cet essai de rationalisation n'empêchait pas alors la croyance
à l'effet pernicieux des exhalaisons de donner lieu, dans les innombrables « traités de la peste » publiés à cette époque, à un véritable
délire d'imagination. On avait même vu resurgir à cette occasion
chez quelques médecins les vieilles explications astrologiques. Et ce
n'était pas simple coïncidence : au XVIIe et au XVIIIe siècle l'histoire de
la philosophie corpusculaire fournit de nombreux exemples d'un pareil
glissement de pensée. En 1721 un médecin anglais qui soutenait à
propos de la peste des idées voisines de celles de Hecquet, Richard Mead,
développait parallèlement une théorie « physique » de l'influence des
astres [3]. L'année même où l'Académie de Bordeaux couronne la dissertation de Boissier de Sauvages, l'un de ses confrères de Montpellier
évoque avec faveur la tentative de Richard Mead : les praticiens avertis
ne sont-ils pas habitués, dit-il, à tenir compte des phases de la lune dans
la théorie médicale des crises ? Débarrassée des superstitions populaires
qui l'encombrent, la médecine astrale pourrait braver l'incrédulité des
philosophes. Quand il est prouvé que la lune agit sur la mer et probablement sur l'air, comment une machine sensible et fragile comme la
nôtre échapperait-elle à son action ? Ainsi, peut-être, des astres et des
planètes... L'auteur de ces réflexions n'est pas un esprit poussiéreux;
c'est le porte-parole de la nouvelle médecine qui, vers 1750, commence
à chercher sa voie, c'est Bordeu, collaborateur et ami de Diderot, et
qui écrit ces lignes dans un texte destiné à l'*Encyclopédie* [4].

Influence du climat, influences astrales : pour Bordeu comme pour
Hippocrate ou Bodin les deux notions sont inséparables [5]. A vrai dire

---

1. *Op. cit.*, Troisième partie, p. 43 sq.
2. Philippe HECQUET, *Traité de la peste*, Paris, 1722.
3. Richard MEAD (1673-1754), *De imperio solis et lunae in corpora humana*, Londres
1704 ; *Dissertatio de pestiferae contagionis natura et remediis*, La Haye, 1721. Richard
Mead n'est pas le premier venu. Savant justement réputé, il était médecin du roi Georges II
depuis 1727.
4. BORDEU, *Recherches sur les crises*, 1753, in *Œuvres*, t. I, pp. 217-219. (Cf. *Encyclopédie*, art. *Crise*). Le même problème avait été discuté en 1707 par un médecin parisien
Le François, dans une thèse latine : *Est-nealiquot lunae in corpora humana imperium* ?
Le point d'aboutissement de cette médecine astrale est au XVIIIe siècle le baquet de
Mesmer, lui-même auteur d'une thèse *De planetarum influxu*, Vienne, 1766. Les idées de
Bordeu se retrouvent dans l'article *Sensibilité* (*Méd.*) de l'*Encyclopédie*, œuvre de son
confrère montpelliérain Henri Fouquet.
5. Cf. *Encyclopédie*, art. *Sensibilité*.

l'analyse de la théorie des exhalaisons montre bien qu'il s'agit dans les deux cas de la même idée, si l'on donne au mot « influence » son véritable sens, c'est-à-dire celui de particules matérielles émanées des astres [1]. En est-il autrement lorsque la théorie médicale des climats se présente à nous sous un aspect plus moderne et apparemment plus rationnel ? Arbuthnot déclare « chimérique » l'influence des étoiles [2] ; et Boissier de Sauvages oppose, avec une belle confiance, la clarté de son analyse aux préjugés obscurs de jadis [3]. Tous deux manifestent quelque embarras lorsqu'il leur faut expliquer l'action des « impuretés » de l'air ; mais ils excellent à rendre compte des effets produits par ses « qualités premières », température et humidité. La chaleur « allonge et relâche les fibres » ; de là, note le médecin anglais, « l'abattement et la faiblesse qu'on sent dans les jours chauds » [4] ; et Boissier de Sauvages précise qu'en raréfiant l'air et en lui enlevant de son ressort elle gêne l'exercice des fonctions respiratoire et circulatoire [5]. L'excès d'humidité n'est pas moins débilitant, surtout quand ses effets se combinent avec ceux d'une trop forte température [6]. Les climats les plus toniques sont ceux où l'air demeure sec et frais. Le froid modéré « donne plus de ressort à nos parties, il raccourcit nos fibres... » [7]. En revanche le froid glacial coagule les humeurs [8], et, entravant la respiration, provoque le scorbut [9]. Nos médecins savent cependant que dans la réalité concrète des choses une même cause peut produire des effets opposés : « La chaleur relâche à la vérité, les fibres, mais — rectifie Arbuthnot — elle peut aussi, en absorbant l'humidité, les durcir et les rendre plus solides » [10]. Entre tous les facteurs qui entrent en jeu il y a bien des combinaisons possibles : mais c'est toujours jusqu'à ce jeu complexe d'éléments simples qu'il convient de remonter, si l'on veut comprendre la diversité géographique des maladies [11]. Idée assurément féconde, et l'on sait l'intérêt porté par la

---

1. Nous empruntons à L. Febvre cette remarque judicieuse. Voir la définition de Littré qu'il reproduit (*op. cit.*, p. 20) : « Sorte d'écoulement partiel que l'ancienne physique supposait venir du ciel et des astres et agir sur les hommes et sur les choses ».

2. *Op. cit.*, ch. VI.

3. « J'ai cru devoir développer le mécanisme dont l'air condensé, ou au rebours raréfié, ou enfin infecté de vapeurs qu'on appelle malignes, tue en peu de temps les animaux ; car on croyait qu'il agissait par des qualités occultes et pestilentielles, dont on n'avait qu'une idée extrêmement confuse, et il est bon de s'en former des idées distinctes. Il restera à trouver encore comment certaines exhalaisons gênent le cours du sang dans les poumons, et comment cette gêne rend la respiration plus fréquente et plus laborieuse ». (*op. cit.* p. 41).

4. *Op. cit.*, Ch. III, p. 59.

5. *Op. cit.*, p. 30.

6. ARBUTHNOT, *loc. cit.*, p. 77.

7. BOISSIER de SAUVAGES, *op. cit.*, p. 32.

8. *Ibid.*

9. ARBUTHNOT, *loc. cit.*, p. 65. On trouve déjà des remarques analogues chez ASTRUC, *op. cit.*

10. *Op. cit.*, Ch. VI, p. 197.

11. *Ibid.*, Ch. III, p. 64.

médecine d'aujourd'hui aux maladies climatiques. De manière plus
générale, il n'y avait rien de déraisonnable de la part des médecins du
XVIIIᵉ siècle à croire en une action de la température et de l'état hygro-
métrique de l'air sur l'organisme humain. On peut sourire de ces « fibres »
sans cesse mentionnées, et surtout de la prétention à faire, à partir d'une
notion si vague, les expériences les plus précises[1]; il est certain, d'autre
part, qu'Arbuthnot et ses confrères sous-estiment beaucoup les facultés
d'adaptation de l'organisme au milieu physique. Mais comment juger
leurs hypothèses d'après nos propres connaissances histologiques et
physiologiques ? Comment leur reprocher d'être moins savants que
nous sur l'homme et sur les climats ?

La vraie question est ailleurs. Elle concerne la forme de leur pensée,
et non son contenu. Distinction en grande partie arbitraire, sans doute,
mais qui a son utilité. Dans le cas de la théorie des climats l'effort des
médecins du XVIIIᵉ siècle pour serrer de plus près les données expérimentales du problème ne les conduit pas à le poser autrement que dans
ses termes traditionnels. Passivité de l'homme, action fatale et directe
du milieu : le recours à la notion d'*influence,* même purgée de son contenu
astrologique, conduit toujours au même schéma sommaire. Qu'il y ait
un abîme intellectuel entre la crainte populaire des astres semeurs de
peste et la volonté de réduire à un mécanisme simple les effets mystérieux de l'air, on n'en saurait douter. Préjugés ancestraux et « idées
distinctes » n'en sont pas moins coulés dans le même moule mental.
Au XVIIIᵉ siècle l'inertie des formes de pensée se dissimule souvent
derrière une adhésion bruyante à la méthode expérimentale ou aux
principes de la « physique nouvelle ». Elle se dévoile en revanche lorsque
les « spécialistes » s'aventurent hors de leur domaine propre et passent,
par exemple, de l'action physiologique du climat à son influence « psychologique ». L'esprit critique cède alors à la pression des idées toutes
faites. Arbuthnot en fournit un exemple probant, par son attitude à
l'égard des suggestions d'Hippocrate. Les pages qu'il consacre au sujet
abordé par le médecin grec dans son *Traité des airs, des eaux et des lieux*
valent, comme l'ensemble de son livre, par le désir de clarté, le sens de la
complexité des mécanismes naturels, enfin la prudence des conclusions.
Arbuthnot a conscience du caractère largement hypothétique de la
théorie des climats; il souhaite voir se multiplier, dans les contrées
géographiquement les plus diverses, observations précises et enquêtes
statistiques[2]. Il hésite à étendre aux institutions politiques l'action
supposée de l'air et du milieu physique; mais cette réserve critique ne

---

1. « L'humidité de l'air produit le relâchement dans les fibres animales et végétales :
j'ai découvert par plusieurs expériences, que ces fibres sont allongées par l'eau ou l'air
humide » (ARBUTHNOT, *ibid.*, p. 77). Est-il besoin d'évoquer à ce propos la fameuse expérience de Montesquieu sur le langue de mouton ?
2. *Op. cit.*, Ch. VI, p. 153.

l'incite nullement à douter que le climat « influe » réellement sur le
caractère des nations :

> « Comme les observations de cette espèce sont encore en très petit nom-
> bre, écrit-il superbement, tout ce que nous pourrons faire est de *déduire* des
> lois de la Mécanique, des propriétés et qualités connues de l'air, quels *doivent*
> être les effets naturels de ce fluide. Il paraît conforme à la raison et à l'expé-
> rience que l'air opère sensiblement dans la formation des constitutions, dans
> la variété des traits du visage et par conséquent les mœurs des hommes ; toutes
> ces choses variant infiniment dans les pays et climats différents »[1].

C'est ainsi que les principes tout « modernes » de la médecine
mécaniste servent à cautionner des lieux communs rebattus : mollesse
des peuples d'Asie, activité et courage des nations septentrionales,
soumises à la fois à une température plus tonique, à un air plus sec, et,
par suite du régime instable des vents, à de fréquentes sautes de pression
atmosphérique[2]. Arbuthnot finit par admettre que l'esclavage est
« naturel » aux habitants des pays chauds : « De l'inaction et de l'indolence
suivront naturellement la disposition à l'esclavage, et l'aversion de
disputer avec ceux qui se seront rendus leurs maîtres »[3]. Chez lui, comme
chez ses prédécesseurs, fatalisme géographique et racisme vont de pair.
Dans l'Antiquité Aristote invoquait l'influence du climat comme preuve
de la supériorité des Grecs sur les « Barbares »[4] ; il en est de même au
XVIIIe siècle pour celle que les Européens s'arrogent sur le reste du
monde, et en particulier les races de couleur. Une fois de plus la « Nature » dont le siècle se réclame apparaît fille et héritière du surnaturel
qu'il renie. Un esprit « éclairé » ne croit plus à l'existence d'une malédiction divine pesant sur les fils de Cham, mais aucun doute ne l'effleure
à l'idée que la « nature des choses » puisse vouer les Orientaux au despotisme et les noirs d'Afrique au travail forcé.

Lorsqu'un esprit aussi mesuré et prudent que J. Arbuthnot, lorsqu'un homme qui est, pour son époque, un savant authentique s'égare
dans des « déductions » aussi aventureuses, on soupçonne le poids
dont pèsent encore sur ses contemporains, même frottés de science et
de « philosophie », les habitudes intellectuelles du passé. Avec toutes
ses incertitudes, la théorie médicale des climats apparaît inspirée par

---

1. *Ibid.*, p. 188. Nous soulignons les termes caractéristiques de ce langage déductif,
celui-là même dont usera Montesquieu.
2. *Ibid.*, Ch. III, IV, et VI.
3. *Ibid.*, Ch. VI, p. 195.
4. Cf. ARISTOTE, *Politique*, livre VII : « Les habitants des régions froides sont pleins
de courage et faits pour la liberté. Les Asiatiques manquent d'énergie : aussi sont-ils faits
pour le despotisme et l'esclavage ». (Texte cité pas L. FEBVRE, *op. cit.*, p. 111). Voir dans
l'étude de R. Mercier sur la théorie des climats (art. cité, p. 31) le curieux « problème fisico-
moral, résolu algébriquement » que pose et résout FALCONET de la BELLONIE, démontrant
que la situation géographique de la France, à mi-distance de l'Afrique et de la Laponie,
fait sa supériorité intellectuelle sur toutes les autres nations (La *Psycantropie...*, 1748,
op. cit., t. I, pp. 72-78).

une saine rigueur de méthode, au regard de l'exploitation que font les simples littérateurs de notions nullement contrôlées. Esthéticiens, moralistes et politiques rivalisent d'ingéniosité pour mettre en système ce qui n'était jusque là qu'une évidence banale de la sagesse des nations. Encore que la tentation ne soit pas absolument nouvelle, cet effort de systématisation constitue bien, comme il a souvent été dit, l'apport principal du XVIIIe siècle à la théorie des climats : pour nous il a surtout l'intérêt de mettre en plein jour la signification véritable d'un préjugé séculaire; pour nous, mais aussi, au moins partiellement, pour le public auquel s'adressent alors les faiseurs de systèmes. L'apport décisif du XVIIIe siècle et de sa philosophie du climat au « progrès des lumières » n'est pas tant d'avoir préparé, sur le plan scientifique, des recherches fécondes que d'avoir permis, à l'égard d'un vieux mythe, le début d'une prise de conscience libératrice. Reste, pour nous, à mesurer le chemin parcouru, dans cette direction, de Dubos à Montesquieu.

Nous avons déjà dit comment le déterminisme géographique de l'abbé Dubos se relie à l'ensemble de ses idées littéraires et esthétiques. Publiées peu d'années après la conclusion de la Querelle des Anciens et des Modernes, ses *Réflexions critiques* donnent une apparence de nouveauté à l'un des arguments favoris des « Anciens ». Produit d'un climat privilégié, le « génie » gréco-romain n'a pas à craindre que sa suprématie soit jamais sérieusement menacée [1]. Mais l'abbé Dubos a trop d'ambition intellectuelle pour s'en tenir à cette affirmation banale. Il se défie, dit-il, des explications physiques, hypothèses aventureuses, « attendu l'imperfection de cette science dans laquelle il faut presque toujours deviner »; mais c'est pour ajouter aussitôt : « Les faits que j'explique sont certains, et ces faits, bien que nous n'en concevions pas bien la raison, suffisent pour appuyer mon système ». A la base de ce système, Dubos place une explication physiologique du génie : « Lorsque la qualité du sang est jointe à l'heureuse disposition des organes, ce concours favorable forme, à ce que j'imagine, le génie poétique ou pittoresque ». Un esprit évolué que les fables de l'ancienne poétique font sourire ne peut plus croire au caractère divin de l'inspiration : « J'imagine donc, écrit encore notre philosophe, que cet assemblage heureux est, physiquement parlant, cette divinité que les poètes disent être dans leur sein pour les animer » [2].

---

1. Cf. ci-dessus, Ch. V, 1, Rappelons les dates des *Réflexions critiques* : la première édition est de 1719, la seconde de 1733. Selon A. LOMBARD (*op. cit.*, p. 158, note 1) la première rédaction de l'ouvrage serait, approximativement, de 1710.
2. *Réflexions critiques sur la poésie et la peinture, op. cit.*, t. II, Deuxième partie, Section II, pp. 16-17.

« Imaginons » aussi, et suivons l'auteur des *Réflexions critiques* dans ses « déductions ». Nous rencontrons d'abord une notion de bon sens, et dont Diderot se souviendra pour réfuter les paradoxes d'Helvétius, celle des aptitudes individuelles, condition nécessaire de tout apprentissage artistique [1]. « La naissance physique l'emporte toujours sur la naissance morale » [2]. Formule lapidaire qui dissimule une première généralisation abusive. Dubos la développe spontanément dans le langage des astrologues lorsqu'il explique que « l'ascendant » du génie est nécessairement plus fort que toute cause accidentelle. Mais à son avis la formule n'est pas vraie seulement pour les individus. Les peuples aussi ont leur « génie », puisque la « qualité du sang » varie avec l'air que chacun respire. De là cette extrême diversité que constatent les voyageurs dans le caractère des nations, bien qu'elles aient toutes une origine commune [3]. Dubos a lu Chardin et le cite volontiers : il se laisse aisément convaincre qu'un lien nécessaire unit les mœurs des hommes à leur tempérament, et celui-ci au climat, « de sorte que les coutumes ou habitudes des peuples ne sont point l'effet du pur caprice, mais de quelque cause ou réalité naturelle, qu'on ne découvre qu'après une exacte recherche » [4]. Dubos est trop rationaliste pour attribuer à la vengeance céleste la dispersion géographique des races et la diversité des civilisations; il se félicite au contraire qu'elles soient si grandes puisque, au niveau des peuples comme des individus, la multiplicité des talents est le fondement naturel de la sociabilité [5]. Pour un contemporain de Fénelon, de Réaumur ou de l'abbé Pluche cette conception providentialiste de la « nature des choses » n'a rien de contraire au véritable esprit scientifique. Et nous ne devons pas nous étonner de voir la fatalité du climat présentée comme l'instrument de la sagesse divine : nécessité et finalité ne sont que deux aspects de la même Nature [6]. Il est plus surprenant que les desseins du Créateur s'accordent si bien avec les préjugés raciaux d'un bourgeois d'Occident : passe encore que la Providence ait jugé utile que les Persans, natifs d'un pays chaud, manquent d'imagination créatrice... Mais lorsqu'on se rappelle l'intérêt qu'avait manifesté Dubos économiste pour les questions maritimes et coloniales,

---

1. *Ibid.*, VII, p. 72. « L'art ne saurait faire autre chose que de perfectionner l'*aptitude* ou le talent que nous avons apporté en naissant, mais l'art ne saurait nous donner le talent que la nature nous a refusé ».

2. *Ibid.*, III, p. 34.

3. *Ibid.*, XV.

4. Ces lignes sont de Chardin, cité par Dubos (*ibid.*, XIX, p. 310) qui prend la peine d'indiquer sa référence, *Voyage de Perse*, t. II, p. 275 : scrupule exceptionnel pour l'époque, et dont nous lui ferions volontiers honneur, si cette exacte érudition ne lui tenait lieu d'esprit critique... Cf. aussi *ibid.*, XVII, p. 293 etc.

5. *Ibid.*, I.

6. Cette interprétation téléologique de la théorie des climats n'a rien d'exceptionnel à l'époque de Dubos. Voir le texte d'Edme Guyot que reproduit R. Mercier (art. cité, p. 163).

on devine les prolongements inavoués de cette remarque ingénue :
« Tout le monde ne convient-il pas d'attribuer à l'excès du froid comme
à l'excès du chaud la stupidité des Nègres et celle des Lapons » ? [1].

Fort de l'unanimité qu'il invoque ici, Dubos ne s'attarde guère
à ce genre de considérations, trop banales et trop évidentes pour lui
valoir la réputation de penseur original. Son propos essentiel dans la
seconde partie de ses *Réflexions critiques* est à la fois plus limité et plus
ambitieux qu'une étude géographique du « caractère ». des nations.
Dubos prétend analyser les causes du progrès et de la décadence des
lettres et des arts : causes morales et historiques, auxquelles il accorde
une place mesurée [2], et surtout causes physiques, dont l'importance
l'emporte de loin, selon lui, sur les précédentes. Les arguments ne lui
manquent pas pour attribuer à l'Europe, en fonction de son climat
tempéré, une supériorité universelle sur toutes les parties du monde :
Péruviens et Mexicains ont bien des peintres, mais sans « génie »; et
s'il n'existe pas d'école anglaise de peinture, c'est à cause de l'air froid
et humide qu'on respire dans les pays du Nord [3]; le lecteur n'a pas à
forcer beaucoup les analyses de Dubos pour lui faire reconnaître que la
France est avec l'Italie et la Grèce le pays le plus favorisé par la nature [4].
Mais que de fantaisie dans les manifestations historiques de cette prédilection ! Deux siècles d'efforts infructueux précèdent le brusque épanouissement de la peinture italienne à la fin du *Quattrocento* ; l'éclosion soudaine du génie a un caractère miraculeux, sa décadence n'est pas moins
déconcertante [5]. Miracles, admet Dubos, mais miracles naturels. Même
dans ses terres d'élection la nature a ses caprices. L'histoire de l'art
français ou antique confirme l'exemple donné par l'Italie des temps
modernes : elle est faite de vicissitudes surprenantes qui semblent
défier l'analyse [6]. On s'attendrait à voir Dubos invoquer ici des facteurs
historiques propres à diversifier dans le temps l'action permanente du

---

1. *Loc. cit.*, XVI, p. 289. Sur cet aspect de la biographie de Dubos, cf. LOMBARD,
op. cit., Livre I, p. 74 sq. L'inégalité raciale est donc le ciment providentiel de la solidarité
internationale... Nous retrouvons ici, transposé à l'échelle de l'humanité tout entière,
l'argument par lequel on justifie souvent au XVIIIe siècle l'inégalité sociale. (Cf. ci-dessus,
Ch. VIII, 4).

2. *Loc. cit.*, XII. Des circonstances historiques favorables, indépendantes du génie
des artistes, expliquent en partie la supériorité, dans l'histoire de la civilisation, de quatre
grands « siècles » : le quatrième avant J-C. en Grèce ; celui de César et d'Auguste ; celui
de Jules II et de Léon X ; enfin le siècle de Louis XIV.

3. *Ibid.*, XIII. *Première réflexion*.

4. Sur les causes qui ont fait la longueur exceptionnelle du « siècle heureux » de la
Grèce Dubos s'accorde avec Fénelon : « Il semble que la nature ait une force dans la Grèce
qu'elle n'a pas dans les autres contrées... » (*Ibid.*, *Deuxième réflexion*, p. 220).

5. *Ibid.*, p. 175 sq. Les grands artistes surgissent simultanément à Rome, Venise
et Florence : « Il y sortait de dessous terre, pour ainsi dire, des hommes illustres à jamais
dans leurs professions, et qui tous valaient mieux que les maîtres qui les avaient ensei-
gnés, des hommes sans précurseurs et qui étaient les élèves de leur propre génie » (p. 178).

6. Cf. à propos de la France cette remarque : « La nature, capricieuse à ce qu'il semble, n'y fait naître ces grands artisans que lorsqu'il lui plaît » (*Ibid.*, *Première réflexion*,
p. 170).

milieu physique. Il affirme au contraire que les « causes morales » n'expliquent rien, et comme il les définit d'une manière très limitative — la puissance politique, la paix, le mécénat [1] — quelques exemples sommaires lui suffisent pour soutenir son paradoxe : « A Rome les Lettres, les Arts, et principalement la Poésie, tombèrent en décadence quand tout conspirait à les soutenir; ils dégénérèrent pendant les plus belles années de l'Empire Romain » [2]. Et comment expliquer le destin de la peinture italienne, florissante au cours d'une longue période de guerres et vouée à un irrémédiable déclin au retour de la prospérité et de la paix ? [3].

L'originalité du siècle d'Auguste n'est pas que l'art ait eu un Mécène, mais que Mécène ait trouvé des artistes à protéger [4]. La réflexion, sans doute, ne manque pas d'intérêt. Mais son judicieux auteur a les raisonnements carrés d'un géomètre. Puisque le génie naît du climat, les caprices apparents de l'histoire ont nécessairement leur cause dans les variations de la géographie : c'est là sa grande idée. D'autres, avant lui, avaient comparé l'homme à la plante et la diversité des races humaines à celle de la végétation. Dubos est le premier à en conclure que, pour les productions de l'art comme pour celles de la terre, il doit y avoir de bonnes et de mauvaises années : « La machine humaine n'est guère moins dépendante des qualités de l'air d'un pays, des variations qui surviennent dans ces qualités, en un mot de tous les changements qui peuvent embarrasser ou favoriser ce qu'on appelle les opérations de la nature, que le sont les fruits mêmes » [5]. Altérations de la température, irrégularité des vents et des pluies : d'une année à l'autre, les mêmes saisons se retrouvent sans se ressembler; un été torride échauffe les esprits et développe la criminalité; inversement la bonne humeur d'Henri III ne résistait jamais à un froid trop vif, et tous les voyageurs nostalgiques savent, par expérience, l'action souvent néfaste du changement d'air; le mal du pays « ne devient une peine de l'esprit que parce qu'il est réellement une peine du corps » [6].

La naissance d'un Virgile ou d'un Raphaël dépendrait-elle des variations du thermomètre? Dubos a trop de prétention à l'esprit critique pour s'en tenir à cette hypothèse simpliste et il en reconnaît volontiers l'étroitesse. Mais l'action de l'air ne se réduit pas à celle de

---

1. Dubos mentionne aussi le commerce (*Ibid.*, XVII, p. 291), mais c'est pour le ranger parmi les causes physiques ; car, en rendant plus uniforme l'alimentation des peuples, le commerce, dit-il, tend à « rapprocher le soleil des pays du Nord ». Idée intéressante en elle-même, mais contraire à la thèse générale du livre, puisqu'elle nie le déterminisme du climat.

2. *Ibid.*, XIII, *Deuxième réflexion*, p. 192.
3. *Ibid.*, p. 187 sq.
4. *Ibid.*, XIII, *Préambule*.
5. *Ibid.*, XIV, p. 238.
6. *Ibid.*, pp. 245-249.

ses qualités propres; l'air atmosphérique est chargé d'une infinité de
petits corps en suspension dont les combinaisons varient selon les temps
et selon les lieux :

« L'air, qui doit avoir un si grand pouvoir sur notre machine, est un
corps mixte, composé de l'air élémentaire et des émanations qui s'échappent
de tous les corps qu'il enserre ou que son action continuelle peut en détacher.
Les Physiciens prouvent aussi que l'air est encore rempli d'une infinité de
petits animaux et de leur semence. En voilà suffisamment pour concevoir
sans peine que l'air doit être sujet à une infinité d'altérations résultantes (*sic*)
du mélange des corpuscules qui entrent dans sa composition, et qui ne sauraient être toujours les mêmes, et qui ne peuvent encore y être toujours en
une même quantité. On conçoit aussi avec facilité que des altérations différentes auxquelles l'air est exposé successivement, les unes doivent durer plus
longtemps que les autres, et que les unes doivent favoriser plus que les autres
les productions de la nature » [1].

Au début du xviiiᵉ siècle on parle beaucoup des « insectes invisibles » présents dans l'atmosphère, et l'abbé Dubos s'était peut-être
informé, au cours de ses voyages en Hollande, des théories de Hartsoeker
sur la « panspermanie » et la dissémination des germes [2]. Certains médecins attribuent même à ces « petits animaux » la propagation des maladies
épidémiques : lointain pressentiment des théories microbiennes ? Mais
puisqu'aussi bien, comme chacun sait, l'artiste et le fou sont proches
parents, reconnaissons alors à Dubos le rare mérite d'avoir « pressenti »
le microbe du génie... Cependant notre auteur passe vite sur cette
suggestion. Pour expliquer les « altérations » de l'air, la science de son
temps lui fournit également le système des émanations et il se hâte de
l'exploiter. Un correspondant de Bayle ne croit plus aux « influences »
des astres et des comètes : en revanche les « émanations » telluriques
sont pour lui une réalité indiscutable. La terre est un mixte, explique
Dubos, et sous l'action du feu central elle subit des fermentations
continuelles : de là des exhalaisons dont la nature varie avec celle du
sous-sol; mais comme rien n'est plus instable qu'une « fermentation »,
leur diversité n'est guère moins grande dans le temps que dans l'espace.
Cette constatation permet au savant abbé de conclure : « Il doit donc,
en vertu de cette vicissitude, survenir quelquefois des changements
dans l'esprit et dans l'humeur des hommes d'un certain pays, parce qu'il
doit y avoir des siècles plus favorables que d'autres à l'éducation physique des enfants » [3].

1. *Ibid.*, pp. 241-242.
2. Diplomate, Dubos avait séjourné de 1698 à 1701 en Angleterre, en Hollande et
en Italie. Cf. LOMBARD, *op. cit.*, Livre I. Dans sa définition du « milieu » l'écologie fait
aujourd'hui une grande place à ce que Maximilien Sorre appelle « les complexes patho-
gènes » (*Les fondements de la géographie humaine, op. cit.*, Livre III, Ch. I).
3. *Loc. cit.*, p. 240. Le mécanisme des émanations est développé dans un autre passage, *ibid.*, XVIII. L'idée que la terre « transpire » est très répandue au XVIIIᵉ siècle, elle
restera vivace jusqu'aux travaux de Pasteur.

Tels sont les caprices de la nature. Sous la même latitude, deux régions voisines peuvent avoir des climats très différents[1]. De même, les différences de l'air font, d'une année à l'autre, la qualité inégale des vins d'un même terroir. Ces variations influent d'autant plus sur les esprits et sur les arts qu'elles s'étalent sur des périodes plus longues. Le caractère des peuples n'est pas tout à fait immuable : il a ses constantes et ses variables. Les Français d'autrefois étaient plus robustes et plus endurants que ceux d'aujourd'hui : ils portaient de lourdes cuirasses et s'habillaient moins chaudement[2]. Les Bataves étaient guerriers, les modernes Hollandais sont surtout des commerçants avisés : autres temps, autres mœurs, mais aussi autres climats, car le sol des pays des Frisons était beaucoup plus boisé et moins plat que celui de la Hollande actuelle; ses habitants respiraient donc un air bien différent[3]. Une remarque analogue permet de comprendre pourquoi les Romains du XVIIIe siècle sont si inférieurs à ceux de l'Antiquité. Le voyageur humaniste qui visite la ville de Brutus et de Caton ne peut manquer d'être frappé par cette décadence. Pour sa part Dubos s'efforce cependant à un jugement équitable; il apprécie chez les Romains de son temps le goût inné d'un peuple artiste, mais déplore qu'ils aient perdu leurs anciennes vertus civiques et militaires. La déchéance du plus grand peuple de l'histoire est certaine, mais elle n'est pas totale. Dubos remarque avec surprise qu'il n'est pas rare de voir à Rome « des tableaux de prix jusque dans les boutiques de barbiers »; le grand nombre d'œuvres d'art partout mêlées à la vie quotidienne, une certaine nonchalance méridionale qui laisse aux plus humbles le loisir de flâner expliquent l'amour que les Romains modernes portent à la peinture. Pour une fois Dubos invoque donc d'abord des causes « morales », mais il n'oublie pas de

---

1. *Ibid.*, XVII, p. 293.

2. *Ibid.*, XIX. Dubos n'ose pas affirmer nettement qu'en l'espace de quelques siècles le climat de la France s'est modifié ; il introduit ici une nouvelle variable, celle de la sensibilité au climat : « Quand les corps deviennent plus faibles et plus sensibles aux injures de l'air, il s'ensuit qu'un peuple doive changer quelque chose dans ses mœurs et dans ses coutumes, ainsi qu'il le ferait si le climat était changé. Ses besoins varient également par l'un ou l'autre changement » (p. 311). La remarque est, cette fois, d'un historien ; rien de plus relatif, historiquement, que la notion de « besoins », en particulier pour le vêtement ou le confort de l'habitat. Mais, pour des raisons qui échappent à Dubos, on en peut dire autant de celle de « milieu naturel ». Remarquons enfin qu'il n'explique nullement pourquoi les Français du XVIIIe siècle sont plus « sensibles » que leurs pères ; en réalité notre auteur superpose ici deux préjugés très répandus : expliquer les habitudes sociales d'une époque par des considérations de psychologie individuelle — c'est-à-dire poser le problème à l'envers ; céder au mirage du « bon vieux temps » où les hommes étaient, au physique comme au moral, plus sains et plus forts !
Nous commençons à savoir que les climats ne sont pas stables mais sujets à des oscillations de longue durée, liées aux phénomènes de la haute atmosphère. Les contemporains de Dubos pouvaient se vêtir chaudement, car depuis le milieu du XVIIe siècle il faisait effectivement plus froid qu'au XVIe. Les historiens d'aujourd'hui s'intéressent à ces variations climatiques, non pour leurs effets psychologiques, mais pour leurs conséquences économiques. Cf. E. LEROY-LADURIE, *Histoire et climat, Annales E.S.C.*, (janvier-mars 1959).

3. *Ibid.*, XVI.

mentionner aussi « la sensibilité des organes plus grande dans ces contrées là que dans les pays froids et humides »[1]. A côté de ces données
permanentes du climat italien, d'autres, plus récentes, rendent compte
en revanche d'un abâtardissement que constatent les observateurs
étrangers[2] : depuis l'Antiquité, l'air de la ville et de la campagne romaine
s'est adouci, mais en devenant plus malsain. Cette altération tient en
partie à l'incurie des hommes — terres en friche, marais abandonnés
à eux-mêmes —, en partie aussi à la nature, car de nouvelles couches
d'alun, de soufre et d'arsenic ont dû se former au cours des siècles dans le
sous-sol : de là, suggère Dubos, « des exhalaisons plus malignes que celles
qui en échappaient lorsqu'elles n'avaient pas encore atteint le degré de
maturité où elles sont parvenues aujourd'hui... »[3].

Habile à deviner et prévoir les objections, l'auteur des *Réflexions
critiques* confère ainsi à la théorie des climats une souplesse qu'elle
n'avait jamais possédée chez ses devanciers. Les mœurs changeantes
des peuples y trouvent désormais leur place, au même titre que les
traits immuables des tempéraments nationaux. On ne peut guère douter
que cette ingéniosité dialectique ait beaucoup contribué au succès d'un
ouvrage que Voltaire affirmait tenir en haute estime : « Ce n'est pas un
livre méthodique, écrit-il à son sujet, mais l'auteur pense et fait penser »[4].
Ainsi enrichie de vues personnelles et neuves, sinon toujours solides,
étayée de nombreux exemples, la vieille idée de l'influence du climat
sur les mœurs et l'esprit des hommes doit en grande partie à Dubos
l'intérêt que les milieux littéraires lui marquent dans les trente années
qui séparent les *Réflexions critiques* de *L'Esprit des Lois*. Les défenseurs
du goût classique aperçoivent avec inquiétude dans le déterminisme
géographique de l'abbé Dubos le germe d'un relativisme esthétique
qu'ils ne peuvent accepter; leur ardeur à défendre des valeurs qu'ils
croient menacées éveille leur esprit critique à l'égard des hypothèses
fragiles du nouveau Secrétaire perpétuel de l'Académie française[5].

---

1. *Ibid.*, XXIX, pp. 395-396 ; et XVI, *loc. cit.*

2. Les étrangers seulement. Les Italiens admettent la chose moins facilement.Témoin
ce médecin qui, un an avant la publication des *Réflexions critiques*, expliquait au contraire
par la salubrité exceptionnelle du climat de Rome la permanence du génie romain et le
nombre des hommes illustres nés dans la ville Éternelle depuis l'Antiquité jusqu'au pontificat de Clément XI : G.M. LANCISI, *Dissertatio de nativis deque adventiis Romani cœli
qualitatibus*, Genève, de Tournes, 1718. En 1719 le *Journal des Savants* consacre au livre
trois articles (*op. cit.*, pp. 505-510 ; 553-555 ; 567-550). Cf. R. MERCIER, article cité,
p. 165.

3. *Loc. cit.*, XVI, p. 282. A cette insalubrité de la campagne romaine le président
de Brosses assignera en 1739 des causes économiques et sociales. (*Lettres familières écrites
d'Italie...* A M. de Blancey, 2 novembre 1739, *op. cit.*, t. I, p. 312). Pour Montesquieu aussi
les changements de « l'air » romain sont autant une conséquence qu'une cause. (Voir ses
Réflexions sur la sobriété des habitants de Rome, 1732, *Œuvres*, t. III, pp. 357-360). Ces
deux auteurs, Montesquieu surtout, comprennent beaucoup mieux que Dubos l'interaction du physique et du social.

4. *Catalogue du siècle de Louis XIV, Dubos (l'abbé), loc. cit.*

5. Entré à l'Académie en 1719, Dubos avait accédé à ce poste en novembre 1722

Louis Racine remarque par exemple que l'influence prêtée à l'air d'une région peut expliquer la diversité intellectuelle d'une même époque : si Dubos avait raison, tous les poètes du siècle d'Auguste auraient été des Virgile [1]. Et Fréron traite de verbiage ridicule l'idée que des variations climatiques pourraient être la cause de la décadence des arts en France depuis le siècle précédent [2]. Mais Dubos a aussi ses partisans enthousiastes; tel cet érudit languedocien, Juvenel de Carlencas, qui s'avoue incapable d'ajouter un seul mot aux développements de son prédécesseur [3]. « Chaque climat a ses penchants », constate de même Cartaud de la Villate, lointain ancêtre de notre littérature comparée [4]. Et les auteurs qui traitent de la diversité des goûts en matière de beauté, tout en s'efforçant de préserver la notion d'un « bon goût » immuable et universel, font souvent une place plus ou moins large aux causes physiques dans leur étude de ce que le P. André appelle « le goût arbitraire ». Toutes les objections adressées à Dubos portent surtout sur les intentions supposées de l'auteur, les conséquences possibles du système ou ses aspects à la fois les plus neufs et les plus contestables : l'idée même d'une action directe du climat sur l'esprit des peuples et leurs productions intellectuelles ou artistiques ne s'en trouve nullement atteinte. On juxtapose, selon un dosage qui varie d'un auteur à l'autre, dogmatisme et relativisme, et le sens de la relativité des goûts profite au moins autant à la notion de causes morales qu'à celle de causes physiques; on ne suit guère Dubos dans son essai pour situer dans le temps l'action du climat et la géographie n'intervient le plus souvent dans la psychologie des peuples que comme la science de l'espace. Mais le fond traditionnel de la vieille théorie des climats continue de ressortir au domaine de l'évidence : personne, ou presque, ne songe à rejeter une idée vénérable dont les *Mémoires de Trévoux* écrivent encore en 1741 que, pour l'essentiel, elle « ne peut pas être contestée » [5].

Nous avons déjà mentionné les raisons de cet engouement persistant. Vers 1730 il fallait vraiment beaucoup d'esprit critique pour se défaire complètement d'un préjugé qui avait alors pour lui la triple

---

1. Louis RACINE, *Réflexions sur la poésie*, Ch. X, *Des causes de la décadence des esprits*, in *Œuvres*, Paris, Desaint et Saillant, 1747, t. IV, pp. 153-175. R. Mercier à qui nous empruntons cette référence ainsi que la plupart de celles qui suivent (art. cité, p. 25) signale qu'une analyse de cette dissertation avait été insérée dès 1729 dans l'*Histoire de l'Académie des Inscriptions*, t. V, p. 10 sq.

2. FRÉRON, *Jugements sur quelques ouvrages nouveaux*, t. II, 1744, pp. 122-123.

3. Félix de JUVENEL DE CARLENCAS, *Essais sur l'histoire des Belles Lettres, des Sciences et des Arts*, Lyon, Duplain, 1744, t. I, p. 37. Cet ouvrage encyclopédique sera réédité en 1749 et en 1757.

4. *Essai philosophique et historique sur le goût*, op. cit., p. 163. Cf. R. MERCIER, *loc. cit.*, p. 20.

5. *Mémoires de Trévoux*, avril 1741, p. 681. La réflexion s'applique à l'*Histoire des Amazones anciennes et modernes*, de l'abbé Guyon, Paris, 1740, 2 vol. in-12, compilation érudite sans originalité qui eut un certain succès. L'auteur n'accorde du reste aux causes physiques qu'une importance limitée. Cf. R. MERCIER, *loc. cit.*, pp. 166-167.

caution de la sagesse des nations, de la science et de la philosophie. Deux hommes cependant se rangent alors parmi ses adversaires déclarés. Le premier, un bénédictin espagnol, le P. Feijoo, relève les erreurs de fait, les inexactitudes et les invraisemblances de détail que la théorie des climats évite difficilement : ses remarques, publiées en 1728, précèdent de vingt ans l'inventaire analogue, mais plus radical encore, de David Hume; mais il s'agit d'un auteur étranger, relativement peu connu en France[1]. Le cas de Rollin est bien différent; son érudition le pousse parfois à développer sans examen le point de vue traditionnel, surtout lorsque celui-ci sert la cause de ses chers Anciens; mais il suffit que l'idéal classique lui apparaisse menacé par les progrès du relativisme littéraire pour qu'il s'insurge contre l'intrusion de la géographie dans l'étude des belles lettres. Opposant par exemple la décadence intellectuelle de l'Afrique à la civilisation toute moderne de l'Europe du Nord et de l'Ouest, il note que la culture, beaucoup plus que la nature physique, est la source des différences entre les individus et les peuples :

« On voit tous les jours qu'à mesure que les sciences passent chez de nouveaux peuples, elles les transforment en d'autres hommes : et qu'en leur donnant des inclinations et des mœurs plus douces, une police mieux réglée, des lois plus humaines, elles les tirent de l'obscurité où ils avaient langui jusque là, et de la grossièreté qui leur était naturelle. Ils deviennent ainsi une preuve évidente que dans les différents climats les esprits sont à peu près les mêmes ; que les sciences seules y mettent une si honorable distinction, que selon qu'elles sont ou cultivées ou négligées, elles élèvent ou rabaissent les nations, qu'elles les tirent des ténèbres ou les y replongent; et qu'elles semblent décider de leur destinée »[2].

Venant d'un professeur, ce bel éloge du savoir ne peut surprendre; mais il faut y voir autre chose que la rhétorique convenue d'un régent de collège. Rollin réaffirme l'unité et l'identité de la nature humaine; au fatalisme géographique, il oppose sa foi dans le progrès intellectuel et moral, voire politique, de l'humanité tout entière. Pour une fois, le problème est posé dans toute son ampleur, et non plus seulement sur les bases étroites d'une discussion esthétique : il faudra attendre *L'Esprit des Lois* et ses contradicteurs pour retrouver des perspectives aussi clairement dessinées. Aussi ces quelques lignes méritent-elles

---

1. B.J. FEIJOO (Le P.), *Teatro critico universal*, 1728, *op. cit.* t. II, *Discours* XV. (trad. française par d'Hermilly, 1742-46.)
    En 1748 D. Hume nie que les causes physiques aient une action sur l'esprit humain (*Essays moral, political and literary*, 3ᵉ édition, Première partie, Essai XXI). Cf. R. MERCIER, *loc. cit.*, pp. 36-37. Les essais critiques de ce genre ne sont pas exceptionnels au début du siècle, et R. Mercier en relève des exemples dans la *Logique* de Crousaz ou le *Traité de la société civile* du P. Buffier, mais il s'agit de remarques de détail, qui ne remettent pas en cause le principe même de « l'influence du climat ».
    2. ROLLIN, *De la manière d'enseigner et d'étudier les belles-lettres*, 1726-28, *Discours préliminaire*, Première partie, *Avantage de l'étude des Beaux-Arts et des Sciences pour former l'esprit*, édit. 1740, t. I, p. 5.

d'être situées comme un jalon important entre Perrault et Fontenelle d'une part, de l'autre Turgot et Condorcet.

Idéalisme de la nature humaine, déterminisme de la nature physique auquel l'homme ne saurait échapper : la pensée du demi-siècle oscille entre ces deux termes dont chacun correspond à l'une de ses tendances les plus profondes. Tant que l'un et l'autre n'avaient pas développé toutes leurs conséquences on ne pouvait sentir clairement le besoin d'un choix ou d'un effort de conciliation qui ne fût pas seulement juxtaposition. En 1726 les paroles de Rollin demeurent sans écho : rajeuni par Dubos auquel il est redevable d'un regain de prestige, le vieux préjugé du climat n'a encore pris figure de système philosophique que dans un domaine très limité; les passions que soulèvent les *Réflexions critiques* n'agitent qu'un cercle assez étroit et purement littéraire; personne ne songe à ranger Dubos parmi les auteurs subversifs ou à voir en lui un disciple de Spinoza. Il en ira tout autrement vingt ou trente ans plus tard lorsque les progrès de l'esprit nouveau apparaîtront comme une menace directe pour les traditions et l'ordre établi. Alors la « théorie » des climats méritera vraiment ce nom. Embrassant désormais toutes les habitudes, les croyances, les activités et les institutions de l'homme sur la terre, elle se présentera comme un système de pensée cohérent et complet, capable d'inquiéter les vrais chrétiens et l'Église, mais digne aussi d'un examen attentif des philosophes.

Dans la dernière période du demi-siècle, alors que Montesquieu rédige laborieusement ses *Lois* et que les idées du médecin Arbuthnot deviennent aisément accessibles au public français, un livre peu connu marque dans cette direction une étape importante. Il s'agit des *Essais sur le génie et le caractère des nations* publiés à Bruxelles en 1743 [1]. Leur auteur, l'abbé d'Espiard, né à Besançon dans une famille de la noblesse parlementaire, est l'un de ces érudits provinciaux, si nombreux à l'époque, qui ne recherchaient guère une gloire tapageuse. Si l'on en juge par leur extrême rareté, ses *Essais* semblent avoir eu un tirage très limité; en 1752, stimulé sans doute par le succès de *L'Esprit des Lois*, l'abbé d'Espiard procédera à leur refonte complète : ce deuxième ouvrage, *L'Esprit des Nations*, plus largement diffusé que le précédent, jouera à son auteur le mauvais tour de le faire passer pour un imitateur de Montesquieu [2]. Nous pouvons aujourd'hui rétablir la vérité. Presque

---

1. *Essais sur le génie et le caractère des nations, divisés en six livres*, Bruxelles, Léonard, 1743, 3 vol. in-12. A Paris la Bibliothèque Nationale n'en possède que le t. III. En revanche M. SHACKLETON a signalé la présence des 3 volumes à la Bibliothèque municipale de Bordeaux où nous avons pu les consulter. Cf. R. SHACKLETON, *The evolution of Montesquieu's theory of climate*, Revue internationale de Philosophie, 1955, pp. 319-329. On trouvera une analyse plus détaillée des idées de l'abbé d'Espiard dans l'article de R. Mercier, (*loc. cit.*, pp. 31-34).

2. *De l'esprit des Nations*, La Haye, Beauregard, Gosse, Van Daalen, 1752, 2 vol. in-12. R. Mercier, (article cité, p. 31, note 5) signale deux rééditions en 1753, dont une revue et corrigée, et la même année, une traduction anglaise. Né en 1707 à Besançon, François

ignoré à Paris en 1743, d'Espiard ne l'était pas à Bordeaux; le sujet annoncé par son titre avait attiré l'attention du président Barbot et il est difficile de croire que son livre ait pu, dans ces conditions, demeurer inconnu de Montesquieu [1]. Or les points de rencontre avec *L'Esprit des Loïs* son nombreux. Le « génie » ou l'« esprit » des nations, dont parle d'Espiard, ressemble beaucoup à « l'esprit général » que Montesquieu s'attache à analyser. Les « causes morales », mœurs, religion, gouvernement, occupent une place importante dans les analyses de l'abbé d'Espiard qui leur reconnaît le pouvoir de corriger ou d'atténuer l'action du climat [2]; mais c'est d'abord et essentiellement le milieu physique qui détermine, selon lui, le caractère original de chaque pays.

« Le climat, écrit-il est pour une nation la cause fondamentale de son génie, en y ajoutant celles qui lui sont subordonnées dans le même genre, comme la qualité du sang, la nature des aliments, la qualité des eaux et des végétaux... » [3].

Tout le livre premier de *L'Esprit des Nations* étudie le jeu de ces diverses causes [4]. Par rapport à Dubos ou à Montesquieu le principal mérite de l'abbé d'Espiard est de ne pas méconnaître la part d'incertitude qui subsiste dans leur enchevêtrement complexe :

« Pour fonder d'exactes applications sur le climat, remarque-t-il, il ne faut pas s'arrêter à l'estimation seule des terres, à leur fertilité, à la seule ressemblance dans la température de l'air et la production des fruits essentiels. Il est nécessaire d'en venir à l'analyse exacte de la nature, en partageant une région par ses divisions, en remarquant avec soin la formation des minéraux et des végétaux, la nature et le retour des vents, la situation des terrains,

---

Ignace d'Espiard de la Borde mourut à Dijon en 1777. Conseiller-clerc au Parlement de cette ville, où il était devenu l'ami du Président Bouhier, il eut dans les dernières années de sa vie le déplaisir de se voir plagié par Jean-Louis Castilhon dans ses *Considérations sur les causes physiques et morales et la diversité du génie, des mœurs et du gouvernement des nations*, Bouillon, Société typographique, 1769.

1. Cf. R. SHACKLETON, art. cité.

2. *Essais*, Livre II. Voir aussi Livre VI, t. III, p. 5 : L'organisation économique et politique de l'Angleterre vise à pallier les inconvénients d'un climat trop rude et à procurer, à force d'ingéniosité, « l'abondance que la nature a refusée ». En revanche il est des pays où le climat agit avec un caractère de « fatalité » (*ibid.*, Livre II, t. II, p. 90). Ainsi en Orient : « Les hommes naissent si méchants dans les pays orientaux, que les Princes ne pourraient les employer à rien, s'ils ne les gouvernaient comme esclaves » (*ibid.*).

3. *L'Esprit des Nations, op. cit.*, Livre I, Ch. II, p. 4. Cette phrase rappelle la formule célèbre de Montesquieu : « L'empire du climat est le premier de tous les empires ». (*Esprit des Loïs*, XIX, 14). Mais si ce rapprochement fait éclater aux yeux la supériorité littéraire du Président, la priorité appartient, pour le fond, à l'auteur des *Essais* qui écrivait en 1743 : « Le climat est, de toutes les causes, la plus universelle, la plus puissante » (*op. cit.*, t. III, p. 5).

4. Dans les *Essais* de 1743 les causes physiques occupent une partie du Livre II, et l'auteur insiste de nouveau sur leur importance au livre VI où il montre comment le génie de chaque peuple détermine la forme de son gouvernement.

qui se diversifie à l'infini, la qualité des eaux, celle des aliments qui croissent dans le pays, ou qu'on y apporte, toujours altérés, et déchus des qualités du sol »[1].

Prudence louable : la notion sommaire de climat s'efface presque, ici, devant celle — beaucoup plus riche — de milieu naturel. D'Espiard pressent en particulier l'importance que les géographes du xxe siècle accorderont à la végétation dans leur définition de grands ensembles climato-botaniques [2]. Si l'on ajoute enfin que les données de la géographie physique n'ont pas, à son avis, un caractère tout à fait immuable [3], on comprendra que la théorie politico-géographique esquissée par notre auteur soit en grande partie restée à l'état d'ébauche. Son sens du concret nuit à la netteté du dessein général de son œuvre et l'empêche de bâtir vraiment le système que quelques-unes de ses remarques semblaient annoncer. Plus « géomètre » que son devancier, Montesquieu n'hésitera pas à simplifier suffisamment le réel pour le faire entrer, de gré ou de force, dans un cadre doctrinal tracé d'avance : victoire de « l'esprit de système », sans doute, mais aussi triomphe du génie qu'habite une grande pensée et qui, par là même, est seul en mesure de sortir de l'ornière commune en poussant les idées reçues jusqu'à leurs dernières conséquences.

---

1. *L'Esprit des Nations, op. cit.*, t. I, pp. 22-23 (Texte cité par R. MERCIER, *loc. cit.*, p. 33).

2. Ch. L. FEBVRE. *La terre et l'évolution humaine, op. cit.*, Deuxième partie, Ch. II. Notons aussi l'intérêt porté par d'Espiard à l'alimentation.

3. Cf. *L'Esprit des Nations*, Livre I, Ch. V, p. 26 « Les climats ne sont pas toujours immuables. Quelquefois ils changent par les mutations survenues dans la Nature même, ou procurées par l'industrie des hommes... » Après Dubos l'auteur cite l'exemple de Rome, et admet, de façon générale que depuis l'Antiquité, le climat italien est devenu à la fois plus doux et plus malsain (*Essais*, t. III, pp. 57-61 et 154-156). Mais dans l'exploitation de cette idée d'Espiard est plus circonspect que son devancier ; pour ne pas être conduit à supposer un brusque changement de climat en France du règne de Louis XIV à celui de Louis XV, il préfère nier que ses contemporains soient en tous domaines inférieurs à leurs pères ; à son avis, le déclin évident des arts est compensé par les progrès de l'histoire et de la philosophie (*ibid.*, t. III, pp. 65-76).

4. — « L'Esprit des Lois »
et les contradictions de la « nature des choses ».

L'apport le plus évident de L'Esprit des Lois à la théorie des climats est l'extension de son domaine traditionnel. Elle n'explique plus seulement la diversité pittoresque du caractère des nations, mais aussi, avec leurs croyances et leurs pratiques religieuses [1], l'ensemble de leurs institutions juridiques et politiques. « L'empire du climat est le premier de tous les empires », affirme Montesquieu [2]. Même atténuée par un contexte sur lequel il nous faudra revenir, la brutalité de la formule a pu légitimement surprendre et choquer. Aucun des devanciers de Montesquieu n'avait jamais reconnu au déterminisme du milieu physique une emprise aussi totale sur la volonté et l'histoire des hommes. L'auteur de L'Esprit des Lois pouvait du reste mesurer le chemin parcouru par sa propre pensée depuis cette lointaine Dissertation sur la différence des génies, lue devant l'Académie de Bordeaux en 1717, où il expliquait avec une ingéniosité toute conventionnelle par l'« influence » du sol, des aliments et de l'air, les traits distinctifs de trois grands peuples européens : passions fortes et tenaces des Italiens, inconstance et vivacité des Français, humeur querelleuse des Britanniques... [3]. Ces élucubrations naïves d'un débutant prouvent du moins l'ancienneté de l'intérêt porté par Montesquieu à ce problème. Dès cette première période de sa vie intellectuelle où, se proclamant « cartésien rigide », il rejetait le système de la préexistence [4], il avait ébauché, dans les Lettres persanes, une psychologie matérialiste que la notion de l'influence du climat venait logiquement compléter [5]. Pensant avoir vérifié cette hypothèse au cours de son voyage en Europe, il la reprend et la développe à son retour dans un Essai sur les causes qui peuvent affecter les esprits et

---

1. Esprit des Lois, XXIV, 25, 26.

2. Ibid., XIX, 14, loc. cit.

3. Cette œuvre de jeunesse est perdue, mais nous en possédons un fragment. Cf. MONTESQUIEU, Œuvres, op. cit., 1959, t. II, p. 675. La légèreté de l'esprit français s'y trouve expliquée par la nature marneuse d'un sol riche en « esprits volatils » qui pénètrent dans le sang, soit par les aliments, soit par la respiration. Ces « esprits volatils » sont vraisemblablement des dérivés du nitre ou salpêtre. Les Français sont vifs comme la poudre à canon... Dans sa Logique (2ᵉ édition, Amsterdam, 1720, op. cit., t. I, pp. 183-184) Crousaz critique le recours abusif aux « esprits nitreux » dans l'explication des phénomènes physiologiques. L'idée que développe Montesquieu devait donc être assez banale.

4. Cf. ci-dessus, Ch. II, 3.

5. Lettres persanes, 33 : « L'âme unie avec le corps en est sans cesse tyrannisée » (Cf. ibid., 75 et 121).

les caractères [1], dont toute la première partie est consacrée à l'étude des causes physiques. Comme devait le faire La Mettrie, Montesquieu justifie par une psychologie sensualiste l'importance qu'il accorde à l'action du climat sur le caractère des peuples. Toutes les opérations de l'âme, écrit-il, dérivent de la « faculté de sentir » [2]; mais cette sensibilité est elle-même plus ou moins vive selon le degré de souplesse des « fibres » du cerveau, qui sont par rapport à l'âme comme les cordes d'un instrument de musique [3]. En dernière analyse, c'est la température de l'air qui, par son action sur ces fibres cérébrales, règle dans chaque pays la constitution physique et morale de ses habitants. Ceux des climats froids sont lourds, lents, énergiques et obstinés [4]; ceux du midi ont l'imagination vive, les passions ardentes; mais si la chaleur est excessive ils sont faibles et inconstants [5]. D'autres causes physiques contribuent à fixer les tempéraments nationaux : l'humidité entraîne également le relâchement des fibres, et les anciens avaient raison de regarder l'esprit « comme une sécheresse modérée du cerveau » [6]; l'alimentation prolonge et accentue l'effet de la température [7]; de même les particules minérales qui pénètrent dans le sang par l'air des poumons ou par les aliments [8]. Enfin les vents exercent parfois sur l'esprit des hommes une influence tyrannique : en Italie un vent du sud-est apporte avec l'air brûlant des sables d'Afrique « une pesanteur et une inquiétude universelle »; en Angleterre le vent d'Est provoque des épidémies de suicides [9].

Dans l'*Essai sur les Causes* Montesquieu ne raisonne encore qu'en médecin et en moraliste; il s'intéresse à la psychologie des peuples, non à leurs institutions. En revanche, bien que les notions physiologiques qu'il utilise demeurent forcément très rudimentaires, il ne sous-estime pas trop la complexité d'un milieu physique naturel et le nombre des

---

1. Pour un historique plus détaillé, nous renvoyons à l'article de M. R. SHACKLETON, *The evolution of Montesquieu's theory of climate, op. cit.* La date de l'*Essai sur les causes* est incertaine. M. R. Mercier (article cité, p. 170) croit sa rédaction antérieure au voyage ; se fondant sur l'étude des secrétaires de Montesquieu, M. Shackleton la situe entre 1736 et 1741. D'autre part il y a tout lieu de penser que, dès cette période, Montesquieu connaissait les idées d'Arbuthnot ; sans doute a-t-il ensuite utilisé le livre du médecin anglais, traduit en 1742, pour la mise au point de sa propre doctrine. C'est en 1742 également qu'il fait un extrait d'*Hippocrate* (*Œuvres complètes, op. cit.,* t. III, pp. 712-713).

2. *Essai sur les causes..., op. cit., Œuvres,* t. III, p. 403.

3. *Ibid.,* p. 401.

4. *Ibid.,* p. 399.

5. *Ibid.,* p. 403.

6. *Ibid.*

7. *Ibid.,* p. 400.

8. *Ibid.,* p. 405 et 430,

9. *Ibid.,* pp. 405-406. Dans *L'Esprit des Lois* (XIV, 12) Montesquieu range également la manie du suicide parmi les effets du climat anglais. Cf. aussi *Défense de l'Esprit des Lois,* Première partie, II, *Dixième objection et réponse,* ainsi que les *Réponses et explications données à la Faculté de théologie, X* proposition.

facteurs qui peuvent agir sur l'âme. Fait paradoxal : l'extension nouvelle
qu'il donne dans *L'Esprit des Lois* à l'explication par les causes physiques nuit au sentiment de leur diversité. Montesquieu élargit la théorie
des climats, mais, parallèlement, il la simplifie. Rien ne subsiste en particulier dans son livre de l'intérêt qu'il portait naguère aux « émanations » des différents terroirs [1]. Pratiquement l'action du climat se réduit
à celle de la température, elle-même variable selon la latitude [2] et, accessoirement, l'altitude et la nature des vents [3]. Cet esprit de simplification outrancière n'a pas que des aspects contestables; il s'inspire en
effet de l'effort réalisé par la médecine du demi-siècle pour rendre intelligible l'action de l'air sur le corps humain. On peut sourire de la fameuse expérience sur la langue de mouton et, plus encore, des conclusions que Montesquieu croit pouvoir en tirer. Par rapport aux divagations de l'abbé Dubos, et à sa manière fantaisiste d'exploiter une notion
aussi suspecte que l'idée des « exhalaisons », elle représente cependant
un progrès indéniable sur la voie du véritable esprit scientifique [4].
Pour la science du temps, qui ignore à peu près tout de la composition de
l'air et n'a pas encore inventé la chimie des gaz, l'existence de ces « émanations » ou de ces « vapeurs » qui altèrent ou corrompent l'atmosphère
est incontrôlable. Pendant la plus grande partie du siècle les chimistes
n'en sauront pas plus à ce sujet que ce qu'enseigne l'expérience commune :
de là une imprécision et un vague qui favorisent tous les délires de
l'imagination. Contemporain de Réaumur, Montesquieu a au contraire
le goût des observations précises; il sait manier le microscope et il
s'intéresse à la construction des thermomètres [5]. A la différence des
mystérieuses exhalaisons chères à l'abbé Dubos la température est
mesurable et peut se traduire en chiffres. Que ces chiffres n'apparaissent pas dans l'exposé de Montesquieu est de peu d'importance : l'essentiel est qu'il choisisse d'instinct le parti de la rigueur et sente la possibilité de faire accomplir à la théorie des climats, devenue quantitative,
sa révolution galiléenne [6]. Mais ce progrès intellectuel a une consé-

---

1. Voir en particulier dens ses *Voyages* (*op. cit.*, t. II, pp. 1095-1157) ses observations
sur Naples et Rome, ainsi que ses *Mémoires sur les mines* (*ibid.*, t. III, p. 435 sq.) et surtout
ses *Réflexions sur la sobriété des habitants de Rome comparée à l'intempérance des anciens
Romains*, mémoire académique de 1732 (*ibid.*, t. III, p. 357-360).

2. *Esprit des Lois*, XIV, 2.

3. *Ibid.*, XVII, 3.

4. Nous ne pouvons suivre sur ce point l'opinion d'A. Lombard qui, dans sa thèse
sur l'auteur des *Réflexions critiques* (*op. cit.*, Seconde partie, Livre II, p. 327) ne reconnaît
aucune supériorité aux « fibres » de Montesquieu sur les « émanations » de Dubos.

5. Cf. *Spicilège*, 4 et 7, (*Œuvres*, t. II, pp. 682-683). Sur les problèmes techniques du
thermomètre au XVIIIe siècle, voir le livre de M. DAUMAS, *Les instruments scientifiques
aux XVIIe et XVIIIe siècles*, Paris, P.U.F., 1953, p. 276-280.

6. Nous ne voulons pas dire qu'au moment où il rédige *L'Esprit des Lois* Montesquieu
a cessé de croire à la réalité des émanations. Le fait qu'il ait pu mener de pair pendant
plusieurs années la rédaction de l'*Essai sur les causes* et *L'Esprit des Lois* prouve le contraire, et dans le texte définitif des *Lettres Persanes* (lettre 121, *loc. cit.*), qui est de 1754, il

quence imprévue. En réduisant le climat à la température, et les effets de celle-ci à un mécanisme très simple, l'auteur de *L'Esprit des Lois* accroît la sévérité du déterminisme géographique. Plus la notion de milieu physique se simplifie, moins ses éléments constitutifs ont chance de réagir les uns sur les autres, voire de se neutraliser. Si l'on ajoute enfin que Montesquieu n'envisage guère le climat que comme une donnée permanente et immuable de la « nature des choses » [1], on conçoit qu'il semble lui attribuer un « empire » irrésistible et fatal.

Ainsi modernisé, élargi et clarifié, le vieux fatalisme géographique n'est-il pas beaucoup plus renforcé qu'affaibli ? Jusqu'ici Montesquieu continue à poser le problème du climat dans les termes traditionnels d'une action directe du milieu physique sur le tempérament et le caractère des hommes [2]. Ce philosophe cartésien raisonne comme Hippocrate ou Bodin. Il est vrai que, s'il continue à faire reposer la théorie des climats sur une psycho-physiologie sommaire, il l'envisage aussi d'un point de vue plus neuf pour son époque. Curieux de médecine, Montesquieu ne l'est pas moins d'économie politique. Aussi fait-il intervenir dès le livre XIV la notion des besoins et des genres de vie, qu'il essaiera de préciser au livre XVIII [3]. Mais c'est en réalité remplacer une abstraction par une autre : l'idée des « besoins naturels » est aussi contestable, historiquement, que celle du « caractère » des nations. Si les lois « ont du rapport » avec le mode de travail et de vie des peuples, ceux-ci ne sont nullement déterminés, de façon immuable et mécanique, par les possibilités du sol et du climat. Moyens de production, structures sociales, habitudes et croyances collectives s'interposent entre ces deux abstractions que Montesquieu, à l'instar de ses prédécesseurs, persiste à dresser l'une en face de l'autre : l'Homme et la Nature [4]. A des sociétés vivantes, à des situations *historiques*, donc modifiables, la théorie des climats substitue une fatalité intemporelle. « Les Indes ont été, les Indes seront ce qu'elles sont à présent, et dans tous les temps ceux qui négo-

---

expliquera encore comment « l'air se charge comme les plantes, des particules de la terre de chaque pays. » Mais dans son grand ouvrage il se garde de fonder son relativisme géographique sur une notion aussi imprécise et invérifiable.

1. Recul ou progrès par rapport à Dubos ? La question vaut d'être posée. Il n'est, pas faux que les climats varient, soit en vertu de leurs oscillations propres, soit sous l'action des hommes (et Montesquieu l'admet fort bien dans ses *Réflexions* sur Rome). Mais de là à conclure qu'il y a pour les esprits et les caractères, comme pour le blé ou le vin, de bonnes et de mauvaises années, le pas à franchir est plus long que ne le supposait Dubos. De fait le déterminisme de l'abbé est un *surdéterminisme* qui ignore l'existence de seuils entre différents niveaux de réalités : indice certain d'une mentalité pré-scientifique (Cf. BACHELARD, *La formation de l'esprit scientifique, op. cit.*, p. 218 sq.) pour laquelle n'importe quoi agit sur n'importe quoi, et dont Montesquieu est presque complètement libéré.

2. Cf. Lucien FEBVRE, *op. cit.*, pp. 108-112.

3. *Esprit des Lois*, XIV, 10 et XVIII, 8 sq. « Les lois ont un très grand rapport avec la façon dont les divers peuples se procurent la subsistance... » (XVIII, 8). Montesquieu distingue les peuples sédentaires qui vivent de l'agriculture, et les nomades, chasseurs ou pasteurs.

4. Cf. L. FEBVRE, *op. cit.*, notamment p. 194 sq., 438 sq., etc.

cieront aux Indes y porteront de l'argent, et n'en rapporteront pas ».
Car les besoins des « Indiens » qui vivent presque nus sont fixés à jamais
par la fertilité de leur sol et la douceur de leur climat ; cette nation frugale
se passe aisément des produits de l'industrie européenne. « Les Indiens
ont leurs arts qui sont adaptés à leur manière de vivre. Notre luxe ne
saurait être le leur, ni nos besoins être leurs besoins » [1].

Mirage de l'éternel, complaisamment entretenu au gré d'intérêts
bien précis ! Chez Montesquieu, comme chez ses devanciers, la théorie
des climats apporte une justification rationnelle à toute une série de
préjugés : préjugé racial de l'homme blanc d'Europe, appelé par la
vocation de son climat tempéré à la suprématie sur le reste du monde [2],
préjugé politique du gentilhomme qui place dans le pays d'origine de
ses ancêtres « gothiques » la terre d'élection de la liberté [3], parti pris plus
moderne du libre-penseur qui trouve dans ce matérialisme géographique
une occasion de fronder l'Église et la religion révélée. On comprend
qu'aux clameurs du parti dévot aient répondu la gêne et l'inquiétude
des philosophes : comme l'écrit l'un d'eux, l'auteur de L'Esprit des
Lois « s'est plus occupé à justifier les idées reçues que du soin d'en
établir de nouvelles » [4]. Le grand ouvrage d'Helvétius, De l'Esprit,
publié en 1758, consacrera plusieurs chapitres à montrer qu'une cause
permanente, comme le climat, ne peut expliquer les variations historiques des institutions et des mœurs [5]. Dès 1749, dans l'ébauche d'une
dissertation destinée à l'Académie de Soissons, le jeune Turgot, esprit
éclairé mais nullement subversif, adresse à la thèse de Montesquieu
deux objections : les faits que l'on avance pour prouver l'influence du
climat ne peuvent-ils s'expliquer aussi bien par l'action des causes
morales ? Est-il possible d'admettre, sur la foi d'observations isolées
et d'un raisonnement simpliste, une action directe du climat sur l'esprit
des hommes ? [6] Deux ans plus tard Turgot ajoute à ces objections de
principe une remarque de fait : on attribue au climat d'Orient le langage métaphorique des Orientaux, mais celui des Gaulois et des Germains
a beaucoup d'analogies avec le précédent ; en réalité l'abus des méta-

---

1. *Esprit des Lois*, XXI, I.

2. La géographie de l'Afrique veut que la plupart de ses habitants soient sauvages
ou barbares. Ignorant les arts et possesseurs de grandes quantités de métaux précieux,
ils offrent au commerce européen une proie facile. « Tous les peuples policés, note Montesquieu, sont donc en état de négocier avec eux avec avantage ; ils peuvent leur faire estimer beaucoup de choses de nulle valeur, et en recevoir un très grand prix » (*Ibid.*, XXI, 2).
Ainsi la « nature » favorise opportunément les intérêts du grand commerce colonial.

3. Cf. *Ibid.*, XXI, 3 ; XVII, 5, *loc. cit.*, etc...

4. HELVÉTIUS (?), lettre à Saurin (non datée) in MONTESQUIEU, *Œuvres, op. cit.*,
t. III, p. 1539. L'attribution de ce texte à Helvétius a été récemment contestée. (Cf. *ibid.*,
p. 1102, note a).

5. *De l'Esprit, op. cit., Discours III*, Ch. XXVII, XXIX, etc...

6. TURGOT, *Recherches sur les causes des progrès et de la décadence des sciences et des
arts, Œuvres*, édit. Schelle, t. I, pp. 116-142.

phores n'est pas la caractéristique d'un pays chaud, mais d'une langue barbare; les langues primitives manquent de mots propres et sont trop pauvres pour être simples. La simplicité du langage n'est pas un don que la nature accorde à quelques peuples privilégiés, mais une conquête historique de l'esprit humain [1].

L'inégalité des individus et des peuples est-elle un fait de nature ou un fait de civilisation? Entraîné par son matérialisme, Diderot accordera encore du prix à la première explication [2]. Turgot et Helvétius préfèrent opposer à ce fatalisme géographique leur confiance dans les progrès de la raison. La nature humaine étant partout la même, écrit Turgot, les différences que l'on remarque entre les hommes ne peuvent venir que de « l'éducation générale » des nations [3]. Selon Helvétius il faut entendre par là non seulement la culture inégale des différents peuples — comme Rollin l'avait déjà souligné — mais la forme de leur gouvernement, qui, bonne ou mauvaise, influe directement sur les mœurs. Mais Montesquieu ne l'avait-il pas devancé dans cette voie en étudiant longuement, du second au treizième livre de *L'Esprit des Lois*, les facteurs politiques de la diversité des législations? Ce n'est pas sans quelques motifs qu'en réponse aux censures de la Sorbonne il proteste que « le livre de *L'Esprit des Lois* forme un triomphe perpétuel de la morale sur le climat, ou plutôt, en général, sur les causes physiques» [4]. En vain voudrait-on enfermer sa pensée dans une formule trop simple. En élargissant le domaine de ses recherches aux dimensions de l'histoire universelle, l'auteur des *Considérations* ne pouvait oublier ce qu'il écrivait en 1734 sur la dualité des causes, physiques et morales, qui décident du destin des États [5]. Si les lois particulières de chaque nation sont « les rapports nécessaires qui découlent de la nature des choses», elles ne sont pas déterminées par le seul climat, mais aussi par un ensemble complexe de facteurs historiques que Montesquieu est le premier à dominer d'une vue claire : « Plusieurs choses gouvernent les hommes, le climat, la religion, les lois, les maximes du gouvernement, les exemples

---

1. *Plan du second Discours sur les progrès de l'esprit humain, ibid.*, p. 304. Voir aussi *ibid.*, p. 262, le *Plan d'un ouvrage sur la géographie politique* : « Digression sur les climats, combien leur influence est ignorée. Danger qu'il y aurait à faire usage de ce principe. Fausses applications qu'on en a faites au caractère des peuples et de leurs langages, à la vivacité de l'imagination, à la pluralité des femmes, à la servitude des Asiatiques. Vraies causes de ces effets. Nécessité d'avoir épuisé les causes morales avant d'avoir droit d'assurer quelque chose de l'influence physique des climats. De l'influence morale des climats par les objets qu'ils nous présentent. Différence de l'influence des climats d'avec les effets de la situation, qui sont la première donnée dans tous les problèmes de la géographie politique. Utilité de cette digression ».
2. Voir sa *Réfutation d'Helvétius*, A.T., t. II, pp. 320-326.
3. *Recherches sur les causes du progrès et de la décadence des lettres, des sciences et des arts, op. cit.*, p. 138.
4. *Explications données à la Faculté de Théologie, Œuvres*, t. III, p. 651.
5. *Considérations*, Ch. XVIII. « Ce n'est pas la fortune qui domine le monde [...] Il y a des causes générales, soit morales, soit physiques qui agissent dans chaque monarchie, l'élèvent, la maintiennent ou la précipitent ».

des choses passées, les mœurs, les manières, d'où il se forme un esprit général qui en résulte ». Ainsi la richesse concrète de l'histoire ne se laisse pas expliquer par une cause unique; au contraire l'importance relative de tous les éléments de la « nature des choses » varie d'un pays à l'autre : « A mesure que, dans chaque nation, une de ces causes agit avec plus de force, les autres lui cèdent d'autant » [1].

Philosophes ou dévots, les lecteurs de L'Esprit des Lois se laissent souvent aller au travers que Montesquieu redoutait : plus pressés de louer ou de condamner que de comprendre, ils jugent son livre sur « quelques phrases » [2] lorsqu'ils l'accusent de trop accorder à la géographie. En ce sens les critiques d'Helvétius ne sont pas plus fondées que le reproche de « spinozisme », formulé par les Nouvelles Ecclésiastiques [3]. Mais Helvétius n'a pas tout à fait tort de voir dans L'Esprit des Lois un livre conservateur. La Préface de Montesquieu autorise bien cette interprétation : « Je n'écris point pour censurer ce qui est établi dans quelque pays que ce soit. Chaque nation trouvera ici les raisons de ces maximes... » [4]. Peu importerait la nature du déterminisme étudié dans L'Esprit des Lois si Montesquieu se bornait à y démontrer que les choses ne peuvent être différentes de ce qu'elles sont, et à mettre ainsi la science sociale au service des situations acquises; sa philosophie de l'histoire serait alors aussi décourageante que le fatalisme astrologique de Boulainvilliers, et ses tendances au matérialisme traduiraient simplement son désir d'invoquer la « nature » immuable pour défendre l'inégalité des individus, des classes ou des peuples. Mais nous savons que si Montesquieu est conservateur, il ne l'est pas de cette manière cynique : pour lui, le fait n'est légitime que dans la mesure où il exprime le droit. Dans L'Esprit des Lois l'apologie du régime seigneurial est inséparable, nous l'avons noté, d'un libéralisme aussi authentique qu'il est ambigu; l'esprit de caste que manifeste parfois le baron de La Brède ne peut nous faire oublier que Montesquieu est aussi un vrai « philosophe », attentif au respect des droits universels de la nature humaine [5]. L'affirmation d'un déterminisme coexiste dans L'Esprit des Lois avec un idéalisme moral non moins ferme : le grand problème que le livre pose à ses exégètes, c'est précisément de savoir comment l'auteur parvient à les concilier.

Problème redoutable puisque sa solution engage l'unité du livre. Comment Montesquieu peut-il être à la fois moraliste et sociologue ? Supposer qu'au cours de la rédaction le « dessein de l'ouvrage » ait pu

1. Esprit des Lois, XIX, 4.
2. Cf. ibid., Préface.
3. Op. cit., 9 et 16 octobre 1749.
4. Loc. cit. Cf. aussi XIX, 5. Combien il faut être attentif à ne pas changer l'esprit général d'une nation.
5. Cf. ci-dessus, Ch. VIII, 3.

évoluer d'un point de vue à l'autre, c'est recourir à une hypothèse plus spécieuse que solide et qui, en fait, ne résout rien : ou bien le second dessein exclut le premier, et l'on comprend mal que l'auteur n'ait pas supprimé ce qu'il avait écrit d'abord, ou bien la contradiction n'est qu'apparente, et il reste à le prouver... A moins de simplifier la question en supprimant l'un des deux termes, comme le font les commentateurs trop pressés de découvrir chez Montesquieu l'annonce d'une science « positive » des faits sociaux, on est bien forcé de prendre *L'Esprit des Lois* comme un tout et d'y chercher une véritable unité d'inspiration, sinon une totale cohérence de détail[1]. Une dernière interprétation a le mérite de ne pas mutiler arbitrairement la pensée de Montesquieu et de ne pas sous-estimer non plus, de façon un peu hâtive, la lucidité de sa conscience d'écrivain; l'idée centrale du livre est-elle donc, comme on l'a suggéré, qu'il faut connaître la nature pour mieux la vaincre, et que l'analyse du déterminisme fournira à l'idéalisme une prise sur le réel ?[2] La suggestion serait séduisante si elle ne s'inspirait d'une philosophie plus conforme à la mentalité d'un homme du xixe siècle finissant qu'à celle d'un penseur du début du xviiie. En réalité Montesquieu n'aperçoit que très confusément une distinction qui nous paraît aller de soi. Pour lui, comme pour ses contemporains, toute philosophie de la nature est à la fois une philosophie scientifique et une philosophie morale. Le droit naturel fait partie intégrante de la « nature des choses »; et les lois de la morale naturelle ont autant de réalité objective que les lois mathématiques du monde matériel. Comme nous l'avons souligné à plusieurs reprises, cette ambivalence de la notion de nature, qui implique à la fois nécessité et finalité, prend place dans une conception optimiste, voire providentialiste, de l'ordre général du monde. Optimisme conservateur puisque la confusion du fait et du droit signifie que le premier est conforme au second, mais néanmoins gros de tensions futures. Les contemporains de Montesquieu excellent à placer entre leur désir de bonheur et les rebuffades du réel l'écran protecteur de lieux communs rassurants; tant que sa quiétude personnelle est seule en cause, le Président s'accommode d'autant plus facilement de tels sophismes qu'il ignore les orages du cœur et a en lui assez de force d'âme pour accueillir avec tranquillité les coups du sort... Mais le philosophe peut-il faire sienne la sérénité de l'homme ? Fortement enclin, comme il l'avoue

---

1. Pour sa part Montesquieu insiste sur l'unité de son livre : « Si l'on veut chercher le dessein de l'auteur, on ne le peut bien découvrir que dans le dessein de l'ouvrage [...] Ici, bien des vérités ne se feront sentir qu'après qu'on aura vu la chaîne qui les lie à d'autres ». *Esprit des Lois, Préface, loc. cit.* Pour une bibliographie détaillée de la question voir notre état des *Études sur Montesquieu et l'Esprit des Lois, L'Information littéraire,* avril-juin 1959.

2. Cf. LANSON, *Déterminisme historique et idéalisme social dans l'Esprit des Lois,* R.M.M., 1916, T. XXIII.

lui-même, à porter hors de lui la paix de son âme [1], Montesquieu semble avoir cru possible de prouver par les faits que la réalité empirique répondait bien, pour l'essentiel, à l'image idéalisée que son siècle s'était faite de la nature des choses. Tâche impossible, où s'épuise son ingéniosité, jusqu'au moment où surgit l'évidence cruelle, mais nullement désespérée, du conflit qui oppose le droit et le fait, les exigences de la morale naturelle et les nécessités de la nature physique.

*
* *

Dès les *Lettres Persanes* l'affirmation d'un déterminisme géographique est liée par Montesquieu à des préoccupations de morale politique. Usbek croit, comme Dubos, aux effets pernicieux du changement d'air : « Il faut que les hommes restent où ils sont : il y a des maladies qui viennent de ce qu'on change un bon air contre un mauvais; d'autres qui viennent précisément de ce qu'on en change » [2]. En effet la nature humaine est modelée par la géographie; les hommes sont faits à un sol et à un climat : loin du terroir natal ils ne peuvent mener qu'une existence précaire et menacée. Ce n'est pas dans une lettre sur la médecine qu'est exposée cette conviction, mais à propos d'une thèse politique : la folie des conquêtes lointaines et des colonies de peuplement. « Ce nombre prodigieux de Nègres dont nous avons parlé n'a point rempli l'Amérique »; et les conquérants espagnols, destructeurs des anciens empires et de leurs habitants, n'ont jamais réussi à repeupler leurs colonies : « Au contraire par une fatalité que je ferais mieux de nommer justice divine, les destructeurs se détruisent eux-mêmes et se consument tous les jours ». Ainsi la nécessité du climat n'est pas seulement une contrainte physique, mais l'une des voies de la justice immanente. L'ordre naturel des choses exige que chacun reste à la place que lui a fixée la Providence : ceci est vrai pour les peuples comme pour les individus; les uns et les autres ne peuvent espérer de bonheur solide hors des limites, sociales ou géographiques, que leur naissance impose à leurs ambitions.

Au stade initial et fort peu personnel de la pensée de Montesquieu déterminisme et idéalisme coexistent en un équilibre statique. La manière dont l'action du climat est envisagée ici traduit la conviction sommaire, si banale à l'époque, que tout ce qui est est bien. L'empire de la nécessité naturelle est aussi celui d'une finalité à laquelle on reconnaît la sagesse de la Nature : pensée conservatrice sans doute, puisqu'elle interdit aux hommes de sortir de leur condition, mais néanmoins généreuse;

_____

1. Cf. *Pensées*, 1675 (551) *loc. cit.*
2. *Lettres persanes, op. cit.*, 121.

la condamnation que Montesquieu porte contre les guerres de conquête, l'horreur que lui inspirent les crimes de la colonisation espagnole ne tirent pas leur source d'un simple calcul d'efficacité, mais d'une réaction instinctive et raisonnée de tout son être contre des violations délibérées du Droit. Dans les *Lettres Persanes* également Montesquieu affirme avec force qu'il existe une justice universelle, fondée en nature et indépendante des conventions humaines[1]. Dès cette époque sa conception idéaliste et normative de la nature le conduit à deux certitudes très différentes : l'affirmation d'un optimisme qui butte sans la moindre inquiétude sur les événements contingents de l'histoire; ou au contraire une critique tantôt indignée, tantôt sarcastique des coutumes et des croyances que la raison du philosophe juge contraires à la nature. D'un côté la fiction idyllique de la fable des Troglodytes, de l'autre la satire virulente des préjugés et des abus. Cette seconde attitude qui sera après 1750 celle de Voltaire et de tous les adversaires de l'ordre « gothique » a l'inconvénient d'être essentiellement négative, et de conduire au scepticisme aussi bien qu'à une volonté de réformes; plus généreuse et plus dynamique alors que la précédente, elle peut aussi traduire un pessimisme désabusé devant la folie des hommes; le grand argument des pyrrhoniens contre l'existence d'une justice universelle n'a-t-il pas toujours été de mettre le droit supposé en contradiction avec les faits ? Qu'est-ce qu'une nature universelle qui ne se rencontre nulle part ? Auteur d'un *Traité des Devoirs*, Montesquieu avait pu mesurer la force de l'objection. Abandonnant donc l'idée de répéter ce que Cicéron et les Stoïciens avaient pu dire avant lui[2], il se préoccupe de lutter de façon plus concrète contre un pessimisme déprimant qui favorise les actes arbitraires des despotes. Le « dessein » de *L'Esprit des Lois* est clairement annoncé dans sa *Préface* : « J'ai d'abord examiné les hommes, et j'ai cru que, dans cette infinie diversité de lois et de mœurs, ils n'étaient pas uniquement conduits par leurs fantaisies ». Simple affirmation d'un déterminisme ? Ce serait mettre au compte de la nature les caprices apparents des hommes, et toute la pensée du demi-siècle interdit cette interprétation. Mais « fantaisie » n'est pas synonyme de liberté; Montesquieu ne veut pas dire que les hommes ne sont pas libres d'agir de façon moins absurde, mais qu'ils ont raison de faire ce qu'ils font : « La loi, en général, est la raison humaine, en tant qu'elle gouverne tous les peuples de la terre; et les lois politiques et civiles de chaque nation ne

---

1. *Lettres persanes*, 83, *loc. cit.* Voir l'étude de R. GRIMSLEY sur l'*Idée de Nature dans les Lettres Persanes, French studies*, octobre 1951. Montesquieu est revenu plusieurs fois sur les crimes de la colonisation espagnole : voir l'analyse de son *Traité des Devoirs* publiée dans la *Bibliothèque française* de mars 1726 (*Œuvres, op. cit.*, t. III, p. 160) et *L'Esprit des Lois*, X, 4.
2. Voir sa lettre à M⁺ʳ de Fitz-James, du 8 octobre 1750 : « Je craignais un rival tel que Cicéron et il me semblait que mon esprit tombait devant le sien... » (*Œuvres, op. cit.*, t. III, p. 163).

doivent être que les cas particuliers où s'applique cette raison humaine » [1].

De l'épisode des Troglodytes aux trente et un livres de *L'Esprit des Lois* l'optimisme de Montesquieu passe de la métaphysique à l'histoire. En 1748 Montesquieu ne se contente plus d'opposer, à la manière des moralistes antiques ou des juristes de l'école du droit naturel, la perfection abstraite de la nature éternelle aux vices et aux caprices de l'histoire humaine. Il veut montrer qu'en dépit des apparences l'histoire est rationnelle, et la réconcilier ainsi avec la nature. Rien de plus contraire à son dessein que celui du Voltaire de l'*Essai sur les mœurs* ; là l'histoire sera présentée comme un tissu de crimes et d'absurdités; ici elle apparaît comme les multiples aspects d'un même effort des hommes pour concilier, dans le concret de chaque situation particulière, le fait et le droit, les exigences locales de la géographie ou de la tradition avec les impératifs de la « nature » et de la raison.

On comprend alors pourquoi la curiosité de l'historien se porte si souvent dans *L'Esprit des Lois* — et Voltaire s'en moquera — vers les coutumes et les institutions les plus aberrantes, celles qui risquent le plus de faire l'étonnement ou le scandale d'un Européen cultivé du XVIIIᵉ siècle. Qu'il s'agisse des preuves judiciaires par l'eau bouillante et le combat singulier, auxquelles « nos pères » les Germains ne craignaient pas de confier l'honneur et la vie de leurs concitoyens [2], ou des lois extraordinaires de Lycurgue, qui firent l'héroïsme de Sparte « en confondant toutes les vertus » [3], ou enfin de la polyandrie pratiquée sur les côtes du Malabar[4], Montesquieu s'ingénie à découvrir les « raisons » cachées des choses. Raisons « morales » et politiques dans les deux premiers cas, géographiques dans le troisième : sous un climat qui développe la sensualité, il n'était pas possible d'interdire le mariage aux soldats, comme il est d'usage en Europe; le législateur s'est donc borné à le rendre aussi peu « embarrassant qu'il est possible ». Et le Président qui a l'expérience des soucis d'un chef de famille conclut gravement : « On a donné une femme à plusieurs hommes, ce qui diminue d'autant l'attachement pour une famille et les soins du ménage, et laisse à ces gens l'esprit militaire » [5].

Naïveté d'un rationalisme étroit, et tout pragmatiste, dont il est permis de sourire ! L'essentiel est bien que Montesquieu analyse ici des *raisons* et non des *causes*. Si l'on y regarde de près, on s'aperçoit qu'il n'établit aucune différence entre l'action des « causes physiques » et celle des « causes morales ». Pas plus que les secondes, les premières

---

1. *Esprit des Lois*, I, 3.
2. *Ibid.*, XXVIII, 17.
3. *Ibid.*, IV, 6.
4. *Ibid.*, XVI, 5.
5. *Ibid.*

ne déterminent de façon mécanique et directe les institutions juridiques. Montesquieu rompt ici avec une tradition de pensée à laquelle Dubos était demeuré fidèle quand il expliquait le génie artistique et littéraire comme le produit fatal et immédiat du tempérament et du climat. Le climat et le « caractère » des peuples font partie de ce que Montesquieu appelle « l'esprit général » d'une nation. Lorsqu'à propos d'une loi étrange il nous fait remarquer qu'absurde à nos yeux, elle est, ou était, conforme à « l'esprit » du peuple considéré, il entend simplement rendre hommage au législateur qui l'a instituée. Par suite d'une illusion banale, suggère-t-il, nous croyons découvrir l'effet d'un déterminisme dans ce qui est le produit d'un choix raisonné. Car la sagesse du législateur sait tenir compte du cadre « naturel » qui délimite son action [1]. Cette conviction qu'exprime Montesquieu émane d'un conservateur libéral qui fait confiance au « génie naturel » de chaque peuple [2] : « La nature répare tout », dose habilement les vices et les vertus, et excelle à tirer un bien d'un mal apparent [3]. Ainsi le tort de Pierre le Grand est d'avoir imposé par la violence des réformes qu'il lui aurait été facile de mener à bien par la douceur. Les mœurs qu'il voulait corriger étant d'importation récente, il suffisait pour en débarrasser les Moscovites de les laisser suivre leur pente. « L'empire du climat » allait dans le sens voulu par le législateur et rendait inutiles des mesures de force [4].

Pour répondre aux censures de la Sorbonne, Montesquieu croira devoir minimiser l'importance de cette formule : « L'empire du climat est le premier de tous les empires ». S'il est difficile de n'y voir qu'une « expression métaphorique » [5], l'ensemble du chapitre empêche de l'interpréter comme l'affirmation d'un déterminisme brutal. Pour Montesquieu le cas de la Moscovie est surtout un exemple remarquable d'harmonie préétablie entre la nature physique et les vœux du législateur : coupable de l'avoir méconnue, Pierre Ier a fait à la nature humaine une violence inutile. Ici comme dans le cas des conquêtes espagnoles du Nouveau Monde la nature physique et le droit naturel poussent dans le même sens. Montesquieu est persuadé qu'il en est souvent ainsi : de là vient qu'à la différence de Voltaire il promène sur l'histoire des hommes un regard d'une lucide sérénité.

Qu'il y ait, ici et là, quelques « frottements », le Président en convient volontiers. En passant de l'essence à l'existence, l'harmonie de la nature des choses subit, dans l'expérience quotidienne de chaque peuple, une dégradation évidente. De même que l'homme est trop souvent

---

1. Cf. *ibid.* XIX, 5.
2. *Ibid.*
3. *Ibid.*, XIX, 6.
4. *Ibid.*, XIX, 14
5. Cf. *Réponses et explications données à la Faculté de Théologie, Proposition première, Réponse et explication*, 1ere partie.

infidèle à sa propre nature [1], les exigences du climat entrent parfois en conflit avec les autres éléments de l'ordre universel. Même alors, Montesquieu ne croit pas à une déchéance irrémédiable de la nature. Lorsque les effets du climat risquent de contrecarrer les vues raisonnables du législateur et de heurter la loi de conservation, qui est pour les sociétés, comme pour les individus, la base du droit naturel, le rôle des institutions humaines est précisément de corriger ses « vices » [2] : non par la violence, mais en opposant la nature à elle-même. Le législateur habile sait exploiter au profit de l'ordre général et du bien public les contradictions locales de la nature des choses : « détruire la paresse par l'orgueil » [3] ou éveiller l'intérêt personnel là où le climat porte à l'inaction. Aux Indes les lois qui réservent aux princes la propriété du sol « augmentent les mauvais effets du climat » [4]. Inversement les lois sur la sobriété, qui interdisent aux mahométans l'usage du vin, sont des préceptes d'hygiène, indispensables dans des régions torrides : « Ce sont les différents besoins dans les différents climats qui ont formé les différentes manières de vivre, et ces différentes manières de vivre ont formé les diverses sortes de lois » [5]. Besoins physiologiques, besoins économiques, besoins moraux : la clôture des femmes, pratiquée en Orient, choque les mœurs occidentales, mais c'est le moyen que le législateur a inventé, dans un climat où la chaleur exaspère la sensualité, pour sauvegarder la moralité publique et le respect de la loi naturelle [6].

Ainsi la philosophie de l'histoire que nous propose *L'Esprit des Lois* est plus finaliste que déterministe. Certains sociologues ont reproché à Montesquieu de faire sans cesse intervenir un législateur idéal qui, placé en dehors du temps et de l'espace, pénètre d'un coup d'œil les impératifs de l'histoire et ceux de la géographie [7]. Mais ce « préjugé » permet à Montesquieu d'éviter l'impasse du fatalisme. Si les lois n'étaient pas des inventions humaines, le législateur n'aurait jamais la possibilité de corriger la nature. Le libéralisme de Montesquieu se fonde, nous l'avons vu, sur l'idée que les sociétés civiles ont une origine contractuelle et sont, par conséquent, une création de l'art [8]; de même le caractère artificiel des lois permet au législateur d'humaniser la nature des choses, et de faire entrer en particulier dans les « causes » qui décident du destin des hommes les exigences universelles de la conscience morale.

---

1. *Esprit des Lois*, I, 1.
2. *Ibid.*, XIV, 5.
3. *Ibid.*, XIV, 9.
4. *Ibid.*, XIV, 6.
5. *Ibid.*, XIV, 10.
6. *Ibid.*, XVI, 8 et 10.
7. Cf. DURKHEIM, *Montesquieu, sa part dans la fondation des sciences politiques et de la science des sociétés*, Revue d'histoire politique et constitutionnelle, juillet-septembre 1937.
8. Cf. ci-dessus, Ch. VIII, 3.

Mais ce finalisme est, dans son principe, tout le contraire d'une philosophie du progrès. L'institution artificielle des sociétés civiles n'a pas pour rôle de se substituer à la « nature », mais de la rétablir dans ses droits. De même les sociétés complexes doivent réaliser du mieux possible cette harmonie du climat et de la « nature » que les sauvages vivent spontanément[1]. Le « triomphe » de la morale sur les causes physiques, dont parle Montesquieu, ne se situe nullement dans une évolution linéaire et irréversible. Car les « causes morales » englobent des facteurs historiques et contingents qui n'ont rien à voir avec la morale universelle; elles peuvent corriger l'action du milieu physique, mais aussi la contredire indûment : ainsi lorsque des envahisseurs venus d'Asie portent en Moscovie les mœurs orientales[2], ou que les Chinois transportent dans le climat rude de la Tartarie l'esprit de leur gouvernement despotique[3]. Les sauvages dont la vie précaire est étroitement soumise aux caprices des saisons et aux constantes du climat sont plus proches de la vraie « nature » et sans doute moins malheureux que les Japonais tyrannisés par leurs lois[4].

Le bonheur social n'est pas, pour Montesquieu, une victoire remportée par l'homme sur un univers hostile. Bien que cette idée apparaisse dans quelques passages de son livre, elle est loin de résumer l'essentiel de sa philosophie.

« Les hommes, par leurs soins et par de bonnes lois, ont rendu la terre plus propre à être leur demeure. Nous voyons couler des rivières là où étaient des lacs et des marais; c'est un bien que la nature n'a point fait, mais qui est entretenu par la nature »[5].

Il est juste de reconnaître ici l'amorce d'un thème riche d'avenir : mais c'est Buffon, et non Montesquieu, qui célébrera la puissance de l'homme devenu, selon le vœu de Descartes, « maître et possesseur de la nature »[6]. La leçon qui se dégage de L'Esprit des Lois est toute différente : le dernier mot de la sagesse politique n'est pas, selon Montes-

---

1. *Esprit des Lois*, XIX, 4., *loc. cit.* : « La *nature* et le *climat* dominent presque seuls sur les sauvages... » Les deux mots que nous soulignons ne sont pas synonymes. Le premier a une acception plus large que le second, et recouvre en particulier ces lois primitives, uniquement fondées sur « la constitution de notre être », que Montesquieu a énumérées au livre Premier (I, 2, *loc. cit.*).
2. *Ibid.*, XIX, 14, *loc. cit.*
3. *Ibid.*, XVII, 2.
4. *Ibid.*, XIX, 14, *loc. cit.* Les sauvages vivent dans l'état de nature, avec ses avantages et ses inconvénients, que Montesquieu ne sous-estime pas (Cf. ci-dessus, Ch. VIII, 1). Les Japonais n'ont que les inconvénients de l'état civil. Montesquieu revient à plusieurs reprises dans *L'Esprit des Lois* sur « l'atrocité » des mœurs et des lois du Japon. (VI, 13; XII, 14 ; XXIV, 14 ; XXV, 14 etc.).
5. *Ibid.*, XVIII, 7.
6. Cf. ci-dessous, Ch. XII. Lucien FEBVRE (*op. cit.*, p. 10) souligne avec raison cette opposition de points de vue entre Buffon et Montesquieu, mais sans relever les formules de *L'Esprits des Lois* qui annoncent pourtant les idées développées dans les *Époques de la Nature*.

quieu, de transformer la nature, mais de s'y adapter le mieux possible
Tout l'art du législateur sert à inscrire la vie d'une société dans le cadre
immuable qui lui préexiste [1]. Son rôle se borne à faire l'inventaire des
données naturelles qui délimitent ses possibilités d'action : données
de la géographie, de l'histoire, enfin de la morale universelle, qu'il ne
lui appartient pas de transformer profondément, mais seulement d'équi-
librer et d'harmoniser. La liberté du législateur ne contredit pas la nécessité des choses; comme pour le Stoïcien ou le sage de Spinoza, elle se
définit comme la nécessité comprise.

On déforme beaucoup la pensée de Montesquieu lorsqu'on s'obstine, malgré ses propres mises en garde, à n'en considérer que des aspects
isolés. Ceci est vrai, surtout, de sa contribution à la théorie des climats,
partie intégrante d'un système de pensée qui porte la marque d'une
époque. La philosophie de Montesquieu se veut conservatrice, mais
non fataliste; en homme du xviiie siècle l'auteur de L'Esprit des Lois
entend faire confiance à la sagesse des hommes aussi bien qu'à l'ordre
général des choses. Son livre n'est pourtant pas le simple reflet de son
temps. La vision du monde dont s'inspire Montesquieu est celle de ses
contemporains, nourris de Pope, de Pluche ou de Fénelon : son domaine,
en revanche, lui appartient en propre. Il ne consiste pas dans les spéculations abstraites de la métaphysique, les merveilles de l'histoire naturelle,
le tableau rassurant et grandiose de l'échelle des êtres. A quoi bon célébrer, après tant d'autres, la beauté de l'ordre universel si elle ne se
traduit pas dans la vie concrète des hommes ? Ce qui est ordre au regard
de Dieu apparaît alors à nos yeux comme une contrainte inhumaine.
Montesquieu sait bien que tous les arguments tirés de la nécessité du
mal sont une piètre consolation [2]. Son ambition d'historien n'est pas
de nier l'existence d'une nécessité naturelle mais de montrer qu'elle
coïncide, pour l'essentiel, avec les besoins de l'homme : faire, en un mot,
de nécessité bonheur [3]. Mais il n'est pas facile de plier le réel aux exigences de la raison humaine, surtout quand la *raison* et la *nature* au nom
desquelles on prétend justifier le devenir historique sont une raison
intemporelle et une nature immuable...

---

1. Nous rejoignons ici les conclusions de M. Ch. BEYER, *Le problème du déterminisme
social dans l'Esprit des Lois, The Romanic Review*, avril 1948. Sans accorder peut-être
une place suffisante aux préoccupations éthiques de Montesquieu, l'auteur de cet article
note les limites étroites que la « nature des choses » fixe, selon le Président, à l'action
du législateur : « La liberté du législateur s'exerce surtout dans le choix des moyens
institutionnels pour réaliser d'une façon cohérente la nature d'une société ; cette dernière
est déterminée par des facteurs sur lesquels le législateur a peu de prise ». (*Loc. cit.*, p. 105).

2. Cf. ci-dessus, Ch. IX, 1.

3. « Si je pouvais faire en sorte que tout le monde eût de nouvelles raisons pour aimer
ses devoirs, son prince, sa patrie, ses lois ; qu'on pût mieux sentir son bonheur dans chaque
pays, dans chaque gouvernement, dans chaque poste où l'on se trouve, je me croirais
le plus heureux des mortels » (*Esprit des Lois, Préface, loc. cit.*).

Le dessein de *L'Esprit des Lois* était-il chimérique ? On sait le désarroi grandissant de l'auteur dans la dernière période de la rédaction ; son manuscrit tourmenté et sa correspondance démentent en partie la belle sérénité de sa *Préface* : obsession du temps qui fuit tandis que les forces déclinent, angoisse d'une matière immense dont les limites reculent sans cesse, repentirs de dernière heure, incertitudes d'expression ou de pensée aboutissent enfin à un ouvrage moins décousu qu'on ne l'a dit mais plus énigmatique et déconcertant que Montesquieu ne l'avoue. L'une des sources d'intérêt que présentent en particulier les livres consacrés au climat est de nous renseigner sur des hésitations et un trouble qui sont le fait du penseur, beaucoup plus que de l'écrivain. Montesquieu ne recule pas devant les difficultés. Son interprétation optimiste de l'histoire exclut l'apparition d'un conflit insoluble entre les aspirations de la nature humaine et les exigences de la « nature des choses ». Dans les pays du Nord, dans les régions tempérées de l'Europe occidentale, l'adaptation de l'homme au milieu se fait sans heurts ; ce sont des terres de liberté où la nature physique stimule l'énergie des hommes ; Montesquieu analyse avec complaisance le paradoxe qui veut que la nature humaine s'épanouisse sur les sols les plus ingrats[1] ; il montre la sagesse des institutions qui ont fait ou font encore la grandeur de Rome, la force des peuples barbares et de l'ancienne monarchie française, la liberté et la prospérité anglaises. Mais à côté de ces exemples d'adaptation pleinement réussie, pouvait-il ignorer les échecs et surtout les cas où la partie était perdue d'avance ? Que dire de ces peuples d'Orient qu'une vieille tradition de pensée occidentale vouait à un destin indigne du genre humain ? La logique de la théorie des climats veut qu'une grande partie de l'Asie, avec ses chaleurs excessives et ses plaines immenses, soit la terre d'élection des empires despotiques. Les voyageurs européens pouvaient autrefois rapporter le fait avec une surprise dédaigneuse. De la part d'un vrai « philosophe » qui se dit citoyen du monde un tel mépris indifférent n'est plus concevable. Pour Montesquieu l'existence du despotisme et de la servitude, sous toutes ses formes, constitue une atteinte à la raison et à la nature, un scandale permanent : plus grave encore, la pierre d'achoppement de son système.

On s'est parfois étonné que le plan de *L'Esprit des Lois* ne corresponde pas exactement à celui qui est annoncé à la fin du livre premier. L'étude des causes physiques devait suivre celle des causes politiques et précéder l'analyse des conditions de la liberté politique[2]. En fait le premier et le troisième point sont groupés du Livre II au Livre XIII, le second occupe les livres XIV à XVIII ; cette nouvelle distribution des matières souligne la préoccupation essentielle de l'auteur ; elle

---

1. Cf. *Ibid.*, XVIII, I, etc...
2. *Ibid.*, I, 3.

ne distingue pas seulement les causes morales et les causes physiques
mais établit une opposition dramatique entre les lois des peuples libres
et celles des nations esclaves. Car le sujet à peu près exclusif des livres
qui traitent du climat, c'est l'esclavage sous ses trois aspects de servitude
civile, domestique et politique. En réalité Montesquieu n'aborde le
problème du climat qu'indirectement, à l'occasion de son plaidoyer pour
la liberté. Si la sauvegarde de la liberté est un article essentiel du droit
naturel, en même temps que le but des sociétés civiles, il faut imaginer
des motifs bien impérieux pour comprendre que des institutions qui la
détruisent aient pu s'établir et se perpétuer. Fort de son grand principe
selon lequel les faits juridiques les plus déroutants ont leur raison suffisante, Montesquieu s'attaque donc à ce redoutable problème. Non pas
avec l'intention d'invoquer la contrainte massive et brutale du milieu
physique — un tel déterminisme pourrait satisfaire la raison du savant,
non celle du philosophe — mais pour prouver que dans ce cas aussi
la sagesse l'a emporté. Certes la polygamie est en soi indéfendable,
mais des considérations physiologiques ou démographiques « peuvent
la faire un peu tolérer »[1] : « affaire de calcul », avait d'abord écrit l'auteur,
avec un cynisme qui rappelait un peu trop l'esprit de la Régence[2].
Était-il lui même entièrement satisfait de son raisonnement ? On peut
en douter à lire ce paragraphe :

« Mais je ne crois pas qu'il y ait beaucoup de pays où la disproportion
soit assez grande pour qu'elle exige qu'on y introduise la loi de plusieurs
femmes ou la loi de plusieurs maris. Cela veut dire seulement que la pluralité
des femmes s'éloigne moins de la nature dans certains pays que dans d'autres »[3].

Plus encore que l'embarras visible de la pensée, nous devons retenir de ces lignes la manière dont il s'exprime. Montesquieu parle de
la *nature* sans préciser le sens du mot : nature physique ? Nature morale ?
Ce ne peut être l'une à l'exclusion de l'autre, car il ne serait pas question
alors de *plus* et de *moins :* dans quelques pays très rares la polygamie est
absolument conforme aux nécessités du climat; dans tous elle est *absolument* contraire à la morale naturelle. La formule ambiguë dont use
Montesquieu signifie bien qu'il existe pour lui une seule nature, à la fois
physique et morale : et son malaise provient justement de la découverte
d'une contradiction, là où il aurait voulu trouver harmonie et unité.
Mais le problème de la condition féminine n'est pas de ceux où le romancier des *Lettres persanes*, expert en intrigues de sérail, s'efface tout à fait
devant le philosophe de *L'Esprit des Lois* : ici Montesquieu ne s'engage

---

1. *Ibid.*, XVI, 6. Dans les pays chauds le climat établit une extrême inégalité entre
les deux sexes (XVI, 2) et les femmes y naissent beaucoup plus nombreuses que les
hommes. (XVI, 4).
2. Dans l'édition de 1757 ce titre qui avait scandalisé les dévots devient, tout platement, *De la polygamie, ses diverses circonstances* (XVI, 4).
3. *Ibid.*

pas tout entier. Nous savons en revanche l'horreur profonde que lui inspire le pouvoir despotique : l'allégresse intellectuelle du Livre XVII qui voue à une éternelle servitude les peuples d'Asie et d'Afrique n'en est que plus inattendue. Montesquieu constate sans la moindre inquiétude que sur deux des trois continents les plus peuplés un gouvernement immoral et contre nature est une nécessité naturelle[1]. L'orgueil d'une démonstration victorieuse lui masque-t-il le démenti qu'elle apporte à l'ensemble de son système ? Se plaît-il à noircir le tableau pour mieux faire sentir aux nations d'Europe et à la sienne leur chance de ne pas lui ressembler ? L'ampleur même du problème lui interdit-elle de le poser clairement ? Il est difficile de croire que Montesquieu s'illusionne sur le « bonheur » des Asiatiques et se propose de le leur révéler : leur mollesse et leur lâcheté, constate-t-il au contraire, ne sont décidément pas dignes d'un meilleur sort[2]. La sévérité du moraliste vient ainsi au secours du philosophe : n'est-ce pas de la part de ce dernier l'aveu implicite d'une défaite ?

Plus limité que le problème du despotisme, plus actuel que celui de la polygamie, le problème de l'esclavage civil, et en particulier de l'esclavage colonial, retient plus longuement l'attention de Montesquieu. Dans un régime despotique l'esclavage civil est un moindre mal, puisqu'il assure aux plus faibles la protection des puissants contre l'arbitraire des gouvernants; mais seul un « esclavage très doux » est alors « fondé sur la nature des choses » et « conforme à la raison »[3]. Ce n'est pas à ce genre de servitude que sont assujettis les noirs d'Afrique, transportés de force dans les plantations des Antilles. Pour ceux-là Montesquieu se souvient d'avoir lu Arbuthnot et Hippocrate : « Il y a des pays où la chaleur énerve le corps, et affaiblit si fort le courage que les hommes ne sont portés à un devoir pénible que par la crainte du châtiment »[4]. Allons-nous en rester à cette constatation ? En expliquant l'esclavage Montesquieu ne cesse pas de le condamner[5]; déchiré entre son besoin de comprendre et son désir de juger, il laisse enfin paraître son trouble :

« Mais, comme tous les hommes naissent égaux, il faut dire que l'esclavage est contre la nature, quoique dans certains pays il soit fondé sur une raison naturelle; et il faut bien distinguer ces pays d'avec ceux où les raisons naturelles même le rejettent, comme les pays d'Europe où il a été si heureusement aboli »[6].

---

1. *Ibid.*, XVII, 7. Le cas de l'Amérique est réservé.
2. Comme pour se rassurer lui-même, Montesquieu insiste sur l'infériorité morale des Asiatiques : « Dans toutes les histoires de ce pays il n'est pas possible de trouver un seul trait qui marque une âme libre... » (*Ibid.*, XVII, 6).
3. *Ibid.*, XV, 6.
4. *Ibid.*, XV, 7.
5. Sur les motifs de cette condamnation formelle, cf. ci-dessus, Ch. VIII, 3.
6. *Loc. cit.*, XV, 7.

Par rapport aux chapitres sur la polygamie l'approfondissement de la pensée est ici très manifeste. A propos de l'esclavage civil Montesquieu n'invoque plus une seule et même nature, à la fois pour condamner et pour justifier l'institution; il oppose « la nature » à une « raison naturelle ». Le langage employé ne traduit plus le sentiment d'une harmonie à sauvegarder, en dépit des apparences, mais celui d'un divorce sans réplique entre la nature physique et la nature morale. D'où le désarroi du chapitre suivant dont la conclusion contredit le préambule. En réalité Montesquieu prend conscience ici de ce qu'il s'est engagé dans une impasse; l'idéalisme qui condamne l'esclavage est inconciliable avec le déterminisme qui le rend nécessaire. L'optimisme de l'auteur des *Lois* se heurte à cette antinomie. Il est permis de voir dans cette brusque prise de conscience des contradictions de la « nature des choses » le véritable intérêt des concessions faites par Montesquieu au vieux préjugé des influences climatiques. En donnant à ce thème banal de la sagesse des nations un développement systématique il croyait le faire servir au dessein général de son livre. Lorsqu'il s'aperçoit que celui-ci s'en trouve au contraire compromis, Montesquieu est enfin contraint de se libérer d'un préjugé séculaire. C'est au moment où sa pensée devenait la plus routinière, malgré son apparente rigueur scientifique, que dans une intuition soudaine elle se révèle la plus moderne et la plus vivante :

« On peut par la commodité des machines que l'art invente ou applique, suppléer au travail forcé qu'ailleurs on fait faire aux esclaves [...] Parce que les lois étaient mal faites, on a trouvé des hommes paresseux; parce qu'ils étaient paresseux, on les a mis dans l'esclavage »[1].

Dans un effort d'analyse critique, où sa sensibilité en révolte précède et stimule sa raison, Montesquieu aperçoit une issue : expliquer l'esclavage non par des raisons « naturelles », donc sans remède, mais par des raisons historiques, à la fois techniques et sociales. Alors sa philosophie de la nature le conduit à une philosophie du progrès. Son idéalisme n'est plus statique, mais dynamique. Simple pressentiment sans doute; pour l'essentiel l'attitude de Montesquieu en face du monde demeure toute contemplative : le conservateur qui s'affirme satisfait de la « nature des choses » l'emporte sur le réformateur indigné de ce que le réel ne soit pas toujours ce qu'il devrait être. On aime cependant que, dans sa majestueuse entreprise pour développer et confirmer l'optimisme un peu plat de son époque, Montesquieu ait eu assez de lucidité pour ouvrir une voie toute différente. S'il résume son temps, son livre est aussi tourné vers l'avenir. Dans l'histoire des idées la place de Montesquieu serait plus modeste si les vérités qu'il défend n'étaient pas grosses de vérités contraires.

---

1. *Op. cit.*, XV, 8.

Chapitre XII

NATURE ET PROGRÈS

1. — Les surprises du « primitivisme ».
2. — Naissance d'un mythe : l'Éducation.
3. — Peut-on arrêter l'histoire ?

Chapitre XII

NATURE ET PROGRÈS

Devant le problème du mal, la pensée moyenne du demi-siècle apparaît singulièrement désarmée. Chaque fois que le mensonge des lieux communs optimistes devient trop flagrant, on voit resurgir la vieille sagesse qui prêche l'acceptation de l'inévitable. Encore les âmes chrétiennes conservent-elles l'espoir d'une réparation surnaturelle : même incompréhensibles, les décrets de la Providence sont moins désespérants que le déterminisme de la nature physique. Bénéficiant du crédit que les esprits « éclairés » accordent à tout ce qui combat la « superstition », un certain matérialisme perpétue en réalité une philosophie de l'impuissance humaine. Le naturalisme astrologique de Boulainvilliers conduit ce grand seigneur à une sorte de stoïcisme aristocratique; si le cours des astres fixe irrévocablement celui de l'histoire, à quoi bon les « vains projets de la politique ? »[1] A l'autre extrémité de l'échelle sociale, le même « spinozisme » inspire au curé Meslier des réflexions aussi désabusées : au terme d'une discussion passionnée, le suprême argument qu'il trouve à opposer à l'idée chrétienne de la Providence, c'est, nous l'avons vu, « la nécessité inévitable du mal »; après avoir dénoncé la propriété individuelle comme la source de tous les maux, peu s'en faut qu'il ne voie dans le pire de tous, la guerre, non plus l'effet d'institutions aberrantes, mais un fléau aussi « naturel » que la mort et la maladie...[2].

Il est vrai que ce fatalisme n'est pas le dernier mot de l'auteur du *Testament* : l'appel à l'union des opprimés contre les tyrans succède sans

---

1. Cf. *Pratique abrégée des jugements astrologiques*, texte cité par R. Simon, *op. cit.*, p. 665. Voir aussi *Astrologie mondiale*, *op. cit.*, pp. 223-224.
2. *Testament*, *op. cit.*, t. III, pp. 366-367.

transition à ces considérations pessimistes [1]. En réalité deux attitudes d'esprit prévalent à tour de rôle chez Meslier selon l'importance relative que prennent dans son livre la critique sociale et la polémique antireligieuse : exploitation antichrétienne du thème de la nécessité naturelle, ou recherche d'une causalité historique qui donne prise à l'action humaine. Cette hésitation persistera dans le matérialisme de la seconde moitié du siècle. Ce qui la rend particulièrement sensible dans le cas de Meslier, c'est l'absence, chez lui, de perspectives économiques. La révolte qu'il prêche n'a pas pour but de créer un ordre nouveau, mais de restaurer le lointain âge d'or de la communauté primitive. Malgré les germes d'évolutionnisme que l'on peut découvrir dans sa critique du dogme de la Création, Meslier demeure, comme Spinoza lui-même, un philosophe de l'éternel. S'il envisage qu'on puisse transformer les rapports des hommes entre eux, c'est à l'intérieur du cadre immuable qui délimite ceux que l'humanité entretient avec la « nature des choses ». L'idée que la condition humaine, dans ses traits fondamentaux, puisse se modifier peu à peu grâce à la maîtrise croissante de l'homme sur le monde matériel lui est totalement étrangère. Et l'on ne retrouve chez lui aucun écho du grand espoir exprimé sur ce thème par Descartes dans la dernière partie du *Discours de la Méthode*.

Au xviiie siècle ce n'est pas chez les rares interprètes des maux du petit peuple, mais chez les représentants des classes « éclairées » qu'on a chance de rencontrer des vues ouvertes sur l'avenir. Ceux qui savent l'importance des techniques de production dans l'organisation du bonheur social sont seuls en mesure de penser vraiment la condition humaine dans le futur. Pour eux l'harmonie de l'homme et du monde est un idéal à réaliser, non un paradis perdu. Les réflexions de Montesquieu sur l'esclavage sont déjà caractéristiques de cette confiance toute moderne dans les possibilités indéfinies de l'*homo faber*. Elles annoncent les pages enthousiastes où Buffon célébrera l'effort millénaire du roi de la Création pour enrichir et « anoblir » la Nature [2]; celles aussi — moins grandioses peut-être, mais plus émouvantes — de Condorcet oubliant ses angoisses d'homme traqué pour vivre par la pensée la dixième et dernière époque de l'espèce humaine « affranchie de toutes ces chaînes, soustraite à l'empire du hasard, comme à celui des ennemis de ses progrès, et marchant d'un pas ferme et sûr dans la route de la vérité, de la vertu et du bonheur » [3].

Ce n'est pourtant pas sans raison si le mot-clé de l'optimisme historique du xixe siècle est à peu près inconnu des philosophes du xviiie. Condorcet lui-même se bornera encore à évoquer « les progrès de l'esprit humain », et n'emploiera jamais le terme absolument. Sans

---

1. *Ibid.*, p. 373 sq ; cf. ci-dessus, Ch. VIII, 4.
2. *Les époques de la Nature* (1778), *Septième époque.*
3. *Esquisse d'un tableau historique des progrès de l'esprit humain*, 1794, *Dixième époque : Les progrès futurs de l'esprit humain*, édition O.H. Prior, Paris, Boivin, 1933, p. 239.

doute l'histoire des mots ne recouvre-t-elle pas exactement celle des idées. L'apparition du concept de progrès au xɪxᵉ siècle suppose un long cheminement antérieur [1]. Mais il faut bien constater que dans les dernières années du xvɪɪɪᵉ siècle, et à plus forte raison avant 1750, ce lent processus est à peine engagé. L'idée maîtresse du siècle des lumières n'est pas l'idée du Progrès, mais celle de Nature : la remarque vaut pour tous les contemporains de Montesquieu, même pour ceux qu'on peut le plus légitimement ranger parmi les précurseurs d'Auguste Comte ou du saint-simonisme. Il convient donc de préciser enfin les conséquences de cet état de choses pour leur manière de comprendre le développement historique. Dans cet essai d'analyse on se gardera de vues trop sommaires : certes, le recours à l'idée de Nature peut traduire une attitude mentale exactement opposée à celle qu'exprime le thème du Progrès; il n'en reste pas moins des motifs sérieux de considérer la déesse Nature comme la mère du dieu Progrès; mais plutôt que de choisir nettement entre les rêves d'avenir et les regrets nostalgiques, la pensée du demi-siècle se repose volontiers dans un compromis ambigu. Alors l'épanouissement de la Nature se situe à la fois dans l'histoire et en dehors d'elle : si bien que le devenir des choses humaines n'est généralement conçu ni comme une inexorable déchéance, ni comme un perfectionnement progressif, mais comme une série d'oscillations autour d'une Nature intemporelle. Au mieux on voudrait espérer en l'avenir, mais en un avenir immobile, se fier au pouvoir créateur du temps sans renoncer à la sécurité de l'éternel : suprême tricherie qui résume et englobe toutes les autres.

---

1. Voir. F. BRUNETIÈRE, *Études critiques, Vᵉ série*, 1892 ; J. DELVAILLE, *Essai sur l'histoire de l'idée de progrès jusqu'à la fin du XVIIIᵉ siècle*, Paris, 1910 ; J.B. BURY, *The idea of progress*, Londres, 1921 ; R. HUBERT, *Essai sur l'histoire de l'idée de progrès. Revue d'histoire de la philosophie et d'histoire générale de la civilisation*, 1934-35, pp. 289-305, et 1-32 ; et surtout Ch. FRANKEL, *The faith of reason, the idea of progress in the french Enlightenment*, New-York, 1948.

1. — *Les surprises du « primitivisme »*

Dans la pensée occidentale, de l'Antiquité aux temps modernes, *nature* et *art* sont deux notions antinomiques. La Nature, n'est-ce pas tout ce que l'artifice des hommes n'a pas encore altéré ? « Ce n'est pas raison, dit Montaigne, que l'art gagne le point d'honneur sur notre grande et puissante mère nature. Nous avons tant rechargé la beauté et richesse de ses ouvrages par nos inventions, que nous l'avons du tout étouffée »[1]. Ainsi la « voix de la nature » parle en faveur du passé et non du présent et de l'avenir. Elle condamne tout ce que la coutume, les préjugés, les besoins factices ont peu à peu surajouté au cours des siècles à la simplicité originelle. Au XVIIIᵉ siècle encore, l'apologie de la *nature naïve* est inséparable de thèmes primitivistes : légende de l'âge d'or, rêves arcadiens, idéalisation de la vie sauvage. Combien de Scythes vertueux ou de sages Indiens donnent alors à un siècle frivole et sophistiqué l'exemple de la frugalité et du bon sens ! Le recensement des principaux textes a déjà été fait, et il est à peine besoin d'y revenir[2]. En revanche la signification de ce courant littéraire est loin d'être pleinement élucidée. Avant d'admettre l'existence d'une sorte de mythe collectif, peut-être conviendrait-il d'en souligner l'extrême diversité. Lorsque Louis Racine ou l'abbé Pluche évoquent l'époque où la terre connaissait à longueur d'année la douceur du printemps, leur dessein, tout apologétique, est de bien montrer que la responsabilité du mal physique n'incombe pas au Créateur, mais à la créature déchue[3]; dans la plupart des textes la figure du bon sauvage illustre au contraire une idée foncièrement antichrétienne, celle de la bonté naturelle de l'homme. Un curieux chassé-croisé se produit même entre les « philosophes » et les défenseurs du christianisme. On s'attendrait à voir les premiers accorder toujours plus de prix que les seconds au développement des « lumières ». Mais pour défendre plus efficacement la nature humaine ils sont conduits à mettre les vices dont on l'accuse au compte de la coutume et des contigences de l'histoire. Un certain pessimisme histo-

---

1. *Essais*, I, XXXI, *Des Cannibales*, édit. J. Plattard, Paris, 1946, t. II, p. 93.

2. Cf. G. CHINARD, *L'Amérique et le rêve exotique dans la littérature française, aux XVIIᵉ et XVIIIᵉ siècles*, Paris, 1913 et 1934 ; R. GONNARD, *La légende du bon Sauvage*, Paris, 1946.
   Pour une bibliographie plus complète, voit l'édition critique de *l'Ingénu* présentée par W.R. Jones, Paris-Genève, 1957.

3. Voir ci-dessus, Ch. X, 1.

rique apparaît ainsi comme la contre-partie de leur optimisme moral. Paradoxalement l'hostilité des libres-penseurs à l'égard des dogmes chrétiens, leur désir de combattre la croyance au péché contribuent à maintenir vivante une forme de pensée familière à la théologie : l'histoire se définit d'abord comme la dégradation de la nature première. C'est pourquoi les esprits les moins chrétiens semblent souvent hantés par l'image du paradis perdu; la nature des philosophes finit par ressembler étrangement à l'Éden des âmes pieuses. Inversement, les gardiens de la foi hésitent constamment entre deux attitudes : tantôt on les voit s'ingénier à découvrir chez des peuplades arriérées les preuves de l'universalité de la Révélation primitive [1]; tantôt ils demandent au contraire à la culture de remédier, du mieux possible, aux vices de la nature. On connaît les sarcasmes dont Voltaire couvre en 1736 les laudateurs du « bon vieux temps ». Mais c'est à des auteurs chrétiens, catholiques ou protestants, un Rollin, un Crousaz, que le demi-siècle doit ses plaidoyers les plus solides, sinon les plus brillants, en faveur de la civilisation [2].

Cet exemple suffit à montrer combien il serait superficiel et même arbitraire de se borner à distinguer globalement le parti des primitivistes et les tenants de la « perfectibilité ». Au XVIIIe siècle comme de nos jours pareille division peut se prêter à de faciles développements oratoires : l'historien s'aperçoit en fait qu'elle recouvre, et qu'elle masque en partie, des antagonismes plus complexes aussi bien que des rencontres inattendues. Les variations sur le thème de la *simple nature* s'inspirent en effet de motifs très divers. Dans l'ordre économique elles peuvent traduire, nous l'avons vu, une attitude de refus du monde moderne; plus fréquemment, elles expriment un attachement réaliste aux « vraies richesses » de la terre, qui n'exclut pas forcément l'intérêt porté aux manufactures et au commerce; il arrive même qu'on voie poindre à cette occasion, dès l'époque de Fénelon et de Boisguillebert, une confiance toute nouvelle dans le libre jeu des mécanismes naturels : l'épanouissement proche du système physiocratique serait incompréhensible sans ces premiers signes d'hostilité à l'égard de l'esprit réglementaire, et sans le halo, encore vague, de libéralisme dont s'entoure déjà le thème du retour à la nature. La diversité des aspirations qu'il révèle s'accuse ainsi jusqu'à la contradiction; la note dominante n'est cependant pas celle de l'exotisme ou du désir d'évasion, mais un sens très positif du présent, de ses problèmes et de ses réalités [3]. Ce trait apparaît encore plus nette-

---

1. Cf. *Ibid.*, Ch. VII, 2.

2. Sur Voltaire, cf. ci-dessus, Ch. IX, 2. Sur Rollin, voir Ch. XI, 3. C'est en 1737 que Crousaz publie son *Traité sur l'obligation où sont les hommes de s'unir en corps de société (op. cit.)*, essentiellement dirigé contre les *Dialogues* de La Hontan.

3. Cf. ci-dessus, Ch. VI, et surtout Ch. IX. On en pourrait dire autant du *Supplément au Voyage de Bougainville*, apologue « populationniste » où Diderot traite d'un problème familier aux économistes de son temps : la force et la richesse d'un État se mesu-

ment dans l'ordre politique; quelques aventuriers ont pu envier sincèrement la liberté des Hurons ou des Caraïbes, mais tous les auteurs qui
notent « l'indépendance naturelle » dont jouissent les sauvages sont
loin de s'illusionner sur leur bonheur; ils n'entendent pas faire l'éloge
de l'anarchie, mais formuler une mise en garde contre les méfaits du
despotisme; ce qu'ils défendent en réalité, c'est un certain idéal politique,
très prudemment libéral, qui doit autant à Locke et à l'exemple britannique qu'à l'enseignement des voyages lointains [1].

Quant à la signification morale des thèmes primitivistes, elle est
également plus riche, et beaucoup moins négative qu'il ne pourrait
sembler. Le XVIIIe siècle est l'héritier d'une longue tradition pyrrhonienne qui dépréciait la nature humaine au profit de la nature animale.
Cette attitude traditionnelle affleure discrètement au début de L'Esprit
des Lois : « Les bêtes n'ont point les suprêmes avantages que nous avons;
elles en ont que nous n'avons pas... » [2]. Elle est plus agressive dans les
Mémoires de la Hontan, où un Huron à demi-policé, surnommé le Rat,
déplore que les hommes soient « moins naturels » que les animaux [3].
Aux dires de ceux qui vantent la vie des bois, sa supériorité vient justement de ce que le sauvage est plus proche de la bête que l'homme policé.
Il s'en faut cependant de beaucoup que l'éloge des bêtes s'inscrive
toujours, au XVIIIe siècle, dans une perspective pyrrhonienne. De la
part des « philosophes » il prend surtout une valeur polémique, anti-
ascétique, et anti-spiritualiste [4]; chrétiens et déistes célèbrent d'autre
part les merveilles de l'instinct comme l'une de ces multiples harmonies
de la nature qui prouvent l'existence d'un souverain Horloger [5]. Grand
lecteur de Montaigne, le XVIIIe siècle donne donc à l'apologie de la
sagesse animale un sens assez différent de celui qu'elle avait, par exemple,
dans certaines pages du second Livre des Essais [6] : il ne s'agit plus de
réflexions désabusées, mais d'un acte de foi dans l'ordre providentiel
des choses; l'accent n'est plus sceptique mais chrétien, voire panthéiste.
On peut douter qu'il en aille autrement pour le thème du bon sauvage;
les missionnaires qui contribuent beaucoup à le répandre en France se
gardent en général d'une idéalisation systématique; le baron de La

---

rent au nombre de ses habitants. C'est pourquoi le Supplément, loin de revendiquer,
comme on l'a dit, une totale liberté sexuelle, assigne comme but à l'amour, non le plaisir
du couple, mais la multiplication de l'espèce : à Tahiti le libertinage est sévèrement blâ-
mé... (A.T., II, pp. 232, 235 et sq.).
    1. Cf. Ibid., et Ch. VIII, 2.
    2. Esprit des Lois, op. cit., I, 1.
    3. Mémoires de l'Amérique septentrionale, édit. G. Chinard, op. cit. p. 143. « Conclu-
ons donc, mon cher frère, que la raison des hommes est le plus grand instrument de leur
malheur et que, s'ils n'avaient point la faculté de penser, de raisonner et de parler, ils
ne se feraient la guerre comme ils font, sans aucun égard à l'humanité et à la bonne foi ».
    4. Voir ci-dessus, Ch. IX, 1, et Ch. XI, 2.
    5. Ibid., Ch. II, 2, et passim.
    6. Op. cit., II, XII, notamment pp. 200-215 et 221-223. Ce n'est du reste qu'un aspect
de la pensée de Montaigne sur ce problème.

Hontan note de son côté que les sauvages du Canada sont moralement trop divers pour qu'on puisse porter sur eux un jugement d'ensemble[1]. Bien plus, lorsque des auteurs aussi différents célèbrent la sagesse instinctive des sauvages, ils ne cèdent nullement à un parti pris d'antirationalisme. Leur dessein n'est pas d'opposer l'instinct à la raison mais la droite raison de la *lumière naturelle* à la fausse raison des préjugés. L'une des qualités que La Hontan apprécie le plus chez les Hurons, c'est la rectitude de leur « bon sens » et de leur attachement invincible à ce « privilège » de la nature humaine[2]. Ainsi le lecteur est-il dûment averti que ces « philosophes rustiques » n'ont rien de la stupidité animale; parfois même leur prétendue « naïveté » lui semble aussi sujette à caution que celle des Persans de Montesquieu ou du pseudo-Huron de Voltaire : le bon père Lafitau, pourtant si favorable aux « américains », n'avait sans doute pas tort de déceler chez son prédécesseur une intention maligne lorsqu'il lui reprochait l'excessive subtilité prêtée au héros de ses *Dialogues*[3].

Brutalement arrachée à son Pérou natal, Zilia découvre avec stupeur la France et ses contrastes : la misère côtoyant le luxe ; une religion qui prône l'ascétisme et heurte les sentiments les plus naturels tandis que, sous le nom de commerce, l'esprit de lucre engendre le crime et la mauvaise foi...[4]. A la différence des *Lettres Persanes* ou même des *Lettres d'un Sauvage dépaysé* — publiées quelques années plus tôt — [5], le roman de Madame de Graffigny veut parler au cœur plutôt qu'à l'esprit; le récit des malheurs de la tendre Zilia est fait pour émouvoir les âmes sensibles. De *raisonnable* qu'il était surtout, le « sauvage » devient sentimental; cette évolution du type s'accentuera dans la seconde moitié du siècle[6]. Mais dans son principe, bien que le pathétique suc-

---

1. LA HONTAN, *Mémoires...*, *op. cit.*, p. 149. « Les uns sont bons, Les autres mauvais les uns belliqueux, les autres lâches ; les uns agiles et les autres lourds et pesants ; en un mot il en est de cette partie de l'Amérique comme de notre Europe, où chaque nation ne se ressemble pas dans le bien et dans le mal ».

2. Voir ci-dessus, Ch. VII, 3. Rappelons le titre complet des entretiens supposés entre le narrateur et Adario. *Dialogues curieux entre l'auteur et un sauvage de bon sens qui a voyagé*. Dans l'édition de 1703 le protestant Gueudeville, ancien bénédictin, renchérit encore sur ce rationalisme : « Nous devons raisonner beaucoup plus juste que vous, fait-il dire à Adario ; car nos vues sont plus simples et nous n'obscurcissons point la lumière naturelle par tant de préjugés, et par l'impression d'un si grand nombre d'objets [...] Non, vous ne connaissez point le vrai bonheur, vous autres Européens, vous devez tout à l'imagination, et presque rien à cette belle partie de vous-mêmes, qui nous fait raisonner ; enfin vous ne méritez pas le beau nom d'homme » ; (*Troisième conversation, De l'intérêt propre*, *op. cit.*, p. 236).

3. LA HONTAN, *Mémoires, op. cit.*, p. 99 ; LAFITAU, *Mœurs des sauvages américains, op. cit.*, p. 108.

4. Mme DE GRAFFIGNY, *Lettres d'une Péruvienne* (1747), nouvelle édition, Paris, 1752, 2 vol. in-12 ; voir notamment t. I, pp. 198-205 sq. ; t. II, lettre XXIX et *passim*.

5. JOUBERT DE LA RUE, *Lettres d'un sauvage dépaysé, contenant une critique des mœurs du siècle, et des réflexions sur des matières de religion et de politique*, Amsterdam, 1738.

6. Voir G. CHINARD, *L'Amérique et le rêve exotique*, *op. cit.*, Quatrième partie, Ch. III. Princesse Incas et vestale du Soleil, Zilia n'est pas une vraie sauvage ; mais au XVIIIe siècle on n'était pas très pointilleux en matière d'ethnologie.

cède à l'ironie, le procédé satirique ne change pas. L'étonnement de
Zilia est simplement plus douloureux, plus déclamatoire aussi, que
celui d'Usbek ou de Rica. Toute l'originalité de Mme de Graffigny
consiste à adapter aux tendances nouvelles du public une recette éprouvée. Sa morale ne lui est pas plus personnelle que cet artifice littéraire :
« Les Péruviens, dit-elle, avaient moins de lumières, moins de connaissances, moins d'arts que nous, et cependant ils en avaient assez pour
ne manquer d'aucune chose nécessaire » [1]. Comme bien d'autres pro-
pagandistes de la morale naturelle, Zilia prêche donc la limitation des
désirs, et reproche aux Français de ne plus savoir apprécier « l'abondance frugale et honnête dont se contentaient leurs ancêtres » [2]. Moins
porté aux effusions, le bon Adario n'aurait pas eu non plus l'idée de
cette *honnêteté*... A ces nuances près, la *nature* dont il se réclame ressemble beaucoup à celle qu'évoque la jeune Péruvienne. Accord de l'instinct et de la raison, du désir et du devoir, bonheur vertueux, vertu
facile, frugalité heureuse, tels sont les traits qui définissent le bon sauvage; autant dire que dans la mesure où la fonction de ce type littéraire
n'est pas seulement satirique, elle consiste à incarner toutes les aspirations morales de l'époque; et, d'abord, ce rêve d'unité intérieure qui,
malgré toutes ses équivoques, est la meilleure réponse du siècle au pessimisme des générations précédentes.

Allégorique et non historique [3], le « primitivisme » du xviii[e]
siècle illustre les aspects complexes, et en partie contradictoires, d'un
nouvel humanisme; son refus de valeurs jugées périmées s'accompagne
d'un effort pour en définir de nouvelles. Un primitivisme authentique
a-t-il du reste jamais existé ? A défaut du désir chimérique de remonter

---

1. *Op. cit., Introduction*, p. 31.
2. *Ibid.*, II, p. 16.
3. *Encyclopédie*, art. *Age (Myth.)* A propos d'Hésiode : « Cette allégorie des âges
est très philosophique et très instructive ; elle était très propre à apprendre aux peuples
à estimer la vertu ce qu'elle vaut ». Le P. Buffier qui développe complaisamment le « paradoxe » du bonheur des sauvages précise, lui aussi, qu'il ne s'agit que d'une image, illus-
trant une vérité morale : « Est-il possible qu'avec un peu de justesse et de droiture d'esprit,
on n'ait pas aperçu au travers des images, des exemples, et des traits amusants qu'on
a semés dans cet article, qu'on n'ait pas aperçu, dis-je, que le fond du sujet est le plus
solide et le plus respectable ? En effet c'est la maxime fondamentale de la Morale évangélique, qui ne nous inculque autre chose pour être heureux, que le soin de renoncer à nous-
mêmes, c'est-à-dire, selon l'expression de la Morale des philosophes (qui s'accordent en
ce point avec l'Évangile), de résister à nos passions, à nos désirs sensuels, à la mollesse
et à la délicatesse qui sont aussi opposées à la pure raison qu'aux maximes chrétiennes ».
Examen des préjugés vulgaires..., Nouvelle édition, Paris, 1725, art. V, p. 137. On remarquera l'étonnante plasticité du thème du « bon sauvage », assimilé aux vertus chrétiennes
de *renoncement*, alors qu'il exprime dans d'autres textes le refus de tout ascétisme. C'est
dire qu'il n'est rien d'autre que la traduction allégorique de cette « morale naturelle » à
la fois libérale et restrictive, dont nous avons déjà souligné la dualité.

Indien et Indienne de la Güiane.

5. — LA NATURE PRIMITIVE : SONT-ILS BONS ? SONT-ILS MÉCHANTS ?

(Prévost, *Histoire générale des voyages,* t. XIV, Paris, 1759, Pl. VI, Indien et Indienne de la Guyanne.)

La loi naturelle, embrasse l'équité: la science la découvre, & la vérité l'éclaire, pendant que le génie de Cumberland terrasse l'erreur, & le génie de Hobbes.

6. — LA NATURE ÉTERNELLE : LE TRIOMPHE DE LA LOI NATURELLE

(Frontispice du *Traité philosophique des lois naturelles* de Cumberland, traduit par Jean Barbeyrac, Amserdam, P. Mortier, 1744.)

le cours du temps, il supposerait du moins la condamnation catégorique de toute forme de civilisation. Lorsque Montaigne fait l'éloge des « Cannibales », il obéit à un mouvement généreux de révolte contre les supplices atroces infligés à ces prétendus « barbares » par les conquérants espagnols : est-il plus cruel de dévorer un cadavre que de torturer un homme vivant ? « Barbares », les cannibales le sont, « eu égard aux règles de la raison, mais non pas eu égard à nous, qui les surpassons en toute sorte de barbarie » [1]. Le pyrrhonisme de Montaigne n'est pas total, et si l'opposition qu'il établit entre la *nature* et l'*art* a un côté négatif, elle suppose aussi une confiance positive dans l'universalité de la loi naturelle et l'efficacité morale de la raison. Cette remarque est encore plus vraie pour le XVIIIᵉ siècle qui se veut résolument constructif et s'emploie à bâtir un monde nouveau sur les décombres de l'ancien; pour la réalisation de ce grand dessein le thème polémique du « bon sauvage » est une arme utile contre le despotisme et la « superstition »; lorsqu'il oppose le passé au présent, ce n'est le plus souvent que pour mieux préparer l'avenir.

Sans doute arrive-t-il que cet aspect négatif y soit prédominant. Pour des raisons faciles à comprendre, les thèmes primitivistes ont un accent particulièrement nostalgique lorsqu'ils orchestrent la critique la plus avancée. C'est le cas des protestations contre l'inégalité sociale, plutôt que celui des revendications du libéralisme politique et religieux. On conçoit que les victimes d'un ordre social injuste, écrasées à la fois par le régime seigneurial et par le capitalisme naissant, rêvent volontiers de ce passé semi-mythique qui ignorait la funeste distinction du *tien* et du *mien*. Le primitivisme du demi-siècle n'est jamais aussi sincère, aussi pathétique, que lorsqu'il traduit les besoins des « petits », les rancœurs et la misère de ceux à qui la naissance, la pauvreté ou le destin ne permettent de trouver une place ni dans l'ordre ancien ni dans celui qui commence à s'édifier autour d'eux. De la part de La Hontan, Meslier ou Rousseau l'anathème lancé contre une civilisation inique n'est pas un simple exercice littéraire, plus ou moins chargé d'arrière-pensées; encore convient-il de ne pas interpréter leur attitude de manière simpliste : même chez eux, la thèse primitiviste n'est jamais si radicale qu'elle n'enveloppe, peu ou prou, son contraire.

***

Gentilhomme ruiné par un interminable procès d'héritage, soldat de métier qu'exaspèrent l'inertie et les intrigues des bureaux, ambitieux déçu, La Hontan est un déclassé qu'une vie d'aventures relègue

---

1. *Op. cit.*, p. 99.

finalement « dans l'arrière-boutique d'un libraire de La Haye », d'où il exhale ses rancœurs contre la société française [1]. Gens de justice, prêtres, courtisans, financiers exercent tour à tour sa hargne. Mais la portée du livre serait moindre si l'auteur n'avait su s'élever au-dessus de ses propres désillusions; on comprend que ce soldat au langage un peu rude méprise le confort et la délicatesse des Européens, qu'il leur préfère la simplicité guerrière des Hurons; on s'attendait moins à ce qu'un hobereau de province dénonçât l'injustice d'une loi qui condamne aux galères un paysan coupable d'avoir tué une perdrix[2]. Or cette largeur de vues souvent généreuse introduit dans l'exposé de ses idées de curieuses dissonances. Lorsque La Hontan souligne sans contre-partie les méfaits de l'argent et de la propriété, il fait bon marché des problèmes économiques et des réalités contemporaines [3]. D'autres réflexions, en revanche, sont d'un esprit beaucoup plus « moderne » : plaidoyer pour la tolérance religieuse [4], éloge de la liberté anglaise et d'un régime politique où la volonté du monarque est subordonnée à l'autorité des lois [5]. La contradiction est patente quand notre auteur parle du commerce et des négociants ; comme il prône le mépris de l'intérêt, vice originel qu'engendre la propriété et source de tous les autres, La Hontan voue à une commune exécration « gentilshommes, marchands et prêtres » [6]. Quelques pages plus loin, alors qu'il vient encore de proclamer l'inutilité des sciences, cette hostilité de principe ne l'empêche pas de faire une notable exception en faveur de l'arithmétique, précisément parce qu'elle est utile au commerce... [7] Un thème nouveau vient, il est vrai, atténuer aussitôt cette inconséquence : il faut que le marchand soit vertueux et se contente d'un gain limité [8]. Idée à double sens puisque, si elle rassure notre contempteur de la civilisation mercantile, elle correspond aussi à l'image édifiante que la classe des négociants cherchera longtemps encore à donner d'elle-même [9]. De fait, les mesures concrètes qu'Adario propose aux Français ne vont nullement dans le sens d'un

1. *Dialogues curieux...*, édit. G. Chinard, *op. cit., Introduction*, p. 29.
2. *Ibid.*, p. 189.
3. *Ibid.*, pp. 181, 200, 211, 229, etc...
4. *Mémoires, op. cit.*, pp. 105-108.
5. *Ibid.*, p. 83. L'édition de 1705, revue par Gueudeville, insiste sur cette idée (*op. cit.*, pp. 191-192 et p. 257). Cet attachement à la liberté n'incite du reste pas La Hontan à s'inquiéter un instant du fait que ses chers Hurons réduisent leurs prisonniers de guerre en esclavage (Cf. *Mémoires...*, *op. cit.*, p. 130 ; *Dialogues, ibid.*, pp. 201-203).
6. *Dialogues, op. cit.*, p. 200.
7. *Ibid.*, pp. 212-213.
8. *Ibid.*, p. 213. « Il est très constant que si le Marchand n'a pas le cœur droit et s'il n'a pas assez de vertu pour résister aux tentations diverses auxquelles le négoce l'expose, il viole à tous moments les lois de la justice, de l'équité, de la charité, de la sincérité et de la bonne foi ». Mais s'il est vrai que l'intérêt est la perte de l'âme, comment le marchand pourrait-il rester vertueux ? La Hontan se garde de pousser si loin son analyse.
9. Cf. ci-dessus, Ch. VI et IX.

retour à la vie des bois. En 1721, sur la scène du théâtre des Italiens, l'Arlequin sauvage de Delisle de la Drevetière souhaitera retrouver ses forêts pour y oublier « qu'il y a des pauvres et des riches dans le monde » [1]. Plus réaliste ou plus généreux, Adario sait qu'il ne suffit pas d'oublier le mal pour le faire disparaître, et il conseille de supprimer les « abus » les plus flagrants; à son avis la réforme de la justice et du système fiscal devrait permettre aux compatriotes de son interlocuteur de faire leurs premiers pas sur la route du vrai bonheur :

> « Alors j'espérerai que peu à peu vous vous perfectionnerez, que l'égalité des biens pourra venir peu à peu, et qu'à la fin vous détesterez cet intérêt qui cause tous les maux qu'on voit en Europe; ainsi n'ayant ni *tien* ni *mien* vous vivrez avec la même félicité que des Hurons » [2].

Peut-être le séjour de La Hontan en Angleterre et en Hollande explique-t-il la confiance qu'il exprime ici en une possible conciliation de la nature et de la civilisation. A ce dernier trait sa philosophie de l'histoire apparaît en tout cas moins sommaire et unilatérale qu'on n'aurait pu le penser. *Perfectionner...*, ce mot magique n'est pas l'apanage de l'abbé de Saint-Pierre ! C'est le signe de l'ambivalence de l'idée de nature qu'il se trouve ainsi paradoxalement employé, à l'aube des « lumières », par le principal introducteur du « mythe » du bon sauvage dans la littérature du XVIIIe siècle [3]. Faut-il rappeler quelques exemples de la même ambiguïté ? C'est le curé Meslier, interprète des doléances du petit peuple et défenseur d'une cause perdue, celle des communautés rurales, qui adopte l'idéologie et les revendications politiques des classes privilégiées — par la naissance ou par la fortune — sans s'apercevoir de la contradiction [4]. C'est Rousseau enfin, reprenant et développant la critique d'un ordre social fondé sur la concurrence des intérêts égoïstes, dressant l'une en face de l'autre l'innocence de *l'homme naturel* et la corruption de *l'homme policé*, mais se gardant de prôner un impossible retour à la simplicité des premiers temps. Bien loin de demander que l'on proscrive les sciences et les arts, Rousseau découvre dans la « politesse » de l'homme social à la fois le mal et un remède partiel; mieux vaut en effet vivre avec des *fripons* qu'avec des *brigands* : si les progrès de la culture ont corrompu l'innocence de la nature, ils « peuvent faire quelque diversion à la méchanceté des hommes » [5]. Encore est-il des âmes d'élite,

---

1. Citation empruntée à G. CHINARD, *l'Amérique et le rêve exotique, op. cit.*, p. 230.

2. *Dialogues... op. cit.*, p. 198.

3. Souvent citées et réfutées, les œuvres de La Hontan sont l'objet de plusieurs rééditions, notamment en 1705, 1706, 1715, 1728, 1741.

4. Cf. ci-dessus, Ch. VIII, 4.

5. *Préface* de *Narcisse*, 1752, in *Œuvres complètes, op. cit.*, t. IV, p. 115. Voir aussi *Discours sur l'Inégalité*, édit. Lecercle, *op. cit.*, p. 163.

19

« génies sublimes », pour qui l'étude est la source de la plus haute vertu [1]. Le sauvage n'a guère qu'une bonté négative; seul l'homme social peut accéder à la vertu proprement dite, qui suppose le développement de la raison [2]. Rousseau approfondira plus tard cette distinction. En 1755 il se borne à mettre en parallèle les avantages respectifs de l'état de nature et de l'état social, et la comparaison n'est pas à l'avantage du second [3]. L'homme primitif ignore les passions et les maladies, physiques et morales, de l'homme policé; il ne connaît aucun des maux qui naissent avec la raison et la société. « L'homme qui médite est un animal dépravé » [4] : ce raccourci amer donne le ton du *Discours*, mais la formule est à double sens. Ce qui fait le malheur de l'homme, c'est la part proprement humaine de sa nature. Contradiction tragique car, sans la distance que la réflexion introduit entre son être et la conscience qu'il en prend, jouirait-il de cette liberté, « la plus noble » de ses facultés, qui le distingue des bêtes, « esclaves de l'instinct » ? [5] Nous retrouvons ici le thème du premier chapitre de *L'Esprit des Lois*, emprunté à Montaigne, thème auquel Rousseau donne cependant un accent singulièrement plus âpre. A côté de cette première différence entre l'homme et l'animal il en relève une autre qui n'est pas moins funeste au bonheur du genre humain : « la faculté de se perfectionner » place entre le singe et l'homme un abîme que le premier ne saurait franchir [6]. On peut déplorer, et Rousseau ne s'en prive pas, que le « concours fortuit de plusieurs causes étrangères » ait permis à cette aptitude de se développer [7], affirmer que chaque pas « vers la perfection de l'individu » a été fait aussi « vers la décrépitude de l'espèce » [8], la « perfectibilité » n'en est pas moins proclamée dans le second *Discours* comme « le caractère spécifique de l'espèce humaine ».

Mais si l'homme est naturellement perfectible, comment soutenir que la civilisation est contre nature ? Sur ce point essentiel l'attitude de Rousseau n'est rien moins que nette. Tantôt il s'écrie que l'état sauvage constituait « la véritable jeunesse du monde », que « le genre

---

1. *Préface de Narcisse, op. cit.*, p. 113. Rousseau insiste, il est vrai, sur leur « petit nombre ».

2. *Discours sur l'Inégalité, op. cit.*, pp. 81, 95, 99 et *passim*. Sur cette constante de la morale de Rousseau, voir l'ouvrage de R. DERATHÉ, *Le rationalisme de J.-J. Rousseau*, Paris, P.U.F. 1948, notamment Ch. I.

3. Cf. ci-dessus, Ch. VIII, 4.

4. *Discours sur l'Inégalité*, Première partie, *op. cit.*, p. 76.

5. *Ibid.*, pp. 79-80, et Seconde partie, p. 132.

6. Rousseau précise qu'elle réside à la fois dans l'espèce et dans l'individu, « au lieu qu'un animal est au bout de quelques mois ce qu'il sera toute sa vie, et son espèce au bout de mille ans, ce qu'elle était la première année de ces mille ans » (*Ibid.*, p. 80. Cf. note J).

7. *Ibid.*, p. 105.

8. *Ibid.*, Seconde partie, p. 117.

humain était fait pour y rester toujours »[1] : le développement historique de l'humanité lui apparaît alors comme un phénomène de dénaturation[2]. Tantôt en revanche la vie en société, condition de la vie spirituelle et morale, semble la véritable destination de l'homme ; Rousseau rejette le dogme philosophique de la « sociabilité naturelle »[3], mais il le réintroduit aussitôt sous une forme nouvelle : l'homme de la nature n'est pas sociable, mais il est fait pour le devenir. Cessant de présenter le passage de l'état de nature à l'état social comme l'effet d'un funeste enchaînement de « causes fortuites », Rousseau rend grâce à la sagesse du Créateur qui a voulu adapter dans les deux cas les facultés de l'homme à ses besoins :

« Ce fut par une Providence très sage que les facultés qu'il avait en puissance ne devaient se développer qu'avec les occasions de les exercer, afin qu'elles ne lui fussent ni superflues et à charge avant le temps, ni tardives, ni inutiles au besoin. Il avait dans le seul instinct tout ce qu'il lui fallait pour vivre dans l'état de nature, il n'a dans une raison cultivée que ce qu'il lui faut pour vivre en société »[4].

Civilisation et vie sociale sont-elle donc en même temps naturelles et contre nature ? Rousseau semble jouer sur le sens du mot : à la fois essence et processus, la *nature* est tantôt un état, tantôt un devenir. Incertitude de vocabulaire ? Sans doute, si l'on s'abstient d'y voir simplement une négligence d'expression. L'équivoque du mot nous éclaire sur les exigences contradictoires d'une pensée vivante. Pour Rousseau, comme pour les Philosophes, la Nature est à la fois un phénomène historique et une réalité transcendantale. Adoptant le sensualisme de Condillac et de Diderot, Rousseau estime que la nature humaine se développe en fonction des influences du milieu, et que les caractères acquis prennent ainsi le pas sur les dispositions innées[5]. Mais pour condamner l'inégalité sociale, produit de l'histoire, au nom de l'égalité de la nature, il a besoin de recourir à la fiction de l'*homme naturel*; pour le définir il utilise la méthode analytique du même Condillac, qui consiste à dépouiller par la pensée l'homme social de tout ce qui en lui est histo-

---

1. *Ibid.*, « Plus on y réfléchit, plus on trouve que cet état était le moins sujet aux révolutions, le meillleur à l'homme et qu'il n'en a dû sortir que par quelque funeste hasard qui, pour l'utilité commune, eût dû ne jamais arriver... »

2. *Ibid.*, p. 143. « En un mot, il (*le lecteur*) expliquera comment l'âme et les passions humaines s'altèrent insensiblement, changent pour ainsi dire de nature, pourquoi nos besoins et nos plaisirs changent d'objets à la longue, pourquoi, l'homme originel s'évanouissant par degrés, la société n'offre plus aux yeux du sage qu'un assemblage d'hommes artificiels et de passions factices, qui sont l'ouvrage de toutes ces nouvelles relations et n'ont aucun vrai fondement dans la nature ».

3. Cf. ci-dessus, Ch. VIII, 4.

4. *Op. cit.*, Première partie, p. 93.

5. *Ibid.*, *Préface*, p. 64 ; Première partie, p. 79, etc.

rique [1]. Ainsi son empirisme ne le dispense pas d'exploiter une métaphysique des droits naturels de l'homme, seule en mesure de nourrir son idéalisme moral et sa critique sociale. Cette dualité de points de vue ne lui est pas particulière. Elle se retrouve au contraire chez tous les « philosophes », et par là Rousseau reste bien un des leurs. Ce qui le distingue d'eux, c'est qu'il pousse plus loin son analyse critique, et rejette comme *antinaturels* aussi bien le despotisme de la richesse que celui de la force, aussi bien le nouvel ordre bourgeois que le vieil ordre seigneurial. C'est pourquoi le pessimisme est la note dominante de son *Discours*, alors même que l'on y retrouve, mais avec un équilibre différent, les deux certitudes sur lesquelles se fonde la confiance de ses contemporains dans la marche en avant de l'humanité. Chez Rousseau comme chez La Hontan le « primitivisme » n'est que la phase négative d'un mouvement dialectique que les réalités économiques et sociales de leur temps condamnent à demeurer inachevé [2].

---

1. *Ibid.*, p. 71. « En dépouillant cet être ainsi constitué de tous les dons surnaturels qu'il a pu réunir et de toutes les facultés artificielles qu'il n'a pu acquérir que par de longs progrès ; en le considérant, en un mot, tel qu'il a dû sortir des mains de la nature... »
2. Nour rejoignons, pour l'essentiel, les conclusions d'A.O. LOVEJOY, *The supposed primitivism of Rousseau's Discours on Inequality (Essays in the history of ideas, op. cit.,* pp. 14-37).

2. — *Naissance d'un mythe : l'Éducation*

A défaut du mot de *Progrès*, qu'il ignore presque complètement, le XVIIIe siècle en connaît d'autres qui le préfigurent. L'abbé de Saint-Pierre use et abuse du verbe *perfectionner*. Le substantif *perfectibilité*, que La Mettrie, Rousseau ou Grimm répandent au milieu du siècle, est alors un néologisme; l'*Encyclopédie* le dédaigne prudemment, mais quelques années plus tard, le *Dictionnaire de Trévoux* lui accorde une place mesurée [1]; il reçoit enfin la consécration officielle de l'Académie française en 1798 : date importante dans l'histoire de la langue, puisqu'elle voit aussi le baptême académique du mot *civilisation* dont le premier emploi connu remonte à 1766 [2]. Avant 1750 les innovations sont rares, mais le vocabulaire français dispose cependant d'un certain nombre de notions au sens plus restreint : *civilité, politesse, police*, avec les adjectifs *civil, poli, policé*; Montaigne et Descartes s'étaient servi de *civilisé*; l'image de la *culture* est traditionnelle, mais le mot ne s'emploie guère qu'avec un complément : culture de l'esprit, culture des lettres... Fontenelle, après Bossuet, utilise l'adjectif *cultivé*; l'abbé de Saint-Pierre et Montesquieu, entre autres, souhaitent que leur siècle soit *éclairé*; et nous en arrivons ainsi à l'un des maîtres mots du temps, un mot dont l'histoire reste à écrire mais qui, bien avant 1750, se charge de potentiel affectif : la *lumière* ou les *lumières* [3].

Était-il besoin de cette énumération pour se convaincre que, si les contemporains de Montesquieu ont parfois célébré, plus ou moins sincèrement, « l'heureuse ignorance » des premiers temps [4], leur attachement à la nature n'avait pas que des aspects nostalgiques ? En 1725 Montesquieu s'écrie que « les sciences détruisent les préjugés destruc-

---

1. *Perfectibilité*. Qualité de ce qui peut être perfectionné, qui est capable de perfection. On dira que M. Rousseau (dans son *Discours* sur l'Inégalité des conditions) assure à l'homme ses principaux attributs, sa liberté et sa perfectibilité. Quelle liberté ! Quelle *perfectibilité* ! Une liberté dont celle des brutes est l'image, une perfectibilité dont l'instinct est le guide et le modèle... » (*Dictionnaire de Trévoux*, t. VI, 1771). Cf. F. BRUNOT, *Histoire de la langue française*, t. VI, Première partie. Notons l'aspect polémique de la définition donnée par le *Dictionnaire de Trévoux*, et surtout son caractère restrictif : « être capable de perfection », c'est tout autre chose qu'une perfectibilité *indéfinie*. Quant au verbe *perfectionner*, si le mot est ancien, l'abbé de Saint-Pierre peut légitimement passer pour son père adoptif.
2. Cf. L. FEBVRE, *Civilisation. Évolution d'un mot et d'un groupe d'idées*, Centre international de synthèse, Paris, 1930. Le mot existait déjà dans l'ancienne langue, mais il appartenait au vocabulaire technique de la procédure.
3. On trouvera quelques indications dans Paul HAZARD, *La Pensée européenne au XVIIIe siècle, op. cit.*, t. III, *Notes et références*, pp. 26-31.
4. *Lettres Persanes*, 105.

tifs » : les Péruviens et les Mexicains n'ont pas été vaincus per les armes espagnoles, mais par leur propre superstition[1]. La connaissance du mécanisme de la nature affranchit l'âme des vieilles terreurs ; ainsi le progrès scientifique est riche de conséquences pour le bonheur des hommes : l'étude de la nature physique contribue à l'accomplissement de la nature humaine. Car la qualité d'homme se mesure au développement de la raison. L'homme véritable, ce n'est pas le sauvage des Caraïbes, mais le marchand de Londres, le financier ou le grand seigneur qui acceptent d'être simples citoyens de la république des lettres, le président au Parlement de Dijon ou de Bordeaux. C'est le *philosophe* : un « honnête homme » qui pratique toutes les règles de la politesse mondaine, mais n'entend pas vivre en parasite dans la société où le hasard l'a fait naître. Chez lui la raison est comme une seconde nature, *une horloge qu'il a lui-même montée*[2] : raison critique, qui le garde des opinions reçues, des jugements aventureux et des égarements passionnels ; raison constructive qui démêle le vrai du faux, et s'attache scrupuleusement aux faits, mais sans négliger de les ordonner de manière intelligible. Sa « philosophie » n'est pas seulement spéculative ; et il ne se propose pas non plus un idéal de sagesse qui l'élève, solitaire, au-dessus de ses semblables. Désireux de « jouir en sage économe des biens que la nature lui offre », il refuse la vaine perfection du sage stoïcien et n'affecte pas de dédaigner par faux orgueil ou paresse indolente les « commodités de la vie ». Persuadé que la « nature est plus forte que les chimères », il n'ambitionne pas de la vaincre, mais de la régler.

« Examinez tous ceux contre lesquels la justice humaine est obligée de se servir de son épée, vous trouverez ou des tempéraments ardents, ou des esprits peu éclairés, et toujours des superstitieux ou des ignorants. Les passions tranquilles du philosophe peuvent bien le porter à la volupté, mais non pas au crime : sa raison cultivée le guide et ne le conduit jamais au désordre »[3].

On sait la fortune de ce portrait publié pour la première fois en 1743 dans les *Nouvelles libertés de penser*, repris presque textuellement dans l'*Encyclopédie*, et dont la rédaction remonte peut-être à 1730[4]. Son succès tient sans doute à ses accents antichrétiens ; mais l'aspect le plus caractéristique est moins ici un refus tapageur des valeurs morales du christianisme que la promotion de valeurs nouvelles. Vertus

---

1. *Discours sur les motifs qui doivent nous encourager aux sciences*, 15 novembre 1725, (*Œuvres*, t. III, p. 223).
2. Cf. H. Dieckmann, *Le philosophe. Text and interpretation.* Washington University studies, Saint-Louis, 1948, p. 32. Image reprise par La Mettrie dans *L'Homme-Machine, op. cit.*, p. 67.
3. *Le Philosophe, op. cit.*, p. 50. (Passage abrégé dans l'*Encyclopédie*).
4. H. Dieckmann (*ibid.*, pp. 17-25) en juge contestable l'attribution à Dumarsais. L'article *Philosophe* de l'*Encyclopédie* suit de près le texte de 1743, mais en l'abrégeant et en coupant les passages les plus agressifs à l'égard de la religion révélée.

sociales de politesse et de bienfaisance, hédonisme prudent que tempè-
rent le respect de soi-même et celui d'autrui, et surtout épanouissement
harmonieux de tout l'être. Le philosophe est un homme dont le devoir
coïncide exactement avec ses plaisirs, et dont la raison est trop naturelle
pour entrer jamais en conflit avec son tempérament. Ne sous-estimons
pas la menace que constituait pour le vieil homme de l'ordre chrétien
cette sagesse efficace et ce bonheur tranquille. Mais rappelons-nous
aussi que vers 1730 bien des croyants sincères aspiraient à un style de
vie très voisin de celui-ci. Mieux que le « bon sauvage », le *philosophe*
porte en lui les aspirations du siècle naissant. Son portrait fait beaucoup
plus que traduire la doctrine d'un clan ou d'un parti. Répétons-le : ce
ne sont pas seulement les déistes ou les athées qui rejettent alors l'idée
d'une antinomie entre la nature et la raison, la nature et la société, la
nature et le bonheur; la religion du P. Buffier n'est pas celle de l'humanité
au berceau, mais de l'homme adulte et civilisé; quant à la valeur morale
et humaine de la science, c'est un janséniste, le pieux Rollin, qui la proclame avec le plus de force [1].

Fierté du présent, confiance en l'avenir, ces deux sentiments ne
sont-ils pas, pour une bonne part, un héritage du siècle précédent ?
Dans ses *Parallèles* Charles Perrault avait brillamment soutenu, au grand
scandale des admirateurs d'Homère et de Virgile, que, supérieurs aux
Anciens dans le domaine des sciences, les Modernes devaient nécessairement l'être aussi dans celui des lettres et des arts. Il est vrai que son
livre ne prétendait nullement proposer une doctrine cohérente du
progrès artistique : par esprit de conciliation l'auteur finissait par réserver le cas de la poésie et de l'éloquence et, surtout, il était trop préoccupé de défendre la renommée de ses contemporains pour envisager
qu'elle pût être dépassée dans les siècles futurs. Le titre de son ouvrage
indiquait du reste suffisamment les limites de son dessein, par lui-même
déjà audacieux : comparer le mérite des Modernes à celui des Anciens [2].
Au XVIIIe siècle, les successeurs de Perrault l'imitent plus volontiers
dans ses hardiesses que dans sa prudence. Après La Motte, Terrasson,
et autres « géomètres », l'abbé Trublet reviendra de nouveau sur le
sujet pour affirmer qu'à génie égal la date de naissance des écrivains
permet toujours d'affirmer sans risque d'erreur leur supériorité relative... [3]. Même raisonnement, en 1743, sous la plume de Morelly qui

---

1. Cf. ci-dessus, Ch. VII, 1 ; Ch. IX, 3 et *passim*.
2. Cf. ci-dessus, Ch. V, 1. Selon Perrault les Modernes sont déjà parvenus « au sommet de la perfection » (*Parallèles...*, *op. cit.*, t. I, p. 99).
3. « Le goût aussi bien que les lumières va toujours en croissant parmi les hommes.
S'il y a des intervalles de mauvais goût le bon reprend ensuite le dessus, et devient meil-

n'est pas encore le poète utopique de la *Basiliade* mais accorde déjà aux institutions une efficacité sans bornes lorsqu'elles sont mises au service de la nature : alors que nos orateurs et nos philosophes ont l'avantage sur ceux de Rome ou de la Grèce « à proportion du nombre des années qui les en séparent », dit-il, comment douter que l'action des Académies soit à même de multiplier les progrès dans les siècles futurs ? [1].

A l'époque où Morelly formule ce pronostic le mouvement des idées littéraires ou artistiques est cependant de moins en moins favorable à ces vues quelque peu sommaires, alors que se répand le sentiment d'une décadence certaine par rapport aux grandes réussites du siècle précédent. Le vœu, souvent exprimé, d'un retour à la noblesse du « grand goût » antique est à contre-courant de l'optimisme simpliste des géomètres. Aussi ces derniers jugent-ils parfois préférable de nuancer leur système. Lorsque Marivaux fait le point de la question en 1755, pour les lecteurs du *Mercure*, il est loin d'exprimer des opinions aussi tranchées que celles de son ami Trublet. « Non, Monsieur, la nature n'est pas sur son déclin », écrit-il en réponse aux plaintes des esprits chagrins. Face à ces récriminations injustes Marivaux maintient que « l'accroissement de l'esprit humain est une suite infaillible de la durée du monde ». Mais il se garde de lier le progrès du goût à celui des lumières : « L'art d'employer les idées pour les ouvrages de l'esprit peut se perdre : les lettres tombent, la critique et le goût disparaissent; les auteurs deviennent ridicules ou grossiers pendant que le fonds de l'esprit humain va toujours croissant parmi les hommes » [2].

L'apport le plus positif de la querelle des Anciens et des Modernes à l'histoire des idées reste donc d'avoir répandu, sinon la notion de progrès artistique, du moins celle de progrès intellectuel. Aussi est-ce à propos du savoir scientifique que la confiance dans l'avenir du genre humain se révèle, très tôt, la plus solide. Partisan nuancé des Modernes dans l'ordre littéraire, Fontenelle est beaucoup plus affirmatif lorsqu'il s'agit de la science. D'autres, avant lui, avaient comparé l'humanité à un seul homme, riche de l'expérience des siècles révolus, et l'idée n'était pas nouvelle lorsqu'en 1688 Fontenelle la résumait de cette formule : « Un bon esprit cultivé est, pour ainsi dire, composé de tous les esprits des siècles précédents » [3]. Dans l'Antiquité, constatait-il encore, les arbres

---

leur encore. Le génie et les talents ne diminuent point, car pourquoi diminueraient-ils ? Il viendra donc de meilleurs ouvrages d'esprit que ceux que nous estimons le plus. La date du siècle décidera toujours de la supériorité entre pareils » (TRUBLET, *Essais de morale et de littérature, op. cit.*, t. III, p. 205. Texte cité par LOUIS MAIGRON, *Fontenelle...*, *op. cit.*, p. 194).
    1. *Essai sur l'esprit humain*, Troisième partie, Ch. III, p. 253.
    2. Le *Mercure de France*, janvier 1755, pp. 71-102.
    3. *Digression sur les Anciens et les Modernes, Œuvres, op. cit.*, t. II, p. 361. Voir les textes analogues des deux Bacon, de Descartes et de Pascal *in* PASCAL, *Pensées et Opuscules*, édition Brunschvicg, *op. cit.*, p. 80. Mais Fontenelle ignorait probablement le texte de Pascal, demeuré inédit jusqu'en 1779.

n'étaient pas plus grands que sous le règne de Louis XIV; les forces de la nature ne sont donc pas inférieures à ce qu'elles étaient autrefois. Derrière cette image familière nous retrouvons les deux ou trois certitudes qui fondent la cosmologie de Fontenelle : stabilité des lois du mécanisme universel et de la quantité globale de mouvement, constance de la nature humaine, garantie par le système de la préexistence. Fontenelle attache une importance particulière à la dernière idée, souvent reprise après lui : chaque génération nouvelle hériterait en vain des connaissances accumulées par les générations précédentes si elle ne possédait au départ une égale aptitude à les faire fructifier [1]. Cela ne veut pas dire que le progrès soit continu : il y a des époques, note encore l'auteur de la *Digression*, où la Nature est gênée par les circonstances. Pourtant « les hommes ne dégénèrent jamais » : idée vraiment nouvelle, celle-là; personne avant Fontenelle n'avait nié aussi nettement que l'humanité eût atteint sa vieillesse, ni affirmé par là sa croyance en un progrès indéfini des connaissances humaines [2].

Ne peut-on même parler d'un *progrès de la raison*, et non plus seulement des progrès du savoir ? L'insistance avec laquelle Fontenelle invoque la permanence de la nature humaine devrait sans doute lui interdire cette assertion. Et de fait, lorsqu'il s'interroge sur l'origine des fables, il s'abstient d'attribuer à quelque « mentalité prélogique » l'extrême crédulité dont elles témoignent : les premiers hommes, dit-il, raisonnaient comme Descartes et, comme la raison du savant moderne, la leur allait du connu à l'inconnu [3]. Mais si notre logique est analogue à celle des siècles les plus lointains, elle n'en a pas moins acquis depuis Descartes, affirmait déjà la *Digression*, une « précision » et une « justesse » toutes nouvelles [4]. Fontenelle revient sur cette idée en 1733 : après avoir énuméré, en sa qualité de secrétaire et d'historien de l'Académie royale des Sciences, tous les avantages que présente l'application du calcul à l'analyse des phénomènes naturels, il conclut en effet que les progrès des mathématiques « ont encore produit assez généralement dans les esprits une justesse plus précieuse peut-être que toutes ces vérités » [5].

---

1. Pour Condorcet aussi, c'est parce que l'homme est pourvu à toute époque des mêmes facultés que la perfectibilité de l'espèce est indéfinie. (*Esquisse...*, *op. cit.*, p. 3).

2. *Digression, loc. cit.*, p. 362. Texte cité avec faveur dans l'article *Philosophie* de l'*Encyclopédie* (anonyme) ; mais le pragmatisme de Diderot lui inspire des réflexions toutes différentes : « Ce sera l'utile qui, dans quelques siècles, donnera des bornes à la physique expérimentale, comme il est sur le point d'en donner à la géométrie » (*Pensée sur l'interprétation de la Nature*, VI, A.T., II, p. 13).

3. *De l'origine des fables*, édit. J. R. Carré, *op. cit.*, p. 15 sq.

4. *Loc. cit.*, p. 358.

5. *Préface de l'Histoire de l'Académie royale des Sciences depuis 1666 jusqu'en 1699*, *loc. cit.*, (*Œuvres*, t. I, p. 2).

Cet esprit de méthode et de rigueur, Fontenelle souhaiterait le retrouver dans l'existence quotidienne, et il lui demeure personnellement fidèle lorsqu'il s'emploie à fonder sur lui l'harmonie de sa vie intérieure [1]. Mais ce théoricien du bonheur raisonnable ne se fait pas d'illusions sur l'aptitude de ses semblables à suivre l'exemple qu'il leur propose. Optimiste sur l'avenir de l'esprit humain, il ne l'est guère en ce qui concerne le cœur. Pour lui, le déterminisme des passions est aussi immuable que les lois du choc des corps : l'idée de la constance de la nature, qui justifie la confiance de Fontenelle dans le développement ultérieur de la science, l'empêche de formuler une théorie générale du progrès de l'espèce humaine. Car lorsqu'il invoque la permanence de la nature, Fontenelle ne distingue pas permanence *biologique* et identité *morale*. Pour lui les hommes sont toujours les mêmes : conviction de moraliste classique, et surtout témoignage de ce scepticisme aimablement désabusé qui inspirait déjà les *Dialogues des Morts* [2]. Dans les choses humaines Fontenelle fait deux parts : la plus exiguë relève de la raison éternelle dont l'esprit des hommes participe plus ou moins selon les époques et les circonstances; la plus large s'explique par les faiblesses d'une nature asservie aux passions et aux préjugés. Ce pessimisme est particulièrement marqué dans sa théorie de l'erreur. Pour un d'Holbach, pour tous les « philosophes » qui croient au pouvoir miraculeux de l'évidence, l'erreur vient de l'ignorance où les mauvais gouvernements entretiennent les peuples; elle a donc des causes historiques, aisément assignables. Pour Fontenelle l'erreur est inscrite dans la nature humaine, et « la fourberie des prêtres » se borne à exploiter la crédulité naturelle des peuples. Homère l'explique à Ésope : « Vous vous imaginez que l'esprit humain ne cherche que le vrai, détrompez-vous. L'esprit humain et le faux sympathisent extrêmement » [3]. Imagination, orgueil, intérêt, vaine et insatiable curiosité l'emportent ainsi sur le goût raisonné du vrai. Mais la cause la plus immédiate du prestige de l'erreur, c'est tout simplement qu'elle existe; naturellement paresseux, l'homme est plus enclin à conserver une opinion reçue qu'à s'en défaire : « La coutume a sur les hommes une force qui n'a nullement besoin d'être appuyée de la raison » [4].

Sans doute la raison progresse-t-elle malgré tout. Ce n'est pas la moindre particularité de Fontenelle que de s'être davantage éloigné du pyrrhonisme à mesure qu'il avançait en âge [5]. Il lui arrive même de lier

---

1. Cf. ci-dessus, Ch. IX, 1.
2. Voir par exemple le *Dialogue de Montezume et de Fernand Cortez* (*Œuvres*, t. II, pp. 254-257).
3. *Ibid.*, p. 181. Nous avons vu l'importance de cette idée dans la poétique de Fontenelle. Cf. ci-dessus, Ch. V, 1. Elle apparaît aussi dans l'essai *De l'origine des fables*, édit. Carré, *op. cit.*, p. 35.
4. *Histoire des Oracles, Première dissertation* (Ch. VII, édit. Maigron, *op. cit.*, p. 70).
5. Sa confiance en l'avenir de la science est plus assurée en 1733 qu'en 1702, comme en témoignent ses deux préfaces à l'*Histoire de l'Académie*. Voir ci-dessus, Ch. I, 1.

les progrès des mœurs à ceux de la « physique », comme lorsqu'il oppose les pratiques religieuses des nations policées à la brutalité des anciens dieux : « A mesure que les hommes sont devenus plus parfaits, les Dieux le sont devenus aussi davantage » [1]. Mais si l'idée d'une lente marche du genre humain vers plus de moralité et de bonheur ne lui est pas totalement étrangère, elle n'apparaît dans sa pensée que de manière fugitive. Pour Fontenelle l'histoire concrète n'est rien moins qu'une évolution créatrice, plutôt un éternel recommencement : elle manifeste l'homme « en détail » mais après que la morale l'a fait voir en « gros ». Aussi serait-il facile, selon lui, à un entendement plus puissant que le nôtre de faire de son étude une science déductive : « Quelqu'un qui aurait bien de l'esprit, en considérant simplement la nature humaine, devinerait toute l'histoire... » [2]. Entendons que l'unité du devenir historique n'est pas une unité d'orientation, mais une uniformité dans la déraison... La seule conception unitaire de l'histoire que Fontenelle connaisse est celle de Bossuet : l'unité d'un dessein providentiel transcendant la succession des empires et la diversité des civilisations. Rebelle à cette définition théologique de l'histoire, Fontenelle se réfugie dans un scepticisme à la Montaigne. Mais nous savons que ce pyrrhonien croit à la science et à la rationalité de son objet. Le désordre « du monde moral » plaide contre la Providence chrétienne, mais l'ordre du monde physique révèle l'existence d'une souveraine Sagesse :

> « La physique suit et démêle, autant qu'il est possible, les traces de l'intelligence et de la sagesse infinie qui a tout produit; au lieu que l'histoire a pour objet les effets irréguliers des passions et des caprices des hommes, et une suite d'événements si bizarres, que l'on a autrefois imaginé une divinité aveugle et insensée pour lui en donner la direction » [3].

Dans la pensée de Fontenelle l'idée de nature se révèle finalement antihistorique sous ses deux aspects. Ou bien il s'agit de la nature humaine empirique, sujette aux passions et à l'erreur : dans ce cas l'histoire apparaît comme *une suite d'événements bizarres* que leur absurdité empêche d'ordonner d'une façon intelligible. Ou bien Fontenelle pense à la raison universelle, accordée dans son principe aux lois immuables de l'univers matériel : à peine peut-on alors parler d'histoire, puisque tous les efforts de l'esprit humain visent à rejoindre une nature immobile, de telle sorte que son devenir, fait de succès et d'échecs, est nécessairement discontinu. Cette dualité de points de vue annonce la philosophie de l'histoire qui sera celle des « philosophes » : non la continuité d'une évolution nécessaire, mais les multiples épisodes d'un conflit

---

1. *De l'origine des fables, loc. cit.*, p. 19.
2. *Sur l'histoire, Œuvres*, t. II, p. 430.
3. *Préface sur l'utilité des mathématiques et de la physique...* 1702, *loc. cit.*, t. I, p. 35.

intemporel, le combat de la vérité et de l'erreur, ou, comme disait déjà Montaigne, de la nature et de la *coutume*. Par la caution qu'il donne à l'idée de loi naturelle le cartésianisme de Fontenelle ne rompt pas avec cette vision manichéenne, mais au contraire il la fortifie : plus que jamais la nécessité rationnelle des lois de la nature s'oppose au monde chaotique de l'histoire, celui des habitudes et des préjugés.

*
* *

En rajeunissant ainsi la vieille antinomie de la nature et de la coutume, le XVIIIᵉ siècle ne s'interdisait pas les rêves d'avenir, mais ne se proposait qu'un avenir désincarné, sans attaches avec le mouvement réel des choses. Il s'enfermait dans le dilemme de l'idylle ou de l'utopie : soit le mensonge du bonheur primitif, soit la facilité d'une reconstruction abstraite de la réalité, deux attitudes d'esprit moins contradictoires que complémentaires. Le siècle des lumières se refusait donc la vue organique de l'histoire sur laquelle l'époque suivante devait fonder l'idée de Progrès. Le moyen lui était pourtant offert par sa propre philosophie de dépasser cette contradiction. Dans le cadre du rationalisme cartésien l'empire de la coutume demeurait ce qu'il était pour Montaigne : le règne de l'irrationnel. Mais il n'en va plus forcément de même lorsqu'on se réclame de Locke. S'il n'y a rien dans l'entendement qui ne lui vienne des sens, la raison elle-même relève de la coutume, c'est-à-dire d'une série d'expériences. Ce qui est vrai de l'individu ne le serait-il pas aussi de l'espèce ? Dès lors, en bonne logique, l'histoire concrète des hommes ne devrait plus apparaître comme le reflet infidèle d'une nature idéale, toujours méconnue, mais comme le lieu naturel du développement de l'esprit humain; loin de contredire la nature, la coutume deviendrait, à tout le moins, l'instrument nécessaire de sa réalisation dans le temps.

Bien des années auparavant, la dialectique de Pascal avait déjà conclu à l'identité de la nature et de la coutume. Tout paraît *naturel* au vulgaire dont les « esprits forts » raillent avec raison les préjugés; selon Pascal Montaigne est donc fondé à voir dans la coutume une seconde nature : mais que sait-il de cette première nature qu'il oppose à la fausse nature de l'habitude ? « J'ai grand peur, réplique Pascal, que cette nature ne soit elle-même qu'une première coutume »[1]. Le lecteur devine le sens de cette critique au second degré : une fois de plus Pascal veut montrer que les esprits forts ne sont que des « demi-habiles » et que la raison dont ils s'enorgueillissent n'est pas plus naturelle que la tradition qu'ils rejettent. Au XVIIIᵉ siècle les disciples de Locke sont aussi,

---

1. *Pensées*, édit. Brunschvicg, *op. cit.*, II, 93.

bon gré, mal gré, les héritiers de Pascal, mais dans un état d'esprit tout différent du sien [1]. Leur dessein n'est pas d'humilier la raison, mais de la réconcilier avec l'expérience. Aussi préfèrent-ils souvent au terme péjoratif de *coutume* un mot plus neuf et moins discrédité. Voici donc la rivale de la Nature parmi les divinités de l'époque : *l'Éducation*.

Pour le pédagogue professionnel qu'est Morelly le mot n'a encore en 1743 qu'une signification restreinte : mais l'importance que cet auteur accorde à l'éducation dans la formation intellectuelle et morale des jeunes gens n'est pas de pure routine; elle s'autorise en effet de la philosophie la plus moderne, celle de Locke et du P. Buffier [2]. Quelques années plus tard Turgot prend le terme dans un sens beaucoup plus large : chez lui, il ne désigne plus seulement l'éducation particulière que l'on reçoit au collège ou de la bouche d'un précepteur, mais tout le milieu social et historique dont l'individu n'est isolable que par abstraction, « cette éducation qui résulte de toutes les sensations, de toutes les idées que nous avons pu acquérir dès le berceau, à laquelle tous les objets qui nous environnent contribuent, et dont les instructions de nos parents et de nos maîtres ne sont qu'une très petite partie » [3]. Ce texte qui est de 1749 attaque la théorie des climats telle que la formulent Dubos et Montesquieu; au vieux fatalisme géographique Turgot entend opposer ici la notion d'un déterminisme historique. Ainsi toute une conception du monde et de la condition humaine est en jeu dans ces quelques lignes. Turgot a le mérite d'apercevoir la gravité du problème : justement sévère à l'égard de Dubos, il simplifie beaucoup, en revanche, la pensée de Montesquieu. A la vérité, lorsqu'on se rappelle la place que les deux idées d'« esprit général » et de « causes morales » occupent dans *L'Esprit des Lois*, on ne peut guère douter que le futur contrôleur général ait tiré plus de profit qu'il ne le dit de ce dernier ouvrage. A son avis la « différence entre les esprits » est acquise et non innée, du moins pour l'essentiel. Cela Montesquieu l'avait déjà dit dans les *Lettres Persanes* où, rejetant le préjugé de l'inégalité des sexes, il notait de façon lapidaire : « Les forces seraient égales si l'éducation l'était aussi... » [4].

Injuste pour Montesquieu malgré l'hommage qu'il rend à son « beau génie », Turgot reconnaît ce qu'il doit à Locke [5]. En réalité les deux

---

1. Le rapprochement sera fait par Voltaire lorsqu'il relira Pascal en 1777, dans l'édition des *Pensées* présentée par Condorcet. (« Locke, le Pascal des Anglais... », *Lettres philosophiques*, édit. R. Naves, *op. cit.*, p. 278 ; cf. *ibid.*, p. 285). Il est déjà chez Helvétius en 1758 : « L'homme sensé convient que la nature, comme le dit Pascal, et comme le prouve l'expérience, n'est autre chose que notre première habitude » (*De l'Esprit, Second discours*, Ch. XXIV, p. 231).
2. *Essai sur l'esprit humain, ou principes naturels de l'éducation, op. cit.*, Le nom du P. Buffier est rappelé au Chapitre VII de la première partie ; celui de Locke au chapitre IV de la troisième.
3. *Recherches sur les causes des progrès et de la décadence des sciences et des arts*, 1749, *op. cit.*, (*Œuvres*, édit. Schelle, t. I, p. 138).
4. *Lettres Persanes*, 38.
5. *Loc. cit.* « On sait et Locke l'a démontré, que toutes nos idées nous viennent des sens »

écrivains méritaient également d'être mentionnés par lui. Car l'intérêt que la philosophie des lumières commence à porter, vers 1750, au concept d'éducation vient de ce qu'il se situe au point de rencontre de deux courants d'idées. D'une part l'étude concrète des sociétés, dont *L'Esprit des Lois* avait fourni un modèle éclatant, d'autre part la psychologie sensualiste, développée et systématisée par Condillac à partir de 1746. Fort dépourvu d'esprit historique, l'auteur de l'*Essai sur l'origine des connaissances humaines* apportait cependant le moyen de dépasser l'antinomie de la nature et de la coutume. Il montrait en effet que la nature humaine a besoin de l'éducation sociale pour acquérir les caractères qui la distinguent de la nature animale : pas de pensée réfléchie sans les signes du langage, et pas de langage sans vie sociale [1]. Exploitée dans le sens du matérialisme, la même idée était également familière à La Mettrie pour qui l'éducation fait toute la supériorité de l'homme sur les animaux les plus proches de lui par leur constitution physique; tels ces hommes sauvages que l'auteur de l'*Histoire naturelle de l'âme* rêvait d'éduquer, ou les singes auxquels l'*Homme-Machine* souhaitait qu'on enseignât le langage articulé : ne sont-ils pas doués, en effet, des mêmes organes que nous ? [2]

Au déterminisme de l'organisation La Mettrie superpose celui de l'éducation, sans trop se soucier lui-même d'accorder ces deux idées entre lesquelles oscillera le matérialisme des Encyclopédistes. Comme Diderot dans sa lettre à Landois du 29 juin 1756, il s'abstient de choisir entre l'une et l'autre, car elles lui paraissent également fondées; l'hypothèse d'une action possible de l'éducation sur l'organisation elle-même l'effleure parfois, mais sans prendre dans son esprit une réelle consistance [3]. A plus forte raison est-il fort loin de soupçonner qu'une telle action du milieu moral et social sur la constitution physique d'un individu puisse devenir un caractère de l'espèce. Nous ne nous étonnerons pas de cette timidité : vers 1750 le transformisme en est encore à ses premiers balbutiements, et les « naturalistes » les plus inventifs hésitent encore à considérer l'homme physique comme le produit historique de l'évolution des espèces. Maupertuis doit bien à ses expériences de biologiste des vues plus hardies : il croit l'art humain capable de rivaliser avec la nature dans la production d'espèces animales nouvelles [4], il envisage de guérir les fous par la chirurgie du cerveau [5], et enfin il ne désespère pas que se réalise un jour le vieux rêve des alchimistes : pro-

1. *Op. cit.*, Première partie, sections II et IV. Cf. ci-dessus, Ch. XI, 2.
2. *Histoire naturelle de l'âme, op. cit.*, Ch. XV, 6. *L'Homme-Machine*, édit. Solovine, *op. cit.*, pp. 78, 82, etc.
3. Voir ci-dessus, Ch. VI, 3. A rapprocher des vues de Fontenelle sur l'action mutuelle de « l'âme » et du cerveau, celui-ci déterminant celle-là, mais non sans qu'il soit possible d'influer sur lui « à force d'exhortations et d'exemples ». (*Traité de la liberté, loc. cit.*, p. 149). Cf. ci-dessus, Ch. XI, 1,
4. *Lettre sur le progrès des sciences, op. cit.*, XIII. Cf. ci-desssus, Ch. IX, 4.
5. *Ibid.*, XVI.

longer la vie[1]. Autant d'idées neuves et riches d'avenir, mais que les dernières pages de Condorcet laisseront loin derrière elles : l'imagination prophétique de celui-ci ne se bornera pas à développer à son tour le mythe de la longévité, elle affirmera la perfectibilité indéfinie de l'espèce humaine, au moral comme au physique[2].

Mais il n'est pas besoin de céder à l'attrait de l'anticipation pour situer dans le temps l'action mutuelle du physique et du moral. L'idée de l'hérédité des caractères acquis se manifeste aussi sous des formes plus discrètes. Si l'on en croit le médecin Venel, collaborateur de l'*Encyclopédie*, les filles sont plus précoces à Paris que dans les provinces du Midi; le fait contredit les opinions reçues quant à l'influence du climat : affaire de milieu social, et non de milieu physique, explique notre médecin.

« Les écoliers, les petites demoiselles bien élevées sortent de l'enfance avant les enfants de la campagne et du peuple; c'est un fait : mais que cette adolescence hâtive puisse être héréditaire, c'est un corollaire de cette observation que les fonctions animales et l'aptitude à les exercer se perfectionnent de génération en génération jusqu'à un certain terme, et que les dispositions corporelles et les facultés de l'âme sont entre elles dans un rapport qui peut être transmis par la génération... »[3]

Ainsi une pratique sociale modifie-t-elle à la longue l'espèce humaine. Vers 1750 de bons esprits qui ne se piquent pas d'une particulière originalité en viennent à considérer l'homme comme un produit de l'histoire et non plus comme l'enfant d'une nature immuable. Le temps n'est plus très loin où Helvétius trouvera le moyen le plus simple de réduire la contradiction de la nature et de la coutume, en supprimant tout bonnement le premier terme : ce sera le paradoxe du génie mis au compte de l'*éducation*[4].

---

1. *Lettres, op. cit.*, XIX.

2. *Esquisse d'un tableau historique...*, *op. cit.*, p. 238. « Enfin peut-on étendre ces mêmes espérances jusque sur les facultés intellectuelles et morales ? Et nos parents, qui nous transmettent les avantages ou les vices de leur conformation, de qui nous tenons, et les traits distinctifs de la figure, et les dispositions à certaines affections physiques, ne peuvent-ils pas nous transmettre aussi cette partie de l'organisation physique d'où dépendent l'intelligence, la force de tête, l'énergie de l'âme ou la sensibilité morale ? N'est-il pas vraisemblable que l'éducation, en perfectionnant ces qualités, influe sur cette même organisation, la modifie et la perfectionne ? L'analogie, l'analyse du développement des facultés humaines, et même quelques faits, semblent prouver la réalité de ces conjectures, qui reculeraient encore les limites de nos espérances ».

3. *Encyclopédie*, t. III, art. *Climat (Méd.)* Sans vouloir enlever à Venel le mérite de cette observation, rappelons que Malebranche l'avait déjà formulée lorsqu'il supposait une communication entre le cerveau de la mère et celui de l'enfant pour expliquer *physiquement* la transmission héréditaire du péché : ce n'est pas le seul exemple d'une idée « philosophique » qui doit sa première origine à la Bible.

4. *De l'Esprit, op. cit.*, *Troisième discours*, Chapitre XXX. Paradoxe libérateur, mais qui conduit également à une impasse : en supprimant toute innéité Helvétius s'interdit de croire que les caractères acquis sous l'effet de l'éducation puissent se transmettre d'une génération à une autre. Ainsi la dialectique de l'inné et de l'acquis lui échappe également. Ce point est bien mis en valeur par Guy Besse dans l'introduction à ses extraits d'Helvétius, Éditions sociales, Paris, 1959, p. 38.

On sait pourtant quels remous suscitera le livre *De l'Esprit*. Condamné au feu par le pouvoir, il ne sera pas approuvé de tous les philosophes. Pour sa part Diderot refusera d'admettre que l'éducation même la mieux conçue puisse faire d'un imbécile un homme d'esprit, et que l'individu soit naturellement bon à tout[1]. A son avis, de bonnes institutions permettent tout au plus que chacun développe ses « aptitudes innées »[2]… Ainsi apparaîtront dans la philosophie des lumières deux tendances divergentes dont l'antagonismes renouvellera le vieux conflit de la nature et de l'art. Il est frappant que, porté par son naturalisme biologique, Diderot ne recule pas alors devant le mot *inné*, si décrié auparavant parmi les disciples de Locke et les amis de Condillac. Encore qu'elle s'efforce de tenir la balance égale entre le déterminisme physique de l'organisation et le déterminisme historique de l'éducation, sa philosophie de la nature s'accommode beaucoup mieux du premier que du second. Mais dans cette controverse posthume la physique et la physiologie ne seront pas seules en cause. En réduisant toute « nature » à n'être que l'effet de la coutume, Helvétius n'a pas seulement, aux yeux de Diderot, le tort de négliger la spécificité des tempéraments : il détruit aussi l'idée d'une justice universelle. La *nature* que la *Réfutation* défend contre lui est morale autant que physique : elle seule, en effet, fournit « une base éternelle du juste et de l'injuste », antérieure à toute convention sociale[3]. Le grand inconvénient du système d'Helvétius, c'est en somme de renouveler celui de Hobbes : « Je voudrais bien, s'écrie Diderot, ne pas autoriser le méchant à appeler de la loi éternelle de la nature à la loi créée et conventionnelle; je voudrais qu'il ne lui fût pas permis de dire aux autres, et de se dire à lui-même : après tout, que fais-je ? Je rentre dans mes premiers droits »[4].

Argument de pure polémique ? Moralisme de père de famille qui redoute une doctrine dangereuse pour le bon ordre social ? Mais nous savons l'importance prise par ce problème dans la pensée du siècle, nous savons que l'ambition de fonder en nature les règles de la morale et de la justice ne témoigne pas seulement d'un besoin conformiste de sécurité. Le combat engagé par les philosophes contre ces deux formes d'un même mal, le despotisme, que sont l'arbitraire de Dieu et celui des princes exige la définition d'un droit universel et intangible. C'est pourquoi la Nature qu'ils invoquent a des aspects si restrictifs[5]. La philo-

1. *Réfutation du livre d'Helvétius intitulé « L'Homme »*, A.T., II, p. 339. Diderot avait écrit dès 1758 des *Réflexions sur le livre de l'Esprit*, (*Ibid.*, p. 267-274) d'une inspiration analogue.
2. *Réfutation…*, loc. cit., pp. 341-342. Voir aussi *Ibid.*, p. 369 et 374-375.
3. *Réflexions sur le livre de l'Esprit*, loc. cit., p. 270 ; *Réfutation…*, ibid., pp. 387 et 396.
4. *Réfutation…*, ibid., p. 388.
5. R. Mauzi l'explique mieux que nous en une formule heureuse : « Il faut de la discipline quand on veut faire reculer Dieu » (*L'idée du bonheur au XVIIIe siècle, op. cit.*, p. 232).

sophie d'Helvétius est progressiste dans la mesure où elle libère l'homme de toute espèce de fatalité, naturelle ou surnaturelle, et lui accorde le pouvoir de prendre en main sa destinée. Mais cette liberté n'est pas sans danger : Diderot juge redoutable une puissance qui n'est pas guidée. S'il est vrai que tout est coutume, aucun scrupule moral ne viendra plus orienter l'action du législateur; désarmée devant l'avenir, la philosophie l'est aussi devant le présent : s'il n'est pas de vérité absolue, à quoi bon changer une coutume pour une autre. Ce relativisme ne peut que détourner les philosophes de passer les institutions de leur temps au crible de la raison. La critique que Diderot adresse à Helvétius rejoint donc celle que ce dernier formulait à l'adresse de *L'Esprit des Lois*. Pour l'action le *tout est coutume* de l'un est aussi paralysant que le *tout est naturel* attribué à l'autre. Fatalisme ici, scepticisme là : deux attitudes également contraires aux nécessités de la lutte que livrent les philosophes.

Cette contradiction qui divise contre elle-même la philosophie des lumières ne prendra tout son sens que dans la seconde moitié du siècle, après la publication des grands systèmes matérialistes, à la fois analogues, opposés et complémentaires, d'Helvétius et du baron d'Holbach. Dès les années tournantes qui voient la naissance de l'*Encyclopédie*, il est cependant certain que la philosophie militante ne pourra s'en tenir au strict empirisme qu'elle défend en principe. Condillac affirme que la nature ne se développe que par l'éducation, mais lorsqu'il lui faut définir une norme à laquelle rapporter celle-ci, il a de nouveau recours à la notion d'une nature intemporelle et pré-sociale : après avoir montré que le langage est un phénomène collectif, il se garde de faire œuvre d'historien et d'en étudier le développement réel, mais il conçoit l'idée d'un langage *naturel*, antérieur à la diversité historique des langues. Sa théorie de la connaissance s'inspire de Locke, mais il est aussi peu historien que Descartes[1]. Les raisons de cette inconséquence apparaissent clairement chez Voltaire qui proclame bien haut son adhésion à l'empirisme, mais n'en maintient pas moins, des *Discours en vers sur l'Homme* au *Poème sur la loi naturelle* ou à l'*Essai sur les mœurs*, l'existence d'une loi naturelle indépendante de la coutume. Nous savons à quel besoin répond cette contradiction. Alors que La Mettrie, au moins dans quelques-unes de ses pages, pousse jusqu'à son terme la critique de la notion de nature, et en vient à soutenir que la moralité est une invention so-

---

1. Cf. Ch. FRANKEL, *The faith of reason, op. cit.*, Ch. III.

ciale [1], Voltaire juge ce raisonnement dangereux pour la cause de la
« philosophie », et c'est pourquoi il ne cessera jamais de soutenir, contre
Pascal et Hobbes, que deux forces et non une seule gouvernent les
hommes, l'empire souvent tyrannique de la coutume, mais aussi le
pouvoir légitime de la nature [2].

Pour les militants de l'esprit philosophique la tâche la plus urgente
n'est pas de comprendre les « abus » mais de les détruire. Ce n'est pas
un hasard si les plus historiens d'entre eux sont aussi les moins engagés
dans cette entreprise. Ainsi Turgot qui s'efforce de rendre justice au
Moyen Age et ne le condamne pas sans réserves positives [3]; ainsi Montesquieu qui admire les institutions des temps gothiques, et adopte même
en 1748 une attitude conciliante à l'égard du christianisme [4]. Entrer par
la pensée dans le jeu complexe des « causes morales », c'est raisonner
avec la sérénité du savant, non avec l'ardeur d'un soldat de l'esprit
nouveau. La lutte de Voltaire et du parti encyclopédiste contre la « superstition » et les « préjugés » s'accommode mal de telles nuances qui, même
chez Turgot et Montesquieu, demeurent du reste assez exceptionnelles.
A la philosophie sociale qui est celle de *L'Esprit des Lois*, et qui découvre
une raison cachée aux institutions les plus « fantaisistes », s'oppose la
vision du passé qu'offre l'*Essai sur les mœurs* et qui subsistera encore
dans l'*Esquisse* de Condorcet : le combat de la nature universelle et de
la coutume, de la vérité et de l'erreur. Cette vision simpliste, mais d'une
évidente efficacité polémique, suggère à ceux qui l'adoptent des thèmes
contradictoires. Parfois le scepticisme l'emporte : « Si l'on parcourt
l'histoire du monde, écrit Voltaire, on voit les faiblesses punies, mais
les grands crimes heureux, et l'univers est une vaste scène de brigandage
abandonnée à la fortune » [5]. Est-ce donc le hasard qui domine le monde,
et non la Providence comme le croyait Bossuet, ni la raison humaine,
comme le dit Montesquieu ? Même dans les époques les plus noires
apparaît cependant une lueur d'espérance : « Au milieu de ces sacca-
gements et de ces destructions que nous observons dans l'espace de
neuf cents années, nous voyons un amour de l'ordre qui anime en secret
le genre humain, et qui a prévenu sa ruine totale » [6].

Lorsqu'on croit que le dogme divise les hommes mais que la morale
naturelle les unit, on ne peut tout à fait désespérer de l'histoire. « Avec
quelle lenteur, s'exclame Voltaire, avec quelle difficulté le genre humain

---

1. Entre la nature biologique et le déterminisme du tempérament d'une part, de
l'autre la morale enseignée et imposée pas la société, il n'y a pas de place, selon LA METTRIE,
pour l'idée d'une *nature morale*. Cf. ci-dessus, Ch. VI, 3.
2. Cf. *Essai sur les mœurs*, Ch. CXCVII (Moland, XII, p. 182).
3. *Tableau philosophique des progrès successifs de l'esprit humain*, 1750 (*Œuvres*,
t. I, pp. 214-235). Cf. J. B. BURY, *The idea of progress, op. cit.*, Ch. III, et R. HUBERT,
Les sciences sociales dans l'Encyclopédie, op. cit., Première partie, Ch. VII.
4. Cf. *Esprit des Lois*, XV, 7 ; XXIV, 2 et 16, XXXI, 2, etc.
5. VOLTAIRE, *Essai sur les Mœurs*, Ch. CXC.
6. *Ibid.*, Ch. CXCVII (Moland, XIII, p. 174, *loc. cit.*).

se civilise et la société se perfectionne ! » [1]. Il y a dans ce cri du dépit et de l'orgueil. Voltaire ne réussit pas à prendre son parti de la folie des hommes, mais le bilan global de leur action au cours des âges est loin de lui paraître entièrement négatif. En adoptant le compromis réalisé au cours du demi-siècle entre le rationalisme cartésien et l'empirisme anglais, l'auteur de l'*Essai sur les Mœurs* persiste cependant à juger l'expérience historique au nom d'une « nature » qui lui est extérieure. De là vient que sa philosophie de l'histoire est également rebelle au mythe du bonheur primitif et à l'idée d'un progrès nécessaire. Voltaire dénonce l'illusion vulgaire qui crédite le passé de tout ce dont le présent est dépourvu : « Le penchant naturel de l'homme à se plaindre du présent et à vanter le passé, a fait imaginer partout une espèce d'âge d'or auquel les siècles de fer ont succédé » [2]. Rien ne serait cependant plus aventureux que de prêter à Voltaire le « penchant » opposé à celui qu'il critique ici. Pour lui le bonheur collectif des sociétés humaines ne se mesure pas « géométriquement » d'après le rang qu'elles tiennent dans l'ordre chronologique des générations. Où situer l'âge d'or ? Ce n'est pas à l'histoire mais à la Nature qu'il appartient de répondre.

---

1. *Ibid.*, Ch. CLXXXVI, p. 114.
2. *Ibid.*, *Introduction*, XVII, (Moland, XI, p. 54).

3. — Peut-on arrêter l'Histoire ?

Foi rationaliste dans un bonheur fondé sur le progrès des lumières, conviction qu'il suffit de modifier les lois pour changer aussi les hommes, ces deux articles du credo « philosophique » apparaissent déjà dans maints textes de la première moitié du siècle [1]. L'abbé de Saint-Pierre déplore le peu d'intérêt que ses contemporains portent à la science politique [2] : ils ne se privent pourtant pas de rêver à des institutions conforme à la raison. Qu'ils les situent au Paraguay, à Java, en Égypte, en Chine, au Pérou ou en Patagonie, elles témoignent toujours de leur confiance dans l'aptitude des hommes à organiser collectivement leur bonheur. Mais l'abbé de Saint-Pierre n'a pas tout à fait tort : l'utopie n'est pas le réel, et elle vise plutôt à le fuir qu'à le transformer. L'auteur anonyme des *Lettres philosophiques sur l'âge d'or et sur le bonheur*, qui inverse lui aussi l'ordre traditionnel des « âges » du monde, n'est pas un utopiste, mais l'interprète de la fraction la plus avancée de la classe des négociants; il ne décrit pas en détail la cité idéale, il formule un programme, celui du libéralisme économique : laisser faire et laisser passer. Tout ira bien si l'on s'abstient de gêner le cours naturel des choses [3].

Le monde des utopistes est loin de refléter cette assurance tranquille. Un dirigisme vétilleux y multiplie les précautions et les garde-fous contre les égarements possibles de la nature : triomphe de l'artifice, revanche d'Antiphysis [4]. Le plan d'urbanisme prévu par Mentor vise à rendre la ville de Salente « régulière » [5]; dans la capitale du royaume de Félicie,

---

1. Rappelons la conclusion du *Testament* de Jean Meslier, œuvre par ailleurs souvent si pessimiste : « Je dis que ce n'est pas la vérité, ni la connaissance des vérités naturelles qui portent les hommes au mal, ni qui rendent les peuples vicieux et méchants, mais c'est plutôt l'ignorance et le défaut d'éducation, c'est plutôt le défaut de bonnes lois et de bons gouvernements qui les rend vicieux et méchants ; car il est sûr que s'ils étaient mieux instruits dans les sciences et dans les bonnes mœurs et mieux gouvernés qu'ils ne sont, ils ne seraient pas si vicieux et si méchants qu'ils sont » (*op. cit.*, t. III, p. 392).

2. Cf. *Observations générales de M. l'abbé de Saint-Pierre sur le traité de la pesanteur du P. Castel, jésuite, imprimé en 1724, Mémoires de Trévoux*, décembre 1724, pp. 2233-2245. Dans son propre *Projet pour perfectionner le gouvernement des États*, (*Ouvrages de politique*, t. III, 1733, p. 225 sq.), l'abbé de Saint-Pierre soutient que l'humanité parviendra à l'âge d'or quand elle saura appliquer à la politique les progrès de la raison et il croit qu'elle a déjà atteint l'âge d'argent...

3. Il y a, selon lui, trois conditions à l'avènement de l'âge d'or : « Un commerce libre et universel, une paix durable et toujours des Colbert ou des Fleury ». *Lettres philosophiques sur l'âge d'or et sur le bonheur*, Londres, 1738. Cf. *Journal des Savants*, février 1739, pp. 97-101. (L'ouvrage ne figure pas au catalogue de la Bibliothèque Nationale).

4. La remarque est de R. RUYER, *L'Utopie et les Utopies*, Paris, 1950, pp. 45-46.

5. *Les aventures de Télémaque*, X, *loc. cit.*, p. 270.

les rues sont «tirées au cordeau»[1]. L'aversion des utopistes pour la fantaisie n'épargne même pas la campagne, et le voyageur qui traverse les terres d'Ajao se réjouit de découvrir partout l'*ordre* et la *symétrie*...[2]. Dans les activités économiques et jusque dans les détails de la vie quotidienne l'esprit géométrique qui préside aux constructions rationnelles des utopistes impose une réglementation envahissante. Les Féliciens du marquis de Lassay bénéficient d'une totale liberté du commerce et des arts, et leur prospérité se fonde sur une saine émulation;[3] mais l'État possède des greniers publics pour stabiliser le prix des grains[4] : précaution du reste à peu près superflue puisque toutes les marchandises sont déjà taxées par voie autoritaire...[5]. Décrivant la «police» des Chinois, Silhouette admire la minutie avec laquelle l'État règle toutes choses, y compris «les saluts, les visites, les festins, et les lettres qu'on s'écrit»... et même le sommeil de ses administrés[6]. Dans les républiques imaginaires des utopistes cette réglementation de la vie privée s'étend au domaine le plus intime, celui de la vie sexuelle. Au pays des Sévarambes la polygamie est autorisée, mais le mariage obligatoire[7]; le divorce est permis aux Féliciens, mais ceux d'entre eux qui restent célibataires s'exposent au blâme de l'opinion publique[8]; enfin les habitants d'Ajao sont obligatoirement bigames...[9].

On voit l'ambivalence de ces derniers thèmes : ils rejettent les interdits et les tabous de la morale chrétienne, mais leur substituent l'impératif de la raison d'État. Ici comme dans les rêves tahitiens de Diderot le problème posé ne concerne pas la liberté des individus, mais la prospérité et la puissance de la nation, elles-mêmes conditionnées par le développement démographique. Le point extrême de cette intrusion de l'État dans l'intimité des destinées individuelles est atteint dans «l'Ile heureuse» que décrit Prévost : au lieu que le choix d'une compagne s'y fasse selon les inclinations de chacun, il est réglé par tirage

---

1. LASSAY, *Relation du royaume de Félicie*, loc. cit., p. 93.
2. FONTENELLE, *La république des philosophes ou histoire des Ajaoiens*, Genève, 1768, p. 18. Le texte date peut-être des toutes premières années du siècle. Ch. R. LAGERBORG, *Un écrit apocryphe de Fontenelle*, Revue d'histoire de la philosophie et d'histoire générale de la civilisation, 1935, pp. 340-359.
3. « Ils ont des ouvriers excellents dans tous les métiers et des manufactures pour toutes sortes d'ouvrages, mais il n'y a point de privilèges exclusifs qui contraignent la liberté et ôtent l'émulation, chacun peut faire valoir son industrie, et si quelqu'un veut gagner plus que les autres, il faut qu'il tâche à servir mieux le public ». (*Loc. cit.*, p. 100).
4. *Ibid.*, p. 130. Il en est de même à Ajao, *op. cit.*, p. 73.
5. *Relation... op. cit.*, p. 136. Pour Lassay la liberté des prix équivaudrait à mettre les consommateurs à la discrétion des vendeurs. De fait il n'y a pas de prix concurrentiel dans le cadre d'une économie de pénurie. Comme tous les autres utopistes, Lassay accorde plus d'importance aux problèmes de la distribution qu'à ceux de la production. C'est là un trait caractéristique de l'époque pré-capitaliste. Cf. ci-dessus, Ch. IX, 2.
6. *Idée générale du gouvernement et de la morale des Chinois, op. cit.*, p. 22.
7. Cf. Emanuel VON DER MUHLL, *Denis Veiras et son histoire des Sévarambes*, Paris 1938, pp. 159-161.
8. *Relation...*, *op. cit.*, p. 132 sq.
9. *La République des philosophes...*, *op. cit.*, p. 112.

au sort. En vain le héros de l'épisode défend-il les droits du cœur contre
cette tyrannie légale qui, sous prétexte de maintenir l'« égalité naturelle », viole les saintes « lois de la Nature », il n'a d'autres ressources
que la révolte et l'insurrection [1]. Il y a donc contradiction, selon Prévost,
entre le bonheur individuel et le bonheur collectif, entre la nature et la
société. Cette conclusion pessimiste donne à l'apologue de « l'Ile heureuse » une place à part dans la littérature utopiste du demi-siècle; en
réalité nous n'avons pas affaire à une utopie ordinaire, mais à la mise en
question des lieux communs de l'époque, à une anti-utopie. Toutes les
autres descriptions de cités idéales se placent au contraire sous le double
signe de la Raison et de la Nature, sans soupçonner que le moindre
conflit puisse opposer celle-ci à celle-là [2]. Cette illusion repose sur l'idée
de la sociabilité naturelle, que personne, avant Rousseau, ne conteste
sérieusement. Elle explique que le monde des utopistes soit en même
temps si étouffant et si euphorique.

La « nature » des utopistes, c'est celle de presque tous les contemporains de Prévost. A la fois libérale et restrictive, elle traduit simultanément les premiers balbutiements d'un monde nouveau et la puissance des obstacles qui s'opposent à son développement. En définitive
les ambiguïtés de l'idée de nature favorisent la cause du libéralisme
naissant, économique, politique et religieux; elles sont une arme idéologique autant qu'une nécessité imposée par les contraintes du réel.
Mais elles ne peuvent être sans conséquences pour l'attitude du siècle
à l'égard du devenir historique : faire confiance à la nature, cela ne signifie
pas alors qu'on accepte avec sérénité le mouvement de l'histoire. On
retrouve chez les utopistes, simplement grossie, la contradiction qui
est celle de l'époque : un optimisme qui croit à l'harmonie de la raison
et de la « nature des choses », voisinant avec une parfaite incapacité
à penser l'univers dans le temps. Pour les penseurs du demi-siècle le
monde en devenir demeure ce qu'il était pour Platon, un reflet déformant
du monde immuable des idées. Si libre qu'elle paraisse, l'imagination
des faiseurs d'utopies suit le même schème mental que les théories
universalistes de la beauté, du droit et de la religion : elle ne conçoit
le progrès social que comme un retour à un idéal donné d'avance; pour
elle le temps ne crée rien; tout au plus permet-il parfois à la nature
d'émerger à la surface de l'histoire [3].

---

1. *La Philosophe anglais...*, *op. cit.*, t. II, notamment p. 363. Cf. R. Mauzi, *L'idée
du bonheur*, *op. cit.*, p. 142-144.
2. Cf. Fontenelle, *La république des philosophes*, *op. cit.*, pp. 51-52 ; Lassay, *Relations...*, *op. cit.*, p. 106. Même confusion chez Silhouette à propos de la Chine, *op. cit.*,
pp. 2, 11, 31, etc...
3. Cf. R. Ruyer, *op. cit.*, p. 70. J.B. Bury remarque également (*op. cit.*, Ch. X) que
L'An 2440 de Sébastien Mercier (1770) est la première œuvre d'anticipation : toutes les
utopies antérieures étaient soit des utopies du passé, soit des utopies de l'espace. Ce fait
explique et justifie la confusion fréquente des thèmes proprement utopistes et des thèmes
primitivistes.

Vérité, justice, beauté, bonheur sont inscrits dans l'ordre éternel des choses; l'art du législateur n'est pas plus démiurgique que celui du peintre ou du poète. Ainsi les biologistes considèrent-ils la naissance d'un être vivant non comme une véritable création, mais comme le simple développement d'un germe préexistant : en dépit des intuitions de Maupertuis il s'en faut de beaucoup que le système de l'épigenèse soit aussi répandu au xviiie siècle que celui de la préexistence. Une analogie évidente apparaît ici entre les théories scientifiques de l'époque, sa philosophie morale et religieuse, sa politique, enfin sa philosophie de l'histoire[1]. Dans ces divers domaines la pensée des « philosophes » demeure coulée dans le même moule que celle de leurs adversaires. Leur confiance dans le progrès des lumières, leur volonté de passer les dogmes chrétiens au crible de la raison ne les empêchent pas de raisonner en théologiens et de penser le temps sous la catégorie de l'éternel. Même lorsque les besoins de la polémique ou la lucidité de leur effort critique ne les conduisent pas à situer la « vraie nature » aux origines de l'humanité, c'est toujours en fonction de normes intemporelles qu'ils jugent le cours de l'histoire : cours doublement limité par le paradis perdu de la nature originelle et par le salut de la nature retrouvée.

Il ne suffit pas de projeter l'âge d'or dans l'avenir pour avoir le sens de l'histoire. En 1748 Ramsay prédit une conflagration universelle que suivra la restauration de l'âge paradisiaque[2]. En 1769 Charles Bonnet prophétise le jour de l'universelle Réparation, où tous les êtres vivants, même les animaux et les plantes, monteront d'un degré dans l'échelle des Intelligences[3]. Dans ces visions d'apocalypse la suppression du mal n'est pas le résultat d'un processus historique, mais un événement miraculeux. Chez Ramsay cependant cette idée eschatologique se combine à celle d'une Révélation progressive, effaçant peu à peu les suites du péché. En Angleterre les apologistes anglicans opposaient volontiers cette interprétation de l'histoire au primitivisme religieux de déistes comme Tindal[4]. Combinée à l'optimisme de Leibniz et au principe de continuité, elle trouve sur le continent son expression la plus

---

1. Rapprochement esquissé par O.A. Lovejoy dans son *Parallelism of Deism and classicism, Modern Philology*, 1932, t. XXIX, pp. 281-299.
2. *The philosophical principles of natural and revealed religion op. cit.*, édition de 1751, t. I, pp. 491-492. Cf. ci-dessus, Ch. VII, 2.
3. *Palingénésie philosophique ou idée sur l'état passé et l'état futur des êtres vivants*, Genève, 1769-70.
4. Cf. P. Hazard, *La pensée européenne au XVIIIe siècle*, (*op. cit.*, t. II, pp. 132-134), qui renvoie à l'étude de Ronald S. Crane, *Anglican apologetics and the idea of progress*, *1699-1745, Modern philology*, février 1934, pp. 273-366 et mai 1934, pp. 349-382. En Angleterre l'idée de progrès est une arme contre les incroyants.

systématique dans l'œuvre d'un naturaliste et philosophe zurichois, Jean Georges Sulzer. L'antinomie du mal et de la Création s'efface, explique Sulzer, si l'on se persuade que Dieu crée le monde dans le temps et qu'il le conduit progressivement à toute la perfection possible :

« Si tout est successif dans l'être fini, il est impossible qu'un tel être puisse être parfaitement heureux dès le premier moment de son existence. Il sort des mains du Créateur doué de tout ce qu'il faut pour le devenir selon son état ou le rang qu'il occupe dans l'échelle universelle. Mais c'est au temps de développer ses facultés »[1].

Nos chagrins nous sont utiles, puisqu'ils nous instruisent et que notre bonheur dépend du progrès de nos connaissances. Seuls les êtres stupides ne souffrent pas, et c'est un privilège de l'espèce humaine que de pouvoir perfectionner ses facultés et de se rendre ainsi de plus en plus heureuse. L'idée de la perfectibilité fait partie vers 1750 de l'arsenal des « philosophes », mais nous voyons qu'elle n'est nullement leur apanage et qu'elle devient aussi un argument en faveur de la Providence. Cependant les limites que Sulzer lui assigne sont évidentes : selon lui la perfectibilité n'a pas pour fin de transformer radicalement la condition naturelle de l'homme, mais, tout au plus, d'apporter à l'humanité le bonheur qui lui était virtuellement accordé, dès l'origine des temps, par sa place dans la hiérarchie des êtres créés. Il y a aussi loin de cette conception à l'idée de Progrès que de la vieille notion de l'échelle des êtres à un véritable évolutionnisme. Enfin, si la perfectibilité est présentée par Sulzer comme un attribut positif de la nature humaine, il voit aussi en elle le signe d'une insuffisance : c'est la finitude de l'homme qui le condamne à ne pas être d'emblée ce qu'il est en réalité; dans le monde de Sulzer, non seulement le temps n'est pas vraiment créateur, mais il s'identifie toujours au relatif et à l'imparfait.

C'est encore une vision téléologique de l'histoire que nous découvrons chez Morelly. Pour lui les vices moraux qu'a entraînés l'institution de la propriété privée sont une étape nécessaire dans la marche du genre humain vers le bonheur. Le fond de critique sociale que renferme le *Code de la Nature* évite à ce livre la fadeur conformiste de l'*Essai* de Sulzer[2]. Mais la pensée des deux auteurs, le moraliste chrétien et le précurseur de Fourier, se meut dans le même cadre. Tout se fait dans la nature par « développements successifs », constate Morelly : viendra le temps où la créature raisonnable atteindra « toute la bonté ou l'intégrité morale dont elle est susceptible »[3]. Doctrine du Progrès, si l'on

---

1. SULZER, *Essai sur le bonheur des êtres intelligents*, publié dans *Le temple du bonheur op. cit.*, t. III, p. 183. Ami du leibnizien Formey et du marquis d'Argens, J. G. Sulzer (1720-1779) est l'auteur d'*Essais de physique appliqués à la morale*, traduits par Formey dans ses *Mélanges philosophiques*, Leyde, 1754.
2. Cf. ci-dessus, Ch. VIII, 4.
3. *Le Code de la nature*, édit. V.-P. Volguine, *op. cit.*, p. 102.

veut, mais il ne s'agit pas, dans l'esprit de notre auteur, d'un progrès indéfini; il existe, dit-il, « un point fixe d'intégrité auquel les êtres montent par degrés »[1]. Ce terme de l'évolution humaine est aussi son point de départ, puisqu'il suppose un retour à la communauté des premiers temps. Le mot même de « développement » qu'emploie Morelly rappelle le système de la préexistence. Et le devenir du genre humain est pour lui aussi un drame en trois actes : innocence originelle, péché et Rédemption.

* *

Les catégories chrétiennes ne sont pas la seule façon de penser le temps en fonction d'une nature immobile. Au lieu d'être un mouvement progressif vers la fin que lui assigne la nature, l'histoire peut se fragmenter en épisodes discontinus. Mais si la diversité des civilisations prend alors le pas sur l'unité du genre humain, on ne renonce pas pour autant à les juger sur un patron unique. C'est ainsi que le philosophe distingue dans les siècles révolus des époques privilégiées suivies bientôt d'un inévitable déclin. « Il semble, écrit Dubos, qu'il arrive des temps où je ne sais quel esprit de perfection se répand sur tous les hommes d'un certain pays. Il semble que cet esprit s'en retire après avoir rendu deux ou trois générations plus parfaites que les générations précédentes et que les générations suivantes »[2]. Idée foncièrement pessimiste par le caractère fatal qu'elle assigne à ce va-et-vient de l'histoire. Lorsque Voltaire la reprend à son compte, dans la premier chapitre du *Siècle de Louis XIV*, il lui donne une plus grande portée — en ne limitant plus aussi strictement son application au domaine des lettres et des arts — et surtout plus de souplesse. Distinguant à son tour quatre périodes de grande civilisation, l'âge de Philippe et d'Alexandre, celui de César et d'Auguste, le siècle des Médicis, enfin celui de Louis XIV, il n'hésite guère à proclamer la supériorité du dernier sur les trois autres : c'est, dit-il, « le plus éclairé qui fut jamais », et, « peut-être celui des quatre qui approche le plus de la perfection »[3]. Dans l'esprit de Voltaire la théorie des « siècles » ne contredit pas l'idée du progrès des lumières. Il reste que celui-ci butte sans cesse, selon lui, sur deux obstacles : l'identité de la nature humaine, toujours égale à elle-même dans la folie et la « méchanceté »,[4] et les nécessaires vicissitudes qui tiennent à la précarité des choses d'ici-bas[5].

---

1. *Ibid.*, p. 101.
2. *Réflexions critiques...*, *op. cit.*, II, XIII, 3, t. II, p. 222. Cf. ci-dessus, Ch. V, 1.
3. *Le siècle de Louis XIV*, Ch. I, (*Œuvres historiques*, édit. R. Pomeau, Paris, Gallimard, 1957, pp. 616-617).
4. *Ibid.*, p. 618. « Tous les siècles se ressemblent par la méchanceté des hommes ; mais je ne connais que ces quatre âges distingués par les grands talents ».
5. La confiance en l'efficacité de l'« esprit vraiment philosophique » (*ibid.*, Ch. XXXV, p. 1041) est contrebalancée chez Voltaire par l'admiration qu'il voue au siècle de Louis XIV, si « proche de la perfection » que la période suivante, celle où il vit, lui semble

N'attribuons pas ces contradictions ou ces incertitudes aux seules sautes d'humeur d'un individu, si attachant soit-il. Dans la pensée des hommes du xviiie siècle le pressentiment de l'idée de Progrès s'unit, en des équilibres divers, à la vieille théorie des cycles. Mais la France n'a pas son Vico. Nous ne rencontrons pas ici une doctrine raisonnée, mais plutôt une forme de pensée routinière que le constant recours à l'idée d'une Nature immuable interdit de critiquer. S'attendait-on, par exemple, à la voir dominer ce texte écrit à la gloire de la « philosophie » qu'est le *Discours préliminaire* de l'*Encyclopédie* ? « La constitution physique du monde littéraire, constate son auteur, entraîne, comme celle du monde matériel, des révolutions forcées dont il serait aussi injuste de se plaindre que du changement des saisonst Cet » [1].e idée est si ancrée dans l'esprit de d'Alembert qu'elle le console du prochain retour à la barbarie dont il croit découvrir en son temps des signes annonciateurs : « Tout a des révolutions réglées, et l'obscurité se terminera par un nouveau siècle des lumières » [2]. Fatalisme banal, sentiment millénaire de l'instabilité des choses humaines : comme dans le cas de la « théorie des climats », il s'agit à la fois de beaucoup plus et de beaucoup moins que d'un système philosophique. Reste à voir comment cette attitude d'esprit, avec le pessimisme qui la sous-tend, d'autant plus tenace qu'il est moins raisonné, s'accorde avec la confiance des rationaux dans l'ordre universel de la nature. A la vérité la première est peut-être moins l'opposé de la seconde que sa contre-partie. Le lien est manifeste dans la doctrine de l'imitation de la « belle nature » : point fixe qu'il n'est plus possible de dépasser une fois qu'on l'a atteint, si bien que la corruption du goût en suit inévitablement la perfection. D'Alembert résume ici l'opinion de beaucoup de ses contemporains :

« L'imitation de la belle nature semble bornée à de certaines limites qu'une génération ou deux, au plus, ont bientôt atteintes; il ne reste à la génération suivante que d'imiter; mais elle ne se contente pas de ce partage; les richesses qu'elle a acquises autorisent le désir de les accroître; elle veut ajouter à ce qu'elle a reçu, et manque le but en cherchant à le passer » [3].

A première vue le cas des sciences exactes semble tout différent : d'Alembert ne les dit-il pas « destinées par leur nature à aller toujours en se perfectionnant de plus en plus » ? [4] Mais l'histoire réelle de l'esprit

---

indigne d'en être rapprochée. En ce qui concerne les lettres et les arts, son sentiment de vivre une époque de décadence s'affirme très tôt avec une particulière netteté ; mais il ne lui est pas non plus étranger pour d'autres domaines, comme ceux de la science ou de la philosophie politique (Voir en particulier les toutes dernières pages du *Précis du Siècle de Louis XV*).

1. *Discours préliminaire de l'Encyclopédie*, édit. Louis Ducros, *op. cit.*, p. 123.
2. *Ibid.*, p. 127.
3. *Ibid.*, p. 122. Cf. ci-dessus, Ch. V, 2.
4. *Ibid.*, p. 121.

humain apporte à cette affirmation de sévères correctifs : capricieuse et discontinue, elle ne coïncide qu'exceptionnellement avec le développement « naturel » de nos connaissances. Le *Discours préliminaire* distingue avec la plus grande netteté d'une part « l'exposition métaphysique de l'origine et de la liaison des sciences », d'autre part « l'exposition historique de l'ordre dans lequel nos connaissances se sont succédé »[1]. La marche « naturelle » de l'esprit veut que les sciences abstraites de la géométrie, de l'arithmétique et de l'algèbre précèdent l'astronomie et la physique expérimentale[2] : d'Alembert ne juge même pas utile de préciser que, sous sa forme moderne, l'algèbre est une invention toute récente, que quatorze siècles séparent Ptolémée de Viète, et que celui-ci avait à peine trois ans à la mort de Copernic... Depuis la « Renaissance des lettres » l'histoire événementielle de l'esprit humain s'est beaucoup rapprochée de son histoire « philosophique » : d'Alembert se félicite de cette coïncidence, même s'il ne s'illusionne pas sur sa durée. Sans doute le progrès des lettres a-t-il paradoxalement devancé celui de la philosophie, en dépit de l'ordre « naturel » du développement de l'esprit : notre auteur constate le fait, et il l'explique en historien[3]. Cette attention portée au cours réel de l'histoire ne l'empêche pas de modifier l'arbre encyclopédique de Bacon en plaçant la raison au second rang, après la mémoire, mais avant l'imagination : tant le « progrès naturel des opérations de l'esprit » lui paraît devoir l'emporter, aux yeux du philosophe, sur son développement historique et accidentel[4].

Pour le géomètre d'Alembert l'ordre idéal et nécessaire de la nature ne peut que s'altérer en s'incarnant dans l'histoire que vivent les hommes. Chez lui aussi l'idée du progrès de l'esprit humain se combine à celle de ses inévitables révolutions. Il serait facile de trouver chez d'autres écrivains du XVIIIe siècle, en particulier chez Diderot, des manifestations de la même forme de pensée[5]. Mais elle n'est nulle part aussi

---

1. *Ibid.*, p. 81.

2. *Ibid.*, p. 37-42.

3. *Ibid.*, pp. 81-82. « Quand on considère les progrès de l'esprit depuis cette époque mémorable, on trouve que ces progrès se sont faits dans l'ordre qu'ils devaient naturellement suivre. On a commencé par l'érudition, continué par les belles-lettres, et fini par la philosophie. Cet ordre diffère à la vérité de celui que doit observer l'homme abandonné à ses propres lumières ou borné au commerce de ses contemporains, tel que nous l'avons principalement considéré dans la première partie de ce discours : en effet nous avons fait voir que l'esprit isolé doit rencontrer dans sa route la philosophie avant les belles lettres. Mais en sortant d'un long intervalle d'ignorance que des siècles de lumière avaient précédé, la régénération des idées, si on peut parler ainsi, a dû nécessairement être différente de leur génération primitive ».

4. *Ibid.*, p. 71. « Si nous plaçons la raison avant l'imagination, cet ordre nous paraît bien fondé et conforme au progrès naturel des observations de l'esprit : l'imagination est une faculté créatrice, et l'esprit, avant de songer à créer, commence par raisonner sur ce qu'il voit et ce qu'il connaît ». Cf. *ibid.*, p. 101. Voir l'excellent commentaire de Ch. FRANKEL (*The faith of reason, op. cit.*, Ch. VI, 4).

5. Saluant la révolution américaine, Diderot s'écriera : « Puissent ces braves Américains qui ont mieux aimé voir leurs femmes outragées, leurs habitations détruites, leurs champs ravagés, leurs villes incendiées, verser leur sang et mourir, que de perdre la

accentuée que dans l'œuvre de Montesquieu. Des *Lettres Persanes* à
l'*Esprit des Lois*, le thème pessimiste de l'instabilité des choses humaines
tempère constamment sa foi « philosophique » dans l'extension des
lumières. Montesquieu se félicite de vivre dans un siècle « éclairé »,
et il se persuade volontiers que les progrès de la raison ont une influence
directe sur les mœurs : « Les connaissances rendent les hommes doux... » [1].
Mais dans le domaine qui l'intéresse au premier chef, celui des institutions politiques, dont il est loin de sous-estimer l'influence sur la vie
et le bonheur des peuples, l'histoire lui apparaît comme un tableau
mouvant et monotone où les types de gouvernement s'engendrent les
uns les autres en une série de cycles sans cesse recommencés.

Usbek, déjà, s'interrogeait sur le destin des monarchies, si précaire à son avis qu'on devait douter qu'une monarchie authentique ait
jamais pu se maintenir durablement dans sa pureté : « C'est, disait-il,
un état violent qui dégénère toujours en despotisme ou en république » [2].
Mais la démocratie a-t-elle un sort plus enviable ? Le dénouement de
l'apologue des Troglodytes ne permet aucune illusion. Le jour vient
où la vertu des heureux Troglodytes commence à leur « peser »; cet
affaiblissement des mœurs, qui les incite à se donner un roi, n'est pas
fortuit : la « vertu » républicaine ne se préserve intacte que dans une
petite société; mais le bonheur même des Troglodytes favorise leur
multiplication, si bien qu'ils sont indirectement victimes de leur propre
innocence [3]. On reconnaît dans ce processus fatal le thème qu'orches-
treront treize ans plus tard les *Considérations sur les causes de la grandeur
des Romains et de leur décadence*. La grandeur des États est la première
cause de leur déclin : à l'échelle des empires comme dans la vie des
individus, l'excès de prospérité est une faute que la Némésis punit
impitoyablement. Le livre fait cependant plus qu'illustrer ce lieu commun de la sagesse antique : la tragédie de Rome consiste en ce que le
patriotisme des Romains vouait irrésistiblement leur cité à l'agrandis-
sement qui devait causer sa perte [4].

Dans *L'Esprit des Lois* enfin l'idée se nuance et se diversifie; mise
en scène de façon moins dramatique, elle n'est pas foncièrement modifiée : affermie plutôt par la distinction que l'auteur établit entre la *nature*
de chaque gouvernement — c'est-à-dire sa structure formelle — et

---

plus petite portion de leur liberté, prévenir l'accroissement énorme et l'inégale distribution de la richesse, le luxe, la mollesse, la corruption des mœurs, et pourvoir au maintien
de la liberté et à la durée de leur gouvernement ! *Puissent-ils reculer, au moins pour quelques
siècles, le décret prononcé contre toutes les choses de ce monde ; décret qui les a condamnés à
avoir leur naissance, leur temps de vigueur, leur décrépitude et leur fin* ». (*Essai sur les règnes
de Claude et de Néron*, LXXIV, A. T., III, p. 324) — C'est nous qui soulignons.
    1. *Esprit des Lois*, XV, 3.
    2. *Lettres Persanes*, 102.
    3. *Ibid.*, 14.
    4. Cf. R. Hubert, *La notion du devenir historique dans la philosophie de Montesquieu.*,
R.M.M., 1939, pp. 587-610.

son *principe*, « les passions humaines qui le font mouvoir » [1]. La précarité des institutions est ainsi mise en pleine lumière, puisque leur destin est tributaire des multiples facteurs qui déterminent le caractère d'un peuple. « La corruption de chaque gouvernement commence presque toujours par celle des principes » [2]. Et Montesquieu insiste sur la fragilité de ceux-ci, puisque « le plus petit changement dans la constitution », dit-il, provoque en revanche « la ruine des principes » [3]. On comprend que, pénétré de cette conviction, il ait peine à découvrir dans l'histoire beaucoup d'exemples de gouvernements fidèles à eux-mêmes [4]. Tout au plus reconnaît-il à chacun une période exceptionnelle, et nécessairement limitée, où sa réalité historique coïncide avec son essence. Mais les Romains ne pouvaient demeurer longtemps « vertueux », et, parmi les « gouvernements modérés », les plus libres sont aussi les plus menacés. Telle la constitution anglaise dont Montesquieu prédit l'inévitable corruption : « Comme toutes les choses humaines ont une fin, l'État dont nous parlons perdra sa liberté, il périra. Rome, Lacédémone et Carthage ont bien péri... » [5].

Insistons sur ce dernier point. Montesquieu ne se borne pas à analyser les lois qui règlent la destinée des formes politiques; attentif aux vicissitudes auxquelles les soumet le devenir universel, il ne conclut pas de leur précarité à leur équivalence. Sa philosophie de l'histoire n'est pas plus relativiste que sa pensée politique. Ici comme là Montesquieu unit étroitement l'analyse de ce qui est et l'affirmation de ce qui doit être. Son pessimisme historique ne peut se résumer en un banal *tout passe*. Car tout ne passe pas également. Usbek opposait déjà la pérennité du despotisme oriental au fragile équilibre des monarchies d'Europe; les despotes se succèdent de révolution de palais en coup d'état, mais le despotisme demeure : « D'où vient cela, si ce n'est qu'il est tyrannique et affreux » ? [6]. Cette distinction entre le régime et son bénéficiaire n'a pas, il est vrai, la même netteté dans *L'Esprit des Lois* qui présente le « gouvernement despotique » comme plus éphémère que les gouvernements modérés : « Les autres gouvernements périssent parce que des accidents particuliers en violent le principe : celui-ci périt par son vice intérieur, lorsque quelques causes accidentelles n'empêchent point son principe de se corrompre » [7]. Mais malgré cette instabilité qui tient à leur corruption naturelle, les régimes despotiques

---

1. *Esprit des Lois*, III, 1.
2. *Ibid.*, VIII, 1.
3. *Ibid.*, VIII, 14.
4. *Ibid.*, III, 11.
5. *Ibid.*, XI, 6 ; cf. II, 4.
6. *Lettres Persanes*, 103.
7. *Esprit des Lois*, VIII, 10. (Cf. ci-dessus, Ch. VIII, 3).

sont les plus nombreux, parce que les plus faciles à établir [1]. Le despotisme menace également la monarchie et la république; des raisons
physiques l'imposent par ailleurs sur la plus grande partie du globe :
des trois types de gouvernement c'est donc celui dont la définition
formelle s'inscrit le plus souvent dans l'histoire concrète des sociétés.
Le pessimisme historique de Montesquieu est la contre-partie de son
idéalisme politique et moral. C'est dans la mesure où l'auteur de *L'Esprit
des Lois* assigne comme fin aux sociétés civiles non leur simple conservation, mais la sauvegarde des droits naturels de l'homme, que l'histoire
universelle du genre humain lui apparaît globalement comme une chute
par rapport à l'ordre immuable de la nature [2].

Dans le climat d'optimisme facile des années 1740, époque où
Montesquieu rédige son grand ouvrage, le fait est particulièrement
digne de remarque. Montesquieu voulait réconcilier l'histoire avec la
nature, et montrer la sagesse des législateurs toujours présente derrière
les fantaisies de la première [3]. Cette ambition suffit à lui conférer une
place à part dans la littérature « philosophique », non à l'opposer vraiment à l'ensemble des « philosophes ». Si le jugement global qu'il porte
sur les siècles passés est beaucoup moins négatif que celui de Voltaire,
il lui est cependant dicté par des critères analogues. Montesquieu voudrait prouver que l'histoire des institutions juridiques, apparemment
capricieuse et déconcertante, est l'œuvre de la raison humaine, il voudrait diminuer la distance qui semble séparer le monde des idées éternelles et celui des contingences historiques. Entreprise originale où
certains verront une tentative pour justifier les « préjugés féodaux »...
Nous savons que l'accusation n'est pas sans quelque fondement : homme du passé, Montesquieu n'en est pas moins « philosophe »; et même
lorsqu'elle semble aller à contre-courant de son siècle, sa pensée obéit
aux mêmes schèmes mentaux que la démarche inverse de tous ceux qui,
de plus en plus nombreux, déprécient les tours et détours de l'histoire
au profit de la raison universelle. Comme Voltaire Montesquieu cherche
dans le successif le permanent, et il ne s'attache au tableau mouvant
des formes juridiques que pour guetter ici et là dans ce qui change un
reflet de ce qui demeure. Ainsi apparaissent à son regard des époques

---

1. *Ibid.*, V, 14.
2. Selon Montesquieu, écrit R. Hubert (*La notion du devenir historique*, article cité),
l'histoire « ne peut guère être que la description des déviations que subissent les États
avant de pencher vers leur ruine. » Cette interprétation nous semble devoir être nuancée.
Il est exact que Montesquieu a de l'histoire une vision pluraliste et discontinue, qui est
à l'opposé d'une théorie du progrès ; mais sa philosophie historique n'en est pas moins
normative. L'auteur de *L'Esprit des Lois* découvre dans l'histoire « une succession de
stabilités provisoires » et non « une unité de direction », c'est vrai : mais lui prêter pour cette
raison un pur relativisme, c'est oublier que pour lui, comme pour tous ses contemporains,
les vicissitudes de l'histoire prennent un sens, négatif ou positif, par rapport à un système
de références méta-historiques, qui est précisément l'ordre éternel de la nature.
3. Cf. ci-dessus, Ch. XI, 4.

privilégiées où, compte tenu de circonstances particulières qu'il excelle
à analyser, l'histoire a su se conformer du mieux possible aux normes
de la nature : démocratie antique, gouvernement « gothique » et ancienne « constitution » française, enfin libéralisme à l'anglaise ; l'ambition d'embrasser par la pensée toute la complexité mobile du réel
ne détourne jamais l'auteur de *L'Esprit des Lois* de juger les institutions
transitoires en fonction des règles éternelles de la justice. Cette dualité
d'intentions enveloppe une opposition latente, toujours près d'éclater :
nous l'avons constaté à propos du problème crucial de l'esclavage. Par
cette page surtout, tellement en avance sur la sensibilité moyenne de son
temps, Montesquieu prend rang parmi ceux qui, à la même époque,
s'inquiètent ou s'indignent de trouver le monde où ils vivent si différent
de ce que la raison et la nature exigeraient qu'il fût.

L'animal est d'emblée ce qu'il doit être : l'homme a besoin de le devenir. Ce qui est vrai de l'individu l'est encore davantage de l'espèce.
Les sociétés que forment les abeilles et les castors n'ont pas d'histoire ;
seules les sociétés humaines vivent dans le temps. Au milieu du XVIIIe
siècle cette historicité est ressentie, de façon contradictoire, à la fois
comme un privilège et comme une malédiction. Les différents textes
peuvent bien mettre l'accent tantôt sur le premier caractère, tantôt sur
le second, aucun n'échappe totalement à cette ambivalence. Le sujet
mis au concours par l'Académie de Dijon pour l'année 1750 vient donc
à son heure ; bien que défini de façon encore trop étroite, il invite à
peser les avantages de la civilisation en fonction d'une nature humaine
immuable. Le « paradoxe » de Rousseau était en germe dans l'énoncé
du problème : et la solution proposée par le lauréat ne pouvait surprendre
ses lecteurs que par la rigueur passionnée qu'il mettait à élargir en une
antinomie la distinction banale de la nature et de l'histoire. On a pu
montrer que les idées de Rousseau, ce contempteur des sciences et des
arts, n'étaient pas sans ressemblance avec celles que professaient à la
même époque les animateurs de l'*Encyclopédie*[1]. Peu importe ici quelle
part revient exactement à Diderot dans l'élaboration du *Discours sur
les Sciences et les Arts* : les textes ne manquent pas où nous le voyons
s'interroger, lui aussi, sur la valeur de la civilisation. Pourquoi les Scythes étaient-ils plus heureux que les Grecs ? Le bonheur est-il donc en
raison inverse des lumières ?[2]. Ces questions pressantes, Grimm les

---

1. Cf. A. ADAM, *Rousseau et Diderot, R.S.H.* janvier-mars 1949, pp. 21-34.
2. *Encyclopédie*, art. *Scythes*, (A.T., XVII, p. 110). « Les Scythes grossiers ont joui
d'un bonheur que les peuples de la Grèce n'ont point connu. Quoi donc ! L'ignorance des
vices serait-elle préférable à la connaissance de la vertu, et les hommes deviennent-ils

pose à son tour en 1755, quelques semaines avant la publication du
Second Discours de Rousseau; l'homme, dit-il, est le seul animal qui soit
perfectible. Mais

« c'est une grande et belle question si cet état de perfectibilité est une
prérogative et un bonheur réel pour l'homme, et si les bêtes ne sont pas même
plus parfaites en ce qu'elles naissent d'abord avec le degré de perfection dont
elles sont susceptibles, et que, si elles n'ont point à devenir meilleures, elles
ont, d'un autre côté, l'avantage de ne point dégénérer et de remplir leur vocation en obéissant à la nature »[1].

Retour à Montaigne ? La tentation existe assurément, et l'on doit
y voir le signe d'une mauvaise conscience sociale. Mais si tout le monde
semble se poser alors les mêmes questions que Grimm, il ne se trouve
personne, même pas Rousseau, pour leur donner une réponse tout
uniment négative. Le même Diderot qui regrette le bonheur grossier
des Scythes consacre vingt ans de sa vie à l'*Encyclopédie*... Dans l'article
Législateur Saint-Lambert applaudit au « progrès des lumières » qui, dit-il,
se sont depuis cinquante ans si vite répandues en Europe qu'un retour
au despotisme et à la barbarie paraît désormais impossible dans cette
partie du monde[2]. Diderot a pu approuver ces lignes sans être incon-
séquent, car les deux idées sont complémentaires, plutôt que contradictoires. En vrai « philosophe » Diderot voit dans l'ignorance le plus
sûr appui du fanatisme religieux et de la tyrannie politique : mais la
volonté de rendre hommage à son siècle ne va pas jusqu'à couvrir les
abus de l'inégalité sociale contre lesquels se révolte la « voix de la nature »... La résurgence de thèmes primitivistes dans l'*Encyclopédie* est
directement liée au rôle progressiste de l'entreprise. Évoquant la brutalité barbare des Scythes, Diderot affirme « aimer mieux un crime
atroce et momentané qu'une corruption policée et permanente ». Mais
quelques lignes plus haut il avait lui-même souligné le sens polémique,
plutôt qu'historique de cette remarque : « Nous nous occuperons donc
moins dans cet endroit, disait-il, de l'histoire de la philosophie que de
l'éloge de la nature humaine, lorsqu'elle est abandonnée à elle-même
sans loi, sans prêtre et sans roi »[3].

La nature se dégrade dans l'histoire; la nature a besoin du temps
pour se réaliser pleinement... Ces deux propositions antinomiques
forment une double certitude pour tous ceux qui, vers 1750, s'efforcent
de situer le lieu idéal de l'évolution historique, où l'histoire se rappro-

---

méchants et malheureux à mesure que leur esprit se perfectionne et que les simulacres
de la Divinité se dégrossissent parmi eux ?... »
   1. GRIMM, *Correspondance littéraire*, février 1755 (texte cité par A. ADAM, *loc. cit.*, p. 23.)
   2. *Encyclopédie*, art. *Législateur*. Sur l'attribution de cet article à Saint-Lambert,
et non à Diderot, Cf. H. DIECKMANN in *The Romanic Review*, avril 1951.
   3. Article *Scythes, loc. cit.*, p. 110.

cherait le plus de la nature. Rousseau, Diderot et Voltaire sont également persuadés qu'il existe pour la société un point de perfection qu'elle ne peut dépasser. Mais tandis que l'auteur du *Discours sur l'inégalité* place cet équilibre de la nature et de la vie sociale dans le lointain passé de la « société naissante »[1], l'historien de l'*Essai sur les Mœurs* s'irrite et s'impatiente de ce qu'il ne soit réalisé encore que très partiellement parmi ses contemporains[2]. En dépit de cette opposition il reste que tous les deux conçoivent la *nature* à la fois comme un donné primitif et comme le terme d'un développement[3]. Voltaire ne croit pas plus que Rousseau à un progrès linéaire et indéfini de l'espèce humaine ; pour lui le progrès ne peut être que la réalisation d'un ordre préexistant, et la perfectibilité de l'homme lui apparaît bornée « au point où la nature a marqué les limites de sa perfection »[4]. Théoricien des « progrès de l'esprit humain », Turgot assigne de même pour rôle à l'éducation sociale de développer les virtualités de la nature :

> « Je crois que la nature a mis dans le cœur de tous les hommes la semence de toutes les vertus, qu'elles ne demandent qu'à éclore, que l'éducation, mais une éducation bien adroite, peut les développer, et rendre vertueux le plus grand nombre des hommes. Je crois même qu'on peut l'espérer des progrès de la raison »[5].

Encore convient-il qu'une éducation mal comprise n'aboutisse pas au résultat contraire : tels ces préjugés qui étouffent « les plus tendres sentiments de notre cœur » et jettent par exemple le discrédit sur les mariages d'inclination et sur les vertus domestiques. « Préférer les sauvages est une déclamation ridicule », mais il faut bien avouer, écrit encore Turgot, « que nos institutions trop arbitraires nous ont trop souvent fait oublier la *nature* »[6].

La vrai nature ne loge pas dans la cabane d'un Iroquois, mais elle n'est pas plus à son aise sous les lambris de Versailles ni dans un boudoir décoré par Boucher. Elle refuse l'excès de la délicatesse comme celui de la grossièreté. Celle-ci est barbarie, celle-là corruption : deux termes extrêmes à mi-chemin desquels se situe le bonheur social. Pour Montesquieu ils délimitent aussi le circuit fatal des vicissitudes humaines : « Presque toutes les nations du monde roulent dans ce cercle : d'abord

---

1. Édit. Lecercle, *op. cit.*, p. 116.
2. *Essai sur les Mœurs, op. cit.*, Introduction, VII, *Des Sauvages*. Assurément Voltaire n'est pas « primitiviste » : il n'en évoque pas moins, dans ce même passage, la « liberté » des sauvages d'Amérique.
3. Sur cet aspect de la philosophie de Rousseau, voir FRANKEL, *The faith of reason, op. cit.*, Ch. V.
4. *Essai sur les Mœurs*, Introduction, VII, *loc. cit.*
5. *Lettre à Madame de Graffigny sur les Lettres d'une Péruvienne*, 1751, Schelle, t. I, p. 253.
6. *Ibid.*, p. 243.

elles sont barbares ; elles conquièrent et elles deviennent des nations policées ; cette police les agrandit, et elles deviennent des nations polies ; la politesse les affaiblit, elles sont conquises et redeviennent barbares : témoins les Grecs et les Romains » [1]. Entendons que la *police* est naturelle, tandis que la *politesse* s'éloigne de la nature. Il est aisé de reconnaître dans cette « loi » historique la transposition, à l'échelle de l'histoire, de la *vertu* que la classe moyenne revendique alors comme son apanage et qui est un juste milieu entre la bonté grossière du peuple et la corruption raffinée des grands. Comme les individus, les sociétés sont d'autant plus heureuses qu'elles savent mieux limiter leurs appétits. Diderot l'écrira éloquemment : « Helvétius a placé le bonheur de l'homme social dans la médiocrité ; et je crois qu'il y a pareillement un terme de la civilisation, un terme plus conforme à la félicité de l'homme en général, et bien moins éloigné de la condition sauvage qu'on ne l'imagine » [2]. Dès 1751 Duclos situe de même la perfection sociale à égale distance de la vie des bois et de la « politesse » ; ce chroniqueur des mœurs mondaines, si expert à mêler dans ses romans les scènes libertines et les formules édifiantes, revêt à son tour la toge de Caton : « Les peuples les plus polis ne sont pas aussi les plus vertueux. Les mœurs simples et sévères ne se trouvent que parmi ceux que la raison et l'équité ont policés, et qui n'ont pas encore abusé de l'esprit pour se corrompre. Les peuples policés valent mieux que les peuples polis... » [3].

*
* *

Le « philosophe » peut bien fréquenter les salons de l'aristocratie, se prêter aux jeux frivoles et compliqués de la politesse. Même lorsqu'il ne renonce pas à la « dorure » et aux bas blancs pour s'affubler d'une robe arménienne, il aspire sincèrement à une vie plus « naturelle » ; il rêve d'un état social qui assignerait au progrès de justes bornes et joindrait les lumières de la civilisation à l'innocence de la nature :

« Les législateurs anciens n'ont connu que l'état sauvage. Un législateur moderne plus éclairé qu'eux, et qui fonderait une colonie dans quelque recoin ignoré de la terre trouverait peut-être entre l'état sauvage et notre merveilleux état policé un milieu qui retarderait les progrès de l'enfant de Prométhée, qui le garantirait du vautour, et qui fixerait l'homme civilisé entre l'enfance du sauvage et notre décrépitude » [4].

---

1. *Pensées*, 1917 (236). Le fragment serait postérieur à 1749.
2. *Réfutation de l'ouvrage d'Helvétius, loc. cit.*, A.T., II, p. 431.
3. *Considérations sur les mœurs, op. cit.*, Ch. I, p. 17. Cf. ci-dessus, Ch. IX, 2.
4. DIDEROT, *Réfutation... loc. cit.*, p. 432.

Mais en admettant qu'il soit possible de trouver un milieu entre Sybaris et Sparte [1], comment espérer y fixer à jamais le cours du temps? Diderot sait bien qu'on pourrait tout au plus le *retarder*. Le mot donne la mesure exacte de son optimisme historique; il révèle combien les vues d'un encyclopédiste sur la condition humaine peuvent être proches encore de celles, si pessimistes, que Jean Meslier exprimait trente ans plus tôt.

Vers 1750 la bourgeoisie éclairée ne songe pas encore à transformer le monde, mais tout au plus à l'aménager. Elle est loin du saint-simonisme et des grandes ambitions de l'âge industriel : même dans l'*Esquisse* de Condorcet la notion du progrès technique n'occupera qu'une place limitée [2]. En 1750 d'Alembert s'élève contre le mépris dans lequel sont tenus généralement les « arts mécaniques » [3], et l'on sait la grande place que Diderot accorde dans l'*Encyclopédie*, selon la promesse du titre, à la description des métiers [4]. Mais il s'agit de curiosité technologique plutôt que d'intérêt porté au machinisme [5]. A l'égard des machines, de leurs avantages et de leurs inconvénients l'opinion française apparaît très hésitante. L'abbé Leblanc les défend en 1746, au nom de l'intérêt public [6]. Pour sa part, Montesquieu souhaite que le développement du machinisme permette d'abolir l'esclavage, et il s'intéresse à l'équipement des mines d'Europe Centrale. Mais il lui arrive aussi d'exprimer des doutes sur l'utilité des moulins à eau qui gênent l'irrigation des terres cultivables et réduisent les ouvriers au chômage : dans sa pensée le second argument, traditionnel, n'est pas seulement humanitaire, mais d'abord économique; car dans un État où la propriété foncière est inégalement répartie, il existe nécessairement un excédent de production agricole que les artisans des villes doivent être en mesure de consommer [7]. Comme beaucoup de ses contemporains, Montesquieu n'envisage

---

1. *Encyclopédie*, art. *Luxe*, A.T. XVI, p. 30. « Je prie les lecteurs de se dépouiller également des préjugés de Sparte et de ceux de Sybaris ».

2. Voir cependant une brève mention des applications de la science aux « arts mécaniques », *op. cit.*, p. 184, et surtout (*Ibid.*, pp. 220-221) l'amorce d'une doctrine de la productivité. En revanche les utopies manifestent presque toujours des tendances ascétiques, et si elles abordent les problèmes économiques, c'est du point de vue de la distribution, et non de la production. Même Condorcet n'envisage guère celle-ci que sous le rapport de la qualité, et non de la quantité : il s'agit de produire le *mieux* possible, et non le *plus* possible, non de multiplier les biens de consommation mais d'atteindre la plus grande « perfection ».

3. *Discours préliminaire*, *loc. cit.*, p. 62.

4. Voir l'article *Art*.

5. La remarque est de R. HUBERT (*Les sciences sociales dans l'Encyclopédie*, *loc. cit.*, Seconde partie, Ch. VI).

6. Dans sa *Préface* aux *Lettres sur l'éducation des princes*, de Nocé de Fontenay (1627-1714), qu'il rédige en réponse aux *Institutions d'un prince* (1739), ouvrage posthume de l'abbé Duguet, écrit en faveur des petits artisans menacés par les manufactures et le machinisme. (L'attribution de cette *Préface* anonyme à l'abbé Leblanc, esprit éclairé et grand connaisseur des choses anglaises, vient de Barbier).

7. *Esprit des Lois*, XXIII, 15. En réponse à une objection de Grosley Montesquieu reconnaît cependant en 1750 que le problème est en réalité plus complexe : « Toutes ces choses demandent beaucoup de distinctions, limitations... etc. » (A Grosley, 8 avril 1750, *Œuvres*, t. III, p. 1294).

les problèmes de l'industrie qu'en fonction des intérêts de l'agriculture, de la production agricole et de ses débouchés. Il n'est pas sûr que la classe des « négociants », directement intéressée, croirait-on, au progrès industriel, soit en ce domaine beaucoup plus novatrice. Esprit moderne, Cartaud de la Villate défend en 1736 la cause du « luxe » et de la circulation des richesses, mais il se félicite que Louis XIV ait interdit certaines machines propres à épargner le travail des ouvriers [1]. Dans l'*Encyclopédie*, l'article *Art* expose les avantages des manufactures concentrées où la présence d'un grand nombre d'ouvriers stimule l'esprit d'invention de chacun; mais l'article *Manufactures* est écrit en faveur des « manufactures dispersées », moins dispendieuses à établir et qui occupent, à moindre prix, une main-d'œuvre abondante. Dans de nombreuses régions de France la bourgeoisie urbaine tire en effet une partie de ses revenus du travail d'appoint des campagnes : le négociant fournit au paysan la matière première et se charge de vendre le produit de son « industrie ». A quoi bon des innovations coûteuses, aux résultats aléatoires, lorsqu'on dispose ainsi de bénéfices assurés ? La routine de ce secteur important du capitalisme commercial rejoint les intérêts des propriétaires fonciers et les craintes des ouvriers et des artisans qui redoutent le chômage, tandis que les règlements édictés par l'État pour la protection des consommateurs contribuent encore à freiner les initiatives [2]. Dans le climat ainsi créé les dissonances de l'*Encyclopédie* s'expliquent aisément, et l'on comprend que l'article *Industrie*, plaidoyer éloquent pour les moulins et les machines, se termine sur cette note rassurante : « D'ailleurs, soit découragement d'invention, soit progrès dans les arts, l'*industrie* semble parvenue au point que ses gradations sont aujourd'hui très douces et ses secousses violentes fort peu à craindre ».

Au milieu du siècle la production textile bénéficie pourtant de nombreux perfectionnements techniques, dus en particulier à Vaucanson. Dans les mines la première « pompe à feu » — la machine anglaise de Newcommen — a été expérimentée en 1732 à Fresnes-sous-Condé; toute une campagne d'opinion s'amorce en faveur du charbon de terre, alors que le déboisement accéléré menace de priver l'industrie du combustible qui lui est nécessaire [3]. Le règlement promulgué en 1744 supprime la liberté d'exploitation du sous-sol minier et institue le système des concessions. Malgré son application très partielle, il marque une date

---

1. *Essai historique et philosophique sur le goût, op. cit.*, pp. 318-319. Un autre défenseur du « luxe », Jean-François Melon est à la même époque d'un avis différent (*Essai politique sur le commerce, op. cit.*, Ch. VIII), mais le fait qu'il traite le problème en quelques pages prouve que la question du machinisme a pour lui une importance très secondaire.

2. Cf. Germain MARTIN, *La Grande Industrie en France sous Louis XV*, Paris, 1900, p. 88 sq. et p. 339. Ouvrage à compléter par les études plus récentes de Marcel ROUFF, *Les mines de charbon en France au XVIIIᵉ siècle, 1744-1791*, Paris, 1922 ; et Bertrand GILLE, *Les origines de la grande industrie métallurgique en France*, Paris, 1947.

3. Cf. M. ROUFF, *op. cit.*, p. 10 sq.

dans l'histoire de l'industrie charbonnière, livrée jusque là aux initiatives anarchiques de chaque propriétaire du moindre lopin; et il prépare aussi les progrès futurs de la métallurgie : le coke remplacera un jour le charbon de bois dans la fabrication de la fonte [1]. Mais il faudra du temps pour que toutes ces améliorations bouleversent l'aspect traditionnel de l'économie française. En 1750 non seulement l'industrie n'y occupe encore qu'une place marginale, mais le caractère souvent archaïque de ses structures, perpétué par l'insuffisance des moyens de transport et surtout par le manque de capitaux, est directement contraire à l'esprit d'entreprise [2]. Rappelons enfin qu'en dehors de l'énergie hydraulique, dont l'emploi fait l'importance du problème des moulins, la seule source d'énergie demeure la traction animale ou l'effort des hommes : comment s'étonner, dans ces conditions, que personne ne pressente alors la révolution industrielle? Comment s'étonner que la pensée du demi-siècle marque à l'égard du devenir une invincible méfiance, et que l'on s'obstine à préférer la relative sécurité de la Nature aux incertitudes de l'histoire?

Les « bourgeois conquérants » du XIXe siècle sauront inventer une idéologie à la mesure de leur puissance et de leurs ambitions. L'idée de Progrès, un progrès nécessaire et continu, sera d'abord la traduction de leur dynamisme; accessoirement, elle jouera un rôle moins noble, servant à apaiser les scrupules des uns, à désarmer les revendications des autres : à quoi bon regimber contre l'ordre actuel des choses s'il est un moment nécessaire dans la marche de l'humanité vers plus de justice et de bonheur? Mythe intéressé, le thème du Progrès ne sera pas dépourvu de générosité puisqu'il exprimera, de la part de la bourgeoisie, la vocation de prendre en charge la condition humaine.

Au XVIIIe siècle cette ambition généreuse devait se traduire tout autrement. La bourgeoisie montante qui n'a pas encore pris la première place dans la société française a besoin d'ériger ses aspirations propres en lois universelles; dans sa lutte contre les survivances du passé, elle ne peut s'accommoder d'une vision de l'histoire qui paralyserait sa critique des « abus » présents. C'est le côté positif de l'idée de Nature, système de normes intemporelles, qui, bien avant 1750, oriente et guide

---

1. La première coulée de fonte industrielle au coke pratiquée en France le sera au Creusot en 1785. Cf. GILLE, *op. cit.*, p. 79 sq. A une époque avancée du XIXe siècle les hauts fourneaux au bois seront cependant encore plus nombreux que les hauts fourneaux au coke. (Cf. *ibid.*, p. 205).

2. B. Gille souligne le rôle de ces deux obstacles dans la lenteur du développement de la métallurgie. Sur la méconnaissance du *crédit* dans la France du XVIIIe siècle, voir les pages brillantes de Ch. MORAZÉ, *Les bourgeois conquérants*, Paris, 1957, p. 120 sq.

le combat des « philosophes » : parfois contre l'insolence des grands, plus sûrement contre le despotisme du Dieu chrétien et l'arbitraire du monarque de droit divin. Pour soulever la société le bourgeois a besoin du point d'appui que lui fournit la Nature. Mais cette nécessité prouve sa faiblesse autant que sa force. Incapable d'inventer des valeurs totalement nouvelles, il trouve dans l'idée d'un ordre naturel, pâle substitut de l'ordre de la grâce, à la fois un stimulant et une sécurité. Cette Nature immuable à l'abri de laquelle il voudrait se ménager un bonheur exempt de péril ne lui permet de concevoir que des espérances limitées : *idée-force* du siècle, la Nature est aussi une *idée-frein*. Notion universaliste, elle traduit les aspirations de la classe montante, mais aussi les limites étroites que les données de l'économie et de la technique imposent à ses ambitions : notion statique dans une société qui l'est aussi [1]. A cette dualité opportune l'idée de Nature doit au XVIIIe siècle son succès et son prestige.

---

1. Voir l'analyse de la société française à la veille de la Révolution par Georges Lefebvre (*La Révolution française*, Collection *Peuples et civilisations*, nouvelle édition, Paris, 1951, pp. 61-63). Il faudrait insister ici non seulement sur la faiblesse relative de la « classe » manufacturière, mais sur le caractère composite de ses origines sociales. Tandis que le bourgeois achète un office, des terres ou de la rente, ce sont souvent des capitaux « nobles », ou ecclésiastiques, qui s'investissent dans l'industrie minière et métallurgique. Cf. B. Gille, *op. cit.*, p. 30 sq. et p. 124 sq.

Conclusion

« L'ère des confusions » dont parle M. Paul Vernière [1] est plutôt l'ère des compromis. Compromis instables et gros de conflits entre la religion et la science, entre l'ascétisme et le libéralisme, entre la tradition et la nouveauté. Dans un tel climat la fortune de l'idée de nature vient de son aptitude à unir les contraires. La *Nature* renvoie à une surnature, ne serait-ce que pour se définir contre elle; elle justifie et contient les appétits *naturels* au nom d'une morale qui revendique la même épithète; enfin elle autorise et freine les ambitions de l'*art*. Qu'il s'agisse de définir le monde, l'homme ou la place dévolue à celui-ci dans celui-là, l'idée de nature a réponse à tout. Elle est le lieu géométrique des contradictions de l'époque, de ses aspirations et de ses craintes, de ses hardiesses et de ses timidités.

De Fénelon à Maupertuis, le grand dessein du demi-siècle est de réintroduire une finalité dans l'univers mécanisé de la « nouvelle physique ». Projet voué à l'échec ou à un succès ambigu : à force de vouloir que l'univers prouve Dieu on en vient à le diviniser. Le spiritualisme de Leibniz et surtout le mysticisme de Newton aident plus puissamment le matérialisme naissant que n'avaient pu le faire la géométrie de Descartes ou les atomes de Gassendi. Inversement la définition « naturaliste » du monde qu'on voit s'ébaucher vers 1750 rajeunit une vieille équivoque puisqu'elle traduit une intuition matérialiste dans le langage du panthéisme. Lourde de survivances mentales, l'idée de nature fausse et dévie les entreprises qu'elle sert. C'est pourtant grâce à elle que se font jour des ambitions nouvelles, qu'il s'agisse d'établir entre la science et la religion un équilibre original ou de reléguer définitivement le surnaturel au musée imaginaire des anciennes superstitions.

Les fonctions qu'assume l'idée de nature dans la vie intellectuelle de cette époque condamnent à l'échec les efforts lucides de quelques-uns pour analyser la notion, la clarifier, ou l'éliminer. Indispensable aux savants et à la philosophie des sciences, elle l'est encore davantage aux moralistes. Elle leur permet de libérer le genre humain de la malédiction du péché sans qu'il s'enivre dangereusement de sa nouvelle liberté. La seconde partie de notre étude a présenté les divers aspects de cette démarche sournoise. Là plus qu'ailleurs il nous a fallu aller au delà des systèmes, utiliser les suggestions des œuvres littéraires pour débrouiller

---

1. *Spinoza et la pensée française...*, *op. cit.*, Deuxième partie, Ch. I, *L'ère des confusions (1715-1750)*. ·

la confusion d'une pensée collective non systématisée, et dire parfois, non ce que disent les textes, mais ce qu'ils signifient. Affirmer que le XVIIIe siècle a voulu séculariser la morale est une banalité, et il est presque aussi banal d'ajouter que l'idée de nature a été l'instrument privilégié de cette laïcisation. En revanche on n'insiste pas assez d'ordinaire sur le double aspect de l'entreprise. L'édification d'une « morale naturelle » capable de se substituer à la morale révélée supposait une valorisation de cette notion de nature que le XVIIe siècle classique n'avait pas ignorée mais à laquelle il avait mesuré chichement sa place dans la pensée chrétienne. De là une démarche analogue à celle que nous avions rencontrée dans les systèmes du monde et qui consiste à interpréter en terme de finalité les déterminismes psycho-physiologiques de la nature humaine. C'est le sens de la réplique de Voltaire à Pascal : l'homme « est ce qu'il doit être » [1]. Pour Voltaire la nécessité de la nature se confond avec la finalité d'un ordre. Prises à la lettre, de telles formules pouvaient conduire à justifier tous les égoïsmes et tous les appétits; en réalité la sagesse pratique du demi-siècle ne se départ pas d'une prudence qui sert la cause de la « philosophie » : prouver que la nature humaine est dans l'ordre lui est d'autant plus facile qu'elle a d'abord dénié tout caractère naturel à ce qui en l'homme contredit la loi. Bref, le plus sûr moyen de *naturaliser la morale* était de *moraliser la nature*. Nous avons vu cette tendance majeure du demi-siècle se faire jour à travers les réflexions sur le Beau et les analyses du plaisir esthétique avant d'aboutir, par delà les sollicitations de l'académisme, héroïque ou mondain, au naturalisme édifiant du roman et du théâtre « sérieux ». Nous l'avons vue s'épanouir dans les équivoques de cette morale du « sentiment » qui confond systématiquement les impulsions de la nature et les impératifs de la vertu. Nous avons vu ainsi un nouvel humanisme se dresser contre la tyrannie de la Religion révélée et inspirer les premiers principes du libéralisme politique. Mais si l'idée de nature nous est apparue comme une arme efficace contre le « fanatisme » et le « despotisme », nous avons découvert simultanément les limites qu'elle impose en tous domaines aux tentatives de l'esprit nouveau : carcan du « bon goût » et de la « belle nature »; illusions ou compromissions de la « sensibilité » et défiance tenace à l'égard des « passions »; respect des formes extérieures d'une foi que l'on méprise; conservatisme social et alliance des possédants contre les humbles; tout cela enfin résumé dans le mythe de la *Nature frugale*, ultime défense du demi-siècle devant ce mot subversif, le bonheur.

Il nous a donc fallu mettre à l'épreuve le faux optimisme de cette époque et montrer qu'il se désagrège dès qu'on le serre d'un peu près. Confrontée à la réalité du mal, physique et moral, la prétendue finalité

---

1. *Lettres philosophiques*, XXV, 3 (édit. R. Naves, *op. cit.*, p. 145).

de la « nature des choses » se dissout en une désolante fatalité. C'est ainsi que la nature révèle à ceux qui voient clair le mensonge de sa trompeuse harmonie : alors retentissent de nouveau les conseils de l'antique résignation; mais alors seulement peut s'esquisser le choix décisif, idéaliser le vieux monde pour le conserver, ou le refuser pour le transformer.

*
* *

Dans la longue histoire de l'idée de nature la période que nous avons étudiée se distingue nettement de celle qui la précède et de celle qui va suivre. Mais notre analyse a également montré que par delà ces différences subsistent de profondes analogies. En ce sens l'inertie du vocabulaire n'est pas trompeuse. S'il est vrai que d'une génération à l'autre le contenu du mot *nature* se modifie insensiblement, c'est par l'équilibre variable d'éléments qui, eux, ne changent guère. Dans une perspective historique plus large que la nôtre l'étude de l'idée de nature ferait sans doute ressortir ces deux caractères qu'il nous faut examiner pour finir : diversité et stabilité.

La nature assagie et un peu étiolée dont se réclament les moralistes de 1730 n'a pas la vie exubérante qui était sienne au temps de Rabelais. Elle diffère pourtant de la nature classique : non seulement par son omniprésence et parce qu'il n'est plus aucun domaine dont on veuille l'exclure, mais par la fonction vitale qu'elle remplit dans la vie intellectuelle et dans la sensibilité de l'époque. Son rôle avoué était naguère celui de garde-fou; elle établissait la démarcation du possible et de l'impossible et dessinait d'un trait ferme les limites de la condition humaine. Désormais elle tend plutôt à masquer ces frontières — ce qui n'est pas du tout les supprimer — avec plus de complaisance aux besoins du cœur que de docilité aux lumières de la raison. De là une ambiguïté que la morale des « honnêtes gens » avait ignorée. Au siècle classique le calcul des plaisirs ne prétendait pas s'élever plus haut que le domaine du relatif : c'était plus une hygiène et un art de vivre qu'une éthique. Quitte à tourner sur le tard au jansénisme, pour rattraper le temps perdu, l'honnête homme ne songeait qu'à satisfaire ses penchants dans le cadre que lui imposaient la nature et la société. Même lorsqu'on refusait de croire à une opposition totale entre le désir et le salut, ces réalités appartenaient à deux ordres qu'il n'était pas possible de confondre. Le propre de la « morale naturelle » du XVIIIe siècle, plus ambitieuse et plus constructive que son aînée, est au contraire de mêler ces idées « distinctes »[1]. Démarche légitime dans la mesure où elle répond à la grande ambition du

---

1. Cf. R. MAUZI, *L'idée du Bonheur...*, *op. cit.*, pp. 639-640.

siècle, restaurer contre le christianisme l'unité de la nature humaine, et rendre à l'homme moderne l'innocence supposée des premiers temps. Mais démarche hypocrite lorsqu'on trouve plus expédient de moraliser le plaisir que d'humaniser la morale... Enfin démarche efficace puisqu'elle permet aux moralistes de persuader leurs lecteurs qu'ils peuvent miser à la fois et sans peine sur tous les tableaux, celui du plaisir, celui des vertus sociales, voire celui de la vie éternelle.

Les contraintes que la nature classique opposait ouvertement aux appétits et aux ambitions sont publiquement rejetées par l'optimisme du demi-siècle : après quoi, pour une grande part, il les réintroduit en sourdine. Mais l'opération est assez discrète pour que l'optimisme n'en souffre pas. Une enquête lexicologique aurait quelque chance de confirmer notre analyse. En dessinant le champ notionnel de l'idée de nature pour la période que nous avons choisi d'étudier elle rencontrerait constamment des mots comme *loi, raison, sentiment, vertu, bonheur, innocence, société, nécessité, providence, ordre, liberté* : de tels harmoniques disent assez la souplesse apaisante d'une notion dont la particularité est d'unir les inconciliables. Notion « euphorique », a-t-on justement écrit[1]. L'adjectif nous semble convenir plus particulièrement au rôle que joue l'idée de nature dans la première moitié du siècle. Au temps de Montesquieu, en dépit de quelques dissonances, la majorité des esprits cultivés inclinent à accorder à la nature une confiance inconditionnelle. Elle est partout, envahit tout, morale, médecine, religion, science, art et politique. Peu s'en faut que, nantie d'une majuscule souveraine, on ne lui bâtisse déjà des temples. La conjonction d'une science qui est aussi téléologie et d'une vie sociale exempte de graves secousses, paix et prospérité recouvrées et maintenues tant bien que mal, fait qu'entre 1720 et 1740 on éprouve moins qu'en d'autres périodes le besoin de se poser des questions embarrassantes. Alors le recours à la Nature suffit à apaiser tous les doutes : à partir du scepticisme épicurien des premières années du siècle une sorte de bonne conscience collective se forme ainsi; elle se maintient jusqu'au jour où les conséquences imprévues de la révolution newtonienne, le retour de difficultés économiques et politiques qui iront s'aggravant, l'exaspération du conflit entre la « philosophie » naissante et le principe d'autorité, tout cela parfois inextricablement mêlé, comme dans le cas de Voltaire, à des déceptions et à des chagrins personnels, conduisent à approfondir et à remettre partiellement

---

1. *Ibid.*, p. 561. A rapprocher de cette remarque de SARTRE : « Le mot Nature au XVIIIe siècle crée une complicité immédiate entre les interlocuteurs. Il ne s'agit pas d'une signification rigoureuse, et l'on n'a pas fini de disputer sur l'idée de Nature au temps de Diderot. Mais ce motif philosophique, ce thème est compris par tous... » (*Critique de la raison dialectique*, Paris, Gallimard, 1960, p. 75). En fait la « complicité » est d'autant plus étroite que la signification du mot est moins rigoureuse, et ceci est au moins aussi vrai du temps de Montesquieu que de celui de Diderot.

en cause les évidences trompeuses où l'on s'était longtemps complu.

Par la date de sa publication et par son contenu L'*Esprit des Lois* nous est apparu comme l'un des premiers signes de ce grand tournant du siècle. Presque tout l'ouvrage respire la sérénité des années où il a été conçu. Les « rapports nécessaires » qu'étudie Montesquieu sont autant des rapports de perfection que des lois de causalité. Dans sa pleine acception, comme le voulait Cicéron, « la Loi est la raison du grand Jupiter » [1]. La foi dans la rationalité de « la nature des choses » que L'*Esprit des Lois* manifeste émane du moraliste et du philosophe, aussi bien que du savant. Quelques pages — notamment les chapitres qui traitent de l'esclavage — démentent pourtant cette belle assurance. Avant Rousseau et Diderot Montesquieu découvre les contradictions secrètes de la nature. Mais il ne faut pas demander à ses contemporains une lucidité analogue. Chez presque tous un scepticisme de bonne compagnie sert seulement à pimenter la sécurité fade des consciences satisfaites. Avec sa souplesse commode qui favorise les glissements sémantiques et amortit les contrastes, avec son potentiel affectif, l'idée de nature était particulièrement apte à traduire cet état d'esprit. Elle s'impose donc à tous, dévots ou esprits forts, « rationaux » ou, déjà, âmes sensibles. Idée apaisante qui confirme l'âme dans sa tranquillité et la nourrit d'illusions, mêlant insidieusement au monde réel les jeux et les mensonges de la pastorale.

Après 1750 les choses seront moins simples. Le règne de la nature sera à la fois plus voyant et moins incontesté. On mettra plus d'enthousiasme et de grandiloquence à célébrer sa sagesse, mais il se trouvera aussi des philosophes pour s'interroger sur elle. L'ère des « systèmes de la nature » sera aussi l'époque des mises en question de ce qui semblait acquis, une ère de discussions et de controverses, non seulement entre les « philosophes » et leurs adversaires dont la résistance se durcira, mais à l'intérieur du parti des « lumières » : on commencera à s'apercevoir que *nature* et *vertu* ne sont pas forcément synonymes, que la nature et la société ne parlent pas toujours la même langue. Toute l'œuvre de Rousseau, à l'opposé du naturisme idyllique qu'on lui a longtemps prêté et qui est bien plutôt le fait de ses prédécesseurs, sera une méditation sur les antinomies de la morale et celles de la politique « naturelles ». Diderot s'emploiera à concilier les deux termes d'une contradiction plus générale : d'un côté la rigueur d'un déterminisme physique qui plie l'homme à la loi commune; de l'autre une exigence idéaliste de justice et de bonheur, la croyance en l'autonomie de la vie morale, une revendication de dignité humaine, qu'il croira également inscrites dans

---

1. MONTESQUIEU, *Pensées*, 1874 (185). Cf. *De l'Esprit des Lois*, I, 1. : « Il y a donc une raison primitive ....»

la « nature ». La solution qu'ébaucheront ses dernières œuvres, entrevue dès 1769[1], consistera à trouver dans la constitution physiologique de l'homme le moyen de s'en rendre maître : sous le couvert d'un retour à Sénèque, Diderot s'efforcera de définir un stoïcisme élargi qui accorde sa part à la vertu du citoyen comme aux besoins de l'homme physique. Sans doute le mot « nature » restera-t-il, avec ses équivoques, le mot suprême de Diderot : mais l'inventaire critique auquel le philosophe en aura soumis le contenu lui aura du moins révélé des tensions qu'il ne soupçonnait guère lorsqu'il se mettait allégrement à l'école de Shaftesbury.

Entre 1760 et 1780 la Nature posera autant de questions qu'elle en résoudra. C'est alors que Voltaire, son champion obstiné contre Pascal, mettra dans la bouche d'Évhémère cette protestation : « Votre nature, encore une fois, n'est qu'un mot inventé pour signifier l'universalité des choses »[2]. Nous savons cependant que ce nominalisme sera sans lendemain. Ni Voltaire, ni Rousseau, ni Diderot ne pourront renoncer à user d'un mot dont ils auront appris à faire leur arme la plus dangereuse. Désormais la voix de la nature s'élèvera de plus en plus haut pour condamner les abus et les « préjugés ». C'est finalement cette fonction polémique qui sera la marque propre de notre notion à l'époque encyclopédiste et dans les dernières années du siècle.

L'évolution subie par l'idée de nature de 1660 à 1760 pourrait donc se résumer schématiquement en trois mots : idée successivement *contraignante*, *euphorique* et *critique*. Ce schéma respecterait, semble-t-il, la tonalité dominante de chaque période : résignation sceptique de La Fontaine et sourire indulgent sur fond d'amertume; sérénité de Montesquieu, « content » de voir chaque matin le soleil se lever sur un monde où « la plupart des choses sont bien », même si « le meilleur est très rare »[3]; enfin esprit combattif de Voltaire, d'Holbach et Diderot. Plus abstraitement, cette ligne d'évolution permettrait d'apprécier le dosage, variable à chaque époque, des deux éléments essentiels de l'idée de nature. Dès l'origine elle exprime à la fois le réel et l'idéal, le fait et le droit : idée positive et normative en même temps. Mais, sans parvenir jamais à éliminer tout à fait l'élément antagoniste, chacun des deux peut prendre tour à tour l'avantage. La vie de la notion de nature au cours des âges est faite de ces équilibres mouvants. Au temps de Molière et de La Fontaine le réalisme classique incite à reconnaître le primat du fait sur

---

1. Voir *Le Rêve de d'Alembert* et la *Suite de l'Entretien*.
2. *Dialogues d'Évhémère*, II, *Sur la Divinité* (Cf. *Dialogues et Anecdotes philosophiques*, édit. Raymond Naves, Paris, Garnier, 1939, p. 403). En 1777 Voltaire s'inquiète et s'irrite des progrès du « néo-spinozisme ». D'où la brutalité de ce *Nature, tu n'es qu'un mot*, qui est surtout un mouvement d'humeur. Le « on m'appelle nature et je suis tout art » des *Questions sur l'Encyclopédie* (Art. *Nature*) traduit beaucoup mieux la pensée permanente du philosophe.
3. *Pensées*, 213 (4) et 1863 (191).

le droit; alors la voix de la nature enseigne la soumission à la nécessité. Au temps de l'*Encyclopédie* idéalisme et « fatalisme » se développent concurremment : l'idée de nature serait menacée d'éclater si ses deux aspects n'étaient également indispensables au combat philosophique. Quant à la période intermédiaire, elle se caractérise par le refus d'admettre qu'il y ait contradiction, par la confusion permanente du fait et du droit, résumée dans le *Tout est bien* qui fait en France le succès de Pope.

L'originalité de cette première moitié du XVIIIe siècle paraît ainsi suffisamment marquée. Mais, de toute évidence, la réalité des idées et des sentiments est beaucoup plus complexe. Et les gradations insensibles par lesquelles on passe d'une époque à l'autre n'en sont pas la seule cause. Nous venons de situer dans le temps trois fonctions de l'idée de nature : répressive, lénitive, offensive. En réalité, bien que chacune ait tour à tour le pas sur les deux autres, la nature ne cesse de les assumer simultanément. Au niveau de la pensée moyenne et du commun des moralistes ce n'est pas seulement la première moitié du XVIIIe siècle mais le siècle tout entier qui respire une complaisante euphorie. Même après 1750 les esprits lucides demeurent une étroite minorité. Le parti des « lumières » a aussi son conformisme, et les textes les plus virulents ne sont pas les moins lourds de partis pris ou d'illusions. Le dogmatisme agressif du baron d'Holbach contraste avec la permanente recherche intellectuelle de Diderot : il nous incite à croire que la fonction lénitive de l'idée de nature est moins l'opposé que l'envers de sa fonction critique. Dès la première moitié du siècle les aspects contrastés de la notion se révèlent de même solidaires et complémentaires.

Tous les grands thèmes de la propagande encyclopédiste sont en place bien avant 1750. Cela aussi, une enquête lexicologique pourrait le confirmer; parallèle à la série des consonances que nous avons relevées, voici celle des dissonances : *grâce, miracle, révélation, superstition, coutume, préjugés* etc. Les couples antinomiques que le mot « nature » forme avec ceux-là, et quelques autres, au long du demi-siècle prouvent suffisamment qu'elle a dès cette époque une valeur critique; déjà son rôle est à la fois de rassurer et de combattre. Enfin et surtout, si agaçant qu'il nous paraisse souvent, l'optimisme aveugle du plus grand nombre a en lui-même et globalement une vertu polémique. Ses mensonges sont porteurs de vérité. Ils traduisent plus sûrement la naissance d'un esprit nouveau que ne le peuvent les plus violentes attaques contre les institutions de l'Église, ses dogmes et sa morale.

Le monde moderne naît à l'abri de ces illusions conformistes. Nous l'avons soupçonné plus d'une fois : la bonne conscience collective du demi-siècle a son foyer dans un groupe social bien défini. Qu'elle irradie à partir de là et s'étende à toute la société pensante, c'est bien le signe de l'idéologie d'une classe en expansion. Naguère alibi de l'épicurisme aristocratique, la Nature est confisquée par la bourgeoisie marchande :

du moins par tous les littérateurs qui, consciemment ou non, se font ses interprètes et ses défenseurs. Ainsi rendue au domaine public l'idée de nature n'a plus le même sens qu'au temps de La Fontaine ou de Saint-Évremond. L'équilibre ambigu qui la caractérise reflète la montée de valeurs nouvelles : le travail et l'utilité sociale. Mais il montre également que ces valeurs de l'âge capitaliste qui s'annonce ont encore besoin d'une caution indiscutée. L'esprit d'entreprise de la bourgeoisie moderne allègue en sa faveur les vertus tranquilles de la bourgeoisie traditionnelle : dignité familiale, sérieux moral et frugalité. L'idée de nature traduit à la fois l'importance nouvelle prise dans la vieille société à ordres par la classe commerçante et sa faiblesse relative. Derrière l'euphorie des formules de satisfaction nous retrouvons donc — voilé mais non supprimé — le côté restrictif que la notion a toujours eu. La nature répudie le courtisan oisif et le prêtre parasite, mais elle avoue indistinctement le marchand et le maître de forges, le magistrat, l'armateur et le propriétaire foncier, qu'ils aient ou non des quartiers de noblesse : l'égalité qu'elle proclame s'accommode de la hiérarchie traditionnelle. Et si par hasard la Nature engage plus nettement l'avenir, c'est pour lui fixer d'avance des bornes. Répétons-le une dernière fois : à l'âge classique — auquel appartient encore le XVIIIe siècle — l'idée de nature porte en elle l'espoir des hommes; mais dans une société aux changements insensibles, dans un monde qui commence seulement à bouger, son rôle est à la fois d'éveiller l'inquiétude et de délimiter étroitement, avec le champ des possibles, celui des aventures de l'esprit.

BIBLIOGRAPHIE

I. — TEXTES

1. Manuscrits.

1. [BOULAINVILLIERS (Henry de) ?], *Recherches curieuses de philosophie, ou Dissertation sur les principes des choses naturelles*, dans laquelle, par le secours d'une méthode nouvelle, on traite de la génération des hommes, des animaux, des arbres, des plantes, de la formation du monde, et de sa durée, des cours des vents, du tonnerre, de la foudre, de l'esprit, du raisonnement, etc... — B.N. Fonds français, 9107, 506 p.
2. BOULAINVILLIERS (Henry de), *Abrégé de l'histoire universelle*. B.N., Fonds français, 6363-6364, 455 et 518 p.
3. — *Astronomie physique, ibid.*, 9122, 215 f.
4. PÉRELLE (Antoine,) *Lettres... sur différentes questions de philosophie et de grammaire, ibid.*, 14.708, 115 f.
5. (?), *Clé du Petit Albert ou du paysan réformé, ibid.*, 24.245, fol. 111-125.

2. Imprimés : périodiques et ouvrages collectifs.

6. *Bibliothèque ancienne et moderne*, par J. Leclerc, Amsterdam, et la Haye, 1714-1730, 29 vol. in-12.
7. *Bibliothèque raisonnée des ouvrages des savants de l'Europe*, par Armand de la Chapelle, Barbeyrac et Desmaizeaux, Amsterdam, 1728-1753, 50 vol. in-8 (et deux volumes de tables).
8. *L'Europe Savante*, par Saint-Hyacinthe etc..., La Haye, 1718-1720, 12 vol. in-8º.
9. *Journal des Savants*, Paris, 1665-1792, 111 vol. in-4º (Voir les *Tables générales du Journal des Savants* (1665-1750), par l'abbé de Claustre, Paris, Briasson, 1753-1764, 10 vol. in-4º).
10. *Journal littéraire*, par Saint-Hyacinthe, s'Gravesande, de Joncourt, etc..., La Haye, 1713-1722 et 1729-1736, 24 vol. in-12.
11. *Lettres de Mᵐᵉ la Comtesse de *** sur quelques écrits modernes* (par Fréron), Genève, les frères Philibert, 1746, in-12.
12. *Lettres sur quelques écrits de ce temps,* (par Fréron et l'abbé de la Porte), Genève et Londres (Paris), 1749-1754, 13 vol. in-12.
13. *Mémoires pour servir à l'histoire des sciences et des arts (Journal de Trévoux)*, Trévoux et Paris, 1701-1767, 265 vol. in-12 (Voir les *Tables méthodiques des «Mémoires de Trévoux»*, par le P. C. Sommervogel, Paris, 1864-1865, 3 vol. in-12).
14. *Mercure galant* (1678-1714), *Nouveau Mercure galant* (1714-1716). *Le Nouveau Mercure* (mai 1717-1721). — *Le Mercure* (juin 1721-1723). — *Mercure de France* (1724-1791), Paris, 1577 vol. in-12 et in-8º.

15. *Nouvelles ecclésiastiques*, s.l., puis Utrecht, 1723-1798, 71 vol. in-4°.
16. *Nouvelles de la République des Lettres*, par Bayle, J. Bernard, Jean Leclerc, etc...
    Amsterdam, 1684-1718, 56 vol. in-12.
17. *Le Nouvelliste du Parnasse, ou Réflexions sur les ouvrages nouveaux*, par l'abbé
    Desfontaines et l'abbé Granet, Paris, Chaubert, 1731-1732, 4 vol. in-12.
18. *Observations sur les écrits modernes*, par Desfontaines, Granet, Fréron, etc...
    ibid., 1735-1743, 33 vol. in-12.
19. *Le Pour et Contre...* par l'abbé Prévost, Paris, Didot, 1733-1740, 20 vol. in-12.

* * *

20. *Défense de la religion tant naturelle que révélée*, (Conférences de la Fondation
    Boyle, publiées à Londres en 1737 par Gilbert Burnet, trad. fr. d'Armand
    Bois-Celleau de la Chapelle), La Haye, Paupie, 1738-1744, 6 vol. in-8°.
21. *Dictionnaire de l'Académie Française*, 1694, 2 vol. in-fol.; 2e édit., 1718; 3e édit.,
    1740; 4e édit., 1762; 5e édit., 1798.
22. *Dictionnaire universel français et latin* (*Dictionnaire de Trévoux*), Trévoux, 1704,
    3 vol. in-fol., ; Trévoux et Paris, Delaulne, 1721, 5 vol. in-fol.; Nancy,
    P. Antoine, 1740, 6 vol. in-fol.; Paris, les libraires associés, 1752, 7 vol.
    in-fol.; *ibid.*, 1771, 8 vol. in-fol.
23. *Encyclopédie ou Dictionnaire raisonné des sciences, des arts et des métiers*, Paris,
    Briasson, 1751-1780, 35 vol. in-fol.
24. *Histoire et Mémoires de l'Académie Royale des Sciences...*, Paris, 1666-1790,
    (Voir les *Tables alphabétiques...* de Godin et Dumour, Paris, 1784-1786,
    9 vol. in-8°).
25. *Histoire générale des voyages*, par J. Green, trad. Prévost, (t. I-VII), et par l'abbé
    Prévost (t. VIII-XV), Paris, Didot, 1746 — An X, 20 vol. in-4°.
26. *Lettres édifiantes et curieuses écrites des missions étrangères par quelques mission-
    naires de la Compagnie de Jésus* (publiées par les P.P. Le Gobien, Du Halde,
    Patouillet), Paris, s. l., 1702-1776, 34 vol. in-12.
27. *Nouvelles Libertés de Penser* (textes attribués à Dumarsais, Fontenelle et Mira-
    baud, Amsterdam (Paris, Piget), 1743, in-12.
28. *Recueil de dissertations anciennes et nouvelles sur les apparitions, les visions et les
    songes, avec une préface historique*, par Lengley-Dufresnoy, Avignon, Paris,
    J.N. Leloup, 1751-1752, 2 t. en 4 vol. in-12.
29. *Recueil de divers écrits sur l'amour et l'amitié* (par Saint-Hyacinthe), *la politesse*
    (par Mme de Lambert), *la volupté* (par Rémond), *les sentiments agréables*
    (par Lévesque de Pouilly), *l'esprit et le cœur* (par le Marquis de Charost),
    Paris, Vve Pissot, 1736, in-12.
30. *Recueil de diverses pièces sur la philosophie, la religion naturelle, etc...*, par M.M.
    Leibniz, Clarke, Newton et autres auteurs célèbres, publié par Desmaizeaux,
    Amsterdam, Du Sauzet, 1720, 2 vol. in-12 (édit. anglaise, 1717).
31. *Le Temple du Bonheur ou Recueil des plus excellents traités sur le bonheur, extraits
    des meilleurs auteurs anciens et modernes*, Bouillon, aux dépens de la Société
    Typographique, 1759, 3 vol. in-12.

* * *

3. *Imprimés : auteurs et anonymes.*

32. ABAUZIT (Firmin), *Œuvres*, Genève, Philibert et Chirol, 1770, 1 vol. in-8°.

33. ABBADIE (Jacques), *Traité de la vérité de la religion chrétienne*, Rotterdam, Reinier Leers, 1684, 2 vol. in-8° (nombreuses rééditions au XVIIIe siècle).

34. — *L'art de se connaître soi-même; ou la recherche des sources de la morale*, Rotterdam, P. Van der Slaart, 1692, 2 parties en 1 vol. in-12 (nombreuses rééditions au XVIIIe siècle).

35. AGRIPPA (Henri-Corneille), *La Philosophie occulte de Henri-Corneille Agrippa, divisée en trois livres et traduite du latin* (par A. Levasseur), La Haye, R.C. Alberts, 1727, 2 vol. in-8°.

36. AGUESSEAU (Henri-François d'), *Œuvres*, Paris, les Libraires associés, 1759-1789, 13 vol. in-4°.

37. ALEMBERT (Jean le Rond d'), *Traité de Dynamique*, Paris, David, 1743, in-8°.

38. — *Discours préliminaire de l'Encyclopédie*, édition Louis Ducros, Paris, (2e édition), Delagrave, 1930, in-16.

39. — *Œuvres philosophiques, historiques et littéraires*, Paris, Bastien, 1805, 10 vol. in-8°.

40. ALLAINVAL (abbé Léonor-Jean Christine Soulas d'), *L'École des Bourgeois*, comédie en trois actes, avec un prologue, Paris, Vve de P. Ribou, 1729, in-12.

41. ANDRÉ (le P. Yves), *Essai sur le beau ou l'on examine en quoi consiste précisément le beau dans le physique, dans le moral, dans les ouvrages de l'esprit et dans la musique*, Paris, H.L. Guérin et J. Guérin, 1741, in-12.

42. — *Œuvres philosophiques*, édit. Victor Cousin, Paris, Charpentier, 1843, in-12.

43. ARBUTHNOT (John), *Essai des effets de l'air sur le corps humain...* (trad. Boyer de la Prébandie), Paris, J. Barois fils, 1742, in-12.

44. ARGENS (Jean-Baptiste de Boyer, marquis d'), *La philosophie du bon sens, ou Réflexions philosophiques sur l'incertitude des connaissances humaines, à l'usage des cavaliers et du beau sexe*, nouvelle édition, La Haye, Paupie, 1755, 3 vol. in-12 (1re édition, Londres, 1737).

45. — *Mémoires secrets de la République des Lettres, ou le Théâtre de la vérité*, Amsterdam et La Haye, Néaulme, 1737-1748, 6 vol. in-12.

46. — *Lettres juives...* La Haye, Paupie, 1736-37, 6 vol. in-8°.

47. — *Lettres chinoises...*, La Haye., Paupie, 1739-40, 5 vol. in-8° (nouvelle édition augmentée, La Haye, P. Gosse, 1751).

48. — *Lettres cabalistiques*, La Haye, Paupie, 1737-1741, 7 vol. in-8°.

49. — *Réflexions critiques sur les différentes écoles de peinture*, Paris, Rollin, 1752, in-8°.

50. ARGENSON (René Louis de Voyer d'), *Considérations sur le gouvernement ancien et présent de la France*, Amsterdam, MM. Rey 1764, in-8°.

51. ARPE (Peter Friedrich), *Apologia pro Jul. Caesare Vanino, Neapolitano*, Cosmopoli, typis Philaletheis, 1712, in-8°.

52. ARTIGNY (Abbé Antoine Gachet d'), *Nouveaux mémoires d'histoire, de critique et de littérature*, Paris, Debure l'aîné, 1749-1756, 7 vol. in-12.

53. ASTRUC (Jean), *Dissertation sur l'origine des maladies épidémiques, et principalement sur l'origine de la peste...* Montpellier, J. Martel, 1721, in-8°.

54. — *Dissertation sur la contagion de la peste...*, Toulouse, J.J. Desclassen, 1724, in-8°.

55. ASTRUC (Jean), *Dissertation sur la liberté*, Paris, Cavelier, 1755, in-12,

56. AUBE (François Richer d'), *Essai sur les principes du droit et de la morale*, Paris, Bernard Brunet, 1743, in-4°.

57. AUBIN (Nicolas), *Cruels effets de la vengeance du Cardinal de Richelieu, ou histoire des diables de Loudun*, Amsterdam, E. Roger, 1716, in-12.

58. AULNOY (Marie-Catherine Le Jumel de Barneville, B^{onne} d'), *Les illustres Fées*, Paris, M.M. Brunet, 1698, in-12.

59. BAILLET (Adrien), *Jugements des savants sur les principaux ouvrages des auteurs*, édition revue, corrigée et augmentée par M. de La Monnoye, Paris, C. Moette, 1722, 7 vol. in-4° (1re édit., Paris, 1685-86, 9 vol. in-12).

60. BALTUS (Le P. Jean-François), *La religion chrétienne prouvée par l'accomplissement des prophéties*, Paris, Billiot et Quillau, 1728, in-4°.

61. BANIER (Abbé Antoine), *Explication historique des fables*, seconde édition augmentée, Paris, F. Le Breton, 1715, 3 vol. in-12 (1re éd., 1711, 2 vol. in-12).

62. BATTEUX (Abbé Charles), *Les Beaux-Arts réduits à un même principe*, Paris, Durand, 1746, in-8°.

63. — *La morale d'Épicure tirée de ses propres écrits*, Paris, Desaint et Saillant, 1758, in-8°.

64. [BAUDOT de JUILLY (Nicolas) (?)], *Dialogues entre MM. Patru et d'Ablancourt sur les Plaisirs*, Paris, G. de Luynes et J.-B. Langlois, 1701, 2 vol. in-12 (nouvelle édition, Amsterdam, 1714, 1 vol. in-12).

65. BAYLE (Pierre), *Dictionnaire historique et critique*, troisième édition, revue par l'auteur, Rotterdam, M. Böhm, 1720, 4 vol. in-fol. (1re édition, Rotterdam, Reinier Leers, 1697, 4 vol. in-fol.).

66. — *Œuvres diverses*, La Haye, Compagnie des Libraires, 1737, 4 vol. in-fol.

67. — *Pensées diverses sur la Comète*, édit. critique... publiée par A. Prat, Paris, Droz, 1939, 2 vol. in-16 (1er tirage, *ibid.*, 1911-1912).

68. BAZIN (Gilles-Augustin), *Observations sur les plantes et leur analogie avec les insectes*, Strasbourg, Doullssecker, 1741, in-8°.

69. BEAUMONT (Gilles Morfouace de), *Apologie des bêtes, ou leur connaissance et leur raisonnement prouvés contre le système des philosophes cartésiens...*, Paris, Prault, 1732, in-8°.

70. BEAUSOBRE (Isaac de), *Histoire critique de Manichée et du Manichéisme*, Amsterdam, J.F. Bernard, 1734-1739, 2 vol. in-4°.

71. BEKKER (Balthazar), *Le Monde enchanté, ou examen des communs sentiments touchant les esprits, leur nature, leur pouvoir...*, trad. du hollandais, Amsterdam, P. Rotterdam, 1694, 4 vol. in-12.

72. BEL (Jean-Jacques), *Dissertation ou l'on examine le système de M. l'abbé Dubos touchant la préférence que l'on doit donner au goût sur la discussion pour juger des ouvrages d'esprit*, in DESMOLETS, *Continuation des Mémoires de littérature et d'histoire*, t. III, Première partie, Paris, Simart, 1727, pp. 3-42.

73. BELIN (Dom Jean-Albert), *Traité des talismans ou figures astrales, dans lequel est montré que leurs effets et vertus admirables sont naturels*, Paris, de Bresche, 1671, in-12.

74. BENOIST (Élie), *Mélanges de remarques critiques, historiques, philosophiques, théologiques, sur les deux dissertations de M. Toland*, Delft, Baman, 1712, in-8°.

75. BERKELEY (George), *Alciphron ou le Petit Philosophe, contenant une apologie de la religion chrétienne, contre ceux qu'on nomme esprits forts.* (trad. de Joncourt), Paris, Rolin fils, 1734, 2 vol. in-12.

76. BERKELEY (George), *Dialogues entre Hylas et Philonoüs* (trad. Gua de Malves), Amsterdam, s. e., 1750, in-12.

77. BERNARD (Jean-Frédéric), *Cérémonies et coutumes religieuses de tous les peuples du monde, représentées par des figures dessinées de la main de Bernard Picard, avec une explication historique, et quelques dissertations curieuses,* Amsterdam, Bernard, 1723-1743, 11 vol. in-fol.

78. — *Dissertations mêlées,* Amsterdam, Bernard. 1740 2 vol. in-8°.

79. BERNIER (François), *Abrégé de la philosophie de Gassendi,* seconde édit. revue et augmentée par l'auteur, Lyon, Anisson, Posuel et Rigaud, 1684, 7 t. en 6 vol. in-12.

80. BERNIS (François-Joachim de Pierres, cardinal de), *La Religion vengée,* nouvelle édition, Paris et Strasbourg, A. Kœnig, 1796, in-12.

81. — *Réflexions sur les passions et sur les goûts,* par M. de B***, Paris, Didot, 1741, in-8°.

82. BOERHAAVE (Hermann), *Éléments de chimie,* trad. du latin..., édition augmentée par P. Tarin, Paris, Guillyn, 1754, 6 vol. in-12.

83. BOINDIN (Nicolas), *Œuvres,* édit. Parfait l'aîné, Paris, Prault, 1753, 2 vol. in-12.

84. BOISGUILLEBERT (Pierre Le Pesant de), *Dissertation sur la nature des richesses, de l'argent et des tributs,* in Eugène DAIRE, *Collection des principaux économistes,* Paris, Librairie de Guillaumin, 1843, t. I, pp. 394-424.

85. BOISSIER (A.), *Recueil de lettres au sujet des maléfices et du sortilège,* Paris, Brunet fils, 1731, in-12.

86. BOLINGBROKE (Henry Saint-John, lord viscount), *Pensées de milord Bolingbroke sur différents sujets d'histoire, de philosophie, de morale...,* Amsterdam et Paris, Prault fils, 1771, in-8°.

87. BONNET (Charles), *Traité d'insectologie ou observations sur les pucerons,* Paris, Durand, 1745, 2 vol. in-8°.

88. BORDELON (Abbé Laurent), *L'histoire des imaginations extravagantes de Monsieur Oufle, causées par la lecture des livres qui traitent de la Magie, du Grimoire, des Démoniaques, Sorciers...,* Amsterdam, E. Roger, P. Humbert, P. de Coup et les frères Chatelain, 1710, 2 t. en 1 vol. in-12.

89. BORDEU (Théophile de), *Œuvres complètes,* Paris, Caille et Ravier, 1818, 2 vol. in-8°.

90. BOSSUET (Jacques-Bénigne), *Politique tirée des propres paroles de l'Écriture Sainte,* Paris, Pierre Cot, 1709, in-4°.

91. — *Introduction à la philosophie, ou de la connaissance de Dieu et de soi-même,* Paris, G. Amaulry, 1722, in-12.

92. — *Traités du libre-arbitre et de la concupiscence,* Paris, B. Alix, 1731, in-12.

93. — *Œuvres complètes,* édit. Lachat, Paris, Vivès, 1862-1866, 31 vol. in-8°.

94. BOUGEANT (Le P. G.H.), *Amusement philosophique sur le langage des bêtes,* 1739, édit. critique par Hester Hastings, Genève, Droz et Lille, Giard, 1954, in-16.

95. [BOULAINVILLIERS (Henry de) (?)], *Lettre d'Hypocrate à Damagète,* Cologne, Jacques le Sage, 1700, in-12.

96. BOULAINVILLIERS, *État de la France... extrait des mémoires dressés par les intendants du royaume, par ordre du roi Louis XIV... avec des mémoires historiques sur l'ancien gouvernement de cette monarchie jusqu'à Hugues Capet...,* Londres, Wood et Palmer, 1727, 2 vol. in-fol. ; deuxième édition, *ibid.,* 1737, 6 vol. in-12.

97. BOULAINVILLIERS (Henry de), *La vie de Mahomet*, Londres et Amsterdam, P. Humbert, 1730, in-8°.

98. — *Réfutation des erreurs de Benoît de Spinoza*, Bruxelles, François Foppens, 1731, in-12.

99. — *Astrologie mondiale, histoire du mouvement de l'apogée du soleil, ou Pratique des règles d'astrologie pour juger des événements généraux*, 1711, édit. R. Simon, Garches, Éditions du Nouvel humanisme, 1949, in-8°.

100. BOULANGER (Nicolas), *Œuvres...*, en Suisse, de l'Imprimerie philosophique, 1791, 10 vol. in-12.

101. BOULLIER (David-Renaud), *Essai philosophique sur l'âme des bêtes...*, 1727, seconde édition revue et augmentée, Amsterdam, Changuion, 1737, 2 vol. in-12.

102. — *Lettres sur les vrais principes de la religion, ou l'on examine un livre intitulé de la Religion essentielle à l'homme. On y a joint une défense des Pensées de Pascal contre la critique de M. de Voltaire, et trois lettres relatives à la philosophie de ce poète*, Amsterdam, J. Catulle, 1741, 2 vol. in-12.

103. BOUREAU-DESLANDES (André-François), *Recueil de différents traités de physique et d'histoire naturelle*, 1736, seconde édition corrigée et augmentée, Paris, J.F. Quillau fils, 1748-1753, 3 vol. in-12.

104. — *Histoire critique de la philosophie*, Amsterdam, Changuion, 1737, 3 vol. in-12.

105. — *Lettre sur le luxe*, Francfort, J.A. Vanubben, 1745, in-8°.

106. — *Pigmalion, ou la statue animée*, Londres, S. Harding, 1741, in-12.

107. BOURGUET (Louis), *Lettres philosophiques sur la formation des sels, des cristaux, et la génération et le mécanisme organique des plantes et des animaux... avec un Mémoire sur la théorie de la Terre...*, Amsterdam, F. L'Honoré, 1729, in-12.

108. BOURSIER (Abbé Laurent), *De l'action de Dieu sur les créatures, traité dans lequel on prouve la prémotion physique*, Paris, Babuty, 1713, 6 vol. in-12.

109. BOYLE (Robert), *De ipsa Natura, sive libera in receptam naturae notionem disquisitio*, Londres, Taylor, 1687, in-12 (édit. anglaise, 1686).

110. BROSSES (Le président Charles de), *Lettres familières écrites d'Italie... en 1739 et 1740...*, Paris, librairie académique P. Didier et Cⁱᵉ., 1869, 2 vol. in-12.

111. BRUMOY (Le P. Pierre), *Recueil de divers ouvrages en prose et vers*, Paris, Rollin fils, 1741, 4 vol. in-8°.

112. BUDDEUS (Johann-Frantz), *Traité de l'athéisme et de la superstition*, trad. du latin par Louis Philon, (1ʳᵉ édit. latine, Iéna, 1717), Amsterdam, P. Mortier 1740, in-8°.

113. BUFFIER (Le P. Claude), *Traité des premières vérités et de la source de nos jugements*, Paris, Mongé, 1724, 2 t. en 1 vol., in-12.

114. — *Éléments de métaphysique à la portée de tout le monde*, Paris, Giffart, 1725, in-12.

115. — *Traité de la société civile et du moyen de se rendre heureux en contribuant au bonheur des personnes avec qui on vit*, Paris, Giffart, 1726, in-12.

116. — *Exposition des preuves les plus sensibles de la véritable religion*, Paris, Cavelier, 1732, in-12.

117. — *Cours de sciences...*, Paris, Cavelier et Giffart, 1732, in-folio.

118. BUFFON (Georges Leclerc, comte de), *Histoire naturelle, générale et particulière*, Paris, Imprimerie Royale, 1749-1789, 31 vol. in-8°.

119. — *Œuvres complètes*, édit. J.L. de Lanessan, Paris, 1884-1885, 14 vol. in-8°.

120. BUFFON (Georges Leclerc comte de), *Œuvres philosophiques*, texte établi et présenté par J. Piveteau, Corpus général des philosophes français, Paris, P.U.F., 1954, in-4°.

121. BURLAMAQUI (Jean-Jacques), *Principes du droit naturel*, Genève, Barillot et fils, 1747, in-4°.

122. — *Principes du droit politique*, Amsterdam, Z. Chatelain, 1751, 2 vol. in-8°.

123. CALMEL (Le P. Jean-Jacques-Joseph), *Méthode facile pour être heureux en cette vie et assurer son bonheur éternel*, Paris, Vve Mazières et J.-B. Garnier, 1727. in-12.

124. CALMET (Dom Augustin), *Dissertations sur les apparitions des anges, des démons et des esprits*, Paris, De Bure l'Aîné, 1746, in-12.

125. CANTILLON (Philippe de), *Essai sur la nature du commerce en général*, éd. Mirabeau, Londres, Fletcher Gyles, 1755, in-12.

126. CARTAUD de la VILLATE (François), *Essai historique et philosophique sur le goût*, Paris, De Maudouyt, 1736, in-12.

127. CASTEL (Le P. Louis-Bertrand), *Traité de physique sur la pesanteur universelle des corps*, Paris, A. Cailleau, 1724, 2 vol. in-12.

128. — *Lettre philosophique pour rassurer l'univers contre les bruits populaires d'un dérangement dans le cours du soleil, au sujet du vent furieux et de la chaleur du 20 octobre 1736*, Paris, Prault père, 1736, brochure in-12.

129. — *Seconde lettre philosophique pour rassurer l'univers contre les critiques de la première...*, ibid., 1737.

130. — *Dissertation philosophique et littéraire où, par les vrais principes de la physique et de la géométrie, on recherche si les règles des arts, soit mécaniques, soit libéraux, sont fixes ou arbitraires : et si le bon goût est unique et immuable, ou susceptible de variété et de changement*, in *Nouveaux amusements du cœur et de l'esprit* (1738), seconde édition, Amsterdam, Du Sauzet, 1741, t. II, pp. 7-65.

131. — *L'optique des couleurs, fondée sur les simples observations, et tournée surtout à la pratique de la Peinture, de la Teinture et des autres arts coloristes*, Paris, Briasson, 1740, in-12.

132. — *Le vrai système de Physique générale de M. Isaac Newton exposé et analysé en parallèle avec celui de Descartes, à la portée du commun des physiciens*, Paris, C.-F. Simon Fils, 1743, in-4°.

133. CASTEL DE SAINT-PIERRE (Abbé Charles-Irénée), *Discours sur la polysynodie*, Londres, T. Tonsson, 1718, in-4°.

134. — *Projet de Taille tarifée...*, Paris, Émery fils, 1723, 2 vol. in-4°.

135. — *Observations sur la sobriété*, Paris, Gonichon, 1735, in-12.

136. — *Ouvrages de politique*, Rotterdam, Beman, 1733-1740, 14 vol. in-12.

137. CHALLES (Robert), *Les Illustres Françaises, Histoires véritables*, 1731, édition critique présentée par Frédéric Deloffre, Paris, Les Belles Lettres, 1959, 2 vol. in-16.

138. CHARLEVOIX (Le P. Pierre-François-Xavier de), *Histoire et description générale de la Nouvelle France*, Paris, Didot, 1744, 6 vol. in-12.

139. CHATELET (Émilie, marquise du), *Institutions de Physique*, Paris, Prault, 1740, in-8°.

140. — *Dissertation sur la nature et la propagation du feu*, ibid., 1744, in-8°.

141. — *Lettres de la marquise du Châtelet...*, édit. E. Asse, Paris, Charpentier, 1878, in-18.

142. CHATELET (Émilie, marquise du), *Discours sur le Bonheur*, texte établi et présenté par R. Mauzi, Paris, Les Belles Lettres, 1961, in-16.

143. CHEYNE, *Essai sur la santé et sur les moyens de prolonger la vie*, Paris, Rollin, 1725, in-12.

144. CLARKE (Samuel), *De l'existence et des attributs de Dieu, des devoirs de la religion naturelle, et de la vérité de la religion chrétienne*, Amsterdam, J.-Fr. Bernard, 1717, in-8° (seconde édition, *ibid.*, 1727-1728, 2 vol. in-8°).

145. COLLINS (Anthony), *Discours sur la liberté de penser écrit à l'occasion d'une nouvelle secte d'esprits forts,* trad. de l'anglais par Scheurléer et Rousset, (Londres, s.e., 1714, 2 parties en 1 vol. in-8°).

146. — *Paradoxes métaphysiques sur le principe des actions humaines, ou Dissertation philosophique sur la liberté de l'homme,* trad. Lefèvre de Beauvray, Éleutheropolis, 1754, in-12.

147. [COLONNA (Francesco-Mario-Pompeo)], *Abrégé de la doctrine de Paracelse et de ses archidoxes...,* Paris, d'Houry fils, 1724, in-12.

148. — *Les principes de la nature, suivant l'opinion des anciens philosophes,* Paris, A. Caillau, 1725, 2 vol. in-12.

149. — *De la Nature, ou de la génération des choses...,* Paris, A. Caillau, 1731, in-12.

150. — *Histoire naturelle de l'univers,* Paris, A. Caillau, 1734, 4 vol. in-12.

151. — *Les secrets les plus cachés de la philosophie des anciens* (sous le pseudonyme de Crosset de la Haumerie), Paris, d'Houry fils, 1722, in-12.

152. CONDILLAC (Abbé Étienne-Bonnot de), *Essai sur l'origine des connaissances humaines,* Amsterdam, Mortier, 1746, in-12.

153. — *Traité des systèmes ou l'on en démêle les inconvénients et les avantages,* La Haye, Néaulme, 1749, in-12.

154. — *Traité des sensations,* 1754, nouvelle édition, Londres et Paris, Barrois aîné 1788, 2 t. en 1 vol. in-12.

155. — *Œuvres philosophiques,* texte établi et présenté par Georges Le Roy, Paris, P.U.F., 1947-1948, 2 vol. in-4°.

156. CONDORCET (Jean-Antoine-Nicolas de Caritat, marquis de), *Esquisse d'un tableau historique des progrès de l'esprit humain,* texte revu et présenté par O.H. Prior, Paris, Boivin et Cie, 1933, in-8°.

157. COYER (Abbé Gabriel-François), *La Noblesse commerçante,* Londres et Paris, Duchesne, 1756, in-12.

158. CRÉBILLON (Prosper Jolyot de), *Œuvres,* Paris, P. Ribou, 1716, in-16.

159. CRÉBILLON fils (Claude Prosper Jolyot de), *Œuvres,* édit. Pierre Lièvre, Paris, Le Divan, 1929-1930, 5 vol. in-18.

160. CROISET (Le P. Jean), *Parallèle des mœurs de ce siècle et de la morale de Jésus-Christ,* deuxième édition, Lyon les frères Bruyset, 1743, 2 vol. in-12.

161. CROSSET DE LA HAUMERIE : voir COLONNA.

162. CROUSAZ (Jean-Pierre de), *La logique, ou système de réflexions qui peuvent contribuer à la netteté et l'étendue de nos connaissances,* 1712, deuxième édition revue, corrigée et considérablement augmentée, Amsterdam, L'Honoré et Chatelain, 1720, 3 vol. in-12.

163. — *Traité du Beau,* Amsterdam, L'Honoré, 1715, in-8°, nouvelle édition revue et augmentée, *ibid.*, L'Honoré et Chatelain, 1724, 2 vol. in-12.

164. — *Examen du « Traité sur la liberté de penser »...,* *ibid.*, 1718, in-8°.

165. — *De mente humana...* Groningae, typis Gesinae Elamae, 1726, in-12.

(La B.N. ne possède que l'édition latine de cet ouvrage, traduit en français, à Bâle, chez Jean Christ, en 1741).

166. Crousaz (Jean-Pierre de), *Examen du Pyrrhonisme ancien et moderne*, La Haye, P. de Hondt, 1733, in-fol.

167. — *Examen de l'Essai de M. Pope sur l'Homme*, Lausanne, MM. Bousquet, 1737, in-12.

168. — *Divers ouvrages de M. de Crousaz*, Amsterdam, aux dépens de la Compagnie, 1737, 2 vol., in-8º.

169. Cumberland (Richard), *Traité philosophique des lois naturelles*, trad. et notes de Jean Barbeyrac, Amsterdam, P. Mortier, 1744, in-4º (Édition latine, 1672 ; édit. anglaise 1727).

170. Cuppé (Pierre), *Le Ciel ouvert à tous les hommes ou traité théologique*, s.l., 1768, in-8º.

171. Cyrano de Bergerac (Savinien de), *Œuvres diverses*, Amsterdam, J. Desbordes, 1741, 3 vol. in-12.

172. Daugis (Antoine-Louis), *Traité sur la magie, le sortilège, les possessions, obsessions et maléfices, ou l'on en démontre la vérité et la réalité*, Paris, P. Prault, 1732, in-12.

173. Delamare (Nicolas), *Traité de la Police*, 1705, 2e édit., Paris, M. Brunet, 1722, 2 vol. in-fol.

174. Denesle ,*Les préjugés du public sur l'honneur avec des observations critiques, morales et historiques,* Paris, H.C. de Hansy, 1746, 3 vol. in-12.

175. Denyse (Jean), *La vérité de la religion chrétienne démontrée par ordre géométrique,* Paris, Delaulne, 1717, in-12.

176. — *La Nature expliquée par le raisonnement et par l'expérience*, Paris, C. Jombert, 1719, in-12.

177. Derham (William), *Théologie physique...* trad. J. Lufneu, Rotterdam, 1726, in-8º.

178. — *Théologie astronomique*, trad. Fr. Bellanger, Paris, Chaubert, 1729, in-8º.

179. Des Bans (Louis), *Les principes naturels du droit et de la politique*, Paris, C. Prud-homme, 1715, in-12.

180. Descartes (René), *Œuvres*, édit. Adam-Tannery, Paris, L. Cerf, 1897-1908, 10 vol. in-4º.

181. Deschamps (Jean), *Cours abrégé de philosophie wolffienne, en forme de lettres,* Amsterdam et Leipzig, Arkstée et Merkus, 1743-1747, 3 vol. in-12.

182. [Desfontaines (Abbé Pierre-François Guyot) et Hongnant (Abbé Claude)], *Lettres de M. l'abbé.... à M. l'abbé Houtteville, au sujet du livre de la Religion prouvée par les faits,* Paris, Pissot, 1722, 2 parties en 1 vol. in-12.

183. Desfourneaux (Abbé), *Essai d'une philosophie naturelle applicable à la vie, aux besoins et aux affaires, fondée sur la seule raison et convenable aux deux sexes,* Paris, Cavelier, 1724, in-12.

184. Des Périers (Bonaventure), *Cymbalum mundi*, édit. P. Marchand, Amsterdam, P. Marchand, 1711, in-12 ; édit. C. Falconet, *ibid.*, 1732, in-12.

185. Destouches (Philippe Néricault), *Œuvres dramatiques,* Paris, Imprimerie Royale, 1757, 4 vol. in-4º.

186. Dézallier d'Argenville (A.-J.) *L'histoire naturelle éclaircie dans ses deux parties, la lithologie et la conchyliologie...*, Paris, De Bure aîné, 1742, in-4º.

187. DIDEROT (Denis), *Œuvres complètes*, édit. Assézat et Tourneux, Paris, Garnier, 1875-1877, 20 vol. in-8⁰.

188. — *Correspondance*, édit. Georges Roth, Paris, Les Éditions de Minuit, 8 volumes in-8⁰ parus, 1955-1962 (pour la période 1713-1768).

189. — *Textes choisis*, Paris, Éditions sociales, 1952-1961, 5 vol. in-18.

190. — *Pensées philosophiques*, édit. critique par R. Niklaus, Genève, Droz et Lille, Giard, 1950, in-16.

191. — *Lettre sur les Aveugles*, édit. critique par R. Niklaus, *ibid.*, 1951.

192. — *Le Rêve de d'Alembert*, édit. critique par P. Vernière, Paris, Marcel Didier, 1951, in-16.

193. — *Le Neveu de Rameau*, édit. critique par J. Fabre, Genève, Droz, et Paris, Minard, 1950, in-16.

194. DIONIS (Pierre), *Dissertation sur la mort subite et sur la catalepsie*, 1709, 2e édit., Paris, L. d'Houry, 1718, in-12.

195. DOMAT (Jean), *Les lois civiles dans leur ordre naturel, le Droit public et Legum delectus*, 1689-1694, nouvelle édition, corrigée et augmentée... (par Louis de Héricourt), Paris, T. Le Gras, 1723, 2 vol. in-fol.

196. DORTOUS DE MAIRAN (J.-J.), *Dissertation sur la cause de la lumière, des phosphores et des noctiluques...*, Bordeaux, R. Brun, 1716, in-12.

197. — *Correspondance de Malebranche avec J.-J. Dortous de Mairan sur des sujets de métaphysique*, édit. Joseph Moreau, Paris, Vrin, 1947, in-16.

198. DUBOS (Abbé Jean-Baptiste), *Réflexions critiques sur la poésie et la peinture*, Paris, J. Mariette, 1719, 2 vol. in-12, deuxième édit., 1733, 3 vol. in-12.

199. — *Histoire critique de l'établissement de la Monarchie francaise dans les Gaules*, Paris, Osmont, 1734, 3 vol. in-4⁰.

200. DUCLOS (Charles Pineau), *Histoire de Mme de Luz, anecdote du règne d'Henri IV*, La Haye, P. de Hondt, 1741, 2 vol. in-12.

201. — *Considérations sur les Mœurs de ce siècle*, Paris, Prault fils, 1751, in-12.

202. DUFRESNY (Charles), *Amusements sérieux et comiques*, seconde édit., 1707, édit. Jean Vic, Paris, Bossard, 1921, in-16.

203. DUGUET (Abbé Jacques-Joseph), *Traité des principes de la foi chrétienne*, Paris, Cavelier, 1736, 3 vol. in-12.

204. — *Institution d'un prince...*, Londres, J. Nourse, 1739, in-4⁰.

205. DU HALDE (Le P. Jean-Baptiste), *Description géographique, historique, chronologique, politique et physique de l'Empire de la Chine et de la Tartarie chinoise*, Paris, Le Mercier, 1735, 4 vol. in-fol.

206. DUHAMEL DU MONCEAU (Henri-Louis), *Traité de la culture des terres, suivant les principes de M. Tull*, Paris, H.L. Guérin et L.F. Delatour, 1750-1761, 6 vol. in-12.

207. DULARD (P.A.), *La grandeur de Dieu dans les merveilles de la nature*, Paris, Desaint et Saillant, 1749, in-16.

208. DULAURENS (Abbé Henri-Joseph), *Le Portefeuille d'un Philosophe*, Cologne, P. Marteau, 1770, 6 t. en 3 vol. in-12.

209. DUMARSAIS (César Chesneau), *Œuvres*, Paris, Pougin, 1797, 7 vol. in-8⁰.

210. DUPIN (Claude), *Œconomiques*, Carlsruhe, s.e., 1745, 3 vol. in-4⁰.

211. DUPUY LA CHAPELLE (N.), *Dialogues sur les plaisirs, sur les passions, sur le mérite des femmes, et sur leur sensibilité pour l'honneur*, Paris, J. Estienne, 1717, in-12.

212. Durand (David), *La vie et les sentiments d'Ucilio Vanini*, Rotterdam, G. Fritsch, 1717, in-12.

213. Dutertre (Le P. Rodolphe), *Réfutation d'un nouveau système de métaphysique proposé par le P. Malebranche*, Paris, R. Mazières, 1715, 3 vol. in-12.

214. — *Entretiens sur la religion ou l'on établit les fondements de la religion révélée contre les athées et les déistes*, Paris, Clousier, 1743, 3 vol. in-12.

215. Dutot, *Réflexions politiques sur les finances et le commerce*, La Haye, frères Vaillant et N. Prévost, 1738, 2 vol. in-12.

216. Éloy (Nicolas-François-Joseph), *Dictionnaire historique de la médecine ancienne et moderne*, 1755, nouvelle édition, Mons, H. Hoyois, 1778, 4 vol. in-4°.

217. Espiard (Abbé François-Ignace d'), *Essais sur le génie et le caractère des nations*, Bruxelles, F. Léonard, 1743, 3 vol. in-12.

218. — *L'Esprit des Nations*, La Haye, Beauregard, Gosse et Van Dalen, 1752, 2 vol., in-12.

219. [Estève (Pierre) (?)], *Origine de l'univers expliquée par un principe de la matière*, Berlin, s.e., 1748, in-12.

220. Fabricius (Johann-Albert), *Théologie de l'eau*, trad. de l'allemand, La Haye, P. Paupie, 1741, in-8° (édit. allemande, 1734).

221. Falconet de la Bellonie, *La Psycantropie ou Nouvelle théorie de l'homme*, Avignon, Chambeau, 1748, 3 vol. in-16.

222. Faydit (Pierre-Valentin), *Remarques sur Virgile et sur Homère et sur le style poétique de l'Écriture Sainte*, Paris, J. et P. Cot, 1705, in-12.

223. Feijoo (Dom Benoît-Jérôme), *Théâtre critique...*, trad. de l'espagnol (par Vaquette d'Hermilly), Paris, P. Clément, 1742-1743, 2 vol. in-12 (édit. espagnole, 1728-1734).

224. Fénelon (François de Salignac de la Mothe), *Démonstration de l'existence de Dieu, tirée de la connaissance de la Nature, et proportionnée à la faible intelligence des plus simples*, 1712, seconde édition, Paris, J. Estienne, 1713, in-12.

225. — *Démonstration de l'existence de Dieu et de ses attributs tirée des preuves purement intellectuelles et de l'Infini même*, ibid., 1718, in-12.

226. — *Les aventures de Télémaque*, édition critique présentés par Albert Cahen, Paris, Hachette, 1920, 2 vol. in-8° ; édition scolaire par A. Cahen, *ibid.*, 1922, 1 vol. in-18.

227. — *Écrits et Lettres politiques*, édit. Ch. Urbain, Paris, Bossard, 1921, in-16.

228. — *Œuvres complètes*, Paris, Leroux et Cie., 1848-1851, 10 vol. gr. in-8°.

229. [Fontenay (Claude de Nocé de)], *Lettres sur l'éducation des Princes*, Edimbourg, J. True-Man, 1746, in-8°.

230. Fontenelle (Bernard Le Bovyer de), *Histoire des Oracles*, 1686, édit. critique par Louis Maigron, Paris, Édouard Cornély et Cie. 1908, in-16.

231. — *Entretiens sur la pluralité des mondes, nouvelle édition augmentée d'un septième entretien*, Amsterdam, E. Roger, 1719, in-12. Édit. R. Shackleton, Oxford, Clarendon Press, 1955, gr. in-8°.

232. — *De l'origine des fables*, 1724, édit. critique par J.-R. Carré, Paris, Alcan, 1932, in-8°.

233. — *Théorie des tourbillons cartésiens*, Paris, H.L. Guérin, 1752, in-12.

234. — *La république des philosophes ou histoire des Ajaoiens*, Genève, s.e., 1768, in-12.

235. — *Œuvres*, édit. G.-B. Depping, Paris, Belin, 1818, 3 vol. in-8°.

236. FORMEY (Jean Henri Samuel), *Système du vrai bonheur,* Utrecht, Sorli, 1751, in-8°.

237. — *Le philosophe chrétien, ou discours moraux,* Leyde, E. Luzac, 1752, 2 vol. in-12.

238. FRANÇOIS (Abbé Laurent), *Preuves de la Religion de Jésus-Christ contre les spinozistes et les déistes,* Paris, Estienne et Hérissant, 1751, 4 vol. in-12.

239. FRANKLIN (Benjamin), *Expériences et observations sur l'électricité,* trad. Dalibaud, Paris, Durand, 1752, in-8°.

240. FRÉRET (Nicolas) (?), *Lettre de Thrasybule à Leucippe,* Londres, s.d. (1768), in-8°.

241. — *Notes sur la traduction de Confucius des P.P. Jésuites,* in Virgile PINOT, *Documents inédits relatifs à la connaissance de la Chine en France de 1685 à 1740,* Paris, P. Geuthner, 1932, pp. 115-126.

242. GALIEN (Le P. Joseph), *Lettres théologiques touchant l'état de pure nature, la distinction du naturel et du surnaturel, et les autres matières qui en sont les conséquences...,* Avignon, F. Girard, 1745, in-12.

243. GALLAND (Antoine), *Les Mille et une Nuits, contes arabes,* Paris, s.e., 1704-1717, 12 vol. in-12.

244. GAMACHES (Étienne Simon de), *Astronomie physique, ou principes généraux de la Nature appliqués au Mécanisme astronomique et comparés aux principes de la Philosophie de M. Newton,* Paris, C. Jombert, 1740.

245. GAULTIER, *Réponse en forme de dissertation à un théologien [...] ou l'on voit que la vie et la mort des minéraux, des métaux, des plantes et des animaux, avec tous leurs attributs, ne sont que des façons d'être de la même substance, à laquelle ces modifications n'ajoutent et n'ôtent rien,* Niort, Jean Élies, 1714, in-12.

246. GAULTIER (Abbé J.-B.), *Les Jésuites convaincus d'obstination à permettre l'idolâtrie dans la Chine,* s.l., 1744, in-12.

247. — *Le poème de Pope intitulé « Essai sur l'Homme », convaincu d'impiété,* La Haye, (Paris), s.e., 1746, in-12.

248. — *Les « Lettres Persanes » convaincues d'impiété,* s.l., 1751, in-12.

249. GEOFFROY (Étienne-François), *Traité de la matière médicale, ou de l'histoire des vertus, du choix et de l'usage des remèdes simples,* Paris, Desaint et Saillant, 1743, 7 vol. in-12.

250. GILBERT (Claude), *Histoire de Calejava, ou de l'île des hommes raisonnables, avec le parallèle de leur morale et du Christianisme,* s.l., 1700, in-12.

251. GRAFFIGNY (Françoise d'Issembourg d'Happoncourt de), *Lettres d'une Péruvienne,* 1747, nouvelle édition augmentée de plusieurs lettres et d'une introduction à l'histoire..., Paris, Duchesne, 1752, 2 vol. in-12.

252. GRAVINA (Gian Vincenzo), *Origines juris civilis...,* Lipsiae, apud J.F. Gleditsch, 1708 ; trad. fr. par Requier, Paris, Bavoux, 1822, in-8°.

253. GRESSET (Jean-Baptiste Louis), *Œuvres...,* nouvelle édition revue et corrigée..., Londres, E. Kelmarneck, 1748, 2 vol. in-12.

254. GROTIUS (Hugo), *Le Droit de la Guerre et de la Paix...,* nouvelle traduction par Jean Barbeyrac, avec les notes de l'auteur même, qui n'avaient point encore paru en français, et de nouvelles notes du traducteur, Amsterdam, P. de Coup, 1724, 2 t. en 1 vol. in-4°.

255. GUER (J.-Antoine), *Histoire critique de l'âme des bêtes,* Amsterdam, F. Changuion, 1749, 2 vol. in-12.

256. [GUYOT (Edme)], *Nouveau système du Microcosme, ou traité de la nature de l'homme, par le Sieur de Tymogue...,* La Haye, M. G. de Merville, 1727, in-8°.

257. HARTSOEKER (Nicolas), *Conjectures physiques*, Amsterdam, H. Desbordes, 1706, 2 vol. in-4º.

258. HECQUET (Philippe), *De la digestion et des maladies de l'estomac suivant le système de la trituration et du broyement, sans l'aide des levains ou de la fermentation, dont on fait voir l'impossibilité en santé et en maladie*, Paris, F. Fournier, 1712, in-12.

259. — *Traité de la Peste*, Paris, G. Cavelier fils, 1722, in-12.

260. — *Novus Medicinae Conspectus*, Paris, Cavelier, 1722, 2 vol. in-12.

261. — *Le naturalisme des convulsions dans les maladies de l'épidémie convulsionnaire*, Soleure, A. Gymnicus, 1733, in-12.

262. — *La Médecine théologique, ou la Médecine créée, telle qu'elle se fait voir, sortie des mains de Dieu, créateur de la Nature, et régie par ses lois*, Paris, G. Cavelier, 1733, 2 vol. in-12.

263. HELVÉTIUS (Claude-Adrien), *De l'Esprit*, Paris, Durand, 1758, in-4º.

264. — *Œuvres complètes*, Paris, Didot, 1795, 14 vol. in-8º.

265. HERBERT (Claude Jacques), *Essai sur la police générale des grains*, Londres, s.e., 1735, in-8º.

266. HOBBES (Thomas), *Œuvres philosophiques et politiques*, Neufchâtel, Société typographique, 1787, 2 vol. in-8º.

267. HOIN (Jean-Jacques Louis), *Dissertation sur l'utilité des passions par rapport à la santé, avec un éloge historique de M. Petit, et l'art de concerver sa santé réduit à un seul principe*, Dijon, R. Davidts, 1752, in-8º.

268. HOLBACH (Paul Henri Dietrich, baron d'), *Système de la Nature ou des lois du monde physique et du monde moral*, Londres, s.e., 1770, 2 vol. in-8º.

269. HOUDRY (Le P. Vincent), *La bibliothèque des prédicateurs*, nouvelle édition revue... par M. l'abbé Postel, Paris, A. Josse, 1865- 1869, 18 vol. in-8º.

270. HOUTTEVILLE (Abbé Claude François) *La vérité de la religion chrétienne prouvée par les faits*, Paris, G. Dupuis, 1722, in-4º.

271. — *Essai philosophique sur la Providence, ibid.*, 1728, in-8º.

272. HUBER (Marie), *Le monde fou préféré au monde sage, en vingt-quatre promenades de trois amis*, Amsterdam, Wetsteins et Smith, 2 vol. in-12.

273. — *Lettres sur la religion essentielle à l'homme, distinguée de ce qui n'en est que l'accessoire*, Amsterdam, J. Wetsteins et W. Smith, 1738, 2 parties en 1 vol. in-12.

274. HÜBNER (Martin), *Essai sur l'histoire du droit naturel*, Londres, s.e., 1757-1758, 2 vol. in-8º.

275. HUET (Pierre-Daniel), *Traité philosophique de la faiblesse de l'entendement humain*, 1723, seconde édition, Londres, J. Nourse, 1741, in-12.

276. HUME (David), *Œuvres philosophiques*, Amsterdam, J.H. Schneider, 1758-1760, 5 vol. in-8º.

277. HUNAULD (François-Joseph), *Nouveau traité de physique sur toute la nature...*, Paris, Didot, 1742, 2 t. en 1 vol. in-12.

278. HUTCHESON (Francis), *Recherches sur l'origine des idées que nous avons de la beauté et de la vertu*, trad. sur la 4e édition anglaise (1re édit. anglaise, 1726), Amsterdam, s.e., 1749, 2 vol. in-8º.

279. HUYGENS (Christian), *La pluralité des mondes*, trad. Du Four, Paris, J. Moreau, 1702, in-12.

280. JALLABERT (Jean), *Expériences sur l'électricité, avec quelques conjectures sur la cause de ses effets*, Paris, Durand et David le Jeune, 1749, in-8º.

281. JOUBERT DE LA RUE, *Lettres d'un sauvage dépaysé...*, Amsterdam, J.-Fr. Jolly, 1738, in-8º.

282. JURIEU (Pierre), *Lettres pastorales adressées aux fidèles de France qui gémissent sous la captivité de Babylone*, Rotterdam, Abraham Acker, 1686, 1 vol. in-12.

283. JUVENEL DE CARLENCAS (Félix de), *Essai sur l'histoire des sciences, des belles lettres et des arts*, Lyon, Duplain, 1740-1744, 2 vol. in-12.

284. KAHLE (Louis-Martin), *Examen d'un livre intitulé «La Métaphysique de Newton, ou parallèle des sentiments de Newton et de Leibniz» par M. de Voltaire*, trad. de l'allemand par Gautier Saint-Blancard, La Haye, P. Gosse, 1744, in-8º.

285. KIRCHER (Le P. Athanase), *Mundus subterraneus, in quo universae naturae majestas et divitiae demonstrantur*, troisième édit. augmentée, Amstelodami, apud J. Jansonium..., 1678, 2 vol. in-fol.

286. LABAT (Le P. Jean-Baptiste), *Nouveau voyage aux îles d'Amérique*, Paris, Cavelier, 1722, 6 vol. in-12.

287. LA BEAUMELLE (Laurent-Angliviel de), *Suite de la Défense de «l'Esprit des Lois», ou examen de la réplique du «Gazetier ecclésiastique»*, Berlin, s.e., 1751, in-8º.

288. LA BRUYÈRE (de), *Traité de la Fortune*, Paris, F. Le Breton, 1732, in-8º.

289. LA CHAMBRE (abbé François Ilharart de), *Traité de la véritable religion contre les athées, les déistes, les païens, les juifs, les mahométans et toutes les fausses religions*, Paris, Guérin, 1737, 5 vol. in-12.

290. LA CHAUSSÉE (Pierre Claude Nivelle de), *Œuvres*, Amsterdam, aux dépens de la Compagnie, 1754, 2 vol. in-12.

291. LA CROZE (Mathieu Veyssière de), *Entretiens sur divers sujets d'histoire, de littérature, de religion et de critique*, Cologne, P. Marteau, 1711, in-12; nouvelle édition, *ibid.*, 1733.

292. LADVOCAT (Louis-François), *Entretiens sur un nouveau système de morale et de physique, ou la recherche de la vie heureuse selon les lumières naturelles*, Paris, J. Boudot et L. Rondet, 1721, in-12.

293. LA FAUTRIÈRE (de), *L'idée du vide, ode métaphysique*, Paris, P. Simon, 1738, in-12.

294. — *Examen du vide, ou espace newtonien, relativement à l'idée de Dieu*, Paris, Gissey, 1739, in-12.

295. — *Lettre à M. l'abbé Desfontaines*, Paris, Gissey, 1739, in-8º.

296. LAFITAU (Le P. Joseph-François), *Mœurs des sauvages américains comparées aux mœurs des premiers temps*, Paris, Saugrain et Hochereau, 1724, 2 vol. in-4º.

297. LAFONT DE SAINT-YENNE (de), *Réflexions sur quelques causes de l'état présent de la peinture en France, avec un examen des principaux ouvrages exposés au Louvre le mois d'août 1746*, La Haye, J. Neaulme, 1747, in-12.

298. LA HONTAN (Louis Armand de Lom d'Arce, baron de), *Nouveaux voyages... dans l'Amérique septentrionale*, La Haye, L'Honoré, 1703, 2 vol. in-8º.

299. — *Dialogues curieux entre l'auteur et un sauvage de bon sens qui a voyagé et Mémoires de l'Amérique Septentrionale*, publiés par Gilbert Chinard, Baltimore, The John Hopkins Press, 1931, in-8º.

300. LA MARTINIÈRE (Antoine Augustin Bruzen de), *Le grand dictionnaire historique, géographique et critique*, nouvelle édit., Paris, P.G. Lemercier, 1739-1741, 6 vol. in-fol. (1re édit. 1726-1739).

301. LAMBERT (Abbé Claude-François), *Recueil d'observations curieuses sur les mœurs, les coutumes, les usages, les différentes langues, le gouvernement, la mythologie, la chronologie, la géographie ancienne et moderne, les cérémonies, la religion, les mécaniques, l'astronomie, la médecine, la physique particulière, l'histoire naturelle, le commerce, la navigation, les arts et les sciences des différents peuples de l'Asie, de l'Afrique et de l'Amérique,* Paris, David le Jeune, 1749, 4 vol. in-8°.

302. LAMBERT (Anne-Thérèse de Marguenat de Courcelles, marquise de), *Œuvres de Mme la marquise de Lambert, avec un abrégé de sa vie,* nouvelle édition, Paris, Vve Ganeau, 1748, 2 vol. in-8°.

303. LA METTRIE (Julien Offray de), *Abrégé de la théorie chimique, tiré des propres écrits de M. Bœrhaave,* Paris, A.C. Briasson, 1741, in-8°.

304. — *Œuvres de Médecine,* Berlin, Fromery, 1751, in-4°.

305. — *Œuvres philosophiques,* Londres, Nourse, 1751, 3 vol. in-8°.

306. — *L'Homme-Machine,* édit. Maurice Solovine, Paris, Bossard, 1921, in-16.

307. — *Textes choisis,* préface et commentaires de Marcelle Tisserand, Paris, Éditions sociales, 1954, in-16.

308. — *La Mettrie's « Homme-Machine »* : *a study in the origins of an idea, Critical edition with introductory monograph and notes,* by Aram Vartanian, Princeton University Press, 1960, in-8°.

309. LA MOTTE (Antoine Houdar de), *Œuvres,* Paris, Prault l'aîné, 1754, 9 t. en 10 vol., in-12.

310. LAMY (Dom François), *Le nouvel athéisme renversé, réfutation du système de Spinoza tirée pour la plupart de la connaissance de la nature de l'homme,* Paris, Roulland, 1696, in-12.

311. — *L'incrédule amené à la religion par la raison, en quelques entretiens où l'on traite de l'alliance de la raison avec la foi,* Paris, Roulland, 1710, in-12.

312. LANCISI (Giovanni-Maria), *Dissertatio de nativis deque adventitiis Romani coeli qualitatibus...,* Genève, de Tournes, 1718, in-4°.

313. LANGE, médecin du Roi, *Histoire de la fille maléficiée de Courson,* Lisieux, J. du Roncerey, 1717, in-8°.

314. LA PLACE (Pierre-Antoine de), *Théâtre anglais,* Paris, 1745-1748, nouvelle édition, Londres, s.e., 1749, 8 vol. in-12.

315. LA PLACETTE (Jean), *Éclaircissements sur quelques difficultés qui naissent de la considération de la liberté nécessaire pour agir moralement, avec une addition où l'on prouve, contre Spinoza, que nous sommes libres,* Amsterdam, Étienne Roger, 1709, in-12.

316. LASSAY (Armand-Léon de Madaillan de Lesparre, marquis de), *Recueil de différentes choses,* Lassay, 1724, in-4°; nouvelle édition, Lausanne, M.M. Bousquet, 1756, 4 vol. in-8°.

317. LAW (John), *Considérations sur le commerce et sur l'argent,* trad. fr., La Haye, Néaulme, 1720, in-12.

318. LE BLANC (Abbé Jean-Bernard), *Lettres d'un Français concernant le gouvernement, la politique et les mœurs des Anglais et des Français,* La Haye, J. Néaulme, 1745, 3 vol. in-8°.

319. [LE BRETON (Charles)], *Les clés de la philosophie spagirique,* Paris, C. Jombert, 1722, in-16.

320· LE BRUN (Le P. Pierre), *Histoire critique des pratiques superstitieuses,* 1701, seconde édition, Paris, Vve Delaulne, 1732, (t. I à III), 3 vol. in-12 et *ibid.,* 1737 (t. IV).

321. LE COMTE (Le P. Louis), *Nouveaux mémoires sur l'état présent de la Chine*, Paris, Anisson, 1696, 3 vol. in-8º.

322. LEFRANÇOIS (Alexandre), *Réflexions critiques sur la médecine, où l'on examine ce qu'il y a de vrai et de faux dans les jugements qu'on porte au sujet de cet art*, 1713, seconde édition, Paris, Quillau, 1714-1715, 2 vol. in-12.

323. LEGENDRE (Gilbert-Charles, marquis de Saint-Aubin), *Traité historique et critique de l'opinion, ou Mémoires pour servir à l'histoire de l'esprit humain*, Paris, Osmont, 1733, 6 vol. in-12.

324. LE GOBIEN (Le P. Charles), *Histoire de l'édit de l'empereur de Chine en faveur de la religion chrétienne, avec un éclaircissement sur les honneurs que les Chinois rendent à Confucius et aux morts*, Paris, Anisson, 1698, in-8º.

325. LEIBNIZ (Wilhelm-Gottfried), *Essais de Théodicée...*, 1710, nouvelle édition augmentée de l'histoire de la vie et des ouvrages de l'auteur, par M. de Neufville (Louis de Jaucourt), Amsterdam, F. Changuion, 1734, 2 vol. in-12.

326. — *Recueil de diverses pièces sur la philosophie, les mathématiques, l'histoire, etc...*, publiées par Chrétien Kortholt, Hambourg, A. Vandenhoek, 1734, in-8º.

327. — *Œuvres philosophiques*, présentées par P. Janet, seconde édit., Paris, Alcan, 1900, 2 vol. in-8º.

328. — *Textes inédits*, publiés par Gaston Grua, Paris, P.U.F., 1948, 2 vol. in-8º.

329. LE MAITRE DE CLAVILLE (Charles François Nicolas), *Traité du vrai mérite de l'homme considéré dans tous les âges et dans toutes les conditions, avec des principes d'éducation propres à former les jeunes gens à la vertu*, Paris, Saugrain, 1734, in-12.

330. LE MERCIER DE LA RIVIÈRE (Pierre-Paul), *L'ordre naturel et essentiel des sociétés politiques*, Londres, J. Nourse et Paris, Desaint, 1767, 2 vol. in-12.

331. LENGLET-DUFRESNOY (Nicolas), *Méthode pour étudier l'histoire*, 1713, nouvelle édit., Paris, P. Gandouin, 1729, 4 vol. in-4º.

332. — *Histoire de la philosophie hermétique..., avec le véritable Philalèthe*, Paris, Coustelier, 1742, 3 vol. in-12.

333. LE SAGE (Alain-René), *Histoire de Gil Blas de Santillane*, Paris, Vve Ribou, 1715-1735, 4 vol. in-12.

334. LESSER (Friedrich), *Théologie des insectes...* trad. fr., par Lyonet, La Haye, J. Swart, 1742, 2 vol. in-8º, (édit. allemande, 1740).

335. [LÉVESQUE DE BURIGNY (Jean)], *Examen critique des apologistes de la religion chrétienne*, s.l., 1766, in-8º (sous le nom de Fréret).

336. LÉVESQUE DE BURIGNY (Jean), *Histoire de la philosophie païenne*, La Haye, P. Gosse, 1724, 2 vol. in-12.

337. LÉVESQUE DE POUILLY (Louis-Jean), *Théorie des sentiments agréables, où après avoir indiqué les règles que suit la Nature dans la distribution du plaisir, on établit les principes de la Théologie naturelle et ceux de la Philosophie morale*, Genève, Barrillot et fils, 1747, in-12.

338. LIGNAC (Abbé J.-A. Lelarge de), *Le témoignage du sens intime et de l'expérience opposé à la foi profane et ridicule des fatalistes modernes*, Auxerre, Fournier, 1760, 3 vol. in-12.

339. LINNÉ (Carl von), *Systema naturae...*, Lugduni Batavorum, J. Haak, 1735, gr. in-fol.

340. LOCKE (John), *Essai philosophique concernant l'entendement humain,* trad. P. Coste, Amsterdam, Schelte, 1700, in-4°.

341. — *Essai sur le gouvernement civil...,* trad. Du Mazel, Amsterdam, A. Wolfgang, 1691, in-12.

342. LOISELEUR (Abbé), *Apologie pour la religion et pour l'Église de Jésus-Christ,* Paris, Jacques Étienne, 1714-1724, 6 vol. in-4°.

343. LOUIS (Antoine), *Essai sur la nature de l'âme, où l'on tâche d'expliquer son union avec le corps, et les lois de cette union,* Paris, C. Osmont, 1747, in-12.

344. LUCRÈCE, *De la nature des choses, avec des remarques sur les endroits les plus difficiles,* trad. nouvelle (par J. Parrain, baron des Coutures), 1685, nouvelle édit., Amsterdam, J.F. Bernard, 1742, 2 vol. in-12.

345. MAC LAURIN (Colin), *Exposition des découvertes philosophiques de M. le Chevalier Newton,* trad. Lavirotte, Paris, Durand, 1749, in-4°.

346. MACQUER (Pierre Joseph), *Éléments de Chimie théorique,* Paris, J.T. Hérissant, 1749, in-8°.

347. — *Éléments de Chimie pratique, ibid.,* 1751, 2 vol. in-8°.

348. [MACY (Abbé)], *Traité de l'âme des bêtes, avec des réflexions physiques et morales, par M. l'abbé M***...,* Paris, P.G. Le Mercier, 1737, in-8°.

349. MAILLET (Benoît de), *Telliamed, ou Entretiens d'un philosophe indien avec un missionnaire français, sur la diminution de la mer, la formation de la terre, l'origine de l'homme, etc...,* mis en ordre par J.A. Guer, Amsterdam, L'Honoré, 1748, 2 vol. in-8°; nouvelle édition augmentée (par l'abbé Le Mascrier), La Haye, Gosse, 1755, 2 vol. in-8°.

350. MALEBRANCHE (Le P. Nicolas), *Conversations chrétiennes...,* nouvelle édit., revue et augmentée, Paris, Anisson, 1702, in-12 (édit. critique par L. Bridet, Paris, Garnier, 1929, in-12).

351. — *Réflexions sur la prémotion physique,* Paris, M. David, 1715, in-12.

352. — *De la recherche de la vérité,* sixième édit. revue et augmentée de plusieurs éclaircissements, Paris, M. David, 1712, 4 vol. in-12 (texte établi et présenté par Geneviève Lewis, Paris, Vrin, 1946, 3 vol. in-8°).

353. MANDEVILLE (Bernard de), *Pensées libres sur la religion, l'Église et le bonheur de la nation,* trad. Van Effen, La Haye, Vaillant, 1722, 2 vol. in-12.

354. — *La Fable des Abeilles, ou les Fripons devenus honnêtes gens, avec le commentaire où l'on prouve que les vices des particuliers tendent à l'avantage du public,* traduite de l'anglais sur la 6e édit. (par Jean Bertrand), Londres, aux dépens de la Compagnie, 1740, 4 vol. in-12.

355. — *The fable of Bees, with a commentary critical, historical and explanatory* by F.B. Kaye, Oxford, the Clarendon Press, 1924, 2 vol. in-8°.

356. MANGET (Jean-Jacques), *Traité de la Peste,* Lyon, les frères Bruyset, 1722, 2 vol. in-12.

357. MARIVAUX (Pierre Carlet de Chamblain de), *Les aventures de... ou les Effets surprenants de la sympathie,* Paris, P. Prault, 1713-1714, 5 vol. in-12.

358. — *Romans,* édit. Marcel Arland, Paris, Gallimard, 1949, in-16.

359. — *La vie de Marianne, ou les aventures de Mme la Comtesse de***,* texte établi avec introduction, chronologie, bibliographie, notes et glossaire par Frédéric Deloffre, Paris, Garnier, 1957.

360. — *Le Paysan Parvenu,* texte établi avec introduction, chronologie, bibliographie, notes et glossaire par Frédéric Deloffre, Paris, Garnier, 1959, in-16.

361. MARIVAUX (Pierre Carlet de Chamblain de), *Théâtre complet,* édit. Marcel Arland, Paris, Gallimard, 1949, in-16.

362. — *Le Petit-Maître* corrigé, texte publié avec introduction et commentaire par Frédéric Deloffre, Genève, Droz, et Lille, Giard, 1955, in-16.

363. — *Le Spectateur français,* Paris, Prault, 1727; édit. P. Bonnefon, Paris, Bossard, 1921, gr. in-16.

364. — *L'Indigent philosophe...,* Paris, P. Prault, 1728, in-12.

365. — *Le Cabinet du Philosophe,* Paris, Prault, 1734, in-12.

366. MASSILLON (Jean-Baptiste, évêque de Clermont), *Œuvres complètes,* édit. Blampignon, Bar-le-Duc, L. Guérin, 1865-1867, 3 vol. gr. in-8°.

367. MAUBEC, médecin, *Principes physiques de la raison et des passions des hommes...,* Paris, Girin, 1709, in-12.

368. MAUPERTUIS (Pierre Louis Moreau de), *Discours sur les différentes figures des astres,* Paris, Imprimerie Royale, 1732, in-8°.

369. — *Vénus physique,* s.l. 1745, in-12.

370. — *Réflexions philosophiques sur l'origine des langues et la signification des mots,* s.l., 1748, in-12.

371. — *Essai de philosophie morale,* Berlin, s.e., 1749, in-12.

372. — *Essai de cosmologie,* s.l., 1750, in-4°.

373. — *Lettre sur le progrès des sciences,* s.l., 1752, in-12.

374. — *Essai sur la formation des corps organisés,* Berlin, s.e., 1754, in-12.

375. — *Œuvres,* Lyon, Bruyset, 1756, 4 vol. in-8°.

376. MEAD (Richard), *Dissertatio de pestiferae contagionis natura et remediis,* La Haye, Vaillant, 1721, in-8°.

377. [MELON (Jean-François)], *Essai politique sur le commerce, par M. M......,* s.l., 1734, in-12; nouvelle édit. s.l., 1736, in-12.

378. MÉSENGUY (Abbé François-Philippe), *Abrégé de l'histoire et de la morale de l'Ancien Testament, où l'on a conservé autant qu'il a été possible les propres paroles de l'Écriture Sainte,* Paris, J. Desaint, 1727, in-12.

379. — *Exposition de la doctrine chrétienne, ou instructions sur les principales vérités de la religion,* Utrecht, aux dépens de la Compagnie, 1744, 6 vol. in-12.

380. MESLIER (Jean), *Testament,* édit. Rudolf Charles, Amsterdam, Meijer, 1864, 3 vol., in-8°.

381. MIRABAUD (Jean Baptiste de) (?) *Dissertation qui traite de l'origine du monde,* in *Dissertations mêlées sur divers sujets,* t. I, Amsterdam, s.e., 1740, in-8°.

382. — *Sentiments des philosophes sur la nature de l'âme,* in *Nouvelles libertés de penser,* Amsterdam, (Paris, Piget), 1743, in-12.

383. — *Le Monde, son origine et son antiquité,* Londres, s.e., 1751, in-16.

384. MOLIÈRES (Joseph Privat de), *Leçons de physique, contenant les éléments de la physique déterminés par les seules lois des Mécaniques...,* Paris, Vve Brocas, 1734-1739, 4 vol. in-12.

385. MONTAIGNE (Michel Eyquem de), *Essais,* édit. P. Coste, Londres, J. Tonson et J. Watts, 1724, 3 vol. in-4°.

386. MONTESQUIEU (Charles Louis de Secondat de), *Lettres persanes,* édit. critique présentée par Antoine Adam, Genève, Droz, et Lille, Giard, 1954, in-16.

387. — *De l'Esprit des Lois,* texte établi et présenté par Jean Brethe de la Gressaye, Paris, Les Belles Lettres, 1950-1962, 4 vol. gr. in-16.

388. — *Œuvres complètes,* publiées sous la direction de M. A. Masson, Paris, Nagel, 1950-1955, 3 vol. gr. in-8°.

389. MONTFAUCON DE VILLARS (Abbé Nicolas-Pierre-Henri), *Le comte de Gabalis, ou entretiens sur les sciences secrètes,* 1670, nouvelle édition, Amsterdam, P. de Coup, 1715, in-12.

390. — *Suite du « Comte de Gabalis » ou nouveaux entretiens sur les sciences secrètes,* Amsterdam, E. Roger, 1708, in-12.

391. — (?) *Les Génies assistants, et gnomes irréconciliables, ou Suite au « Comte de Gabalis »,* La Haye, s.e., 1718, in-12.

392. MONTGERON (Louis-Basile Carré de), *La vérité des miracles opérés par l'intercession de M. de Pâris et autres appellants, démontrée contre M. l'Archevêque de Sens,* s.l., 1737-1741, nouvelle édit. revue et augmentée, Cologne, les libraires de la Cie., 1745-1747, 3 vol. in-4°.

393. MONTUCLA (Jean-Étienne), *Histoire des mathématiques,* Paris, A. Jombert, 1758, 2 vol. in-4°.

394. MORELLY, *Essai sur l'esprit humain, ou principes naturels de l'éducation,* Paris, Delespine, 1743, in-12.

395. — *Essai sur le cœur humain, ou principes naturels de l'éducation, ibid.,* 1745, in-12.

396. — *Le Prince, les délices du cœur, ou Traité des qualités d'un grand roi, et système général d'un sage gouvernement...,* Amsterdam, s.e. 1751, in-8°.

397. — *Naufrage des isles flottantes, ou Basiliade du célèbre Pilpai,* poème héroïque traduit de l'indien, Messine (Paris), par une société de libraires, 1753, 2 t. en 1 vol. in-12.

398. — *Code de la Nature, ou le véritable esprit de ses lois de tout temps négligé ou, méconnu,* Partout chez le vrai sage, 1755, in-8° (édit. Gilbert Chinard, Abbeville, F. Paillart, 1950, in-16; édition présentée par V.-P. Volguine, Paris, Éditions sociales, 1953, in-16).

399. MORIN (Jean), *Abrégé du Mécanisme universel,* Chartres, Roux, 1735, in-12.

400. MURALT (Béat-Louis de), *Lettres sur les Anglais et sur les Français et sur les voyages,* S.l., 1725, in-8°.

401. — *L'instinct divin recommandé aux hommes,* Londres, s.e., 1753, in-16.

402. MUSSCHENBROEK (Pierre Van), *Essai de Physique,* trad. du hollandais par M. Pierre Ma...t, docteur en médecine, Leyde, 1739, 2 vol. in-4°.

403. NAUDÉ (Gabriel), *Apologie pour les grands hommes soupçonnés de magie...* dernière édition où l'on a ajouté quelques remarques, Amsterdam, P. Humbert, 1711, in-8°, (1re édit., Paris, 1625).

404. NEEDHAM (John Tuberville), *Nouvelles découvertes faites avec le microscope,* Leyde, E. Luzac fils, 1747, in-12.

405. — *Observations nouvelles sur la génération,* mémoire lu devant l'Académie royale des Sciences le 28 novembre 1748, inséré dans les *Nouvelles Observations microscopiques,* Paris, L.E. Ganeau, 1750, in-12.

406. NEWTON (Sir Isaac), *Philosophiae naturalis principia mathematica,* seconde édition, préfacée par Roger Côtes, Amsterdam, aux dépens de la Compagnie, 1714, in-4°.

407. — *Les principes mathématiques de la philosophie naturelle,* trad. par Mme du Châtelet d'après la 3e édit. latine, Paris, Desaint et Saillant, 1759, 2 vol. in-4°.

408. — *Traité d'Optique,* trad. par P. Coste sur la seconde édition augmentée par l'auteur, Amsterdam, P. Humbert, 1720, 2 vol. in-12 (1re édit. 1704).

409. NIEUWENTYT (Bernard), *L'existence de Dieu démontrée par les merveilles de la Nature...*, trad. Noguès, Paris, Vincent, 1725, in-4º (édit. hollandaise 1715; texte français établi d'après la version anglaise).

410. NOLLET (Abbé Jean-Antoine), *Leçons de physique expérimentale*, Paris, les frères Guérin, 1743-1748, 6 vol. in-12.

411. — *Essai sur l'électricité des corps,* Paris, Les frères Guérin, 1746, in-12.

412. OLIVET (Abbé Pierre-Joseph Thoulier d'), *Pensées de Cicéron, traduites pour servir à l'éducation de la jeunesse,* Paris, Coignard et Guérin, 1744, in-12.

413. PASCAL (Blaise), *Pensées de M. Pascal sur la religion et sur quelques autres sujets...,* nouvelle édit. augmentée, Paris, G. Desprez et J. Desessartz, 1714, in-12.

414. — *Pensées et opuscules,* édit. Brunschvicg, mise à jour par Geneviève Lewis, Paris, Hachette, 1949, in-16.

415. PECQUET (Antoine), *Pensées diverses sur l'homme,* Paris, Nyon fils, 1738, in-12.

416. PERRAULT (Charles), *Parallèles des Anciens et des Modernes,* Paris, J.-B. Coignard, 1688-1697, 4 vol. in-12.

417. — *Histoires, ou contes du temps passé, avec des moralités,* Paris, Barbin, 1697, in-12.

418. PERRAULT (Claude), *Essais de physique, ou Recueil de plusieurs traités touchant les choses naturelles,* Paris, J.-B. Coignard, 1680-1688, 4 vol. in-12.

419. PETIT, arpenteur à Blois, *Traité de l'univers matériel, ou Astronomie physique...,* Paris, J. Villette fils, 1729, in-8º.

420. PIERQUIN (Abbé J.), *Œuvres physiques et géographiques,* Paris, C.F. Simon, 1744, in-12.

421. PIRON (Alexis), *Œuvres complètes,* édit. Rigoley de Juvigny, Paris, Lambert, 1776, 7 vol. in-8º.

422. PLUCHE (Abbé Antoine), *Le Spectacle de la Nature, ou Entretiens sur les particularités de l'Histoire Naturelle qui ont paru les plus propres à rendre les jeunes gens curieux et à former leur esprit,* Paris, Vve Estienne, Desaint, 1732-1750, 8 t. en 9 vol. in-12.

423. PLUQUET (Abbé François-André-Julien), *Examen du fatalisme, ou Exposition et réfutation des différents systèmes de fatalisme qui ont partagé les philosophes sur l'origine du monde, sur la nature de l'âme et sur le principe des actions humaines,* Paris, Didot, 1757, 3 vol. in-12.

424. POIRET (Pierre), *L'Œconomie divine, ou Système universel et démontré des œuvres et des desseins de Dieu envers les hommes,* Amsterdam, Wetstein, 1687, 7 vol. in-8º.

425. POLIER DE BOTTENS (Georges), *Pensées chrétiennes mises en parallèle ou en opposition avec les Pensées philosophiques,* Rouen, aux dépens de la Cie, 1747, in-12.

426. POLIGNAC (Melchior, cardinal de), *Anti-Lucretius sive de Deo et Natura libri novem* (publié par l'abbé Rothelin), Paris, Guérin, 1747, 2 vol., trad. par Jean-Pierre de Bougainville, *L'Anti-Lucrèce, poème sur la religion naturelle,* Paris, Desaint et Saillant, 1749, 2 vol. in-8º.

427. PONS (Abbé Jean-François de), *Œuvres,* Paris, Prault fils, 1738, in-12.

428. POPE (Alexander), *Essai sur l'homme,* trad. de l'anglais en français par M. D.S.... (Silhouette), Londres, Du Noyer et Amsterdam, Bernard, 1736, in-12. (autre trad. en vers, par Du Resnel, sous le titre *Principes de la morale et du goût,* Paris, Briasson, 1737; édit. orig. anglaise, 1733).

429. [Pousse (François) ?], *Examen des principes des alchimistes sur la pierre philosophale,* Paris, D. Jollet, 1741, in-12.

430. Prades (Abbé Jean-Martin de), *Apologie de M. l'abbé de Prades,* Amsterdam, s.e., 1752, in-8º.

431. Prévost (Abbé Antoine François), *Mémoires et aventures d'un homme de qualité qui s'est retiré du monde,* 1728, Paris, Ledoux et Tenré, 1819, 3 vol. in-12.

432. — *Histoire du Chevalier des Grieux et de Manon Lescaut,* 1731, édit. critique, introduction, notes et index par Georges Matoré, Genève, Droz et Lille, Giard, 1953, in-16.

433. — *Le Philosophe anglais, ou histoire de M. Cleveland, fils naturel de Cromwell,* écrite par lui-même et traduite de l'anglais par l'auteur des « *Mémoires d'un homme de qualité* », Utrecht, Néaulme, 1732-1739, 6 vol. in-12 (numérotés, I-II-III-IV-VI et VII, pour tenir compte de la publication d'un tome V apocryphe en 1734).

434. — *Le Doyen de Killerine,* histoire morale composée sur les mémoires d'une illustre famille d'Irlande et ornée de tout ce qui peut rendre une lecture utile et agréable, 1735-1740, Paris, les frères Mame, 1808, 4 vol. in-18.

435. — *Histoire d'une grecque moderne,* Amsterdam, F. Desbordes, 1740, 2 vol. in-12.

436. Pufendorf (Samuel), *Le Droit de la Nature et des Gens, ou Système général des Principes les plus importants de la morale, de la jurisprudence et de la politique,* trad. du latin de feu M. le Baron de Pufendorf par Jean Barbeyrac, avec des notes du traducteur et une préface..., Amsterdam, H. Schelte et J. Kuyper, 1706, 2 vol. in-4º (1re édit. latine, 1672).

437. — *Les devoirs de l'homme et du citoyen, tels qu'ils lui sont prescrits par la loi naturelle...* trad. par Jean Barbeyrac, avec quelques notes du traducteur, 4e édition, avec un supplément contenant le *Jugement* d'un anonyme (Leibniz), et deux *Discours* du traducteur, sur la *Permission et le Bénéfice des Lois,* Amsterdam, H. Schelte, 1718, 2 vol. in-8º (1re édit. latine, 1673, trad. par Antoine Teissier en 1696 et par J. Barbeyrac en 1707).

438. Puisieux (Madeleine d'Arsant de), *Les Caractères,* Londres, s.e., 1750, in-8º.

439. Quesnay (François), *Essai physique sur l'économie animale,* 1736 ; seconde édition augmentée, Paris, G. Cavelier, 1747, 3 vol. in-12.

440. — *Textes annotés* in *François Quesnay et la Physiocratie,* t. II (Institut National d'Études démographiques, 1958, 2 vol. in-8º).

441. Racine (Louis), *La Grâce,* poème, s.e., 1720, in-12.

442. — *La Religion,* poème, Paris, Coignard, Desaint, 1742, in-8º.

443. Ramsay (André-Michel de), *Essai philosophique sur le gouvernement civil,* deuxième édition, corrigée et augmentée, Londres, s.e., 1721, in-12.

444. — *Les voyages de Cyrus, avec un discours sur la mythologie,* Paris, Quillau, 1727, 2 vol. in-8º, (édit. anglaise, Londres, Woodward, 1728 ; nouvelle édit. française, Londres, Bettenham, 1730).

445. — *Le Psychomètre, ou Réflexions sur les divers caractères de l'esprit, Mémoires de Trévoux,* Avril 1735, pp. 694-720.

446. — *The philosophical Principles of natural and revealed religion, unfolded in a geometric order,* Glasgow, Foulis, 1748; seconde édit., Londres, J. and P. Knapton, 1751, 2 vol. in-4º.

447. Rassiels du Vigier (de), *Le guerrier philosophe,* Paris, N. Pépie, 1712, in-8º.

448. Ray (John), *L'existence et la sagesse de Dieu manifestées dans les œuvres de la création,* trad. de l'anglais, Utrecht, C. Broedelet, 1714, in-8º (édit. angl. 1691).

449. RÉAUMUR (René-Antoine Ferchault de), *Mémoires pour servir à l'histoire des insectes,* Paris, Imprimerie royale, 1734-1742, 6 vol. in-4⁰.

450. RÉGIS (Pierre Sylvain), *L'usage de la foi et de la raison, ou l'accord de la raison et de la foi. Réfutation de l'opinion de Spinoza touchant l'existence et la nature de Dieu,* Paris, Cusson, 1704, in-4⁰.

451. REGNAULT (Le P. Noël), *Les entretiens d'Ariste et d'Eudoxe, ou Physique nouvelle en dialogue,* 1729, seconde édit. augmentée, Paris, J. Clouzier, 1732, 4 vol. in-12.

452. — *L'origine ancienne de la physique nouvelle, ibid.,* 1734, 3 vol. in-8⁰.

453. RÉMOND, dit Le Grec, *Dialogue sur la volupté, Nouveau Mercure,* septembre 1719, pp. 3-11 (repris dans le *Recueil des divers écrits...* de Saint-Hyacinthe, Paris, Vve Pissot, 1736, in-12).

454. RÉMOND DE SAINT-MARD (Toussaint de), *Nouveaux dialogues des dieux, ou Réflexions sur les passions,* Amsterdam, E. Roger, 1711, in-12 (réimprimés dans l'*Éloge des Plaisirs,* Rotterdam, Fritsch et Böhm, 1714, in-8⁰).

455. — *Œuvres mêlées,* nouvelle édition augmentée, La Haye, J. Néaulme, 1742, 3 vol. in-12.

456. [RENAUDOT (Abbé Eusèbe)], *Anciennes relations des Indes et de la Chine de deux voyageurs mahométans qui y allèrent dans le IXe siècle,* traduites de l'arabe, Paris, Coignard, 1718, in-8⁰.

457. RICHARDSON (Samuel), *Paméla ou la vertu récompensée* (trad. fr. d'Aubert de la Chesnaye), Londres, J. Osborne, 1742, (1re édit. anglaise, 1740).

458. — *Lettres anglaises, ou Histoire de Miss Clarisse Harlowe* (trad. fr. de l'abbé A.-F. Prévost), Londres, Nourse, 1751, 12 t. en 6 vol. in-12, (1re édit. anglaise, 1747-1748).

459. ROBINET (Jean-Baptiste René), *De la Nature, petit extrait d'un gros livre,* Genève, s.e., 1762, in-8⁰.

460. — *Considérations philosophiques de la gradation des formes de l'être, ou les Essais de la Nature qui apprend à faire l'homme,* Paris, G. Saillant, 1768, in-8⁰.

461. ROHAULT (Jacques), *Traité de physique,* douzième édition, Paris, Bruxelles, E.H. Friex, 1708, 2 vol. in-12.

462. ROLLIN (Charles), *De la manière d'enseigner et d'étudier les belles lettres, par rapport à l'esprit et au cœur, (Traité des Études),* nouvelle édition, Paris, Vve Estienne, 1740, 2 vol. in-4⁰ (1re édit. 1726-1728).

463. ROUELLE (Guillaume François), *Cours d'expériences chimiques,* Paris, de Grangé, 1759 (1765), in-4⁰ (4 p.).

464. ROUSSEAU (Jean-Baptiste), *Œuvres...,* Paris Garnier, 1869, 1 vol. gr. in-8⁰.

465. ROUSSEAU (Jean-Jacques), *Recueil de toutes les pièces qui ont été publiées à l'occasion du discours de M. J.-J. Rousseau sur cette question... « Si le rétablissement des sciences et des arts a contribué à épurer les mœurs »,* Gotha, J.P. Mevius, 1753, 2 parties en 1 vol. in-8⁰.

466. — *Discours sur les sciences et les arts,* édit. critique par George R. Havens, Londres, Oxford University Press, 1 vol. in-8⁰.

467. — *Discours sur l'origine et les fondements de l'inégalité parmi les hommes,* édit. J.-L. Lecercle, Paris, Éditions sociales, 1954, in-16.

468. — *The political writings of J.-J. Rousseau,* edited from the original manuscripts and authentic editions, with introduction and notes, by C. E. Vaughan, Cambridge University Press, 1915, 2 vol. in-8⁰.

469. ROUSSEAU (Jean-Jacques), *La Reine fantasque, suivie d'œuvres mêlées,* Paris, F. Rieder et Cie, 1923, in-12.

470. — *Œuvres complètes,* édit. Lahure, Paris, Hachette, 1856-1858, 8 vol, in-12.

471. SAINT-ANDRÉ (de) [François André], *Lettres de M. de Saint-André, conseiller-médecin ordinaire du Roi à quelques-uns de ses amis, au sujet de la magie, des maléfices et des sorciers...,* Paris, R.M. Despilly, 1725, in-12.

472. SAINT-ÉVREMOND (Charles de Marguetel de Saint-Denis, seigneur de), *Œuvres...,* publiées sur ses manuscrits avec une vie de l'auteur par M. Des Maizeaux, 1725 ; quatrième édition, Amsterdam, Covens et Mortier, 1726, 5 vol. in-12.

473. — *Critique littéraire,* introduction et notes de Maurice Wilmotte, Paris, Bossard, 1921, gr. in-16.

474. SARASA (Le P. Alfonso Antonio de), *L'art de se tranquilliser dans tous les événements de la vie,* tiré du latin du célèbre A.A. de S., Strasbourg, A. König, 1752, in-8° (1re édit. latine de l'*Ars semper gaudendi,* 1664-1667).

475. SAUNIER DE BEAUMONT (Abbé), *Lettres philosophiques, sérieuses, critiques et amusantes traitant de la pierre philosophale, de l'incertitude de la médecine..., du retour des esprits en ce monde, des génies, de la Magie, etc...,* Paris, Saugrain, 1733, in-12.

476. SAUVAGES (François Boissier de), *Dissertation ou l'on recherche comment l'air suivant ses différentes qualités agit sur le corps humain,* Paris, Vve de P. Brun, 1753, in-4°.

477. SAVARY (Jacques), *Le parfait négociant...,* 1675, 7e édit. revue par le sieur Jacques Savary Desbrulons, Paris, M. Guignard et C. Robustel, 1713, in-4°.

478. SCHEUCHZER (Johann-Jakob), *Physique sacrée ou Histoire naturelle de la Bible,* trad. du latin, Amsterdam, V. Schenk, 1732-1737, 8 vol. in-fol.

479. SCHRAMM (Johann Moritz), *De vita et scriptis famosi athei Julii Caesaris Vanini tractatus singularis...,* Custrin, G. Heinichius, 1709, in-4°.

480. [SÉNAC (Jean-Baptiste) ?], *Nouveau cours de chymie suivant les principes de Newton et de Stahl,* Paris, Vincent, 1723, in-12 (nouvelle édit., Paris, 1737, 2 vol. in-12).

481. SÉNAC, *Traité des causes, des accidents, et de la cure de la Peste,* avec un recueil d'observations... fait et imprimé par ordre du Roi, Paris, P.J. Mariette, 1744, 2 parties en 1 vol. in-4°.

482. SENAULT (Le P. Jean-François), *De l'usage des passions,* Paris, Vve J. Camusat, 1641, in-4°.

483. SENDIVOGIUS (Michel), *Cosmopolite ou nouvelle lumière chymique, pour servir d'éclaircissement aux trois principes de la nature,* 1609, dernière édition revue et augmentée, Paris, d'Houry, 1723, in-8°.

484. SERCES (Jacques), *Traité sur les miracles,* Amsterdam, P. Humbert, 1729, in-8°.

485. S'GRAVESANDE (William), *Introduction à la philosophie,* trad. du latin par Élie de Joncourt, Leyde, Verbeck, 1737, in-8°.

486. — *Éléments de physique, ou introduction à la philosophie de Newton,* trad. du latin par C.F. Roland de Virloys, Paris, C.A. Joubert, 1747, 2 vol. in-8°.

487. SHAFTESBURY (Anthony Cooper, comte de), *Lettre sur l'enthousiasme,* trad. de l'anglais par Samson, La Haye, Johnson, 1709, in-18 (1re édit. anglaise, 1707).

488. SHAFTESBURY (Anthony Cooper, comte de), *Principes de la philosophie morale ou Essai sur le mérite et la vertu par Mylord S****, traduit de l'anglais (par Diderot), Amsterdam, Chatelain, 1745, in-8°, (1re édit. anglaise, 1699; édit. définitive, 1711).

489. — *Les Œuvres de Mylord, comte de Shaftesbury, contenant ses Caractéristicks, ses lettres et autres ouvrages...*, trad. de l'anglais en français sur la dernière édition, Genève, s.e., 1769, 3 vol. in-8°.

490. SIDNEY (Algernon), *Discours sur le gouvernement...*, trad. de l'anglais par P.A. Samson, La Haye, L. et H. Van Dole, 1702, 3 vol. in-12, (édit. anglaise 1698).

491. SIGORGNE (Abbé Pierre), *Institutions newtoniennes, ou introduction à la philosophie de M. Newton*, Paris, J.-F. Quillau fils, 1747, 2 vol. in-8°.

492. SILHOUETTE (Étienne de), *Idée générale du gouvernement et de la morale des Chinois, tirée particulièrement des ouvrages de Confucius*, Paris, G.F. Quillau, 1729, in-4°.

493. SPINOZA (Baruch), *Œuvres complètes*, édit. Roland Caillois, Madeleine Francès et Robert Misrahi, Paris, Gallimard, 1954, in-16.

494. STRUBE DE PIERMONT (F.-H.), *Recherche nouvelle de l'origine et des fondements du droit de la nature*, Saint-Pétersbourg, Académie des sciences, 1740, in-8°.

495. — *Ébauche des lois naturelles et du droit primitif*, Amsterdam, J. Ryckhoff, 1744, in-4°.

496. SULZER (Johann-George), *Essai de physique appliquée à la morale*, in FORMEY, *Mélanges philosophiques*, Leyde, Luzac, 1754, t. II, pp. 355-462.

497. TERRASSON (abbé Jean), *Séthos, histoire ou Vie tirée des monuments, anecdotes de l'ancienne Égypte*, traduite d'un manuscrit grec, Paris, J. Guérin, 1731, 3 vol. in-12.

498. THIERS (Jean-Baptiste), *Traité sur les superstitions qui regardent les sacrements d'après l'Écriture Sainte, les décrets des conciles et les sentiments des Saints Pères et des Théologiens*, 1679, quatrième édition, Paris, Cie des libraires, 1741, 4 vol. in-12.

499. THOMASSIN (Le P. Louis), *La méthode d'étudier et d'enseigner chrétiennement et solidement les lettres humaines, par rapport aux lettres divines*, Paris, Muguet, 1681-1682, 3 vol. in-8°.

500. TINDAL (Matthew), *Christianity as old as the creation*, Londres, s.e., 1730, in-4°.

501. TOLAND (John), *Pantheisticon sive formula celebrandae sodalitatis socraticae*, Cosmopoli, (Londres), 1720, in-8°.

502. — *Lettres philosophiques sur l'origine des préjugés, du dogme de l'immortalité de l'âme, de l'idolâtrie et de la superstition, sur le système de Spinoza et sur l'origine du mouvement de la matière*, Londres, s.e., 1768, in-8° (trad. des *Letters to Serena*, 1704).

503. TOURNEMINE (le P. René-Joseph de), *Réflexions... sur l'athéisme attribué à quelques peuples par les premiers missionnaires qui leur ont annoncé l'Évangile*, *Mémoires de Trévoux*, janvier 1717, pp. 36-39.

504. — *Conjectures sur l'union de l'âme et du corps*, *ibid.* mai 1703, pp. 864-875 et juin 1703, pp. 1063-1064 et 1075-1085.

505. TOUSSAINT (François-Vincent), *Les Mœurs*, s.l., 1748, in-8°.

506. — *Histoire des passions, ou Aventures du chevalier Shroop*, trad. de l'anglais, La Haye, Néaulme, 1751, 2 vol. in-16.

507. TRESSAN (Comte de), *Essai sur le fluide électrique considéré comme agent universel*, Paris, Briasson, 1786, 2 vol. in-8°.

508. TRUBLET (Abbé Nicolas), *Essai sur divers sujets de littérature et de morale,* Paris, Briasson, 1735, 2 vol. in-12 (plusieurs rééditions augmentées).

509. TURGO. (Anne-Robert-Jacques), *Œuvres,* édit. Schelle, Paris, Alcan, 1913-1923, 5 vol. in-8º.

510. [TYSSOT DE PATOT (Simon)], *Voyages et aventures de Jacques Massé,* Bordeaux, Jacques l'Aveugle, 1710, in-8º.

511. VALLEMONT (Pierre Le Lorrain, abbé de), *La physique occulte, ou traité de la baguette divinatoire et de son utilité pour la découverte des sources d'eau, des minières, des trésors cachés, des voleurs et des meurtriers fugitifs...,* 1693, nouvelle édit. augmentée, La Haye, 1722, in-12.

512. — *Curiosités de la nature et de l'art sur la végétation,* 1705, nouvelle édit. revue et augmentée, Paris, Moreau, 1734, 2 vol. in-12.

513. VATTEL (Emmerich de), *Défense du système leibnizien contre les objections et les imputations de M. de Crousaz,* Leyde, 1741, in-12.

514. VAUVENARGUES (Luc de Clapiers, marquis de), *Œuvres...,* publiées avec une introduction et des notes par P. Varillon, Paris, La Cité des Livres, 1929, 3 vol. in-8º.

515. — *Œuvres choisies,* avec une introduction par H. Gaillard de Champris, Paris, Aubier, 1942, in-12.

516. [VEIRAS (Denis)], *Histoire des Sévarambes,* 1677, nouvelle édit., Amsterdam, Étienne Roger, 1716, 2 vol. in-12.

517. VERDUC, *Le Maître en chirurgie, ou l'Abrégé de la chirurgie de Guy de Chauliac,* Paris, L. d'Houry, 1691, in-12 (plusieurs réédit. au XVIIIe siècle).

518. VERSÉ (Noël Aubert de), *L'Impie convaincu, ou Dissertation contre Spinoza dans laquelle on réfute les fondements de son athéisme. (L'on trouvera dans cet ouvrage non seulement la réfutation des maximes impies de Spinoza, mais aussi celle des principales hypothèses du Cartésianisme que l'on fait voir être l'origine du Spinozisme),* Amsterdam, Jean Crélie, 1684, in-8º.

519. VOLTAIRE (François-Marie Arouet de), *Œuvres,* Dresde, G.C. Walther, 1748-1750, 9 vol. in-8º.

520. — *Œuvres complètes,* édit. Louis Moland, Paris, Garnier frères, 1877-1883, 52 vol. in-8º.

521. — *Le Temple du goût,* édit. critique par E. Carcassonne, Paris, E. Droz, 1938, in-16.

522. — *Lettres philosophiques,* édit. critique par G. Lanson, 5e édit., Paris, 1937; édit. R. Naves, Paris, Garnier, 1951, in-16.

523. — *Traité de Métaphysique,* édit. critique par H. Temple Patterson, Manchester University Press, 1937, in-16 (seconde édit., 1957).

524. — *Poème sur la Loi naturelle,* édit. Francis J. Crowley, Berkeley, University of California Press, 1938, in-8º.

525. — *Dialogues et anecdotes philosophiques,* avec introd., notes et rapprochements par Raymond Naves, Paris, Garnier, 1939, in-16.

526. — *Romans et contes,* texte établi sur l'édition de 1775, avec une présentation et des notes par Henri Bénac, Paris, Garnier, 1949, in-16.

527. — *Zadig,* édit. critique... par G. Ascoli, Paris, Hachette, 1929, 2 vol. in-8º; édit. V.-L. Saulnier, Genève, Droz, et Paris, Minard, 1956, in-16.

528. — *Candide ou l'Optimisme,* édit. critique... par André Morize, (troisième tirage), Paris, Marcel Didier, 1957; édit. critique... par R. Pomeau, Paris, Nizet, 1959, in-16.

529. VOLTAIRE, *L'Ingénu, histoire véritable,* édit. critique par William R. Jones, Genève, Droz, et Paris, Minard, 1957, in-16.

530. — *Œuvres historiques,* texte établi, annoté et présenté par R. Pomeau, Paris, Gallimard, 1957, in-16.

531. — *Mélanges,* texte établi et annoté par Jacques Van den Heuvel, Paris, Gallimard, 1961, in-16.

532. WOLLASTON (William), *Ébauche de la Religion naturelle,* trad. de l'anglais, La Haye, J. Swart, 1726, in-4º; et *ibid.,* 1756, 3 t. en 2 vol. in-12.

533. WOODWARD (J.), *Géographie physique, ou Essai sur l'histoire naturelle de la Terre,* traduit de l'anglais par R. Noguès, docteur en médecine, avec la réponse aux observations du Dr. Camerarius, plusieurs lettres écrites sur la même matière, et la distribution méthodique des fossiles, trad. de l'anglais du même M. Woodward par le R.P. Niceron, Barnabite, Paris, s.e., 1735, in-4º (1re édit. anglaise, 1695; nouvelle édit. augmentée, 1714).

534. WOOLSTON (Thomas), *Discours sur les miracles de Jésus-Christ,* trad. de l'anglais (par d'Holbach?), s.l., dix-huitième siècle (*sic*), 2 vol. in-8º (édit. anglaise, 1727-1729).

**

535. ALBERT LE GRAND (?) *Admirables secrets du grand Albert contenant un traité sur la vertu des herbes, des pierres précieuses et des animaux, augmenté d'un curieux abrégé de la Physionomie et d'un préservatif contre les fièvres, les poisons et autres infections de l'air, traduits sur les plus anciens manuscrits de l'auteur,* Paris, *chez tous les marchands de nouveautés,* 1700, 1 vol. in-8º.

536. — *Les admirables secrets d'Albert le Grand contenant plusieurs traités sur la conception des femmes et la vertu des herbes, des pierres précieuses et des animaux,* Cologne, *chez le Dispensateur des Secrets,* 1703, in-12 (nombreuses rééditions aux XVIIIe et XIXe siècles).

537. — *Secrets merveilleux de la Magie naturelle et cabalistique du Petit Albert, traduits exactement sur l'original latin qui a pour titre « Alberti Parvi Lucii libellus de mirabilibus Naturae Arcanis », enrichis de plusieurs figures mystérieuses pour former des talismans, avec la manière de les faire,* nouvelle édition corrigée, A Cologne, aux dépens de la Compagnie, 1722, in-12 (plusieurs rééditions, notamment en 1729 et en 1765).

538. *Doutes sur la Religion... suivis de l'analyse du Traité Théologico-politique de Spinoza,* Londres, s.e., 1767, in-8º.

539. *Examen de la Religion dont on cherche l'éclaircissement de bonne foi,* Trévoux, aux dépens des pères de la Société de Jésus (*sic*), 1745; nouvelle édit., Londres G. Cook, 1761, in-12 (Ms-B.N., Fonds fr. 13214).

540. *Le Militaire philosophe, ou difficultés proposées au R.P. Malebranche par un ancien officier* (édité par Naigeon), Londres, s.e., 1768, in-8º.

541. *Le Triomphe hermétique, ou la pierre philosophale victorieuse, traité plus complet et plus intelligible qu'il y en ait eu jusques ici, touchant le magistère hermétique,* 1699, deuxième édition, Amsterdam, J. Desbordes, 1710, in-8º.

542. *Traité des trois imposteurs,* s.l., s.d., 1768, in-8º.

**

II. — Études

543. ADAM (Antoine), *Histoire de la littérature française au XVIIe siècle,* Paris, Domat-Monchrestien, 1949-1956, 5 vol. in-16.

544. — *Rousseau et Diderot, Revue des Sciences humaines, janvier-mars* 1949, pp. 21-34.

545. ALÈS (A. d'), *Dictionnaire apologétique de la foi catholique,* Paris, Beauchesne, 1913-1923, 4 vol. in-4°.

546. ALTHUSSER (Louis), *Montesquieu, la politique et l'histoire,* Paris, P.U.F., 1959, 120 p. in-16.

547. APPOLIS (Émile), *Entre jansénistes et zelanti. Le « tiers parti » catholique au XVIIIe siècle,* Paris, A. et J. Picard, 1960, XII-604 p. gr. in-8°.

548. ATKINSON (Geoffroy), *The extraordinary voyage in French literature from 1700 to 1720,* Paris, E. Champion, 1922, 147 p. in-8°.

549. — *Les relations de voyage au XVIIe siècle et l'évolution des idées,* Paris, E. Champion, 1924, 220 p. in-16.

550. — *Le sentiment de la nature et le retour à la vie simple (1690-1740),* Paris, Minard et Genève, Droz, 1960, 89 p. in-8°.

551. AUDRA (E.), *Les traductions françaises de Pope (1717-1825). Étude de bibliographie,* Paris, Champion, 1931, XVIII-137 p. in-8°.

552. BACHELARD (Gaston), *Essai de classification des intuitions atomistiques,* Paris, Boivin, 1933, 163 p. in-16.

553. — *La formation de l'esprit scientifique. Contribution à une psychanalyse de la connaissance objective,* Paris, Vrin, 1947, 256 p. in-8°.

554. BACHELARD (Suzanne), *Maupertuis et le principe de la moindre action, Thalès, Année 1958,* Paris, P.U.F., 1959, p. 3-36.

555. BAGUENAULT DE PUCHESSE (Comte de), *Condillac, sa vie, sa philosophie, son influence,* Paris, Plon et Nourrit, 1910, VI-278 p. in-16.

556. BARBER (W.H.), *Leibniz in France from Arnauld to Voltaire. A study in French reactions to leibnizianism (1670-1760),* Oxford, Clarendon Press, 1955, 276 p. in-8°.

557. BARRIÈRE (Pierre), *Un grand provincial, Charles Louis de Secondat, baron de la Brède et de Montesquieu,* Bordeaux, Delmas, 1946, XVI-551 p. in-8°.

558. — *L'Académie de Bordeaux, centre de culture internationale au XVIIIe siècle (1712-1792),* Bordeaux et Paris, Bière, 1951, XII-374 p. in-8°.

559. — *La vie académique au XVIIIe siècle d'après un manuscrit du Président de Ruffey,* R.H.L.F., 1952, pp. 11-24.

560. BASTID (Paul), *Montesquieu et les jésuites, Actes du Congrès Montesquieu, 23-26 mai 1955,* Bordeaux, Delmas, 1956, pp. 305-338.

561. BELAVAL (Yvon), *L'esthétique sans paradoxe de Diderot,* Paris, Gallimard, 1950, 307 p. in-8°.

562. — *Leibniz, critique de Descartes, ibid.,* 1960, 559 p. in-8°.

563. — *La crise de la géométrisation de l'univers dans la philosophie des lumières, Revue internationale de Philosophie,* 1952, pp. 337-355.

564. BERNARD (A.), *Le sermon au XVIII*e *siècle*, Paris, Fontemoing, 1901, 608 p. in-8°.

565. BEYER (Charles), *Montesquieu et l'esprit cartésien, Actes du Congrès Montesquieu...*, Bordeaux, Delmas, 1956, pp. 159-173.

566. — *Le problème du déterminisme social dans l'Esprit des Lois, The Romanic Review,* Avril 1948, pp. 102-106.

567. BILA (Constantin), *La croyance à la magie au XVIII*e *siècle, en France, dans les contes, romans et traités,* Paris, J. Gamber, 1925, 159 p. in-8°.

568. BLOCH (Léon), *La philosophie de Newton,* Paris, F. Alcan, 1908, 644 p. in-8°.

569. BLOCH (Marc), *Les caractères originaux de l'histoire rurale française,* nouvelle édition, Paris, A. Colin, 1952, XVIII-266 p. in-8°.

570. BLUCHE (Jean-François), *L'origine des magistrats du Parlement de Paris au XVIII*e *siècle,* Paris, C. Klincksieck, 1956, 413 p. in-8°.

571. BOAS (George), *Essays on primitivism and related ideas in the Middle Ages,* Baltimore, The John Hopkins Press, 1948, XII-227 p. in-4°.

572. BOISSIER (Raymond), *La Mettrie, médecin, pamphlétaire et philosophe,* Paris, Les Belles Lettres, 1931, 184 p. in-8°.

573. BONNO (Gabriel), *La culture et la civilisation britanniques devant l'opinion française, de la paix d'Utrecht aux « Lettres philosophiques » (1713-1734), Transactions of the American Philosophical Society,* Philadelphie, 1948, 184 p. in-4°.

574. BORD (Gustave), *La Franc-Maçonnerie en France des origines à 1815,* t. I, *Les ouvriers de l'idée révolutionnaire (1688-1771),* Paris, Nouvelle librairie nationale, 1909, in-8°.

575. BOUCHARD (Marcel) *De l'Humanisme à « l'Encyclopédie » : l'esprit public en Bourgogne sous l'Ancien Régime,* Paris, Hachette, 1929, XIII-978 p. in-8°.

576. — *« L'Histoire des Oracles » de Fontenelle,* Paris, Sfelt, 1947, 185 p. in-16.

577. — *L'Académie de Dijon et le premier Discours de Rousseau,* Paris, Les Belles Lettres, 1950, 109 p. in-8°.

578. BOUILLIER (Francisque), *Histoire de la philosophie cartésienne,* troisième édition, Paris, Delagrave, 1868, 2 vol. in-8°.

579. BOURDE (André-J.), *The influence of England on the French agronomes (1750-1789),* Cambridge University Press, 1953, XII-250 p. in-8°.

580. BOUTROUX (Émile), *De l'idée de loi naturelle dans la science et la philosophie contemporaines,* Paris, Vrin, 1925, 144 p. in-8°.

581. BOUVIER (E.), *La croyance au merveilleux à l'époque classique, Mélanges Mornet,* Paris, Nizet, 1951, XXIV-232 p. in-8°.

582. BRAUNSCHVIG (Marcel), *L'abbé Dubos, rénovateur de la critique au XVIII*e *siècle,* Toulouse, Mlles A. et N. Brun, 1904, 86 p. in-8°.

583. BRAY (R.), *La formation de la doctrine classique en France,* nouvelle édition, Paris, Nizet, 1951, 389 p. in-8°.

584. BRÉHIER (Émile), *Histoire de la Philosophie,* Paris, Alcan, 1926-1938, 4 vol. in-8°.

585. BRIGGS (E.R.), *L'incrédulité et la pensée anglaise au XVIII*e *siècle,* R.H.L.F., 1934, pp. 497 sq.

586. BROOKS (Richard A.), *Voltaire, Leibniz and the problem of theodicy : from « Œdipe » to « Candide »,* New York, Columbia University, Dissertation abstracts, n° 7, 1959, 217 p. in-8°.

587. BRUNET (Pierre), *L'introduction des idées de Newton en France au XVIII*e *siècle,* t. I, *Avant 1738,* Paris, Blanchard, 1931, VII-355 p. in-4º.

588. — *Les physiciens hollandais et la méthode expérimentale en France au XVIII*e *siècle,* Paris, Blanchard, 1926, 156 p. in-8º.

589. — *Maupertuis,* t. I, *Étude biographique;* t. II, *L'œuvre et sa place dans la pensée scientifique et philosophique du XVIII*e *siècle,* Paris, Blanchard, 1929, 2 vol. in-8º.

590. — *Étude historique sur le principe de la moindre action,* Paris, Hermann, 1938, 115 p. gr. in-8º.

591. BRUNETIÈRE (F.), *La formation de l'idée de progrès, Études critiques,* Ve série, Paris, Hachette, 1893, 277 p. in-8º.

592. BRUNOT (Ferdinand), *Histoire de la langue française, des origines à* 1900, t. VI, Paris, A. Colin, 1930 (en fascicules).

593. BRUNSCHVICG (Léon), *Le progrès de la conscience dans la philosophie occidentale,* Paris, Alcan, 1928, 2 vol. in-8º.

594. BURGELIN (P.), *La philosophie de l'existence de J.-J. Rousseau,* Paris, P.U.F., 1952, 599 p. in-8º.

595. BURTT (Edwin-Arthur), *The metaphysics of Sir Isaac Newton. An essay on the metaphysical foundations of modern physical science,* Londres, K. Paul, Trench, Trubner and Cº, 1925, IX-349 p. in-8º.

596. BURY (J.-B.), *The idea of Progress. An Inquiry into its origin and growth,* Londres, Mac Millan, 1921, XVI-377 p. in-8º.

597. BUSSON (Henri), *La Religion des Classiques (1660-1685),* Paris, P.U.F., 1948, 476 p. in-8º.

598. CAHEN (Léon), *L'idée de lutte de classes au XVIII*e *siècle, Revue de Synthèse historique,* 1906, pp. 44-56.

599. CANDEL (abbé J.), *Les prédicateurs français dans la première partie du XVIII*e *siècle, de la Régence à l'Encyclopédie (1715-1750),* Paris, A. Picard et fils, 1904, XLV-694 p. gr. in-8º.

600. CANGUILHEM (Georges), *La formation du concept de réflexe aux XVII*e *et XVIII*e *siècles,* Paris, P.U.F., 1955, 208 p. in-8º.

601. — *Fontenelle philosophe et historien des sciences, A.U.P.,* juillet-septembre 1957, pp. 384-390.

602. CAPERAN (Louis), *Le problème du salut des infidèles. Essai théologique,* Paris, Beauchesne, 1912, VII-112 p. in-8º.

603. CARCASSONNE (Ély), *Montesquieu et le problème de la constitution française au XVIII*e *siècle,* Paris, P.U.F., 1927, 736 p. in-8º.

604. — *Fénelon, l'homme et l'œuvre,* nouvelle édition, Paris, Hatier-Boivin, 1955, 171 p. in-16.

605. — *La Chine dans « l'Esprit des Lois », R.H.L.F.,* 1924, pp. 193-205.

606. CARRÉ (Henri), *La noblesse de France et l'opinion publique au XVIII*e *siècle,* Paris, E. Champion, 1920, 650 p. in-8º.

607. CARRÉ (J.-R.), *La philosophie de Fontenelle ou le sourire de la raison,* Paris, Alcan, 1932, 796 p. in-8º.

608. — *Consistance de Voltaire le philosophe,* Paris, Boivin, 1938, 108 p. in-16.

609. CASSIRER (Ernst), *Die philosophie der Aufklärung,* Tübingen, J.C.B. Mohr, 1932, 491 p. in-8º; trad. anglaise, *The philosophy of the Enlightenment,* Princeton University Press, 1951, 366 p. in-8º.

610. CASTIGLIONI (A.), *Histoire de la Médecine*, trad. de l'italien, Paris, Payot, 1931, 781 p. in-8º.

611. CAULLERY (Maurice), *Histoire des sciences biologiques*, t. XV (2) de l'*Histoire de la Nation française*, dirigée par G. Hanotaux, Paris, Plon, Nourrit et Cie., 1925, 621 p. in-4º.

612. — *Les étapes de la biologie*, Paris, P.U.F. (« Que sais-je ? »), 1943, in-16.

613. CHÉREL (Albert), *Fénelon au XVIIIe siècle en France (1715-1820). Son prestige, son influence*, Paris, Hachette-Champion, 1917, XIX-614 p. in-8º.

614. — *Histoire de l'idée de tolérance. Un aventurier religieux au XVIIe siècle, A.-M. Ramsay*, Paris, Perrin et Cie., 1926, XI-211 p. in-16.

615. — *Fénelon ou la Religion du pur amour*, Paris, Denoël et Steele, 1934, 285 p. in-8º.

616. — *L'idée du naturel et le sentiment de la nature chez Fénelon*, R.H.L.F. oct.-déc. 1911, pp. 810-826.

617. CHEVALLIER (J.-J.), *Les grandes œuvres politiques de Machiavel à nos jours*, Paris, A. Colin, 1952, XIV-406 p. in-8º.

618. CHINARD (G.), *L'Amérique et le rêve exotique dans la littérature française aux XVIIe et XVIIIe siècles*, deuxième édition, Paris, Droz, 1934, VIII-455 p. in-8º.

619. COE (R.N.C.), *A la recherche de Morelly. Étude bibliographique et biographique*, R.H.L.F., juillet-septembre et octobre-déc. 1957., pp. 321-334 et 515-523.

620. COGNET (Louis), *Le jansénisme*, Paris, P.U.F., («Que sais-je ? »), 1961, in-16.

621. COLLINGWOOD (R.G.), *The idea of Nature*, Oxford, Clarendon Press, 1945, 184 p. in-8º.

622. COTTA (Sergio), *Montesquieu e la scienza della società*, Torino, Edizioni Ramella, 1953, 420 p. in-8º.

623. COUDERC (Paul), *Les étapes de l'astronomie*, Paris, P.U.F., (« Que sais-je ? »), 1943, in-16.

624. — *L'Astrologie, ibid.*, 1951.

625. CRANE (Ronald S.), *Anglican apologetics and the idea of Progress, Modern Philology*, 1934, t. 3 et 4, pp. 273-306 et 349-382.

626. CRISAFULLI (Alessandro S.), *Montesquieu's story of the Troglodytes : its Background, Meaning and Signifiance*, P.M.L.A., 1943, pp. 372-392.

627. CROCKER (Lester G.), *Two Diderot studies. Ethics ans esthetics*, Baltimore, The John Hopkins Press, 1952, VII-127 p.

628. — *An age of crisis. Man and world in XVIIIth century thought, ibid.*, 1959, XX-496 p. in-8º.

629. — *Diderot and the idea of Progress, The Romanic Review*, avril 1938, pp 151-159.

630. — *The problem of truth and falsehood in the age of Enlightenment, Journal of the history of ideas*, octobre 1953, pp. 575-603.

631. — *John Toland et le matérialisme de Diderot*, R.H.L.F., juillet-septembre 1953, pp.289-295.

632. DAGOGNET (F.), *La cure d'air : essai sur l'histoire d'une idée en thérapeutique, Thalès. Année 1959*, Paris, P.U.F., 1960, pp. 75-98.

633. DAUDIN (Henri), *De Linné à Lamarck. Méthode de la classification et idée de série en botanique et en zoologie (1740-1790)*, Paris, Alcan, s.d., 262 p. in-8º.

634. DAUMARD (Adeline) et FURET (François), *Structures et relations sociales à Paris au milieu du XVIIIe siècle*, « *Cahiers des Annales* », Paris, A. Colin, 1961, 100 p. in-8º.

635. DAUMAS (Maurice), *Les instruments scientifiques au XVIIe et au XVIIIe siècle*, Paris, P.U.F., 1953, 63 planches h.t., 410 p. in-8º.

636. — *La Chimie dans « l'Encyclopédie » et dans « l'Encyclopédie méthodique »*, Revue d'histoire des sciences, juillet-décembre 1951, pp. 334-343.

637. DAVY (Georges), *Sur la méthode de Montesquieu*, Revue de Métaphysique et de morale, octobre 1939, pp. 571 sq.

638. — *Montesquieu et la sociologie*, in *Deuxième Centenaire de « l'Esprit des Lois »*, *1748-1948*, Bordeaux, Delmas, 1949, pp. 127-171.

639. DEDIEU (abbé Joseph), *Montesquieu et la tradition politique anglaise en France : les sources anglaises de « l'Esprit des Lois »*, Paris, J. Gabalda, 1909, 396 p. in-8º.

640. — *Montesquieu*, Paris, F. Alcan, 1913, VIII-358 p. in-8º.

641. — *Montesquieu, l'homme et l'œuvre*, Paris, Boivin, 1943, 204 p. in-16.

642. — *L'agonie du jansénisme (1715-1790)*, Revue de l'histoire de l'Église de France, 1928, pp. 161-214.

643. DELAUNAY (P.), *La vie médicale aux XVIe, XVIIe et XVIIIe siècles*, Paris, Édit. Hippocrate, 1936, 557 p. in-8º.

644. — *L'évolution philosophique et médicale du biomécanisme, de Descartes à Bœrhaave, de Leibniz à Cabanis*, Le Progrès médical, août et septembre 1927.

645. DELOFFRE (Frédéric), *Une préciosité nouvelle : Marivaux et le marivaudage. Étude de langue et de style*, Paris, Lés Belles Lettres, 1955, 603 p. in-8º.

646. DELVAILLE (J.), *Essai sur l'histoire de l'idée de progrès jusqu'à la fin du XVIIIe siècle*, Paris, Alcan, 1910, 761 p. in-8º.

647. DELVOLVÉ (Jean), *Essai sur P. Bayle : religion, critique et philosophie positive*, Paris, Alcan, 1906, 445 p. in-8º.

648. DENIKER (J.), *Bibliographie des travaux scientifiques (mathématiques, physiques et sciences naturelles) publiés par les Sociétés savantes de France de 1700 à 1888*, Paris, Imprimerie Nationale, 1916, 2 vol. in-4º.

649. DERATHÉ (Robert), *Le rationalisme de J.-J. Rousseau*, Paris, P.U.F., 1948, 203 p. in-8º.

650. — *J.-J. Rousseau et la science politique de son temps*, Paris, P.U.F., 1950, 464 p. in-8º.

651. DESANTI (J.-T.), *Introduction à l'histoire de la philosophie*, Paris, Les Éditions de la Nouvelle Critique, 1956, 317 p. in-12.

652. DESAUTELS (A.R.), *Les Mémoires de Trévoux et le mouvement des idées au XVIIIe siècle (1701-1734)*, Rome, Institutum historicum S.J., 1956, XXVII-256 p. in-8º.

653. DIECKMANN (Herbert), *Le Philosophe. Text and interpretation*, Washington University studies, Saint-Louis, 1948, 108 p. in-8º.

654. — *Cinq leçons sur Diderot*, Genève, Droz, et Paris, Minard, 1959, 151 p., in-8º.

655. DIMOFF (Paul), *Cicéron, Hobbes et Montesquieu*, Annales Universitatis Saraviensis. Philo-Lettres, nº 1, 1952, pp. 19-47.

656. — *La place dans l'œuvre de Montesquieu de l'Essai touchant les lois naturelles*, R.H.L.F., octobre-décembre 1957, pp. 481-493.

657.   DRÉANO (M.), *La renommée de Montaigne en France au XVIIIᵉ siècle (1677-1802)*, Angers, Éditions de l'Ouest, 1952, 589 p. in-8º.

658.   DROUET (Joseph), *L'abbé de Saint-Pierre, l'homme et l'œuvre*, Paris, Champion, 1912, VIII-399 p. in-8º.

659.   DUGAS (René), *La Mécanique au XVIIᵉ siècle*, Neufchâtel, Édit. du Griffon, 1954, 620 p. in-8º.

660.   DUPONT (Paul), *Un poète philosophe au commencement du XVIIIᵉ siècle, Houdart de la Motte (1672-1731)*, Paris, Hachette, 1898, 318 p. in-8º.

661.   DUPRONT (A.) *Problèmes et méthodes d'une histoire de la Psychologie collective*, *Annales E.S.C.*, janvier-février 1961, pp. 3-11.

662.   DURKHEIM (É.), *Montesquieu et Rousseau précurseurs de la sociologie. Note introductive de Georges Davy*, Paris, Marcel Rivière, 1953, 200 p. gr. in-16.

663.   DURRY (M.-J.), *A propos de Marivaux*, Paris, Société d'éditions d'enseignement supérieur, 1960, 148 p. ,in-8º.

664.   DUVEAU (Georges), *Sociologie de l'utopie*, Paris, P.U.F., 1961, XVI-195 p. in-8º.

665.   EHRARD (Jean), *Opinions médicales en France au XVIIIᵉ siècle. La Peste et l'idée de contagion*, *Annales E.S.C.*, janvier-mars 1957, pp. 46-59.

666.   —   *Les études sur Montesquieu et « L'Esprit des Lois »*, *L'Information littéraire*, mars-avril 1959, pp. 55-66.

667.   —   *Matérialisme et naturalisme : les sources occultistes de la pensée de Diderot*, *C.A.I.E.F.*, 1961, pp. 189-201.

668.   —   *Pascal au siècle des lumières*, in *Pascal présent*, Clermont-Ferrand, De Bussac, 1962, pp. 233-255.

669.   EISENMANN (Charles), *La pensée constitutionnelle de Montesquieu*, in *La pensée politique et constitutionnelle de Montesquieu*, Paris, Recueil Sirey, 1952, pp. 133-160.

670.   EL NOUTY (Hassan), *Le panthéisme dans les lettres françaises au XVIIIᵉ siècle*, *Revue des Sciences humaines*, octobre-décembre 1960, pp. 435-457.

671.   ENGEL (Claire-Éliane), *Figures et aventures du XVIIIᵉ siècle. Voyages et découvertes de l'abbé Prévost*, Paris, Éditions « Je sers », 1939, 272 p. in-8º.

672.   ÉTIEMBLE (R.), *L'Orient philosophique au XVIIIᵉ siècle*, Paris, Centre de Documentation Universitaire, 1956-1958, 2 vol. gr. in-8º.

673.   —   *Signification et structure des Pensées philosophiques*, *Le Disque Vert*, mai-juin 1953.

674.   FABRE (Jean), *Stanislas Auguste Poniatowsky et l'Europe des lumières, étude de cosmopolitisme*, Paris, Les Belles Lettres, 1952, 748 p. in-8º.

675.   —   *Deux définitions du philosophe : Voltaire et Diderot*, *La Table Ronde*, février 1958.

676.   —   *Diderot et les théosophes*, *C.A.I.E.F.*, 1961, pp. 203-222.

677.   FEBVRE (Lucien), *Civilisation. Évolution d'un mot et d'un groupe d'idées*, in *Civilisation. Le mot et l'idée*, Paris, Centre international de Synthèse, 1930, in-8º.

678.   —   *La Terre et l'Évolution humaine*, Paris, Albin Michel, 2ᵉ édition, 1924.

679.   FOLKIERSKI (W.), *Entre le classicisme et le romantisme. Étude sur l'esthétique et les esthéticiens du XVIIIᵉ siècle*, Cracovie et Paris, É. Champion, 1925, 604 p. in-8º.

680.   FONTAINE (A.), *Les doctrines d'art en France : peintres, amateurs, critiques, de Poussin à Diderot*, Paris, H. Laurens, 1909, III-361 p. in-8º.

681. FOUCAULT (Maurice), *Les procès de sorcellerie dans l'ancienne France devant les juridictions séculières,* Paris, Bonvalot-Jouve, 1907, 362 p. in-8°.

682. FOUCAULT (Michel), *Folie et déraison à l'âge classique,* Paris, Plon, 1961, 672 p. in-8°.

683. FRANKEL (Charles), *The faith of Reason, the idea of Progress in the French Enlightenment,* New York, King's Crown Press, 1948, X-165 p. in-8°.

684. FRIEDMANN (Georges), *Leibniz et Spinoza,* Paris, Gallimard, 1946, 323 p. in-8°.

685. FUSIL (C.-A.), *«L'anti-Lucrèce» du Cardinal de Polignac, contribution à l'étude de la pensée philosophique et scientifique dans le premier tiers du XVIIIᵉ siècle,* Paris, Édit. Scientifica, 1918, in-8°.

686.. GAGNEBIN (Bernard), *Burlamaqui et le Droit naturel,* Genève, Édit, de La Frégate, 1944, 318 p. in-8°.

687. *P. Gassendi (1592-1655), sa vie, son œuvre,* Centre international de Synthèse, Paris, Albin Michel, 1955, 207 p. in-16.

688. GASTON-MARTIN, *Nantes au XVIIIᵉ siècle. L'Ère des Négriers,* Paris, Alcan, 1931, 452 p. in-8°.

689. GAZIER (Augustin), *Histoire générale du mouvement janséniste depuis ses origines jusqu'à nos jours,* Paris, E. Champion, 1922, 2 vol. in-16.

690. GILLE (Bertrand), *Les origines de la grande industrie métallurgique en France,* Paris, Domat-Montchrestien, 1947, XXXI-212 p. gr. in-8°.

691. GILLOT (Hubert), *La querelle des Anciens et des Modernes en France,* Paris, E. Champion, 1914, XXXVIII-610 p. in-8°.

692. GOLDMANN (Lucien), *Sciences humaines et philosophie,* Paris, P.U.F., 1952, 145 p. in-12.

693. GONNARD (René), *La légende du Bon Sauvage. Contribution à l'étude des origines du socialisme,* Paris, Librairie de Médicis, 1946, 127 p. in-16.

694. GORÉ (Jeanne-Lydie), *L'itinéraire de Fénelon, humanisme et spiritualité,* Paris, P.U.F., 1957, 756 p. in-8°.

695. GOUHIER (Henri), *La philosophie de Malebranche et son expérience religieuse,* Paris, Vrin, 1926, 431 p. in-8°.

696. — *Nature et histoire dans la pensée de J.-J. Rousseau, Annales J.-J. Rousseau,* t. XXXIII, 1956, pp. 7-48.

697. GRAND-CARTERET, *L'histoire, la vie, les mœurs, la curiosité par l'image, le pamphlet et le document (1450-1900),* 5 vol. in-fol., t. IV, *XVIIIᵉ siècle,* 1927.

698. GRANGE (Henri), *Rousseau et la division du travail, Revue des Sciences humaines,* avril-juin 1957, pp. 143-155.

699. GREEN (Frederick-Charles), *La peinture des mœurs de la bonne société dans le roman français de 1715 à 1761,* P.U.F., 1924, 260 p. in-8°.

700. GRÉGOIRE (François), *Fontenelle, une «philosophie» désabusée,* Nancy, Thomas, 1947, XXXIX-475 p. in-8°.

701. — *Bernard de Mandeville et la Fable des Abeilles,* Nancy, Thomas, 1947, XVI-235 p. in-8°.

702. GRILLOT DE GIVRY, *Le musée des sorciers, mages et alchimistes,* Compiègne, Paris, Librairie de France, 1929, 450 p. in-4°.

703. GRIMSLEY (R.), *The idea of Nature in the «Lettres Persanes», French Studies,* 1951, pp. 293-306.

704. GRŒTHUYSEN (B.), *Origines de l'esprit bourgeois en France,* t. I, *L'Église et la bourgeoisie,* Paris, N.R.F. Bibliothèque des idées, 1927, 299 p. in-8°; t. II, *Philosophie de la Révolution française, ibid.,* 1956, 306 p. in-8°.

705. GRŒTHUYSEN (B.), L'Encyclopédie, in Tableau de la littérature française, Paris, Gallimard, 1939 (second tirage, 1962), t. II, pp. 314-323.

706. GRUA (Gaston), Jurisprudence universelle et théodicée selon Leibniz, Paris, P.U.F., 1953, 548 p. in-8º.

707. — La justice humaine selon Leibniz, Paris, P.U.F. 1956, XII-416 p. in-8º.

708. GUÉROULT (R.) Dynamique et métaphysique leibniziennes, Paris, «Les Belles Lettres», 1934, 230 p. in-4º.

709. GURVITCH (Georges), L'idée du Droit social, Histoire doctrinale depuis le XVIIe siècle jusqu'à la fin du XIXe siècle, Paris, Recueil Sirey, 1932, IX-713 p. in-8º.

710. GURVITCH (Georges), La sociologie juridique de Montesquieu, Revue de Métaphysique et de morale, octobre 1939, pp. 611-627.

711. GUYÉNOT (Émile), Les Sciences de la vie aux XVIIe et XVIIIe siècles. L'idée d'évolution, Paris, Albin Michel, 1941, XXIII-463 p. in-8º.

712. GUYOT (Charly), Diderot par lui-même, «Écrivains de toujours», Paris, Édit. du Seuil, 1953, 191 p. in-16.

713. HAMEL (Charles), Histoire de l'abbaye et du Collège de Juilly, Paris, Douniol, 1868, 3e édit., 1888, Paris, J. Gervais, XXIV-677 p. in-8º.

714. HAMPTON (John), Nicolas-Antoine Boulanger et la science de son temps, Genève, Droz et Lille, Giard, 1955, 208 p. in-8º.

715. HARNOIS (Guy), Les théories du langage en France de 1660 à 1821, Paris, «Les Belles Lettres», s.d., 95 p. in-8º.

716. HARSIN (P.), Les doctrines monétaires et financières en France du XVIe au XVIIIe siècles, Paris, F. Alcan, 1928, XXII-327 p. in-8º.

717. HASTINGS (H.), Man and beast in French thought of the eighteenth century, Baltimore, Johns Hopkins University Press, 1936, 297 p. in-8º.

718. HAYMANN (Franz), La loi naturelle dans la philosophie politique de J.-J. Rousseau, in Annales J.-J. Rousseau, t. XXX, 1943-45 (pp. 65-109).

719. HAZARD (Paul), La crise de la conscience européenne (1680-1715), Paris, Boivin, 1935, 3 vol. in-8º.

720. — La pensée européenne au XVIIIe siècle de Montesquieu à Lessing, Paris, Boivin, 1946, 3 vol. in-8º.

721. — Le problème du mal dans la conscience européenne du XVIIIe siècle, The Romanic Review, avril 1941, pp. 147-170.

722. HENDERSON (G.D.), Chevalier Ramsay, Londres, T. Nelson and sons, 1952, X-245 p. in-8º.

723. HERMAND (Pierre), Les idées morales de Diderot, Paris, P.U.F. 1923, 303 p. in-8º.

724. HUBERT (René), Les sciences sociales dans l'Encyclopédie. La philosophie de l'histoire et le problème des origines sociales, Lille, Travaux et Mémoires de l'Université, 1923, 368 p. in-8º.

725. — Essai sur l'histoire de l'idée de progrès, in Revue d'histoire de la Philosophie et d'Histoire générale de la civilisation, 15 oct. 1934.-15 janv. 1935, pp. 289-305 et 1-32.

726. — La notion du devenir historique dans la philosophie de Montesquieu, Revue de Métaphysique et de Morale, 1939, pp. 587-610.

727. HUTIN (Serge), L'Alchimie, Paris, P.U.F., «Que sais-je?», 1951, in-16.

728. — Les Francs-Maçons, Paris, Édit. du Seuil, «Le Temps qui court», 1960, in-16.

729. *Histoire générale des civilisations,* publiée sous la direction de Maurice Crouzet, t. V, *Le XVIIIᵉ siècle...,* Paris, P.U.F., 1953, 568 p. gr. in-8º.

730. *Histoire générale des sciences,* publiée sous la direction de R. Taton, Paris, P.U.F., t. II, *La science moderne,* 1958, in-8º.

731. JAMESON (R.P.), *Montesquieu et l'esclavage, étude sur l'opinion anti-esclavagiste en France au XVIIIᵉ siècle,* Paris, Hachette, 1911, 271 p. in-8º.

732. JEANNIN (Pierre), *Les marchands au XVIᵉ siècle,* Paris, Édit. du Seuil, « Le Temps qui court », 1957, in-16.

733. JOHNSTON (Elsie), *Le marquis d'Argens, sa vie et son œuvre,* Paris, Champion, 1928, 223 p. in-8º.

734. JOURDAIN (Ch.), *Histoire de l'Université de Paris aux XVIIᵉ et XVIIIᵉ siècles,* Paris, 1862-66, 2 vol. in-8º (Livre III).

735. JULLIAN (C.), *Histoire de Bordeaux, depuis les origines jusqu'à 1891,* Bordeaux, Féret et fils, 1895, IX-804 p. in-4º.

736. KELSEN (H.), *Justice et Droit naturel* in *Le Droit naturel,* (articles de H. Kelsen, Ch. Perelman, A.P. d'Entrèves, B. de Jouvenel, N. Bobbio, M. Prévost, Ch. Eisenmann), *Institut international de Philosophie politique, Annales de Philosophie politique,* III, Paris, P.U.F., 1959, 230 p. in-12.

737. KOYRÉ (A.), *La philosophie de Jacob Boehme,* Paris, J. Vrin, 1929, XVII-525 p. in-8º.

738. — *Études galiléennes,* Paris, Hermann, 1939, 3 vol. in-8º.

739. — *From the closed world to the infinite universe,* Baltimore, Johns Hopkins Press, 1957, XII-313 p. in-16.

740. — *The newtonian synthesis, Archives internationales des Sciences,* 1950, pp. 291-311.

741. — *La gravitation universelle, de Képler à Newton, ibid.,* 1951, pp. 638-653.

742. KRAUSS (Werner), *Cartaud de la Villate. Ein Beitrag zur Entstehung des geschichtlichen Weltbildes in der französischen Aufklärung,* Academie-Verlag, Berlin, 1960, 2 vol. in-12.

743. LABROUSSE (Ernest), *La crise de l'économie française à la fin de l'Ancien Régime et au début de la Révolution,* Paris, P.U.F., 1943, LXXV-664 p. gr. in-8º.

744. LACOUR-GAYET (G.), *L'éducation politique de Louis XIV,* Paris, Hachette, deuxième édition, 1923, V-358 p. in-8º.

745. LAGERBORG (Rolf), *Un écrit apocryphe de Fontenelle, Revue d'histoire de la philosophie et d'histoire générale de la civilisation,* 1935, pp. 340-359.

746. LA HARPE (Jacqueline de), *Jean-Pierre de Crousaz et le conflit des idées au siècle des lumières,* Genève, Droz, et Lille, Giard, 1955, 284 p. in-4º.

747. — *Le Journal des Savants et la renommée de Pope en France au XVIIIᵉ siècle,* Berkeley, University of California Press, 1933, pp. 173-215, in-8º.

748. — *L'abbé Laurent Bordelon et la lutte contre la superstition en France entre 1680 et 1730,* University of California publications in modern philology, 1942, vol. XXVI, nº 2, pp. 123-224.

749. LALANDE (A.), *Vocabulaire technique et critique de la philosophie,* Paris, Alcan, 1926, 7ᵉ édit., Paris, P.U.F., 1956, XXIV-1324 p., gr. in-8º.

750. LANGE (F.A.), *Histoire du matérialisme* (trad. Pommerol), Paris, Reinwald, 1877-1879, 2 vol. in-8º.

751. LANSON (Gustave), *Origine et premières manifestations de l'esprit philosophique dans la littérature française de 1675 à 1748, Revue des cours et conférences,* 1907-1910.

752. LANSON (G.), *Questions diverses sur l'histoire de l'esprit philosophique en France, avant 1750*, R.H.L.F., janvier et juin 1912, pp. 1-19, et 293-317.

753. — *Le déterminisme historique et l'idéalisme social dans « l'Esprit des Lois »*, Revue de Métaphysique et de Morale, 1916, pp. 177 sq.

754. LANTOINE (Albert), *Les lettres philosophiques de Voltaire*, Paris, Sfelt, 1946, 194 p. in-16.

755. — *Un précurseur de la franc-maçonnerie, John Toland (1670-1722)*, Paris, E. Nourry, 1928, 260 p. in-8°.

756. LARROUMET (G.), *Marivaux, sa vie et ses œuvres*, Paris, Hachette, 1882, 640 p. in-8°.

757. LECLER (Joseph), *Libéralisme économique et libre pensée au XVIIIe siècle : Mandeville et la Fable des Abeilles*, Études, 5 mars 1937, pp. 624-645.

758. LEFEBVRE (Georges), *La Révolution française*, in *Peuples et Civilisations*, t. XIII, Paris, P.U.F., 1957, 687 p. in-8°.

759. LEFEBVRE (Henri), *Diderot*, Paris, « Hier et aujourd'hui », Les Éditeurs réunis, 1949, 309 p. in-16.

760. LE GOFF (Jacques), *Marchands et banquiers de Moyen-Age*, Paris, P.U.F. « Que sais-je ? », 1956.

761. LEMÉE (Pierre), *Julien Offray de La Mettrie*, Nouvelle Édition, Mortain, Imprimerie du Mortainais, 1954, 275 p. in-8°

762. LENOBLE (Robert), *Mersenne ou la naissance du Mécanisme*, Paris, Vrin, 1943, LXII-635 p. gr. in-8°.

763. — *L'évolution de l'idée de Nature du XVIe au XVIIIe siècle*, Revue de Métaphysique et de morale, 1953, pp. 108-129.

764. — *La représentation du monde physique à l'époque classique*, XVIIe siècle, janvier 1956, pp. 5-24.

765. LE ROY (Georges), *La psychologie de Condillac*, Paris, Boivin, 1937, 240 p. in-8°.

766. LEROY-LADURIE (Emmanuel), *Histoire et climat*, Annales E.S.C., janvier-mars 1959, p. 3-34.

767. LOMBARD (Alfred), *L'abbé Du Bos, un initiateur de la pensée moderne (1670-1742)*, Paris, Hachette, 1913, VIII-616 p. in-8°.

768. — *Fénelon et le retour à l'Antique au XVIIe siècle*, Mémoires de l'Université de Neuchâtel, t. XXIII, Neuchâtel, 1954, 144 p. in-8°.

769. LOVEJOY (A.O.), *Primitivism and related ideas in Antiquity*, Baltimore, The Johns Hopkins Press, 1935, in-8°.

770. — *The great chain of being*, Cambridge (U.S.A.), Harvard University Press, 1942, XI-392 p. in-8°.

771. — *Essays in the history of ideas*, Baltimore, The Johns Hopkins Press, XVIII-354 p. in-8e.

772. LUPPOL (K.)., *Diderot. Ses idées philosophiques*, trad. du russe par V. et Y. Feldman, Paris, Éditions sociales internationales, 1936, 405 p. in-16.

773. MAIGRON (Louis), *Fontenelle, l'homme, l'œuvre, l'influence*, Paris, Plon, 1906, IV-432 p. in-8°.

774. MARCU (E.), *Un encyclopédiste oublié : Formey*, R.H.L.F., juillet-septembre 1953, pp.296-305.

775. MARTIN (Germain), *La grande industrie en France sous Louis XV*, Paris, A. Fontemoing, 1900, 402 p. in-8°.

776. MARTINO (Pierre), *L'Orient dans la littérature française au XVIIe et au XVIIIe siècle*, Paris, Hachette, 1906, 378 p. in-8°.

777. — *De quelques résidus métaphysiques dans »L'Esprit des Lois », Revue d'histoire de la philosophie et d'histoire générale de la civilisation*, juillet-septembre 1946.

778. MASSON (P.-M.), *La religion de J.-J. Rousseau*, Paris, Hachette 1907, 3 vol. in-16.

779. MATORÉ (Georges), *La méthode en lexicologie*, Paris, M. Didier, 1953, 127 p. in-8°.

780. MAUZI (Robert), *L'idée du bonheur au XVIIIe siècle*, Paris, A. Colin, 1960, 725 p. in-8°.

781. — *Écrivains et moralistes du XVIIIe siècle devant les jeux de hasard, Revue des Sciences humaines*, avril-juin 1958, pp. 219-256.

782. — *Les maladies de l'âme au XVIIIe siècle, ibid.*, octobre-décembre 1960, pp. 459-493.

783. — *Les rapports du bonheur et de la vertu dans l'œuvre de Diderot, C.A.I.E.F.*, n° 13, 1961, pp. 255-268.

784. MAYER (Jean), *Diderot homme de science*, Rennes, Les Nourritures terrestres, 1960, XIV-490 p. gr. in-8°.

785. MERCIER (Roger), *La réhabilitation de la nature humaine (1700-1750)*, Villemomble, Éditions « La Balance », 1960, 491 p. in-8°.

786. — *L'enfant et sa première éducation devant la pensée européenne au XVIIIe siècle (avant « l'Émile »)*, Université de Dakar, 1961.

787. — *L'Afrique Noire dans la littérature francaise. Les Premières images (XVIIe-XVIIIe siècles), ibid.*, 1962, 242 p. gr. in-8°.

788. — *La théorie des climats des « Réflexions critiques » à « l'Esprit des Lois »*, R.H.L.F., janvier-mars et avril juin 1953, 17-37 et 159-174.

789. — *La notion de loi morale chez Montesquieu, in Literature and Science*, Oxford, Basil Blackwell, 1955, pp. 184-192.

790. METZGER (Hélène), *Les doctrines chimiques en France du début du XVIIe siècle à la fin du XVIIIe*, Paris, P.U.F. 1923, 496 p. in-8°.

791. — *Newton, Stahl, Boerhaave et la doctrine chimique*, Paris, Alcan, 1930, 332 p. in-8°.

792. — *Attraction universelle et religion naturelle chez quelques commentateurs anglais de Newton*, Paris, Hermann, 1938, 3 vol. in-4°.

793. MONDJIAN (Kh.), *La philosophie d'Helvétius*, trad. du russe, Moscou, Éditions en langues étrangères, 1959, 446 p. in-8°.

794. MONOD (Albert), *De Pascal à Chateaubriand. Les défenseurs français du christianisme de 1670 à 1802*, Paris, Alcan, 1916, 608 p. in-8°.

795. MONTGOMERY (Frances K.), *La vie et l'œuvre du P. Buffier*, Paris, Association du Doctorat, 1930, 230 p. in-8°.

796. MORAZÉ (Charles), *Les bourgeois conquérants*, Paris, A. Colin, 1957, XII-492 p. in-8°.

797. MOREHOUSE (A.R.), *Voltaire and Jean Meslier*, New-Haven, Yale University Press, 1936, 158 p. gr. in-8°.

798. MOREL (Jean), *Les sources du « Discours sur l'inégalité », Annales J.-J. Rousseau*, V, 1909, pp. 119-198.

799. MORIZE (André), *L'apologie du luxe au XVIIIe siècle. « Le Mondain » et ses sources*, Paris, Didier, 1909, 190 p. in-8°.

800. MORNET (Daniel), *Les sciences de la nature en France au XVIIIe siècle*, Paris, A. Colin, 1911, 291 p. in-16.

801. — *Les origines intellectuelles de la Révolution francaise*, Paris, A. Colin, 1933, 552 p. in-8°.

802. — *La question des règles au XVIIIe siècle*, R.H.L.F., 1914, pp. 241-268 et 592-617.

803. MORTIER (Roland), *Les « Dialogue sur l'âme » et la diffusion du matérialisme au XVIIIe siècle*, R.H.L.F., juillet-septembre 1961, pp. 342-358.

804. MOUSNIER (Roland), *Progrès scientifique et technique au XVIIIe siècle*, Paris, Plon, 1958, 451 p. in-16.

805. MOUY (Paul), *Le développement de la physique cartésienne (1646-1712)*, Paris, Vrin, 1934, 340 p. in-8°

806. NAVES (Raymond), *Le goût de Voltaire*, Paris, Garnier, 1938, 566 p. in-4°.

807. — *Un adversaire de la théorie des climats au XVIIIe siècle : Adrien Baillet*, R.H.L.F., 1936, pp. 430-432.

808. NAVILLE (Pierre), *Paul-Thiry d'Holbach et la philosophie scientifique du XVIIIe siècle*, Paris, Gallimard, 1943, 473 p. in-8°.

809. OSTOYA (Paul), *Histoire des théories de l'évolution*, Paris, Payot, 1951, 264 p. in-8°.

810. OUDIN (Charles), *Le spinozisme de Montesquieu*, Paris, Pichon et Durand-Auzias, 1911, 163 p. in-8°.

811. PALMADE (Guy), *Le capitalisme et les capitalistes*, Paris, A. Colin, 1961, 297 p. gr. in-16.

812. PALMER (R.R.), *Catholics and unbielievers in Eighteenth century France*, New York, Princeton University Press, 1939, 236 p. in-8°.

813. PAPPAS (John-Nicholas), *Berthier's Journal de Trévoux and the philosophes*, Columbia University, 1955, et in *Studies on Voltaire and the eighteenth century*, Genève, 1957, t. III, 238 p. in-8°.

814. PARÈS (A. Jacques), *Le procès Girard-Cadière*, Marseille, s.e., 1928, 151 p. in-8°.

815. PILLON (François), *L'évolution de l'idéalisme au XVIIIe siècle, Malebranche et ses critiques*, Année philosophique, 1893-1896.

816. PINOT (Virgile), *La Chine et la formation de l'esprit philosophique en France (1640-1740)*, Paris, P. Geuthner, 1932, 480 p. in-8°.

817. PINTARD (René), *Le libertinage érudit dans la première moitié du XVIIe siècle*, Paris, Boivin, 1943, 2 vol. in-8°, XI-767 p.

818. — *Voltaire et l'Encyclopédie*, Annales de l'Université de Paris, octobre-décembre 1952, pp. 39-56.

819. — *Fontenelle et la société de son temps*, Annales de l'Université de Paris, juillet-septembre 1957, pp. 396-401.

820. PIZZORUSSO (Arnaldo), *Crousaz e una dottrina del Bello*, Convivium, n° 5, septembre-octobre 1954, pp. 565-580.

821. PLEKHANOV (G.), *L'art et la vie sociale*, Paris, Éditions sociales, 1953, 317 p. in-8°.

822. POLIN (Raymond), *La politique morale de John Locke*, Paris, P.U.F., 1960, 320 p. in-8°.

823. POMEAU (René), *La Religion de Voltaire*, Paris, Nizet, 1956, 516 p. gr. in-8°.

824. — *État présent des études voltairiennes*, in *Travaux sur Voltaire et le XVIIIe siècle*, publiés sous la direction de Th. Besterman, Genève, Institut et Musée Voltaire, t. I, 1955, pp. 183-200.

825. POMEAU (René), *Voltaire par lui-même*, Paris, Éditions du Seuil, 1955, 192 p. in-16.

826. — *De la Nature : essai sur la vie littéraire d'une idée, Revue de l'enseignement supérieur*, nᵒ 1, 1959, pp. 107-121.

827. POMMIER (Jean), *Diderot avant Vincennes*, Paris, Boivin, 1939, 119 p. in-16.

828. PORCHNEV (B.F.), *Le vrai « grand siècle ». Les soulèvements populaires en France avant la Fronde, La Pensée*, janvier-février et mars-avril 1952, pp. 29-40 et 71-79.

829. PRICE (E.H.), *Montesquieu's historical conception of the Fundamental Law, The Romanic Review*, octobre 1947, pp. 234-242.

830. PROST (Joseph), *Essai sur l'atomisme et l'occasionnalisme dans la philosophie cartésienne*, Paris, H. Paulin, Paris, 1907, 277 p. in-8ᵒ.

831. PROUST (Jacques), *Diderot et l'Encyclopédie, Paris*, A. Colin, 1962, 621 p. in-8ᵒ.

832. — *Diderot et le XVIIIᵉ siècle francais en U.R.S.S., R.H.L.F.*, juillet- septembre 1954, pp. 320-328.

833. — *Diderot et la physiognomonie, Cahier de l'Association internationale des études françaises*, nᵒ 13, 1961, pp. 317-330.

834. RICHARD (G.), *La noblesse commerçante à Bordeaux et à Nantes au XVIIIᵉ siècle, L'information historique*, 1958, pp. 185 sq.

835. RIGAULT (Hippolyte), *La querelle des Anciens et des Modernes*, Paris, Hachette, 1856, V-491 p. in-8ᵒ.

836. ROCHEMONTEIX (Le P. C. de), *Un collège de Jésuites aux XVIIᵉ et au XVIIIᵉ siècle*, Le Mans, Leguicheux, 1889, 4 vol. in-8ᵒ.

837. RODDIER (Henri), *L'abbé Prévost, l'homme et l'œuvre*, Paris, Hatier-Boivin, 1955, 200 p. in-16.

838. ROGER (Jacques), *Les sciences de la vie dans la pensée française du XVIIIᵉ siècle. La génération des animaux de Descartes à l'Encyclopédie*, Paris, A. Colin, 1962, 842 p. gr. in-8ᵒ.

839. — *Un manuscrit perdu et retrouvé : les Anecdotes de la Nature, R.S.H.*, juillet-septembre 1953.

840. ROMBOUT (M.W.), *La conception stoïcienne du bonheur chez Montesquieu et chez quelques-uns de ses contemporains*, Leiden Universitaire Pers, 1958, 116 p. in-8ᵒ.

841. ROSENFIELD (L.C.), *From Beast-Machine to Man-Machine, the theme of animal Soul in French letters from Descartes to La Mettrie*, New York, Oxford University Press, 1941, 353 p. in-8ᵒ.

842. ROSTAND (Jean), *La formation de l'être. Histoire des idées sur la génération*, Paris, Hachette, 1930, 223 p. in-16.

843. — *La genèse de la vie. Histoire des idées sur la génération spontanée*, Paris, Hachette, 1943, 206 p. in-16.

844. — *Diderot et la biologie, R.H.S.*, janvier-mars 1952, pp. 5-17.

845. — *Montesquieu et la biologie, ibid.*, avril-juin 1955, pp. 129-136.

846. ROUFF (Marcel), *Les mines de charbon en France au XVIIIᵉ siècle (1744-1791)*, Paris, F. Rieder, 1922, 627 p. in-8ᵒ.

847. ROUPNEL (Gaston), *Histoire de la campagne française*, Paris, Grasset, 1932, 432 p. in-16.

848. RUYER (Raymond), *L'utopie et les utopies*, Paris, P.U.F., 1950, 293 p. in-8ᵒ.

849. SAINT-GIRONS (Claude), *L'idée de nature dans l'esthétique de Pascal*, *XVIIe siècle*, n⁰ 49, 1960, pp. 1-10.

850. SARTRE (Jean-Paul), *Critique de la raison dialectique, précédée de Question de méthode*, Paris, Gallimard, 1961, 755 p. in-8⁰.

851. SAVIOZ (Raymond), *La philosophie de Ch. Bonnet, de Genève*, Paris, J. Vrin, 1948, 394 p. in-8⁰.

852. SCHIER (Donald-Stephen), *Louis-Bertrand Castel, anti-newtonian scientist*, Cedar Rapids, Iowa, The Torch Press, 1941, X-229 p. in-8⁰.

853. SCHINZ (Albert), *The concept of nature in philosophy and literature; a consideration of recents discussions*, Proceedings of the American Philosophy Society, vol. 68, n⁰ 3, 1929, pp. 207-225.

854. SCHLEGEL (Dorothy), *Shaftesbury and the French Deists*, University of North Carolina Press, 1956, VII-143 p. in-8⁰.

855. SECRÉTAN (Cl.), *Un aspect de la chimie pré-lavoisienne, le cours de G.-F. Rouelle*, Lausanne, Imprimerie commerciale, 1943, 111 p. in-8⁰.

856. SÉE (Henri), *La France économique et sociale au XVIIIe siècle*, Paris, A. Colin, 1925, 194 p. in-16.

857. — *La vie économique et les classes sociales en France au XVIIIe siècle*, Paris, F. Alcan, 231 p. in-8⁰.

858. SEILLIÈRE (Baron Ernest), *La doctrine de la bonté naturelle de Montaigne à Delisle de Sales*, Comptes rendus des séances et travaux de l'Académie des sciences morales et politique, 1925, t.I. pp. 369-410.

859. SHACKLETON (Robert), *Montesquieu. A critical biography*, Oxford University Press, 1961, XV-432 p. in-8⁰.

860. — *Montesquieu, Bolingbroke and the separation of powers, French studies*, janvier 1949, pp. 25-38.

861. — *Montesquieu in 1948*, ibid., octobre 1949, pp. 299-323.

862. — *The evolution of Montesquieu's theory of climate*, Revue internationale de philosophie, 1955, p. 319-329.

863. SIMON (Renée), *Henry de Boulainviller, historien, politique, philosophe, astrologue (1658-1722)*, Paris, Boivin, 1939, 702 p. in-8⁰.

864. — *A la recherche d'un homme et d'un auteur, essai de bibliographie des ouvrages du comte de Boulainviller*, Gap, L. Jean, 1940, 52 p. in-8⁰.

865. SOBOUL (Albert), *L'Encyclopédie et le mouvement encyclopédiste*, La Pensée, novembre-décembre 1951, pp. 45-51.

866. SOMBART (Werner), *Le bourgeois, contribution à l'histoire morale et intellectuelle de l'homme économique moderne*, trad. de l'allemand par S. Jankélévitch, Paris, Payot, 1926, 586 p. in-8⁰.

867. SOMMERVOGEL (Le P. C. de), *Essai historique sur les Mémoires de Trévoux*, Paris, A. Durand, 1864, 101 p. in-12.

868. SOREIL (Arsène), *Introduction à l'histoire de l'esthétique française, contribution à l'étude des théories littéraires et plastiques en France, de la Pléiade au XVIIIe siècle*, Nlle Édit., Bruxelles, Palais des Académies, 1955, 152 p. in-4⁰.

869. SORRE (Max.), *Les fondements de la géographie humaine*, t. I : *Les fondements biologiques. Essai d'une écologie de l'homme*, seconde édit. revue et augmentée, Paris, A. Colin, 1947, 447 p. in-8⁰.

870. — *Géographie psychologique*, Paris, P.U.F., 1954, 52 p. in-8⁰.

871. SORTAIS (Le P. G.), *Le cartésianisme chez les Jésuites français au XVIIe et au XVIIIe siècle*, Paris, Beauchesne, 1929, 112 p. in-8⁰.

872. SPENGLER (Joseph J.), *Économie et population. Les doctrines françaises avant 1800. De Budé à Condorcet*, Institut National d'études démographiques, *Travaux et documents, Cahier n° 21*, Paris, 1954, 390 p. in-8°.

873. SPINK (J.-S.), *French free-thought from Gassendi to Voltaire*, University of London, The Athlone Press, 1960, X-345 p. in-8°.

874. — *L'échelle des œuvres et des valeurs dans l'œuvre de Diderot*, C.A.I.E.F., n° 13, 1961. pp. 339-352.

875. STAROBINSKI (Jean), *Montesquieu par lui-même*, Paris, les Éditions du Seuil, 190 p. in-16.

876. THIELEMANN (L.J.), *Thomas Hobbes dans « L'Encyclopédie »*, R.H.L.F., juillet-septembre 1961, pp. 333-346.

877. TONELLI (Giorgio), *La nécessité des lois de la nature au XVIII⁰ siècle et chez Kant en 1762*, Revue d'histoire des sciences, juillet-septembre 1959, pp. 224-241.

878. TORLAIS (J.), *Réaumur*, Paris, Desclée de Brouwer, 1937, 448 p. in-8°.

879. TORREY (Norman L.), *Voltaire and the english Deists*, New Haven, Yale University Press, 1930, 224 p. in-8°.

880. — *Boulainvilliers : the man and the mask*, in *Travaux sur Voltaire*, Institut et musée Voltaire, Genève, 1955, t. I, pp. 159-173.

881. TRAHARD (Pierre), *Les maîtres de la sensibilité française au XVIII⁰ siècle*, Paris, Boivin et Cⁱᵉ, 1931-33, 4 vol. in-8°.

882. — *La sensibilité révolutionnaire (1789-1794)*, Paris, Boivin et Cⁱᵉ, 1936, 283 p. in-8°.

883. VACANT, MANGENOT, AMANN, *Dictionnaire de théologie catholique*, Paris, Letouze, 1930-1951, 16 vol. in-4°.

884. VAN TIEGHEM (Paul), *Le Préromantisme. Étude d'histoire littéraire européenne*, t. I et II, Paris, F. Rieder, 1924-1930, 2 vol. in-8°.

885. — t. III, *La découverte de Shakespeare sur le continent*, Paris, Sfelt, 1947, 412 p. in-8°.

886. — *Le sentiment de la nature dans le pré-romantisme européen*, Paris, Nizet, 1960, 276 p. in-8°.

887. VAN WIJNGAARDEN (Nicolas), *Les Odyssées philosophiques en France entre 1616 et 1789*, Haarlem, s. e., 1932, 257 p. in-8°.

888. VARTANIAN (Aram), *Diderot and Descartes, a study of scientific naturalism in the Enlightenment*, Princeton University Press, 1953, VII-336 p. in-8°.

889, VAUGHAN (Ch. E.), *Studies in the history of political philosophy before and after Rousseau*, nouvelle édition, Manchester University Press, 1939, 2 vol. in-8°.

890. VENTURI (Franco), *La jeunesse de Diderot (de 1713 à 1753)*, trad. de l'italien par Juliette Bertrand, Paris, Skira, 1939, 417 p. in-8°.

891. — *Le Origini dell'Enciclopedia*, Roma, Edizioni U, 1946, 166 p. in-8°.

892. — *Saggi sull'Europa illuminista*, t. I, *Alberto Radicati di Passerano*, Torino, Guilio Einaudi Editore, 1954, 288 p. in-8°.

893. VERNIÈRE (Paul), *Spinoza et la pensée française avant la Révolution*, Paris, P.U.F., 1954, 2 vol. in-8°.

894. — *Le Spinozisme et l'Encyclopédie*, R.H.L.F., juillet-septembre 1951, pp. 347-358.

895. — *Montesquieu et le monde musulman*, Actes du Congrès Montesquieu, 23-26 mai 1955, Bordeaux, Delmas, 1956, pp. 175-190.

896. VIAL (Fernand), *Une philosophie et une morale du sentiment, Luc de Clapiers, marquis de Vauvenargues*, Paris, Droz, 1938, 304 p. in-8º.

897. VIATTE (Auguste), *Les sources occultes du Romantisme. Illuminisme, Théosophie, 1770-1820.*, Paris, H. Champion, 1928, 2 vol., in-8º.

898. VOLGUINE (V.-P.), *L'idéologie révolutionnaire en France au XVIIIᵉ siècle, ses contradictions et son évolution, La Pensée*, juillet-août 1959, pp. 83-98.

899. VON DER MUHLL (Emanuel), *Denis Veiras et son histoire des Sévarambes*, Paris, E. Droz, 1938, 293 p. in-8º.

900. WADE (Ira O.), *The clandestine organization and diffusion of philosophical ideas in France from 1700 to 1750*, Princeton University Press, 1938, XI-329 p. in-8º.

901. — *Voltaire and Mᵐᵉ du Châtelet, an essay on the intellectual activity at Cirey, ibid.*, 1941, 241 p. in-8º.

902. — *Studies on Voltaire with some unpublished papers of Mᵐᵉ du Châtelet, ibid*, 1947, 244 p. in-12.

903. WAGNER (R.-L.), « *Sorcier* » *et* « *Magicien* ». *Contribution à l'histoire du vocabulaire de la Magie*, Paris, Droz, 1939, 292 p. in-8º.

904. WEIL (Françoise), *Montesquieu et le Despotisme, Actes du Congrès Montesquieu...*, Bordeaux, Delmas, 1956, pp. 191-215.

905. WEULERSSE (G.), *Le mouvement physiocratique en France (de 1756 à 1770)*, Paris, F. Alcan, 1910, 2 vol. in-8º.

906. WILLEY (Basil), *The Eighteenth Century Background, studies on the idea of Nature in the thought of the period*, Londres, Chatto and Windus, 1940, 302 p. in-8º.

***

INDEX

DES PRINCIPAUX AUTEURS CITÉS[1]

A

Abbadie, 403, 423, 426, 450. Bibl. 33, 34.

Adam, 779, 780. Bibl. 386, 543, 544.

Aguesseau (d'), 134, 337, *338-339*, 345, 394, 426, 475, 478, 530, 532. Bibl. 36.

[Albert (le grand) ?], 30, 31. Bibl. 535, 536.

Alembert (d'), 22, 67, 79, *159-160*, 164, 169, 175, 184, 234, 244, 410, *774-775*, 783. Bibl. 37, 38, 39.

Althusser, 490, 496, 515. Bibl. 546.

André, 113, *298-300*, 302, 319, 321, 322, 327, 371, 517, 713. Bibl. 41, 42.

Andry, 87, 624.

Arbuthnot, *697-701*, *703-705*, 715, 735. Bibl. 43.

Argens (d'), 41, 164, 165, 177, *181-182*, *295-297*, 380, 409, 417, 453, 462, 474, 484, 546, 683, 772. Bibl. 44, 45, 46, 47, 48, 49, 733.

Aristote, 12, 13, 54, 58, 59, 74, 109, 110, 114, 191, 219, 258, 260, 338, 405, 423, 675, 693, 699, 705.

Arnauld, 15, 18, 418, 419, 427, 441, 549, 551, 553, 561, 616, 680.

Arpe, 50. Bibl. 51.

Artigny (d'), 37. Bibl. 52.

Astruc, 73, 697, *700-701*, 703. Bibl. 53, 54, 55.

Aube (François Richer d'), 345, 500. Bibl. 56.

Audra, 644. Bibl. 551.

Augustin (St), 13, 14, 298, 322, 664, 674.

Aulnoy (d'), 29. Bibl. 57.

B

Bachelard (Gaston), 70, 721. Bibl. 552, 553.

Bachelard (S.), 170.

Baglivi, 105, 203.

Baillet, Bibl. 59, 807.

Baltus, 33. Bibl. 60.

Banières, 155.

Barber, 134, 150, *638-639*, 642. Bibl. 556.

Barbeyrac, 159, 332, 338, 339, 344, 345, 356, 400, 473, 486, 491, 500, 527. Bibl. 7, 436, 437.

Barbier, 52, 783.

Barrière, 68, 98, 103, 200, 204, 697, 699. Bibl. 557, 558, 559.

Batteux, *300-302*, *303-304*, 318, 321, Bibl. 62, 63.

Baudot de Juilly, 381, *551-553*. Bibl. 64.

Bayle, 20, 29, 30, 31, 32, 34, 36, 69, 81, 82, 83, 85, 105, 106, 107, 148, 149, 181, 225, 234, 287, 295, *333-335*, 341, 344, 348, 378, 393, 395, 399, 404, 405, 407, 408, 409, 410, 411, 412, 414, 415, 418, 421, 432, 445, 454, 455, 457, 459, 546, 548, 549, 561, 562,

---

(1) Les chiffres précédés de la mention Bibl. sont les numéros de la Bibliographie. Les autres chiffres — en italique pour les développements suivis — renvoient aux pages du texte.

563, 615, 616, 617, 620, 621, 626, 635, 636, 637, 639, 640, 641, 648, 653, 654, 665, 666, 674, 680, 684, 710. Bibl. 16, 65, 66, 67, 647.

Bazin, 186. Bibl. 68.

Beaumarchais, 311, 315.

Beaumont (de), 680. Bibl. 69.

Beausobre, Bibl. 70.

Beflert, 187.

Bekker, 29, 31. Bibl. 71.

Belaval, 148, 161, 326, 328. Bibl. 561, 562, 563.

Benichou, 19.

Benoist, 107, 412, 415. Bibl. 74.

Bentham, 342, 344.

Bentley, 177.

Berkeley, 171, 172, 685. Bibl. 75, 76.

Bernard, 415. Bibl. 77, 78.

Bernardin de Saint-Pierre, 93, 246.

Bernier, 50, 69, 546. Bibl. 79.

Bernis, 426, 641. Bibl. 80, 81.

Bernouilli, 699.

Berthier, 117, 487.

Bérulle, 13, 77, 664.

Besse, 763.

Beyer, 732. Bibl. 565, 566.

Bila, 29, 32. Bibl. 567.

Bloch (L.), 127. Bibl. 568.

Bloch (M.), 523. Bibl. 569.

Bodin, 693, 694, 696, 702, 721.

Boerhaave, 143, 144, 239, 688, 699, 700. Bibl. 82, 303, 791.

Boileau, 17, 18-19, 258, 260, 291, 693.

Boindin, Bibl. 83.

Boisguillebert, 381, 524, 578, 579, 580, 588, 743. Bibl. 84.

Boissier (A.), 30, 108. Bibl. 85.

Boissier (R.), 688. Bibl. 572.

Bolingbroke, 126, 306, 466, 557. Bibl. 86.

Bonnaire (de), 431, 495.

Bonnet, 193-194, 195, 197, 198, 212, 219, 238, 246, 771. Bibl. 87, 851.

Bordelon, 31-32. Bibl. 88, 748.

Bordeu, 702. Bibl. 89.

Bossuet, 14, 15, 16, 18, 69, 80, 335, 340, 403, 419, 420, 441, 473, 476, 479, 482, 484, 485, 488, 489, 514, 523, 553, 578, 580,

616, 665, 674, 753, 759. Bibl. 90, 91, 92, 93.

Bouchard, 116, 187, 601, 602, 698. Bibl. 575, 576, 577.

Bouchet, 427, 428.

Bougeant, 311, 559. Bibl. 94.

Bouhours, 258-259, 274, 693.

Bouillet, 67, 119.

Bouillier, 64, 110, 419, 616, 662, 663, 664. Bibl. 578.

Boulainvilliers, 42-44, 51, 96-97, 103-105, 200, 202, 377, 383, 509, 510, 511, 513, 514, 524, 623, 666, 672, 695, 724, 739. Bibl. 1, 2, 3, 95, 96, 97, 98, 99, 863, 864.

Boulanger, 202. Bibl. 100, 714.

Boullier, 678, 681-682, 684. Bibl. 101, 102.

Bourde, 600. Bibl. 579.

Boureau-Deslandes, 145, 599, 688, 689. Bibl. 103, 104, 105, 106.

Bourguet, 192-193, 198, 201. Bibl. 107.

Boursier, 663, 665. Bibl. 108.

Boutroux, Bibl. 580.

Bouvet, 409, 431.

Bouvier, 29. Bibl. 581.

Boyle, 38, 54-56, 57, 70, 81, 107, 127, 129, 143, 177. Bibl. 109.

Braudel, 9, 589.

Bray, 17, 18, 258, 260. Bibl. 583.

Bréhier, 506. Bibl. 584.

Brémond, 14.

Brethe de la Gressaye, 499. Bibl. 387.

Brillon, 509.

Brosses (de), 159, 289, 293, 295, 686, 712. Bibl. 110.

Brücker, 234.

Brumoy, 376. Bibl. 111.

Brunet, 65, 66, 67, 68, 139, 140, 152, 158, 168, 169, 170, 173, 174, 175. Bibl. 587, 588, 589, 590.

Brunetière, 19, 741. Bibl. 591.

Brunot, 189, 753. Bibl. 592.

Buddeus, 177, 443, 636. Bibl. 112.

Buffier, 85, 336, 337, 338, 339, 340, 341, 349, 357, 400, 401, 414, 415, 416, 417, 424-426, 435, 449, 480, 518, 523, 524, 530, 696, 714, 746, 755, 761. Bibl. 113, 114, 115, 116, 117, 795.

Buffon, 143, 165, 175-176, 182-185, 189, 190-191, 195, 199, 200, 201, 202, 203, 205, 207-210, 211,

215, 216, 217, *219-222,* 223, 224, 233, 234, 238, 242, 243, 244, 245, 247, 248, 442, 623, 685, 731, 740. Bibl. 118, 119, 120.

Burlamaqui, 331, 338, 339, 342, 372, 401, 453, 475, 476, 478, 480, 481, 482, 488, 491, 493, 500, 513, 526, 528. Bibl. 121, 122, 686.

Burnet, 43, 177, 200, 202, 623. Bibl. 20.

Burtt, 80, 81, 127. Bibl. 595.

Bury, 741, 766, 770. Bibl. 596.

Busson, 420, 421, 427, 546, 548, 613, 676, 680, 694. Bibl. 597.

C

Cahen, Bibl. 598.
Cally, 419, 420.
Calmel, 555. Bibl. 123.
Calmet, *35-36.* Bibl. 124.
Calvet, 18.
Campanella, 50.
Canguilhem, Bibl. 600, 601.
Canisius, 13, 437.
Cantillon, 524, 532, 595, *596-597.* Bibl. 125.
Carcassonne, 291, 292, 495, 509, 510, 514. Bibl. 603, 604, 605.
Cardan, 42, 50, 694.
Carré (J. R.), 67, 72, 78, 79, 88, 89, 90, 91, 152, 679, 682, 757, 758. Bibl. 232, 607, 608.
Cartaud de la Villate, 316, 327, 594, 694, 713, 784. Bibl. 126, 742.
Casanova, 32.
Cassirer, 258, 279, 320. Bibl. 609.
Castel, 51, 52, 112, *117-121,* 139, 142, 146, 148, 151, *155-156,* 157, 581, 640, 641, 681. Bibl. 127, 128, 129, 130, 131, 132, 852.
Castel de Saint-Pierre, 119, 120, 381, 445, 462, 467, 517, *532-534,* 543, 571, 749, 753, 768. Bibl. 133, 134, 135, 136, 658.
Castiglioni, 72. Bibl. 610.
Catrou, 458.
Caullery, 212. Bibl. 611, 612.
Caussin, 605.
Challes, 311. Bibl. 137.
Chardin, 707.
Charlevoix, 350, 414, 573. Bibl. 138.

Chateaubriand, 83, 92, 130, 246, 260.
Châtelet (Mme du), 134, 139, 150, 158, 159, 168, 407, *569-570,* 571, 600, 641. Bibl. 139, 140, 141, 142, 407, 901, 902.
Chaulieu, 292, 395, 546.
Chénier (A.), 260, 262, 304.
Chénier (M.-J.), 485.
Chérel, 131, 432, 457, 485, 579. Bibl. 613, 614, 615, 616.
Chinard, 742, 744, 748, 749. Bibl. 618.
Chubb, 645.
Cicéron, 233, 332, 343, 413, 450, 528, 529, 693, 727, 791. Bibl. 412, 655.
Clarke, 67, 78, *83-84,* 85, 130, 133, 134, 135, 142, *147-149,* 168, 662, 664, 665, 669, 670, 675. Bibl. 30, 144.
Clifton, 697.
Collingwood, Bibl. 621.
Collins, 126, 664, 670. Bibl. 145, 146.
Colonna, 40, *51-53,* 54, 215. Bibl. 147, 148, 149, 150, 151, 161.
Condillac, 22, 148, 154, 163, 166, 172, 251, 321, 555, 665, *684-687,* 751, 762, 764, 765. Bibl. 152, 153, 154, 155, 555, 765.
Condorcet, 88, 715, 740, 757, 763, 766, 783. Bibl. 156.
Cordemoy, 69, 78.
Corneille, 258, 322, 693, 694.
Côtes, 139.
Coyer, *380-381,* 384, 386, 517. Bibl. 157.
Coypel, 262, 282.
Crane, 771. Bibl. 625.
Crébillon, 276, 310. Bibl. 158.
Crébillon (fils), 304. Bibl. 159.
Crocker, Bibl. 627, 628, 629, 630, 631.
Croiset, 417, *441-442, 559-561,* 584, 605. Bibl. 160.
Crousaz, *81-82,* 83, 159, *196-197,* 263, *286-287,* 299, 300, 319, 341, 389, 418, 474, 477, 480, 523, 524, 530, 539, 556, 594, 644, 681, 714, 743. Bibl. 162, 163, 164, 165, 166, 167, 168, 746, 820.
Cudworth, 51, 72, 81, 106, 192, 412.

Cumberland, 332, 338, 339, 344, 400, 401. Bibl. 169.
Cuppé, 444, 448. Bibl. 170.
Cyrano de Bergerac, 50, 206. Bibl. 171.

D

Dacier (Mme), 255, 306.
Dagognet, 698. Bibl. 632.
Daubenton, 187, 189, 190.
Daudin, 189, 191, 193, 195, 198, 210, 211. Bibl. 633.
Daugis, 34. Bibl. 172.
Daumard, 570, Bibl. 634.
Daumas, 38, 720. Bibl. 635, 636.
Davy, Bibl. 637, 638, 662.
Dedieu, Bibl. 639, 640, 641, 642.
Delaunay, 72. Bibl. 643, 644.
Delisle de la Drevetière, 749.
Deloffre, 289, 353. Bibl. 359, 360, 362, 645.
Delvaille, 741, Bibl. 646.
Delvolvé, 69, 334, 459. Bibl. 647.
Denyse, 85, *111-112*, 423. Bibl. 175, 176.
Derathé, 344, 472, 473, 475, 476, 478, 486, 489, 499, 501, 750. Bibl. 649, 650.
Derham, *131-132*. Bibl. 177, 178.
Des Bans, 458, 459. 524. Bibl. 179.
Descartes, 28, 37, 41, 44, 47, 51, 54, 63, 65, 66, 68, 69, 70, 71, 72, 74, 77, 79, 83, 89, 91, 93, 94, 97, 99, 101, 102, 104, 106, 107, 109, 110, 111, 112, 113, 114, 119, 121, 126, 127, 128, 131, 133, 135, 138, 140, 143, 148, 149, 150, 151, 154, 155, 156, 158, 159, 160, 161, 168, 169, 176, 177, 181, 205, 209, 215, 218, 219, 238, 245, 258, 339, 421, 423, 453, 556, 612, 613, 622, 664, 673, 675, 676, 677, 678, 679, 680, 681, 687, 689, 699, 731, 740, 753, 757, 765, 787. Bibl. 132, 180, 562, 888.
Desessarts, 698.
Desfontaines, 85, 151, 310, 408, 434, 695. Bibl. 17, 18, 182, 295.
Des Maizeaux, 130, 142, 146, 147, 150, 664, 670, 675. Bibl. 7, 30, 472.

Destouches, 359. Bibl. 185.
Diderot, 19, 20, 38, 39, 52, 82, 90, 117, 138, 160, 162, 165, 177, 184, 185, 198, *214-215*, 226, 227, *233-234*, 235, 238, 239, 240, *242-245*, 246, 248, 282, 288, 296, 297, 305, 308, 310, 311, 315, 316, *318-328*, 345, 358, *369-374*, 382, 384, 385, 388, 389, 392, 394, 399, 410, *449-450*, 452, 455, 456, 464, 474, 476, 490, 514, 554, 559, 561, 562, 563, 623, 626, 649, 667, 671, 672, 675, 678, 685, 688, 689, 702, 707, 723, 743, 751, 757, 762, *764-765*, 769, 775, 779, 780, 781, 782, 783, 790, 791, 792, 793. Bibl. 187, 188, 189, 190, 191, 192, 193, 544, 561, 627, 629, 631, 654, 667, 675, 676, 723, 759, 772, 783, 827, 831, 832, 833, 844, 874, 888, 890.
Dieckmann, 754, 780. Bibl. 653, 654.
Dimoff, 332, 345. Bibl. 655, 656.
Dion, 523.
Dionis, 32, 699. Bibl. 194.
Domat, 15, 336, 339, 340, 394. Bibl. 195.
Donvez, 593.
Dortous de Mairan, 96, 97, 142, 146, 158. Bibl. 196, 197.
Dréano, Bibl. 657.
Dubos, 275, *278-288*, 296, 297, 303, 305, 315, 320, 324, 325, 510, 511, 513, 659, 693, 694, 695, *706-713*, 715, 716, 717, 720, 721, 726, 729, 761, 772. Bibl. 72, 198, 199, 582, 767.
Duclos, 386, 601, 782. Bibl. 200, 201.
Dufresnoy, 259.
Dugas, 64. Bibl. 659.
Duguet, 783. Bibl. 203, 204.
Du Halde, 407, *408-409*, 428, 430. Bibl. 26, 205.
Duhamel du Monceau, 600. Bibl. 206.
Dulard, 186, 188, 623, 624. Bibl. 207.
Dulaurens, 102, 103. Bibl. 208.
Dumarsais, 87, 377, 754. Bibl. 27, 209.
Dupin (E.), 443.
Dupin (L.-Cl.), 533, 595, 596. Bibl. 210.
Dupont, 269. Bibl. 660.
Durand, 50. Bibl. 212.

Durkheim, 730. Bibl. 662.
Durry (Mme), Bibl. 663.
Dutertre, 113, 336, 338, 339, 414. 426, 441, 636, 663, 675. Bibl. 213, 214.
Dutot, 595, 596. Bibl. 215.
Duveau, Bibl. 664.
Duverney, 213.

E

Ehrard, 42. Bibl. 665, 666, 667, 668.
Eisenmann, 508. Bibl. 669.
El Nounty, Bibl. 670.
Épicure, 12, 49, 78, 89, 93, 177, 182, 233, 235, 343, 390, 393, 544, 546, 548, 549, 550, 554, 573, 576, 612. Bibl. 63.
Érasme, 13, 517.
Espiard (d'), 696, 715-717. Bibl. 217, 218.
Estève, 177. Bibl. 219.
Étiemble, 409. Bibl. 672, 673.

F

Fabre, 9, 326. Bibl. 193, 674, 675, 676.
Fabricius, 138, 166. Bibl. 220.
Falconet de la Bellonie, 573, 705. Bibl. 221.
Fèbvre, 11, 692, 693, 694, 703, 705, 717, 721, 731, 753. Bibl. 677, 678.
Feijoo, 187, 215, 216, 714. Bibl. 223.
Fénelon, 15, 20, 79-80, 92, 94, 97, 99, 100, 129, 130, 131, 246, 248, 255, 256, 262, 264, 277, 278, 290, 292, 310, 317, 335, 347, 352, 366, 368, 408, 419, 427, 432, 474, 476, 482, 484-485, 489, 524, 548, 554, 577-583, 584, 586, 592, 599, 615, 618, 621, 624, 626, 636, 640, 648, 649, 660, 680, 693, 694, 708, 732, 743, 787. Bibl. 224, 225, 226, 227, 228, 604, 613, 615, 616, 768.
Fernel, 31.
Fleetwood, 36.
Fleury (Claude), 431.
Folkierski, 269. Bibl. 679.
Fontenay (de), 783. Bibl. 229.

Fontenelle, 29, 31, 32, 33, 36, 63, 64, 67-68, 70-71, 72, 73-74, 76, 77, 78-79, 82, 88-91, 92, 95, 96, 98, 99, 108, 115, 116, 117, 125, 126, 131, 133, 138, 141, 143, 144, 146, 149, 150, 152-154, 156, 159, 160, 163, 164, 186, 194, 195, 201, 202, 212, 213, 215, 225, 229, 247, 248, 252, 258, 261, 263-264, 265, 267, 268, 269, 270, 271, 272, 274-275, 278, 279, 285, 286, 288, 291, 294, 298, 300, 312, 315, 346, 375-376, 379, 417, 517, 519, 564-565, 566, 570, 571, 587, 618-621, 622, 649, 660, 664, 666, 679, 682-683, 687, 693-694, 714, 753, 755, 756-760, 762, 769, 770. Bibl. 27, 230, 231, 232, 233, 234, 235, 576, 601, 607, 700, 745, 773, 819.
Formey, 340, 372, 374, 574, 638, 639, 772. Bibl. 236, 237, 496, 774.
Foucault, 30. Bibl. 681.
Fouquet, 702.
Fourmont, 406, 431.
François, 178, 184, 211, 426. Bibl. 238.
François de Sales (St), 14, 558.
Frankel, 741, 765, 775, 781. Bibl. 683.
Fréret, 87, 97, 383-384, 406, 431, 467, 547, 555, 563, 664, 676. Bibl. 240, 241.
Fréron, 177, 314-315, 573, 713. Bibl. 11, 12, 18.
Friedmann, 639. Bibl. 684.
Furet, 570. Bibl. 634.
Fusil, 93. Bibl. 685.

G

Gadrois, 107.
Gagnebin, Bibl. 686, 687.
Galien, 438, 439, 699. Bibl. 242.
Galilée, 28, 41, 65, 112, 114, 127, 161. Bibl. 738.
Galland, 29.
Gamaches, 154, 158. Bibl. 244.
Gassendi, 50, 68, 109, 181, 203, 546, 677, 680. 787. Bibl. 79, 687.
Gaston-Martin, 501, 516. Bibl. 688.
Gaultier (J.-B.), 382, 389, 442, 446, 449, 644. Bibl. 246, 247, 248.
Gautier, 204, 211. Bibl. 245.
Gazier, 438, 440. Bibl. 689.

Gennes (de), 438.
Geoffroy (Étienne-François l'aîné), 39, 143, 144, 218. Bibl. 249.
Geoffroy (Étienne-Louis), 188, 189.
Gilbert (Cl.), 448, 452, 626. Bibl. 250.
Gilbert (W.), 143.
Gille, 784, 785, 786. Bibl. 690.
Gilson, 376.
Gonnard, 742. Bibl. 693.
Gouhier, 76, 77, 81, 536. Bibl. 695, 696.
Graffigny (Mme de), *745-746.* Bibl. 251.
Granet, 434. Bibl. 17, 18.
Grange, 535, 538. Bibl. 698.
Gravina, 269, 344. Bibl. 252.
Grégoire, Bibl. 700, 701.
Gresset, 359. Bibl. 253.
Grimm, 753, *779-780.*
Grimsley, 727. Bibl. 703.
Groethuysen, 164, 380, 440, 442, 443, 465, 544, 561, 581, 605, 661. Bibl. 704, 705.
Grosley, 499, 502, 602, 783.
Grotius, 15, 332, 344, 473, 483, 484, 485, 486, 498, 500. Bibl. 254.
Grua, 400. Bibl. 706, 707.
Guer, 680. Bibl. 255.
Guéroult, 149, 170, 171. Bibl. 708.
Gueudeville, 745, 748.
Guyénot, 72, 187, 189, 203, 212. Bibl. 711.
Guyon (l'abbé), 713.
Guyon (Mme), 347, 419, 434.
Guyot. *47-50,* 112, 699, 700, 707. Bibl. 256.

106-107, 132, *576-577,* 702. Bibl. 258, 259, 260, 261, 262.
Helvétius, 100, 342, 394, 474, 495, 559, 688, 689, 691, 707, 722, 723, 724, 761, 763, 764, 765, 782. Bibl. 263, 264, 793.
Henderson, 432. Bibl. 722.
Herbert, 382. Bibl. 265.
Hermand, Bibl. 723.
Hippocrate, 693, 694, 696, 697, 698, 702, 704, 721, 735.
Hobbes, 102, 332, 338, 342, 343, 345, 399, 459, 471, 472, 473, 478, 479, 485, 489, 524, 764, 766. Bibl. 266, 655, 876.
Hoin, 557. Bibl. 267.
Holbach (d'), 20, 144, 237, 245, 247, 382, 383, 385, 528, 758, 765, 792, 793. Bibl. 268, 808.
Homère, 255, 264, 268, 272, 278, 294, 297, 304, 306, 307, 308, 755. Bibl. 222.
Horace, 273, 278, 279, 343, 352, 546.
Houdry, 605. Bibl. 269.
Houtteville, *84-85,* 424, 430, 637, 640. Bibl. 182, 270, 271.
Huber (Marie), 387, 452. Bibl. 272, 273.
Hubert, 350, 691, 741, 766, 776, 778, 783. Bibl. 724, 725, 726.
Hübner, 337, 338, 401. Bibl. 274.
Huet, 69, 333, 420, 427, 428, 429, 450. Bibl. 275.
Hume, 81, 319, 714. Bibl. 276.
Hutcheson, 320, 372. Bibl. 278.
Huygens, 64, 66, 69. Bibl. 279.

H

Hales, 697, 698.
Hampton, 202. Bibl. 714.
Hardoin, 410.
Harsin, 516, 580, 589. Bibl. 716.
Hartsoeker, 72, 73, 116, 138, 152, 212, 710. Bibl. 257.
Harvey, 217, 699.
Hastings, 559, 680. Bibl. 717.
Havens, 307. Bibl. 466.
Haymann, Bibl. 718.
Hazard, 20, 54, 272, 275, 451, 753, 771. Bibl. 719, 720, 721.
Hecquet, *72-73,* 86, 87, 93, 105,

J

Jallabert, 162. Bibl. 280.
Jameson, 500. Bibl. 731.
Jansénius, 13, 14, 661.
Jaucourt (de), 478, 502, 518, 640, 644.
Jean (St), 335.
Joubert de la Rue, 745. Bibl. 281.
Jourdain, 110. Bibl. 734.
Jurieu, 457, 459, 486. Bibl. 282.
Jussieu (Antoine de), 201, 203, 205, 210.
Jussieu (Bernard de), 189, 195.
Jussieu (Joseph de), 188.
Juvenel de Carlencas, 713. Bibl. 283.

K

Kahle, 149. Bibl. 284.
Kant, 171, 174, 175, 344.
Kelsen, 484. Bibl. 736.
Képler, 65, 127, 143, 152. Bibl. 741.
Kircher, *40-41*. Bibl. 285.
Klee, 261.
Koyré, 74, 112, 175. Bibl. 737, 738, 739, 740, 741.

L

Labat, 350, *404-405*. Bibl. 286.
Labrousse, 593, 598. Bibl. 743.
La Bruyère, 627. Bibl. 288.
La Bruyère (Jean de), 258, 265, 355, 517, 578, 604, 693, 694.
La Chambre, 36, 85, 426. Bibl. 289.
La Chaussée, 311, 314, 315, 355, 359. Bibl. 290.
La Croze, 410. Bibl. 291.
Ladvocat, 543. Bibl. 292.
La Fautrière, 151. Bibl. 293, 294, 295.
Lafitau, 350, 414, *428-430*, 450, 573. Bibl. 296.
La Fontaine, 14, 17, 20, 294, 352, 544, 546, 792, 794.
Lafont de Saint-Yenne, 297. Bibl. 297.
La Forge, 72, 78.
Lagerborg, 769. Bibl. 745.
La Harpe (Jacqueline de), 81, 159, 197. Bibl. 746, 747, 748.
La Hontan, 350, 414, 445, 452, 475, 477, 480, *491-492*, 524, 539, 578, 579, 581, 645, 743, 744, 745, 747-749, 752. Bibl. 298, 299.
Lalande, 86. Bibl. 749.
Lambert (Mme de), 274, 312, 346, 349. Bibl. 29, 302.
La Mettrie, 164, 165, *195-196*, *234-242*, 243, 244, 340, *390-396*, 456, 546, 562, 574, 649, 676, 683, 684, 685, 687, *688-690*, 699, 700, 719, 753, 754, 762, 765-766. Bibl. 303, 304, 305, 306, 307, 308, 572, 761.
La Mothe le Vayer, 441, 612.
La Motte, 255, 256, 258, 262, 263, 264, 265, *268-269*, 270, 271, 272, 273, 274, 277, 278, 288, 289, 290, 291, 294, 304, 306, 310, 315, 440, 755. Bibl. 309, 660.
Lamy (Bernard), 427.

Lamy (François), 79, 94, *421-423*, 424, 426, 427, 435, 680. Bibl. 310, 311.
Lamy (Guillaume) *612-613*, 676, 689.
Lancisi, 712. Bibl. 312.
Landois, 311.
Lange, 33. Bibl. 313.
Lange (F. A.), Bibl. 750.
Lange (Nicolas), 203.
Lanson, 258, 286, 314, 383, 479, 725. Bibl. 522, 751, 752, 753.
La Place, *308-309*. Bibl. 314.
La Placette, 665. Bibl. 315.
La Rochefoucauld, 378, 440.
Larroumet, 356. Bibl. 756.
Lassay, 381, 445, 452, 453, 530, *561-562*, 592, 769, 770. Bibl. 316.
Lavoisier, 38, 144, 698.
Law, 293, 586, 588, 595. Bibl. 317.
Le Blanc, 308, 783. Bibl. 318.
Le Breton, 39, 46. Bibl. 319.
Le Brun (Charles), 259, 282, 283, 284, 291, 296, 297.
Le Brun (le P.), 35, 84. Bibl. 320.
Lecercle, 487, 524, 534, 781. Bibl. 467.
Lecler (J.), 382. Bibl. 757.
Le Clerc, 112.
Leclerc (J.), 486. Bibl. 6, 16.
Le Comte, 428. Bibl. 321.
Leeuwenhoek, 188, 212.
Lefebvre (Georges), 786. Bibl. 758.
Lefranc de Pompignan, 456.
Le François, 93, 702. Bibl. 322.
Legendre de Saint-Aubin, 37, 58, 336, 417, 489, 543. Bibl. 323.
Le Gobien, 349, 404, 407, 408, 428. Bibl. 26, 324.
Leibniz, 65, 73, 78, 79, 84, 91, 101, 102, 103, 106, 114, 130, 134, 135, 136, *146-150*, 151, 153, 167, 168, 169, 170, 171, 172, 176, 192, 193, 197, 198, 202, 210, 211, 225, 238, 344, 400, 402, 409, 421, 431, 637, *638-641*, 642, 644, 645, 647, 650, 665, *673-675*, 687, 771, 787. Bibl. 30, 284, 325, 326, 327, 328, 556, 562, 586, 684, 706, 707, 708.
Le Laboureur, 509.
Le Maître de Claville, 375, 544, 555, 557. Bibl. 329.
Le Mercier de la Rivière, 528. Bibl. 330.

Lémery (L.), *213-215*, 234, 337.
Lémery (N.), 38, 70, 71, 121, 143.
Lenglet-Dufresnoy, 31, 97, 311.
    Bibl. 28, 331, 332.
Lenoble, 14, 15, 83. Bibl. 762, 763,
    764.
Le Roy, 686. Bibl. 765.
Leroy-Ladurie, 711. Bibl. 766.
Le Sage, 312. Bibl. 333.
Lesser, 138, 166, 624. Bibl. 334.
Lévesque de Burigny, 87, 108, 407.
    Bibl. 336.
Lévesque de Pouilly, 301, 371, 377,
    551, *555-557*, 571, 605. Bibl. 29,
    337.
Lignac (Lelarge de), 666. Bibl. 338.
Linné, 188, 189, 190, 195, 198, 210,
    211. Bibl. 339.
Locke, 88, 97, 116, 125, 134, 157,
    172, 224, 238, 295, 338, 339, 344,
    372, 416, 432, 445, 453, 476, *477-
    478*, 486, 490, 491, 493, 505, *526-
    527*, 528, 529, 670, 671, 677, 678,
    681, 682, 684, 685, 687, 691, 744,
    760, 761, 764, 765. Bibl. 340, 341,
    822.
Lombard, 279, 284, 706, 708, 710,
    720. Bibl. 767, 768.
Louville (de), 622.
Lovejoy, 191, 752, 771. Bibl. 769,
    770, 771.
Lucrèce, 90, 102, 177, 221, 304, 612,
    676, 680. Bibl. 344.

                        M

Mac Laurin, *162-163*. Bibl. 345.
Macy, 681. Bibl. 348.
Magnard, 16.
Maigron, 33, 756. Bibl. 773.
Maillet, *204-207*, 208, 209, 210, 232,
    233, 623. Bibl. 349.
Malebranche, 20, 30, 33, 34, 36, 57,
    59, *66-67*, 68, 69, *76-79*, 81, 82,
    83, 84, 88, 93, 94, 96, 110, 113,
    120, 138, 140, 141, 149, 171, 172,
    197, 211, 213, 224, 238, 246, 298,
    300, 302, *335-336*, 339, 340, 371,
    376, 400, 402, 406, 419, 421, 426,
    441, 452, 458, 517, *549-551*, 552,
    554, 555, 557, 561, 597, *613-616*,
    636, 641, 662, 663, 664, 665, 666,
    668, 669, 672, 673. 675, 679, 680,

687, 763. Bibl. 197, 213, 350, 351,
    352, 540, 695, 815.
Malthus, 599.
Mandeville, *378-379*, 387, 388, 389,
    459, 592, 593. Bibl. 353, 354,
    355, 701, 757.
Marivaux, 20, 263, *265-266*, *273-
    274*, 289, 291, 304, 308, *310-314*,
    317, 328, *352-361*, 520, 571, *583-
    584*, 591, 628, 756. Bibl. 357, 358,
    359, 360, 361, 362, 363, 364, 365,
    645, 663, 756.
Marivetz, 159.
Martin, 784. Bibl. 775.
Martino, 192, 498. Bibl. 776, 777.
Massillon, 441, 549. Bibl. 366.
Masson, 406. Bibl. 388, 778.
Matoré, Bibl. 432, 779.
Maubec, *676-678*, 679. Bibl. 367.
Maupertuis, 20, 89, 106, 111, 123,
    132, 133, 137, *140-141*, 142, 143,
    149, 150, 158, 159, 160, 161, *166-
    174*, 175, 176, 185, 186, 187, 197,
    213, *215-218*, 219, 220, 221, *222-
    232*, 233, 235, 238, 239, 240, 241,
    242, 243, 244, 245, 247, *571-573*,
    652, 686, 687, 762, 771, 787. Bibl.
    368, 369, 370, 371, 372, 373, 374,
    375, 589.
Mauzi, 9, 276, 366, 381, 383, 384,
    544, 569, 764, 770, 789. Bibl.
    142, 780, 781, 782, 783.
Mead, 702. Bibl. 376.
Melon, 378, 501, 516, 531, 595, 597,
    598, 599, 602, 784, Bibl. 377.
Mercier (Roger), 9, 403, 413, 428,
    430, 433, 441, 552, 692, 693, 694,
    695, 696, 697, 707, 712, 713, 714,
    715, 719. Bibl. 785, 786, 787, 788,
    789.
Mercier (S.), 770.
Mersenne, 83. Bibl. 762.
Mésenguy, 436, 437, 442, 581. Bibl.
    378, 379.
Meslier, *99-101*, 118, 405, 442, 446,
    459, 462, 467, 488, *520-523*, 524,
    538, 561, 618, 652, 683, 739, 740,
    747, 749, 768, 783. Bibl. 380, 797.
Mesmer, 27, 702.
Metzger, 40, 70, 129, 143. Bibl. 790,
    791, 792.
Michelet, 27, 30, 31.

Mirabaud, 689. Bibl. 27, 381, 382, 383.

Molière, 17, 18, 19, 20, 280, 297, 314, 520, 792.

Molières (Privat de), 67, 158, 159. Bibl. 384.

Monod, 83. Bibl. 794.

Montaigne, 13, 232, 242, 324, 331, 339, 352, 392, 395, 445, 521, 546, 611, 682, 742, 744, 747, 753, 759, 760, 780. Bibl. 385, 657.

Montesquieu, 20, 37, 38, 39, 41, 42, 67, 68, 74, 93, *97-99*, 102, 103, 105, 117, 192, 196, 200, 252, 263, *272-273, 276-278,* 291, 292, 300, 304, 305, 314, 328, *331-332,* 340, *345-346, 347-348,* 350, *378-380,* 381, 386, 400, 401, 406, *408-409,* 412, 416, 434, 442, 445, 446, 457, *460-461, 465-467,* 472, 474, 475, 478, 479, 480, 481, 490, 492, *493-515,* 516, *518-519,* 524, 526, *528-529,* 530, *531-532,* 538, *565-568,* 570, 576, *586-591,* 595, *602-604,* 659, 660, *691-692,* 693, 695, 696, 704, 706, 712, 715, 716, 717, *718-736,* 740, 741, *753-754,* 761, 766, *776-779,* 781, 783, 790, 791. Bibl. 248, 386, 387, 388, 546, 557, 560, 565, 566, 603, 605, 622, 626, 637, 638, 639, 640, 641, 655, 656, 662, 666, 669, 703, 710, 726, 731, 735, 777, 810, 829, 840, 845, 859, 860, 861, 862, 875, 895, 904.

Montfaucon de Villars, 31. Bibl. 389, 390, 391.

Montgeron, 86. Bibl. 392.

Montucla, 139, 141. Bibl. 393.

Morazé, 785. Bibl. 796.

More (H.), 81, 127, 128, 130.

Morehouse, 463. Bibl. 797.

Morelly, 377, *538-540, 755-756,* 761, *772-773.* Bibl. 394, 395, 396, 397, 398, 619.

Morin, *58-59,* 73. Bibl. 399.

Morize, 378. Bibl. 528, 799.

Mornet, 92, 186, 204, 269, 311, 312. Bibl. 800, 801, 802.

Mortier, 328. Bibl. 803.

Mouy, 64, 66, 67, 68, 69, 78, 107, 110, 121, 154. Bibl. 805.

Muralt (de), 305. Bibl. 400, 401.

Musschenbroek, 138, 145. Bibl. 402.

N

Naudé, 37. Bibl. 403.

Naves, 259, 274, 276, 286, 290, 295, 308, 315, 316, 388, 694, 792. Bibl. 525, 806, 807.

Naville, 237. Bibl. 808.

Needham, 221, 223. Bibl. 404, 405.

Newton, 42, 59, 65, 67, 69, 78, 80, 81, 90, 92, 96, 98, 101, 102, 112, 114, 121, 123, *125-129,* 130, 131, 132, 133, 134, 135, 136, 137, 138, 139, 140, 141, 142, 143, 144, 146, 147, 148, 150, 151, 152, 153, 154, 155, 156, 157, 158, 159, 161, 166, 167, 169, 170, 174, 175, 176, 177, 178, 182, 198, 199, 200, 205, 209, 210, 216, 263, 265, 623, 669, 678, 681, 787. Bibl. 30, 132, 244, 284, 345, 406, 407, 408, 480, 486, 491, 568, 587, 595, 740, 741, 791, 792.

Nicole, 17, 18, 259, 268.

Nieuwentyt, 112, *129-130,* 131, 138, 166, 246. Bibl. 409.

Nollet, 80, 114, 154, 156, *161-162,* 251. Bibl. 410, 411.

O

Ovide, 205, 233, 304.

P

Palmade, 9. Bibl. 811.

Pappas, 113. Bibl. 813.

Paracelse, 39, 41, 103. Bibl. 147.

Parès, 30. Bibl. 814.

Paris (Y. de), 14.

Pascal, 13, 14, 15, 16, 17, 18, 68, 83, 85, 88, 89, 137, 164, 259, 268, 269, 270, 294, 331, 336, 382, 385, 392, 430, 435, 436, 474, 566, 612, 640, 647, 650, 662, 681, 698, 756, *760-761,* 766, 788, 792. Bibl. 102, 413, 414, 668, 794, 849.

Pélage, 13, 439, 440.

Pemberton, 133, 139.

Pérelle, *101-102.* Bibl. 4, 5.

Perrault (Charles), 29, *259-260,* 261, 267, 268, 272, 284, 285, 288, 291, 715, 755. Bibl. 416, 417.

Perrault (Claude), 99. Bibl. 418.

Petitpied, 443.

Pierquin, 36, 204, 229. Bibl. 420.

Piles (de), 259, 282.
Pinot, 405, 406, 408, 409, 430, 431, 434. Bibl. 241, 816.
Pintard, 9, 37, 50. Bibl. 817, 818, 819.
Platon, 12, 74, 114, 144, 191, 260, 263, 298, 556, 622, 770.
Plekhanov, 304. Bibl. 821.
Pluche, 67, 80, 92, 94, 131, 186, 246, 345, 376-377, 417, 481, 525, 555, 558, 618, 621-622, 623, 624-625, 636, 641, 681, 732, 742. Bibl. 422.
Pluquet, 671. Bibl. 423,
Poiret, 432, 433. Bibl. 424.
Polignac (de), 69, 92, 93, 151, 426, 680. Bibl. 426, 684.
Polin, 486. Bibl. 822.
Pomeau, 11, 17, 132, 133, 136, 151, 437, 440, 441, 446, 454, 456, 458, 461, 645, 652, 662, 669, 773. Bibl. 530, 823, 824, 825, 826.
Pons (de), 264, 272. Bibl. 427.
Pope, 150, 194, 309, 341, 388-389, 442, 449, 557, 642-645, 646, 647, 648, 650, 654, 660, 732, 793. Bibl. 167, 247, 428, 551, 747.
Porchnev, 515. Bibl. 828.
Pourchot, 110.
Prades (de), 416. Bibl. 430.
Prémare (de), 431, 434.
Prévost, 20, 142, 307-308, 310, 311, 312, 314, 316, 351, 361-366, 369, 405, 413, 414, 458, 459, 557-558, 569, 601, 627, 628-635, 769-770. Bibl. 431, 432, 433, 434, 435, 458, 837.
Prost, 69. Bibl. 830.
Proust (J.), 9. Bibl. 831, 832, 833.
Ptolémée, 108, 112, 775.
Pufendorf, 332, 338, 339, 342-344, 345, 346, 348, 356, 394, 400, 401, 472, 475, 476, 477, 478, 479, 480, 482, 483, 485-486, 489, 491, 498, 500, 524, 526, 527, 528. Bibl. 436, 437.

Q

Quesnay, 224, 524, 531, 532, 597, 698, 700. Bibl. 439, 440.
Quesnel, 438, 439, 440, 662.
Quinault, 272, 291, 294, 525.

R

Rabelais, 13, 19, 47.
Racine (Jean), 14, 258, 259, 263, 277, 280, 294, 307, 308.
Racine (Louis), 194, 435-436, 437, 623, 626, 636, 680, 713, 742. Bibl. 441, 442.
Ramsay, 93, 120, 121, 130-131, 132, 349, 412, 431-434, 437, 450, 457, 476, 486, 489, 518, 519, 548, 584-586, 591, 622, 624, 626, 771. Bibl. 443, 444, 445, 446, 614, 722.
Ray, 187, 188. Bibl. 448.
Raynal (Maurice), 261.
Raynal (Guillaume), 602.
Réaumur, 186, 187, 194, 195, 196, 202, 205, 207, 212, 681, 682, 720. Bibl. 449, 878.
Régis, 64, 94, 97, 421, 549. Bibl. 450.
Regnault, 110, 114, 681. Bibl. 451, 452.
Rémond (dit le Grec), 547. Bibl. 453.
Rémond de Saint-Mard, 149, 292-295, 296, 563, 587, 591. Bibl. 454, 455.
Renaudot, Bibl. 456.
Riccoboni (Mme), 628.
Richardson, 310, 311, 316, 627. Bibl.457, 458.
Robinet, 204, 624. Bibl. 459, 460.
Rochemonteix, 113. Bibl. 836.
Roddier, 307, 310, 311, 314, 316, 627. Bibl. 837.
Roger (J.), 9, 202, 212. Bibl. 838, 839.
Rohault, 40, 42, 64, 68, 71, 73. Bibl. 461.
Rollin, 110, 290, 291, 293, 413, 428, 436, 693, 714-715, 723, 743, 755. Bibl. 462.
Ronsard, 262, 285, 352.
Rony, 31, 32.
Rosenfield (Mme), 680, 681. Bibl. 841.
Rostand (J.), 212, 231. Bibl. 842, 843, 844, 845.
Rouelle, 38. Bibl. 463, 855.
Rouff, 784. Bibl. 846.
Roupnel, 529. Bibl. 847.
Rousseau (Jean-Baptiste), 574. Bibl. 464.
Rousseau (Jean-Jacques), 20, 232,

241, 246, 344, 366, 373, 451, 472, 475, *487-488*, 491, 501, 502, 505, 519, 525, 526, 527, 528, *534-538*, 539, 540, *601-602*, 624, 666, 686, 747, *749-752*, 753, 770, 779, 780, 781, 791, 792. Bibl. 465, 466, 467, 468, 469, 470, 544, 577, 594, 649, 650, 662, 696, 698, 718, 778, 798.

Ruyer, 768, 770. Bibl. 848.

S

Saint-André (de), 30, 33, 108. Bibl. 471.

Saint-Évremond, 20, 390, 544, 546, 548, 549, 576, 593, 794. Bibl. 472, 473.

Saint-Girons, 17. Bibl. 849.

Saint-Hyacinthe, 555, 557. Bibl. 8, 10, 29, 453.

Saint-Lambert, 308, 570, 780.

Saint-Simon, 32, 509, 516.

Sarasa, *637-638*. Bibl. 474.

Sartre, 11, 790. Bibl. 850.

Saulnier, 653. Bibl. 527.

Saurin, 65, 152.

Sauvages (Boissier de), 195, 698, 699, 700, 702, 703. Bibl. 476.

Savary, 381. Bibl. 477.

Savioz, 193. Bibl. 851.

Schelhammer, 56.

Scheuchzer, 201. Bibl. 478.

Schier, 117. Bibl. 852.

Schinz, Bibl. 853.

Schlegel (Dorothy), 369. Bibl. 854.

Schramm, 50. Bibl. 479.

Sedaine, 305, 386.

Sénac, 144, 698. Bibl. 480.

Sendivogius, 45. Bibl. 483.

Sénèque, 105, 290, 366, 395, 546, 550, 556, 646, 792.

Sennert, 106, 239.

Serces, 36. Bibl. 484.

S'Gravesande, 139, 140, 142, 144. Bibl. 485, 486.

Shackleton, 345, 498, 512, 715, 716, 719. Bibl. 859, 860, 861, 862.

Shaftesbury, 245, 320, 327, *369-374*, 378, 384, 392, 388, 392, 399, 449, 452, 792. Bibl. 487, 488, 489, 854.

Shakespeare, 277, 294, 305, 306, 307, 308, 309, 310. Bibl. 885.

Sidney, 489. Bibl. 490.

Sigorgne, 159. Bibl. 491.

Silhouette, 349, *407-408*, 642, 643, 769, 770. Bibl. 492.

Simon (Mme), 42, 97, 103, 104, 200, 202, 510, 524, 739. Bibl. 863, 864.

Sorre, 692, 710. Bibl. 869, 870.

Sortais, 113, 114. Bibl. 871.

Spink, 50, 51, 576. Bibl. 873, 874.

Spinoza, 44, 49, 85, 94, 95, 96, 97, 100, 102, 105, 109, 126, 135, 148, 155, 178, 185, 238, 245, 319, 402, 405, 408, 409, 410, 423, 424, 459, 478, 613, 616, 639, 662, *665-666*, 672, 715, 732, 740. Bibl. 98, 310, 315, 450, 493, 502, 518, 538, 684, 893, 894.

Stahl, 106, 143, 144, 238, 239. Bibl. 480, 791.

Strube de Piermont, 345. Bibl. 494, 495.

Sturmius, 56.

Sulzer, 772. Bibl. 496.

T

Temple, 546.

Terrasson, 263, 274, 384, 463, 755. Bibl. 497.

Thomas (St), 13, 439, 482, 665.

Thomassin, 403. Bibl. 499.

Tindal, 449, 771. Bibl. 500.

Tisserand (Mme), 688. Bibl. 307.

Toland, 101, 102, 107, 204, 406. Bibl. 501, 502, 631, 755.

Tonelli, 174. Bibl. 877.

Tournefort, 188, 189, 194.

Tournemine, 79, 117, 137, 141, 142, 146, 155, 156, 157, 407, 408, 411, 428, *639-640*, 643, 669, 674, 675, 676. Bibl. 503, 504.

Toussaint, 340, *346-347*, 371, 384, 385, 386, 389, 442, *464-465*, 467, 489, 517, 532, 650, 652, 662. Bibl. 505, 506.

Trahard, Bibl. 881, 882.

Trembley, 187, 219, 238.

Tressan, 161, 162. Bibl. 507.

Trublet, 315, 565, 755, 756. Bibl. 508.

Turgot, 210, 715, *722-723*, 761, 766, 781. Bibl. 509.

Tycho-Brahé, 108, 112, 155.

V

Vallemont, 58, 108. Bibl. 511, 512.
Van Helmont, 71, 103, 106.
Vanini, 49, 102, 405. Bibl. 212, 479.
Van Tieghem, 305, 306, 307, 308, 309. Bibl. 884, 885, 886.
Varignon, 419.
Vartanian, 235, 239, 240. Bibl. 308, 888.
Vauban, 381, 580, 588.
Vauvenargues, 292, 297, *366-369*, 485, 600, 660 *667-668*, 669, 671. Bibl. 514, 515, 896.
Veiras, 769. Bibl. 516, 899.
Venel, 38, 763.
Venturi, Bibl. 890, 891, 892.
Vernière, 49, 50, 85, 87, 94, 95, 96, 97, 100, 102, 185, 204, 244, 245, 295, 319, 383, 409, 421, 424, 452, 455, 494, 662, 665, 666, 787. Bibl. 192, 893, 894, 895.
Versé (de), 94. Bibl. 518.
Villemot, 66, 67.
Virgile, 264, 272, 304, 307, 308, 755. Bibl. 222.
Voltaire, 13, 17, 29, 37, 88, 93, 111, 121, 123, 125, 126, 127, 130, *132-138*, *141-142*, 143, 149, 151, 155, 156, 157, 158, 159 169, 194, *197-198*, 199, 203, 225, 234, 235, 242, 247, 265, 269, 272, 276, 277, 285, *290-292*, 294, 295, 297, 305, *306-307*, 308, 314, 315, 320, 338, 350, 366, 377, 380, 382, 385, *388-389*, 399, 400, 407, 409, 410, 411, 415, 417, 431, 446, 451, 452, *453-454*, 455, 456, 457, 458, 459, 461, *462-463*, 474, *486-487*, 488, 517, 522, 524, 557, 562, 566, 569, *593-595*, 619, 645, *646-649*, *650-655*, 663, 667, *668-671*, 675, 677, 678, 681, 683, 684, 727, 728, 729, 743, 761, *765-767*, 773, 778, 781, 788, 790, 792. Bibl. 102, 284, 519, 520, 521, 522, 523, 524, 525, 526, 527, 528, 529, 530, 531, 586, 608, 675, 754, 797, 806, 818, 823, 824, 825, 901, 902.
Von Der Muhll, 769. Bibl. 899.

W

Wade, 377, 383, 444, 448, 452, 462, 463. Bibl. 900, 901, 902.
Wagner, 31. Bibl. 903.
Warburton, *465-466*.
Weil, 494. Bibl. 904.
Weulersse, 528, 531, 597, 598, 599. Bibl. 905.
Whiston, 200, 201, 210.
Wildenstein, 313.
Willey, Bibl. 906.
Willis, 681.
Winslow, 213, 214.
Wolff, 134, 150, 238, 638.
Wollaston, 418. Bibl. 532.
Woodward, *200-201*, 203, 204, 207, 623. Bibl. 523.

Y

Yvon, 79, 81, 401, 410, 455, 682.

TABLE DES MATIÈRES

Introduction 11

Première partie

Nature et système du monde

Chapitre I. — Nature et merveilleux 25
Les zones d'ombre du siècle des lumières 72

1º *Foi et superstition* 29
— Le monde enchanté : fées, sorciers et magiciens (p. 29). Le
comte de Gabalis et la bibliothèque de M. Oufle (p. 31). Le
sortilège à la rubrique des faits divers (p. 32).
— Le Diable devant la foi des doctes : les *Mémoires de Trévoux,* le
P. Le Brun, Dom Calmet, etc... Progrès de l'esprit critique (p. 34)

2º *Vraies et fausses sciences* 38
— Chimie et alchimie (p. 38). Tireurs d'horoscopes : la philosophie
astrologique de Boulainvilliers (p. 41).

3º *« Sainte et admirable Nature »*. 45
— La Nature des alchimistes et des astrologues : un principe secret
de fécondité (p. 45). Naturalisme, panthéisme, matérialisme :
l'âme du monde (p. 49).
— Un précurseur de Diderot : le sieur Colonna. L'idée de sensibilité universelle : pressentiment ou survivance ? (p. 51).

4º *« Idolum Naturae... »* 54
— Le procès de la Nature devant les « nouveaux philosophes », de
Robert Boyle à l'*Encyclopédie* ; le « mécanisme universel » et les
lois du mouvement (p. 54).

Chapitre II. — Le Mécanisme universel 61
La nature comme système des lois mathématiques établies par
Dieu dans le monde physique : vitalité de la philosophie mécaniste
dans le premier tiers du xviiie siècle (p. 63).

1º *La Nature-Horloge* 65
— Aspects nouveaux du mécanisme « cartésien » vers 1715. Le
problème de la pesanteur et la théorie des « petits tourbillons »

(p. 65). Progrès du Rationalisme expérimental (p. 68). La structure de la matière : atomisme géométrique et « philosophie corpusculaire » (p. 69).

— Fidélité aux principes cartésiens : la Nature est géométrique. Tout se fait par figures et mouvement (p. 70). Le problème de la génération : médecine et géométrie (p. 72).

— Les vraies merveilles de la Nature et la simplicité de ses lois. Des géomètres enthousiastes (p. 73).

2⁰ *Un Dieu Horloger ?* 76
— Le Dieu de Malebranche et l'idée de « Providence générale » : la question du miracle (p. 76). La transmission du mouvement et la théorie des « causes occasionnelles » (p. 77). L'opposition de Fontenelle à l'occasionnalisme (p. 78). L'influence de Malebranche (p. 79). Le rationalisme chrétien et l'idée de loi naturelle (p. 80). Qu'est-ce qu'un miracle ? (p. 83).

— Le Dieu de Fontenelle : les lumières de la raison et les obscurités de la foi (p. 88). Les sources épistémologiques du déisme de Fontenelle (p. 89). Les causes finales (p. 91).

— Mécanisme et téléologie : un lieu commun de l'apologétique (p. 92).

3⁰ *Mécanisme et « spinozisme »* 95
Finalité ou nécessité ? (p. 95). La correspondance de Malebranche avec Dortous de Mairan (p. 96). Boulainvilliers et Spinoza (p. 96).

— Vers le matérialisme : deux « cartésiens rigides », le jeune président de Montesquieu (p. 97) ; Jean Meslier (p. 99).

— Matière et mouvement (p. 101). Déviations occultistes de la « physique nouvelle » : Boulainvilliers (p. 103); la vie secrète des minéraux (p. 105) ; les atomes animés (p. 106) ; philosophie corpusculaire et intuitions animistes (p. 107).

4⁰ *Les résistances de la foi et de la tradition* 110
— La lente diffusion de la « physique nouvelle » : Descartes réconcilié avec Aristote (p. 110). Un adversaire du principe d'inertie, Jean Denyse (p. 111). Réfutations de Copernic (p. 112). Le rôle des Jésuites dans la résistance à Descartes (p. 113). L'appel au sens commun et le goût des sciences concrètes (p. 114). Un essai de conciliation : l'œuvre du P. Castel (p. 117).

Chapitre III. — IMPULSION OU ATTRACTION ? 123
« Attractionnaires » et « impulsionnaires » : le vrai sens de la querelle est philosophique.

1⁰ *Le Dieu de Newton et celui de Voltaire* 127
— Science et religion chez Newton : méthode expérimentale et théologie de la liberté divine ; le *dominium* de Dieu sur la nature (p. 127).

— La diffusion du théisme newtonien : Nieuwentyt (p. 129), Ramsay (p. 130), Derham (p. 131), Ph. Hecquet (p. 132).

— Le « baptême » newtonien de Voltaire (p.133) ; du théisme au déisme (p.138).

2º « *Une nouvelle propriété de la matière* » 139
— Positivisme et substantialisme chez les disciples de Newton : Roger Côtes (p.139); S'Gravesande et Maupertuis (p.140); Voltaire (p.141).
— Les « attractions » chimiques : retour à un atomisme qualitatif (p.143); Newton et Stahl (p.144).

3º *Le front antinewtonien* 146
— La controverse Clarke-Leibniz et ses échos en France (p.146). Madame du Châtelet (p.150).
— Les cartésiens français contre Newton : le problème du vide (p.151) ; l'attraction, « qualité occulte » (p.152). Newton grand géomètre mais mauvais physicien (p.154).
— La physique de Newton jugée par les *Mémoires de Trévoux* : « l'histoire simple et naïve de la nature » préférable à une science trop abstraite (p. 155); « spinozisme spirituel » et matérialisme (p.157).

4º *Aux origines du positivisme* 158
— Vers 1740 Newton a gagné la partie (p.158); son entrée à l'Université (p.159).
— Le positivisme de d'Alembert (p.160). Une explication mécaniste de l'attraction : le « fluide électrique» du comte de Tressan (p.161). Discrédit de « l'esprit de système ». La Nature est-elle intelligible ? (p.162). Le rationnel et le réel : un compromis instable (p.164).

5º *Finalité et Nécessité : la « Cosmologie » de Maupertuis* (1750)..... 166
— Science et métaphysique chez Maupertuis : rejet du finalisme naïf (p.166). Dieu présent dans les lois universelles de la nature : entre Newton et Leibniz (p.167). Le principe de la moindre quantité d'action (p.169).
— Les ambiguïtés de l'*Essai de Cosmologie* : Maupertuis et Malebranche (p.171); retour à Spinoza ? (p.173).

6º *Newtonisme, déterminisme, naturalisme* 175
—Le développement de la science newtonienne : un déterminisme renforcé (p.175). La cosmogonie de Buffon (p.176). Interprétation matérialiste de l'idée d'attraction (p.177). Un nouvel athéisme (p.178).

Chapitre IV. — LES NOUVEAUX NATURALISTES : L'IDÉE D'ÉVOLUTION 179
— Les ambitions nouvelles de l'histoire naturelle et le procès de la géométrie (p.181). « Naturaliste » : le mot et l'idée (p.184).

1º *L'ordre de la nature et l'échelle des êtres* 186
— L'histoire naturelle comme inventaire de la Création (p.186). Vraies et fausses merveilles (p.187). Les classifications botaniques et zoologiques (p.188).

— Buffon contre Linné (p. 190). Continuité de la Nature (p. 191). L'échelle des êtres (p. 191). Le néo-aristotélisme de Cudworth et de Louis Bourguet (p. 192). Charles Bonnet et son système de l'harmonie universelle (p. 193). Le principe de continuité à l'épreuve des faits : zoophytes et lithophytes (p. 194).

— Hiérarchie et continuité : aspects opposés de l'idée de l'échelle des êtres (p. 195); comment La Mettrie l'exploite dans le sens du matérialisme (p. 196). La hiérarchie des âmes et les railleries de Voltaire (p. 197) : un problème déjà dépassé (p. 198).

2° *La géologie et l'histoire de la terre* 199
— Voltaire contre Buffon : la fixité des espèces; stabilité de l'ordre universel (p. 199).
— L'origine des fossiles : les théories diluviennes (p. 200); les révolutions du globe (p. 202); les générations telluriques (p. 203).
— Le *Telliamed* et la théorie des causes actuelles (p. 204); les erreurs de Moïse (p. 206). De Maillet à Buffon : la *Théorie de la Terre* (p. 208); l'origine des être vivants (p. 210).

3° *Préexistence ou épigenèse ?* 211
— Clarté et mystère de la préexistence (p. 211); la sagesse de la Providence dans les pattes d'une écrevisse (p. 212); le problème des monstres, de Lémery à Saunderson (p. 213); les absurdités du système de l'emboîtement des germes (p. 215).
— La *Vénus physique* de Maupertuis : ressemblances héréditaires et système de la double semence (p. 215). La science newtonienne au service de l'épigenèse (p. 218).
— Au-delà d'une explication mécaniste : Buffon et la théorie du « moule intérieur » (p. 219). « Molécules organiques » et germes préexistants (p. 221).
— Nouvelles suggestions de Maupertuis : de l'idée d'attraction à celle d'un psychisme élémentaire (p. 222). Un « néo-spinozisme » latent (p. 224). Mécanisme et animisme (p. 225). Diderot et le Docteur Baumann : un dilemme insoluble (p. 227).

4° *L'histoire des être vivants et le néo-naturalisme* 229
— Histoire d'un nègre blanc : Maupertuis et l'origine des races (p. 229) ; l'évolution des espèces (p. 229); voyage au pays des hommes singes (p. 232).
— Hommes à queue ou hommes-poissons : l'histoire de la nature vivante selon le *Telliamed* (p. 232).
— Les tâtonnements de la Nature : le délire inspiré de Saunderson (p. 233). *Le système d'Épicure* (p. 235). « Ni hasard, ni Dieu : la Nature » (p. 236). Hardiesse et prudence de la Mettrie (p. 238).
— Toute matière est-elle vivante ? (p. 242). Au tournant du siècle : les *Pensées sur l'interprétation de la Nature* (p. 243).

— *Conclusion de la Première Partie* : Nature-Horloge et Nature-Animal (p. 246). Les deux pôles d'une même idée (p. 247). Une notion valorisée (p. 248).

***

Deuxième partie

L<small>A NATURE HUMAINE ET SES LOIS</small>

Introduction : L'idée de nature humaine; diversité et uniformité (p.251).
Une notion normative (p.252).

Chapitre V. — N<small>ATURE ET</small> B<small>EAUTÉ</small> 253
— Anciens et Modernes (p.255). « L'imitation de la nature »:
naturalisme ou académisme ? (p.257).

1º *Géométrie et sentiment*................................. 258
— Retour à Platon (p.258). La « belle Nature » (p.259). Réalisme
abstrait et tyrannie du « bon goût » (p.260).
— Une beauté géométrique (p.262). Rejet des contraintes poétiques
(p.264).
— Du géomètre au « bel esprit » (p.265). Singularité et bienséances :
une nature policée (p.266). La « naïveté » de la pastorale (p.267).
Comment plaire, ou les secrets du cœur humain (p.268).
— Le vrai et le vraisemblable : valeur positive des conventions
de l'art (p.270). Vérité du mensonge bucolique (p.271). Le
problème du merveilleux (p.271). Le charme d'un beau vers
(p.272). Promenade au jardin de la Beauté : le *je ne sais quoi*
(p.273).
— Le pathétique : le paradoxe du plaisir tragique (p.275). Le
pathétique de la terreur (p.276). La simple nature et le pathétique
de la vertu (p.277).
— L'empirisme de l'abbé Dubos (p.279). Nature et culture (p.280).
La nature « anoblie » (p.284). Le « grand goût » et la théorie des
« siècles » (p.285). Harmonie de la raison et du sentiment (p.286).
De Dubos à Diderot (p.288).

2º *A la recherche de la « belle nature » : l'exemple des Anciens* 289
— La revanche des Anciens (p.289). Esthétique et morale (p.290).
Le Temple du goût et le joli (p.290). Le « grand goût », signe de stabilité sociale (p. 292). Un critique d'art « philosophe » : le
marquis d'Argens (p.295).
— Vocation ambiguë de l'esthétique naissante : métaphysique
des valeurs et psychologie des besoins (p.297). L'idéalisme
du P. André (p.298). L'abbé Batteux et le sentiment de la
« belle nature » (p.300). Une Antiquité bien composite (p.303).

3º« *Belle nature* » ou « *vraie nature* » ? 305
— Primitivisme esthétique : le génie et la nature brute (p. 305).
Voltaire et Shakespeare (p.306). A la découverte du théâtre

anglais, de Prévost à la Place : Shakespeare est-il « naturel » (p.307).
Entre la barbarie et la politesse : la « simple nature » (p.310).
— De l'utopie sentimentale au naturalisme édifiant : la peinture des
mœurs moyennes dans la *Vie de Marianne* (p.310). La comédie
sérieuse et l'idéalisation des vertus bourgeoises (p. 313).
Vers le refus de contraintes classiques (p.314). « Avoir du goût,
c'est sentir » (p.316).
— Les débuts de Diderot : la vérité des Anciens (p.317). Qu'est-
ce que la « belle nature » ? (p.318). Ni dogmatisme ni scepticisme (p.319). Genèse de la notion du beau : l'idée de *rapports*
(p.321). La nature n'a pas besoin d'être embellie (p.323). Le
langage des sourds-muets (p.324). Esthétique naturaliste et scrupules du « bon goût » (p. 325). De l'hédonisme aristocratique
au moralisme bourgeois (p.327).

Chapitre VI. — NATURE ET MORALE 329
— L'ordre du monde physique et le désordre du monde moral :
l'idée de loi naturelle et ses divers aspects (p.331).

1º *Les lumières de la raison* 333
— La « voix de la nature » condamnée par la « lumière naturelle » :
le scepticisme de Bayle et ses limites (p.333).
— L'idée de loi naturelle dans la pensée chrétienne (p.335).
L'idéalisme moral du Chancelier d'Aguesseau (p.337). La « nature »
de l'homme adulte et civilisé (p.337). De l'innéisme à l'empirisme (p.338) : la morale comme science du bonheur (p.339).
— Nature originelle et nature actuelle : le naturisme moral
du P. Buffier ; l'accord de la raison et des sens (p.340).
— Les théories du droit naturel : de l'amour de soi à la sociabilité
(p.342). Les fondements de l'obligation morale (p.343). Au-delà
du rationalisme de Pufendorf : la « religion de l'instinct » (p.344).
— Une conception euphorique de la vie morale (p.346). Le
bonheur vertueux des Troglodytes (p.347).

2º *Le « sentiment » et les délices de la vertu* 349
— L'esprit à l'école du cœur (p.349). Bons et mauvais sauvages
(p.350). La « nature » aux champs ou la « naïveté » d'Arlequin
(p.352). Un « juste milieu » : la simplicité bourgeoise (p.354).
Les voluptés de la vertu (p.358).
— Ambiguïté de la morale du « sentiment » : son conformisme
social (p.359). Suffit-il d'être sincère pour être vertueux ?
(p.360). Faiblesse et innocense des âmes sensibles : l'exemple
de des Grieux (p.361). Nature et vertu : les contradictions de
Vauvenargues (p.366). Diderot traducteur de Shaftesbury
(p.369). Les deux pôles de la morale naturelle : stoïcisme sentimental et primitivisme psycho-physiologique (p.374).

3º *Les « passions » et l'ordre du monde* 375
— Entre le rigorisme et le libertinage : les passions en liberté
surveillée (p.375).
— Les passions comme principe du mouvement dans le monde
moral (p.376). Utilité sociale des vices moraux (p.377). De la

Fable des Abeilles à *L'Esprit des Lois :* les deux morales de
Montesquieu (p.378). Le négociant et la Providence (p.381).
— Une morale de marchands : toutes les passions ne sont pas
« naturelles » (p.382). Les passions « éclairées » et le sérieux
bourgeois (p.385). Le négociant vertueux (p.386). La morale de
Pope et ses contrastes (p.388).
— Une entreprise de démystification : l'œuvre de La Mettrie (p.390).
La nature est amorale (p.391). La vertu comme produit de la
vie sociale (p.392). Éducation et organisation (p.392). Une
lucidité désenchantée (p. 393). Voltaire contre La Mettrie :
l'idée de loi naturelle dans la lutte antichrétienne (p.395).

Chapitre VII. — Nature et religion 397
— Athéisme et moralité (p.399). La loi naturelle comme décret
divin (p.400). L'harmonie providentielle du bonheur et de la
vertu (p.402).

1º *Universalité de la religion naturelle* 403
— L'existence de Dieu prouvée par le consentement universel
(p.403) : un argument traditionnel menacé à la fois par les
progrès du rationalisme critique et par ceux de l'ethnologie
(p.404).
— Les Chinois sont-ils athées ? (p.405). La revanche des Jésuites
(p.407). Un débat indécis (p.410).
— L'indifférence religieuse des sauvages : des primitifs ou des
dégénérés (p.411). Une objection qui n'infirme rien (p.412).
L'exemple des Anciens (p.412). Les sauvages sont de grands
enfants (p.414).
— Du Père Buffier à l'abbé de Prades : l'idée de Dieu est « naturelle » mais non « innée » (p.415). Une évidence des sens, de
la raison et du cœur (p.417). Athéisme ou pélagianisme : un
dilemme redoutable (p.418).

2º *Loi naturelle et loi révélée* 419
— La raison et la foi : ni fidéisme ni rationalisme (p.419). La
raison logicienne de François Lamy (p.421). La raison histo-
rienne de Denyse, Houtteville et Buffier (p.423). L'apologétique par les faits (p.424). La révélation était-elle nécessaire ?
(p.426). La Révélation primitive (p.428). Le figurisme (p.430).
Monothéisme abstrait ou syncrétisme : le « tolérantisme » de
Ramsay (p.431).
— La nature et la grâce (p.435). Les Jésuites et le péché (p.437).
La controverse sur l'état de pure nature (p.438). Le mérite naturel (p.440). Le petit nombre des élus (p.441). Du catholicisme
des Jésuites au « naturalisme subtil » des philosophes (p.442).

3º *La « suffisance de la religion naturelle »* 444
— La Nature opposée à la Révélation; justice (p.444); raison
(p.445); bonheur (p.447). Les progrès du déisme (p.449).
— Les incertitudes de la religion naturelle : théisme et déismes
(p.451). L'âme est-elle immortelle ? (p.452).

— Le credo du déiste; la tolérance (p.457); le culte intérieur
(p.457); les prêtres imposteurs (p.458). L'Église et l'État (p.459).
Le Dieu du commerce et des hommes d'affaires (p.462).
Faut-il canoniser les pères de famille? (p.464). La religion
naturelle et le respect de l'ordre établi : où l'aristocrate rejoint
le roturier (p.465).

Chapitre VIII. — NATURE ET SOCIÉTÉ   469
1º *L'origine des sociétés civiles*   472
— Importance théorique et pratique du problème (p.472). La sociabilité naturelle : intérêt bien compris et altruisme spontané
(p.473). La société du genre humain (p.474).
— L'état de nature : misère de l'homme isolé (p.475). La société de
nature et la liberté naturelle (p.476). L'empire de la loi naturelle
(p. 477). Un état de paix (p. 478). Les passions et la guerre (p. 479).
De la loi naturelle à la loi civile (p.480). Le pacte social (p.482).

2º *De l'indépendance naturelle à la liberté politique*   484
— L'ordre politique subordonné à l'ordre naturel : le problème
de l'injustice légale (p.484).
— Le droit de résistance : positions traditionnelles (p.484).
L'exemple anglais (p.486). Prudence des philosophes (p.)487.
— A la recherche d'un gouvernement « naturel » (p.489). Monarchie absolue et pouvoir paternel (p.489). Naissance du libéralisme politique (p.491). Les leçons de la Nature : sauvages et
barbares (p.491).

3º *Libertés féodales et liberté bourgeoise : le choix ambigu de Montesquieu.*   493
— La doctrine politique de *L'Esprit des Lois* et ses apparentes
contradictions : esprit féodal et libéralisme moderne (p.493).
— Monarchie et despotisme (p.493). Les « puissances intermédiaires » (p. 494). Utilité des « préjugés » (p. 495). L'alliance du
trône et des privilégiés (p.496). Aspects économiques du despotisme : un régime sans Tiers État (p.497).
— Morale et politique : la notion de loi naturelle (p.498). Le
problème crucial de l'esclavage (p.499). « Le cri du luxe et de la
volupté » (p.502). Esclavage civil et despotisme politique
(p.502).
— Les « gouvernements modérés » (p.503). Le pouvoir et la
liberté (p.504). Le paradoxe de l'État libéral (p.505). La
liberté par la loi (p.505). Canaliser les passions (p.506). La
balance des pouvoirs : séparation ou morcellement? (p.508).
Un libéralisme conservateur (p.508).
— A l'école des barbares (p.509). Montesquieu devant Boulainvilliers et Dubos (p.510). La liberté anglaise et les « libertés
françaises » (p.512). Le « gouvernement gothique » et les
droits de l'homme (p.514).

4º *Égalité naturelle et inégalité sociale*   516
— Nobles et roturiers (p.516). La hiérarchie des conditions et
l'ordre providentiel de la nature (p.517). La liberté par l'inégalité (p.519). De la richesse à la noblesse (p.519).

— Riches et pauvres : le cri de révolte de J. Meslier (p.520). Traditions communautaires et libéralisme moderne : des revendications contradictoires (p.522).

— Du communisme primitif à la propriété individuelle (p.523). Inégalité et solidarité (p.525). Le droit de propriété : la théorie contractuelle (p.525); un droit naturel (p.526). « Le plus sacré de tous les droits » (p.528). Le bonheur des pauvres (p.530). Pauvreté et paresse (p.531). Les devoirs des riches : de la charité à la bienfaisance (p.532).

— La propriété, source de tous les maux ? Le pessimisme de Rousseau (p.534). Le rêve communiste de Morelly (p.538). La bonne conscience des possédants (p.540).

Chapitre IX. — NATURE ET BONHEUR 541

— La nature humaine et le bonheur : un droit, un devoir, une faculté (p.543). Limites du bonheur « bourgeois » (p.544).

1º *Bonheur et plaisirs* 546
— « Nature est un doux guide » : l'épicurisme mondain (p.546). plaisir et vertu (p.547).

— L'épicurisme chrétien : l'innocence d'Épicure (p.548). L'anti-stoïcisme de Malebranche (p.549). *Les Dialogues entre Patru et d'Ablancourt* : « être heureux et innocent tout ensemble » (p. 551). Un manuel de vie heureuse : le *Traité du vrai Mérite.* (p.554). Le plaisir et les voies de la Providence (p.555). Lévesque de Pouilly et la « science des sentiments » (p.555) : finalité du plaisir et de la douleur (p.556). Bonheur mondain et vie chrétienne dans l'œuvre de l'abbé Prévost (p.557).

— Le parti de l'austérité : les jansénistes contre le P. Bougeant (p. 558). Un jésuite exigeant, le P. Croiset (p.559). Le droit au plaisir dans la lutte contre le christianisme (p.561). Tous les plaisir se valent-ils ? (p.562).

— Le calcul des plaisirs : l'instinct éclairé par la raison (p.563). Le bonheur lucide de Fontenelle (p.564). Le bonheur de Montesquieu : l'équilibre de la raison et de l'instinct (p.565). Le bonheur passionné de Madame du Châtelet et la « sobriété de la nature » (p.569). Le plaisir par la vertu (p.571). La vérité du christianisme établie par « l'arithmétique morale » (p.572).

— Le bonheur selon la nature : Épicure et Zénon enfin réconciliés (p.573).

2º *Bonheur et frugalité* 575
— Sobriété et frugalité (p.575). Théologie et diététique (p.576) L'argent corrupteur (p.577).

— L'agonie du « grand siècle » : crise économique et crise morale (p.578). Le bonheur naturel selon Fénelon : les « vraies richesses » de la terre (p.578). L'équilibre de la « nature » et de l'« art » (p.579). Le commerce à Salente (p.580). Réalisme économique et conservatisme social (p.581).

— La faillite du « Système » : Marivaux et le repli sur soi (p.583). La frugalité laborieuse selon Ramsay (p.584). La leçon économique de l'apologue des Troglodytes (p.586). Bonheur rural

et bonheur citadin dans les *Lettres Persanes* (p587). Le luxe
et la circulation des richesses (p.588). L'heureuse alliance de la
terre et de l'argent (p.591). Esprit d'industrie et frugalité
(p.592).

— La relance de l'économie (p.593); « le paradis terrestre est où
je suis » (p.593). De l'esprit de jouissance à l'esprit producteur
(p.595). L'affaire des indiennes et la valeur-travail (p.596). Économie agraire ou économie industrielle ? (p.597). Primauté de
l'agriculture : une économie de subsistance (p.599).

— Le bonheur par la médiocrité (p.600). Aspects sociaux du thème
de la nature frugale (p.601). Frugalité aristocratique et frugalité bourgeoise dans *L'Esprit des Lois* (p.602).

— Un bonheur étriqué : le mensonge des « vrais besoins » (p.605).

Troisième Partie

NATURE HUMAINE ET « NATURE DES CHOSES »

Chapitre X. — NATURE ET PROVIDENCE 609
— Chrétiens et libertins du grand siècle devant le problème du mal
(p.611). Mal physique et mal moral dans la philosophie de Malebranche (p.613). Providence et nécessité : l'échec du rationalisme chrétien (p.615). Un bilan négatif (p.617).

1º *Le mal est-il un bien ?* 618
— Si Dieu existe, le mal est impossible (p.618). Le relativisme
de Fontenelle (p.618). Les compensations (p.619). « Tout est
bien » (p.620).

— Le Providentialisme chrétien et les défauts de la Création
(p.621). Les suites du Déluge (p.622). De l'utilité des serpents
(p.624). Les harmonies de la Nature selon la « philosophie du
cœur » (p.625).

— Le bonheur des méchants et le malheur des justes (p.626). Une
finalité surnaturelle ? (p.626). Les épreuves de la vertu (p.627).
Une philosophie rassurante (p.628). Nature et fatalité (p.629).
La destinée de Des Grieux et les voies insondables de la
Providence (p. 630). « Heureux et innocent » : un bonheur
paradoxal (p.633). La sagesse de Dieu dans la folie des passions
(p.633).

— Appel à l'inconnaissable : le mal n'est que relatif (p.635). « Juger
des maux par l'idée de la Providence » (p.637). Le mal a-t-il
sa raison suffisante ? (p.637). La *Théodicée* devant l'opinion
française (p.639). Entre Bayle et Spinoza : l'impasse du naturisme chrétien (p.641).

2º *« Tout est bien » : est ce un mal ?* 642
— De Leibniz à Pope : l'optimisme de l'*Essai sur l'Homme* (p.642).
Les Jésuites et Pope : une volte-face brutale (p.643). Optimisme
et fatalisme (p.644).

— Le mal est-il nécessaire ? (p.646). Le théocentrisme de Voltaire (p.646). Une formule ambiguë : « tout est ce qu'il doit être » (p.647).

— Une menace contre le Dieu des philosophes (p.649). Les contradictions du déisme (p.650). Naissance du conte voltairien : le « mais » de Zadig (p.651). Le « tout est passable » de Babouc et la protestation de Memnon (p.652). Admettre l'incompréhensible (p.653). « Un jour tout sera bien... » (p.654).

Chapitre XI. — Nature et Nécessité 657

1° *Liberté ou nécessité* 661
— Le problème du libre-arbitre : du jansénisme au « spinozisme » (p.661). Le système de la prémotion physique (p. 663). L'appel au « sens intime » (p.665).
— Les « philosophes » et le libre-arbitre : humanisme ou fatalisme ? (p.666). Les hésitations de Vauvenargues (p.667). L'évolution de Voltaire (p. 668). Au milieu du siècle le « fatalisme » l'emporte (p.671). Vers le matérialisme (p.672).

2° *L'âme et le corps* 673
— Les solutions dualistes : causes occasionnelles et harmonie préétablie (p.673). L'opposition aristotélicienne (p.674). Dans la ligne de Gassendi et de Locke : le sensualisme de Maubec (p.676). La prudence de Fontenelle : un constat d'échec (p.679).
— L'âme des bêtes (p.679). Les derniers défenseurs de l'automatisme animal (p.680). Boullier et la réaction anticartésienne (p.681). De Fontenelle à La Mettrie (p.682). L'idéalisme de Condillac et ses difficultés (p.684).
— État de la question vers 1750 : le phénoménisme de Maupertuis (p.687). « L'unité matérielle de l'homme » selon La Mettrie (p.688). « Organisation » et « éducation » (p.689).

3° *L'empire du climat* 691
— L'idée de nature et la « théorie » des climats (p.691). Une vérité de la sagesse des nations (p.693). Influences climatiques et « influences » astrales (p.694).
— La notion de climat (p.696). Les maladies épidémiques et le « mauvais air » (p.697). L'air et la vie (p.698). Du mécanisme au vitalisme (p.700). Les « exhalaisons » (p.700). Médecine et astrologie (p.702). L'action de la température sur les « fibres » et les « humeurs » (p.703). De la physiologie à la psychologie : le poids des vieilles idées (p.704).
— L'apport de l'abbé Dubos à la théorie des climats : les causes physiologiques du génie (p.706). Des climats et des mœurs (p.707). Les variations climatiques et l'histoire des lettres et des arts (p. 708). Les altérations de l'air et le caractère des peuples : l'exemple des Romains (p.711).
— L'influence de l'abbé Dubos (p.712). Deux adversaires déclarés : Dom Feijoo et Rollin (p.714). Idéalisme et déterminisme (p. 715). Un précurseur de Montesquieu, l'abbé d'Espiard (p.715).

4° « L'Esprit des Lois » et les contradictions de la « nature des choses »   718
— Préludes à L'Esprit des Lois (p.718). Simplification de l'idée
de climat (p.719). De la qualité à la quantité (p.720). Besoins et
genres de vie (p.721). Le mirage de l'éternel, ou les préjugés
d'un « philosophe » (p.722). Causes physiques et causes morales
(p.723). Le « spinozisme » de Montesquieu (p.724). L'idée de
« nature des choses » : le fait et le droit (p.725).
— L'optimisme de Montesquieu : fatalité climatique et justice
immanente dans les Lettres Persanes (p.726). Le « dessein » de
L'Esprit des Lois (p.727). « Fantaisie » apparente et raisons
cachées (p. 728). Le rôle du législateur (p.729). Le bonheur social
par l'adaptation des sociétés à la nature (p.731). Faire de
nécessité bonheur (p.732).
— Droit naturel et nature physique : des conflits insolubles ? (p.733).
La polygamie (p.734). Le despotisme (p.735). L'esclavage
civil (p.735). De la nature à l'histoire (p.736).

Chapitre XII. — NATURE ET PROGRÈS   737
— Le naturalisme des « lumières » et la condition humaine : de
Spinoza à Condorcet (p.739).

1° Les surprises du « primitivisme »   742
— Nature et Art : aspects contrastés du rêve arcadien (p.742).
La « simple nature » et le libéralisme naissant (p. 743). Zilia
ou les harmonies de la nature humaine (p. 744).
— Valeur allégorique et polémique des thèmes primitivistes
(p. 746). Où le « bon sauvage » apprend à compter (p. 748).
De l'homme naturel à l'homme policé (p. 749). Rousseau et
la perfectibilité de l'espèce (p. 750). Dualité de l'idée de
Nature (p. 751).

2° Naissance d'un mythe : l'Éducation   753
— Des idées et des mots (p. 753). Le « Philosophe » (p. 754).
— Anciens et Modernes (p. 755). Les progrès de l'esprit humain
(p. 756). L'erreur est-elle naturelle ? (p. 758). Nature et histoire
dans la philosophie de Fontenelle (p. 759).
— La revanche de Pascal : la Nature est-elle une première coutume ?
(p. 760). Le pouvoir de l'éducation : de Morelly à Helvétius
(p. 761).
— Retour à l'innéisme (p. 764). L'idée de nature dans le combat
« philosophique » (p. 764). Le conflit de la Nature et des
préjugés (p. 766).

3° Peut-on arrêter l'Histoire ?   768
— Bonheur et raison (p. 768). L'univers étouffant des utopistes
(p. 768). Nature et Préexistence (p. 771).
— La Nature retrouvée : le système des « développements » et
l'ordre immuable de la Création (p. 771).
— Les cycles de l'histoire universelle : la théorie des « siècles »
(p. 773). Le progrès « naturel » de l'esprit humain et son
histoire empirique (p. 774). Montesquieu et les vicissitudes des
choses humaines (p. 776).

— Nature et civilisation : à la recherche d'un équilibre (p. 779). Les limites de la perfectibilité (p. 781). « Police » et « politesse » (p. 782). Pour et contre le machinisme (p. 783). Sécurité de la Nature et incertitudes de l'Histoire (p. 785). Quand les bourgeois n'étaient pas encore « conquérants » : l'idée de Nature comme idée-force et comme idée-frein (p. 785).

*
**

CONCLUSION 787

BIBLIOGRAPHIE 795

INDEX DES AUTEURS CITÉS 837

TABLE DES MATIÈRES 849

Achevé d'imprimer en 1981
à Genève-Suisse